뉴 에이스 活用玉篇

漢韓字典

삼성서관 辭書部篇

삼성서관

广	354	老耂	312	谷	476	青	520	鹵	545
癶	358	而	427	豆	476	非	520	鹿	545
白	359	耒	429	豕	477	九畫		麥	546
皮	361	耳	429	豸	477	面	521	麻	546
皿	361	聿	432	貝	478	革	522	十二畫	
目	363	肉月	432	赤	484	韋	523	黃	546
矛	369	臣	441	走	484	韭	524	黍	547
矢	369	自	441	足	485	音	524	黑	547
石	370	至	442	身	489	頁	524	黹	548
示礻	375	臼	443	車	489	風	528	十三畫	
内	379	舌	444	辛	493	飛	529	黽	548
禾	380	舛	444	辰	494	食	529	鼎	548
穴	385	舟	445	辵辶	335	首	532	鼓	548
立	388	艮	446	邑	495	香	532	鼠	548
歺	291	色	446	酉	495	十畫		十四畫	
灬	303	艸艹	447	釆	498	馬	533	鼻	549
罒	423	虍	447	里	499	骨	536	齊	549
衤	456	虫	448	镸	509	高	537	十五畫	
六畫		血	454	八畫		髟	537	齒	549
竹	393	行	454	金	500	鬥	538	十六畫	
米	402	衣衤	456	長镸	509	鬯	538	龍	550
糸	406	襾西	458	門	509	鬲	538	龜	551
缶	422	七畫		阜	512	鬼	538	十七畫	
网罓罒	423	見	459	隶	513	十一畫		龠	551
羊羋	425	角	461	隹	513	魚	539		
羽	426	言	462	雨	516	鳥	542		

머 리 말

漢字는 수천년 동안 東洋 文化圈을 형성 발전시켜 온 거대한 文字이다. 특히 근래 서양에서 東洋學 연구가 활발히 전개되고 있는 점에서 볼 때, 漢字의 비중은 자못 크다.

뿐만 아니라, 현재 대부분의 東洋 諸國이 漢字를 사용하고 있어, 漢字를 배제한 文字生活이란 있을 수 없게 되었다. 특히 우리 나라에 있어서의 文字生活은 聖王 世宗大王께서 '한글'을 創製하기 以前 全的으로 漢字에 依存하고 있다.

漢字가 우리 나라에 傳來된 것은 대략 古朝鮮時代로 추정된다. 우리는 漢字를 방편으로 思考하고, 知識을 습득하고 思想을 傳受하여 찬란한 文化民族이 되었고, 풍부한 文化的 遺産을 이어받고 있음은 말할 것도 없다.

이러한 漢字가 요즘 도외시되어 자칫하면 우리의 文化遺産이 死藏되어 버릴 우려마저 있는 이 시점에서 속히 익히고 연구하여, 아직도 숨겨져 있는 우리 나라의 文化를 개발하고 이를 계승할 자세를 확립시켜야 할 것이다.

사실 漢字는 그 수효가 數萬에 이르기 때문에 간혹 중압감을 느껴 漢字 學習을 기피하는 예가 없지 않다. 그러나 실제로 흔하게 활용되는 漢字는 數千字에 지나지 않는다. 그러므로 합리적인 漢字 교육에 의한다면 그 습득은 어렵지 않다.

다른 辭典類에 비하여 학습을 뒷받침해 줄 정확한 漢字(漢文)辭典이 많지 않아 안타깝다. 물론 이미 나온 사전들이 지금까지 그런 대로 漢字 교육에 도움을 준 것은 사실이지만, 좀 더 믿을 수 있고 완벽한 새로운 辭典의 필요성이 절실하다.

이러한 현실에서 編者는 여러 해에 걸쳐 다음과 같은 데에 역점을 두고 「活用玉篇」을 편찬하기에 이르렀다. 이 옥편의 특색은 다음과 같다.

(1) 豊富하고 精選된 語彙 중·고·대학생·일반 사회인의 需要를 충족시키기 위해 가장 필요하다고 인정되는 標題字, 標題語(熟語) 그리고 많은 類語(표제자가 중간 또는

어미에 붙은 단어)를 엄밀한 기준 하에 정선 수록하였다. 이들 어휘는 주로 漢籍·우리 나라 漢文古典·敎科書 그밖의 자료에서 채택했다. 특히 標題語에는 일반적인 熟語는 물론, 故事成語·著名詩句·地名·人名·作品名·術語 등을 광범위하게 수록하여 漢字·漢文 습득을 보다 용이하고 효과적이게 했다.

(2) **基本的 標題字에 解字欄** 漢字에 대한 興味와 정확한 理解를 돕기 위해 標題字중 가장 기본적인 常用漢字에 解字欄을 두어 새로운 학설에 입각한 간명하고 합리적인 글자풀이를 붙였다. 즉, 解當漢字를 六書에 따라 象形·指事·會意·形聲·轉注·假借로 분류했다.

(3) **正確한 筆順** 모든 標題字에 대해 최대한 7畫 이내로 필기체로 필순을 각각 나타내었다. 그리하여 이 사전의 애용자는 틀리기 쉬운 필순을 정확하게 익힐 수 있도록 했다.

(4) **많은 類語의 收錄** 풍부한 標題語가 標題字의 이해에 크게 도움이 될 것은 말할 것도 없으나, 거기에 다시 標題字가 중간 또는 어미에 붙은 類語를 곁들여 그 立體的인 理解와 광범위한 응용에 도움이 되도록 하였다.

(5) **標題字·標題語·類語에 日本語 音·訓 標記** 이 사전의 가장 특이한 점의 하나로, 표제자·標題語·類語에 일일이 정확한 現行 價名(かな) 맞춤범에 따른 日本語 音·訓을 표기하는 한편, 현재 日本 문헌에서 가장 눈에 띄는 일본어 熟語를 해당 標題語 밎 類語欄에 다수 수록하여 日本 문헌을 접해야 할 상황에 있는 많은 독자들에게 日本 發音은 물론, 그 정확하고 소상한 뜻을 우리말로써 포착할 수 있게했다. 이에 이 사전은 국내 최초의 '漢韓日辭典'이라 할 수 있다.

이로써 漢字 교육의 효과를 높인다는 점에서도 이 '새辭典'이 기여하는 바 클것으로 기대한다.

일러두기

一. 標題字에 대하여

(1) 配列 「康熙字典」의 部首順에 따랐으며, 동일 부수 내에서는 畫數順으로, 동일 획수 내에서는 대충 사용 빈도에 따라 배열하였다.

(2) 畫數 표제자의 총획수를 표시하고, 그 아래에 부수내에서의 획수를 부수와 함께 표시하였다.

예 【亦】$^6_4$ … | … | … | … |

(3) 音·訓 표제자의 음이 둘 또는 그 이상일 때는 ① · ② · ③ …으로 나누어 표시하고 다음에 訓을 표시하였다.

예 【宣】… | $^①_②$ 선 | 베풀 | … | …

(4) 韻字 作詩의 경우 참고가 되도록 訓 다음에 ㉠ · ㉡ · ㉢ · ㉣ 의 四聲을 붙이고 韻目을 제시하여 표제자의 字音이 어느 韻에 속하는가를 밝혔다.

예 【珠】… | … | … | ㉠虞 | …
예 【言】… | … | … | ㉠元 ㉠眞 | …

(5) 日本語 音·訓 일본어 발음을 音·訓 두 가지로 구별하여, 음은 片假名로 훈은 平假名로 표시하였다.

예 【診】… | … | … | … | シン みる
【也】… | … | … | … | ヤ なり

이상의 사항을 일괄하여 圖示하면 아래와 같다.

教育漢字표시   총 획수 音 訓 표제자의 四聲 및 音韻
                                              일본음
*【友】 又2 우 벗 ㉡ 有 ユウ とも

標題字   部首내에서의 획수   일본訓
        표제자가 속하는 部首

(6) **筆順** 한자의 필순은 자칫하면 輕視하기 쉬우며 부지불식간에 그릇 쓰는 수가 많다. 본玉篇에서는 標題字 전반에 걸쳐 일일이 정확한 筆順을 밝혀 초보자는 물론 일반인에게도 바로쓰기의 지침으로 삼게 하였다.

예 丿 丿丶 丿丶 丬 丬 版 版

(7) **解字** 한자를 올바르게 이해하고 쉬이 익숙해지도록 최근의 학설에 의거하여 六書(指事·象形·會意·形聲·轉注·假借)를 토대로 표제자의 성립과정을 표시한 후, 그 성립을 분해하여 기본적인 뜻을 밝히고, 그 전개를 간결하게 설명하였다.

(8) **意味**

① 뜻은 기본적인 것으로부터 사용 빈도순으로 列記하였고, 뜻을 달리하는 것은 ①·②·③…의 순으로 나누어 풀이하고, 다시 ㉠·㉡·㉢…으로 세분하였다.

② 字音 및 韻字의 상위에 따라 그 뜻을 달리하는 것은 字音 앞에 ①·②·③…을 달고 그 意味欄의 訓義에도 대응적으로 같은 기호를 붙였다.

③ 字義가 術語인 경우에는 그 해당 술어의 이니셜을 괄호 속에 제시했다.

예 【乘】…④〈數〉곱함 …

④ 字義에 해당하는 다른 한자가 있을 때에는 그 한자도 병기해 두었다.

예 【予】① 줌＝與 ② 나＝余

⑤ 표제자를 포함하는 숙어가 있을 때는 그 숙어도 아래와 같은 형식으로 표시하였다.

예 【介】① 낌「─在」… 【人】⑤ 백성「─民」…

⑥ 字義중 같은 뜻으로 다른 한자가 통용될 때는 그 한자를 아래와 같이 표시하였다.

예 【雷】④ 침. 북을 침＝擂

⑦ 字義 중 뚜렷이 반대의 뜻을 가진 字가 있을 때는 그 反對字를 아래와 같이 표시해 두었다.

예 【古】예전 ↔ 今   【卑】천함 ↔ 尊 겸손↔尊

⑧ 字義 중 그 말이 다른 것과 혼동될 우려가 있는 것은 다음과 같이 한자를 괄호 속에 묶어 혼동을 피하도록 하였다.

예 【如】②감(行)=之 ③미침(及) …⑤이월(二月)

⑨ 字義 중 다시 내용을 補足 설명할 필요가 있을 때는 그것을 〔 〕속에 묶어서 덧붙였다.

예 【官】④오관(五官)〔눈·코·귀·입·살갗〕

(9) 略者·俗字·同字는 글자 크기를 낮추어 그 部首에 따라 배열하고, 해당 正字와 同字에 그 부수 및 획수를 표시해 두었다.

예 【仮】假(亻부 9획)의 약자

【体】(體骨부 13획)의 속자

【婿】壻(士부 9획)의 동자

(10) 誤用되기 쉬운 部首의 한자는 오용 가능성 있는 부수의 동일 획수 부분의 말미에 글자 크기를 줄여서 싣고, 그 옳은 부수와 획수를 밝혔다.

예 〔臣부 5획 부분 말미에〕 〔比부 5획 부분의 말미에〕

【堅】土부 8획   【皆】白부 4획

二. 標題語에 대하여

(1) 配列 표제어는 그 音에 따라 가나다순으로 배열하고, 음이 같은 것은 둘째 字부터 총획수순으로 배열하였다.

예 上衣·上意 不祥·不詳

다만, 표제어에 다른 語辭가 붙어서 된 派生語·關聯語도 전체 발음에 따라 가나다순으로 배열하였다.

(2) 發音

모든 표제어에 우리말 발음을 달고, 韓日 양국어로 통용되는 숙어에는 韓日 양국 발음을 달았다.

(3) 語義
① 語義의 설명은 되도록 평이하고 표준적인 표현을 썼으며, 뜻이 여러가지 있을 경우에는 ①·②·③…, 다시 ㉠ ㉡ ㉢ …으로 세분하여 풀어 놓았다.

② 語議의 풀이에 있어서는 되도록 同意語·反對語를 제시하여 해당 표제어의 뜻을 보다 정확하게 포착할 수 있도록 힘썼다.

예 不審(불심) ② 상세히 알지 못함. 미심(未審)
　　主犯(주범) 〈法〉죄인이 둘 이상일 때, 중심이 되어 범죄를 저지른 사람.

정범(正犯) ↔ 종범(從犯)

本玉篇에서 사용한 記號·略號

(標題字 관계)

筆順·解字·意味

【 】: 표제자를 묶는 기호 ＊ : 표제자가 敎育漢字임을 표시
１·２·３… : 표제자의 音과 그에 대응하는 뜻의 구별
｜ : 획수·音韻·訓·四聲 등을 구획하는 선

(標題語·類語 관계) (標題字·標題語 공통)

↔ : 反對字 또는 反對語

─ : 표제자 또는 표제어의 反復·생략 기호

①·②·③… : 내용의 분류 ( ) : 해당 한자를 묶는 기호

　이 玉篇은 문교부 선정 교육용 기초한자, 국어어휘에 많이 쓰이는 한자, 고전, 독해 등에 선정 기준을 두어 標題字를 약 7천여 字를 수록했다. 標題字의 풀이와 아울러 用例를 3만 語를 수록하여 漢字를 이해하는데 많은 도움을 얻도록 했다.

　이 玉篇의 使用法은 표제자의 음을 알고 있을 때는 음별 색인에서 찾고 음은 모르나 부수를 알고 있는 때는 부수별 색인에서 찾으며 音도 部首도 모를 때는 획수별 색인에 의해서 찾으면 된다.

一 部

*【一】 1 / 0 | 일 | 한 | [入]質 |
イチ・イツ
ひとつ

[筆順] 一

[解字] 指事. 하나라는 수를 가로로 그은 한 개의 줄로 나타냄. 하나·처음의 뜻.

[意味] ① 하나. ㉠수의 처음. ㉡같음. 「同一」 ㉢오로지. 「專一」 ㉣섞인 게 없음. 「純一」 ② 하나로 함. ㉠합침. 「統一」 ㉡같게 함. 「一律」 ③ 한번. ㉠한 차례. ㉡만약. 「萬一」 ④ 처음. 「一番」 ⑤ 모든. 「一切」 ⑥ 어떤. 「一夜」 ⑦ 약간. 「一時」

一刻〔일각〕イッコク 매우 짧은 시간. 삽시간.

一擧兩得〔일거양득〕イッキョリョウトク 한 가지의 일에서 두 가지의 이익을 거둠. 일석이조(一石二鳥).

一過〔일과〕イッカ ① 한 번 눈을 거침. ② 한 번 지나감. 「颱風一」

一騎當千〔일기당천〕イッキトウセン 한 사람의 기병이 천 사람의 적을 당해 낼 수 있음. 일인 당천(一人當千). 곧 무예가 썩 뛰어남을 일컫는 말.

一念〔일념〕イチネン ① 한결같은 생각. 일심(一心). ② 〈佛〉 전심으로 염불(念佛)하는 일. ③ 하나의 마음.

一段落〔일단락〕イチダンラク 일의 한 계단이 끝남. 「— 짓다」

一覽〔일람〕イチラン ① 한 번 죽 훑어 봄. ② 내용을 간단히 쓴 책이나 표.

一流〔일류〕イチリュウ ① 하나의 유파(流派). ② 첫째 가는 지위. ③ 같은 학파.

一變〔일변〕イッペン 사물이 아주 달라짐.

一絲〔일사〕イッシ ① 한 올의 실. ② 아주 작은 사물의 비유.

*【丁】 2 / 1 | 정 | 네째천간 | [平]靑 |
テイ・チョウ・チン
ひのと

[筆順] 一 丁

[解字] 个 象形. 못 모양을 본뜸. 못이라는 뜻. 후에 네째 지지(地支)·한창 일할 나이의 사나이라는 뜻으로 쓰임.

[意味] ① 네째 천간. 십간(十干)의 네 번째. ② 장정(壯丁). ③ 백정. ④ 성(姓)의 하나.

丁年〔정년〕テイネン ① 남자의 20세. 성년(成年). ② 태세(太歲)의 천간(天干)이 정(丁)으로 된 해.

丁銀〔정은〕チョウギン 품질이 가장 나쁜 은. 칠성은(七成銀). 황은(黃銀).

*【七】 2 / 1 | 칠 | 일곱 | [入]質 |
シチ・シツ
ななつ

[筆順] 一 七

[解字] 十·乚 指事. 한가운데를 잘라 끊는 것을 나타냄. 잘라 끊는다는 뜻. 후에 수사인 일곱으로 씀.

[意味] 일곱. ㉠수의 이름. ㉡일곱 번.

【万】 3 / 2 | [1]만 [2]묵 | 수가많을 | [去]願 [入]職 |
バン・マン
よろず

[筆順] 一 ㄱ 万

[意味] [1] 수가 많음. 萬과 같은 뜻. [2] 성(姓)의 하나.

*【三】 3 / 2 | 삼 | 셋 | [平]覃 | サン みっつ

[筆順] 一 二 三

[解字] 指事. 셋이라는 수를, 一을 세 개 겹친 꼴로 나타냄.

[意味] ① 셋. ② 세 번. ③ 여럿. 「一軍」 ④ 자주. 「再一」

三光〔삼광〕サンコウ 해·달·별을 말함. 삼신(三辰). 삼정(三精).

三權〔삼권〕サンケン ① 〈法〉 국가 통치의 세 가지 권력. 입법권·사법권·행정권. ② 위정자(爲政者)에게 필요한 세 가지 힘. 곧 높은 지위와 부(富)와 군주의 신임(信任)을 말함.

三胎〔삼태〕 세 쌍동이.

*【上】 3 / 2 | [1]상 [2]차 | 위 | [去]漾 [韓] |
ジョウ・ショウ
うえ・かみ・あげる・のぼる

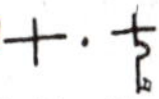

[一部] 2~3획

上

筆順 ｜ ト 上

解字 二・ㅗ 指事. 어떤 위치[一]보다 ·위에 있는 것을 ·ㅣ로 나타냄.

意味 ① ① 높은 곳. 위. ⑦위쪽. ⓒ겉. ⓒ높은 데. 「頂一」②높은 신분. 윗자. 「聖一」③뛰어남. 나음. 「一等」④손위. 「長一」⑤옛. 「一古」⑥앞. 「一卷」(↔下) ② 근처. 「江一」③ 떠받듦. ④ 더함. ⑤ 올라 감. 오름. ⑥아래에서 위로 감. ⑦서울로 감. 「一京」⑥어떤 곳에 감. ⑨탐. ⑩올라 가게 함. 오르게 함. ⑪높게 함. ⑫써서 실음. ⑬ 바침. 「獻一」⑭ 사성(四聲)의 하나. 「一聲」② 치하함.

上客[상객]ジョウ(カク) ① 상좌에 모실 만한 중요한 손님. 상빈(上賓). ↔하객(下客) ② 혼인 때에 가족 중에서 신랑이나 신부를 데리고 가는 사람. 위요(圍繞).

上京[상경]ジョウキョウ 시골에서 서울로 올라 감. 상락(上洛). 출경(出京). 출부(出府). ④ 발해의 오경(五京)의 하나. 용천부(龍泉府).

上古[상고]ジョウコ ① 〈歷〉 역사상의 시대 구분의 하나. ② 오랜 옛날. 태고(太古). 상세(上世).

*[丈]³₂ | 장 | 길 | ⓒ養 | ジョウ たけ

筆順 一ナ丈

解字 ナ 會意. 十과 한 뼘을 뜻하는 又를 합쳐 열 자[十尺]를 뜻함. 후에 크다의 뜻으로 쓰임.

意味 ① 장. 길이의 단위. 10尺[3.03미터. 주대(周代)에는 2.25미터]. ② 높이. ⓒ길이. ③ 어른.

丈夫[장부]ジョウ・ますお ① 어른이 된 남자. ② 재능이 뛰어난 사람. ③ 남자의 미칭(美稱).

丈人[장인]ジョウジン ① 노인. ② 어른에 대한 경칭(敬稱). ③ 아내의 아버지. 악부(岳父). ④ 조부(祖父). ⑤ 아버지의 벗.

*[下]³₂ | 하 | 아래 | ⓒ馬 | カ・ゲ した・しも・もと・さげる・くだる

筆順 一丁下

解字 二・丁 指事. 어떤 위치[一] 보다도 아래쪽에 있음을 -・ㅣ로 나타냄.

意味 ① 아래. 밑. 뿌리. ⑦아래쪽. ⓒ기슭. ⓒ백성. 「一情」⑤신하. ⑩다음의. ⑪뒤. 후세. ⑥낮은 곳. ⑥신분이 낮은 사람. ⑥모자람. 미치지 못함. ⑧ 나이가 적은 쪽. ⑦근처. 결. ② 내림. 내리게 함. 내려 감. ③낮아짐. 낮게 함. ④아래를 향함. 내려 놓음. 내림[눈·비]. ⑥물리침. 「却一」⑥깎아 내림. 「卑一」⑥뒤떨어짐.

下級[하급]カキュウ ① 등급이 낮음. ② 아래 학년. ↔상급(上級)

下等[하등]カトウ ① 낮은 등급. ② 질이 나쁨. ↔상등 ③ 질이 낮은 물건.

下落[하락]カラク ① 떨어짐. ② 값이 내림. ③ 등급이 떨어짐.

下略[하략]カリャク 문장 따위의 아랫부분을 생략함. ↔상략(上略)・중략(中略)

下手[하수]ヘタ・シモて ① 착수(著手). ② 손을 대어 사람을 죽임. ③ 기술이 낮은 사람. ↔상수(上手) ④ 아래 쪽.

下院[하원]カイン 〈政〉 양원제 국회의 일원(一院)으로서 국민의 직접 선거에 의하여 의원을 선출함. ↔상원(上院)

下位[하위]カイ ① 낮은 위치. ② 낮은 지위. 아랫자리. ↔상위(上位)

下向[하향]カコウ ① 아래로 향함. ②《日》서울에서 시골로 감. ③ 신(神)이나 부처에게 참배하고 돌아 감.

下弦[하현]カゲン 음력 22,23일경의 반원형(半圓形)의 달. ↔상현(上弦)

下戶[하호]カコ ① 주량(酒量)이 적은 사람. ↔상호(上戶) ② 가난한 사람. ③《日》술을 못하는 사람. 술을 싫어하는 사람.

[丐]⁴₃ | 개 | 빌 | ⓒ泰 | カイ・ガイ こう

筆順 一丁下丐

意味 ① 빎. 달라고 함. ② 거지. 비렁뱅이. ③ 빌림. ④ 취(取)함.

[一部] 3~4획

丐乞[개걸] ① 빌어 먹음. ② 거지.
丐子[개자] 거지.

不 4₃ ①불 ②부 / 아니 Ⓐ月 Ⓕ尤
フ・フウ・ヒ
ず・いなや

筆順 一ブイ不

解字 不 象形. 꽃잎이 붙어 있는 꽃받침의 모양을 본뜸. 후에 부정의 뜻으로 쓰임.

意味 ① ① 아니. ② 아님. ③ 못함. ② ① 아닌가. ② 새 이름. ③ 성(姓)의 하나. ④ 그름.

不當[부당] 이치에 어긋남.
不德[부덕] ① 도덕에 어긋남. ② 덕망(德望)이 없음.
不可能[불가능] ① 능히 할 수 없음. ② 인간의 힘으로는 도저히 미치지 못함. 불능(不能). ↔가능(可能)
不可分[불가분] 나누어 해야 도저히 나눌 수가 없음.
不可思議[불가사의] 사람의 생각으로는 미루어 헤아릴 수 없이 이상하고 야릇함.

丑 4₃ ①축 ②추 / 둘째지지 Ⓔ有
チュウ
うし

筆順 フ刀刃丑

解字 象形. 손으로 물건을 잡는 것을 나타냄. 십이 지지(十二地支)의 두 번째 글자로 빌어 쓰임.

意味 ① ① 둘째 지지. 십이 지지의 두 번째. 소띠. ② 북북동. ③ 축시. 오전 1~3시. ② 사람 이름.

丑方[축방] 24방위(方位)의 세째.

丘 5₄ 구 / 언덕 Ⓕ尤
キュウ・ク
おか

筆順 ノイ乍乍丘

解字 象形. 움푹 들어 간 골짜기를 끼고 이어져 있는 두 개의 언덕 모양을 본뜸.

意味 ① 언덕. 낮은 산. =邱 ② 무덤. 총(塚). ③ 마을. ④ 큼.

丙 5₄ 병 / 세째천간 Ⓔ梗
ヘイ・ヒョウ
ひのえ

筆順 一丆丙丙

解字 丙 象形. 제물을 놓는 큰 제상(祭床)을 본뜸. 십천간(十天干)의 세 글자로 씀.

意味 ① 세째 천간. ㉠오행(五行)에서의 불. ㉡방위로는 남. ㉢사물에 있어서 세 번째. ② 불.

丙時[병시] 24시의 열 두째 시(時).

丕 5₄ 비 / 클 Ⓕ支
ヒ
おおきい

筆順 一丆丕不丕

意味 ① 큼. 「一順」 ② 으뜸. 첫째.

世 5₄ 세 / 인간 Ⓕ霽
セ・セイ
よ

筆順 一十丗丗世

解字 世 會意. 수자 十을 셋 이어서 삼십을 뜻함. 한 생애의 한창 때인 삼십년에 해당하므로 세대(世代)의 뜻으로 쓰임.

意味 ① 대수(代數). ㉠서른 해. ㉡세상. 「俗一」 ㉢때. 시세. ㉣사람의 일생. ㉤세대(世代). 「隔一遺傳」 ㉥한 왕조의 통치 기간. ② 역대(歷代). 대대.

世界[세계] ① 천하(天下). ② 지구상(地球上)의 모든 지역. ③ 우주(宇宙).
世紀[세기] ① 시대. ② 서력(西紀)에서 백년을 1기(期)로 세는 연대(年代)의 단위.
世上[세상] 사람이 살고 있는 사회.
世襲[세습] 한집안의 재산·명예·지위 등을 자자 손손이(子子孫孫) 물려받는 일. 「一制度」

且 5₄ ①차 ②저 ③조 / 또 Ⓐ馬 Ⓔ魚 Ⓕ語
シュ・ソ・シャ
かつ

〔一部〕 5획·〔｜部〕 0~6획

【且】 ｜ 冂 ח 月 且

象形. 고기를 담아 신에게 바치는 그릇 모양을 본뜸. 고기받침대를 뜻하는 俎의 본디 글자. 그 음을 빌어 또 가령이라는 뜻으로 쓰임.

意味 ① 또. ② 만일. ③ 장차. ④ 이(此). ⑤ 구차함. ① 머뭇거림. ② 많음. 말투를 세게 하는 조사. ③ 공경스러움. ③ 도마. 적대.=俎

【両】兩(入부 6획)의 약자

【丞】 $^6_{-5}$ ｜ 승 ｜ 도울 ｜ 轡然 ｜
ジョウ
たすける

筆順 ㄱ 了 孑 丞 丞

解字 會意. 구덩이에 빠진 사람을 두 손으로 받들어 올리다의 뜻. 승이라는 음은 上(상)에서 빌어 온 것임.

意味 ① 도움. ② 이음.=承 ③ 벼슬 이름. 천자를 보좌하는 벼슬. 「一相」 ④ 향상함.

丞相[승상] ジョウ 임금을 보좌(補佐)하던 최고의 벼슬. 재상(宰相).

【並】立(立부 5획)의 약자

｜部

【｜】 $^1_0$ ｜ 곤 ｜ 셈대세울 ｜ 俗阮 ｜
コン

【个】 $^3_2$ ｜ 개 ｜ 낱 ｜ 俗筒 ｜
カ·コ·カイ

筆順 ノ 人 个

意味 ① 낱. ② 명당 곁집. 곁방. ③ 일산(日傘). 양산.

【丫】 $^3_2$ ｜ 아 ｜ 가닥날 ｜ 俗椏 ｜ ア

筆順 ` ｀ 丫

意味 ① 위가 두 갈래로 찢어짐. ② 가닥 남. ③ 田 계집종.

丫頭[아두] ァ ト ゥ ① 두 가닥으로 딴은 머리 모양.
丫丫[아아] ア ア 두 가닥으로 딴은 머리.

*【中】 $^4_3$ ｜ 중 ｜ 가운데 ｜ 俗柬 ｜
チュウ
なか·あたる

筆順 ｜ 冂 口 中

解字 指事. 물건(口)의 한복판을 으로 가리킴. 가운데·안을 뜻함.

意味 ① 가운데. 안. ② 사이. 「一間」 ③ 장소·시간의 범위내. 「寒―」 ④ 위. 「上－下」 ⑤ 알맞음. 「一和」 ⑥ 중국의 약칭. 「韓―」 ⑦ 맞음. 맞춤. ⑧ 과녁·목표가 됨. ⑨ 예상이 맞음. ⑩ 몸에 독이 됨. 「一毒」

中毒[중독] チュウ ドク 음식물이나 약의 독성(毒性)으로 기능 장해를 일으키는 일.

中流[중류] チュウリュウ ① 내나 강의 중간. ② 상류와 하류의 중간. ③ 중간쯤의 정도(程度)나 계급.

中立[중립] チュウリツ ① 어느 편에도 치우치지 않으며 공평하고 올바름. ② 〈政〉 교전국(交戰國)의 어느 쪽에도 가담하지 않음.

中産階級[중산계급] チュウサンカイキュウ 노동자와 자본가와의 사이에 있는 계급.

中央[중앙] チュウオウ ① 한가운데. ② 중심적 위치. ③ 서울을 일컫는 말.

中庸[중용] チュウヨウ ① 어느 편으로도 치우치지 않은 중정(中正)의 길. ② 〈書〉 유교의 경전(經典)인 사서(四書)의 하나. 원래 《禮記》의 한 편이었으며 중용의 덕을 설명하였음. 공자의 손자인 자사(子思)가 지었다 함.

中秋[중추] チュウシュウ ① 가을의 중간 때쯤. ② 음력 8월 15일. 추석(秋夕).

中樞[중추] チュウスウ 사물의 중심이 되는 중요한 부분이나 자리.

中軸[중축] チュウジク ① 한가운데에 있는 축(軸). ② 사물의 중심.

中興[중흥] チュウコウ 쇠하였던 나라나 집안 등이 다시 일어남.

中懷[중회] チュウカイ 속마음. 내심(內心).

【串】 $^7_6$ ① ② ③ ｜ 관 천 곶 ｜ 습관 ｜ 俗諫 俗繖 臘 ｜
カン·セン
つらぬく·くし

[丶部] 0~4획·[丿部] 0~1획　　　　　　　　　13

筆順 `  ㄇ ㄇ 므 믐 串`
意味 ① 익숙해짐. 습관.=慣 ② 어음.=券 ② 꿰뚫음. ③ ① 땅 이름. ② 꼬챙이.

丶 部

【丶】⁰₀ | 주 | 귀절찍을 | 上聲
チュ・チュウ

*【丸】³₂ | 환 | 둥글 | 上寒
ガン
まるい・まる

筆順 `ノ 九 丸`
解字 丸 形聲. 사람이 괴로와하는 모습을 본뜬 것이 변한 〆와 음을 나타내는 그을 합쳐 사람이 딩굴며 괴로와한다는 뜻을 나타냄. 구르다·둥글다의 뜻으로 쓰임.
意味 ① 둥금. 작은 구슬의 모양.「一藥」② 둥글게 함. ③ 알. 구슬.「彈一」

*【丹】⁴₃ | ①단 ②란 | 붉을 | 上寒 | タン | あか

筆順 `ノ 几 月 丹`
解字 丹 會意. 땅속의 돌을 파내는 우물인 井과 돌을 표시하는 ·를 합쳐 붉은 빛의 돌이라는 뜻을 나타냄. 후에 변치 않는 마음을 뜻하게 됨.
意味 ① ① 붉음. 붉은 빛. ② 마음. 성심.「一心」② ① 꽃 이름. ② 봉우리 이름.
丹念[단념] ジタン 정성스러운 마음. 단심(丹心). 성심(誠心).

*【主】⁵₄ | 주 | 주인 | 上麌
シュス
ぬし・あるじ・おもな

筆順 `丶 亠 キ 主`
解字 主 象形. 촛대에 초가 타고 있는 모양을 본뜸. 한 집안의 중심이 되는 등불이라는 뜻을 나타냄. 후에 임자라는 뜻으로 쓰임.
意味 ① 임자. 가장. 소유자. 주인.「一人」② 주군.「領一」

主客[주객] ジカク ① 주인과 손님. ② 중요한 것과 그렇지 않은 것. ③ 주관과 객관. ④ 주체와 객체. ⑤ 벼슬 이름.
主權[주권] ジケン〈法〉나라를 다스리는 최고의 독립적인 권력. 국가가 국토·국민을 다스리는 절대적인 힘.
主賓[주빈] ジヒン 여러 손님 중에서 제일 중심이 되는 사람. 주객(主客). 정객(正客).
主婦[주부] ジフ ① 한 가정을 다스리는 부인. ② 한집안의 주인의 아내.
主成分[주성분] ジセイブン 어떤 물질을 이루고 있는 주된 성분.
主義[주의] ジギ ① 계속적으로 굳게 지키는 일정한 방침이나 주장. ② 설(說). 이론(理論). 이즘.
主人[주인] ジジン ① 한집안의 어른이 되는 사람. ② 손님을 대하는 사람. ③ 고용 관계에 있어서의 고용주. ④ 아내가 남편을 가리키어 부르는 말.
主情[주정] ジジョウ〈哲〉인간의 정신 활동 가운데 이성이나 의지보다 감정을 우위(優位)로 하는 일. 또는 그 자세.「一主義」
主題[주제] ジダイ ① 주요한 제목. 연구나 논문 등에서 중심이 되는 제목. ② 작자가 작품에서 그리려고 하는 주요한 제재(題材) 곧 작품의 중심이 되는 근본적인 문제나 사상.
主體性[주체성] ジタイセイ 자기 자신의 판단에 의하여 행동하는 입장.
主催[주최] ジサイ 어떠한 회합(會合)이나 행사를 주장하여 엶.

丿 部

【丿】¹₀ | 별 | 삐칠 | 入屑 | ヘツ

*【乃】²₁ | ①내 ②애 | 이에 | 上賄 上賄
ダイ・ナイ
すなわち

筆順 `ノ 乃`
意味 ① 이에. ② 어조사. ③ 너. 즉. ② 배젓는 소리.

[ノ部] 2~9획·[乙(乚)部] 0획

*[久]³ ₂ノ |구 |오랠 |㊤有|
キュウ・ク
ひさしい

筆順 ノク久

解字 會意. 사람을 뜻하는 人이 변한 ク와 사람을 뒤에서 만류하는 뜻의 부호 ╲를 합쳐, 사람이 멈춰 서서 움직이지 않는다는 뜻을 나타냄. 후에 오래다의 뜻으로 쓰이게 됨.

意味 ① 오램. ② 언제까지나 변함이 없음. ③ 기다림. ④ 막음. 가림.

[之]⁴ ₃ノ |지 |갈 |㊤支|
シ
ゆく・の・これ

筆順 ゛ン之

意味 ① 감. ② 이름(至). ③ 이(是). 이것(此). 센 뜻의 조사. ④ 의. 주어. 소유를 나타내는 조사.

[乍]⁵ ₄ノ |사 |잠깐 |㊡禡|
サ
はじめて・たちまち

筆順 ノ丨ケ乍

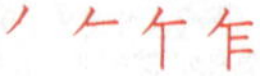

意味 ① 잠깐. 갑자기. ② 처음으로.

[乏]⁵ ₄ノ |핍 |없을 |㊅洽|
ホウ・ボウ
とぼしい

筆順 ノ丆チ乏

解字 指事. 모자란다는 뜻의 글자를 족하다는 뜻의 正[본디는 足과 같은 글자]자를 반대로 한 꼴로 나타냄. 모자람·없음의 뜻으로 쓰임.

意味 ① 부족함. 헛됨. 없음. ② 빈약함. 가난함. ③ 떨어짐. ④ 노곤함.

[乎]⁵ ₄ノ |호 |어조사 |㊤虞|
コ・オ
か・や

筆順 ノ丷匝乎

意味 ① 의문·반대 등을 나타내는 조사. 온. 아. ② 의심함. 그런가. ③ 전치사. 에.=於·于 ④ 감탄의 말. 아아. =呼

[乖]⁸ ₇ノ |괴 |어그러질 |㊤佳|
カイ
そむく

筆順 ノ一千千壬乖乖

意味 ① 배반함. ㉠거역함. ㉡떨어짐. ㉢갈라짐.「—離」어그러짐. 괴이함.

乖離[괴리]カイ 서로 등지어 떨어져 나감.

乖違[괴위]カイ 어그러져 틀림.

[乗]乘 (차상)의 속자

[乘]¹⁰ ₉ノ |승 |탈 |㊦蒸|
ショウ・ジョウ
のる

筆順 ノ一千丞乖乖乘

解字 會意. 人과 木을 합쳐 사람이 나무 위에 올라 탄다는 뜻을 나타냄. 일반적으로 물건 위에 탄다는 뜻으로 쓰임.

意味 ① 탐. 태움. ② 올라감. (↔降) ③ 기회를 틈타서 함. ④〈數〉곱함.「一法」↔除 ⑤ 말 넷이 끄는 수레. ⑥ 탈 것. ⑦ 부처님의 가르침.

乘數[승수]ジョウ〈數〉곱하는 수.

乘輿[승여]ジョウ ① 임금이 타는 수레. ② 임금. ③ 탈것의 총칭.

乘積[승적]ジョウ〈數〉둘 이상의 수나 식을 곱셈하여 얻은 수. 적(積).

乙(乚)部

*[乙]¹ ₀乙 |을 |둘째천간 |㊅質|
イツ・オツ
きのと

筆順 乙

解字 象形. 쥐는 곳이 한가운데에 있고 양쪽에 굽고 뾰족한 날이 있는 작은 칼을 본뜸. 후에 십간의 둘째로 씀.

意味 ① 둘째 천간. ② 오행에서의 나무. ③ 사물의 둘째 번. ④ 표함. ⑤ 굽음.

乙時[을시] 24시의 여덟째 시. 곧 상오 6시 반부터 7시 까지의 사이.

[乙(し)部] 1~12획

乙姬[을희]《日》① 귀인(貴人)의 작은 따님. ② 신분이 높은 젊은 여자. ③ 용궁(龍宮)에 산다는 미녀.

九 2획 乙1 │1 구│2 규│ 아홉 │㉠有 ㉡尤
キュウ・ク
ここのつ

[筆順] ノ 九

[解字] 象形. 팔꿈치가 굽은 모양을 본뜸. 수사의 아홉의 뜻으로 쓰임.

[意味] ① ① 아홉. ② 수나 회수가 많음. 「一牛毛」 ③ 역(易)에서의 양수(陽數). ↔六 ② 모음.

九輪[구륜]《佛》 절의 탑 위에 있는 아홉 겹의 금으로 만든 테의 장식.

乞 3획 乙2 │1 걸│2 기│ 빌 │㉠物 ㉡末
コツ・キツ・コチ
こう

[筆順] ノ 一 乞

[意味] ① ① 빎. 달라고 함. 구함. ② 동냥함. 거지. ② 빌림. 빌려 줌.

乞食[걸식] ① 밥이나 물건을 구걸함. 빌어 먹음. ②《佛》 중의 행실을 닦는 일의 하나.

也 3획 乙2 │1 야│ 이끼 │㉠馬
ヤ
なり

[筆順] ㄱ ㄱ 也

[意味] ① 단정의 뜻을 나타내는 조사. 이끼. 라. ② 의문·반어 등을 나타내는 조사. ③ 응당. ④ 또한.

[乱] 亂(乙부12획)의 속자

乳 8획 乙7 │ 유│ 젖│㉠囊
ニュウ・ジュ・ニュ
ちち・ち

[筆順] 一 四 乎 乎 乳

[解字] 會意. 낳다의 뜻인 孚와 제비라는 뜻의 乚를 합쳐 낳다의 뜻. 널리 기르다·기르는 젖의 뜻으로 쓰임.

[意味] ① 젖. 유방. ② 젖처럼 흰 액체. ③ 기름. ④ 낳음. ⑤ 유방과 같이 생긴 것. 「鐘一」 ⑥ 어버이.

乳母[유모] 젖어머니. 어린애를 낳은 어머니를 대신하여 젖을 먹여 기르는 여자. 유인(乳人).

乳鉢[유발] 약을 이기거나 갈아서 가루를 만들 때에 쓰는 그릇. 사기나 유리로 만듦.

乳房[유방] 젖을 분비하는 기

乾 11획 乙10 │1 건│2 간│ 하늘 │㉠先 ㉡寒
カン・ケン・ゲン
かわく・いぬい

[筆順] 一 十 古 古 卓 乾 乾

[解字] 形聲. 초목이 자라나는 모양을 나타낸 乙과 음을 나타내는 倝(건·간)을 합쳐 하늘로 올라 감을 뜻함. 후에 마르다의 뜻으로 씀.

[意味] ① ① 팔괘·육십 사괘의 하나. ↔坤 ② 하늘[天]. ↔坤 ③ 천자. ④ 서북쪽. ② 마름. 말림.

乾物[간물] 마른 어육물(魚肉物). 북어 따위.

乾枯[건고] 초목 등의 물기가 마름.

乾魚[건어] 말린 물고기.

乾元[건원] 하늘의 이치. 하늘.

乾材[건재] 한약의 약재.

乾燥[건조] ① 물기가 없고 마름. 「無味一」 ② 재미가 없음.

亂 13획 乙12 │ 란│ 어지러울 │㉠翰
ラン・ロン
みだれる

[筆順] 一 四 骨 骨 亂 亂

[解字] 形聲. 다스린다는 뜻인 司의 변형인 乚과 음을 나타내는 𠃌(란)을 합쳐 어지러움을 다스린다는 뜻. 후에 어지러워지다의 뜻으로 쓰임. 𠃌이 본디 글자이며, 헝클어진 실을 두 손으로 풀고 있는 모양을 본뜬 것임.

[意味] ① 어지러워짐. 어지럽힘. ㉠혼란함. ㉡갈피를 못 잡음. ㉢전란이 일어남. ㉣예의를 잃어 버림. ㉤함부로. 마구. ↔治 ② 다스림. =理

亂動[난동] 함부로 행동함.

亂獲[난획] 물고기나 산짐승을 함부로 잡는 것. 남획(濫獲).

亅 部

【亅】 0획 | 궐 | 갈고리 | ⑤ 月

*【了】 1획 | 료 | 마칠 | ⑤ 篠 | リョウ おわる

筆順 ノ了

解字 象形. 다발로 묶은 끈 모양을 본뜸. 매듭을 짓다·끝나다의 뜻. 후에 분명하다의 뜻으로 씀.

意味 ① 마침. 끝냄. 「完─」 ② 분명함. = 瞭 ③ 깨달음. ④ 어조사.

*【予】 3획 | 여 | 나 | ⑤ 魚

われ·あたえる·あらかじめ

筆順 フマ予予

解字 象形. 베틀에서 씨실을 통하게 하는 북을 좌우로 보내는 모양을 본뜸. 좌우로 건네다·주다의 뜻을 나타냈던 것이 후에 우리·나라는 뜻으로 쓰임.

意味 ① 줌. =與 ② 나. =余

*【事】 7획 | 사 | 일 | ⑤ 實 | こと

筆順 一一一一一一事

解字 會意. 가지가 뻗은 나무에 작은 깃발을 달아 놓은 모양인 丏과 손을 뜻하는 手로 만들어진 글자. 관청에서 하는 일·장사의 뜻을 나타냄. 일의 뜻으로 씀.

意味 ① 일. ㉠일의 형편. ㉡사건. ② 일로 삼음. ③ 섬김. =仕 ④ 다스림.

二 部

*【二】 0획 | 이 | 두 | ⑤ 實 | ニ·ジ ふたつ

筆順 一二

解字 指事. 둘이라는 수를 두 개의 가로줄로 나타냄.

意味 ① 둘. 두 날. 두 번. 다시. ② 둘째. 제이. ③ 배반하고자 하는 마음.

*【于】 1획 | 우 | 갈 | ⑤ 虞 | ウ ここに

筆順 一二于

意味 ① 전치사. =於·乎 ② 감. ③ 함. ④ 탄식함. 「嗟─」 ⑤ 부터. ⑥ 어조사.

*【五】 2획 | 오 | 다섯 | ⑤ 麌 | ゴ いつつ

筆順 一丅万五

解字 象形. 물레 모양을 본뜸. 수사의 다섯으로 쓰이게 됨.

意味 ① 다섯. 다섯 번. 「一─」

五里霧中[오리무중]ｾﾞﾝ 짙은 안개가 끼어 방향을 알 수 없는 곳에서 길을 찾아 헤맨다는 뜻으로 무슨 일에 관하여 알 길이 없거나 허둥지둥함을 일컫는 말.

五福[오복]ｸﾞ 수(壽)·부(富)·강녕(康寧)·유호덕(攸好德)·고종명(考終命)의 다섯 가지 복.

【云】 2획 | 운 | 이를 | ⑤ 文 | ウン いう

筆順 一二云云

意味 ① 이름.「言」㉠스스로 말함. ㉡다른 이의 말을 끌어 들여서 말함. ② 움직임. ③ 돌아 감. ④ 성(盛)함.

【井】 2획 | 정 | 우물 | ⑤ 梗 | セイ·ショウ

筆順 一二井井

解字 象形. 우물 난간 모양을 본뜸. 우물이라는 뜻을 나타냄.

意味 ① 우물. ② 땅속의 물건을 파내는 구멍. 「油─」 ③ 우물의 틀.

井井[정정]ｾﾞﾝ ① 구획이 바른 모양. 정연(井然). ② 왕래가 매우 잦은 모양.

【互】 2획 | 호 | 서로 | ⑤ 遇 | ゴ たがい

筆順 一丆互互

解字 象形. 좌우 번갈아 가며 새끼를 감는 기구의 모양을 본뜬 것이니. 서로·번갈다의 뜻.

意味 ① 서로. 「相─」 ② 교대로. 「交─」

互讓[호양] 서로 사양함.

【互】6획 乙4 | 긂 | 뻗칠 | ㉮徑 | わたる
コウ

【亘】6획 二4 | ①선 ②환 | 베풀 | 先 寒
コウ・セン・カン
わたる

筆順 一 厂 亓 百 亘

意味 ①㉠베풂. ②구(求)함. ③ 폄(布). ②굳셈.=桓

【些】7획 二5 | 사 | 적을 | ㉮麻
サ・シャ
いささか

筆順 丨 ㅏ 止 止 此 些

意味 ①적음[少]. 잗닮. 「一少」② 어조사.

些些[사사] 작고 적음. 하찮음.

【亜】(차왕)의 속자.

【亞】8획 二6 | 아 | 버금 | ㉮碼 | アつぐ

筆順 一 丌 丌 歪 歪 哑 亞 亞

解字 亞 象形. ㉠꼴로 땅을 파내려 간 혈거 주택 모양을 본듬. 후에 잇다의 뜻으로 쓰임.

意味 ①㉠뒤를 이음. ㉡두 번째. 버금. ㉢준함. 「一熱帶」② 아시아(亞細亞)의 약칭.

亞聖[아성] ㉠성인에 버금 가는 사람. ㉡맹자 또는 안 연(顔淵)을 일컬음.

亠 部

【亠】2획 亠0 | 두 | 돼지해밑 | ㉮尤
トウ
なべぶた

【亡】3획 亠1 | ①망 ②무 | 잃을 | ㉮陽 ㉯虞
ボウ・モウ
ほろびる

筆順 丶 亠 亡

解字 亡 會意. 사람을 뜻하는 亻와 늘을 뜻하는 乚을 합쳐 늘에 숨다의 뜻. 널리 없어짐·망하다의 뜻으로 씀.

意味 ①㉠멸망함. 멸망시킴.↔存 ㉡잃음. ㉢죽음.「死一」④ 달아남.「逃一」②없음.

亡靈[망령] 죽은 사람의 영혼.

亡命[망명] 혁명 또는 그 밖의 정치적인 이유로 자기 나라에서 살지 못하고 남의 나라로 몸을 피하여 옮김.

亡身[망신] 자기 지위나 명예를 망침.

【亢】4획 亠2 | 항 | 목 | ㉮漾
コウ
のど・たかぶる

筆順 丶 亠 广 亢

意味 ①목. 목덜미. ②높음. ③높아짐. 앙양됨. ④막음.=抗 ⑤극진함. ⑥굳셈. ⑦별 이름.

亢進[항진] ①위세 있게 뽐내며 나아감. ②병세(病勢) 등이 심하여짐.「心悸一」앙진(昂進).

【交】6획 亠4 | 교 | 사귈 | ㉮肴
コウ・キョウ
まじわる・まじる

筆順 丶 亠 六 亣 交

解字 交 象形. 사람이 다리를 걸치고 있는 모양을 본듬. 교차의 뜻으로 쓰임.

意味 ①교차함. ㉠엇갈림. ㉡달라붙음. ㉢남녀가 교접함. ② 섞임. 섞음. ③ 사귐. ④ 교대교대. ⑤ 주고 받음.

交流[교류] ①근원을 달리한 물이 서로 뒤쉬이어 흐름. ②서로 주고 받음. ③〔物〕일정한 시간마다 번갈아 역방향으로 흐르는 전류. ↔직류(直流)

交付[교부] 서류나 물품을 건네 줌.

交聘[교빙] 나라와 나라 사이에 서로 사신(使臣)을 보냄.

交涉[교섭] ①어떤 일을 이루기 위하여 서로 의논함. ② 어떤 일에 관계함.

交友[교우] ① 교제하는 친구. ② 친구를 사귐.「一關係」

【亦】6획 亠4 | 역 | 또 | ㉮陌 | エキ・ヤクまた

[一部] 4~11획·[人部] 0획

亦
筆順: 一ナオ亣亦
意味: ① 또. ② 또한. ③ 모두. ④ 큼.
亦是[역시] 또한.

亥 6-4 | 해 | 열두째지지 | 上賄
ガイ
い
筆順: 一亠亠亥亥亥
意味: ① 십이 지지의 맨 끝. 돼지띠. ② 돼지. ③ 북북서(北北西). ④ 해시(亥時). 오후 9〜11시. ⑤ 오행에서는 물.
亥方[해방] 24방위(方位)의 하나. 북쪽에서 조금 서쪽에 가까운 방위.

亨 7-5 ①향 ②형 ③팽 | 형통할 | 上庚 養 庚
キョウ·コウ·ホウ
とおる
筆順: 一亠亠亡亨亨
意味: ① 형통함. 뜻대로 일이 됨. ② 드림. ③ 삶음.

京 8-6 | 경 | 서울 | 上庚
ケイ·キョウ·キン
みやこ
筆順: 一亠亠宁亨京京
解字: 象形. 언덕 위에 세워진 집 모양을 본뜸. 지배자의 저택이나 신전 같은 것이 있는 장소·서울이라는 뜻으로 쓰임.
意味: ① 서울. 도읍지.=都 ② 높은 언덕. ③ 수의 이름. 조(兆)의 일만 배.
京畿[경기] ① 서울을 중심으로 한 가까운 지역. 기내(畿内). ② 당(唐)의 도(道) 이름. 지금의 섬서성(陝西省) 중부. ③ 서울. ④ 경기도(京畿道).

享 8-6 | 향 | 누릴 | 上養
キョウ
うける
筆順: 一亠亠宁亨享享
解字: 象形. 시가를 둘러싼 성벽 위의 높은 건물을 본뜸. 후에 올리다[바치다]·받다의 뜻으로 쓰임.
意味: ① 누림. ② 드림. 바침. ③ 잔치. =饗 ④ 제사.

亮 9-7 | 량 | 밝을 | 去漾
リョウ
あきらか
筆順: 一亠亠宁亨亮亮
意味: ① 밝음. 분명함.=瞭 ② 성실. ③ 도움.
亮月[양월] 밝은 달. 교월(皎月).
亮直[양직] 마음이 공명 정대(公明正大)함.

亭 9-7 | 정 | 정자 | 平青
テイ·チン
筆順: 一亠亠宁亨亭亭
解字: 形聲. 건물을 뜻하는 高과 음을 나타내는 丁(정)을 합쳐서 머물러 쉬는 집이라는 뜻.
意味: ① 역참(驛站). 「驛」 ② 망대. ③ 정자. ④ 멈음.=停 ⑤ 높이 솟아 있는 모양.「——」
亭午[정오] 낮 12시. 정오(正午).
亭亭[정정] ① 높이 우뚝 솟은 모양. ② 매우 아름다운 모양. ③ 노인으로서 건강한 모양.
亭主[정주] ① 요리집이나 여관 등의 주인. ② 한 가정의 주인.

亶 13-11 | 단 | 믿을 | 上旱
タン·ダン·テン·セン
まこと·ほしいまま
筆順: 一亠宁宙面曺亶
意味: ① 믿음. ② 진실로. ③ 도타움. ④ 큼. ⑤ 많음. ⑥ 옷을 벗음.
亶亶[단단] 평평한 모양.

人(亻)部

人 2-0 | 인 | 사람 | 平眞
ジン·ニン
ひと
筆順: ノ人
解字: 象形. 사람이 몸을 굽히고 서 있는 모양을

[人部] 2~3획

옆으로 본 것을 본뜸. 사람이라는 뜻. 부수로서는 사람에 관한 것을 나타냄.
意味 ① 사람. 인간. ② 사람마다. ③ 타인. ④ 뛰어난 인물. ⑤ 백성.「一民」⑥ 사람을 셀 때의 단위. ⑦ 성질.

人間[인간] 닝ゲン ① 사람. 인류. ② 사람이 사는 사회. 세상(世上).

人格[인격] ジンカク 사람의 됨됨이. 인품(人品).「一者」

人權[인권] ジンケン 사람이 사람으로서 당연히 가지는 자유와 평등의 권리.

人生観[인생관] カン 인생의 가치·목적·의미 등에 관하여 가지는 견해.

人選[인선] センセン 많은 사람 가운데서 적당한 사람을 뽑음.

*【介】人² 4 ①개 ②갈 | 낄 | 図卦 | カイ
 ㊥點

筆順 ノ 人 介 介

解字 介 會意. 人과 물건을 가른다는 뜻인 八을 합쳐 사람이 물건을 가르다의 뜻.

意味 ① ① 낌.「一在」② 도움. 보좌함. ③ 중개(仲介). ④ 사이에 둠. ⑤ 경계(境界). ⑥ 갑옷. ⑦ 절개. ② ⑧ 홑 짐승. 외짝 짐승.

介意[개의] カイイ 마음에 두고 생각함.

介入[개입] カイニュウ 사이에 끼어 듦. 사건에 관계하게 됨.「(介立)」

介在[개재] カイザイ 사이에 끼어 있음. 개립

介錯[カイシャク]《口》① 시중을 듦. 또는 그 사람. ② 할복(割腹)하는 사람의 목을 잘라 줌. 또는 그 사람.

*【今】人² 4 금 | 이제 | ㊥侵
 キン・コン
 いま

筆順 ノ 人 ㄙ 今

解字 今 會意. 지붕을 뜻하는 스와 물건을 뜻하는 一을 합쳐 지붕 밑에 물건이 감추어져 있음을 나타냄. 陰·隱의 원자(原字)이나 원의(原意)는 없어지고 오로지 지금의 뜻으로 바뀜.

意味 ① 이제. ②현재. ③오늘. ④지금 시대.↔古 ⑤요즘. ⑥ 곧. ③ 만약. 가정의 뜻을 나타내는 조사.

今昔之感[금석지감] コンジャクのカン 현재와 과거를 비교하여 그 차이가 심함을 느낌.

今時[금시] いまジ 이제. 지금. L끼는 정.

【仄】人² 4 측 | 기울 | ㊥職
 ソク・ショク
 ほのか

筆順 一 厂 厂 仄

意味 ① 기움. ② 희미함. 또렷하지 않음.「一聞」③ 천함. ④ 詩에서 운(韻)의 구별상, 상성·거성·입성에 속하는 글자. ↔平

仄聞[측문] ソクブン 풍문에 들음.

仄注冠[측주관] 우뚝 솟고 끝이 수그러진 모양의 관.

【仝】人³ 5 ① 동 | 한가지 | ㊥東
 ドウ・トウ
 おなじ

*【令】人³ 5 령 | 하여금 | ㊥庚
 レイ・リョウ

筆順 ノ 人 ㄙ 今 令

解字 令 會意. 모은다는 뜻의 스와 무릎을 꿇은 사람 모양을 본뜬 卩을 합쳐 사람들을 모아 명령·포고하다라는 뜻을 나타냄.

意味 ① 하여금. ② 시킴. ③ 가령. ④ 법률.「律一」⑤ 벼슬. 이름. ⑥ 명령. ⑦ 착함. ⑧ 철. 시절.「月一」⑨ 성(姓)의 하나.

令德[영덕] レイトク 아름다운 덕행. 미덕.

令妹[영매] レイマイ ① 좋은 누이 동생. ② 남의 손아래 누이에 대한 높임말.

令夫人[영부인] レイフジン ① 신분이 높은 사람의 부인에 대한 높임말. ② 남의 부인에 대한 높임말. 영실(令室).

令狀[영장] レイジョウ 법원이나 관청의 명령을 전하는 문서.「拘束一」「徴集一」

令兄[영형] レイケイ ① 남의 형에 대한 높임말. ↔영제(令弟). ② 자기의 형에 대한 높임말.

*【以】人³ 5 이 | 할 | ㊤紙
 イ
 もって

筆順 ㇄ ㇄ レ レ〻 以

[人部] 4~11획·[亻部] 2획

几
解字 會意. 人과 물건을 뜻하는 ㅂ을 합쳐 가지다·거느리다의 뜻을 나타냄.
意味 ① 합(合). ② 써. 으로써. ③ 씀[用]. ④ 까닭. 「所一」 ⑤ 함께. ⑥ 거느림. ⑦ 생각함. ⑧ 이미. ⑨ 심히. ⑩ 부터. 「一南」
以來[이래] 어느 일정한 때부터 그 뒤. 그러한 후로.
以上[이상] ① 어느 일정한 한도의 위. ↔이하(以下) ② 문장이나 편지 등의 끝에 써서 끝맺음을 나타내는 말. ③ 더 나음.
以心傳心[이심전심] 〈佛〉 문자나 언어를 사용하지 않고 마음에서 마음으로 전함. 말로써 설명하기 어려운 심오(深奧)한 뜻은 마음으로 깨닫는 수밖에 없다는 뜻. 심심 상인(心相印).

企 人4 6획 | 기 | 발돋움할 | 田寶
キ
くわだてる
筆順 ノ 人 个 仐 企 企
解字 會意. 人과 발[다리]을 뜻하는 止를 합쳐 발뒤꿈치를 들고 멀리 본다는 뜻을 나타냄. 널리 바람·획책함의 뜻으로 쓰임.
意味 ① 획책함. 계획함. ② 피함. ③ 발돋움함. ④ 절실히 생각함.

[会] 會 (日부 9획)의 약자
[来] 來 (亻부 6획)의 약자

余 人7 5획 | 여 | 나 | 田魚
ヨ
あまる

來 人8 6획 | 래 | 올 | 田灰 ライ
| 2 | 리 | | 田支 くる
筆順 一 厂 刃 夾 來 來
解字 象形. 이삭이 드리워진 보리 모양을 본뜬 것. 보리를 뜻함. 후에 오다의 뜻으로 쓰임.
意味 ① ① 옴. 「一往」 ② 돌아옴. ③ 그로부터. 「以一」 ④ 보리. ⑤ 오대손(五代孫). ⑥ 위로함. ② 이름[至]. 미침.
來年[내년] 금년의 다음해. 명년(明年). ↔작년(昨年)
來談[내담] 와서 상담(相談)함. 와서 이야기함.

俎 人7 9획 | 조 | 도마 | 田語
ショ・ソ
まないた
筆順 ノ 夕 夕 刟 刟 刟 俎
意味 ① 도마. ② 적대(炙臺). 제물(祭物)을 담는 그릇.
俎豆[조두] ① 제사(祭祀) 때에 쓰는 그릇. ② 제사를 지냄.
俎上[조상] 도마 위.

倉 人8 10획 | 창 | 곳집 | 田陽
ソウ・ショウ
くら
筆順 ノ 人 人 今 今 侖 侖 倉
解字 會意. 食의 생략체인 亠과 口를 합하여 곡식을 넣어 두는 네모진 창고의 뜻.
意味 ① 곳집. 창고. ② 갑자기. 당황함. 「一卒」 ③ 애통함. ④ 초상남. ⑤ 성(姓)의 하나.
倉庫[창고] 곳집. 재물이나 화물(貨物)을 넣어 두는 집.
倉卒[창졸] 매우 급함. 창황(倉皇).
倉荷[창하] 창고 속에 있는 짐.

傘 人10 12획 | 산 | 우산 | 田旱
サン
からかさ·かさ
筆順 ノ 人 人 众 众 傘 傘
意味 우산. 양산.
傘下[산하] 보호를 받는 어떤 세력의 밑. 「一團體」

僉 人11 13획 | 첨 | 다 | 田鹽
セン
みな
筆順 ノ 人 人 合 合 命 命 僉
意味 ① 다. 모두. ② 여럿. ③ 도리깨.
僉意[첨의] 여러 사람의 의견.

亻 部

仇 亻2 4획 | 구 | 짝 | 田尤
キュウ
あだ
筆 亻 亻 仇
解字 ① 짝. 동반자. 「一匹」 ② 원수.

[亻部] 2~3획

적. ③ 해침. ④ 거만함. ⑤ 잔(盞)질함.
仇敵[구적] ⁺⁺⁺⁺ 원수(怨讐).

[仏] 佛(亻부 5획)의 약자

[仁] ⁴₁₂ | 인 | 어질 | ㉿眞 |
ジン・ニン

筆順 ノ 亻 仁 仁

解字 會意. 亻과 二를 합쳐 두 사람이 가까이 지냄을 나타냄. 널리 자애를 베풀다의 뜻으로 쓰임.
意味 ① 가까이 지냄. 친밀. 친숙. ② 정. 생각해 줌. 어짊. ③ 불쌍히 여김. ④ 참음. 견딤. =忍 ⑤ 유교에서 사람으로서의 대본(大本)을 일컬음. ⑥ 먹이 많은 사람. 「一者」 ⑦ 과일의 씨.
仁德[인덕] ジン(ニン) 어진 덕(德). 인자하여 동정심이 많은 덕.
仁術[인술] ジンジュツ 인(仁)을 행하는 방법. ② 의술(醫術)을 일컫는 말.
仁義[인의] ジンギ 인(仁)과 의(義).
仁愛[인애] ジンアイ 어질고 남을 사랑함. 어진 사랑. 자애(慈愛).

[仍] ⁴₁₂ | 잉 | 그대로 | ㉿蒸 |
ジョウ・ニョウ
よる

筆順 ノ 亻 仂 仍

意味 ① 그대로. 인(因)함. ② 말미암음. ③ 거듭. ④ 뜻을 잃음. 실망한 모습.
仍舊[잉구] ジョウキュウ 전례(前例)를 좇음.
仍仍[잉잉] ジョウジョウ ① 많음. ② 뜻을 이루지 못함. 실의(失意)한 모양.

[什] ⁴₁₂ | ①십 ②집 | 열사람 | ㉿緝俗音 |
ジュウ

筆順 ノ 亻 仁 什

意味 ① ① 열 사람. 십인조. ② 열. =十 ③ 책권(卷). ② 세간. 일상 생활에 쓰는 기물.
什麼[심마] ジュウマ·いか 의문(疑問)의 뜻을 나타낼 때 쓰는 속된말.
什器[집기] ジュウキ 살림살이에 항상 사용되는 기구(器具).

[代] ⁵₁₃ | 대 | 대신 | ㉿隊 |
タイ・ダイ
かわる・よ

筆順 ノ 亻 亻 代 代

解字 形聲. 亻과 음을 나타내는 弋(대)를 합쳐 대신한 사람이라는 뜻. 일반적으로 바꿔치기를 함·갚음의 뜻으로 쓰임.
意味 ① 대신함. ② 교대교대로. 섞바꿔. ③ 세상. ④ ㉠시세(時世). ㉡왕조(王朝). ㉢사람의 일생. ㉣계승의 순위. 「第三一」 ⑤ 갚. 「一金」
代價[대가] ダイカ 물건의 값. 대금(代金).
代金[대금] ダイキン 물건을 산 사람이 판 사람에게 지불하는 돈. 대가(代價).
代理[대리] ダイリ 남을 대신하여 일을 처리함. 또는 그 사람.
代辯[대변] ダイベン 남을 대신하여 그의 의견이나 태도를 책임지고 말함.
代身[대신] ① 남을 대리함. ② 새 것으로나 다른 것으로 바꾸어 갈아 채움.
代置[대치] ダイチ 어떤 물건을 대신에서 다른 물건을 놓음. 바꾸어 놓음.
代行[대행] ダイコウ 대신 행함. 섭행(攝行).

[付] ⁵₁₃ | 부 | 붙일 | ㉿遇 |
フ
つける

筆順 ノ 亻 亻 付 付

解字 形聲. 亻과 음을 나타내는 父(부)의 변형인 寸을 합쳐 사람에게 주다·붙이다의 뜻.
意味 ① 붙임. 붙음. ㉠덧붙임. ㉡따라 가게 함. ㉢맡김. 「一託」 ㉣써 놓음. ② 줌. 넘겨 줌. 「交一」 ③건넴. 「一與」 ④ 부탁.

[仕] ⁵₁₃ | 사 | 벼슬 | ㉿紙 |
シ・ジ
つかえる

筆順 ノ 亻 亻 什 仕

解字 形聲. 亻과 음을 나타내는 士(사)를 합쳐 부림을 받는 사람·섬기다의 뜻.
意味 ① 섬김. ② 벼슬. 벼슬함. ③ 살핌. ④ 일삼음.
仕官[사관] シカン ① 관리가 되어 종사함. ② 부하가 매달 상관에게 뵈는 일.

[仙] 5 | 선 | 신선 | 先

筆順 ノイイ仙仙
意味 ① 신선. ㉠불로 불사술(不老不死術)을 간직한 사람.「一人」㉡속된 생활을 떠난 사람. ② 선교(仙敎). ③ 센트. 미국 화폐의 단위.

仙境[선경] ① 신선이 산다는 곳. 선계(仙界). ② 속세의 분위기를 떠난 신비스럽고 조용한 곳. 「境」.
仙界[선계] 신선이 사는 곳. 선경(仙境).
仙遊[선유] ① 신선이 되어 자유 로움. ② 죽음에 대한 높임말.
仙人[선인] ① 속세를 떠나 산중에 살며 불로 장생(不老長生)·신변 자재(神變自在)의 술법(術法)을 얻었다고 하는 사람. 신선(神仙). ② 고구려 때의 벼슬의 한 가지.

[仞] 5 | 인 | 길 | 霰

筆順 ノイ仞仞仞
意味 ① 길[長]. ② 물 깊이를 잼. ③ 깊음. ④ 참[滿]. ⑤ 앎. 인정함.

[仔] 5 | 자 | 맡길 | 紙

筆順 ノイイ仔仔
意味 ① 자세함. ② 물고기나 벌레의 새끼. ③ 맡김. ④ 짐. 멤.
仔細[자세] 자상하고 세밀함.

[仗] 5 | 장 | 병장기 | 漾

筆順 ノイ仁仕仗
意味 ① 병장기. 무기. ② 지키는 일.「儀一」③ 지팡이. =杖 ④ 기댐. 의지함.—
仗隊[장대] 의장대의 대열.
▼開仗(개장) /鎧仗(개장) /器仗(기장) /兵仗(병장) /憑仗(빙장) /信仗(신장)

[仟] 5 | 천 | 천사람 | 先

筆順 ノイ仁仟仟
意味 ① 천 사람의 어른. 천명의 우두머리. ② 일천. 백의 열배. =千 ③ 밭두둑. =阡「一陌」④ 풀이 무성한 모양.
仟伯[천백] ① 천백(千百). ② 밭 사이의 길. 남북(南北)을 천(仟), 동서(東西)를 백(伯)이라 함.

[他] 5 | 타 | 남 | 歌

筆順 ノイ仂他他
解字 形聲. イ과 음을 나타내는 它(타)의 변형인 也를 합쳐서 다른·딴이라는 뜻.
意味 ① 다름. 다른 곳. 관계 없는 일. ② 남. ③ 딴 마음.「一心」④ 간사함. ⑤ 누구.
他見[타견] ① 다른 사람이 봄. 다른 사람의 눈에 띔. ② 다른 사람의 의견.

[价] 6 | 개 | 착할 | 卦

筆順 ノイ仁价价
意味 ① 착함. ② 큼. ③ 사신(使臣).

[仮] 假(イ부 9획)의 약자

[件] 6 | 건 | 구분할 | 銑

筆順 ノイ仁仁件件
解字 形聲. イ과 음을 나타내는 牛(건)의 약자 ⺧를 합쳐 가르다의 뜻.
意味 ① 구분함. 가름. ② 것[물건·사건, 조건 등]. ③ 건[벌, 가지].
件名[건명] ① 문서(文書)의 제목. ② 사물의 이름. ③ 범죄 사건의 명칭.

[伋] 6 | 급 | 생각할 | 緝

筆順 ノイ仁仍仍伋
意味 ① 생각함. ② 공자의 손자 이름. ③ 간사함.
伋伋[급급] 남을 속이는 모양.

[伎] 6 | 기 | 재주 | 紙

筆順 ノイ仁仕伎伎
意味 ① 재주. 솜씨. =技 ② 기생. =妓 ③ 배우. ④ 천천히 모양. ⑤ 육발이.

[亻部] 4획

【仿】 6획 | 亻4 | 방 | 비슷할 | ㊀㊂ | ホウ

筆順 ノ イ 亻 仁 仿 仿

意味 ① 비슷함. ② 배회함. ③ 흥내냄.

【伐】 6획 | 亻4 | 벌 | 칠 | ㊀月 | バツ | うつ

筆順 ノ イ 亻 代 伐 伐

解字 會意. 사람을 뜻하는 亻과 창 종류인 무기 戈를 합쳐 사람의 목을 잘라 죽이는 모양을 나타냄. 죄인을 벤다는 뜻. 널리 치다·공격하다의 뜻으로 쓰임.

意味 ① 침. 적을 침. ② 벰. 나무를 자름. ③ 죽임. ④ 자랑함. ⑤ 공. =閥

伐木[벌목] 나무를 베어 냄.
伐採[벌채] 나무를 베어 내고 섶을 깎아 냄. 채벌(採伐).

【伏】 6획 | 亻4 | ①복 ②부 | 엎드릴 | ㊀屋 ㊁宥 | フク | ふせる

筆順 ノ イ 亻 仁 伏 伏

解字 會意. 亻과 犬을 합쳐 사람 곁에 개가 엎드리다의 뜻으로 쓰임.

意味 ① ① 엎드림. ㉠고개를 숙임. ㉡누워 잠. ㉢숨음. ㉣따름. =服 ② 숨겨져 있는 것. 「一兵」 ③ 복[여름 중 한창 더울 때]. 「三―」 ④ 새가 알을 품음.

伏望[복망] 웃어른의 처분을 바람.
伏慕[복모] 웃어른을 공손히 사모함.
伏兵[복병] ①〈軍〉적병(敵兵)을 별안간에 치기 위하여 요지(要地)에 군사를 숨기어 둠. 또는 그 군사.
伏暑[복서] 복 더위를 먹음. 음서(飮暑).
伏線[복선] ①〈文〉소설·희곡에서 뒤에 일어날 일을 독자에게 미리 암시하여 두는 작법(作法). ② 뒷일에 대비하여 암암리(暗暗裡)에 베푸는 준비.
伏願[복원] 웃어른께 삼가 원함.
伏日[복일] 복날. 초복(初伏)·중복(中伏)·말복(末伏)의 날.
伏在[복재] 표면에 나타나지 않고 가만히 숨겨져 있음.
伏中[복중] ① 초복(初伏)에서 말복(末伏)까지의 사이. ② 한창 더울 때.

【仰】 6획 | 亻4 | 앙 | 우러러볼 | ㊀養 | コウ·ギョウ·ゴウ | あおぐ·おおせ

筆順 ノ イ 亻 仁 仰 仰

解字 形聲. 亻과 음을 나타내는 卬을 합쳐 사람을 우러러 보다의 뜻임.

意味 ① 우러러 봄. ②쳐다봄. ↔俯 존중함. 떠받듦. 「俗―」 ㉢단숨에 들이킴. 독약 같은 것을 마심. ② 분부. 명령.

仰角[앙각] ㊀㊂ 높은 데 있는 목표물을 관측할 때, 시선과 지평선이 이루는 각도. ↔부각(俯角)
仰望[앙망] ① 우러러 봄. 앙견(仰見). ② 삼가 바람.

【伍】 6획 | 亻4 | 오 | 다섯사람 | ㊀麌 | ゴ | くみ

筆順 ノ イ 仁 伍 伍

意味 ① 다섯. =五 다섯 사람. ② 짝 맞춤. ③ 동료가 됨. ④ 이어짐. 「隊―」 ⑤ 조장(組長).

伍長[오장] ㊀㊂ ① 주(周)나라 때의 제도로서 오인조(五人組) 병졸의 우두머리. 오인 일조(五人一組)의 장(長). 조장(組長). ② 송(宋)나라 때의 제도로서 다섯 집과 한 반(班)의 우두머리.

【伊】 6획 | 亻4 | 이 | 저 | ㊀支 | イ | これ

筆順 ノ イ 仁 伊 伊 伊

意味 ① 이것. 이. ② 저것. 저. 그. ③ 오직. 다만. 말이나 글의 첫머리.

【任】 6획 | 亻4 | 임 | 맡길 | ㊀侵 | ニン·ジン | まかせる

筆順 ノ イ 亻 仁 任 任

解字 形聲. 亻과 음을 가리키는 壬을 합쳐 사람이 등에 짐을 지는 것을 뜻함. 후에 짐·참음·견딤이라는 뜻으로 쓰이게 됨.

意味 ① 짐을 짐. 등에 짐. ② 지탱함. ③. 짐. ④ 참음. 견딤. ⑤ 떠맡음. ⑥ 협기. 「―俠」 ⑦ 맡김. 「委―」

任期[임기] 임무를 맡아 보고 있는 일정한 기한.

任員[임원] 단체의 일을 맡아 처리하는 사람. 역원(役員).

[伝] 傳(亻부 11획)의 약자

[仲] 6획 4획 | 중 | 버금 | ㊤送
チュウ なか

筆順 ノ亻仁仃仲

解字 形聲. 亻과 음인 中을 합쳐 중간에 있는 사람이라는 뜻.

意味 ① 가운데. 한복판. =中「一秋」 ② 다음. ㉠두 번째. ㉡버금. ㉢네 형제[伯仲叔季] 중의 둘째. ③ 중개.

仲媒[중매] 중신. 두 집안 사이에 들어 혼인이 이루어지게 하는 일.

仲介[중개] 제삼자로서 당사자 사이에 서서 일을 주선하는 일.

[伉] 6획 4획 | 항 | 정직할 | ㊤陽
コウ たぐい

筆順 ノ亻亻疒疒伉

意味 ① 같은 종류. 상대. ② 짝을 지음. ③ 부딪침. 거역함. =抗 ④ 바름. 올음. ⑤ 교만함. ⑥ 강건함.

[休] 6획 4획 | 휴 | 쉴 | ㊤尤
キュウ やすむ

筆順 ノ亻仁什休休

解字 形聲. 亻과 음인 木[고목의 상형]을 합쳐 사람이 잠자코 있는 것을 나타냄.

意味 ① 쉽. 그침. 결석·결근·증지를 뜻함. ② 아름다움. ③ 기쁨.

休業[휴업] 업(業)을 한동안 쉽.

[伽] 7획 5획 | 가 | 절 | ㊤歌
カ・ガ・キャ とぎ

筆順 ノ亻勹勺㐁伽

意味 절. 중이 거처하는 곳.「一藍」

[估] 7획 5획 | 고 | 장세 | ㊤麌 コ あたい

筆順 ノ亻仁什什估估

意味 ① 장세[市稅]. ② 값을 놓음.

估價[고가] ① 값. 가격(價格). ② 값어치. 평가(評價).

估客[고객] 상인(商人).

估計[고계] 물가(物價)를 계산함.

[佞] 7획 5획 | 녕 | 말재주있을 | ㊤徑
ネイ おもねる

筆順 ノ亻仁仁佞佞佞

意味 ① 아첨함. 아부함. ② 바르지 못함. 비뚤어짐. ③ 말재주가 있음. 변설이 능함.

[伴] 7획 5획 | 반 | 짝 | ㊤부
ハン・バン ともなう

筆順 ノ亻亻亻伴伴伴

解字 形聲. 亻과 음을 가리키는 半(반)을 합쳐 같이 가는 사람이라는 뜻. 후에 함께 감·길동무의 뜻으로 쓰임.

意味 ① 벗. 길동무.「一侶」② 함께 감. ㉠동반함. ㉡데리고 감.

伴侶[반려] 짝이 되는 친구.

[伯] 7획 5획 | ①백 ②패 | 맏 | ㊀陌 ㊁薦
ハク・ハ

筆順 ノ亻亻伯伯伯伯

解字 形聲. 亻과 음을 가리키는 白(백)을 합쳐 사람들의 우두머리라는 뜻을 나타냄.

意味 ① ① 우두머리. 으뜸. ② 맏. 큰형. 네 형제[伯仲叔季] 중 맏형. ③ 백부. 아버지의 형. 큰아버지.「一父」⑤ 다섯 작위(公候伯子男) 중 세째.「一爵」⑥ 한 가지 예술에 뛰어난 사람을 일컫는 말.「畫一」② 제후의 맹주. =霸

[伶] 7획 5획 | 령 | 외로울 | ㊤青
レイ わざおぎ

筆順 ノ亻亻亻伶伶伶

意味 ① 광대. ㉠연주자. ㉡배우. ② 하인. 하녀. ③ 똑똑함. =怜

[佛] 7획 5획 | ①불 ②필 | 부처 | ㊀物 ㊁質
ブツ・フツ ほとけ

[亻部] 5획

筆順 ノイイイ伫佛佛
解字 形聲. 亻과 음을 가리키는 弗을 합쳐 사람과 닮아서 뚜렷이 구별이 되지 않는다는 뜻을 나타냄. 후에 부처라는 뜻으로 쓰임.
意味 ① ㉠부처. 불타(佛陀). ㉡깨달음을 연 분. ㉢석가. ㉣부처의 상. ㉤부처의 가르침. ② 희미함. 많이 닮았음. 「仿―」 프랑. 프랑스의 화폐 단위. ② ① 큼. ② 도움. ③ 용맹함.

*【似】⁷₍₅₎ 사 │ 같을 │ ㉠紙 │ シ・ジ │ にる
筆順 ノイ 𠆢 似 似 似 似
解字 形聲. 亻과 음을 가리키는 以(이 사)를 합쳐 다른 사람과 닮다의 뜻을 나타냄.
意味 ① 닮음. ② 같음. ③ 이음.=嗣 ④ 나타냄.=示

【伺】⁷₍₅₎ 사 │ 엿볼 │ ㉠寘 │ シ │ うかがう
筆順 ノイ 𠃌 𠂊 伺 伺 伺
解字 形聲. 사람을 뜻하는 亻과 음을 가리키는 司(사)를 합쳐 도와 주는 사람이라는 뜻을 나타냄. 일반적으로 돕다의 뜻으로 쓰임.
意味 ① 엿봄. ㉠틈으로 들여다 봄.=視 ㉡머뭇거림. ㉢눈독을 들임. 겨눔. ② 물음. ㉠방문함. ㉡안부를 물음.

【佝】⁷₍₅₎ 구 │ 꼽추 │ ㉠宥 │ コウ・ク
筆順 ノ イ 亻 勹 佝 佝 佝
意味 ① 꼽추. ② 추함. ③ 구부림.
佝僂[구루]ロウ ① 곱사등이. ② 노쇠하여 등이 앞으로 굽은 모양.

【佑】⁷₍₅₎ 우 │ 도울 │ ㉠宥 │ ユウ・ウ │ たすける
筆順 ノ イ 亻 𠂊 佑 佑 佑
意味 도움. 「天―」

【佗】⁷₍₅₎ 타 │ 다를 │ ㉠歌 │ タ │ ほか
筆順 ノ イ 亻 亻 𠂉 佗 佗

意味 ① 다름.=他 ② 저것. ③ 업음. 등에 짐.=駄 ④ 마음이 든든함. ⑤ 더함.

【佈】⁷₍₅₎ 포 │ 펼 │ ㉤遇 │ ホ・フ
筆順 ノイ 亻 亻 布 佈 佈
意味 ① 폄. ② 두루.
佈告[포고]コク ① 일반에게 널리 알림. ② 정부에서 국민에게 널리 알림.

【但】⁷₍₅₎ 단 │ 다만 │ ㉣旱 │ タン・ダン │ ただし
筆順 ノ イ 亻 仴 但 但 但
解字 形聲. 사람을 뜻하는 亻과 음을 가리키는 旦(단)을 합쳐 사람이 웃도리를 벗는다는 뜻을 나타냄. 후에 다만이라는 뜻으로 쓰이게 되었음.
意味 ① 다만. ㉠그것뿐. ㉡오로지. ㉢헛되이. ② 그렇다 하더라도. ③ 웃도리를 벗어 웃통이나 속옷의 어깨 부분이 드러남.=袒
但書[단서]がき 본문 밖에 단(但)자를 붙여 어떤 조건이나 예외의 뜻을 나타내는 글.

【体】⁷₍₅₎ ①분 │ 용렬할 │ ㉠阮 │ ②체 │ ㉤霽 │ ホン・ボン・テイ・タイ │ からだ
筆順 ノ イ 亻 什 休 休 体
意味 ① ① 용렬함. ② 추함. ③ 상여군. 상두군. ② 體의 속자. ① 몸. ② 모양. 모습. ③ 규정. 틀. ④ 물건의 중심. ⑤用 ⑥ 몸에 익힘.
体夫[분부]チン 상여군(喪輿軍).

*【位】⁷₍₅₎ 위 │ 자리 │ ㉤寘 │ イ │ くらい
筆順 ノ イ 亻 亻 位 位 位
解字 會意. 사람을 뜻하는 亻과 立을 합쳐 사람이 정해진 곳에 선다는 뜻을 나타냄. 일반적으로 위치・신분이라는 뜻으로 쓰고 있음.
意味 ① 지위. ㉠관직・계급의 순위. ㉡천자(天子)의 지위. ㉢신분. ㉣자리. 물건이 있어야 할 자리. 순서. ㉤방향. 「方―」 ② 사람을 세는 높임말. 「各―」

[亻部] 5획

*【伸】 7/5 신 펼 ⓐ眞 シン のびる

筆順 ノ亻亻仁仁伸伸

解字 形聲. 사람을 뜻하는 亻과 음을 가리키는 申(신)을 합쳐 물건이 늘어나는 모양을 나타냄.

意味 ① 늘어남. 겸.=申·信↔縮 ㉠길게 됨. ㉡넓게 됨. ㉢곧게 됨. ㉣하품을 함. 기지개를 켬.「欠一」 ② 진술함. 까닭을 말함.

【佚】 7/5 ① 일 편할 ⓐ質 ② 일 ⓐ屑 イツ・テツ

筆順 ノ亻亻仁件佚佚

意味 ① ㉠ 편함. ② 즐김.=逸 ③ 놈. ④ 허물.=失 ② ① 헐거움. ② 서로. 교대로.=迭

佚樂[일락] ﾉﾂ 편히 놀기를 즐김. 일락(逸樂).

佚民[일민] ① 숨어 사는 사람. ② 도망친 백성.

*【作】 7/5 ① 작 만들 ⓐ藥 ② 주 ⓐ遇 ③ 자 ⓐ蘭 サク・サ つくる

筆順 ノ亻亻仁作作作

解字 形聲. 사람을 뜻하는 亻과 음을 리키는 乍(작)을 합쳐 사람이 만든다는 뜻을 나타냄.

意味 ① 만듦. ㉠마련함. ㉡시작함. ㉢꾸려 나감. ② 서적 등을 지음. ③ 이룸. ㉠행함. ㉡해냄. ㉢일으킴.「一興」 큰움직이게 함. ④ 성하게 됨.

【低】 7/5 저 낮을 ⓐ齊 テイ ひくい

筆順 ノ亻亻仁仁低低

解字 形聲. 사람을 뜻하는 亻과 음을 리키는 氐(저)를 합쳐 키가 작은 사람이라는 뜻. 지금은 낮다는 뜻으로 쓰고 있음.

意味 ① 낮음.↔高 ② 값이 쌈. ③ 소리가 낮음. ④ 신분이 낮음. ⑤ 드리워짐. ⑥ 기울어짐. ⑦ 고개가 숙여짐.

低迷[저미] ﾃﾞｲ ① 구름 등이 낮게 떠돌아 다니는 모양. ② 형세가 험악해짐.

低聲[저성] ﾃﾞｲ 낮은 소리.↔고성(高聲)

*【佐】 7/5 좌 도울 ⓐ箇 サ たすける

筆順 ノ亻亻仁佐佐佐

解字 形聲. 사람을 뜻하는 亻과 음을 리키는 左(좌)를 합쳐 도와 주는 사람이라는 뜻을 나타냄. 지금은 돕다라는 뜻으로 쓰고 있음.

意味 ① 도와 줌. 힘이 됨. ② 도움. 보좌. ③ 조수(助手).

佐飯[좌반] 생선을 소금에 절인 반찬. 굴비·암치·어란(魚卵) 등.

*【住】 7/5 주 살 ⓐ週 ジュウ・チュ・ジュ すむ

筆順 ノ亻亻仁仁住住

解字 形聲. 사람을 뜻하는 亻과 음을 리키는 主(주)를 합쳐 사람이 묵는다는 뜻을 나타냄. 일반적으로 묵다·살다의 뜻으로 쓰임.

意味 ① 삶.「居一」 ② 주거. ③ 주민. ④ 묵음.=駐 ⑤ 그침. 중지함.

【佇】 7/5 저 오래설 ⓐ語 チョ たたずむ

筆順 ノ亻亻仁仁佇

意味 ① 오래 섬. 멈춰 서 있음. 우두커니·서 있음.=踞 ② 잠깐 머묾. ③ 기다림.

佇立[저립] ﾁﾖﾘﾂ 우두커니 서 있음. 정지함.

【佃】 7/5 전 밭맬 ⓐ先 デン つくだ

筆順 ノ亻亻仁仁佃佃

意味 ① 새로 일군 밭. ② 밭을 만듦. ③ 밭을 맴. ④ 농부. ⑤ 머슴. ⑥ 사냥. 사냥을 함. ⑦ 외명에의 수레(輂車).

*【何】 7/5 하 어찌 ⓐ歌 カ なに

筆順 ノ亻亻仁何何何

解字 形聲. 사람을 뜻하는 亻과 음을 리키는 可(가)를 합쳐 사람이 등에 짐

[亻部] 6획

을 진다는 뜻을 나타냄. 후에 어찌·무엇이라는 의문의 뜻으로 쓰임.
意味 ① 어찌. 무엇. 무슨. ② 누구. ③ 뇨[詰辭]. ④ 어찌하지 못함. ⑤ 꾸지람. ⑥ 얼마만큼. ⑦ 메[荷].
何等[하등] 아무런. 조금도.
何時[하시] 어느 때. 언제.

[佳] 8/亻6 가/개 | 아름다울 | 上麻 俗音
カ·カイ·ケ
よい

筆順 ノ 亻 亻⁻ 亻⁺ 件 佳 佳
解字 形聲. 사람을 뜻하는 亻과 음을 가리키는 圭(규)[가는 변음]를 합쳐 아름다운 사람이라는 뜻을 나타냄. 일반적으로 아름답다, 좋다의 뜻으로 씀.
意味 ① ① 좋음. ㉠=可 ㉡아름다움. ㉢뛰어남. ㉣ 칭찬함. 기림. ② ① 착함. ② 좋아함.

[價]價 (亻부 13획)의 약자

[侃] 8/亻6 | 간 | 굳셀 | 上旱 カン
つよい

筆順 ノ 亻 亻' 侃 侃 侃 侃
意味 ① 굳셈. 강직함. ② 웃는 모양. 화락함.
侃侃[간간] 강직(剛直)한 모습.

[供] 8/亻6 | 공 | 베풀 | 上冬
キョウ·ク
そなえる·とも

筆順 ノ 亻 亻⁻ 件 件 供 供
解字 形聲. 사람을 뜻하는 亻과 음을 가리키는 共(공)을 합쳐 바치다의 뜻을 나타냄.
意味 ① 바침. ㉠베풀. ㉡합당함. 「一給」 ② 준비. ㉡마련한 물건.
供用[공용] 준비하여 두었다가 사용할 수 있도록 함.

[佼] 8/亻6 | 교 | 좋을 | 上巧
コウ·キョウ

筆順 ノ 亻 亻' 亻' 佼 佼 佼
意味 ① 좋음. ② 예쁨. ③ 속임. ④ 어지럽힘.
佼佼[교교] 예쁜 모양.

[佶] 8/亻6 | 길 | 바를 | 入質
キツ·キチ
すこやか

筆順 ノ 亻 亻⁻ 件 住 佶 佶
意味 ① 바름. ② 헌걸참. 건장함.

[例] 8/亻6 | 례 | 법식 | 去霽
レイ·レノ·レチ
たとえ

筆順 ノ 亻 亻' 亻ᄀ 佟 例 例
解字 形聲. 사람을 뜻하는 亻과 음을 가리키는 列(렬)[례는 변음]을 합쳐 늘어놓다라는 뜻을 나타냄. 후에 같은 종류, 관례라는 뜻으로 쓰이고 있음.
意味 ① 같은 무리·닮은 무리 중의 하나. ② 모범. 법식. ③ 대개. 「凡一」
例外[예외] 규칙이나 정례(定例)에 벗어난 일.

[侮]侮 (亻부 7획)의 약자

[佰] 8/亻6 | 백 | 백사람의 어른 | 入陌
ハク·ヒャク

筆順 ノ 亻 亻⁻ 亻ᄀ 佰 佰 佰
意味 ① 백 사람의 어른. ② 우두머리.

[侊] 8/亻6 | 궤 | 포갤 | 上紙 | キ

筆順 亻 亻' 亻' 亻⁺ 伊 伊 侊
意味 ① 포갬. ② 의지함. ③ 어겨짐. ④ 어그러짐. ⑤ 버팀기둥. ⑥ 중추. ⑦ 괴이함.
侊侊[궤궤] 거의 완성된 모양. 매우 비슷한 모양. 「변(詭辯)」
侊辯[궤변] 억지로 꾸며대는 말. 궤

[倂] 8/亻6 | 병 | 아우를 | 上敬
ヘイ
ならぶ·あわせる

筆順 ノ 亻 亻' 亻' 伫 伫 倂
解字 形聲. 사람을 뜻하는 亻과 음을 가리키는 幷(병)을 합쳐 사람들이 줄을 짓는 것. 줄을 짓다·합치다의 뜻으로 쓰임.
意味 ① 아우름. 합침. 함께함. ② 줄 지음. =並

[亻部] 6획

*[使] 8 | 1사 | 부림 | 玉篇
6 | 2시 | 玉篇
シ
つかう

筆順 ノ 亻 亻 乍 乍 乍 使 使

解字 形聲. 사람을 뜻하는 亻과 음을 가리키는 吏(리)[사·시는 변음]를 합쳐 남을 시켜 일하는 사람을 가리킴. 쓰다라는 뜻.

意味 ① 사용함. ①부림. ⓒ씀. ⓒ시킴. ② ① 심부름군. 사신으로 감. ② 만약. 그렇다면.

使徒[사도] ① 예수의 열 두 사람의 제자를 말함. ② 넓게 사회를 위하여 힘쓰는 사람. 「平和의 ―」

*[侍] 8 | 시 | 모실 | 玉篇
6 |
ジ·シ
はべる·さむらい

筆順 亻 亻 亻 亻 件 侍 侍

解字 形聲. 사람을 뜻하는 亻과 음을 가리키는 寺(사)[시는 변음]를 합쳐 귀인을 모신다는 뜻을 나타냄.

意味 ① 모심. 귀인을 섬김. ② 근시(近侍). 모시는 사람. ③ 좋음. ④ 봉양함.

[佷] 8 | 항 | 고을이름 | 集韻
6 |
コウ·コン

筆順 ノ 亻 亻 亻 佷 佷 佷

意味 甲 호북성(湖北省)에 있는 고을 이름.

[侑] 8 | 유 | 도울 | 玉篇
6 |
ユウ·ウ
たすける

筆順 ノ 亻 亻 亻 佑 侑 侑

意味 1 도움. 2 권함. 3 짝. 4 너그러움.

侑觴[유상] 잔을 권함. 술을 권함

*[依] 8 | 의 | 의지할 | 廣韻
6 |
イ·エ
よる

筆順 ノ 亻 亻 广 佐 依 依

解字 形聲. 사람을 뜻하는 亻과 음을 가리키는 衣(의)를 합쳐 사람이 의지한다는 뜻을 나타냄.

意味 ① 의지함. ①기댐. =倚. ⓒ남의 힘을 믿음. ⓒ따름. ⓒ비교함. ⓓ그대로. 「依―」 ② 나무가 우거진 모양. 3 편안함. 4 병풍.

依據[의거] ① 증거(證據)대로 함. ② 근거(根據)를 삼음. ③ 산수(山水)에 의지하며 웅거(雄據)함.

[佾] 8 | 일 | 춤출줄 | 集韻
6 |

筆順 ノ 亻 亻 亻 佾 佾

意味 여덟 줄 춤을 춤[周舞]. 여덟 줄 춤.

[侈] 8 | 치 | 사치할 | 玉篇
6 |
シ·イ
おごる

筆順 ノ 亻 亻 亻 佟 侈 侈

意味 ① 사치함. ⓒ뻐김. ⓒ낭비함. ② 제멋대로. 비뚤어짐.

[侏] 8 | 주 | 난장이 | 玉篇
6 |
シュ
こびと

筆順 ノ 亻 亻 仁 件 佚 侏

意味 ① 짧음. ② 난장이. 「―儒」 ③ 악생(樂生). 광대. 4 동자 기둥.

[佻] 8 | 조 | 경박할 | 集韻
6 |
チョウ
かるい·うすい

筆順 ノ 亻 亻 亻 佻 佻 佻

意味 ① 가벼움. ② 경박함. 「輕―」 ③ 인정이 없음. ④ 고달픔. ⑤ 늘어짐.

[佩] 8 | 패 | 패옥 | 玉隊
6 |
ハイ
おごる

筆順 ノ 亻 亻 亻 佩 佩 佩

意味 1 패옥(佩玉). ② 참[揩]. 띰. ③ 명심함. 「感―」

佩劍[패검] 칼을 허리에 참. 또는 그 칼. 패도(佩刀)

佩服[패복] 깊이 마음속에 새겨 잊지 않음. 감복(感服)함. 감패(感佩)

佩玉[패옥] 허리에 차는 옥. 특히 조복(朝服)의 좌우에 늘이어 차는 옥.

[亻部] 7획

*[係] 9/7 계 | 맬 | 上繫 | ケイ かかる

筆順 ノイイ伝伝係係

解字 形聲. 사람을 뜻하는 亻과 음을 가리키는 系(계)를 합쳐 사물을 이어 맺는다는 뜻을 나타냄.

意味 ① 관계됨. 걸림. ② 이음. 맺음. 계속함.

[侶] 9/7 려 | 짝 | 上語 | リョ とも

筆順 ノイイ伊伊侶侶

意味 ① 벗. 한패.「伴—」짝. ② 벗삼음. 함께 감.

[俚] 9/7 리 | 속될 | 上紙 | リ いやしい

筆順 ノイイ們伊俚俚

意味 ① 천함. 속됨. ② 시골. 마을. ③ 상노래.「—謠」

俚耳[이이] 속인(俗人)들의 귀. 풍류를 알지 못하는 사람의 귀. 속이(俗耳).

[侮] 9/7 모 | 업신여길 | 上麌 | ブ あなどる

筆順 イイ仁伫佑侮侮

解字 形聲. 사람을 뜻하는 亻과 음을 가리키는 侮(매)[모는 변음]를 합쳐 업신여긴다는 뜻을 나타냄.

意味 ① 업신여김. 가벼이 생각함. ② 놀림. 깔봄.

[保] 9/7 보 | 지킬 | 上晧 | ホ・ホウ たもつ・やすんじる

筆順 ノイイ伊仔保保

解字 會意. 사람을 뜻하는 亻과 끈을 두른 어린이라는 呆를 합쳐 아기를 등에 업는다는 뜻. 일반적으로 지킴·편히 함의 뜻으로 쓰임.

意味 ① 간직함. 지킴. 보살핌. ⑦ 기름. ④ 두둔함. ⑤ 도움. ⑥ 정함. 떠맡음. ④ 힘이 되어 줄 것을 믿음.

保菌者[보균자] 병균을 몸에 지니고 있는 사람. 병원(病原) 보유자.

[俘] 9/7 부 | 가져올 | 上虞 | フ とりこ

筆順 ノイイ伫伫俘俘

意味 ① 포로. 사로잡은 적병. ② 붙잡음. 사로잡음. ③ 잡음. 뺏음. ④ 가져옴.

[俟] 9/7 [1]사 [2]기 | 기다릴 | 上紙 上支 | シ まつ

筆順 ノイイ仁代俟俟

意味 [1] ① 기다림. 기대함. ② 짐승 떼가 천천히 움직이는 모양. ③ 여쭘. 찾아 뵘. [2] 성(姓)의 하나.

*[俗] 9/7 속 | 풍속 | 入沃 | ゾク

筆順 ノイイ伀俗俗俗

解字 形聲. 亻과 음을 가리키는 谷(곡)[속은 변음]을 합쳐 사람이 전해 받아 익히는 것·풍습을 뜻함.

意味 ① 관례. 관습. 풍속. ② 세상. 세상 사람. ③ 영구히 변치 않는 것. 본디부터 흔한 것. ④ 천함. 낮음.

俗間[속간] 속된 세상. 세속. 민간.
俗談[속담] ① 옛날부터 내려 오는 민간의 금언(金言)·경구(警句). ② 속된 이야기. 속설(俗說). 속화(俗話).

*[信] 9/7 신 | 믿을 | 去震 | シン まこと

筆順 ノイイ仁信信信

解字 會意. 亻과 言을 합쳐 말과 마음이 일치하다의 뜻을 나타냄.

意味 ① 성실. 진실. 언행이 일치함. ② 진실로 침. ③ 신앙함.「一心」믿음. ④ 표적.「—號」⑤ 소식.「音—」⑥ 부절(符節). 증명. ⑦ 쫌. 사용. ⑧ 맡김.

信義[신의] ① 진실하고 올바름. ② 믿음과 의리(義理).
信念[신념] ① 신앙심(信仰心). ② 굳게 믿어 의심하지 않는 마음.

[俄] 9/7 아 | 아까 | 下歌 | ガ にわか

筆順 イ仁件件併俄俄

[意味] ① 아까. 조금 전. ② 갑자기. 뜻밖에. 이윽고. ③ 기울. ④ 俄羅斯〔아라사=러시아〕의 약자.

俄國〔아국〕ガコク 러시아를 일컫는 말.

*【俊】 9 亻7 | 준 | 준걸할 | [去]震 |
シュン
すぐれる

[筆順] 亻 亻 亻 亻 俊 俊 俊

[解字] 形聲. 사람을 뜻하는 亻과 음을 가리키는 夋(준)을 합쳐 뛰어난 인물이라는 뜻.

[意味] ① 뛰어남. 재질이 남보다 뛰어남. ② 뛰어난 사람. 천 사람 가운데서 뛰어난 인물. ③ 높음. 큼.

俊傑〔준걸〕シュンケツ 재주와 슬기가 뛰어난 사람. 준사(俊士).

【侲】 9 亻7 | 진 | 아이초라니 | [平]眞 |
シン
わらべ──

[筆順] 丿 亻 亻 亻 佢 侲 侲

[意味] ① 아이 초라니. ② 여귀 쫓는 아이.

*【促】 9 亻7 | 촉 | 재촉할 | [入]沃 |
ソク
うながす

[筆順] 亻 亻 亻 亻 亻 俘 促

[解字] 形聲. 사람을 뜻하는 亻과 음을 가리키는 足(족)〔촉은 변음〕을 합쳐 사람을 재촉한다는 뜻을 나타냄.

[意味] ① 재촉함. 독촉함. 「催—」 ② 강요함. 다가 옴. ③ 빠름. =速 ④ 바쁨.

促急〔촉급〕ソッキュウ ① 촉박하여 급함. ② 재촉함. 독촉함.

促迫〔촉박〕ソクハク 급함. 기한이 바싹 다가 옴.

【俔】 9 亻7 | [1] 현 [2] 견 | 정탐할 | [上]銑 [去]霰 |
ケン
たとえる

[筆順] 丿 亻 亻 们 俔 俔 俔

[意味] [1] ① 정탐함. 염탐함. ② 풍세 보는 깃발. [2] 비유함.

俔天〔현천〕 훌륭한 사람. 천제(天帝)의 누이에 견줄 만큼 아름다운 사람.

俔俔〔현현〕 두려워하는 모양.

*【侵】 9 亻7 | 침 | 범할 | [平]侵 |
シン
おかす

[筆順] 丿 亻 亻 亻 佷 侵 侵

[解字] 形聲. 사람을 뜻하는 亻과 음을 가리키는 㑴(침)을 합쳐 다른 사람의 영역에 들어가다의 뜻.

[意味] ① 범함. 차차 들어 감. ② 빼앗음. 「—略」 ③ 갑자기 적을 습격함. ④ 손상함. 「—害」 ⑤ 법을 어김.

侵入〔침입〕シンニュウ 침범하여 들어 옴. 침범하여 들어 감.

【侻】 9 亻7 | 탈 | 교활할 | [入]曷 |
タツ
かるい

[筆順] 丿 亻 亻 亻 亻 侻 侻

[意味] ① 교활함. ② 간사함. ③ 가벼움. ④ 간략함. ⑤ 합함.

侻陋〔탈루〕 밉상. 용모가 보기 싫음.

侻順〔탈순〕 가볍게 따름.

【俏】 9 亻7 | [1] 초 [2] 소 | 같을 | [去]嘯 [平]蕭 |
ショウ
にる

[筆順] 亻 亻 亻 亻 俏 俏

[意味] [1] ① 같음. ② 예쁨. ③ 좋은 모양. [2] 거문고 돌려 놓는 소리.

俏貨〔초화〕 값이 싼 물건.

*【便】 9 亻7 | [1] 편 [2] 변 | 편할 | [平]先 [去]霰 |
ベン・ビン

[筆順] 丿 亻 亻 佰 佰 便 便

[解字] 形聲. 사람을 뜻하는 亻과 음을 가리키는 更(경)〔편·변은 변음〕을 합쳐 하인(下人)이란 뜻을 나타냄. 지금은 형편이 좋다는 뜻으로 쓰고 있음.

[意味] [1] ① 형편이 좋음. 하기 쉬움. 편함. ② 순서. 좋은 기회. ③ 소식. ④ 곧. ⑤ 말을 잘함. ⑥ 부드러움. ⑦ 겉으로 얌전한 체함. [2] 오줌. 똥.

便宜〔편의〕ベン(ビン)ギ ① 편리하고 마땅함. 형편이 좋음. ② 편리(便利). 적당한 처치.

便易〔편이〕ベンイ 쉽고 편리함.

[亻部] 7~8획

【俠】 9획 / 亻7 | 1협 2겹 | 의기 | 동葉 동洽
キョウ
おとこだて

筆順 ノ 亻 仁 佟 佟 俠 俠

意味 ① 사나이다움. 의기. 협기. ② 사이에 낌.=挾 ② ① 곁.

*【侯】 9획 / 亻7 | 후 | 벼슬이름 | 동有
コウ
まと

筆順 ノ 亻 亻 亻 伊 侯 侯

解字 厌·矦 ① 會意. 화살을 뜻하는 矢와 화살받이를 뜻하는 厂을 합쳐 과녁임을 나타냄. ② 形聲. 사람을 뜻하는 亻과 음을 가리키는 医를 합쳐 영주(領主)라는 뜻. 양자가 혼용되어 지금은 侯자로 되었음.

意味 ① 과녁. ② 군주. ③ 벼슬 이름.

*【個】 10획 / 亻8 | 개 | 낱 | 동箇 동个·カ
コ・カ

筆順 ノ 亻 亻 们 們 個 個

解字 形聲. 사람을 뜻하는 亻과 음을 가리키는 固(고)[箇는 벌로]를 합쳐 사람이 죽어서 해골이 된다는 뜻. 지금은 물건을 셀 때 붙이는 말.

意味 ① 낱.=箇 ② 전체에 대한 하나.

個個(개개)를 하나하나. 낱낱.

【倨】 10획 / 亻8 | 거 | 거만할 | 동御
キョ・コ
おごる

筆順 ノ 亻 亻 仃 伊 倨 倨

意味 ① 거만함. 업신여김. ② 다리를 앞으로 내던지듯 벌렁 주저앉음.=踞

倨傲(거오)ゴウ 겸손치 못하며 남을 업신여김. 오만(傲慢).

【悾】 10획 / 亻8 | 공 | 지각없을 | 동東
コウ
おろか

筆順 ノ 亻 亻 佟 佟 侉 悾

意味 ① 지각이 없음. ② 바쁨. ③ 곤함.

悾偬(공총)ソウ ① 바쁜 모양. ② 어려운 모양.

【倌】 10획 / 亻8 | 관 | 수레부리 는사람 | 동諫
カン
とねり

筆順 ノ 亻 亻 伂 伅 侉 倌

意味 수레를 부리는 사람.

【俱】 10획 / 亻8 | 구 | 함께 | 동虞 ク・グ ともに

筆順 ノ 亻 亻 亻 俱 俱 俱

意味 ① 함께. 같이. ② 함께 함. 함께 감. ③ 갖춤.=具

俱現(구현)ゲン 내용이 전부 드러남.

【倦】 10획 / 亻8 | 권 | 게으를 | 동霰
ケン
うむ・つかれる

筆順 ノ 亻 亻 伊 佚 佚 倦

意味 ① 싫증남. 게으름을 핌.=惓 게으름. ② 고달픔. 지침. 녹초가 됨.

倦厭(권염)エン 싫증이 남.

【倓】 10획 / 亻8 | 담 | 욕심없을 | 동覃
タン
しずか

筆順 ノ 亻 亻 伙 伙 倓 倓

意味 ① 욕심이 없음. ② 편안함. ③ 고요함. ④ 의심이 없음.

【倒】 10획 / 亻8 | 도 | 엎드러질 | 동皓
トウ
たおれる・さかさま

筆順 ノ 亻 亻 亻 佞 侄 倒 倒

解字 形聲. 사람을 뜻하는 亻과 음을 가리키는 到(도)를 합쳐 사람이 넘어짐·거꾸로라는 뜻을 나타냄.

意味 ① 넘어짐. 넘어뜨림. 엎드러짐. ② 거꾸로. 거꾸로 함. ③ 거스름.

【倆】 10획 / 亻8 | 량 | 재주 | 동漾 リョウ たくみ

筆順 ノ 亻 亻 们 師 倆 倆

意味 능란함. 재주. 솜씨. 「技─」

*【倫】 10획 / 亻8 | 륜 | 인륜 | 동眞 リン たぐい

筆順 ノ 亻 亻 伶 伶 伶 倫

의 관계라는 뜻.

意味 ① 같은 무리. ② 갖춤. 견줌. ③ 질서. 순서. ④ 길. 이치. 「人一」 ⑤ 보편적인 길. 규정.

【倣】 10 | 亻8 | 방 | 본받을 | 上養
ホウ・ボウ
ならう

筆順 ノ 亻 仁 亻 仿 仿 仿 倣

解字 形聲. 사람을 뜻하는 亻과 음을 가리키는 放(방)을 합쳐서 남의 흉내를 내다의 뜻.

意味 ① 본받음. 흉내를 냄. 배움. ＝效 ② 따름. ＝依

【倍】 10 | 亻8 | ① 배 | 곱 | 上賄
② 패
バイ・ハイ

筆順 ノ 亻 亻 亻 仵 倅 倍 倍

解字 形聲. 사람을 뜻하는 亻을 나타내는 㕰(부)[배·패는 변음]를 합쳐 사람이 서로 등진다는 뜻. 나중에 물건이 나뉘지 •둘로 되다의 뜻에서 곱으로 느는다의 뜻이 됨.

意味 ① 곱. ⓐ더함. 보탬. ⓑ곱. 곱으로 늚. 곱으로 함. ⓒ더욱함. ② ⓐ어김. 등짐. 배반함. ＝伓 ② 천하고 속됨.

倍反[배반]① 신의(信義)를 저버리고 돌아 섬. 배반(佯反).

【俳】 10 | 亻8 | 배 | 광대 | 平佳
ハイ
わざおぎ

筆順 ノ 亻 亻 伊 俳 俳 俳

解字 形聲. 사람을 뜻하는 亻과 음을 가리키는 非(비)[배는 변음]를 합쳐 보통 사람과는 달리 익살맞은 짓을 하는 예인(藝人)이라는 뜻.

意味 ① 광대. 예인. ② 익살. ③ 왔다 갔다 함. ＝徘

【俸】 10 | 亻8 | 봉 | 녹 | 玄宋
ホウ
ふち

筆順 ノ 亻 仁 仨 伕 倭 俸

解字 形聲. 사람을 뜻하는 亻과 음을 가리키는 奉(봉)을 합쳐 사람이 받는 급료라는 뜻.

意味 녹. 녹봉(祿俸). 봉급.

【俯】 10 | 亻8 | 부 | 구부릴 | 上麌
フ
ふせる

筆順 ノ 亻 广 庁 庁 佑 佑 俯

意味 ① 엎드림. 내려다 봄. ↔仰 ② 구부림. 상체를 굽힘. ③ 들어 박힘.

【修】 10 | 亻8 | 수 | 닦을 | 平尤
シュウ・シュ
おさめる

筆順 ノ 亻 亻 亻 亻 攸 攸 修 修

解字 形聲. 장식물을 뜻하는 彡과 음을 가리키는 攸(유·수)를 합쳐 깨끗하여 꾸밈·바로 잡음의 뜻.

意味 ① 다스림. ⓐ가지런히 함. ⓑ따라서 함. 배움. ⓒ행함. ⓓ깨끗이 함. ⓔ고쳐 바로 잡음. ⓕ꾸밈. 치장함. 닦음. ⓖ삼가함. ⓗ만듦. ⓘ마련해 둠. ② 가라앉음.

【倅】 10 | 亻8 | ① 쉬 | 버금 | 去隊
② 졸 | | ② 月
サイ・ソツ
せがれ・つぎ

筆順 ノ 亻 亻 亻 伫 伫 倅 倅

意味 ① ⓐ 곁들이는 것. ② 아직 벼슬길에 오르지 않은 아들. ③ 원(員). 백 사람을 한 조로 한 군대. ＝卒

【俶】 10 | 亻8 | ① 숙 | 비롯할 | ① 屋
② 척 | | ② 錫
シュクテキ
よい

筆順 ノ 亻 亻' 什 休 俶 俶

意味 ① ① 비릇함. ② 지음. ③ 정돈함. ④ 심함. ⑤ 착함. ② 고상함.

【俺】 10 | 亻8 | 엄 | 나 | 去豔
エン
われ

筆順 ノ 亻 广 佟 佟 佮 俺

意味 ① 나. ② 큼.

【倭】 10 | 亻8 | ① 위 | 수더분할 | 平支
② 왜 | | 歌
ワ・イ
やまと

筆順 ノ 亻 仨 仟 佟 倭 倭 倭

意味 ① ① 수더분함. 순함. ② 뺑 돎. ② 나라 이름.

[亻部] 8획

倭亂[왜란] 왜인(倭人)이 일으킨 전란(戰亂). 임진 왜란.
倭夷[왜이] 옛날 중국인이 일본 사람을 깔보아 일컫던 말. 왜노(倭奴).

【倚】 10 / 亻8 | 의 | 기댈 | ㉰紙 | イ・キ よる

筆順 ノ 亻 亻* 佮 倚 倚 倚

意味 ① 기댐. 의지함. 믿음. ② 말미암음. ③ 더함. ④ 가까움. ⑤ 기이함.

*【借】 10 / 亻8 | 차 | 빌 | ㉱禡 | シャ・シャク かりる

筆順 ノ 亻 亻 仁 件 借 借

解字 形聲. 사람을 뜻하는 亻과 음을 가리키는 昔(석)[차는 변음]을 합쳐서 물건을 다른 사람으로부터 빈다는 뜻.

意味 ① 빎. 물건이나 힘을 빎. ② 빌려줌. 힘이 되어 줌. ③ 용서함. ④ 빚. 부채. ⇔貸. ⑤ 가사. 변통으로.
借料[차료] ジャク 빌어 온 것에 대한 값. 차용료(借用料). 「물어 봄.
借問[차문] シャ(シャウ)モン 시험 삼아 물어 봄.

【倡】 10 / 亻8 | 창 | 계집광대 | ㉠陽 | ショウ わざおぎ

筆順 ノ 亻 亻 们 伊 倡 倡

意味 ① 계집 광대. 광대. 배우. ② 창녀. ③ 한창. =娼 ④ 앞장 서서 부르짖음. = 唱
倡和[창화] ショウ 한 쪽에서 선창하면 다른 쪽에서 화답함. 창화(唱和).

【倜】 10 / 亻8 | 척 | 빼날 | ㉴錫 | テキ たかい

筆順 ノ 亻 亻 伵 伵 倜 倜

意味 ① 빼남. =儵 ② 얽매이지 아니함. ③ 높이 듦. 번쩍 듦.
倜儻[척당] テキトウ ① 남에게 구속되지 않음. ② 무리 속에서 뛰어남.

【倩】 10 / 亻8 | 1천 2청 | 엄전할 | ㉠霰 ㉫敬 | セン・セイ うつくしい

筆順 ノ 亻 亻 仕 佳 倩 倩

意味 ① ① 엄전함. ② 입매가 예쁨. ② ① 사위. ② 대신(代身).
倩粧[천장] ジジ 예쁜 단장.
倩倩[천천] センセン 예쁘고 얌전한 모양.

【値】 10 / 亻8 | 치 | 값 | ㉻職 | チ・チョク

筆順 ノ 亻 亻 仁 佔 値 値

解字 形聲. 사람을 뜻하는 亻과 음을 가리키는 直(직)[치는 변음]을 합쳐서 그 물건에 어울리게 평가한 값어치라는 뜻.

意味 ① 값. 값어치. ② 값이 나감. 값어치가 있음. ③ 만남. 맞음. 해당함.
値遇[치우] チグウ ① 만남. ② 재능을 인정 받아 후한 대접을 받음. ③ 전세(前世)의 인연으로 이승에서 다시 만남.

【俵】 10 / 亻8 | 표 | 나누어줄 | ㉱嘯 | ヒョウ たわら

筆順 ノ 亻 亻 仁 仹 俵 俵

解字 形聲. 사람을 뜻하는 亻과 음을 가리키는 表(표)를 합쳐 사람들에게 갈라 준다는 뜻.

意味 ① 흩어짐. ② 나누어 줌. 갈라 줌.

【倖】 10 / 亻8 | 행 | 사랑할 | ㉵梗 | コウ さいわい

筆順 ノ 亻 亻 仕 伖 倖 倖

意味 ① 행운. 뜻밖의 행운. ② 마음에 듦. 사랑함. ③ 아첨함.
倖利[행리] コウリ 뜻밖에 얻은 행운.

*【候】 10 / 亻8 | 후 | 날씨 | ㉻宥 | コウ うかがう・そうろう

筆順 ノ 亻 亻 伊 伊 伊 候

解字 形聲. 사람을 뜻하는 亻과 음을 가리키는 矦(후)를 합쳐서 묻다와 징조라는 뜻.

意味 ① 묻다. ② 더듬어 찾음. 겨냥함. ③ 망봄. 형편을 엿보는 사람. 「氣―」 ④ 점침. ⑤ 기다림. 고대함. ⑥ 길에서 맞이하고 보내는 관리. ⑦ 징조. 「兆―」 ⑧ 날씨. ⑨ 시기. 「時―」

候伺[후사] 문안을 드림.
候鳥[후조] 계절·기후에 따라 오고 가는 새. 제비·두견새·기러기 등. 철새. ↔유조(留鳥)

【倂】倂 (亻부 6획)의 본자

【儉】儉 (亻부 13획)의 약자

【假】11 亻9 ①가 ②격 헛 上馬 カ・ケ かり

筆順 亻 亻' 亻F 亻F' 亻叚 假 假

解字 形聲. 사람을 뜻하는 亻과 음을 가리키는 叚(가)를 합쳐서 다른 사람을 대신한다는 뜻.

意味 ① 임시. 잠시. 가짜. 거짓. 헛. ↔眞 ② 빎. 빌려 줌. ③ 용서함. ④ 가령. 이를테면. ⑤ 틈. =暇 ② 이름. 미침. 닿음.

假契約[가계약] 임시로 한 계약.
假說[가설] 사실의 합리적 설명을 위하여 편의상 설정한 가정적인 학설. 짐작으로 하는 말.
假稱[가칭] ① 거짓으로 일컫는 말. ② 가정(假定)으로 일컫는 말.

【偕】11 亻9 해 함께 上佳 カイ ともに

筆順 亻 亻' 亻' 亻" 亻偕 偕 偕

意味 ① 함께. ② 함께 감. 데리고 감. ③ 가지런히 함. =諧.
偕樂[해락] 여러 사람이 함께 즐김.

【健】11 亻9 건 굳셀 去願 ケン すこやか

筆順 亻 亻' 亻' 亻" 亻侓 健 健

解字 形聲. 사람을 뜻하는 亻과 음을 나타내는 建(건)을 합쳐 사람이 의젓하게 서 있다는 뜻. 일반적으로 굳건하다는 뜻으로 쓰임.

意味 ① 몸이 튼튼함. ② 씩씩함. 굳셈. 「一兒」② 병졸. ④ 심함. 「一忘」 어렵게 여김.

健脚[건각] ① 다리가 튼튼하여 잘 걸음. ② 튼튼한 다리 「一增進」
健康[건강] 몸에 병이 없고 튼튼함.
健實[건실] 건전하고 착실함.

【偈】11 亻9 ①걸 ②게 힘쓸 入屑 ケツ・ゲ・ケイ やすむ

筆順 亻 亻' 亻旦 伊 偈 偈 偈

意味 ① ① 힘씀. ② 빠름. ③ 헌걸참. ② ① 쉼. ② 글귀.

【偪】11 亻9 핍 핍박할 入職 フク・ヒョク せまる

筆順 亻 亻' 亻" 亻 偪 偪 偪

意味 ① 핍박함. ② 행전. 각반.

【偲】11 亻9 시 간절히 책망할 平支 シ・サイ しのぶ

筆順 亻 亻' 亻' 佀 偲 偲 偲

意味 ① 간절히 책망함. ② 슬기로움. ③ 굳셈. ④ 착해지려 서로가 격려함. ⑤ 수염이 많은 모양.

【偃】11 亻9 언 엎드릴 上阮 エン ふせる

筆順 亻 亻' 亻" 亻匽 偃 偃 偃

意味 ① 엎드림. ㉠누움. ㉡넘어짐. ㉢쓸려 쓰러짐. ② 그만둠. 「一武」 좋음. ④ 쉼. ⑤ 흐름을 막음. =堰.

【偶】11 亻9 우 짝 上有 グウ・グ たまたま

筆順 亻 亻' 亻" 亻偶 偶 偶

解字 形聲. 사람을 뜻하는 亻과 음을 나타내는 禺(우)를 합쳐 사람이 줄을 짓는다는 뜻을 나타냄. 일반적으로 동반자라는 뜻으로 쓰임.

意味 ① 줄지음. 갖추어짐. ② 짝. 동반자. 「配一」③ 만남. 맞춤. ④ 쌍. 「一數」↔奇 ⑤ 같은 무리. 한패.

偶感[우감] 우연히 머리에 떠오르는 생각. 감상(感想).

【偉】11 亻9 위 클 上尾 イ えらい

筆順 亻 亻' 亻" 亻偉 偉 偉

〔亻部〕 9~10획

解字 形聲. 사람을 뜻하는 亻과 음을 나타내는 韋(위)를 합쳐 남보다 뛰어난 큰사람이라는 뜻을 나타냄. 보통 훌륭한 인물이라는 뜻.
意味 ① 훌륭함. 뛰어남. ② 아주 큼. 몸집이 크고 당당함. 「一丈夫」

【停】¹¹ 亻9 │ 정 │ 머무를 │ 㘘青
テイ・チョウ
とどまる

筆順 ノ 亻 亻 亻 停 停 停
解字 形聲. 사람을 뜻하는 亻과 음을 나타내는 亭(정)을 합쳐 사람이 멈춘다는 뜻을 나타냄.
意味 ① 멈춤. 멎음. ↔進 ② 그만둠. 머무름. 「一滯」
停止(정지) ① 하던 일을 중도에서 멈추거나 그침. ② 한때 금하여 막음.

【偵】¹¹ 亻9 │ 정 │ 엿볼 │ 㘘庚
テイ・チョウ
うかがう

筆順 ノ 亻 亻 亻 偵 偵 偵
解字 形聲. 사람을 뜻하는 亻과 음을 나타내는 貞(정)을 합쳐 숨은 인물을 찾는다는 뜻을 나타냄.
意味 ① 물음. 찾음. ② 엿봄. 더듬어 찾음. ③ 간첩. 척후.

【偏】¹¹ 亻9 │ 편 │ 치우칠 │ 㘘先
ヘン
かたよる

筆順 ノ 亻 亻 亻 偏 偏 偏
解字 形聲. 사람을 뜻하는 亻과 음을 나타내는 扁(편)을 합쳐 사람이 한쪽으로 치우쳐 바르지 않다는 뜻을 나타냄.
意味 ① 치우침. ㉠한쪽에 기욺. ㉡공평하지 못함. ② 한쪽 가. ③ 시골.

【做】¹¹ 亻9 │ 주 │ 지을 │ 㘘笴
サク・サ
つくる

筆順 亻 亻 亻 亻 做 做 做
意味 ① 지음. 만듦. ② 됨. 함.

【偸】¹¹ 亻9 │ 투 │ 훔칠 │ 㘘尤
チュウ・トウ
ぬすむ

筆順 ノ 亻 亻 亻 偸 偸 偸
意味 ① 훔침. ② 도둑. ③ 경솔함.

【側】¹¹ 亻9 │ 측 │ 곁 │ 㘘職
ソク・ショク
かわ・かたわら

筆順 ノ 亻 亻 亻 倶 倶 側
解字 形聲. 사람을 뜻하는 亻과 음을 나타내는 則(측)[측은 변음]을 합쳐 사람이 기울어지다의 뜻을 가짐. 나중에 옆·곁이라는 뜻으로 바뀜.
意味 ① 옆. ㉠물건의 한쪽 면. ㉡가. 곁. ③ 귀 등을 쫑긋 세움. 기울임.

【僞】僞 (亻부 12획)의 약자

【傍】¹² 亻10 │ 방·팽 │ 곁 │ 㘘陽·㘘庚
ホウ・ボウ
かたわら

筆順 ノ 亻 亻 亻 傍 傍 傍
解字 形聲. 사람을 뜻하는 亻을 가리키는 旁(방)을 합쳐서 사람의 양쪽 겨드랑이·옆이라는 뜻.
意味 ① ㉠옆. 곁. =旁 한자에서 오른쪽에 붙는 부분. =旁↔偏 ② ㉠떨어지지 않고 잇닿음. 가까이 다가 감.
傍觀(방관) ① 관계하지 않음. 내버려 둠. ② 옆에서 보고만 있음.

【傅】¹² 亻10 │ 부 │ 스승 │ 㘘週
フ
かしずく

筆順 亻 亻 亻 傅 傅 傅
意味 ① 지키는 일. 지키는 사람. ㉠양육 담당. 스승. ㉡붙음. ㉢시중을 들면서 보호함. 지켜서 키움. ㉣도와 줌.
傅育(부육) 도와서 양육함.

*【備】¹² 亻10 │ 비 │ 갖출 │ 㘘寘
ビ・ヒ
そなえる

筆順 亻 亻 亻 俑 俑 俑 備
解字 形聲. 사람을 뜻하는 亻과 음을 가리키는 𤰇(비)를 합쳐 사람이 마련해 둔다는 뜻.
意味 ① ㉠준비함. ㉡미리 마련해 둠. ㉡갖춤. 비치함. ㉢수에 넣음. ② 준비. ㉠용의. ㉡경계. ㉢연장. ③ 갖추어 짐.

【倣】 12 亻10 | 효 | 본받을 | 㘭效
コウ・ギョウ
ならう

筆順 ノ イ 广 佅 俖 倣 倣

意味 ① 본받음. 배움. 흉내를 냄. ② 본을 뜸. 닮도록 함.

【傑】 12 亻10 | 걸 | 준걸 | 入屑
ケツ
すぐれる

筆順 イ イ′ 伊 仴 俸 傑 傑

解字 形聲. 사람을 뜻하는 亻과 음을 나타내는 桀(걸)을 합쳐 뛰어난 인물이라는 뜻을 나타냄.

意味 ① 뛰어남. 빼어남. ② 준걸. 재질이 남보다 뛰어난 인물.

傑出[걸출] ショッ 여느 사람보다 뛰어남. 또는 그러한 사람.

【傀】 12 亻10 | 괴 | 괴이할 | 灰
カイ・キ

筆順 ノ イ イ′ 仴 伊 傀 傀

意味 ① 큼. ② 괴이함. 잘못 건드리면 동티가 나는 혼. ③ 나무로 만든 인형.

*【傾】 13 亻11 | 경 | 기울 | 㘭庚
ケイ・キョウ
かたむく

筆順 ノ イ 化 化 佰 倾 傾

解字 形聲. 사람을 뜻하는 亻과 음을 가리키는 頃(경)을 합쳐서 기운다는 뜻.

意味 ① ㉠비스듬히 됨. ㉡기욺. ㉢축을 상이 됨. ㉣세력이 약해짐. ㉤부정(不正). ㉥불안함. ② 기울임. ㉠비스듬히 함. ㉡멸망시킴. ㉢넘어뜨림.

傾覆[경복] ケィ ① 뒤집어 엎어서 망하게 함. ② 기울어져 엎어짐. 전복(轉覆).

傾向[경향] ケィ 마음이나 형세가 한 쪽으로 쏠림. 추세(趨勢).

【傴】 13 亻11 | 구 | 구부릴 | 麌
ウ
かがむ

筆順 ノ イ イ′ 佢 倨 傴 傴

意味 ① 꼽추 =佝 ② 기욺. 몸을 구부림. 등을 굽힘.

傴僂病[구루병] クロウ〈醫〉곱사병.

【僅】 13 亻11 | 근 | 겨우 | 㘭震
キン・ギン
わずか

筆順 イ 亻 伊 伊 僅 僅 僅

意味 ① 약간. 조금. ② 겨우. 간신히. ③ 가까운. 거의. =近

僅僅[근근] キンキン 겨우. 간신히.
僅少[근소] キンショゥ 아주 적음.

【僂】 13 亻11 | 루 | 구푸릴 | 㘭宥
ロウ・ル

筆順 イ イ′ 伊 俦 倦 偻 僂

意味 ① 구푸림. 등을 굽힘. ② 곱추. ③ 등이 굽는 병.

【傷】 13 亻11 | 상 | 다칠 | 陽
ショウ
きず・きずつく

筆順 ノ イ 广 佰 伃 傷 傷

解字 形聲. 사람을 뜻하는 亻과 음을 나타내는 㑑(상)을 합쳐 사람이 상처를 입다의 뜻.

意味 ① 상처. 흠. ㉠아픔. ㉡손해. 요절. 젊어서 죽음. ③ 종기. 부스럼. =瘍 ④ 다침. 상처를 입음. 손상됨.

傷心[상심] ショゥシン 마음에 걱정이 있음. 마음을 상함. 상신(傷神).

【僊】 13 亻11 | 선 | 춤을훨훨출 | 先
セン
まう

筆順 イ′ 伊 俚 偲 偲 偲 僊

意味 ① 춤을 훨훨 춤. ② 신선.

*【傲】 13 亻11 | 오 | 업신여길 | 㘭號
ゴウ
おごる

筆順 ノ イ 广 佐 佯 傲 傲

意味 ① 업신여김. ② 거만을 피움. 교만. =敖・慠 ③ 즐김.

【傭】 13 亻11 | 용 | 머슴 | 㘭冬
ヨウ
やとう

筆順 亻′ 广 疒 佇 俑 傭 傭

[亻部] 11~12획

意味 ① ① 사람을 고용함. =庸 ② 머슴. 일하는 사람. 고용인. ② ① 고름. 균등함. ② 가지런함.
傭耕[용경] ﾖｳｺｳ 남에게 고용되어 논밭을 갊.

【傳】¹³
亻11｜전｜전할｜㊇霰
デン・テン
つたえる

筆順 ノ 亻 亻 亻 伀 伃 傳

解字 形聲. 사람을 뜻하는 亻과 음을 나타내는 專(전)을 합쳐 사람에게 옮겨 전하다의 뜻.

意味 ① 전함. ㉠ 양도함. ㉡ 이음. ㉢ 가르침. ㉣ 넘김. ㉤ 남김. ㉥ 차지 번짐. ㉦ 중간에서 전함. ② 전갈. ③ 소문.
傳家[전가] ﾃﾞﾝｶ ① 부모가 자손에게 전함. ② 대대로 가문에 전하여 내려 옴.
傳達[전달] ﾃﾞﾝﾀﾂ ① 명령·지시 사항을 전하여 줌. ② 차례차례로 전함.
傳承[전승] ﾃﾞﾝｼﾖｳ 예부터 있어 온 풍속·신앙 등의 계통을 이어 받음.

【債】¹³
亻11｜채｜빚｜㊇卦
サイ
かり

筆順 ノ 亻 亻 仁 伂 倩 倩 債

解字 形聲. 사람을 뜻하는 亻과 음을 나타내는 責(책)(채는 변음)을 합쳐 돈을 빌림·빚이라는 뜻.

意味 ① 빚. ㉠ 꾼 돈. ㉡ 갚아야 할 의무. 「―務」② 빌려 준 돈. 「―權」③ 정신적인 빚. 해내야 할 책임.
債務[채무] ﾁｻｲﾑ 특정인에게 어떤 지불을 해야 할 의무. ↔채권(債權)

【催】¹³
亻11｜최｜재촉할｜㊇灰
サイ
もよおす

筆順 ノ 亻 仁 仳 仳 併 催

解字 形聲. 사람을 뜻하는 亻과 음을 나타내는 崔(최)을 합쳐 사람을 줄라 대다의 뜻.

意味 ① 엶. ㉠ 일으킴. ㉡ 함. ㉢ 다가 옴. ② 재촉. ③ 재촉함. 조름. 「―促」

【標】¹³
亻11｜표｜진중치못할｜㊇嘯
ヒョウ

筆順 ノ 亻 亻 伒 伒 伵 僄

意味 ① 빠름. 날램. ② 진중치 못함. 경솔함.

【僑】¹⁴
亻12｜교｜높을｜㊃蕭｜キョウ

筆順 ノ 亻 亻 仁 伩 僑 僑

意味 ① 임시로 삶. 여행에서 묵는 일. ② 본국을 떠나 외국에 사는 사람.「―胞」③ 높음. =喬
僑居[교거] ｷﾖｳｷﾖ 남의 집에 붙어서 임시로 삶. 임시로 사는 곳. 우거(寓居).

【僮】¹⁴
亻12｜동｜아이｜㊇東
ドウ・トウ
わらべ

筆順 ノ 亻 亻 仁 仲 侉 僮 僮

意味 ① 아이. 어린이. =童 ② 심부름군. 종.
僮僕[동복] ﾄﾞｳﾎﾞｸ 사내 아이 종. 사환. 동례(僮隸).

【僚】¹⁴
亻12｜료｜벗｜㊃蕭｜リョウ
ともがら

筆順 ノ 亻 伀 伅 伖 僚 僚

解字 形聲. 사람을 뜻하는 亻과 음을 나타내는 寮(료)를 합쳐 같은 벼슬아치들의 무리·한패를 뜻함.

意味 ① 벗. 한패. 같은 담당자.「同―」② 관직. 벼슬아치.「官―」③ 하인.
僚友[료우] ﾘｮｳﾕｳ 같은 직장에서 일하는 같은 계급의 벗. 동료. 요배(僚輩).

【僕】¹⁴
亻12｜복｜시중군｜㊉沃
ボク
しもべ

筆順 ノ 亻 亻" 伂 僕 僕 僕

解字 形聲. 사람을 뜻하는 亻과 음을 나타내는 業(부)를 합쳐 말을 채찍질하는 마부라는 뜻. 부림을 받는 사람이라는 뜻으로 쓰임.

意味 ① 시중군. 심부름군. 머슴. ② 마부. ③ 저. 자기를 낮추어 하는 말.
僕僮[복동] ﾎﾞｸﾄﾞｳ 사동(使童).

【像】¹⁴
亻12｜상｜모양｜㊤養
ゾウ・ショウ
かたち・かたどる

筆順 ノ 亻 亻" 伖 俜 像 像

[亻部] 12〜13획

僧 {⼻12 | 승 | 중 | 㽞蒸 | ソウ}

筆順: ノ イ 亻 仲 竹 竹 僧 僧

解字: 形聲. 사람을 뜻하는 亻과 음을 나타내는 曾(증; 승은 변음)을 합쳐 범어의 승가(僧伽)를 나타냄. 따라서 중이라는 뜻으로 쓰임.

意味: 중. 불문에 들어간 사람. ↔俗

僧俗[승속] ① 승려와 속인. ② 출가(出家)와 재가(在家).

僥 {⼻12 | 요 | 거짓 | ㊄篠 | ギョウ さいわい}

筆順: ノ イ 仁 仕 佳 僥 僥

意味: ① 이익을 추구함. ② 행운. 「一倖」 ③ 거짓.

僥倖[요행] ① 행운을 바람. ② 뜻하지 않은 행운.

僞 {⼻12 | 위 | 거짓 | ㊄支 | ギ・ガ いつわる}

筆順: ノ イ 亻 伀 仮 僞 僞

解字: 形聲. 사람을 뜻하는 亻과 음을 나타내는 爲(위)를 합쳐 사람이 일부러 한다는 뜻을 나타냄. 후에 거짓이라는 뜻으로 쓰임.

意味: ① 거짓. 거짓말을 함. ② 가짜. 꾸며 낸 일. ③ 속임. 임시적인 것. ④ 만듦. 사람의 소행. 인위.

僭 {⼻12 | 참 | 참람할 | ㊄豓 | セン おごる}

筆順: ノ イ 伈 仲 僭 僭 僭

意味: ① 빎. 권세를 업음. ② 참람함. 하급자가 분수를 잃고 상관의 흉내를 냄. 「一稱」 ③ 사치를 분수에 맞지 않는 일을 함.

儀例[의례] 의식(儀式)의 예(例).

價 {⼻13 | 가 | 값 | ㊄禡 | カ あたい}

筆順: ノ イ 伍 僴 價 價 價

解字: 形聲. 사람을 뜻하는 亻과 음을 나타내는 賈(가)를 합쳐 값이라는 뜻을 나타냄.

意味: ① 값. 「一格」 ② 값어치. 「一値」

價格[가격] ①값; 금. 가치. ②[經] 화폐로써 나타낸 상품의 교환 가치.

儉 {⼻13 | 검 | 검소할 | ㊄琰 | ケン つづまやか}

筆順: ノ イ 亻 仁 伀 俭 儉

意味: ① 검소한 모양. 요긴하지 않은 일은 하지 않음. 「一約」 ② 부족함.

儉約[검약] 검소하고 절약함. 비용을 적게 함. 절약(節約).

儂 {⼻13 | 농 | 나 | ㊄多 | ドウ・ノウ わし}

筆順: イ 伀 伀 儂 儂 儂

意味: ① 나. 속어로서 제일인칭 대명사. ② 그. 그 자. 속어로서 제삼인칭 대명사.

儋 {⼻13 | 담 | 짐 | ㊄覃 | タン になう}

筆順: ノ イ 伊 伊 儋 儋 儋

意味: ① 짐. ② 짐을 짐. ③ 항아리.

儋石[담석] ① 분량이 적은 곡식. ② 얼마 되지 않는 분량.

僧 僧(亻부 12획)의 속자

僻 {⼻13 | ① 벽 ② 피 | 후미질 | ㊄陌 | ㊄實 ヘキ・ヒ かたよる}

筆順: ノ イ 伊 伱 伱 偺 僻

意味: ① ① 한쪽으로 치우침. ② 한쪽 구석. 두메 산골. ③ 천함. ④ 비뚤어짐. ⑤ 바르지 못함. ⑥ 버릇. =癖 ② 피함. 숨음. =避

僻地[벽지] 도시에서 멀리 떨어져 으슥하고 한적한 곳. 궁벽한 곳.

僻性[벽성] 편벽된 성질. 버릇.

[亻部] 13~15획

【億】 15 / 亻13 | 억 | 억 | ㊤職 | オク

筆順 ノ イ 广 伫 倍 億 億

解字 形聲. 사람을 뜻하는 亻과 음을 나타내는 意(의)[억은 변음]를 합쳐 사람이 눌러 앉아 안정된다는 뜻을 나타냄. 나중에 수사(數詞)로 쓰이게 됨.

意味 ① 억. ㉠만의 만 배. ㉡10만. ② 수가 많음. 「一兆」 ③ 추측함. =憶

億劫[억겁] ㉠ 《佛》겁(劫)은 때를 말하며 일겁은 만만배(萬萬倍)의 뜻. ② 무한히 긴 시간.

億萬[억만] ① 억. ② 극히 많은 수.

【儀】 15 / 亻13 | 의 | 꼴 | ㊤支 | ギ のり

筆順 ノ イ 广 伴 侉 倅 儀

解字 形聲. 사람을 뜻하는 亻과 음을 나타내는 義(의)를 합쳐 사람의 옳은 행실을 뜻함.

意味 ① 예절에 어긋나지 않은 바른 행실. ② 옳은 방법의 행실. ③ 태도.

儀章[의장] ① 의례적인 문장. ② 훌륭한 몸가짐의 모양. 의문(儀文).

【儆】 15 / 亻13 | 경 | 경계할 | ㊤梗 | ケイ いましめる

筆順 ノ イ 亻 仿 俨 儆 儆

意味 ① 경계함. ② 급한 일.

【僾】 15 / 亻13 | 애 | 비슷할 | ㊦隊 | アイ ほのか

筆順 ノ イ 亻 仵 俊 僾 僾

意味 ① 비슷함. ② 어렴풋함. ③ 돋보기. ④ 헐떡거림. ⑤ 흑흑 흐느낌.

僾然[애연] 어렴풋이 보이는 모양.

【儒】 16 / 亻14 | 유 | 선비 | ㊤虞 | ジュ

筆順 亻 伊 伊 俨 儒 儒 儒

意味 ① 선비. ② 공자의 가르침을 받드는 학자. 「一生」 ③ 공자의 가르침.

儒教[유교] 공자(孔子)가 주창한 교로서 인(仁)을 근본으로 하는 정치 도덕의 실천을 말하는 유학을 가르침.

儒生[유생] 유교를 닦는 선비. 유자(儒者).

【儘】 16 / 亻14 | 진 | 다할 | ㊤軫 | ジン ことごとく

筆順 亻 伊 侓 侓 儒 儒 儘

意味 ① 다함. ② 남김 없이. ‥ 모두. =盡 ③ 매우. ④ 지음(敗).

【儡】 17 / 亻15 | 뢰 | 꼭두각시 | ㊤賄 | ライ

筆順 ノ イ 亻 伵 佃 儡 儡

意味 ① 패함. 지침. ② 괴뢰사. ③ 꼭두각시. 「傀一」
▼傀儡(괴뢰) カイライ

【償】 17 / 亻15 | 상 | 갚을 | ㊥陽 | ショウ つぐなう

筆順 ノ イ 亻 伵 倅 償 償

解字 形聲. 사람을 뜻하는 亻과 음을 나타내는 賞(상)을 합쳐 사람이 물어 준다는 뜻.

意味 ① 갚아 줌. ㉠죄를 갚음. ㉡보답함. ㉢돌려 줌. ② 변상. ㉠대금. ㉡보수. ㉢메움. 보충.

償還[상환] ① 어떤 것을 대신하여 돌려 줌. ② 빚을 갚음.

【優】 17 / 亻15 | 우 | 넉넉할 | ㊤尤 | ユウ・ウ やさしい

筆順 ノ イ 亻 佰 侑 優 優

解字 形聲. 사람을 뜻하는 亻과 음을 나타내는 憂(우)를 합쳐 탈을 쓰고 춤을 추는 사람·광대라는 뜻을 나타냄. 널리 넉넉하다·낫다라는 뜻으로 쓰임.

意味 ① 넉넉함. ㉠충분히 있음. ㉡큼. 넓음. ② 정답고 부드러움. ㉠조용함. ㉡고상하고 아름다움. ㉢느긋함. ㉣행실이 아담함. ③ 나음. 뛰어남 ↔劣. ④ 광대. ⑤ 어정거림.

優等[우등] ㉠ ① 훌륭히 뛰어난 등급. ↔열등(劣等). ② 성적이 뛰어남.

優勢[우세] 형세가 남보다 나음. 또는 그 형세. ↔열세(劣勢).

優秀[우수] 여럿 가운데 가장 뛰어 남.

優雅[우아] 부드럽고 아담함.

優柔不斷〔우유부단〕ユウジュウフダン ① 유약해서 결단력이 없음. ② 활발하지 않음.
優游自適〔우유자적〕ユウユウジテキ 한가롭고 편안하게 마음대로 즐김.
優逸〔우일〕ユウイツ 걱정 없이 편안히 즐거움을 누림. 우유 일락(優游逸樂).
優艶ユウエン《口》① 매우 아름다움. ② 부드럽고 매혹적임.
優賞ユウショウ《口》크게 칭찬함. 또는 크게 상을 줌. 우장(優奬).
優長ユウチョウ《口》① 특히 훌륭하고 빼어남. ② 침착하고 느림. 유장(悠長).
▼男優(남우)ダンユウ/名優(명우)メイユウ/俳優(배

【儲】18 亻16 | 저 | 쌓을 | [平]魚 |
チョ
もうけ・たくわえる
[筆順] ノ 亻 信 信 偖 儲 儲
[意味] ① 쌓음. 모아 저축함. 여툼. 저축. =貯 ② 벌이. 이익을 얻음. ③ 버금. 곁들임. ④ 태자(太子). 「一什」「東一」
儲君〔저군〕チョクン 황태자. 다음 대를 이을 세자. 왕세자(王世子).
儲利〔저리〕チョリ 저축. 이익. 이득. 「贓).
儲藏〔저장〕チョゾウ 간직하여 둠. 저장(貯

【儺】21 亻19 | 나 | 역귀쫓을 | [平]歌 |
ダ・ナ
おにやらい
[筆順] 亻 亻 偌 僅 僅 儺 儺
[意味] ① 역귀〔액귀・귀신〕를 쫓음. 경을 읽고 굿을 함. 「追一」 ② 조용함.

【儷】21 亻19 | 려 | 아우를 | [去]霽 |
レイ・ライ
ならぶ・つれあい
[筆順] 亻 亻 僃 儷 儷 儷 儷
[意味] ① 아우름. 짝을 이룸. 줄을 지음 ② 동반자. 한 쌍. ③ 동료. 「伉一」
▼駢儷(변려)ベンレイ

【儼】22 亻20 | 엄 | 엄전할 | [上]琰 |
ゲン
おごそか
[筆順] 亻 亻 伊 伊 儼 儼 儼
[意味] ① 엄전함. =嚴 ② 삼감.
儼然〔엄연〕ゲンゼン ① 엄숙한 모양. ② 위엄 있는 모양. ③ 아무리 하여도 움직일 수 없는 모양.
儼乎〔엄호〕ゲンコ 엄숙한 모양.
▼神容儼(신용엄)/玉山儼(옥산엄)/車從儼(차종엄)

儿 部

【儿】2 儿0 | 인 | 어진사람 | [平]眞
ジン・ニン
[筆順] ノ 儿
[解字]  象形. 사람이 무릎을 굽히고 있을 때의 다리 모양을 본뜬 것임. 사람의 다리라는 뜻. 부수(部首)로서는 주로 사람의 상태를 나타냄.
[意味] 사람. 어진 사람.

【兀】3 儿1 | 올 | 우뚝할 | 入月 |
コツ・ゴツ・ゴチ
[筆順] 一 丆 兀
[意味] ① 높이 튀어 나온 모양. =屹 ② 산에 돌이 울퉁불퉁한 모양. ③ 안정되지 않은 모양. ④ 산에 초목이 없는 모양. ⑤ 애를 쓰는 모습. ⑥ 다리를 자르는 형벌.
兀立〔올립〕ゴツリツ 우뚝 솟음.
兀然〔올연〕ゴツゼン ① 외따로 우뚝 솟은 모양. ② 불안하고 위태로운 모양. ③ 무지(無知)한 모양.
兀坐〔올좌〕ゴツザ 꼼짝하지 않고 앉음.

*【元】4 儿2 | 원 | 으뜸 | [平]元 |
ゲン・ガン
もと
[筆順] 一 二 テ 元
[解字] 會意. 사람을 뜻하는 儿과 쇠머리를 뜻하는 二를 합쳐 사람의 머리라는 뜻을 나타냄. 일반적으로 우두머리〔어른〕・바탕・비로소〔처음〕라는 뜻으로 쓰임.
[意味] ① 으뜸. ㉠대본. 근본. ㉡근본이 되는 것. 원인. ㉢본질. ② 처음. 최초. ③ 큰. ④ 머리. 목. ⑤ 우두머리.

[儿部] 2~4획

어른. ⑥ 연호. ⑦ 중국의 왕조 이름.
元金[원금] ガン ① 밑천. 본전. ② 이자가 붙는 돈의 원전. ↔이자(利子)
元旦[원단] ガン 설날 아침. 원일(元日).
元老[원로] ゲン ① 관직·나이·덕망이 높고 늙은 신하. ② 어떤 일에 오래 종사하여 공로가 있는 연로자.
元妃[원비] ガン ① 임금의 정실(正室). 황후(皇后). 왕후(王后). ② 처음에 얻은 아내. 원배(元配).

【允】儿2 | 윤 | 미쁠 | ㊥畛
イン
まこと・ゆるす

筆順 ㇒ㇺ允允

意味 ① 미쁨. ② 참으로. ③ 승낙함. ④ 용서함. 허용함. 따름.
允可[윤가] ガン 임금의 허가. 윤허(允許).
允許[윤허] ガン 임금의 허가. 윤허(允許).
允文允武[윤문윤무] インブン・まことにブン まことにブ 진실로 문(文)과 무(武)가 있다는 뜻으로 천자(天子)가 문무의 덕을 겸비함을 칭송하여 하는 말. 윤무(允武).

【兄】儿3 | ①형 | 맏 | ㊥庚
②황 | | ㊥漾
ケイ・キョウ
あに

筆順 ㇒口口尸兄

解字 會意. 사람을 뜻하는 儿과 굳은 두 개골을 뜻하는 口를 합쳐 자식들 중에서 가장 크게 자란 쪽이라는 뜻. 보통 연장자라는 뜻으로 쓰임.

意味 ①① 형. ㉠나이가 더 많은 남자. ㉡상위자. ㉢둘 중에서 뛰어난 쪽. ② 같은 또래. 친한 사람끼리 서로 존경해서 쓰는 말. 「兄」 ① 부름. ② 민망함. ③ 큰. ④ 근심함. ⑤ 하물며.
兄弟[형제] キョウ・ケイ・テイ ① 형과 아우. ↔자매(姉妹) ② 한 부모에서 태어난 남자들.

【充】儿3 | 충 | 가득찰 | ㊥東
ジュウ
あてる

筆順 ㇒亠古玄充

意味 ① 가득 참. 가득 차게 함. ② 막음. 막힘. ③ 충당함. 할당함.
充當[충당] ジュウ・トウ 모자라는 것을 채워 메

움. 충전(充塡).
充滿[충만] ジュウ・マン 가득하게 참. 또는 가득하게 채움.

【光】儿4 | 광 | 빛 | ㊥陽
コウ
ひかり

筆順 ㇒⺌尚兴光

意味 ① 빛남. 반짝임. 비춤. ② 빛. ㉠등불. ㉡광택. ㉢명예. 명성. ㉣자비를 베풂. ㉤채색. ㉥문화. ㉦경치.
光彩[광채] コウ・サイ ① 눈부신 빛. ② 어두움을 비추는 힘. ③ 빛의 무늬.

【先】儿4 | 선 | 앞 | ㊥霰
セン
さき

筆順 ㇒⺧生牛先

解字 形聲. 간다는 뜻인 之의 변형인 生과 음을 나타내는 儿(인)〔선은 변음〕을 합쳐 다른 사람보다 앞서 간다는 뜻을 나타냄.

意味 ① 앞. ㉠前↔後 ㉡처음. ㉢먼저. ㉣이전. ㉤선조. ㉥장래. ㉦가장자리. 말단. ② 우선. 당장. ③ 나아감. ④ 앞섬. ㉠남보다 먼저 행동함. 앞장 섬. ㉡먼저 주장함. ⑤ 이끎.
先考[선고] セン・コウ 돌아간 아버지. 망부(亡父). 선군(先君). ↔선비(先妣)
先親[선친] セン・シン 돌아간 아버지.

【兆】儿4 | 조 | 조짐 | ㊥篠
チョウ・ジョウ
きざし

筆順 ㇒丿扎兆兆

解字 象形. 점(占)치는 데 사용하던 거북의 등껍질이나 짐승뼈에 나타난 금 모양을 본뜸. 징조·발로(發露)의 뜻으로 쓰임.

意味 ① 조짐. ㉠점괘. 길·흉을 판단하는 갈라진 금. ㉡예고. ② 처음. 기원.
兆民[조민] チョウ・ミン 모든 백성. 민중.
兆候[조후] チョウ・コウ 어떤 일이 미리 드러나 보이는 현상. 조짐(兆朕). 전조(前兆).

【兇】儿4 | 흉 | 흉할 | ㊥冬
キョウ
わるい

筆順 ㇒乂凶凶兇

意味 ① 나쁜[凶]. ② 흉함. 몹시 거침. ③ 나쁜 사람. ④ 두려워함.

兌兌[훙훙] 두려워 떼들어 대는 모양. 또는 그 소리.

[克] 儿5 / 7획 | 극 | 이길 | ㊧職
コク
かつ・よく

筆順 一十十古古克克

解字 象形. 사람이 갑옷을 입고 투구를 쓴 모습을 본뜬것임. 뜻은 그 무게를 견딘다는 데서 나옴. 보통 이김·잘함이라는 뜻으로 쓰임.

意味 ① 이겨 냄.=勝 ㉠자기의 욕망을 물리침. ㉡적을 이김. ② 잘. ㉠됨. ㉡해냄. ㉢충분히. ③ 견딤.

克己[극기] 욕망·감정 등의 과도한 발동을 억제함. ② 사욕을 이지로써 눌러 이김. 「一心」함.

克明[극명] 주의를 기울여 자세히 밝

[免] 儿5 / 7획 | 1/2면 | 벗어날 | ㊧銑 ㊧問
ベン・メン・フン
まぬかれる

筆順 ⁻ ⁿ ⁿ ⁿ 丏 免 免

解字 會意. 사람을 뜻하는 儿과 여자의 영덩이를 뜻하는 㕟을 합쳐 자식을 낳는다는 뜻을 나타냄. 보통 빠져 나옴·벗어 남이라는 뜻으로 쓰임.

意味 ① 벗어남. ㉠빠져 나감. ㉡피함. ② 용서함. 용서. ③ 허가함. ㉢제거함. ㉣놓침. ㉤그만둠. 그만두게 함. ② 자식을 낳음. 해산함.=娩

免除[면제] ① 의무나 책임을 면함. ② 채무를 면함.

免許[면허] 관청에서 특정한 행위나 영업을 허가하는 행정 처분.

[兌] 儿5 / 7획 | 태 | 기쁠 | ㊧泰
ダ・タイ・デ

筆順 ⁻ 八 亻 乊 乕 兑 兑

意味 ① 기쁨.=悅 ② 뚫고 나감. 통함. ③ 빠짐. 누락됨.=脫 ④ 바꿈.

兌換[태환] ㌐ ① 바꿈. ② 지폐나 은행권을 정화(正貨)로 바꿈.

[兕] 儿5 / 7획 | 시 | 외뿔들소 | ㊧紙
ジ
けだもの

筆順 ⁻ ⁿ ⁿ ⁿ 丏 兕 兕

意味 외뿔을 가진 들소.

兕甲[시갑] ㌐ 외뿔 난 들소의 가죽으로 만든 갑옷.

[兔] 儿6 / 8획 | 토 | 토끼 | ㊧遇
ト
うさぎ

筆順 ⁻ ⁿ ⁿ ⁿ 丏 免 兔

意味 토끼.

兔脣[토순] ㌐ 〈醫〉 윗입술이 세로로 찢어져서 토끼의 입술처럼 생긴 입술.

[兒] 儿6 / 8획 | 1/2아 예 | 아이 | ㊧支 ㊧齊
ジ・ニ
こ

筆順 ⁻ ⁿ ⁿ ⁿ 丏 臼 兒 兒

解字 會意. 사람을 뜻하는 儿과 어려서 채 굳어지지 않은 두개골을 뜻하는 臼를 합쳐 어린이라는 뜻을 나타냄.

意味 ① 아이. ㉠영아. ㉡어린이. ㉢사내아이. ㉣연소자. 장정. ② 자식의 부모에게 대한 자칭.

兒童[아동] ㌐ ① 3세 내지 12세 가량의 어린 아이. ② 국민 학교에 다니는 아이. 학동(學童).

[児] 兒 의 속자

[兌] 儿8 / 10획 | 당 | 고을이름 | ㊧養
トウ
なかま

[兜] 儿9 / 11획 | 두 | 투구 | ㊧尤
トウ・ト
かぶと

筆順 ⁻ ⁿ ⁿ 白 甶 甶 兜

意味 ① 투구. ② 머리 쓰이개. 두건.

[兢] 儿12 / 14획 | 긍 | 조심할 | ㊧蒸
キョウ
つつしむ

筆順 一十十古克克 競 兢

意味 ① 조심함. 삼감. ② 나무람. ③ 와들와들 떪.

兢兢[긍긍] ① 두려워하고 삼감. ② 굳고 강한 모양.

入 部

【入】 入0│입│들│㈜緝
ニュウ・ジュウ
いる

筆順 ノ 入

解字 入 指事. 어떤 방향으로 들어 감을 두 개의 줄(線) 끝을 합쳐서 나타냄. 안에 들어 간다는 뜻.

意味 ① 들어 감.↔出 ② 옴.「一朝」③ 닿함. ④ 넣음. 손에 넣음.「一手」⑤ 받아 들임. 승낙함.(=納↔出) ⑥ 물에 빠짐. ⑦ 수입(收入).

入閣[입각] 內閣의 한 사람으로 들어 감.
入選[입선] 출품한 작품이 심사 기준에 합격함. 당선. ↔낙선(落選)

【內】 入2│① 내 ③ 나│안│㈜隊 ㈜合
ナイ・ダイ・ドウ・ノウ
うち

筆順 丨 冂 内 内

意味 ① ① 안. ⑦구역 안. ⓒ안쪽. 어떤 기간 사이. ⓒ조정(朝廷).「一侍」② 가정 안. ⓒ처. 아내.「一室」⑩ 비밀.「一密」(↔外) ② 가까이 지냄. 소중히 함. ③ 뒤. ② ① 넣음. ②거둠. ③끼움. ③ 들어 감. ③ 여관

內閣[내각] ①안방. 내실(內室). ②〈政〉국가 행정권을 담당하는 최고 기관으로 수상·각부 장관으로 구성되는 합의체(合議體).
內子[내자] ① 옛날 중국에서 경대부(卿大夫)의 정실(正室)을 일컫던 말. ② 남에게 대하여 자기의 아내를 일컫는 말. ③ 남의 아내를 일컫는 말.

【全】 入6│전│온전│㈜先
セン・ゼン
まったく

筆順 ノ 入 入 仝 全 全

解字 形聲. 구슬을 뜻하는 玉이 변한 王과 음을 나타내는 人(입)[전은 변음]을 합쳐 티가 없는 순수한 흰빛의 구슬이라는 뜻을 나타냄. 보통 고르다·가지런하다의 뜻으로 쓰임.

意味 ① 모두.㉠모든. ⓒ참으로. ② 온전함. ㉠안전함. ⓒ섞인 것이 없는. ⓒ무사함.「安一」㉣낫음.「一快」③ 완전하게 함. ㉤가지런히 함.

全貌[전모] 전체의 모양이나 형편.
全般[전반] 여러 가지 것의 전부. 통틀어 모두.

【兩】 入6│량│두│㈜漾
リョウ
ふたつ

筆順 一 厂 厂 币 币 兩 兩

解字 叺·兩 象形. 천장에 가로 댄 나무에 좌우로 거는 추 모양을 본뜬 것임. 무게의 단위. 나중에 둘이라는 뜻으로 쓰이게 됨.

意味 ① ㉠한 쌍. ⓒ두 번. ② 겹침. ③ 양쪽 다. ④ 무게의 단위.

兩斷[양단] 하나를 둘로 자름.

【兪】 入7│유│그러할│㈜虞
しかり

筆順 ノ 入 入 入 八 介 兪 兪

意味 ① 그러함. ② 대답함. ③ 공순스러움. ④ 성(姓)의 하나.

兪允[유윤] 승낙함. 허락함.

八 部

【八】 八0│팔│여덟│㈜黠
ハツ・ハチ
やつ

筆順 ノ 八

解字 八 指事. 옛적에 엄지 손가락과 새끼 손가락을 내밀어 여덟이라는 수를 표시하였던 것을 본떠 만든 글자.

意味 ① 여덟. 여덟 개. ② 여덟 번.「一回」③ 구별함.

八萬長安[팔만장안] 사람이 많이 산다는 뜻으로 서울을 일컫던 말.

【公】 4 八2 | 공 | 공변될 | [平]東 |
コウ・ク
おおやけ

[筆順] ノ 八 公 公

[意味] ① 공공(公共). ㉠사회. 일반. ㉡조정. 관청. 「一職」 ㉢공개된 일. ㉣치우치지 않음. 「一平」 ㉤모두의. 공유의. 「一海」 ② 주군. 천자. ③ 제후(諸侯). ④ 손윗 사람이나 같은 또래에 대한 경칭. 「貴一」

公共〔공공〕コウキョウ ① 세상의 전체. 사회 일반. ② 일반 민중에 관계되는 일.

公設〔공설〕コウセツ 공공 단체가 설립 유지하는 공공 시설. ↔사설(私設)

*【六】 4 八2 | 륙 | 여섯 | [入]屋 |
ロク・リク
むつ

[筆順] 丶 亠 亣 六

[解字]  象形. 五 이상의 수를 나타내는 한자의 기원은 확실하지 아니하여, 入과 八의 합자라고 하는 六도 분명한 고증은 못됨. 四·六·八과 五·七·九는 각각 비슷한 자형임을 알 수 있을 뿐임.

[意味] ① 여섯. 여섯 개. ② 여섯 번. 「一回」 ③ 역(易)에서의 음효(陰爻)↔九

六旬〔육순〕 ① 60일. ② 60세.

*【兮】 4 八2 | 혜 | 말멈출 | [平]齊 |
ケイ
か・や

[筆順] ノ 八 亼 兮

[意味] ① 말〔語〕을 멈춤. ② 노래의 후렴. ③ 어조사(語助辭).

*【共】 6 八4 | 공 | 한가지 | [去]宋 |
キョウ・ク・グ
とも

[筆順] 一 卄 廾 共

[意味] ① 한가지. 같이. ② 함께 함. ③ 공산주의의 약자. 「反一」 ④ 공손함. =恭 ⑤ 바침. =供

共感〔공감〕キョウカン 다른 사람의 의견에 자기도 같이 느끼고 남의 기쁨이나 슬픔도 따라 같이 느낌.

*【兵】 7 八5 | 병 | 군사 | [平]庚 |
ヘイ・ヒョウ
つわもの

[筆順] 丿 亻 𠂇 斤 丘 兵

[解字]  會意. 도끼를 뜻하는 斤과 두 손을 뜻하는 廾을 합쳐 손에 도끼를 쥐고 친다는 뜻을 나타냄. 보통 무기·병사라는 뜻으로 쓰임.

[意味] ① 군사. 병정. ② 날이 있는 연장. 무기. 「一刃」 ③ 싸움. 전쟁. 「一火」 ④ 무력. ⑤ 때려 죽임.

兵器〔병기〕ヘイキ 전쟁에 사용하는 기구.

兵馬〔병마〕ヘイバ ① 무기와 군마(軍馬). ② 전쟁의 준비. 군비(軍備). ③ 전쟁.

兵事〔병사〕ヘイジ 병역(兵役)·군대·전쟁 등에 관한 일. 군사(軍事).

*【具】 8 八6 | 구 | 갖출 | [去]遇 |
グ
そなわる

[筆順] 丨 冂 目 且 具 具

[解字]  會意. 세 발 무쇠솥을 뜻하는 鼎이 변한 目과 두 손을 받쳐 드는 모양을 뜻하는 廾을 합쳐 세 발 무쇠솥을 받친다는 뜻. 보통 갖추다의 뜻으로 쓰임.

[意味] ① 갖추어짐. 갖춰져 있음. 「一備」 ② 갖춤. ㉠준비함. ㉡갖고 있음. 「一體」 ③ 설비(設備). ④ 빠짐 없이. 자세히. 「一陳」 ⑤ 기물(器物). 「家一」

具備〔구비〕グビ 빠짐 없이 모두 다 갖춤. 또는 다 갖추어 있음. 구족(具足).

具申〔구신〕グシン 윗사람에게 일의 진행이나 정상(情狀)을 아룀.

具眼〔구안〕グガン 옳고 그름을 구별하는 힘을 가짐. 또는 그 안식(眼識).

*【其】 8 八6 | 기 | 그 | [平]支 | キ その

[筆順] 一 十 廾 甘 甘 其 其

[意味] ① 그. 그것. 사람이나 물건을 가리키는 대명사. ② 그것. 말에 힘을 넣거나 어조를 정돈하는 조사(助辭).

其間〔기간〕そのカン(あいだ) 그사이. 그동안.

*【典】 8 八6 | 전 | 법 | [上]銑 | テン ふみ

[八部] 8~14획·[冂部] 0~7획

筆順 一 冂 冊 曲 曲 典 典
解字 典 會意. 대나무 갈피로 된 책이 책상을 뜻하는 兀 위에 놓여 있는 모양을 본뜸. 나중에 책·법칙이라는 뜻으로 쓰이게 됨.
意味 ① 글. 책. 「一籍」② 본보기. 규칙. 법률. 「法一」③ 의식(儀式). 「一禮」④ 관습. 풍습. 「一故」⑤ 직무로
典禮 [전례] 🔸 ① 일정한 의식(儀式). 예의 범절. ② 예를 맡아 보는 벼슬.
典法 [전법] 🔸 규칙(規則). 법. 모범. 전형(典刑). 전형(典型).

*兼 10 八8 | 겸 | 겸할 | ㉠鹽 |
ケン
かねる

筆順 丶 丷 ヨ 当 兼 兼 兼
解字 兼 會意. 두 줄기의 벼(禾)를 뜻하는 秝(력)과 손(彐)을 합쳐 두 줄기를 한꺼번에 갖는다는 뜻. 보통 겸한다는 뜻으로 쓰임.
意味 ① 겸함. ㉠겹쳐서 가짐. 겸임. 「一職」㉡합침. 「一倂」② 겸해서. 함께.
兼備 [겸비] 🔸 두 가지 이상을 함께 가짐. 양쪽을 다 갖추고 있음.

冀 16 八14 | 기 | 바랄 | ㉠寘 |
キ
こいねがう

筆順 ⺊ 圵 乹 髥 蕠 冀 冀
意味 ① 바람. 간청함. 「一願」② 간절히 바라건대. 부디. ③ 〈地〉고대 중국의 구주(九州)의 하나.
冀望 [기망] 무엇인가를 바람. 희망.
冀願 [기원] 🔸 기망(冀望).

冂 部

[冂] 2 冂0 | 경 | 멀 | ㉑靑 |

*冊 5 冂3 | 책 | 책 | ㉑陌 |
サツ・サク
ふみ

筆順 丿 冂 冂 冊 冊

解字 冊 象形. 몇 개의 대나무 조각을 겹쳐서 실로 꿰맨 모양을 본뜬 것. 기록 문서·서적이라는 뜻을 나타냄. 나중에 책을 세는 단위로 쓰이게 됨.
意味 ① 책. 서적. ② 병부(兵符). ③ 세다. ④ 꾀. 5 문서.
冊立 [책립] 🔸 칙명(勅命)으로 황후나 황태자를 정식으로 정함.
冊子 [책자] 🔸 책. 장부(帳簿). 서책(書冊).

[円] 圓(口부 10획)의 속자

[冉] 冂3 | 염 | 늘어질 | ㉧琰 |
ゼン・ネン

筆順 丨 冂 冂 冄 冉
意味 ① 수염이 많이 늘어진 모양. = 髥 나아가는 모양. 「一一」② 성(姓)의 하나.

*再 6 冂4 | 재 | 두번 | ㉥隊 |
サイ
ふたたび

筆順 一 厂 厅 丙 再 再
解字 再 象形. 받침대의 부분과 담는 부분의 모양이 같은 바구니의 받침대를 뜯어서 만든 글자. 같은 물건은 없다는 뜻. 널리 겹치다·거듭하다의 뜻으로 쓰임.
意味 ① 두 번. 다시. ② 두 번 함. 다시함.
再考 [재고] 🔸 다시 생각하여 봄.
再燃 [재연] 🔸 ① 꺼졌던 불이 다시 탐. ② 조용해진 사건이 다시 문제가 됨.

[冒] 9 冂7 | ①모 | 가릴 | ㉮號 | ②목 | | ㉺職 |
ボウ・モウ
おかす

筆順 丨 冂 冂 曰 冃 冒 冒
意味 ① 무릅쓰고 함. 범함. ②앞뒤 생각 없이 덤빔. 「一險」③더럽힘. 「一瀆」⓸거짓말을 함. ⑤ 가림. 쐬우개.
冒瀆 [모독] 🔸 성스러운 것·깨끗한 것을 욕되게 함. 무례(無禮). 모욕(侮辱).
冒險 [모험] 🔸 ① 위험을 무릅씀. 또는 그 행동. ② 무리하게 해보는 일.

[冂部] 7~9획·[冖部] 0~14획·[冫部] 0~3획

【冑】⁹₁₇ 주 | 투구 | 冑甲 | チュウ / かぶと

筆順 ` 冂 冂 甲 冑 冑 冑

意味 투구. =兜

【冕】¹¹₁₉ 면 | 면류관 | 冕銃 | ベン / かんむり

筆順 冂 日 旦 昺 冕 冕 冕

意味 면류관. 관.

冕旒冠[면류관] ベンリュウカン 면류관으로 장식한, 대부(大夫) 이상이 쓰는 예관(禮冠).

冕服[면복] ベンプク 면류관과 그 예복(禮服).

冖 部

【冖】²₁₀ 멱 | 덮을 | 入錫 | ベキ / おおう

【写】寫 (冖부 12획)의 약자

*【冠】⁹₁₇ 관 | 갓 | 去翰 | カン / かんむり

筆順 ` 冖 亓 元 冠 冠 冠

解字 會意. 덮어 쓰는 물건을 뜻하는 冖과 사람의 머리를 뜻하는 元과 손을 뜻하는 寸을 합쳐 머리에 관을 쓴다는 뜻을 나타냄. 관이라는 뜻으로 쓰임.

意味 ① 갓. 관. ② 관을 씀. ③ 아이가 어른이 되는 예식. 「一禮」

冠禮[관례] カンレイ 사내 아이가 20세가 되었을 때 처음으로 갓을 쓰고 어른이 되는 예식. 성관(成冠).

冠絶[관절] カンゼツ 가장 뛰어나 남. 탁절(卓絶).

*【冥】¹⁰₁₈ 명 | 어두울 | 去青 | メイ・ベイ・ミョウ / くらい

筆順 冖 冖 冝 冝 冥 冥 冥

意味 ① 어두움. ② 사물의 도리를 모름. 「頑一」 ③ 저승. 「一土」 ④ 속 깊음. 「一想」 ⑤ 바다. =溟 「北一」

冥福[명복] メイフク 죽은 뒤에 저승에서 받는 복. 사후의 행복.

【冤】¹⁰₁₈ 원 | 원통할 | 平元 | エン

筆順 ` 冖 冖 冝 冝 冤 冤

意味 ① 무고한 죄. 무고한 죄를 씀. 「一罪」 ② 원한. 원수. ③ 원통함.

冤罪[원죄] エンザイ 원통하게 뒤집어 쓴 죄.

冤痛[원통] ① 분하고 억울함. ② 몹시 원망스러움.

【冢】¹⁰₁₈ 총 | 클 | 上腫 | チョウ / つか

筆順 ` 冖 冖 冢 冢 冢 冢

意味 ① 큼. ② 산이 뭉킴. ③ 산곡대기. ④ 토주(封土). ⑤ 벼슬 이름. ⑥ 무덤. 뫼.

冢卿[총경] チョウケイ 으뜸가는 신하. 중신.
冢君[총군] チョウクン 임금. 대군(大君). 제후에 대한 경칭.

【冪】¹⁶₁₄ 멱 | 덮을 | 入錫 | ベキ / おおい

筆順 ` 冖 冖 帯 幂 冪 冪 冪

意味 ① 덮음. 장막. ② 수사(數詞). 「自乘一」=「平方一」 「三乘一」=「立方一」

冫 部

【冫】²₁₀ 빙 | 얼음 | 宋庚 | ヒョウ / こおり

*【冬】⁵₁₃ 동 | 겨울 | 平冬 | トウ / ふゆ

筆順 ノ ク 夂 冬 冬

解字 形聲. 얼음을 뜻하는 冫과 음을 나타내는 夂(종)(音은 변음)을 합쳐 얼음이 어는 겨울이라는 뜻을 나타냄.

意味 겨울. ㉠섣달·정월·이월의 석 달 동안. ㉡입동(立冬)에서 입춘(立春)까지.

冬季[동계] トウキ 겨울. 추운 계절.

冬至[동지] トウジ 〈天〉 24절후(節候)의 하나. 태양이 남회귀선(南回歸線)에 이른 때로 북반구(北半球)에서는 밤이 가장 길고 낮이 가장 짧음. 양력으로 12월 23일경임. ↔하지(夏至)

[冱] 6획 호 | 얼어붙을 | 去遇
コ・ゴ
さえる

筆順 丶 冫 冫 冱 冱 冱

意味 ① 얼어 붙음. ② 추움. 「─寒」
冱寒[호한] 혹독한 추위. 혹한(酷寒).

*[冷] 7획 랭 | 찰 | 上梗
レイ・リョウ
ひえる・つめたい

筆順 丶 冫 冫 冷 冷 冷 冷

意味 ① 식음. 식힘. ↔熱 ② 참. 차가움. ↔熱·暖·溫 ③㉠선선함. ㉡비웃음. 「─笑」 ㉢애정이 엷음. 「─淡」 ③ 영락해서 쓸쓸함.

冷淡[냉담] ① 마음이 담담함. ② 동정심이 없음. ③ 일에 대해 무관심하고 열성이 없음.

冷冷[냉랭] ① 쌀쌀하고 찬 모양. ② 음운(音韻)이 맑은 상태.

[冶] 7획 야 | 풀무 | 上馬
ヤ
いる

筆順 丶 冫 冫 冫 冶 冶 冶

意味 ① 쇠붙이를 녹여 거푸집에 넣어서 본을 뜸. 「─金」 ② 주물장(鑄物匠). 대장장이. ③ 훌륭한 것으로 마무름.

冶郞[야랑] ① 연약한 남자. ② 바람난 남자. 오입장이.

[冽] 8획 렬 | 매게추울 | 入屑
レツ

筆順 丶 冫 冫 万 列 冽 冽

意味 ① 차가움. ═寒 ② 매운 추위. 「凛─」
冽冽[열렬] 추위가 굉장한 모양.

*[凍] 10획 동 | 얼 | 去送
トウ
こおる・こごえる

筆順 丶 冫 冫 冫 冫 冫 冻 凍 凍

解字 形聲. 얼음을 뜻하는 冫과 음을 나타내는 東(동)을 합쳐 언다는 뜻.

意味 ① 얼음. 「─結」 ② 얼음. ═氷 ③ 추움. 「─死」

凍結[동결] ① 얼어 붙음. ② 〈經〉 자금이나 재산을 옮기거나 사용함을 금지함. 또는 그 상태.

[凌] 10획 릉 | 빙고 | 去烝
リョウ
しのぐ

筆順 丶 冫 冫 冫 冫 凌 凌 凌 凌

意味 ① 넘음. ㉠범함. ═犯 「─辱」㉡상대보다 나음. 「─駕」② 빙고. 얼음을 저장해 두는 방. ③ 심함.

凌駕[능가] 다른 사람을 제치고 훨씬 위로 오름.

凌辱[능욕] ① 무례한 짓을 함. ② 다른 사람을 업신여기어 욕을 보임. ③ 힘으로 부녀자를 욕보임.

凌遲[능지] ① 때려 죽임. ② 고대(古代)의 극형. 곧 사지(四肢)를 자른 후 목을 자르는 극형.

[凋] 10획 조 | 시들 | 平蕭
チョウ
しぼむ

筆順 丶 冫 冫 冫 冫 凋 凋 凋 凋

意味 시듦. ㉠초목이 말라 듦. 「─落」㉡세력이 약해짐.

凋落[조락] ① 꽃이 시들어 떨어짐. ② 쇠하여 죽음. ③ 세력이 약하여 여짐.

凋瘵[조채] 쇠약하여 앓음. 수척하여짐.

[准] 10획 준 | 견줄 | 上軫
ジュン

筆順 丶 冫 冫 冫 汁 准 准

意味 ① 견줌. 비준함. ② 평평함. ③ 준거함. ④ 윤허함. 「批─」

准社員[준사원] 정사원(正社員)은 아니지만 정사원과 같은 대우를 받는 사람. 정사원의 다음 지위.

[凄] 10획 처 | 바람찰 | 去霽
セイ
すさまじい・すごい

筆順 丶 冫 冫 冫 冫 凄 凄 凄 凄

意味 ① 재미 없음. 애처로움. 「─慘」② 쓸쓸함. 「─切」③ 몹시 추움. ═凄

凄涼[처량] 쓸쓸하고 가련함.

凄切[처절] 몹시 처량함.

凄凄[처처] ① 쓸쓸하고 애처로운 모양. ② 구름이 이는 모양.

[冫部] 13~14획·[几部] 0~10획·[凵部] 0~2획

【凜】 15 / 冫13 | 름 | 찰 | ㉢凝 | リン

筆順 冫广冫冫冫冫冫凜凜凜

意味 ① 몹시 추움.「一冽」 ② 오싹하는 모양. ③ 용기가 놓고 씩씩함.

凜凜[늠름] ① 위풍(威風)이 있고 용기가 왕성한 모양. ② 추위가 살을 엘 듯이 심한 모양. 늠렬(凜冽). 늠호(凜乎).

凜然[늠연] 위엄이 있어 어엿한 모양. 늠호(凜乎).

【凝】 16 / 冫14 | 응 | 엉길 | ㉡蒸 | ギョウ・こる

筆順 冫冫冫冫冫凝凝凝

解字 形聲. 얼음을 뜻하는 冫과 음을 나타내는 疑(의)[응은 변음]를 합쳐서 물이 얼어서 흐르지 않음을 나타냄. 보통 굳다는 뜻으로 쓰임.

意味 ① 엉김. 엉기게 함. ㉠얼. ㉡굳어짐.「一結」 ㉢엄중함. ㉣한쪽으로 쏟음.「一視」 ② 머무름. 잠자코 아니 움직임.「一滯」

凝滯[응체] 걸리어 막힘. 일이 잘 되지 않음을 일컫는 말. 삽체(澁滯).

几 部

【几】 2 / 几0 | 궤 | 안석 | ㉠紙 | キ

筆順 丿 几

解字 象形. 책상이나 앉을 때에 몸을 기대는 안석의 모양을 본뜸. 안석·책상을 뜻하며, 부수 几(안석궤변)는 책상에 관계되는 뜻을 나타냄.

意味 ① 안석. 팔꿈치를 기대는 물건. 팔걸이. ② 책상.

几案[궤안] ㉠의자(椅子)·사방침(四方枕)·안석(案席) 등의 총칭.

*【凡】 3 / 几1 | 범 | 대강 | ㉢咸 | ハン·ボン·およそ

筆順 丿 几凡

意味 ① 대강. ㉠보통. ㉡전체.「一百」 ② 평범. ㉠흔해 빠짐. ㉡하잘 것 없음.「一打」

凡例[범례] 어떤 책의 첫머리에 그 책의 내용이나 사용 방법을 설명한 것.

凡夫[범부] ① 평범한 남자. ② 〈佛〉출가(出家)하지 않고 속세에 있는 사람. ③ 〈佛〉불도(佛道)의 수업이 미숙하여 깨닫지 못한 사람.

凡事[범사] ① 모든 일. ② 평범한 일.

【処】 處(虍부 5획)의 약자

【夙】 夕부 3획

【凰】 11 / 几9 | 황 | 봉새 | ㉡陽 | オウ·おおとり

筆順 丿 几凡凡凡凰凰

解字 形聲. 鳳의 생략형인 几과 음을 나타내는 皇(황)으로 이루어짐.

意味 봉새. 천하가 잘 다스려져 있을 때 나타난다는 상상의 영조의 암컷.

【凱】 12 / 几10 | 개 | 긴풍류 | ㉠賄 | ガイ·カイ·かちどき

筆順 丨山山出岂豈豈凱

解字 形聲. 화락하다는 뜻인 愷[이 경우는 의문사]와 음을 나타내는 几(궤)[개는 변음]를 합쳐서 만든 글자.

意味 ① 승리의 환성. 전쟁이나 경기에 이겼을 때의 환호나 음악. ② 이김. =勝「一旋」 ③ 녹어짐. =微

凱歌[개가] 싸움에 이김을 축하하는 노래. 개선가(凱旋歌).

凱旋[개선] 싸움에 이기고 돌아 옴.

凵 部

【凵】 2 / 凵0 | 감 | 입벌릴 | ㉤勘 | カン

筆順 凵 凵

意味 ① 입을 크게 벌린 모양. ② 물건을 담는 그릇.

*【凶】 4 / 凵2 | 흉 | 흉할 | ㉡冬 | キョウ·わるい

[凵部] 3~6획·[刀部] 0획

凶
筆順 ノ メ 区 凶
解字 形聲. 위트러진입구변(凵)과 음을 나타내면서 텅 비었다는 뜻인 乂(오)(흉은 벼름)를 합쳐 흉년이라서 뒤주가 비었다는 뜻. 후에 재난이라는 뜻으로 쓰이게 됨.
意味 ① 흉함. ↔吉 ② 재앙을 끼침. 깨뜨림.「一惡」③ 재화(災禍).↔吉 ④ 흉년. ↔豐 ⑤ 나쁜 놈.「元一」
凶器[흉기] ① 사람을 죽일 때 쓰는 기구. ② 상사(喪事)에 쓰는 기구.
凶年[흉년] ① 농작물이 잘 되지 않는 해. 기년(饑年). 흉세(凶歲).↔풍년(豊年) ② 나쁜 일이 겹치는 해.
凶謀[흉모] 음흉한 꾀. 흉악한 모략.

[凹]⁵ 凵3 | 요 | 오목할 | ④看
オウ
くぼむ
筆順 丨 冂 冂 凹 凹
意味 ① 오목함. ② 오목하게 함. 쑥 들어가게 함.(↔凸)
凹版[요판] 인쇄(印刷)하려고 하는 모양을 동철(銅鐵)이나 동판(銅板)의 표면에 오목하게 판 인쇄판의 한 가지.
凹凸[요철] 오목함과 볼록함.

[凸]⁵ 凵3 | 철 | 볼록할 | ④册
トツ
でこ
筆順 丨 冂 冋 凸 凸
意味 ① 볼록함. 튀어나온 모양.↔凹 ② 장난꾸러기.
凸面[철면] 가운데가 볼록한 면. ↔요면(凹面)
凸版[철판] 볼록하게 나온 면에 잉크를 묻혀서 인쇄(印刷)하는 인쇄판의 총칭. 목판·활판 등. ↔요판(凹版)

[出]⁵ 凵3 | 출 | 날 | ④質
シュツ·スイ
でる·だす
筆順 丨 屮 屮 出
解字 會意. 발을 뜻하는 屮와 나가는 곳을 뜻하는 凵을 합쳐서 됨.
意味 ① 나감. 냄.「一師表」①밖에 나감.「一入」⑤나섬.「一發」⑥나타남.

「露一」⑫ 빠져 나감. 물러남.「退一」⑥섬김.「一仕」⑭낳음.「一產」
出馬[출마] ① 말을 타고 감. ② 자신이 현장에 직접 나아감. ③ 전장에 나아감. 출진(出陣). ④ 선거에 입후보함. ⑤ 경마(競馬)에 나가는 말.
出身[출신] ① 무슨 지방이나 파벌·학업·직업으로부터 나온 신분.
出品[출품] 진열하는 곳이나 전람회 등에 물품이나 작품을 내어 놓음.
出血[출혈] ① 피가 혈관 밖으로 나옴. ② 지나친 손해나 희생을 당함.

[函]⁸ 凵6 | 함 | 함 | ④覃
カン
はこ
筆順 ⁻ 了 丐 丞 函 函
解字 象形. 화살을 넣어 두는 상자를 본떠 만든 글자다.
意味 ① 함. 상자. ㉠뚜껑이 있는 큰 상자. ㉡문서함. ② 상자에 넣음.
函谷關[함곡관] 〈地〉함곡(函谷)에 있던 험준하기로 유명한 관문(關門). 맹상군(孟嘗君)의 고사(故事)로 유명
函封[함봉] 상자에 넣어서 봉함. ᄂ함.
函人[함인] 갑옷과 투구를 만드는 직공(職工). 함공(函工).
▼經函(경함)/空函(공함)/密函(밀함)/本函(본함)/書函(서함)

刀(刂)部

[刀]²刀0 | 도 | 칼 | ④豪
トウ·ト
かたな
筆順 フ 刀
解字 象形. 칼 모양을 본떠서 만든 글자임. 부수로서는 칼·베다라는 뜻을 나타냄.
意味 ① 칼. 날붙이. ② 칼 모양을 한 돈 이름.
刀圭[도규] 약을 뜨는 숟가락. 의술(醫術)을 일컫는 말.「一界」
刀尖[도첨] 칼끝.
刀幣[도폐] 칼 모양의 돈.

【刁】 刀0 | 조 | 조두 | 僉蔍 | チョウ なべ

筆順 フヌ

意味 ① 조두[남비겸 경보용 무기]. ② 나무 끝이 까닥거림. ③ 바라이 불.

刁斗[조두]^{チョウ} 고대 중국 군대에서 쓰던 남비와 징을 겸한 군용 도구.

*【刃】 刀1 | 인 | 칼날 | 僉鋑
ジン·ニン
は·やいば

筆順 フ刀刃

解字 指事. 칼의 날 부분에 점을 찍어 칼날을 표시했음.

意味 ① 칼날. 칼날에 나타난 무늬. ② 날붙이. 「兵一」 ③ 벰. 베어 죽임.

刃傷[인상]^{ジンジョウ} 칼날에 다친 상처. 인창(刃創).

*【分】 刀2 | 분 | 나눌 | 僉問
ブ·フン·ブン
わける

筆順 ノ八分分

解字 形聲. 칼을 뜻하는 刀와 음을 나타내는 八(팔)[분은 변음]을 합쳐서 가른다는 뜻을 나타냄.

意味 ① 나눔. 가름. 간을 매김. 「區一」 갈라짐. ㉠찢음. ㉡쪼갬. 「一割」 ② 를 어줌. 「一散」 ③ 돌림. 「配一」 ④ 분별(分別). ⑤ 24절기 중의 절기. 「春一」 「秋一」 ⑥ 길이의 단위. 푼. 한 치(寸) 의 10분의 1. ⑦ 시간의 단위.

分量[분량]^{ブンリョウ} 부피·무게·수효 등의 많고 적은 정도. 양(量).

分明[분명]^{ブンメイ(ミョウ)} 사리(事理)가 확실하고 틀림이 없음. 또 확실히 남. 사람의 됨됨이가 똑똑함. 명료(明瞭). 판연(判然).

分別[분별]^{ブンベツ} ① 사리(事理)를 따져서 가리어 냄. 「思慮一」 ② 종류에 따라 구별함. ③ 차별(差別). 구별.

分列[분열]^{ブンレツ} ① 나누어서 죽 벌여 놓음. ② 갈라져 늘어섬. 「一行進」

【切】 刀2 | ①절 ②체 | ①벨 ②屑 | ⑳霽
セツ·サイ
きる

～亡切切

解字 形聲. 칼을 뜻하는 刀와 음을 나타내는 七(칠)[절·체는 변음]을 합쳐 물건을 자른다는 뜻을 나타냄.

意味 ① 벰. 이자름. ② 칼로 토막을 냄. ② 뼈나 뿔 같은 것을 갈고 닦음. 「一磋」 ③ 다가 옴. 「一迫」 ④ 친절한 모양. 「懇一」 ⑤ 자꾸만. 「一望」 ⑥ 소중한 일. ⑦ 격렬함. 「痛一」 ② 보통.

切開[절개]^{セッカイ} ① 째어서 갈라지게 함. ② (醫) 치료하기 위하여 몸의 일부를 째어서 가름. 「一手術」

切斷[절단]^{セツダン} 끊거나 자름. 절단(截斷).

切望[절망]^{セツボウ} 간절히 바람. 간망(懇望).

切切[절절]^{セツセツ} ① 매우 간절하고 정성스러운 모양. ② 깊이 생각하는 모양. ③ 근심하는 모양. ④ 소리가 작게 계속되는 모양. ⑤ 간절히 생각하는 모양.

切除[절제]^{セツジョ} 베어 냄. 베어 없앰. L양.

切磋琢磨[절차탁마]^{セッサタクマ} ① 옥석(玉石)을 자르고 갈고 닦는다는 뜻으로, 학문과 덕행을 닦음을 일컫는 말.

切齒扼腕[절치액완]^{セッシャクワン} 몹시 분하여 이를 갈고 팔을 걷어 올리며 벼름.

切親[절친] 아주 친근함.

【初】 刀5 | 초 | 처음 | 僉魚
ショ·ソ
はじめ·はじめて·はつ

筆順 ＼フ才ネ衤初初

解字 會意. 칼을 뜻하는 刀와 옷을 뜻하는 衤를 합쳐 칼로 마름질한다는 뜻. 재단은 옷을 만드는 첫번째의 일이므로 처음이라는 뜻으로 쓰임.

意味 ① 처음. 처음으로. 최초의. ② 예전. 이전. ③ 시작. 시작함.

初刻[초각]^{ショコク} ① 한 시간의 맨 처음 되는 각(刻). ② 초판(初版). 「刊」

初刊[초간]^{ショカン} 맨 처음의 간행. 원간(原

初更[초경]^{ショコウ} 하룻밤을 오경으로 나눈 첫째의 경. 지금의 오후 6시 전후.

*【券】 刀6 | 권 | 엄쪽 | 僉願 | ケン

筆順 ＼ㅛ푸岺券券

[刀部] 9~13획·[刂部] 0~4획

解字 形聲. 칼을 뜻하는 刀와 음을 나타내는 癸(권)을 합쳐 눈금을 새긴 나무나 대의 패를 뜻함. 이 패를 두 쪽으로 내어 계약의 증거로 두 사람이 나누어 가졌으므로 부절·어음의 뜻을 갖게 됨.
意味 ① 어음. 부절. ② 입장권. 우표.
券契[권계] 약속 어음.
券書[권서] 약속한 증서.

【剪】 11 / 刀9 | 전 | 가위 | 上銑 | きる

筆順 丷 丷 吂 肀 前 剪 剪

意味 ① 자름. = 翦 ① 잘라서 가지런히 함. ⓒ벰. 가위로 자름. ① 깎음. ② 가위.
剪刀[전도] ① 가위. ② 외과의(外科醫)가 사용하는 가위.
剪裁[전재] ① 잘라 끊음. ② 포백(布帛) 등을 잘라 옷감을 마름질함. ③ 꽃이 아름다운 모양. 「질하여 벰.
剪定[전정] 초목의 가지나 잎을 가위

【劈】 15 / 刀13 | 벽 | 쪼갤 | 入錫
ヘキ·ヒャク
さく·つんざく

筆順 ᄀ 尸 吊 辟 辟 辟 劈

意味 ① 쪼갬. 갈라 헤침. ② 세게 찢음. ③ 심한 벼락 소리. = 霹 「靂.
劈開[벽개] ① 쪼개져서 갈라짐. ② 결을 따라 쪼개짐. ③ 지각(地殼)의 횡압력(橫壓力)이 수성암에 일정한 켜가 생김. ④ 광물의 결정이 일정한 방향으로 쪼개지는 성질.
劈頭[벽두] ① 글이나 말의 첫머리. ② 일의 시작인 첫머리. 최초(最初).
劈歷[벽력] 요란한 천둥 소리. 벼락(霹靂).

刂 部

【刂】 2 / 刂0 | 도 | 선칼 | 上篠

【刈】 4 / 刂2 | 예 | 풀벨 | 去隊
カイ·ガイ
かる

筆順 ノ メ 刈 刈

解字 會意. 칼을 뜻하는 刂와 가위를 뜻하는 乂를 합쳐 베다·깎다의 뜻을 나타냄.
意味 ① 벰. 풀 같은 것을 벰. ② 베어 없앰. 떨어 버림.
刈萱[예훤] 〈植〉벼과(禾)의 다년생 풀. 잎은 가늘고 길며 높이는 1.5미터 정도이고 가을에 갈색 꽃이 핌.

*【刊】 5 / 刂3 | 간 | 깎을 | 上寒
カン
けずる·きざむ

筆順 一 二 千 刊 刊

解字 形聲. 칼을 뜻하는 刂와 음을 나타내는 干(간)을 합쳐 판본에 글자를 새겨 인쇄한다는 뜻.
意味 ① 깎음. ② 새김. ③ 책을 출판함.
刊本[간본] 인쇄하여 출판된 책. 간행본(刊行本). ↔사본(寫本)
刊行[간행] 책 등의 인쇄물을 발행하여 세상에 내놓음. 출판(出版).

*【列】 6 / 刂4 | 렬 | 벌일 | 入屑
レツ
つらねる·ならべる

筆順 一 ア 歹 歹 列 列

解字 形聲. 칼을 뜻하는 刂와 음을 나타내는 歹(렬)을 합쳐 짐승을 칼로 베어 가른다는 뜻을 나타냄. 나중에 분할의 순서·차례라는 뜻에서 이어 벌리다라는 뜻이 됨.
意味 ① 벌임. ② 줄지음. 줄. ③ 군대의 줄. =隊伍 「队一」 ④ 많은. 「一闋」
列強[열강] 여러 강대한 나라들. 여러 강국(強國). 「어 말함.
列舉[열거] 여러 가지를 하나씩 들

【刎】 6 / 刂4 | 문 | 목벨 | 上吻
フン
くびはねる

筆順 ノ 勹 勿 勿 刎

意味 목을 후려 벰. 「一死」
刎頸之交[문경지교] 설사 그 사람을 위해 목숨을 바치더라도 후회하지 않을 만큼 절친한 교제다. 곧 생사(生死)를 함께 하는 친한 사이.

【刑】 刂4│6획│형│형벌│㉴㕣│
ケイ・ギョウ
しおき

筆順 一二 开 刑 刑

意味 ① 형벌. 처벌.「一罰」② 죄를 추궁함.「一處」③ 규칙. 법률. ④ 규칙에 따름. 본보기로 삼음.

刑罰[형벌]ケィバッ 국가가 죄를 저지른 사람에게 주는 제재(制裁).
刑事[형사]ケィジ ① 형법의 적용을 받는 사건. ↔민사(民事). ② 범죄 수사나 범인 체포를 맡은 순경.

【利】 刂5│7획│리│날카로울│㉴實│
きく・とし

筆順 ノ 二 千 禾 利

解字 利 會意. 쟁기와, 벼의 이삭이 드리워진 모양을 합쳐서 곡식을 가꾸기 위하여 땅을 간다는 뜻을 나타냄. 쟁기의 끝이 날카로우므로 날카롭다는 뜻과 이익이라는 뜻으로 쓰임.

意味 ① 날카로움, 잘 들음. 날이 섬. 鈍 ② 빠름. 재빠름. ③ 좋음. 기회가 좋음. ↔害. ④ 물건의 용도. 공용(功用).「水一」⑤ 이김. ⑥ 벌이.

利己[이기]リコ 자기 자신의 이익과 쾌락(快樂)만을 피함. ↔이타(利他)
利用[이용]リョウ ① 유리하게 사용함. ② 자신의 이익을 위하여 사람이나 물건을 잘 부림.

【別】 刂5│7획│별│다를│㉴屑│
ベツ・ベ・ベチ
わかれる

筆順 丨 口 무 另 別 別

意味 ① 헤어짐. ② 가름. ㉠구분함.「選一」㉡분별함. ㉢떼어 놓음.「一置」 갈래.「一派」③ 구별. 경계. 격차. 헤어짐.「死一」⑤ 다름.「一天地」⑥ 특히. 더우기.「格一」

別路[별로]ベッロ ① 길을 달리 하여 감. ② 갈림길.
別淚[별루]ベッルィ 이별을 슬퍼하여 흘리는 「一淚」
別紙[별지]ベッシ 서류나 편지 등에서 따로 적어 덧붙이는 종이쪽

【判】 刂5│7획│판│가를│㉴翰│
ハン・ホウ
わける

筆順 ヽ ヽ ヽ 二 半 判 判

解字 形聲. 칼을 뜻하는 刂에 음인 半(반)[판은 변음]을 합쳐서 만든 글자로 칼로 잘라 나눈다는 뜻을 나타냄. 결말을 지음·판가름 냄을 뜻함.

意味 ① 나눔. ㉠구별함.「一別」㉡정함.「一定」「一然」② 옳고 그름을 가림. 판단.

判決[판결]ハンケッ ① 시비(是非)·선악(善惡)을 판단하여 결정함. ② 〈法〉법원이 법률을 적용하여 소송 사건을 결정·종결시키는 판정(判定).
判斷[판단]ハンダン 사물의 가부(可否)·진위(眞僞)·시비(是非)·곡직(曲直) 등을 밝혀 정함.
判無識[판무식]ハンムシキ 매우 무식함. 일자무식(一字無識). 전무식(全無識).

【刻】 刂6│8획│각│새길│㉴職│
コク
きざむ

筆順 ヽ 亠 亠 亥 亥 刻 刻

解字 形聲. 칼을 뜻하는 刂와 음을 나타내는 亥(해)[각은 변음]를 합쳐 금을 새긴다는 뜻을 나타냄. 널리 새기다의 뜻으로 쓰임.

意味 ① 새김. ㉠팖. ㉡판목을 파서 간행함.「一本」② 상처를 냄. 괴롭힘.「一苦」③ 가련함. ④ 물시계의 눈금.

刻刻[각각]コッコク 일각 일각(一刻一刻).「時時一」「一임.「一精勤」
刻苦[각고]コック 몹시 애씀. 대단히 힘듦.
刻薄[각박]コッパク 잔인하고 인정미가 없음.
刻限[각한]コッゲン 정한 시각. 정각(定刻).

【刳】 刂6│8획│고│쪼갤│㉴虞│
えぐる

筆順 一 大 夸 夸 刳 刳

意味 ① 쪼갬. ② 속을 팜. 쑤심. 후빔.
刳腹[고복]コフク 배를 가름. 할복(割腹).
刳割[고할]コカッ 소·돼지 따위를 죽여서 가름.

[刂部] 6~7획　　　　　　　　　　　　　　　　53

【刮】刂6│괄│깎을│㊤點│カツ・けずる
筆順 一二千舌舌舌刮
意味 ① 깎음. ② 문지름. 마찰함.
刮目[괄목]ｶﾂﾓｸ 눈을 비비고 주의 깊게 봄. 주의하여 봄.

*【到】刂6│도│이를│㊤號│トウ・いたる
筆順 一工至到到
解字 形聲. 이른다는 뜻인 至(지)[도는 변음]와 음을 나타내는 刂를 합쳐 이행함. 「一本」② 상처를 냄. 괴롭힘. 「一苦」③ 가련함. ④ 물시계의 눈금. 시각.
到著[도착]ﾄｳﾁｬｸ 목적지에 다다름.

*【刷】刂6│쇄│닦을│㊤點│サツ・する
筆順 一尸尸吊吊吊刷
解字 形聲. 칼을 뜻하는 刂와 음을 나타내는 𠕋(쇄)를 합쳐 깎다의 뜻. 지금은 문지르다의 뜻으로 쓰임.
意味 ① 눌러 문질러 무늬를 냄. ⑤문지름. ⑥인쇄함. 「印一」② 닦음. 떨어 깨끗이 함. 「一新」③ 솔. 귀얄.
刷新[쇄신]ｻｯｼﾝ 좋지 않은 점을 없애고 새롭고 좋게 함.

*【刺】刂6│자척│찌를│㊤寘陌│シ・セキ・さす・とげ・そしる
筆順 一一一戸束刺刺
解字 I ① 찌름. 찔러 꽂음. ② 가시. 창끝. 「有一鐵線」③ 욕함. 나무람. 「諷一」④ 이름을 적은 쪽지. 「名一」 II ① 찌름. 상처를 냄. ② 수를 놓음.
刺客[자객]ｼｶｸ 사람을 몰래 찔러 죽이는 사람. 암살자(暗殺者).
刺激[자격]ｼｹﾞｷ ① 자극을 받아 격동(激動)함. ② 마음을 자극하여 감동시킴.
刺殺[자살]ｼｻﾂ 찔러 죽임. 척살(刺殺).
刺繡[자수]ｼｼｭｳ 수를 놓음. 또 수를 놓은 것.

*【制】刂6│제│마를│㊥霽│セイ
筆順 ノ 𠂉 二 午 告 制 制
解字 會意. 칼을 뜻하는 刂와 가지가 붙은 나무를 뜻하는 朱를 합쳐서 나무 가지를 잘라 가지런히 하다의 뜻을 나타냄. 후에 누르다의 뜻으로 쓰이게 됨.
意味 ① 잘라 가름. ② 만듦. ③ 정함. 「一定」④ 규정. 「法一」⑤ 모양. 「體一」⑤ 누름. 「禁一」⑦적당히 함. 「節一」⑥지배하에 둠. 「統一」⑦ 극복함. ⑧ 조칙. 임금의 명령.
制度[제도]ｾｲﾄﾞ ① 제정된 법규. ② 사회 생활을 하는 데 필요한 법규.
制御[제어]ｾｲｷﾞｮ 상대방을 억눌러서 자기 마음대로 부림. 지배함. 좌우함. 제어(制禦). 제어(制馭).
制裁[제재]ｾｲｻｲ 법률・도덕 또는 규정을 위반한 사람에게 주는 형벌. 「어 정함.
制定[제정]ｾｲﾃｲ 법이나 규칙 등을 만들

【刹】刂6│찰│기둥│㊤點│サツ・セツ
筆順 ノ メ ㄨ 禾 希 利 剎
意味 ① 절. 사원. 「古一」② 부처의 뼈를 넣어 두는 탑. ③ 기둥.
刹那[찰나]ｾﾂﾅ(ｻﾂﾅ) 〔佛〕지극히 짧은 시간을 일컫는 말.
▼古刹(고찰)ｺｻﾂ/名刹(명찰)ﾒｲｻﾂ

【剋】刂7│극│이길│㊥職│コク・かつ
筆順 一十十古古克剋
意味 ① 이김. 싸워 이김. =克 ② 잘함. 할 수 있음. =克 ③ 엄함.
剋滅[극감]ｺｸｹﾞﾝ 깎아 줄임.

【剌】刂7│랄│어그러질│㊤黠│ラツ
筆順 一一口甫束束剌剌
意味 ① 힘차게 뛰어 오르는 모양. 「一一」② 어그러짐. 등짐.

*【削】刂7│삭초│깎을│㊤藥嘯│

[去]嘯 | サク・ショウ けずる

[筆順] 丨 丷 丷 肖 肖 肖 削

[解字] 形聲. 칼을 뜻하는 刂와 음을 나타내는 肖(초)〔삭·소는 변음〕를 합쳐 날붙이로 작게 깎다의 뜻을 나타냄.

[意味] [1] 깎음. ㉠면도질함. ㉡덞. ↔添 ㉢줄게 함. 「一減」 [2] ① 채지(采地). ② 화락함. [3] 칼집.

削減〔삭감〕サクゲン 금액 등을 깎아서 줄임.

削髮〔삭발〕サクハツ ① 머리털을 깎음. ② 나무나 풀을 마구 베어 버리는 것을 비유한 말.

*【前】 9 刂7 | 전 | 앞 | [千]先 | ゼン まえ

[筆順] 丶 丷 䒑 䒑 前 前 前

[意味] ① 앞. 먼저. ↔後 ㉠앞쪽. 「一驅」 ㉡앞 부분. ㉢시간적인 앞. 「食一」 ㉣예전. 「以一」 ㉤미리. 「一知」 ② 나아감.

前代未聞〔전대미문〕ゼンダイミモン 지금까지 들어 본 일이 없음. 공전(空前).

前後〔전후〕ゼンゴ ① 앞과 뒤. ② 처음과 끝. ③ 먼저와 나중.

*【則】 9 刂7 | [1]즉 [2]칙 | 곧 | [入]職 俗音 |
ソク のり・すなわち・のっとる

[筆順] 丨 冂 目 貝 貝 則

[解字] 會意. 칼을 뜻하는 刂와 청동기를 뜻하는 鼎에서 변한 貝를 합쳐서 청동기〔재물〕에 새겨진 글을 뜻함. 후에 약속〔재산상의〕이란 뜻으로 변했다가 다시 규칙이란 뜻으로 바뀜.

[意味] [1] 곧. 즉. [2] ① 일정한 도리. ㉠규칙. ㉡본보기. ㉢사리. ② 법칙에 따름. 본으로 삼아 따름.

則度〔칙도〕ソクド 법. 법도(法度). 표준.

則效〔칙효〕ソッコウ 모범삼음. 본받음.

【剃】 9 刂7 | 체 | 털깎을 | [去]霽 | テイ そる

[筆順] 丷 丷 当 弔 弟 弟 剃

[意味] 면도질을 함. 머리털을 깎음.

剃刀〔체도〕テイトウ ① 머리털을 깎는 데 쓰이는 칼. ② 면도칼.

*【剛】 10 刂8 | 강 | 굳셀 | [平]陽 |
ゴウ・コウ つよい

[筆順] 丨 冂 冂 円 円 岡 剛

[解字] 形聲. 칼을 뜻하는 刂와 음을 나타내며 단단하다는 뜻인 岡(강)을 합쳐 단단하고 강한 칼을 뜻함. 널리 강하다는 뜻으로 쓰임.

[意味] ① 굳셈. ㉠힘이 셈. 「一力」 ㉡정신이 굳음. 기력이 한창임. 「一毅」 ↔柔 ② 단단함. 무서움.

剛健〔강건〕ゴウケン ① 마음이 곧고 의지가 굳셈. ↔유약(柔弱) ② 필력(筆力)이나 문맥이 강하고 씩씩함.

剛直〔강직〕ゴウチョク 마음이 굳세고 꿋꿋함.

【剝】 10 刂8 | 박 | 벗길 | [入]覺 | ハク はぐ

[筆順] ㇗ 彑 彑 彔 彔 彔 剝

[解字] 形聲. 칼을 뜻하는 刂와 음과 함께 떨어뜨리다의 뜻을 나타내는 彔(록)〔박은 변음〕을 합쳐 칼로 잘라 내다의 뜻. 후에 벗기다의 뜻으로 됨.

[意味] ① 벗김. 「一製」 ② 벗겨짐. 「一離」 ③ 깎음. ④ 두드림.

剝奪〔박탈〕ハクダツ 남의 권리나 재산을 무리하게 빼앗음. 「公權一」

【剖】 10 刂8 | 부 | 가를 | [上]有 |
ボウ・ホウ さく・わける

[筆順] 丶 亠 立 立 咅 咅 剖

[解字] 形聲. 칼을 뜻하는 刂와 음을 나타내는 咅(부)를 합쳐 칼을 써서 두 개로 가르다의 뜻.

[意味] ① 쪼갬. 쨈. 가름. 「解一」 ② 나눔. ③ 정함. 보고 정함. ④ 깨뜨림.

【剤】 劑 (刂부 14획)의 약자

【剔】 10 刂8 | 척 | 뼈발라낼 | [入]錫 |
テキ・テイ えぐる

[筆順] 丨 冂 日 旦 易 易 剔

[意味] ① 뼈를 발라냄. 「一出」 ② 나쁜 것을 들추어냄. ③ 깎음. =剃

[刂部] 9〜13획   55

剔抉[척결] 살을 긁어 내고 뼈를 발라 냄.
剔出[척출] 후벼 냄.

[副] 刂9 11획 1/2 부 복 | 버금 | 宥 屋
フク・フウ
そう

一 口 戸 戸 畐 畐 副

① 버금. ㉠둘째, 예비. ㉡보좌. 「—官」 ② 곁들임. ↔正「—將」「—貫」 ③ 도움. ④ 알맞음. ② 쪼갬.
副作用[부작용] 〈醫〉 약 등의 본래의 목적으로 하는 작용 이외에 부수하여 일어나는 좋지 않은 작용.

[剩] 剩(刂부 10획)의 약자

[割] 刂10 12획 | 할 | 가를 | 曷
カツ
わる

宀 宁 中 宝 宝 害 害 割

形聲. 刂(刀)와 음을 나타내는 害(해)[할은 변음]를 합하여 칼로 가르다의 뜻.

① 가름. ② 저밈. ③ 나눔. ④ 찢음, 잘라냄.「—讓」 ⑤ 해침. ⑥ 재앙.
割去[할거] 베어 버림. 찢어 버림.
割當[할당] 몫몫 분배함. 또는 그 분량.

[剩] 刂10 12획 | 잉 | 남을 | 徑
ジョウ
あまる

二 千 禾 乖 乘 乘 剩

形聲. 칼을 뜻하는 刂와 음을 나타내는 乘(승)[잉은 변음]을 합쳐 칼로 자르고 난 나머지라는 뜻.

① 남음. 남김.「—餘」 ② 나머지. ③ 더우기.
剩餘[잉여] 쓰고 난 나머지. 잔여(殘餘).「—金」

[創] 刂10 12획 | 창 | 다칠 | 陽
ソウ
きず・はじめ・つくる

ノ 人 今 今 盒 倉 創

① 다침. 칼날 따위에 다침. ② 부스름. ③ 상처. ④ 비롯함. ⑤ 징계함.
創刊[창간] 신문·잡지 등의 정기 간행물을 처음으로 간행함.「—號」
創痍[창이] 칼에 베인 상처.「滿身—」

創造[창조] ① 처음으로 만들어 냄. ↔模倣(모방) ② 신이 우주를 만듦.

[剽] 刂11 13획 | 표 | 표독할 | 蕭
ヒョウ
おびやかす・かすめる

一 戸 西 西 要 票 剽

① 표독함. 협박함. ② 겁박함. 빠름.「輕—」 ④ 찌름. ⑤ 긁음.

[剸] 刂11 13획 | 1/2 단 전 | 끊을 | 寒 先
セン・タン

一 戸 車 車 車 專 剸

① 끊음. ② 탐냄. ② ① 오로지. ② 저밈. 회침.
剸決[전결] 자기 마음대로 결단함.

[剿] 刂11 13획 | 초 | 끊을 | 篠
ショウ・ソウ
たつ

く 巛 巤 巤 巤 巢 剿

① 끊음. ② 죽임. 멸망시킴.

[劃] 刂12 14획 | 획 | 쪼갤 | 陌
カク
かぎる

フ ユ 聿 書 書 畫 劃

① 쪼갬. ② 구분을 지음. 그음.
劃期的[획기적] ① 새 시대를 긋는 상태. ② 새로운 기원(紀元)을 여는 모양. ③ 전례에 비하여 특이한 모양.

[劍] 刂13 15획 | 검 | 칼 | 豔
ケン
つるぎ

ノ 人 合 合 僉 劍

形聲. 칼을 뜻하는 刂와 음을 나타내는 僉(첨)[검은 변음]을 합쳐 끝이 뾰족하고 양쪽 날을 가진 칼을 뜻함.

① 칼. ② 죽임. 칼로 찔러 죽임. ③ 검법·검술.「—士」
劍法[검법] 칼을 쓰는 법.
劍術[검술] 검도(劍道).
劍豪[검호] 검술에 능한 사람. 검객.

[劇] 刂13 15획 | 극 | 심할 | 陌

[刂部] 13~14획·[力部] 0~5획

[劇] 刂13 15획 | 극 | 지독할 | ㊤陌
ゲキ
はげしい

筆順 ` ｀ 广 卢 虏 豦 劇

意味 ① 심함. ⑦지독함.「一烈」 ㉡ 정도가 지나침. ② 어려움.「一變」 ③ 바쁨.「繁一」 ④ 연극.

劇烈[극렬] 과격하고도 맹렬함.
劇場[극장] 연극을 공연하거나 영화를 상영하기 위하여 지은 건물.

[劉] 刂13 15획 | 류 | 죽일 | ㊤尤
リュウ
ころす

筆順 ` ｀ ｀ ｶ 知 留 劉

解字 形聲. 칼을 뜻하는 刂와 음을 나타내며 죽이다의 뜻인 留(류)를 합쳐 칼로 죽이다의 뜻.

意味 ① 죽임. ② 이김(剋). ③ 토끼.
劉覽[유람] 널리 봄. 통람(通覽).

[劑] 刂14 16획 | 제 | 자를 | ㊤支·㊦霽
セイ・ザイ

筆順 亠 亠 亣 斉 斉 齊 齊 劑

解字 形聲. 칼을 뜻하는 刂와 음을 나타내는 齊(제)[자는 변음]를 합쳐 칼로 가지런히 끊다의 뜻을 나타내던 것이 약을 섞다의 뜻으로 바뀜.

意味 ① ① 자름. ② 어음 쪽. ② ① 약을 조제함. ② 조제한 약.「下一」

力 部

[力] 力0 2획 | 력 | 힘 | ㊤職
リョク・リキ
ちから

筆順 フ 力

解字 象形. 농기구인 가래를 본뜬 것. 힘살이 솟은 모양을 본뜬 것이라고도 함. 일하다·힘의 뜻으로 씀.

意味 ① 힘. ⑦몸이나 힘살의 움직임. ㉡ 두뇌의 작용.「能一」 ㉢힘.⑦ 힘찬 모양.「權一」 ② 힘을 쓰는 일.

力說[역설] 힘써 말함. 힘써 강조함.
力鬪[역투] 힘껏 싸움. 역전(力戰).

[加] 力3 5획 | 가 | 더할 | ㊤麻
カ
くわえる

筆順 フ 力 加 加 加

意味 ① 더함. 보탬. ↔減 ② 업신여김. ③ 미침(及). ④ 붙임. ⑤ 쏨. 없음.

加減[가감] ① 더함과 덜함. ② 정도(程度). ③ 적당히 조절함.
加工[가공] ① 손을 가하여 만듦. 세공(細工)함. ② 자연물이나 미완성품에 다시 수공을 더함.「一品」

[功] 力3 5획 | 공 | 공 | ㊤東
コウ・ク
いさお

筆順 一 T 工 功 功

意味 ① 공. 공적. ↔罪 ② 자랑함. 행적. 일. =工 ③ 일한 결과. ⑤ 훌륭한 솜씨. =巧 ⑥ 보람. =效

功過[공과] 공로와 과오. 공죄(功罪).
功德[공덕] ① 공적(功績)과 은덕(恩德). ② 〈佛〉좋은 일을 쌓은 공과 불도를 수행(修行)한 덕. ③ 타인에게 복리(福利)를 미치는 일.

[劣] 力4 6획 | 렬 | 못할 | ㊤屑
レツ
おとる

筆順 丿 丨 小 少 岁 劣

意味 ① 못함. ↔優 ②약함. ㉠다른 것에 미치지 못함. ㉡정도가 낮음.「愚一」 ② 천함.「卑一」

劣等[열등] 정도·품질이 보통보다 낮은 등급. ↔우등(優等)

[劫] 力5 7획 | 겁 | 겁탈할 | ㊤葉
ゴウ・キョウ・コウ
おびやかす

筆順 一 十 土 去 去 刼 劫

解字 形聲. 힘을 뜻하는 力과 음을 나타내는 去(거)[겁은 변음]를 합쳐 힘으로 겨루어 빼앗다의 뜻이다. 떠나는 사람을 억지로 막다의 뜻으로 바뀜.

意味 ① 으르댐. =脅 ② 빼앗음. ③ 매우 긴 시간. 세상.「永一」 ⑤利那

[力部] 5~9획

劫奪[겁탈]チョウ(ゴウ)/ダツ 위협하여 폭력으로 남의 것을 억지로 빼앗음.

[努] 力5 | 노 | 힘쓸 | ⊕獎 |
ド
つとめる

筆順 〈 タ 女 奴 奴 努 努

解字 會意. 힘을 뜻하는 力과 노예라는 뜻인 奴를 합쳐 노예처럼 힘드는 일을 하다의 뜻. 열심히 하다의 뜻으로 씀.

意味 힘씀. 힘써 함.
努力[노력]ド/リョク 힘을 들여 애를 씀.

[助] 力5 | 조 | 도울 | ⊕御 |
ジョ
たすける・すけ

筆順 丨 冂 目 助 助

解字 形聲. 힘을 뜻하는 力과 음을 나타내는 且(차)(조는 변음)를 합쳐 힘을 보태다의 뜻. 돕다의 뜻으로 쓰임.

意味 ① 도움. 「援―」 힘이 됨. 「―成」 ② 구조됨. 구제됨.

[劳] 勞 (力부 10획)의 약자
[励] 勵 (力부 15획)의 약자

[券] 力6 | 권 | 게으를 | ⊕霰 | ケン |

筆順 ⺌ ⺍ 兴 券 券

意味 ① 게으름. ② 고달픔.
助力[조력]ジョ/リョク 힘을 써 도와 줌. 가세.
助命[조명]ジョ/メイ 생명을 구해 줌.

[劾] 力6 | 핵 | 캐물을 | ⊕職 |
ガイ
きわめる

筆順 一 ナ 亥 刻 劾

意味 ① 캐물음. ② 죄를 들추어 호소함. 「彈―」
劾論[핵론] 탄핵(彈劾)하여 논함. 허늘

[効] 效 (攴부 6획)의 속자

[勁] 力7 | 경 | 굳셀 | ⊕敬 | ケイ つよい |

筆順 一 巠 巠 勁 勁

意味 굳셈.

勁拔[경발]ケイ/バツ 남보다 굳세고 뛰어남.

[勃] 力9 | 발 | 갑작스러울 | ⊕月 |
ボツ・ホツ

筆順 一 十 生 孛 孛 勃 勃

意味 ① 갑작스러움. ② 활발함. ③ 발끈함. ④ 밀침. ⑤ 다툼. ⑥ 때마침.
勃起[발기]ボツ/キ 별안간 불끈 일어남.
勃然[발연]ボツ/ゼン ① 갑작스러운 모양. 돌연(突然). ② 갑자기 안색(顏色)이 달라지며 왈칵 성내는 모양.

[勇] 力7 | 용 | 날랠 | ⊕腫 |
ユウ
いさましい

筆順 マ ㄱ 丙 吊 甬 勇 勇

意味 ① 용감함. ↔怯 ② 분발함. ③ 시원스럽고 깨끗한 태도. 「―退」
勇敢[용감]ユウ/カン 씩씩하고 겁이 없으며 기운참.
勇猛[용맹]ユウ/モウ 날쌔고 사나움.

[勅] 力7 | 칙 | 신칙할 | ⊕職 |
チョク
みことのり

筆順 一 ㄷ ㅌ 束 束 勅 勅

意味 ① 신칙함. 천자의 말씀. ② 칙령.
勅答[칙답]チョク/トウ ① 임금이 신하에게 답함. ② 신하가 임금의 질문에 답함.

[勉] 力7 | 면 | 힘쓸 | ⊕銑 |
ベン
つとめる

筆順 ⺈ ⺈ 名 刍 免 免 勉

解字 形聲. 힘을 뜻하는 力과 음을 나타내는 免(면)을 합쳐 힘써 일하다의 뜻.

意味 ① 열심히 함. 힘을 내어 함. ② 힘을 내게 북돋음.
勉學[면학]ベン/ガク 배움에 힘씀. 면강(勉强).

[勉] 勉 (전항)의 속자

[勘] 力9 | 감 | 살필 | ⊕勘 |
カン
かんがえる

[力部] 9～11획

勘 一 卄 叺 其 甚 勘 勘

字義 ① 생각함. 견주어 가며 조사함. 「校一」② 죄를 따져 물음.
勘査[감사]カヂ 조사함. 감검(勘檢). 검사(檢査). 「참작함.
勘案[감안]カアヂ 여러 가지 정상(情狀)을

[動] 力9 | 동 | 움직일 | ㊤董 |
ドウ・トウ
うごく

筆順 一 二 千 重 重 動 動

字源 形聲. 힘을 뜻하는 力과 음을 나타내는 重(중)〔동은 변음〕을 합쳐서 힘을 들여 흔들거나 움직이다의 뜻을 나타냄.
字義 ① 움직임. ㉠멈추어 있지 않음. 「靜—」㉡달라짐. 「變—」㉢어지러움. 「—亂」㉣혁신함. 「—作」㉤시작함. 일으킴. 「發—」② 살아 있는 것. 동물.
動搖[동요]ドウ ① 움직이고 흔들림. ② 불안한 상태에 빠짐.

[勒] 力9 | 륵 | 굴레 | ㊤職 |
ロク
おもがい・くつわ

筆順 一 卄 苦 苔 革 革 勒 勒

字義 ① 굴레. 말 머리에서 재갈에 걸친 끈. ② 억누름. ③ 정돈함.
勒銘[늑명]ロクメイ 명(銘)을 금석(金石)에 새김. 또는 그 새긴 문자(文字).

[務] 力9 | 무 | 힘쓸 | ㊦遇 |
ブ・ム
つとめ・つとめる

筆順 フ マ 予 矛 矛 務 務

字義 ① 근무함. 일. ② 힘써 함. ③ 업신여김. =侮
務望[무망]ブボウ 힘써 바람.

[勞] 力10 | 로 | 수고할 | ㊤豪 |
ロウ
つかれる・いたわる

筆順 ´´ 火 火 炊 炒 勞 勞

字源 會意. 힘을 뜻하는 力과 반딧불을 뜻하는 熒를 합쳐 호롱불 아래에서 밤 일을 하다의 뜻을 나타냄. 힘드는 일을 하다의 뜻으로 씀.

字義 ① 수고함. ② 일함. ③ 고생. 고생함. ④ 지침. 피로. ⑤ 근심함. ⑥ 위로함. 「慰—」⑦ 부지런함.
勞苦[노고]ロウク ① 애쓰고 고생함. 고로(苦勞). ② 수고한 것을 위로함.
勞心[노심]ロウシン 마음으로 애씀. 근심함.

[勝] 力12 | 승 | 이길 | ㊤蒸 |
ショウ
かつ・まさる

筆順 丿 月 月 胖 胖 勝 勝

字義 ① 이김. ↔負·敗 ② 나음. 뛰어남. ③ 견딤. 참음. ④ 모두. 죄다.
勝景[승경]ショウケイ 뛰어나게 좋은 경치.
勝利[승리]ショウリ ① 싸움에 이김. ②〈佛〉뛰어난 이익.

[勤] 勤(차항)의 약자

[勤] 力11 | 근 | 부지런할 | ㊤文 |
キン・ゴン
つとめる

筆順 一 卄 苦 苗 荁 勤 勤

字源 形聲. 힘을 뜻하는 力과 음을 나타내는 堇(근)을 합쳐서 근육 노동을 하다의 뜻. 널리 열심히 일하다의 뜻으로 씀.

字義 ① 부지런함. ② 일함 「—勞」③ 도타움. ④ 수고함.
勤勞[근로]キンロウ ① 일에 부지런함. 근고(勤苦). ② 근무상의 노고. ③ 일정한 시간 동안 일정한 노무에 종사함.
勤續[근속]キンゾク 한 곳에서 여러 해 계속하여 근무함.

[勸] 勸 (力부 18획)의 약자

[募] 力11 | 모 | 뽑을 | ㊦遇 |
ボ・ム
つのる

筆順 一 卄 苗 苜 莫 募 募

字義 ① 널리 구하여 모음. ② 부름(召).
募集[모집]ボシュウ 널리 뽑아서 모음.

[勢] 力13 | 세 | 세력 | ㊥霽 |
セイ・セ
いきおい

[力部] 11~18획·[勹部] 0~3획

筆順 ニ キ 歩 執 執 勢 勢
解字 形聲. 力과 埶[예가 세로 변함. 나무를 심다·나무가 자라다의 뜻]를 합쳐 나무가 자라듯이 기운차다의 뜻.
意味 ① 세력. 권세. ② 형세. ③ 기세. ④ 기회. ⑤ 불알.
勢力[세력] ᠵᡜᠢ ① 권력이나 위력(威力). 세위(勢位). ②〈物〉일을 하는 데 필요한 힘. 노력(努力).

【勦】₁₁力¹³ | 초 | 수고로울 | ㉹肴 |
ソウ·ショ
つくす

筆順 ᛃᛃ ᛃᛃ ᛃᛃᛃ ᛃᛃᛃᛃ 巢 巢 勦 勦
意味 ① 수고로움. ② 망함. 「一滅」③ 빼앗음. ④ 피로와함. 괴롭힘.
勦滅[초멸] ᠵᡜᠢ 적을 쳐서 무찌름. 전멸시킴. 초절(勦絶). 초진(勦殄).

【勳】 勳(자랑)의 속자

【勲】₁₆力¹⁴ | 훈 | 공 | ㉹文 |
クン
いさお

筆順 ニ 千 舌 重 動 動 勳
意味 ① 공. ② 거느림 [帥].
勳功[훈공] ᠵᠨᠺ 국가·군주에 정성을 다하여 이룩한 공로. 훈업(勳業).
勳績[훈적] ᠵᠨᡜᠢ 훈업(勳業). 공적(功績).

*【勵】₁₇力¹⁵ | 려 | 힘쓸 | ㉹霽 |
レイ
はげむ

筆順 一 厂 厂 厉 屌 厲 勵
解字 形聲. 힘을 뜻하는 力과 음을 나타내는 厲(려)를 합쳐 열심히 하다의 뜻. 힘을 내어 힘을 내어 하게 함.
勵行[여행] ᠨᡵᠺ 힘써 행함.

【勸】₂₀力¹⁸ | 권 | 권할 | ㉹願 |
ケン·カン
すすめる

筆順 ᛃᛃ ᛃᛃ 荐 荐 荐 荐 勸 勸
意味 ① 권함. ㉠힘을 북돋움. ㉡권해 이끎. 이끌어 하게 함. 「一誘」② 힘씀. ③ 순종함.
勸告[권고] ᠨᠨ 권하여 충고함.

[勹部]

【勹】₂勹⁰ | 포 | 쌀 | ㉹肴 |
【勺】₃勹¹ | 작 | 구기 | ㉮藥 | シャク

筆順 ᛃ 勹 勺
意味 ① 구기. 국자. ② 잔질함[酌]. 작. 되 눈금의 단위로 한 홉의 10분의 1. ④ 풍류 이름.
勺水不入[작수불입] 물을 한 모금도 마시지 못하듯, 음식을 조금도 먹지 못함.

【勾】₄勹² | 구 | 구절 | ㉹宥 |
コウ·ク
まがる

筆順 ᛃ 勹 勾 勾
意味 ① 구절. 글귀. ② 나라 이름. [高勾麗]. ③ 맡아봄. ④ 굽음. 「一配」

【勿】₄勹² | ㊀물 | 물 | 없을 | ㊂物 |
                | ㊁몰 | 몰 | | ㊁月 |
ブツ·モチ
なかれ

筆順 ᛃ 勹 勹 勿
解字 象形. 장대에 매단 기가 펄럭이는 모양을 본떠서 만든 글자.
意味 ㊀ ① 없음. ② 그만둠. 말. ③ 깃발. ④ 바쁨. ㊁ ① [먼지를] 떪. ② 먼지떨이.
勿驚[물경] 엄청난 것을 일러 줄 때 놀라지 말라는 뜻으로 미리 경고하는 말.

【包】₅勹³ | 포 | 쌀 | ㉹肴 | ホウ
つつむ

筆順 ᛃ 勹 勹 匀 包
意味 ① 쌈. ㉠꾸림. 「一裝」㉡둘러쌈. ㉢경함. 속에 품음. 「一含」㉣감춤. ② 꾸러미. ③ 용납힘.
包藏[포장] ᠺᡜᠢ ① 물건을 싸서 보관함. ② 남 몰래 마음속 깊이 간직함.

【匆】₅勹³ | 총 | 바쁠 | ㉹東 |
ソウ
いそがしい

[筆順] ノ 勹 匆 匆

[意味] ① 바쁨. 「—卒」 ② 서두름. 당황함. (=怱)

匆卒〔총졸〕 ソウソツ 허둥지둥함. 총졸(怱卒).

【匈】 6 勹4 | 흉 | 가슴 | [平]冬 | キョウ

[筆順] ノ 勹 勺 匃 匈 匈

[意味] ① 가슴. =胸 ② 떠들썩함. ③ 흉함. ④ 오랑캐〔匈奴〕.

【匍】 9 勹7 | 포 | 엉금엉금길 | [平]虞 | ホ はう

[筆順] ノ 勹 勺 句 匍 匍 匍

[意味] ① 엉금엉금 김. 「—匐」 ② 엎드러짐.

匍伏〔포복〕 ホフク 배를 땅에 대고 엉금엉금 기어 감.

【匐】 11 勹9 | 복 | 엉금엉금길 | [入]屋 | フク はう

[筆順] ノ 勹 勺 匃 匃 匐 匐

[意味] ① 엉금엉금 김. ② 달음박질함.

匐枝〔복지〕 フクシ 〈植〉 땅으로 뻗어 가며 뿌리를 땅에 박고 자라는 가지.

【匏】 11 勹9 | 포 | 박 | [平]肴 | ホウ

[筆順] ナ 大 夸 夸 匏 匏 匏

[意味] ① 박. ② 바가지. ③ 통소.

匏瓜〔포과〕 ホウカ 박.

匕 部

【匕】 2 匕0 | 비 | 숟가락 | [上]紙 | ヒ さじ

[筆順] ノ 匕

[意味] ① 숟가락. =匙 ② 비수. ③ 살촉.

匕首〔비수〕 ヒシュ·あいくち 날이 날카로와 썩 잘 드는 단도.

*【化】 4 匕2 | 화 | 화할 | [去]禡 | カ·ケ ばける

[筆順] ノ イ 化 化

[意味] ① 화함. 됨. ② 화하게 함. ③ 변화. ④ 죽음. ⑤ 본받음. ⑥ 교화. 교육. ⑦ 마술. 요술. ⑧ 중이 동냥함.

化石〔화석〕 カセキ 〈鑛〉 지층 속에 천연적으로 보존된 충적세(沖積世) 이전에 살던 생물의 유체(遺體)가 돌로 변한 것.

*【北】 5 匕3 | [1]북 [2]배 | 북녘 | [入]職 [去]隊 | ホク きた

[筆順] 丨 丬 北 北

[意味] [1] ① 북녘. ↔南 ② 북녘으로 감. [2] ① 저버림. ② 달아남. 「敗—」

北緯〔북위〕 ホクイ 지구의 적도(赤道)에서 북쪽으로 잰 위도. ↔남위(南緯)

【能】 月부 6획

【匙】 11 匕9 | 시 | 숟 | [平]支 | シ さじ

[筆順] 丨 口 日 旦 是 是 匙

[意味] ① 숟. 한 숟가락의 분량. ② 숟가락. ③ 열쇠.

匚 部

【匚】 2 匚0 | 방 | 상자 | [平]陽 | ホウ

[筆順] 一 匚

[解字] 匚 象形. 상자를 옆에서 본 모양을 땄음. 음은 方(방)에서 나왔으며 부수로 쓰일 때는 그릇에 관한 뜻을 나타냄.

[意味] ① 상자. 네모진 상자. 모진 그릇. ② 터진입구변.

【匝】 5 匚3 | 잡 | 두루 | [入]合 | ソウ めぐる

[筆順] 一 丆 帀 帀 匝

[意味] ① 두루. 둘림. 둥글게 움직임. 한 바퀴 뼹 돎. ② 둘레.

【匡】 6 匚4 | 광 | 바를 | [平]陽 | キョウ·オウ ただす

[匚部] 4~8획·[匸部] 0~9획·[十部] 0획　　　61

【匡】 匚4 | 광 | 바를 | ㊤筐 | キョウ
筆順 一　ナ　チ　干　王　匡
解字 形聲. 상자를 뜻하는 匚과 음을 나타내며 星(황)의 약자인 王(왕)[광은 변음]을 합쳐 대나무를 굽혀서 만든 그릇이라는 뜻. 후에 넣다·바로 잡다의 뜻이 됨.
意味 ① 바름[正]. ② 바로 잡음. 「一正」 ③ 비뚤어짐. ④ 도움. ⑤ 겁남. ⑥ 모남. ⑦ 밥그릇. ⑧ 구원함.
匡救[광구]ᄏᆝ우ᄀ 잘못을 바로 잡아 구원함. 언행을 바로 잡음. 「正」.
匡正[광정]ᄏᆝ우세 바르게 고침. 교정(矯正).

【匠】 匚6 | 장 | 장인 | ㊤漾 | ショウ たくみ
筆順 一　ナ　ア　ド　匠　匠
解字 會意. 직각자를 뜻하는 匚과 도끼를 뜻하는 斤이 합쳐 목수의 연장·목수·기술자의 뜻을 가짐.
意味 ① 장인. 장색. ② 어떤 기술이나 기능에 뛰어난 사람. 「師一」 ③ 착상.
匠人[장인]ᄌᆞᆼᄋᆞᆫ 물건을 만드는 것을 업으로 하는 사람. 곧 목수. 장공(匠工).

【匣】 匚7 | 갑 | 궤 | ㊤洽 | コウ
筆順 一　ア　戸　戸　匣　匣
意味 ① 궤. ② 상자.
匣簾[갑렴]ᄀᆞᆸᄅᆞᆷ 머리빗을 넣어 두는 궤. 경대.

【匪】 匚8 | 1비 2분 | 아닐 | ㊤尾 文 | ヒ あらず
筆順 一　ア　ず　ず　罪　匪
解字 形聲. 상자를 뜻하는 匚과 음을 가리키는 非(비)가 합쳐 상자를 뜻함. 부정사인 非와 통용됨.
意味 ① 아님. =非 ② 상자. ③ 나쁨. 도독. 「一賊」 ② 나눔.
匪徒[비도]ᄒᆞᄃᆞ 비적(匪賊)의 무리.
匪賊[비적]ᄒᆞᄌᆢᄀ 남의 재물을 약탈하는 도둑의 폐. 강도단(强盜團).

匚 部

【匸】 匸0 | 혜 | 감출 | ㊤薺 | ケイ
【匹】 匸2 | 1필 2목 | 필 | ㊤質 屋 | ヒキ・ヒツ
筆順 一　丆　兀　匹
意味 ① 필. ㉠ 천의 길이의 단위. ㉡ 말(馬)을 세는 단위. ② 짝. ㉠배우자. ㉡벗. ㉢적수. ㉣외짝. ③ 짝지음. ④ 홀. 하나. ⑤ 변변치 못함. ② 집오리.
匹馬[필마]ᄒᆞᄆᆞ 한 필의 말.
匹敵[필적]ᄒᆞᄌᆢᆨ 엇비슷하게 맞섬. 서로의 힘이 어슷비슷함.
【区】 區(匸부 9획)의 약자
【医】 醫(酉부 11획)의 약자
【匿】 匸9 | 닉 | 숨을 | ㊤職 | トク・ジョク かくれる
筆順 一　艹　尹　君　若　匿
解字 形聲. 덮어 가리다의 뜻이 匸과 음을 나타내는 若(약)[닉은 변음]으로 이루어져 숨기다의 뜻을 나타냄.
意味 ① 숨음. ② 숨김. ③ 덮어둠. ④ 몰래 붙음[陰姦]. ⑤ 쌈[包].
匿名[익명]ᄋᆞᆨᄆᆞᆼ 본이름을 숨김.

【區】 匸9 | 1구 2우 | 지경 | ㊤虞 尤 | ク
筆順 一　丆　戸　吊　品　區
意味 ① 가름. 구분을 지음. 「一別」 ② 경계. 작게 갈린 곳. ③ 작은방. ② ① 숨김. ② 용량의 단위.
區區[구구]ᄀᆞᄀᆞ ① 조그마한 모양. ② 뜻을 이룬 모양. ③ 변변치 못함. ④ 제각기 다름. ⑤ 잘고 용렬함. 「↔구외(區外)」
區內[구내]ᄀᆞᄂᆢ 지역적인 한 구역의 안.

十 部

【十】 十0 | 2십 | 열 | ㊤緝 | ジュウ・シュウ とお

〔十部〕1～6획

十
[筆順] 一十
[解字] 象形. 실을 꿸 구멍이 있는 바늘 모양을 본떠서 만든 글자. 나중에 수사로 빌어 쓰게 됨.
[意味] ① 열. =拾 ② 열 번. ③ 모자람이 없음. 완전함.「一全」④ 네거리.
十中八九 [십중팔구] ジッ(ジュウ)チュウハック 열이면 여덟·아홉은 그러함. 곧 거의 틀림 없이. 십상 팔구(十常八九).

***千** +1 | 천 | 일천 천 | ㉾先 | ち セン
[筆順] 一二千
[意味] ① 일천. 수가 많은 것. ② 천 번. ③ 여러 가지. 여러 갈래. 「一軍萬馬」
千里眼 [천리안] センリガン 천리 밖의 것을 볼 수 있는 눈의 힘. 즉 사물을 꿰뚫어 보는 능력. 투시(透視).
千載一遇 [천재일우] センザイイチグウ 천년 동안에 단 한 번 만난다는 뜻으로 다시 없는 좋은 기회. 천세 일시(千歲一時).

卅 +2 | 삽 | 서른 | ㉾合 | ソウ・ゾウ みそ
[筆順] 一ナ卄卅
[意味] 삼십.

***升** +2 | 승 | 되 | ㉾蒸 | ショウ ます·のぼる
[筆順] ノ二千升
[意味] ① 되. ㉠용량의 단위. ㉡용량을 되는 그릇. ② 오름. 올림. =昇 ③ 나아감. 나아가게 함. ④ 괘(卦) 이름.
升華 [승화] ショウカ ①〔化〕 고체(固體)에 열을 가하여 액체(液體)가 되는 일이 없이 직접 기체(氣體)로 되는 현상. ② 영화로운 지위에 승진함.

***午** +2 | 오 | 일곱째지지 | ㉾麌 | ゴ うま
[筆順] ノ ヒ 二午
[意味] ① 십이지지 중의 일곱째 지지. 짐승으로는 말. ㉡시각으로는 낮 열두

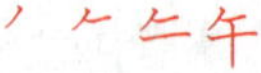

시. 정오 전후의 두 시간. ㉢방위로는 남쪽. ㉣달로는 오월.「端一」㉤오행으로는 불. ② 거역함.
午睡 [오수] ゴスイ 낮잠.「一間」「사이.
午時 [오시] ゴジ 상오 11시부터 하오 1시
午餐 [오찬] ゴサン 점심. 주식(晝食).「一會」

***半** +3 | 반 | 반 | ㉾翰 | ハン なかば
[筆順] ヽ丷半半
[解字] 形聲. 소를 뜻하는 牛와 음을 나타내는 八(팔)[반은 변음]을 합쳐 소를 두 동강이 낸다는 뜻을 나타냄. 보통 물건을 둘로 가르다·둘로 가른 것 중의 하나의 뜻으로 쓰임.
[意味] ① 절반. ㉠한가운데. 「夜一」㉡중간쯤. ② 멀됨. ③ 조각 [片].
半信半疑 [반신반의] ハンシンハンギ 반쯤은 믿고 반쯤은 의심함. 믿어야 좋을지 그렇지 않아야 좋을지 몰라 망설임.
半夜 [반야] ハンヤ ① 한밤중. ② 한 밤의 반. 짧은 시간.

卉 +4 | 훼 | 풀 | ㉾尾 | キ
[筆順] 一ナ大卉卉
[意味] ① 풀[草].「花一」② 초목. ③ 많음.

卍 +4 | 만 | 만 | ㉾願 | バン・マン まんじ
[筆順] 乙乙卍卍
[意味] 불교 서적에 있어서의 萬字.
卍字 [만자] マンジ ①〔佛〕불심(佛心)에 나타나는 길상만덕(吉祥萬德). ② 卍의 형상으로 된 물건이나 무늬를 일컫는 말.
卍巴 [만파] マンジどもえ 뒤섞여 얽힌 모양.

***卒** +6 | 졸 | 하인 | ㉾月 | ソツ・シュツ おわる
[筆順] 一亠六六卒卒
[解字] 會意. 옷을 뜻하는 衣와 표지를 뜻한 ノ(별)을 합쳐 표지가 있는 옷이라는 뜻이 후에 표지가

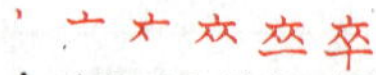

[十部] 6～10획・[卜部] 0획

있는 옷을 입은 병정이라는 뜻으로 쓰임.
意味 ① 군사. 병정. ↔將 ② 하인. 「從一」 ③ 갑자기. 「倉一」 ④ 끝남. 끝마침. ⑤ 드디어. ⑥ 죽음. ⑦ 무리.

卒倒[졸도] ソツトウ 〈醫〉 뇌빈혈이나 뇌출혈 등으로 갑자기 정신을 잃고 쓰러짐.

卒業[졸업] ソツギョウ ① 규정(規定)된 학업을 마침. 「一證書」 「一式」 ② 일정한 일을 끝냄. ③ 왕업(王業)이 끝남.

【卓】 8
+6 | 탁 | 높을 | ㊈覺 |
タク
つくえ

筆順 ㇉ ㇉ ㇉ 占 卢 卓 卓

解字 形聲. 물건을 견주어 본다는 뜻을 가진 卜과 음을 나타내는 早(조)〔탁은 변음〕을 합쳐 다른 것과 견주어 보아 뛰어나다의 뜻을 나타 냄. 후에 높은 책상의 뜻으로 쓰이게 됨.

意味 ① 높음. ② 뛰어남. 「一說」 ③ 탁자.

卓見[탁견] タッケン 뛰어난 의견이나 식견(識見). 탁식(卓識).

卓越[탁월] タクエツ 남보다 훨씬 뛰어남.

【協】 8
+6 | 협 | 맞을 | ㊈葉 |
キョウ
かなう

筆順 一 十 十 ㇉ ㇉ 㑣 協 協

解字 會意. 많다는 뜻인 十과 힘을 합하다의 뜻인 劦(협)을 합쳐 많은 사람들이 힘을 모으다의 뜻.

意味 ① 들어 맞음. ② 도움. ③ 합침. ㉠힘을 합침. ㉡같게 함. 함께 함.

協同[협동] キョウドウ 모두 마음을 같이하고 힘을 합하여 일을 함.

協力[협력] キョウリョク ①힘을 모아서 서로 도움. ② 〈經〉 한 가지 일을 이루기 위하여 여러 사람이 공동으로 일함.

*【卑】 8
+6 | 비 | 낮을 | ㊈支 |
ヒ
いやしい

筆順 ㇉ 白 ㇉ 申 卑

意味 ① 천함. ↔尊 ② 낮음. ③ 낮춤. 겸손. ↔尊 「一下」 ④ 자기 말을 낮출 때에 붙이는 말. 「一見」 ⑤ 가까움.

卑怯[비겁] ヒキョウ ① 용기가 없고 비굴한 짓을 하는 행동. ② 하는 짓이 정정 당당하지 못하고 야비함.

卑賤[비천] ヒセン 신분이 낮고 천함.

【南】 9
+7 | 남 | 남녘 | ㊈覃 |
ナン・ダン
みなみ

筆順 一 十 ㇉ 丙 南 南 南

解字 形聲. 처음에는 전막을 뜻하는 冂과 음을 나타내는 丹(단)〔남은 변음〕을 합쳐 따뜻한 천막 속이라는 뜻. 후에 남방 사람들이 타악기

意味 ① 남녘. ↔北 ② 남쪽으로 감. 풍류 이름. ④ 임금. ⑤ 성(姓)의 하나.

南男北女[남남북녀] 우리 나라에서 남쪽 지방은 남자가, 북쪽 지방은 여자가 아름답다는 말.

*【博】 12
+10 | 박 | 너를 | ㊈藥 |
バク・ハク
ひろい

筆順 十 ㇉ 恒 博 博 博 博

解字 形聲. 많다는 뜻인 十과 음을 나타내는 專(부)〔박은 변음〕를 합쳐서 퍼 드리다의 뜻.

意味 ① 넓음. 넓어짐. ② 큼. ③ 많음. 학식・견문이 많음 「一學」 ④ 노름.

博識[박식] ハクシキ ① 보고 들은 것이 많아서 아는 것이 많음. 또는 그러한 사람. ② 넓은 지식.

卜 部

*【卜】 2
+0 | 복 | 점 | ㊈屋 |
ボク
うらなう

筆順 ㇉ 卜

意味 ① 점. 점을 침. ② 줌〔下賜〕. ③ 가림〔選〕. ④ 상고(想考)함. ⑤ 성(姓)의 하나. ⑥ 圖 짐바리.

卜占[복점] ボクセン 점을 쳐서 길흉을 예견하는 일. 점복(占卜). ② 점술(占術)과 복술(卜術).

卜術[복술] 점을 치는 방법과 기술.

【卜】 ㅏ₂ | 변 | 법 | ㊈霰 |
ヘン・ベン・ハン・バン

筆順 ｀ 一 十 卜

解字 指事. 감루를 뜻하는 弁(변)의 다른 모양의 글자.

訓義 ① 법. ② 조급함. ③ 성(姓)의 하나. 「함.

卜急[변급]ᅟ 마음이 참을성 없이 급

*【占】 ㅏ₃ | 점 | 점칠 | ㊈鹽 |
セン
うらなう

筆順 ｜ ㅏ 卜 占 占

訓義 ① 점. 점을 침. ② 차지함. ③ 상고함. 생각함. ④ 봄. 자세히 살핌. ⑤ 물음. ⑥ 입으로 부름(口授).

占術[점술] 점치는 방법.

【卡】 ㅏ₄ | 롱 | 구경할 | ㊈送 | ロウ

筆順 ｜ ㅏ ト 卡 卡 卡

訓義 ① 구경함. ② 희롱함. ③ 업신여김. ④ 곡조. ⑤ 골목(巷).

【卦】 ㅏ₆ | 괘 | 괘 | ㊈卦 | カ・ケ

筆順 一 土 圭 卦 卦

訓義 점괘. 점치는 산목(算木)을 짜 맞추어 나타나는 8괘와, 이 괘를 조합하여 되는 64괘의 모양. 여기에 따라 길흉을 판단함.

卦變[괘변] 중국 고대(古代)의 기형(紀形) 글자의 변화. 괘의 변화.

【卨】 ㅏ₉ | 설 | 은나라시조이름 | ㊀屑 |
セツ

筆順 ｜ ㅏ 占 占 卨 卨 卨

訓義 중국 은(殷)나라의 시조 이름.

卩(巳)部

【卩】 ㅁ₀ | 절 | 병부 | ㊀屑 | セツ

筆順 ｜ ｜

【印】 ㅁ₂ | 앙 | 나 | ㊀陽 | ギョウ

筆順 ｀ ｜ 印 印

訓義 ① 우러름. 쳐다봄. =仰 ② 바람[願]. ③ 나[我]. ④ 격(激)함.

印貴[앙귀] 물가(物價)가 오름.

【卯】 ㅁ₃ | 묘 | 네째지지 | ㊀巧 |
ボウ

筆順 ｀ ｜ 匚 戶 卯 卯

訓義 네째 지지. 방위로는 동쪽. 시간으로는 오전 여섯 시. 띠로는 토끼. 달로는 2월. 오행(五行)으로 목(木). 「름.

卯月[묘월] 음력 2월의 딴 이

【卮】 ㅁ₃ | 치 | 잔 | ㊈支 | シ

筆順 ｀ ｜ ｜ 戶 卮

訓義 ① 잔. 술잔. ② 연지(臙脂).

卮酒[치주] 잔에 따라 놓은 술.

*【危】 ㅁ₄ | 위 | 위태할 | ㊈支 |
キ・ギ
あやうい

筆順 ｀ ｜ 厃 产 危 危

訓義 ① 위태함. 위태로움. ↔安 ② 자칫하면. 하마터면. ③ 위태로와함. ④ 상처를 입힘. ⑤ 바름.

危懼[위구]ᅟ 두려음. 위구(危懼).

危急[위급]ᅟ ① 위험이 절박한 상태. 완급(緩急). ② 위태하고 급함.

*【印】 ㅁ₄ | 인 | 도장 | ㊈震 |
イン
しるし

筆順 ｀ ｜ 匚 印 印

訓義 ① 도장. ② 표지. 표를 함. ③ 찍음. 인쇄함. ④〔佛〕인상(印相). 손가락으로 여러가지 모양을 만들어 그 하나하나에 부처의 덕을 나타냄.

印象[인상] ① 보거나 들어서 사물이 마음에 주는 직접적인 영향이나 감각. ② 마음에 오래 새겨진 형상.

*【却】 ㅁ₅ | 각 | 물러날 | ㊈藥 |

〔卩部〕 5~10획 · 〔厂部〕 0~7획

キャク
しりぞく

一 十 土 去 去 却

解字 形聲. 무릎을 꿇은 사람의 모양을 본뜬 卩과 음을 나타내면서 반대 방향으로 간다는 뜻인 去(거)〔각은 변음〕를 합쳐 무릎을 꿇은 채 뒤로 물러나다의 뜻을 나타냄.

意味 ① 물러남. 뒤로 물러남. ② 물리침. 받아 들이지 않음. 「一下」「棄一」 ③ 사양함. 「滅一」 ④ 뒤집음. ⑤ 도리어.

却下[각하]캬쿠ㄹ 〈法〉민사 소송법에서 소장(訴狀)이나 각종 신청을 물리침. ② 서류를 접수하지 않음.

[卵] 卩5 | 란 | 알 | ㊥루 | ラン たまご

解字 象形. 개구리알의 모양을 본떠서 만든 글자.

意味 알. 새나 물고기의 알.

卵生[난생]ランㄔ〈生〉수정(受精)된 알이 모체(母體)를 떠나 부화(孵化)되어 새끼가 되어 나옴. ↔태생(胎生)

[即] 卽 (卩부 7획)의 속자

*[卷] 卩6 | 권 | 두루마리 | ㊥霰 | ケン·カン まく·まき

ソ 丷 並 共 券 卷

意味 ① 두루마리. ② 책. ③ 권. 책을 세는 수사. ④ 말. ⑤ 굽음.

卷頭[권두]ケントウ ①책의 첫머리. 권수(卷首). 「一言」 ②사물의 시작.

卷尾[권미]ケンビ 서적이나 두루마리 같은 것의 마지막 부분. 권말(卷末).

[卸] 卩6 | 사 | 짐부릴 | ㊥禡 | シャ おろす

ノ ⺊ 午 午 缶 卸

意味 ① 짐을 부림. ② 벗어 버림.

卸任[사임]シャニン 해임(解任)함.

*[卽] 卩7 | 즉 | 곧 | ㊤職 | ソク·ショク すなわち·つく

′ 𠂉 白 自 皀 郎 即

解字 會意. 먹을 것을 수북히 담은 그릇을 나타내는 皀과 사람이 무릎을 꿇고 있는 모양을 나타내는 卩을 합쳐 식탁에 앉다의 뜻.

意味 ① 곧. 바로. 「一位」 ② 가까이함. ③ 나아감. ④ 붙좇.

卽刻[즉각]ソッコク ① 끝그 시각(時刻). 당각(當刻). ② 곧 그자리.

卽事[즉사]ソクジ ① 즉석에서 일어난 일. ② 즉석에서 시가(詩歌)를 지음.

[卿] 卩10 | 경 | 벼슬 | ㊦庚 | ケイ·キョウ

′ ⺈ ⺈ ㇴ ㇴ 卯 卯 卿 卿

意味 ① 벼슬. ② 경. ㉠천자가 신하를 일컫는 말. ㉡남을 높여 일컫는 말. ③ 향함. ④ 밝힘.

卿相[경상]ケイショウ ①대신(大臣). 재상(宰相). ② 육경(六卿)과 삼상(三相). ③ 임금을 돕고 정치를 행하는 대신(大臣). 「瑞雲」

卿宰[경재]ケイサイ 재상(宰相). 경상(卿相).

厂 部

[厂] 厂0 | 한 | 언덕 | ㊦翰 | カン

*[厄] 厂2 | 액 | 재앙 | ㊤陌 | ヤク

一 厂 厄 厄

意味 ① 재앙. 「災一」 응이.

厄年[액년]ヤクドシ ① 운수(運數)가 사나운 해. ② 음양도(陰陽道)에서 일생 동안에 많은 재난에 부딪치게 될 연령. 남자는 25·42·50세, 여자는 19·33·37세 되는 해가 이에 해당함. 「答음.

厄拂[액불]ヤクばらい 액막이. 재액(災厄)을

[厖] 厂7 | 방 | 두터울 | ㊦江 | ボウ

一 厂 厅 厃 厖 厖

意味 ① 두터움. ② 큼. 「一大」 ③ 섞임. ④ 넉넉함. ⑤ 어지러움.

厖大[방대]ボウダイ 매우 많고도 큼. 팽대.

【厘】⁹ 厂₇ ①②리 이 ⓑ支 リン
⼁전
筆順 一厂厂厂戸戸盾厘厘
解字 다스리다의 뜻인 釐의 생략형으로서 길이·무게의 단위로 쓰임.
意味 ① ㉠돈의 단위·전(錢)의 10분의 1. ㉡소수(小數)·척도·무게의 단위. 분(分)의 10분의 1. ② 티끌. ② ㉠터젘. ㉡ 전방[店].
厘毛[이모] ᴿⁱⁿᵍ 아주 자그마한 일. 또 적은 돈.

*【厚】⁹ 厂₇ 후 두터울 ⓑ有 コウ あつい
筆順 一厂厂厂戸厚厚厚
解字 形聲. 벼랑을 뜻하는 厂과 음을 가리키는 㫗(후)를 합쳐 두텁다는 뜻. 음숭한 마음이라는 뜻으로도 쓰임.
意味 ① 두터움. =薄「一待」② 짙음. =濃「一」③ 많은. 큰. 훌륭한. 「一德」④ 뻔뻔스러운. 「一顏」⑤ 두텁게 하게. ⑥ 두께.
厚德[후덕] ᶜᵒᵘᵀᵒᵏᵘ 덕행(德行)이 두터움.
厚薄[후박] ᶜᵒᵘᴴᵃᵏᵘ ① 물건의 두꺼움과 얇음. 풍박(豐薄). ② 진함과 묽음. ③ 많음과 적음. ④ 친절함과 냉담함.
厚顏[후안] ᶜᵒᵘᴳᵃⁿ 피부가 두꺼운 얼굴. 염치와 체면을 모르는 사람.

*【原】¹⁰ 厂₈ 원 근원 ⓑ元 ゲン はら
筆順 一厂厂厅厉原原原
解字 象形. 벼랑을 이루고 있는 바위틈으로 샘물이 흐르는 모양을 본뜸. 물의 근원이라는 뜻.
意味 ① 들. 넓고 평평한 땅. ② 기원. 근원. ③ 거듭. ④ 언덕. ⑤ 미륨. ⑥ 용서함.
原動力[원동력] ᴳᵉⁿᵈᵒᵘᴿʸᵒᵏᵘ ①〈物〉물체나 기계에 운동을 일으키는 힘. 화력(火力)·수력(水力) 등. ② 사물을 활동시키는 데 근원이 되는 힘.
原理[원리] ᴳᵉⁿᴿⁱ ① 사물의 근본적인 원칙. ② 많은 사실에 공통되는 법칙.
原狀[원상] ᴳᵉⁿⱼᵒᵘ 근본되는 상태(狀態).
原始[원시] ᴳᵉⁿˢʰⁱ ① 처음. 시작. 원시(元始). ② 근본을 찾음. ③ 자연 그대로의 것.

*【厥】¹² 厂₁₀ 궐 그 ⓐ月 ケツ・クツ その
筆順 一厂厂戸屈屏厥厥
解字 形聲. 厂과 음을 나타내는 欮(궐)로 된 글자로서 본디는 돌의 이름. 관형사 '그'로 빌어 씀. 闕(궐)·掘(굴)·撅(궐)과 통하며 갑자기 뛰어 오르다의 뜻도 있음.
意味 ① 그[其]. ② 숙임. ③ 팜. ④ 짦음. ⑤ 상기(피가 머리로 몰리는 병).
厥者[궐자] 그 사람의 낮춤말.

【雁】隹₄ 4획

【厭】¹⁴ 厂₁₂ ①②검 ③염 싫어할 ④입
ⓐ豔 ⓑ葉 エン・オン・ヨウ
ⓑ感 ⓑ緝 あきる・いとう
筆順 厂厂厂戶厭厭厭
解字 形聲. 厂과 음을 나타내며 厭의 본디 글자인 猒(염)을 합쳐서 만들어진 글자.
意味 ① 싫증이 남. 물림. 마음에 참. ② 지침. 빠짐. ② ① 누름. ② 마음에 둠. ③ 따름(順從). ④ 젖음.
厭忌[염기] ᴱⁿᴷⁱ 싫어하며 꺼림.
厭世[염세] ᴱⁿˢᵉⁱ 세상을 싫어함. 인생이 괴롭고 귀찮아서 비관함. 「一思想」
厭症[염증] 싫증.

【厲】¹⁵ 厂₁₃ 려 갈 ⓑ霽 レイ・ライ はげしい
筆順 一厂严厍厍厍厍厲
意味 ① 숫돌. =礪 ② 갊. 닦음. ③ 심함. 엄함. ④ 힘을 내게 함. =勵 ⑤ 괴롭힘. ⑥ 병이 듦.
厲聲[여성] ᴿᵉⁱˢᵉⁱ ① 노하여 목소리를 높임. ② 성난 목소리.
厲色[여색] ᴿᵉⁱˢʰᵒᵏᵘ ① 노기(怒氣)를 띰. ② 엄한 안색(顔色).
厲行[여행] ᴿᵉⁱᴷᵒᵘ ① 엄중히 시행(施行)함. 여행(勵行). ② 행실을 닦음.

[厶部] 0〜9획・[又部] 0〜2획

[鴈] 鳥부 4획
[曆] 日부 12획
[歷] 止부 12획
[壓] 土부 14획
[勵] 力부 15획

厶 部

[厶] 厶0 ²|사|사사|⑧支|わたくし シ

***[去]** 厶3 ⁵|거|갈|⑧御|キョ・コ さる

[筆順] 一十土去去

[解字] 象形. 뚜껑 있는 밥그릇 모양을 본뜸. 뚜껑을 열고 밥을 담으므로 걷어 치운다는 뜻.

[意味] ① 감. 떠남. ㉠떨어짐. ㉡지나감. 「一年」↔來 ㉢물러남. 「退一」㉣버림. ↔就 ㉤죽음. ㉥덜어냄. 「除一」② 지나간 때. 「過一」③ 사성(四聲)의 하나.

去歲[거세] ⁺⁺ 지난 해. 거년(去年).
去就[거취] ⁺⁺ ① 직장을 물러남과 직장에 눌러 있음. 진퇴(進退). ② 배반과 복종.

[参] 参 (차항)의 약자

***[參]** 厶9 ¹¹|¹참|쉬일|⑧曐 ²삼|⑧曐 サン・シン まいる

[筆順] ⼇ ⼇ ⼇ 㐁 㐁 参 參

[解字] 會意. 여자가 비녀를 머리에 꽂는 모습을 본뜬 㐱과, 번쩍이다의 뜻인 彡(삼)을 합쳐서 아름답게 번쩍이다의 뜻을 나타냄. 三과 통하며, 섞이다・비교하다의 뜻도 지님.

[意味] ① ① 섞임. 섞음. ② 비교함. 「一照」 ③ 참여함. ④ 무리함. ⑤ 뵘. 「一覲」 ② ① 셋. =三 ② 인삼.

參加[참가] ⁺⁺ ① 어떠한 모임이나 단체에 참여함. ② 어떤 법을 관계에 제삼자가 가입함.

參見[참견] ① 남의 일에 참여하여 관계함. ② 참관(參觀).
參差[참치] ⁺⁺ ① 길고 짧고 가지런하지 않은 모양. ② 뒤섞인 모양. ③ 길게 늘어 놓은 모양. ④ 흩어져 있는 모양.

又 部

***[又]** 又0 ²|¹우|또|⑧宥 ²역|⑧陷 ユウ・また

[筆順] フ又

[意味] ① ① 또. ② 게다가. ② ① 용서함. ② 도움. =佑
又況[우황] 하물며.

[叉] 又1 ³|차|깍지낄|⑧麻 シャ・サ また

[筆順] フ又叉

[解字] 指事. 손이나 손 같은 것에 무엇을 낀 모양을 나타냄.

[意味] ① 가랑이. 두 가닥진 것. 「音一」② 깍지를 낌. ③ 작살. ④ 찌름.
叉手[차수] ⁺⁺ 두 손을 어긋나게 마주 잡음. 깍지를 낌. 공수(拱手).

[及] 又2 ⁴|급|미칠|⑧緝 キュウ およぶ・および

[筆順] ノアア乃及

[解字] 會意. 及은 人과 又로 이루어진 글자로서 사람의 손이 뒤까지 닿음을 나타냄. 처음에는 남을 쫓아 따라 붙다의 뜻으로 쓰였으나 지금은 도달하다의 뜻으로 씀.

[意味] ① 미침. ㉠따라 붙음. ㉡이름. 도달.. ㉢퍼짐. 「普一」② 및. 더불어.
及其也[급기야] 마지막에는.
及第[급제] ⁺⁺ 시험(試驗)에 합격(合格)됨. 등제(登第). ↔낙제(落第)
▼過不及[과불급]⁺⁺⁺/企及[기급]⁺⁺⁺

[反] 又2 ⁴|¹반|³판|돌이킬|⑧阮⑧銑 ²번|⑧願 ハン・タン・ヘン かえる

[又部] 2~14획

反
筆順 一厂厉反
意味 ① 돌이킴. ㉠돌아옴. 「―射」 ㉡되돌림. 본디대로 함. ㉢되돌이함. 「―復」 ㉣뒤엎음. ② 도리어. ③ 배반함. ㉠맞지 않음. 「―對」 ㉡거스름. =叛 ④ 돌이켜 봄. 「―省」 ② 듬직함.
反擊[반격] 쳐들어 오는 적군을 도리어 공격함. 반공(反攻).
反共[반공] 공산주의에 반대함.
反應[반응] ① 이 편을 배반(背反)하고 저 편에 응(應)함. ② 물질(物質) 사이에 일어나는 화학적인 변화.
反轉[반전] ① 반대로 구름. ② 방향이나 순서가 뒤바뀜.
反畓[번답] 밭을 논으로 만듦.

*友 ⼜2 │우│벗│㊤有│
ユウ
とも
筆順 一ナ友友
解字 ㆍ 會意. 손을 모아 기도할 때 두 손이 같은 쪽을 향한 모습을 본떠서 만든 글자. 서로 도와 일한다는 뜻.
意味 ① 벗. 친구. ② 벗함. 사귐. 「邦―」 ③ 자기편. 「―軍」 ④ 우애.
友邦[우방] 서로 친밀히 왕래하는 나라. 가까이 사귀는 나라.
友愛[우애] ① 형제간의 정애(情愛). ② 벗 사이의 정분(情分).
友情[우정] 친구간의 정의(情誼).

[双] 雙(隹부 10획)의 속자

[収] 收(攴부 2획)의 속자

[受] ⼜6 │수│받을│㊤有│
ジュ
うける
筆順 一⼊⼊⼊受受
意味 ① 받음. 「―理」 ② 받아 들임. 「―諾」 ③ 당함. 「―難」
受難[수난] 괴로움이나 재난(災難)을 당함. 「―者」
受授[수수] ① 받음과 줌. 수수(授受). ② 학문 등을 이어 받아 전해 감.

*叔 ⼜6 │숙│아재비│㊤屋│

シュク
おじ
筆順 丨⼘⼀ㅓ卡叔叔
解字 會意. 又(손)에 朩(숙)[명속 줄기]를 더하여 고구마를 줍다의 뜻이 작다ㆍ형제 중 작은 쪽이라는 뜻으로 변함.
意味 ① 숙부(叔父). 아버지의 아우. ② 어림. 어린 사람. ③ 시동생. ④ 세째 동포. ⑤ 끝. ⑥ 주움. ⑦ 콩.
叔母[숙모] 숙부(叔父)의 아내.

[取] ⼜8 │취│취할│㊤麌│
シュ
とる
筆順 一T F 耳 取取
意味 ① 잡음. ㉠손에 넣음. 받아 쥠. ↔捨 ㉡자기 것으로 만듦. ↔捨 ㉢모음. 「―材」 ㉣골라 잡음. ㉤빼앗음. ② 장가 듦.
取擇[취택] 가려서 골라 냄. 선택.

[叛] ⼜7 │반│배반할│㊦翰│
ハンㆍホン
そむく
筆順 ⺍⺌半半叛叛叛
意味 ① 배반함. 거스름. =反 ② 배반.
叛逆[반역] 배반하여 역적질을 꾀함. 반역(反逆).

[叙] 敍(攴부 7획)의 속자

[叟] ⼜8 │수│어른│㊤有│
ソウㆍシュウ
筆順 丨⼞臼臼叟叟
意味 ① 어른. 어르신네. ② 늙은이. ③ 쌀 씻는 소리.
叟叟[수수] ① 쌀을 씻는 소리. ② 움직이는 모양.

[叡] ⼜14 │예│밝을│㊦霽│
エイ
あきらか
筆順 ⼁⼂⼂虍叡叡叡
意味 ① 밝음. 슬기로움. 「―敏」 ② 임금. ③ 성인.
叡覽[예람] 임금이 열람함.
叡慮[예려] 임금의 마음. 임금의 생각. 성려(聖慮). 예지(叡旨).

[又部] 16획·[口部] 0~2획

[又部]

【叢】 又16 ｜ 총 ｜ 모일 ｜ ⊕東 ｜
ソウ
くさむら

筆順 ″ ″″ ″″″ 丵 丵 叢

解字 形聲. 풀이 무성하게 나 있는 모양을 표시하는 丵(착)과 음을 나타내는 取(취)〈총은 변음〉를 합쳐서 풀숲의 뜻. 후에 모이다의 뜻으로 쓰임.

意味 ① 모임.「一生」② 숲. ③ 떨기.

叢書[총서] ① 일정한 형식에 따라 계속하여 간행되는 출판물. ② 같은 종류의 서적을 모아 한 질(帙)로 한 책. 시어리즈. ↔단행본(單行本)

口 部

【口】 口0 ｜ 3 ｜ 구 ｜ 입 ｜ ⊕有 ｜
コウ・ク
くち

筆順 ノ 冂 口

解字 象形. 입 모양을 본뜬 글자. 부수로서는 입·목소리·말에 관한 뜻을 나타냄.

意味 ① 입. ② 어귀.「河一」③ 구멍.「火一」④ 말함.「一語」↔文 ⑤ 사람의 수.「人一」⑥ 자루. 칼을 세는 단위.

口頭[구두] 직접 입으로 하는 말.
口辯[구변] 말솜씨. 언변(言辯).

【可】 口2 ｜ 5 ｜ ①가 ②극 ｜ 옳을 ｜ ⊕哿 ｜ カ ｜ ⊕陌 ｜ ベし

筆順 一 冂 冋 叮 可

意味 ① ① 옳음. 좋음. ② 허락함. 들어줌.「許一」③ 마땅함. ④ 쯤. ⑤ 가히. ② 오랑캐 이름.

可決[가결] 그 의안(議案)을 옳다고 결정함. ↔부결(否決)
可望[가망] 가능성이 있는 희망.

【古】 口2 ｜ 5 ｜ 고 ｜ 예 ｜ ⊕麌 ｜ コ ｜ ふるい

筆順 一 十 十 古 古

意味 ① 예전. ↔今 ② 선조. ③ 묵음.「一物」↔新

古今[고금] ① 예와 이제. 고왕금래(古往今來). ② 예부터 지금까지.
古來[고래] 예부터 지금까지.

【叫】 口2 ｜ 5 ｜ 규 ｜ 부르짖을 ｜ ⊕嘯 ｜
キョウ
さけぶ

筆順 ノ 冂 口 叩 叫

意味 ① 부르짖음. ② 욺.

叫喚[규환] 부르짖고 외침.

【叩】 口2 ｜ 5 ｜ 고 ｜ 두드릴 ｜ ⊕宥 ｜
コウ
たたく

筆順 ノ 冂 口 叩 叩

意味 ① 두드림. ② 꾸벅거림. 공손히 절함.「一頭」「一首」③ 물음. ④ 앎.

叩頭[고두] 머리가 땅에 닿도록 절함. 정중하게 절함. 고수(叩首).

【句】 口2 ｜ 5 ｜ 구 ｜ 구절 ｜ ⊕週 ｜ ク

筆順 ノ ク 勹 匂 句

意味 ① 문장의 한 구절. ② 한시(漢詩)의 1절(節). ③ 거리낌. ④ 맡아봄. ⑤ 굽음. ⑥ 활을 잡아 당김.

句意[구의] 구(句)의 의미.

【另】 口2 ｜ 5 ｜ 령 ｜ 나눌 ｜ ⊕徑 ｜ レイ

筆順 ノ 冂 口 另 另

意味 ① 나눔. 쪼갬. ② 다름[異].

另居[영거] 별거(別居)함.

【司】 口2 ｜ 5 ｜ 사 ｜ 맡을 ｜ ⊕支 ｜
シ
つかさどる

筆順 フ コ ヨ 司 司 司

意味 ① 맡음. 관리함. ② 벼슬. 관직.「上一」③ 마을. 관아. ④ 엿봄. =伺

司書[사서] 도서관에서 도서의 정리·보관·열람 등의 사무를 보는 직원.

【史】 口2 ｜ 5 ｜ 사 ｜ 사관 ｜ ⊕紙 ｜ シ

筆順 ノ 冂 口 史 史

意味 ① 사관. 문서를 맡아보는 벼슬아

치. ② 역사. 사기. ③ 빛남. 화사함. ④ 성(姓)의 하나.
史官[사관]ᵍᵂᴺ ① 역사를 편찬하던 관리. ② 고려 때 임금의 언행(言行)을 기록하던 관청.
史蹟[사적]ᵍᵂᴷ 역사상에 남아 있는 유적(遺蹟). 고적(古蹟). 사적(史蹟).

3획

右 5 口2│우│오른│㊂宥
ユウ・ウ
みぎ

筆順 ノナオ右右

意味 ① 오른쪽. ↔左 ② 보수적인 사상. 「一翼」↔左 ③ 숭상함. 떠받들다. 「文左武」 ④ 도움. =佑

右武[우무]ᵍᵁ 무(武)를 숭상(崇尙)함. 상무(尙武). ↔우문(右文)
右翼[우익]ᵍᵁ ① 새의 오른쪽 날개. ② 보수적인 일파(一派). 야구에 있어서 본루(本壘)에서 보아 우측의 외야(外野). 라이트. ↔좌익(左翼)

叮 5 口2│정│부탁할│㊂叮
テイ
ねんごろ

筆順 丨口口口叮叮

意味 ① 친밀감이 있는 태도. ② 정성스러움. ③ 단단히 부탁함.

叮嚀[정녕]ᵀᴱ^ ① 정성스러움. ② 틀림없이. 정녕(丁寧).

台 5 口2│①태│별│㊂灰
       │②이│   │㊂支
ダイ・タイ

筆順 ㇒ㇲ厶台台

意味 ① 별. ② ① 나. ② 기뻐함.

台安[태안] 건강·평안 등의 뜻으로 쓰이는 서신(書信) 용어(用語).

召 5 口2│①소│부를│㊂嘯
       │②조│   │㊂嘯
ショウ
めす

筆順 フカカ召召

意味 ① ① 부름. 「一集」 ② 청함. =招 ③ 땅이름. ② 대추(棗).

召還[소환]ᴴᵂᴬᴺ 돌아 오라고 부름. 일을 마치기 전에 불러 돌아 오게 함.

叱 5 口2│질│꾸짖을│㊂質
シツ
しかる

筆順 丨口口口叱

意味 꾸짖음.

叱正[질정]ᴵᴵᵀ 꾸짖어 바르게 함.
叱責[질책]ᴵᴵᴷ 꾸짖어 책망함.

只 5 口2│지│다만│㊂紙│シ│ただ

筆順 丨口口口尸只

意味 ① 다만. ② 말을 그침.

只今[지금]ᶜᴱ 지금. 현재(現在).

叭 5 口2│팔│입벌릴│㊂黠
ハツ・ハチ

筆順 丨口口口叭

意味 ① 입을 벌림. ② 나팔.

叶 5 口2│협│화합할│㊂葉
キョウ
かなう

筆順 丨口口口一叶

意味 화합함.

【号】號 (虍부 7획)의 약자

各 6 口3│각│각각│㊂藥
カク
おのおの

筆順 ノクタ冬各各

解字 **各** 形聲. 다리를 뜻하는 足(족)을 거꾸로 한 모양인 夂(치)와 음을 나타내는 口(구)[各은 변음]를 합쳐 높은 곳에서 내리다의 뜻. 후에 각각이라는 뜻으로 쓰게 됨.

意味 각각. 따로따로. 제각기.

各界[각계]ᴷᴬᴷᴬᴵ 사회의 각 방면(方面). 여러 가지의 분야(分野).
各種[각종]ᴷᴬᴷᴶᵁ 여러 가지. 갖가지.

吃 6 口3│흘│말더듬을│㊂物
キツ
どもる

筆順 丨口口口吃吃

[口部] 3획

意味 ① 말을 더듬음. 「一音」 ② 먹음. 마심. =喫 ③ 웃는 소리.
吃驚[흘경]ᄏᆢᆿ 깜짝 놀람. 경악함.

吉 6 ㅁ3 | 길 | 길할 | ⊛質 |
キツ・キチ
よい

筆順 一 十 士 吉 吉 吉

解字 會意. 선비를 뜻하는 士와 입을 뜻하는 口를 합쳐 선비의 말이라는 뜻. 선비의 말은 훌륭하므로 좋다는 뜻으로 쓰임.

意味 ① 길함. 상서로움.「一凶」 ② 착함. ③ 즐거움. ④ 초하루. ⑤ 제사.
吉例[길례]ᄏᆢᆿ 좋은 전례(前例).
吉報[길보]ᄏᆢᆿ 좋은 소식. ↔흉보(凶報)

同 6 ㅁ3 | 동 | 한가지 | ⊛東 |
ドウ・トウ
おなじ

筆順 丨 冂 冂 同 同 同

解字 會意. 口(입)와, 月(=冃)이 변하여 모든의 뜻을 가진 凡(범)을 합쳐서 모든 입을 합치다의 뜻.

意味 ① 같음. ↔異 ② 모음. ③ 무리. ④ 화(和)함. ⑤ 같이함.「一等」
同感[동감]ᄏᆞᆫ 느낌이 같음.
同寢[동침]ᄏᆞᆫ 잠자리를 같이 함.

吏 6 ㅁ3 | 리 | 벼슬아치 | ⊛寘 |

筆順 一 丆 亘 吏 吏

意味 ① 벼슬아치.「官一」 ② 아전. 하급 관리.「獄一」
吏道[이도]ᄆᆢᆯ ① 관리로서 행할 도리(道理). ② 관리의 사무. ③ 이두(吏讀)

名 6 ㅁ3 | 명 | 이름 | ⊛庚 |
メイ・ミョウ
な

筆順 丿 ク タ 夕 名 名

意味 ① 이름. ② 공(功). ③ 이름남. 「一君」 ④ 글(文字). ⑤ 명령함. ⑥ 말뿐. ⑦ 사람. 사람의 수효.
名曲[명곡]ᄆᆢᆺ 뛰어나게 잘된 악곡(樂曲). 유명한 악곡.「一鑑賞」

名號[명호]ᄆᆢᆼ ① 이름. 명칭(名稱). ② 명예. 평판(評判). ③ 이름과 호(號).

吋 6 ㅁ3 | 1 2 촌 두 | 인치 | 新 | ト |
ウ

筆順 丨 丆 ㅁ 口' 吋 吋

意味 ① 인치. 길이의 단위. ② 꾸짖음.

[吊] 弔 (弔부 1획)의 속자.

吐 6 ㅁ3 | 토 | 게울 | ⊛麌 | ト |
はく

筆順 丨 丆 ㅁ 叶 吐

解字 形聲. 입을 뜻하는 口(구)와 음을 나타내는 土(토)를 합쳐 토하다의 뜻.

意味 ① 토함. ↔呑「一瀉」 ② 나타냄.「一露」 ③ 폄. ④ 동물 이름.
吐瀉[토사]ᄏᆞ ① 구토(嘔吐). 토역(吐逆). ② 토하고 설사(泄瀉)함.

合 6 ㅁ3 | 1 2 합 흡 | 합할 | ⊛合 |
ゴウ・ガツ・コウ
あう

筆順 丿 人 亼 合 合 合

解字 形聲. 입을 뜻하는 口와 음을 나타내는 亼(집)[합·흡의 변음]을 합쳐 입으로 답하다의 뜻.

意味 ① 만남. 합침. ㉠하나가 됨. 「一同」㉡섞음.「說一」㉢싸움이나 경기의 회수를 세는 단위. ③ 교합함. ④ 짝. ⑤ 합(盒). ② 홉. 들이의 단위.
合同[합동]ᄏᆞᆼ 둘 이상을 하나로 함.
合理[합리]ᄏᆞ ① 이치(理致)에 합당함. ② 논리적인 필연성에 의하여 지배됨.

向 6 ㅁ3 | 1 2 향 상 | 향할 | ⊛漾 |
キョウ・コウ
むく・むかう

筆順 丿 亻 冂 冋 向 向

意味 ①향함. ② 북창. ③ 취미. 솔깃해짐. 기움.「傾一」 ④ 접때. 이전. =嚮 ② ① 성(姓)의 하나.
向來[향래]ᄏᆞᆺ 이제까지. 종래(從來).
向背[향배]ᄏᆞᆨ ① 앞과 뒤. ② 좋음과 등짐. ③ 되어가는 모양. 과정.
向後[향후]ᄒᆞᆼ(コウ) 이다음. 이 뒤.

[口部] 3~4획

【后】 口3 | 6획 | 후 | 임금 | ㊤有
コウ・ゴ
きみ・きさき

筆順 ´ 厂 厂 斤 后 后

意味 ① 임금. ② 황후(皇后). ③ 뒤. 나중.=後 ↔前 ④ 사명. 신령.

后宮[후궁]ㄱㅜㅋ 궁녀가 있는 궁전.
后土[후토]ㄱㅜㅋ ① 토지의 신(神). ② 토지(土地). 국토(國土). 「皇天一」

【吁】 口3 | 6획 | 우 | 탄식할 | ㊤虞
ク・ウ
ああ

筆順 丨 丨 口 口 吁 吁

意味 ① 탄식함. 놀라거나 걱정할 때에 내는 소리. ② 거짓말을 함.

*【告】 口4 | 7획 | ①고 ③국 | 고할 | ㊤號 ㊤沃
コク・コウ
つげる

筆順 ´ ㅗ 屮 牛 牛 告 告

意味 ① ⑤ ㉠알림.「報一」㉡말함.「一白」㉢호소함.「一訴」㉣가르침. 이르는 말. ② 알림. ③ 국문학.

告發[고발]ㄱㅗㅋ 〈法〉피해자 이외의 사람이 경찰 또는 검찰에 범죄 사실을 신고하여 기소(起訴)를 요구하는 일.
告白[고백]ㄱㅗㅋ 숨김 없이 사실대로 말함. 또는 그 말.
告諭[고유]ㄱㅗㅋ 일러서 깨우쳐 줌.

*【君】 口4 | 7획 | 군 | 임금 | ㊤文
クン
きみ

筆順 ㄱ ㅋ ㅋ 尹 尹 君 君

解字 會意. 입을 뜻하는 口와 사람을 다스리는 뜻인 尹을 합쳐, 호령하며 사람을 다스리는 자를 뜻함.

意味 ① 임금. 천자. 주상(主上). ↔臣 ② 친족끼리 손윗사람에 대하는 존칭. ③ 남에게 대한 경칭. ④ 부모. 조상. ⑤ 남편. 아내. ⑥ 스승. ⑦ 귀신.

君臨[군림]ㄱㄴㅋ ① 임금이 되어 나라를 다스림. ② 가장 높은 자리에 오름.
君子[군자]ㄱㄴㅋ ① 학식과 덕행(德行)이 높은 사람. ↔소인(小人) ② 높은 관직에 있는 사람. ③ 남편. ④ 대나무의 딴 이름.
君主[군주]ㄱㄴㅋ 임금. 군왕(君王).

【吶】 口4 | 7획 | ①눌 ②열 | 말더듬을 | ㊀月 ㉠屑
トツ
どもる

筆順 丨 口 口 叭 吶 吶

意味 ① 말을 더듬음. 말더듬이.=訥 ② ① 말이 느림. ② 함성을 지름

吶吃[눌흘]ㄴㅗㅋ ① 말을 더듬음. ② 일이 되어 나가는 상태가 더디고 잘 안됨

【呂】 口4 | 7획 | 려 | 등뼈 | ㊤語
リョ・ロ

筆順 丨 口 口 尸 尸 呂 呂

解字 象形. 사람의 등뼈가 이어져 있는 모양을 본떠서 만든 글자. 고대 중국의 음악의 가락을 나타내는 것이라고 함.

意味 ① 등뼈. ② 풍류.

呂律[여율]ㄹㅕㅋ·ㄹㅇㅌ 음악에서 음(陰)의 음률(音律)과 양(陽)의 음률.

【吝】 口4 | 7획 | 린 | 아낄 | ㊤震
リン
おしむ

筆順 ´ 亠 ナ 文 文 吝 吝

意味 ① 아낌. 인색(吝嗇)함. 시원스럽지 못함. ② 탐냄. ③ 한(恨)함.

吝嗇[인색]ㅇㄴㅋ·ㅅㅐㅋ 체면 없이 재물(財物)을 지나치게 아낌.「一家」

【吻】 口4 | 7획 | 문 | 입술 | ㊤吻
フン
くちさき

筆順 丨 口 口 口' 吻 吻 吻

意味 ① 입술. ② 뾰족 나온 곳.

吻合[문합]ㅁㄴㅋ 위아래의 입술이 맞는 것처럼 꼭 들어 맞음.
▼口吻(구문)ㄱㄴㅋ/接吻(접문)ㅅㅓㅋ

【呆】 口4 | 7획 | ①보 ②태 | 지킬 | ㊤皓 ㊤灰
ボウ・ホウ
おろか

筆順 丨 口 口 口 呆 呆 呆

[口部] 4획

意味 ① 지킴. 보전함. ② 믿음.
① 멍청이. ② 천치. ③ 어리석음.

【否】 ㅁ₄⁷ | ①부 ②비 | 아닐 | ㉠有 ㉡祇
ヒ / いな

筆順 一 ァ オ 不 不 否 否

解字 會意. 입을 뜻하는 口와 부정(否定)의 뜻 不을 합쳐 분명히 말하다의 뜻.

意味 ① 아님. ↔可 ② 거부(拒否)함.
① 만무함. ② 막힘. ③ 더러움.
③ 악함. ④ 비괘(64괘 중의 하나).

否決[부결]ケッ 회의에 제출된 의안(議案)을 옳지 않다고 하여 반대 결정을 함; ↔가결(可決)함. ↔시인(是認)

否認[부인]ニン 사실을 인정하지 아니

否運[비운]ウン 나쁜 운수. 불운(不運).

【吩】 ㅁ₄⁷ | 분 | 분부할 | ㉠文
ホン・フン

筆順 丨 口 口 口 吩 吩

意味 ① 분부함. ② 일컬음. ③ 뿜음.
吩咐[분부]フ 윗사람이 아랫사람에게 명령하는 것. 또는 그 명령.

【吾】 ㅁ₄⁷ | 오 | 나 | ㉠虞
われ

筆順 一 丆 五 五 吾 吾

意味 ① 나. 나의. ② 글읽는 소리. ③ 친하지 않음.

吾等[오등]トゥ 우리들. 「(吾人).
吾輩[오배]ハイ ① 우리들. ② 나. 오인

【吳】 ㅁ₄⁷ | 오 | 나라 | ㉠虞
ゴ / くれ

筆順 丨 口 口 吊 吳 吳

解字 會意. 사람이 노래에 귀를 기울여 즐긴다는 뜻으로 娛의 본디 글자임.

意味 ① 중국의 나라 이름. ② 땅 이름.
③ 큰소리를 냄. ④ 성(姓)의 하나.

吳音[오음]ゴン 중국 남방(南方) 오(吳)의 고음(古音). 일찍이 한국에 전해짐.

吳中[오중]チュゥ〈地〉중국 춘추 전국시대의 오(吳)의 서울. 지금의 강소성(江蘇省) 오현(吳縣)을 일컫는 말.

【吟】 ㅁ₄⁷ | ①음 ②금 | 음을 | ㉠侵 ㉡寢
ギン / うたう

筆順 丨 口 口 口 吟 吟 吟

意味 ① 음을. 「朝一」② 신음(呻吟)함. ③ 말을 더듬음. ④ 욺. ⑤ 시체(詩體)의 하나. ② 입을 다물.

吟味[음미]ミ ① 시나 노래를 읊어 그 뜻을 살핌. ② 사물의 의미를 조사 연구함. ③ 음식 맛을 봄.

吟聲[음성]セイ 시나 노래를 읊는 소리.

【吮】 ㅁ₄⁷ | ①전 ②연 | 빨 | ㉠銑
セン・エン・シュン・ジュン

筆順 丨 口 口 口ㆍ 吨 吮 吮

意味 ① 빪. ② 들이쉼. ② ① 기침함. ② 핥음.

吮犢之情[연독지정] 자기의 자식이나 부하에게 대한 애정을 낮춰 일컫는 말.

【呈】 ㅁ₄⁷ | 정 | 나타날 | ㉠庚 テイ

筆順 丨 口 口 旦 呈 呈 呈

解字 形聲. 입을 뜻하는 口와, 음을 나타내며 제출하다의 뜻인 王(정)을 합쳐서 내밀다의 뜻.

意味 ① 내밀. =提 드림. 「進一」② 나타남. 보임. 드러냄. 「露一」③ 평평함.

呈上[정상]ジョゥ 올려 바침. 헌상(獻上).

呈出[정출]シュッ 문안(文案)이나 의견ㆍ법안(法案) 등을 내어 놓음. 제출.

【吹】 ㅁ₄⁷ | 취 | 불 | ㉠支 スイ / ふく

筆順 丨 口 口 口 吹 吹 吹

意味 ① 붊. 바람. ②센 숨을 급히 내쉼. ⓒ퉁소 등을 붊. 관악(管樂). 「一奏」② 격려함. 「鼓一」

吹奏樂[취주악]スイソゥガク〈音〉목관(木管)ㆍ금관(金管)ㆍ타악기로 연주하는 음악.

【吞】 ㅁ₄⁷ | 탄 | 삼킬 | ㉠元 ドン / のむ

筆順 一 二 チ 天 呑 呑 呑

意味 ① 삼킴. ↔吐 ② 휩쌈. 「倂一」멸

(滅)함. ③ 업신여김.
呑牛之氣[탄우지기]ドンギュウノキ 소를 삼킬 만한 웅대한 기백(氣魄).

[吠] 口4 | 폐 | 짖을 | ㉤隊 |
ハイ・バイ
ほえる

筆順 ノ 丨 冂 口 口' 口ナ 吠 吠

意味 ① 짖음. 개가 소리 높이 짖음. ② 땅 이름.

[呀] 口4 | 하 | 입딱벌릴 | ㉣麻 | ガ

筆順 丨 冂 口 口一 口二 呀 呀

意味 ① 입을 딱 벌림. ② 끝짜기가 휜 함. ③ 경탄하는 말.

呀呀[하하]ガガ ① 입을 벌리는 모양. ② 맹수가 입을 벌리고 이를 드러내는 모양. ③ 웃음 소리.

***[含]** 口4 | 함 | 머금을 | ㉤單 |
ガン
ふくむ

筆順 ノ 人 스 今 今 含 含

解字 形聲. 입을 뜻하는 口와 음을 나타내는 今(금)[합은 변음]을 합쳐 무엇을 입속에 넣다의 뜻.

意味 ① 머금음. 눌음. 품음. 「一蓄」② 무궁주[죽은 사람의 입속에 넣는 구슬].

含蓄[함축]ガンチク ① 깊이 간직하여 드러나지 아니함. ② 깊은 뜻을 간직함.
含哺鼓腹[함포고복]ガンポコフク 배불리 먹고 배를 두드리며 즐긴다는 뜻으로 태평(太平)함을 일컫는 말.

[吼] 口4 | 후 | 소우는소리 | ㉤有 |
コウ・ク
ほえる

筆順 丨 冂 口 口' 叮 呀 吼

意味 ① 소가 우는 소리. ② 맹수가 우는 소리. ③ 짖음. 울음.

[呌] 口4 | 두 | 말많을 | ㉤尤 |
トウ・ツ

筆順 丨 冂 口 口' 叺 叹 呌

意味 ① 말이 많음. ② 속삭임.

***[吸]** 口4 | 흡 | 숨들이쉴 | ㉢緝 |
キュウ
すう

筆順 丨 冂 口 口' 口ア 吸 吸

解字 形聲. 입을 뜻하는 口와, 음을 나타내는 及(급)[흡은 변음]을 합쳐 입을 대고 쭉 빨다·숨을 들이쉬다의 뜻.

意味 ① 숨을 들이쉼. ↔呼 ② 기체나 액체를 빨아 들임. 「一引力」

吸收[흡수]キュウシュウ ① 빨아 들임. ② 흩어진 물건을 한데 모아 들임. ③ 자기 것으로 하여 거두어 들임.

▼呼吸(호흡)コキュウ/鯨吸(경흡)ゲイキュウ

[呱] 口5 | 고 | 아이울 | ㉠虞 |
코 | 구 |
コ・ク

筆順 丨 冂 口 口' 叮 呱 呱

意味 ① 아기가 '으아'하고 움. ② 물고기가 입방울을 토함.

呱呱[고고]ココ 아이의 울음 소리. 아이가 태어날 때 지르는 소리.

[咎] 口5 | 구 | 허물 | ㉤有 |
허 | 고 | ㉤豪
キュウ・コウ
とがめる

筆順 ノ ク 久 处 咎 咎 咎

意味 ① ① 허물. ② 재앙. ③ 미워함. ② 순 임금의 신하 이름.

▼怨咎(원구)エンキュウ/災咎(재구)サイキュウ

[咐] 口5 | 부 | 불 | ㉤虞 | フ

筆順 丨 冂 口 口' 叶 咐 咐

意味 ① 붐[噴]. ② 분부함.

咐囑[부촉]フショク 부탁하여 위촉함.

▼吩咐(분부)フンプ

[呶] 口5 | 노 | 떠들썩할 | ㉤麻 |
ノウ・ドウ

筆順 丨 冂 口 吖 叻 叻 呶

意味 ① 떠들썩함. ② 지껄임.

[咄] 口5 | 돌 | 꾸짖을 | ㉣月 | トツ

筆順 丨 冂 口 口' 吖 叫 咄

[口部] 5획

[命] 口5 | 명 | 목숨 | ㊤敬 |
メイ・ミョウ
いのち

[筆順] ノ 人 ㅅ 스 合 合 命 命

[解字] 形聲. 입을 뜻하는 口와 음을 나타내는 令(령)[명은 변음]으로 합쳐 분부하다의 뜻. 후에 하늘이 명하는 바에 따라 정해진 사람의 목숨이라는 뜻으로 바뀜.

[意味] ① 목숨. ② 분부.「一令」③ 운명(運命). ④ 명부. 명적(名籍).「亡一」⑤ 하늘이 내린 사명.「革一」⑥ 가르침. ⑦ 도(道). 자연의 이치.

命令[명령]ﾒｲﾚｲ ① 웃사람이 아랫사람에게 분부를 내림. ② 상사(上司)가 부하에게 직무에 관한 분부를 내림. ③〈法〉행정 기관이 제정하는 법규·각령(閣令) 등.

命脈[명맥]ﾒｲﾐｬｸ ① 목숨과 맥박. ② 목숨을 이어 가는 데 근본이 되는 부분.

命名[명명]ﾒｲﾒｲ 사람이나 물건에 이름을 지어 줌.「一式」

[味] 口5 | 미 | 맛 | ㊤未 |
ミ
あじ・あじわう

[筆順] ノ 口 口 口 叶 吽 味 味

[意味] ① 맛. 맛을 봄. ② 재미.「趣一」「異一」③ 이치(理致). 뜻.「意一」

味覺[미각]ﾐｶｸ 혓바닥을 자극하여 맛을 느끼는 감각. 미감(味感).

[呻] 口5 | 신 | 끙끙거릴 | ㊤眞 |
シン
うめく

[筆順] ノ 口 口 口 叩 叩 呷 呻

[意味] ① 신음(呻吟)함. 끙끙거림. ② 읊조림.

呻吟[신음]ｼﾝｷﾞﾝ 병이나 다른 고통으로 괴로운 소리를 냄. 신예(呻吚).

[咏] 口5 | 영 | 노래할 | ㊤敬 | エイ |

[筆順] ノ 口 口 口 叶 吟 咏 咏

[意味] ① 노래함. ② 읊조림.

[呴] 口5 | 구 | 숨내쉴 | ㊤虞 |
ク・コウ

[筆順] ノ 口 口 口 叩 叩 呴 呴

[意味] ① 숨을 내쉼. ② 꾸짖음. ③ 말을 공손히 함. ④ 입김을 들임.

呴兪[구유]ｸﾕ 기뻐하는 모양. 부드러운 안색을 나타냄.

[咆] 口5 | 포 | 고함지를 | ㊤肴 |
ホウ
ほえる

[筆順] ノ 口 口 口 叩 叭 咆 咆

[意味] ① 고함을 침. ② 짐승이 짖는 소리.「一哮」③ 성을 불끈 냄.

咆哮[포효]ﾎｳｺｳ ① 짐승의 울부짖음. ② 외침. 소리쳐 부르짖음.

[咀] 口5 | 저 | 씹을 | ㊤語 |
ソ・ショ
かむ

[筆順] ノ 口 口 口 叮 叨 咀 咀

[意味] ① 씹음.「一嚼」② 맛봄. 먹음. ③ 생각함. 깨달음.

咀嚼[저작]ｼﾞｬｸ 저초(咀噍).

[呪] 口5 | 주 | 방자할 | ㊤宥 |
ジュ
のろう

[筆順] ノ 口 口 口 叨 呪 呪

[意味] ① 방자함. ② 저주함. ③ 마술.

呪文[주문]ｼﾞｭﾓﾝ 음양가(陰陽家)나 술가(術家)가 술법(術法)을 행할 때 외는 저주의 글귀.

[周] 口5 | 주 | 두루 | ㊤尤 |
シュウ・ス
めぐる

[筆順] ノ 冂 冂 円 用 周 周

[解字] 形聲. 입을 뜻하는 口와 음을 나타내는 甪(주)로 이루어져 말이 자상하다의 뜻.

[意味] ① 두루 돌아다님. 「――」② 둘레. 「―圍」③ 두루. 골고루. 「―知」공평(公平). ↔比 ④ 모퉁이. ⑤ 굳힘.
周到[주도]ᢧ 주의가 빈틈이 없이 두루 미침. 「用意―」
周邊[주변]ᢧ 주위의 가장자리.
周察[주찰] 두루 자세히 살핌.

【呵】 口5 | 가 | 꾸짖을 | ㊤歌 | カ

[筆順] ノ 丨 口 口 口' 可 呵

[意味] ① 꾸짖음. ② 깔깔 웃는 소리. 「――大笑」③ 붊(噓). ④ 내쉼.
呵呵[가가]ᢧ 매우 우스워서 깔깔 웃는 모양, 가연(呵然). 「―大笑」

*【呼】 口5 | 호 | 숨내쉴 | ㊤虞
ヨ
よぶ

[筆順] ノ 丨 口 口' 口'' 口'' 呼

[解字] 形聲. 입을 뜻하는 口와 음을 나타내는 乎(호)를 합쳐 큰소리로 부르다의 뜻.

[意味] ① 숨을 내쉼. ② 부름. ㉠큰소리로 부름. 부르짖음. ㉡이름 지음. 「―稱」③ 술과녀 한탄할 때 내는 소리.
呼價[호가]ᢧ 물건의 값을 부름.
呼名[호명]ᢧ ① 이름을 부름. ② 《日》평소에 부르는 이름.
呼稱[호칭]ᢧ 불러 일컬음.

*【和】 口5 | 화 | 온화할 | ㊤歌 |
カ・ワ
やわらぐ

[筆順] ノ 二 千 禾 禾 和 和

[意味] ① 부드러워짐. 온화함. ② 처지거나 모자람이 없이 알맞음. 「中―」③ 응(應)함. 「唱―」④ 둘 이상의 수를 더한 수. ↔差 ⑤ 장. 그침. 화해함. 화목함. ⑥ 순함. ⑦ 섞음. ⑧ 고름.
和氣[화기]ᢧ 온화한 기색.
和暖[화난]ᢧ 날씨가 화창하고 따뜻함.
和睦[화목]ᢧ 서로 뜻이 맞고 정다움.
和親[화친]ᢧ 서로 사이 좋게 지냄. 화목(和睦). 「―條約」
和合[화합]ᢧ ① 서로 뜻이 맞게 됨. ② 서로 어울리게 함. 조화(調和).

【咬】 口6 | 교 | 새지저귈 | ㊤肴
コウ・キョウ

[筆順] ノ 丨 口 口' 口'' 咷 咬

[意味] ① 새가 지저귐. ② 묾. 갉음.
咬咬[교교]ᢧ 지저귀는 새소리.

【咪】 口6 | 미 | 양울 | 紙 | ビ

[筆順] ノ 丨 口 口' 口'' 咪 咪

[意味] 양이 욺. 양이 우는 소리.

【哂】 口6 | 신 | 빙그레웃을 | ㊤軫
シン
わらう

[筆順] ノ 丨 口 口' 听 哂 哂

[意味] ① 빙그레 웃음. ② 비웃음.

【哀】 口6 | 애 | 서러울 | ㊤灰
アイ
あわれ・あわれむ

[筆順] ` 宀 亠 亠 声 亰 亰 哀

[解字] 形聲. 입을 뜻하는 口와 음을 나타내는 衣(의)〔애는 변음〕를 합쳐서 슬픈 소리를 내다의 뜻.

[意味] ① 가련함. 불쌍하게 생각함. 민망스러움. ② 딱한 모습. 「―願」③ 서러움. 슬퍼함. 「悲―」④ 복(喪中).
哀悼[애도]ᢧ 사람의 죽음을 슬퍼함.
哀憐[애련]ᢧ 애처롭고 가엾음.
哀惜[애석]ᢧ 슬프고 아깝게 여김.

【哇】 口6 | 1외 3해 | 음란한소리 | 2왜
㊤佳佳 | 2애
㊤麻 | アイ・エ・ア・ワ・カイ

[筆順] ノ 丨 口 口+ 咔 咔 哇

[意味] 1 ① 음란한 소리. ② 아첨하는 소리. ③ 게움. 2 아이가 욺.
哇俚[와리] 상말.

【咽】 口6 | 1인 3열 | 목구멍 | 2연
㊤先㊤屑 | イン・エン・エツ
のど・むせぶ

[筆順] ノ 丨 口 미 미' 咽 咽

[解字] 形聲. 입을 뜻하는 口와 음을 나타내는 因(인)을 합쳐 목구멍을 뜻함.

[口部] 6～7획

리 치는 소리. ② 삼킴. ③ ① 막힘. ② 목이 멤.
咽喉[인후] 〈生〉 인두(咽頭)와 후두(喉頭). 목구멍. 「耳鼻一」 급소

【咨】 口6 │ 자 │ 피할 │ ㊤支 │ シ はかる

筆順 ｀ ゛ ｙ ｙ 次 次 咨

意味 ① 피함. ② 원망함. ③ 탄식함.
咨歎[자탄] 애석하여 탄식함.

*【哉】** 口6 │ 재 │ 비롯할 │ ㊤灰 │ サイ かな

筆順 一 十 士 吉 吉 哉 哉

意味 ① 비롯함. ② 어조사.

【咫】 口6 │ 지 │ 여덟치 │ ㊤紙 │ シ

筆順 ⁊ ⁊ ⁊ 尺 咫 咫 咫

意味 ① 여덟 치(八寸). ② 적음. ③ 짧음. 가까움. 「一尺」
咫尺[지척] ① 매우 가까운 거리. ② 임금에게 배알함.

【品】 口6 │ 품 │ 가지 │ ㊤寢 │ ヒン・ホン しな

筆順 ㇀ 口 口 吕 品 品

解字 會意. 입을 뜻하는 口 셋은 많은 사람이 지껄임을 나타내고, 후에 많은 물건이라는 뜻으로 바뀜.

意味 ① 물건. ② 가지. 종류. 온갖. 뭇. ③ 성질. 「一行」 품수(品數). ④ 가지런히 함. ⑤ 벼슬 자리.
品格[품격] ① 사람의 자질과 타고난 성질. 인격(人格). ② 물품의 성질.
品評[품평] 품질에 대한 좋고 나쁨을 가려 등급을 정함. 「一會」
品行[품행] 지닌 품성과 몸가짐.

【咸】 口6 │ ①함 │ 다 │ ㊤咸 │ カン みな ②감

筆順) 厂 厂 咸 咸 咸

意味 ① ① 다. 모두. 모조리. ② 같음. ③ 골고루. ④ 괘 이름. ② 덞. ＝減
咸氏[함씨] 남의 조카를 높여서 부르는 말. 영질(令姪).

【哈】 口6 │ ①압 │ 고기우 ② 합 │ 물울걸이 │ ㊤合 ゴウ

筆順 丨 口 口 口 哈 哈 哈

意味 ① 고기가 우물거림. ② ① 모금(分量). 마심. ② 웃는 모양.

【咳】 口6 │ 해 │ 글웃을 │ ㊤灰 │ ガイ せき

筆順 丨 口 口 口 咳 咳 咳

意味 ① 방글방글 웃음. ② 기침함. ③ 침을 뱉음. ④ 신기한 방문(術).
咳嬰[해영] 젖먹이. 갓난 아기.

【哄】 口6 │ 홍 │ 떠들썩할 │ ㊤送 │ コウ

筆順 丨 口 口 口 哄 哄 哄

意味 ① 여럿이 지껄임. 떠들썩함. 힘차게 울림. ② 큰소리로 웃음. ③ 속임.
哄笑[홍소] 소리를 크게 내어 웃음.

【哥】 口7 │ 가 │ 언니 │ ㊤歌 │ カ

筆順 一 一 可 可 可 哥 哥

意味 ① 언니. ② 노래함. ③ 성을 가리킴「呼姓」.
哥哥[가가] ① 형(兄)을 부르는 말. ② 남을 부르는 높임말.

*【哭】** 口7 │ 곡 │ 울 │ ㊤屋 │ コク なく

筆順 丨 口 口 吅 吅 哭 哭

解字 形聲. 외치다의 뜻인 吅(현)과 음을 나타내는 㹜(역) [곡은 변음 犬은 변형]을 합쳐 만들어진 글자.

意味 ① 욺. ② 곡함.
哭聲[곡성] 슬피 우는 소리.

*【唐】** 口7 │ 당 │ 황당할 │ ㊦陽 │ トウ から

筆順 ｀ 亠 广 庐 庐 唐 唐

意味 ① 황당함. ② 큼. 넓음. ③ 중국의 나라 이름.
唐突[당돌] ① 갑자기 부딪침. 돌연(突然). ② 올차서 조금도 꺼리는 것이 없음. 「一한 質問」
唐墨[당묵] 중국에서 만든 먹.

【哩】10 口7 | 리 | 어조사 | [去]寘 | リ

[筆順] 丨 口 叩 吅 呷 哩

[意味] ① 어조사. ② 마일. 거리의 단위.

3획

【唆】10 口7 | 사 | 아이들이 군호할 | [平]歌 | サ そそのかす

[筆順] 丨 口 口ᐩ 吙 哈 唆 唆

[解字] 形聲. 입을 뜻하는 口와 음을 나타내는 夋(준)〔사는 변음〕을 합쳐 부추기다·걸다·선동하다의 뜻.

[意味] ① 아이들이 군호를 함. ② 꾀어서 시킴. ③ 가르침.

*【員】10 口7 | [1] 원 [2] 운 | 인원 | [平]先 [平]文 | イン·エン かず

[筆順] 口 尸 月 冐 員 員

[意味] [1] ① 수. 사람이나 물건의 수.「人一數」② 사람.「敎一」관원. ③ 둥근. 동그라미. [2] ① 더함. ② 이름〔云〕.

員外〔원외〕インガイ 정원 이외의 인원.

員數〔원수〕インズウ(ズ) 물건·사람의 수효.

【唇】10 口7 | 진 | 놀랄 | [平]眞 | シン くちびる

[筆順] 一 厂 戶 斤 辰 辰 唇

[意味] 놀람.

*【哲】10 口7 | 철 | 밝을 | [入]屑 | テツ あきらか

[筆順] 一 十 扌 扩 折 折 哲

[解字] 形聲. 입을 뜻하는 口와 음을 나타내는 折(절)〔철은 변음〕을 합쳐서 죄를 탓하다·타박하다의 뜻. 지금은 잘 알다의 뜻으로 씀.

[意味] ① 분명함. 밝음.「一學」② 똑똑함.

哲人〔철인〕テツジン ① 철학자. 사상가. ② 도리에 밝고 식견(識見)이 높은 사람.

哲學〔철학〕テツガク 우주·인생의 근본 원리를 연구하는 학문.「一者」

【哨】10 口7 | [1] 소 [2] 초 | 입비뚤 | [平]蕭 [去]效 | ショウ みはり

[筆順] 丨 口 口' 口ᐟ 口ᐟ 哨 哨

[意味] [1] ① 병 아가리가 비뚤어져 물건을 넣기가 어려움. ② 수다스러움. [2] ① 파수를 봄.「一戒」파수병. ② 뾰족함.

哨所〔초소〕ショウショ 보초를 서는 장소.

【唄】10 口7 | 패 | 염불소리 | [去]卦 | バイ うた

[筆順] 丨 口 미 叩 咀 唄 唄

[意味] ① 염불 소리. ② 노래를 부름.

【哺】10 口7 | 포 | 씹어먹을 | [去]遇 | ホ ふくむ·はぐくむ

[筆順] 丨 口 叮 叮 哨 哺 哺

[意味] ① 씹어 먹음. ② 먹임. 기름.

哺乳〔포유〕ホニュウ 젖을 먹임.「一類」

【哮】10 口7 | 효 | 돼지놀란소리 | [平]豪 | コウ ほえる

[筆順] 丨 口 口+ 口± 吵 哮 哮

[意味] ① 돼지가 놀라는 소리. ② 짖음. 호랑이가 우는 소리. ③ 성냄.

哮哮〔효효〕 성난 짐승의 울음 소리.

*【啓】11 口8 | 계 | 열 | [上]薺 | ケイ ひらく·もうす

[筆順] 一 ㄱ 户 户 㪲 㪲 啓

[解字] 形聲. 입을 뜻하는 口와 음을 나타내면서 문을 손으로 열다의 뜻인 攺(계)를 합쳐서 입으로 사람을 깨우치다의 뜻.

[意味] ① 엶. ② 인도함.「一蒙」③ 여쭘. ④ 책상 다리를 함.

啓蒙〔계몽〕ケイモウ 우매한 자를 가르쳐 깨우치고 지식을 넓혀 줌.「一運動」

啓發〔계발〕ケイハツ 슬기와 재능을 널리 향상시켜 줌.

啓示〔계시〕ケイジ ① 가르치어 보임. ② 사람의 지혜로 알지 못하는 신비로운 일을 신이 가르쳐 알게 함. 묵시(默示).

[口部] 8획

【唸】 口8 11 | 념 | 앓는소리할 | 去霰

テン
うなる

筆順 丶 口 口' 叭 吟 唸 唸

意味 ① 앓는 소리를 냄. ② 생각.

【啖】 口8 11 | 담 | 씹을 | 上感

タン
くう

筆順 丶 口 口' 吵 啖 啖 啖

意味 ① 씹음. 먹음. ② 통째로 삼킴.
啖食[담식] タン/ショク 탐식(貪食)함.

*【問】 口8 11 | 문 | 물을 | 去問

モン・ブン
とう

筆順 丨 𠕋 門 門 門 問 問

意味 ① 물음. ↔答 ② 찾음. 「訪―」 ③ 알림. 소식. ④ 부름. ⑤ 선사함.
問答[문답] モン/トウ ① 질문과 대답. ② 한쪽에서 묻고 다른 한쪽에서 대답함.
問責[문책] モン/セキ 일의 잘못을 물어 책임을 추궁함.
問招[문초] 죄상을 신문(訊問)함.

*【商】 口8 11 | 상 | 헤아릴 | 平陽

ショウ
あきなう

筆順 丶 亠 产 产 产 商 商

解字 商 形聲. 사타구니 사이를 뜻하는 冏는 岡과 음을 나타내는 立(신)[辛의 변형]으로 이루어진 글자. 자식을 낳는 구멍이라는 뜻. 후에 외치며 팔다로 바뀌어 쓰이게 됨.

意味 ① 헤아림. ② 장사. ③ 장수. ③ 꾀함. 의논함. 「協―」 ④ 고대 중국의 나라 이름. ⑤ 몫. ↔積
商量[상량] ショウ/リョウ 잘 헤아려 생각함.
商品[상품] ショウ/ヒン 팔고 사는 물건.

【啞】 口8 11 | 1 아 2 액 | 벙어리 | 上馬 入陌

ア・アク
おし

筆順 口 叮 叮 听 唔 啞 啞

意味 1 ① 벙어리. ② 까마귀 우는 소리. ③ 놀라는 소리. 「―然失色」 2 깔깔 웃음.

啞啞[아아] ① 까마귀 등이 우는 소리. ② 더듬거리는 어린이의 말.
啞者[아자] シャ 벙어리.

*【唯】 口8 11 | 1 유 2 수 | 오직 | 平支

ユイ・イ
ただ

筆順 丶 口 口' 咋 咋' 咋 唯

解字 唯 形聲. 입을 뜻하는 口와 음을 나타내는 隹(추)[유・수는 변음]를 합쳐 네 하고 대답하는 소리를 나타냄. 후에 다만의 뜻으로 쓰임.

意味 1 ① 오직. 만. 뿐. =惟 ② 어조사. ③ 네. 대답하는 소리. 「――諾諾」 2 비록. =雖

唯我獨尊[유아독존] ユイガ/ドクソン ①〈佛〉천지간에 내게 따를 사람이 없으니 오직 나 하나뿐이란 뜻. 석가모니가 태어날 때 한 말. 〈傳燈錄〉에 나옴. 「天上天下―」 ② 이 세상에서 나만이 제일이라고 자만함.
唯唯[유유] イイ ① 공손히 대답하는 말. 예예. ② 남의 말을 거스르지 않음. ③ 유순하여 잘 따름.

【商】 口8 11 | 적 | 밑동 | 入錫

テキ・チャク

筆順 丶 亠 产 商 商 商

意味 ① 밑동. 나무뿌리. ② 꼭지.

【啄】 口8 11 | 탁 | 쫄 | 入覺

タク・チュウ
ついばむ

筆順 口 口 叮 咛 啄 啄 啄

意味 ① 쫌. 부리로 쫌. ② 똑똑 두드림.
啄木[탁목] タク/ボク〈動〉딱다구리. 탁목조 (啄木鳥).

*【唱】 口8 11 | 창 | 부를 | 去漾

ショウ
となえる

筆順 口 口' 口日 听 呾 唱 唱

意味 ① 앞장서서 부르짖음. 「提―」 ② 부름. 노래를 부름. 「獨―」 노래.
唱道[창도] ショウ/ドウ ① 먼저 부르기 시작함. 선창(先唱). ② 앞장서서 부르짖음.

【唾】 ₁₁ 口8 | 타 | 침 | 魚筒 | つば
筆順 ロ ロ- ロ⁻ ロチ ロチ 唾 唾
意味 ① 침. ② 침을 뱉음. 「一棄」
唾具(타구) 가래침을 뱉는 그릇.

【喝】 ₁₂ 口9 | 갈 꾸짖을 | ②曷 ②卦
カツ・カチ
しかる

筆順 ロ ロ¹ ロ¹ 吗 吗 喝 喝
意味 ① ① 꾸짖음. 큰소리로 나무람. 「大聲一一」 ② 큰소리로 놀라게 함. 「恐一」 ③ 큰소리를 침. 「一采」 ② 목이 엠.
喝采(갈채) 기뻐서 크게 소리치며 칭찬해 줌. 또는 그 소리.

【喀】 ₁₂ 口9 | 객 | 토할 | 入陌
はく
筆順 ロ ロ¹ ロ⁻ 哕 哕 喀
解字 形聲. 입을 뜻하는 口와, 음을 나타내는 동시에 토하는 소리를 뜻하는 客(객)을 합쳐 토하다의 뜻.
意味 ① 토함. 게움. 「一血」 ② 기침함.
喀痰(객담) 담을 뱉음. 각담(咯痰).

【喬】 ₁₂ 口9 | 교 | 높을 | 平蕭
キョウ
たかい
筆順 一 二 千 禾 呑 呑 喬 喬
意味 ① 높음. 「一木」 ② 창. ③ 교만함.
喬木(교목) ① 키가 큰 나무. ② <植> 크고 곧게 자라서 가지가 퍼진 나무. ↔관목(灌木).

【喫】 ₁₂ 口9 | 끽 | 먹을 | 入錫
キツ
くう・のむ
筆順 ロ ロ⁻ ロ⁺ 哕 哕 哕 喫
意味 ① 먹음. 「滿一」 ② 마심. 「一茶」
喫驚(끽경) 깜짝 놀람. 흘경(吃驚).
喫苦(끽고) 고생을 겪음.

【喃】 ₁₂ 口9 | 남 | 지껄일 | 平咸 | ナン
筆順 ロ ロ⁻ ロ⁺ 呐 呐 喃 喃
意味 ① 지껄이는 소리. 재재거림. ② 비가 지저귐.
喃喃(남남) ① 수다스럽게 말함.「喋喋一」 ② 새가 우는 소리. ③ 글 읽는 소리.

*【單】 ₁₂ 口9 | ①단 ②선 | 홀 | ⑨寒 ②先
タン・セン
ひとえ
筆順 ハ ハ⁻ 罒 晋 罝 單
解字 形聲. 음을 나타내는 동시에 크게 부르짖다의 뜻인 吅(훤)(단은 변음)과 甲(갑)을 합쳐서 큰소리의 뜻. 또는 사냥을 할 때 짐승을 모는 도구라고도 하나 지금은 하나라는 뜻으로 씀.
意味 ① ① 홑. 홑옷. ② 하나. 혼자. 「一騎」 ↔複·雙 ③ 복잡하지 않은. ④ 다함. ⑤ 다만. ② ① 오랑캐 임금. ② 고을 이름. ③ 성(姓)의 하나.
單刀直入(단도직입) ① 요점을 바로 끌어 들어가 감. ② 홀몸으로 칼을 휘두르며 적진에 쳐들어 감.

【喇】 ₁₂ 口9 | ①랄 ②라 | 말재게할 | 入曷 ②麻
ラ・ラツ
筆順 ロ ロ⁻ ロ⁻ 呐 哳 哳 喇
意味 ① 말을 재게 함. ② 나팔.「一叭」
喇嘛敎(라마교) <佛> 티베트 종교인 불교에서 나누어진 것으로 만주·몽고·네팔 등지에 퍼져 있는 불교의 한 파.
喇叭(나팔) 금속으로 만든 끝이 나팔꽃 모양으로 된 관악기의 일종.

*【喪】 ₁₂ 口9 | 상 | 복입을 | 去漾 | ソウ も
筆順 一 十 十 𠮷 喪 喪 喪
意味 ① 복을 입음. 복. ② 망함. 잃음.「一失」 ④ 관(棺).
喪家(상가) ① 사람이 죽은 집. ② 상을 당한 사람의 집. 불행을 당한 집.
喪服(상복) 상제가 되어 있는 동안 입는 의복. 흉복(凶服).
喪失(상실) 잃어버림. ↔획득(獲得).
喪心(상심) 근심 걱정으로 하여 마음이 산란하고 맥이 빠짐. 실심(失心).

*【善】 ₁₂ 口9 | 선 | 착할 | ⑧銑 | ゼン よい

[口部] 9획

筆順 ⺌ 놑 羊 养 盖 善 善

解字 **善** 形聲. 善은 문답을 뜻하는 訟(경)과 음을 나타내는 羊(양)을 합친 글자가 변형된 것으로서 훌륭한 문답이라는 뜻.

意味 ① 착함. ② 좋음. ③ 친함.「親―」「―隣」④ 잘. 훌륭히. ↔惡

善鄰[선린] ゼン 이웃 나라나 또는 이웃과 화친하여 사이 좋게 지냄.
善用[선용] ゼン 적절하게 잘 이용함. ↔악용(惡用) 「精力―」
善行[선행] ゼン 선량한 행실. 도의적으로 남에게 본보기가 될 만한 행동.

【啻】12 口9 │시│뿐│去寘│シ ただ

筆順 亠 亠 产 产 帝 帝 啻

意味 不― ・ 何― ・ 奚― 등 그것뿐만이 아니라는 뜻으로 쓰임. ① 뿐. ② 만.

【喑】12 口9 │①음│소리지를│沁│②암│ │覃│ イン・オン

筆順 丶 口 口ᅩ 口立 口产 唶 唶 喑

意味 ① 소리를 지름. 안간힘을 씀. ② 목이 쉼. 목이 잠김. 목이 멤. ③ 입을 다물. 벙어리.「―啞」 훌쩍거리고 움.
喑啞[음아] ① 벙어리. ② 입을 다물.
喑喑[음음] 말을 못하는 모양.

【喩】12 口9 │유│효유할│去遇│ユ さとす・たとえる

筆順 丶 口 口ᄉ 口ᄉ 吟 吟 喩

意味 ① 효유함. 깨우침. =諭 ② 견줌.「比―」③ 고(告)함, 좋아함.
喩林[유림]〈書〉옛 사람의 유언(喩言)을 모아 그 출처(出處)를 밝힌 책으로, 서 퇴태(徐元太)가 지음. 120권.

【啼】12 口9 │제│울│上齊│テイ なく

筆順 丶 口 口ᅩ 口ᅭ 呸 呸 啼

意味 ① 눈물을 흘리며 소리내어 움. ② 새나 짐승이 움.
啼泣[제읍] テイ 소리를 높여서 움.

啼鳥[제조] テイ 새의 울음 소리.
啼血[제혈] テイ ① 울면서 피를 토함. ② 두견새의 절실한 울음 소리.

【喞】12 口9 │①질│두런│入質││②즉│거릴│入職│ ソク・ショク

筆順 丶 口 吖 吖 呫 咀 喞

意味 ① 두런거림. ② 벌레 같은 것이 작은 소리로 찍찍거림. ② 물을 부음. 무자위(측통(喞筒)).
喞喞[즉즉] ショク ① 음성이 낮고 작은 소리. ② 벌레가 우는 소리. ③ 탄식하는 소리. ④ 새 우는 소리. ⑤ 쥐 소리.
喞筒[즉통] ショク 물과 같은 액체를 낮은 데서 높은 데로 빨아 올리거나 떨어진 곳으로 보내기 위해 장치한 것. 펌프.

【喘】12 口9 │천│헐떡거릴│上銑│ ゼン・セン

筆順 口 ᄆ 吣 吣 吣 喘 喘

意味 ① 헐떡거림. 괴롭게 숨쉼.「―息」② 역기가 나서 못 먹게 함. ③ 코를 곪. ④ 속살거림.
喘息[천식] セン〈醫〉기관지 이상으로 호흡이 곤란하고 기침이 나며 담이 성하는 병.

【喆】12 口9 │철│쌍길│入屑│ テツ あきらか

筆順 ╋ ᆂ ㆍ 吉 吉 㖶 喆

意味 ① 쌍길(雙吉). ② 밝음.

【喋】12 口9 │①첩│재재거릴│入葉││②잡│ │入洽│ チョウ・トウ しゃべる

筆順 口 ᅟᅩ 呷 呷 咁 喋

意味 ① 재재거림. 수다를 떪. 지껄이는 소리. ② 오리나 기러기가 먹을 때 내는 소리.

【啾】12 口9 │추│두런거릴│平尤│ シュウ なく

筆順 口 ᅭ 吖 吡 呒 呒 啾

[口部] 9~10획

意味 ① 욺. ㉠훌쩍거리고 욺. ㉡벌레나 새가 찍찍거림. ② 두런거림. 웅얼웅얼함.

啾啾(추추) ① 벌레나 작은 새들이 우는 소리. ② 말의 울음 소리. ③ 원숭이 소리. ④ 방울 소리.

【喊】¹² 口9│함│고함지를│㊤豏
カン
さけぶ

筆順 ロ 미 吓 咁 喊 喊 喊

解字 形聲. 입을 뜻하는 口와, 음을 나타내며 남김없이라는 뜻의 咸(함)을 합쳐서 모든 사람이 부르짖다의 뜻.

意味 ① 고함을 침. 「一聲」 ② 꾸짖음. ③ 볼멘 소리를 함. ④ 입을 다묾.

喊聲(함성) 여러 사람이 함께 부르짖는 소리.

【喚】¹² 口9│환│부를│㊤翰
カン よぶ

筆順 ロ 吖 吖 呜 唤 喚

意味 ① 부름. ㉠큰소리를 지름. 「一呼」 ㉡불러 가까이 오게 함. 「一問」 ㉢주의를 시킴. 「一起」 ② 새 이름.

喚起(환기) 사라지려는 기억을 불러일으킴.

*【喉】¹² 口9│후│목구멍│㊤尤
コウ のど

筆順 ロ 미 吖 吖 唉 唉 喉

解字 形聲. 입을 뜻하는 口와 음을 나타내는 侯(후)를 합쳐서 목구멍의 뜻.

意味 ① 목구멍. 목. 「咽一」 ② 급소. 요해처.

喉頭(후두) 〈生〉호흡기의 일부분으로 입 부분과 연결되는 기관.

【喙】¹² 口9│①훼│주둥이│㊤隊
②달│　　　│㊦霽
カイ くちばし

筆順 ロ 미 吖 吽 哆 哆 喙

意味 ① ① 주둥이. 부리. ② 숨을 쉼. ③ 괴로움. ④ 성미가 급함. ② ① 부리[물건의]. ② 고달.

*【喜】¹² 口9│희│기쁠│㊤紙
キ よろこぶ

筆順 ー 士 吉 吉 直 喜

解字 會意. 입을 뜻하는 口와 그릇에 음식을 그득 담은 모양을 본뜬 壴(주)를 합쳐서 먹고 마시다의 뜻. 널리 기쁘다의 뜻으로 쓰임.

意味 ① 기쁨. 기뻐함. 즐김. ↔怒·悲·憂 ② 경사(慶事).

喜報(희보) 기쁜 소식. 「―어 줌.
喜捨(희사) 기쁜 마음으로 재물을 베
喜悅(희열) 기뻐하고 즐거워함.

【喧】¹² 口9│훤│지껄일│㊤元
ケン かまびすしい

筆順 ロ 吖 吁 咺 喧 喧

意味 ① 지껄임. 들렘. ② 싸움함.

喧訴(훤소) 떠들썩하게 호소함.
喧嘩(훤화) 지껄여 떠듦.

【嗜】¹³ 口10│기│즐길│㊤寘
シ たしなむ

筆順 ロ 吐 吟 咭 耆 嗜

意味 ① 즐김. 「一好」 ② 욕심을 냄.

嗜好(기호) 즐기고 좋아함.

【嗣】¹³ 口10│사│이을│㊣寘 つぐ

筆順 ㄇ 月 局 扁 訊 詞 嗣

意味 ① 이음. 대를 이음. ② 익힘.

嗣子(사자) 대를 이을 아들.

【嗄】¹³ 口10│①개│목쉴│㊤卦
②사│　　　│㊤禡
サ かれる

筆順 ロ 吖 呃 呃 嗄 嗄

意味 ① 목이 쉼. ② 목소리가 갈라짐.

【嗇】¹³ 口10│색│아낄│㊉職
ショク おしむ

筆順 ー 十 土 卉 呇 啬 嗇

意味 ① 아낌. 인색함. ② 탐냄. ③ 권농. 농부.

*【嗚】 13 口10 | 오 | 탄식할 | [平]虞 |
オ・ウ
ああ
[筆順] … 嗚
[意味] ① 탄식함. 「一呼」 ② 노래를 부르는 소리.
嗚咽〔오열〕オエツ 목이 메어 슬프게 욺.
嗚呼〔오호〕ああ 슬프거나 탄식할 때 내는소리. 감탄의 말.

【嗟】 13 口10 | 차 | 슬플 | [平]麻 |
サ
ああ・なげく
[筆順] … 嗟
[意味] ① 슬픔. 가엾음. 슬퍼하는 소리. 一乎」 ② 탄식함. 「一歎」 ③ 잠깐.
嗟嘆〔차탄〕サタン ① 마음속 깊이 감동함. ② 탄식함. 차탄(嗟歎).

【嗤】 13 口10 | 치 | 웃는모양 | [平]支 |
シ
わらう
[筆順] … 嗤
[意味] ① 웃는 모양. ② 비웃음.
嗤侮〔치모〕シブ 비웃고 업신여김.
嗤笑〔치소〕シショウ 빈정거리며 웃음. 냉소.

【嗅】 13 口10 | 후 | 냄새맡을 | [去]宥 |
キュウ
かぐ
[筆順] … 嗅
[意味] ① 냄새를 맡음. ② 냄새가 남.
嗅覺〔후각〕キュウカク 냄새에 대한 감각으로 코의 말초 신경이 자극되어 일어나는 감각. 곧 냄새를 맡는 감각.

【嘉】 14 口11 | 가 | 아름다울 | [平]麻 |
カ
よい
[筆順] … 嘉
[意味] ① 아름다움. 좋음. ② 기림. 「一納」 ③ 경사스러움. 「一辰」 ④ 맛 좋음. 기뻐함. 즐김.
嘉言〔가언〕カゲン 본받을 만한 좋은 말.
嘉肴〔가효〕カコウ 맛좋은 술안주.

*【嘗】 14 口11 | 상 | 맛볼 | [平]陽 |
ショウ・ジョウ
なめる・こころみる・かって
[筆順] … 嘗
[意味] ① 맛을 봄. 시험함. ② 일찌기. ③ 항상. ④ 가을 제사.
嘗味〔상미〕ショウミ 맛을 보기 위해 조금 먹어 봄.
嘗試〔상시〕ショウシ ① 시험삼아 해 보는 계획(計劃). 계략(計略). ② 시험해 봄.

【嗽】 14 口11 | [1]수 [2]삭 | 기침할 | [去]宥 [入]覺 |
ソウ・ソク
くちすすぐ
[筆順] … 嗽
[意味] [1] ① 기침을 함. ② 양치질. [2] ① 마심. ② 빪.
嗽咳〔수해〕ソウガイ 기침을 하는 해수.

【嗾】 14 口11 | [1]수 [3]주 [2]족 | 개를부리는소리 | [上]有[去]宥 [入]屋 |
ソウ
けしかける
[筆順] … 嗾
[意味] [1] ① 개를 부리는 소리. ② 부추김. 선동함. 「使一」 [2] [3] 뜻은 [1]과 같음.
嗾囑〔주촉〕 남을 꾀어 부추겨서 시킴.

【嘖】 14 口11 | 책 | 크게부르는소리 | [入]陌 |
サク
[筆順] … 嘖
[意味] ① 크게 부르는 소리. 「名聲一一」 ② 말다툼을 함. ③ 시끄러움. ④ 비둘기가 꾹꾹하고 욺.
嘖嘖〔책책〕サクサク ① 큰소리로 시끄럽게 떠드는 소리. ② 새가 우는 소리. ③ 사람마다 칭찬하는 소리가 그치지 않음.

【嘆】 14 口11 | 탄 | 탄식할 | [去]翰 |
タン
なげく
[筆順] … 嘆
[意味] ① 탄식함. 한숨을 쉼. ② 몹시 칭찬함. 「讚一」
嘆聲〔탄성〕タンセイ ① 탄식하는 소리. ② 마음으로부터 감동이 되어 내는 소리.

3획

[口部] 11~13획

【噓】 ¹⁴ 口11 | 허 | 불 | ㊥魚 | うそ キョ
筆順 口 广 咔 咔 噓 噓 噓
意味 ① 불. ② 탄식하는 소리.
噓言[허언] 실속이 없는 빈 말.

【噐】器 (口부 13획)의 약자

【噉】 ¹⁵ 口12 | 담 | 씹을 | ㊥感 | くらう タン
筆順 口 口¹ 叺 吽 啱 啱 噉
意味 ① 씹음. ② 먹음.

【嘯】 ¹⁵ 口12 | 소 | 휘파람 | ㊤嘯 | うそぶく ショウ
筆順 口 口⁷ 吋 咦 嚅 嘯 嘯
意味 ① 휘파람을 붊. ② 노래를 부름. 읊조림. ③ 소리를 길게 내면서 슬프게 옮.
嘯聚[소취] 불러 모음. 소집(嘯集).

【嘲】 ¹⁵ 口12 | 조 | 희롱할 | ㊥肴 | あざける チョウ
筆順 口 口¹ 呚 啦 啈 啣 嘲
意味 희롱함. 비웃음. 「一笑」
嘲弄[조롱] 얕보아 비웃고 놀림.
嘲笑[조소] 조롱하고 비웃음.

【噂】 ¹⁵ 口12 | 준 | 수군거릴 | ㊤阮 | うわさ ソン
筆順 口 口¹ 呿 啐 啃 啃 噂
意味 ① 수군거림. 모여서 이야기함. ② 소문남.
噂噂[준준] 마주 보고 의좋게 이야기 하는 모양.

【噌】 ¹⁵ 口12 | ①쟁 ②증 | 장군들이 응성거릴 | ㊤庚 ㊦蒸 | かまびすしい ソウ
筆順 口 口¹ 呐 呐 啃 噌 噌
意味 ① 장사아치들이 웅성거림. ② ① 공연히 지껄임. ② 떠죽거림.

【嘴】 ¹⁵ 口12 | 취 | 부리 | ㊤紙 | くちばし シ
筆順 口 口¹ 吡 啈 啈 嘴 嘴
意味 ① 부리. ② 끝이 뾰족한 곳.

【嘩】 ¹⁵ 口12 | 화 | 들렐 | ㊥麻 | かまびすしい カ
筆順 口 口¹ 呓 吽 啈 嗤 嘩
意味 ① 들렐. ② 지껄임.

【嚁】囑 (口부 21획)의 속자

【噴】 ¹⁶ 口13 | 분 | 뿜을 | ㊥願 | ふく・はく フン・ホン
筆順 口 口¹ 咕 噌 噌 噴
解字 形聲. 입을 뜻하는 口와 음을 나타내는 賁(분)을 합쳐서 숨을 힘차게 내뿜다의 뜻.
意味 ① 뿜음. 물을 뿜음. 「一水」 ② 재채기를 함. ③ 꾸짖음.
噴出[분출] 내뿜음. 뿜어 냄.
噴火[분화] 불을 내뿜음. 화산이 터져서 용암·수증기·화산회(火山灰)가 분출하는 모양.

【噤】 ¹⁶ 口13 | 금 | 입다물 | ㊤寢 | つぐむ キン
筆順 口 口⁴ 啉 啙 嘺 嘺 噤
意味 입을 다물고 말을 하지 않음.

【噬】 ¹⁶ 口13 | 서 | 씹을 | ㊤霽 | かむ ゼイ
筆順 口 口¹ 吆 嗘 嗞 嗞 噬
意味 ① 씹음. 묾. ② 미침(逮). ③ 근심함.
噬臍[서제] 배꼽을 물려 해도 입이 닿지 않는다는 말처럼 지난 뒤에는 후회해도 소용 없음을 비유함.

【器】 ¹⁶ 口13 | 기 | 그릇 | ㊤寘 | うつわ キ
筆順 口 吅 吅 哭 哭 器 器
意味 ① 그릇. ② 그릇다움. 도량. ③ 중히 여김. 씀. ④ 도구. 「一具」

〔口部〕 13~17획

器具[기구]キグ 연장·세간·그릇 등의 총칭.「―人」
器量[기량]キリョウ 사람의 재능과 역량.

【噪】 16획 口13 조 지저귈 ㊉號
ソウ さわぐ

筆順 口 ロ° ロ゚ロ゚ロ゚ロ゚ロ゚ロ゚ロ゚ロ゚ロ゚ロ゚ロ゚ロ゚ロ゚ロ゚ロ゚ロ゚ロ゚ロ゚ロ゚
意味 ① 뭇새가 지저귐. 지껄임. ② 시끄러움. 떠듦.「喧―」
噪急[조급]ソウキュウ 떠들썩하고 성급한 사람.

*【噫】 16획 口13 ① 희 개 느낄 ㊉支 ② 애 ㊉卦
イ・アイ ああ・おくび

筆順 口 ロ° ロ゚ロ゚ロ゚ロ゚ロ゚ロ゚
意味 ① ① 느낌. ② 한숨쉬는 소리. ② ① 배가 불러서 써근거림. ② 트림을 함.

【嚇】 17획 口14 ① 하 ② 혁 위협할 ㊉禡 ㊉陌
カク いかる・おどす

筆順 口 ロ° ロ゚ロ゚ロ゚ロ゚ロ゚
意味 ① ① 위협함.「威―」② 밝을 샘냄. ③ 웃음. ② ① 골을 냄. =赫「―怒」
嚇怒[혁노]カクド 크게 성냄. 대노(大怒).

【嚆】 17획 口14 효 부르짖을 ㊉肴
コウ さけぶ

筆順 口 ロ° ロ゚ロ゚ロ゚ロ゚ロ゚ロ゚
意味 ① 부르짖음. ② 화살이 날아갈 때 내는 소리.「―矢」
嚆矢[효시]コウシ ① 우는살. 구멍이 있는 살촉의 화살. ② 사물의 맨 처음. 시작. 중국에서 옛날에 개전의 신호로 우는살을 적진에 쏘았다는 고사에서 나온 말.

【嚙】 18획 口15 ① 요 ② 교 씹을 ①巧 ②肴
ギョウ・コウ かむ

筆順 口 ロ° ロ゚ロ゚ロ゚ロ゚ロ゚ロ゚
意味 ① 씹음. =齩 ② 묾. =咬

【嚬】 19획 口16 빈 찡그릴 ㊉眞

ヒン ひそめる

筆順 口 ロ° ロ゚ロ゚ロ゚ロ゚ロ゚ロ゚
意味 찡그림.
嚬蹙[빈축]ヒンシュク 불쾌하여 얼굴을 찡그림.「기쁨과 슬픔」
嚬笑[빈소]ヒンショウ 얼굴을 찡그림과 웃음.

【嚥】 19획 口16 연 침삼킬 ㊉霰
エン のむ

筆順 口 ロ° ロ゚ロ゚ロ゚ロ゚ロ゚ロ゚
意味 ① 침을 삼킴. ② 꿀꺽 참킴.

*【嚮】 19획 口16 향 향할 ㊉漾
キョウ むかう

筆順 ㇉ 乡° 乡゚ 乡゚郷 郷 嚮 嚮
意味 ① 향함. ② 대함. ③ 접때(以前). ④ 누림. ⑤ 섬돌 사이.
嚮導[향도]キョウドウ 길을 안내함. 또는 그 사람. 안내자(案內者).

【嚳】 20획 口17 곡 급히고할 ㊉沃
コク

筆順 「 ㇒ ㇒゚ 𥥛 與 塱 嚳
意味 ① 급히 고함. ② 중국의 전설상의 제왕 이름.

【嚶】 20획 口17 앵 새소리 ㊉庚
オウ なく

筆順 口 ロ° ロ゚ロ゚ロ゚ロ゚嚶
意味 ① 새 소리. ② 방울 소리.

*【嚴】 20획 口17 엄 위엄스러울 ㊉鹽
ゲン・ゴン おごそか・きびしい

筆順 口 ロ° 严゚ 嚴゚ 嚴 嚴 嚴
意味 ① 위엄이 있어 두려움.「莊―」② 엄함. 혹독함.「―罰」↔寬 ③ 공경함. ④ 성(姓)의 하나.
嚴格[엄격]ゲンカク ① 말과 행동이 엄숙하고 정당함. ② 말과 행동이 딱딱함. 엄
嚴禁[엄금]ゲンキン 엄하게 금지함.
嚴多[엄동]ゲンドウ 매우 추운 겨울.
嚴然[엄연]ゲンゼン ① 겉모양이 장엄한 모양. ② 아무리 하여도 움직일 수 없는 모양. 엄연(儼然).

〔口部〕18~21획·〔口部〕0~2획

【囁】 21 / 口18 / 1섭 2접 / 말머뭇거릴 / 金葉 金藥
ショウ
ささやく

筆順 口 吖 吖 啞 囁 囁 囁

意味 ① ① 말을 머뭇거림. ② 중얼거림.
③ 소곤거림. =讘 ② 말이 많음.

【嚼】 21 / 口18 / 작 / 씹을 / 金藥
シャク
かむ

筆順 口 吖 唔 嚼 嚼 嚼

意味 ① 씹음.「咀一」 ② 맛을 봄.

【囃】 21 / 口18 / 잡 / 장단 / 金合
ソウ
はやし

筆順 吖 哎 哞 哚 唎 唎 囃

意味 장단. 높은 소리나 악기로써 춤의
가락을 맞추거나 흥을 돋우는 일.

【囀】 21 / 口18 / 전 / 새지저귈 / 金霰
テン
さえずる

筆順 口 啞 啞 囀 囀 囀 囀

意味 ① 새가 지저귐. ② 소리를 굴림.
③ 후렴.

【囂】 21 / 口18 / 효 / 시끄러울 / 金蕭
ゴウ
かまびすしい

筆順 口 品 品 嚚 嚚 嚚 囂

意味 ① 시끄러움. 지껄임. ② 속셈이 든
든한 모양. ③ 한가함. ④ 땅 이름.

囂然[효연] ゴウ/ゼン 요란한 모양.

囂囂[효효] ゴウ/ゴウ ① 몹시 시끄러운 소리.
② 근심하고 한탄하는 모양.「喧喧一」

【囊】 22 / 口19 / 낭 / 주머니 / 金陽
ノウ
ふくろ

筆順 士 中 束 束 臺 嚢 囊

解字 形聲. 橐[탁][전대]를 줄인 ㅆ과 음
을 나타내는 襄[양][남은 변음]을 줄
인 襄을 합쳐서 주머니의 뜻.

意味 ① 주머니. 자루.「土一」 큰 구멍.
바람 구멍. ② 떼돌씩함.

囊刀[낭도] 주머니칼.

囊中[낭중] ノウ/チュウ 주머니 속.

【囍】 22 / 口19 / 희 / 쌍희 / 薑
筆順 士 吉 吉 喜 喜 囍 囍 囍

意味 쌍희(雙喜).

【囑】 24 / 口21 / 촉 / 부탁할 / 金沃
ショク·ソク·ゾク
たのむ

筆順 口 吖 吖 唔 嘱 嘱 囑

意味 ① 부탁함.「委一」 ② 붙임.「一目」

囑望[촉망] ショク/ボウ 잘 되기를 바라고 기
대함.

囑目[촉목] ショク/モク 주의하여 눈여겨 봄.

口 部

【口】 3 / 口0 / 1위 2국 / 에울 / 金微 金職
イ·コク
かこむ

***【四】** 5 / 口2 / 사 / 넉 / 金寘
よつ

筆順 丨 冂 四 四

解字 三·亖·四 指事. 네 개의 금
을 그은 것이 시
초였음. 三 같은 글자와 혼동을 피하
기 위하여 지금의 모양으로 됨.

意味 ① 넷. ② 사방.「一海同胞」

四分五裂[사분오열] シブン/ゴレツ ① 질서
없이 여러 갈래로 갈라짐. ② 세상이
혼란함. 지리 멸렬(支離滅裂).

四通八達[사통팔달] シツウ/ハッタツ 길이 사방
팔방으로 뚫려 교통이 편리함.

***【囚】** 5 / 口2 / 수 / 가둘 / 金尤
シュウ
とらえる

筆順 丨 冂 囚 囚

解字 會意. 口[위]와 人[사람]을 합쳐서
사람이 잡혀 갇히다의 뜻.

意味 ① 가둠. 갇힘. ② 죄수. ③ 포로.
④ 옥사(獄事).

囚人[수인] シュウ/ジン 죄를 지어 옥(獄)에 갇
힌 사람. 죄인(罪人). 수도(囚徒).

[口部] 3〜7획　　　　　　　　　　　　　　　87

*[因] 口3-6 | 인 | 말미암을 | ㊅眞 | イン・よる

筆順 丨 冂 冂 因 因

意味 ① 말미암음. 까닭. ② 인연. 이음. ③ 의지함. 부탁함. ④ 혜짐.

因果應報[인과응보] 〈佛〉사람의 생각이나 행동의 좋고 나쁨에 따라 반드시 그 응보가 있다는 것. 현대(現代)에는 보통 불행이나 불운(不運)의 경우에 쓰임.

因緣[인연] ① 연분. ② 어느 사물에 관계되는 연줄. ③ 지금 일어나고 있는 것에 대한 이전의 관계.

*[回] 口3-6 | 회 | 돌 | ㊅灰 | カイ・エ・まわす

筆順 丨 冂 冋 回 回

解字 象形. 물의 소용돌이가 빙글빙글 도는 모양을 본뜬 글자.

意味 ① 돎. 돌림.=廻 ② 돌이킴.=廻「挽—」 ③ 사물의 도수(度數).「—數」 ④ 머뭇거림. ⑤ 간사함. ⑥ 어김. 피함. ⑦ 나라 이름.

回顧[회고] ① 돌아다 봄. ② 지난 날을 돌이켜 봄. 회상(回想).

回附[회부] 문서 등을 돌리어 줌. 회송하여 넘김.「지 못함. 사곡(邪曲).

回邪[회사] 요망하고 간사하여 올바르

*[困] 口4-7 | 곤 | 곤할 | ㊅願 | コン・こまる・くるしむ

筆順 丨 冂 冂 闲 闲 困 困

意味 ① 곤함. 노곤함. 지침.「—憊」 ② 가난함.「貧—」 피로움. ③ 심함. 어지러움. ④ 근심함. ⑤ 쾌 이름.

困辱[곤욕] 지나치게 괴로운 모욕.

困窮[곤궁] ① 몹시 곤란함. ② 가난하여 고생함. 빈곤(貧困).

[囮] 口4-7 | 와 | 어리새 | ㊅歌 | カ・おとり

筆順 丨 冂 囗 闪 囮 囮

意味 ① 어리새. ② 화함.

[団] 團(口부11획)의 약자
[囲] 圍(口부9획)의 약자
[図] 圖(口부11획)의 약자

*[固] 口5-8 | 고 | 굳을 | ㊅遇 | コ・かためる

筆順 丨 冂 冂 冋 冋 固 固

解字 形聲. 口(테두리)와 음을 나타내는 古(고)를 합쳐서 테두리를 굳게 지키다의 뜻.

意味 ① 굳힘. 굳음. 단단함. ② 굳이. 우김.「—辭」 ③ 막힘. 고루함.「頑—」 ④ 진실로. 몇몇함. ⑤ 이미.

固守[고수] 굳굳하게 지킴.

固有[고유] ① 본래부터 있음. ② 어떤 물건에만 특별히 있음.

固體[고체] 일정한 형상과 체적(體積)을 가진 물체.

[囹] 口5-8 | 령 | 옥 | ㊅青 | レイ・ひとや

筆順 丨 冂 冂 闪 闪 闪 囹

意味 옥(獄).「—圄」

囹圄[영어] 죄수를 가두는 감옥.

[国] 國(口부 8획)의 속자

[囿] 口6-9 | ①유 | 엔담 | ㊅有 | ユウ・その
　　　　　　② 옥 | ㊅屋

筆順 丨 冂 冂 冋 冋 囿 囿

意味 ① ① 엔담. ② 나라 동산. 짐승을 쫓어 기르는 곳. ③ 고루함. ② 나라 동산.

[圀] 國(口부8획)의 고자

[圄] 口7-10 | 어 | 옥 | ㊤語 | ギョ・ひとや

筆順 丨 冂 冂 冂 冋 圄 圄

意味 ① 옥(獄).「囹—」② 갇힘.

[圃] 口7-10 | 포 | 나물밭 | ㊤麌 | ホ・はたけ

筆順 丨 冂 冂 冋 冋 冋 圃 圃

意味 ① 나물밭. ② 산 이름.

圃場[포장] 농작물을 재배하는 밭.

【家】 口7 | 혼 | 뒷간 | ㉠願
コン・カン・ケン
かわや

筆順 ノ 冂 冋 豕 家 家 家
意味 ① 뒷간. ② 돼지 우리.

＊【國】 口8 | 국 | 나라 | ㉠職
コク
くに

筆順 ノ 冂 同 囗 國 國 國
解字 形聲. 둘러 싸다의 뜻인 囗와 음을 나타내는 或(혹)[국은 변음]을 합쳐서 경계의 안임을 뜻함.
意味 ① 나라.＝邦 ② 고향.
國家[국가] ① 나라. ② 일정한 영토 안에 거주하면서 주권에 의하여 통치되는 인민(人民)의 집단.
國事[국사] 나라 전체에 관련되는 사건. 국정(國政).
國號[국호] 나라 이름. 국명(國名).

【圈】 口8 | 권 | 채그릇 | ㉡銑
ケン

筆順 ノ 冂 月 罘 圈 圈
意味 ① 채그릇.＝棬 ② 한정된 구역 안 우리.「一外」 ③ 비척거림. ④ 나무를 휘어 둥글게 함. 둥근 것으로 표를 함.
圈內[권내] 일정한 테두리 안. 범위의 안. ↔권외(圈外)

【圄】 口8 | 어 | 마부 | ㉡語
ギョ・ゴ

筆順 丨 冂 月 月 囷 囷
意味 ① 마부. ② 말을 기름. 외양간. 마굿간. ③ 변방. ④ 막음. 금함.
圉人[어인] ① 중국 주(周)나라 시대에 말을 기르던 벼슬아치. ② 마부.

＊【圍】 口9 | 위 | 둘릴 | ㉠微
イ
かこむ

筆順 丨 冂 月 月 圉 圉 圍
解字 形聲. 둘러 싸다의 뜻인 囗와 음을 나타내는 韋(위)를 합쳐서 둘러 싸다의 뜻.

意味 ① 둘림. 둘러 쌈. 두름. 에워 쌈. ② 아람. ③ 지킴.
圍繞[위요] ① 결혼 때 가족으로서 신랑이나 신부를 데리고 가는 사람. 상객(上客). ② 둘러 쌈.

＊【園】 口10 | 원 | 동산 | ㉠元
エン・オン
その

筆順 丨 冂 月 周 園 園 園
意味 ① 동산. 능. ② 밭. ③ 절. ④ 사람이 모이는 곳. 노는 터.「學—」
園頭幕[원두막] 참외·수박 등의 밭을 지키기 위하여 지은 막.
園藝[원예] 과수(果樹)·야채(野菜)·화초(花草) 등을 심어 기르는 일.

【圓】 口10 | 원 | 둥글 | ㉠先
エン・オン
まる

筆順 丨 冂 月 月 員 圓
意味 ① 동그라미. 둥글.「—形」↔方 ② 모가 없이 매끄러움.「—滑」돎. ③ 빠진 것이 없음. 온전함.「—滿」가득함.
圓滿[원만] ① 모나지 않고 너그러워 결함이 없음. ② 대인 관계에 있어 서로 사이가 좋음.
圓熟[원숙] ① 사물에 익숙해져서 숙련이 됨. ② 인격이나 지식 등이 원만하고 빈틈이 없음.

＊【團】 口11 | 단 | 둥글 | ㉠寒
ダン

筆順 丨 冂 月 圃 團 團 團
意味 ① 둥글. 둥근 것. ② 모음. 덩이 짐. 모임. 단합함.「集—」③ 군대의 집단체의 이름.「師—」
團體[단체] 같은 목적을 달성하기 위하여 결합한 집단.

＊【圖】 口11 | 도 | 그림 | ㉠虞
ト・ズ
はかる

筆順 丨 冂 囗 圖 圖 圖 圖
意味 ① 그림. 지도(地圖). ② 꾀함. 헤아림.「雄—」③ 다스림. ④ 사리탑. ⑤ 도장. ⑥ 국토.「版—」

[口部] 13획·[土部] 0~4획

圖謀[도모]ㄅㄚ 어떤 할 일에 대하여 여러가지 수단과 방법을 꾀함.
圖表[도표]ㄅㄧㄠˇ 수(數)·양(量)의 비교나 변화에 있어서, 선(線)·면적(面積)·각도(角度) 등으로 표시하는 표.

【圜】 16획 / 囗13 ① 환 ② 원 둘릴 ㉗刪 ㉖先
エン・カン
まるい・めぐる

筆順 冂 冂 円 罒 罒 罒 圜 圜

意味 ① ① 둘림. 둘러 쌈. ② 둥굶. ③ 화폐의 단위. ② ① 옥담[獄城]. ② 제사 터.
圜視[환시]ㄏㄨㄢˊ 둘러싸고 봄.

土 部

*【土】 3획 / 土0 ① 토 ② 두 흙 ㉠囊 ㉡壤 ド·ト つち

筆順 一 十 土

解字 땅의 신(神)을 모시기 위하여 흙을 수북히 쌓은 모양이나 땅속에서 초목의 싹이 나와 있는 모양을 본뜬 글자.

意味 ① ① 흙. 「一壤」. 땅. 「國一」. ② 살. 3 잼[測土深]. ④ 토성(土星). ⑤ 오행의 하나. ② 뿌리.
土窟[토굴]ㄎㄨ 땅속으로 뚫린 굴.
土質[토질]ㄓˊ 흙의 성질. 흙의 성분.
土着[토착]ㄓㄠˊ 대대로 그 땅에 살고 있음. 또는 그 땅에 머물러 사는 일.

[压] 壓 (土부 14획)의 약자

【圭】 6획 / 土3 규 홀 ㉠齊 ケイ·ク

筆順 一 十 土 圭 圭

意味 ① 홀(笏). ② 저울눈 이름. ③ 약을 떠서 닮. ④ 일영표(日影表).
圭角[규각]ㄐㄧㄠˇ ① 옥(玉)의 뾰쪽한 귀퉁이. ② 말과 행동이 모가 져서 남과 잘 어울리지 않음.

*【在】 6획 / 土3 재 있을 ㉠隊 ザイ・サイ ある

筆順 一 ナ ナ 大 左 在 在

意味 ① 있음. 「一宅」「存一」② 찾음. 살핌. ③ 곳.
在室[재실]ㄕˋ ① 방안에 있음. ② 미혼 여성. 「박력 있음. ↔재조(在朝)
在野[재야]ㄧㄝˇ 벼슬하지 않고 민간에
在任[재임]ㄖㄣˋ 임무(任務)를 수행하고 있음. 또는 그동안. 「一期間」

*【地】 6획 / 土3 지 땅 ㉠實 チ·ジ つち

筆順 一 十 土 圵 圳 地

意味 ① 땅. ↔天 ② 곳. 「餘一」③ 밑바탕. 「素一」④ 지위. ⑤ 다만.
地震[지진]ㄓㄣˋ (鑛) 지각(地殼)의 내부에 자연적으로 일어나는 급격한 변화로 땅이 진동하는 현상.

【坎】 7획 / 土4 ① 감 구덩이 ㉡感 カン あな

筆順 一 十 土 圵 圳 圳 坎

意味 ① 구덩이. 웅덩이. ② 괘(卦) 이름. ③ 작은 잔. ④ 힘쓰는 소리. ⑤ 북쪽. ⑥ 때를 만나지 못함.

【坑】 7획 / 土4 갱 구덩이 ㉡庚 コウ あな

筆順 一 十 土 圵 圹 坑

意味 ① 구덩이. 구멍을 메움. 「焚書一儒」② 광석을 파내는 구멍. 「炭一」③ 빠짐. ④ 묻음.
坑口[갱구]ㄎㄡˇ ① 굴의 어귀. ② 갱도(坑道)의 입구. 「의 굴 안.
坑內[갱내]ㄋㄟˋ 구덩이 안. 광산(鑛山)
坑道[갱도]ㄉㄠˋ ① 땅속으로 뚫는 길. ② 광산의 갱내(坑內)의 통로(通路).

*【均】 7획 / 土4 균 평균할 ㉡眞 キン ひとしい

筆順 一 十 土 圵 均 均

意味 ① 같은. 평균함. 같게 함. 「平一」② 균형이 잘 잡힌. 「一整」③ 두루함. ④ 기와를 만드는 틀. ⑤ 악기 이름. ⑥ 싸움하는 옷. ⑦ 대학(大學).
均等[균등]ㄉㄥˇ 고르고 가지런함.
均分[균분]ㄈㄣ 여럿으로 똑같이 가름.
均衡[균형]ㄏㄥˊ 어느 한편으로 치우침이 없이 쭉 고름.

[坊] 土4 | 방 | 동네 | ㉥陽
ホウ・ボウ

筆順 一 十 土' 圹 坊 坊

解字 形聲. 土(흙)와 음을 나타내는 方(방)을 합쳐서 네모꼴로 구획된 땅이라는 뜻. 후에 방(房)의 뜻으로 씀.

意味 ① 동네. 「――曲ані」② 막음(障). ③ 절. 방(房). 「僧―」

坊間[방간] 거리. 시정(市井). 민간(民間). 「잦지 않은 여러 곳.
坊坊曲曲[방방곡곡] 한 군데도 빠지

[坏] 土4 | 배 | 날기와 | ㉥灰
ハイ・ヒ

筆順 一 十 土' 圹 坏 坏

意味 ① 날기와. ② 흙으로 터진 틈을 막음. ③ 집 뒷담. ④ 겹산. ⑤ 신(神) 이름. ⑥ 물건을 담는 그릇 이름.

[坌] 土4 | 분 | 아우를 | ㉥願 フン

筆順 ノ 八 ケ 分 坌 坌

意味 ① 아우름. ② 모임. ③ 티끌.

*[坐] 土4 | 좌 | 앉을 | ㉥箇
ザ
すわる

筆順 ノ 人人 丛 坐 坐

意味 ① 앉음. ② 무릎을 꿇음. ③ 자리. ④ 지킴. ⑤ 죄를 입음. ⑥ 대심(對審)을 함. ⑦ 손발을 움직이지 않음.

坐視[좌시]ッ 전혀 참견하지 않고 가만히 두고 봄.
坐臥[좌와]ッ 앉음과 누움.
坐職[좌직]ッョッ ① 앉은 채 손으로 일하는 공업. ② 앉아서 일하는 직업.

[址] 土4 | 지 | 터 | ㉤紙 あと

筆順 一 十 土' 圹 圤 址

意味 터. 물건이 있던 자리. 「城―」

[坂] 土4 | 판 | 언덕 | ㉤阮
ハン
さか

筆順 一 十 圹 坂 坂

解字 形聲. 土(흙)와 음을 나타내는 反(반)을 합쳐서 비탈진 땅이라는 뜻

意味 언덕.
坂路[판로] 고개. 판로(阪路).

[坰] 土5 | 경 | 들 | ㉤青
ケイ・キョウ

筆順 一 十 圠 坰 坰 坰

意味 ① 들. ② 도시에서 멀리 떨어진 곳.
坰畓[경답] 바닷가에 둑을 쌓고 만든 논.
坰場[경장] 야외의 장소. 활짝 트인

[垈] 土5 | 대 | 집터 | ㉥隊 | 圖

筆順 ノ 亻 亻 代 代 代 垈

意味 집터.
垈田[대전] ① 텃밭. ② 터와 밭.
垈地[대지] 집터.

[坩] 土5 | 감 | 도가니 | ㉥覃
カン
つぼ

筆順 一 十 圠 圵 坩 坩

意味 흙으로 만든 항아리.

*[坤] 土5 | 곤 | 땅 | ㉥元 コン

筆順 一 十 圠 圠 坤 坤

解字 形聲. 土(흙)와 음을 나타내는 동시에 늘리다의 뜻인 申(신)[곤은 변음]을 합쳐서 생물을 생장시키는 땅덩어리라는 뜻.

意味 ① 땅. 「乾―」↔乾 ② 황후. 마누라. ↔乾 ③ 순(順)함. ④ 괘(卦) 이름. ⑤ 서남쪽.
坤卦[곤괘] 팔괘(八卦)의 하나.
坤德[곤덕]ヶ ① 황후(皇后)의 덕. ↔건덕(乾德). ② 부인(婦人)의 덕. ③ 대지가 만물을 생육하는 힘.

[垂] 土5 | 수 | 드리울 | ㉥支
スイ
たれる

筆順 一 二 三 垂 垂 垂

解字 垂 形聲. 土(흙)와 음을 나타내는 垂(수)를 합쳐서 멀리 막 다른 곳이라는 뜻. 드리워지다의 뜻으로 쓰임.

[意味] ① 드리움. ② 보임.「率先一範」③ 끼침. ④ 변방. =陲

垂教〔수교〕スイキョウ 가르쳐 줌 좋은 교훈을 후세에 남김.

垂簾〔수렴〕スイレン ① 발을 늘임. 또는 늘인 발. ② 수렴 청정(垂簾聽政).

【坼】 8 土5 | 탁 | 터질 | [入]陌 | タク さく

[筆順] 一 十 土 圻 坼 坼 坼

[意味] ① 터짐. 찢어짐. 열림. ② 싹이 틈.

坼榜〔탁방〕 ① 과거(科擧)에 급제한 사람의 이름을 내걺. ② 일이 결말 남의 비유.

【坦】 8 土5 | 탄 | 너그러울 | [上]旱 | タン たいら

[筆順] 一 十 土 坦 坦 坦 坦

[意味] ① 평평함.「平一」② 너그러움. ③ 큼.

坦道〔탄도〕 평평하며 넓은 길.

坦坦〔탄탄〕タンタン ① 넓고 평평한 모양. ② 남보다 월등한 점이 없이 평범함.

【坡】 8 土5 | 파 | 언덕 | [平]歌 | ハ・ヒ つつみ

[筆順] 一 十 土 圹 坡 坡 坡

[意味] ① 언덕. ② 소식(蘇軾)의 호〔東坡〕.

【坪】 8 土5 | 평 | 벌 | [平]庚 | ヘイ・ヒョウ つぼ

[筆順] 一 十 土 圹 坪 坪

[解字] 會意. 土〔흙〕와 평평하다의 뜻인 平을 합쳐서 평탄한 땅이라는 뜻.

[意味] ① 넓이의 단위. 사방 6자. ② 벌. 평평함.

坪數〔평수〕つぼスウ 면적을 평(坪)으로 나타낸 수. 1평은 약 3.3 평방미터.

【垓】 9 土6 | 해 | 땅가장자리 | [平]灰 | ガイ・カイ

[筆順] 一 十 土 圹 垓 垓 垓

[意味] ① 땅 가장자리. 지경. 변방. ② 땅 이름. ③ 수. 억(億)의 천(千) 배.

垓心〔해심〕 땅이나 사물의 구별을 짓는 경계의 한가운데.

【垢】 9 土6 | 구 | 때 | [上]有 | コウ・ク あか

[筆順] 一 十 土 圹 垢 垢 垢

[意味] ① 때. 더러움.「無一」먼지. ② 부끄러움.

垢離〔구리〕コリ 신이나 부처에게 발원(發願)할 때 물을 머리에 끼얹어 몸과 마음을 깨끗이 하는 일.

【垣】 9 土6 | 원 | 낮은담 | [平]元 | エン・オン かき

[筆順] 一 十 土 圹 垣 垣 垣

[意味] ① 낮은 담. 울타리. 성벽(城壁). ② 호위함. ③ 별 이름.

垣牆〔원장〕エンショウ 담. 울타리.

【垤】 9 土6 | 질 | 개미둑 | [入]屑 | テツ ありづか

[筆順] 一 十 土 圹 垤 垤 垤

[意味] ① 개미둑. ② 언덕.

【型】 9 土6 | 형 | 거푸집 | [平]靑 | ケイ・ギョウ かた

[筆順] 一 二 开 刑 型 型 型

[解字] 形聲. 土〔흙〕와 음을 나타내는 刑(형)을 합쳐서 흙으로 만든 거푸집의 뜻. 틀이라는 뜻으로 씀.

[意味] ① 거푸집. 골. 본.「模一」② 본뜸. ③ 모양. ④ 일정한 도리. 본보기.

型紙〔형지〕かたがみ ① 본보기로 오려 만든 종이. ② 양재·수예·염색 등의 본을 떠서 만든 종이.

【城】 城(土부 7획)의 약자

【埒】 10 土7 | 날 | 같을 | [入]屑 | ラツ・ラチ・レツ

[筆順] 一 十 土 圹 埒 埒 埒

[意味] ① 같음. ② 낮은 담. 길둑. 길을 돋움. 곳집 담〔庫垣〕. ③ 갈피.

[埋] 10획 土7 | 매 | 묻을 | ㉻佳
バイ・マイ
うめる

筆順 - 十 扌 扣 坦 坦 埋

意味 ① 묻음, 묻힘. ② 감춤.

埋設[매설] 전선·지뢰·수도관 같은 것을 땅속에 파묻음.「—음」

埋葬[매장] 죽은 사람을 땅속에 묻음.

[城] 10획 土7 | 성 | 재 | ㉻庚
ジョウ・セイ
しろ

筆順 圠 圠 圠 圻 城 城 城

意味 ① 재. 외적의 침입을 막기 위하여 둘러 싼 담. 요새. 성채.「—塞」② 도읍.

城郭[성곽] ① 성(城). ② 내성(內城)과 외성(外城).

城內[성내] 성의 안. ↔성외(城外)

[埃] 10획 土7 | 애 | 티끌 | ㉻灰
アイ
ほこり

筆順 一 十 圠 圠 圠 埃 埃

意味 ① 티끌. 먼지.「塵—」② 나라 이름「埃及=이집트」③ 작은 단위의 수 이름.

埃及[애급] 아프리카 동북부에 있는 나라 이름. 지금의 통일 아랍 공화국을 말함. 이집트.

[堅] 11획 土8 | 견 | 굳을 | ㉻先
ケン
かたい

筆順 丆 ㄣ ㄣ 臣 臤 堅

意味 ① 단단함. 굳음. 굳셈. 강함.「—實」② 굳건히.「—持」③ 중견(中堅). ④ 갑옷.

堅持[견지] 굳게 지켜 움직이지 않음. 계속 보지(保持)함.

[堀] 11획 土8 | 굴 | 팔 | ㉻月
クツ・コツ
ほり・ほる

筆順 扌 圹 圹 圻 堀 堀

意味 ① 팜. 굴. ② 굴뚝.

堀江[굴강] 봇물이 흘러 나가도록 판 긴 내. 굴천(堀川). 해자(垓子).

[基] 11획 土8 | 기 | 터 | ㉻支
キ
もとい・もとづく

筆順 一 ㄣ 甘 其 其 基 基

意味 ① 터. 토대.「—礎」근본.「—本」밑절미. ② 처음. 비롯함.「—調」③ 베풂. ④ 호미. ⑤ 업(業). ⑥〈化〉기.「鹽—」⑦ 웅거함. ⑧ 풍류 이름.

基幹[기간] 근본이 되는 줄거리. 근본이 되는 줄기.

基礎[기초] ① 건물의 토대(土臺).「—工事」② 사물의 밑바탕. ③ 주춧돌.

[埼] 11획 土8 | 기 | 낭떠러지 | ㉻支
キ
さき

筆順 一 十 圠 圠 圩 培 埼

意味 ① 언덕머리, 갑. =崎 ② 낭떠러지.

[堂] 11획 土8 | 당 | 집 | ㉻陽
トウ・ドウ

筆順 ⺌ ⺍ 告 告 学 堂 堂

意味 ① 집. 큰 건물.「講—」② 원기가 왕성하고 떳떳함. 번듯함.「——」③ 남의 어머니에 대한 경칭.「母—」④ 가까운 친척. ⑤ 영감(令監).

堂堂[당당] ① 형세가 대단한 모양. ② 위엄 있고 훌륭한 모양. ③ 공명정대한 모양. ④ 씩씩한 모양.

堂叔[당숙] 종숙(從叔)을 친근하게 일컫는 말.

[培] 11획 土8 | ①배 ②부 | 북돋울 | ㉻灰㉻有
バイ・ハイ・ホウ
つちかう

筆順 一 十 圠 圠 垃 培 培

意味 ① 북돋움, 배양함. ② 더함. ② 작은 언덕.

培養[배양] ① 초목(草木)을 북돋아 기름. ② 〈生〉 적당한 영양분을 주어 인공적으로 미생물을 기르는 일. ③ 인재(人材)를 기름.

〔土部〕 8~9획

【埠】 ¹¹ 土8 | 부 | 부두 | 㘴週 | フ

筆順 一 十 圠 圹 坤 堷 埠

意味 배를 대는 곳.「一頭」선창.

埠頭[부두] 배를 대기 위하여 항만(港灣)에 있는 육안(陸岸)의 일부를 바다 가운데로 연장하여 물위까지 돌을 쌓아 만든 방축.

【埴】 ¹¹ 土8 | 치 | 찰흙 | ㋐職 | ショク はに

筆順 一 十 圠 圴 坩 埴 埴

意味 ① 찰흙. ② 질그릇장이. ③ 더듬어 걸음.

埴土[치토] 50퍼센트 이상의 점토질(粘土質)을 포함한 흙. 찰흙. 점토.

【堊】 ¹¹ 土8 | 악 | 흰흙 | ㋐藥 | ア・アク・オ

意味 ① 흰흙. ② 색흙. ③ 회를 벽에 바름. ④ 여막[상제(喪制)가 거처하는 초가].

*【域】 ¹¹ 土8 | 역 | 지경 | ㋐職 | ヨク・イキ

筆順 一 十 圠 圴 域 域 域

意味 ① 경계 안의 땅.「領一」② 갈피. ③ 나라.「異一」

域內[역내] ① 일정한 구역의 안. ② 범위 안. ③ 국내. ↔역외(域外)

*【執】 ¹¹ 土8 | 집 | 잡을 | ㋐緝 | シツ・シュ・シュウ とる

筆順 一 ㅗ ㅛ 幸 刲 軏 執 執

意味 잡음. ㉠쥠.「一筆」㉡다룸.「一務」㉢제자리를 뜨지 않음.「固一」

執念[집념] ① 집착하여 떨어버릴 수 없는 생각. ② 마음에 새긴 생각을 고집함.

執務[집무] 사무를 봄. 일을 함.

【堆】 ¹¹ 土8 | 퇴 | 쌓을 | ㋐灰 | ツイ・タイ うずたかい

筆順 一 十 圠 圵 圤 垝 堆

意味 ① 흙이 쌓여서 언덕 모양을 이룸.「一積」작은 언덕. ② 놓음.

堆肥[퇴비] 풀・나뭇 가지・폐물(廢物) 같은 것을 쌓아 올려서 썩힌 거름.

【堪】 ¹² 土9 | 감 | 견딜 | ㋐覃 | タン・カン たえる

筆順 一 十 圠 圤 垍 堪 堪 堪

解字 形聲. 土(흙)와 음을 나타내는 甚(심)[깊은 변음]을 합쳐서 높이 쌓인 흙이라는 뜻. 널리 오로지・참다・견디다의 뜻으로 씀.

意味 ① 참음. 이겨 냄.「一忍」② …할 힘이 있음.「一能」③ 맡음. ④ 하늘.

堪能[감능] ① 일을 감당할 만한 능력. ② 일에 능란(能爛)함.

【堺】 界(田부 4획)와 같음.

【堵】 ¹² 土9 | 도 | 담 | ㋐虞 | ト かき

筆順 一 十 圠 圤 垍 堵 堵 堵

意味 ① 담. ② 저것. ③ 편안히 삶. ④ 쌓인 모양. ⑤ 막음.

堵牆[도장] 담. 울타리.

【堡】 ¹² 土9 | 보 | 방축 | ㋐皓 | ホウ・ホ とりで

筆順 ノ 亻 伇 俘 保 保 堡

意味 ① 방축. 둑. ② 작은 성.「一壘」

堡壘[보루] 적을 막기 위하여 흙이나 돌로 튼튼히 쌓은 진지(陣地).

【報】 ¹² 土9 | ①보 ②부 | 대답할 | ㋐號 ㋐週 | ホウ むくいる・しらせる

筆順 一 十 幸 幸 刲 幸 郣 報

解字 報 形聲. 幸[죄인]과 음을 나타내는 艮(복)[보・부는 변음]을 합쳐서 죄인을 꿇게 하다의 뜻.

意味 ① ① 대답함. 보답함. 갚음.「一讐」② 알림.「一道」「電一」② 빠름.

報恩[보은] 은혜를 갚음. ↔망은(忘恩)・배은(背恩)
報奬[보장] 좋은 행위에 대해 돈이나 물품을 주며 장려하는 것.「一金」

【堰】 土9 12획 | 언 | 막이 | 㦡 | エン・せき

筆順 一 土 圹 垆 堰 堰 堰

意味 ① 언막이. ② 방축.

堰堤[언제] 홍수를 막기 위하여 흙・돌・콘크리트 등으로 쌓아 만든 둑.

【堯】 土9 12획 | 요 | 높을 | 㦡蕭 | ギョウ・たかい

筆順 一 十 土 坴 垚 垚 堯

意味 ① 높음. ② 고대 중국의 임금 이름.

堯桀[요걸] 성천자(聖天子)인 요(堯)와 폭군인 걸(桀) 전(轉)하여 성군과 폭군.

【堙】 土9 12획 | 인 | 막을 | 㦡眞 | イン

筆順 一 土 圹 垔 垔 堙

意味 ① 막음. ② 멸망함. 없어짐.=湮「一滅」

堙滅[인멸] 묻히어 없어짐.

【場】 土9 12획 | 장 | 마당 | 㦡陽 | チョウ・ジョウ・ば

筆順 一 土 圹 圹 坍 場 場

意味 ① 마당. 장소. ② 밭. ③ 때.

場內[장내] 어떠한 장소의 안. ↔장외(場外).「一整理」「一內」
場裏[장리] 그 장소의 안. 장내(場內)

【堤】 土9 12획 | 제 | 막을 | 㦡齊 | テイ・タイ・つつみ

筆順 一 土 圹 坦 垾 垾 堤

意味 ① 막음. ② 둑. 방축.=隄 ③ 우랑.

堤防[제방] 수해(水害)를 막기 위하여 내나 바다의 언덕에 흙과 돌을 쌓아 만든 것. 둑. 방축.

【塙】 土10 13획 | 각 / 고 | 단단할 | 㦡覺 / 㦡肴 | カク・コウ・かたい

筆順 一 土 圹 垆 塙 塙 塙

意味 ① 단단함. ② 높음. ③ 돌이 많은 땅.

【塊】 土10 13획 | 괴 | 흙덩어리 | 㦡泰 | カイ・かたまり

筆順 一 土 圹 坤 坤 塊 塊

意味 ① 흙덩어리. ② 땅덩어리. 대지(大地)

塊莖[괴경] 〈植〉괴상(塊狀)으로 된 지하경(地下莖). 감자 등.
塊狀[괴상] 덩어리로 된 모양. 덩어리로 된 상태(狀態). 괴형(塊形).

【塘】 土10 13획 | 당 | 못 | 㦡陽 | トウ・つつみ

筆順 一 土 圹 圹 圹 塘 塘

意味 ① 연못.「池一」② 방축.

塘池[당지] 둑을 쌓아서 물이 괴게 한 못. 용수지(用水池).

【塗】 土10 13획 | 도 | 진흙 | 㦡虞 | ト・ぬる

筆順 冫 氵 氵 涂 涂 塗 塗

解字 形聲. 土(흙)와 음을 나타내는 涂(도)를 합쳐서 진흙・진흙을 바르다의 뜻. 후에 길(途)이라는 뜻으로도 쓰임.

意味 ① 진흙. 진흙탕. ② 곤궁함.「炭」 ③ 젖어서 더러워짐. ④ 길.

塗料[도료] 물체의 표면에 칠하여 그것을 외관상 아름답게 하거나 보호하기 위한 재료. 페인트나 와니스 같은 것.「夜光一」「나지 않게 함.
塗抹[도말] ① 바름. ② 칠하여 드러

【塞】 土10 13획 | 새 / 색 | 변방 / 막을 | 㦡隊 / 㦡職 | ソク・サイ・ふさぐ・とりで

筆順 宀 宂 宲 寔 寒 塞 塞

意味 ① ① 변방. 성채.=砦・寨 ② 주사위. ② ① 막음. 막힘. ② 닫음.

〔土部〕 10〜11획

塞翁之馬[새옹지마]^{サイオウノウマ} 모든 것이 전전(轉轉)하여 무상(無常)하니 인생의 길흉(吉凶)·화복(禍福)이란 예측할 수 없음을 뜻함.

[塑] 土10 13 | 소 | 곡둑각시 | ⑧週 | ソ

筆順 ⺍ 屵 屵 朔 朔 塑

意味 ① 곡둑각시. ② 흙으로 만든 인형이나 신불상(神佛像). 토세공(土細工).「一像」「一造」

塑工[소공] 찰흙 등을 이긴 것을 재료로 하여 물건을 만드는 사람.

[塒] 土10 13 | 시 | 닭의홰 | ⑧支
シ・ジ
ねぐら

筆順 一 土 圫 坍 坍 堓 塒 塒

意味 ① 닭의 홰. 새의 보금자리. ② 높은 무덤.

[塋] 土10 13 | 영 | 산소 | ⑧庚 | エイ
はか

筆順 火 炏 炏 炏 炏 塋 塋

意味 산소. 무덤.

塋域[영역]^{エイイキ} 산소. 무덤. 묘지(墓地).

[塡] 土10 •13 | [1] 진 | 오램 | ⑧眞
         [2] 전 | 메울 | ⑧先
テン
うずめる

筆順 一 土 圩 垍 垍 塡 塡

意味 [1] ① 오램. ② 편함. [2] ① 묻음[埋]. 묻어서 막음.「充一」② 북소리.

塡補[전보]^{テンポ} ① 부족함을 메워서 보충시킴. ② 적어 넣음.

塡充[전충]^{テンジュウ} 빈 곳을 채워서 메움.

*[塔] 土10 13 | 탑 | 탑 | ⑧合 | トウ

筆順 一 土 圹 圹 塔 塔 塔

意味 탑. 부처의 사리(舍利)를 넣어 두는 높은 건물.

塔頭[탑두]^{タッチュウ・トウトウ} 〈佛〉① 큰 절의 경내(境內)에 있는 작은 절. ② 선조(先祖)나 고승(高僧)이 죽은 후, 그 덕(德)을 추모(追慕)하기 위하여 탑 곁에 세운 암자(庵子). ③ 탑의 꼭대기.

[塚] 冢 (⼍부 8획)의 속자.

[塩] 鹽 (鹵부 13획)의 약자.

*[境] 土11 14 | 경 | 지경 | ⑧梗
ケイ・キョウ
さかい

筆順 一 土 圵 垆 垮 境 境 境

解字 形聲. 土(흙)와 음을 나타내는 竟(경)을 합쳐서 땅의 경계라는 뜻.

意味 ① 지경. 갈피. ② 한정. ③ 곳.「仙一」④ 상황(狀況).「逆一」

境遇[경우]^{キョウグウ} 사회 안에서 사는 사람들에게 부딪치는 형편이나 사정.

境地[경지]^{キョウチ} ① 경계가 되는 땅. ② 한 곳의 풍치(風致). ③ 환경과 처지.

*[墓] 土11 14 | 묘 | 무덤 | ⑧遇 | ボ
はか

筆順 ⺍ 艹 莒 草 莫 莫 墓

解字 形聲. 土(흙)와 음을 나타내는 莫(막·모)을 합쳐서 죽은 사람을 흙으로 덮은 곳이라는 뜻.

意味 무덤. 산소.

墓所[묘소]^{ボショ・はかどころ} 묘가 있는 곳. 묘지(墓地). 산소(山所).

墓前[묘전]^{ボゼン} 무덤 앞.「墓所」

墓地[묘지]^{ボチ} 무덤이 있는 장소. 묘소.

[墅] 土11 14 | [1] 서 | 농막 | ⑧語
         [2] 야 | | ⑧馬
ショ・ヤ

筆順 ⺌ 口 甲 里 里 野 野 墅

意味 [1] ① 농막. ② 별장. 별관. [2] 교외.

[塾] 土11 14 | 숙 | 사랑방 | ⑧屋
ジュク

筆順 ⺍ 亨 孰 孰 孰 塾

意味 ① 사랑방. ② 글방. 청소년을 모아 학문이나 기예를 가르치는 사설 학교. ③ 기숙사.

塾堂[숙당] 학업을 닦는 집. 숙사(塾舍).

塾師[숙사]^{ジュクシ} 사숙(私塾)의 스승.

塾生[숙생]^{ジュクセイ} 글방의 학생.

【塾】 14 土11 | 점 | 빠질 | ㊧塾 | テン

筆順 土 去 孝 孰 執 執 塾

意味 ① 빠짐. 젖음. ② 늘림.
塾溺[점닉]ᵀᵉⁿᴅᵉᴋⁱ 빠짐. 물에 빠짐.
塾没[점몰]ᵀᵉⁿᴮᴏᵗˢᵘ 빠져 가라앉음.

【塵】 14 土11 | 진 | 티끌 | ㊧頁 | ジン ちり

筆順 亠 广 声 严 庐 鹿 塵

意味 ① 티끌. 먼지. ② 속세. ③ 자취. 「戰一」 ④ 수의 이름.
塵芥[진개]ᴶⁱⁿᴬᵘᵃᵗᵃ 티끌과 쓰레기.
塵烟[진연]ᴶⁱⁿᴱⁿ 뽀얗게 일어나는 먼지.

【塹】 14 土11 | 참 | 구덩이 | ㊧豔 | ザン

筆順 亓 車 車 斬 斬 塹

意味 ① 구덩이. ② 도랑. 해자(성을 두른 못).
塹壕[참호]ᶻᵃⁿᴳᴏ 전장(戰場)에서 적의 포탄을 피하고 몸을 보호하기 위하여 파 놓은 구덩이. 호참(壕塹). 호(壕).

【增】 增(土부 12획)의 약자

【墨】 墨(차항)의 약자

*【墨】 15 土12 | 묵 | 그을음 | ㊂職 | ボク・モク すみ

筆順 冂 冂 甲 里 黑 黑 墨

解字 會意. 土(흙)와 아궁이의 그을음을 뜻하는 黑을 합쳐서 그을음을 흙에 섞어 반죽하여 만든 것, 즉 먹이라는 뜻.

意味 ① 그을음. ② 먹. 먹줄. ③ 서화 (書畫). 필적(筆跡). ④ 문신(文身). ⑤ 중국 전국 시대의 사상가 이름.
墨家[묵가]ᴮᵒᵏᵘᴷᵃ 중국의 춘추 전국 시대(春秋戰國時代)의 제자 백가(諸子百家) 중의 한 학파로서 묵 적(墨翟)이 내세 운 겸애설(兼愛說)을 신봉(信奉)하는 학파. 또는 그 사람. 「람: 文人一」
墨客[묵객]ᴮᵒᵏᵘᴷᵃᵏᵘ 글씨나 그림을 쓰는 사람.
墨吏[묵리]ᴮᵒᵏᵘᴿⁱ 탐욕하는 관리(官吏).
墨寶[묵보]ᴮᵒᵏᵘᴴᵒ ① 보배가 될 만한 좋은 글씨. ② 남의 글씨의 높임말.

*【墳】 15 土12 | 분 | 봉분 | ㊨文 | フン はか

筆順 土 圹 圹 埼 墳 墳

解字 形聲. 土(흙)와 음을 나타내는 賁(분)을 합쳐서 흙을 수북하게 덮은 무덤이라는 뜻.

意味 무덤. 봉분(封墳). 「一墓」
墳墓[분묘]ᶠᵘⁿᴮᵒ 무덤.

*【增】 15 土12 | ① 증 | ② 층 | 불을 | ㊧蒸 ㊧徑 | ゾウ ます

筆順 土 圹 圹 圹 増 増 增

意味 ① ① 불음. 늘림. 더함. ↔減. 더욱. ② 겹침.
增大[증대]ᶻᵒᵘᴰᵃⁱ 더함. 더하여 크게 함.
增發[증발]ᶻᵒᵘᴴᵃᵗˢᵘ ① 탈것의 발차(發車) 회수를 늘림. ② 화폐·증권(證券) 등의 발행을 늘림.
增稅[증세]ᶻᵒᵘᶻᵉⁱ 세금을 더 늘리거나 세율(稅率)을 높임. ↔감세(減稅)

【墜】 15 土12 | 추 | 떨어질 | ㊧寘 | ツイ おちる

筆順 阝 阝 阼 阼 隊 隊 墜

解字 會意. 土(흙)와 떨어지다의 뜻인 隊를 합쳐서 흙이 무너지다의 뜻을 나타 냄. 널리 떨어지다의 뜻으로 쓰임.

意味 ① 떨어짐. 떨어뜨림. 「一落」 ② 잃음. 「失一」
墜穽[추정]ᵀˢᵘⁱˢᵉⁱ 함정에 빠짐.
墜下[추하]ᵀˢᵘⁱᴷᵃ 추락. 낙하(落下).

*【墮】 15 土12 | ① 타 | ② 휴 | 떨어질 | ㊤哿 ㊧支 | ダ おちる

筆順 阝 阝 阼 阼 隋 隋 墮

意味 ① ① 떨어짐. 「一落」 ② 게으름. 「怠一」 ② 무너짐. 무너뜨림.
墮落[타락]ᴅᵃᴿᵃᵏᵘ ① 위에서 아래로 떨어 짐. ② 품행이 좋지 못하게 됨. ③〈佛〉 불도(佛道)를 잃고 마음이 흔들려 악 한 곳에 빠짐.
墮弱[타약]ᴅᵃᴶᵃᵏᵘ 기력이 약해짐.

[土部] 12~15획　　　　　　　　　　　　　　　　97

【墟】 15 土:12 | 허 | 큰언덕 | 匡魚 | キョ·コ あと

筆順 土 圹 圹 圩 塘 墟 墟

意味 ① 큰 언덕. ② 터. 흔적. 「廢一」 ③ 시장(市場).

【墾】 16 土:13 | 간 | 밭갈 | 囯阮 | コン ひらく

筆順 ″″ ⺜ ⺜ ⺜ 豸 豸 貇 墾

解字 形聲. 土(흙)와 음을 나타내는 貇(간)을 합쳐서 힘써 황무지를 개간하다의 뜻.

意味 ① 밭을 갊. 개간(開墾)함. ② 따비 이름.

墾田[간전]ᄀᆫᄃᆞᆫ 밭을 개간(開墾)함. 또는 그 밭. 「―을 이름.

墾荒[간황]ᄀᆫᄒᆞᆼ 거친 땅을 가꾸어서 밭

*【壇】 16 土:13 | 단 | 제지내는터 | 匡寒 | ダン

筆順 土 圹 圹 圹 坤 壇 壇 壇

解字 形聲. 土(흙)와 음을 나타내는 亶(단)을 합쳐서 흙을 쌓아 지면보다 한 층 높게 한 곳이라는 뜻.

意味 ① 제사를 지내는 터. ② 단. 한층 높게 한 곳. 「演一」 ③ 선경(仙境).

壇所[단소] 제단(祭壇)이 있는 곳.

壇場[단장]ᄃᆞᆫᄌᆞᆼ ① 제사 지내기 위해서 만든 단. ② 특수한 행사를 하기 위한 곳.

*【壁】 16 土:13 | 벽 | 바람벽 | 囚錫 | ヘキ かべ

筆順 ｀ 尸 居 居 辟 辟 壁

意味 ① 바람벽. 외적의 침입을 막기 위하여 쌓은 담.「城一」 ② 깎아 세운 듯한 낭떠러지. 벼랑.「絶―」

壁面[벽면]ᄇᆞᆨᄆᆞᆫ 벽의 표면.

壁報[벽보]ᄇᆞᆨᄇᆞ 종이에 써서 벽에 붙여서 여러 사람에게 알림. 벽 신문. 같은 것.　　　　　　「그 글.

壁書[벽서]ᄇᆞᆨᄉᆞ 벽에다 글을 씀. 또는

【壞】壞 (土부 16획)의 약자
【壤】壤 (土부 17획)의 약자

【塻】 16 土:13 | ①오 ②욱 | 네모퉁이 | 囪號 囚屋 | オウ きし

筆順 土 土' 圹 圹 垌 垌 塻

意味 ① ① 네 모퉁이. ② 물가. ③ 언덕. 물. ② 뜻은 ①과 같음.

【壓】 17 土:14 | 압 | 누를 | 囚洽 | アツ おさえる

筆順 厂 厂 厭 厭 厭 壓

解字 形聲. 土(흙)와, 음을 나타내며 누르다의 뜻을 가진 厭(염)(압은 변음)을 합쳐서 흙으로 눌러 막다의 뜻. 널리 누르다의 뜻으로 씀.

意味 ① 누름. 밀.「一縮」「一制」 ② 가해지는 힘.「氣一」

壓倒[압도]ᄋᆞᆸᄃᆞ ① 상대방을 크게 눌러 이김. ② 남보다 뛰어남.

壓力[압력]ᄋᆞᆸᄅᆡᆨ ① 두 물체의 접촉면이 서로 수직으로 미는 힘. ② 권세로 누르는 힘.

壓縮[압축]ᄋᆞᆸᄎᆞᆨ ① 눌러서 작게 함. 압착(壓搾). ② 어떤 물질을 강하게 눌러 밀도(密度)를 크게 하고 용적(容積)을 작게 하는 것. 「―空氣」

【壕】 17 土:14 | 호 | 해자 | 匡豪 | ゴウ ほり

筆順 土 圹 圹 堎 塝 壕

意味 ① 해자(垓字). ② 구덩이.

【壘】 18 土:15 | ①루 ②뢰 | 진 | 囯紙 囯賄 | ルイ

筆順 ｀ ｜ 四 田 畾 畾 壘

解字 形聲. 土(흙)와 음을 나타내는 畾(루·뢰)를 합쳐서 흙을 쌓아 만든 작은 성의 뜻.

意味 ① ① 성밖의 작은 요새. 진.「堡一」 ② ① 쌓음. 겹침. ② 끌밋함. 씩씩함. 건장함.

壘壘[누루]ᄂᆞᄅᆞ ① 여럿을 합함. ② 무덤 등이 죽 계속되는 모양.

[土部] 16~17획·[士部] 0~4획

壘壁[누벽] 조그만 성. 보루(堡壘).

*[壞] $^{19}_{土16}$ | ① 괴 | 무너뜨릴 | 姦卦
② 회 | | 姦卦
カイ・エ
こわす

筆順 土 圹 圹 圹 壥 壞 壞

意味 ① 부숨. 무너뜨림. 「破—」 무너짐. 깨어짐. 「—滅」

壞滅[괴멸] 무너져 멸망함.

壞屋[괴옥] 허물어진 집이나 건물.

[罎] $^{19}_{土16}$ | 담 | 술병 | 俗覃 |
タン・ドン

筆順 土 圹 圩 圩 壜 壜 壜

意味 ① 술병. ② 목이 긴 항아리.

[壟] $^{19}_{土16}$ | 롱 | 무덤 | 俗壠 |
リョウ・ロウ

筆順 产 音 育 育 龍 龍 壟

意味 ① 무덤. ② 밭이랑. 밭두둑. ③ 언덕.

壟斷[농단] ① 가파르고 높은 곳. ② 옛날에 어떤 사람이 시장의 높은 곳에 올라 서서 살펴 본 다음 싼 것을 사서 비싼 값으로 팔았다는 고사(故事)에서 이익을 독점함을 일컫는 말.

[壤] $^{20}_{土17}$ | 양 | 부드러운흙 | 俗養 |
ジョウ
つち

筆順 圹 圹 圹 壇 壤 壤

解字 形聲. 土(흙)와 음을 나타내는 襄(양)을 합쳐서 부드럽고 기름진 흙이라는 뜻.

意味 ① 흙. 농사에 알맞은 흙. 「土—」
② 땅덩이. 대지(大地). 「天—無窮」

壤土[양토] ① 땅. ② 농작물을 가꾸기에 알맞은 토지.

```
  士 部
```

*[士] $^{3}_{土0}$ | 사 | 선비 | 俗紙 |
シ
さむらい

筆順 一 十 士

解字 象形. 땅 위에 나무막대를 박아 세운 모양을 본떠 만듦. 제구실을 하는 남자라는 뜻. 부수로는 사나이에 관한 뜻을 나타냄.

意味 ① 선비. ② 벼리. ③ 병정. 무사. 장교. ④ 훌륭한 사람. ⑤ 사나이. ↔女 ⑥ 칭호·직업 이름에 붙이는 말. 「博—」 「辯護—」

士道[사도] 선비로서 지켜야 할 도리.

士林[사림] 선비들의 세계. 선비의 무리.

士民[사민] ① 선비와 백성. ② 도덕과 육예(六藝)를 배우는 사람.

*[壬] $^{4}_{土1}$ | 임 | 아홉째천간 | 俗侵 |
ジン・ニン
みずのえ

筆順 一 二 千 壬

意味 아홉째 천간(天干). ㉠방향으로는 북(北). ㉡오행으로는 물(水).

壬方[임방] 정북에서 서쪽으로 15도째의 방위를 중심으로 한 15도의 각도 안쪽. 「이 일(壬)으로 된 날」

壬日[임일] 일진(日辰)의 천간(天干)

[壯] 壯 (土부 4획)의 속자

[壯] $^{7}_{土4}$ | 장 | 씩씩할 | 俗漾 |
ソウ・ショウ
さかん

筆順 丨 丬 爿 爿 壯 壯

解字 形聲. 土(사나이)와 음을 나타내는 爿(장)을 합쳐서 원기 왕성한 사나이라는 뜻. 널리 한창이라는 뜻으로 쓰임.

意味 ① 한창. ㉠기력이 좋음. ㉡강함. 씩씩함. 「勇—」 ㉢훌륭하고 큼. 「—觀」
② 장정(壯丁). ↔老

壯烈[장렬] 의기가 씩씩하고 열렬함.

壯語[장어] 씩씩하게 말함. 또는 그 말. 호언 장담(豪言壯談). 장언(壯言). 「大言—」 「이른 사람.

壯者[장자] 원기가 왕성한 장년의 사람.

[壱] 壹 (土부 9획)의 약자

[士部] 9~11획·[夂部] 0~4획·[夊部] 0~18획　　　　　99

[声] 聲(耳부 11획)의 속자
[売] 賣(貝부 8획)의 약자

[壹] 12 / 士9 | 일 | 한 | ⓐ質 |
イツ・イチ
ひとつ

筆順　士 声 声 壴 壱 壹

意味 ① 하나. ② 오로지. 한결같음. ③ 모두.

[壻] 12 / 士9 | 서 | 사위 | ⓐ霽 |
セイ
むこ

筆順　一 十 扌 圹 圻 埒 壻 壻

意味 ① 사위.「女―」② 남자. 젊은이.
壻養子[서양자] 사위를 양자로 삼음. 또는 그 양자.

[壺] 12 / 士9 | 호 | 병 | ⓐ虞 |
コ
つぼ

筆順　士 壱 声 壷 壷 壺

意味 ① 병. 술단지. ② 박(匏).
壺狀[호상] 병이나 항아리처럼 생긴 모양. 배가 불룩하고 목이 짧고 아가리가 벌어진 모양.

[壼] 13 / 士10 | 곤 | 대궐안길 | ⓐ阮 |
コン

筆順　士 声 壱 壷 壷 壷 壼

意味 ① 대궐 안길. ② 복도문.
壼訓[곤훈] 부녀자의 교훈.

[壽] 14 / 士11 | 수 | 목숨 | ⓐ有 |
ジュ・ス・シュウ
ことぶき

筆順　士 声 壵 壽 壽 壽 壽

解字 形聲. 老[늙음]와 음을 나타내는 壽(수)를 합쳐서 나이가 많아질 때까지 오래 산다는 뜻.

意味 ① 축수(祝壽). 목숨. 수명. ② 명이 긺. 오래 삶.「長―」↔夭
壽齡[수령] ジュレイ 나이. 장수(長壽).
壽命[수명] ジュミョウ ① 목숨. ② 생명(生命)이 있는 기간.「平均―」③ 물건이 사용될 수 있는 기간.
壽酒[수주] 장수(長壽)를 비는 술.

【夂 部】

[夂] 3 / 夂0 | 치 | 뒤져서올 | ⓐ紙 |
チ

筆順　ノ ク 夂

意味 ① 뒤져서 옴. ② 부수 이름.

[夆] 7 / 夂4 | 봉 | 서로바둥거릴 | ⓐ冬 |
ホウ・ボウ

筆順　ノ ク 夂 夅 夆

意味 ① 서로 바둥거림. ② 끌어 당김. ③ 만남.

【夊 部】

[夊] 3 / 夊0 | 쇠 | 천천히걷는모양 | ⓐ支 |
スイ

筆順　ノ ク 夊

意味 ① 천천히 걷는 모양. ② 천천히 걸을쇠변.

[夏] 10 / 夊7 | 하 | 여름 | ⓐ禡 |
カ・ゲ
なつ

筆順　一 丆 百 頁 頁 夏

意味 ① 여름↔冬 ② 옛 중국의 자칭.=華↔夷 ③ 중국에서 가장 오래 된 왕조의 이름.
夏季[하계] カキ 여름철. 하기(夏期). ↔동계(冬季)
夏穀[하곡] 보리와 밀 등 여름에 거두는 곡식.

[夔] 21 / 夊18 | 기 | 외발짐승 | ⓐ支 |
キ
もののけ

筆順　一 丷 首 首 省 夒 夔

意味 ① 외발 짐승. ② 괴물. ③ 조심함. ④ 나라 이름.
夔鳳[기봉] 외발의 봉황.

夕 部

【夕】 ³夕0 ①②석 사 │저녁│㊥陌│セキ・ゆう

筆順 ノクタ

解字 象形. 반달 모양을 본떠서 밤이라는 뜻을 나타냄. 초저녁이란 뜻으로 바뀌어 쓰임. 부수로는 밤에 관한 뜻이 됨.

意味 ① ① 저녁. ② 저물. ↔朝・旦 ② 한 음절.

夕景[석경]ゲキ ① 저녁. ② 저녁 경치. ③ 저녁때의 해. 「食」. ↔조반(朝飯)
夕飯[석반]ハン(めし) 저녁 식사. 석식(夕食).
夕靄[석애]アイ 해질 무렵에 멀리 보이는 푸르스름하고 흐릿한 기운. 남기(嵐氣). ↔조애(朝靄)

【外】 ⁵夕2 외 │밖│㊥泰│ガイ・ゲ・そと・ほか

筆順 ノクタ夘外

解字 形聲. 점을 뜻하는 卜과 음을 나타내는 夕(석)[외는 변음]을 합쳐서 거북 껍질의 금이 간 곳이라는 뜻. 후에 바깥쪽의 뜻으로 바뀌어 쓰임.

意味 ① 바깥. 겉. ↔內 ② 다른. 「一國」 ③ 벗김. 제거함. 「除一」 ④ 벗어나게 함. 멀리 함. 「疎一」

外來語[외래어]ガイライゴ 원래 외국 말이던 것이 우리 말처럼 쓰이는 말. 즉 아이스케이크・버스・컵 등.
外戚[외척]ガイセキ ① 같은 본을 가진 사람 이외의 친척. ② 외가의 친척.

【多】 ⁶夕3 다 │많을│㊥歌│タ・おおい

筆順 ノクタタ多多

解字 會意. 夕(석)을 두 개 합쳐서 날이 겹치다의 뜻을 나타냄. 널리 많다는 뜻으로 쓰임.

意味 ① 많음. ↔少・寡 ② 여러 가지. 「雜一」 ③ 분께 함. ④ 나음(優).

多能[다능]タノウ 여러 가지 재주를 가지고 있음. 「多藝一」「多才一」
多多[다다]タ 수가 많음. 많은 모양.
多分[다분]タブン ① 분량(分量)이 많음. 다량. ② 어느 정도 그 비율이 높음.
多事[다사]タジ ① 일이 많음. 일을 많이 벌림. 다단(多端). ② 사건이 많이 일어 세상이 시끄러움. 「一多難」

【夙】 ⁶夕3 숙 │이를│㊤屋│シュク・はやい

筆順 ノ几凡凡夙夙

意味 ① 이름. 아침 일찍이. 「一夜」 ② 훨씬 이전부터. ≒宿 ③ 빠름.

夙起[숙기]シュッキ(シュクキ) 아침에 일찍 일어남. 숙흥(夙興). 「一석(朝夕)
夙暮[숙모]シュクボ 아침과 늦은 저녁. 조석(朝夕).
夙夜[숙야]シュクヤ ① 이른 아침부터 늦은 밤까지. ② 아침. 또는 날이 밝은 때.
夙志[숙지]シュクシ 일찍이 품은 뜻.

【夜】 ⁸夕5 ①②야 │밤│㊤禡 ㊤陌│ヤ・よ・よる

筆順 亠广广疒夜夜夜

解字 形聲. 달을 뜻하는 月과 음을 나타내는 亦(역)[야・액은 변음]을 합쳐서 달이 밝은 때. 밤의 뜻으로 씀.

意味 ① ① 밤. ↔晝 ② 한밤중(夜半). ② 고을 이름.

夜間[야간]ヤカン 밤. 밤시간. ↔주간
夜景[야경]ヤケイ 밤의 경치. 야색(夜色).
夜深[야심]ヤシン 밤이 깊음. 「作業」
夜業[야업]ヤギョウ 밤일. 야간 작업(夜間).
夜行繡被[야행수피] 수 놓은 아름다운 옷을 입고 밤길을 감. 성공을 하고도 사람들에게 알려지지 않음을 일컫는 말. 금의 야행(錦衣夜行).

【夥】 ¹⁴夕11 ①②과 │많을│㊤哿 ㊤蟹│カ・ワ・おびただしい

筆順 冂旦旱果夥夥

意味 ① ① 매우 많음. ② 동무 ② 뜻은 ①과 같음.

夥多[과다]カタ 아주 많음.

〔夕部〕11획·〔大部〕 0~1획

*夢 14 夕11 | 몽 | 꿈 | 繁返 ボウ·ム
ゆめ

筆順 ⺿ 𦱌 茜 苎 莭 夢 夢

解字 形聲. 밤을 뜻하는 夕과 음을 나타내는 㒼(몽)을 합쳐서 밤이 어두다는 뜻. 후에 꿈이라는 뜻으로 쓰이게 됨.

意味 ① 꿈. ↔覺·現 희망. 이상(理想). ② 혼미(混迷)함. ③ 성(姓)의 하나.

夢裏[몽리]ㄲ 몽중(夢中). 몽리(夢裡).

夢寐[몽매]ㄲ 잠을 자며 꿈을 꿈. 또는 그 사이.

夢想[몽상]ㄲ ① 꿈속의 생각. ② 꿈속에서의 생각·불(佛)의 가르침. ③ 쓸 데 없는 헛된 생각. 공상(空想).

夢遊[몽유]ㄲ 꿈속에 헤맴. 꿈 같은 기분으로 유람함.

大部

*大 3 大0 | 대·다 | 큰 | 繁泰
繁簡
タイ·ダイ·タ·ダ
おおきい

筆順 一ナ大

解字 象形. 두 손과 두 발을 벌리고 서 있는 사람의 모습을 본 떠서 만든 글자로서 크다의 뜻. 부수로서는 큼·사람에 관한 뜻을 나타냄.

意味 ① 모양·면적·힘·수가 큼. 대규모의. 중대함. 크게. ② 뛰어남. ③ 거드름을 피움.「傪一」 ② ① 큼. ② 극진함. ③ 심함.

大家[대가]ㄲ ① 큰집. ② 어느 분야에서 뛰어난 힘을 가지거나 이름이 높은 사람. ③ 본가(本家). ④ 분가(分家) ⑤ 돈이 많고 신분이 높은 집. ⑥ 며느리가 시어머니를 일컫는 말.

大豆[대두]ㄲ(植)콩.

大亂[대란]ㄲ ① 전쟁 등으로 나라가 어지러움. ② 큰 난리.

【夬】 4 大1 | 쾌 | 틀 | 繁卦
カイ·ケ·ケツ

筆順 フユヨ夬

意味 ① 틈. ② 결단함. ③ 괘(卦) 이름.

夬夬[쾌쾌]ㄲ 결단하는 모양. 결단하여 의심하지 않는 모양.

【夫】 4 大1 | 부 | 사나이 | 繁虞
フウ·フ
おっと

筆順 一二キ夫

意味 ① 사나이.「丈一」 ② 지아비. 남편. ↔妻·婦 ③ 일군.「一役」 ④ 진저[感歎辭]. ⑤ 무릇.

夫君[부군]ㄲ 다른 사람의 남편의 높임말.「거」. 남편과 아내. 부처(夫妻).

夫婦[부부]ㄲ 결혼하여 같이 사는 남

夫役[부역]ㄲ 국가나 공공 단체가 국민에게 의무적으로 지우는 노역(勞役). 부역(賦役).

【夭】 4 大1 | ① 요 ② 오 | 일찍죽을 | 繁蕭
繁晧
ヨウ
わかい

筆順 一二チ夭

意味 ① ① 일찍 죽음.「一折」 ② 태평스러움. ③ 젊음. 젊고 예쁨. ② ① 끊어 죽임. ② 어림.

夭壽[요수]ㄲ ① 나이 젊어서 죽음. 요절(夭折). 요사(夭死). ↔장수(長壽) ② 단명(短命)과 장수(長壽).

夭夭[요요]ㄲ ① 젊고 아름다운 모습. ② 얼굴에 화색(和色)이 도는 모습. ③ 마음이 온화하고 늘 웃는 모양. ④ 무성하게 잘 자라는 모양.

夭折[요절]ㄲ 젊어서 죽음. 요사(夭死).

夭姬[요희] 요망하고 간사스러운 계집.

*天 4 大1 | 천 | 하늘 | 繁先
あめ
テン

筆順 一二チ天

解字 象形. 손발을 벌리고 서 있는 사람의 머리 모양을 본떠서 꼭대기라는 뜻을 나타냄. 널리 하늘의 뜻으로 씀.

意味 ① 하늘. ↔地 하늘의.「一國」 ② 하늘의 신(神).「一帝」 ③ 우주·자연의 도리. 진리. ④ 운명.「一運」 ⑤ 타고 남.「一性」 ⑥ 임금. 지아비.

天倫〔천륜〕テンリン ① 부자(父子)·형제(兄弟) 사이의 변하지 않는 떳떳한 도리. ② 하늘의 도리. 천리(天理).

天壤〔천양〕テンジョウ ① 하늘과 땅. ② 차이가 굉장히 큼. 「一無窮」 ③ 매우 큰 땅덩어리. 천지(天地). 「바. 천부(天賦).

天災〔천재〕テンサイ 자연의 변화로 일어나는 재앙. 태풍·홍수(洪水)·지진(地震) 등. 천변(天變). 「이 되는 생물.

天敵〔천적〕テンテキ 〈生〉 어떤 생물에게 적

天下一品〔천하일품〕テンカイッピン ① 온 세상에서 가장 뛰어남. ② 세상에서 품질이 제일 나은 물건.

*【太】 4 大1 | 태 | 클 | [去]泰 |
タイ·ダイ·タ
ふとい

[筆順] 一 ナ 大 太

[解字] 指事. 본디 글자는 大 아래의 大를 二로써 표시하여 大大의 뜻으로 쓰이던 것이 지금의 모양으로 바뀌어 굵다 심하다의 뜻으로 쓰임.

[意味] ① 굵은. 굵어짐. 매우 큼. ↔細 ② 매우. 「一古」 ③ 처음. 기원(起源). 「一初」 ④ 높여서 부를 때 붙이는 말. 「一公」 ⑤ [韓] 콩.

太古〔태고〕タイコ ① 〈歷〉 아주 오랜 옛날. 상고(上古). ② 시대 구분상의 아득한 옛날의 원시 시대(原始時代).

太妃〔태비〕 ① 제왕(諸王)의 어머니의 높임말. ② 청대(淸代)에 황조(皇祖)·황고(皇考)의 비(妃)를 높여 부르는 말.

太師〔태사〕タイシ ① 〈歷〉 주(周)나라 때 임금을 도와 정치를 행하던 최고의 벼슬 이름. ② 태부(太傅).

太陽系〔태양계〕タイヨウケイ 〈天〉 태양을 중심으로 하여 운행하는 천체의 한 집단.

太初〔태초〕タイショ 천지가 처음 생긴 때.

*【失】 5 大2 | 실 | 잃을 | [入]質 |
シツ·イツ
うしなう

[筆順] ノ 𠂉 𠂒 失

[解字] 形聲. 손을 뜻하는 手와 음을 나타내는 乙(을)〔실은 변음〕을 합쳐서 손의 물건을 떨어뜨리다의 뜻. 후에 잃다의 뜻으로 쓰게 됨.

[意味] ① 잃음. 「紛一」 ↔得 ② 잊음. ③ 떨어뜨림. 빠뜨림. 「遺一」 ④ 잘못함. 「一手」「過一」 ⑤ 달아남. 놓침. =佚

失當〔실당〕シットウ 부당(不當). 도리에 어그러짐.

失禮〔실례〕シツレイ 예의에 벗어남. 무례(無禮). 실경(失敬). 실수(失手).

失望〔실망〕シツボウ ① 희망을 잃음. 실의(失意). ② 명망(名望)을 잃어 버림.

失職〔실직〕シッショク 직업을 잃음. 실업(失業). ↔취직(就職) 「계(失計).

失策〔실책〕シッサク 잘못된 계책(計策). 실

*【央】 5 大2 | 앙 | 가운데 | [平]陽 |
オウ·ヨウ·エイ

[筆順] 丶 冂 冂 央 央

[解字] 形聲. 사람을 뜻하는 大와 음을 나타내는 冂(경)〔앙은 변음〕을 합쳐서 목덜미의 뜻. 한가운데라는 뜻으로 널리 쓰고 있음.

[意味] ① 중간. 한가운데. 「中一」 ② 다함. 없어짐. ③ 넓은. ④ 소리가 부드러워지는 모양. ⑤ 또렷함. =映

中央〔앙앙〕オウオウ ① 넓은 모양. ② 선명한 모양. ③ 소리가 조화(調和)되는 모양.

【夲】 5 大2 | [1] 토 [2] 본 | 나아갈 | [平]豪 [上]阮 | トウ

[筆順] 一 ナ 大 夲 夲

[意味] [1] ① 나아감. ② 왔다갔다하면서 봄. [2] 책.

【夸】 6 大3 | 과 | 풍칠 | [平]麻 |
コ·カ·ク
おごる

[筆順] 一 ナ 大 夲 夸

[意味] ① 풍을 침. 떠벌림. =誇 ② 자랑함. =誇 ③ 거드름을 피움.

*【夷】 6 大3 | 이 | 동쪽오랑캐 | [平]支 |
イ
えびす·たいらげる

[筆順] 一 ヨ 弓 夷 夷

[意味] ① 동쪽 오랑캐(東夷). ② 큰 활. ③ 평정함. 없애 버림. ④ 온화함. ⑤ 강상(綱常). ⑥ 성(姓)의 하나.

[大部] 4~6획

夷考[이고] 평범하게 생각함. 공평하게 생각함.
夷滅[이멸] 멸망시킴. 삼족(三族)을 「멸함.
夷然[이연] ① 마음이 흔들리지 않고 평온한 모양. ② 편편한 모양.

【夾】 大4 ⑦협 ⑥낄 ㉔洽
キョウ・コウ
はさむ

筆順 一ア ア ズ ヌ 夾 夾

意味 ① 낌. =挾 섞임. 「一雜物」 ② 곁에서 도움. 결부축함. 「一輔」
夾擊[협격] 전후(前後) 또는 좌우(左右)를 끼고 공격함. 협공(夾攻).
夾門[협문] ① 정문(正門) 옆에 따로 붙은 작은 문. ② 삼문(三門) 좌우에 낸 작은 문. 「어 도움. 보좌(補佐).
夾輔[협보] 좌우에서 도움. 붙들

【奇】 大5 ㉠기 ㉡기이할 ㉔支
キ
めずらしい

筆順 一ナ大 杏 杏 奇

意味 ① 신기한. 이상함. 「一形」 ② 특히 뛰어남. 「一才」 ③ 수상함. 괴상함. 「徑一」 ④ 속임. ⑤ 홀수. 외짝수. 「一數」 ⑥ 때를 만나지 못함.
奇談[기담] 이상야릇하고도 재미있는 이야기. 기담(奇譚).
奇略[기략] 기묘한 계략.

【奈】 大5 ①내 ②어찌 ㉔泰 ㉔箇
ナ・ダイ・ナイ

筆順 一ナ大 杏 杏 奈 奈

意味 ① ① 어찌. ② 어찌할꼬. ② 뜻은 ①과 같음.
奈落[나락] 〈佛〉 범어(梵語)로 나라카. 지옥이란 뜻. 나락카(奈落迦).
奈何[내하] 어찌하여. 어떠한가. 여하(如何).

【奉】 大5 ㉠봉 ㉡받들 ㉔腫
ホウ・ブ
たてまつる

筆順 一二三夫表奉

意味 ① 받듬. ㉠바침. =捧 ㉡공손히함. ② 받아 들임. 삼가 들음. ③ 섬김. ④ 성(姓)의 하나.
奉命[봉명] 임금의 명령을 받듬.
奉拜[봉배] 삼가 절을 함.
奉仕[봉사] ① 군주(君主)를 섬김. ② 국가나 사회를 위하여 힘을 다해 일함. ③ 물품을 싸게 팖. 「一品」

【奄】 大5 ㉠엄 ㉡잠간 ㉔琰
エン
おおう

筆順 一大 存 查 奄

意味 ① 잠간. 얼른. 갑자기. ② 덮음. 가림. =俺 ③ 오램. ④ 숨이 끊어질락말락. ⑤ 내시(內侍).
奄奄[엄엄] 숨이 곧 끊어지려고 하
奄有[엄유] 전부 차지함. ㄴ는 모양.

【契】 大6 ①계 ㉠맺을 ㉔霽 ㉠물 ㉡설 ㉔屑 ④결 ㉔屑
ケイ・ケツ・セツ・キツ
ちぎる

筆順 三 キ 却 却 契 契 契

意味 ① ① 맺음. 계약. ② 부절. 맹세. ② 나라 이름. ③ 이름의 하나. ④ ① 신고하여 일함[勤告]. ② 긁음.
契主[계주] 계를 조직하고 주관하는 사람. 「부합(符合).
契合[계합] 꼭 들어 맞아 잘 어울림.

【奎】 大6 ㉠규 ㉡공무니 ㉔齊
ケイ また

筆順 一ナ大 杏 杏 奎

解字 形聲. 大(크다)와 음을 나타내는 圭(규)를 합쳐서 두 발을 벌린 사타구니 사이라는 뜻.
意味 ① 공무니. ② 별 이름[28수 중의 하나].
奎文[규문] 문장. 문학. 문물.
奎璧[규벽] ① 경서(經書)를 줄여 적은 책. ② 제후(諸侯)가 임금을 뵐 때 갖던 구슬. 「한(奎翰).
奎章[규장] 임금의 글이나 글씨. 규

【奔】 大6 ㉠분 ㉡달아날 ㉔願
ホン
はしる

〔大部〕6~10획

奔
筆順 一ナ大本李奔
意味 ① 뛰어 돌아 다님. 바삐 돌아 다님. 「一走」 ② 달아남. 사랑의 도피.
奔忙[분망] 매우 부산하여 바쁨.
奔逸[분일]ᵇᵘⁿⁱᵗˢᵘ 아주 빨리 달림. 뛰어서 도망함. 도주(逃走). 「바람.
奔走[분주]ᵇᵘⁿˢᵒ ① 바삐 달림. ② 몹시

奏
大6 | 주 | 아뢸 | ㉲宥
ソウ
すすめる・かなでる
筆順 三丰夬夫表奏
意味 ① 권함. 바침. ② 아룀. 「上一」 ③ 연주함. 「吹一」 ④ 밖으로 드러냄. 해냄. 「一功」
奏功[주공]ˢᵒᵏᵒ ① 일이 성공함. ② 보람이 나타남. 주효(奏效).
奏聞[주문]ˢᵒᵐᵒⁿ 임금에게 아룀. 주상(奏上). 주달(奏達).
奏上[주상]ˢᵒʲᵒ 임금에게 아룀. 주문(奏聞). 주달(奏達). 상주(上奏).

奕
大6 | 혁 | 아름다울 | ㉲陌
エキ・ヤク
筆順 一亣亦亦奕奕奕
意味 ① 큼. 아름다움. ② 차례. 여러 대(代). 겹침. ③ 근심함. ④ 바둑.
奕世[혁세]ᵉᵏⁱˢᵉⁱ 대대(代代). 누대(累代).

奐
大6 | 환 | 클 | ㉲翰 | カン
筆順 ノクク久名奐奐
意味 ① 큼. 성함. 빛남. ② 한가함. 흩어짐.
奐爛[환란] 많은 모양. 무성한 모양.
奐奐[환환] 빛이 빛남. 빛이 밝은 모양.

奘
大7 | 장 | 클 | ㉲養
ジョウ・ソウ・ゾウ
さかん
筆順 丨丬丬爿 牂牂奘
意味 ① 큼. ② 한창. ＝壯. 튼튼함. ③ 당(唐)의 명승 현장삼장(玄奘三藏)의 이름. ＝奨

套
大7 | 투 | 키클 | ㉲皓
トウ
かさねる
筆順 一ナ大太 查查套
意味 ① 키가 큼. ② 겹침. 겹. 「外一」 ③ 낡은 버릇.투.솜씨. 틀에 박힘. 「常一」 圖 전례(前例).
套語[투어]ᵗᵒᵍᵒ 버릇이 된 예사로운 말. 상투어(常套語). 진부(陳腐)한 말.

*奚
大7 | 해 | 어찌 | ㉲齊
ケイ
なんぞ
筆順 一爫爫叉 叉叉奚
意味 ① 종. ② 어찌. ㉠의문사. ㉡반어. '어찌~하랴.' ③ 성(姓)의 하나.
奚琴[해금]〈音〉악기의 이름. 깡깡이를 아악(雅樂)에서 일컫는 이름.
奚童[해동]ᵏᵉⁱᵈᵒ 어린 아이종.
奚若[해약]ᵏᵉⁱʲᵃᵏᵘ 어찌. 여하(如何).

奢
大9 | 사 | 사치 | ㉲麻
シャ
おごる
筆順 一ナ大杏夲夲奢奢奢
意味 ① 사치. 사치함. 분에 넘침. 「豪一」 ② 낭비. ↔儉 ③ 기림 [奢].
奢佚[사일]ˢʰᵃⁱᵗˢᵘ 사치하고 놀기를 좋아함.
奢僭[사참]ˢʰᵃˢᵃⁿ 분에 넘치게 사치를 함.
奢侈[사치]ˢʰᵃˢʰⁱ 분에 넘치게 치례함. 필요 이상의 소비를 함.

奠
大9 | 전 | 정할 | ㉲霰
テン・デン
まつる・さだめる
筆順 八八个什酋 酋奠奠
意味 ① 정함. 둠. 「一都」 ② 전(奠)을 올림. 제사를 지냄. 「祭一」 ③ 드림. 베풂. 「香一」
奠都[전도]ᵗᵉⁿᵗᵒ 도읍을 정함. 「전. 奠物[전물] 부처나 신에게 올리는 물

奧
大10 | ①②오 | 깊을 | ㉲號 ㉠屋
オク・オウ・イク
筆順 ノ 冂 向 同 闬 粤 奧

〔大部〕11～13획・〔女部〕0～2획　　　　　　　　　105

意味 ① ㉠ 깊숙한 곳. 깊음. 아랫목. ㉡ 비밀.「秘―」㉢ 삶음. ② ㉠ 따스함. ㉡ 모퉁이.
奧妙[오묘] 심오하고 미묘함.

【奬】奬 (大부 11획)의 약자

*【奬】 奬 大11 14 | 장 | 도울 | ㉿養 |
ショウ
すすめる

筆順 ノ丬爿爿゛゛゛゛゛゛奬

解字 形聲. 大[크다]와 음을 나타내는 將(장)을 합쳐서 열심히 권한다의 뜻. 大는 본디 犬[개]으로, 개를 충동질하다의 뜻임.

意味 ① 도움. 조성(助成)함. ② 권함. 힘을 내게 함.「―勵」③ 추천함. 칭찬 함.「推―」기림.
奬進[장진] 권장하여 끌어 올림.
奬學[장학] 학문을 장려함.

【奪】 奪 大11 14 | 탈 | 빼앗을 | ㊁䯝 |
ダツ・タツ
うばう

筆順 一ナ大本奄奞奞奪

解字 會意. 隹[새]와 大[크다]와 寸[손]을 합쳐서 새가 크게 날개치며 손으로부터 빠져 달아나다의 뜻. 후에 빼앗다의 뜻으로 쓰임.

意味 ① 억지로 빼앗음.「與「强―」② 깎음. 잃음. ③ 흩뜨림.
奪略[탈략] 함부로 빼앗음. 약탈(略奪). 탈략(奪掠).
奪取[탈취] 억지로 빼앗아 가짐.

【奭】 奭 大12 15 | ①석 ②혁 | 클 | ㊀職 |
セキ さかん

筆順 一一ナ百百百面奭

意味 ① ㉠ 큼. 성함. ㉡ 성을 냄. ② 붉은 모양. ＝赫
奭然[석연] 풀리는 모양.

*【奮】 奮 大13 16 | 분 | 성낼 | ㊁問 |
フン
ふるう

筆順 一ナ大本奄奞奞奮奮

意味 ① 떨침. 떨쳐 일어섬. 힘씀.「―發」② 기운차게 날. 날림. 날개. ③ 성을 냄.「憤「―激」④ 뽐냄.
奮起[분기] 마음을 굳게 하여 일어남. 분발(奮發).
奮怒[분노] 분하여 몹시 성냄. 분노(忿怒). 분노(憤怒).
奮戰[분전] 분발하여 싸움. 전력을 다하여 싸움. 역전(力戰). 분투(奮鬪).

女 部

*【女】 女 女0 3 | 녀 | 계집 | ㊤語 |
ニョウ・ジョ・ニョ
おんな

筆順 人女女

解字 象形. 꿇어 앉아 팔을 낀 여자의 모습을 본뜸. 부수로서의 女는 여성적인 것・핏줄에 관한 것을 뜻하게 됨.

意味 ① 계집. 여자. ↔男 ② 딸. 처녀. 시집 보냄. ③ 너[爾]. ④ 별 이름.
女性[여성] ① 여자. 부인. ② 여자의 성질. ③ 서구어(西歐語)의 문법에서 단어를 성(性)에 따라 구별하는 말. ↔남성(男性)
女帝[여제] 여자 황제. 여왕(女王).
女必從夫[여필종부] 아내는 반드시 남편을 따라야 한다는 말.

*【奴】 奴 女2 5 | 노 | 종 | ㊤虞 |
ド・ヌ
やっこ・やつ

筆順 人女女奴奴

解字 會意. 女와 又를 합쳐서 여자 하인이라는 뜻을 나타냄.

意味 ① 종. ② 남을 천하게 일컫는 말.「守錢―」③ 포로.
奴輩[노배] 남을 욕하여 하는 말.
奴婢[노비] ① 남자 종과 여자 종의 총칭. 종. ② 노예(奴隸).

【奶】 奶 女2 5 | 내 | 젖 | ㊤蟹 |
ナイ・ダイ
ちち

[女部] 3~4획

筆順 ㄑ 夕 女 如 奶
意味 ① 젖. 소젖. ② 주인의 아내를 존대하는 말.
奶樹[내수] 〈植〉 도라지과의 다년생 초본(草本). 여름·가을에 종 모양의 꽃이 핌

【奸】 6 女3 │ 간 │ 어지러울 │ 侵寒 │
カン
おかす・よこしま

筆順 ㄑ 夕 女 妇 奸
意味 ① 어지러움. ② 간음함. ③ 거짓. 간사함. ④ 구(求)함.
奸計[간계] 간사한 꾀. 좋지 못한 계략(計略). 간책(奸策).
奸邪[간사] 성질이 간교(奸巧)하고 행실이 좋지 못함. 또는 그 사람.

【妄】 6 女3 │ 망 │ 허탄할 │ 去漾 │
ボウ・モウ
みだり

筆順 ` 一 亡 🟉 妄 妄
意味 ① 허탄함. ② 도리에 어긋남. 엉터리. 거짓. 「虛─」 ③ 쾌(卦) 이름.
妄斷[망단] 그릇된 판단. 잘못된 단정(斷定). 맹단(盲斷).
妄動[망동] 아무 분수(分數) 없이 함부로 행동함. 또는 그 행동. 망거(妄擧). 맹동(盲動). 「輕擧─」
妄靈[망령] 늙거나 정신이 흐려서 언행이 보통 상태를 벗어남.

【妃】 6 女3 │ ① 비 ② 배 │ 짝 │ 上微 │ 隊
ヒ・ハイ
きさき

筆順 ㄑ 夕 女 女 妃 妃
解字 形聲. 女[여자]와 음을 나타내는 己(기)[배는 변음]를 합쳐서 동반의 여인이라는 뜻.
意味 ① 짝. 배필. 아내. ② 왕비. 태자비. ② 配와 같은 자.
妃嬪[비빈] 임금의 첩. 황후의 다음 지위. ② 비(妃)와 빈(嬪). 빈(嬪)은 비(妃)의 다음 지위. ③ 황족(皇族)의 아내. 「씨의 존칭.
妃氏[비씨] 왕비로 간택(揀擇)된 아가

【如】 6 女3 │ 여 │ 같을 │ 上魚 │
ジョ・ニョ
ごとし

筆順 ㄑ 夕 女 如 如 如
解字 形聲. 口[말]와 음을 나타내는 女(녀)를 합쳐서 여자가 남의 말에 잘 따르다의 뜻. 지금은 같다의 뜻으로 어조사로 쓰임.
意味 ① 같음. 그러함. ② 감(行). =之 ③ 미침(及). ④ 만약. ⑤ 이월(二月).
如今[여금] 지금. 이제. 현금(現今).
如此[여차] 이러함. 이와 같음. 역시(若是). 약차(若此). 여시(如是).
如何[여하] 의문(疑問)을 나타내는 말. 어찌하여. 어떠한.

【妁】 6 女3 │ 작 │ 중매 │ 入藥 │
シャク
なこうど

筆順 ㄑ 夕 女 女 妁 妁
意味 중매. 중신함.

【好】 6 女3 │ 호 │ 좋을 │ 上皓 │
コウ
このむ・すく

筆順 ㄑ 夕 女 奵 好
解字 會意. 女[여자]와 子[아들·자녀]를 합쳐서 젊은 여자라는 뜻을 나타냄. 널리 좋아함·즐김의 뜻으로 쓰임.
意味 ① 좋음. 좋아함. 즐김. 사랑함. 「嗜─」「愛─」↔惡 ② 아름다움. ③ 친함. 사귐. 「友─」
好感[호감] ① 좋아하는 마음. ② 마음에 좋은 감정.
好事多魔[호사다마] 좋은 일에는 흔히 악(惡)한 마귀가 들기 쉽다는 뜻.

【妓】 7 女4 │ 기 │ 기생 │ 上紙 │ キ・ギ

筆順 ㄑ 夕 女 女 妇 妓 妓
意味 ① 기생. ② 창녀(娼女).
妓家[기가] 기생의 집.
妓女[기녀] ① 기생(妓生). ② 옛날 재봉·가무(歌舞) 등을 배워 익히던 관

비(官婢)의 총칭. 「는 집. 청루(靑樓).
妓樓〔기루〕ギロウ 창기(娼妓)와 손님이 노

*【妙】7 女4 | 묘 | 신묘할 | ㊄嘯 |
ミョウ
たえ

[筆順] 

[解字] 形聲. 女〔여자〕와 음을 나타내는 少(소)〔묘는 변음〕를 합쳐서 젊은 여자라는 뜻. 널리 아름다움·가냘픔·이상함의 뜻으로 쓰임.

[意味] ① 신묘함. 「靈—」 ② 아름다움. 능숙함. 「巧—」 ③ 이상야릇함. 「奇—」

妙境〔묘경〕ミョウキョウ 경치가 썩 좋은 곳. 아주 뛰어난 경치. 가경(佳境).

妙齡〔묘령〕ミョウレイ 여자의 꽃다운 나이. 20세 안팎의 여자. 「—의 婦人」

*【妨】7 女4 | 방 | 방해할 | ㊥陽 |
ボウ・ホウ
さまたげる

[筆順] 

[意味] ① 방해함. ② 거리낌.

妨止〔방지〕ボウシ 막아서 멈추게 함. 방알

妨害〔방해〕ボウガイ 남의 일에 훼방을 놓아 해를 줌. 방애(妨礙).

【妢】7 女4 | 분 | 나라이름 | ㊥文 |
フン

[筆順] 

[意味] 나라 이름.

【妖】7 女4 | 요 | 요사한귀신 | ㊥蕭 |
ヨウ
なまめかしい

[筆順] 

[意味] ① 아름다움. 요염함. ② 아양을 떪. ③ 요사한 귀신. 도깨비. ④ 수상함. 「—星」 ⑤ 재난. =祆

妖怪〔요괴〕ヨウカイ 요사스럽고 괴상함.

妖婦〔요부〕ヨウフ ① 요사스럽고 간사한 계집. ② 사람을 유혹하는 여자. 요녀(妖女). 요희(妖姬).

妖術〔요술〕ヨウジュツ 교묘한 술법(術法). 사람의 눈을 홀리는 괴상한 기술.

【妊】7 女4 | 임 | 애밸 | ㊄沁 |
ジン・ニン
はらむ

[筆順] 

[解字] 形聲. 女〔여자〕와 음을 나타내는 壬(임)을 합쳐서 여자가 아기를 배다의 뜻.

[意味] 아기를 뱀. =姙 「懷—」

妊産婦〔임산부〕ニンサンプ 임신부(妊娠婦)와 해산부(解産婦).

妊娠〔임신〕ニンシン 아이를 뱀. 또는 그 일.

*【妥】7 女4 | 타 | 타협할 | ㊤哿 | ダ

[筆順] 

[解字]  形聲. 女〔여자〕와 음을 나타내는 爫(타)를 합쳐서 여자가 나긋나긋하다는 뜻. 널리 온화하다의 뜻으로 쓰임.

[意味] ① 타협함 ② 온화함. 편안함.

妥結〔타결〕ダケツ 두 편이 서로 협의하여 이야기를 마무름

妥當〔타당〕ダトウ 형편이나 이치에 마땅함. 적당(適當). 온당(穩當).

妥協〔타협〕ダキョウ 두 편이 서로 좋은 방향으로 의논함.

【姑】8 女5 | 고 | 시어머니 | ㊥虞 |
コ
しゅうとめ

[筆順] 

[意味] ① 시어머니. 장모. ↔舅 ② 고모. 시누이. ③ 일시적으로. 「—息」

姑母〔고모〕 아버지의 누이. 「(姑媤)

姑婦〔고부〕 시어머니와 며느리. 고식

【妲】8 女5 | 달 | 여자이름 | ㊅曷 |
タツ・ダツ・ダチ

[筆順] 

[意味] 여자 이름.

妲己〔달기〕ダッキ 〈人〉 은(殷) 나라 주왕(紂王)의 비. 달(妲)은 자. 기(己)는 성. 주왕과 더불어 포학을 일삼았고 음락(淫樂)에 빠짐.

妹
女5 | 매 | 손아랫 누이 | ㊤隊
マイ
いもうと

筆順 く 夕 女 女ᐨ 妇 妹 妹

解字 形聲. 女(여자)와 음을 나타내는 未(미)[매는 변음]를 합쳐서 위에 생겨난 여자, 즉 여동생이라는 뜻.

意味 ① 손아랫 누이. 여동생. ↔姉 계집아이. ② 괘(卦) 이름.

妹氏[매씨] 남의 누이의 존칭.
妹弟[매제] 손아래 누이의 남편.
妹兄[매형] 손위 누이의 남편.

姒
女5 | 사 | 맏며느리 | ㊤紙 | シ

筆順 く 夕 女 女ᐨ 如 姒 姒

意味 ① 맏며느리. 형수. 동서. ② 문왕의 비 이름. ③ 성(姓)의 하나.

姒婦[사부] 여자의 아우 동서가 맏동서를 일컫는 말.

姍
女5 | ① 산 ② 선 | 고울 | ㊤刪 ㊤先
サン・セン

筆順 く 夕 女 女ᐨ 姉 姍 姍

意味 ① ① 고움. 예쁨. ② 비방함. 헐뜯음. ② ① 비척거림. ② 옷이 잘잘 끌림.

姍笑[산소] ショウ 비꼬아 웃음. 조소(嘲笑).

姆
女5 | 모 | 여선생 | ㊤麌
ボ・モ
うば

筆順 く 夕 女 女ᐨ 如 姆 姆

意味 ① 여선생. 여스승. ② 백모. 외조모. 동서. ③ 어머니 대신의 여자.

*姓
女5 | 성 | 성 | ㊤敬 |
セイ・ショウ
かばね

筆順 く 夕 女 女ᐨ 女ᐨ 妵 姓

解字 形聲. 女(여자)와 음을 나타내는 生(생)[성은 변음]을 합쳐서 태어난 핏줄에 붙인 이름. 후에 가문(家門)의 이름으로 쓰임.

意味 ① 성씨. ② 자손. 일가. ③ 백성. ④ 낳음.

姓系[성계] ケイ 씨족(氏族)의 계통. 계도(系圖). 계보(系譜).

姓名[성명] メイ 성과 이름.

*始
女5 | 시 | 비로소 | ㊤紙
シ
はじめる

筆順 く 夕 女 女ᐨ 女ᐨ 始 始 始

解字 形聲. 女(여자)와 음을 나타내는 台(태・시)를 합쳐서 최초의 여자・맏딸이라는 뜻. 후에 처음의 뜻으로 쓰임.

意味 ① 처음. 비롯함. 「原一」 ② 풍류이름. ③ 바야흐로.

始末[시말] ① 처음과 끝. 본말(本末). 수미(首尾). ② 처음부터 끝까지의 사정. 전말(顚末).

始終[시종] ショウ ① 시작과 끝. 시말(始末). ② 처음부터 끝까지 일관(一貫)

始初[시초] 맨 처음. 애초. ㄴ함. 줄곧.

*委
女5 | 위 | 맡길 | ㊤支
イ
ゆだねる・くわしい

筆順 ᐨ ニ 千 禾 秂 委 委

解字 形聲. 女(여자)와 음을 나타내는 禾(화)[위는 변음]를 합쳐서 여자가 몸을 뒤틀다의 뜻. 후에 맡기다의 뜻으로 쓰임.

意味 ① 맡김. 맡음. ② 마음이 든든함. ③ 이삭이 고개를 숙임. ④ 자세함. 「一細」 ④ 버림. =遺「一棄」

委命[위명] ① 목숨을 맡김. ② 마음을 천운(天運)에 맡김.

委細[위세] サイ 위곡(委曲). 「一面談」

委讓[위양] ジョウ 임무를 다른 사람에게 양도(讓渡)함.

姉
女5 | 자 | 손위누이 | ㊤紙 |
シ
あね

筆順 く 夕 女 女ᐨ 妐 姉 姉

意味 손위 누이

姉妹[자매] マイ ① 손위 누이와 손아래 누이. ② 여자끼리의 언니와 동생.

〔女部〕5~6획

【姐】女5|8|저|맏누이|㊤馬
シャ / あね

筆順 く 夕 女 女 如 如 姐 姐

意味 ① 맏누이. 아가씨. ② 교만함.

【妬】女5|8|[1]적 [2]투|자식없는계집|㊤錫 ㊦週
ト / ねたむ

筆順 く 夕 女 女 女´ 女戶 妬

意味 [1] 자식이 없는 계집. [2] 투기함.
妬忌[투기] 질투. 강새암.
妬心[투심]ᆫ 시샘하는 마음.

*【妻】女5|8|처|아내|㊤齊
サイ / つま

筆順 一 ㄱ ㅋ 글 非 妻 妻 妻

解字 形聲. 女(여자)와 음을 나타내는 丰
(섭)(처는 변음)을 합쳐서 자기 것으
로 만든 여자라는 뜻.

意味 ① 아내. ↔夫 부인. ② 시집보냄.
妻女[처녀] ① 아내. ② 아내와 딸.
妻德[처덕] ① 아내의 은덕. ② 아내의
덕행(德行).

*【妾】女5|8|첩|작은마누라|㊤葉
ショウ / めかけ

筆順 丶 亠 立 立 产 妾 妾

意味 ① 첩. 작은 마누라. ② 소첩. 여
자가 자기를 낮추어 일컫는 말.「小一」
妾腹[첩복] 첩이 낳은 자식. 첩의
소생.
妾婦[첩부] 첩. 소실(小室).

*【姦】女6|9|간|간사할|㊤刪
カン / みだら

筆順 く 夕 女 女 姦 姦 姦

意味 ① 간사함. ② 간음함. =奸「强一」
③ 거짓. ④ 도둑. ⑤ 악한.
姦計[간계] 간사한 꾀. 간계(奸計)
간책(姦策).「잘할. 또는 그런 사람.
姦佞[간녕] 마음이 간사하여 아첨을
姦夫[간부] 다른 사람의 아내와 밀
통한 남자. ↔간부(姦婦).

【姜】女6|9|강|강할|㊤陽
キョウ・コウ

筆順 丷 丷 犭 羊 姜 姜 姜

意味 ① 강함. ② 성(姓)의 하나.
姜被[강피] 이불을 같이 덮고 잠. 형
제(兄弟).

【姣】女6|9|교|아름다울|㊤巧
コウ

筆順 く 夕 女 女 女六 妁 妁 姣

意味 ① 아름다움. ② 아양을 부림. 음
란함. ③ 업신여김.
姣姣[교교] 슬기가 있는 모양.
姣好[교호] 용모가 아름다움.

【姥】女6|9|모|할미|㊤麌
ボ・モ

筆順 女 女´ 女户 女七 姥 姥

意味 ① 할미. 늙은 어머니. ② 유모(乳
母). =姆 ③ 산 이름.

【妍】女6|9|연|고울|㊤先
ケン・ゲン / うつぐしい

筆順 く 夕 女 女´ 妍 妍 妍

意味 ① 아첨함. ② 고움. 예쁨.「一麗」
③ 익숙함. ④ 총명함. ⑤ 안존함. 편
안함.
妍麗[연려]ᆫ 예쁘고 고움.
妍芳[연방]ᆫ 아름답고 향기로움.

【姚】女6|9|요|예쁠|㊤蕭 ヨウ

筆順 く 夕 女 女 女 妙 妙 姚

意味 ① 예쁨. ② 빠름. 세고 날램. ③
아득함. ④ 성(姓)의 하나.
姚姒[요사]ᆫ 순(舜)과 우(禹). 요(姚)
는 우순(虞舜)의 성(姓), 사(姒)는 하
(夏)의 우왕(禹王)의 성임.

【威】女6|9|위|위엄|㊤未
イ / たけし・おどす

筆順 丿 厂 厂 反 反 威 威

[解字]  形聲. 女〔여자〕와 음을 나타내는 戌(술)〔위는 변음〕을 합쳐서 한 집안의 권력을 쥔 여자라는 뜻. 후에 무서워하다·겁을 주다의 뜻으로 쓰임.
[意味] ① 위엄. 으름〔脅〕. 두려워함. =畏 ② 세력. 「示一」 ③ 거동.
威光〔위광〕イコウ 감히 범할 수 없는 권위. 위엄스러운 기세.
威信〔위신〕イシン 위엄(威嚴)과 신의(信義). 위력(威力)과 신용(信用).
威壓〔위압〕イアツ ① 위력(威力)으로 억누름. ② 위엄으로 올러댐.

【姨】9 女6 | 이 | 이모 | [上]紙 | イ
[筆順] ㄑ 女 女 女ㄱ 女ヨ 姨 姨
[意味] 이모.
姨妹〔이매〕 처형이나 처제. 「니.
姨母〔이모〕イボ 어머니의 여동생이나 언

*【姻】9 女6 | 인 | 시집 | [平]眞 | イン
[筆順] ㄑ 女 女 如 姻 姻 姻
[意味] 形聲. 女〔여자〕와 음을 나타내는 因(인)을 합쳐서 여자가 의지하는 신랑의 집이라는 뜻에서 결연(結緣)하다가 됨.
[意味] ① 시집. 결연. 「婚一」 ② 아내.
姻家〔인가〕インカ ① 인척(姻戚)의 집. ② 배우자의 양쪽 집. 사돈집. 「혼.
姻媾〔인구〕インコウ ① 친척. ② 친척과의 결

*【姿】9 女6 | 자 | 맵시 | [平]支 | シ すがた
[筆順] 丶 冫 次 姿 姿 姿
[解字] 形聲. 女〔여자〕와 음을 나타내는 次(차)〔자는 변음〕를 합쳐서 다듬어진 여인의 모습을 뜻함.
[意味] ① 맵시. 「容一」 태도. ② 바탕. 성품.
姿勢〔자세〕シセイ ① 몸을 가지는 모양과 그 형세. ② 태도(態度).
姿態〔자태〕シタイ 모양과 태도. 맵시.

*【姪】9 女6 | [1]질 [2]절 | 조카 | [入]質 [入]屑 | テツ めい
[筆順] ㄑ 女 女 女一 姪 姪 姪
[意味] ① 조카. =甥 ② 조카딸. ↔甥
姪女〔질녀〕 조카딸.
姪婦〔질부〕 조카 며느리.
姪孫〔질손〕テッソン 형제의 손자. 종손(從孫).

【姬】9 女6 | 희 | 아씨 | [平]支 | キ ひめ
[筆順] 女 女一 姬 姬 姬 姬 姬
[解字] 形聲. 주(周)에서, 女와 음을 나타내는 𦣝(이·애)〔희는 변음〕를 합쳐서 성(姓)으로 씀. 후에 여자를 곱게 부를 때도 쓰게 됨.
[意味] ① 아씨. ② 임금의 아내. 첩. ③ 성(姓)의 하나.
姬妾〔희첩〕キショウ 첩(妾).
姬漢〔희한〕 주(周)나라와 한(漢)나라.

【娜】10 女7 | 나 | 아리따울 | [上]哿 | ダ·ナ
[筆順] 女 女 妇 妍 娴 娜 娜
[意味] ① 아리따움. ② 휘청거림. 한들거림.
娜娜〔나나〕ダダ ① 한들거리는 모양. ② 가냘프고 아름다운 모양.

*【娘】10 女7 | 낭 | 각시 | [平]陽 | ジョウ むすめ
[筆順] ㄑ 女 女 女' 妇 娘 娘
[解字] 形聲. 女〔여자〕와 음을 나타내는 良(량·랑)을 합쳐서 아가씨라는 뜻.
[意味] ① 각시. 작은 아씨. 시집을 가지 않은 여자. =孃 ② 계집.
娘家〔낭가〕 외가집. 「后).
娘娘〔낭낭〕ジョウジョウ ① 어머니. ② 황후(皇

【娩】10 女7 | 만 | 해산할 | [上]阮 | ベン
[筆順] 女 女' 娩 娩 娩 娩
[意味] ① 해산함. 「分一」 ② 수더분함. 순함. 「婉一」
娩痛〔만통〕ベンツウ 아기를 낳을 때의 복통(腹痛)의 증세. 진통(陣痛).

【娑】10 女7 | 사 | 너울너울춤출 | [平]歌

〔女部〕7~8획

シャ・サ

筆順 氵 氵 沙 沙 沙 娑 娑
意味 ① 춤을 너울너울 춤. 「婆-」웃이 너울거림. ② 우두커니 앉아 있음.
娑婆[사바]ㅆㇵ〈佛〉피로움이 많은 세상. 인간 사회.

【娠】女7|신|아기밸|㊀眞|
シン
はらむ

筆順 乛 乂 女 女 女 妒 妮 娠 娠
解字 形聲. 女(여자)와 음을 나타내는 辰(신·진)을 합쳐서 여자가 아기를 배다의 뜻.
意味 ① 아기를 뱀. =身 ② 계집 종. 마부.

【娥】女7|아|예쁠|㊀歌|
ガ

筆順 乛 乂 女 女 好 娥 娥
意味 ① 예쁨. ② 항아[달에 있는 선녀]. 달의 다른 이름. ③ 아황[고대 중국의 요임금의 딸].
娥眉[아미]ㄱㇵ 아름다운 여자의 눈썹.

【娟】女7|연|예쁠|㊀先|
ケン·エン
うつくしい

筆順 乛 乂 女 女 妒 妒 娟 娟
意味 ① 예쁨. 몸짓이 부드러움. 아양을 부림. ② 아득히 멂.
娟娟[연연]ㅁㇵ·ㅁㇵ ① 아름다운 모양. ② 빛이 밝고 환함. 아득하게 먼 모양.

***【娛】**女7|오|즐거울|㊀虞|
ゴ
たのしむ

筆順 乛 乂 女 女 妒 娛 娛 娛
解字 形聲. 女(여자)와 음을 나타내는 吳(오)를 합쳐서 여자가 음악으로 즐겁게 해 주다의 뜻. 널리 즐겁다의 뜻으로 쓰임.
意味 즐거움. 즐김. 놀이. 「一樂」
娛樂[오락]ㇰㇵ 즐겁게 놀아 기분을 명랑하게 함. 열락(悅樂).
娛樂室[오락실]ㇰㇵ·ㅆㇵ 오락에 필요한 시설을 해 놓은 방. 환락할 수 있는 방.

【娣】女7|제|누이동생|㊀薺|
テイ·ダイ

筆順 乛 乂 女 女 娳 娳 娣 娣
意味 ① 누이 동생. ② 계수. 동서.
娣婦[제부]ㄷㇵ 동생의 아내. 계수(弟嫂).
娣姒[제사]ㄷㇵ ① 아랫동서와 웃동서.

【婁】女8|루|끌|㊀虞|ル·ロウ

筆順 一 匚 卩 書 書 婁 婁 婁
意味 ① 끎[曳]. ② 어리석음. ③ 고달픔. ④ 빔[空]. ⑤ 별 이름 [28수 중의 하나].

***【婦】**女8|부|지어미|㊀有|
フ
おんな

筆順 乛 乂 女 女 娝 娝 婦 婦
意味 ① 지어미. 아내. 며느리. 주부. ↔夫 ② 예쁨. ③ 여자. 「一女」암컷.
婦女子[부녀자]ㅈㇵ ① 부인(婦人). ② 부인과 여자. 부녀(婦女).
婦德[부덕]ㄷㇵ 부인으로서 지켜야 할 아름다운 덕행. 부도(婦道).

***【婢】**女8|비|여자종|㊀紙|
ヒ
はしため

筆順 乛 乂 女 女 娝 娝 婢 婢
意味 ① 여자 종. ↔奴 시녀. ② 여자가 자기를 낮추어 일컫는 말.
婢僕[비복]ㄱㇵ 여자 종과 남자 종. 「집.
婢妾[비첩]ㄱㇵ 종으로서 첩이 된 계

【婉】女8|완|아름다울|㊀阮|
エン

筆順 乛 乂 女 女 娙 娙 婉 婉
意味 ① 아름다움. 젊음. ② 순함. 따름. ③ 둘러서 말함. 「曲」
婉曲[완곡]ㅇㇵ·ㄱㇵ ① 노골적이 아님. 빙 둘러서 말함. ② 말씨가 곱고 차근차근함. 「하고 온화한 몸가짐.
婉容[완용]ㅇㇵ 상냥스러운 모양. 유순

【娼】女8 11획 | 창 | 창녀 | ㊀陽
ショウ

筆順 く ᄼ 女 ぢ 妒 娼 娼

意味 ① 창녀. 매춘부. =倡 ② 여자 광대.

娼家[창가] 창기(娼妓)의 집.
娼妓[창기] 몸을 파는 천한 기생.

【娶】女8 11획 | 취 | 장가들 | ㊀週
シュ
めとる

筆順 ᅳ ᄃ 耳 耳 取 取 娶

意味 장가를 듦. 아내를 맞아 들임.

娶妻[취처] 아내를 맞아 들임. 장가를 듦.

【婆】女8 11획 | 파 | 할미 | ㊀歌
バ
ばば

筆順 氵 氵 沪 沪 波 波 婆

解字 形聲. 女[여자]와 음을 나타내는 波(파)를 합쳐서 나이가 많은 여자라는 뜻.

意味 ① 할미. 조모. ② 춤을 너울너울 추는 모양.

婆心[파심] 친절한 마음씨. 노파심.

【婞】女8 11획 | 행 | 굳셀 | ㊁迥
コウ・キョウ

筆順 女 女ˊ 女ᐩ 女ᐪ 女ᐫ 女ᗮ 婞

意味 ① 굳셀. 곧음. ② 사나움. ③ 친함.

婞直[행직] 강직(剛直)함.

*【婚】女8 11획 | 혼 | 장가들 | ㊀元
コン

筆順 女 女ˊ 女丶 女氏 姁 婚 婚

解字 會意. 女[여자]와 昏[황혼]을 합쳐서 해가 저물 무렵부터 시작되는, 신부를 맞아 들이는 일이라는 뜻.

意味 ① 장가듦. 결연. 「結─」 ② 처가.

婚談[혼담] 혼인을 정하기 위하여 오고 가는 말. 연담(緣談).
婚禮[혼례] 부부(夫婦)가 되는 예절. 혼례식(婚禮式). 결혼식.

*【媒】女9 12획 | 매 | 중매 | ㊁灰
バイ
なかだち

筆順 女 女ˊ 妒 姓 娃 媒 媒

解字 形聲. 女[여자]와 음을 나타내는 某(모)[매는 변음]를 합쳐서 혼인을 중매하다의 뜻.

意味 ① 중매. 중신. ② 이끄는 일을 하는 것. 「溶─」 ③ 탐냄. ④ 어두움.

媒介[매개] ① 중간에서 양편의 관계를 맺어 줌. 중계(仲介). ② [法] 타인 사이의 법을 행위의 체결에 진력(盡力)하는 사실 행위.
媒煙[매연] ① 그을음이 섞인 연기. ② 석탄 연기. ③ 철매.

【媢】女9 12획 | 모 | 투기할 | ㊂號
ボウ
ねたむ

筆順 女 女ˊ 妒 妒 妒 媢 媢

意味 ① 투기함. 결기가 남. ② 성냄.

媢忌[모기] 질투하고 싫어함.

【媚】女9 12획 | 미 | 예쁠 | ㊂寘 | ビ こびる

筆順 女 女ˊ 女ˊ 妒 妒 媚 媚

意味 ① 예쁨. 사랑함. ② 상냥함. 순함. 아첨함.

媚笑[미소] 아양 떠는 웃음.

【媟】女9 12획 | 설 | 거리할 | ㊆屑 | セツ
희롱지

筆順 女 女ˊ 女ˊ 妒 姓 媟 媟

意味 ① 희롱거리를 함. ② 너무 만만하여 버릇이 없음. 행동이 거만하고 무례함.

媟嫚[설만] 행동이 거만하고 무례함.

【媤】女9 12획 | 시 | 시집 | ㊁寘 | 韓

筆順 女 女ˊ 妒 妒 妒 媤 媤

意味 시집

媤家[시가] 시부모가 있는 집. 시집.
媤宅[시댁] 시가(媤家)의 높임말.

【媛】女9 12획 | 원 | 마음이끌 리는모양 | ㊀元

[女部] 10획

【媛】
エン
ひめ

筆順: く 夕 女 奵 婷 媛 媛
意味: ① 마음이 끌리는 모양. ② 아리따운 여자.

[婿] 壻(士부 9획)와 동자

【嫁】女10│가│시집갈│⊕禡│よめ│カ

筆順: 女 奵 妌 婷 嫁 嫁 嫁
解字: 形聲. 女(여자)와 음을 나타내는 家(가)를 합쳐서 집에 맞아 들인 여자라는 뜻. 널리 시집감·시집보냄의 뜻으로 쓰임.
意味: ① 시집을 감. ② 책임·화를 떠넘김.
嫁期[가기] 시집 갈 만한 나이. 시집 갈 시기.
嫁母[가모] 개가(改嫁)한 어머니.

【媾】女10│구│거듭혼인할│⊕宥│コウ

筆順: 女 奵 妌 婞 婞 媾 媾
意味: ① 거듭 혼인을 함. 사랑함. 교접함. ② 화친함. 「一利」
媾和[구화] 싸우던 나라끼리 평화를 의논함. 강화(講和)「一條約」

【嫋】女10│1뇨│간들거리│⊕篠│ジョウ│たおやか
          │2약│눈모양   │⊕藥│

筆順: 女 奵 奵 妒 嫋 嫋 嫋
意味: 1 ① 간들거리는 모양. 하늘거리며 날리는 모양. ② 휘늘어짐. 2 가냘픔.
嫋嫋[요뇨] ① 소리가 가늘게 울리는 모양. ② 바람이 솔솔 부는 모양. ③ 길고 약한 모양. ④ 아주 약함.

【嫂】女10│수│형수│⊕皓│ソウ│あによめ

筆順: 女 奵 妌 妌 嫂 嫂 嫂
意味: 형수.
嫂氏[수씨] 형제의 아내.

【媳】女10│식│며느리│⊕職│セキ

筆順: 女 奵 奵 妌 婠 媳 媳
意味: 며느리.

【嫈】女10│앵│예쁠│⊕庚│オウ・エイ・ケイ

筆順: ` ´ ´´ ´´´ 熒 熒 嫈
意味: ① 예쁨. ② 어린 지어미.
嫈嫇[앵명] ① 보기 싫음. ② 어린 부인. ③ 조심한 모양. 「모양.
嫈嫈[앵앵] 보기 좋은 모양. 아름다운

【媵】女10│잉│줄│⊕徑│ヨウ

筆順: 刀 月 月' 胖 胖 朕 媵
意味: ① 전녜 줌. 물건을 부침. ② 전송함. 출가하는 색시를 따라 가는 여인. ③ 들잿잔.
媵母[잉모] 어머니가 시집 올 때 따라온 시중 드는 여자.
媵嬙[잉장] 내시(內侍). 궁녀.

【媼】女10│오│할미│⊕晧│オウ│おうな

筆順: 女 奵 奵 媪 媪 媼 媼
意味: ① 노파. 할머니. ② 어머니. ③ 땅귀신.

【嫉】女10│질│미워할│⊕質│シツ│ねたむ・にくむ

筆順: 女 奵 奵 奵 妒 嫉 嫉
意味: ① 미워함. ② 투기함. 「一妬」
嫉視[질시] 흘겨 봄. 시기하여 봄.
嫉妬[질투] ① 샘을 내어 시기하고 증오하는 감정. ② 천주교(天主敎)의 칠죄종(七罪宗)의 하나.

【嫌】女10│혐│의심할│⊕鹽│ケン・ゲン│きらう

筆順: 女 奵 奵 妌 婷 嫌 嫌
意味: ① 의심함. 「一疑」 ② 불평을 품음. 싫어함. 「一惡」 ③ 나쁜 운수.

嫌棄[혐기] 싫어하여 내어 버림.
嫌厭[혐염] 미워하여 꺼림.

[嫩] 女11획 | 눈 | 연약할 | ㊆劁
ドン
わかい

筆順 女 女 妒 妒 妒 妒 嫩
意味 ① 연약함. 어림. ② 고움.

[嫡] 女11획 | 적 | 정실 | ㊆錫
テキ・チャク
よつぎ

筆順 女 女 妒 妒 嫡 嫡
意味 ① 정실. 큰마누라. ② 맏아들. 본처의 아들.「一子」↔庶
嫡妻[적처] 정식으로 예를 갖추어 맞은 아내. 정처(正妻)
嫡出[적출] 정실의 몸에서 난 소생. ↔서출(庶出)·측출(側出)

[嬌] 女12획 | 교 | 태도 | ㊆蕭 | キョウ

筆順 女 女 妒 妒 嬌 嬌 嬌
意味 ① 태도. 맵시. ② 아리따움.「愛—」「—聲」 ③ 미인.「阿—」
嬌羞[교수] 아양을 떨며 부끄러워함.
嬌姿[교자] 교태(嬌態).

[嬉] 女12획 | 희 | 아름다울 | ㊆支
キ
たのむ・うれしい

筆順 女 女 妒 妒 妒 嬉 嬉
意味 ① 아름다움. ② 즐거워함. 놀[遊]
嬉戲[희희] 즐겁게 장난하면서 놂.
嬉嬉[희희] 기뻐하며 웃는 모양.

[嬖] 女13획 | 폐 | 윗사람에게 사랑받을 | ㊆霽
ヘイ

筆順 ㇆ 尸 启 启 启 辟 嬖
意味 ① 윗사람으로부터 사랑받음. ② 사랑함.

[嬴] 女13획 | 영 | 성 | ㊆庚 | エイ

筆順 ᆢ 亠 亠 亯 亯 嬴 嬴
月 胤 胤 胤

意味 ① 진왕(秦王)의 성(姓). ② 품[解]. ③ 가득함. 나머지. ④ 조화(造化)의 귀신.
嬴鏤[영루] 아름다운 모양을 새겨 붙임.
嬴政[영정] 진시황제(秦始皇帝)의 이름.

[孃] (女부 17획)의 약자

[嬪] 女14획 | 빈 | 슬이름 | ㊆眞 ヒン
ひめ

筆順 女 妒 妒 妒 嬪 嬪 嬪
意味 ① 궁녀의 벼슬 이름. ② 지어미. 죽은 마누라. ③ 여자. 귀녀(貴女). ④ 복종함.
嬪宮[빈궁] 왕의 자리를 이어 받을 왕자의 비(妃).

[嬰] 女14획 | 영 | 어릴 | ㊆庚 | エイ
あかご

筆順 冂 曰 貝 賏 賏 賏 賏 女
意味 ① 어림. 갓난아기. ② 더[加]함. ③ 찌름. 둘림[繞]. 얽힘. ④ 구슬을 드리움.
嬰記號[영기호] ᅀᅮᆷ(音)음조(音調)의 반음을 높이는 기호[#]. ↔변기호

[嬾] 女16획 | 란 | 게으를 | ㊆旱 ラン

筆順 女 妒 妒 妒 嬾 嬾 嬾
意味 게으름.
嬾夫[난부] 게으른 남자.
嬾惰[난타] 태만함. 조심성이 없음.

[嬿] 女16획 | 연 | 아름다울 | ㊆霰
エン

筆順 女 妒 妒 妒 妒 嬿 嬿
意味 ① 예자 이름. ② 수더분함. 안존함. ③ 아름다움. ＝燕
嬿服[연복] 아름다운 옷.「모양.
嬿婉[연완] 마음이 곱고 얼굴이 예쁜

[孃] 女17획 | 양 | 계집 | ㊆陽 | ジョ
むすめ

筆順 女 妒 妒 妒 嬣 嬣 孃
解字 形聲. 女[여자]와 음을 나타내는 襄(양)을 합쳐서 젊은 여자라는 뜻.
意味 ① 계집 ② 어머니.

〔女部〕17획·〔子部〕0~4획　　　　　　　　　　115

【孀】₂₀ 女17 │ 상 │ 과부 │ ㊤陽 │ ソウ │

筆順 女 妒 妒 妒 嫦 嬬 孀

意味 ① 과부. ② 홀어미.
孀娥[상아]ｼﾞｶﾞ 홀어미. 과부.

【孅】₂₀ 女17 │ 섬 │ 뾰족할 │ ㊦鹽 │ セン │

筆順 女 妒 妒 妒 嫦 嫌 孅

意味 ① 뾰족함. 가늚. 약함. ② 사람 이름.

子(孑)部

*【子】₃ 子0 │ 자 │ 아들 │ ㊤紙 │
シ・ス
こ

筆順 了 子

解字 못·우 象形. 어린이가 손을 흔들고 있는 모습을 본뜬 글자. 어린이라는 뜻. 부수로서는 작대에 관한 뜻이 됨.

意味 ① 아들. 자식. ② 당신. 어르신네. ③ 첫째 지지(地支). 자(子)시. 쥐띠. 북쪽. ④ 열매. 씨. 알. ⑤ 선생. 「孔一」⑥ 네째 작위 이름. 「一爵」

子婦[자부]ｼﾌ 며느리.　　　「없음.
子細[자세]ｼｻｲ 주의가 세밀함. 빠짐이
子息[자식]ｼｿｸ 아들과 딸의 총칭(總稱).

【孑】₃ 子0 │ 혈 │ 외로울 │ ㊤屑 │
ゲツ・ケツ・ケチ

筆順 了 孑

意味 ① 외로움. 오른팔이 없음. 나머지. ② 우뚝함. ③ 장갈구리. ④ 작음.
孑孑單身[혈혈단신] 의지할 곳이 없는 홀몸.

*【孔】₄ 子1 │ 공 │ 구멍 │ ㊤董 │
コウ・ク
あな

筆順 了 孑 孔

意味 ① 구멍. ② 매우. 심히. ③ 통함.

큼. 깊음. ④ 성(姓)의 하나. 특히 공자를 가리킴. 「一孟之道」
孔明[공명]ｺｳﾒｲ ① 대단히 밝음. ②〈人〉제갈 양(諸葛亮)의 자(字).

【孕】₅ 子2 │ 잉 │ 아기 밸 │ ㊤徑 │
ヨウ
はらむ

筆順 ノ 乃 孕 孕 孕

意味 아기를 뱀.
孕婦[잉부]ﾖｳﾌ 아이를 밴 여자.

*【字】₆ 子3 │ 자 │ 글자 │ ㊨寘 │ ｼﾞ │
あざ

筆順 丶 宀 宀 字 字 字

意味 ① 글자. 글씨. ② 시집을 보냄. 사랑함. 아기를 뱀. 젖을 먹임. ③ 암컷. ④ 장가든 뒤의 이름.
字句[자구]ｼﾞｸ 문자와 어구. 글귀.
字義[자의]ｼﾞｷﾞ 문자가 지니고 있는 뜻.
字典[자전]ｼﾞﾃﾝ 한자를 일정한 순서로 배열하여 읽는 방법·의미 등을 설명해 놓은 책.

【孖】₆ 子3 │ 자 │ 쌍동이 │ ㊨支 │ シ │

筆順 了 孑 孑 孖 孖

意味 쌍동이.

*【存】₆ 子3 │ 존 │ 있을 │ ㊤元 │
ソン・ゾン
ある

筆順 一 ナ 才 存 存 存

解字 存 形聲. 막다의 뜻인 才와 음을 나타낸 子(자)[존은 변음]를 합쳐서 막아 멈추게 하다의 뜻. 후에 있다의 뜻으로 쓰임.

意味 ① 있음. 「一在」↔亡 ② 살아 남음. 「生一」③ 물음. 살핌. ④ 지킴.
存立[존립]ｿﾝﾘﾂ ① 객관적 실재로서의 관념적인 대상. ② 생존하여 자립함.
存亡[존망]ｿﾝﾎﾞｳ 존속(存續)과 멸망.

【孜】₇ 子4 │ 자 │ 부지런할 │ ㊨支 │

筆順 了 孑 孑 孑 孜 孜

意味 부지런함.

〔子部〕 4～10획

孜孜[자자]ジ 부지런히 노력하는 모양.

【孚】 子4 | 부 | 믿을 | 墨虞 フ

筆順 一 爫 孚 孚 孚

意味 ① 믿음. ② 옥. 문채. ③ 알. 알을 깜. 씨. 싹이 남. ④ 기름[育]. ⑤ 패 이름.

孚甲[부갑]コウ 씨앗의 외피(外皮).
孚育[부육]イク 양육(養育)함.

＊**【孝】** 子4 | 효 | 잘섬길 | 墨效 コウ

筆順 + 土 耂 孝 孝

解字 ![형성] 形聲. 늙은이라는 뜻인 耂와 음인 子(자)를 합쳐서 늙은 이를 봉양한다의 뜻.

意味 ① 효도. ↔忠. ③ 상복.
孝女[효녀]ジョ 효도하는 딸. 부모를 잘 섬기는 딸. 「효행(孝行)의 도리.
孝道[효도]ドウ 부모를 잘 섬기는 도리.

【季】 子5 | 계 | 막내 | 墨寶 すえ

筆順 一 二 千 禾 季 季 季

意味 ① 막내. 끝. ② 절기. 「四一」
季刊[계간]カン 일년 중 계절마다 한번씩 네번 간행함. 또는 그런 잡지.
季嫂[계수]スウ 아우의 아내. 제수(弟嫂).

＊**【孤】** 子5 | 고 | 없을 | 墨虞 みなしご

筆順 ⁊ 了 孑 孑 孕 孤 孤

解字 形聲. 子(자식)와 음인 瓜(과)를 합쳐서 아버지가 없는 자식·고아라는 뜻을 나타냄.

意味 ① 아버지가 없음. 양친이 없음. 외로움. 「一兒」② 우둑함. ③ 저버림. 「一惑」「가 됨. 외롭게 섬.
孤獨[고독]ドク 짝이 없어서 외로움. 부모가 없거나 자식이 없어서 외로움.
孤立[고립]リツ 의지할 때 없이 외토리
孤兒[고아]ジ 부모가 없는 아이.

＊**【孟】** 子5 | ①맹 | 맏 | 墨歟 モウ ②망 | | 墨養

筆順 ⁊ 了 子 子 孟 孟 孟

意味 ① ① 맏. 백(伯). ↔季 ② 사물의 처음. ③ 힘씀. 큼. ④ 성(姓)의 하나. 「一子」② 맹랑함.
孟秋[맹추]シュウ 가을이 시작되는 첫 달. 음력 7月의 딴 이름. 초추(初秋).

【学】 學 (子부 13획)의 약자

【孩】 子6 | 해 | 웃을 | 墨灰 カイ ガイ

筆順 ⁊ 了 子 孑 孑 孩 孩

意味 ① 방글방글 웃음. ② 젖먹이.
孩子[해자]シ 두세 살된 어린 아이.

【孫】 子7 | 손 | 손자 | 墨元 ソン まご

筆順 ⁊ 了 子 孑 孫 孫 孫

意味 ① 손자. 「子一」② 음이 돋음. 겸손함. ＝遜 ④ 빠져 나감. ⑤ 성(姓)의 하나.
孫婦[손부] 손자의 아내. 아들의 며느리. 손자 며느리.

【孰】 子8 | 숙 | 익을 | 墨屋 ジュク いずれ・たれ

筆順 一 古 享 享 孰 孰 孰

意味 ① 익음. ② 누구. 어느. ③ 살핌.
孰成[숙성] 곡식이 익음. 숙성(熟成).

【屛】 子9 | 잔 | 잔약할 | 墨圖 セン

筆順 ⁊ 尸 尸 屛 屛 屛

意味 ① 잔약. 아주 약함. 신음함. ② 용력함.
屛妄[잔망]モウ 몸이 아주 약하고 하는 행동이 경박함. 「다 약함.
屛弱[잔약]ジャク 튼튼하지 못하고 약하

【孳】 子10 | 자 | 부지런할 | 墨支 シ・ジ

筆順 ⁎ ⁎ 孕 玄 玆 孳 孳

意味 ① 부지런함. ② 흘레함. 새끼를 침.
孳育[자육]イク 동물이 새끼를 낳아서 기름.

[子部] 11~19획·[宀部] 0~3획

【孵】 14획 子11 | 부 | 알 알깔 | 虞
フ
かえる

筆順: ｛ ｛ 身 卵 卵 卵 孵

意味 ① 알을 깜. ② 기름.

孵化[부화] 알을 깜. 알을 까게 함. 부란(孵卵). 「人工─」

*【學】 16획 子13 | 학 | 배울 | 覺
ガク
まなぶ

筆順: 爲 段 臼丶 臼丶 學 學

意味 ① 배움. 본받음. 공부함. 「勉─」 ② 학교. 글방. 교육. 학문.

學期[학기] 한해 동안의 수업 기간을 나눈 그 하나. 「新─」격.

學德[학덕] 학문과 덕행. 학식과 인격.

學問[학문] ① 학예를 배워 익힘. 배워 닦은 학예. ② 체계가 선 지식.

【孺】 17획 子14 | 유 | 젖먹이 | 虞・ジュ

筆順: 了 孑 孑ヽ 孑ニ 孑ニ 孺 孺

意味 ① 젖먹이. 어림. 딸림. ② 사모함. ③ 죽은 아내에 대한 존칭.

孺子[유자] ① 어린 아이. 젖먹이. ② 소년을 낮잡아 부르는 말. 요네석.

【孿】 22획 子19 | ①산 ②련 | 쌍둥이 | ⓐ諫 ⓑ先
レン

筆順: 言 信 緒 緒 絲 絲 孿

意味 ① 쌍둥이. ② 뜻은 ① 과 같음.

孿生[산생] 쌍둥이를 낳음. 쌍둥이.

宀 部

【宀】 3획 宀0 | 면 | 움집 | 先
ベン・メン

【宁】 5획 宀2 | 저 | 조회받는 자리 | 語
チョ
ただずむ

筆順: 宁 宁 宁

解字 象形. 실꾸러미를 본뜬 글자.

意味 ① 조회를 받는 자리. ② 뜰.

*【守】 6획 宀3 | 수 | 지킬 | 有
シュ・ス
まもる

筆順: 宁 守 守

意味 ① 지킴. 「保─」「看─」 ② 고을의 수령. 「郡─」

守備[수비] 힘써 지켜 방비(防備)함. 「─陣」↔공격(攻擊)

守勢[수세] 적을 맞아 지키는 형세. 또는 그 군세(軍勢). ↔공세(攻勢)

*【安】 6획 宀3 | 안 | 편안 | 寒
アン
やすい

筆順: 宀 它 安 安

解字 會意. 宀[집]과 女[여자]를 합쳐서 여자가 집 안에 조용히 앉아 있다의 뜻. 편안하다의 뜻으로 널리 쓰임.

意味 ① 편안함. 편안히 함. 「─靜」 ② 즐김. ③ 고요함. 안존함. ④ 자리 잡음. 「─置」 ⑤ 무엇. 어느.

安堵[안도] ① 자기가 사는 곳에서 편안히 지냄. ② 마음을 놓음. 안심.

安樂[안락] 평안하고 즐거움.

安貧樂道[안빈낙도] 몹시 곤궁하게 살면서도 평안한 마음으로 천도(天道)를 지킴.

*【宇】 6획 宀3 | 우 | 처마기슭 | 虞
ウ
いえ

筆順: 宀 宁 宇 宇

解字 形聲. 宀[집]과 음을 나타내는 于(우)를 합쳐서 집의 네 모퉁이·처마의 뜻.

意味 ① 처마 기슭. ② 집. ③ 하늘·세계. ④ 끝.

宇內[우내] 온 천하(天下). 하늘과 땅 사이. 세상 안.

宇宙[우주] ① 천지 사방과 고금 왕래(古今往來). ② 지구상의 모든 만물을 포함하는 공간.

[宀部] 3~5획

宅
宀-3, 6획 | 택 | 집 | 陌 タク いえ

筆順: 宀宀宀宅

解字: 形聲. 宀[집]과 음을 나타내는 乇(척)[택은 변음]을 합쳐서 몸을 의지하는 집·가정이라는 뜻.

意味: ① 집. 삶. ② 정(定)함.

宅地[택지] 집을 지을 수 있도록 정해진 토지. ↔농지(農地). 산림(山林)
宅診[택진] 의사가 자기의 집에서 남의 병을 진찰(診察)함. ↔왕진(往診)

宇 [字부 3획]

宏
宀-4, 7획 | 굉 | 클 | 庚 コウ ひろい

筆順: 宀宀宇宏宏

意味: ① 큼. 넓음. ② 집이 깊숙함.

宏遠[굉원] 매우 넓으면서도 멂. 광원
宏壯[굉장] 규모가 으리으리하게 크고 넓음. 광대(廣大)

宋
宀-4, 7획 | 송 | 나라이름 | 送 ソウ

筆順: 宀宀宇宋宋

意味: ① 중국의 나라 이름. ② 삶. ③ 쓸데 없이 착하기만 함.

宋學[송학] 중국 송대(宋代)의 주돈이(周敦頤)가 비롯하여 주자에 이르러 대성한 유학(儒學). 실천(實踐) 도덕(道德)을 내세워 인격과 학문의 성취를 중요시해야 한다고 부르짖은 성리학(性理學)을 말함.

完
宀-4, 7획 | 완 | 다 | 寒 カン まったい

筆順: 宀宀宀完完

意味: ① 다. 빠진 것이 없음. 완전함. ② 해냄. 끝남. ③ 지킴. 보전함. 튼튼함. ④ 몸에 상처를 입히지 않는 형벌.

完工[완공] 공사(工事) 중인 일이 완전히 끝남. 준공(竣工)
完納[완납] 바쳐야 할 것을 완전히 납부(納付)함. 전납(全納). 「납. 완결.
完了[완료] 어떤 일이 완전히 끝

宊
宀-4, 7획 | 요 | 굴 | 蕭 ヨウ

筆順: 宀宀宀宇宊

意味: ① 굴. 굴 속에서 내는 소리. ② 방의 동남 구석.

官
宀-5, 8획 | 관 | 벼슬 | 寒 カン つかさ

意味: ① 벼슬. 관가. 일. 맡음. ② 공변됨. ③ 마을. ④ 오관(五官)[눈·코·귀·입·살갗].

官費[관비] 국가나 공공 기관에서 쓰는 비용. 국비(國費). ↔사비(私費)
官舍[관사] 정부에서 국가 관리가 살도록 지은 집. 공사(公舍)

宛
宀-5, 8획 | ① ② 완 ③ 원 | 어슴푸레할·울 | 阮 元 物 エン あたかも·あて

筆順: 宀宀宀宇宛宛

意味: ① 어슴푸레함. ② 굽음. ③ 작음. ④ 언덕 위의 언덕. ② 서역의 나라 이름. ③ 쌓임.

宛然[완연] ① 뚜렷하게 나타남. ② 서로 모양이 비슷함.

宜
宀-5, 8획 | 의 | 옳을 | 支 ギ よろしい

筆順: 宀宀宀宜宜

意味: ① 옳음. 마땅함. 맞음. 「便一」「適一」 ② 구순함. ③ 일함.

宜當[의당] 마땅히 그러함. 으레.

定
宀-5, 8획 | 정 | 정할 | 徑 テイ·ジョウ さだめる

筆順: 宀宀宀宇定定

意味: ① 정함. 「決一」 바름. 다스림. 「平一」 ② 멈춤. 그침. 달라지지 않음.

定價[정가] ① 물건에 따라 정해 놓은 값. 일정한 값. ② 값을 정함.

定說〔정설〕テイセツ 많은 사람이 다 같이 결정한 이론. 확정된 설. 정론(定論).

*【宗】8 宀5 | 종 | 마루 | [平]冬 | シュウ・ソウ むね

[筆順] 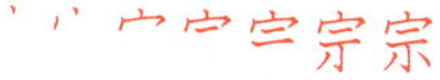

[意味] ① 마루. ② 으뜸. ③ 높음. 떠받듦. =崇 ④ 종묘(宗廟). ⑤ 일가. 겨레. ⑥ 갈래. 「一派」

宗教〔종교〕シュウキョウ 인간의 능력으로는 미치지 못하는 초자연(超自然)의 신(神)을 숭앙(崇仰)하여 행복을 추구하고 안심 입명(安心立命)하려는 교의(教義).

宗社〔종사〕ソウシャ 종묘(宗廟)와 사직(社稷). 곧 국토·왕실을 위시한 국가 전체를 일컫는 말.

宗派〔종파〕シュウハ ① 종교(宗教)의 갈래. ② 같은 종교의 분파(分派). 종족(宗族)의 파(派). ③ 학문이나 예술의 유파(流派).

*【宙】8 宀5 | 주 | 집 | [去]宥 | チュウ

[筆順] 

[意味] ① 집. ② 과거·현재·미래에 걸치는 무한의 시간 ↔宇 ③ 하늘. 공간.

〔実〕實(宀부 11획)의 약자

〔宝〕寶(宀부 17획)의 약자

*【客】9 宀6 | 객 | 손 | [入]陌 | カク・キャク

[筆順] 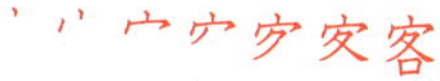

[解字] 形聲. 집을 뜻하는 宀과 음을 나타내는 各(각)〔객은 변음〕을 합쳐서 집에 오는 사람·손님의 뜻.

[意味] ① 손. 「來一」 나그네. 식객(食客). ② 단골. 「顧一」 ③ 남. 「一觀」 ④ 지난. 「一年」 ⑤ 다른 데서 가져온.

客觀〔객관〕キャッ(カッ)カン 자기와의 관계를 떠나 관찰하는 의식(意識)의 대상이 되는 일체의 현상. ↔주관(主觀)

客人〔객인〕キャクジン ① 손님. ② 객적은 사람. 「인 곳. 객거(客居)하는 곳.

客地〔객지〕カクチ 자기 집을 떠나 여행 중

*【宣】9 宀6 | 선 | 베풀 | [平]先 | セン のべる

[筆順] 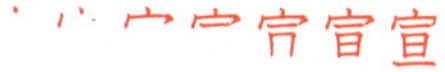

[解字] 形聲. 집을 뜻하는 宀과 음을 나타내는 亘(선)을 합쳐서 흙담을 둘러 싼 집·옥사(獄舍)라는 뜻. 후에 널리 알리다의 뜻으로 쓰임.

[意味] ① 베풂. ② 말함. ㉠생각을 나타냄. 「一誓」 ㉡널리 알림. 「一言」 ㉢분명히 함. 「一揚」 ③ 분부함. 조칙.

宣言〔선언〕センゲン ① 단체나 국가가 필요에 의해 자기의 방침과 주장을 세상에 널리 표명함. ② 널리 펴서 알림.

宣傳〔선전〕センデン 어떤 사상(思想)·주의(主義) 등을 많은 사람에게 알려서 이해와 공명(共鳴)을 구함.

宣布〔선포〕センプ 세상에 널리 펴서 알림.

*【室】9 宀6 | 실 | 방 | [入]質 | シツ むろ

[筆順] 

[解字] 形聲. 집을 뜻하는 宀과 음을 나타내는 至(지)〔실은 변음〕를 합쳐서 사람이 머무르는 곳이라는 뜻.

[意味] ① 방. 「居一」 ↔堂 ② 집. ③ 아내. 「側一」 ④ 구덩이. 물건을 저장하는 굴. 「氷一」

室內〔실내〕シツナイ ① 방안. ↔실외(室外) ② 남의 아내를 일컫는 말.

室外〔실외〕シツガイ 방 밖. ↔실내(室內)

【宥】9 宀6 | 유 | 너그러울 | [去]宥 | ユウ ゆるす

[筆順] 

[意味] ① 너그러움. 죄를 사함. ② 도움. ③ 운(韻).

宥恕〔유서〕ユウジョ 지은 죄를 너그럽게 용서해 줌. 유면(宥免). 「이 좋게 지냄.

宥和〔유화〕ユウワ 너그러운 태도로 서로 사

*【家】10 宀7 | 가 | 집 | [平]麻 | カ・ケ いえ・や

[筆順] 

[宀部] 7획

解字 形聲. 집을 뜻하는 宀과 음을 나타내는 家(시)「가는 변음」를 합쳐서 사람이 있는 집이라는 뜻.
意味 ① 집. 「民一」 가족. 「一一」 ② 남편. 서방. 아내. 계집. ③ 학문이나 기예의 유파. 「諸子百一」

家門[가문]ᵏᴬᴺ ① 집의 문. ② 한집안의 가족. 일족(一族). ③ 일가(一家) 전체. ④ 대대로 내려 오는 그 집안의 지체. 문벌(門閥).

家信[가신]ˢᴴᴵᴺ 자기 집에서 온 편지나 소식. 가서(家書).

家業[가업]ᴳʸᴼᴾ ① 한집안의 생활을 위해 하는 집안의 업(業). ② 집안 대대로 물려 내려 온 직업.

家訓[가훈]ᴷᵁᴺ ① 그 가정 특유의 교훈. ② 서조 때부터 전해 내려 온 가계

*[宮] 10획 宀-7 | 궁 | 집 | ㉠東 |
グウ・キュウ・ク
みや

筆順 丶丷宀宀宁宁宮宮宮

意味 ① 집. 궁궐. ② 임금. ③ 오음(궁·상·각·치·우)의 하나. ④ 불알을 썩이는 형벌. ⑤ 담[垣].

宮闕[궁궐]ᴷʸᴼᴷᴱᵀ 임금이 거처하는 집. 대궐(大闕).

宮女[궁녀]ᴷʸᴼᴶᴼ 궁중에서 대전(大殿)·내전(內殿)을 가까이 모시던 여성.

[宵] 10획 宀-7 | 소 | 밤 | ㉠蕭 | ショウ
よい

筆順 丶丷宀宀宁宁宵宵

解字 形聲. 집을 뜻하는 宀과 음을 나타내는 肖(소)「초는 변음」를 합쳐서 집안의 물건을 분간할 수 있을 정도의 때, 즉 초저녁이라는 뜻.
意味 ① 밤. 어두움. ② 초저녁. ↔晨 ③ 작은. =小

宵分[소분]ˢᴴᴼᴮᵁᴺ 밤중. 야반(夜半).
宵晨[소신]ˢᴴᴼᴺ 밤과 아침.

[宸] 10획 宀-7 | 신 | 집 | ㉠眞 | シン

筆順 丶丷宀宁宁宸宸宸

意味 ① 집. ② 대궐.
宸悼[신도]ˢᴴᴵᴺᴰᴼ 임금이 몹시 슬퍼함.

宸慮[신려]ˢᴴᴵᴺ 임금이 염려함.
宸筆[신필]ˢᴴᴵᴺᴾᴵᵀ 임금이 손수 붓을 들어 쓴 글. 어필(御筆).

*[宴] 10획 宀-7 | 연 | 편안할 | ㉠霰 |
エン
うたげ

筆順 丶丷宀宁宁宵宴宴

解字 形聲. 집의 뜻인 宀과 음인 妟(안)을 합쳐 집에서 편안히 즐기다의 뜻.
意味 ① 편안함. ② 잔치. 「酒一」 즐김. ③ 두 다리를 쭉 뻗고 쉼. (=燕)

宴樂[연락]ᴱᴺᴿᴬᴷ 잔치를 베풀고 즐김.
宴席[연석]ᴱᴺˢᴱᴷ 연회(宴會)를 베푸는 자리. 연회장(宴會場).

[容] 10획 宀-7 | 용 | 얼굴 | ㉠冬 |
ヨウ
いれる・かたち

筆順 丶丷宀宁宀突穷容容

解字 [肉·㑣] 形聲. 쓰이개를 뜻하는 谷(곡·욕)「용은 변음」을 나타내는데 물건을 담고 가리워 싸다·넣다의 뜻.
意味 ① 얼굴. 꼴. 모양. ② 넣음. 쌈. 「包一」받아 들임. 「受一」 용납함. 「一認」 ③ 알맹이. 「內一」 안존함. 편안함. 「從一」 ⑤ 모양. 모습. 「一姿」

容貌[용모]ᵞᴼᴮᴼ 사람의 얼굴 생김새.
容認[용인]ᵞᴼᴺᴵᴺ 용납하여 인정함. 인용(認容).
容姿[용자]ᵞᴼˢᴴᴵ 용모(容貌)와 자태(姿態).
容體[용체]ᵞᴼᵀᴬᴵ 얼굴 모양과 몸매. 용모와 자태. 「을 함.
容喙[용훼]ᵞᴼᴷᴬᴵ ① 입을 놀림. ②말참견

[宰] 10획 宀-7 | 재 | 주관할 | ㉠賄 |
サイ
つかさ

筆順 丶丷宀宁宁宰宰宰

解字 形聲. 집을 뜻하는 宀과 음을 나타내는 辛(신)「재는 변음」을 합쳐서 군주의 음식을 맡아 보는 사람이라는 뜻. 후에 관장하다의 뜻으로 쓰임.
意味 ① 주관함. 다스림. ② 재상(宰相).

[宀部] 7〜8획

③ 잡음. 고기를 벰. ④ 삶음. 요리를 함. ⑤ 무덤, 뫼.

宰相[재상]ᄌᆞᆼ ① 임금을 도와 정치를 하던 벼슬의 통칭. ②〈歷〉승상(丞相).

[害] 10획 ｜①해 ｜해할 ｜泰局
宀-7 ②할
カイ・ガイ・カツ・ガツ
そこなう

筆順 ﾞ ⺍ 宀 宀 宝 害 害

解字 **害** 會意. 모자를 뜻하는 ⺌과 머리를 나타내는 古를 합쳐서 머리에 쓰는 삿갓이라는 뜻. 상처를 내다의 뜻으로 바뀌어 쓰이고 있음.

意味 ① ① 해함. 부숨. 흠을 냄.「損—」② 못하게 막음.「妨—」③ 불행한 사고.「災—」 ② ① 어느. 무엇. ② 어찌 아니함(盍).

害毒[해독]ᅘᆞᇀ ① 해(害)와 독(毒). ② 해치고 독을 끼침.

害心[해심]ᄒᆡᆼ 남을 해하고자 하는 나쁜 마음. 해의(害意).

害惡[해악]ᄒᆡᆼ 세상 사람에게 나쁜 영향을 미치는 일. 해독(害毒).

[寇] 11획 ｜구 ｜불한당 ｜宥
宀-8
コウ
あだ

筆順 宀 宀 宀 完 完 完 寇

意味 ① 불한당. 떼도둑. ② 적. 원수. 외적. ③ 침략함. 마구 빼앗음.

寇賊[구적]ᄀᆞᄌᆞᆨ 국경을 넘어 침범해 들어 오는 적. 외적(外敵).

***[寄]** 11획 ｜기 ｜붙어 있을 ｜畺寘
宀-8
キ
よる

筆順 宀 宀 宁 宇 宊 宊 寄 寄

解字 形聲. 집을 뜻하는 宀과 음을 나타내는 奇(기)를 합쳐서 사람이 집을 의지하다의 뜻.

意味 ① 붙어 있음. 맡김. 부탁함. 매어 달림.「—生」「—食」「—託」② 보냄. 부침. 전함.「—贈」「—稿」

寄稿[기고]ᄀᆞᄀᆢ 신문사・잡지사 등에 원고(原稿)를 냄. 기서(寄書).

寄留[기류]ᄀᆞᄅᆔᆼ 어느 기간 동안 본적지 아닌 곳에서 머물러 삶.「—地」

寄附[기부]ᄀᆞᄇᆔᆼ 어떤 일을 돕고자 물건이나 돈을 내놓음.

[密] 11획 ｜밀 ｜빽빽할 ｜㊇質
宀-8
ミツ・ビツ
ひそか

筆順 宀 宀 宀 宓 宓 宓 密 密

解字 形聲. 山(산)과 음을 나타내는 宓(밀)을 합쳐서 산 속이 고요하다는 뜻. 널리 남몰래의 뜻으로 쓰임.

意味 ① 빽빽함. 촘촘함. 많음.「稠—」자잘함.「緻—」↔疎 ② 고요함. 가만히 함. 은근함. 차근차근함.「秘—」③ 짙음. 두께움.「—雲」④ 매우 가까움. 달라붙음.「親—」「—接」⑤ 닫음.

密書[밀서]ᄆᆡᇀ 비밀로 보내는 편지.

密輸[밀수]ᄆᆡᇂ 세관을 거치지 않고 몰래 외국과 상품을 수입 또는 수출함.

密集[밀집]ᄆᆡᇂ 빽빽하게 모여 있음.

密着[밀착]ᄆᆡᇂ ① 떨어지지 않고 단단히 붙음. ② 사진을 현상한 필름 그 대로의 크기로 인화지에 구워 올림.

[宿] 11획 ｜①숙 ｜잘 ｜②屋
宀-8   ②수   ㊇有
シュク・スク
やど・やどる

筆順 宀 宀 宀 宁 宿 宿 宿

意味 ① ① 잠. 드샘. 묵음.「—泊」② 지킴.「—直」③ 본디부터의.「—望」④ 주막. ⑤ 삶. ② ① 떼별[列星]. ② 성좌(星象).

宿命[숙명]ᄉᆔᆨ 날 때부터 타고 난 운명. 선천적(先天的)으로 정해진 운명.

宿泊[숙박]ᄉᆔᆨ 여관이나 그 밖의 곳에서 잠을 자고 머물.

***[寅]** 11획 ｜인 ｜공경할 ｜㊇眞
宀-8
イン
とら

筆順 宀 宀 宀 宁 宙 宙 寅

意味 ① 공경함. ② 세째 지지(地支). ㉠동물로는 호랑이. ㉡방위로는 동북동. ㉢시각으로 오전 네 시 또는 그 전후의 두 시간.

寅時[인시]ᅟᅵᆫ 오전 세 시부터 오전 다섯시까지의 시각(時刻).

[宀部] 8~11획

[寂] ¹¹₋₋₈ | 적 | 고요할 | ㊆錫 |
セキ・ジャク
さびしい

筆順 宀宀宀宀宁宋寂

意要 ① 고요함. 「靜一」 ② 쓸쓸함. 「一寞」 〈佛〉죽음. 「一滅」
寂寞[적막] 고요하고 쓸쓸함. 적막
寂寂[적적] 적연(寂然).

[窓] 穴부 6획
[窒] 穴부 6획

[寐] ¹²₋₋₉ | 매 | 잘 | ㊅寘 | ビ・ミ

筆順 宀宀宀宁宁疒痹寐

意要 ① 잠. ② 쉼. ③ 죽음.
寐語[매어] 잠꼬대.

[富] ¹²₋₋₉ | 부 | 넉넉할 | ㊆宥 |
フウ・フ
とむ・とみ

筆順 宀宀宀宁宣宣富富

解字 形聲. 집을 뜻하는 宀과 음을 나타내는 畐(복)을 합쳐서 집안의 살림살이가 넉넉하게 되다의 뜻.

意要 ① 넉넉함. 많음. ② 넉넉하게 됨. 「豊一」 ③ 부자. ↔貧. 「一豪」 ④ 어림〔幼〕.
富家[부가] 부유하게 사는 집.
富民[부민] ① 부유하게 잘 사는 국민. ② 국민을 잘 살게 함.

[寔] ¹²₋₋₉ | 식 | 이 | ㊆職 | ショク

筆順 宀宀宀宁宙宙宔寔

意要 ① 이〔是〕. ② 참. 참으로. ③ 뿐. ④ 그침.

[寓] ¹²₋₋₉ | 우 | 부칠 | ㊆遇 |
グウ
よる・かりずまい

筆順 宀宀宀宁宙寓寓

意要 ① 부침. 의지함. 「一寄」 ② 묵음. 「假一」 ② 핑계를 댐. 비유함. 「一話」 ③ 임시로 삶. 「一居」

寓居[우거] 남의 집에 임시로 삶.
寓話[우화] 교훈적인 뜻을 품고 있는 비유의 이야기. 우언(寓言).

[寒] ¹²₋₋₉ | 한 | 찰 | ㊅寒 |
カン
さむい

筆順 宀宀宀宙宙実寒

意要 ① 참. 추움. ↔暑. 署. 「飢一」 ② 가난하고 쓸쓸함. 「一村」 ③ 운자(韻字).
寒氣[한기] ① 추운 기운. 추위. ② 병적으로 몸에 느끼는 으스스한 기운. 오한(惡寒).
寒暖[한난] 추움과 따뜻함.
寒月[한월] 겨울 하늘에 뜬 달. 찬 빛이 도는 겨울 밤의 달.

[寝] 寢(宀부 11획)의 약자
[寧] 寧(宀부 11획)의 속자
[寛] 寬(宀부 12획)의 약자
[塞] 土부 10획

[寡] ¹⁴₋₋₁₁ | 과 | 적을 | ㊅馬 |
カ
すくない

筆順 宀宀宀宙宙實寡寡

意要 ① 적음. 「衆 드묾. ② 홀어미. 과부. ↔鰥. ③ 나〔諸侯自稱〕 「一人」
寡默[과묵] 말이 적고 침착함. 과언(寡言). 「바가 없음.
寡聞[과문] 견문(見聞)이 적어 아는
寡婦[과부] 남편이 죽고 혼자 사는 여자. 미망인(未亡人).

[寧] ¹⁴₋₋₁₁ | 녕 | 차라리 | ㊇靑 |
ネイ・デイ
やすい・むしろ

筆順 宀宀宀宙宙寍寍寧

解字 形聲. 소원을 뜻하는 丁과 음을 나타내는 寍(녕)을 합쳐서 바라다의 뜻. 후에 편안하다의 뜻으로 쓰임.

意要 ① 차라리. ② 어찌…랴〔반어〕. ③ 편안함. 「安一」 ④ 문안함.

[宀部] 11~12획

寧樂[영락] 편안하고 즐거움. 안락함.
寧日[영일] 평화스러운 날. 편안한 날.

[寥] 14 宀-11 | 료 | 고요할 | ㊤蕭
リョウ
さびしい

筆順 宀宀宀宀宀穾寥寥

意味 ① 고요함. 잠잠함. ② 쓸쓸함. ③ 휑하게 빔(空).「寂一」④ 깊음.

寥落[요락] ① 영락(零落) 또는 몰락(沒落)된 모양. ② 거칠게 황폐해진 모양. ③ 별이 드물게 뜬 모양.
寥寥[요요] ① 쓸쓸하고 적막한 모양. ② 수효가 적어 텅 비고 공허한 모양.

[寞] 14 宀-11 | 막 | 쓸쓸할 | ㊤藥
バク・マク
さびしい

筆順 宀宀宀宀宆宆寞寞

意味 ① 쓸쓸함. 적적함. ② 고요함. 잠잠함.「寂一」

*[實]** 14 宀-11 | 실 | 넉넉할 | ㊤質
ジツ
み・みのる

筆順 宀宀宀宁宵宵實實

解字 賔·實 形聲. 집을 뜻하는 宀과 재보를 뜻하는 貝와 음을 나타내는 毌(모)[실은 변음]를 합쳐서 집 안에 재보가 가득하다의 뜻. 널리 꽉 차다의 뜻으로 쓰임.

意味 ① 넉넉함. ② 여뭄. 꽉참.「充一」③ 열매. 「果一」 알맹이.「一質」④ 성실함. 참. 참스러움. 사실.

實權[실권] 실제로 행할 수 있는 권리. 또는 권세.「술. ↔이론(理論)」
實技[실기] 실지로 행할 수 있는 기술.
實驗[실험] ① 실제로 시험해 봄. ② 실지의 경험. ③ 자연 현상에 인위(人爲)를 가하여 변화를 일으켜서 관찰하는 일.「제로 나타냄.
實現[실현] 실제로 나타남. 또는 실
實利[실리] 실지로 얻은 이익.

[寤] 14 宀-11 | 오 | 잠깰 | ㊤遇
ゴ

筆順 宀宀宀宆宆宆寤寤

意味 ① 잠을 깸. ② 깨침.

寤寐[오매] ① 잠을 자는 것과 깨는 것. ② 자나 깨나.

[察] 14 宀-11 | 찰 | 살필 | ㊤點
サツ
みる

筆順 宀宀宆宆宆穾察察

解字 形聲. 씌우개를 뜻하는 宀(면)과 음을 나타내는 祭(제)[찰은 변음]를 합쳐서 가리워져 보이지 않는 것을 애써 분간한다는 뜻. 후에 추측함·밝힘이라는 뜻으로도 쓰게 됨.

意味 ① 살핌.「觀一」 봄(觀). ② 분명함. 분명히 함.「明一」③ 헤아림. 생각함.「推一」

察知[찰지] 샅샅이 살펴서 명백히 앎.

*[寢]** 14 宀-11 | 침 | 잘 | ㊤寢 ねる
シン

筆順 宀宀宀宆宆宆寝寝

意味 ① 잠. 누움. =寢「就一」② 방. ③ 정자각(丁字閣). ④ 쉼. 그침. ⑤ 운자(韻字).

寢具[침구] 사람이 잠을 잘 때에 쓰는 여러 가지 물건. 이불·베개 등.
寢臺[침대] 사람이 누워 잘 수 있도록 만든 침상.

蜜 虫부 8획

[寬] 15 宀-12 | 관 | 너그러울 | ㊤寒
カン
ひろい

筆順 宀宀宀宆宆宆宆寬

解字 形聲. 집을 뜻하는 宀과 음을 나타내는 莧(관)을 합쳐서 집이 넓다의 뜻. 후에 넓다·마음이 크다의 뜻으로 씀.

意味 ① 넓음. 너그러움.「一大」② 놓아 줌(宥). 용서함(恕).「一容」

參考 '넓다'의 뜻을 가진 글자→廣

寬大[관대] 마음이 너그럽고 큼.
寬恕[관서] 너그럽게 용서함.
寬雅[관아] 마음이 너그럽고 품성(品性)이 고상함.

[宀部] 12~17획・[寸部] 0획

[寮] 15 / 宀-12 | 료 | 동관 | ⊕蔦 | リョウ

筆順: 宀宀宋宋寮寮寮

解字: 形聲. 집을 뜻하는 宀과 음을 나타내는 尞를 합쳐서 사람이 많이 모여 사는 집을 뜻함.

意味: ① 동관(同官). 동료.=僚 ② 작은 창(窓). ③ 중의 집.

寮舎[요사] リョウシャ ① 학교나 공공 단체의 기숙사(寄宿舎). ②〈佛〉절에 있는 중들이 거처하는 집.

[寫] 15 / 宀-12 | 사 | 모뜰 | ⊕寫 | シャ / うつす

筆順: 宀宀宀宓宓寫寫

意味: ① 모뜸. 베낌. 「謄一」「映一」② 부어 만듦.

寫本[사본] シャホン 어떤 문서나 책을 그대로 옮겨 부본(副本)을 만듦. 또는 그 책이나 서류.

[審] 15 / 宀-12 | 심 | 살필 | ⊕審 | シン / つまびらか

筆順: 宀宀宋宋寀審審

解字: 會意. 쇠우개를 뜻하는 宀(면)과 물건을 잘 나누다의 뜻인 番(번)을 합쳐서 덮여 있는 것을 살펴서 밝히다의 뜻.

意味: ① 자세한 모양. 분명함. ② 살핌. 상세하게 조사함. 「一査」③ 묶음(束). ④ 참으로. 과연.

審査[심사] シンサ 상세히 조사하여 심의(審議) 또는 사정(査定)함. 「一員」

審議[심의] シンギ ① 심사(審査)하여 의논함. ② 어떤 사항에 관하여 그 이해・득실을 자세히 논의함.

[窮] 穴部 10획
[窯] 穴部 10획

[寰] 16 / 宀-13 | 환 | 경기고을 | ⊕寰 | カン

筆順: 宀宀宐宐寰寰寰

意味: ① 경기 고을. ② 대궐 담. ③ 천하(天下).

寰内[환내] カンダイ 임금이 다스리는 영토 전체. 「수륙의 총칭」.

寰海[환해] カンカイ 천하・세계・지구(地球).

[賽] 貝部 10획

[寵] 19 / 宀-16 | 총 | 사랑 | ⊕寵 | チョウ / めぐむ

筆順: 宀宀宐宐寵寵

意味: ① 사랑. 사랑함. 「一愛」② 은혜. 「恩一」③ 영화(榮華).

寵臣[총신] チョウシン 특별히 사랑을 받는 신하. 마음에 드는 신하.

寵兒[총아] チョウジ ① 어떤 방면에서 인기가 있는 사람. ② 특별히 사람들의 사랑을 받는 아이. ③ 운을 잘 타고 난 사람. 행운아(幸運兒).

[寶] 20 / 宀-17 | 보 | 보배 | ⊕宝 | ホウ / たから

筆順: 宀宀宐宐寶寶

解字: 形聲. 집을 뜻하는 宀과 재보를 뜻하는 王・貝와 음을 나타내는 缶(부) [보는 변음]를 합쳐서 소중히 간수하는 가보(家寶)라는 뜻.

意味: ① 보배. 돈. ② 귀함. 편리함. 「一典」③ 옥새(玉璽). 천자.

寶物[보물] ホウモツ / たからのもの 보배로운 물건.

寶石[보석] ホウセキ 광택이 아름답고 질이 단단하며 굴절률이 큰, 드문 보옥. 변질하지 않으므로 장식용으로 쓰임.

寶玉[보옥] ホウギョク 보배로운 옥. 보석.

寸 部

[寸] 3 / 寸-0 | 촌 | 마디 | ⊕顧 | スン・ソン

筆順: 一寸寸

解字: 指事. 손목의 맥을 一로 표시하고 손목에서 맥까지의 거리를 한 치로 하여 그곳을 짚는다는 데서 재다의 뜻으로 쓰임.

意味: ① 마디. ② 치(길이의 단위). ③

[寸部] 3〜8획

잼. =忖 헤아림. ④ 조금. 적음. ⑤ 촌수.

寸隙[촌극]ㅈ`ヶキ 아주 짧은 겨를. 촌가(寸暇). 촌한(寸閑).

寸陰[촌음]ㅈ`ィン 얼마 안되는 아주 짧은 시간. 눈 깜짝할 사이. 촌각. 촌시.

寸志[촌지]ㅈ`ッ ① 작은 뜻. 촌심(寸心). ② 자기 의지에 대한 겸칭. ③ 자그마한 마음을 나타낸 것뿐인 적은 선물.

[寺] 6획 | 1.사 | 절 | 俗實
寸3 | 2.시 | | 俗實
シ・ジ
てら

筆順 一 十 土 土 寺 寺

意味 ① 절. ② 마을. ③ 천하게 노는 계집.「一黨」② 내시. 환관.

寺僧[사승]ㅈィソゥ 절에 있는 중.

寺院[사원]ㅈィン ① 절이나 암자. ② 천주교·기독교 등 종교의 교당(教堂).

[対] 對(寸부 11획)의 약자

[寿] 壽(士부 11획)의 약자

[封] 9획 | 봉 | 무덤 | 俗圶
寸6 | | |
ホウ・フウ

筆順 一 十 土 土 圭 封 封

意味 ① 무덤. 큼. ② 지경. ③ 땅을 떼어 줌.「一侯」벼슬을 봉함. ④ 부자. ⑤ 봉함(封緘). 막음.「完一」⑥ 봉선제(封禪祭). ⑦ 나라 이름.

封鎖[봉쇄]ㅎゥサ ① 굳게 잠그고 출입을 금함. 폐쇄(閉鎖). ② 맡겨 놓은 돈을 자유로 찾지 못하게 함. ③ 병력으로 적을 포위하고 외부와의 교통을 끊음.

封印[봉인]ㅎゥイン 밀봉(密封)한 자리에도 장을 적음.

[専] 專(寸부 8획)의 약자

[射] 10획 | 1.사 | 쏠 | 俗鵆
寸7 | 2.야 | | 俗鵆
   | 3.석 | | 俗陥
   | 4.역 | | 俗陥
シャ・ヤ・セキ・エキ
いる

筆順 ′ ⺁ 自 身 身 射 射

意味 ① 쏨. 활을 쏨. 궁술. ② 벼슬 이

름. ③ 맞히다. ④ ① 싫음. ② 율(律) 이름. ③ 산 이름.

射撃[사격]ㅎャゲキ 대포·총을 쏘아 목적을 맞히거나 공격하는 일.「죽임.

射殺[사살]ㅎャサッ 활이나 총 등으로 쏘아

[将] 將(寸부 8획)의 약자

[辱] 辰부 3획

[尉] 11획 | 1.위 | 기다릴 | 俗未
寸8 | 2.을 | | 俗物
   | | | イ

筆順 ⺕ ⺕ 尸 尽 尿 尉 尉

解字 形聲. 손을 뜻하는 寸과 다리를 뜻하는 火와 음을 표시한 ⺕(위)·(울)은 변윤)급을 합쳐서 다리미를 천에 대다의 뜻. 널리 누르다[押]의 뜻으로 쓰임.

意味 ① ① 기다림. ② 벼슬 이름.「大一」누름[按]. =熨 ④ 편안히 함. =慰 ② 성(姓)의 하나.

尉官[위관]ィヵン 군인의 계급의 하나. 대위·중위·소위 등 하급 장교의 총칭.

[將] 11획 | 장 | 장수 | 俗漢
寸8 | | |
ショウ
ひきいる・まさに

筆順 ⺡ ⺡ ⺡ ⺡ 肝 股 將

解字 形聲. 손에 고기를 쥐다의 뜻인 ⺡과 음을 표시하는 爿(장)을 합쳐서 어느님에게 고기를 권해 올리다의 뜻. 널리 거느리다의 뜻으로 쓰임.

意味 ① 장수. 장군. 대장. ② 거느림. ③ 장차. ④ 장성함. ⑤ 청컨대. ⑥ 문득. ⑦ 또. ⑧ 써. ⑨ 기름[育]. ⑩ 받들. ⑪ 보냄. ⑫ 나아감. ⑬ 가짐.

將軍[장군]ショゥ ① 군(軍)을 지휘·통솔하는 무관. ② 장관(將官)의 속칭.

將來[장래]ショゥ ① 앞날. 미래(未來). ② 가지고 옴. ③ 전도(前途).

將門[장문]ショゥモン 장군의 가문(家門).

[専] 11획 | 전 | 오로지 | 俗先
寸8 | | |
セン
もっぱら

筆順 一 ⺁ 百 百 車 車 専

意味 ① 오로지.「一一」수로 함. ② 제 마음대로 함. =擅「一橫」

專修[전수] 오로지 그 한 가지 일만을 닦음. 집중함.

專心[전심] 마음을 한 가지 일에만.

專業[전업] ① 전문의 직업이나 사업. ② 독점 사업(獨占事業).

[尋] 寸9 12획 | 심 | 찾을 | ⓒ俊
ジン
たずねる・ひろ

筆順 一ㄱㄹㄹ尹君君尋尋

解字 形聲. 왼손을 뜻하는 ナ와 오른손을 뜻하는 ㅋ를 합쳐서 좌우의 손이다. 생각되어 있지만 음이 ㅋ(삼)을 합쳐서 두 손의 길이·나비를 가리키던 글자임. 지금의 尋은 음인 ㅋ이 없는 회의자(會意字).

意味 ① 찾음.「一訪」물어봄. ② 들어서 확인함.「一問」③ 두 팔을 벌린 나비. ④ 보통.「一常」

尋問[심문] 방문하여 만나 봄.

尋常[심상] ① 심(尋)은 8척(尺), 상(常)은 1장 6척(一丈六尺). ② 대수롭지 않고 예사로움. ↔비상(非常)

[尊] 寸9 12획 | ① 존 ② 준 | 높을 | ⓒ元 ⓒ元
ソン
たっとい・たっとぶ

筆順 ハハ炏肏酋尊尊

意味 ① ① 높음. ② 공경함.「一贵」 ③ 남을 존대할 때 붙이는 말.「一啣」 ② 술을 담는 그릇.=樽·罇

尊敬[존경] 받들어 공경함. ↔경멸

尊貴[존귀] 높고 귀(貴)함.

尊堂[존당] 남의 어머니의 경칭. 영당(令堂).「잘난 체함」

尊大[존대] 벼슬이나 인격이 높음.

尊慮[존려] 남의 염려의 경칭.

尊重[존중] 높이어 소중하게 여김.

[對] 寸11 14획 | 대 | 마주볼 | ⓒ隊
タイ・ツイ
こたえる

筆順 " 业业業業對對

意味 ① 마주 봄.「敵一」② 상대.「一象」③ 짝. 쌍. ④ 대답함.「應一」

對談[대담] 마주 앉아 이야기함.

對立[대립] ① 마주 대하여 섬. ② 서로 반대의 입장에 섬.

對面[대면] 서로 얼굴을 마주 대함. 서로 만나봄.

對抗[대항] 서로 경쟁함.「이야기」

對話[대화] 서로 마주 대하여 하는

[導] [導] (寸부 13획)의 약자

[奪] 大부 11획

[導] 寸13 16획 | 도 | 인도할 | ⓒ號
ドウ
みちびく

筆順 " 首首首道導

解字 會意. 손을 뜻하는 寸과 걸어 다니는 길을 뜻하는 道를 합쳐서 손으로 이끌어 길을 가다의 뜻.

意味 ① 인도함.「先一」가르침.「訓一」③ 전함.「一火線」열어줌. 터줌. ④ 다스림.

導入[도입] 끌어 들임.

導體[도체]〈物〉열(熱)이나 전기(電氣) 등을 전하는 물체. 양도체(良導體). ↔부도체(不導體)

導火線[도화선] ① 화약이 터질 수 있도록 불을 점화(點火)하는 심지. ② 사건이 발생하는 직접적인 원인.

小 部

[小] 小0 3획 | 소 | 작을 | ⓒ篠
ショウ
ちいさい・こ・お

筆順] 小小

解字 指事. 물건이 작고 자잘함을 나타냄. 작은 점 세 개로 나타내던 것이 지금과 같은 모양으로 달라짐. 부수로는 작은 것에 관한 뜻을 나타냄.

意味 ① 작음. ↔大 적음.=少 잚음. ② 간단함. ③ 천함. 신분이 낮음. ④ 하찮음.「一成」자잘함. ⑤ 마음이 좁음.「一心」⑥ 어림.「一兒」↔⑦ 시시함. 쓸모 없음. 덕(德)이 낮은.

[小部] 1~10획·[尤部] 0~9획

「一人」 ⑧ 자기를 낮추어 일컫는 말. 「一生」 ⑨ 가벼이 여김.
小兒[소아]ショゥ ① 조그만 아이. ② 자기의 아들을 일컫는 말. ③ 사람을 천하게 여겨 일컫는 말.
小生[소생]ショゥ ① 자신을 낮추어 일컫는 말. ② 남을 천하게 여겨 부르는 말. ③ 초학자(初學者). 「문(文文)」.
小序[소서]ショゥ 각편(各篇)의 짧은 서.
小才[소재]ショゥ 조그마한 재능(才能). 대수롭지 않은 재주.
小包[소포]ㄷㄷㄷ ① 자그마하게 포장한 물건. ② 소포 우편.

[少]⁴ 小1 │ 소 │ 적을 │ ㊤篠 │
ショゥ
すくない・すこし

筆順 丿 ⺌ 小 少

意味 ① 적음. 좀 드믊. 「僅─」「稀─」 ↔多 ② 줆. 줄게 함. 「減─」 ③ 잠깐. ④ 젊음. 젊은이. 「一年─」 ↔老
少間[소간]ショゥ 짧은 동안. ① 병이 점점 나아짐.
少額[소액]ショゥ 적은 금액. ↔다액(多額)
少壯[소장]ショゥ ① 젊고 원기(元氣)가 왕성함. ② 젊은이.

[尖]⁶ 小3 │ 첨 │ 뾰족할 │ ㊤鹽 │
セン
とがる

筆順 丿 ⺌ 小 ⺌ 少 尖

意味 ① 뾰족함. ② 끝. 「─端」 ③ 날카로움. 「─銳」
尖端[첨단]ㄱㄱ ① 물건의 뾰족하고 모난 끝. ② 유행·시대 사조(思潮)의 앞장.

[当] 當(田부 8획)의 약자

*[尚]⁸ 小5 │ 상 │ 숭상할 │ ㊦漾 │
ショゥ・ジョゥ
なお・たっとぶ

筆順 丨 ⺌ ⺌ 尚 尚 尚

意味 ① 숭상함. 중히 여김. 「一武」 높임. ② 더함. 겹침. ③ 꾸밈. 짝을 지음. ④ 기특하여 칭찬함. 자랑함. ⑤ 주관함. ⑥ 오히려. ⑦ 성(姓)의 하나.
尚古[상고]ショゥ 옛적의 문화나 제도(制度)를 숭상(崇尙)함. 숭고(崇古).

[省] 目부 4획

[尠]¹³ 小10 │ 선 │ 적을 │ ㊤銑 │
セン
すくない

筆順 一 ⺀ 甘 其 其 甚 甚 尠

意味 적음. ≒鮮

尤(兀·允)部

[尢]³ 尢0 │ 왕 │ 절름발이 │ ㊤陽 │
オウ

筆順 一 ナ 尢

意味 ① 절름발이. 휘어진 정강이. ② 곱추. 난장이.

*[尤]⁴ 尢1 │ 우 │ 더욱 │ ㊤尤 │
ユウ
とがめる・もっとも

筆順 一 ナ 尢 尤

意味 ① 더욱. 특히. ② 탓함. 타박 줌. ③ 뛰어남. 「一物」 ④ 운자(韻字).
尤物[우물]ユウ ① 가장 뛰어난 사람. ② 아름다운 여자.

[尨]⁷ 尢4 │ 방 │ 삽살개 │ ㊤江 │
ボウ
むくいぬ

筆順 一 ナ 尢 尢 尨 尨 尨

意味 ① 삽살개. 얼룩짐. ② 부피가 큼. 「一大」 ③ 헝클어짐. 「一雜」

*[就]¹² 尢9 │ 취 │ 이룰 │ ㊦宥 │
シュウ・ジュ
つく

筆順 ' 亠 古 亨 京 京 就 就

意味 ① 이룸. 「成─」 ② 마침. ③ 능(能)함. ④ 나감. 좇음. 「去─」 ⑤ 곧. ⑥ 가령. ⑦ 저자. ⑧ 성(姓)의 하나.

就業[취업] ① 업무에 종사함. ② 취직. 「감. ↔사임(辭任)
就任[취임] 맡은 바 임무에 나아

尸 部

[尸] 尸0 │시│시동│㊦支│
しかばね・かたしろ

筆順 フコア尸

意味 ① 시동, 신주, 위패. ② 주검, 시체. =屍
尸祝[시축] 신주(神主)와 제문(祭文). 숭배하는 뜻.

[尹] 尸1 │윤│다스릴│㊦眞│イン

筆順 フコヲ尹

意味 ① 다스림, 바로 잡음. ② 벼슬 이름. ③ 말. ④ 믿음. ⑤ 포(脯). ⑥ 성(姓)의 하나.

*[尺] 尸1 │척│자│㊤陌│
セキ・シャク

筆順 フコア尺

意味 ① 자, 길이의 단위. 한 치의 열 배. 길이를 재는 기구. 「曲一」 ② 짧은, 약간의. 「一地」가까움. ③ 편지를. 「一牘」④ 두 살 반의 나이를 1척이라 함. 「六一之孤」⑤ 법(法).
尺牘[척독] 편지, 문서(文書).
尺地[척지] 얼마 되지 않는 땅. 퍽 좁은 땅. 촌토(寸土).

[尻] 尸2 │구│공무니│㊤豪│ しり
コウ

筆順 フコア尸尻

意味 ① 공무니, 밑바닥, 엉덩이, 볼기, 궁둥이. =臀 구부림.
尻坐[구좌] 궁둥이를 땅에 대고 앉음.

[尼] 尸2 │①니│여승│㊤支│
ジ・ニ ②닐│ │㊤質│
あま

筆順 フコア尸尼

意味 ① ① 여승. 「一僧」② 공자(孔子)의 자(字). ② ① 가까움. ② 정(定)함. ③ 그칠(止).
尼僧[이승] 여승. 비구니(比丘尼).

[尽] 盡(皿부 9획)의 약자

*[局] 尸4 │국│마을│㊤沃│
キョク
つぼね

筆順 フコア局局局

意味 ① 마을[옛날의 관청], 관리의 사무실. ② 방. ③ 구획, 일부분. 「一所」④ 일정한 직무・책임. 「當一者」⑤ 재능, 도량. 「器一」⑥ 되어가는 형편. 「時一」⑦ 구분을 지음. 「一限」
局部[국부] ① 전체 가운데 일부분. ② 음부(陰部).
局所[국소] ① 전체 중의 일부분. ② 신체의 일부분.

[尿] 尸4 │뇨│오줌│㊦嘯│ニョウ

筆順 フコア尸尻尿

意味 오줌.
尿道[요도] 〈生〉오줌을 방광(膀胱)에서 몸 밖으로 내보내는 역할을 하는 관(管).

*[尾] 尸4 │미│꼬리│㊤尾│ ビ
お

筆順 フコア尸尾尾尾

解字 尾 會意. 사람의 엉덩이를 뜻하는 尸와 털을 뜻하는 毛를 합쳐서 꼬리라는 뜻. 후에 뒤・끝 끝마침의 뜻으로 씀.

意味 ① 꼬리. ② 뒤. 끝. 「首一」
尾大[미대] ① 꼬리가 큼. ② 뒤의 끝이 크게 벌어짐.

[屁] 尸4 │비│방귀│㊦寘│ヘ

筆順 フコア尸戸屁屁

意味 방귀.

*[居] 尸5 │거│살│㊦魚│ キョ・コ
いる

筆順 フコア尸戸居居

[尸部] 5〜8획

意味 ① 삶. 있음.「一住地」② 앉음.「起一」③ 머무름.「一留」④ 벼슬을 하지 않음. 불교에서 법명을 가진 속인(俗人)을 일컫는 말.「一士」
居間[거간] ① 거실(居室). ② 사이에 서서 흥정을 붙임.
居室[거실] ① 거처하는 방. ② 집에 있음. ③ 부부(夫婦).「「一地」
居住[거주] 머물러 삶. 또는 그집.

【届】 $_{尸5}^{8획}$ │계│이를│㉠卦│
カイ
とどける

筆順 フラコア居届届

意味 이를[至].

届出[계출] 관청이나 상사(上司)에게 신고함.

[届] 届(전항)의 속자

*【屈】 $_{尸5}^{8획}$ │굴│굽을│㉠物│
クツ
かがめる

筆順 フラコア尸屈屈屈

解字 屈 形聲. 꼬리를 뜻하는 尸와 음을 나타내는 出(출)[굽은 번음]을 합쳐서 짧은 꼬리라는 뜻. 후에 구부리다의 뜻으로 씀.

意味 ① 구부림.↔伸「一曲」② 부러짐. 꺾어짐.「一折」③ 따르게 함.「一服」④ 강한 모양.「一強」

屈強[굴강] 고집이 세어서 남에게 굴(屈)하지 아니함.
屈伏[굴복] 힘이 미치지 못하여 굽어 엎드림. 힘에 굴(屈)하여 복종함.

【屎】 $_{尸6}^{9획}$ │㉠尿│아파서끙─│㉡支│㉣紙│
シ
くそ

筆順 フラコア尸屍屎屎

意味 1 아파서 끙끙거림. 2 똥.=糞↔

屎尿[시뇨] 대변과 소변.

【屍】 $_{尸6}^{9획}$ │시│주검│㉣支│
シ
しかばね

筆順 フラコア尸尸屍屍

意味 주검. 송장.=尸
屍體[시체] 죽은 사람의 신체(身體).

*【屋】 $_{尸6}^{9획}$ │옥│집│㉠屋│
オク
や

筆順 フラコア尸尸层屋屋

意味 ① 집.「家一」② 지붕.「一上」
屋內[옥내] 집의 안. 실내(室內).↔옥외(屋外)
屋舍[옥사] 집. 가옥(家屋).

【屐】 $_{尸7}^{10획}$ │극│나막신│㉠陌│
ゲキ・ケキ
はきもの

筆順 フラコア尸尸屈屐屐

意味 나막신. 신.

屐履之間[극리지간] 길을 걸어 다니는 동안.

【屑】 $_{尸7}^{10획}$ │설│조촐할│㉠屑│
セツ
くず・いさぎよい

筆順 フラコア尸尸屑屑屑

意味 ① 조촐함. ② 수고스러움. ③ 가루.

屑屑[설설] ① 동작이 번거롭고 침착하지 못한 모양. ② 부지런한 모양.

*【展】 $_{尸7}^{10획}$ │전│펼│㉣銑│のべる
テン

筆順 フラコア尸尸屈屈展

解字 展 形聲. 자고 있는 사람을 뜻하는 尸와 음을 나타내는 㠭(전)을 합쳐 자면서 몸을 뒤적여 굴리다의 뜻. 후에 펴다의 뜻으로 씀.

意味 ① 폄.「一開」② 퍼짐.「發一」③ 줄을 지어 펴놓음.「一示」④ 구름. 굴러 감. =轉「一轉」

展觀[전관] 펼쳐 놓고 봄. 전람(展覽).
展覽[전람] 벌이어 놓고 봄.「覽」.
展望[전망] ① 멀리 바라봄. ② 앞 날에 있어서의 일의 형세를 내다봄.

【屛】 $_{尸8}^{11획}$ │병│병풍│㉢靑│
ヘイ・ビョウ

筆順 フラコア尸尸屏屏屛

① 병풍(屛風). ② 덮음. ③ 울타리.
屛風[병풍] 바람을 막고 무엇을 가리기 위하여 방안에 치는 물건.

【屠】 12 ㄕ9 [1]도 [2]저 | 죽일 | (中)虞 ト ほふる

筆順 ᄀᄀ尸尸尸尸居居屠

意味 [1] ① 죽임. 가축을 잡음. 「—殺」 ② 잘라서 가름. [2] 흉노의 왕 이름.
屠殺[도살] 소나 말 등 짐승을 죽임.

【属】 屬(尸부 18획)의 속자

【犀】 牛부 8획

*【屢】 14 ㄕ11 | 루 | 여러 | (中)遇 ル しばしば

筆順 ᄀᄀ尸居居屢屢

解字 形聲. 집을 뜻하는 屋의 생략형인 尸와 음을 나타내는 婁를 합쳐서 여러 층으로 된 집이라는 뜻. 후에 자주라는 뜻으로 쓰임.

意味 ① 여러. 자주. 늘. ② 빠름(疾).
屢屢[누누] 여러 번. 여러 차례. 「—로」
屢次[누차] ① 여러 번. ② 가끔. 때때로

【層】 層(尸부 12획)의 약자

*【履】 15 ㄕ12 | 리 | 가죽신 | (上)紙 リ ふむ・くつ

筆順 ᄀᄀ尸尸屏屏履

意味 ① 가죽신. 신. ② 신을 신음. ③ 밟음. ④ 녹(祿). ⑤ 행함. 「—行」 ⑥ 겪음. 「—歷」
履歷[이력] 지금까지 지내 온 학업이나 직업 등의 경력.

*【層】 15 ㄕ12 | 층 | 층 | (中)蒸 ソウ

筆順 ᄀᄀ尸屛層層層

意味 ① 겹침. 거듭. 「地——」 ② 층. 층층대. 「上—」 ③ 다락.
層構[층구] 층층(層層)으로 지은 건물. 고층 건물(高層建物).
層雲[층운] ① 여러 층으로 겹친 구름. ② 안개구름.

【屨】 17 ㄕ14 | 구 | 삼신 | (去)遇 ク あさぐつ

筆順 ᄀᄀ尸尸尸屏屏屨屨

意味 삼신. 생삼(麻)으로 삼은 신.
屨及劍及[구급검급] 급해서 당황하는 모양. 신은 신대로 가고, 칼은 칼대로 간다는 뜻.

*【屬】 21 ㄕ18 [1]촉 [2]속 | 이을 | (入)沃 (去)遇 ゾク・ショク つらねる・つく

筆順 ᄀᄀ尸屛屬屬屬

意味 [1] ① 이음. 얽어 맴. ② 붙임. 「附—」 ③ 모임(會). ④ 부탁함. 분부함. =囑 「—託」 [2] ① 무리. ② 좋음. ③ 붙이(親族). 「親—」 ④ 거느림.
屬國[속국] 독립(獨立)할 능력이 없어서 정치적으로 다른 나라에 매여 있는 나라. 속방(屬邦).
屬吏[속리] ① 하급 관리. 평범한 관리. ② 부하의 관리. 「—는 성질」
屬性[속성] 어떤 사물의 본질을 이

【屭】 24 ㄕ21 | 희 | 힘우적 우쩍쓸 | (去)寘 キ ひいき

筆順 ᄀᄀ尸屛屛屓屭

意味 ① 힘을 우적우적 씀. ② 으리으리함.

屮 部

【屮】 3 屮0 [1]철 [2]초 | 싹이삐 죽나올 | (入)屑 (上)晧

【屯】 4 屮1 [1]둔 [2]준 | 모일 | (中)元 (中)眞 トン・チュン たむろ

筆順 ᆢㄴㄴ屯

意味 [1] ① 모임(聚). 사람이 모임. ②

[山部] 0～5획

진을 침. 머물러 지킴.「一田」③ 군대 편성의 작은 집단. ② ① 어려움. 고민을 함. ② 두터움. 아낌.

屯衞[둔위] 군대가 주둔하여 진영을 지킴.

屯田[둔전] 군대가 머물러 수비하면서 농사를 짓던 밭.

山 部

【山】 山0 | 산 | 메 | ㉠刪 |
サン・セン
やま

筆順 丨 山 山

解字 象形. 높이 솟은 산을 본뜸. 높은 산이라는 뜻.

意味 ① 메. ② 높이 솟아 오른 것.

山水[산수] ① 산과 물. ② 산에 흐르는 물. ③ 산과 물이 있는 풍경을 그린 그림. 산수화(山水畵).
山陽[산양] 햇볕이 쬐는 산의 남쪽.
山賊[산적] 산속에 근거지를 두고 지나가는 사람의 재물을 빼앗는 도둑.

【岌】 山4 | 급 | 산우뚝할 | ㉠緝 |
キュウ

筆順 丨 山 山 屶 岌 岌

意味 ① 산이 쭈뼛이 솟음. 키가 큼. 위태로움.

岌岌[급급] ① 높음. 높은 모양. ② 위험한 모양. ③ 질주(疾走)하는 모양.

【岐】 山4 | 기 | 높을 | ㉤支 |
キ・ギ
わかれる

丨 山 山 屶 屾 岐 岐

意味 ① 높음. ② 주(周)가 일어난 곳에 있는 산 이름. ③ 두 개로 갈라짐.「一路」「分一點」

岐路[기로] 갈림길. 여러 갈래로 갈라진 길.

【岑】 山4 | ①잠 ②음 | 멧부리 | ㉠侵 ㉡寢 |
シン・ジン
みね

筆順 丨 山 山 屶 岑 岑

意味 ① ① 멧부리. ② 아픔. ② ① 기슭. ② 낭떠러지.

岑樓[잠루] 높이 솟은 산. 또는 높은 다락집. 고루(高樓).

【岬】 山5 | 갑 | 산허구리 | ㉑洽 |
コウ
みさき

筆順 丨 山 山 屶 屾 岬

意味 ① 산의 허구리. ② 줄이 느즈런함.

【岡】 山5 | 강 | 멧등 | ㉟陽 |
コウ
おか

丨 冂 冂 罔 岡 岡 岡

意味 ① 멧등. 산등성이. ② 언덕. 작은 산.

【岱】 山5 | 대 | 산이름 | ㉣隊 |
タイ

筆順 丨 亻 仁 代 代 岱 岱

중국의 오악(五岳) 중의 하나인 태산(泰山)의 이름.

【岳】 山5 | 악 | 큰산 | ㉑覺 |
ガク
たけ

筆順 丨 ノ 丘 乒 岳 岳

解字 會意. 山(산)과 丘(언덕)를 합쳐서 큰 산이라는 뜻.

意味 ① 큰 산. 높은 산.「山一地帶」유난히 엄숙함. ③ 아내의 양친에 붙여서 부름.「一父」

岳父[악부] 아내의 아버지. 장인.

【岸】 山5 | 안 | 언덕 | ㉟翰 |
ガン
きし

筆順 丨 山 山 屶 屵 岸 岸

解字 形聲. 山(산)과 厂(벼랑)과 음을 나타내는 干(간)[안은 변음]을 합쳐서 깎아지른 듯한 벼랑이라는 뜻. 널리 물가·벼랑의 뜻으로 쓰임.

意味 ① 언덕. 낭떠러지. ② 섬돌[階]. ③ 기운참.「魁一」

岸頭[안두] ① 물가의 언덕 위. ② 안변(岸邊).

[岨] 8획 山5 ① 저 ② 조 | 돌산에 흙덮일 | 魚語 | ショ・ソ
筆順 丨 凵 山 山 山' 岠 岨
意味 ① 꼭대기에 흙이 있는 돌산. ② ① 산이 울퉁불퉁함. ② 험한 산길.

[峙] 9획 山6 | 치 | 산이우뚝솟을 | 紙 | ジ そばだつ
筆順 山 山- 山⼧ 峙 峙 峙 峙
意味 ① 산이 우뚝 솟아 있음.「一立」② 높은 언덕.「京一」③ 갖춤. 쌓음.

[島] 10획 山7 | 도 | 섬 | 皓 | トウ しま
筆順 ′ 冂 冋 户 自 鸟 島
意味 섬. 바다나 호수 가운데의 육지.
島國[도국] バダㄷ 바다로 둘러 싸인 나라. 섬나라. 해국(海國).

*[峯] 10획 山7 | 봉 | 봉우리 | 冬 | ホウ・フ みね
筆順 ′ 冖 山 屮 ¥ 夆 峯
意味 봉우리. 산꼭대기.
峰頭[봉두] ホウ トウ 산봉우리. 산정(山頂). 산봉(山峯).「一群」봉우리들.
峰巒[봉만] ホウザン 산꼭대기의 뾰족뾰족한

[峨] 10획 山7 | 아 | 산이높을 | 歌 | ガ
筆順 山 山- 屮+ 屮+ 峨 峨 峨
意味 ① 산이 높음. 험한 산. ② 산 이름.
峨峨[아아] ガガ ① 산이 높고 험준한 모양. ② 풍채가 엄숙(嚴肅)하고 위엄(威嚴)이 있는 모양

[峻] 10획 山7 | 준 | 높을 | 震 | シュン けわしい
筆順 山 山- 屮- 岁 岁 岁 峻
意味 ① 높음. 높고 큼. ② 혹독함.「一烈」③ 험함.「一嶮」
峻拒[준거] シュン キョ 엄격히 저절함. 딱 잡

峻嶺[준령] シュンレイ 높고 험한 산. 아 뗌.

[峭] 10획 山7 | 초 | 악할 | 嘯 | けわしい
筆順 山 山' 屮' 屮' 岁 峭 峭
意味 ① 높고 험악함.「峻一」② 지독함.

[峴] 10획 山7 | 현 | 재 | 銑 | ケン とうげ
筆順 山 山 山冂 山日 山目 山見 峴
意味 ① 재. 고개. ② 중국의 산 이름.

[峽] 10획 山7 | 협 | 물낀두메 | 洽 | キョウ はざま
筆順 丨 凵 山 山- 山⼧ 峽 峽 峽
意味 ① 물을 낀 두메. 물을 낀 산골. ② 산 이름.
峽間[협간] キョウカン 골짜기. 양쪽 산 사이.

[崗] 岡(山부 5획)의 속자.

[崑] 11획 山8 | 곤 | 곤륜산 | 元 | コン
筆順 ⼧ 屮 屮 崩 崩 崑 崑
意味 중국 서부에 있는 산 이름.「一崙」
崑崙[곤륜] コンロン〈地〉중국의 전설에 나오는 산으로 처음에 하늘에 이르는 산, 또는 아름다운 옥(玉)이 나는 산으로 알려졌으나 전국(戰國) 말기부터는 서왕모(西王母)가 살며 불사(不死)의 물이 흐른다고 믿어졌음.

[崎] 11획 山8 | 기 | 산길험할 | 支 | さき
筆順 山 山- 屮- 屮= 屮= 岞 崎
意味 ① 산길이 험함. 순탄하지 않음.「一嶇」② 위태로움.
崎嶇[기구] キク ① 산길이 험한 모양. ② 인생(人生)의 곤란한 모양.

[崙] 11획 山8 | 륜 | 곤륜산 | 元 | ロン
筆順 ⼧ 屮 屮 峇 峇 崙
意味 ① 곤륜산.「崑一」② 나라 이름.

*[崩] 11획 山8 | 붕 | 산무너질 | 蒸

[山部] 8～12획

ホウ
くずれる

筆順 屵 屵 崩 崩 崩

意味 ① 산이 무너짐. 무너져 떨어짐. ② 부서짐. 깨어짐. 망함.「一壞」③ 황제가 죽음.「一御」
崩壞[붕괴] ホウカイ 무너짐. 허물어짐.「墜」
崩落[붕락] ホウラク 무너져 떨어짐. 봉추(崩

【崧】 山11 8 | 숭 | 산불끈 솟을 | 上東 |
スウ・シュウ
そばだつ

筆順 屵 屶 屵 岲 松 松

意味 ① 산이 불끈 솟음. 산이 웅장함. ② 산 이름.
崧高[숭고] スウコウ ① 산이 높고 웅장함. ② 시경(詩經) 대아(大雅)의 편(篇) 이름.

【崖】 山8 11 | ①애 ②의 | 낭떠러지 | 上佳 |
ガイ
がけ

筆順 屵 屵 岸 岸 岸 崖 崖

意味 ① 낭떠러지. ② 변방이 많음. ③ 끝. 경계(境界). ② 언덕.
崖腹[애복] ガイフク 벼랑의 중턱.

*【崇】 山8 11 | 숭 | 높을 | 上東 |
スウ・シュウ
たかい・とうとぶ・あがめる

筆順 屵 屵 岁 崇 崇 崇

意味 ① 높음. 높임. 우러러 받듦.「一拜」「一敬」② 모음(聚). 채움(充).
崇敬[숭경] スウケイ 거룩하게 높여 존경함.

【崔】 山8 11 | 최 | 산우뚝할 | 上灰 |
サイ

筆順 屵 芢 芢 崔 崔

意味 ① 산이 우뚝함. 높고 가파름. ② 성(姓)의 하나.

【嵌】 山9 12 | 감 | 깊은골 | 上咸 |
カン
はめる

筆順 屵 屵 甘 甘 岿 嵌

意味 ① 깊은 골. 결굴[孔]. ② 낌. 끼움.

【嵐】 山9 12 | 람 | 아지랭이 | 上覃 |
ラン
あらし

筆順 屵 片 岚 嵐 嵐

意味 ① 아지랭이. ② 산의 푸른 기운.
嵐氣[남기] ランキ 저녁 나절에 멀리 보이는 산 같은 데 떠오르는 푸르스름하고 흐릿한 공기. 산 안개.

【嵩】 山10 13 | 숭 | 높을 | 上東 |
スウ・シュウ
たかい

筆順 屵 岸 岿 嵩 嵩 嵩

意味 ① 높음. ② 중국의 산. 오악(五岳) 중의 하나.

【嵯】 山10 13 | ①차 ②치 | 산이험하게솟을 | 上歌上支 |
サ

筆順 山 山 屵 岿 嵯 嵯

意味 ① 산이 험하게 솟은 모양. ② 산에 돌이 울퉁불퉁한 모양.

【嶄】 山11 14 | 참 | 산높을 | 上咸 |
ザン・サン

筆順 屵 岸 峀 斬 斬 嶄

意味 ① 산이 높음. 봉우리가 뾰족하여 가파른 모양. ② 빼어나서 남의 눈에 드임.
嶄然[참연] ザンゼン ① 산이 매우 높이 솟은 모양. ② 여러 사람에서 한층 뛰어난 모양.

【嶠】 山12 15 | 교 | 산길 | 下嘯 |
キョウ
やまみち

筆順 山 屵 屺 岿 崦 嶠 嶠

意味 ① 산길. ② 봉우리가 날카롭게 솟음.
嶠嶼[교서] キョウショ 바다 가운데 우뚝 솟은 조그마한 섬.

【嶔】 山12 15 | 금 | 산불끈솟을 | 上侵 |
キン
そばだつ

筆順 屵 岸 岿 崟 嶔 嶔

[山部] 13~20획 · [川部] 0~4획

① 산이 불끈 솟아 있는 모양. ② 산골 어귀.

嶔嶔[금금] 입을 크게 벌리는 모양.

[嶮] 16 山13 | 험 | 산가파를 | ⓑ崄
ケン
けわしい

筆順 山 ⻌八 岭 岭 岭 嶮

意味 ① 산이 가파름. ② 높음.

嶮路[험로] 험한 길.

[嶺] 17 山14 | 령 | 고개 | ⓑ梗
レイ・リョウ
みね

筆順 山 ⼄ 岙 岙 岺 嶺 嶺

意味 ① 고개. 재. 봉우리. 분수령. ② 산길.

嶺上[영상] 고개 위.

[嶼] 17 山14 | 서 | 섬 | ⓑ語
ショ
しま

筆順 山 ⼄ 岁 岁 嶋 嶼 嶼

意味 섬. 작은 섬. 「島―」뭍의 섬.

[嶽] 17 山14 | 악 | 큰산 | ⓑ覺
ガク
たけ

筆順 山 ⼄ 犭 岃 嶽 嶽 嶽

意味 ① 큰 산. ② 무섭고 위엄이 있음.

嶽嶽[악악] 뽐내는 모양. 모가 나고 엄한 모양. 「(岳父).

嶽丈[악장] 아내의 아버지. 악부

[嶷] 17 山14 | 1 의 | 산이름 | ⓐ支
2 억 | ⓑ職
ギ・ギョク

筆順 山 ⼄ 岁 岁 嶷 嶷 嶷

意味 ① 중국의 순(舜) 임금이 묻힌 산 이름. ② 숙성함. 어린이가 똑똑하고 빼어남. ② 높음. 섬「立」.

[嚴] 巖 (山부 20획)의 약자

[巍] 21 山18 | 외 | 높을 | ⓐ微
ギ
たかい

筆順 山 苶 莠 薮 藪 巍 巍

意味 높음. 높고 큼.

巍巍[외외] ① 산이 높고 큰 모양. ② 홀로 서 있는 모양. 독립한 모양.

[嶺] 22 山19 | 전 | 산곡대기 | ⓑ先
テン
いただき

筆順 山 岁 岁 岁 巅 巅 巅

意味 산곡대기. 봉우리.

顚倒[전도] ① 거꾸로 함. ② 혼잡하여 감광질광함.

[巖] 23 山20 | 1 암 | 바위 | ⓑ咸
2 엄 | ⓑ鹽
ガン
いわお

筆順 山 岀 岸 嶝 嶝 巖 巖

意味 ① 큰 바위. 반석. 바위. =岩 「一窟」 ② 험함. 산이 가파름. 높음.

巖塊[암괴] 바위 덩어리.

巖壁[암벽] 벽과 같이 깎아 세운듯이 험하게 솟아 있는 바위. 석벽.

巛(川)部

[川] 3 巛0 | 천 | 내 | ⓑ先
セン
かわ

筆順 ノ 丿 川

意味 ① 내. 물의 흐름. ② 굴[坑].

川獵[천렵] 냇물에서 하는 고기잡이.

[州] 6 巛3 | 주 | 고을 | ⓑ尤
シュウ・ス
しま

筆順 丶 丿 丿 州 州 州

意味 ① 고을. 주. ② 섬.「三角─」

州境[주경] ① 주의 경계. ② 국경(國境).

[巡] 7 巛4 | 순 | 돌 | ⓑ眞
ジュン
めぐる

筆順 く 巛 巛 巡 巡

解字 形聲. 길을 걷다의 뜻인 辶(착)과 음을 나타내는 巛(천)[순은 변음]을 합쳐서 이리저리 돌아 다니다의 뜻.

意味 ① 돌다. 돌아 다님. 돌며 살핌. 두루. 「──」 ② 굽신거림.

巡覽[순람] 각처로 돌아 다니며 봄.

巡視[순시] ジュン 두루 돌아 다니며 시찰함. 또는 그 사람.

【巢】 巛8 | 소 | 새집 | ㊐看 | ソウ す
11

筆順 〈 《 巛 巛 単 単 巢

解字 象形. 나무 위의 새집을 본뜸. 나뭇가지에 만들어진 새집이라는 뜻.

意味 ① 새집. ② 집을 지음. ③ 적진을 망보는 높은 누대. ④ 도둑 떼의 본거지.

巢窟[소굴] ソウ 도둑·비도(匪徒)·악한(惡漢)의 무리가 자리 잡고 사는 곳.

工 部

【工】 工0 | 공 | 공교할 | ㊐東
3
コウ・ク
たくみ

筆順 一 T 工

意味 ① 공교함. 솜씨가 있음. 목수 같은 장인[匠人]. ② 만듦. ③ 옛날 벼슬의 하나.

工業[공업] コウ 자연물이나 원료(原料) 또는 조제품(粗製品)에 기계나 인공(人工)을 가하여 쓸 만한 물건을 제조하는 생산업. 「一都市」「一地帶」「手一」

工場[공장] コウ 많은 노동자를 써서 물품을 만들거나 가공하는 곳.

【巨】 工2 | 거 | 클 | ㊐語
5
キョ・コ
おおきい

筆順 一 T F F 巨

意味 ① 큼. 많음. ② 억(億).

巨大[거대] キョ 무척 큼. 「盜」.
巨盜[거도] キョ 큰 도적(盜賊). 대도(大盜).
巨富[거부] キョ 재산이 많은 사람.

【巧】 工2 | 교 | 교묘할 | ㊐巧
5
コウ
たくみ

筆順 一 T 工 巧 巧

意味 ① 교묘함. 훌륭한 솜씨. 재능. 독독함. ② 공교함. ③ 거짓말을 꾸밈.

巧妙[교묘] コウ 아주 잘되고 묘(妙)함.
巧手[교수] コウ 교묘한 솜씨. 묘수(妙手).

【左】 工2 | 좌 | 원 | ㊐每
5
サ
ひだり

筆順 一 ナ ナ 左 左

意味 ① 원. 왼쪽. 낮은 지위. ② 그름. 어긋남. 물리침. ③ 급진파의 사상. 증거. ④ 도움.

左遷[좌천] サ 높은 지위에서 낮은 지위로 떨어지거나, 좋은 자리에서 나쁜 자리로, 또는 중앙에서 지방으로 전근됨. 좌강(左降).

左派[좌파] サ 급진적인 당파(黨派). 좌익의 당파. ↔우파(右派)

【功】 力부 3획

【巫】 工4 | 무 | 무당 | ㊐虞
7
フ・ブ
みこ

筆順 一 T 开 巫 巫 巫 巫

意味 ① 무당. ② 산 이름.

巫女[무녀] フ みこ 무당.

【攻】 攵부 3획

【差】 工7 | ①차 ②치 ③채 | 어기어질 | ㊐麻 ㊐支 ㊐佳
10
サ・シャ・シ
さす・たがう

筆順 ソ ハ 羊 羊 羊 差 差

意味 ① ① 어기어짐. ② 다름. ② ① 어긋남. ② 구분을 지음. ③ ① 버금. ② 가릴. 뽑힘. ④ 보냄.

差等[차등] サ 등급의 차이. 등차(等差).
差異[차이] サ 서로 같지 않고 틀림.

己 部

【己】 己0 | 기 | 몸 | ㊐紙
3
キ・コ
おのれ

筆順 フ コ 己

解字 象形. 실 끝이 휘어져 있는 모양을 본뜸. 실 끝이라는 뜻. 후에 처음·나의 뜻으로 쓰임.

意味 ① 몸. 저. 나. 「克一」 ② 마련함. ③ 여섯째 천간(天干).

[己部] 0~9획·[巾部] 0~2획

＊[已] 己0│이│이미│④紙│
すでに・のみ
筆順 ㄱㄱㄴ已
意味 ① 이미. ② 그침. ③ 말. ④ 버림. ⑤ 너무. ⑥ 뿐. 따름.

＊[巳] 己0│사│여섯째 지지│④紙│シ・み
筆順 ㄱㄱㄴ巳
意味 ① 여섯째 지지(地支). ㉠동물로는 뱀. ㉡방위로는 동남. ㉢시간으로는 오전 열 시 전후. ② 삼짇날.

[巴] 己1│파│땅이름│④麻│
ともえ
筆順 ㄱㄱ巴巴
意味 ① 중국 중경 지방의 땅 이름. ② 뱀. ③ 꼬리.
巴陵[파릉]ㄹㅣㅇ 〈地〉 호남성(湖南省) 악양현(岳陽縣)의 서남(西南)쪽에 있는 산 이름. 동정호(洞庭湖)가 내려다 보이는 아름다운 곳.

[包] 勹부 3획
[忌] 心부 3획
[改] 攴부 3획

＊[巷] 己6│항│거리│④絳│
コウ
たまた
筆順 一 艹 并 共 共 巷 巷
意味 ① 거리. 골목. 마을. ② 궁중의 복도[長廡].
巷間[항간]ㄱㄱ ① 보통 민중들 사이. ② 세상(世上). 「관. 항담(巷談).
巷說[항설]ㄱㄱ 세상의 풍설. 세상의 평

[巽] 己9│손│사양할│④願│
ソン
たつみ
筆順 ㄱ ㄷ ㄸ ㄸ 딱 巽
意味 ① 사양함. 낮은 체함. ② 부드러움. ③ 괘 이름.

巾 部

[巾] 巾0│건│수건│④眞│キン
筆順 ㅣㄇ巾
解字 巾 象形. 앞치마 모양을 본뜸. 손을 닦다의 뜻. 널리 수건의 뜻으로 쓰임. 부수로는 천에 관한 뜻을 나타냄.
意味 ① 수건. ② 머리 건. 건. ③ 덮음.
參考 본디 음은 '근'.
巾車[건거]ㄱㅓ 베나 비단으로 막(幕)을 쳐서 장식한 수레.

＊[市] 巾2│시│저자│④紙│いち
筆順 ㅗ 亠 亣 市
解字 市 形聲. 평평하다는 뜻의 一와 음을 나타내는 之(지)(시)=변음)를 합쳐서 공평한 값이 정해지는 곳, 즉 시장이라는 뜻.
意味 ① 저자. 번화한 곳. 도시. ② 팔. 삼. 매매.
市街[시가]ㄱㄱ ① 인가(人家)가 많고 번화한 곳. ② 도시의 큰 길거리.
市場[시장]ㄱㄱ ① 매일 또는 정기적으로 많은 사람이 모여 상품을 매매하는 장소. 저자. 장. ② 일용품·식료품 등을 한 곳에 모아 파는 곳.

＊[布] 巾2│포│베│④遇│
ホ・フ
ぬの・しく
筆順 ノ ナ 冇 右 布
解字 布 形聲. 천이라는 뜻인 巾과 음을 나타내는 ナ(부)[포는 변음]를 합쳐서 방망이질하여 부드럽게 한 삼베라는 뜻. 널리 천의 뜻으로 쓰임.
意味 ① 베. 삼베. 천. 피륙. ② 벌림. 「一陣」널리 퍼짐. 「流一」③ 베풂.
布衣[포의]ㄱㄱ ① 베로 만든 옷. ② 벼슬이 없는 선비. 백의(白衣).
布帳[포장]ㄱㄱ 베나 무명 같은 것으로 만든 휘장(揮帳).

〔巾部〕3〜7획

【凧】几부 3획

【帆】巾3 | 6 | 범 | 돛 | ㊥咸 | ハン
ほ

筆順 丨 冂 巾 巾 帆 帆

解字 形聲. 천을 뜻하는 巾과 음을 나타내는 凡(범)을 합쳐서 바람을 받기 위한 천이라는 뜻.

意味 ① 돛. 돛을 올림. ② 돛단배.
帆船[범선]ハン 돛배.
帆影[범영]ほ·エイ 돛의 그림자. 멀리 보이는 배의 모양.

*【希】巾4 | 7 | 희 | 바랄 | ㊥微
キ・ケ
ねがう・まれ

筆順 ノ メ 才 予 希 希

意味 ① 드묾. ② 바람. ③ 적음.
希求[희구]キュウ 무엇을 바라고 원함.

【帑】巾5 | 8 | 1 노 2 탕 | 처자식 | ㊥虞 ㊤養
トウ・ド

筆順 く タ 女 奴 奴 帑 帑

意味 ① ① 처자식. ② 감춤(藏). ② 나라 곳집. 금은 재보를 넣어 두는 곳.
帑錢[탕전]〈歷〉임금 개인의 재물을 넣어 두는 곳간에 넣어 둔 돈. 내탕금(內帑金).

【帛】巾5 | 8 | 백 | 비단 | ㊥陌 | ハク
きぬ

筆順 ノ ′ 白 白 白 帛 帛

意味 ① 비단. 손님에게 선물로 주는 비단. 「幣—」 ② 죽백(竹帛). 서적이나 사기(史記)를 일컫는 말.
帛書[백서]ショ 비단에 쓴 편지.

【帙】巾5 | 8 | 질 | 책갑 | ㊥質 | チツ

筆順 丨 冂 巾 巾' 巾' 帙 帙

意味 ① 책갑. 책권의 차례. ② 작은 주머니.
帙冊[질책] 여러 권으로 한 벌이 된 책.

【帖】巾5 | 8 | 1 첩 2 체 | 문서 | ㊤葉 ㊧
チョウ・ジョウ

筆順 丨 冂 巾 巾' 巾卜 帖 帖

意味 ① ① 문서. ② 탑본. 탁본 ③ 습자책. 「法—」 ④ 타첩(妥—). ⑤ 圜약봉지. ② 체지. 「—紙」
帖紙[체지]〈歷〉① 관청에서 관리를 고용하는 서면(書面). 곧 사령(辭令). 체자(帖子). ② 금품을 받은 표. 즉 영수증. 체(帖).

【帚】巾5 | 8 | 추 | 비 | ㊤有
ソウ・シュウ
ほうき

筆順 フ ユ ヨ 尹 帚 帚 帚

意味 ① 비. 쓰레기를 쓸어 모으는 도구. ② 닭. 먼지를 떪.

*【帥】巾6 | 9 | 1 솔 2 수 | 거느릴 | ㊤質 ㊥寘
ソウ・シュツ・スイ
ひきいる

筆順 ′ ′ ′ ′ 自 帥 帥

意味 ① ① 거느림. 「統一權」 ② 좇음. ② ① 주장함. ② 장수. 우두머리. 「元—」
帥先[솔선]ソッセン 앞장서서 인도함.

*【帝】巾6 | 9 | 제 | 임금 | ㊥霽
テイ・タイ
みかど

筆順 ′ ′ ㅗ ㅛ 产 帝 帝

意味 ① 임금. 제왕「皇—」 ② 하느님. 「天—」
帝王[제왕]テイオウ 황제와 국왕(國王). 독립 군주국의 원수(元首). 천자(天子).

*【師】巾7 | 10 | 사 | 스승 | ㊥支 | シ

筆順 ′ ′ ′ ′ 自 師 師

意味 ① 스승. 선생님. 학예·기술에 뛰어나거나 전문으로 하는 사람. 「醫—」 ② 우두머리 어른. ③ 군사. 군인의 집단. ④ 서울. 뭇사람. ⑤ 괘 이름.
師範[사범]ハン ① 모범. 또는 모범이 되는 사람. ② 무도(武道)나 기예(技藝) 등의 선생. 「승과 아버지.
師父[사부]フ ① 스승의 높임말. ② 스

[席] 巾7 | 석 | 돗 | ㉿陌 | セキ むしろ | 10

筆順 广 广 产 庐 席 席

意味 ① 돗, 자리, 깔. ② 자리함. 밑천으로 삼음. ③ 베풂.

席卷[석권] ᄉᆞ키ᄀᆞᆫ 자리를 마는 것과 같이 쉽게 넓은 땅을 차지하거나 또는 널리 세력을 펴 나감을 말함.

席次[석차] ᄉᆞ키ᄎᆞ ① 앉은 자리의 순서. ② 성적의 순서. ③ 석순(席順).

[帶] 帶 (巾部 8획)의 속자

[帰] 歸 (止部 14획)의 속자

[帶] 巾8 | 대 | 띠 | ㉿泰 | タイ おび・おびる | 11

筆順 一 卌 卌 卌 帶 帶 帶

意味 ① 띠, 허리띠, 찰. ② 데리고 감. 가짐. ③ 둘레. ④ 쪽. 「溫―地方」

帶同[대동] ᄃᆡᄃᆞᆼ 함께 데리고 감.

帶狀[대상] ᄃᆡᄌᆞᆼ 좁고 길게 되어 띠와 같이 생긴 모양.

[帷] 巾8 | 유 | 휘장 | ㉿支 | イ とばり | 11

筆順 丨 冂 巾 帅 帆 帷 帷

意味 휘장, 장막, 커어튼.

帷幕[유막] ユマク 유악(帷幄).

帷幄[유악] ユアク ① 휘장과 막. ② 대장(大將)이 있는 곳. 작전을 세우는 곳.

[常] 巾8 | 상 | 항상 | ㉿陽 | ショウ・ジョウ つね | 11

筆順 丷 ᅭ 芦 岸 堂 常 常

意味 ① 항상, 늘, 언제나 변치 않음. 「恒―」 ② 오램. ③ 떳떳함. ④ 평상시, 평소.

常道[상도] ジョウドウ ① 항상 변하지 아니하는 떳떳한 도리(道理). ② 항상 지켜야 할 도리.

常常[상상] ジョウジョウ ① 늘, 언제나, 일상(日常). ② 무심(無心)한 모양.

[帳] 巾8 | 장 | 휘장 | ㉿漾 | チョウ とばり | 11

筆順 丨 冂 巾 帅 帐 帳 帳

意味 ① 휘장, 장막, 앙장. ② 치부책.

帳簿[장부] ᄌᆞᆼᄇᆞ 금전의 출납이나 영업・사무 등의 사항을 적어 넣는 책. 「안―」

帳中[장중] ᄌᆞᆼᄎᆔᆼ 막(幕)의 안. 휘장의 안.

[帽] 巾9 | 모 | 모자 | ㉿號 | ボウ・モウ | 12

筆順 丨 冂 巾 帅 帆 帽 帽

意味 ① 모자[冠], 두건, 뚜껑. ② 무릎 쏨.

帽帶[모대] ᄆᆞᄃᆡ ① 사모(紗帽)와 각대(角帶). ② 모자와 띠.

帽子[모자] ᄆᆞᄌᆞ 예의를 지키기 위하여, 또는 더위・먼지 등을 막기 위하여 머리 위에 쓰는 물건의 총칭.

[幇] 巾9 | 방 | 곁들 | ㉿陽 | ホウ たすける | 12

筆順 一 十 ± 圭 封 幇 幇

意味 ① 곁듦. ② 도움, 도와 줌. 구(救)

幇間[방간] ᄇᆞᆼᄀᆞᆫ 두 사람 사이에 서서 주선하는 사람.

幇助[방조] ᄇᆞᆼᄌᆞ ① 거들어서 도와 줌. ② 〈法〉타인의 범죄 행위를 직접・간접으로 도와 주는 행위. 「自殺―」

[幅] 巾9 | ①폭 ②폭 | 폭 | ㉿屋 ㉿職 | フク はば | 12

筆順 丨 冂 巾 帅 帆 幅 幅

意味 ① ① 폭, 나비. ② 겉치레를 함. ② 행전(行纏), 행등(行縢).

幅廣[폭광] ᄑᆞᆨᄀᆞᆼ 한 폭의 너비.

幅利[폭리] ᄑᆞᆨᄅᆡ 이익을 얻는 데에 있어서 정도에 알맞게 함.

[幄] 巾9 | 악 | 장막 | ㉿覺 | アク とばり | 12

筆順 巾 帅 帆 帆 帽 幄 幄

意味 장막, 군막(軍幕).

[幀] 巾9 | 정 | 그림족자 | ㉿敬 | テイ | 12

筆順 巾 帅 帆 帖 帖 幀 幀

[巾部] 10～12획·[干部] 0～2획　　　　　　　　　　　　　　　　　139

意味 ① 그림 족자. 그림을 그리는 생명주. ② 책의 형식면의 조화를 꾸밈.

【幌】 13
巾10 | 황 | 휘장 | ㊥晃
コウ・ホロ

筆順 巾 巾⸝ 巾⸝⸝ 巾⸝⸝⸝ 幌 幌 幌

意味 휘장. 덮개. 포장. 방장.

*【幕】 14
巾11 | 막 | 장막 | ㊥藥
バク・マク
まく

筆順 ⸝ ⸝⸝ ⸝⸝⸝ 莒 莫 莫 幕

意味 ① 장막. 가림. 덮음. 군막(軍幕).
② 장군(將軍). 「一下」「一僚」.
幕舍[막사] ㊥ㇱ 천막·판자 등으로 임시로 사용하기 위하여 허술하게 지은 집.
幕營[막영] ㊥ㇱ ① 막사(幕舍). ② 천막을 쳐서 만든 진영(陣營).

【幔】 14
巾11 | 만 | 장막 | ㊥翰
バン・マン
まく

筆順 巾 巾⸝ 巾⸝⸝ 巾⸝⸝ 幔 幔 幔

意味 장막. 휘장.

【幢】 15
巾12 | 당 | 기 | ㊥江
トウ・ドウ

筆順 巾 巾⸝ 巾⸝⸝ 幢 幢 幢 幢

意味 ① 기(旗). ② 장목이 너풀거림. 치장을 위하여 수레에 드리우는 천.

【幡】 15
巾12 | 번 | 표기 | ㊥元
ハン・ホン
はた

筆順 巾 巾⸝ 巾⸝⸝ 幡 幡 幡 幡

意味 ① 표기(幟). 목표로 세우는 기.
② 나부낌.
幡然[번연] ㊥ㇱ ① 펄펄 나부끼는 모양.
② 모르던 것을 갑자기 환하게 깨닫는 모양. ③ 마음이 변하는 모양. 번연(飜然).

【幟】 15
巾12 | 치 | 깃대 | ㊥寘
シ
のぼり

筆順 巾 巾⸝ 巾⸝⸝ 幟 幟 幟 幟

意味 깃대. 목표로 삼는 기.

【幣】 15
巾12 | 폐 | 폐백 | ㊥霽
ヘイ
ぬさ

筆順 ⸝ ⸝⸝ ⸝⸝⸝ 尚 尚 敝 幣

解字 形聲. 천을 뜻하는 巾과 음을 나타내는 敝(폐)를 합쳐서 명주로 된 천이라는 뜻. 옛날에는 명주를 돈 대신에 썼으므로 돈의 뜻으로 쓰임.

意味 ① 폐백. 예물. ② 재물. 돈. 「貨一」.

幣物[폐물] ㊥ブツ ① 결혼식에서 신랑 신부가 기념으로 서로 주고 받는 물건. 예물(禮物). ② 〈歷〉 국민이 궁중이나 조정에 바치던 물건. 공물(貢物).
幣帛[폐백] ㊥ㇵ ① 일반적인 모든 예물.
② 새색시가 시부모를 처음 뵐 때 올리는 대추나 포 같은 것. ③ 신랑이 신부에게 예물로서 주는 비단. ④ 재물(財物). ⑤ 〈經〉 사람의 욕망을 만족시키는 물질.

干 部

*【干】 3
干0 | ①② 간 | 방패 | ㊥寒
カン
ほす・ひる・おかす

筆順 一 二 干

解字 Y·Ŷ 象形. 끝이 두 갈래인 창의 모양을 본뜸. 창으로 찌르다의 뜻. 후에 범하다·막다·방패의 뜻으로 쓰임.

意味 ① ① 방패. 막음. 구(求)함. ② 범함. ③ 천간(天干). ④ 참견함. 「一涉」
② 생각(生覺). 「生一」
干戈[간과] ㊥ㇵ ① 창과 방패. 즉 무기. 간척(干戚). ② 싸움. 전쟁.
干涉[간섭] ㊥ショウ ① 참견함. ② 자기 권한 외의 일에 참견함. ③ 〈物〉 둘 이상의 빛이나 음과 등이 서로 겹쳐서 다른 빛·다른 소리를 일으키는 현상.

*【平】 5
干2 | ①② 평 | 평탄할 | ㊥庚 ㊥先
ヒョウ・ヘイ・ビョウ
ひらたい・たいら

筆順 一 ⸝ 亚 平

[干部] 3~10획

平 象形. 물에 떠서 넓게 퍼져 있는 물풀의 모양을 본뜸, 개구리밥이라는 뜻. 고르게 떠 있는 모양에서 평평하다의 뜻으로 쓰임.

意味 ① ① 평탄함. ② 바름. 반듯함. 고름(均等). ③ 화합. 화친함.「一和」 다스림.「一定」④ 쉬움.「一易」 보통의.「一常時」⑤ 사성(四聲) 중의 하나.「一聲」② 편편함.

平等[평등] ① 차별이 없이 모두 고름. 공평 무사(公平無私). ② 동등한 등급. ③ 특권의 철폐와 기회 균등을 요구하는 사회 윤리상의 근본 관념.

平民[평민] ① 벼슬하지 못한 사람. 일반인. ② 상사람. 서민(庶民).

平素[평소] ① 평상시. 평일(平日). ② 이전. 왕년(往年).「一素」

平時[평시] ① 평화로운 때. ② 평상시. 평일.

平和[평화] ① 고요하고 편안함. 화목하고 안온(安穩)함. 화평(和平). 평온(平穩). ② 전쟁이 없이 세상이 잘 다스려지고 조용함.

[年] 干3 | 년 | 해 | 先 | ネン・とし

筆順 ノ 广 に ニ 左 年

解字 **秊** 形聲. 곡식을 뜻하는 禾(화)와 음을 나타내는 千(천)[년은 변음] 또는 人(인)[년은 변음]을 합친 끝이 바뀌어 벼가 익다의 뜻. 중국 북쪽에서는 곡식이 일년에 한 번 익으므로 일년이라는 뜻으로 쓰임.

意味 ① 해. 나이. ② 때. 시대. ③ 익음. ④ 나아감.

年刊[연간] 일년에 한 번 출판함. 또는 그 출판물(出版物).

年末[연말] 세밑. 그해의 끝. 세밑.

年輩[연배] ① 나이가 비슷함. ② 나이가 비슷한 사람. 연갑(年甲).「同一」

年齒[연치] 나이의 높임말. 연세.

年表[연표] 역사상의 사건을 연대순으로 적은 표. 연대표(年代表).

[幷] 干5 | 병 | 합할 | 敬 | ヘイ・ヒョウ・あわせる

筆順 ノ 丷 亠 羊 幷 幷

意味 ① 합함. 겸함. 아우름. ② 줄을 지음. ③ 같음. ④ 미침[及].

幷呑[병탄] 남의 물건을 한데 아울러서 제 것으로 삼음. 병탄(倂呑).

幷合[병합] ① 둘 이상의 사물을 합쳐서 하나로 만듦. ②〈經〉둘 이상의 회사가 계약에 의하여 한 회사로 합동하는 기업 합동의 최종 단계.

[幸] 干5 | 행 | 다행할 | 梗 | コウ・さいわい

筆順 一 十 土 土 去 杏 幸

意味 ① 다행함. 행운. 요행. ② 귀여워함. ③ 바람[願]. ④ 천자가 거둥함.

幸冀[행기] 요행만을 바람.

幸民[행민] 요행을 바라고 자기 맡은 바 일에 힘쓰지 않는 백성.

幸福[행복] ① 복된 운수. 행운(幸運). ②〈心〉심신의 욕구가 충족되어 만족감을 느끼는 상태. ↔불행(不幸).

[幹] 干10 | 간 | 줄기 | 翰 | カン・みき

筆順 十 古 古 古 卓 卓 幹 幹

解字 **榦** 形聲. 榦이 정자(正字)로서 나무를 뜻하는 干[木을 잘못 적은 것임]과 음을 나타내는 倝(간)을 합쳐서 나무의 쭉 곧은 부분이라는 뜻. 널리 중요한 곳이라는 뜻으로 쓰임.

意味 ① 줄기. 등마루뼈. 몸뚱이. 뼈대. ② 일을 맡음.「主一」③ 재능. 솜씨.

幹流[간류] ① 으뜸되는 물줄기. 본류(本流). 주류(主流). ② 사조(思潮)의 으뜸되는 줄기. ↔지류(支流).

幹部[간부] ① 단체 등의 중심이 되는 사람. 수뇌부(首腦部)의 임원(任員). ②〈軍〉군대에서 장교를 일컫는 말.

幹事[간사] ① 일을 맡아 처리함. ② 어떤 단체의 주(主)가 되어 일을 처리하는 직무. 또는 그 사람.

幹線[간선] 철도・전선・도로 등의 중요한 선. 본선(本線).「一道路」↔지선(支線).

[玄部] 0~9획·[广部] 0~4획　　　　　　　　　　　　　141

玄 部

[幺] 幺0 ³ | 요 | 작을 | ㉗蕭 | ヨウ

[幻] 幺1 ⁴ | 환 | 변화할 | ㉗諫 |
ゲン
まぼろし

筆順　〣 幺 幺 幻

解字　象形. 베를 짤 때 쓰는 북을 거꾸로 한 모양을 본뜸. 변화하다의 뜻. 후에 흔을 빼다·속이는 것이라는 뜻으로 쓰임.

意味　① 변화함. ② 허깨비. 환상. 실제로는 없는 것이 있는 것처럼 보임. 「夢—」

幻覺[환각] ゲン ｶｸ 〈醫〉 대응(對應)하는 자극이 외부에 없는데도 그것이 실재하는 것처럼 느끼는 현상.

幻滅[환멸] ゲン ﾒﾂ ① 환상에서 깨어 현실로 돌아옴. ② 지금까지 아름답게 보이고 이상(理想)으로 여기던 것이 헛것에 지나지 않음을 깨달음.

幻想[환상] ゲン ｿｳ ① 실제로 없는 것을 있는 것처럼 생각함. 상념(想念). 망상(妄想). ② 정리되지 않은 상상. 요점이 없는 생각.

*[幼] 幺2 ⁵ | 유 | 어릴 | ㉗宥 |
ヨウ·ユウ
おさない

筆順　〣 幺 幺 幻 幼

意味　① 어림. 어려서 순진함. 천진함. 「—稚」 ② 어린이.

幼年[유년] ヨウ ﾈﾝ ① 나이가 어림. 어린 나이. 유령(幼齡). 유치(幼齒). ② 어린 아이. 또는 그 시절.

幼稚[유치] ヨウ ﾁ ① 나이가 어림. 유소(幼少). ② 학문이나 기술 등이 미숙함. 정도가 낮음.

*[幽] 幺6 ⁹ | 유 | 숨을 | ㉗尤 |
ユウ
くらい·かすか

筆順　｜ 丨 纠 幺 幽 幽 幽

意味　① 숨음. 자취를 감춤. ② 그윽함.

③ 희미함. 가물거림. ④ 가둠. ⑤ 저 세상. 저승. ⑥ 귀신.

幽靈[유령] ユウ ﾚｲ ① 죽은 사람의 혼. 망혼(亡魂). ② 죽은 사람의 혼령이 세상에 나타난 형상. 망령(亡靈). ③ 형체만 있고 실제가 없는 것.

幽冥[유명] ユウ ﾒｲ ① 깊고 어두움. ② 어두워 보이지 않는 곳. 명숭. 죽은 사람의 세계. 저승. 명토(冥土).

*[幾] 幺9 ¹² | 기 | 얼마 | ㉗尾 |
キ
いく

筆順　〣 幺 幺 丝 丝 丝 絲 幾 幾

意味　① 얼마. 얼마 못됨. ② 기미. 기척. ③ 아련히. 어쩌지. ⑤ 위태로움. ⑥ 거의. 자못. ⑦ 가까움.

幾何[기하] キ ｶ ① 약간. 얼마. 기하(幾許). ② 기하학(幾何學).

幾多[기다] キ ﾀ ① 많이. 다수. ② 얼마만큼. 어느 정도의.

广 部

[广] 广0 ³ | 엄 | 바윗집 | ㉗琰 | ゲン

[広] 廣(广부 12획)의 약자

[庁] 廳(广부 22획)의 약자

[庄] 广3 ⁶ | 장 | 농막 | ㉗陽 |
ホウ·ショウ

筆順　〣 广 广 广 庄 庄

意味　① 농막(農幕). ② 시골. 시골의 집.

[庇] 广4 ⁷ | 비 | 덮을 | ㉗寘 |
ヒ
おおう·かばう

筆順　〣 广 广 庄 庇 庇 庇

意味　덮음. 가림. 두둔함. 감쌈. 「—護」

庇護[비호] ヒ ｺﾞ 감싸 줌. 보호함.

*[序] 广4 ⁷ | 서 | 차례 | ㉗語 |
ジョ
ついで

筆順　〣 广 广 广 庄 序 序

[广部] 5~6획

意味 ① 차례. 차례를 지음. ② 울타리. 벽. ③ 옛날의 학교. 「序一」진술함. 아룀. ④ 책 머리에 쓰는 글.「一文」
序曲[서곡] ジョキョク ①〈音〉가극 등에서 막이 오르기 전에 연주하는 관현악곡의 일종. 〈音〉관현악곡의 한 형식. 전주곡(前奏曲). ② 본격적인 일에 들어가기 전의 일을 일컫는 말.
序論[서론] ジョロン 본론(本論)의 실마리가 되는 논설. 서설(序說).
序列[서열] ジョレツ ① 순서대로 늘어 놓음. 배열(配列). ② 순서. 차례.
序次[서차] ジョジ 순서를 매김. 또는 그 순서. 차례(次例).

[応] 應(心부 13획)의 약자

*[庚] 广5 | 경 | 천간 | ㊥庚
일곱째
コウ
かのえ

筆順 一广广庐庐庚庚

意味 ① 일곱째 천간(天干) ③ 방위로는 서쪽. ④〈五行〉으로는 금(金). ⓒ 계절로는 가을. ② 고침[更]. 갚음[償]. ③ 곡식. ④ 나이. 「同一」 ⑤ 굳셈. ⑥ 길.
庚申[경신] コウシン 간지(干支)의 하나. 육십 갑자(六十甲子)의 쉰 일곱 번째.
庚帖[경첩] コウチョウ 혼인을 약속하였을 때 남녀 양가(兩家)의 성명·연령·적관(籍貫) 3대(代)의 경력을 써서 서로 교환하는 문서. 소첩(小帖).

*[府] 广5 | 부 | 마을 | ㊥廩
フ
くら

筆順 ' 一广广广府府

解字 形聲. 집을 뜻하는 广과 음을 나타내는 付(부)를 합쳐서 물건을 모아 넣어 두는 집이라는 뜻. 널리 관청·창고의 뜻으로 쓰임.

意味 ① 문서나 재물을 넣어 두는 창고. ② 마을. 관청. 고을. 지난날의 중국의 행정 구역으로 주(州)보다는 큼. ③ 죽은 조상.
府庫[부고] フコ 문서·기물·재물 등을 넣어 두는 창고.
府廳[부청] フチョウ 현재의 시청(市廳)에 해당하는 말로서 해방 전후에 쓰였음.

[店] 广5 | 점 | 가게 | ㊥鋪
テン
みせ

筆順 一广广广庐店店

解字 形聲. 집을 뜻하는 广과 음을 나타내는 占(점)을 합쳐서 물건을 늘어 놓는 집이라는 뜻.

意味 ① 가게. ② 주막.
店頭[점두] テントウ 가게의 앞쪽.
店房[점방] テンボウ 가겟방. 상점(商店).
店員[점원] テンイン 상점에서 보수를 받고 물건을 팔거나 기타의 일을 하는 사람.

*[底] 广5 | 1 저 2 지 | 밑 | ㊥薔 ㊥紙
テイ
そこ

筆順 ' 一广广庐庐底底

解字 形聲. 广(집)과 음을 나타내는 氐가 언덕 밑이라는 뜻이므로 밑의 뜻으로 쓰임.

意味 1 ① 밑. ② 그침. ③ 무슨. 어떤. 2 ① 이름. ② 정함. ③ 이름[至].
底力[저력] そこぢから 속에 간직하였다가 만일의 경우에 발휘하는 진정한 힘. 실력.
底流[저류] テイリュウ ① 강이나 바다의 밑바닥의 흐름. ② 표면에 나타나지 않고 일의 밑바닥에 흐르는 정신이나 기분.
底部[저부] テイブ 낮은 부분.
底意[저의] そこイ 마음속으로 작정한 뜻.

[庖] 广5 | 포 | 푸주 | ㊥肴
ホウ
くりや

筆順 一广广广庐庖庖

意味 ① 푸주. ② 부엌. ③ 요리인.
庖丁[포정] ホウチョウ ① 옛날의 유명한 요리인. 그가 소를 잘 잡았다는 고사에서 백정(白丁)을 일컫는 말이 됨. ② 요리를 잘하는 사람. 「육점(精肉店).
庖廚[포주] ホウチュウ ① 부엌. ② 푸주. 정

*[度] 广6 | 1 도 2 탁 | 법도 | ㊥遇 ㊤藥
ド・ト・タク
のり・たび・はかる

筆順 一广广庐庐度度

意味 1 ① 법도. 규정.「制一」② 자. 잼. ③ 도. 눈금. ④ 마다. 번. 회수

를 나타내는 말. ⑤ 알맞은 정도. ⑥ 구제함.「濟一」⑦ 사람의 됨됨이. ② ① 꾀함. ② 헤아림. ③ 벼슬 이름.「一支大臣」

度量[도량] ① 물건을 재는 기구. 자와 되. ② 길이와 양. ③ 마음이 너그러워 사물을 크게 포용(包容)하는 품성(品性).

度數[도수] ① 눈금의 수. 온도·각도·광도(光度) 등의 크기를 나타내는 수. ② 회수(回數). ③ 정해진 정도.

度外[도외] ① 법도(法度)의 밖. 즉 법률과 제도의 밖. 범위의 밖. ② 마음에 두지 않음.

【庠】9 广6 | 상 | 학교 | ㊤陽 | ショウ

筆順 亠广庐庠庠

意味 ① 학교. 중국 주(周)나라의 학교. ② 봉양함. 노인을 봉양하는 곳.

庠序[상서] 옛날 중국의 학교. 향교(鄕校)를 주대(周代)에는 상(庠), 은대(殷代)에는 서(序)라 한 데서 유래함.

*【庫】10 广7 | 고 | 곳집 | ㊤遇 | コ・ク くら

筆順 亠广庐庐庐庫庫

解字 會意. 집을 뜻하는 广과 수레를 뜻하는 車를 합쳐서 전차(戰車)를 넣어두는 건물이라는 뜻. 널리 창고의 뜻으로도 씀.

意味 곳집. 전차 또는 제보 등 물건을 넣는 건물.

庫裏[고리] 〈佛〉절의 부엌.

庫房[고방] 세간이나 그 밖의 온갖 물건을 넣어 두는 방. 「돈.

庫錢[고전] 정부의 창고에 넣어 둔

【庭】10 广7 | 정 | 뜰 | ㊤青 | テイ にわ

筆順 亠广庐庐庭庭

解字 會意. 广(집)과, 사람이 반듯하게 서다의 뜻인 廷을 합쳐서 신하들이 힘차고 나란히 서서 정무(政務)를 듣는 장소라는 뜻.

意味 ① 뜰. 조정(朝廷). 관청. ③ 집. 집 안.

庭園[정원] 뜰. 초목·돌·연못 등으로 아름답게 꾸민 집안의 뜰.

庭前[정전] 뜰 앞.

*【座】10 广7 | 좌 | 자리 | ㊤箇 | ザ すわる

筆順 亠广庐庐座座

意味 ① 지위. 앉는 곳. 자리. 깔개. 앉음. ② 별자리.

座席[좌석] ① 앉는 자리. ② 깔고 앉는 자리 종류의 총칭.

座下[좌하] 편지를 받는 사람의 이름 밑에 써서 공대를 나타내는 말.

【康】11 广8 | 강 | 편안할 | ㊤陽 | コウ やすい

筆順 亠广庐庐庚庚康

意味 ① 편안함. 몸이 튼튼함.「健一」② 즐거움. 즐김. ③ 다섯 갈래가 난 큰 거리. ④ 큼. ⑤ 성(姓)의 하나.

康寧[강녕] 몸이 건강하고 마음이 편안함.「壽福一」「제함.

康濟[강제] 백성을 편안하게 하여 구

康侯[강후] 나라를 평안하게 다스리는 제후(諸侯).

【庶】11 广8 | 서 | 무리 | ㊤御 | ショ もろもろ・こいねがう・ちかい

筆順 亠广庐庐庶庶

意味 ① 무리. 뭇. 여럿. 많음. ② 백성. 민중. ③ 서자. ④ 간절히 바람. ⑤ 가까움.

庶幾[서기] ① 가까움. 거의. ② 희망함. ③ 공자(孔子)가 안 회(顏回)를 일컫던 것에서 비롯되어 현인(賢人)을 가리키는 말.

庶類[서류] 여러 가지 흔한 종류.

庶母[서모] 아버지의 첩.

【庵】11 广8 | 암 | 암자 | ㊤覃 | アン いおり

筆順 亠广庐庐庵庵庵

庵室[암실] 중이나 세상을 버린 사람이 사는 작고 초라한 집. 암자(庵子).

【庸】 ヨウ つね・もちいる 11획 广8 | 용 | 쓸 | ㊤ 冬

筆順 亠广广庐庐庸庸庸

解字 形聲. 절굿공이를 두 손으로 잡다의 뜻인 庚과 음을 나타내는 用(용)을 합쳐서 절굿공이를 들어 올리다의 뜻. 널리 사람을 발탁해 쓰거나 항상의 뜻으로 쓰임.

意味 ① 씀. 고용함. ② 항상. 보통. 어리석음. 평범함. ③ 공(功). 수고로움. ④ 중국 당나라의 세금의 일종.
庸器[용기] ① 공로를 명기(銘記)하기 위하여 만든 그릇. ② 평범한 인물. 범인(凡人). ③ 보통 재능. 용재(庸才).
庸劣[용렬] 재주가 남만 못하고 어리석음. 못남.

【廂】 ショウ・ソウ ひさし 12획 广9 | 상 | 곁채 | ㊤陽

筆順 亠广广广 厂厂 庙 廂

意味 곁채. 행랑.

【庾】 ユ くら 12획 广9 | 유 | 노적 | ㊤麌

筆順 亠广广产 庐 庐 庾

意味 ① 노적. 지붕이 없는 창고. ② 휘 곡, 열 여섯 말(斗)들이의 되.
庾積[유적] ① 노천(露天)에 쌓아 둔 곡식. ② 창고에 쌓아 둔 곡식.

【廁】 シ かわや 12획 广9 | 측치 | 뒷간 | ㊤寘 | ㊥職

筆順 亠广广广广广庙庙廁

意味 ① 뒷간. 변소. ② 평상의 가장자리. ③ 물가. ④ 섞임. ② 기울.
廁室[측실] 측간(廁間).

【廊】 ロウ 13획 广10 | 랑 | 곁채 | ㊤陽

筆順 亠广广广广产廊廊廊

意味 ① 곁채. 행랑. 「回一」 ② 묘당.
廊下[낭하] ① 행랑(行廊). ② 방과 방, 건물과 건물을 연결하는 좁고 긴 통로로, 복도(複道).

【廃】 廢(广부 12획)의 약자

【廉】 レン いさぎよい 13획 广10 | 렴 | 맑을 | ㊤鹽

筆順 亠广广产庐庐庾庾廉廉

意味 ① 맑음. 조촐함. 청렴함. 검소함. ② 모. 모퉁이. ③ 살핌. ④ 서슬(鋭). ⑤ 값이 쌈.
廉價[염가] 싼값. ↔고가(高價).
廉潔[염결] 마음이 깨끗하고 욕심이 없음. 염개(廉介). 「官」↔오리(汚吏).
廉吏[염리] 청렴한 관리. 염관(廉

【廋】 シュウ・ソウ かくす 13획 广10 | 수 | 숨길 | ㊤尤

筆順 亠广广庐庐庙庙廋

意味 숨김. 감춤. 「一伏」
廋伏[수복] 요긴한 곳에 숨겨 둔. 군사
廋索[수색] 수색(搜索). 「(軍士)

【廈】 カ いえ 13획 广10 | ①하 ②사 | 큰집 | ㊤馬 ㊥禡

筆順 亠广广庐庐廈廈廈

意味 ① ① 큰 집. ② 처마. 헐소청(歇所廳). 허숙청. ② 곁방. 행랑.
廈屋[하옥] 큰집.
廈氈[하전] 임금이 기거하는 곳.

【廓】 カク 14획 广11 | 확 | 클 | ㊤藥

筆順 亠广广庐庐庐廓廓

意味 ① 큼. 넓음. 횡함(空). 허무함. ② 엶. 펼침. 넓힘
廓然[확연] ① 넓고 공허한 모양. ② 마음이 넓고 두려움이 없는 모양.
廓廓[확확] ① 넓은 모양. ② 텅 빈 모양.

【廏】 キュウ うまや 14획 广11 | 구 | 마구 | ㊤有

[广部] 11~16획

筆順 广广庐府府庐庑廕

意味 마구. 마굿간.

【廕】 广11 | 음 | 덮을 | 歐泌 |
イン
かげ・おおう

筆順 广庐庐庻庭廕

意味 덮음. 감쌈.

廕監[음감] ① 문무관의 자손으로서 부조(父祖)의 덕으로 국자감(國子監)에 입학한 학생. ② 덕을 입음. 덕택.

*【廣】 广12 | 광 | 넓을 | 歐漢 |
コウ
ひろい

筆順 广广庐庐席廣廣廣

意味 ① 넓음. 넓이. 퍼짐. ② 큼.

廣告[광고] ① 널리 사람들에게 알림. ② 상품이나 집회 등을 신문·방송 등에 의하여 널리 선전하는 일.
廣狹[광협] 넓음과 좁음. 「읊음.
廣闊[광활] 넓고 전망(展望)이 트이어

【廟】 广12 | 묘 | 사당 | 歐嘯 |
ビョウ・ミョウ
たまや

筆順 广广庐府廁廟廟

意味 ① 모양(貌). ② 사당·묘당. 조상의 넋을 모시는 곳. 신주. 위패(位牌). ③ 대청.

廟堂[묘당] ① 선조의 위패(位牌)나 신을 모시어 둔곳. 종묘(宗廟). ② 조정(朝廷). ③ 의정부(議政府)의 딴 이름. 「稷). 종사(宗社).
廟社[묘사] 종묘(宗廟)와 사직(社

【廝】 广12 | 시 | 부릴 | 歐支 |
シ
こもの

筆順 广广庐唐廚廝廝

意味 ① 부림. ② 천(賤)함. ③ 마부.

廝徒[시도] 천역(賤役)에 종사하는 하인의 무리. 머슴·잡역부 등.

【廛】 广12 | 전 | 터전 | 歐先 |
テン
みせ

筆順 广广庐庐庐廛

意味 ① 터전. ② 가게의 방.「一房」상점. 장거리의 가게.

廛門[전문] 가게의 문.
廛房[전방] 가게. 상점. 전포(廛鋪).

【廚】 广12 | 주 | 부엌 | 歐虞 |
チュウ・ズ
くりや

筆順 广广庐庐唐廚廚

意味 ① 부엌. ② 붓. ③ 상자. 장롱.

廚房[주방] チュウ 부엌. 주포(廚庖).

【廠】 广12 | 창 | 헛간 | 歐養 | ショウ

筆順 广广庐府庙廎廠

意味 ① 헛간. 곳집. ② 집. 벽이 없고 지붕뿐인 집. ③ 작업장. 공장.

廠房[창방] 공장(工場).

【廢】 广12 | 폐 | 집쏠릴 | 歐隊 |
ハイ
すたれる

筆順 广庐庐庐庐廖廢

意味 ① 집이 한쪽으로 쏠림. ② 없앰. 폐지함. ③ 내침(放). ④ 큼.

廢刊[폐간] ハイ 신문·잡지 등의 정기 간행물의 발행을 폐지함.
廢人[폐인] ハイ ① 병이나 불구로 쓸모 없이 된 사람. ② 이 세상에서 쓸 만한 가치가 없는 사람. 기인(棄人).
廢殘[폐잔] ハイ ① 못 쓰게 되어 남아 있음. 또는 그것. ② 병자나 불구자.

【摩】 手부 11획
【慶】 心부 11획
【應】 心부 13획
【膺】 肉부 7획

【廬】 广16 | 려 | 농막 | 歐魚 |
リョ・ロ
いおり

筆順 广庐庐唐唐廬廬

意味 농막. 꼴집.

廬兒[여아] ロ 심부름하는 아이. 사환.
廬帳[여장] 천막으로 된 오랑캐의 집.

[广部] 22획·[廴部] 0~6획·[廾部] 0~2획

[廳] 广22 25획 │ 청 │ 대청 │ ㉭䕏
チョウ

筆順 厈 庌 廄 廄 廳 廳 廳

意味 ① 대청. 관청. ② 청사. 집. 방.

廳堂[청당]㌔ ① 대궐 안에서 나라의 정사(政事)를 의논하던 곳. 조당(朝堂). 정사당(政事堂). ② 대청.

廳舍[청사]㌔ 관청의 건물.

廴 部

[廴] 廴0 3획 │ 인 │ 길게걸을 │ ㉭軔
イン

筆順 フ ヌ 廴

意味 ① 길게 걸음. ② 당겨 늘임. 길게 늘임. 당김.

[延] 廴4 7획 │ 연 │ 미칠 │ ㉭先
エン
のべる・のびる

筆順 ノ イ 千 正 延 延

解字 形聲. 길을 걷다의 뜻인 廴과 음을 나타내는 ノ(예)〔연은 변음〕을 합쳐서 먼 곳에 가다의 뜻. 늘어나다·연장이라는 뜻으로 쓰임.

意味 ① 미침[及]. 끎. 끌어 들임. ② 뻗침. 범음. ③ 시간이나 기한이 늦어짐.

延期[연기]㌔ 기일을 물림. 「냄.
延納[연납]㌔ 기일을 늦추어 금품을
延長[연장]㌔ ① 길게 늘임. 또는 오래 끎. 「一戰」② 〈數〉선분(線分)의 한 끝을 그 방향으로 늘인 부분. ③

[廷] 廴4 7획 │ 정 │ 조정 │ ㉭靑
テイ

筆順 ノ 一 千 壬 廷 廷

解字 形聲. 걷다의 뜻인 廴과 음을 나타내는 壬(정)을 합쳐서 사람이 똑바로 서는 장소라는 뜻. 옛날 정치를 할 때 신하가 뜰에서 천자를 향하여 서던 곳을 廷이라 함.

意味 ① 조정. 천자가 정사를 보는 곳. ② 관청. ③ 법원. 「法一」④ 바름.

廷議[정의]㌔ ① 조정의 의논. 묘의(廟議). ② 정부의 의견.

廷爭[정쟁]㌔ 조정의 많은 신하 앞에서 임금의 잘못을 간(諫)하여 다툼.

[建] 廴6 9획 │ 건 │ 세울 │ ㉭願
ケン・コン
たてる

筆順 フ 구 ㅋ ヨ 聿 津 建 建

意味 ① 세움. 섬. 집을 세움. ② 시작함. 일으킴. ③ 의견을 말함. ④ 해냄. ⑤ 둠. 심음.

建國[건국]㌔ 새로운 나라를 세움. 조국(肇國). 개국(開國). 「一紀念日」
建物[건물]㌔ 땅 위에 세워 지은 집들의 총칭. 건축물(建築物). 건조물.
建設[건설]㌔ 새로 만들어 세움. 건조(建造). ↔파괴(破壞).

[廻] 廴6 9획 │ 회 │ 돌아올 │ ㉭灰
カイ・エ
めぐる・まわる

筆順 ㅣ 冂 冋 冋 回 廻 廻

意味 ① 돌아옴. 돌림. 돎. ② 피함.

廻廊[회랑]㌔ 정당(正堂)의 양옆에 있는 긴 복도. 회랑(回廊).
廻旋[회선]㌔ 빙빙 돎. 회선(回旋).
廻首[회수]㌔ 머리를 돌이킴. 회수(回

廾 部

[廾] 廾0 3획 │ 공 │ 팔짱낄 │ ㉭腫
キョウ

[廿] 廾1 4획 │ 입 │ 스물 │ ㉫緝
ジュウ
にじゅう

筆順 一 十 卄 廿

意味 스물. 이십.

[弁] 廾2 5획 │ ½ 반 │ 즐거울 │ ㉭霰·㉭銑
ベン
かんむり

筆順 ム ム 스 夲 弁

[廾部] 4~12획·[弋部] 0~9획·[弓部] 0~1획

意味 ① 즐거움. ② 시의 이름. ② ① 고깔. ② 두려워서 떪. ③ 손바닥을 침.

[弄] 廾4 ⁷ │롱│희롱할│去送│
ロウ
もてあそぶ

筆順 一二千王王弄弄

意味 ① 희롱함. 마음대로 함. 업신여 김. ② 구경함. ③ 곡조(曲調). ④ 골 목.
弄奸[농간] 남을 속이어 일을 중도에 변동시키는 간사한 짓.
弄談[농담] 실없이 하는 장난의 말.

[弊] 廾12 ¹⁵ │폐│해질│去霽│
ヘイ
やぶれる

筆順 ⺌⺌⺌⺌⺌敞弊弊

意味 ① 해짐. 찢어짐. 낡아서 못 쓰게 됨. ② 지침. 피곤함. 「疲一」③ 나쁨. 해로움. 「一害」④ 자기 것을 낮추어 말할 때 씀. 「一社」
弊習[폐습] ショウ 나쁜 습관. 나쁜 풍습.

弋 部

[弋] 弋0 ³ │익│주살│入職│
ヨク
いぐるみ

筆順 一弋弋

意味 ① 주살. 잡음[取]. ② 말뚝. 쇄 [橛]. ③ 검음[黑].

[式] 弋3 ⁶ │식│법│入職│
ショク・シキ
のり

筆順 一二二弌式式

意味 ① 법. 규칙. 본보기. 규격. 방법. 의식(儀式). 제도. ② 본보기로 삼고 따름. 경의를 표하여 몸을 구푸림. ③ 수레 앞의 가로막대.
式辭[식사] ショジ 어떤 식장(式場)에서 식에 대하여 인사로 하는 말이나 글.
式日[식일] シキジツ 의식이 행해지는 당일.

[弐]貳(貝부 5획)의 약자

[弑] 弋9 ¹² │시│죽일│去寘│
シイ·シ

筆順 ノメギギ禾쥷弑弑

意味 웃사람을 죽임. 신하가 주군을 죽이거나 자식이 부모를 죽임.
弑殺[시살] 부모나 임금을 죽임. 시역(弑逆). 시해(弑害).

[貳] 貝부 5획

弓 部

[弓] 弓0 ³ │궁│활│東│キュウ
ゆみ

筆順 ⁻ㄱ弓

解字 象形. 가운데가 볼록하게 굽은 활 모양을 본뜸. 부수로는 활 또는 활을 쏘는 동작에 관한 뜻을 나타냄.
意味 ① 활. ② 땅을 재는 자〔활을 쏠 때의 거리에서 나옴〕. ③ 성(姓)의 하나.
弓道[궁도] キュウドウ ① 활을 쏘는 기술. 궁술(弓術). ② 활을 다루거나 쏘는 데 지켜야 할 도리.

[引] 弓1 ⁴ │인│활당길│上軫│イン
ひく

筆順 ⁻ㄱ弓引

意味 ① 활을 당김. ② 이끎. 「一導」「一率」③ 불러서 오게 함. 「一見」④ 물러남. 「一退」⑤ 떠맡음. 「一責」⑥ 기운을 들여 마심.
引見[인견] インケン ① 찾아 온 사람을 불러들여 만남. ② 웃사람이 아랫사람을 불러 들이어 봄. 인접(引接).
引力[인력] インリョク 〈物〉물체가 서로 끌어 당기는 힘. 「萬有一」
引率[인솔] イソツ 사람을 이끌고 거느림.

[弔] 弓1 ⁴ │①조②적│조상할│去嘯入錫│
チョウ・テキ
とむらう

筆順 ⁻ㄱ弓弔

[弓部] 2~5획

意味 ① 조상함. 죽음을 슬퍼함. 재난을 위로함. ② 서러움. ② 이름(至).
弔問[조문] 사람의 죽음을 슬퍼하여, 그 유족의 집을 찾아가 위문함.
弔詞[조사] 죽은 사람을 애석히 여겨 슬픈 뜻을 나타낸 글. 조사(弔辭).
弔意[조의] 죽은 사람을 애석히 여겨 슬퍼하는 마음.

*[弗] 弓2 | 불 | 어길 | ④物
フツ・あらず

筆順 一 ニ 弓 弗 弗

解字 會意. 끈을 뜻하는 弓과 물건이 뒤로 접히는 모양을 나타낸 儿을 합쳐서 끈으로 매어도 물건이 뒤로 휘어지는 모양을 나타냄. 돌아 오다의 뜻이 나 음을 빌어 아니라는 뜻으로 쓰임.

意味 ① 어김. 어긋남. 아님. ② 버림. ③ 달러. 미국 돈의 기호 $와 닮은 데서 쓰게 됨.
弗素[불소] 〈化〉보통 온도에서 담황록색을 띤 화합력이 강한 기체 원소로서, 야릇한 냄새가 남.
弗貨[불화] 〈經〉달러를 본위로 하는 화폐. 곧 미화(美貨).

*[弘] 弓2 | 홍 | 클 | ④蒸
コウ・グ ひろい

筆順 一 ニ 弓 弘 弘

解字 形聲. 弓(활)과 음을 나타내는 厶(굉)[굉은 변음]을 합쳐서 활시윗 소리라는 뜻. 또 宏(굉)과 통하여 넓다·크다의 뜻으로 쓰임.

意味 ① 큼. 넓음. 크게 함. ② 마음이 넓으나 덕이 큼.
弘報[홍보] 널리 알림. 또는 그 알리는 것. 광보(廣報).
弘毅[홍의] 도량이 넓어 사람을 포용하는 힘이 크고 의지가 굳음.

[弛] 弓3 | 이 | 늦출 | ④紙 チ・シ ゆるむ

筆順 一 ニ 弓 弘 弛 弛

意味 ① 늦춤. 활시위가 헐거워짐. ② 방탕함. 해이함. 놓음[解].

弛緩[이완] ① 늦추어짐. 느슨함. ② 엄하지 아니함.
弧形[호형] ① 활의 모양. ② 〈數〉활과 같이 굽은 형상. 궁형(弓形).

*[弟] 弓4 | 제 | 아우 | ④薺
テイ・ダイ おとうと

筆順 丶 丷 䒑 肀 弟 弟

意味 ① 아우. 동생. ② 능력이 뭇한 사람. 자기를 낮추어 하는 말. ③ 문하생(門下生). 제자. ④ 연장자에 대한 순종.
弟嫂[제수] 아우의 아내. 계수(季嫂).
弟子[제자] ① 스승의 가르침을 받는 사람. 문인(門人). ② 나이 어린 사람. 연소자(年少者).

[弩] 弓5 | 노 | 쇠뇌 | ④麌
ド いしゆみ

筆順 ㄑ 女 奴 奴 奴 弩 弩

意味 쇠뇌. 탄력을 이용하여 화살이나 돌을 쏘는 활의 일종인 강력한 무기.
弩弓[노궁] 여러 개의 화살이나 돌을 연달아 쏘게 된 큰 활. 대궁(大弓).

*[弦] 弓5 | 현 | 시위 | ④先
ゲン つる・いと

筆順 一 ニ 弓 弚 弚 弦 弦

解字 形聲. 弓(활)과 음을 나타내는 玄(현)을 합쳐서 활의 끈, 즉 활시위라는 뜻.

意味 ① 시위. ② 반달. ③ 악기의 줄. ④ 원 또는 곡선의 호(弧)의 두 끝을 이은 선분.
弦歌[현가] 거문고나 가야금 등의 현악기를 타면서 노래함. 현가(絃歌).

[弧] 弓5 | 호 | 나무활 | ④虞 コ

筆順 一 ニ 弓 引 弧 弧 弧

意味 ① 나무로 만든 활. ② 활골로 이어진 곡선. 원주 또는 곡선의 일부.
弧度[호도] 〈數〉원의 반지름과 같은

[弓部] 7〜12획

길이의 원호(圓弧)에 대한 중심각.
弧狀[호상] 활처럼 굽은 형상.

[弥] 彌(弓부 14획)와 동자

[弱] 弓7│약│약할│㊤藥│
ジャク・ニャク
よわい

筆順 ヿ ヮ 弓 弓 弓´ 弱 弱

意味 ① 약함. 힘이 없음. 능력이 못함. 어림. ② 스무 살.「一冠」③ 기준보다 조금 적은 수일 때 쓰는 말.

弱骨[약골] ① 몸이 약한 사람. 약질(弱質). ② 약한 골격. 잔골(孱骨).
弱體[약체] ① 약한 몸. ② 단체의 조직이나 체계가 약함. 또는 그 단체.
弱行[약행] ① 일을 실행하는 힘이 약함. ② 바로 걷지 못함. 절름발이.

[張] 弓8│장│베풀│㊤陽│
チョウ
はる

筆順 ヿ ヮ 弓 引 弡 張 張

解字 形聲. 弓[활]과 은을 나타내는 長(장)을 합쳐서 활시위를 당기니 활이 팽팽해지다의 뜻.

意味 ① 베풂. ② 활시위를 얹음. 현(弦)을 닮. ③ 늘어드려 벌림. 부풀.「膨一」④ 휘장. ⑤ 활·초롱·종이 등을 세는 단위.

張力[장력] 〈物〉물질이 서로 끌어당기는 힘.「表面一」
張本[장본] ① 문장에서 뒤에 일어날 일을 미리 암시하여 주는 일. ② 사건의 근본. ③ 장본인(張本人).
張三李四[장삼이사] 신분이 명확치 않거나 명성이 없는, 흔히 있는 평범한 사람을 일컫는 말.

[強] 弓8│강│강할│㊤陽│
キョウ・ゴウ
つよい

筆順 ヿ ヮ 弓 弘 弘 強 強

意味 ① 강함. 야무짐. 세력이 있음. 능력이 나음. ② 기준보다 조금 많은 수일 때 쓰는 말. ③ 마흔 살 또는 그 전

후의 나이. ④ 억지로 하게 함.「一制」
強姦[강간] 강제로 여자를 욕보임.
強盜[강도] 폭행과 협박으로써 남의 재물을 빼앗는 도둑. 또는 그런 행위.「一한 組織」
強力[강력] 강한 힘. 또는 힘이 셈.
強壓[강압] ① 세게 내리 누름. ② 다른 사람의 의사를 무시하고 무리하게 강요함. ③ 강한 압박.

[弼] 弓9│필│도울│㊤質│
ヒツ
たすける

筆順 ヿ ヮ 弓 弓´ 弥 弨 弼

意味 ① 도움. 보좌. ② 바로 잡음. 도지개[활을 바로 잡는 기구]. ③ 되돌아 감. 거듭[重].

弼匡[필광] 도와서 바로 잡음.

[彈] 彈(弓부 12획)의 약자

[粥] 米부 6획

[彀] 弓10│구│활당길│㊤宥│
コウ
はる

筆順 一 十 吉 吉 殼 殼 殼

意味 ① 활을 당김. ② 과녁[的].
彀擊[구격] 활을 쏘고 칼로 침.

[彈] 弓12│탄│탄알│㊤寒│
ダン
たま・はじく・ただす

筆順 弓 弓´ 弓´ 弓´ 弼 彈 彈

意味 ① 탄알. ② 튀김. 쏨. ③ 탐. 동김. ④ 탄핵함. 죄를 물음.

彈道[탄도] 쏘아 올려진 탄환이 공중으로 나아가는 곡선의 길.「一彈」
彈力[탄력] ① 〈物〉외부에서 가해진 힘에 대항하여 원래의 상태로 돌아가려는 힘. ② 정세에 대응하여 자유로이 변화하는 힘. ③ 팽팽하게 버티는 힘.
彈壓[탄압] ① 권력에 의하여 강하게 억누름. ② 억지로 누름.
彈藥[탄약] 탄환과 화약.
彈雨[탄우] 빗발처럼 퍼붓는 탄환.

〔弓部〕 13~19획·〔彑部〕 0~15획·〔彡部〕 0~1획

【彊】 ${}^{16}_{弓13}$ |강|셀활|㊤陽|
キョウ·ゴウ
つよい

筆順 弓 弓⁻ 弓⁼ 彊 彊 彊 彊

意味 ① 셀 활. ② 굳셈. 꿋꿋함. 강인함. 뻣뻣함. ③ 사나움. ④ 힘씀. ⑤ 경계(境界).

【彌】 ${}^{17}_{弓14}$ |미|활벗길|㊤支|
ビ·ミ
いよいよ

筆順 弓 弓⁻ 弭 弭 彌 彌 彌

意味 ① 활을 벗김. 활을 부림(弛弓). 두루 널리 퍼져 있음. ② 마침. 그침. ③ 참. 시간의 경과. ④ 오램. 멂. ⑤ 기움(補). 꿰맴. ⑥ 조금. 약간.

彌縫[미봉]${}^{ビ}_{ホウ}$ ① 떨어진 곳을 기움. ② 잘못이나 실패를 임시 변통으로 꾸며댐. 「一策」

彌陀[미타]${}^{ミ}_{ダ}$〈佛〉아미타불(阿彌陀佛).

【彎】 ${}^{22}_{弓19}$ |만|당길|㊤刪|
ワン
ひく·まがる

筆順 ⺾ 䜌 䜌 䜌 䜌 彎 彎

意味 ① 당김. 활에 살을 재어서 당김. ② 굽음. 활 모양으로 휘어짐.

彎曲[만곡]${}^{ワン}_{キョク}$ 활 모양으로 굽음. 만굴(彎屈).

彎月[만월]${}^{ワン}_{ゲツ}$ 활 모양의 달. 초승달.

彑(彑·ヨ)部

【彑】 ${}^{3}_{彑0}$ |계|고슴도치머리|㊤霽|ケイ|

【彗】 ${}^{11}_{彑8}$ | ${}^{혜}_{세}$ |${}^{비}_{빗}$|㊤霽霽|
スイ·ケイ·エ
ほうき

筆順 ⺕ 丰 丯 ⺽ 彗 彗 彗

意味 ① 비. 쓸어 내는 도구. ② ① 살별. 꼬리별. ② 비(箒).

彗星[혜성]${}^{スイ}_{セイ}$〈天〉빛나는 긴 꼬리를 끌고 해를 초점으로 하여 운행(運行)하는 별. 해에 가까이 가면 몸이 작아지고 더욱 빛을 발함. 미성(尾星). 장성(長星). ② 갑자기 나타나서 뛰어남을 비유한 말.

【彙】 ${}^{13}_{彑10}$ |휘|무리|㊤未|
イ
あつめる

筆順 ⺈ 冖 彑 侖 彙 彙 彙

意味 ① 무리. ② 모음. 끼리끼리 갈라서 모음. ③ 고슴도치.

彙集[휘집]${}^{イ}_{シュウ}$ 같은 종류의 것을 모음. 유취(類聚).

彙纂[휘찬]${}^{イ}_{サン}$ 여러 가지 사실을 모아 종류에 따라 분류하여 편찬함.

【彝】 ${}^{18}_{彑15}$ |이|떳떳할|㊤支|つね|

筆順 ⺕ 彑 彑 彑 彝 彝 彝

意味 ① 떳떳함. ② 법(法). ③ 종묘의 제사 지내는 제기(祭器). ④ 술동.

彝器[이기]${}^{イ}_{キ}$ 종묘 제사나 조정 나라의 의식 때 쓰는 제구(祭具).

彝倫[이륜]${}^{イ}_{リン}$ 사람으로서 떳떳이 지켜야 할 도리.

彝樽[이준]${}^{イ}_{ソン}$ 술 단지.

彡 部

【彡】 ${}^{3}_{彡0}$ |삼|털그릴|㊤咸|サン|

筆順 ノ ノ 彡

解字 彡 象形. 털이 가지런히 나 있는 모양·귀얄 자국·머리 장식의 모양을 본뜬 것 등의 의견이 있음. 부수로는 아름답게 다듬나 가꾸다에 관한 뜻을 나타냄.

意味 ① 털을 그림. ② 털이 자람. ③ 머리 장식.

*【形】 ${}^{7}_{彡1}$ |형|형상|㊤青|
ケイ·ギョウ
かたち·かた

筆順 一 二 于 开 开 形 形

意味 ① 형상. 구체적으로 눈에 보이는

[彡部] 6~12획

것. 모양. 모습. 맵시. ② 나타냄. 나타남. ③ 끝을 이룸. ④ 형편.

形容[형용]ケイ ① 얼굴 모양. 용모(容貌). ② 상태. 어떤 모양. ③ 사물의 성질·모양 등을 설명함.

形質[형질]ケイ 외형(外形)과 실질(實質). 형식과 내용.

形體[형체]ケイ 물건의 외형과 그 바탕이 되는 몸. 형태(形態). 모습.

形態[형태]ケイ ① 사물의 생김새. ② 형상과 태도. 형태 심리학의 기초 개념.

【彦】⁹彡6 | 언 | 착한선비 | ㉿彥 |
ゲン
ひこ

筆順 一亠ナ产产彦彦

意味 ① 착한 선비. 재주와 덕망이 있는 청년. ② 큼(碩).

彦士[언사]ゲン 훌륭한 인물.

【彬】¹¹彡8 | 빈 | 빛날 | ㉿貧 |
ヒン
そなわる

筆順 一十才木杉枒彬

意味 ① 빛남. ② 잘 갖추어짐.

彬彬[빈빈]ヒン 글의 수식과 내용이 서로 알맞게 갖추어진 모양.

【彫】¹¹彡8 | 조 | 새길 | ㉿蕭 | ほる
チョウ

筆順 ノ月月月周周彫

解字 形聲. 아름답다는 뜻인 彡과 음을 나타내는 周(주)[조는 변음]를 합쳐서 칼로 나무에 아름다운 무늬를 새기다의 뜻.

意味 ① 새김. ② 그림. ③ 문채(文彩)를 냄. ④ 말라서 시듦.

彫刻[조각]チョウ 〈美〉 나무·돌·금속 등에 글씨나 그림·사물의 형상을 새기는 일. 조형 미술(造形美術)의 하나.

彫塑[조소]チョウ 〈美〉 ① 조각과 점토(粘土)로 만든 상(像). ② 점토나 석고로 조각의 원형을 만듦. 또는 그 원형.

*【彩】¹¹彡8 | 채 | 채색 | ㉿眛 |
サイ
いろどる

筆順 一ハ爫采采彩彩

解字 形聲. 아름답다는 뜻인 彡과 음을 나타내는 采(채)를 합쳐서 여러 색을 겹쳐서 아름답게 하다의 뜻.

彩文[채문]サイ ① 색의 무늬. ② 정밀한 기하학적 무늬. 화폐의 위조를 방지하기 위해서 도안 속에 이용함.

彩服[채복]サイ 빛깔이 고운 의복.

彩色[채색]サイ ① 여러 가지 빛깔. ② 그림 등에 색을 칠함. 착색(著色).

【彪】¹¹彡8 | 표 | 칡범 | ㉿尤 |
ヒョウ・ヒュウ
あや

筆順 ヽ广广卢虍虎彪

意味 ① 칡범. 작은 범. ② 문채. 무늬.

彪炳[표병]ヒョウ ① 표범의 가죽. 문채가 아름다움. ② 빛나고 아름다움.

【彰】¹⁴彡11 | 창 | 나타날 | ㉿陽 |
ショウ
あきらか・あらわれる

筆順 ヽ亠立产音章彰

解字 形聲. 아름답다는 뜻인 彡과 음을 나타내는 章(장)[창은 변음]을 합쳐서 남의 눈을 끌기 위하여 몸치장을 한다는 뜻. 널리 분명하다의 뜻으로 쓰임.

意味 ① 나타남. 밝은. 분명함. 드러냄. ② 무늬. 문채.

彰德[창덕]ショウ ① 사람의 덕행(德行)을 세상에 나타내어 널리 알림. ②〈地〉안양(安陽). ③ 〔게 나타냄〕.

彰顯[창현]ショウ 널리 알리어서 뚜렷하

*【影】¹⁵彡12 | 영 | 그림자 | ㉿梗 |
エイ
かげ

筆順 日早昙昙昙景景影

意味 ① 그림자. ② 형상. 모양. 모습.

影印[영인]エイ 서적 등을 사진으로 복사(複寫) 인쇄하는 일. 「영상(影像)」.

影幀[영정]エイ 화상을 그린 족자(簇子).

影響[영향]エイキョウ 어떤 사물의 힘이 다른 사물에 작용하여 변화의 원인이 됨. 또는 그 변화.

彳 部

【彳】 3획 | 척 | 자축거릴 | ㊥陌
テキ
たたずむ

【彷】 7획 4획 | 방 | 방황할 | ㊥陽
ホウ
さまよう

[筆順] ノ ノ 彳 彳 彳 彷 彷

[意味] ① 방황함. 헤맴. ② 비슷함.

彷徨[방황] 방횡 일정한 목적이나 방향도 없이 어정거리며 돌아 다님. 방양(彷徉). 배회(徘徊).

【役】 7획 4획 | 역 | 부릴 | ㊥陌
エキ・ヤク

[筆順] ノ ノ 彳 彳 彳 役 役

[解字] 會意. 걷다의 뜻인 彳과 지팡이를 손에 들다의 뜻인 殳(攴)을 합쳐서 무기를 가지고 다니면서 경계하다의 뜻. 널리 맡은 일·부림의 뜻으로 쓰임.

[意味] ① 부림. 「使一」② 국경을 지킴. ③ 부역(賦役). ④ 일. 힘써 일함. ⑤ 전쟁.

役軍[역군] ① 공사 터에서 삯일을 하는 사람. 역부(役夫). ② 일군.
役使[역사] 역사 일을 시킴. 사역(使役).
役割[역할] 하루 주어진 구실. 소임(所任). 임무.

【彿】 8획 5획 | 불 | 비스름할 | ㊥物
フツ

[筆順] ノ ノ 彳 彳 彳 彳 彿 彿

[意味] 비스름함. 비슷함. 「彷一」

*【往】 8획 5획 | 왕 | 갈 | ㊤養
オウ
ゆく

[筆順] ノ ノ 彳 彳 彳 往 往

[意味] ① 감. 떠나감. 사라짐. 죽음. 「一生」② 옛. 지나간 날. 「一時」③ 이따금. 「一 一」

往年[왕년] 왕년 옛날. 지나간 해.

往來[왕래] 왕래 ① 가고 옴. ② 노자(路費). ③ 거듭 서술(敍述)함.
往復[왕복] 왕복 ① 감과 옴. 왕반(往反). ② 갔다가 돌아옴. ③ 편지 등을 주고 받음.

*【征】 8획 5획 | 정 | 갈 | ㊥庚
セイ
ゆく

[筆順] ノ ノ 彳 彳 彳 征 征 征

[解字] 形聲. 길을 뜻하는 彳과 음을 나타내는 正(정)을 합쳐서 길을 걸어가다의 뜻.

[意味] ① 감. 멀리 감. ② 세(稅)를 받음. ③ 침. 정벌(征伐)함. 「遠一」

征途[정도] 정도 ① 여행 길. ② 전쟁에 나가는 길.
征伐[정벌] 정벌 ① 죄 있는 사람을 벌을 주어 바르게 함. ② 악한 무리를 군대로써 침.
征夫[정부] 정부 ① 먼 길을 가는 사람. 여행하는 사람. 정인(征人). ② 전쟁에 나가는 군인. 「사. 국경을 수비함.
征戍[정수] 정수 국경을 수비하러 가는 병

*【彼】 8획 5획 | 피 | 저 | ㊤紙
ヒ
かれ・かの

[筆順] ノ ノ 彳 彳 彳 彳 彼 彼

[解字] 形聲. 길을 뜻하는 彳과 음을 나타내는 皮(피)를 합쳐서 갈림길이라는 뜻. 빗나가서 어느쪽이다의 뜻에서 널리 먼곳에 있는 물건이나 사람을 가리킴.

[意味] 저. 저것. 저곳. 저쪽.

彼我[피아] 피아 그와 나. 타인과 자기.

【徑】 徑 (彳부 7획)의 약자

【待】 9획 6획 | 대 | 기다릴 | ㊤賄
タイ
まつ

[筆順] ノ ノ 彳 彳 彳 待 待 待

[解字] 形聲. 길을 뜻하는 彳과 음을 나타내는 寺(사)[대는 변음]를 합쳐서 길에 멈추어 서서 기다리다의 뜻.

[意味] ① 기다림. 오기를 바람. 기대함. ② 대접함. ③ 막음.

待望[대망] 대망 기다리고 바람. 기대함.

待接[대접] ① 손님을 예를 차려 대함. ② 음식을 차려서 손님을 대우함.
待避[대피]^{タィ} ① 상대방이 지나가기를 피해서 기다림. ② 싸움·지진·화재 등에서 위험이 없을 때까지 피하는 일.

*【律】 9획 / 彳6획 | 률 | 법률 | ㉘質
リツ・リチ

筆順 ノ ノ 彳 彳 彳 彳 律 律

解字 形聲. 길을 뜻하는 彳과 음을 나타내는 聿(율)[률은 변음]을 합쳐서 하나의 길이라는 뜻. 널리 정해진 길·규칙의 뜻으로 쓰임.

意味 ① 법률. 법칙에 따라 바로 잡음. 「自一」 ② 음악의 가락. 한시(漢詩)의 한 형식. ③ 계율.

律法[율법] ① 법률. ② 종교적·도덕적·사회적 생활에 관하여 신(神)의 이름으로 정해진 규범(規範). ③ 〈佛〉 불교의 계율(戒律).

律儀[율의]^{リツ ギ} ① 법. 모범. ② 악과 과실을 저지르지 못하게 세운 규제.

【徇】 9획 / 彳6획 | 순 | 조리돌릴 | ㉘震
ジュン・シュン
となえる

筆順 ノ ノ 彳 彳 彳 徇 徇

意味 ① 조리 돌림. ② 따라 죽음. ③ 빠름. ④ 부림. ⑤ 널리 펼침.

徇求[순구]^{ジュン} 널리 구함.

【徊】 9획 / 彳6획 | 회 | 배회할 | ㉘灰
カイ
さまよう

筆順 ノ ノ 彳 彳 彳 徊 徊

意味 ① 배회함. ② 어정거림.

徊翔[회상] ① 새가 빙빙 날아 돎. ② 진급이 늦음을 일컫는 말.
徊徨[회황] 정처 없이 떠돌아 다님.

*【後】 9획 / 彳6획 | 후 | 뒤 | ㉘有
ゴ・コウ
のち・うしろ・あと・おくれる

筆順 ノ ノ 彳 彳 彳 彳 後 後 後

意味 ① 뒤. 나중. 장래. ② 자손. 「一嗣」 ③ 늦음. ④ 뒤짐. 능력이 못함.
後架[후가]^{コウ} 선종(禪宗)에서 승당 뒤에 있는 세면소(洗面所). 또는 변소.
後家[후가] 뒷집. ㄴ일컫는 말.
後任[후임]^{コウ} 앞의 사람이 하던 임무를 맡음. 또는 그 사람. ↔전임(前任)

【徑】 10획 / 彳7획 | 경 | 지름길 | ㉘徑
ケイ
こみち

筆順 ノ ノ 彳 彳 彳 徑 徑 徑

意味 ① 지름길. 곧음. 빠름. 「捷一」 ② 오솔길. ③ 지름. 「直一」 ④ 지나감(行過). ⑤ 드디어.
徑庭[경정]^{ケイ} 경은 좁은 길이고 정은 넓은 뜰이라는 뜻으로 양자의 차이가 심함을 비유하는 말.
徑行[경행]^{ケイ} ① 머뭇거리지 않고 그대로 행함. ② 직행함. 「直情一」

*【徒】 10획 / 彳7획 | 도 | 걸어다닐 | ㉘虞
ト・ズ
いたずら・ただ・かち

筆順 彳 彳 彳 彳 彳 徒 徒

意味 ① 걸어 다님. 도보. ② 맨손. 빈손. ③ 무리. ④ 제자. ⑤ 종. 노비.
徒黨[도당]^ト 무리. 함께 일을 꾀하고 그것을 행하는 무리.
徒勞[도로]^ト 헛되이 수고함. 일을 한 보람도 없이 애만 씀. 노고(勞苦).

*【徐】 10획 / 彳7획 | 서 | 천천할 | ㉘魚
ジョ
おもむろ

筆順 ノ 彳 彳 彳 徐 徐 徐

解字 形聲. 가다의 뜻인 彳과 음을 나타내는 余(여)[서는 변음]를 합쳐서 천천히 가다의 뜻.

意味 ① 천천함. 천천히. ② 찬찬함. 한가함. ④ 더딤.
徐徐[서서]^{ジョ} ① 느린 모양. ② 행동이 침착하고 한가한 모양.
徐行[서행]^{ジョ} 천천히 감.

【從】 從(彳부 8획)의 약자

[彳部] 8～9획

*[得]₁₁ ₁₈ │득│얻을│㊀職│トク える

筆順 ノ ノ 彳 彴 旦 得 得 得

解字 得 會意. 길을 뜻하는 彳과 돈이라는 뜻인 貝와 손을 합쳐서 길에서 돈을 줍다의 뜻. 널리 손에 넣다·이익의 뜻으로 씀.

意味 ① 얻음. 잡음. ② 탐냄. ③ 만족함. ④ 잘함. ⑤ 깨달음.

得計[득계] 훌륭한 계책(計策)을 얻음. 득책(得策).

得男[득남] 아들을 낳음. 생남(生男).

得度[득도] ᵗᵒ〔佛〕① 불교를 신앙하여 부처의 제도(濟度)를 얻음. ② 불문에 들어 감.

得點[득점] ᵗᵉⁿ 시험이나 경기에서 점수를 얻음. 또는 그 점수. 「(得計)」

得策[득책] ᵗˢᵃᵏᵘ 유리한 좋은 계책. 득계

【徘】₁₁ ₁₈ │배│배회할│㊀灰│ハイ

筆順 ノ 彳 彳 彳 律 徘 徘 徘

意味 ① 배회함. 헤맴. ② 어슷거림.

徘徊[배회] ʰᵃⁱ 목적이나 방향도 없이 이리저리 다님.

【徙】₁₁ ₁₈ │사│옮길│㊤紙│うつる

筆順 ノ 彳 彳 仆 徙 徙 徙

意味 ① 옮김.「移―」귀양 감. ③ 의지함. ④ 넘음[越].

徙居[사거] ˢʰᵉⁱ 거처를 옮김. 이사함.

*[從]₁₁ ₁₈ │종│따를│㊤冬│ジュウ したがう

筆順 ノ 彳 彳 ᄽ 从 徉 徉 從

解字 從·从 會意. 길을 가다의 뜻인 彳과 남의 뒤를 따르는 것을 나타내는 从을 합쳐서 남을 따라 가다의 뜻.

意味 ① 따름. 좇음. ② 데리고 감. 거느림. ③ 따르는 사람. ④ 허락함. ⑤ 나아 감[就]. ⑥ 종용함. ⑦ 친척.

從軍[종군] ジュウグン ① 전쟁에 나아감. ② 군대를 따라 전지(戰地)에 나아감.

從事[종사] ジュウジ ① 어떤 일에 심력(心力)을 기울임. ② 이조(李朝) 때의 종팔품(從八品) 벼슬. ③ 어떤 일을 삼아서 함.

從兄弟[종형제] ジュウケイテイ 사촌간인 형과 아우. ↔종자매(從姉妹).

*[御]₁₁ ₁₈ │어│맞을│㊀御│ギョ·ゴ おん

筆順 ノ 彳 彳 彳 徉 徉 御 御

解字 御·馭 形聲. 길을 가다의 뜻인 彳과 무릎을 꿇은 모습을 본뜬 글자인 卩과를 나타내는 午(오)〔아·어는 변음〕을 합쳐서 길에서 무릎을 꿇고 귀인을 맞이하다의 뜻. 공손히 맞이하는 데서 경어로 씀.

意味 ① 맞음. ② 모심. ③ 마부. 거느림.「統―」④ 나아감. ⑤ 주장함. ⑥ 막음. ⑦ 맞음. ⑧ 아내. ⑨ 황후. ⑩ 천자에 관한 경어로 붙여 쓰는 말.

御所[어소] ᵍʸᵒˢʰᵒ 임금이 계시는 곳. 궁중.

御用[어용] ᵍʸᵒʸᵒᵘ ① 임금이 씀. ② 정부에서 씀. ③ 지체 높은 사람이 쓴다는 말을 비꼬아 일컫는 말.

御酒[어주] ᵍʸᵒˢʰᵘ 임금이 내리는 술.

御筆[어필] ᵍʸᵒʰⁱᵗˢᵘ 임금의 글씨나 그림. 신필(宸筆). 어서(御書).

御患[어환] 임금의 병.

[編]₁₂ ₁₉ │편│두루│㊦霰│ヘン·フウ あまねし

筆順 ノ 彳 彳 彳 徝 徝 偏 偏

意味 ① 두루. 널리. ② 두루 돌아 다님.

徧歷[편력] ʰᵉⁿʳᵉᵏⁱ 널리 돌아 다님. 편력(遍歷). 편답(遍踏).

[復]₁₂ ₁₉ │㊀복│돌아올│㊁屋 ㊁宥 フク かえる·また

筆順 ノ 彳 彳 彳 伯 復 復 復

意味 ㊀ ① 돌아옴. 되돌아 옴. 본디로 감. 회복함. ② 되풀이함. 거듭

[亻部] 9~12획

함. ③ 아룀. 대답함. ② 다시. 또.
復啓[복계]ᶠᵘ⁽ᶠᵘ⁾ᴷᴱⁱ 편지의 답장 첫머리에 쓰는 말. 배복(拜復).
復歸[복귀]ᶠᵘ⁽ᶠᵘ⁾ᴷⁱ 원래의 장소나 상태로 다시 돌아 감.
復讀[복독]ᶠᵘᴷᵘ 글을 되풀이해서 읽음.
復習[복습]ᶠᵘˢʰᵘ 한 번 배운 것을 다시 공부하여 익힘. ↔예습(豫習)
復活[부활]ᶠᵘᴷᴬᵖ ① 다시 살아남. 부생(復生). 부명(復命). 소생(蘇生). ② 일단 폐지했던 것을 다시 씀. ③ 쇠퇴하였던 것이 다시 일어나 흥하게 됨. 부흥(復興). ④〈宗〉예수의 부활.

*【循】¹²₁₉ 순 │ 좇을 │ 年眞
ジュン
したがう

筆順 彳彳彳彳彳彳循循
意味 ① 좇음. 규범을 따름. ② 의지함. ③ 돎. 돌아다님. ④ 차례. ⑤ 위로함. ⑥ 착함. ⑦ 책 같은 것을 지음.

循守[순수]ᴶᵘⁿˢʰᵘ 규칙이나 명령 등을 좇아서 지킴. 준수(遵守).
循循[순순]ᴶᵘⁿᴶᵘⁿ 질서 바른 모양. 연연(整然)한 모양. 순순연(循循然).
循行[순행]ᴶᵘⁿᴷᵒᵘ ① 여러 곳으로 돌아다님. ② 명령에 좇아서 행함.

【徨】¹²₁₉ 황 │ 방황할 │ ／陽
コウ

筆順 彳彳彳彳彳徨徨
意味 방황함. 노님.
徨徨[황황]ᴷᵒᵘᴷᵒᵘ 방황하는 모양.

*【微】¹³₁₀ 미 │ 은미할 │ 年微
ビ・ミ
かすか

筆順 彳彳彳彳彳微微微
解字 形聲. 가다의 뜻인 彳과 음을 나타내는 㣲(미)를 합쳐 눈에 띄지 않게 하다 즉 남몰래 살짝 가다의 뜻.
意味 ① 은미(隱微)함. 깊숙해서 알기 어려움. ② 희미함. ③ 작음. 가늚. ④ 쇠약함. ⑤ 아님. ⑥ 없음. ⑦ 숨김. ⑧ 엿보며 살핌. ⑨ 천함.

微粒[미립]ᴮⁱʳʸᵘ 극히 적은 알갱이.
微妙[미묘]ᴮⁱᴹʸᵒᵘ ① 섬세하고 묘함. 현묘(玄妙). 정묘(精妙). ② 아름다움이나 일이 이상야릇하여 잘 알 수 없음.
微分[미분]ᴮⁱᴮᵘⁿ〈數〉어떤 변수(變數)의 미소(微小)한 변화에 대한 함수(函數)의 값의 변화, 어떤 함수의 미계수(微係數)를 구함.「경상(輕傷)
微傷[미상]ᴮⁱˢʰᵒᵘ 작은 상처. 조금 다침.
微塵[미진]ᴹⁱ⁽ᴮⁱ⁾ ① 아주 작은 티끌. ② 썩 작음. 변변치 못한 물건.
微賤[미천]ᴮⁱˢᵉⁿ ① 신분이 낮음. ② 보잘 것 없고 비천(卑賤)함.

【徭】¹³₁₀ 요 │ 역사 │ 下蕭 ヨウ

筆順 彳彳彳彳徨徨徭
意味 ① 역사(役事). 부역(賦役). ② 구실. 관가에 매인 직책.「(租稅).
徭税[요세]ᵒᵘᶻᵉⁱ 부역(賦役)과 조세

【徵】徵(彳부 12획)의 약자
【德】德(차항)의 약자

*【德】¹⁵₁₂ 덕 │ 큰 │ ④職 トク

筆順 彳彳彳彳德德德
解字 徝·德·德 形聲. 가다의 뜻인 彳과 음을 나타내는 悳(직)[덕은 변음]을 합쳐서 올라가다의 뜻. 본디 글자는 悳으로 도덕이라는 뜻으로 씀.
意味 ① 큼. 선천적 또는 후천적인 훌륭한 품성. ② 군자. ③ 덕행. ④ 좋은 가르침.「一育」⑤ 은혜. ⑥ 남(生). 이익(利益).「一用」

德談[덕담]ᴷᵘᴰᴬⁿ 잘되기를 비는 말.
德望[덕망]ᵀᵒᴷᵘ ① 덕행(德行)과 인망(人望). ② 많은 사람이 그의 덕을 받들고 경모하여 따르는 일.
德行[덕행]ᴷᵒᵘ 도덕에 따르는 어질고 너그러운 행실. 「킴. 또는 그 감화.
德化[덕화]ᴷᵃ 덕으로 사람을 감화시

*【徵】¹⁵₁₂ 징│치 │ 부를 │ 年蒸 / 紙
チョウ・チ
しるし

[彳部] 12~14획·[忄部] 3~4획

筆順 彳 徏 徏 徝 徟 徸 徵

解字 形聲. 분간하기 어렵다의 뜻인 㣲의 생략체인 𢼸와 음을 나타내는 壬(정)[징·치는 변음]을 합쳐서 어렴풋이 나타내다의 뜻.

意味 ① 부름.「─集」② 효험. 징험.「─候」③ 조세를 거둠. ④ 구(求)함. ② 徵聲(치성). 오음(五音)의 하나.

徵收[징수]ᴬᵁ 조세(租稅)·수수료·벌금 등을 거둠.

徵用[징용]ᴬᵁ ① 〈法〉징수하여 사용함. ② 국가의 명령으로 사람을 모아 강제적으로 국가의 일에 종사시킴.

徵證[징증]ᴬᵁ ① 표시. 어떤 사물의 진상을 증거를 들어 밝힘. 증명(證明). ② 증명할 수 있는 근거. 증거(證據). ③ 실지로 사실을 경험함. 증험(證驗).

徵驗[징험] 앞에서 보인 징조가 들어맞음. 징증(徵證).

*【徹】¹⁵₍₁₂₎ | 철 | 통할 | ㊤屑 |
テツ
とおる

筆順 彳 彳 彳 衜 衜 徹 徹

解字 形聲. 가다의 뜻인 彳과 음을 나타내는 㪿(철)을 합쳐서 어디까지든지 해내다·꿰뚫다의 뜻.

意味 ① 통함. 꿰뚫음. 끝까지 해냄. ② 사무침. ③ 버림. ④ 벗김. ⑤ 다스림. 벌임[列].

徹骨[철골] 뼈에 사무침.
徹頭徹尾[철두철미]ᵀᴱᵀᵀᴾⁱ ① 처음부터 끝까지. ② 철저히. 결단코.
徹兵[철병]ᴬⁱ 군대를 철수함.
徹祀[철사] 제사를 마침. 철사(撤祀).

【徽】¹⁷₍₁₄₎ | 휘 | 아름다울 | ㊤微 |
キ
しるし

筆順 彳 徝 徝 徸 徸 徽 徽

意味 ① 아름다움. 좋음. ② 세겹 노. ③ 소속을 분명히 하는 표지. ④ 달림.「─宏」

徽言[휘언]ᵞᴺ 착하고 아름다운 말.
徽章[휘장]ᴬʸ 사람의 옷이나 물건에 붙이는 신분이나 명예를 나타내기 위한 표장(表章). 기장(記章).
徽徽[휘휘]ᴷⁱ 아름다운 모양.

忄 部

【忄】 부수의 하나
(심방변)

*【忙】⁶₍₃₎ | 망 | 바쁠 | ㊤陽 |
ボウ·モウ
いそがしい

筆順 ノ ハ 忄 忙

解字 形聲. 마음을 뜻하는 忄과 음을 나타내는 亡(망)을 합쳐서 여러 가지 일로 마음이 들뜨다의 뜻.

意味 바쁨. 일이 많음. 초조함.「─中有閑」

忙忙[망망]ᴮᵒᵘ 몹시 바쁜 모양.
忙殺[망살]ᴮᵒᵘ 일 등에 쫓기어 대단히 바쁨. 망쇄(忙殺).

【忖】⁶₍₃₎ | 촌 | 헤아릴 | ㊦阮 |
ソン
はかる

筆順 ノ ハ 忄 忄 忖 忖

意味 ① 헤아림. ② 짐작함.
忖度[촌탁]ᶻᴺ 다른 사람의 마음을 미루어 헤아림.

【忸】⁷₍₄₎ | 1 뉴 2 뉵 | 익을 | ㊤有 ㊤屋 |
ジク·シュウ
はじる·なれる

筆順 ノ ハ 忄 忄 忄 忸 忸

意味 1 익음. 익숙해짐. 2 부끄러워함.
忸怩[육니]ᴶⁱ 부끄러워하는 모양. 겸연쩍어하는 모양.

*【快】⁷₍₄₎ | 쾌 | 쾌할 | ㊧卦 |
カイ
こころよい

筆順 ノ ハ 忄 忄 忄 快 快

解字 形聲. 마음을 뜻하는 忄과 음을 나타내는 夬(쾌)를 합쳐서 마음이 활짝 열리다의 뜻.

[意味] ① 쾌함. 기분이 좋음. 시원함. 「愉—」 ② 가(可)함. ③ 빠름. 「—速艇」 ④ 날카로움. 잘 베어짐. 「—刀亂麻」 ⑤ 병이 나음. 「—癒」「—差」

快感〔쾌감〕カイカン 시원하고 상쾌한 느낌.

快樂〔쾌락〕カイラク ① 기분이 좋고 즐거움. ② 〈心〉 욕망의 충족에서 오는 유쾌한 감정.

快馬〔쾌마〕カイバ 시원스럽게 빨리 잘 달리는 말.

快晴〔쾌청〕カイセイ 하늘이 맑게 갬.

快漢〔쾌한〕カイカン 쾌남아(快男兒). 쾌남자.

【怯】8 忄5 | 겁 | 무서워할 | [入]葉 |
キョウ・コウ
おそれる・おびえる

[筆順] 丶 忄 忄一 忄十 忄土 怯 怯

[意味] ① 무서워함. 두려워함. 겁을 냄. 무기력함. 겁이 많음. 「卑—」 ② 으름. 위협함.

怯懦〔겁나〕キョウダ 겁이 많고 나약함. 겁약(怯弱).

怯弱〔겁약〕キョウジャク 겁이 많고 마음이 약함. 겁나(怯懦).

*【怪】8 忄5 | 괴 | 기이할 | [去]卦 |
カイ・ケ
あやしい・あやしむ

[筆順] 丶 忄 忄 忄又 怪 怪 怪

[意味] ① 기이함. 유별남. ② 괴물. 요괴. ③ 의심스러움. ④ 깜짝 놀람.

怪傑〔괴걸〕カイケツ ① 매우 괴상한 기량을 가지고 있는 호걸(豪傑). ② 정체를 알 수 없는 인걸(人傑).

怪異〔괴이〕カイイ 이상 야릇함.

怪漢〔괴한〕カイカン 행동이 괴상한 남자.

【怜】8 忄5 | [1] 령 [2] 련 | 영리할 | [平]靑 [平]先 |
レイ・リョウ・レン
さとい・あわれむ

[筆順] 丶 忄 忄 忄人 怜 怜 怜

[意味] [1] 영리(怜悧)함. 약고 재빠름. [2] 불쌍함. =憐

怜悧〔영리〕レイリ 약고 민첩함. 똑똑함. ↔우둔(愚鈍)

*【性】8 忄5 | 성 | 성품 | [去]敬 |
セイ・ショウ
さが

[筆順] 丶 丶 忄 忄 忄 性 性

[意味] ① 성품. 천성. ② 마음. 「—情」 ③ 목숨. ④ 바탕. 마음의 본체(本體). 「—質」 ⑤ 성별. 남녀의 구별 ⑥ 〈佛〉 진여(眞如). 본각(本覺).

性格〔성격〕セイカク ① 언행을 통하여 나타나는 개인의 독특한 성질. 품성(品性). ② 인간의 정신 생활을 모든 면에서 나타내는 근본이 되는 성향(性向). ③ 개인의 의욕·행위·태도를 끝까지 지키는 의지나 습관.

性品〔성품〕セイヒン 성질과 품격(品格). 성질과 됨됨이.

性行〔성행〕セイコウ 인간의 성질과 행실.

【怏】8 忄5 | 앙 | 앙심먹을 | [上]養 |
ヨウ・オウ

[筆順] 丶 忄 忄 忄 怏 怏

[意味] 앙심을 먹음. 원망함. 「—宿」

怏宿〔앙숙〕 마음에 원한을 품고 있어 서로 사이가 좋지 못함.

【怡】8 忄5 | 이 | 기쁠 | [平]支 |
イ
よろこぶ

[筆順] 丶 忄 忄 忄厶 怡 怡 怡

[意味] 기쁨. 즐거움. 화(和)함. 누그러짐.

怡然〔이연〕イゼン 기뻐하는 모양.

【怵】8 忄5 | 출 | 두려워할 | [入]質 |
ジュツ・シュツ
おそれる

[筆順] 丶 忄 忄 忄十 怵 怵 怵

[意味] ① 두려워함. ② 슬퍼함.

【怖】8 忄5 | 포 | 두려울 | [去]遇 |
フ
おそれる

[筆順] 丶 丶 忄 忄 怖 怖 怖

[意味] ① 두려움. 떪. 「恐—」 ② 놀람.

怖畏〔포외〕フイ 무섭고 두려움.

【怙】8 忄5 | 호 | 믿을 | [上]麌 | コ たのむ

[筆順] 丶 忄 … 怙

[意味] ① 믿음. 의지함. ② 부탁함. ③ 아버지 또는 양친. 아버지〔怙〕와 어머니〔恃〕.

【恪】9 忄6 | 각 | 정성 | [入]藥 | カク つつしむ

[筆順] 忄 … 恪

[意味] ① 정성. 빈틈 없이 꼼꼼하여 잘못되지 아니함. ② 삼감. ③ 공경함.

恪勤〔각근〕カッキン 정성껏 직무에 충실함.

恪守〔각수〕カクシュ 규칙 등을 충실히 지킴

【恢】9 忄6 | 회 | 넓을 | [平]灰 | カイ ひろい

[筆順] 丶 忄 … 恢

[意味] ① 넓음 ② 넓힘.

恢復〔회복〕カイフク 쇠퇴한 세력이나 병세(病勢) 등을 이전의 상태로 되돌림.

恢弘〔회홍〕カイコウ ① 넓고 큼. 광대(廣大)함. ② 너그럽고 관대함. ③ 널리 폄.

【恬】9 忄6 | 념 | 편안 | [平]鹽 | テン やすい

[筆順] 丶 忄 … 恬

[意味] ① 편안. 편함. ② 고요함. =靜 ③ 태평스러움.

恬淡〔염담〕テンタン 욕심이 없고 마음이 편안하여 사물에 구애되지 않는 모양.

恬然〔염연〕テンゼン 욕심을 끊고 마음이 화평한 모양. 염담(恬淡). 염박(恬泊).

【恤】9 忄6 | 휼 | 근심할 | [入]質 | ジュツ うれえる・あわれむ

[筆順] 丶 忄 … 恤

[意味] ① 근심함. 「――」 ② 굶주린 백성들을 먹여 줌. 「一民」 ③ 사랑함. 불쌍히 여김.

恤功〔휼공〕 일의 노고(勞苦)를 위로함.

恤金〔휼금〕 정부(政府)에서. 이재민(罹災民)에게 지급하는 돈.

恤民〔휼민〕ジュツミン 이재민(罹災民)을 구휼(救恤)함.

*【恨】9 忄6 | 한 | 한할 | [去]願 | コン・ゴン うらむ

[筆順] 丶 忄 … 恨

[解字] 形聲. 마음을 뜻하는 忄과 음을 나타내는 艮(간)〔한은 변음〕을 합쳐서 깊이 뿌리 박다의 뜻. 널리 원한을 품다의 뜻으로 쓰임.

[意味] ① 한함. 유감으로 생각함. ② 뉘우침. 「悔一」

恨事〔한사〕コンジ ① 한탄할 만한 일. ② 억울한 일. 원통한 일.

恨歎〔한탄〕 원통한 일이나 뉘우침이 있을 때에 한숨 짓는 탄식.

*【恆】9 忄6 | [1]항 [2]긍 | 늘 | [平]蒸 [去]徑 | コウ・ゴウ つね

[筆順] 丶 忄 … 恆

[解字] 形聲. 마음을 뜻하는 忄과 음을 나타내는 亙(긍)〔항은 변음〕을 합쳐서 마음이 변하지 않는다는 뜻. 널리 오랫 동안 변하지 않음・늘・항상의 뜻으로 쓰임.

[意味] [1] 늘. 항상. 언제든지. [2] ① 시위. ② 두루함〔徧〕.

恆心〔항심〕コウシン 늘 지니고 있는 떳떳한 마음. 항상 품고 있는 마음.

【恍】9 忄6 | 황 | 어두울 | [上]養 | コウ

[筆順] 丶 忄 … 恍

[意味] ① 어두움. 흐리멍덩함. ② 황홀(恍惚)함.

恍然〔황연〕コウゼン 마음이 사로잡혀 멍청한 모양. 황연(怳然).

恍惚〔황홀〕コウコツ ① 사물에 마음이 팔려 멍한 모양. ② 광채가 어른거려 눈이 부심. ③ 미묘하여 알기 어려움.

【恰】9 忄6 | 흡 | 흡족할 | [入]洽 | コウ あたかも

[筆順] 丶 忄 … 恰

[意味] ① 흡족(恰足)함. ② 마침. 알맞게. ③ 흡사(恰似)함.

【恟】 9 忄6 | 흉 | 두려울 | [平]冬 | キョウ おそれる

[筆順] 丶 忄 忄 忄 恟 恟 恟

[意味] 두려움. =凶

恟恟〔흉흉〕キョウキョウ ① 두려워서 설레는 모양. ② 인심이 몹시 어지러워 뒤숭숭한 모양.

【恃】 9 忄6 | 시 | 믿을 | [上]紙 | ジ たのむ

[筆順] 丶 忄 忄 忄 恃 恃 恃

[意味] ① 믿음. ② 의지함. ③ 어머니. ↔ 怙

恃救〔시구〕ジキュウ 원조(援助)를 믿음.

恃賴〔시뢰〕ジライ 믿고 의지함.

【悔】 悔(忄부 7획)의 약자

【悃】 10 忄7 | 곤 | 정성 | [上]阮 | コン まこと

[筆順] 丶 忄 忄 忄 悃 悃 悃

[意味] ① 정성. ② 정성껏 하는 모양.

悃懇〔곤간〕コンコン 진실하고 간절함.

悃悃〔곤곤〕コンコン ① 간절한 모양. ② 지조가 곧은 모양. 「望). 절망(切望).

悃望〔곤망〕コンボウ 간절하게 바람. 간망(懇

【悚】 10 忄7 | 송 | 두려울 | [上]腫 | ショウ おそれる

[筆順] 丶 忄 忄 忄 忄 悚 悚

[意味] ① 두려움. 「一然」 ② 송구함.

悚愧〔송괴〕 황송하고 부끄러움.

悚慄〔송률〕ショウリツ 두려워하여 부들부들

悚然〔송연〕ショウゼン 두려워하는 모양. └떪.

【悋】 10 忄7 | 린 | 더러울 | [去]震 | リン やぶさか

[筆順] 丶 忄 忄 忄 忄 悋 悋

[意味] ① 더러움. 비루함. 아낌. 「一嗇」 ② 깍정이.

悋嗇〔인색〕リンショク 재물을 체면 없이 다랍

悋惜〔인석〕リンセキ 몹시 아낌. └게 아낌.

*【悅】 10 忄7 | 열 | 즐거울 | [入]屑 | エツ よろこぶ

[筆順] 丶 忄 忄 忄 悅 悅

[意味] ① 즐거움. 기꺼움. ② 복종함. 「一服」 ③ 성(姓)의 하나.

悅口〔열구〕 음식이 입에 맞음.

悅樂〔열락〕エツラク 기뻐하고 즐거워함.

悅服〔열복〕エツプク 기쁜 마음으로 복종함.

*【悟】 10 忄7 | 오 | 깨달을 | [去]遇 | ゴ さとる

[筆順] 丶 忄 忄 忄 悟 悟 悟

[意味] 깨달음. 깨우쳐 줌.

悟性〔오성〕ゴセイ ① 사물을 합리적으로 판단하고 이해하는 힘. 지성(知性). 지력(知力). ② 〈哲〉 이성(理性)과 감성(感性)과의 중간인 논리적 사유(思惟)의 능력 「相)의 세계에 들어 감.

悟入〔오입〕ゴニュウ 이치를 깨달아 실상(實

【悛】 10 忄7 | 전 | 고칠 | [平]先 | シュン・セン あらためる

[筆順] 丶 忄 忄 忄 悛 悛 悛

[意味] ① 고침. 옳지 못한 일을 고침. 「改一」 ② 그침 ③ 마음을 꾸짖음. ④ 차례.

悛改〔전개〕シュンカイ 잘못한 것을 뉘우치어 개심(改心)함. 개전(改悛).

【悌】 10 忄7 | 제 | 개제할 | [上]薺 | テイ・ダイ

[筆順] 忄 忄 忄 忄 悌 悌 悌

[意味] ① 개제(愷悌)함. 겉 모양과 심정이 온화하고 단정함. 부드러움. ② 공경함.

悌友〔제우〕テイユウ 형제간에 우애가 두터움. 어른과 아이 사이에 정이 깊음.

【悄】 10 忄7 | 초 | 근심할 | [上]篠 | ショウ うれえる

〔忄部〕7～8획

筆順 ㇏ ㇏ ㇏ ㇏ 怡 悄

意味 ① 근심함. 시름에 잠김. 「一然」 ② 조용한 모양.

悄然 [초연] ショウゼン ① 고요한 모양. ② 의기를 잃어서 맥이 없는 모양. ③ 원기가 없는 모양.

【悖】 10 忄7 ① 패 ② 발 | 어지러울 | ㉗隊 | ㉙月
ハイ・ボツ・ホツ
もとる

筆順 ㇏ ㇏ ㇏ ㇏ 忄 悖 悖

意味 ① ① 어지러움. ② 거스름. ③ 어기어짐. 「一倫」 ④ 성함. 한창. ② 거스름.「逆」

悖德 [패덕] ハイトク 도덕에 어긋남. 또는 그 도에 어긋나는 행위.
悖倫 [패륜] ハイリン 사람으로서 마땅히 지켜야 할 도리 즉 인륜에 어긋남.

【悍】 10 忄7 | 독살스 한 | 러울 | ㉗旱
カン
つよい

筆順 ㇏ ㇏ ㇏ 悍 悍 悍

意味 ① 독살스러움. 모짊. ② 사나움. 「一馬」③ 날램.

悍吏 [한리] カンリ 포악한 관리.

*【悔】 10 忄7 | 회 | 뉘우칠 | ㉗賄
カイ・ケ
くいる・くやむ

筆順 ㇏ ㇏ ㇏ 悔 悔 悔

意味 ① 뉘우침. 한(恨)함. 후회함. 「一恨」② 실패함. ③ 고침.

悔心 [회심] カイシン 잘못을 뉘우치는 마음.
悔悟 [회오] カイゴ 잘못을 뉘우쳐 고침.

【悸】 11 忄8 | 계 | 두근거릴 | ㉗寘 | ㉙キ

筆順 忄 忄 忄 悸 悸 悸 悸

意味 ① 두근거림. 「一慄」② 띠술이 늘어짐.

【悾】 11 忄8 ① 강 ② 공 | 믿을 | ㉗江 ㉗東 コウ
まこと

筆順 ㇏ ㇏ ㇏ 悾 悾 悾

意味 ① 믿음. ② ① 정성스러움. ② 어리둥절함. ③ 경황이 없음.

【悼】 11 忄8 | 도 | 슬퍼할 | ㉗號
トウ
いたむ

筆順 ㇏ ㇏ ㇏ 悼 悼 悼 悼

意味 ① 슬퍼함. ② 속썩이며 한탄함. ③ 일찍 죽음.

【惇】 11 忄8 | 돈 | 도타울 | ㉗元
トン・ジュン
あつい

筆順 ㇏ ㇏ ㇏ 惇 惇 惇 惇

意味 ① 도타움. ② 힘씀. ③ 정이 있음.

惇德 [돈덕] トントク 인정이 두터운 덕행.
惇惇 [돈돈] トントン 순후(純厚)한 모양.
惇信 [돈신] トンシン 두텁게 믿음.

【惜】 11 忄8 | 석 | 아낄 | ㉗陌
セキ・シャク
おしい・おしむ

筆順 忄 忄 忄 惜 惜 惜

意味 ① 아낌. 아까움. ② 가엾음. ③ 중하게 여김. 사랑함. ④ 불쌍히 여김.

惜別 [석별] セキベツ 이별하기를 섭섭히 여김. 서로 떨어지기를 애틋하게 여김.

【惟】 11 忄8 | 유 | 꾀 | ㉗支
イ・ユイ
おもう・これ・ただ

筆順 ㇏ ㇏ ㇏ 忄 惟 惟

意味 ① 꾀. 피함. ② 생각함. ③ 오직. 「一獨」④ 어조사. 한문의 토.

惟獨 [유독] ユイドク 많은 가운데 오직 홀로.
惟一 [유일] ユイイツ 오직 하나. 유일(唯一).

【悩】 惱 (忄부 9획)의 약자

*【情】 11 忄8 | 정 | 뜻 | ㉗庚
ジョウ・セイ
なさけ

筆順 ㇏ ㇏ ㇏ 忄 情 情

意味 ① 뜻. 마음. ② 기분. 감정. 인정. ③ 남녀간의 사랑. 욕망. ③ 성실. 진심. ④ 편애(偏愛). 개인적인 관계.

[忄部] 8～9획　　　　　　　　　　　　　　　　　161

⑤ 취미. ⑥ 모양. 형편. 「一狀」
情談[정담] ダン ① 속에서 우러나는 다정한 이야기. ② 남녀가 애정을 주고 받는 이야기. 정화(情話).
情愛[정애] アイ ① 따뜻한 사랑. 애정. ② 남녀간의 사랑. 연애(戀愛). 「정.
情熱[정열] ネツ 맹렬하게 타오르는 감

【悵】 忄8 11 | 창 | 실심할 | ㊦漾 |
チョウ
いたむ

筆順 丶 忄 忄 忄 悵 悵 悵

意味 ① 실심함. 상심함. ② 섭섭함. ③ 슬픔. 「一恨」
悵然[창연] ゼン ① 서운하고 섭섭함. ② 한탄하는 모양. 창창(悵悵).

*【悽】 忄8 11 | 처 | 슬플 | ㊦齊 |
セイ
いたむ

筆順 丶 忄 忄 忄 悽 悽 悽

意味 ① 슬픔. 딱하게 여겨 가슴 아파함. 「一慘」 ② 아픔. 앓아서 지친 모습.
悽然[처연] ゼン 마음이 쓸쓸하여 슬퍼하는 모양. 「나위 없이 구슬픈 모양.
悽絶[처절] ゼツ 대단히 슬픈 모양. 더할

【惕】 忄8 11 | 척 | 공경할 | ㊤錫 |
テキ
おそれる

筆順 丶 忄 忄 忄 惕 惕

意味 ① 공경함. ② 두려워함. ③ 근심함.
惕厲[척려] 두렵고 위태로와함.

【惆】 忄8 11 | 추 | 실심할 | ㊦尤 |
チュウ
うらむ

筆順 丶 忄 忄 忄 惆 惆 惆

意味 ① 실심함. 상심함. 「一然」 ② 섭섭하게 생각함.
惆然[추연] ゼン 맥이 풀려 한탄하는 모양.

【悴】 忄8 11 | 췌 | 근심할 | ㊤實 |

スイ
やつれる

筆順 丶 忄 忄 悴 悴 悴

意味 ① 근심함. ② 과리함. 「憔一」 ③ 피폐함.
悴顔[췌안] ガン 파리한 얼굴. 췌용(悴容).

【惛】 忄8 11 | 혼 | 흐릴 | ㊤元 |
コン
くらい

筆順 丶 忄 忄 忄 惛 惛 惛

意味 ① 흐림. ② 혼미(昏迷)함.
惛眊[혼모] ボウ ① 눈이 어두움. ②어두움. 「이 쇠약함.
惛耄[혼모] 늙어서 정신이 흐리고 기력
惛然[혼연] ゼン 마음이 어두움.

【惚】 忄8 11 | 홀 | 황홀할 | ㊥月 |
コツ

筆順 丶 忄 忄 忄 惚 惚 惚

意味 ① 황홀(恍惚)함. ② 망창함. 큰일을 당하여 계획이 아직 서지 않음.
惚怳[홀황] コウ 황홀한 모양. 황홀(恍惚).

【慘】 慘(忄부 11획)의 속자

*【惱】 忄9 12 | 뇌 | 고달플 | ㊤皓 |
ノウ・ドウ
なやむ

筆順 丶 忄 忄 忄 惱 惱 惱

意味 ① 고달픔. ② 한(恨)함. ③ 번뇌함. 「一殺」 ④ 걱정함.
惱殺[뇌쇄] サツ・サイ 대단히 괴롭힘. 특히 여자가 자신의 아름다움으로 남성의 마음을 사로잡아 괴롭힘.

【愕】 忄9 12 | 악 | 깜짝놀랄 | ㊤藥 |
ガク
おどろく

筆順 丶 忄 忄 忄 愕 愕 愕

意味 ① 깜짝 놀람. 놀라서 당황함. 「驚一」 ② 악지를 씀. 무리한 생각이나 행동을 고집함.
愕愕[악악] ガクガク 거리낌 없이 바른 말을 하는 모양.

[愉] 12 ↑9 | 유 | 기뻐할 | 虞
たのしい・よろこぶ

筆順 ノ 忄 忄 忄 忄 愉 愉

意味 ① 기뻐함. ② 즐거움.「一快」
愉悅[유열]ユエッ 즐거워함. 기쁨.

[愀] 12 ↑9 | 초 | 핼쑥할 | 篠
ショウ・シュウ

筆順 ノ 忄 忄 忄 忄 忄 愀

意味 ① 핼쑥함. ② 얼굴빛이 달라짐.「一然」③ 풀이 죽음.
愀然[초연]ショウゼン ① 근심하여 안색이 달라지는 모양. ② 발끈 화를 내어 안색이 변하는 모양. ③ 근심스럽고 슬픈 모양.

[惻] 12 ↑9 | 측 | 슬플 | 職
ソク・ショク
いたむ

筆順 ノ 忄 忄 忄 忄 惻 惻

意味 ① 슬픔. ② 사랑에 애태움. ③ 아픔. ④ 불쌍함.「一隱」
惻隱[측은]ソクイン 딱하고 가엾게 여김.

[惰] 12 ↑9 | 타 | 게으를 | 哿
ダ・タ
おこたる

筆順 ノ 忄 忄 忄 忄 惰 惰

意味 ① 게으름. 나른하여 마음이 내키지 않음. ② 조심성이 없음. 버릇이 없음. ③ 버릇. 습성.「一性」
惰氣[타기]ダキ 싫증. 게으른 마음. 나태(懶怠)한 마음.

[惶] 12 ↑9 | 황 | 두려울 | 陽
コウ
おそれる

筆順 ノ 忄 忄 忄 忄 惶 惶

意味 ① 두려움. 두려워서 당황함.「一恐」② 반함. ③ 급함.
惶感[황감] 황송하고 감격함.

[愾] 13 ↑10 | 1 희 | 한숨 | 未
            | 2 개 | | 隊
キ・ガイ

筆順 ノ 忄 忄 忄 忄 愾 愾

意味 ① 한숨 쉼.「一然」② 한숨 쉼. ② 성냄.
愾憤[개분]ガイフン 몹시 분개함. 적개심.

[慌] 13 ↑10 | 황 | 어리둥절할 | 養
コウ
あわてる・あわただしい

筆順 ノ 忄 忄 忄 忄 忄 慌

意味 ① 어리둥절함. 안정되지 않음.「唐一」② 흐리멍덩함. ③ 잊어 버림.
慌忙[황망]コウボウ 바빠서 어리둥절함.

[慊] 13 ↑10 | 1 겸 | 앙심먹을 | 琰
              | 2 협 | | 葉
ケン
きらう・あきたりない・あきたる

筆順 ノ 忄 忄 忄 忄 慊 慊

意味 ① 앙심을 먹음. 발끈 노여움을 품음. 싫어함.「一恐」② 넉넉함. 양에 참.
慊焉[겸언]ケンエン 만족하지 않게 생각함.

[愧] 13 ↑10 | 괴 | 부끄러울 | 寘
キ
はじる

筆順 ノ 忄 忄 忄 忄 愧 愧

意味 부끄러워함. 자기의 못난 점을 창피하게 생각함.「慙一」
愧死[괴사]キシ ① 부끄러워하여 죽음. ② 대단히 부끄러워함.

[慄] 13 ↑10 | 률 | 두려워할 | 質
リツ・リチ
おののく・おそれる

筆順 ノ 忄 忄 忄 忄 慄 慄

意味 ① 두려워함. 부들부들 떪. 음츠림. 소름이 끼침.「戰一」② 슬퍼함. 가슴 아파함. ③ 송구함.
慄然[율연]リツゼン 겁이 나서 벌벌 떨고 있는 모양.

*** [愼]** 13 ↑10 | 신 | 삼갈 | 震
シン
つつしむ

筆順 ノ 忄 忄 忄 愼 愼 愼

意味 ① 삼감. 삼가게 함.「謹一」② 정

성스러움. ③ 생각함. ④ 고요함.
愼思〔신사〕シンシ 신중히 생각함.
愼言〔신언〕シンゲン 말을 삼감. 신구(愼口).

【愴】13 忄10 | 창 | 슬플 | [去]漾 | ソウ いたむ
[筆順] 忄 忄 忄 怜 怜 愴 愴
[意味] ① 슬픔. ② 서러움. 「─然」
愴然〔창연〕ソウゼン 몹시 슬퍼서 상심하는 모양.

【慷】14 忄11 | 강 | 강개할 | [平]陽 | コウ
[筆順] 忄 忄 忙 怏 怏 慷 慷
[意味] 강개(慷慨)함. 분하고 의기심이 일어나서 한탄함.
慷慨〔강개〕コウガイ 불의를 보고 정의심이 북받쳐 슬퍼하고 한탄함. 개강(慨慷).

*【慨】14 忄11 | 개 | 분할 | [去]隊 | ガイ なげく
[筆順] 忄 忄 忙 怕 怕 慨 慨
[意味] ① 분함. 분개함. ② 탄식함. 「─歎」 ③ 슬픔.
慨嘆〔개탄〕ガイタン 매우 슬퍼하고 탄식함.

*【慣】14 忄11 | 관 | 익을 | [去]諫 |
カン
なれる
[筆順] 忄 忄 忄 忄 忄 惯 慣
[意味] ① 익음. 익숙함. ② 버릇. 「─習」
慣例〔관례〕カンレイ 습관처럼 굳어져 행하여지는 전례(前例). 관습(慣習).
慣用〔관용〕カンヨウ ① 항상 씀. ② 습관이 되어 사용함.

*【慢】14 忄11 | 만 | 게으를 | [去]諫 |
マン
あなどる
[筆順] 忄 忄 忄 忄 忄 慢 慢
[意味] ① 게으름. ② 아무렇게나 함. ③ 업신여김. ④ 건방짐. 방자함. 「─遊」 ⑤ 느림. ↔快
慢侮〔만모〕マンブ 만이(慢易).
慢然〔만연〕マンゼン ① 맺힌 데가 없이 느슨한 모양. ② 교만스러운 모양.

【慠】14 忄11 | 오 | 거만할 | [去]號 |
ゴウ
おごる
[筆順] 忄 忄 忄 忄 忄 慠 慠
[意味] 거만함. 방자함. =傲 「─慢」
慠慢〔오만〕ゴウマン 태도가 거만함. 또는 그 태도.

【慴】14 忄11 | 습 | 두려워할 | [入]葉 |
ショウ・シュウ
おそれる
[筆順] 忄 忄 忄 忄 慴 慴 慴
[意味] ① 두려워함. ② 겁냄. 「─伏」

【慵】14 忄11 | 용 | 게으를 | [平]冬 |
ヨウ
ものうい
[筆順] 忄 忙 忙 怍 慵 慵 慵
[意味] 게으름.

*【慘】14 忄11 | [1] 침 [2] 참 | 근심할 | [上]寢 [上]感 |
サン・ザン
いたむ・むごい
[筆順] 忄 忄 忄 忄 忄 慘 慘
[意味] [1] 근심함. [2] ① 슬픔. 근심함. ② 성을 냄. ③ 혹독함. 차마 눈뜨고는 못 볼 광경. 「─狀」
慘憺〔참담〕サンタン ① 몹시 괴롭고 슬픈 모양. ② 마음이 괴로와 고심하는 모양.
慘敗〔참패〕サン(ザン)パイ 여지 없이 패함.

【慓】14 忄11 | 표 | 급할 | [平]蕭 | ヒョウ
[筆順] 忄 忄 忄 忄 忄 慓 慓
[意味] ① 급함. ② 날램. 재빠름. 「─疾」
慓毒〔표독〕 성질이 사납고 독살스러움.

【慟】14 忄11 | 통 | 서러워할 | [去]送 |
トウ・ドウ
なげく
[筆順] 忄 忄 忄 忄 忄 慟 慟
[意味] 서러워함. 비탄에 빠짐.
慟哭〔통곡〕ドウコク 애통하여 큰소리로 욺.

【憎】 憎(忄부 12획)의 약자

[↑部] 12～13획

【憬】 15 ↑12 | 경 | 깨달을 | ㊤梗 |
ケイ
あこがれる

筆順 丶 忄 忄 忄 忄 憬 憬

意味 ① 깨달음. 각성함. 「~悟」 ② 멂.

【憧】 15 ↑12 | 동 | 뜻정치 못할 | ㊥冬 |
ドウ・ショウ
あこがれる

筆順 丶 忄 忄 忄 忄 憧 憧

意味 ① 뜻을 정하지 못함. 흐리멍덩함.
② 그리워함. 「~憬」

憧憬[동경]ショウ(ドウ) 어떤 일을 그리워
하고 애틋하게 생각함. 또는 그 마음.

*【憐】 15 ↑12 | 련 | 불쌍할 | ㊤先 |
レン
あわれむ

筆順 丶 忄 忄 忄 怜 憐 憐

解字 形聲. 마음을 뜻하는 忄과 음을 나
타내는 粦(린)[련은 변음]을 합쳐서 불
쌍하게 여기다의 뜻.

意味 ① 불쌍함. 가련함. ② 사랑함.

憐愍[연민]ビン(ミン) 불쌍하고 가련하게
여김.

憐情[연정]ジョウ 불쌍하고 가련하게 여
기는 마음.

【憮】 15 ↑12 | 무 | 어루만질 | ㊤麌 |
ブ・ム

筆順 丶 忄 忄 忄 忄 憮 憮

意味 ① 어루만짐. 자애를 베풂. 「~摩」
② 실심(失心)하는 모양.

憮然[무연]ゼン ① 실의(失意)한 모양.
② 몹시 놀라는 모양.

*【憫】 15 ↑12 | 민 | 딱할 | ㊤軫 |
ビン・ミン
あわれむ・うれえる

筆順 丶 忄 忄 忄 忄 憫 憫

意味 ① 딱함. 불쌍함. 「~惘」 ② 근심
함. ③ 잠잠함.

憫惘[민망]モウ 답답하고 딱하여 걱정스러
움. 민연(憫然). 민민(悶悶). 「웃음.

憫笑[민소]ショウ 가엾이 여겨 깔보듯이

*【憤】 15 ↑12 | 분 | 분할 | ㊤吻 |
フン
いきどおる

筆順 丶 忄 忄 忄 忄 憤 憤

意味 ① 분함. ② 결기를 냄. 쌓인 노여
움.

憤慨[분개]フンガイ ① 몹시 분하게 여김.
② 몹시 성내어 한탄함.

憤怒[분노]ド(ヌ) 분하여 화냄.

*【憎】 15 ↑12 | 증 | 미울 | ㊤蒸 |
ゾウ・ソウ
にくむ

筆順 丶 忄 忄 忄 忄 憎 憎

意味 ① 미움. 미워함. 싫어함. ② 새
암. 시새움.

憎惡[증오]ゾウオ 몹시 미워하고 싫어함.

【憔】 15 ↑12 | 초 | 파리할 | ㊥蕭 |
ショウ
やつれる

筆順 丶 忄 忄 忄 忄 憔 憔

意味 ① 파리함. 걱정으로 여윔. ② 지
쳐서 애를 먹음.

憔悴[초췌]スイ 병이나 슬픔 등으로 여
위어 쇠약함.

【憚】 15 ↑12 | 탄 | 수고로울 | ㊤旱 |
タン・タ
はばかる・つかれる

筆順 丶 忄 忄 忄 忄 憚 憚

意味 ① 수고로움. 지침. ② 꺼림. ③
두려워함. 어렵게 여김.

【憾】 16 ↑13 | 감 | 한할 | ㊤感 |
カン
うらむ

筆順 丶 忄 忄 忄 忄 憾 憾

意味 ① 한함. 뜻대로 안되는 것을 섭섭
하게 생각함. ② 싫어하는 생각을 품
음. 혐의를 품음.

憾悔[감회]カイ 한하고 뉘우침.

*【憶】 16 ↑13 | 억 | 생각 | ㊇職 |
オク
おもう

[忄部] 13～18획·[扌部] 0획

筆順 忄 忄 忄 悙 悙 憶 憶
解字 形聲. 마음을 뜻하는 忄과 음을 나타내는 意(의)[억은 변음]를 합쳐서 마음에 꼭 잡아 두어 분명히 외다의 뜻.
意味 ① 생각. ② 기억함. 언제까지나 외고 있음.

憶斷[억단] オクダン 뚜렷한 증거 없이 멋대로 추측하여 판단함.

憶說[억설] オクセツ 확실한 근거가 없는 생각이나 말. 억설(臆說).

【懊】 13 忄 | 오 | 한할 | ㊤皓 |
オウ
なやむ

筆順 忄 忄 忄 悙 悙 憴 懊
意味 ① 한함. ② 번뇌함. ③ 원망함. ④ 사랑함.

懊惱[오뇌] オウノウ 뉘우쳐 한탄하고 번민함.

【懈】 13 忄 | 해 | 게으를 | ㊦卦 |
カイ・ケ
おこたる

筆順 忄 忄 忄 悙 悙 懈 懈
意味 게으름. 마음을 늦춤.

[懷] 懷(忄부 16획)의 약자

【懦】 17 忄 | 1 유 | 나 | 만만할 |
14 | 2 뇌
㊤虞㊤薺 : ダ・ジュ
㊦銑 よわい

筆順 忄 忄 忄 忄 悙 懦 懦
意味 1 만만함. 나약함. 용기가 없음. 결단력이 없음. 겁장이. 2 잔약(孱弱)함. 3 부드러움.

懦怯[나겁] ダキョウ 마음이 약하고 겁이 많음. 「남자.
懦夫[나부] ダフ 겁이 많고 의지가 약한
懦弱[나약] ダジャク 의지가 약하고 무기력함. ↔건장(健壯)

*【懷】 19 忄 | 회 | 생각할 | ㊤佳 |
16
カイ・エ
なつかしむ

筆順 忄 忄 忄 悙 悙 懷 懷
意味 ① 생각함. ② 품음. ③ 쌈. ④ 가슴. ⑤ 돌아 감. ⑥ 옴. ⑦ 편안함. ⑧

서러움. ⑨ 위로함. ⑩ 사사로움.

懷想[회상] カイソウ 생각해 냄.
懷柔[회유] カイジュウ 어루만져 잘 달램.
懷抱[회포] カイホウ ① 가슴에 품어 안음. ② 마음속. ③ 마음에 품고 있는 생각.

【懶】 19 忄 | 1 란 | 뢰 | 게으를 |
16 | 라
㊤旱㊤泰: ラン・ライ
俗音 おこたる・ものうい

筆順 忄 忄 忄 悙 悙 懶 懶
意味 1 ① 게으름. ② 나른함. ③ 누움. 2 뜻은 1 과 같음. 3 미워함.

懶怠[나태] 느리고 게으름. 나타(懶惰)

【懺】 20 忄 | 참 | 뉘우칠 | ㊦陷 |
17
ザン・サン
くいる

筆順 忄 忄 忄 悙 悙 懺 懺
意味 ① 뉘우침. 회개함. ② 스스로 잘못을 고백하고 그러지 않음.

懺悔[참회] ザンゲ 과거에 행한 잘못이나 죄를 뉘우쳐 신불 앞에 고백함.

【懼】 21 忄 | 구 | 두려울 | ㊦遇 |
18
ク
おそれる

筆順 忄 忄 忄 悙 悙 懼 懼
意味 ① 두려움. ② 근심함. ③ 조심함.

扌 部

【扌】 3 扌 | 수 | 손 | ㊤有|て
0
シュ・ズ

筆順 一 十 扌
意味 ① 손. ② 변(扁)의 하나.

*【才】 3 扌 | 재 | 재주 | ㊤灰 |
0
サイ・ザイ

筆順 一 十 才
意味 ① 재주. 능력. 「天一」 ② 능함. 뛰어남. 「英一」 ③ 현인. ④ 타고남.

才能[재능] サイノウ ① 재지(才智)와 능력. 지혜의 작용. ② 일을 완수하는 능력.

[扌部] 2~4획

*[打] 扌2 ⑤²타 | 칠 | ⑭馬 | ⑭迴
ダ・テイ・チョウ
うつ

筆順 一 十 扌 扩 打

解字 形聲. 손을 뜻하는 扌와 음을 나타내는 丁(정)[타의 변음]를 합쳐서 손으로 치다의 뜻.

意味 ① 침. 때림. ② 뜻은 ①과 같음.

打擊[타격]ᄼ ① 침. 때림. 구타(毆打). ② 손해. 손실. ③ 충격. ④ 야구에서 투수가 던지는 공을 침.

打開[타개]ᄁ 어려운 일의 해결 방법을 찾아 냄.

[払] 拂(扌부 5획)의 약자

[扣] 扌3 ⑥ | 구 | 두드릴 | ⑭有
コウ
たたく・ひかえる

筆順 一 十 扌 扣 扣

意味 두드림. =叩

[托] 扌3 ⑥ | 탁 | 밀칠 | ⑭藥 | タク

筆順 一 十 扌 扌 扡 托

托葉[탁엽]ᄁᄏ 초목의 잎꼭지 끝에 나는 한 쌍의 작은 잎. 부엽(副葉).

[扞] 扌3 ⑥ | 한 | 막을 | ㉛翰 | カン
ふせぐ

筆順 一 十 扌 扌 扞

意味 ① 막음. ② 호위함. ③ 다닥침. ④ 팔찌.

[扱] 扌4 ⑦ ⑤²삽 | 걷어가질 | ⑭緝 ⑭洽
キュウ・ソウ
あつかう

筆順 一 十 扌 扔 扱

意味 ① 걷어서 가짐. ② ① 거둠. ② 듦(擧). ③ 당김. ④ 가짐.

[抉] 扌4 ⑦ | 결 | 긁을 | ⑭屑
ケツ
えぐる

筆順 一 十 扌 扌 抆 抉

意味 ① 긁음. 도려 냄. 쑤심. 들추어 냄. ② 당김.

抉出[결출]ᄁᄏ 도려 냄. 긁어 냄.

[技] 扌4 ⑦ | 기 | 재주 | ⑭紙 | ギ
わざ

筆順 一 十 扌 扌 扩 抟 技

解字 形聲. 손을 뜻하는 扌와 음을 나타내는 支(지)[기는 변음]를 합쳐 손으로 일을 하다에서 솜씨라는 뜻으로 쓰임.

意味 ① 재주. 솜씨. 「一藝」「一能」② 공교함. 능함. ③ 술법.

技能[기능]ᄀᄏ 손재주. 기술적 재능.

技倆[기량]ᄀᄏ 솜씨. 기능(技能). 재주. 수완(手腕). 기량(技量).

技法[기법]ᄀᄏ 기교와 방법. 기술의 방법.

*[扶] 扌4 ⑦ | 부 | 도울 | ⑭虞
フ
たすける

筆順 一 十 扌 扌 扙 扶 扶

意味 ① 도움. 붙듦. 호위함. ② 어리광을 부림. ③ 땅 이름.

扶老[부로]ᄆᄁ ① 노인을 부축함. ② 지팡이를 만드는 대나무의 한 종류.

扶助[부조]ᄀ ① 도와 줌. 힘을 보태어 도와 줌. 부익(扶翼). ② 남의 경사나 흉사에 돈이나 물품을 보냄.

[批] 扌4 ⑦ ⑤²별 | 찔러밀칠 | ⑭紙 ⑭紙
ヒ
うつ

筆順 一 十 扌 扌 扒 批 批

意味 ① 찔러서 밀침. ② ① 손으로 침. 침. ② 밀침. ③ 깎음. ④ 평하여 보여줌.

批判[비판]ᄒᄁ ① 비평하여 판단함. ② 사물의 가치나 능력·정당성·타당성 등을 검토·평가함.

[扼] 扌4 ⑦ | 액 | 움킬 | ⑭陌
アク・ヤク

筆順 一 十 扌 扩 扩 扤 扼

意味 ① 움킴. 잡음. ② 누름. 눌러 붙임.

扼殺[액살]ᄁᄉ 목을 매어 죽임.

扼腕[액완]ᄁᄀᄏᄁ 팔을 걷어 붙이고 몹시 분격(奮激)함. 또는 그런 모양.

【抒】 7 扌4 | [1]서 [2]저 | 당길 | ㊤語 ㊤語 | ジョ のべる

[筆順] 一 十 扌 … 抒

[意味] [1] ① 당김. ② 물을 자아 올림. ③ 쏟음〔泄〕. [2] ① 덞〔除〕. ② 당김. ③ 북. 베틀에 딸린 기구.

抒情〔서정〕ジョジョウ 자기의 감정을 그려 냄.

*【抑】 7 扌4 | 억 | 누를 | [入]職 | ヨク おさえる

[筆順] 一 十 扌 … 抑

[意味] ① 누름. ② 핍박함. ③ 덜림〔損〕. ④ 억울함. ⑤ 막음. 「一制」 ⑥ 삼감. ⑦ 물러 감. ⑧ 그침. ⑨ 또한.

抑強扶弱〔억강부약〕 강한 자를 누르고 약한 자를 도와 줌. ↔억약 부강(抑弱扶強)함.

抑留〔억류〕ヨクリュウ 억지로 붙잡아 머물게

抑壓〔억압〕ヨクアツ ① 억지로 누름. ② 억눌러 강제함. 억제(抑制). 억지(抑止).

*【折】 7 扌4 | [1]절 [3]설 [2]제 | 꺾을 | [入]屑 [平]齊 [入]屑 | セツ おる

[筆順] 一 十 扌 … 折

[意味] [1] ① 꺾음. 부러뜨림. 절단함. ② 휨. 굽힘. ③ 욱박지름. ④ 헒〔毁〕. ⑤ 일찍 죽음. 「夭一」 ⑥ 알맞음. [2] 천천함. [3] 부러짐.

折半〔절반〕セッパン 하나를 둘로 나눔. 이등분. 또는 그 한 쪽. 일반(一半).

折傷〔절상〕セッショウ 뼈가 부러져 상함.

【扮】 7 扌4 | [1]분 [2]반 | 섞을 | ㊤吻 [去]諫 | フン いでたち

[筆順] 一 十 扌 … 扮

[意味] [1] ① 섞음. ② 잡음. 쥠. [2] 꾸밈. 「一裝」

【抓】 7 扌4 | 조 | 긁을 | [去]效 | ソウ つまむ・つねる

[筆順] 一 十 扌 … 抓

[意味] ① 긁음. ② 할퀸. ③ 움킴.

*【抄】 7 扌4 | 초 | 가릴 | [平]肴 | ショウ とる・ぬきがき

[筆順] 一 十 扌 … 抄

[意味] ① 가림. ② 베낌. ③ 번역함. ④ 책 제목. ⑤ 노략질함. 가로챔. 훔침.

抄本〔초본〕ショウホン ① 추려 내어 쓴 책. ② 원본에서 일부분을 추려 내어 씀. 또는 그것. 초기(抄記). 초록(抄錄).

抄譯〔초역〕ショウヤク 외국어 원문의 일부분을 번역함. 또는 그 글. ↔전역(全譯).

*【投】 7 扌4 | 투 | 던질 | [平]尤 | トウ なげる

[筆順] 一 十 扌 … 投

[意味] ① 던짐. 던져 넣음. 「一票」 ② 버림. ③ 줌. 보냄. 「一稿」 ④ 의탁함. ⑤ 묵음. 「一宿」 ⑥ 틈을 탐. 「一機」

投網〔투망〕とあみ ①그물을 던짐. ②쟁이. 그물의 한 종류.

投藥〔투약〕トウヤク 병에 알맞는 약제를 투여(投與)함.

投合〔투합〕トウゴウ 서로 일치함.

【把】 7 扌4 | 파 | 잡을 | ㊤馬 | ハ とる

[筆順] 一 十 扌 … 把

[意味] ① 쥠〔握〕. 잡음〔持〕. ② 헤침. ③ [韓] 발. 두 팔을 펴서 벌린 길이.

把握〔파악〕ハアク ① 손으로 움켜 쥠. ② 확실하게 이해함. ③ 소량. 좁은 범위.

*【抗】 7 扌4 | 항 | 막을 | [去]漾 | コウ あげる

[筆順] 一 十 扌 … 抗

[解字] 形聲. 손을 뜻하는 扌와 음을 나타내는 亢(항)을 합쳐서 손을 높이 들다의 뜻.

[意味] ① 막음. 거부함. 「反一」 ② 듦. 올림. ③ 버티어 맞섬. 「對一」

抗拒〔항거〕コウキョ 순종하지 아니하고 맞서서 겨누어 대항함.

【択】 擇(扌부 13획)의 약자

【抜】 拔(扌부 5획)의 약자

抗議[항의] 반대의 의견을 주장함.
抗爭[항쟁] 대항하여 싸움.

*【拒】8획 ①②거 | 막을 | ㊤虜
キョ
こばむ

筆順 一 十 扌 扌 扩 折 拒 拒

意味 ① 막음. 맞섬. 다닥침. 다다름. ② 진(陳·陣) 이름.
拒否[거부] 승낙하지 않고 물리침.
拒絶[거절] 승낙하지 않고 물리침. 물리쳐 떼어 버림. 거부(拒否).

【拐】8획 | 괴 | 유인할 | ㊤蟹
カイ
かたる・かどわす

筆順 一 十 扌 扌' 扩 护 拐 拐

意味 ① 유인함. 꾐. ② 남의 것을 속여서 빼앗음. 훔쳐서 팖. ③ 지팡이.
拐帶[괴대] 다른 사람으로부터 받은 돈이나 물품을 가지고 달아남.

【拑】8획 | 겸 | 재갈먹일 | ㊤鹽
カン
つぐむ

筆順 一 十 扌 扌 拑 拑 拑

意味 ① 재갈을 먹임. 끼움. ② 입을 다물고 말을 하지 않음. 「一口」
拑口[겸구] ① 입을 다물음. 함구(緘口). ② 언론의 자유를 막음. 「一令」

*【拘】8획 | 구 | 잡을 | ㊥虞
コウ・ク
かかわる・とらえる

筆順 一 十 扌 扌' 扚 拘 拘

解字 形聲. 손을 뜻하는 扌와 음을 나타내는 句(구)를 합쳐서 손으로 멈춤·잡음의 뜻.
意味 ① 잡음. ② 거리낌. 「一礙」
拘束[구속] ① <法> 체포하여 속박함. ② 행동의 자유를 빼앗음. 「一時間」「一力」
拘束時間[구속시간] 쉬는 시간을 포함시킨 노동 시간. ↔실동시간(實働時間)
拘礙[구애] 거리낌.

【拈】8획 | 점 | 집을 | ㊦琰
ネン
ひねる

筆順 一 十 扌 扌' 扩 拈 拈

意味 ① 집음. ② 땀. 잡아 뗌.

【拉】8획 | 랍 | 꺾을 | ㊇合
ラツ・ラ・ロウ

筆順 一 十 扌 扌 扩 拉 拉

意味 ① 꺾음. 부러드림. ② 바람이 획 붊. ③ 잡아 감. 「一致」
拉致[납치] 강제로 데리고 감.

【抹】8획 | 말 | 바를 | ㊇曷 | マツ

筆順 一 十 扌 扌 抹 抹 抹

意味 ① 바름. 「塗一」 ② 삭제. 지움.
抹殺[말살] ① 지워 없앰. 지워서 없게 함. 말거(抹去). 말소(抹消). ② 남의 존재를 면목 없이 하여 버림.

【拇】8획 | 무 | 엄지손가락 | ㊦有
ボ
おやゆび

筆順 一 十 扌 扌 扣 拇 拇

意味 엄지 손가락. 「一印」
拇印[무인] 손도장. 엄지 손가락으로 도장 대신 찍음. 또는 그 찍은 것.

【拌】8획 | 반 | 버릴 | ㊤寒 | ハン

筆順 一 十 扌 扌 扩 抖 拌

意味 버림.

*【拍】8획 | 박 | 칠 | ㊇陌
ヒョウ・ハク
うつ

筆順 一 十 扌 扌' 拍 拍 拍

解字 形聲. 손을 뜻하는 扌와 음을 나타내는 白(백)[박은 변음]을 합쳐서 손뼉을 치다의 뜻.
意味 ① 침. 손뼉을 침. 「一手」 ② 악곡에서 리듬의 기초가 되는 주기적인 작은 구분.
拍手[박수] 손뼉을 침.
拍掌[박장] 손바닥을 침.

〔扌部〕 5획

【拔】 扌5 ①발 ②뺄 뽑을 ㉮曷 ㉱隊
バツ / ぬく

筆順 一 十 扌 扩 扐 拔 拔

解字 形聲. 손을 뜻하는 扌와 음을 나타내는 犮(발)을 합쳐서 손으로 꺼내다. 뽑다의 뜻.

意味 ① 뽑다. 뺌. ② 덜어 버림. ③ 돌아서 옴. ④ 빠름. ⑤ 오늬. 화살의 머리를 시위에 끼도록 에어 낸 부분. ⑥ 빼어남.「卓―」⑦ ① 밋밋함. ② 휘어서 꺾음.

拔群[발군] バツグン 여럿 가운데에서 뛰어나 있음. 출류(出類).
拔萃[발췌] バッスイ ① 발군(拔群). ② 요점을 추려 냄. 또는 그 추려 낸 것. ③ 많은 중에서 좋은 것을 추려 냄. 또는 그것.

【拂】 扌5 ①불 ②필 떨 ㉮物 ㉱質
フツ / はらう

筆順 一 十 扌 扚 护 拂 拂

解字 形聲. 손을 뜻하는 扌와 음을 나타내는 弗(불)을 합쳐서 손으로 떨다의 뜻.

意味 ① ① 떪. 씻어 버림.「―拭」② 건드림. ③ 거스름. 어김. ④ 먼지떨이. ② 도움.

拂下[불하] はらいさげ 국가의 재산을 민간인에게 팔아 넘김.
拂曉[불효] フツギョウ 불단(拂旦). 불서(拂曙).

【押】 扌5 ①압 ②갑 수결 ㉮洽 ㉱洽
オウ / おす・おさえる

筆順 一 十 扌 扚 押 押 押

解字 形聲. 손을 뜻하는 扌와 음을 나타내는 甲(갑)[앞은 변음]을 합쳐서 손으로 누르다의 뜻.

意味 ① ① 수결. 도장 대신 성명이나 직함 아래에 쓰는 글자. ② 이름을 씀. ③ 찍음. 누름.「―印」④ 거느림. ⑤ 관리함. ⑥ 전당 잡힘. ⑦ 운자를 찍음.「―韻」② ① 도움. ② 잡아 들임.

押留[압류]〈法〉① 국가 권력으로 특정의 유체물(有體物) 또는 권리에 대하여 개인의 사실상 또는 법률상의 처분을 금하는 행위. ② 금전 채권(債權).

【抵】 扌5 ①지 ②저 칠 ㉮紙 ㉱葉
テイ / あたる

筆順 一 十 扌 扌 扺 抵 抵

解字 形聲. 손을 뜻하는 扌와 음을 나타내는 氐(저)를 합쳐서 손으로 밀쳐 내다의 뜻.

意味 ① 침. ② ① 밀침. ② 닿음. 당함. 맞먹음.「―當」③ 막음.「―抗」④ 던짐. ⑤ 다다름. ⑥ 대저. 대체로.

抵當[저당] テイトウ ① 부동산이나 동산을 맡기고 돈을 꿈. 또는 그 물건. 담보물(擔保物).「―權」② 저항하여 막음.

【拗】 扌5 요 꺾을 ㉮巧
オウ・ヨウ / ねじける

筆順 一 十 扌 扚 扚 拗 拗

意味 ① 꺾음. 부러뜨림. ② 비틂. ③ 고집스러움.

拗强[요강] ヨウキョウ 뻐겨 우겨냄.
▼執拗(집요) シツヨウ

【拙】 扌5 졸 못날 ㉮屑
セツ / つたない

筆順 一 十 扌 扚 扚 拙 拙

解字 形聲. 손을 뜻하는 扌와 음을 나타내는 出(출)[좋은 변음]을 합쳐서 솜씨가 남보다 못하다의 뜻.

意味 ① 못남. 무딤.「―作」② 나. 자기를 낮추어 하는 말.

拙劣[졸렬] セツレツ 옹졸하고 서름.
拙速[졸속] セッソク 서투르면서 빠름.
拙作[졸작] セッサク ① 보잘 것 없는 작품. ② 자기의 작품을 낮추어 일컫는 말.
拙筆[졸필] セッピツ ① 잘 쓰지 못한 글씨. ② 글씨를 잘 쓰지 못하는 사람. ↔달필(達筆). ③ 자기의 글씨를 낮추어 하는 말.

【拓】 扌5 ①척 ②탁 물리칠 ㉮藥 ㉱陌
タク・セキ / ひらく

[扌部] 5~6획

筆順 一 十 扌 扩 扩 拓 拓
解字 形聲. 손을 뜻하는 扌와 음을 나타내는 石(석)[척·탁의 변음]을 합쳐서 땅을 개간하다의 뜻.
意味 ① ① 물리침. 헤침. 밀어 정함.「開一」② 역경에 빠짐. ② ① 주움. ② 비석 등의 그림이나 글을 종이에 박는 일.「一本」
拓落[척락]ㅋㅋ ① 불우한 환경에 빠짐. ② 매조지가 없는 모양. 낙척(落拓).
拓本[탁본]ㅋㅋ 비석 등의 글씨나 그림을 먹으로 종이에 박아 낸 것. 탑본(揚本).

[招] 8획 5급 ① 초 ② 교 | 손짓할 | ㊥蕭 ㊥蕭
ショウ
まねく

筆順 一 十 扌 扌 扫 招 招
解字 形聲. 손을 뜻하는 才와 음을 나타내는 召(소)[초의 변음]를 합쳐서 손짓으로 부르다의 뜻.
意味 ① ① 손짓함. ② 불러 옴. 맞음.「一待」「一聘」② 듦. 높이 듦.
招待[초대]ㅋㅋ 사람을 불러 대접함. 초청(招請).「一券」「一狀」
招來[초래]ㅋㅋ 불러 옴. 불러 오게 함.
招魂[초혼]ㅋㅋ 죽은 사람의 혼을 위로하여 제사 지냄.「一祭」

*[抽] 8획 5급 | 추 | 뺄 | ㊥尤
チュウ
ぬく

筆順 一 十 扌 扫 扣 抽 抽
解字 形聲. 손을 뜻하는 扌와 음을 나타내는 由(유)[추의 변음]를 합쳐서 손으로 빼내다의 뜻.
意味 ① 뺌. 뽑음. 당김. ② 거둠.
抽象[추상]ㅋㅋ 많은 표상(表象) 중에서 일반적으로 공통된 것을 추려 내어 하나의 독립적인 사유(思惟)의 대상으로 삼는 정신 작용. ↔구상(具象)

[抱] 8획 5급 | 포 | 안을 | ㊤皓
ホウ
だく・いだく

筆順 一 十 扌 扌 扚 拘 抱
解字 形聲. 손을 뜻하는 扌와 음을 나타내는 包(포)를 합쳐서 손으로 잡아 껴 안다의 뜻.
意味 ① 안음. 품음. 낌. 알을 품음.「懷一」② 아람.
抱負[포부]ㅋㅋ ① 마음 속에 품고 있는 계획이나 자신. ② 휴대함.
抱擁[포옹]ㅋㅋ 품에 껴안음.

[抛] 8획 5급 | 포 | 버릴 | ㊥肴
ホウ
なげうつ

筆順 一 十 扌 扌 扩 抛 抛
意味 ① 버림. 내던짐. ② 돌쇠뇌.
抛棄[포기]ㅋㅋ ① 하던 일을 중도에 그만두어 버림. ② 〈法〉권리나 자격을 쓰지 아니함.

[披] 8획 5급 | 피 | 헤칠 | ㊥支
ヒ
ひらく

筆順 一 十 扌 扩 扩 披 披
解字 形聲. 손을 뜻하는 扌와 음을 나타내는 皮(피)를 합쳐서 손으로 열다의 뜻.
意味 ① 헤침. 흩어짐. 흩음. ② 나눔. 찢어짐. ③ 엶.「一露」④ 쓰러짐.
披瀝[피력]ㅋㅋ 마음속에 생각하고 있던 일을 털어 놓고 말함.

[拡] 擴(扌부 15획)의 약자

[挌] 9획 6급 | 격 | 칠 | ㊤陌
カク

筆順 一 十 扌 扌 扩 挌 挌
意味 ① 침[擊]. 주먹질을 하면서 싸움. =格「一關」② 듦[擧].

[拷] 9획 6급 | 고 | 매질할 | ㊤皓
ゴウ・コウ
うつ

筆順 一 十 扌 扌 扩 拷 拷
解字 形聲. 손을 뜻하는 扌와 음을 나타내는 考(고)를 합쳐서 손에 몽둥이를 들고 때리다의 뜻.
意味 매질함. 때림.「一問」

[拱] 9획 6급 | 공 | 팔짱낄 | ㊤腫
キョウ
こまぬく

筆順 一 十 扌 扌 扗 拱 拱

[意味] ① 팔짱을 낌. 손길을 마주 잡음. 「一手」 ② 아람.

拱手〔공수〕キョウ シュ ① 양손을 잡음. ② 팔짱을 끼고 아무 일도 하지 않음. ③ 양손을 마주 잡고 하는 절.

【括】9 扌6 | [1]괄 [2]활 | 맺을 | [入]曷 |
カツ
くくる

[筆順] 一 十 扌 … 括 括

[解字] 形聲. 손을 뜻하는 扌와 음을 나타내는 舌(설)〔괄·활은 변음〕을 합쳐서 손으로 묶다의 뜻.

[意味] [1] ① 맺음. ② 쌈. 「一弧」 ③ 이름〔至〕. [2] ① 모임. ② 닫음.

【挂】9 扌6 | 괘 | 그림족자 | [去]卦 |
ケイ・カイ
かける

[筆順] 一 十 扌 … 挂 挂

[意味] ① 그림 족자. ② 걺. 「一帆」 ③ 살촉.

挂冠〔괘관〕ケイ カン 관리가 그 직을 내놓음.

【拮】9 扌6 | [1]길 [2]결 | 쉴새없이 일할 | [入]質 [入]屑 |
キツ

[筆順] 一 十 扌 … 拮 拮

[意味] [1] 쉴 사이 없이 일을 함. 「一据」 [2] 뜻은 [1]과 같음.

拮据〔길거〕キッ キョ 손과 눈이 함께 움직임.

*【挑】9 扌6 | [1]조 [2]도 | 절구 | [上]篠 [平]豪 |
チョウ・トウ
いどむ

[筆順] 一 扌 扌 … 挑 挑 挑

[意味] [1] ① 절구. ② 뽑음. 가림. ③ 어깨에 멤. ④ 희롱함. ⑤ 돋움. 끌어 올림. [2] ① 뛈. ② 끌어 냄.

挑發〔도발〕チョウ ハツ 집적거려 전쟁이나 사건 등을 일으킴.

挑戰〔도전〕チョウ セン ① 싸움을 걺. ② 운동경기를 하여 승패나 우열을 가릴 것을 신청함.

*【拾】9 扌6 | [1]습 [2]십 [3]겁 [4]섭 | 주울 | [入]緝 [入]緝 [入]葉 [入]葉 |
シュウ・ジュウ
ひろう

[筆順] 一 十 扌 … 拾 拾 拾

[解字] 形聲. 손을 뜻하는 扌와 음을 나타내는 合(합)〔습·십 등은 변음〕을 합쳐서 떨어진 물건을 손으로 줍다의 뜻.

[意味] [1] ① 주움. ② 집음. ③ 거둠. ④ 팔찌. ⑤ 벼슬 이름. [2] 열〔十〕. [3] 다시. [4] ① 건넘. ② 번갈아서 함.

【拭】9 扌6 | 식 | 닦을 | [入]職 |
ショク・シキ
ぬぐう

[筆順] 一 十 扌 … 拭 拭

[意味] ① 닦음. 지움. 문댐. 씻음. ② 다듬음.

拭目〔식목〕ショク モク 눈을 씻고 자세히 봄. 주목함. 주의하여 봄.

【按】9 扌6 | [1]안 [2]알 | 누를 | [去]翰 [入]曷 |
アン
おさえる

[筆順] 一 十 扌 … 按 按

[意味] [1] ① 누름. ② 어루만짐. ③ 당김. ④ 살핌. ⑤ 잘 살펴서 증거를 세움. 일의 실상을 조사함. 「一驗」「一察」 ⑥ 그침. [2] 막음. 「무(慰撫)함.

按撫〔안무〕 백성의 사정을 살펴서 위

*【持】9 扌6 | 지 | 가질 | [平]支 | チ・ジ もつ

[筆順] 一 十 扌 … 持 持

[解字] 形聲. 손을 뜻하는 扌와 음을 나타내는 寺(사·시)〔지는 변음〕를 합쳐서 손을 써서 움직이다의 뜻. 널리 손에 물건을 들다의 뜻으로 쓰임.

[意味] ① 가짐. 잡음. ② 지킴. ③ 물지게.

持久〔지구〕ジ キュウ 같은 상태에서 오래 견딤. 오래 끌어 감. 「一戰」「一力」

*【指】9 扌6 | 지 | 손가락 | [上]紙 |
シ
ゆび・さす

[筆順] 一 十 扌 … 指 指

[解字] 形聲. 손을 뜻하는 扌와 음을 나타내는

[扌部] 7획

내는 旨(지)를 합쳐서 손끝의 갈라진 부분이라는 뜻.
意味 ① 손가락. 발가락. ② 가리킴.「──슈」⑤ 뜻.=旨 ④ 아름다움. ⑤ 벼슬 이름.
指示[지시] ① 일러서 시킴. ② 가리켜 보임. ③ 지도(指導). 명령(命令).
指摘[지적] ① 손가락질하여 가리킴. ② 잘못된 점을 지시하여 적발해 냄.
指彈[지탄] ① 손가락을 튀김. ② 지목하여 비난·비방함.

【捏】 ⁱ⁰ 扌7 | 날 | 이길 | ㊧屑
ネツ・デツ・ネチ
こねる

筆順 一 † 扌 扌' 扌η 扌π 扌ㅁ 捏

意味 ① 이김. 반죽함. ② 꼭 찍음. 꽉 누름. ③ 주워 모음. ④ 만듦. 날조.
捏造[날조] ① 흙 같은 것으로 빚어서 물건의 형상을 만듦. ② 무근(無根)의 사실을 조작함.

【挽】 ¹⁰ 扌7 | 만 | 당길 | ㊧阮 バン ひく

筆順 一 † 扌 扌' 扌ካ 扌カ 挽

意味 ① 당김. ② 상여 끈을 잡고 당김. 상여군 노래.
挽歌[만가] ① 장례식 때 영구차를 끄는 사람들이 부르는 노래. ②〈文〉죽은 사람을 애도하는 시가(詩歌).

【捗】 ¹⁰ 扌7 | ①척 나갈 | 入陌 ②보 | ㊨遇
チョク・ホ
はかどる

筆順 一 † 扌 扌' 扌η 扌π 捗

意味 ①나아감. ②① 북더기를 모음. ② 거둠. ③ 침(打).

【挨】 ¹⁰ 扌7 | 애 | 밀칠 | ㊤佳 アイ おす

筆順 一 † 扌 扌' 扌Ⅱ 扌ㄷ 挨

意味 ① 밀침. 밀치고 나아감. ② 등을 침. ③ 맞침.
挨次[애차] 순서(順序).

【捐】 ¹⁰ 扌7 | 연 | 버릴 | ㊤先 エン すてる

筆順 一 † 扌 扌' 扌ㄷ 扌ㅁ 捐

意味 ① 버림. ② 멂. 없앰. ③ 헌납. 금품을 내서 사람을 구제함.
捐金[연금] 돈을 기부함.「義──」
捐補[연보] ① 교회에 내는 헌금. ②자기의 재산을 내어 남을 도와줌.
捐助[연조] 연보(捐補).

【挺】 ¹⁰ 扌7 | 정 | 뺄 | ㊤迥
テイ・チョウ
ぬく

筆順 一 † 扌 扌⁼ 扌π 扌Ⅱ 挺 挺

意味 ① 뺌. 빼냄. ② 빼남. 뛰어남. ③ 나아감. ④ 너그러움. ⑤ 당김. ⑥ 꼿꼿함. ⑦ 향초 이름.
挺立[정립] ① 높이 솟음. ② 남보다 뛰어남. 정수(挺秀).
挺身[정신] ① 몸을 빠져 나감. ② 어떤 일에 솔선하여 앞장 섬.

【挫】 ¹⁰ 扌7 | 좌 | 꺾을 | ㊨箇
ザ・サ
くじく

筆順 一 † 扌 扌\ 扌\\ 扌\ 挫 挫

意味 ① 꺾음. 꺾임. 꺾어짐. ② 바로 잡음.

*【振】 ¹⁰ 扌7 | 진 | 떨칠 | ㊨震 シン ふる

筆順 一 † 扌 扌' 扌π 扌Π 振

解字 形聲. 扌(손)과 음을 나타내는 辰(진)을 합쳐서 손을 흔들어 움직이다의 뜻.
意味 ① 떨침. ② 흔듦. 움직임. 진동함. ③ 왕성함. ④ 무던함. ⑤ 듦(擧). ⑥ 발(發)함. ⑦ 정돈함. ⑧ 거둠. ⑨ 그침. ⑩ 폐지어 낢.
振動[진동] 흔들려 움직임.「──림」
振鈴[진령] 방울을 세게 흔들어 울

*【捉】 ¹⁰ 扌7 | 착 | 잡을 | ㊧覺
ソク・サク
とらえる

筆順 一 † 扌 扌' 扌ㄷ 扌ㅁ 捉 捉

解字 形聲. 扌(손)과 음을 나타내는 足(족)(착은 변음)을 합쳐서 손을 뻗치고 따라 붙다의 뜻.
意味 ① 잡음. 손으로 잡음. ② 사로잡

[扌部] 7~8획　　　　　　　　　　　　　173

음. ③ 수자리[국경 경비 또는 국경을 지키는 민병].
捉去[착거] 붙잡아 감.

【捕】¹⁰ 扌7 | 포 | 잡을 | 遇
ホ・ブ
とらえる

筆順 一 十 扌 扌 扌 扪 捕 捕

解字 形聲. 扌[손]과 음을 나타내는 甫(보)[포는 변음]를 합쳐서 손으로 잡고, 놓지 않다의 뜻.

意味 잡음. 체포함. 「一虜」「一縛」

捕鯨[포경]ホゲイ 고래를 잡음. 「一船」

【捍】¹⁰ 扌7 | 한 | 막을 | 翰
カン
ふせぐ

筆順 一 十 扌 扌 扣 押 捍 捍

意味 ① 막음. ② 호위함. ③ 팔찌.

捍撥[한발]カンバツ 비파(琵琶) 채의 끝에 붙인 금·은·상아 등의 장식.

【挾】¹⁰ 扌7 | 협 | 낄 | 葉
キョウ
はさむ

筆順 一 十 扌 扌 扩 扴 抾 挾

意味 ① 끼움. 낌. ② 가짐. ③ 도움. 감춤. 저장함. ⑤ 품음. ⑥ 띠.

挾擊[협격]キョウゲキ 양쪽에서 공격함.

【据】¹¹ 扌8 | 거 | 가질 | 御
キョ
すえる

筆順 一 十 扌 扌 扌 护 据 据

解字 形聲. 扌[손]과 음을 나타내는 居(거)를 합쳐서 손을 물건 위에 놓고 움직이게 하다의 뜻.

意味 ① 일함. 힘써 일함. ② 의거함. ③ 가짐. ④ 손병[手病]. ⑤ 그대로 둠.

据置[거치]スエオキ 연금·저금·채권 등을 일정한 기간 그냥 두는 것.

【控】¹¹ 扌8 | ①공 ②강 | ①당길 ②칠 | ⑥送 ⑥講
コウ
ひかえる

筆順 一 十 扌 扌 扩 控 控 控

解字 形聲. 扌[손]과 음을 나타내는 空(공)을 합쳐서 손으로 만류하다의 뜻.

意味 ① 당김. ② 고(告)함. ② 침.

【掛】¹¹ 扌8 | 괘 | 걸 | 卦
ケ・カイ・カ
かける

筆順 一 十 扌 扌 扗 挂 掛 掛

解字 形聲. 扌[손]과 음을 나타내는 卦(괘)를 합쳐서 걸다의 뜻.

意味 걺. 걸림. 달아 둠.

掛圖[괘도]カケズ 걸어 놓고 보는 학습용 그림이나 지도.

【掬】¹¹ 扌8 | 국 | 움킬 | 屋
キク
すくう

筆順 一 十 扌 扌 扚 拘 掬 掬

意味 ① 움킴. 움켜 잡음. ② 떠 냄.

掬水[국수]キクスイ 물을 두 손으로 움켜 뜸. 또는 그렇게 뜬 물.

【捲】¹¹ 扌8 | 권 | 주먹질 | 先
ケン・カン
まく

筆順 一 十 扌 扌 扩 拌 拌 捲

意味 ① 주먹을 꽉 쥠. ② 힘을 씀. ③ 거둠. 맒. =卷

捲土重來[권토중래]ケンドチョウライ(チョウライ) 한 번 패(敗)한 사람이 힘을 회복하여 전력을 다해 다시 쳐들어 옴.

【掘】¹¹ 扌8 | ①굴 ②궐 | 팔 | ⑥物 ⑥月
クツ
ほる

筆順 扌 扌 扌ʾ 扌ʾ 拝 拝 掘 掘

解字 形聲. 扌[손]과 음을 나타내는 屈(굴)을 합쳐서 구멍을 파다의 뜻.

意味 ① 팜. ㉠구멍을 뚫음. ㉡파냄. ② 우뚝함. ② 뚫음.

【捺】¹¹ 扌8 | 날 | 누를 | 曷
ナツ
おす

筆順 一 十 扌 扌 扌ʾ 挟 挟 捺

意味 ① 누름. 손가락으로 누름. ② 도장을 찍음. 「一印」 ③ 삐침. 오른쪽 아래로 비스듬히 삐쳐 쓰는 서법(書法).

捺染[날염]ナツ 피륙이나 실 등에 어떤 모양을 물들이는 방법의 하나.

捺印[날인]ナツイン 도장을 찍음.

【捻】¹¹ 扌8 | 념 | 비틀 | 鹽

〔扌部〕 8획

ネン・ジョウ
ひねる
[筆順] 一 扌 扩 扩 拎 捻 捻
[意味] ① 비틈. ② 손가락으로 찍음.

【掉】¹¹ 扌8│도│흔들│㊄簝
トウ・チョウ
ふるう
[筆順] 一 十 扌 扩 扩 掉 掉 掉
[意味] ① 흔듦. ㉠휘두름. ㉡흔들림. 떨침. ③ 바로 잡음.

【掏】¹¹ 扌8│도│가릴│㊄豪
トウ
えらぶ・する
[筆順] 一 十 扌 扌 打 扚 扚 掏 掏
[意味] ① 가림. 선택함. ② 당김. ③ 더듬음. ④ 소매치기.

*【掠】¹¹ 扌8│⊥략│노략질할│㊀藥 ㊄漾
リャク・リョウ
かすめる
[筆順] 一 十 扌 扩 扩 护 护 捞 掠
[解字] 形聲. 扌(손)과 음을 나타내는 京(경)〔략은 변음〕을 합쳐서 노략질하다의 뜻.
[意味] ① ① 노략질함. ② 스침. 스치고 지나감. ② ① 빼앗음. ② 볼기를 침.

【捩】¹¹ 扌8│렬│휘어꺾을│㊃屑
レイ・レツ
ねじる
[筆順] 一 十 扌 扩 扩 捩 捩 捩
[意味] ① 휘어 꺾음. ② 비틈. 꼼. ③ 꼼. ④ 되돌아 옴.

*【排】¹¹ 扌8│배│물리칠│㊄佳
ハイ
ひらく・ならぶ
[筆順] 一 十 扌 扌 打 扫 排 排
[解字] 形聲. 扌(손)과 음을 나타내는 非(비)〔배는 변음〕을 합쳐서 손으로 밀어 젖히다의 뜻. 널리 물리치다의 뜻으로 쓰임.
[意味] ① 물리침. 「一斥」 ② 떠밂. 밀침. ③ 내밂. ④ 벌여놓음. ⑤ 늘어선 줄.

【捧】¹¹ 扌8│봉│받들│㊄腫
ホウ
ささげる
[筆順] 一 十 扌 扩 扶 捧 捧
[意味] ① 받듦. 두 손으로 받듦. ② 옷사람에게 물건을 올림. ③ 움킴.

*【捨】¹¹ 扌8│사│버릴│㊄馬
シャ
すてる
[筆順] 一 十 扌 扌 拎 拎 捨 捨
[解字] 形聲. 扌(손)과 음을 나타내는 舍(사)를 합쳐서 손으로 치워 버리다의 뜻. 널리 버리다의 뜻으로 쓰임.
[意味] ① 버림. ↔取 ㉠없다고 버림. ㉡그대로 놓아 둠. ② 줌. 베풂. 「喜一」 ③ 놓아 줌.

*【掃】¹¹ 扌8│소│쓸│㊄皓
ソウ
はく
[筆順] 一 十 扌 扌 打 扫 掃 掃
[解字] 形聲. 扌(손)와 음을 나타내는 帚(추)〔소는 변음〕를 합쳐서 손으로 깨끗하게 하다의 뜻.
[意味] ① 쓺. ㉠쓸어 깨끗하게 함. ㉡깨끗하게 치움. ② 쳐서 평정함. 「一蕩」

【授】¹¹ 扌8│수│줄│㊄有
ジュ
さずける
[筆順] 一 十 扌 扩 护 授 授 授
[解字] 形聲. 扌(손)와 음을 나타내는 受(수)를 합하여 손으로 건네 주다의 뜻.
[意味] ① 줌. ㉠받게 함. ㉡건네 줌. ↔受 ㉢가르침. 「傳一」 ② 붙임. 「고 받음.
授受[수수] ジュジュ 주는 일과 받는 일. 주
授業[수업] ジュギョウ 학문을 가르쳐 줌.

【掩】¹¹ 扌8│엄│가릴│㊄琰
エン
おおう
[筆順] 一 十 扌 扩 扩 护 掩 掩
[意味] ① 가림. 덮음. ② 닫음. 막음. ③ 거둠〔斂〕. ④ 속으로 잠듦.
掩門[엄문] 문을 닫음.   「[掩擊]
掩襲[엄습] エンシュウ 뜻밖에 습격함. 엄격

接

接 11획 扌8 | 접 | 사귈 | ㉦葉 |
セツ・ショウ
つぐ

筆順 一 亅 扩 护 接 接 接

解字 形聲. 扌(손)와 음을 나타내는 妾(첩)(접은 변음)을 합쳐서 손을 잡다의 뜻. 널리 사귀다·잇다의 뜻으로 씀.

意味 ① 사귐. 가까이 감. ② 이음. ㉠계속함. ㉡이어 받음. ㉢연함. ㉣잇달음. ③ 합함. 모음. ④ 받음. ⑤ 가짐.

接客[접객]ゼッカク 손을 접대함.
接見[접견]ゼッケン 직접 대하여 봄. 인견(引見). 접면(接面). 회견(會見).
接近[접근]ゼッキン 서로 바싹 다가붙음. 가까이 감.
接待[접대]ゼッタイ ① 손님을 맞아 대접함. 또는 그 일.「一係」② 〈佛〉 사람에게 음식물을 대접함.

措

措 11획 扌8 | ①조 | 놓을 | ㉤週 | ②책 | | ㉧陌 |
ソ・サク
おく

筆順 一 亅 扩 扩 扌 措 措

解字 形聲. 扌(손)와 음을 나타내는 昔(석)(조는 변음)을 합쳐서 손을 메고 그대로 두다의 뜻.

意味 ① ㉠놓음. ㉡둠. ㉢그대로 둠. ② 둠(擧). ③ 베풂. ④ 정돈함. 처리함. ② 쫓아가 잡음.

採

採 11획 扌8 | 채 | 딸 | ㉤賄 |
サイ
とる

筆順 一 亅 扌 扌 扌 扌 採 採

解字 會意. 采는 爪(손톱)와 木(나무)을 합쳐서 나무 끝을 따다의 뜻. 후에 扌를 덧붙임.

意味 ① 땀. ㉠손으로 땀. 캠. ㉡골라 잡음.「一用」㉢모음. ② 잡음. 취(取).

採鑛[채광]サイコウ 광물을 캐어 냄.
採掘[채굴]サイクツ 땅을 파서 광석(鑛石) 등의 광물질을 캐어 냄.
採用[채용]サイヨウ 채택하여 씀. 사람을 뽑아 씀. 등용(登用).「一試驗」

捷

捷 11획 扌8 | 첩 | 이길 | ㉧葉 |
ショウ
かつ・はやい

筆順 一 亅 扌 扌 扌 捷 捷 捷

意味 ① 이김. 싸움에 이김. ② 이겼다는 소식.「一報」③ 사냥함. ④ 빠름.「敏一」

捷徑[첩경]ショウケイ 어떤 목적에 도달하기 가장 쉬운 방법. 지름길. 첩로(捷路).
捷路[첩로]ショウロ 가까운 길. 지름길.
捷報[첩보]ショウホウ 전승(戰勝)의 보고서(報告書). 첩서(捷書).

推

推 11획 扌8 | ①추 | 밀 | ㉥支 | ②퇴 | | ㉥灰 |
スイ
おす

筆順 一 亅 扌 扌 扩 推 推

解字 形聲. 扌(손)와 음을 나타내는 隹(추)를 합쳐서 밀어 젖히다의 뜻.

意味 ① 밂. ㉠밀어서 나아가게 함. ㉡밀어 젖힘. ㉢가려서 권함.「一擧」㉣밀어 받듦. ② 옮김. ③ 파묻음. ④ 헤아려 생각함.「一理」⑤ 표창함. ② 밀어 젖힘. 배제함.

推考[추고]スイコウ 미루어 생각함.
推敲[추고]スイコウ 시문(詩文)을 지을 때 자구(字句)를 여러 번 생각하여 고침.
推理[추리]スイリ ① 사물의 도리를 미루어 생각함. ② 기정 사실을 전제로 하여 아직 미지의 사실을 미루어 생각함.
推薦[추천]スイセン 인재를 어떤 지위에 천거함. 추거(推擧).「一狀」「一者」
推測[추측]スイソク 짐작하여 헤아림.

探

探 11획 扌8 | 탐 | 더듬을 | ㉧覃 |
タン
さぐる

筆順 一 亅 扌 扌 扌 扩 探 探

解字 形聲. 扌(손)와 음을 나타내는 架(심)(탐은 변음)을 합쳐서 손으로 더듬다의 뜻.

意味 ① 더듬음. ㉠손으로 찾음. ㉡깊이 연구함.「一求」㉢염탐함.「一偵」㉣보러 감.「一勝」② 시험함. ③ 취(取)함.

探究[탐구] 어떤 사물에 대한 참뜻이나 바탕을 더듬어 연구(研究)함.
探索[탐색] ① 사실을 더듬어 찾음. ② 죄인의 죄상이나 행방을 살펴 캐어 냄.
探勝[탐승] 경치 좋은 곳을 찾아 [다님.

【揭】12획 扌9획 │게│걸│높이들│
㉠露 ㉧屑 ケイ
㉥月 かかげる

筆順 一十扌扌扌扌揚揭揭

解字 形聲. 扌(손)와 음을 나타내는 曷(갈)[게는 변음]을 합쳐서 손으로 높이 들다의 뜻.

意味 ① ㉠높이 듦. ② 옷을 걷고 물을 건넘. ③ 등에 짐. ② 뜻은 ①과 같음. ③ ㉠듦. ②세움. ③일어남. ④ 긺.

揭揭[게게] ① 높이 걸어 올림. ② 긴 안목의 고려(考慮) 또는 계획.
揭示[게시] 여러 사람에게 알리기 위해 써 붙이거나 내어 걸어 두고 보게 함. 또는 그 글. 「一板」
揭揚[게양] 높이 내어 걺. 「國旗一」

【揆】12획 扌9획 │규│헤아릴│㉧紙│キ

筆順 一扌扌扌扌揆揆揆

意味 ① 헤아림. ② 법도. ③ 벼슬 이름.
揆度[규탁] 헤아림.

【描】12획 扌9획 │묘│그릴│㉧蕭│ビョウ えがく

筆順 一十扌扌扌拌描描

解字 形聲. 扌(손)과 음을 나타내는 苗(묘)를 합쳐서 모양을 베껴 그리다의 뜻임.

意味 ① 그림을 그림. ② 묘사함. 문장으로 옮겨 씀. ③ 베낌.
描寫[묘사] ① 사물을 있는 그대로 그려 냄. ② 예술 작품에서 어떤 대상을 있는 그대로 표현함. 「心理一」

【插】12획 扌9획 │삽│꽂을│㉧洽│ソウ さす

筆順 扌扌扌拌拌挿插插

意味 ① 꽂음. ㉠꽂아 넣음. ㉡꽂아 끼움. ② 짐을 짐.

插入[삽입] 중간에 끼워 넣음.
插花[삽화] 꽃을 꺾어 꽃병 같은 데 꽂음. 「장 사이사이에 그려 넣은 그림.
插畫[삽화] 신문・잡지 등의 문
插話[삽화] 어떤 문장・연극 등에서 본줄거리와는 직접 관련이 없는 이야기.

【握】12획 扌9획 │악│쥘│㉧覺│アク にぎる

筆順 一十扌扌扌扌扌握握握

解字 形聲. 扌(손)와 음을 나타내는 屋(옥)[악은 변음]을 합쳐서 손으로 꽉 쥐다의 뜻.

意味 ① 쥠. ㉠손에 잡음. ㉡주먹을 쥠. ㉢한손에 넣음. ② 조그마함. ③ 갖춤.
握手[악수] 서로 손을 잡아 정이 있음을 표시함.

【揶】12획 扌9획 │야│희롱할│㉧麻│ヤ からかう

筆順 一十扌扌扌扌揶揶揶

意味 희롱함. 빈정거림. 「一揄」

【揠】12획 扌9획 │알│잡아뽑을│㉧黠│アツ・エン ぬく

筆順 扌扌扌扌扌扌挭挭挭揠

意味 ① 잡아 뽑음. ② 고갱이를 뽑음.

*【揚】12획 扌9획 │양│오를│㉧陽│ヨウ あげる

筆順 一十扌扌扌扌拐揚揚

解字 形聲. 扌(손)과 음을 나타내는 昜(양)을 합쳐서 손으로 위로 올리다의 뜻.

意味 ① 오름. 올라감. ② 올림. 듦. 날림. ③ 칭찬함. ④ 나타냄. 「宣一」 ⑤ 만족함. ⑥ 핌. ⑦ 까부름. ⑧ 도끼.
揚名[양명] ① 이름을 드날림. ② 이름뿐이고 내용이 없는 일. 허명(虛名). 공명(空名).
揚水[양수] 물을 끌어 올림. 또는 끌어 올린 물.

[扌部] 9~10획　　　　　　　　　　　　　　177

【搋】¹²₍₉₎ | 연 | 아전 | ㊥霰 | エン

筆順 一ナヂヂ护挦搋搋

意味 ① 아전. ② 인(引)함. ③ 도움.

＊【援】¹²₍₉₎ | 원 | 구원할 | ㊥元 |
エン
たすける

筆順 一ナヂヂ护挈援援

解字 形聲. 扌[손]와 음을 나타내는 爰(원)을 합쳐서 손으로 당기다·돕다의 뜻.

意味 ① 구원함. 도움. 구원. ② 당김. ㉠잡아당김. ㉡끌어 잡음. ③ 뺌. ④ 사다리. ⑤ 접(接)함.

援助[원조]ジョ 도와 줌. 구하여 줌.
援護[원호]ゴ 구원하여 보호(保護)함.

【摇】搖 (扌부 10획)의 약자

【揄】¹²₍₉₎ | 유 | 당길 | ㊤虞 | ユ

筆順 一ナヂ扩护扑拾揄

意味 ① 당김. ② 희롱함, 조롱함.「揶一」 ③ 칭찬함. ④ 걸구질함.

揄揚[유양]ヨウ ① 끌어 올림. ② 찬양.

【揉】¹²₍₉₎ | 유 | 풀 | ㊤有 | ジュウ
もむ

筆順 一ナヂ扩护择揉

意味 ① 풂. 부드럽게 함. =柔 ② 순종하게 함. ③ 비빔. ④ 휨. ⑤ 바로잡음. ⑥ 일을 천천히 함.

揉紙[유지]シ 주름살을 잘게 친 종이.

【揖】¹²₍₉₎ | ①읍 ②즙 | 읍할 | ㊤緝 | ㊤緝
ユウ·シュウ

筆順 一ナヂ扩护押揖揖

意味 ① ① 읍함. ② 나아감. ③ 깎지 낌. ④ 공손함. ② 모음[集].

揖禮[읍례] 읍을 하는 예법.

【揃】¹²₍₉₎ | 전 | 자를 | ㊤銑 | セン
きる

筆順 一ナヂ扩拧拧揃揃

意味 ① 자름. ② 뽑음.

＊【提】¹²₍₉₎ | ①제 ②시 | 들 | ㊥齊 | ㊥支
テイ·ダイ
さげる

筆順 一ナヂ护押捍捍提

解字 形聲. 扌[손]와 음을 나타내는 是(시)[제는 변음]를 합쳐서 손에 들다의 뜻.

意味 ① ① 듦. 손에 가짐. ② 당김. 끎. ③ 젓가락. ④ 가만가만히 걸음. ⑤ 던짐. ⑥ 줌. ⑦ 끎음. ⑧ 지배함.「一督」 ⑨ 떼지어 낢. ② 보리수.

提供[제공]キョウ ① 갖다 바침. 제출(提出). ② 물건 등을 바쳐서 이바지함.

【揣】¹²₍₉₎ | ①취 ②타 | 잴 | ㊤紙 | ㊤箇
シ·タン
はかる

筆順 一ナヂ扩护挏揣

意味 ① ① 잼[量]. ② 요량함. ③ 시험함. ② 헤아림.

揣摩[취마]シ 어떤 진상(眞相)을 미루어 추측하여 기대(期待)와 합치되기를 원함. 억측(臆測).「一臆測」

揣度[취탁]タク 미루어 생각하여 헤아림.

＊【換】¹²₍₉₎ | 환 | 바꿀 | ㊤翰 |
カン
かえる

筆順 一ナヂ护拶挽換

解字 形聲. 扌[손]와 음을 나타내는 奐

【揮】¹²₍₉₎ | 휘 | 휘두를 | ㊥微 |
キ
ふるう

筆順 一ナヂ护揁揁揮揮

解字 形聲. 扌[손]와 음을 나타내는 軍(군)[휘는 변음]을 합쳐서 손을 휘두르다의 뜻.

意味 ① 휘두름. ㉠휘어 돌림. ㉡휘둘러 나타냄.「發一」 ② 뽐냄. ③ 글을 씀. 그림을 그림. ④ 헤침[散]. 물을 뿌림. ⑤ 지위함.「指一」 ⑥ 분별함. ⑦ 움직임.

【搦】¹³₍₁₀₎ | ①낙 ②닉 | 누를 | ㊤覺 | ㊤陌

[扌部] 10획

ジャク・ニャク
からめる

【搦】
筆順 扌扌′扩扩扚捐捐搦
意味 ① ㉠누름. ㉡가짐. ② 잡음[足].

【搗】¹³ 扌10획│도│찧을│㉤皓│トウ つく
筆順 一扌扩扩护搗搗
意味 ① 찧음. ② 다듬음. ③ 방망이질함.
搗精[도정]ㄉㄛㄐㄧㄥ 곡식을 찧고 대낌.
搗砧[도침] 피륙이나 종이 같은 것을 다듬잇돌에 다듬어서 반드럽게 함.

【搏】¹³ 扌10획│박│두드릴│㉥藥│ハク うつ
筆順 一扌扩扩捕捕搏
意味 ① 두드림. 손바닥으로 침. ② 어루만짐. ③ 잡음. ㉠손에 잡음. ㉡사로잡음. ④ 취함.
搏殺[박살]ㄅㄛˊㄕㄚ 때려 죽임.

【搬】¹³ 扌10획│반│옮길│㉤寒│ハン はこぶ
筆順 一扌扩扩扴扴搬
解字 形聲. 扌[손]와 음을 나타내는 般(반)을 합쳐서 손으로 물건의 자리를 옮기다의 뜻.
意味 ① 옮김. 운반함. 「運—」 ② 덞[除]. 「入[搬入]」
搬出[반출]ㄅㄢㄔㄨ 운반하여 내보냄. ↔반입.

【搔】¹³ 扌10획│소│긁을│㉤豪│ソウ かく
筆順 一扌扴扴扴搔搔
意味 ① 긁음. ② 휘저음. ③ 분주함. 떠듦.
搔痒[소양]ㄙㄠㄧㄤ 가려운 데를 긁음.

*【損】¹³ 扌10획│손│덜│㉮阮│ソン そこなう
筆順 一扌扩扩捐捐損
解字 形聲. 扌[손]와 음을 나타내는 員(원)[손은 변음]을 합쳐서 손으로 떼어 덜다의 뜻.
意味 ① 덞. ㉠적게 함. ㉡줄임. ㉢적어

짐. ② 잃어버림. 「—失」

【搜】¹³ 扌10획│수│찾을│㉤尤│ソウ さがす
筆順 一扌扩扩扪捜捜搜
解字 會意. 叟는 본디는 叟자로서 宀[집]과 火[불]와 又[손]를 합쳐서 등불을 들고 무엇을 찾다의 뜻. 후에 扌를 덧붙여 널리 찾다의 뜻으로 씀.
意味 ① 찾음. 수색함. ② 더듬음. ③ 화살이 빨리 나는 소리. ④ 어지러움[亂].
搜査[수사]ㄙㄨㄓㄚ ① 찾아 다니며 조사함. ② 경찰관이나 검찰에서 범인의 행방을 찾거나 증거를 수집하는 일.

【搤】¹³ 扌10획│액│잡을│㉠陌│アク・ヤク とる
筆順 一扌扩扴扴搤搤
意味 ① 잡음. ② 움킴. ③ 가짐.

*【搖】¹³ 扌10획│요│흔들│㉤蕭│ヨウ ゆれる・うごく
筆順 一扌扩扩搥搖搖
解字 形聲. 扌[손]와 음을 나타내는 䍃(요)를 합쳐서 손으로 흔들다의 뜻.
意味 ① 흔들림. 움직임. ② 흔듦. 움직이게 함. ③ 회오리바람이 붊. ④ 별 이름. ⑤ 머리를 치장함.
搖動[요동]ㄧㄠㄉㄨㄥ 흔들려서 움직임. 요탁.

【搾】¹³ 扌10획│착│짤│新字│サク しぼる
筆順 一扌扩扩搾搾搾
解字 形聲. 扌[손]와 음을 나타내는 窄(착)[착은 변음]을 합쳐서 손으로 쥐어 짜다의 뜻.
意味 ① 짬. 쥐어 짬. 「—取」 ② 누름. 압박함.
搾乳[착유]ㄓㄚㄖㄨ 가축의 젖을 짜냄.
搾取[착취]ㄓㄚㄑㄩ ① 몹시 누르거나 비틀어 즙을 짜냄. ② 자본가가 노동자를 정한 시간 이상 생긴 이익을 독점함.

【摂】 攝(扌부 18획)의 약자

〔扌部〕10〜12획

【搒】 13획 扌10 ① 방병 │ 가릴 │ ㉠陽 ㉤敬 │ ホウ

筆順 扌 扩 扩 扩 挘 搒 搒

意味 ① ① 가림. 덮음. ② 붙기를 침. ③ 상앗대. 삿대. ② ① 맞당김. ② 배를 저음.

搒人[방인] ホウ 뱃사공.
搒笞[방태] ホウ 죄인의 붙기를 침.

【搭】 13획 扌10 ① 답 ② 탑 │ 태울 │ ㉠合 │ トウ

筆順 扌 扩 扩 扩 拔 搭 搭

意味 ① ① 태움[乘]. 탐.「一乘」② 붙음. ③ 걺. ④ 얹음. ⑤ 침[擊]. ② ① 본뜸. ② 박음.

搭乘[탑승] トゥジョウ 자동차·비행기·배 등을 탐.「一員」「一室」「一量」
搭載[탑재] トゥサイ 비행기·차·배 등에 짐을 실음.

【携】 攜(扌부 18획)의 속자

【摸】 14획 扌11 ① 모 ② 막 │ 본뜰 │ ㉠虞 ㉤藥

モ・バク・ボ・マク
さぐる

筆順 扌 扌 ず 扩 拤 揎 摸

意味 ① ① 본뜸. 모방함. ② 규모. ② 더듬음.「一索」

摸索[모색] モサク 더듬어 찾음.

摘 14획 扌11 │ 적 │ 딸 │ ㉤錫
テキ・タク・チャク
つむ

筆順 一 十 扩 扌 搐 摘 摘

解字 形聲. 扌(손)와 음을 나타내는 啇(적)을 합쳐서 손가락으로 집다의 뜻.

意味 ① 땀. ㉠손가락으로 따 냄. ㉡가려 냄. ㉢돋우어 냄.「一發」② 움직임.

摘發[적발] テキハツ 숨어서 세상에 드러나지 않은 것을 들추어 냄.「汚職의 一」

【摺】 14획 扌11 ① 랍 ② 섭 │ 꺾을 │ ㉠合 ㉤葉

ロウ・シュウ
ひだ

筆順 扌 扌 扫 扫 招 摺 摺

意味 ① ① 꺾음. ② 부러뜨림. ② ① 접음. 개킴. ② 주름. ③ 패함.

摺本[접본] シュゥホン 판목을 사용하여 찍어 낸 책. 판본(版本).
摺扇[접선] ショゥセン 접부채.

【摧】 14획 扌11 │ 최 │ 꺾을 │ ㉤灰

サイ
くだく

筆順 扌 扌 扩 扩 抴 捴 摧

意味 ① 꺾음. 꺾어짐. ② 억제함. ③ 망함. ④ 저지함. 막음. ⑤ 여묾.

摧傷[최상] サイショゥ 기가 꺾이고 몸이 상함.
摧敗[최패] サイハイ 꺾이어 패함.

【摑】 14획 扌11 │ 귁 │ 칠 │ ㉤陌

カク
つかむ

筆順 扌 扪 捫 摑 摑 摑

意味 침. 뺨을 때림.

【攝】 攝(扌부 18획)의 약자

【撚】 15획 扌12 │ 년 │ 잡을 │ ㉤銑

ネン
ひねる

筆順 扌 扌 ク 扌 夕 拗 揿 撚

意味 ① 잡음. 손으로 쥠. ② 닦음. ③ 밟음. ④ 손끝으로 비빔. 손으로 꿈.

撚絲[연사] ネンシ 실을 두 올 이상 합친 것. 꼰 실.

【撓】 15획 扌12 │ 뇨 │ 굽힐 │ ㉤效

ドウ・コウ・ジョウ
たわめる

筆順 扌 扌 ず 扩 抠 撓 撓

意味 ① 굽힘. 구부림. 굽음. ② 흔듦. 교란함. ③ 긁음.

撓折[요절] ドウセツ 휘어서 부러짐. 휘어짐.

【撞】 15획 扌12 │ 당 │ 칠 │ ㉠江

トウ・ドウ・シュ
つく

筆順 扌 扩 扩 扩 擇 撞 撞

意味 ① 침. 두드림. 두드려 소리를 냄. ② 부딪침. ③ 짓찧음.

撞球[당구] ドウキュゥ 대 위에 상아로 만든 붉은 공과 흰 공을 놓고 당구봉(撞球

棒)으로 쳐서 굴려 맞혀 승부를 겨루는 실내 오락의 일종. 「쓰는 나무 막대.
撞木[당목]〈佛〉절에서 종을 칠 때

【撈】 $\frac{15}{t12}$ | 로 | 잡을 | ㉗豪 | ㅗㅂㅌㄹ

ロウ
とる

筆順 扌 扌ˊ 扌ˇ 扌ˇ 扌ˇ 捞 捞 撈

意味 ① 잡음. 물 속에 있는 것을 잡음. ② 건져 냄. ③ 麗 꽁게[씨를 뿌린 뒤에 흙을 덮는 농구.]

【撫】 $\frac{15}{t12}$ | 무 | 누를 | ㉤麌 |

ブ・フ
なでる

筆順 扌 扌ˊ 扌ㅜ 扌ㅜ 扌ㅗ 撫 撫 撫

意味 ① 누름. ② 두드림. ③ 어루만짐. 「愛一」 가라앉힘. 「鎮一」 ④ 위로함.

【撲】 $\frac{15}{t12}$ | ①박 ②복 | 칠 | ㉑覺 ㉘屋 |

ボク・ハク
うつ

筆順 扌 扌ˊ 扌ˇ 扌ㅕㅕ 扌ㅕㅕ 撲 撲 撲

解字 形聲. 扌(손)와 음을 나타내는 菐 (복)[박은 변음]을 합쳐서 손으로 치다·때리다의 뜻.

意味 ①① 침. 때림. ② 맞부딪침. 서로 때림. ③ 없앰. ④ 엎드러짐. ② ① 두드림. ② 씨름을 함. ③ 엎드러짐.

【撥】 $\frac{15}{t12}$ | 발 | 다스릴 | ㉕曷 |

ハツ・バチ
おさめる・はねる

筆順 扌ˊ 扌ˇ 扌ˇ 扌ˇ 扌ˇ 扌ㅊ 撥

意味 ① 다스림. ② 제[除]함. ③ 뒤집음. ④ 퉁김. 「反一」 ⑤ 상엿줄. ⑥ 현악기를 타는 채.

【撒】 $\frac{15}{t12}$ | 살 | 흩어버릴 | ㉕曷 |

サン・サツ
まく

筆順 扌 扌ˊ 扌ˇ 扌ˇ 扌ˇ 撒 撒 撒

意味 ① 흩어버림. ② 흩어짐. ③ 뿌림. ④ 놓음[放].

撒水[살수] サッスイ 물을 흩어서 뿌림. 산수(散水). 「一車」
撒布[살포] サップ 흩어서 퍼지게 함. 뿌림. 산포(散布).

【撰】 $\frac{15}{t12}$ | ①찬 ②전 | 갖출 | ㉓潸 ㉖霰 |

セン・サン
えらぶ

筆順 扌 扌ˊ 扌ˇ 扌ㅁㅁ 扌ㅛㅛ 撰 撰 撰

意味 ①① 갖춤. ② 일. ③ 글을 지음. ④ 법. ②① 가짐. ② 고름[擇]. 가림. ③ 모음.

【撤】 $\frac{15}{t12}$ | 철 | 걷을 | ㉝屑 | テツ

筆順 扌 扌ˊ 扌ˇ 扌ㅕ 扌ㅕ 扌ㅕ 撤

解字 形聲. 손을 뜻하는 扌와 음을 나타내는 散(철)을 합쳐서 손으로 제거하다의 뜻.

意味 ① 걷음. 치움. ② 빼냄. ③ 그 만둠. ④ 긁음. ⑤ 피옴. 꽃을 피옴.

撤收[철수] テッシュウ ① 거두어 물러남. ② 군대에서 부대를 거두어 물러남. 철회.
撤退[철퇴] テッタイ 진지(陣地)로부터 군대 (軍隊)를 거두어 물러남. 「撤龍」
撤廢[철폐] テッパイ 거두어 치워 버림. 철과

【撮】 $\frac{15}{t12}$ | 찰 | 자밤 | ㉕曷 |

サツ・サイ
とる・つまむ

筆順 扌 扌ˊ 扌ˇ 扌ˇ 扌ㅕ 撮 撮 撮

解字 形聲. 손을 뜻하는 扌와 음을 나타내는 最(최)[찰은 변음]를 합쳐서 자밤·손가락 끝으로 집어냄의 뜻.

意味 ① 자밤. 손가락 끝으로 잡을 만한 분량. ② 머리꼬맹이를 잡음. ③ 당김. ④ 모음. ⑤ 비침. ⑥ 수(數)의 이름.
撮影[촬영] サツエイ 형상(形象)을 사진이나 영화로 찍음.

【撩】 $\frac{15}{t12}$ | 료 | 가릴 | ㉓蕭 | リョウ

筆順 扌 扌ˊ 扌ˇ 扌ˇ 扌ˇ 撩 撩 撩

意味 ① 가림. ㉠사리에 맞게 가림. ㉡다스림. 정리함. ② 으뜸[挑弄]을 꺾. 취(取)함. ④ 붙듦. ⑤ 어지러움[亂]. 얽힘.
撩亂[요란] リョウラン 가지런하지 못하고 어지러움.

*【播】 $\frac{15}{t12}$ | 파 | 심을 | ㉞箇 | ハ・まく

[扌部] 13획　　　　　　　　　　　　　　　181

播
筆順 扌扩扩扩採採播播
意味 ① 심음. [씨를]뿌림. 「一種」② 버림. ③ 헤침. 흩어지게 함. ④ 폄. 널리 미침. 「傳一」⑤ 달아남. ⑥ 까불.
播說[파설] 말을 퍼뜨림. 또 그 말.
播種[파종] 논밭에 곡식의 씨앗을 뿌림. 부종(付種).
播遷[파천] 임금이 서울을 떠나 딴 곳으로 피란(避亂). 파월(播越).

撼 16 扌13 | 감 | 흔들 | ⓑ感
カン
うごかす
筆順 扌扌扩扩揻撼撼
意味 ① 흔듦. 「震一」② 마음을 움직임. =憾 ③ 깨뜨림.

***據** 16 扌13 | 거 | 의지할 | ⓑ御
キョ・コ
よる
筆順 扌扌扩扌據據據
解字 形聲. 손을 뜻하는 扌와 음을 나타내는 豦(거)를 합쳐서 손으로 매달리다의 뜻. 널리 기대다·의지하다의 뜻으로 씀.
意味 ① 의지함. 기댐. 의탁함. 「根一地」② 웅거[雄據]함. ③ 짚음. ④ 누름.

撻 16 扌13 | 달 | 종아리칠 | ⓐ曷
タツ
むちうつ
筆順 扌扩扩撻撻撻
意味 ① 종아리를 침. 「鞭一」② 매를 맞음. ③ 빠름. ④ 농구(農具)의 이름.

擔 16 扌13 | 담 | 멜 | ⓔ覃 | タン
になう
筆順 扌扩扩擔擔擔
解字 形聲. 손을 뜻하는 扌와 음을 나타내는 詹(담)을 합쳐서 짐을 지다의 뜻.
意味 ① 어깨에 멤. ② 맡음. 「一當」「一任」
擔架[담가] 들것.
擔當[담당] 어떤 일을 맡아 책임 짐.

擒 16 扌13 | 금 | 사로잡을 | ⓔ侵
キン
とらえる
筆順 扌扌扩扩捨擒擒
意味 ① 사로잡음. 「生一」② 움켜잡음.

擁 16 扌13 | 옹 | 안을 | ⓔ腫 | ヨウ
筆順 扌扩扩扲擁擁擁
解字 形聲. 손을 뜻하는 扌와 음을 나타내는 雍(옹)을 합쳐서 팔로 감싸 안다의 뜻. 널리 지키다의 뜻으로 씀.
意味 ① 안음. 품음. 「抱一」② 낌. 가짐. ③ 가림. =掩 ④ 옹위함. 감쌈.

操 16 扌13 | 조 | 잡을 | ⓔ豪
ソウ
みさお・とる・あやつる
筆順 扌扌扩扩扩擇操
解字 形聲. 손을 뜻하는 扌와 음을 나타내는 喿(조)를 합쳐서 물체를 잡은 손가락이 꽉 붙게 움켜쥐다의 뜻.
意味 ① 잡음. 움켜쥠. ② 다룸. 「一縱」③ 지조. 굳게 지켜서 변하지 않는 마음씨. 「志一」④ 풍치(風致). 싱싱스러이 격에 맞는 멋. ⑤ 가락. 곡조.
操鍊[조련] ①〈軍〉 군대를 훈련함. 연병(練兵). ② 남을 몹시 강박함.
操業[조업] 공장 등에서 기계를 움직여 맡은 일을 함. 「一短縮」
操縱[조종] 사람이나 기계 등을 마음대로 다루어 부림. 「一士」

擇 16 扌13 | 택 | 가릴 | ⓐ陌
タク
えらぶ
筆順 扌扩扩扩擇擇擇
解字 形聲. 손을 뜻하는 扌와 음을 나타내는 睪(택)을 합쳐서 손으로 가려내다의 뜻.
意味 ① 가림. 추림. 뽑음. 「選一」② 차별함.
擇一[택일] 여럿 있는 중에서 하나만을 선택함. 「二者一」
擇材[택재] 인물을 골라 뽑음.

[扌部] 13~15획

【擅】¹⁶ 扌13 | 천 | 오로지할 | ㊥戩
セン
ほしいまま

筆順 扌 扩 扩 掉 擅 擅 擅

意味 ① 오로지함. ② 제 마음대로 함. 「―斷」

擅斷[천단]ダン 마음대로 일을 처리함. 천편(擅便). 전단(專斷). 「―橫」

擅橫[천횡]オウ 멋대로 행동함. 천횡(專—)

【擱】¹⁷ 扌14 | 각 | 버릴 | ㊥藥
カク
おく

筆順 扌 扩 押 押 押 擱 擱

意味 버림. 들었던 것을 놓음. 「―筆」

擱座[각좌]ザ 선박이 해상에서 암초(暗礁) 위에 얹힘. 각안(擱岸). 좌초(坐礁). 각좌(擱坐). 「―놓음」

擱筆[각필]ヒツ 쓰던 글을 멈추고 붓을 놓음.

【擡】¹⁷ 扌14 | 대 | 들 | ㊥灰
タイ
もたげる

筆順 扌 扩 扩 挓 挓 擡 擡

意味 듦(擧). 쳐듦. 「―頭」 ② 움직거림.

擡頭[대두]トウ ① 머리를 듦. 즉 세력을 폄. ② 문장(文章) 중에서 경의(敬意)를 표시해야 할 때에 다른 줄을 잡아서 몇 자 올려 쓰는 서식(書式).

【擣】¹⁷ 扌14 | 도 | 두드릴 | ㊤皓
トウ
つく・うつ

筆順 扌 扌 扌 挓 挓 擣 擣

意味 ① 두드림. ② 다짐. ③ 찧음. =臼.

【擯】¹⁷ 扌14 | 빈 | 물리칠 | ㊦震
ヒン
しりぞける

【擠】¹⁷ 扌14 | 제 | 물리칠 | ㊦霽
セイ・サイ
おす

筆順 扌 扩 扩 扩 擠 擠 擠

意味 ① 물리침. ② 밀침. ③ 떨어짐.

【擦】¹⁷ 扌14 | 찰 | 비빌 | ㊤點
サツ
こする

筆順 扌 扩 扩 扩 捺 擦 擦

意味 비빔. 문지름. 「摩―」

擦過傷[찰과상]サッカショウ 스쳐 벗어진 상처.

【擬】¹⁷ 扌14 | 의 | 의논할 | ㊤紙
ギ
なぞらえる

筆順 扌 扌 抃 挦 挦 擬 擬

解字 形聲. 손을 뜻하는 扌와 음을 나타내는 疑(의)를 합쳐서 손으로 흉내내어 닮게 만들다의 뜻. 널리 흉내내다·닮게 하다의 뜻으로 씀.

意味 ① 의논함. ② 추측함. 헤아림. 적용함. ③ 비김. 「흉내냄. 본뜸. 견주어 봄. ④ 흡사함. 분간하기 어려움. 「―似」

擬古[의고]ギコ ① 시가(詩歌)·문장 등을 옛 시대의 풍습이나 형식을 모방하여 지음. ② 옛 풍을 모방함.

【擢】¹⁷ 扌14 | 탁 | 뺄 | ㊤覺
テキ・タク
ぬく・ぬきんでる

筆順 扌 扩 扩 扩 擢 擢 擢

意味 ① 뺌. 빼냄. 뽑음. 「―一」 ② 솟음. ③ 앞섬. ④ 이김.

擢用[탁용]テキヨウ 많은 사람 가운데 우수한 사람을 뽑아 등용시킴. 발탁(拔擢).

【擾】¹⁸ 扌15 | 요 | 길들일 | ㊤蕭
ジョウ

筆順 扌 扩 扩 扩 掉 擾 擾

意味 ①길들임. ② 순함. 온화함. ③ 번거로움. ④ 난잡함. 어지러움. 「―亂」

擾亂[요란]ジョウラン 시끄럽고 어지러움.
擾民[요민]ジョウミン 백성을 성가시게 함.
擾攘[요양]ジョウジョウ 시끄럽고 어지러움.
擾擾[요요]ジョウジョウ 정신이 뒤숭숭하고 시끄러운 모양. 분분(紛紛).

【據】¹⁸ 扌15 | 터 | 펼 | ㊥魚
チョ
のべる

[扌部] 15~21획　　　　　　　　　　　　　　　　183

筆順 扌 扩 扩 扩 據 據 據
意味 ① 폄. ② 훑음. ③ 날뜀. ④ 오름. ④ 비김(擬).
據得[터득] 생각하여 이치를 깨달음.

【擲】 扌15 / 18 | 척 | 던질 | ㈇陌 |
テキ・チャク
なげうつ

筆順 扌 护 护 挡 撲 撩 擲
意味 ① 던짐. 「投—」② 던져 버림.
擲柶[척사] 윷놀이. 「榴彈(手榴彈).
擲彈[척탄] ダン 손으로 던지는 폭탄. 수

【擺】 扌15 / 18 | 파 | 열 | ㊤蟹 | ハイ |

筆順 扌 扩 扩 护 押 擺 擺
意味 ① 엶. ② 헤침. ③ 제거함. ④ 손뼉을 침.
擺落[파락] 털어 없앰.
擺撥[파발] ハツ ① 공문을 빨리 보내기 위하여 둔 역참(驛站). ②《日》털어 버림.

*【擴】 扌15 / 18 | ㊤ 광 ㊦ 확 | 채울 | ㊤漾 ㊦藥 |
カク
ひろめる

筆順 护 护 护 擴 擴 擴 擴
解字 形聲. 손을 뜻하는 扌와 음을 나타내는 廣(광)을 합쳐서 손으로 벌리다의 뜻.
意味 ① 채움[充]. ② 늘임. 넓힘. 「—大」

【攘】 扌17 / 20 | ㊤ 양 ㊦ 녕 | 밀칠 | ㊤陽 ㊦庚 |
ジョウ
はらう・ぬすむ

筆順 扌 扩 护 挤 撲 擂 攘
意味 ① ① 밀침. ② 물리침. 쫓음. 「—夷」③ 덞[除]. ④ 훔침. ⑤ 잡아당김. ⑥ 흔듬. ⑦ 그침. ⑧ 겸손하게 넓고 큼직함. ⑨ 어수선함. ② 어수선함.
攘夷[양이] ジョウ 이적(夷狄)을 쫓아 냄. 즉 오랑캐를 물리침.

【攜】 扌18 / 21 | 휴 | 끌 | ㊤齊 |
ケイ
たずさえる

筆順 扌 扩 护 挡 揩 揩 攜
意味 ① 끎. ② 가짐. ③ 떠남. ④ 나눔. ⑤ 연속함.

【攝】 扌18 / 21 | ㊤ 섭 ㊦ 녑 | 몰아잡을 | ㊀葉 |
セツ・ショウ
とる・かねる

筆順 扌 扩 扩 扌 揖 揖 攝
解字 形聲. 손을 뜻하는 扌와 음을 나타내는 聶(섭)을 합쳐서 손으로 옷자락을 모아 잡다의 뜻. 후에 한 손에 맡아 처리하다의 뜻으로 씀.
意味 ① ① 몰아잡음. 끎. 거둠. ② 쫓아가서 잡음. ③ 대리함. 겸함. 「—政」④ 단정히 함. ⑤ 빌려 줌[貸]. ⑥ 이음. ⑦ 항복함. ⑧ 기름. 「—生」② ① 가짐. ② 고요함.

【攢】 扌19 / 22 | 찬 | 중기중기 모일 | ㊤寒 |
サン
あつまる

筆順 扌 扌 扌 揬 揬 揬 揬 攢
意味 ① 중기중기 모임. 응기응기 모임. 「—立」② 토롱함.

【攤】 扌19 / 22 | ㊤ 탄 ㊦ 난 | 열 | ㊤寒 ㊦翰 | タン |
ひらく

筆順 扌 扌 扩 挡 拱 擂 攤
意味 ① ① 엶. 「—書」② 폄. 손으로 폄. ② 누름.
攤飯[탄반] バン 밥 먹은 뒤에 자는 낮잠.
攤書[탄서] ショ 책을 폄.

【攫】 扌20 / 23 | 확 | 후려칠 | ㊀藥 |
カク
つかむ

筆順 扌 扩 扩 扩 揩 擢 攫
意味 ① 후려침. ② 움킴. 「——千金」

【攬】 扌21 / 24 | 람 | 잡을 | ㊤感 | ラン |
とる

筆順 扌 扩 扩 扩 擂 擥 攬
意味 ① 잡음. 쥠. ② 모음. 「總—」

氵 部

【氾】5 氵2 | 범 | 넘칠 | 去陷 | ハン ひろがる

[筆順] 丶 冫 氵 氵㇆ 氾

[意味] ① 넘침. 「一濫」 ② 들뜬 모양. ③ 넓음. =汎 「一論」 ④ 성(姓)의 하나.

氾濫〔범람〕ハンラン ① 물이 넘쳐 흐름. 물이 넘치듯이 물건이 많이 나옴. ② 널리 미침. ③ 자기 분수에 넘침.

氾論〔범론〕ハンロン ① 널리 논(論)함. 범론(汎論). ② 대체적인 이론. 통론.

【汀】5 氵2 | 정 | 물가 | 平青 | テイ みぎわ

[筆順] 丶 冫 氵 氵一 汀

[意味] ① 물가. 「一沙」 ② 수렁. ③ 물 이름.

汀渚〔정저〕テイショ 물가. 물가의 편편한 땅.

【汁】5 氵2 | 즙 | 진액 | 入緝 | ジュウ・シュウ しる

[筆順] 丶 冫 氵 氵一 汁

[解字] 形聲. 물을 뜻하는 氵와 음을 나타내는 十(십)〔즙은 변음〕을 합쳐서 음식물을 찌다의 뜻. 널리 국물의 뜻으로 씀.

① 진액. ② 국물. 국. ③ 진눈깨비.

汁淸〔즙청〕 과줄·주악 같은 것에 꿀을 바르고 계피 가루를 뿌려 재어 두는 일.

*【汎】6 氵3 | [1]범 [2]봉 | 넓을 | 去陷 平東 | ハン・ホン ひろい

[筆順] 丶 冫 氵 氵几 汎 汎

[解字] 形聲. 물을 뜻하는 氵와 음을 나타내는 凡(범)을 합쳐서 둥실둥실 뜨는 모양을 나타냄. 또 博과 통하여 넓다의 뜻.

[意味] [1] ① 넓음. ② 둥둥 뜸. ③ 가벼움. ④ 떠나감. [2] 뜸〔浮〕.

汎濫〔범람〕ハンラン ① 물이 넘쳐 흐름. ② 학문에 널리 통함. 범섭(汎涉). ③ 멋대로 지껄이는 말.

汎論〔범론〕ハンロン ① 사물의 전체에 관한 설명이나 의론. 총론(總論). ② 개괄적인 이론. 통론(通論).

*【江】6 氵3 | 강 | 강 | 平江 | コウ え

[筆順] 丶 冫 氵 氵一 汀 江

[解字] 形聲. 내를 뜻하는 氵와 음을 나타내는 工(공)〔강은 변음〕을 합쳐서 중국 양자강을 뜻함. 후에 널리 강의 뜻으로 씀.

① 강. 큰 내. ② 물 이름. 양자강.

江南〔강남〕コウナン 〈地〉 양자강 하류의 남쪽 지역. 옛 초(楚)나라와 월(越)나라의 땅.

江心〔강심〕コウシン 강의 한가운데.

江湖〔강호〕コウコ ① 강과 호수. 3강(江)과 5호(湖). ② 세상. 속세. ③ 조정(朝廷)에 대한 시골의 칭호.

【汐】6 氵3 | 석 | 썰물 | 入陌 | セキ しお

[筆順] 丶 冫 氵 氵ノ 汐 汐

[意味] 썰물. 저녁 조수. 날물. ↔潮

汐水〔석수〕セキスイ 저녁때에 밀려 왔다가 나가는 바닷물. ↔조수(潮水)

*【汝】6 氵3 | 여 | 너 | 上語 | ジョ なんじ

[筆順] 丶 冫 氵 汄 汝 汝

[解字] 形聲. 내를 뜻하는 氵와 음을 나타내는 女(녀)를 합쳐서 내의 이름을 뜻함. 후에 음을 빌어 이인칭 대명사로 씀.

[意味] ① 너. ② 물 이름. ③ 성(姓)의 하나. ④ 고을 이름.

汝等〔여등〕 너희들. ↔여등(余等)

*【汚】6 氵3 | [1]오 [2]와 | 더러울 | 平虞 平麻 | オ・ワ・ウ けがす・よごす

[筆順] 丶 冫 氵 氵一 汚 汚

[氵部] 3~4획

解字 形聲. 물을 뜻하는 氵와 음을 나타내는 亏(우)[于의 변형, 오는 변음]를 합쳐서 괸 물이라는 뜻. 후에 더러워지다의 뜻으로 씀.
意味 ① ① 더러움. ②웅덩이. 작은 못. ③ 낮음. ④ 논. ⑤ 빨. 빨래물. ⑥ 굽음. ② ① 움축.들어가게 팜. ② 더럽힘. ③ 술구덩이.

汚吏[오리]ㄨˇ 청렴(淸廉)하지 못하고 부정(不正)을 행하는 관리.「貪官—」
汚名[오명]ㄨˇ 더럽혀진 이름. 나쁜 평판(評判). 불명예(不名譽).
汚點[오점]ㄨˇ ① 더러운 점. ② 결점(缺點). ③ 불명예(不名譽)스러운 일.

*[池] 6/氵3 | 지 | 못 | ㊇支 | チ・いけ

筆順 丶 丶 氵 汁 汁 池

解字 形聲. 물을 뜻하는 氵와 음을 나타내는 也(야)[지는 변음]를 합쳐서 둘레가 막힌 물을 뜻함.
意味 ①못. ② 섞바꿔서 냄. ③ 풍류 이름.

池塘[지당]ㄔˊ ① 못. ② 못의 둑. 지제(池堤).

*[汗] 6/氵3 | 한 | 땀 | ㊇翰 | カン・あせ

筆順 丶 丶 氵 汁 汗 汗

解字 形聲. 물을 뜻하는 氵와 음을 나타내는 干(간)[한은 변음]을 합쳐서 땀을 뜻함.
意味 ① 땀. 땀이 남. ② 물이 질펀함. ③ 오랑캐 이름. ④ 땅 이름.

*[決] 7/氵4 | 결 | 결단할 | ㊇屑 | ケツ・きめる

筆順 丶 丶 氵 汁 汁 決 決

解字 形聲. 내를 뜻하는 氵와 음을 나타내는 夬(결)을 합쳐서 강둑이 끊어져 물이 흘러 나오다의 뜻. 후에 결단하다의 뜻으로 씀.
意味 ① 결단함. ② 판단함. ③ 끊음.

決斷[결단]ㄎㄧˊ ① 마음을 확실히 결정함. ② 옳고 그름을 재결(裁決)함.

決裂[결렬]ㄎㄧˊ ① 갈라 나누어짐. ② 의견이 일치하지 않아 회의나 상담이 깨짐.
決算[결산]ㄎㄧˊ ① 일정한 기간내의 수지(收支)의 총계산. ② 최후로 마감하는 계산. ↔예산(豫算)

[汨] 7/氵4 | ① 골 ② 멱 | 다스릴 | ㊇月 ㊇錫 | コツ・ベキ

筆順 丶 丶 氵 汨 汨 汨

意味 ① ① 다스림. ② 어지러움. ③ 통함. ④ 물에 잠김. ⑤ 물결이 솟음. ⑥ 골몰(汨沒)함. ② 중국의 강 이름.

汨沒[골몰] ① 물 속에 가라앉음. ② 세상에 나타나지 못함. ↔현달(顯達)

[汲] 7/氵4 | 급 | 물길을 | ㊇緝 | キュウ・くむ

筆順 丶 丶 氵 汲 汲 汲

意味 ① 물을 길음. ② 당김. ③ 급함.

汲汲[급급]ㄐㄧˊ ① 쉬지 않고 노력하는 모양. ② 조급히 서두르는 모양.
汲水[급수]ㄐㄧˊ 물을 길음.

[汽] 7/氵4 | 기 | 김 | ㊇未 | キ

筆順 丶 丶 氵 汽 汽 汽

解字 形聲. 氵[물]과 음을 나타내는 气(기)를 합쳐서 수증기의 뜻.
意味 김. 수증기.「—車」

汽管[기관]ㄎˊ 증기(蒸氣)를 보내는 속이 빈 둥근 쇠통.
汽壓[기압]ㄎˊ 증기 기관(蒸氣汽罐)에서 발생한 증기의 압력.「동.
汽笛[기적]ㄎˊ 증기의 힘으로 내는 고

[汩] 7/氵4 | 율 | 물흐를 | ㊇質 | イツ・コツ

筆順 氵 汩 汩 汩 汩

意味 ① 물이 흐름. ② 빨리 걸음. ③ 환함. ④ 북을 울림. ⑤ 걸음.

*[沐] 7/氵4 | 목 | 머리감을 | ㊇屋 |

ボク・モク

筆順 氵 氵 汁 沐 沐

解字 形聲. 氵(물)과 음을 나타내는 木(목)으로 이루어지며 물을 끼얹어 머리를 감다의 뜻.

意味 ① 머리를 감음.「一浴」② 이슬비.

沐浴[목욕] ᄇᆨᇂ ① 머리를 감고 몸을 씻음.「一齋戒」② 은혜를 입음. 목은(沐恩).   「맞음.

沐雨[목우] ᄇᆨᇂ 비를 목욕하다시피 흠뻑

*[沒] 7획/ 氵4획 | 물 | 잠길 | 國月

ボツ
しずむ

筆順 氵 氵 沪 沒 沒

解字 形聲. 氵(물)과 음을 나타내는 殳(물)을 합쳐서 물 속에 잠겨 없어지다의 뜻.

意味 ① 물 속에 잠김.「沈一」② 과묻힘.「埋一」③ 끝남. 죽음.「一陣」④ 없어짐. 없앰.「一我」⑤ 없음.

沒却[몰각] ᄇᆨᇃ ① 문제가 되지 않음. 무시(無視)함. ② 없애 버림.

[汶] 7획/ 氵4획 | 문 | 물이름 | 國元

ブン・モン・ビン

筆順 氵 氵 汋 汶 汶

意味 ① 물 이름[중국 산동성(中國 山東省)에 있음]. ② 수치(羞恥). ③ 침을 바름.

汶汶[문문] ᄇᆫᄇᆫ・ᄇᆫᄇᆫ 불명예. 더럽힘.

[汴] 7획/ 氵4획 | 변 | 물이름 | 國願

ヘン・ベン

筆順 氵 氵 沪 汴 汴

意味 물 이름[중국 하남성(中國 河南省)에 있음].

汴京[변경] ᄇᆥᆫᄀᆔᆼ 〈地〉북송(北宋)의 서울.

[汾] 7획/ 氵4획 | 분 | 물이름 | 國文 | フン

筆順 氵 氵 汾 汾 汾

意味 ① 물 이름[중국 산서성(中國 山西省)에 있음]. ② 고장 이름[중국 산서성(中國 山西省)에 있음].

汾陽[분양] ᄇᆫ양 황제의 양위(讓位). 요임금이 분양에 와서 선인(仙人)과 만난 후 황제의 자리를 물려주었다는 고사에서 나온 말.

[沙] 7획/ 氵4획 | 사 | 모래 | 國麻

サ・シャ
すな

筆順 氵 氵 沙 沙 沙

解字 形聲. 氵(시내)과 음을 나타내며 동시에 작다의 뜻을 가진 少(소)[사는 변음]가 합쳐서 넓은 강가에 흩어진 작은 돌, 즉 모래를 뜻함.

意味 ① 모래.＝砂 ② 분간함. ③ 물로 씻어 나쁜 것을 가려냄.「一汰」

沙漠[사막] 사ᄆᆞᆨ 식물의 생장(生長)이 거의 불가능한 모래와 자갈로 된 불모지(不毛地). 사막(砂漠).

[沃] 7획/ 氵4획 | 옥 | 기름질 | 國沃

ヨク
こえる

筆順 氵 氵 沪 沃 沃

意味 땅이 기름짐.「肥一」

沃土[옥토] ᄋᆞᆨ토 기름진 땅. 옥지(沃地).

[汪] 7획/ 氵4획 | 왕 | 물출렁거릴 | 國陽

オウ

筆順 氵 氵 汀 汪 汪 汪

意味 ① 물이 출렁거림. ② 넓고 큰 모양. ③ 바다. ④ 못[池]. 흐린 못.

汪汪[왕왕] 왕왕 ① 물이 넓고 깊은 모양. ② 눈에 눈물이 가득히 괸 모양.

[沖] 7획/ 氵4획 | 충 | 날 | 國東

チュウ
おき

筆順 氵 氵 沪 沖 沖

解字 形聲. 氵(물)과 음을 나타내는 中(중)[충은 변음]이 합쳐서 물이 솟다의 뜻.

意味 ① 낢. 높이 오름.「一天」② 어림.

沖天[충천] 충천 하늘 높이 올라감.

*[沈] 7획/ 氵4획 | ①침 ②심 | 가라앉을 | 國侵國寢

シン・チン・シン
しずむ

[氵部] 4~5획

【沈】 7획 / 4 | 침 | 잠길 | 去侵 | チン | しずむ

筆順 シ シ ジ 沙 沈

解字 形聲. 氵(물)과 음을 나타내는 冘(침)이 합쳐서 물 속에 잠기는 것을 뜻함.

意味 ① ① 가라앉음. ⓒ물 속에 잠김. ↔浮 ⓒ깊이 떨어짐. 「一思」 ⓔ영락함. 「一淪」 ④ 막힘. 「一滯」 ⓕ깊이 관계함. 「一溺」 ④ 고요함. 「一默」 ② ① 즙(汁). ② 성(姓)의 하나.

沈沒[침몰] ボツ 물 속에 가라앉음.
沈默[침묵] モク ① 말 없이 잠자코 있음. ② 소리를 내지 않음.

【汰】 7획 / 4 | 태 | 미끄러울 | 去泰 | タ・タイ

筆順 シ シ 汁 汰 汰

意味 ① 미끄러움. ② 물로 씻어 나쁜 것을 골라 냄. 「一沙」 ③ 나쁜 것을 가려 냄. 사태.

【沛】 7획 / 4 | 패 | 비쏟아질 | 去泰 | ハイ

筆順 シ シ 汁 沛 沛

意味 ① 비가 쏟아지는 모양. 「一然」 ② 넘어짐. 「造次顚一」

沛然[패연] ゼン ① 성대(盛大)한 모양. ② 비나 물이 줄기차게 쏟아지는 모양.

【沆】 7획 / 4 | 항 | 넓을 | 去陽 | コウ

筆順 ` ` シ ジ 汈 沆 沆

意味 ① 못(池). ② 넓음. 물이 넓고 큼. ③ 큰 못.

沆瀣[항해] ガイ 깊은 밤중에 내리는 이슬의 기운. 도가(道家)에서는 이것을 마셔서 수명(修命)의 약으로 한다 함.

【洭】 7획 / 4 | 호 | 막힐 | 去週 | ゴ

筆順 シ シ 江 洭 洭

意味 ① 막힘. ② 닫힘. ③ 얼어 붙음. ④ 마름(涸).

洭寒[호한] カン 추위에 물체가 위축되는 것. 적적 얼어 붙는 심한 추위.

【沢】澤 (氵부 13획)의 속자

【沽】 8획 / 5 | 고 | 팔 | 去虞 | コ | うるかう

筆順 シ シ 汁 汁 沽 沽

意味 ① 팖. ② 삼.

沽券[고권] ケン ① 매도한 증서. 매도증(賣渡證). ② 파는 값. 매가(賣價).

*【泣】 8획 / 5 | 읍 | 울 | 入緝 | キュウ | なく

筆順 シ シ 汁 汁 泣 泣

解字 形聲. 氵(물)과 음을 나타내는 立(입)(음은 변음)을 합쳐서 눈에서 흐르는 물, 즉 눈물의 뜻임. 후에 운다의 뜻이 됨.

意味 ① 울. 소리를 내지 않고 욺. ↔哭 ② 눈물.

*【泥】 8획 / 5 | 니 | 진흙 | 去齊 | デイ・デツ | どろ

筆順 シ シ 汀 沪 泥 泥

解字 形聲. 氵(물)과 음을 나타내는 尼(니)를 합쳐서 진흙투성이의 물을 뜻함.

意味 ① 진흙. ② 진흙 모양의 것. 「一金」 ③ 지체됨. 걸림. 「拘一」

泥土[이토] ド 진흙.

【沫】 8획 / 5 | 말 | 거품 | 入曷 | マツ・バツ | あわ

筆順 シ シ 汁 沫 沫 沫

意味 거품. 물거품. 「泡一」

*【泊】 8획 / 5 | 박 | 배댈 | 入藥 | ハク | とまる

筆順 シ シ 汁 泊 泊 泊

解字 形聲. 氵(물)과 음을 나타내는 白(백)이 합쳐서 물 위에 배를 대다의 뜻.

意味 ① 머뭄. 머물게 함. ⓞ배를 댐. 「停一」 ⓛ잠자리를 정함. 「宿一」 ② 맑음. 「淡一」

泊舟[박주] ハクシュウ 배가 항구에 정박함. 또는 그 배.

【泛】 8획 / 5 | 1 범 3 핍 | 뜰 | 去陷 ④ 洽 | ハン・ボン・ホウ
2 봉 ⓑ腫

[氵部] 5획

筆順 氵氵氵沪泛
意味 ① 뜸(浮). 넓음. ② 엎음. 엎지름. ③ 물소리.
泛論[범론] 널리 논함. 범론(汎論).
泛稱[범칭] 모두 종합한 명칭.

【法】 8/5 | 법 | 법 | ㊀洽 | のり ホウ
筆順 氵氵汁汁法法
解字 形聲. 氵(물)과 선악(善惡)을 구별하는 동물이라고 일컫는 鷹와 음을 나타내는 去(거)[법은 변음]를 합쳐서 물이 평탄하게 흐르듯이 선악을 공평하게 가리사는 뜻.
意味 ① 법. 법률. ㉠규칙.「文—」② 수단.「方—」③〈佛〉부처님의 가르침.「—師」
法度[법도] 규칙. 법률과 제도.
法悅[법열] ①〈佛〉불법을 듣고 신앙(信仰)함으로써 얻는 무상의 기쁨. ② 진리(眞理)에 사무칠 때의 기쁨.
法廷[법정]〈法〉재판관이 송사(訟事)를 재판하는 곳.

【泌】 8/5 | ①비 ②필 | 샘물졸졸 | 흘르를 | ㊀質 ヒ・ヒツ
筆順 氵氵汐汊泌泌
解字 形聲. 氵(물)과 음을 나타내는 必(필)이 합쳐서 가는 선(腺)에서 흘러 나오는 물을 뜻함.
意味 ① 샘물이 졸졸 흐름. ② 돌창물.
泌尿器[비뇨기]〈生〉소변을 배설하는 기관. 신장(腎臟)·수뇨관(輸尿管)·방광(膀胱)·요도(尿道)의 총칭.

【沸】 8/5 | ①비 ②불 | 끓을 | ㊀未 ㊁物 フツ・ヒ わく
筆順 氵氵汃沪沸沸
解字 形聲. 氵(물)과 음을 나타내는 弗(불)을 합쳐서 물이 펄펄 끓다의 뜻.
意味 ① 끓음. 끓임. ② 용솟음.
沸沸[불불] 물이 솟아 오르는 모양.
沸騰[비등] ①〈物〉끓어 오름. ② 떠들썩함. 의론 등이 물 끓듯함.

【泗】 8/5 | 사 | 물이름 | ㊁寘 はなしる
筆順 氵氵汩汩泗泗
意味 ① 물 이름. ② 콧물.

【泄】 8/5 | ①설 ②예 | 샐 | ㊀屑 セツ・エイ もる
筆順 氵氵汁汁泄泄
意味 ① 샘. 새어 나옴.=洩 ② 내보냄.
泄漏[설루] ① 물이 샘. 물을 새게 함. ② 비밀이 새나가 밖에 알려짐.

【泝】 8/5 | 소 | 거슬러 올라갈 | ㊁遇 ソ さかのぼる
筆順 氵氵汙汙泝泝
意味 ① 거슬러 올라감. ② 흘러 감.

【沼】 8/5 | 소 | 늪 | ㊁篠 ショウ ぬま
筆順 氵氵氻汈沼沼
解字 形聲. 氵(물)과 음을 나타내는 召(소)를 합하여 물이 작은 웅덩이의 뜻임.
意味 늪. 흙탕 늪.
沼澤[소택] 늪과 못. 물이 괴어 질퍽한 습지(濕地).

【沿】 8/5 | 연 | 물따라 내려갈 | ㊀先 エン そう
筆順 氵氵汀沁沿沿
解字 形聲. 氵(시내)과 음을 나타내는 㕣(연)을 합하여 강가를 따라 가다의 뜻. 널리 따라서 가다의 뜻으로 쓰임.
意味 물 따라 내려감. ㉠가를 따라서 감. ㉡습관이나 전례에 따름.「—革」
沿邊[연변] 국경이나 강가 또는 큰길·철도 등이 있는 일대의 지방.
沿岸[연안] 바다나 강에 인접하여 있는 부분.

【泳】 8/5 | 영 | 헤엄칠 | ㊂敬 エイ およぐ

[氵部] 5획

筆順 ：；氵汀沪泳泳泳
解字 形聲. 氵(물)과 음을 나타내는 永(영)을 합하여 물 속에서 헤엄치다의 뜻.
意味 헤엄침.

油 ⁸₅ | 유 | 기름 | 面尤
ユウ・ユ
あぶら

筆順 ：；氵汀汩油油油
解字 形聲. 氵(시내)과 음을 나타내는 由(유)를 합쳐서 본래 강의 이름이었으나 후에 기름의 뜻으로 쓰임.
意味 ① 기름. ② 왕성한 모양. 「一然」
油醬[유장] 기름과 장. 「―곳.
油田[유전] テン 석유를 산출(產出)하는

[沮] ⁸₅ | 저 | 그칠 | 面語
ショ・ソ
はばむ

筆順 ：；氵汩沮沮沮
意味 ① 그침. 그만둠. ② 막음. 멈춤. 「一止」
沮喪[저상] ソウ 기력이 없어짐. 기운이 떨어짐. 저상(阻喪)

注 ⁸₅ | 주 | 흐를 | 面遇
チュウ
そそぐ

筆順 ：；氵汀汁注注
解字 形聲. 氵(물)과 음을 나타내는 主(주)를 합쳐서 물을 흘려 붓다의 뜻.
意味 ① 부음. ㉠물을 끼얹음. ㉡부어 넣음. 「一射」 ㉢한 곳으로 향하게 함. 「一目」 ② 본문에 덧붙여 상세하게 설명한 것. =註 「脚一」 ③ 흐름.
注目[주목] チュウ 주위하여 봄. 어떤 일을 자세히 살피어 봄. 주시(注視).
注文[주문] チュウ ① 희망을 말하여 부탁하는 일. 「一書」 ② 주석(注釋)한 글.

***治** ⁸₅ | 치 | 다스릴 | 面實
チ・ジ
おさめる

筆順 ：；氵汁治治治

解字 形聲. 氵(시내)과 음을 나타내는 台(태・이)(치는 변음)로 이루어지며 본래 강 이름이었으나 후에 다스리다의 뜻이 됨.
意味 ① 다스림. ㉠통치함. ㉡평정함. 「平―」㉢영위함. 「―產」㉣다스림. 「―水」 ② 조사하여 가림. ③ 병을 고침. 「―療」 ④ 평정됨. ↔亂 ⑤ 정치.

波 ⁸₅ | 파 | 물결 | 面歌
ハ
なみ

筆順 ：；氵汀沪波波
解字 形聲. 氵(물)과 음을 나타내는 皮(피)(과는 변음)를 합쳐서 물이 높아지고 낮아짐을 뜻함. 널리 파도의 뜻으로 쓰임.
意味 ① 물결. ㉠물의 기복(起伏). ㉡물결 모양의 것. 「電―」 ② 눈길.
波濤[파도] トウ 센 물결. 파랑(波浪).
波瀾[파란] ラン ① 물결. ② 문장에 기복(起伏)과 변화가 있는 것.

河 ⁸₅ | 하 | 물 | 面歌
カ・ガ
かわ

筆順 ：；氵沪沪河河
解字 形聲. 氵(시내)과 음을 나타내는 可(가)(하는 변음)가 합쳐서 중국 황하(黃河)의 뜻임. 후에 큰 강을 뜻하게 됨.
意味 ① 황하(黃河). ↔江 〔양자강(揚子江)〕. ② 물. 강. 큰 강.
河渠[하거] キョ 강과 개천.
河海[하해] カイ ① 황하(黃河)와 바다. ②강과 바다. 넓고 큰 것에 비유함.

[泡] ⁸₅ | 포 | 거품 | 面肴
ホウ
あわ

筆順 ：；氵汋泡泡泡
意味 거품. 물거품.
泡沫[포말] ホウ マツ 물거품. 덧없는 세상의 비유.

[泓] ⁸₅ | 홍 | 물깊을 | 面庚
オウ

筆順 ：；氵氵氻泓泓
意味 ① 물이 깊음. ② 물이 맑음. ③ 강 이름.
泓量[홍량] オウ リョウ 물이 깊고 부피가 있음.

【況】 氵5/8 황 하물며 ⊕漢
キョウ
いわんや

筆順 氵 氵 氵' 氵' 沪 沪 況

解字 形聲. 氵[물]과 음을 나타내는 兄(형)[황은 변음]으로 이루어지며 찬 물의 뜻임. 후에 양상(樣相)의 뜻이 되고 또 하물며의 뜻도 있음.

意味 ① 하물며. 더구나. ② 비교함. ③ 양상. 「情—」

況且[황차] 하물며. 황(況).

【洸】 氵6/9 광 물솟을 ⊕陽 コウ

筆順 氵 氵 氵' 氵' 沪 沪 洸

意味 ① 물이 솟음. ② 굳셈. ③ 성을 냄. ④ 위엄스러움.

洸洸[광광] ① 굳센 것. 용감한 모양. ② 물이 용솟음 치는 모양.

*【洞】 氵6/9 ①동 골 ⊕董
②통 ⊕送
ドウ・トウ
ほら

筆順 氵 氵 氵 沪 洞 洞 洞

解字 形聲. 同은 음을 나타내는 동시에 속이 비었다는 筒(통)과 통하며 氵[물]과 합쳐서 물로 패어진 동굴을 뜻함.

意味 ① 골. 동굴. ② 동네. 부락. 「—窟」 ② 꿰뚫음. 「—察」

洞口[동구] ① 동네 어귀. ②〈佛〉절로 들어 가는 산문(山門)의 어귀.

洞窟[동굴]ドウクツ 굴. 바위를 뚫어 만든 굴. 동혈(洞穴).

【流】 氵6/9 류 흐를 ⊕尤
リュウ・ル
ながれる

筆順 氵 氵' 汁 泣 洁 流 流

解字 形聲. 氵[물]과 음을 나타내는 㐬(류)를 합하여 물이 흐르다의 뜻.

意味 ① 흐름. ㉠물의 흐름. ㉡움직임. 「—水」 ㉡옮김. 「—轉」 ㉢퍼짐. 「—行」 ㉣그치지 않음. 「—暢」 ㉤빗나감. 「—彈」 ㉥못 쓰게 됨. 증지함. 「—會」 ㉦흐르게 함. ㉠물을 흘려 보냄. ㉡변

곳으로 쫓아 보냄. 「—刑」 ③ 물흐름.

流路[유로]リュウ 물이 흐르는 길.

流露[유로]リュウ 진상(眞相)이 나타남.

【洛】 氵6/9 락 물이름 ⊕藥 ラク

筆順 氵 氵 氵' 汐 汐 洛 洛

解字 形聲. 氵[시내]과 음을 나타내는 各(각)[락은 변음]을 합쳐서 이루어짐.

意味 ①〈地〉물 이름. ② 낙양(洛陽).

洛中[낙중]ラク 낙양(洛陽)의 시중(市中). 서울 안. ↔낙외(洛外)

【洑】 氵6/9 복 물스며 ⊕屋
보 흐를 ⊕藥
フク

筆順 氵 氵 氵' 氵' 沪 洑 洑

意味 ① 물이 스며 흐름. ② 보를 막음.「引水灌田」

洑稅[보세] 보의 수세(水稅).

洑流[복류]フクリュウ 물결이 빙빙 둘며 흐름. 또는 땅에 스며 들어서 흐름.

*【洗】 氵6/9 ①세 씻을 ⊕薺
②선 ⊕銑
セン・セイ
あらう

筆順 氵 氵 氵' 沪 汫 洗 洗

解字 形聲. 氵[물]과 음을 나타내는 先(선)으로 이루어지며 물로 깨끗하게 하다의 뜻임.

意味 ① 씻음. 「—濯」 ② ㉠조촐함. ㉡을 이름. 「律名」

洗肝[세간]カン 마음을 깔끔하게 씻음. 세심(洗心).

【洒】 氵6/9 ①세 씻을 ⊕薺
②쇄 ⊕卦
③선 ⊕霰 シヰ・サイ

筆順 氵 氵 氵' 沪 汧 洒 洒

意味 ① 씻음. ② 닦음. 말쑥함. ③ 으슬으슬 떨림.

【洩】 氵6/9 ①예 훨훨날 ⊕霽
②설 ⊕屑
エイ・セツ
もれる

筆順 氵 氵 氵' 沪 汧 洩 洩

意味 ① 퍼짐. ② 훨훨 낢. ② 섞

[氵部] 6획

【洙】 ⑨ 氵6 | 수 | 물가 | ㉤虞
シュ・ス

筆順 シ シ 氵 氵 洙 洙 洙

意味 ① 물가. ② 강 이름.

*【洋】 ⑨ 氵6 | 양 | 큰바다 | ㉤陽
ヨウ・ショウ
なだ

筆順 シ シ 氵 氵 洋 洋 洋

解字 形聲. 氵(시내)과 음을 나타내는 羊(양)으로 이루어지며 본래 강 이름이었는데 후에 큰 바다의 뜻으로 쓰임.

意味 ① 바다. 큰 바다. 외양(外洋).「大一」② 넓고 넓은 모양.「——」

洋襪 [양말] ㅛㅂ 실로 뜬 서양식 버선.
洋服 [양복] ㅛㅂ 서양식의 의복.
洋行 [양행] ㅛㅎ ① 중국에서 외국인 상점을 부르는 말. ② 서양(西洋)으로 감.

*【洲】 ⑨ 氵6 | 주 | 섬 | ㉤尤
シュウ・ス
す・しま

筆順 シ シ 汁 沙 洲 洲

解字 形聲. 氵(강)과 음을 나타내는 사주(砂洲)의 모양을 본뜬 州(주)로 이루어짐.

意味 ① 섬. 주. 사주(砂洲).「沙一」② 대륙. 뭍.「五大一」

洲嶼 [주서] ㅛㅂ 흙과 모래로 이루어진 작은 섬. 주도(洲島).

【津】 ⑨ 氵6 | 진 | 나루 | ㉤眞
シン
つ

筆順 シ シ 汁 津 津 津

意味 ① 나루. 도선장. ② 넘침.

津津 [진진] ㅅㄴ ① 많아서 넘쳐 흐르는 모양. ② 맛 또는 재미가 퍽 좋은 모양. ③ 악한 모양.

*【派】 ⑨ 氵6 | 파 | 갈라질 | ㉤卦
ハ・ハイ

筆順 シ シ 汁 泥 沂 派 派

解字 形聲. 氵(강)과 지류(支流)가 갈라져 나간 모양을 한 辰(파)로 이루어짐. 辰(파)는 음도 나타냄. 널리 갈라지다의 뜻으로 쓰임.

意味 ① 갈라짐. ㉠강의 지류. ㉡갈라져 나온 것.「流一」② 갈라져 나옴.「一生」③ 보냄.「一兵」

派遣 [파견] ㅎㅂ ① 사명(使命)을 띠워서 사람을 보냄. ② 일할 사람을 나누어 출장을 보냄. 과송(派送).

【洽】 ⑨ 氵6 | 흡 | 화할 | ㉠洽
コウ・キョウ
あまねし

筆順 シ シ 汁 泠 洽 洽

意味 ① 화(和)함. ② 합(合)함. ③ 두루함. ④ 젖음.

洽聞 [흡문] ㅎㅂ 견문이 넓음. 박문(博聞).
洽博 [흡박] ㅎㅂ 두루 넓음. 학문이 넓고 사물에 통함.

【洪】 ⑨ 氵6 | 홍 | 클 | ㉠東
コウ
おおみず

筆順 シ 氵 汁 洪 洪 洪

解字 形聲. 氵(물)과 음을 나타내는 共(공)(홍은 변음)으로 이루어지며 널리 퍼지는 물의 뜻임.

意味 ① 큼.「一業」② 홍수. 큰물.「一水」③ 넓음. ④ 성(姓)의 하나.

洪水 [홍수] ㅎㅅ 큰물. 강물이 넘쳐 흐르는 것. 홍료(洪潦).

*【活】 ⑨ 氵6 | ①활 ②괄 | 살 | ㉠曷
カツ
いきる

筆順 シ シ 氵 汘 活 活 活

解字 形聲. 氵(물)과 음을 나타내는 舌(설)(昏의 변형이며 활은 변음)로 이루어지며 물이 줄기차게 움직임을 뜻함. 후에 생생함·팔팔함·삶의 뜻으로 쓰임.

意味 ① 삶. ↔死 ㉠생존함. 살아감.「生一」㉡활동하고 있음.「一火山」㉢되살아남.「復一」② 살아 나게 함.

活動 [활동] ㅎㄷ ① 활발하게 움직임. ② 무슨 일을 이루기 위하여 돌아다님. ③ 신체나 정신이 변화하고 있는 상태.
活力 [활력] ㅎㄹ 활동하는 힘. 생활하는 힘. 생명력(生命力).

[淨] 淨 (氵부 8획)의 약자

[淺] 淺 (氵부 8획)의 약자

[涓] 10획 / 氵7 | 연 | 떨어질 | 屬先 | ケン | 물방울

筆順 氵氵氵沪沪涓涓涓

意味 ① 물방울이 떨어짐. ② 조촐함. ③ 가림(擇). ④ 졸졸 흐름. ⑤ 벼슬 이름.

涓潔[연결] ケンケツ 깨끗하고 결백함.

[涅] 10획 / 氵7 | 녈 | 개흙 | 屬屑 | 蓋 | ネ・デツ・ネチ

筆順 氵氵氵沪沪涅涅涅

意味 ① 개흙(水中黑土). ② 검은 물을 들임. ② 죽음. 극락으로 감.

涅槃[열반] ネハン〔佛〕 도(道)를 완전히 이루고 모든 번뇌와 고통을 끊어 불생 불멸(不生不滅)의 법성(法性)을 깨달은 해탈(解脫)의 경지.

*[浪] 10획 / 氵7 | 랑 | 물결 | 蓋漾 | ロウ・ラン | なみ

筆順 氵氵氵沪沪浪浪浪

解字 形聲. 氵[물]과 음을 나타내는 良(량)[랑은 변음]을 합쳐서 물이 굽이치며 솟구치는 것을 뜻함.

意味 ① 물결. ② 헤맴, 유랑함. 「放一」 ③ 단정하지 못함. 여물지 못함.

浪說[낭설] ロウセツ 터무니 없는 헛소문.

浪遊[낭유] ロウユウ 빈들빈들 놀고 지냄.

[浬] 10획 / 氵7 | 리 | 바다이수 | 屬支 | リ

筆順 氵氵氵沪沪沪浬

意味 바다 이수.해리(海里)[해상의 거리를 나타내는 단위. 1852미터].

*[浮] 10획 / 氵7 | 부 | 뜰 | 蓋尤 | フ・フウ・ブ | うく・うかぶ

筆順 氵氵氵浮浮浮

解字 形聲. 氵[물]과 음을 나타내는 孚(부)를 합쳐서 물에 뜨다의 뜻임.

意味 ① 뜸. 물에 뜸. ↔沈 ② 덧없음. 「一生」 ③ 들뜸. 「一薄」

浮客[부객] フカク 정한 곳 없이 떠돌아 다니는 나그네.

浮輕[부경] フケイ ① 하는 짓이나 태도가 뜨고 경솔함. ② 부피는 크나 무게가 가벼움.

浮動[부동] フドウ ① 떠 움직임. ② 침착성이 없어 마음이 여러 가지로 움직임. 「一票」 ↔ 고정(固定).

浮浪[부랑] フロウ 일정한 직업이나 주소 없이 이리저리 떠돌아 다님. 「一者」

浮力[부력] フリョク〔物〕액체 또는 기체 속에 있는 물체가 그 표면에 작용하는 압력에 의해서 중력(重力)에 반하여 위로 뜨게 하는 힘.

[涉] 10획 / 氵7 | 섭 | 건널 | 蓋葉 | ショウ | わたる

筆順 氵氵氵步步涉涉

解字 會意. 강을 뜻하는 氵과 건다의 뜻을 가진 步가 합쳐서 강을 건너다의 뜻임.

意味 ① 건넘.㉠걸어서 강을 건넘.「跋ㅡ」 ㉡배로 강을 건넘. ㉢경과함. ② 널리 살핌.「ㅡ獵」 ② 관계함.「干ㅡ」

涉禽[섭금] ショウキン〔動〕얕은 물 속을 걸어 다니며 먹이를 잡아 먹는 새. 두루미・황새・백로 등.

涉獵[섭렵] ショウリョウ ① 여러 가지 물건을 구하려고 널리 찾아 다님. ② 여러 가지 책을 널리 읽음.

涉世[섭세] ショウセイ 세상 일을 많이 겪음.

涉外[섭외] ショウガイ ① 외부 또는 외국과 연락・교섭(交渉)을 하는 것. ② 어떤 법도 사항이 국내외(國內外)와 관계를 가지는 것.「一部」

*[消] 10획 / 氵7 | 소 | 사라질 | 蓋蕭 | ショウ | きえる・けす

筆順 氵氵氵沪消消

解字 形聲. 氵[물]과 음을 나타내는 肖(소)를 합쳐서 물이 적어지다의 뜻에서 후에 없어지다의 뜻이 됨. 또 불이 꺼지다의 뜻에도 쓰임.

[氵部] 7획

① 꺼짐. ①불이 꺼짐. ⓒ없어짐. 「―失」 ② 끔. ㉠불을 끔. ⓒ없앰. 「抹―」 ③ 사라짐. 약해짐. 「―長」

消極[소극] ① 깊은 관심이 없이 방관하는 태도. ② 조심하여 크게 벌이지 않고 소규모로 함. 「―的」↔적극(積極) ③ 〈物〉 전지(電池)의 성격(成極)을 방해하는 일.

消滅[소멸] 사라져 없어짐. ↔출현

消耗[소모] 써서 없어짐. 또는 써서 없앰.

消費[소비] ① 돈이나 물건 등을 써서 없앰. ② 〈經〉 욕망의 충족을 위해 재화(財貨)를 소모하는 일. ↔생산

【涎】 10 / 氵7 | 연 | 침 | ㉱先
セン・エン
よだれ

筆順 氵 氵 氵 汗 泧 涎 涎

意味 침. 입속에서 분비되는 액체.

【浣】 10 / 氵7 | 완 | 빨 | ㉱翰
カン
あらう

筆順 氵 氵 氵 泸 浐 浐 浣

意味 ① 빪. 씻음. ② 내 이름. ③ 열흘 [十日].

浣雪[완설] 씻어 버림.

浣腸[완장] 〈醫〉 ① 창자를 씻음. ② 약물을 항문을 통해 직장(直腸) 또는 대장에 주입하는 일.

＊【浴】 10 / 氵7 | 욕 | 미역감을 | ㉱沃
ヨク
あびる

筆順 氵 氵 氵 汋 浴 浴

解字 形聲. 氵(물)과 음을 나타내는 谷(곡)〔욕은 변음〕을 합쳐서 미역을 감다의 뜻.

意味 ① 미역감음. 물을 뒤집어 씀. ㉠몸에 물을 끼얹음. ⓒ목욕을 함. 「入―」 ② 입음. 몸에 받음. 「―恩」

浴客[욕객] 목욕탕이나 온천(溫泉)에 오는 손님.

浴室[욕실] 목욕실. 목욕탕.

【涌】 10 / 氵7 | 용 | 물넘칠 | ㉱腫
ユウ・ヨウ
わく

筆順 氵 氵 氵 汈 涌 涌

意味 물이 솟아 나옴. 물이 넘침.

涌出[용출] 물이 솟아 나옴.

【洶】 10 / 氵7 | 유 | 철철흐를 | ㉱尤
ユウ

筆順 氵 氵 氵 汃 沑 浟

意味 물이 철철 흐름.

浟浟① 유유 ② 척척. ① 물이 철철 흐르는 모양. ② 빠른 모양. 또는 이익을 탐내는 모양.

【浙】 10 / 氵7 | 절 | 물이름 | ㉱屑
セツ

筆順 氵 汁 汀 汧 浙 浙

意味 ① 물이름. ② 쌀을 씻음.

浙江[절강] 〈地〉 ① 성(省) 이름. 절강성(浙江省). 중국 절강 유역에 위치하여, 동은 바다에 연하고, 남은 복건, 서남은 강서, 서북은 안휘(安徽), 북은 강소(江蘇)의 각성과 접하여 있음. ② 강 이름. 곡강(曲江)이라고도 함.

【浚】 10 / 氵7 | 준 | 칠 | ㉱震
シュン
さらう

筆順 氵 氵 氵 汴 浚 浚

意味 침. 밑을 쳐서 깨끗이 함. 쳐서 깊게 함. 「―渫」

浚急[준급] 깊고 빠른 흐름. 급준(急浚). 「암석을 파내는 일. 「―船」

浚渫[준설] 물 밑의 토사(土砂)나

＊【浸】 10 / 氵7 | 침 | 잠글 | ㉱沁
シン
ひたす

筆順 氵 氵 氵 浔 浔 浸

解字 形聲. 氵(물)과 음을 나타내는 𠬶(침)으로 이루어지며 물에 담그다의 뜻.

意味 ① 잠금. 물에 담금. ② 스며 듬. 「―透」

浸禮[침례] 〈基〉 기독교의 한 파인 침례교회에서 신도가 된 것을 증명하기 위하여 온몸에 물을 적시어 죄를 씻는 의

식(儀式). 「② 물이 흘러 들어 감.
浸水[침수]ジンスイ ① 물에 젖거나 잠김.
浸蝕[침식]ジンショク〈地〉물이 스며 들어 지표(地表)・암석(岩石) 등을 허물어 뜨림. 침식(浸食).「一作用」

【涕】¹⁰ 氵7 체 눈물 ㊀薺 テイ ㊁霽 なみだ

筆順 氵氵氵氵泸涕涕

意味 눈물.「一泣」

涕淚[체루]ティルイ 슬피 울어서 흐르는 눈물.　　　　　「涜」.
涕泗[체사]ティシ 눈물과 콧물. 체이(涕
涕泣[체읍]ティキュウ 눈물을 흘리며 욺.

【浿】¹⁰ 氵7 패 물이름 ㊀泰 ペイ

筆順 氵氵氵汛汛汛泪浿

意味 ① 물 이름. 대동강. ② 물가.

浿水[패수] ① 옛날 낙랑(樂浪)의 서울과 국경에 있던 강 이름. ② 대동강의 옛 이름. 패강(浿江). 또는 압록강.
浿營[패영] 평안도의 감영(監營).

*【浦】¹⁰ 氵7 포 개 ㊀虞 ホ うら

筆順 氵氵氵汩浦浦浦

解字 形聲. 氵(물)과 음을 나타내는 甫(보)(포는 변음)를 합쳐서 물가에 잇닿은 곳을 뜻함.

意味 개; 바닷가. 해변. 강가. 호수가.

浦口[포구] 배가 드나드는 개의 어귀.
浦灣[포만] 물가의 휘어서 굽어진 곳.

*【海】¹⁰ 氵7 해 바다 ㊀賄 カイ うみ

筆順 氵氵氵汋沍海海

解字 形聲. 氵(물)과 음을 나타내는 每(매)(해는 변음)를 합쳐서 푸르고 깊은 바다의 뜻임.

意味 ① 바다. ↔陸 ② 크고 넓은 모양.「一容」③ 많이 모이는 곳.「學一」

海空[해공] ① 바다와 하늘. ② 해군과 공군.
海流[해류]カイリュウ〈地〉거의 일정한 속도로 일정한 방향으로 이동하는 바닷물의 흐름.
海恕[해서] 바다와 같은 넓은 마음으로 용서함.
海洋[해양]カイヨウ 넓은 바다. 대해(大海). 대양(大洋).

*【浩】¹⁰ 氵7 호 넓을 ㊀皓 コウ ひろい

筆順 氵氵氵汁浩浩浩

解字 形聲. 氵(물)과 음을 나타내는 告(고)(호는 변음)를 합하여 큰 물의 뜻이 되며 전(轉)하여 넓다・크다의 뜻.

意味 ① 넓음. 크고 넓음.「一然」② 기운이 좋고 큰 모양.「一氣」

浩笑[호소]コウショウ 큰소리로 웃음.
浩然[호연]コウゼン ① 물이 끊임 없이 흐르는 모양. ② 넓고도 성대(盛大)한 모양. ③ 침착하여 여유가 있는 모양.
浩蕩[호탕]コウトウ ① 넓고 큰 모양. ② 물이 넓은 모양. ③ 마음이 자유스러운 모양.　　　「르는 모양.
浩浩湯湯[호호탕탕] 물이 광대하게 흐

【流】流(氵부 6획)의 속자
【淚】淚(氵부 8획)의 약자
【酒】酉부 3획

*【淡】¹¹ 氵8 1[2]담 엷을 ㊀覃 ㊁勘 タン・エン あわい

筆順 氵氵氵氵汾淡淡

解字 形聲. 氵(물)과 음을 나타내는 炎(염)(담은 변음)이 합쳐서 맛이 적고 싱거움을 뜻함. 널리 엷음・담담함의 뜻임.

意味 ① 엷음. 담담함. ↔濃 ㉠맛이 연함. ㉡빛이 엷음.「一彩」② 담박하고 깨끗함.「恬一」③ 단물.「一水」

淡交[담교]タンコウ 욕심이 없고 깨끗한 교제(交際).
淡淡[담담]タンタン ① 산뜻한 모양. ② 물이 흘러 편편하게 차는 모양. ③ 마음이 고요한 모양.
淡泊[담박]タンパク ① 맛이나 빛이 산뜻함.

[氵部] 8획

② 기분이 맑고, 꾸밈이 없음. ③ 욕심이 없음.

淡水[담수] タンスイ 짠 맛이 없는 맑은 물. 단물. ↔염수(鹽水)

【淘】 11 氵8 │도│일│㊥豪│
トウ よなぐ

筆順 氵 氵 沟 沟 洵 淘

意味 ① 쌀을 일. ② 가려 냄. 「一汰」

淘淘[도도] トウ 물이 흐르는 모양. 도도(滔滔).

淘汰[도태] トウタ ① 쓸 데 없는 것은 버리고 좋은 것만을 골라 냄. ②《生》적자 생존(適者生存)의 이치에 의하여 생물 중 환경이나 조건 등에 알맞는 것만이 살아 남고 그렇지 아니한 것은 죽어 없어지는 현상. 「自然一」

*【凉】** 11 氵8 │량│서늘할│㊥陽│
リョウ すずしい

筆順 氵 氵 广 冫 凉 凉 凉

解字 形聲. 氵(물)과 음을 나타내는 京(경)(량은 변음)을 합쳐서 찬물의 뜻임. 널리 서늘하다의 뜻으로 쓰임.

意味 ① 서늘함. ② 아무 것도 없이 쓸쓸함. 「荒一」

凉雨[양우] リョウウ 선선한 비. 서늘한 비.
凉陰[양음] リョウイン 시원한 나무 그늘.
凉秋[양추] リョウシュウ ① 시원한 가을. ② 음력 9월의 딴 이름.(별칭).
凉風[양풍] リョウフウ ① 시원한 바람. ② 북풍(北風) 또는 서남풍(西南風).

*【淚】** 11 氵8 │루│눈물│㊥寘│
ルイ なみだ

筆順 氵 氵 汀 沪 泸 淚 淚

解字 形聲. 氵(물)과 음을 나타내는 戾(려)(루는 변음)을 합하여 눈(眼)속에 괴는 물의 뜻.

意味 눈물. 「弟一」

淚管[누관] ルイカン 〈生〉 눈물이 흘러 나오는 관(管).
淚腺[누선] ルイセン 〈生〉 눈망울의 위쪽에 있으며 눈물을 분비하는 선(腺).

淚眼[누안] ルイガン 눈물이 글썽글썽 괸 눈.
淚痕[누흔] ルイコン 눈물의 흔적. 눈물 자국.

【淪】 11 氵8 │①륜│빠질│㊥眞│ ②론│ │㊥阮│
リン しずむ

筆順 氵 氵 氵 汃 沦 淪 淪

意味 ① 빠짐. 가라앉음. 「沈一」 ② 기운이 멀어짐. 타락함. 「一落」

淪落[윤락] リンラク ① 가라앉음. 윤몰(淪沒). ② 타락함. 영락(零落).
淪失[윤실] リンシツ 멸망하여 없어짐.
淪陷[윤함] リンカン 빠짐. 함락(陷落)함.

【淩】 11 氵8 │릉│달릴│㊥蒸│
リョウ

筆順 氵 氵 氵 冫 泫 淩 淩

意味 ① 달림(馳). ② 탐(乘). ③ 지남(歷). ④ 떪(慄).

【淋】 11 氵8 │림│축일│㊥侵│
リン さびしい

筆順 氵 氵 汁 淋 淋 淋

意味 ① 축임. ② 물이 방울져 떨어지는 모양. 「一漓」 ③ 장마. ④ 쓸쓸함.

淋漓[임리] リンリ ① 피 또는 땀 같은 것이 줄줄 흐르는 모양. 임림(淋淋). 「流汗一」 ② 원기(元氣)가 넘치는 모양. 비오는 소리.
淋疾[임질] リンシツ 《醫》 성병의 한 가지. 임균(淋菌)에 의하여 일어나는 요도 점막의 점막(尿道粘膜)의 염증. 음질(陰疾).

*【淑】** 11 氵8 │숙│착할│㊤屋│
シュク しとやか

筆順 氵 氵 汁 沫 淑 淑

解字 形聲. 氵(물)과 음을 나타내는 叔(숙)이 합하여 맑은 물을 뜻하며, 널리 착하다의 뜻으로 쓰임.

意味 ① 착함. 정숙함. 고상함. 「一女」 ② 그리워함. 「私一」

淑女[숙녀] シュクジョ 선량하고 교양과 예의를 갖춘 점잖은 여자. ↔신사(紳士)

淑德[숙덕]〈ジョク〉 숙녀의 착하고 아름다운 덕이나 그러한 행실. 부덕(婦德).

淑譽[숙예]〈ジュク〉 선덕(善德)이 있다는 평판. 정숙하다는 소문. 숙명(淑名).

[淳] 11 氵8 | 순 | 순박할 | ㊛眞
ジュン
あつい

筆順 氵 氵 泞 泞 淳 淳

意味 순박함. 두터움. 인정이 두텁고 꾸밈이 없음.「一朴」

淳良[순량]〈ジュンリョウ〉 성질이 순박(淳朴)하고 선량(善良)함.

淳朴[순박]〈ジュンボク〉 꾸밈이 없고 선량함. 질박(質朴).「一한 風俗」

淳風[순풍]〈ジュンプウ〉 선량(善良)하여 인정(人情)이 두터운 풍속.

***[深]** 11 氵8 | 심 | 깊을 | ㊧侵
シン
ふかい

筆順 氵 氵 氵 沪 洰 深 深

解字 形聲. 氵(물)과 음을 나타내는 㴱(심)[深은 변형]이 합쳐서 물이 깊음을 뜻함.

意味 ① 깊음. ↔淺 ㉠물이 깊음. ㉡속이 깊음.「一邃」 ㉢예사롭지 않음.「一刻」 ㉣깊은 밤.「一更」 ② 깊이.「水一」

深刻[심각]〈シンコク〉 ① 깊이 새김. ② 아주 깊고 절실함.「一한 社會問題」

深究[심구] 깊이 연구함.

深綠[심록]〈シンリョク〉 진한 녹색. ↔담록(淡綠)

深林[심림]〈シンリン〉 초목이 무성한 깊은 수풀.

深夜[심야]〈シンヤ〉 깊은 밤. 한밤중. 심경(深更).「움직이지 않는 깊은 곳」

深淵[심연]〈シンエン〉 깊은 못. 연(淵)은 물이

深奧[심오]〈シンオウ〉 깊고 묘함. 아늑하고 웅숭깊음.「근심함」

深憂[심우]〈シンユウ〉 깊은 근심. 또는 깊이

深遠[심원]〈シンエン〉 ① 깊고 멂. ↔비근(卑近) ② 매우 깊은 의미(意味)를 갖고 있는 것.「一한 意味」

深意[심의]〈シンイ〉 깊은 뜻. 깊고 묘오한 의

[液] 11 氵8 | 액 | 즙 | ㊄陌 | エキ

筆順 氵 氵 氵 沂 液 液 液

解字 形聲. 氵(물)과 음을 나타내는 夜(야)[액은 변음]를 합하여 스며 나오는 물, 즙의 뜻임. 널리 액체의 뜻으로 쓰임.

意味 즙. 액체. 물 모양의 것.「一化」

液量[액량] 액체의 분량.

液體[액체]〈エキタイ〉〈物〉 물이나 기름과 같이 일정한 체적(體積)은 있으나 일정한 형상(形狀)이 없는 유동체(流動體). ↔ 고체(固體)·기체(氣體)

[淹] 11 氵8 | 엄 | 담글 | ㊦鹽 | エン
ひたす

筆順 氵 氵 氵 汾 淹 淹 淹

意味 ① 담금. 적심(漬). ② 오래 머뭄. ③ 빠짐. ④ 물감. ⑤ 강 이름.

淹泊[엄박]〈エンパク〉 오래 머무름. 체류함. 관리가 오랫동안 낮은 지위에 있음.

淹歲[엄세]〈エンサイ〉 길고 오랜 세월.

[淵] 11 氵8 | 연 | 못 | ㊤先 | エン
ふち

筆順 氵 氵 沪 沪 渊 淵 淵

意味 ① 못. 물이 깊게 괴어 있는 곳. ② 물건이 많이 모이는 곳.「一藪」 ③ 깊음.

淵富[연부]〈エンプ〉 깊고 풍부한 것.

淵藪[연수]〈エンソウ〉 못에 물고기가 모여 들고 숲에 새들이 모여 드는 것과 같이 여러 가지 사물이 모여 드는 곳. 연총(淵叢).「북 치는 소리」

淵淵[연연]〈エンエン〉 ① 깊고 고요한 모양. ②

***[淫]** 11 氵8 | 음 | 음란할 | ㊧侵
イン
みだら

筆順 氵 氵 汈 汈 淫 淫 淫

解字 形聲. 氵(물)과 음을 나타내는 㸒(음)이 합쳐서 물에 담그다·도를 지나치다·음란하다의 뜻.

意味 ① 음란함. 남녀 관계의 불순한 짓.「一亂」 ② 혹란(惑亂)함. ③ 도를 지나침.「一雨」

[氵部] 8획

淫女[음녀] ① 음탕한 여자. 음부(淫婦). ② 색욕(色慾)이 센 여자.
淫談[음담] 음탕한 이야기.
淫亂[음란] 음탕하고 난잡함.
淫蕩[음탕] 음란하고 방탕함. 주색(酒色)에 마음을 빼앗김.

*【涯】 11 / 氵8 | 애 | 물가 | 속佳
ガイ
みぎわ

[筆順] 氵 氵 氵 沪 沪 淖 涯
[解字] 形聲. 氵(물)과 음 및 물가의 뜻을 나타내는 圭(애)를 합하여 물가의 뜻임.
[意味] ① 물가. ② 끝. 한계. 「天一」
涯岸[애안] ① 물가. ② 끝. 한계.
涯際[애제] 사물의 마지막 끝. 한도.

*【淨】 11 / 氵8 | 정 | 깨끗할 | 속敬
セイ・ジョウ
きよい

[筆順] 氵 氵 氵 淨 淨 淨 淨
[解字] 形聲. 氵(물)과 음을 나타내는 爭(쟁)[정은 변음]을 합하여 물이 깨끗하고 맑음을 뜻하며 널리 깨끗하다의 뜻으로 쓰임.
[意味] ① 깨끗함. 부정(不淨)하지 않음. 「淸一」② 깨끗이 함. 「一化」
淨潔[정결] 정하고 깨끗함.
淨化[정화] 깨끗하게 함. 천하고 속된 상태를 신성(神聖)한 상태로 함.

【淀】 11 / 氵8 | 정 | 얕은물 | 속澱
テン・デン
よど・よどむ

[筆順] 氵 氵 氵 沪 沪 淀
[意味] ① 얕은 물. ② 배를 댐(船泊).

【凄】 11 / 氵8 | 처 | 쓸쓸할 | 속凄
セイ・サイ
さむい

[筆順] 氵 氵 浐 浐 浐 淒 淒
[意味] ① ① 구름이 피어 오름. ② 쓸쓸함. ③ 오싹할 만한. 것. 「一凉」② 빠름.

凄凉[처량] ① 춥고 쓸쓸함. ② 초라하고 구슬픔. 「양. ② 아픈 모양.
凄然[처연] ① 쓸쓸하고 구슬픈 모
凄絶[처절] 참혹할이만큼 구슬퍼 하는 모양.

【淙】 11 / 氵8 | 1종 2장 | 물소리 | 冬속江
ソウ
そそぐ

[筆順] 氵 氵 沪 沪 浐 浐 淙
[意味] 물소리.
淙淙[종종] ① 물이 흘러 가는 모양. 또는 그 소리. ② 음악 소리.

*【淺】 11 / 氵8 | 천 | 얕을 | 속銑
セン
あさい

[筆順] 氵 氵 沙 浅 浅 浅 淺
[解字] 形聲. 氵(물)과 음을 나타내는 戔(전)[천은 변음]을 합쳐서 물이 적다의 뜻. 널리 얕다의 뜻으로 쓰임.
[意味] ① 얕음. ㉠수량(水量)이 적음. ㉡부족하고 적음. 「一學」㉢소견이 얕음. 「一薄」㉣엷음. (↔深)
淺聞[천문] 견문이 좁음. 과문(寡聞). 천견(淺見).
淺薄[천박] ① 학문이나 생각 등이 얕음. ② 내용이 부족함. 「淺(深淺).
淺深[천심] 얕은 것과 깊은 것. 심
淺狹[천협] ① 얕고 좁음. ② 도량(度量)이 작고 옹졸함.

*【添】 11 / 氵8 | 첨 | 더할 | 속鹽
テン
そえる

[筆順] 氵 氵 沃 添 添 添
[解字] 形聲. 氵(물)과 음을 나타내는 忝(첨)을 합쳐서 물을 축이다의 뜻임. 후에 더하다의 뜻으로 쓰이게 됨.
[意味] 더함. 보탬. 「一加」
添加[첨가] 어떤 것에 덧붙이거나 더 넣음. 첨부(添附). 「一食品」
添附[첨부] 더하여 붙임. 첨가(添加).

【清】 ₈¹¹ |청|맑을|㊤庚|
セイ・ショウ・シン
きよい

[筆順] 氵 氵 汁 浐 清 清 清

[解字] 形聲. 氵(물)과 음을 나타내는 青(청)을 합쳐서 매우 맑은 물의 뜻임. 널리 맑다의 뜻. 으로 쓰이임.

[意味] ① 맑음. ㉠물이 맑음. ↔濁 ㉡더럽힌 데가 없음. 「一廉潔白」 ㉢깨끗하고 상쾌함. 「一風」 ② 깨끗하게 맑음. 「一音」↔濁 ③ 깨끗하게 함. 「一掃」

清潔[청결] 맑고 깨끗하여 더러움이 없음. ↔불결(不潔)

清廉[청렴] 马 마음이 맑고 욕심이 없으며 바름. 「一潔白」 여 속되지 않음.

清雅[청아] 馬 맑고 아담함. 맑고 귀하

【涸】 ₈¹¹ | 1.후 | 마를, ㊤遇 |
                    2.학   ㊤藥
コ・カク
かれる

[筆順] 氵 汀 汩 泗 涸 涸 涸

[意味] 1 ① 마름. 잦음. ② 막음(塞).
2 뜻은 1 과 같음.

涸渴[학갈] ① 하천이나 못에 물이 말라 없어짐. 물이 마름. ② 사물이 매우 귀하게 됨. 고갈(枯渴).

*【混】 ₈¹¹ |혼|섞일|㊤阮|
コン
まぜる

[筆順] 氵 氵 汨 混 混 混 混

[解字] 形聲. 氵(물)과 음을 나타내는 昆(곤)[혼은 변음]을 합쳐서 물이 마구 끓다의 뜻임. 후에 섞이다의 뜻으로 쓰게 됨.

[意味] ① 섞음. ② 섞임. 서로 섞임. 「一線」③ 구별이 안됨. 「一池」④ 물이 마구 끓는 모양. ⑤ 흐림.

混亂[혼란] 뒤섞이어 어지러움. 어지러워 질서가 없음. 혼잡(混雜).

混合[혼합] ① 뒤섞어 한데 합함. 혼일(混一). ②〈化〉두 가지 이상의 물질이 화학적인 결합을 하지 않고 한데 섞이는 일. 「一物」

【淮】 ₈¹¹ |회|회수|㊤佳|
ワイ・エ

[筆順] 氵 氵 汁 汁 汁 淮 淮

[意味] 강 이름. 회수 [중국에서 세 번째로 긴강].

【涵】 ₈¹¹ |함|젖을|㊤覃|
カン
ひたす

[筆順] 氵 氵 汀 汎 浱 浱 涵

[意味] 젖음. 적심. 담금. 「一養」

涵碧[함벽] 하늘·바다의 푸름을 일컫는 말.

涵養[함양] ① 차차 길러 냄. ② 학문이나 견식·인격을 몸에 배도록 함. 함육(涵育).

【淆】 ₈¹¹ |효|어지러울|㊤肴|
コウ
まじる・にごる

[筆順] 氵 氵 氵 浐 泸 浐 淆

[意味] ① 어지러움. ② 잡됨. ③ 흙탕물.

淆亂[효란] 뒤섞이어 어지러움. 혼효(混淆). 분란(紛亂). 혼란(混亂).

淆薄[효박] 풍속이 아주 경박함.

【渴】渴 (氵부 9획)의 약자
【溪】溪 (氵부 10획)의 약자
【済】濟 (氵부 14획)의 속자
【渋】澁 (氵부 12획)의 약자

【婆】女부 8획
【梁】木부 7획

*【渴】 ₉¹² |갈|목마를|㊤曷|
カツ・ケツ
かわく

[筆順] 氵 氵 汀 渇 渇 渇

[解字] 形聲. 氵(물)과 음을 나타내는 曷(갈)을 합쳐서 물이 말라 없어짐을 뜻함.

[意味] 마름. ㉠목이 마름. 「飢一」㉡물이 渴望[갈망] 목마른 듯이 바람. 간절히 바람. 열망(熱望). 절망(切望).

[氵部] 9획

*[減]₉⁽¹²⁾ | 감 | 덜 | ⓧ豏 |
カン・ゲン
へる

筆順 氵氵沪沪沪減減減

解字 形聲. 氵(물)과 음을 나타내는 咸(함)[감은 변음]을 합쳐서 물이 적어지다의 뜻. 널리 줄다의 뜻으로 씀.

意味 ① 줆. ↔增 ② 줄임. 「削一」↔增

減額[감액] ゲン 돈이나 물건의 수를 줄임. 또는 줄어진 돈이나 물건의 수. ↔증액(增額)
減員[감원] ゲンイン 인원을 줄임. ↔증원(增員)
減刑[감형] ゲンケイ ① 형벌을 가볍게 함. ② 대통령의 사면권(赦免權)에 의하여 형의 일부분을 줄임.

[渠]₉⁽¹²⁾ | 거 | 도랑 | ⓧ魚 |
キョ
みぞ・かれ

筆順 氵氵沪沪渠渠

意味 ① 도랑. 「溝一」② 우두머리. 「一魁」③ 그 사람[彼]. 3인칭 대명사. ④ 어찌[의문, 반어의 뜻을 나타냄].
渠魁[거괴] キョカイ 도적의 우두머리. 악한 우두머리. 거수(渠帥). 거수(渠首).

*[渡]₉⁽¹²⁾ | 도 | 건널 | ⓧ遇 |
ト
わたる

筆順 氵氵沪沪沪渡渡

解字 形聲. 氵(물)과 음을 나타내는 度(도)를 합쳐서 물을 건너다의 뜻.

意味 ① 물을 건넘. ㉠대안(對岸)으로 감. ㉡통과함. 지나감. 「一世」② 건네 줌. ㉠대안으로 보냄. ㉡넘겨 줌. 「引一」
渡來[도래] トライ 외국에서 바다를 건너 옴.
渡美[도미] トビ 미국에 감.

[渤]₉⁽¹²⁾ | 발 | 바다 | ⓧ月 |
ボツ

筆順 氵氵沪沪渤渤渤

意味 ① 바다 이름[황해의 일부]. ② 안개가 낌. ③ 나라 이름[후고구려(後高句麗)의 국명].
渤然[발연] ボツゼン ① 후딱 일어나는 모양. ② 버럭 성을 내는 모양.

[湍]₉⁽¹²⁾ | 단 | 여울 | ⓧ寒 |
タン
はやせ・はやい

筆順 氵氵沪沪沪湍湍

意味 ① 여울. ② 소용돌이. 물이 빠름.
湍水[단수] タンスイ 소용돌이치는 물. 급히 흐르는 물. 급류(急流). 단류(湍流).

[渺]₉⁽¹²⁾ | 묘 | 아득할 | ⓧ篠 |
ビョウ

筆順 氵氵沪沪沪渺渺

意味 ① 아득함. ② 물이 질펀히 흐름. ③ 아주 작은 모양.
渺茫[묘망] ビョウボウ 한없이 넓음. 끝이 없음. 묘만(渺漫). 묘묘(渺渺).

[湘]₉⁽⁹⁾ | 상 | 삶을 | ⓧ陽 |
ショウ

筆順 氵氵汁沐湘湘

意味 ① 삶음. ② 강 이름[중국 광서성(廣西省)에 있음]. ③ 고장 이름[중국 호남성(湖南省)에 있음].「의 남쪽 땅.
湘南[상남] ショウナン 〈地〉 중국 상수(湘水)
湘水[상수] ショウスイ 〈地〉 중국 광서성(廣西省)에서 시작되어 호남성(湖南省)을 거쳐 동정호(洞庭湖)로 흘러 들어가는 내의 이름. 상강(湘江).

[渫]₉⁽¹²⁾ | ①설 ②접 | ①칠 ②출렁출렁 | ⓧ屑 葉 |
セツ さらう
チョウ

筆順 氵氵沪沪渫渫渫

意味 ① 쳐냄. 「渡一」② 출렁출렁함.
渫渫[접접] チョウチョウ 물결이 잇대어 출렁이는 모양.

[渦]₉⁽¹²⁾ | 와 | 소용돌이 | ⓧ歌 |
カ
うず

筆順 氵沪沪沪渦渦

解字 形聲. 氵(물)과 음을 나타내는 咼(와)를 합쳐서 물이 돌아 가운데 들

[渦]
어간 것을 뜻함.
意味 소용돌이.

渦紋[와문]ガモン 소용돌이치는 모양. 또는 그 무늬.

[渥] 12/氵9 │악│비젖을│㊤覺
アク
あつい

筆順 氵 氵 沪 沪 浔 渥 渥
意味 ① 짙음. ② 두터움.「優一」 ③ 물에 흠씬 젖음.

渥恩[악은]アクオン 두터운 은혜. 악택(渥澤).

[湧] 12/氵9 │용│솟아날│㊤腫
ユウ・ヨウ
わく

筆順 氵 氵 沪 沪 涌 湧 湧
意味 솟아 남. 물이 솟아 남.
湧出[용출]ユウシュツ 물이 솟아 오름.

[渭] 12/氵9 │위│물이름│㊦未│イ

筆順 氵 沪 沪 泗 渭 渭
意味 ① 물 이름[중국 감숙성(甘肅省)에서 시작하여 황하(黃河)에 흘러 들어감].「一水」 ② 속 끓이는 모양.

[游] 12/氵9 │유│헤엄칠│㊤尤
ユウ・リュウ
およぐ・あそぶ

筆順 氵 沪 汸 汸 浒 游 游
意味 ① 헤엄을 침.「一泳」 ② 노닒[遊].
游女[유녀]ユウジョ ① 밖에 나가 노는 여자. 즉 산보(散步)하면서 즐기는 부인. ② 한수(漢水)라는 수신(水神)의 이름.

[湮] 12/水9 │인│빠질│㊤眞
イン・エン

筆順 氵 沪 沪 沥 沥 湮 湮
意味 ① 빠져 파묻힘.「一滅」 ② 막힘.
湮滅[인멸]インメツ 자취도 없이 모두 없앰.
湮没[인몰]インボツ 깊숙이 숨음. 흔적도 없이 사라져 버림.

[渚] 12/氵9 │저│물가│㊤語
ショ
なぎさ

筆順 氵 氵 沣 洴 洴 渚 渚
意味 ① 물가[岸]. ② 사주(砂洲).

[湊] 12/水9 │주│물모일│㊤宥
ソウ
みなと・あつまる

筆順 氵 氵 汢 莗 溱 湊 湊
意味 ① 항구. ② 모임. 모음.「輻一」

*[測] 12/氵9 │측│잴│㊤職
ソク・ショク
はかる

筆順 氵 氵 沪 泪 泪 測 測
解字 形聲. 氵(물)과 음을 나타내는 則(측)(측은 변음)을 합쳐서 물의 깊이를 재다의 뜻. 널리 재다의 뜻으로 쓰임.
意味 잼. ㉠깊이·길이·크기 등을 잼. ㉡헤아림.「推一」
測量[측량]ソクリョウ ① 지상의 어떤 부분의 위치·형태·면적 등을 조사하여 잼. ② 다른 사람의 마음을 헤아려 추측함.
測算[측산]ソクサン 헤아려 계산함.
測定[측정]ソクテイ ① 물체의 크기·넓이·무게 등을 잼. ② 헤아려서 정함.

*[港] 12/氵9 │항│뱃길│㊤講
コウ
みなと

筆順 氵 氵 沪 洪 洪 港 港
解字 形聲. 氵(물)과 음을 나타내는 巷(항)을 합쳐서 배가 항행하는 수로의 뜻이며 후에 항구의 뜻으로 쓰이게 됨.
意味 ① 뱃길. ② 항구.
港口[항구]コウコウ 바닷가에 배가 출입할 수 있도록 한 곳. 선박(船舶)의 출입구. 포구(浦口). 항문(港門).「外」
港內[항내]コウナイ 항구의 안쪽. ↔ 항외(港外)
港灣[항만]コウワン ① 항구와 후미져 멀리 간 바다. ② 항오(港澳).

[氵部] 9~10획

*[湯] 12/氵9 | 탕 | 끓인물 | 陽
トウ・ゆ

筆順: 氵氵汀沪浔湯湯

解字: 形聲. 氵(물)과 음을 나타내는 昜(양)(탄은 번음)을 합쳐서 드거운 물의 뜻.

意味: ① ① 더운 물. ㉠물을 끓인것. ㉡온천. ㉢목욕탕. ② 중국의 옛 임금 이름. ② 물결 꿈틀거리는 모양.

湯罐[탕관] 국이나 약을 끓이는 그릇. 약탕관(藥湯罐).
湯器[탕기] 국이나 찌개를 담는 작은 그릇.
湯水[탕수] 끓인 물.
湯藥[탕약] 달여서 먹는 환약. 탕제.

*[湖] 12/氵9 | 호 | 큰못 | 虞
コ・みずうみ

筆順: 氵氵汁汁汁湖湖

解字: 形聲. 氵(물)과 음을 나타내는 胡(호)를 합쳐서 큰 못을 뜻함.

意味: ① 큰 못. ② 〈地〉중국의 동정호(洞庭湖).

湖畔[호반] 호수가. 호변(湖邊).
湖水[호수] ① 육지가 깊게 패어 물이 괸 곳. ② 호수의 물.

[渾] 12/氵9 | 혼 | 섞일 | 元
コン・すべて

筆順: 氵氵汀汀渾渾渾

意味: ① 섞임. 섞이어 하나로 됨. 「一然」 ② 모두, 전연. 「一然」 ③ 또렷하지 못함. 「一沌」 ④ 힘이 강한 모양.

渾眷[혼권] ① 자기가 거느리고 있는 온 집안 식구. 혼솔(渾率). 혼가(渾家).
渾沌[혼돈] ① 사물의 구별이 확실치 않은 모양. 혼돈(混沌). ② 하늘과 땅이 아직 갈라지지 않은 상태.

[渙] 12/氵9 | 환 | 찬란할 | 去翰 | カン

筆順: 氵氵沪泻渙渙渙

意味: ① 찬란함. ② 흩어짐. 풀림.

渙發[환발] 임금의 명령을 널리 천하에 발포(發布)함.

[温] 溫(氵부 10획)의 속자

[滋] 滋(氵부 10획)의 약자

[湿] 濕(氵부 14획)의 약자

[満] 滿(氵부 11획)의 약자

[湾] 灣(氵부 22획)의 약자

[溝] 13/氵10 | 구 | 도랑 | 尤
コウ・みぞ

筆順: 氵氵汁洪洪溝溝

意味: 도랑. 봇도랑.

溝渠[구거] 개울창. 하수(下水).
溝壑[구학] ① 구렁. 도랑과 골짜기. ② 죽어 자기 시체가 도랑이나 골짜기에 버림받는 일.

[滞] 滯(氵부 10획)의 약자

[溪] 谿(谷부 10획)와 같은 글자

[溺] 13/氵10 | ① 닉 | 빠질 | 入錫 | ② 뇨 | | 去嘯
デキ・ニョウ・おぼれる

筆順: 氵氵汀沔沔溺溺

意味: ① ① 물에 빠짐. ② 지나치게 열중함. 「一愛」 ② ① 오줌. ② 오줌을 눔.

溺死[익사] 물에 빠져 죽음. 수사(水死).
溺愛[익애] 사랑에 빠짐. 너무 지나치게 사랑함.

[滔] 13/氵10 | 도 | 물창일할 | 平豪
トウ

筆順: 氵沪沪沪沪滔滔

意味: ① 물이 창일함. 「一天」 ② 물이 힘차게 흐르는 모양. 「一一」

滔滔[도도] ① 물이 거세게 흐르는 모양. 양양(洋洋). ② 세상의 풍조에 따라 감. 유행에 따라 감. ③ 말을 물 흐르듯이 잘하는 모양. ④ 광대한 모양.

滔天[도천] ① 큰물이 하늘에까지 널리 퍼져 넘침. ② 하늘에까지 미치는 큰 죄악.

[溜] ⅓10 | 류 | 처마물 | 㑳有 |
リュウ
たまる

筆順 氵氵汀汀沼溜溜溜
意味 ① 처마물. 낙수물. ② 증류수. ③ 떨어짐. 물방울이 떨어짐.
溜飮[유음]リュウイン 〈醫〉음식물이 위 속에 남아 있어 신물이 나는 증상. 위산 과다증(胃酸過多症) 등.
溜滑[유활] 매우 미끌미끌함.

***[滅]** ⅓10 | 멸 | 멸할 | ㊨屑 |
メツ
ほろびる

筆順 氵氵沪沪沪減滅滅
解字 形聲. 氵[물]과 음을 나타내는 㓕(멸)을 합쳐서 물을 끼얹어 불을 끄다의 뜻. 후에 멸망하다의 뜻으로 씀.
意味 ① 망함. ② 불이 꺼짐. 「點一」↔點 ③ 없어짐. 「消一」④ 죽음. 「寂一」
滅亡[멸망]ボウ 망함. 망하여 없어짐.
滅族[멸족] 한 가족·한 겨레가 모두 망하여 없어짐. 「가 모두 없어짐.
滅種[멸종] 씨를 없애 버림. 한 종류

[溟] ⅓10 | 명 | 어두울 | ㊥虘 |
メイ・ミョウ

筆順 氵氵汀沪渭渭溟
意味 ① 어두움. ② 큰 바다. 「섬.
溟洲[명주]メイシュウ 큰 바다 가운데 있는

[滂] ⅓10 | 방 | 비퍼부을 | ㊦陽 |
ボウ・ホウ

筆順 氵氵氵泞泞滂滂
意味 ① 비가 몹시 퍼붓는 모양. 「一沛」 ② 눈물이 연거푸 흐르는 모양. 「一沱」 ③ 넓은 모양.
滂湃[방배]ハイ ① 물 힘이 아주 센 모양. ② 물결이 크게 이는 모양.

[溥] ⅓10 | 부 | 넓을 | ㊤麌 | ホ·フ |

筆順 氵氵沪沪浦溥溥

意味 ① 넓고 큼. ② 두루 미침. ③ 널리 폄.
溥大[부대]ダイ 넓고 큰 것.
溥博[부박]ハク 광대(廣大)함.

[溯] ⅓10 | 소 | 올라갈 | ㊧遇 |
ソ
さかのぼる

筆順 氵氵沪沪沪溯溯
意味 거슬러 올라감. ㉠흐름에 거슬러 올라감. ㉡근원을 구명함.
溯源[소원]ゲン ① 물의 근원을 찾아 거슬러 올라감. ② 사물의 근본을 거슬러 올라가 찾음.

***[溫]** ⅓10 | 온 | 따뜻할 | ㊺元 |
オン・ウン
あたたかい

筆順 氵氵沪沪渭渭溫溫
解字 形聲. 氵(시내)와 음을 나타내는 𥁕(온)을 합쳐서 본래 강의 이름, 후에 따스하게 하다의 뜻으로 쓰임.
意味 ① 따뜻함. 따뜻하게 느낌. ㉡인정이 많음. 「一情」② 따뜻하게 함. ㉠데움. ㉡찾아 익힘. 「一故知新」③ 따뜻한 기운. 「氣一」④ 온화함.
溫度[온도]ド ① 따뜻함과 추움의 정도. ② 온도계에 나타난 도수(度數).
溫床[온상]ショウ ① 인공적으로 온도를 높여서 농작물을 빨리 자라게 하기 위한 설비. ② 사물이나 사상(思想)이 생겨나기에 적합한 곳. 「惡의一」

[溶] ⅓10 | 용 | 녹일 | ㊤腫 | ヨウ とける |

筆順 氵氵沪沪浓溶溶
解字 形聲. 氵[물]과 음을 나타내는 容(용)을 합쳐서 물에 녹다의 뜻.
意味 녹임. 녹음. 「一解」
溶液[용액]ヨウエキ 〈化〉물질을 녹인 액체.

[溢] ⅓10 | 일 | 넘칠 | ㊣質 | イツ あふれる |

筆順 氵氵沪沪浩溢溢
意味 ① 넘침. ② 지나침. 「一美」
溢美[일미]ビ 지나치게 칭찬함. 과찬.

【源】 氵10 13획 | 원 | 근원 | 上聲 元 |
ゲン
みなもと

筆順 氵 氵 厂 沪 沥 源 源 源

解字 形聲. 본래 原이 바위 틈에서 물이 스며 나오는 모양을 나타내며 근원을 뜻하였는데, 그 原이 들판의 뜻으로 쓰이게 되자 氵을 붙인 源을 근원의 뜻으로 쓰게 됨. 原(원)은 음을 나타냄.

意味 근원. ㉠수원(水源). ㉡시초. 「起 一」

源流[원류] ゲンリュウ 원천(源泉).
源泉[원천] ゲンセン ① 물의 근원. ② 사물이 일어나는 근본. 기원(起源).

【滋】 氵10 13획 | 자 | 맛 | 上聲 支 |
ジ・シ
しげる・ますます

筆順 氵 氵 汒 沪 滋 滋 滋

意味 ① 맛 있음. ② 붊[增]. ③ 번성함. ④ 잠김. ⑤ 진액. ⑥ 흐림.

滋甚[자심] ジジン 점점 더 심함.
滋養[자양] ジヨウ ① 양육(養育). ② 신체에 영양이 됨. 또는 그런 음식물.

【滓】 氵10 13획 | 재 | 찌끼 | 上聲 紙 |
サイ・シ
おり・かす

筆順 氵 氵 汒 沪 沬 滓 滓

意味 ① 앙금. ② 찌끼.

*【準】 氵10 13획 | 上聲 2절 | 평평할 | 上聲 軫 入聲 屑 |
ジュン・セツ
みずもり・なぞらえる

筆順 氵 氵 汁 泮 泮 淮 準

解字 形聲. 氵(물)과 음을 나타내는 隼(준)을 합쳐서 수면이 평평함을 뜻함.

意味 ① ① 평평함. 「平一」 ② 수평기(水平器). 「一繩」 ③ 근거. 「標一」 ④ 준함. 표로 삼음. 「一據」 ② 콧마루.

準據[준거] ジュンキョ ① 표준으로 삼아 거기에 따름. ② 모범. 표준(標準).
準則[준칙] ジュンソク 규칙에 따름. 또는 그 규칙. 준규(準規).

【滄】 氵10 13획 | 창 | 찰 | 平陽 陽 |
ソウ

筆順 氵 氵 汄 汵 冷 渝 滄 滄

解字 形聲. 氵(물)과 음을 나타내는 倉(창)으로 이루어지며 푸른바다의 뜻에서 큰 바다의 뜻이 됨.

意味 ① 바다. ② 강 이름. 「一浪」 ③ 참[寒].

滄茫[창망] ソウボウ 물이 푸르고 넓은 모양.

【滑】 氵10 13획 | 上聲 2골 | 미끄러울 | 入聲 黠 月 |
カツ・コツ
なめらか・すべる

筆順 氵 氵 汈 泹 泹 滑 滑

解字 形聲. 氵(물)과 음을 나타내는 骨(골)(활은 변음)을 합쳐서 물이 묻어 미끄러움을 뜻함.

意味 ① ① 미끄러움. 「圓一」 ② 미끄러짐. 「一走」 ② 어지럽게함. 「一稽」

滑車[활차] カッシャ 도르래.
滑脫[활탈] カツダツ ① 미끄러워 벗어져 버림. ② 막힘이 없이 자유 자재함.

【滉】 氵10 13획 | 황 | 물깊고 넓을 | 上聲 養 |
コウ
ひろい

筆順 氵 氵 汄 泹 浘 湟 滉

意味 물이 깊고 넓음.

滉瀁[황양] コウヨウ 물이 깊고 넓은 모양.

【滝】 瀧(氵부 16획)의 속자

【塗】 土부 10획

【滌】 氵11 14획 | 척 | 씻을 | 入聲 錫 |
デキ・ジョウ・テキ
あらう・すすぐ

筆順 氵 氵 氵 泳 滌 滌 滌

意味 씻음. 밝음. 「一洗」

【滯】 氵11 14획 | 체 | 막힐 | 去聲 霽 |
テイ・タイ
とどこおる

筆順 氵 泄 泄 泄 泄 滯 滯

解字 形聲. 氵(물)과 음을 나타내는 帶

[氵部] 11획

(대)〔체는 변음〕를 합쳐서 물이 멎어 흐르지 않음을 뜻함.
意味 ① 막힘. 막혀 순조롭지 않음.「一停」② 괴어 모임.「一貨」③ 머뭄.
滯京[체경] 서울에 머뭄.
滯空[체공] 항공기가 하늘을 날기를 계속함.「一時間」

[漼] 14/氵11 | 최 | 깊을 | 㥯賄 㐂灰 | サイ

筆順 氵氵氵汴汴漼漼
意味 ① 깊음. ② 고움. ③ 눈물을 흘림. ④ 허술함. ⑤ 눈서리가 쌓임.

[漑] 14/氵11 | 개 | 물댈 | 㐂隊 | ガイ そそぐ

筆順 氵氵泹泹泹漑漑
意味 물을 끌어 댐. 물을 뿌림. 밭에 을 댐.「灌一」
漑灌[개관] 물을 댐. 관개(灌漑).

[漣] 14/氵11 | 련 | 물놀이칠 | 㐂先 | レン さざなみ

筆順 氵氵汿汿湹湹漣
意味 ① 물놀이를 함. ② 눈물을 줄줄 흘림.

[漉] 14/氵11 | 록 | 거를 | 㐂屋 | ロク こす

筆順 氵氵沪泸渌漉漉
意味 거름[濾]. 물이나 술을 거름.
漉漉[녹록] ①〈動〉곤쟁이. ② 땀이나 피가 많이 흐르는 모양.

*[漏] 14/氵11 | 루 | 샐 | 㐂宥 | ロウ ル もる・もれる

筆順 氵氵沪沪漏漏漏
解字 形聲. 氵(물)과 음을 타나내는 屚(루)를 합쳐서 물이 샘을 뜻함.
意味 ① 새어 나옴. 샘.〔洩〕㉠샘을 터놓음. ㉡틈으로 들어 옴. ㉢비밀이 알려짐.「一洩」㉣빠져 나옴.「遺一」② 새어 나오는 것. ③ 물시계.「一刻」
漏洩[누설] ㉠㉤ ① 물이 샘. 새게 함. ② 비밀 등이 샘. 새게 함.

溶解[용해] ① 녹임. 녹음. ②〈化〉물질이 액체 가운데 고르게 녹아 있는

[漠] 14/氵11 | 막 | 모래벌 | 㐂藥 | バク

筆順 氵氵汁汁洪漠漠
意味 ①모래벌.「砂一」② 끝없이 넓은 모양.「一茫」③ 명확하지 못한 모양.
漠然[막연] ① 흐리멍덩하여 명확하지 못한 모양. ② 아득한 모양.

*[滿] 14/氵11 | 만 | 찰 | 㐂旱 | マン・バン みちる

筆順 氵氵汁汁洪滿滿
意味 ① 가득 참. ㉠가득하게 됨.「充一」㉡만족함.「一悅」㉢기한이 다 됨. ② 둥글게 됨.「一月」㉠ 가득 채움. ③ 전체.「一天」④ 생일을 지내고 나이를 세는 것.「一九歲」
滿干[만간] 밀물과 썰물. 간만(干滿).「가득 참. 全滿. 만신(滿身).
滿腔[만강] ① 뱃속이나 가슴속에
滿足[만족] ① 바라는 것이 이루어져서 흐뭇함. 불평 불만이 없음. ↔불만(不滿)・불만족(不滿足) ② 부족함이 없음. 충분함.

*[漫] 14/氵11 | 만 | 질펀할 | 㐂翰 ㊦寒 | バン・マン みだりに・そぞろ

筆順 氵氵沪渭渭漫漫
解字 形聲. 氵(물)과 음을 나타내는 曼(만)을 합쳐서 물이 끝없이 퍼지다의 뜻. 후에 요령을 잡을 수 없다의 뜻으로 쓰이게 됨.
意味 ① 널리 일대에 퍼짐. ② 멋대로. 앞뒤 없이.「一罵」③ 부질없음.「一畫」④ 어쩐지. 지향 없음.「一步」
漫談[만담] 재미 있고 우습게 세상과 인정을 비판하고 풍자하여 관객을 웃기는 이야기.

[漱] 14/氵11 | 수 | 양치질할 | 㐂宥 | ソウ・シュウ

[氵部] 11획

すすぐ
筆順 氵 氵 沪 沖 涑 漱 漱
意味 ① 양치질을 함. 씻음. 「—口」 ② 빨래함.
漱玉[수옥]ソウギョク 옥을 씻음. 즉 물방울이 튀어 흩어지는 모양.

【漰】 14/11 ┃ 붕 ┃ 물결치는 소리 ┃ 蒸 ┃ ホウ
筆順 氵 氵 沪 沪 浒 漰 漰
意味 물결 치는 소리.
漰渤[붕발]ホウボツ 물결치는 소리. 붕획(漰渹).

【滲】 14/11 ┃ 삼 ┃ 밸 ┃ 㖊沁 ┃ シン しみる
筆順 氵 氵 沙 涉 涉 渗 滲
意味 물이 뱀. 스며 나옴. 「—出」(透).
滲透[삼투]シントウ 스며 들어감. 침투(浸透).

*【漁】 14/11 ┃ 어 ┃ 고기잡을 ┃ ㉫魚
リョウ・ギョ すなどる・あさる
筆順 氵 氵 汁 沽 治 漁 漁
解字 形聲. 氵[물]과 음을 나타내는 魚(어)를 합쳐서 물 속 또는 바다 속에서 물고기를 잡다의 뜻임.
意味 ① 물고기나 조개를 잡음. ② 탐하여 구함. 「—色」
漁家[어가]ギョカ 어부가 사는 집.
漁夫[어부]ギョフ 고기잡이. 고기를 잡아 생활하는 사람. 어옹(漁翁). 어민.

*【演】 14/11 ┃ 연 ┃ 펼 ┃ ㉣銑
エン のべる
筆順 氵 氵 沪 沪 渲 演 演
解字 形聲. 氵[시내]과 음을 나타내는 寅(인)[연은 변음]을 합쳐서 강이 길게 흐르다의 뜻. 널리 늘어나게 하다의 뜻으로 씀.
意味 ① 널리 폄. ㉠설교함. 「—說」 ㉡널리 퍼뜨림. 「—繹」 ② 출연함. 「—實—」 ③ 연습을 함. 「—習」
演劇[연극]エンゲキ ① 배우가 무대 위에서 각본에 의하여 행동하고 말을 하는 예술의 하나. 종합 예술이라고도 함. 「—部」 ② 거짓으로 꾸며서 하는 일.
演技[연기]エンギ ① 사람 앞에서 재주를 보임. ② 배우가 무대나 영화 등에서 말이나 행동을 보임. 또는 그 말이나 행동. 연예(演藝).
演出[연출]エンシュツ 각본에 의하여 극이나 영화의 상영이나 촬영을 지도·감독함.

*【滴】 14/11 ┃ 적 ┃ 물방울 ┃ ㊱錫
テキ したたる
筆順 氵 氵 沪 沽 洽 滴 滴
解字 形聲. 氵[물]과 물이 떨어지는 소리를 나타내는 啇(적)을 합쳐서 물이 뚝뚝 떨어지다의 뜻임.
意味 ① 물이 떨어짐. ② 떨어지는 물방울.
滴水[적수]テキスイ 물방울.

*【漸】 14/11 ┃ 1점 2참 ┃ 차차 ┃ 1琰 1豏
ゼン・セン ようやく
筆順 氵 氵 沪 洭 泙 漸 漸
解字 形聲. 氵[시내]과 음을 나타내는 斬(참)[점은 변음]으로 이루어지며 본래 강의 이름. 후에 조금씩 앞으로 나가다. 조금씩. 겨우의 뜻으로 쓰이게 됨.
意味 1 ① 조금씩. 겨우. 「—次」 ② 조금씩 앞으로 나감. 「—增」 2 =斬
漸漸[점점]ゼンゼン ① 점차. 차차. 초초(稍稍). ② 보리가 잘 자라는 모양. ③ 산이 높고 험한 모양.

【漕】 14/11 ┃ 조 ┃ 배저을 ┃ ㉭號 ┃ ソウ こぐ
筆順 氵 氵 沪 洒 渭 漕 漕
意味 ① 배를 저음. ② 배로 실어 옴.
漕艇[조정]ソウテイ 보우트를 저음.

【漬】 14/11 ┃ 지 ┃ 담글 ┃ ㊱寘
シ ひたす・つける
筆順 氵 氵 汁 浩 清 清 漬
意味 ① 담금. 물에 담금. ② 절임.

【漲】 14 氵11 | 창 | 불을 | [去]漾 |
チョウ
みなぎる
[筆順] 氵 氵 沪 沪 泝 漲 漲
[意味] ① 불음. ② 참. 가득 차서 넘침.
漲水〔창수〕チョウスイ ① 물을 넘치게 함. ② 불어서 넘치는 물.

漆 14 氵11 | 칠 | 옻나무 | [入]質 |
シツ・シ
うるし
[筆順] 氵 氵 汁 汰 泬 渿 漆
[解字] 形聲. 氵〔시내〕와 음을 나타내는 桼(칠)로 이루어지며 본래 강의 이름. 후에 옻의 뜻으로 쓰이게 됨.
[意味] 옻. 「一工」 옻나무.
漆工〔칠공〕シッコウ 칠장이. 「기(漆木器).
漆器〔칠기〕シッキ 옻칠한 나무 그릇. 칠목

*【漂】 14 氵11 | 표 | 떠다닐 | [平]蕭 |
ヒョウ
ただよう・さらす
[筆順] 氵 汀 沔 洒 洒 漂 漂
[解字] 形聲. 氵〔물〕과 음을 나타내는 票(표)를 합쳐서 물 위에 떠다니다의 뜻.
[意味] ① 물 위에 떠다님. ② 헤맴. 「一泊」 ③ 바램. 물이나 약품으로 희게 함. 「一白」
漂流〔표류〕ヒョウリュウ ① 물위에 둥둥 떠서 흘러 감. 「一記」 ② 정처 없이 떠돌아 다님. 표랑(漂浪).
漂淪〔표륜〕ヒョウリン 신세가 아주 보잘 것 없이 됨. 영락(零落).
漂母〔표모〕ヒョウボ 빨래하는 여자.

*【漢】 14 氵11 | 한 | 나라 | [去]翰 | カン
[筆順] 氵 汁 汼 泩 渵 漟 漢
[解字] 形聲. 氵〔시내〕와 음을 나타내는 𦰩(난)〔한은 변음〕으로 이루어지며 강의 이름임.
[意味] ① 강 이름. 「一水」 ② 은하수. 「天一」 ③ 사나이. 「惡一」 ④ 중국의 왕조 이름. ⑤ 중국. 「一民族」
漢文〔한문〕カンブン ① 중국 고문(古文)으로 쓰여진 문장이나 문학. ② 한문제(漢文帝). ③ 한자만으로 쓰여진 문장.
漢方〔한방〕カンポウ 중국에서 전해 온 의술.
漢字〔한자〕カンジ 중국에서 만들어진 표의문자(表意文字).

【窪】 穴부 9획

*【潔】 15 氵12 | 결 | 맑을 | [入]屑 |
ケツ
いさぎよい
[筆順] 氵 汁 沣 洯 洯 潔 潔
[解字] 形聲. 氵〔물〕과 음을 나타내는 絜(결)을 합쳐서 깨끗한 물이라는 뜻. 후에 깨끗하다의 뜻으로 씀.
[意味] ① 맑음. 마음이 깨끗함. 「一白」 ② 깨끗함. 「淸一」 ③ 말끔함. 「簡一」
潔白〔결백〕ケッパク ① 깨끗하고 흼. ② 마음이나 행동이 깨끗하고 바름.

【澆】 15 氵12 | 요 | 물줄 | [平]蕭 |
ギョウ
そそぐ・うすい
[筆順] 氵 汢 泩 浡 浢 澆 澆
[意味] ① 물을 줌. ② 엷음. 인정이 적음. 「一季」
澆季〔요계〕ギョウキ 도덕과 인정 풍속이 부패된 시대. 멸망하려고 하는 세상. 말세(末世).

*【潭】 15 氵12 | 담 | 깊을 | [平]覃 | タン ふち
[筆順] 氵 沔 洒 洒 湮 潭 潭
[解字] 形聲. 氵〔물〕과 음을 나타내는 覃(담)을 합쳐서 물을 가득히 채운 깊은 곳이라는 뜻.
[意味] ① 물이 괸 깊은 곳. 소(沼). ② 물가의 깊은 곳. ③ 깊음.
潭水〔담수〕タンスイ 깊은 못이나 늪의 물.
潭淵〔담연〕タンエン 깊은 못.

【潰】 15 氵12 | 궤 | 무너뜨릴 | [去]隊 |
カイ
ついえる・つぶれる
[筆順] 氵 沪 沪 洂 淠 湝 潰

[氵部] 12획

意味 ① 무너드림. ② 찌부러짐. 「―走」
潰滅 [궤멸] メツ 무너져 없어짐. 흩어져 망함.
潰瘍 [궤양] カイ 〈醫〉피부·점막(粘膜)·내장 등이 헐고 짓무르는 증세. 「胃―」

【潑】 氵12 | 발 | 뿌릴 | ㈜栁 | ハツ
筆順 氵 氵 氵 泮 泮 潑 潑 潑
意味 ① 기운이 센 모양. 「活―」② 물을 뿌림. ③ 물이 솟아남.
潑剌 [발랄] ハツ ① 기운차게 뛰는 모양. ② 기운이 좋음. 힘차게 약동함.

【澁】 氵12 | 삽 | 떫을 | ㈜緝 | ジュウ·シュウ しぶ·しぶい
筆順 氵 氵 汁 泣 泣 澁 澁
意味 ① 떫음. ② 쉽지 아니함. 「難―」
澁味 [삽미] 떫은 맛.
澁滯 [삽체] 막힘. 일이 막히어 잘 되어가지 못함.

【潦】 氵12 | 로 | 큰물결 | ㈜豪 | ロウ
筆順 氵 氵 泮 浐 浐 潦 潦
意味 큰 물결.
潦朝 [노조] 안개가 자욱이 낀 아침.

【潟】 氵12 | 석 | 개펄 | ㈜陌 | セキ かた
筆順 氵 氵 汃 泻 泻 潟 潟
意味 개펄. 조수가 들어오면 잠기고 조수가 나가면 나타나는 바닷가.

***【潤】** 氵12 | 윤 | 젖을 | ㈜震 | ジュン うるおう
筆順 氵 氵 汩 汩 潤 潤 潤
解字 形聲. 氵(물)과 음을 나타내는 閏(윤)을 합쳐서 흠뻑 물에 젖다의 뜻.
意味 ① 젖음. 적심. 축축함. 「浸―」 ㉡은혜를 입음. 은혜를 베풂. ② 물기. ㉠축축한 모양. ㉡혜택. 이익. 「利―」 ③ 광택. 광내다. 「―飾」
潤氣 [윤기] 윤택한 기운.

潤澤 [윤택] ジュン ① 아름답게 윤기가 도는 빛. ② 풍부함.

【潺】 氵12 | 잔 | 줄줄흐를 | ㈜刪 | セン·サン
筆順 氵 氵 沪 浔 浔 潺 潺
意味 ① 물이 줄줄 흐름. ② 눈물을 줄줄 흘림.
潺潺 [잔잔] セン ① 물이 줄줄 흐르는 모양. ② 비가 줄줄 내리는 모양.

***【潛】** 氵12 | 잠 | 잠길 | ㈜鹽 | セン ひそむ·くぐる
筆順 氵 氵 渋 渋 潛 潛 潛
解字 形聲. 氵(물)과 음을 나타내는 朁(참)(잠은 변음)을 합쳐서 물 속을 꿰뚫고 가다의 뜻임.
意味 ① 자맥질함. ② 잠김. 가라앉음. 「沈―」③ 모습을 감춤. 숨음. 「―伏」 ④ 감춤. 안 보이게 함. ⑤ 몰래.
潛伏 [잠복] セン ① 몰래 숨음. ② 〈醫〉병균에 감염되었으나 그 병이 밖으로 나타나지 않은 상태. 「―期」「―에 잠김」
潛思 [잠사] セン 마음을 가라앉히고 생각

***【潮】** 氵12 | 조 | 조수 | ㈜蕭 |
チョウ しお
筆順 氵 氵 泸 泸 淖 潮 潮
解字 形聲. 氵(조수)와 아침의 뜻을 나타내는 朝(조)를 합쳐서 아침 조수라는 뜻.
意味 ① 조수. ㉠바닷물이 달의 인력으로 나가고 들어오는 현상. ㉡바닷물. 「―流」㉢아침 조수. ↔汐 ② 시세(時世)의 경향. 「風―」
潮流 [조류] チョウ ① 바닷물의 흐름. ② 세상의 움직여 가는 형세. 시세(時勢). 「時代의―」 「水」.
潮汐 [조석] チョウ 조수(潮水)와 석수(汐水).
潮水 [조수] チョウ ① 바닷물. ② 달의 인력에 의해서 주기적으로 올라 왔다 내려 갔다 하는 현상을 이루는 바닷물. ③ 아침에 밀려 왔다가 나가는 바닷물.

[氵部] 12〜13획

【澄】 ¹⁵ 氵12 | 징 | 맑을 | ㊤蒸
チョウ
すむ

[筆順] 氵 氵 氵 汼 澄 澄 澄

[解字] 形聲. 氵(물)과 음을 나타내는 登(등)[징은 변음]을 합쳐서 물이 투명하게 맑다의 뜻.

[意味] 맑음. ㉠물 등이 맑음. ㉡깨끗하고 맑음. 「明─」

澄空[징공] チョウクウ 맑은 하늘.

【澎】 ¹⁵ 氵12 | 팽 | 물소리 | ㊤庚 | ホウ

[筆順] 氵 氵 汼 沽 洁 澎 澎

[意味] ① 물 소리. ② 물결이 부딪치는 모양.

澎湃[팽배] ホウハイ 물이나 물결이 부딪치는 소리. 또는 물이 솟아 나오는 모양.

澎脹[팽창] ボウチョウ ① 띵띵하게 부풂. ② 〈物〉물체가 열을 만나 그 부피가 커짐. ③ 크게 늘어남.

*【激】 ¹⁶ 氵13 | 격 | 심할 | ㊤錫
ゲキ・ケキ
はげしい

[筆順] 氵 氵 沪 洎 激 激 激

[解字] 形聲. 氵(물)과 음을 나타내는 敫(격)을 합쳐서 물이 힘차게 튀긴다는 뜻. 널리 심하다의 뜻으로 씀.

[意味] ① 심함. ㉠힘이 강함. 「─突」 ㉡과격함. 「─痛」 ㉢크게. 「─讚」 ㉣빠름. 「急─」 ② 격려함. 「─勵」 ③ 부딪침. 「衝─」 ④ 마음이 몹시 흔들림.

激突[격돌] ゲキトツ 아주 심하게 부딪침.

激動[격동] ゲキドウ ① 아주 세게 진동함. 몹시 크게 움직임. ② 대단히 감동함.

激昂[격앙] ゲキコウ(ゲキ) 감정이 높아짐.

【澹】 ¹⁶ 氵13 | 담 | 싱거울 | ㊤感
タン・セン

[筆順] 氵 氵 汧 沪 沰 澹 澹

[意味] ①담박함. 욕정이 없고 마음이 깨끗함. ② 싱거움. ③ 맑음.

澹澹[담담] タンタン ① 마음이 흔들리지 않는 모양. ② 물이 고요히 출렁거리는 모양. ③ 고요하고 맑은 모양.

澹泊[담박] タンパク ① 욕심이 없고 마음이 깨끗함. 담박(淡泊). ② 맛이나 빛이 산뜻함.

*【濃】 ¹⁶ 氵13 | 농 | 짙을 | ㊤多
ノウ・ジョウ
こい・こまやか

[筆順] 氵 氵 汍 沺 沺 濃 濃

[解字] 形聲. 氵(물)과 음을 나타내는 農(농)을 합쳐서 걸쭉한 액체를 뜻함. 널리 짙다의 뜻으로 씀.

[意味] 진함. ㉠짙음. 「─霧」 ㉡걸쭉함. 「─艶」

濃紺[농감] ノウコン 짙은 감색.

濃淡[농담] ノウタン 짙음과 엷음. 진함과 묽음.

濃度[농도] ノウド 〈化〉혼합 기체나 용액의 진하고 묽은 정도.

【濂】 ¹⁶ 氵13 | 렴 | 경박할 | ㊤鹽
レン
うすい

[筆順] 氵 氵 汃 沪 澣 濂 濂

[意味] ① 엷음. 경박함. ② 강 이름[중국 호남성(湖南省)에 있음].

濂溪學派[염계학파] レンケイガクハ 옛 송(宋)의 주 돈이(周敦頤)의 학파.

【澪】 ¹⁶ 氵13 | 령 | 물떨어질 | ㊤靑
レイ

[筆順] 氵 氵 沪 沪 澪 澪 澪

[意味] ① 물이 떨어짐. ② 배가 다니는 길.

【澱】 ¹⁶ 氵13 | 전 | 찌끼 | ㊤霰
テン・デン
おり・とどむ

[筆順] 氵 氵 沪 沪 渰 澱 澱

[意味] ① 찌끼. 물 밑에 가라앉아 쌓인 것. ② 물이 괾. ㉠물이 흐르지 않음. ㉡물밑에 찌끼가 쌓임. 「沈─」 ③ 물이 괸 곳.

澱粉[전분] デンプン 〈化〉녹말 가루. 식물의 씨·뿌리 등에 저장되어 있는 탄수화물. 맛이 없는 흰색 가루.

[氵部] 13～14획

【澡】 16/氵13 | 조 | 씻을 | 皓 | ソウ あらう

筆順 氵氵氵澡澡澡澡

意味 ① 씻음. ② 미역을 감음.

澡雪[조설] 씻어서 깨끗하게 함.
澡室[조실] 목욕실. 목욕탕.

＊【濁】 16/氵13 | 탁 | 흐릴 | 覺 | ダク・ジョク にごる

筆順 氵氵氵渭濁濁濁

解字 形聲. 氵(시내)와 음을 나타내는 蜀(촉)[탁은 변음]으로 이루어져 본래 강의 이름. 후에 흐리다의 뜻으로 쓰임.

意味 ① 흐림. 흐리게 함. 흐린 것. ↔淸 ② 더럽혀진. 「一世」

濁流[탁류] ① 흘러가는 흐린 물. ② 부정한 무리. 결백하지 않은 사람.
濁聲[탁성] 맑지 않고 흐린 음성.
濁世[탁세] ① 도덕이나 풍속이 어지러운 시대. ② 〈佛〉이 세상. 속세. 의 진동을 갖는 소리. 유성음(有聲音). ↔청음(淸音)・무성음(無聲音)
濁酒[탁주] 막걸리. ↔청주(淸酒).

＊【澤】 16/氵13 | 택 | 못 | 陌 | タク さわ

筆順 氵氵氵澤澤澤澤

解字 形聲. 氵(물)과 음을 나타내는 睪(택)을 합쳐서 초목이 둘레에 무성한 습지의 뜻.

意味 ① 못. 초목이 자란 습지대. ② 광택. 「光一」 ③ 적심(潤). 은혜. 「惠一」

澤畔[택반] 못 가. 지반(池畔)
澤雨[택우] 만물을 자라게 하는 좋은 비. 자우(慈雨).

【濤】 17/氵14 | 도 | 물결 | 豪 | トウ なみ

筆順 氵氵浐洿涛濤濤

意味 파도. 큰 물결. 「怒一」

濤聲[도성] 큰 물결 소리.
濤波[도파] 큰 물결. 파도(波濤).

【濛】 17/氵14 | 몽 | 가랑비 | 東 | モウ

筆順 氵氵浐淙濛濛濛

意味 ① 가랑비가 오는 모양. ② 분명하지 않은 모양. 「一一」

濛漠[몽막] 침침한 모양.
濛昧[몽매] 안개 같은 것이 끼어서 어두운 모양.

【濮】 17/氵14 | 복 | 물이름 | 屋 | ボク

筆順 氵氵浐浐濮濮濮

意味 물 이름[중국에 있는 황하(黃河)의 한 지류].

濮水[복수] 〈地〉강 이름. 옛적에 하남성(河南省) 봉구현(封丘縣)에 있었으나 후에 황하(黃河)의 줄기가 옮겨지면서 없어짐.

【濱】 17/氵14 | 빈 | 물가 | 眞 | ヒン はま

筆順 氵氵浐浐澝濱濱

解字 形聲. 氵(물)과 음을 나타내는 賓(빈)을 합쳐서 물가의 뜻.

意味 ① 물가(水湯). ② 가까움. ③ 끝.

濱死[빈사] 죽음이 임박함.
濱涯[빈애] 물가. 수애(水涯).

＊【濕】 17/氵14 | 습 | 젖을 | 緝 | シツ・シュウ しめる

筆順 氵氵浐渭濕濕濕

解字 形聲. 氵(시내)와 음을 나타내는 㬎(습)[습은 변음]으로 이루어져 본래 강의 이름. 후에 젖다의 뜻으로 쓰임.

意味 젖음. 적심. 습기. ↔乾

濕氣[습기] 물기를 머금어 축축한 기운. 「一정도」
濕度[습도] 〈物〉공기 중의 습기의

【濡】 17/氵14 | 유 | 젖을 | 虞 | ジュ うるおう・ぬれる

筆順 氵氵浐浐濡濡濡

意味 물에 젖음.

【濟】 17/氵14 | 제 | 건널 | 薺

セイ・サイ・ザイ
わたる・すくう

筆順 氵氵浐浐浐済濟濟

解字 形聲. 氵(내)음을 나타내는 齊(제)로 이루어져, 본래 강의 이름.

意味 ① 건넘. 강을 건넘. ② 도와 줌.「救一」③ 행함. 수행함. ④ 끝남. ⑤ 많고 성(盛)한 모양.「——」

濟度[제도]ㄉㄨ ①〈佛〉일체의 중생을 생사(生死)·번뇌(煩惱)로부터 건지어 극락으로 인도함. ② 구제함.

濟美[제미]ㄇㄟ 아름다움을 이룸. 선조의 사업을 이어 받아 성과를 이룸.

濟世[제세]ㄕ 세상을 구함. 백성을 곤란에서 구해 줌.

【濬】 17 氵14 | 준 | 칠 | 去震 | シュン|

筆順 氵沪沪沪浐浐濬濬

意味 ① 쳐냄. ② 깊음.

濬潭[준담]ㄊㄢ 깊은 못. 심연(深淵).

濬川[준천]ㄔㄨㄢ 내를 파서 깊이 함.

*【濯】 17 氵14 | 탁 | 씻을 | 入覺 |

タク
あらう

筆順 氵氵沪沪渭渭濯濯

解字 形聲. 氵(물)과 음을 나타내는 翟(탁)을 합쳐서 물로 더러운 것을 빨다의 뜻. 널리 적시다·빨다·씻다의 뜻으로 씀.

意味 씻음.「洗一」

濯濯[탁탁]ㄊㄨㄛ ① 빛이 번쩍번쩍 비치는 모양. ② 산에 나무가 없는 모양. ③ 살쪄 반드르르한 모양. ④ 즐겁게 노는 모양. ⑤ 태도가 아름다운 모양.

【濠】 17 氵14 | 호 | 해자 | 下豪 |

コウ・ゴウ
ほり

筆順 氵氵汽浐浐浐濠濠

意味 ① 해자. ② 호주. 오스트레일리아.「—洲」

*【濫】 17 氵14 | 1 람 | 넘칠 | 去勘 | 2 함 | | 上豏 |

ラン・カン
みだれる・みだりに

筆順 氵沪沪沪濫濫濫

解字 形聲. 氵(물)과 음을 나타내는 監(감)(람은 변음)을 합쳐서 물이 넘쳐 퍼지다의 뜻, 널리 문란하다·함부로 하다의 뜻으로 씀.

意味 1 ① 물이 넘쳐 퍼짐.「氾一」② 띄움.「一觴」③ 문란함. 함부로 함. ④ 함부로.「一用」 2 ① 샘 솟는다. ② 목욕통.

濫發[남발]ㄈㄚ 함부로 마구 발행하거나 발포(發布)하거나 발사(發射)함.「貨幣一」「法令一」

濫賞[남상]ㄕㄤ 어떠한 기준도 없이 함부로 상을 줌. 또는 함부로 칭찬함.

[鴻] 鳥부 6획

【瀆】 18 氵15 | 독 | 개천 | 入屋 |

トク・トウ
みぞ・けがす

筆順 氵浐浐浐清漕瀆瀆

意味 ① 개천. 봇도랑.「溝一」② 더럽힘.「一職」

瀆汚[독오]ㄨ 더러움. 더럽힘.

瀆職[독직]ㄓ 공무원이 직무상 부정한 일을 하여 그 직(職)을 더럽힘. 오직(汚職).

【濾】 18 氵15 | 려 | 거를 | 去御 |

リョ・ロ
こす

筆順 氵沪沪濾濾濾濾

意味 거름[濾水去滓]. 걸러서 불순물을 없애고 깨끗이 함.「一過」

濾過[여과]ㄍㄨㄛ〈物〉액체 중에 남아 있거나 필요 없는 것 등을 걸러 냄.「一裝置」「—는 부드러운 종이

濾紙[여지]ㄓ〈物〉액체를 거를 때 쓰

【瀉】 18 氵15 | 사 | 쏟을 | 上馬 |

シャ
そそぐ・はく

筆順 氵沪沪泻洦瀉瀉

[意味] ① 쏟아 부움. 흘러 나옴. 「一一千里」 ② 토함. 「吐一」

瀉劑〔사제〕シャザイ 〈醫〉 설사시키는 약.

瀉出〔사출〕シャシュツ 쏟아 냄.

【瀑】 18 氵15 | [1]포 [2]폭 | 소나기 | [去]號 [入]屋 | バク たき

[筆順] 瀑

[意味] [1] ① 소나기. ② 물거품. 「一沫」 [2] 폭포. 「飛一」

瀑布〔폭포〕バクフ 낭떠러지에서 흘러 떨어지는 물. 폭포수. 비천(飛泉).

【瀝】 19 氵16 | 력 | 샐 | [入]錫 | レキ したたる

[筆順] 瀝

[意味] ① 물방울이 떨어짐. 「滴一」 ② 물방울. ③ 남김 없이 내보임. 「披一」 ④ 샘. 스밈.

瀝瀝〔역력〕レキレキ ① 물 소리. ② 바람 소리. 절력(淅瀝).

瀝靑〔역청〕レキセイ 〈化〉 ① 송진에 기름을 섞어서 짠 도료(塗料). ② 석유나 석탄 등을 증류(蒸溜)할 때 생기는 흑색 또는 짙은 갈색의 유기물질(有機物質). 도로 포장에 사용함.

【瀧】 19 氵16 | [1]롱 [2]상 | 젖을 | [平]東 [平]江 | ロウ はやせ

[筆順] 瀧

[意味] [1] 젖음. 비가 부슬부슬 내림. [2] 여울.

【瀨】 19 氵16 | 뢰 | 여울 | [去]泰 | ライ せ

[筆順] 瀨

[解字] 形聲. 氵〔시내〕와 음을 나타내는 賴(뢰)를 합쳐서, 빠르고 거센 물결이라는 뜻.

[意味] 여울.

【瀕】 19 氵16 | 빈 | 물가 | [平]眞 | ヒン

[筆順] 瀕

[意味] ① 물가. ② 임박함. 「一死」

瀕死〔빈사〕ヒンシ 거의 죽음에 이름.

【瀟】 19 氵16 | 소 | 비바람칠 | [平]蕭 | ショウ

[筆順] 瀟

[意味] ① 맑고 깨끗함. 「一洒」 ② 비바람이 센 모양.

瀟洒〔소쇄〕ショウシャ(サイ) ① 산뜻하고 깨끗함. ② 깨끗하여 질이 좋음.

瀟水〔소수〕ショウスイ 〈地〉 중국 호남성(湖南省) 영원현(寧遠縣) 남쪽 구의산(九疑山)에서 시작되어 상수(湘水)로 흐르는 강.

【瀛】 19 氵16 | 영 | 큰바다 | [平]庚 | エイ うみ

[筆順] 瀛

[意味] ① 큰 바다. ② 늪〔沼澤〕. ③ 신선이 산다는 곳.

瀛洲〔영주〕エイシュウ 삼신산(三神山)의 하나. 동해(東海)안에 있으며 신선이 살고 있다고 함.

瀛海〔영해〕エイカイ 큰 바다. 대양(大洋).

【瀞】 19 氵16 | 정 | 맑을 | [去]敬 | セイ・ジョウ とろ

[筆順] 瀞

[意味] 맑음. 정결함.

【瀾】 20 氵17 | 란 | 물결 | [平]寒 | ラン なみ

[筆順] 瀾

[意味] ① 큰 물결. 「狂一」 ② 넘침. ③ 물가.

瀾漫〔난만〕ランマン ① 물이 떨어지는 모양. ② 나누어 흩어지는 모양. ③ 채색(彩色)이 선명한 모양. ④ 난잡한 모양.

【瀰】 20 氵17 | 미 | 치런치런할 | [平]支 | ビ・ミ

[筆順] 瀰

[意味] ① 치런치런함. 물이 널리 가득 찬

모양.「一漫」 ② 물이 흐르는 모양. ③ 수면이 끝없이 넓어 아득한 모양.

瀰漫[미만]ㄇㄢˋ 물이 가득 참. 만연(蔓延)됨.「넓음.

瀰迤[미이]ㄧˊ 넓고 평평함. 또 끝없이

【灌】²¹/₁₈ [관 | 물댈 | ㉠翰] カン そそぐ

筆順 氵 氵 氵 澧 漼 潅 灌

意味 ① 물을 댐. ㉠물을 뿌림.「一溉」㉡흘러 들어감. ㉢흘러 들어가게 함.「一腸」② 떼지어 모여 자라남.「一木」

灌漑[관개]カンガイ 논밭을 경작하는 데 필요한 물을 댐. 작물(作物)에 물을 끌어 댐. 관수(灌水).

灌木[관목]カンボク〈植〉키가 작고 밑동에서 가지가 많이 나는 나무. 진달래・앵두나무・사철나무 등. ↔교목(喬木)

【灑】²²/₁₉ [쇄 | 뿌릴 | ㉠卦] サイ・シャ そそぐ

筆順 氵 氵 氵 洒 洒 洒 灑 灑

意味 ① 물을 끼얹음. 물이 떨어짐. ② 깨끗함. ③ 나눔. ④ 바람이 붊. ⑤ 던짐.

灑落[쇄락]サイラク ① 기분이 상쾌함. ② 뚝 떨어짐.

灑掃[쇄소]サイソウ 물을 뿌리고 비로 쓺.

灑然[쇄연]サイゼン ① 놀라는 모양. ② 깨끗하고 산뜻한 모양.

【灘】²²/₁₉ [탄 | 여울 | ㉠翰] ダン・タン なだ

筆順 氵 氵 澏 澅 澅 漌 灘

意味 여울.

【灣】²⁵/₂₂ [만 | 물굽이 | ㉠刪] ワン

筆順 氵 氵 澕 澕 澕 灣 灣

解字 形聲. 氵[물]과 음을 나타내는 彎(만)을 합쳐서 물이 굽어 육지에 들어온 곳을 뜻함.

意味 ① 물굽이. 물이 육지에 굽어 들어온 곳. ② 굽음.「一曲」

灣曲[만곡]ワンキョク 활 모양으로 굽음.

灣口[만구]ワンコウ 만(灣)의 입구(入口)

灣內[만내]ワンナイ 만(灣)의 안쪽. ↔만외(灣外)

灣頭[만두]ワントウ 만(灣)의 가장자리.

灣流[만류]ワンリュウ〈地〉멕시코만(灣)에서 동북으로 흘러 유럽 북서 해안을 남쪽으로 흐르는 난류(暖流).

灣入[만입]ワンニュウ 바닷물이나 강물 같은 것이 활처럼 뭍으로 휘어 들어감.

犭 部

*【犯】⁵/₂ [범 | 범할 | ㉠豏] ハン・ボン おかす

筆順 ノ 犭 犭 犯 犯

解字 形聲. 犭(개)과 음을 나타내는 巳(범)을 합쳐서 개가 사람을 해치다의 뜻. 널리'해치고 범하다'의 뜻으로 씀.

意味 ① 범함. ㉠해서는 안될 것을 함. 법률에 저촉되는 짓을 함.「一罪」㉡쳐들어감. 빼앗음.「侵一」㉢거역함. 반대함. ㉣부인에게 폭행을 가함.「女一」② 죄. 법에 위배되는 죄. ③ 죄인. 범인.「(罪人)」

犯人[범인]ハンニン 죄를 범한 사람. 죄인

犯則[범칙]ハンソク 법칙이나 규칙을 범함.

【狂】⁷/₄ [광 | 미칠 | ㉠陽] キョウ くるう

筆順 ノ 犭 犭 犴 狂 狂

解字 形聲. 犭(개)와 王(광)의 생략체이며 음을 나타내는 王을 합쳐서 함부로 마구 뛰어다니는 개, 미친 개의 뜻. 널리'미치다'의 뜻으로 쓰임.

意味 ① 미침. 머리가 돎.「發一」② 미친 사람.「一人」③ 미치광이 같은.

狂奔[광분]キョウホン ① 미친 듯이 뛰어 다님. ② 어떤 목적을 위하여 분주하게 돌아다님.「친 듯이 사나움.

狂暴[광포]キョウボウ 행동이나 마음결이 미

狂漢[광한]キョウカン 미친 놈. ↔광녀(狂女)

[犭部] 4~7획

【狄】 $\frac{7}{4}$ | 적 | 오랑캐 | 去錫 |
テキ
えびす

筆順 ノ ノ 犭 犭 狄 狄 狄

意味 오랑캐. ㉠중국 북쪽의 이민족(異民族). ㉡만족(蠻族). 이민족.「夷一」

狄人[적인] ① 옛날 중국 북쪽의 야만족. 북적(北狄). ② 우리 나라 북쪽에 살던 여진족(女眞族).

【狆】 $\frac{7}{4}$ | 충 | 오랑캐 | 去東 |
チュウ
ちん

筆順 ノ ノ 犭 犭 犭 狆 狆

意味 오랑캐 이름[중국 귀주(貴州). 운남(雲南) 지방에 살던 만족].

*【狗】 $\frac{8}{5}$ | 구 | 개 | 上有 |
コウ・ク
いぬ

筆順 ノ ノ 犭 犭 狗 狗 狗

解字 形聲. 犭[개]과 음을 나타내는 句(구)로 이루어짐.

意味 ① 개. ② 강아지.

狗盜[구도] $^{コウ}_{トウ}$ 개의 흉내를 내어 물건을 훔치는 도둑. 좀도둑.

【狙】 $\frac{8}{5}$ | 저 | 노릴 | 去魚 |
ショ・ソ
ねらう

筆順 ノ ノ 犭 犭 狙 狙 狙

意味 ① 원숭이. ② 겨눔. 노림.

狙擊[저격] $^{ショ}_{ゲキ}$ 노려서 쏘거나 침. 날쌔게 습격함.「一兵」
狙公[저공] $^{ショ}_{コウ}$ 원숭이를 기르거나 부리는 사람.

【狐】 $\frac{8}{5}$ | 호 | 여우 | 去虞 |
コ
きつね

筆順 ノ ノ 犭 犭 狐 狐 狐

意味 여우. 속이는 재주가 있는 사람.

狐假虎威[호가호위] ①여우가 범의 위력을 빌어 다른 짐승을 놀라게 함. ② 남의 권세를 빌어 위세를 부리는 소인(小人).

【狙】 $\frac{8}{5}$ | $\boxed{1}$단
$\boxed{2}$달 | 원숭이 | ㉠旱
㉡曷 |
タン

筆順 ノ ノ 犭 犭 犭 狙 狙

意味 ① 원숭이. ② 큰 이리.

【狎】 $\frac{8}{5}$ | 압 | 익을 | ㉠洽 |
コウ
なれる

筆順 ノ ノ 犭 犭 犭 狎 狎

意味 ① 익음. 익숙함. ② 허물 없이 가까이함. ③ 업신여김. ④ 희롱함. ⑤ 편안함.

狎客[압객] $^{コウ}_{カク}$ ① 터놓고 무척 가까이 지내는 사이. ② 오입장이.「불음」.
狎近[압근] $^{コウ}_{キン}$ 버릇 없이 가깝게 다가감.
狎臣[압신] $^{コウ}_{シン}$ 총애하는 신하.

【狡】 $\frac{9}{6}$ | 교 | 간교할 | 上巧 |
コウ
ずるい

筆順 ノ ノ 犭 犭 犲 狡 狡

意味 ① 교활함. 간교함.「一猾」 ② 재빠름. ③ 얼굴은 예쁘나 마음이 바르지 못함.

狡知[교지] $^{コウ}_{チ}$ 교활한 지혜.
狡猾[교활] $^{コウ}_{カツ}$ 간사한 꾀가 많음.
狡譎[교휼] $^{コウ}_{ケツ}$ 교활하여 남을 잘 속임.

【狩】 $\frac{9}{6}$ | 수 | 사냥 | 去宥 |
シュウ
かり

筆順 ノ ノ 犭 犭 犳 狩 狩

解字 形聲. 犭[개]과 음을 나타내는 守(수)를 합쳐서 개를 시켜 짐승을 잡다의 뜻. 개를 써서 하는 사냥을 뜻함.

意味 ① 사냥.「一獵」② 사냥을 함.

狩獵[수렵] $^{シュウ}_{リョウ}$ 사냥. 「師」.
狩人[수인] $^{シュウ}_{ジン・ニン}$ 사냥꾼. 엽사(獵)

【狹】 狹(犭부 7획)의 약자
【独】 獨(犭부 13획)의 속자

【狷】 $\frac{10}{7}$ | 견 | 성급할 | 去霰 | ケン |

[犭部] 7~8획

筆順 ノ 亻 犭 犭 犭 狷 狷
意味 ① 성급함. ② 고집. 외고집.
狷介[견개] ① 고집이 세어 굴종(屈從)하지 아니함. ② 절개가 굳음.
狷隘[견애] 마음이 좁고 한 쪽으로만 치우치는 성질.

[狼] 10획 犭7 | 랑 | 이리 | ㊥陽
ロウ
おおかみ

筆順 ノ 亻 犭 犭 犭 狼 狼
意味 ① 이리. ② 이리같이 악랄하고 강함. ③ 허둥댐. 덤벙댐.「一狽」④ 문란함. 어지러움.「一藉」⑤ 봉화(烽火).「一煙」
狼藉[낭자] ① 어지럽게 여기저기 흩어져 있는 모양. 이리가 풀을 깔고 자고난 뒤의 어지러운 모양에서 나온 말. ② 무질서한 행동.
狼狽[낭패] ① 일이 실패로 돌아가 몹시 딱한 형편이 됨. ② 어찌할 줄 몰라 당황함.

[狸] 10획 犭7 | 리 | 너구리 | ㊥支
り
たぬき

筆順 ノ 亻 犭 犭 犭 狎 狸
意味 너구리.

[狹] 10획 犭7 | 협 | 좁을 | ㊂洽
キョウ・コウ
せまい

筆順 ノ 亻 犭 犭 犭 狹 狹
解字 形聲. 본디 陜・陝과 같은 글자였으나 후에 狹으로 오용(誤用)되었다 함. 陜은 山과 음을 나타내는 夾(협)을 합쳐서 산 사이에 끼인 좁은 골짜기의 뜻. 널리 '좁다'의 뜻으로 쓰임.
意味 ① 좁음. ↔廣 ② 좁아짐. ③ 줌힘.
狹量[협량] 도량(度量)이 좁음.
狹薄[협박] 좁고 토질이 나쁜 땅.

*[猛] 11획 犭8 | 맹 | 사나울 | ㊤梗
モウ・ミョウ
たけし

筆順 ノ 亻 犭 犭 犭 猛 猛
解字 形聲. 犭[개]과 음을 나타내는 孟(맹)을 합쳐서 힘 센 개의 뜻을 나타내며 후에 '사납다'의 뜻으로 쓰이게 됨.
意味 사나움. ㉠강함. 용감함.「一將」㉡거침. 용맹스럼.「一威」㉢엄함. 과격함.「一省」↔寬
猛烈[맹렬] 기세가 사납고 세참.
猛獸[맹수] 성질이 사나운 짐승.
猛打[맹타] ① 몹시 때림. 맹렬한 공격. ② 야구 등에서 공을 힘차게 침.

[猜] 11획 犭8 | 시 | 샘낼 | ㊥灰
サイ
ねたむ

筆順 ノ 亻 犭 犭 犭 猜 猜
意味 ① 시기함. 시기. 샘을 냄. 남의 행복을 배아파함.「嫌一」② 의심함. 의심.「一疑」
猜忌[시기] 샘내어 미워함. 새암.

[猗] 11획 犭8 | ①의 ②아 | 불깐개 | ㊤支 ㊤哿
イ・ア
ああ

筆順 ノ 亻 犭 犭 犭 猗 猗
意味 ① ① 불깐 개. ② 탄식함. ③ 김[長]. ④ 야들야들함. ⑤ 의지함. ⑥ 더함. ② 부드러움.
猗儺[아나] 부드러움. 곱고 순함.
猗猗[의의] ① 아름답고 무성한 모양. ② 길게 잇단 모양.

[猝] 11획 犭8 | 졸 | 갑자기 | ㊤月
ソツ
にわか

筆順 ノ 亻 犭 犭 犭 猝 猝
意味 갑자기. 뜻밖에 당하여 다급함.
猝富[졸부] 벼락 부자.　　「음.
猝死[졸사] 갑자기 죽음. 느닷 없이 죽

[猖] 11획 犭8 | 창 | 미칠 | ㊥陽 | ショウ

筆順 ノ 亻 犭 犭 犭 猖 猖

[犭部] 9~13획　　　　　　　　　　　　　　　　　　215

猖獗[창궐]ショゥケツ 좋지 못한 세력(勢力)이나 병이 일어나 걷잡을 수 없이 성(盛)하게 퍼짐.
猖披[창피] 체면이나 마음에 대한 부끄러움.

【猪】 猪(犭부 9획)의 약자

【猟】 獵(犭부 15획)의 약자

【猫】 12 犭9 │ 묘 │ 고양이 │ 平蕭 │
ビョウ・ミョウ
ねこ

筆順 ノ 丿 犭 犭 ゔ 犭 猫 猫 猫

意味 고양이.

猫兒[묘아]ビョウジ 고양이 새끼.

【猩】 12 犭9 │ 성 │ 성성이 │ 平庚 │
セイ・ショウ

筆順 ノ 丿 犭 犭 犭 狎 猩 猩

意味 성성이. 큰 원숭이의 일종.

猩猩[성성]ショウジョウ 옛날 중국에서 상상(想像)한 괴상한 짐승. 원숭이의 일종으로 사람의 말을 이해하며 술을 좋아한다고 함.

【猥】 12 犭9 │ 외 │ 뒤섞일 │ 上賄 │
ワイ
みだりに

筆順 ノ 丿 犭 犭 犭 狎 猥 猥

意味 ① 함부로. 마구. 억지로. ② 어지럽힘. 어지러움. 「一雜」 ③ 음란. 단정하지 못함. 난잡함. 뒤섞임.

猥濫[외람] 분수에 넘치는 짓을 해서 죄송함.

猥褻[외설]ワイセツ 남녀간의 색정에 관하여 언어 행동이 난잡함.

*【猶】 12 犭9 │ 유 │ 머뭇거릴 │ 平尤 │
ユウ
なお

筆順 ノ 丿 犭 犭 犭 犴 猶 猶 猶

解字 形聲. 犭(짐승)과 음을 나타내는 酋(유)를 합쳐서 의심이 많은 원숭이의 일종을 뜻함. 널리 의심 · 머뭇거림

등의 뜻으로 씀.

意味 ① 머뭇거림. 우물쭈물함. 「一豫」 ② 느릿하고 태연한 모양. =悠 「一然」 ③ 역시. 아직. 도리어.

猶豫[유예]ユゥヨ ① 의심하여 결정하지 않는 모양. 망설이는 모양. ② 일이나 날짜를 밀어 감. ③〈法〉집행 유예(執行猶豫).

【猪】 12 犭9 │ 저 │ 돼지 │ 平魚 │
チョ
いのしし

筆順 ノ 丿 犭 犭 犭 犴 猪 猪 猪

意味 돼지.

猪突[저돌]チョトツ 멧돼지처럼 앞뒤 생각이 없이 돌진(突進)함. 「一猛進」

【獅】 13 犭10 │ 사 │ 사자 │ 平支 │ シ

筆順 ノ 丿 犭 犭 犭 犴 狮 獅 獅

意味 사자.

獅子[사자]シ〈動〉고양이과에 속하는 사나운 동물. 머리는 크고 둥글며 몸빛은 보통 담갈색임. 라이온. ②〈天〉성좌(星座)의 이름.

【猿】 13 犭10 │ 원 │ 원숭이 │ 平元 │
エン
さる

筆順 ノ 丿 犭 犭 犭 犭 猿 猿 猿

意味 원숭이.

猿聲[원성]エンセイ 원숭이의 울음 소리.
猿猴[원후]エンコウ〈動〉원숭이. 후(猴)도 원숭이의 뜻.

【猾】 13 犭10 │ 활 │ 교활할 │ 入黠 │
カツ
わるがしこい

筆順 ノ 丿 犭 犭 犭 狎 猾 猾 猾

意味 ① 교활함. 간꾀가 있음. 「狡一」 ② 어지럽힘. 소란하게 함.

猾吏[활리]カツリ 교활한 관리. 「움.
猾横[활횡]カツオウ 교활하고 도리에 어두

*【獨】 16 犭13 │ 독 │ 홀로 │ 入屋 │
ドク
ひとり

筆順 ノ 丿 犭 犭 犭 狎 獨 獨 獨

[解字] 形聲. 犭〔개〕과 음을 나타내는 蜀(촉)〔독은 변음〕을 합쳐서 개가 서로 물어 뜯다의 뜻임. 한 마리씩 떼어 놓다의 뜻이되었다가 후에 홀로 혼자의 뜻으로 쓰임.

[意味] ① 홀로. ㉠상대가 없음. 「單一」 ㉡남과 다름. 「一特」 ㉢남의 도움을 받지 않음. 「一立」 ㉣단 하나. 그것 뿐. 「一眼」 ② 독신자. ③ 독일(獨逸)의 약어. 「一語」

獨立〔독립〕ドクリツ ① 남의 힘을 빌지 아니하고 혼자 섬. ② 〈政〉 한 나라나 단체가 완전한 주권(主權)을 행사하는 능력을 가짐. ③ 개인이 한 집안을 이루어 완전히 사권(私權)을 행사함.

獨自〔독자〕ドクジ ① 혼자. ② 자기에게만 특유(特有)함. 「一的 見解」

【獰】 17 犭14 | 녕 | 모질 | [平]庚 | ドウ

[筆順] 犭 … 獰

[意味] 나쁨. 몹시 나쁨. 모짐.

獰猛〔영맹〕ドウモウ 성질이 모질고 사나움. 영악(獰惡).

獰惡〔영악〕ドウアク 사납고 악독함.

*【獲】 17 犭14 | [1]획 [2]확 | 얻을 | [入]陌 [入]藥 | カク える

[筆順] 犭 … 獲

[解字] 形聲. 犭〔개〕과 음을 나타내는 蒦(확)〔획은 변음〕을 합쳐서 개를 부려 새나 짐승을 잡다의 뜻. 또 그렇게 하여 잡은 것의 뜻으로도 씀.

[意味] [1] ① 얻음. 잡음. 손에 넣음. 「捕一」 ② 사냥한 것. 빼앗은 것. 「鹵一品」 ③ 빼앗음. 약탈함. [2] 실심하는 모양.

獲得〔획득〕カクトク 손에 넣음. 얻어 가짐.

獲麟〔획린〕カクリン ① 기린(麒麟)을 얻었다는 뜻. 공자(孔子)가 《春秋》를 비판 수정할 때 「哀公十四年春, 西狩獲麟」의 구(句)에서 글을 멈추고 붓을 놓았으므로 절필(絶筆)의 뜻으로 쓰임. ② 사물의 종말(終末). 임종(臨終).

【獵】 18 犭15 | 렵 | 사냥 | [入]葉 | リョウ かり

[筆順] 犭 … 獵

[解字] 形聲. 犭〔개〕과 음을 나타내는 巤(렵)을 합쳐 사냥개의 한 종류를 뜻함. 널리 사냥개를 부려서 사냥을 하다의 뜻.

[意味] ① 사냥. 새나 짐승을 쫓아 잡는 것. 「狩一」 ② 찾아다녀 손에 넣음. 「涉一」

獵犬〔엽견〕リョウケン 사냥개. 엽구(獵狗).

獵官〔엽관〕リョウカン 관직(官職)을 얻으려고 온갖 방법으로 경쟁하는 일.

獵奇〔엽기〕リョウキ 괴이(怪異)한 사물을 즐겨 쫓아다님.

獵期〔엽기〕リョウキ ① 사냥을 허락하는 시기. ② 사냥하기에 알맞은 시기. 수렵기(狩獵期).

獵師〔엽사〕リョウシ 사냥군의 존칭.

阝(左)部

【阡】 6 阝3 | 천 | 밭둑길 | [平]先 | セン みち

[筆順] 阝 … 阡

[意味] ① 밭둑길. ② 무성함. ③ 무덤으로 가는 길. ④ 천(千).

阡陌〔천맥〕センパク 밭둑 길. 동서를 맥(陌) 남북을 천(阡)이라 함. 또는 남북을 천, 동서를 맥이라 함.

【阬】 7 阝4 | 갱 | 구덩이 | [平]庚 | コウ あな

[筆順] 阝 … 阬

[意味] ① 구덩이. ② 구덩이를 만듦. 구덩이에 묻어 죽임. 「一儒」

阬儒〔갱유〕コウジュ 유학자·유생(儒生)을 구덩이에 파묻어 죽임. 「焚書一」

*【防】 7 阝4 | 방 | 막을 | [平]陽 | ホウ・ボウ ふせぐ

[筆順] 阝 … 防

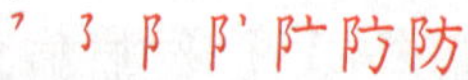

[解字] 形聲. 阝〔북돋운 흙〕과 음을 나타내는 方(방)을 합쳐서 강의 양 쪽에 쌓아 올린 흙을 뜻함. 널리 막다의 뜻으

로 씀.
[意味] ① 제방. 둑. 「堤—」 ② 막음. 방어. ㉠막아서 멈추게 함. 「—火」 ㉡지킴. 지키기. 「—衛」 ㉢미리 막음. 조심함. 「豫—」
防備〔방비〕ボウビ ① 방어(防禦)하는 설비. ② 적의 공격이나 화재에 대하여 막아서 힘써 지킴.
防諜〔방첩〕ボウチョウ 간첩을 방어함.
防波堤〔방파제〕ボウハテイ 바다의 센 물결을 막아 항내(港內)를 보호하기 위하여 항만(港灣)에 쌓아 올린 둑.

【阮】7 阝4 [1]원 [2]완 나라이름 ㊤沅 ㊥元
ゲン
[筆順] ㇇ ㇌ 阝 阝一 阝二 阝丆 阮
[意味] [1] ① 중국의 옛 나라 이름. ② 성(姓)의 하나. ③ 악기의 하나. =月琴 [2] 뜻은 [1]과 같음.
阮籍〔완적〕ゲンセキ 〈人〉 중국 삼국 시대 위(魏)나라의 시인(詩人) (210~263). 자(字)는 사종(嗣宗). 노장(老莊)의 학(學)을 좋아하였으며 세속(世俗)의 관습(慣習)을 싫어하였음. 죽림 칠현(竹林七賢)의 한 사람.

【阪】7 阝4 | 판 | 산비탈 | ㊤阮 | ハン さか
[筆順] ㇇ ㇌ 阝 阝一 阝厂 阝万 阪
[意味] ① 산비탈. ② 제방. 둑. ③ 험준함.

*【附】8 阝5 | 부 | 붙일 | ㊦遇 | フ・ブ つく
[筆順] ㇇ ㇌ 阝 阝亻 附 附
[解字] 形聲. 阝〔언덕〕과 음을 나타내는 付(부)를 합쳐서 흙이 두드러진 곳을 뜻함. 후에 붙다의 뜻으로 쓰임.
[意味] ① 붙음. ㉠달라 붙음. 「—着」 ㉡따름〔從〕. 「阿—」 ㉢가까이 감. 가까움. 「—近」 ② 붙임. 더함〔滲〕. 붊〔增〕. 「—加」 ③ 나눠 줌. 「交—」
附屬〔부속〕フゾク ① 주되는 일이나 물건에 딸려서 붙음. 「—病院」 ② 어떤 것에 딸려 붙은 물건. 부속품.
附隨〔부수〕フズイ 붙좇음. 붙어서 따라 감.
附著〔부착〕フチャク 딱 달라붙어 떨어지지 않음.
附會〔부회〕フカイ 억지로 끌어 대어 이치에 맞게 하는 것. 우겨 댐.

【阻】8 阝5 | 조 | 막힐 | ㊤語
ショ・ソ
けわしい・はばむ
[筆順] ㇇ ㇌ 阝 阝⺆ 阝冂 阝月 阻
[解字] 形聲. 阝〔산〕과 음을 나타내는 且(조)를 합쳐서 산이 중첩하고 험하다의 뜻.
[意味] ① 막힘. ② 어렵다. ③ 믿는다. ④ 근심함. ⑤ 의심함.
阻隔〔조격〕ソカク ① 거리가 떨어져 있어 통하지 못함. ② 방해하여 사이를 뗌.
阻隘〔조애〕ソアイ 험하고 좁음. 「격리함.
阻止〔조지〕ソシ 막음. 방해하여 멎게 함.
阻害〔조해〕ソガイ 막아서 못하게 방해함.

*【阿】8 阝5 | [1]아 [2]옥 | 언덕 | ㊥歌 ㊇屋 |
ア
くま・おもねる
[筆順] ㇇ ㇌ 阝 阝一 阝丆 阝口 阿
[解字] 形聲. 阝〔언덕〕과 음을 나타내는 동시에 구부리다의 뜻을 가진 可(가)〔아는 변음〕를 합쳐서 산 모퉁이, 즉 구비의 뜻. 아첨하다의 뜻으로도 씀.
[意味] [1] ① 구비. 산 모퉁이. ② 언덕. ③ 물가. ④ 아첨함. 「—世」 ⑤ 동〔건물을 세는 단위=棟〕. [2] 남을 부를 때 친근감을 나타내기 위하여 성이나 이름 위에 붙이는 말. 「—母」
阿諛〔아유〕アユ 아첨(阿諂). 「(阿附).
阿從〔아종〕アジュウ 아첨하여 따름. 아부

【陀】8 阝5 | 타 | 비탈 | 歌 | タ・ダ
[筆順] ㇇ ㇌ 阝 阝' 阝宀 阝它 陀
[意味] ① 비탈. 경사. ② 범어(梵語)의 '타' 음(音)의 취음자(取音字). 「佛—」
陀羅尼〔타라니〕ダラニ ① 〈佛〉 범문(梵文)으로 된 긴 구(句)를 번역하지 않고 그대로 독송하는 일. 이를 독송하면 스스로 광대 무변한 의리를 갖추며 각

[陋] 9 6 | 루 | 좁을 | 庤有 コウ せまい

筆順 ﾉ ３ ３¯ ３⁻ ³ﾆ ³ﾆ³ 陋

意味 ① 좁음. ㉠장소가 좁음.「一屋」㉡마음이 좁음.「固一」㉢견문이 좁음. ② 천함. ㉠신분이 낮음.「賤一」㉡품성이 야비함.「一劣」③ 추함. 얼굴이 못생김.「一醜」④ 나쁨.「一習」

陋見[누견] 좁은 견해. 천한 생각. ② 자기의 의견이나 생각을 낮추어 하는 말.

陋名[누명] ① 더러운 이름. 지저분한 평판에 오르내리는 이름. ② 억울하게 뒤집어 쓴 불명예. 오명(汚名).

陋醜[누추] 더럽고 추함.

陋宅[누택] 누옥(陋屋).

陋巷[누항] ① 좁은 동네. ② 누추하고 좁은 거리. ③ 자기가 사는 동네를 겸손하게 일컫는 말.

[陌] 9 6 | 맥 | 길 | ㊂陌 ハク・バク

筆順 ﾉ ３ ３¯ ３⁻ 陌 陌 陌

意味 ① 밭두렁길. ② 거리. ③ 백(百).

陌頭[맥두] ① 길가. 길바닥. ② 머리 띠.

陌上桑[맥상상] 〈音〉악곡의 이름. 전국시대 조왕(趙王)의 가신(家臣) 왕 인(王仁)의 처(妻)가 맥상(陌上)에서 뽕 따는 모습을 조왕이 보고 연정(戀情)을 기울였으나 그 뜻에 따르지 않음을 노래한 아름다운 시.

*[限] 9 6 | 한 | 지경 | ㊃㾏 ゲン・カン かぎる

筆順 ３ ３¯ ３⁻ ³⁻¹ 阝¹ 阝¹ 限 限

解字 形聲. ß [언덕]과 음을 나타내는 艮 (간)[한은 변음]을 합쳐서 산이 험하여 앞으로 못가다의 뜻. 널리 길이 막히다·경계를 짓다의 뜻으로 씀.

意味 ① 경계 지음. 지경. ㉠구분 지음. 구분. 구획. ㉡범위를 정함. 한정.「一界」② 정도.「一度」③ 범위. ④ 약속. 규정.「門一」⑤ 끝.「極一」

限界[한계] ① 사물의 정해 놓은 범위. ② 땅의 경계.「수 없는 선(線)」

限界點[한계점] 더 이상 나아갈

限局[한국] 범위를 제한함. 한정(限定). 국한(局限).

限期[한기] 일정한 시기. 「정도.

限度[한도] 일정하게 정한 범위나

限定[한정] 사물의 수량이나 범위를 제한하여 정함.

*[降] 9 6 | ①항 ②강 | 항복할 | 圭江 圭降 コウ・ゴウ ふる・おりる・くだる

筆順 ３ ３¯ ３⁻ ³ﾆ 降 降 降

解字 降・降 會意. ß [산]과 두 발이 아래 쪽으로 향한 것을 본뜬 夅을 합쳐서 산을 내려오다의 뜻.

意味 ① ① 항복함. 굴복함. ② 항복시킴. ② ① 내려옴. 높은 곳에서 내려옴.「一下」↔昇 ② 내려놓음. 내림. 끌어 내림.「一格」③ ㉠지상으로 내려옴.「一誕」㉡후(後).「以一」④ 내리게 함. ㉠왕녀를 신하에게 시집 보냄.「一嫁」㉡계급을 내림.「左一」⑤ 하늘에서 떨어짐. 떨어짐. ㉠비·눈이 내림.「一雨」㉡높은 곳에서 내림.

降等[강등] 등급(等級)을 내림.

降臨[강림] 신이 지상에 내려옴.

降霜[강상] 서리가 내림. 또는 내린 서리. 「눈.

降雪[강설] 눈이 내림. 또는 내린

[陛] 10 7 | 폐 | 섬돌 | 上陛 ヘイ きざはし

筆順 ß ß¯ ß⁻ 阝¹ 阝² 陛 陛

解字 形聲. ß [계단]과 음을 나타내는 坒 (폐)를 합쳐서 흙을 쌓아올린 계단의 뜻.

意味 ① 섬돌. 계단. 옥좌. 앞의 계단.

[阝(左)部] 7획   219

② 천자(天子)의 존칭. 「一下」
陛下[폐하]ハイカ 임금의 존칭. 계단(階段)의 밑이라는 뜻.

*[院] 10 阝7 │원│집│㊛殼│イン

筆順 ` ㇏ ㅋ 阝 阝ˊ 阡 院 院 院

解字 形聲. 阝[쌓아 올린 흙]과 음을 나타내는 完(완)[원은 변음]을 합쳐서 흙담을 뜻함. 후에 흙담으로 둘러싸인 곳의 뜻으로 쓰임.

意味 ① 집. 저택. ② 담장으로 둘러싸인 集(집). ㉠궁전. 「一中」 ㉡관청. 「翰林一」 ㉢절. 「寺一」 ㉣학교. 「書一」 기녀(妓女)가 있는 곳. 「妓一」 ③ 국회. 「兩一制度」

院內[원내]インナイ 원(院)자가 붙은 각종 기관의 내부·학원·병원·민의원·참의원·고아원 등의 내부.
院本[원본]インポン〈文〉중국 남송(南宋) 때에 금(金)나라에서 행하던 희곡.
院長[원장]インチョウ 원(院)자가 붙은 기관 또는 시설의 우두머리.

*[除] 10 阝7 │제│섬돌│㊛魚

チョ·ジョ
のぞく

筆順 ` ㇏ ㅋ 阝 阝ㄱ 阶 除 除 除

解字 形聲. 阝[계단]과 음을 나타내는 余(여)[제는 변음]를 합쳐서 집의 계단이라는 뜻. 후에 뜻을 빌어 없애다의 뜻으로 씀.

意味 ① 섬돌. 계단. ② 없앰. ㉠없애 버림. ㉡털어 버림. 「掃一」 ③ 새로 관직에 임명함. =敍 「一任」 ④ 나눔.

除名[제명]ジョメイ ① 명부에서 성명을 빼내 버림. ② 어떤 단체에서 내쫓음.
除目[제목]ジョ(ヂョ)モク 관리 임면(任免)의 조서(詔書).
除煩[제번]ジョハン 간단한 편지의 첫머리에 쓰는 말. 번다(煩多)한 인사말은 줄였다는 뜻. 제례(除禮). 전략(前略).
除法[제법]ジョホウ〈數〉나눗셈. ↔승법(乘法)
除服[제복]ジョフク 복 입을 기한이 다 되어

*[陣] 10 阝7 │진│진│㊛震

ジン·チン

筆順 ` ㇏ ㅋ 阝 阝ㄧ 阡 陌 陣

解字 形聲. 陳이 정자. 陳의 아래 부분의 八을 옆으로 바로 그어서 된 글자.

意味 ① 진(陣). 군대의 열(列). 「一列」 ② 군대·병사가 있는 곳. 「一營」 ③ 전쟁. ④ 얼마 동안 계속하여. 갑자스런. 「一痛」

陣頭[진두]ジントウ ① 군(軍)의 선두(先頭). ② 일의 선두. 「一指揮」
陣列[진열]ジンレツ 진(陣)의 배열(排列).
陣營[진영]ジンエイ ① 군대가 집결된 곳. 병영(兵營). ② 계급·당파 등의 단체적 결속(結束). 「自由一」
陣地[진지]ジンチ 진(陣)을 친 곳. 군대를 배치한 곳.

[陟] 10 阝7 │척│오를│㊛職

チョク
のぼる

筆順 ` 阝 阝ㄧ 阝ㄧ 阱 陟 陟

意味 오름. 올림.

陟降[척강]チョクコウ ① 오름과 내림. ② 하늘에 오르내림.
陟方[척방]チョクホウ 임금의 죽음. 하늘에 오르는 뜻. 천하를 시찰하는 뜻.
陟罰臧否[척벌장부]チョクバツゾウヒ 좋은 사람을 승진시키고 악한 사람을 처벌함.

[陞] 10 阝7 │승│오를│㊛蒸

ショウ
のぼる

筆順 阝 阝ㄧ 阝ㅓ 阞 陛 陞 陞

意味 오름. 올림. 계급이 오름. =昇 「一敍」

陞降[승강] ① 오르고 내림. 또는 자동차 기차 등에 타거나 내림. ② 서로 제 주장을 고집하여 굽히지 아니함.
陞級[승급]ショウキュウ 등급이 오름. 승급(昇級)
陞進[승진]ショウシン 지위가 올라감.

[陝] 10 阝7 │섬│땅이름│㊤琰│セン

筆順 阝 阝ㄧ 阝ㅗ 阝ㅓ 陝 陝 陝

意味 〈地〉① 중국 하남성(河南省) 섬현

(陝縣). ② 섬서성(陝西省)의 약칭.

*[陷] 11/阝8 | 함 | 빠질 | ⑧陷 |
カン・ケン
おちいる

筆順 阝 阝' 阝′ 阝┌ 陷 陷 陷

解字 形聲. 「언덕」과 음 및 떨어져 빠지다의 뜻을 나타내는 臽(함)을 합쳐서 높은 곳에서 아래로 떨어져 빠지다의 뜻.

意味 ① 빠짐. ㉠빠져 버림. 떨어져 빠짐. ㉡우묵해짐. 「一沒」㉢가라 앉음. 「一溺」② 공격을 받아 떨어짐. 「一落」② 공격하여 떨어트림. ㉡빠지게 함. 계략을 써서 속임. ㉡함락시킴.

陷落[함락]カン ① 땅이 무너져 떨어짐. ② 적의 성(城)이나 요새 등을 공격하여 빼앗음. ③ 꾐에 빠짐.
陷沒[함몰]カン ① 재난을 당하여 멸망함. ② 모두 빠져 몰락함.
陷穽[함정]カン 짐승 등을 잡기 위하여 파놓은 구덩이.

*[陶] 11/阝8 | ①도 ②요 | 질그릇 | ⑧陶 ⑧窯 |
トウ・ヨウ

筆順 ' ˊ ﾖ 阝 阝ʼ 阝ァ 陶 陶 陶

解字 形聲. 「언덕」과 음을 나타내는 匋(도)를 합쳐 질그릇을 뜻함.

意味 ①① 질그릇. 도자기. 사기 그릇. ② 도자기를 만듦. ③ 사람을 가르쳐 이끔. 「一冶」 ④ 태평스럽고 한가함. 기뻐함. 「鬱一」 ② ① 화목하고 즐김. ② 사람 이름. 「皐一」는 순(舜) 임금의 신하.

陶冶[도야]トゥ ① 도기를 굽고 쇠붙이를 녹임. ② 심신을 닦아 기름.
陶然[도연]トゥ 술에 취하여 기분이 좋은 모양. 기분 좋게 취함.

*[陵] 11/阝8 | 릉 | 큰언덕 | ⑧蒸 |
リョウ
みささぎ・おか・しのぐ

筆順 阝 阝┐ 阝┐ 阝┴ 陟 陵 陵 陵

解字 會意. 본디 阝[계단]과, 사람이 계단에 발을 걸치고 올라가는 모양인 夌으로 이루어져 올라가다·넘다의 뜻. 후에 왕릉의 뜻으로 쓰임.

意味 ① 언덕. 큰 언덕. 「丘一」② 능. 왕릉. 「一墓」능가함. 깔보고 범함. = 凌 「一辱」③ 차차 약해짐. 「一夷」 ④ 땅이 점점 낮아짐.

陵丘[능구]リョゥ 언덕. 구릉(丘陵).
陵墓[능묘]リョゥ 임금·왕비의 묘. 능.
陵辱[능욕]リョゥ ① 업신여기어 욕을 보임. ② 여자를 폭력으로 범함.

*[陸] 11/阝8 | 륙 | 뭍 | ⑧屋 |
リク・ロク
おか・くが

筆順 ' ョ 阝 阝ˉ 阝⁺ 陟 陸 陸

解字 形聲. 阝[언덕]과 음을 나타내는 坴(륙)을 합쳐서 언덕이 연이어 있다는 뜻. 해상에서 육지를 보면 먼저 연이어 있는 산이 보이기 때문에 육지의 뜻으로 쓰게 됨.

意味 ① 뭍. 육지. ↔海 ② 연이은 모양. 「一續」③ 숫자(數字)의 六과 같음.

陸橋[육교]リク 내가 아닌 육상(陸上)이나 낭떠러지나 계곡을 건너기 위해 놓은 다리. 구름 다리.
陸軍[육군]リク〈軍〉 육상의 전투나 방어의 임무를 띤 군대. •해군·공군
陸路[육로]リク 육지의 길. ↔해로(海路)
陸戰[육전]リク 육지에서의 싸움. ↔해전(海戰) 「표면. 뭍.
陸地[육지]リク 물에 덮이지 않은 지구

*[陪] 11/阝8 | 배 | 따를 | ⑧灰 |
バイ・ハイ

筆順 阝 阝ˉ 阝┴ 阽 陪 陪 陪

解字 形聲. 阝[작은 산]과 음을 나타내는 咅(부)[배는 변음]를 합쳐서 큰 산 옆에 따라 붙어 있는 작은 산을 뜻함. 널리 따르다의 뜻으로 씀.

意味 ① 따름[隨]. 따라 붙음. 모심[侍]. 「一席」② 수행. 수행자. 「一從」
陪審[배심]ハイ〈法〉 민간(民間)에서 출되어 소송의 심리에 참가함.

*【陰】11 阝8 | 음 | 그늘 | [平]侵 |
イン・オン・アン
かげ

[筆順] 阝 阝' 阝̂ 阝侌 陰 陰

[解字] 形聲. 阝〔산〕과 음을 나타내는 侌(음)을 합쳐서 햇빛이 비치지 않는 산 그늘의 뜻.

[意味] ① 그늘. ↔陽 ㉠빛이 안 닿는 부분. ㉡산의 북쪽. 강의 남쪽. ② 덮어 가림. 숨음. 「一蔽」 ③ 은밀. 「一德」 ④ 그늘이 짐. 흐림. ↔晴 ⑤ 어두움. 어둑어둑함. ⑥ 시간. 「光一」 ⑦ 뒤.

陰謀〔음모〕インボウ ① 남이 모르게 일을 꾸미는 꾀. ② 범죄(犯罪) 행위를 비밀히 꾸미는 계략.

陰濕〔음습〕インシツ 그늘지고 축축함.

陰陽〔음양〕イン(オン)ヨウ ① 천지 만물의 서로 반대되는 두 가지 성질. ② 〈物〉 전기 또는 자기(磁氣)의 음극과 양극.

*【陳】11 阝8 | 진 | 늘어놓을 | [平]眞 |
チン・ジン
つらねる

[筆順] 阝 阝' 阝冖 阝百 陣 陣 陳

[解字] 形聲. 본디 陳으로 썼으며 阝〔언덕〕과 음을 나타내는 敕(진)을 합쳐서 고장 이름. 후에 생략체인 陳으로 쓰고 연잇다의 뜻으로 씀. 陣은 군대의 뜻으로만 쓰는 변형된 글자.

[意味] ① 늘어놓음. 가지런히 놓음. 「一列」 ② 말함. 「一情」 ③ 낡음. 「新一代謝」 ④ 진. 「두로 의견을 말함.

陳述〔진술〕チンジュツ ① 자세히 말함. ② 구

陳言〔진언〕チンゲン 오래 되어 케케묵은 말.

陳列〔진열〕チンレツ 물건 등을 보이기 위하여 죽 벌이어 놓음.

【険】險(阝부 13획)의 약자

*【隊】12 阝9 | 대 | 떼 | [去]隊 | タイ

[筆順] 阝 阝' 阝ᐟ 阝㒸 隊 隊

[解字] 形聲. 阝〔작은 산〕과 음을 나타내는 㒸(수)〔대는 변음〕를 합쳐서 산에서 떨어지다의 뜻. 후에 군대의 뜻으로 쓰게 됨.

[意味] ① 군대. 중국 고대의 병제(兵制)에서 병사 100명 한 조(組), 또는 200명 한 조. 「部一」 ② 떼. 무리. 많은 사람이 정돈하여 줄지어 선 것.

隊商〔대상〕タイショウ 사막과 같은 교통이 발달하지 않은 지방에서 낙타나 코끼리 등을 타고 멀리 행상(行商)하는 사람들의 집단. 캐러밴. 「렬.

隊列〔대열〕タイレツ 대(隊)를 지어 늘어선 행

隊伍〔대오〕タイゴ 군대의 항오(行伍).

*【隆】12 阝9 | 륭 | 성할 | [平]東 |
リュウ
たかし

[筆順] 阝 阝' 阝ク 阝夂 陉 降 隆

[解字] 形聲. 阝〔작은 산〕과 음을 나타내는 夅(륭)을 합쳐서 산이 혹같이 솟아 오르다의 뜻.

[意味] ① 높음. ㉠가운데가 솟아 올라 높음. 「一鼻」 ㉡신분·계급이 높음. 높아짐. 높게 함. 「一起」 ② 성함.

隆盛〔융성〕リュウセイ 번영함. 성함.

隆然〔융연〕リュウゼン 우뚝 솟아 있는 모양.

*【階】12 阝9 | 계 | 섬돌 | [平]佳 |
カイ
きざはし

[筆順] 阝 阝' 阝ト 阝比 阝皆 階 階

[解字] 形聲 阝〔계단〕과 음을 나타내는 皆(개)〔계는 변음〕를 합쳐서 산 길에 만든 계단의 뜻.

[意味] ① 섬돌. 계단. ② 사닥다리. 사닥다리를 걸쳐 놓음. ③ 징조. 단서. 시작. ④ 손을 잡고 데리고 감. 의지(依支). 「一梯」 ⑤ 품질. 품(品).

階級〔계급〕カイキュウ ① 직위나 신분의 순위. ② 재산·지식·직업 등에 의하여 갈린 사회적 지위. 「智識一」

*【陽】12 阝9 | 양 | 해 | [平]陽 | ヨウ ひ

[筆順] 阝 阝冂 阝日 阝旦 陽 陽

[解字] 形聲. 阝〔산〕과 음 및 해가 떠오르

다의 뜻을 나타내는 昜(양)을 합쳐서 햇빛이 비치는 산의 측면이라는 뜻. 널리 태양의 뜻으로 씀.
意味 ① 해. 태양. 「夕ー」② 양지. 햇빛이 비치는 곳. ③ 산의 남쪽. 강의 북쪽. 「洛ー」④ 겉. 표면.「↔陰」⑤ 거짓을 말함. 거짓. ＝佯

陽曆[양력] $^{ョゥ}_{レキ}$〈天〉지구가 태양의 주위를 공전(公轉)하는 시간을 일년으로 하여 만든 달력. ↔음력(陰曆)

【隈】 $^{12}_{阝9}$ |외|모퉁이| 灰| ワイ くま

筆順 ﾌ ﾌﾞ ﾌﾞ ﾌﾞ 阻 阻 隈 隈

意味 ① 구비. 산이나 강이 굽어 들어간 곳. ② 모퉁이.

【隅】 $^{12}_{阝9}$ |우|모퉁이| 虞| グウ・グ すみ

筆順 ﾌ ﾌﾞ ﾌﾞ 阻 阻 隅 隅 隅

意味 ① 구석. ㉠기슭. 모퉁이. ㉡모[角].「一一」② 절개. 품행이 단정함.「廉一」.

隅角[우각] $^{グウ}_{カク}$ ① 모퉁이. 구석. ② 입체각(立體角).

【隋】 $^{12}_{阝9}$ |1 타|떨어질|紙| |2 수| |支| ダ・ズイ

筆順 ﾌ ﾌﾞ ﾌﾞ 阻 阻 陏 隋 隋

意味 ① ① 떨어짐. ＝墮 ② 게으름. ＝惰 ② 중국의 옛 나라 이름.

【隔】 $^{13}_{阝10}$ |격|막을| 陌| カク へだたる

筆順 ﾌ ﾌﾞ ﾌﾞ 阻 阻 隔 隔 隔

解字 形聲. 阝[작은 산]과 음을 나타내는 鬲(격)을 합쳐서 작은 산으로 가로막혀 떨어져 있다의 뜻.

意味 ① 떨어져 있음. ㉠무엇을 가운데에 놓아 막아 버림. 구획함. ㉡사이를 뗌. 멀리함.「疎ー」② 사이를 둠. ㉠떨어짐.「一絕」㉡멀어짐. ③ 사이.

隔月[격월] $^{カク}_{ゲツ}$ 한 달씩 거름. 달을 거름.

【隙】 $^{13}_{阝10}$ |극|틈| 陌| ゲキ・ケキ すき

筆順 ﾌ ﾌﾞ ﾌﾟ 阶 陷 隙 隙

意味 ① 구멍.「孔ー」② 틈. 틈새기.「間ー」③ 여가. 한가로운 때.「農ー」④ 사이가 나쁨. 불화(不和).

隙地[극지] $^{ゲキ}_{チ}$ 빈터. 공지(空地).

【隘】 $^{13}_{阝10}$ |1 애|좁을| 卦| |2 액| | 陌| アイ せまい

筆順 ﾌ ﾌﾞ ﾌﾞ 阶 陷 隘 隘

意味 ① ① 좁음. ㉠길 등이 좁음. 좁고 답답함. ㉡마음이 좁음. ㉢험함.「險ー」③ 천함. ② 막음. 못 하게 함.

隘路[애로] $^{アイ}_{ロ}$ ① 좁은 산과 산 사이의 길. ② 일을 할 때 그 성공을 방해하는 원인.

隘巷[애항] $^{アイ}_{コウ}$ 좁고 더러운 동네.

【隕】 $^{13}_{阝10}$ |1 운|떨어질| 問| |2 원| | 先| イン・ケン・エン おちる

筆順 ﾌ ﾌﾞ ﾌﾞ 阶 陷 隕 隕

意味 ① ① 떨어짐. 떨어드림. ② 허물어짐. ③ 사로잡힘. ④ 죽음. ＝殞 ② 둘레.

隕命[운명] 죽음. 목숨을 잃음.

*【障】 $^{14}_{阝11}$ |장|막을| 陽| ショウ・ソウ さわる・へだて

筆順 ﾌ ﾌﾞ ﾌﾞ 阶 陷 障 障

解字 形聲. 阝[산]과 음을 나타내는 章(장)을 합쳐서 산 때문에 담장처럼 막히다의 뜻.

意味 ① 사이를 둠. 막음.「一蔽」② 구획. 간격.「一壁」③ 메꿈. 막음. 요새.「一塞」④ 달음. ⑤ 지장. 방해.

障害[장해] $^{ショウ}_{ガイ}$ 거리껴서 해가 되게 함. 또는 그 물건.「一物」

*【際】 $^{14}_{阝11}$ |제|사귈| 霽|

サイ・セイ
きわ
[筆順] … 際
[解字] 形聲. 阝[산]과 음을 나타내는 祭(제)를 합쳐서 산과 산이 접하는 곳을 뜻함. 널리 경계·가장자리의 뜻으로 씀.
[意味] ① 가장자리. ㉠끝. 한계. 「一限」 ㉡부근. ㉢정도. 신분. 「分一」 ② 사이. 짬. ㉠물건과 물건의 이음새. ㉡간격. ㉢이음새. 접합점(接合點). 「唐虞의 一」 ③ 기회. 「實一」. ④ 만남.
際涯[제애] サイガイ 땅이나 바다 등의 맨 끝.

*【隨】16 阝13 | 수 | 따를 | [平]支 |
ズイ
したがう
[筆順] … 隨
[解字] 形聲. 길을 가다의 뜻인 辶과 음을 나타내는 隋를 합쳐서 뒤에서 따라 가다의 뜻.
[意味] ① 따라 감. ㉠따라 붙음. 「一行」 ㉡맡김. 「一意」 ㉢마음대로 됨. 「半身不一」 ② 따라서. …대로.
隨感[수감] ズイカン 마음에 느껴지는 그대로의 생각. 「따름.
隨命[수명] 자기의 타고 난 운명에

【隧】16 阝13 | 수 | 굴 | [去]隧 | スイ·ツイ
[筆順] … 隧
[意味] ① 굴. 터널. 땅 속을 뚫은 길. 「一道」 ② 무덤길.
隧道[수도] ズイドウ ① 땅속을 파서 통하게 한 길. 터널. ② 지하도(地下道).

*【險】16 阝13 | 험 | 험할 | [上]琰 |
ケン
けわしい
[筆順] … 險
[解字] 形聲. 阝[산]과 음을 나타내는 僉(첨)[험은 변음]을 합쳐서 오르기에 힘든 험한 산이라는 뜻.
[意味] ① 험함. ㉠산이 높고 가파름. 「一阻」 ㉡험상궂음. 「一相」 ② 위태로움. 「危一」 ③ 어려움. ④ 사악(邪惡). 마음이 검음. 「陰一」
險口[험구] 남의 단점을 들추어 내어 헐뜯음. 또는 그런 사람. 「됨.
險難[험난] ケンナン 위험하고 어려움. 고생이

*【隱】17 阝14 | 은 | 숨을 | [上]吻 |
イン・オン
かくれる
[筆順] … 隱
[解字] 形聲. 阝[산]과 음을 나타내는 㥯(은)을 합쳐서 산에 가리어 안보이다의 뜻.
[意味] ① 숨음. ㉠나타나지 않음. ㉡숨어 버림. 「一居」 ㉢세상을 피함. 「一棲」 ② 숨김. 덮어 가리움. 「一蔽」 ③ 은밀함. 사람에게 알려지지 않음. 「一德」 ④ 숨은 사실. 비밀. 숨은 인재.
隱匿[은닉] イントク 숨김. 감추어 버림.

【隴】19 阝16 | 롱 | 언덕 | [上]腫 |
ロウ・リョウ
[筆順] … 隴
[意味] ① 〈地〉 ㉠중국 섬서성(陝西省)에 있는 산 이름. ㉡중국 감숙성(甘肅省)의 별명. ② 언덕. ③ 밭두둑. 밭.
隴畝[농무] ロウホ ① 밭. ② 시골.

阝(右) 部

*【那】7 阝4 | 나 | 어찌 | [平]歌 |
ナ・ダ
[筆順] … 那
[解字] 形聲. 阝과 음을 나타내는 冄(염)[나는 변음]을 합쳐서 어찌의 뜻.
[意味] ① 어째서. 어떠한지. 「一何」 ② 저(彼). ③ 어느. 어떤. ④ 불교에서 '나'의 음역자(音譯字)로 쓰임. 「刹一」
那落[나락] ナラク 〈佛〉 지옥(地獄).
那邊[나변] ナヘン ① 거기. ② 어느 곳.

*【邦】7 阝4 | 방 | 나라 | [平]江 | ホウ くに

[筆順] 一 二 三 丰 丰⁷ 丰阝 邦

[解字] 形聲. 阝〔나라〕과 음을 나타내는 丰(봉)〔방은 변음〕을 합쳐서 흙을 쌓아 올려 나라의 영역을 나타내다의 뜻. 널리 나라의 뜻으로 쓰임.

[意味] ① 나라. ② 우리 나라. 「一交」

邦家〔방가〕ホウカ 나라. 국가. 국토와 왕실(王室). 방국(邦國).

*【邪】 7 阝4 | [1]사 [2]야 [3]여 | 간사할 | [平]麻 [平]麻 [平]魚 |
ジャ・シャ・ヤ
よこしま

[筆順] 𠂉 牙 牙 牙⁷ 牙阝 邪

[解字] 形聲. 阝〔부락〕과 음을 나타내는 牙(아)〔사는 변음〕로 이루어지며 본디 고장 이름. 후에 바르지 못하다의 뜻으로 쓰임.

[意味] [1] ① 바르지 못함. 부정. ↔正 ② 나쁜 것. 「姦一」 [2] 그런가〔疑問詞〕. =耶 [3] 나머지.

邪惡〔사악〕ジャアク 간사하고 악독함. 또는 그런 사람.

邪慾〔사욕〕ジャヨク ① 못된 욕망(慾望). 부정한 욕심. ② 음욕(淫慾).

【邱】 8 阝5 | 구 | 언덕 | [平]尤 | キュウ おか

[筆順] 丿 亻 斤 斤 丘⁷ 丘阝 邱

[意味] 언덕.

【邸】 8 阝5 | 저 | 집 | [上]薺 |
テイ・タイ
やしき

[筆順] 丿 𠂇 𠂤 氐 氐⁷ 氐阝 邸

[解字] 形聲. 阝〔부락〕과 음을 나타내는 氐(저)를 합쳐서 마을 언덕 위에 있는 유지(有志)의 집을 뜻함. 널리 저택의 뜻으로 쓰임.

[意味] 크고 훌륭한 집. 「一宅」

邸宅〔저택〕テイタク ① 규모가 비교적 큰 집. ② 왕후(王侯)의 집.

【邯】 8 阝5 | [1]한 [2]함 | 조나라 서울 | [平]寒 [平]覃 |
カン・ガン

[筆順] 一 十 廾 甘 甘⁷ 甘阝 邯

[意味] [1] 조(趙)나라 서울〔지금의 중국 하북성(河北省)에 있음〕. [2] 사람 이름. 「章一」은 진나라 장수였음.

邯鄲之夢〔한단지몽〕カンタンノゆめ 노생(盧生)이 한단(邯鄲)에서 도사(道士) 여옹(呂翁)의 베개를 빌어 잠깐 눈을 붙인 사이에 부귀 영화의 꿈을 꾼 고사(故事)에서, 인생과 부귀 공명의 덧없음을 비유하는 말. 황량몽(黃粱夢).

*【郊】 9 阝6 | 교 | 성밖 | [平]肴 |
コウ・キョウ

[筆順] 丶 亠 六 交 交⁷ 交阝 郊

[解字] 形聲. 阝〔부락〕과 음을 나타내는 交(교)를 합쳐서 기우제(祈雨祭) 등을 올리는 부락 변두리라는 뜻. 널리 도회지 변두리의 뜻으로 씀.

[意味] 성밖. 변두리. 교외. 「近一」

郊外〔교외〕コウガイ 성문(城門) 밖 또는 도시 주위의 들이나 논밭이 비교적 많은 지역. 「一線」

【郁】 9 阝6 | 욱 | 자욱할 | [入]屋 | イク

[筆順] 丿 ナ 冇 有 有⁷ 有阝 郁

[意味] ① 자욱함. ② 왕성함. ③ 중국 섬서성(陝西省)에 있는 고장 이름.

郁郁〔욱욱〕イクイク ① 문물(文物)이 융성한 모양. 욱문(郁文). ② 향기가 대단히 나는 모양.

*【郡】 10 阝7 | 군 | 고을 | [去]問 |
クン・グン
こおり

[筆順] ㇕ 𠃌 ⺕ 尹 君 君阝 郡

[解字] 形聲. 阝〔마을〕 음을 나타내는 君(군)을 합쳐서 부락이 많이 모인 것을 뜻함. 후에 행정 구역의 한 단위로 쓰이게 됨.

[意味] 군〔행정 구역의 한 단위로 읍(邑)과 면(面)들이 모여 이루어짐〕.

郡民〔군민〕グンミン 그 고을에 사는 사람들.

*【郎】 10 阝7 | 랑 | 사내 | [平]陽 |
ロウ
おとこ

[阝(右)部] 8〜11획

郎

筆順 ' ㄱ ㅋ 自 𦤌 良 郎

解字 形聲. 阝(마을)과 음을 나타내는 良(량·랑)으로 이루어지며 본래 고장 이름. 후에 남자의 뜻으로 쓰이게 됨.

意味 ① 사내. 남자. ② 남편.「新一」

郎君[낭군] ① 남의 아들의 높임말. ② 아내가 남편을 높여 부르는 말.

*郭 11 阝8│곽│성곽│㊥藥│
カク
くるわ

筆順 ' 亠 吉 亨 享 享 郭

解字 形聲. 사람이 모이는 곳을 뜻하는 阝과 음을 나타내는 享(향)[곽은 변음]을 합쳐서 주민을 지켜주는 바깥 울타리라는 뜻.

意味 ① 성곽. 담벽. 거리의 주위를 둘러싼 바깥 울타리.「城一」② 바깥 둘레.「輪一」③ 벌림[開張].

郭內[곽내] ᄏᄏᄀ 성곽(城郭) 안.

*部 11 阝8│부│거느릴│㊤麌│
ブ・ホ・ホウ
すべる

筆順 ' 亠 𠂉 𠂋 音 音 部

解字 形聲. 阝(마을)과 음을 나타내는 音(부)로 이루어지며, 본래 고장 이름임. 후에 구획한 것의 뜻으로 씀.

意味 ① 거느림. ② 분류. ③ 부. 신문·잡지·책 등을 세는 말.「부분」

部署[부서] ᄇᄀ 근무상에 각기 할당된
部屬[부속] ᄇᄀ 어떠한 부류나 부문에 속해 있음. 또는 그 사람. 부하(部下).

*郵 11 阝8│우│역말│㊤尤│
ユウ・ユ

筆順 二 𠂋 𠂇 垂 垂 垂 郵 郵

解字 會意. 阝(마을)과 변경(邊境)의 뜻을 가지는 垂를 합쳐서 변경에 있는 마을이라는 뜻. 그런 곳에 역참(驛站)이나 역사(驛舍)를 두었기 때문에 역참의 뜻으로 쓰이게 됨.

意味 ① 역말. 역사(驛舍). 여행하는 사람을 숙박하는 곳. 또는 문서·편지.

하물 등을 전달하는 중계소. ② 우편.「一送」

郵券[우권] ᄋᄀ 우표(郵票).
郵稅[우세] ᄋᄀ 우편 요금.
郵送[우송] ᄋᄀ 우편으로 보냄.

*都 12 阝9│도│도읍│㊤虞│
ト・ツ
みやこ・すべて

筆順 一 十 耂 者 者 者 都

解字 形聲. 사람이 사는 곳을 뜻하는 阝과 음을 나타내는 者(자)[도는 변음]를 합쳐서 사람이 많이 모여 사는 곳을 뜻함. 후에 수도(首都)의 뜻으로 쓰이게 됨.

意味 ① 도읍. ㉠ 서울. 수도. ㉡ 번화한 거리.「一會」㉢ 郡 ② 다스림. 통할함「一督」③ 모두. 전부.

都給[도급] 어떠한 공사에 들 모든 비용을 미리 작정하고 도맡아 하게 하는 일.
都買[도매] 물건을 따로 따로 나누지 아니하고 한데 합쳐서 사들임.

*鄕 13 阝10│향│고향│㊦陽│
キョウ・ゴウ
さと

筆順 ' 幺 乡 𥝱 𥝱 𥝱 鄕

解字 會意. 그릇에 음식을 담고 마주 앉아 먹는 모양을 본뜸. 饗의 본디 글자. 후에 모여서 잔치를 베푸는 마을의 뜻으로 씀.

意味 ① 마을. ㉠촌락. ㉡고장. 장소. 토지.「他一」② 고향.「望一」

鄕客[향객] 시골 손님.
鄕校[향교] ᄏᄀ ① 시골에 있는 문묘(文廟)와 거기에 딸린 옛날 학교. ② 시골의 학교.

鄙 14 阝11│비│두메│㊦紙│
ヒ
ひな

筆順 ᄀ 𠃌 呂 몸 몹 啚 鄙

意味 ① 두메. 시골.「邊一」↔都 ② 천함.＝卑 ㉠품위가 없음.「一劣」㉡품이 떨어짐「一近」③ 자기의 것을 겸손하여 쓰는 말.「一見」

鄙見[비견] ᄇᄀ ① 천한 의견. ② 자기

226

【鄰】 15 阝12 │린│이웃│㊀眞
リン
となり

筆順 ᅩᅪ米粦粦舞鄰

解字 形聲. 촌락을 뜻하는 阝(邑)과 음을 나타내는 舜(린)을 합쳐 촌락에서 서로 어깨를 잇대어 나란히 서 있는 동지(同志)의 뜻, 널리 이웃의 뜻으로 쓰임.

意味 ① 이웃. ② 도움. ③ 친함. ④ 수레 구르는 소리.

鄰家[인가]ᴿᴵᴺ 이웃집. 「의 교제.
鄰交[인교]ᴿᴵᴺ 이웃간이나 이웃 나라와

【鄭】 15 阝12 │정│나라│㊁敬
テイ・ジョウ

筆順 ᅩᅭ关酋酋奠鄭

意味 ①〈地〉중국 춘추 시대의 나라 이름. ② 친절하고 공손함. 「重」
鄭聲[정성]ᵀᴱᴵ 춘추 시대(春秋時代) 정(鄭)나라의 음악(音樂). 음탕한 음악.
鄭重[정중]ᵀᴱᴵ ① 점잖고 무게가 있음. ② 친절하고 은근함.

心(忄)部

【心】 4 心0 │심│마음│㊀侵
シン
こころ

筆順 ᅟᅠ心心心

解字 象形. 심장의 모양을 본뜸. 부수의 心[대개 忄]은 정신 작용·사고(思考)에 관한 뜻을 나타냄.

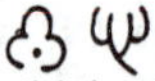

意味 ① 마음. ㉠지(知)·정(情)·의(意)가 작용하는 근원. 정신. 마음 속. ㉡생각. 의지. 사려. ㉢의미. 의의. 뜻. ㉣느낌. 걱정. 느끼고 있는 것. ② 심장. ③ 가슴. ④ 한가운데. 「中一」
心境[심경]ˢᴵᴺ 마음의 상태(狀態). 그때의 기분. 「一의 變化」
心情[심정]ˢᴵᴺ 마음과 정(情). 마음.
心中[심중]ˢᴵᴺ 마음속. 의중(意中).

【必】 5 心1 │필│반드시│㊃質
ヒツ・ヒチ
かならず

筆順 ノ必必必

解字 象形. 무기의 손잡이로 쓰는 나무가 부러지지 않도록 끈을 감은 모양을 본뜸. 柲의 본디 글자임. 나무 막대에 끈을 꼭 죄어서 감다의 뜻에서 반드시의 뜻으로 쓰이게 됨.

意味 ① 반드시. 꼭. 틀림 없이. 확실히. ② 꼭 해쓰임. 굳게 기대함. ③ 끝까지 함. 완수함. ④ 반드시 …라고는.
必衰[필쇠]ᴴᴵᵀ〈佛〉꼭 쇠(衰)함.
必修[필수]ᴴᴵᵀ 반드시 학습하여야 함.
必要[필요]ᴴᴵᵀ 꼭 소용이 됨. 꼭 없어서는 아니 됨. 필수(必須).

【忌】 7 心3 │기│미워할│㊁寘
キ
いむ

筆順 ᅟᅠコ己己忌忌忌

解字 形聲. 心(마음)과 음을 나타내는 己(기)를 합쳐 두려워서 멀리하고 미워하다의 뜻. 널리 싫어하다의 뜻으로 쓰임.

意味 ① 싫어함. ㉠두려워함. ㉡상감. ㉢공경함. ㉣미워함. 좋아하지 않음. ㉤원망함. ② 피함. 불길·부정함을 피하여 심신을 깨끗이 함. ③ 상중(喪中). 죽은 사람의 기일(忌日).
忌明[기명]ᴷᴵ 기일(忌日)이 끝남. 꺼리는 일이 그침.
忌服[기복]ᴷᴵ 친족(親族)의 상(喪)을 만나 상제로서 일을 봄.
忌日[기일]ᴷᴵ 사람이 죽은 날. 제사날. 기신(忌辰).

【忘】 7 心3 │망│잊을│㊅陽
ボウ
わすれる

筆順 ᅟᅠ亠亡亡忘忘忘

解字 形聲. 心(마음)과 음을 나타내는 亡(망)을 합쳐서 마음에서 없어지다의 뜻.

[心部] 3~4획

意味 잊음. ㉠기억하고 있지 않음. 생각을 잊음.「一念」㉡소홀히 함. ㉢마음에 두지 않음. ㉣알아차리지 못함. 잊침. ㉤잃어 버림, 잊어 버리고 두고옴.
忘却[망각] ボウキャク 잊어 버림. 망실(忘失).
忘年[망년] ボウネン ① 나이를 잊음. ② 연령의 차이를 생각지 않음.

*【忍】 心3 | 인 | 참을 | ㊥軔 |
ジン・ニン
しのぶ

筆順 フ刀刃刃忍忍忍

解字 形聲. 心과 음을 나타내는 刃(인)을 합쳐서 꾹 참다의 뜻.
意味 ① 참음. ㉠견딤. 누름. ㉡용서함. ㉢참혹한 짓을 하고도 아무렇지 않게 생각함. ㉣숨음. ② 애씀. ③ 감정을 누름.
忍苦[인고] ニンク 고통을 참고 견딤.
忍耐[인내] ニンタイ 참고 견딤.

【志】 心3 | 지 | 뜻 | ㊥寘 |
シ
こころざす・こころざし・しるす

筆順 一十士士志志志

解字 形聲. 心(마음)과 음을 나타내는 之(지)를 합쳐서 마음이 기울어지는 곳이라는 뜻. 마음의 움직임을 뜻하며 士는 之의 변형임.
意味 ① 뜻을 둠. ㉠목표로 삼음. 마음이 향함. ㉡목적을 향하여 나아감. ② 뜻. ㉠생각. ㉡의지. ㉢목적. ㉣소원. 소망. ㉤기분. ㉥절개. ㉦표를 함. 적음[記]. ㉧기억하고 있음. ③ 기입함.
志望[지망] シボウ 원하여 바람. 희망(希望). 지원(志願).
志士[지사] シシ 국가·사회·정의를 위하여 마음을 다하는 사람. 「愛國一」

【念】 心4 | 념 | 생각 | ㊥艶 |
ネン
おもう

筆順 ノ人今今念念念

解字 念·念 形聲. 心(마음)과 음을 나타내는 今(금)[념의

변음]을 합쳐서 잊지 아니하다의 뜻.
意味 ① 생각. 생각함. 가만히 생각함. ② 기억하고 있음. ③ 입에 냄. 앞장서서 부르짖음. ⑤ 20의 대용자(代用字). ⑥〈佛〉매우 짧은 시간.
念念[염념] ネンネン ① 마음속으로 항상 생각함. ② 여러 가지 생각. ③ 시시 각각으로 시간이 가는 모양.
念慮[염려] ネンリョ ① 생각함. 사념(思念). ② 마음을 놓지 못하고 걱정함.

【忿】 心4 | 분 | 노할 | ㊥問 |
フン・ホン
いかる

筆順 ノ八今分分忿忿

意味 ① 노함. 화를 냄. 노여움. ② 분격함. 몹시 분해 함. ③ 원망함. 원망. '노하다'의 뜻을 가진 글자→怒
忿激[분격] フンゲキ 매우 분하여 크게 노함. 분격(憤激).「노(憤怒). 분에 (忿恚)
忿怒[분노] フンド 분하여 몹시 화냄. 분노(憤怒).

【忝】 心4 | 첨 | 욕될 | ㊤琰 |
テン
かたじけない

筆順 二天禾禾忝忝

意味 ① 송구스러움. ㉠황송함. 분에 넘침. ㉡고마움. ② 은혜를 입음. ③ 창피를 줌. 더럽힘.

*【忠】 心4 | 충 | 충성 | ㊤東 |
チュウ

筆順 ノ口口中中忠忠

解字 忠 形聲. 心(마음)과, 음 및 속을 채우다의 뜻을 나타내는 中(중)[충은 변음]을 합쳐서 정성을 들여 하다의 뜻. 널리 진심의 뜻으로 씀.
意味 ① 정성. 진심. 충성. ② 신하가 군주에게 정성을 다하여 섬김. ③ 성실. 진지. ④ 정이 두터움.
忠諫[충간] チュウカン 충성스러운 마음으로 간(諫)함. 또는 그 말.
忠告[충고] チュウコク 충심으로 남의 잘못을 타이름. 또는 그 말.
忠誠[충성] チュウセイ 진정한 마음에서 우러나는 충의(忠義)의 정성.

忽

忽 心4｜홀｜깜짝할｜入月
コツ
たちまち・ゆるがせにする

筆順 ﾉ ｸ ｸ 勿 勿 忽 忽

解字 形聲. 음을 나타내는 勿(물)[홀은 변음]과 心[마음]을 합쳐서 갑자기라는 뜻.

意味 ① 곧. 급함. 돌연. 너무 빨라서 알아차리지 못함. ② 소홀히 함. 아무렇게나 함. ③ 잊음. ④ 다함. 멸망함.

忽然[홀연]ｺﾂｾﾞﾝ ① 갑자기. 돌연히. ② 일을 소홀히 여기는 모양. ③ 갑자기 사라지거나 나타나는 모양.

急

急 心5｜급｜빠를｜入緝
キュウ
いそぐ

筆順 ﾉ ｸ ｸ 刍 刍 急 急

解字 形聲. 心[마음]과 음을 나타내는 及(급)을 합쳐서 따라붙이려고 하는 마음을 뜻함. 널리 서두르다의 뜻으로 씀. 음은 及의 변형임.

意味 ① 서두름. 빨리 함. 빠름. ② 바쁨. 황급함. 빨리 목적을 달성하려고 서두름. ③ 돌연. 갑자기.

急激[급격]ｷｭｳｹﾞｷ 급하고 격렬함. 급극(急劇). 「－한 변화」

怒

怒 心5｜노｜성낼｜去遇
ド・ヌ
いかる

筆順 く タ 女 奴 奴 怒 怒

解字 形聲. 心[마음]과 음을 나타내는 奴(노)를 합쳐서 안색을 바꾸고 화를 내는 마음이라는 뜻. 널리 성내다의 뜻으로 씀.

意味 성냄. ㉠분격함. 화를 냄. 노여움. ㉡미친듯이 날뜀. 힘참. ㉢떨치고 일어남. ㉣모남.

怒髮[노발]ﾄﾞﾊﾂ 성이 나서 일어선 머리.
怒聲[노성]ﾄﾞｾｲ 성낸 소리. 「카락.

思

思 心5｜사｜생각할｜平支
シ
おもう

筆順 ﾉ 冂 曱 田 思 思 思

解字 形聲. 心[마음]과 음을 나타내는 田[＝囟](일)을 합쳐서 마음의 작용을 뜻함. 널리 생각하다의 뜻으로 쓰임. 囟은 腦(뇌)의 옛 글자라고도 함.

意味 ① 생각함. 생각. ㉠사고함. 사고. ㉡원함. 바람. ㉢그리워함. 사모함. ㉣추상(追想)함. 잊지 않음. 추량(推量)함. ② 불쌍히 여김. 슬픔. ③ 근심함. ④ 사랑함.

思考[사고]ｼｺｳ ① 생각하고 궁리함. ② 습관적인 수단으로는 해결할 수 없는 사태에 있어서 해결의 수단으로 이끄는 정신적인 작용. ③〈哲〉사유(思惟).
思慕[사모]ｼﾎﾞ ① 정(情)을 들이고 마음속으로 생각하며 그리워함. ② 우러러 받들고 따름.
思索[사색]ｼｻｸ ① 사물의 이치를 따지어 깊이 생각함. ② 이론적으로 사유(思惟)함.

怨

怨 心5｜원｜원망할｜去願
エン・オン
うらむ

筆順 ﾉ ｸ ﾀ 夗 夗 怨 怨

解字 形聲. 心[마음]과 음을 나타내는 夗(원)을 합쳐서 불평을 품고 미워하다의 뜻.

意味 ① 원망함. 원망. 사람을 원수로 생각하고 미워함. 원수. ② 불만스럽게 생각함.

怨望[원망]ｴﾝﾎﾞｳ ① 남이 한 일을 못마땅하게 여기고 탓함. ② 마음에 불만을 품고 미워함.

怠

怠 心5｜태｜게으를｜上賄
タイ
おこたる

筆順 ﾉ ﾑ 台 台 台 怠 怠

解字 形聲. 心[마음]과 음을 나타내는 台(태)를 합쳐서 마음이 풀어져 게을러지다의 뜻. 台는 弛와 같은 뜻을 가짐.

意味 ① 게을리 함. ㉠게으름을 피움. 소홀히 함. 태만. ㉡마음을 놓고 부주의함. 조심하지 않음. ② 싫증남.

怠納[태납]ﾀｲﾉｳ 세금이나 회비 등을 og

[心部] 5~6획   229

정한 기간 안에 남부하지 않음. 체납(滯納). 「忽」. 「職務―」
怠慢[태만]タイマン 느리고 게으름. 태홀(怠忽)

【忽】 9 心5 | 총 | 바쁠 | ㉤㊀ソウ | にわか

筆順 ノ ク 勿 忽 忽

意味 ① 바쁨. ② 덤빔.
忽忙[총망]ソウボウ 매우 급하고 바쁨.
忽忽[총총]ソウソウ ① 일이 매우 급하고 바쁜 모양. ② 몹시 급하게 몰리는 모양.

【㤉】 10 心6 | ①개 ②팔 | 걱정없을 | ㉤①卦 ②䵢 | カイ

筆順 三 丰 却 㤉 㤉 㤉

意味 ① ① 걱정이 없음. ② 소홀히 함.
② 뜻은 ①과 같음.
㤉待[괄대] 푸대접함. 괄시(㤉視).
㤉視[괄시] 업신여김. 괄대(㤉待).
㤉然[괄연] 업신여기는 태도.

*【恐】 10 心6 | 공 | 두려울 | ㉤腫 | キョウ | おそれる・おそろしい

筆順 一 工 巩 巩 巩 恐 恐

解字 形聲. 心[마음]과 음을 나타내는 巩(공)을 합쳐서 마음이 움츠러져 무서워하다의 뜻.

意味 ① 두려워함. 두려움. ㉠무서워함. 무서움. 놀라게 함. ㉡감습(慴). 황송해함. ② 근심함. 걱정함. ③ 십 중 팔구. 대개. 대체로. 자칫하면.
恐怖[공포]キョウフ ① 두려움과 무서움. ② 무서워함. 두려워함.

*【恭】 10 心6 | 공 | 공손할 | ㉤冬 | キョウ | うやうやしい

筆順 一 艹 共 共 恭 恭

解字 形聲. 心[마음]의 변형인 小과 음을 나타내는 共(공)을 합쳐서 공손한 마음가짐을 뜻함.

意味 ① 삼감. 조심성이 많음. ② 공손

함. 존경하여 삼감
恭待[공대]キョウタイ ① 공손히 대우함. ② 상대자에게 존대말을 씀. ↔하대(下待)
恭遜[공손]キョウソン 공경(恭敬)하고 겸손함.

*【恕】 10 心6 | 서 | 어질 | ㉤御 | ジョ | ゆるす

筆順 ㄑ 女 女 如 如 恕 恕

解字 形聲. 心[마음]과 음 및 늦추어 푼다는 뜻인 如(여)[서는 변음]를 합쳐서 너그럽게 보아 주다의 뜻.

意味 ① 용서함. 관대하게 보아줌. 동정하여 용서함. 동정. ② 불쌍히 여김.
恕宥[서유]ジョユウ 남의 잘못을 너그럽게 용서함. 서용(恕容)
恕直[서직]ジョチョク 동정심이 깊고 정직함.

*【息】 10 心6 | 식 | 숨쉴 | ㉤職 | ソク | いき

筆順 ノ ノ 亻 自 自 息 息

解字 形聲. 自[코]와 음을 나타내는 心[식은 변음]을 합쳐서 코에서 드나드는 것, 즉 숨을 뜻함.

意味 ① 숨. 호흡. 숨을 쉼. ② 생존함. 목숨이 붙어 있음. ③ 늚. 증식함. 이자. ④ 쉼. ⑤ 아들. 자식됨.
息子[식자]ソクシ 아들. 자식(子息).
息災[식재]ソクサイ ① 건강함. ② 〈佛〉 부처의 힘으로 재난(災難)을 막음.

【恙】 10 心6 | 양 | 근심할 | ㉤漾 | ヨウ | つつが

筆順 丶 丷 ソ 羊 羊 恙 恙

意味 ① 윤벌레. ② 근심함. ③ 병(病)
恙憂[양우]ヨウユウ 염려되는 일. 근심.

【恩】 10 心6 | 은 | 은혜 | ㉤元 | オン

筆順 丨 冂 冂 因 因 因 恩

解字 形聲. 心[마음]과 음을 나타내는 因(인)[은은 변음]을 합쳐서 애처롭게 여기고 동정하다의 뜻.

意味 ① 은혜를 베풂. 은혜. ② 어여쁘

[心部] 6~8획

게 생각함. 자애(慈愛). ③ 정(情).
恩顧[은고]ᵒᵑ ① 은혜로 보살펴 줌. ② 자애를 베풂. 은행(恩倖).
恩功[은공]ᵒᵑᶜᵒᵑ 은혜(恩惠)와 공로(功勞).

*[恣] 心6 | 10획 | 자 | 방자할 | 宝寘 |
シ
ほしいまま

筆順 `ゝ ン ソ ソ⁷ 次 次 恣`

解字 形聲. 음을 나타내며 오만하다의 뜻을 가진 次(자, 차)와 心(마음)을 합쳐서 오만하여 멋대로 하다의 뜻.
意味 방자. 기분이 내키는 대로 함. 마음대로 행동함.
恣意[자의]シィ 방종한 마음.
恣縱[자종]ショゥ 제 멋대로 행동함.

*[恥] 心6 | 10획 | 치 | 부끄러울 | 上紙 |
チ
はじ・はじる

筆順 一 T F F 耳 耳 耶 耶

解字 形聲. 心(마음)과 음을 나타내는 耳(이)(치는 변음)를 합쳐서 마음으로 생각하여 얼굴이 빨개지다의 뜻. 널리 부끄러워 하다의 뜻.
意味 ① 부끄러워 함. 잘못을 깨달고 면목이 없다고 느낌. 부끄러움. 치욕. 멋적음. ② 창피를 줌. 욕되게 함.
恥心[치심]チシン 부끄러움을 아는 마음.
恥辱[치욕]チジョク 수치스러움과 욕됨.

[恚] 心6 | 10획 | 에 | 성낼 | 去霽 | ィ
いかる

筆順 一 十 士 丰 圭 恚 恚

意味 ① 성을 냄. ② 분함. ③ 원망함.

[惠] 惠(心부 8획)의 약자
[戀] 戀(心부 19획)의 속자

[悉] 心7 | 11획 | 실 | 다알 | 入質 |
シツ・シチ
ことごとく

筆順 一 一 ㅛ 丞 采 采 悉

意味 ① 남김없이. ㉠모두. 전부. ㉡ 죄 혀. ② 다함. ㉠모두에 미침. ㉡ 모두 앎. ③ 참으로.

悉皆[실개]シッカィ 남김 없이. 모두 다.
悉達[실달]シッタッ〈佛〉석가(釋迦)의 출가(出家)하기 전의 이름. 실달다(悉達多).

*[悠] 心7 | 11획 | 유 | 멀 | 宝尤 |
ユゥ
とおい

筆順 ノ イ 亻 亻⁷ 攸 悠 悠 悠

解字 形聲. 心(마음)과 음을 나타내는 攸(유)를 합쳐서 마음이 멀다・아득하다의 뜻.
意味 ① 멂. ㉠아득함. ㉡멀리 떨어져 있음. ② 끝이 없는 모양. ③ 침착하고 여유가 있음.

悠久[유구]ユゥキュゥ 연대(年代)가 길고 오래 됨. 유원(悠遠).「양. 태연한 모양.
悠然[유연]ユゥゼン 침착하여 여유가 있는 모
悠遠[유원]ユゥエン 시간적・공간적(空間的)으로 아득하게 멂. 아득히 오래 됨.

*[患] 心7 | 11획 | 환 | 근심 | 去諫 |
カン
うれえる・わずらう

筆順 ` ㅁ ㅁ 吕 串 患 患

解字 形聲. 心(마음)과 음을 나타내는 串(관)(환은 변음)을 합쳐서 고민하다의 뜻. 널리 앓다의 뜻으로 씀.
意味 ① 걱정함. 근심함. 근심. 고민. ② (병・재난을) 피로와함. 앓음. 병이 듦. ③ 병. ④ 어려움. 재난.

患難[환난]カンナン 근심과 재난.
患部[환부]カンブ 병 또는 상처가 있는 부분. 병처(病處).

[惡] 惡(心부 8획)의 속자
[窓] 穴부 6획

*[悲] 心8 | 12획 | 비 | 슬퍼할 | 宝支 |
ヒ
かなしい

筆順 ノ ニ ヲ 非 非 悲 悲

解字 形聲. 心(마음)과, 음을 나타내는 非(비)를 합쳐서 살을 에는듯한 참을 수 없는 슬픔이라는 뜻.
意味 ① 슬픔. 애처로운. 한탄・슬퍼함. 슬픔. ②〈佛〉불쌍하게 여김. 자비.
悲歌[비가]ヒカ 슬프고 애절한 시나 노래. 애가(哀歌).

[心部] 8~9획

悲話[비화]ヒワ 슬픈 이야기. 「悲」
悲喜[비희]ヒキ 슬픔과 기쁨. 희비(喜)

[悶]₁₂ 心8│민│번민할│去願│
モン
もだえる

筆順 丨冂冂門門悶悶

意味 번민함. ㉠고민함. 마음 속으로 근심하고 걱정함. 고뇌. ㉡괴로와 몸부림침. 번민. ② 우울하고 답답함.
悶悶[민민]モンモン ① 번민하는 모양. ② 사리(事理)에 어두운 모양.
悶死[민사]モンシ 몹시 고민하다가 죽음.

惡 ₁₂ 心8│①악②오│모질│㈀業㈁週│
アク・オ
わるい・にくむ

筆順 一一一亞亞亞惡惡

解字 形聲. 心[마음]과 음을 나타내는 亞(아)[악의 변음]를 합쳐서 마음에 믿게 생각하다의 뜻. 널리 나쁘다·미워하다의 뜻으로 씀.
意味 ①① 나쁨. ㉠좋지 않음. ㉡옳지 못함. ㉢추함. 더러움. ㉣조잡함. ㉤열등함. ② 나쁜 사람. 나쁜 짓. ㉠능숙하지 못함. ④ 모짊. ⑤ 불결. 먼지. 똥. ②① 미워함. ㉠밉게 생각함. ㉡싫어함. 피함. ② 헐뜯음.
惡黨[악당]アクトウ ① 나쁜 도당(徒黨). ② 악한 사람의 무리.
惡辣[악랄]アクラツ 매섭고 표독스러움.

惑 ₁₂ 心8│혹│미혹할│㈀職│
ワク
まどう

筆順 一一一二或或或惑

解字 形聲. 心[마음]과 음을 나타내는 或(혹)을 합쳐서 혹시라 하고 마음 속에 생각하다의 뜻.
意味 ① 마음이 헷갈림. 망설임. ㉠마음 속에 망설임. ㉡마음을 빼앗김. 판단력을 잃음. ② 한 곳에 가만히 못 있음. 올바른 길에서 벗어남. ㉡잘못 생각함. 갈피를 못 잡음. 망설임.
惑溺[혹닉]ワクデキ 매우 미혹되어 제 정신

을 잃고 빠짐. 「狀態」
惑亂[혹란]ワクラン 미혹되어 어지러움. 「惑愛[혹애] 매우 사랑함. 익애(溺愛).

*[惠]₁₂ 心8│혜│은혜│去霽│
ケイ
めぐむ・めぐみ・え

筆順 一一戸百百車車恵惠

解字 形聲. 心[마음]과 음을 나타내는 車(전)[혜는 변음]을 합쳐서 물건을 베풀어주다의 뜻.
意味 ① 베풂. ㉠자비를 베풂. 불쌍하게 여기고 물건을 줌. 하사품(下賜品). ㉡인정을 베풂. 은혜를 베풂. 은혜. ㉢불쌍하게 여김. 사랑함. 인애(仁愛). ② 따름[從]. ③ 총명함. 현명함.
惠澤[혜택]ケイタク 은혜와 덕택.
惠投[혜투]ケイトウ 혜여(惠與).
惠化[혜화]ケイカ 은혜를 베풀어 교화(教化)함. 은혜로운 감화(感化).

*[感]₁₃ 心9│감│느낄│㈀感│カン│

筆順 丿厂厂后咸咸感感

解字 形聲. 心[마음]과 음을 나타내는 咸(함)[감은 변음]을 합쳐서 마음이 움직이다·감동되다의 뜻.
意味 ① 느낌. ㉠감동함. ㉡감탄함. ㉢마음 속에 생각함. 고맙게 여김. ㉣알아차림. ㉤느껴서 영향을 받음. 감응(感應)함. ㉥물들. 걸림. ㉦물체에 닿아 감각이 생김. 감각. ② 기분. 정서.
感覺[감각]カンカク ① 느끼어 깨달음. ② 사물을 감지하여 받아 들이는 힘.
感激[감격]カンゲキ ① 깊이 감동하여 분발함. ② 매우 고맙게 여김.
感想[감상]カンソウ 마음에 느낀 생각. 소감(所感). 「一文」
感歎[감탄]カンタン ① 깊이 감동하여 찬탄(讚歎)함. ② 깊이 느끼어 탄식함.

[愍]₁₃ 心9│민│슬플│㈀軫│
ビン・ミン
あわれむ・うれえる

筆順 ㄱㄱ口戸民敃愍

意味 ① 불쌍하게 여김. 딱하게 여김.

〔心部〕9획

동정함. ② 근심함. ③ 슬퍼함. 슬퍼하고 한탄함. 슬픔.
憫然[민연]ﾐﾝｾﾞﾝ 가엾은 모양. 불쌍한 모양.

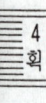

想 13 心9│상│생각할│㊤養
ノワ
おもう

筆順 一十 木 机 相 相 想 想

解字 形聲. 心[마음]과 음을 나타내는 相(상)을 합쳐서 마음 속에 형체나 모습을 생각해 내다의 뜻.

意味 생각함. 생각. ㉠간절히 생각함. 헤아림. 생각해 줌. ㉡예기함. ㉢깊이 생각함. 사고.
想念[상념]ｿｳﾈﾝ ① 마음속에 떠오르는 생각. ② 〈心〉 관념(觀念).

愁 13 心9│수│근심할│㊤尤
シュウ
うれえる

筆順 二千禾 禾' 秋 秋 愁

解字 形聲. 心[마음]과 음을 나타내는 秋(추)[수는 변음]을 합쳐서 이마에 주름을 잡으며 근심하다의 뜻. 널리 근심이라는 뜻으로 씀.

意味 ① 근심함. 근심. 걱정. 슬퍼함. 생각에 잠김. 수심. 쓸쓸하게 생각에 잠김. ② 한탄.
愁殺[수쇄]ｼｭｳｻｲ 매우 근심함.
愁心[수심]ｼｭｳｼﾝ 근심스러운 마음.

***愛** 13 心9│애│사랑│㊤隊
アイ
おしむ

筆順 一 ル 爫 爫 罗 愛 愛

解字 形聲. 旡[足]을 뜻하는 夂과 쳐서 몰래 가다의 뜻. 사랑이라는 뜻의 본래 글자는 㤅로서, 心[마음]과 음을 나타내는 旡(애)를 합쳐 사람에게 물건을 주다의 뜻임. 음이 같기 때문에 愛를 빌어 쓰이게 됨.

意味 ① 사랑함. ㉠예뻐함. 귀여워 함. ㉡이성(異性)을 그리워하여 따름. 사모함. 좋아함. ② 아낌.

愛藏[애장]ｱｲｿﾞｳ 소중히 간직하여 둠.
愛情[애정]ｱｲｼﾞｮｳ ① 사람이나 사물을 사랑하는 마음. ② 이성(異性)간에 그리워하는 마음. 연정(戀情).
愛憎[애증]ｱｲｿﾞｳ 사랑과 미움. 증애(憎愛).
愛好[애호]ｱｲｺｳ 사랑하고 좋아함.

惹 13 心9│야│이끌│㊦馬
ジャク
ひく

筆順 一 十 艹 艹 若 若 惹

解字 끎. 잡아당김. 이끎. 끌어당겨 불어 다님. 일으킴.
惹起[야기]ｼﾞｬｯｷ 끌어 일으킴.
惹鬧[야료]ﾔﾘｮｳ 생트집을 잡고 함부로 떠들어대는 짓. 야기 요단(惹起鬧端).

愚 13 心9│우│어리석을│㊤虞
グ
おろか

筆順 丨 冂 日 甲 禺 禺 愚

解字 形聲. 心[마음]과 음을 나타내는 禺(우)를 합쳐서 우원하고 번거로와 생각이 느리다의 뜻.

意味 ① 어리석음. 어리석은 자. 바보. 슬기가 없음. 우직. ② 업신여김. 깔봄. ③ 자기 것에 대하여 겸손의 뜻을 나타 낼 때 덧붙이는 말. 「一弟」

愚見[우견]ｸﾞｹﾝ ① 어리석은 생각. ② 자기의 생각을 남에게 낮추어 하는 말.
愚計[우계]ｸﾞｹｲ ① 어리석은 계획. ② 자기의 계교의 겸칭.

***意** 13 心9│의│뜻│㊧寘
イ
こころ・おもう

筆順 一 十 立 产 音 音 意 意

解字 形聲. 心[마음]과 음을 나타내는 音(음)[의는 변음]을 합쳐서 마음속에 남겨 두다의 뜻. 音은 후에 음으로 쓰이게 됨. 이는 億의 본래 글자로서 널리 마음의 작용이라는 뜻으로 쓰이게 됨.

意味 ① 뜻. ㉠의향. 마음의 움직임. 기분. ㉡생각. 사려. ② 소원. 기대. ③ 느낌. ④ 도리. ⑤ 〈哲〉 의지. 지(知)와 정(情)에 대한 말로 적극적인

행위를 일으키는 마음의 작용.

*【愈】13 心9 | 유 | 나을 | ㊤麌 |
ユ
まさる・いよいよ

[筆順] 人 亼 合 合 俞 愈 愈

[解字] 形聲. 心〔마음〕과 음을 나타내는 兪(유)를 합쳐서 넘다·낫다의 뜻.

[意味] ① 나음〔優〕. 우월함. 정도를 넘음. ② 나음. 병이 치료됨. ③ 점점.

意味〔의미〕 イミ 사물(事物)의 뜻.

意地〔의지〕 イジ ① 마음. ② 근본되는 성질. 근성(根性).

【惷】13 心9 | 준 | 심란할 | ㊤軫 |
シュン
うごめく・おろか

[筆順] 三 夫 夫 春 春 惷 惷

[意味] ① 심란함. ② 어수선함. ③ 우둔함.

惷愚〔준우〕 シュング 굼뜨고 어리석음.

惷惷〔준준〕 シュンシュン ① 벌레의 움직이는 모양. ② 무지해서 사리를 판별치 못하는 사람의 움직임.

【慈】慈(心부 10획)의 약자

【慇】14 心10 은 | 은근할 | [平]眞 | イン

[筆順] 丿 户 户 月 殷 殷 慇

[意味] ① 슬퍼함. 애통해 함. ② 은근. 알뜰함. ③ 친절하고 공손함.

慇懃〔은근〕 インギン ① 태도가 겸손하고 정중함. ② 은밀하게 정이 깊음. 정성스럽고 다정함.

慇慇〔은은〕 インイン 대단히 근심하는 모양.

*【慈】14 心10 | 자 | 사랑할 | [平]支 |
ジ
いつくしむ

[筆順] 丷 艹 玄 玆 兹 慈 慈

[解字] 形聲. 心〔마음〕과 음을 나타내는 玆(자)를 합쳐서 보호하고 기르는 마음씨를 뜻함. 널리 자애를 베풀다의 뜻.

[意味] ① 자애를 베풂. 자애. ㉠귀여워함. 동정함. 동정. 사랑함. ㉡은혜를 베풂. ㉢가엾게 여김. ② 어머니. ③ 〈佛〉 부처님이 중생에게 베푸는 광대무변한 사랑.

慈堂〔자당〕 남의 어머니의 높임말.

慈母〔자모〕 ジボ ① 자애(慈愛) 깊은 어머니. ↔엄부(嚴父) ② 어머니를 여읜 뒤 자기를 길러 준 서모(庶母).

慈父〔자부〕 ジフ ① 인자한 아버지. ② 아버지. 부친(父親).

慈悲〔자비〕 ジヒ ① 사랑하고 가엾게 여김. ② 〈佛〉 부처 또는 보살(菩薩)이 중생(衆生)에게 낙(樂)을 주고 괴로움을 없이하여 주는 일.

慈悲心〔자비심〕 ジヒシン ① 〈佛〉 중생에게 자비를 베푸는 마음. ② 사랑하고 가엾게 여기는 마음.

慈善〔자선〕 ジゼン ① 남에게 은혜를 베풀어 착한 일을 함. ② 불쌍한 사람을 도와 줌. 「一事業」

慈侍下〔자시하〕 아버지는 죽고 어머니만 모시고 있는 처지.

慈心〔자심〕 ジシン 자비스러운 마음. 자비심(慈悲心).

慈眼〔자안〕 ジガン ① 자비로운 눈. ② 〈佛〉 중생에 대한 보살의 자비로운 눈.

慈愛〔자애〕 ジアイ ① 아랫사람에게 베푸는 도타운 사랑. ② 인정이 많음.

慈雨〔자우〕 ジウ ① 만물을 촉촉히 적시어 잘 자라게 하는 비. ② 널리 미치는 군은(君恩).

慈仁〔자인〕 ジジン ① 자애스러움. ② 인정이 많음.

*【態】14 心10 | 태 | 모양 | [去]隊 |
タイ
さま・すがた

[筆順] 厶 台 育 能 能 態 態

[解字] 形聲. 心〔마음〕과 음을 나타내는 能(능)〔태는 변음〕을 합쳐서 여러 가지 일을 잘할 수 있는 정신적 능력의 뜻. 재능이란 뜻의 본래의 글자이나 후에 자태〔모습〕의 뜻으로 쓰이게 됨.

[意味] ① 꼴. 모양. ② 모습. 몸차림. 태도. ③ 마음 가짐. 몸가짐.

態度〔태도〕 タイド ① 몸가짐. ② 속의 뜻이 드러나 보이는 겉모양. ③ 어떤 활동의 준비가 될 심적 상황.

態勢〔태세〕 タイセイ 상태와 형세.

態樣[태양] モヨウ 모양. 형태. 체양(體樣).

[慤] 14 心10 | 각 | 삼갈 | 훈覺
カク
つつしむ

筆順 一 十 吉 吉 殼 殼 殼 殼

意味 ① 삼감[愼]. ② 정성.

慤實[각실] カクジツ 깊이 삼가고 정직한 것.

[慕] 15 心11 | 모 | 사모할 | 훈遇
ボ・モ
したう

筆順 ᐟ 艹 芦 苜 莫 慕 慕

解字 形聲. 心[마음]의 변형인 小과 음을 나타내는 莫(막·모)를 합쳐서 상대편의 모습을 마음에 그리다의 뜻.

意味 그리워함. ㉠마음에 그림. ㉡사랑함. 사모함. ㉢위를 따름. ㉣남의 덕을 받들어 배우려고 함.

慕心[모심] ボシン 사모하는 마음. 모념(慕念).
慕情[모정] ボジョウ 그리워하는 정.

[慶] 15 心11 | 경 | 경사 | 훈敬
ケイ・キョウ
よろこぶ

筆順 广 广 庐 庐 庐 庐 慶

解字 형성. 心[마음]과 음을 나타내는 鹿(경)을 합쳐서 맛 있는 음식을 먹고 기뻐하다의 뜻.

意味 ① 기뻐함. 기쁨. ② 축하함. ③ 경사. 길사(吉事). ④ 하사품. 상품(賞品). ⑤ 행운. 행복.

慶弔[경조] ケイチョウ 결혼·출생 등의 경사스러운 일과 장사(葬事) 등의 불행한 일.
慶祝[경축] ケイシュク 경사를 축하함. ㄴ일.

[慮] 15 心11 | 려 | 생각할 | 훈御
リョ
おもんばかる

筆順 ᐟ 广 广 庐 席 虜 慮

解字 形聲. 心[마음]과 음을 나타내는 虜(로)[려는 변음]의 생략형인 虜를 합쳐서 마음을 쓰고 생각하다의 뜻. 널

리 사려(思慮)하다의 뜻으로 쓰임.

意味 ① 사려함. 마음을 씀. ㉠깊이 생각을 함. ㉡사물(事物)을 세밀하게 가림. ② 모의(謀議)를 함. ③ 걱정함. ④ 모두. 대개. 대략.

慮外[여외] リョガイ 생각 밖. 의외(意外).

[慾] 15 心11 | 욕심 | 훈沃
ヨク

筆順 ᐟ 父 谷 谷 欲 慾 慾

解字 會意. 하려고 하다·하고 싶어하다의 뜻인 欲(욕)과 心[마음]을 합친 글자.

意味 ① 욕망. 바라는 마음. ② 탐욕함. 욕심을 냄.

慾望[욕망] ヨクボウ 무엇을 하거나 가지고자 함. 또 그 마음.
慾心[욕심] ヨクシン ① 자기만을 이롭게 하고자 힘쓰는 마음. ② 탐내는 마음.

[憂] 15 心11 | 우 | 근심 | 훈尤
ユウ・ウ
うれえる・うれい

筆順 一 丙 百 百 直 息 惪 憂

解字 形聲. 발[足]을 뜻하는 攵과 음을 나타내는 息(우)를 합쳐서 천천히 걷다의 뜻. 息가 근심하다의 본디 글자이나 후에 憂로 쓰게 됨.

意味 ① 근심함. 근심. ㉠걱정함. 고민. ㉡한탄함. 슬프게 생각함. 슬픔. ② 병(病). 재앙. 상(喪). 상중. ③ 무서워함.

憂慮[우려] ユウリョ 근심과 걱정.
憂民[우민] ユウミン 백성의 일을 걱정함.

[慰] 15 心11 | 위 | 위로할 | 훈未
イ
なぐさめる

筆順 ᐟ 尸 尸 尿 尉 尉 慰

解字 形聲. 心[마음]과 음을 나타내는 尉(위)를 합쳐서 마음을 부드럽게 하고 진정시키다의 뜻.

意味 ① 위로. 위로함. ㉠남의 마음을 즐겁게 함. ㉡불쌍히 여김. 달램. 위안. ② 기분이 좋아짐. 기분 전환. ㉠쾌해짐. ㉡즐기고 놂.

[心部] 11~13획

慰靈[위령]ィレィ 죽은 사람의 영혼(靈魂)을 위로함. 「一祭」

慰勞[위로]ロゥ ① 수고를 치사(致謝)하여 마음을 즐겁게 함. ② 괴로움이나 슬픔을 잊게 함. 「一金」

[慫] 15 心11 │ 종 │ 권할 │ 上腫 │
ショウ
すすめる

筆順 イ 彳 彳゛彳坐 從 從 慫 慫

意味 ① 권함. 권유함. 권장함. ② 놀람.

慫通[종용]ショゥョゥ ① 꾀어서 권함. ② 잘 설명하고 타일러 하게 함.

[慙] 15 心11 │ 참 │ 부끄러울 │ 上覃 │
ザン
はじる

筆順 一 亓 亘 斬 斬 慙 慙

意味 ① 부끄러워함. ㉠부끄럽게 생각함. ㉡면목이 없게 됨을 후회함. ㉢마음속에 선뜻 부끄럽게 생각함. ② 부끄러움. 치욕.

慙愧[참괴]ザン부끄러워함. 부끄러움.

*[慧] 15 心11 │ 혜 │ 총명할 │ 上霽 │
ケイ・エ
さとい

筆順 彐 圭 圭彐 拝 彗 慧 慧

解字 形聲. 心[마음]과 음을 나타내는 彗(혜)를 합쳐서 마음이 슬기롭다의 뜻.

意味 ① 총명함. 영리함. 깨달음이 빠름. ② 잔재주가 많음.

慧性[혜성]ケイセィ 민첩하고 총명한 성질. 슬기로운 천품.

[憇] 憩(心部 12획)의 속자.

*[憩] 16 心12 │ 게 │ 쉴 │ 上霽 │
ケイ
いこう

解字 形聲. 숨을 내쉬다의 뜻인 息을 나타내는 舌[설][게는 변음]을 합쳐 멈추어 숨을 내쉬다의 뜻.

意味 쉼. 휴식함.

憩息[게식]ヶィ??쉼. 휴식(休息).

[憑] 16 心12 │ 빙 │ 기댈 │ 上蒸 │

ヒョウ
よる・たのむ

筆順 冫 冫ˊ 冫ˊ冫ˊ冫ˊ 馮 憑

意味 ① 의지함. ㉠의지함. 물건에 기댐. 매달림. ㉡근거. 근거로 삼음. ② 증명. 증거. ③ 붙음. 악령(惡靈)이 옮아 붙음. ④ 건넘. 강을 건넘. ⑤ 왕성하게. 대단히.

憑依[빙의]ヒョゥィ ① 남의 힘을 빌어서 의지함. 빙자(憑藉). ② 귀신이나 신이 달라붙음. 「함. ② 내세워 핑계함.

憑藉[빙자]ビョゥシャ ① 남의 힘을 빌어서 의지

*[憲] 16 心12 │ 헌 │ 법 │ 上願 │
ケン
のり

筆順 宀宀宀害害害憲憲

解字 形聲. 心[마음]과 음을 나타내는 害(헌은 변음)을 합쳐서 마음의 움직임이 빠르고 총명하다의 뜻. 후에 헌법의 뜻으로 쓰임.

意味 ① 법. ㉠규칙. 법규. ㉡본. 규범. ㉢제일 근본이 되는 법. 국가의 기본법. ② 법에 따름. 본으로 삼음. ③ 중요한 지위에 있는 관리. ④ 흥성(興盛)함.

憲法[헌법]ケンホゥ〈法〉근본이 되는 법규. 나라를 다스리고 국사(國事)를 행하는 방법과 국민의 권리·의무를 규정하고 있는 최고의 기본적인 법률. 「一制定」

[憙] 16 心12 │ 희 │ 기뻐할 │ 上寘 │
キ
よろこぶ

筆順 一 十 吉 吉 直 喜 喜 憙

意味 기뻐함. 좋아함.

憙獵[희렵] 사냥을 좋아함.

憙遊[희유] 놀이를 좋아함.

[檾] 木部 12획

*[懇] 17 心13 │ 간 │ 정성 │ 上阮 │
コン
ねんごろ

筆順 彳 豸 豸' 豸ˊ 貇 貇 懇

解字 形聲. 心[마음]과 음을 나타내는 貇(간)을 합쳐서 마음을 다하여 섬기다

의 뜻. 널리 간절하다의 뜻으로 쓰임.
意味 ① 간절. 은근. ㉠진심·진심으로 친절히 함. ㉡친절하고 공손함. 정성. ㉢사이가 몹시 좋음. ② 간절히.「높임말.
懇命[간명] 간절한 말. 남의 명령의

[懃] 心13 | 근 | 은근할 | ㉞文 |
キン・ギン
ねんごろ

筆順 一 十 廿 苣 堇 勤 懃

意味 ① 은근함. 친절. 정을 깃들여 친절하게 함. ② 삼감(愼).

懃恪[근각] 은근하고 깊이 삼감.

[應] 心13 | 응 | 응당 | ㉞蒸 |
オウ
こたえる・あたる・まさに

筆順 亠 广 广 府 府 雁 應

解字 形聲. 心[마음]과 음을 나타내는 雁(응)을 합쳐서 상대편이 말하는 것을 마음 속에 받아들이다의 뜻. 후에 상대편에게 반응을 보이다의 뜻으로 쓰임.

意味 ① 응함. 응낙함. ㉠감응(感應)함. ㉡통함. 느끼고 통함. ㉢대답함. 승낙함. ㉣보답함. ㉤따라 일어남. 반향(反響)함. ② 따름(從).

應答[응답] 물음에 응하여 대답함. 또는 그 대답.

應當[응당] 꼭. 반드시.

[懣] 心14 | ①문 ②만 | 번거로울 | ㉞願 ㉞阮 |
モン・マン
もだえ・もだえる

筆順 氵 氵 沪 沪 満 滿 滿

意味 ① 번거로움. ② ① 번민함. 번민. ㉠고민함. ㉡괴로와 몸부림침. ② 앓음. 적정함.

[懲] 懲(心부 15획)의 약자.

[懲] 心15 | 징 | 징계 | ㉞蒸 |
チョウ
こらす・こりる

筆順 彳 彳 彳 徨 徨 徵 懲

解字 形聲. 心[마음]과 음을 나타내는 徵(징)을 합쳐서 마음에 상처를 입다·마음에 타격을 주다의 뜻.

意味 ① 징계. 혼내 줌. ㉠다시 못하게 함. ㉡넌더리 나게 함. ㉢넌더리 냄.

懲勸[징권] 악한 일을 징계하고 선한 일을 권장함.「여 벌(罰)을 줌.

懲罰[징벌] 잘못을 경계하기 위하

[懸] 心16 | 현 | 달 | ㉞先 | ケン・ケ
かける

筆順 𠃌 目 貝 県 県 県 懸

解字 形聲. 心[마음]과 음을 나타내는 縣(현)을 합쳐서 마음이 끌려 마음속에 걸리다의 뜻. 縣은 나무에 목을 매달다의 뜻이나 후에 행정 구역의 단위로 쓰게 되어 그 뜻으로는 懸을 대신 쓰게 됨.

意味 ① 닮. ㉠멀리 또는 높이 물건을 걺. ㉡매닮. 걸침. ㉢걸어서 보여 줌. ② 걸림. ㉠매달림. ㉡공중에 있음. ③ 떨어져 있음. 떨어져 나감. ④ 아득함. 멂. ⑤ 마음에 걸림. 거리낌. ⑥ 사모함. 그리워함.

懸隔[현격] 썩 동떨어짐. 매우 차이가 큼.「함.

懸念[현념] 마음속에 두고 늘 생각

[懿] 心18 | 의 | 아름다울 | ㉞寘 |
イ
よい

筆順 声 壴 壹 壹 壱 㱃 懿

意味 ① 아름다움. ② 큼.

懿德[의덕] 아름다운 덕행(德行). 의덕(宜德).

懿望[의망] 좋은 인망. 높은 인망.

懿風[의풍] 좋은 습관.

[戀] 心19 | 련 | 그리워할 | ㉞霰 |
レン
こい

筆順 言 言 䜌 䜌 䜌 戀 戀 戀

解字 形聲. 心[마음]과 음을 나타내는 䜌(련)을 합쳐서 마음이 끌리다의 뜻. 널리 사모하여 따르다의 뜻으로 쓰임.

意味 사랑함. 사랑. 사모하여 따름. ㉠남녀간에 상대를 자기 것으로 만들려고 생각함. 남녀의 애정. 연애. ㉡그리워

[戈部] 0~3획

함. 마음을 둠. 사모함.
戀歌[연가] 사랑하는 사람에 대한 연모(戀慕)의 정을 읊은 시나 노래.
戀慕[연모] 이성(異性)을 사랑하여 그리워함.

戈 部

戈 과│창│㊞歌│ほこ
[筆順] 一七戈戈
[解字] 象形. 양쪽에 날을 세운 창의 모양을 본뜸. 부수로서는 무(武)에 관한 뜻을 나타냄.
[意味] ① 양쪽에 날을 세운 창. ② 전쟁.
戈鋒[과봉] 창 끝.
戈盾[과순] 창과 방패.

戊 무│다섯째천간│㊞宥
ボ·ボウ·モ つちのえ
[筆順] 丿厂戊戊戊
[解字] 象形. 도끼 모양의 무기를 본뜸. 矛(모)의 옛 글자. 음을 빌어 천간(天干)의 다섯째로 씀.
[意味] ① 십간(十干)의 다섯 번째. ㉠방위(方位)로는 중앙. ㉡오행(五行)으로는 토(土). ㉢시각(時刻)으로는 오전 세 시부터 다섯시까지. ② 양쪽에 날을 세운 창. =矛
戊夜[무야] 오야(五夜)의 하나. 오전 4시경. 인시(寅時). 오경(五更).

戍 수│지킬│㊞週
ジュ·シュ まもる
[筆順] 丿厂戊戊戍
[意味] ① 지킴. 수비함. 「衛一」 ② 방어. 국경 수비. 국경 경비병.
戍樓[수루] 적군(敵軍)의 동정(動靜)을 살펴보기 위하여 성(城) 위에 만든 누각(樓閣). 성의 망루(望樓).
戍衛[수위] 국경(國境)을 굳게 지킴. 또는 그 병사(兵士).

戌 술│열째지지│㊞質
ジュツ いぬ
[筆順] 丿厂厂戊戌戌
[解字] 象形. 옛날에는 戊(도끼)과 같은 글자였으나 지지(地支)의 열 한째에 빌어 쓰게 되어 음과 모양이 변했음.
[意味] 십이지(十二支)의 열 한째. ㉠방위(方位)로는 북서. ㉡오행(五行)으로는 토(土). ㉢시각으로는 오후 일곱 시부터 아홉 시까지. ㉣띠로는 개.

戎 융│병장기│㊞東
ジュウ つわもの
[筆順] 一ニ于戎戎戎
[意味] ① 용사. 병정. ② 무기. ③ 전쟁. 싸움. ④ 중국 서방(西方)의 이민족. 「西一」
戎車[융거] 싸움에 사용되는 수레. 수레(戎兵). 병거(兵車).
戎馬[융마] ① 전쟁에 쓰는 말. 군마(軍馬). ② 병거(兵車)와 군마(軍馬). ③ 전쟁. 병사(兵事).

[成]成 (戈부 3획)의 약자

戒 계│경계할│㊞卦
カイ いましる
[筆順] 一ニ开戒戒戒
[解字] 會意. 戈(창)과 廾(양쪽 손)을 합쳐서 창을 손에 잡고 경비하다의 뜻, 널리 훈계하다의 뜻으로 쓰임.
[意味] ① 경계. 경계함. ㉠경비함. ㉡타이름.=誡 ㉢명령함. ㉣부정(不淨)을 피함. 「齋一」 삼감. ② 〈佛〉불법을 닦는 데 있어서 지켜야 할 일. 「一律」
戒名[계명] 〈佛〉 ① 중이 계(戒)를 받은 후에 스승으로부터 받은 이름. ② 중이 죽은 사람으로부터 지어 주는 법명(法名). 법호(法號). ↔속명(俗名)
戒飭[계칙] 경계(警戒)하여 타이름. 훈계하여 정신을 차리게 함.

成 성│이룰│㊞庚

[戈部] 3~11획

セイ・ジョウ
なる

筆順 ノ 厂 厂 厅 成 成 成

解字 成·戌 形聲. 戊[무기]와 음을 나타내는 丁(정)(성은 변음)을 합쳐서 무기로 치다의 뜻. 널리 평정(平定)하다·수행(遂行)하다의 뜻으로 쓰임.

意味 ① 됨. 함. ㉠이룸. 완성됨. 수행함. 끝남. ㉡여뭄. ㉢일어남. 세움. ② 평정. 평정함. 다스림. 정돈함.

成功[성공] ① 사업을 완수한 공적(功績). ② 목적을 이룸. 뜻을 이룸. ③ 사회적인 지위를 얻음.

成果[성과] 일의 이루어진 결과.

*[我] 7획 戈3 | 아 | 나 | ㉡智 | われ

筆順 ノ 二 千 手 我 我 我

解字 我 會意. 戈[무기]와 꽂히는 모양을 본뜬 ‡를 합쳐서 무기로 찔러 죽이다의 뜻. 후에 나라는 뜻으로 쓰임.

意味 ① 나. 나의. ㉠자기에게 속하는 것. ㉡친구감을 나타냄. ② 고집. 응고집. ③〈佛〉자신에게 집착하는 것.

我慾[아욕] 자기 혼자만의 욕심. 자기 자신을 위해서만 생각함. 「마음」

我意[아의] ① 자기의 뜻. ② 자기의

[戔] 8획 戈4 | 잔/전 | 해할 | ㉠寒 | セン | ㉡先

筆順 一 ナ 弋 戈 戋 戋 戔

意味 ① 해함. 상함. ② 쌓음.

[或] 8획 戈4 | 혹 | 혹 | ㉧職 | ワク
あるいは·ある

筆順 一 一 一 一 亘 或 或 或

解字 會意. 말뚝을 나타내는 弋[戈는 변형]과 발 경계를 뜻하는 畺의 생략형 口으로 이루어져, 말뚝을 쳐서 경계를 지은 땅을 뜻함. 域의 본디 글자. 음을 빌어 혹이라는 뜻으로 쓰임.

意味 ① 혹. 또는. ② 어떤 것. ③ 어떤 사람. ④ 있음. =有

或時[혹시] 어떠한 때.
或是[혹시] 만일에. 어떠한 경우에.

[哉] 口부 6획

*[戚] 11획 戈7 | 척 | 슬퍼할 | ㉠錫
セキ
いたむ

筆順 ノ 厂 厂 斤 戚 戚 戚

解字 形聲. 戌[도끼]과 음을 나타내는 未(숙)(척은 변음)을 합쳐 도끼의 이름을 뜻함. 그 음을 빌어서 친척의 뜻으로 쑴.

意味 ① 도끼. 큰 도끼. ② 친숙함. 친척. 살붙이. 「親—」③ 슬퍼함. 애도함. ④ 걱정함. 두려워함.

戚黨[척당] 척(戚) 관계가 되는 겨레붙이. 척속(戚屬).

戚戚[척척] ① 서로 친밀한 모양. ② 근심하고 슬퍼하는 모양.

[戟] 12획 戈8 | 극 | 미늘창 | ㉧陌 | ゲキ
ほこ

筆順 十 古 古 直 卓 軋 戟 戟

意味 ① 미늘창. 끝이 좌우로 갈라진 창. ② 찌름. 찔러 꿰뚫음.

[幾] 幺부 9획
[戰] 戰 (戈부 12획)의 약자

[截] 14획 戈10 | 절 | 끊을 | ㉧屑 | セツ
たつ

筆順 一 十 广 井 雀 截 截

意味 ① 끊음. 자름. 「一斷」② 정돈함. ③ 말을 잘하는 모양.

截斷[절단] ① 잘라 끊음. 절단(切斷). ② 속세에서 벗어남.

截然[절연] ① 구별이 확실한 모양. 판연(判然). ② 잘라 끊은 모양.

截取[절취] 잘라 냄. 도려 냄.

[戮] 15획 戈11 | 륙 | 죽일 | ㉧屋 | リク
ころす

筆順 ヲ ヲ 翌 羽 羿 翏 戮 戮

意味 ① 죽임. 죄인을 사형함. ② 효수(梟首). 시체를 널리 여러 사람에게 보임. ③ 욕보임. 창피를 줌. ④ 부끄럼. 치욕. ⑤ 죄. 「刑—」

〔戈部〕 12~14획·〔戶部〕 0~4획

戮力[육력] 서로 힘을 합함. 협력(協力). リョク
戮屍[육시] 이미 죽은 사람에게 참형(斬刑)을 행함.
戮辱[육욕] ① 형벌에 처함. 부고러움. 치욕(恥辱). ② 욕되게 함.

[戱] 戲 (戈部 13획)의 약자

*[戰]¹⁶ 戈12 │전│싸움│戋霰
セン
たたかう

筆順 ᵔ ᵔ ᵔ 罒 單 單 戰 戰

解字 形聲. 戈[무기]와 음을 나타내는 單(단)[전은 변음]을 합쳐서 무기를 맞대고 싸우다의 뜻.

語義 ① 싸움. 전쟁. 전쟁함. ◎다툼. 분쟁. ② 떪. 무서워 떪.「一慄」

戰略[전략] 전쟁의 작전 계획(作戰計劃). 전쟁의 방략(方略).「一家」「一的」「능력.「一增强」

戰力[전력] 전쟁하는 힘. 전투의 힘.

戰陣[전진] ① 진(陣)을 치고 싸우는 곳. ② 싸우기 위하여 벌려 친 진영. ③ 싸움의 수단.

[戱]¹⁷ 戈13 │¹희 ²회│¹놀 ²希寘
²戲
⑰支 ギ·キ·ケ
たわむれる

筆順 ᵔ 广 虍 虐 虚 戲 戲

解字 形聲. 戈[무기]와 음을 나타내는 虛(희)를 합쳐서 무위(武威)를 나타내다의 뜻. 후에 회롱하다의 뜻으로 쓰임.

語義 ¹ ① 회롱. 회롱함. 농탕을 치다.=嬉 ◎재미 있게 놂.「一場」 ② 연극.「一曲」 ² 서러워함. ³ =麾

戱曲[희곡] 〈文〉 ① 상연(上演)할 목적으로 쓴 연극의 각본(脚本). 대본(臺本). ② 주로 회화(會話)와 연기(演技)로 표현되는 문학 작품.

戱劇[희극] ① 〈演〉 익살을 부려 웃기는 장면이 많은 연극. ② 진실하지 못한 행동. 「놀리는 일.

戱弄[희롱] 말이나 행동으로 실없이

戱畫[희화] ① 장난 삼아 그린 그림. ② 익살스러운 그림. 만화.

[戴]¹⁸ 戈14 │대│일│㊉隊
タイ
いただく

筆順 ᵔ ᵔ 壴 壴 壹 戴 戴

解字 ① 위에 놓음. 머리 위에 임. ② 존경함. 고맙게 받음.

戴冠式[대관식] 유럽 각국에서 왕이 즉위(卽位)할 때 상징인 관을 쓰는 의식.

戴白[대백] 백발(白髮)을 머리에 인다는 뜻으로 곧 노인을 일컬음.

戴勝[대승] ① 부인(婦人)이 머리에 장식품을 꽂는 일. ② 새 이름. 농사를 권장(勸獎)한다고 하는 뻐꾸기의 별명(別名).

戴天[대천] 하늘을 머리 위에 인다는 뜻으로 이 세상에 생존(生存)함을 말함.「不俱一」

戶 部

*[戶]⁴ 戶0 │호│지게│㊉虞
コ
と

筆順 ᵔ ᵔ ᵔ 戶

解字 象形. 한 쪽으로 열리는 문짝의 모양을 본뜸. 부수로서는 문짝·방에 관계되는 뜻을 나타냄.

語義 ① 지게. 지게문. ㉠문짝. ㉡출입문. 집의 안과 밖을 막는 것. ② 집.「一外」 ③ 거실. 거처하는 방. ④ 호[집을 세는 단위].「數一」 ⑤ 주량(酒量).「上一」

戶口[호구] ① 집 수와 사람 수. ② 집의 드나드는 문.

戶別[호별] 집집마다.「一訪問」

戶稅[호세] 집집마다 거둬 들이는 세금(稅金).「상(戶籍上)의 집 수.

戶數[호수] ① 집의 수효. ② 호적

戶籍[호적] ① 호수(戶數) 및 인구(人口)를 기록한 장부. ② 부부를 중심으로 하여 그 가족의 본적지·가족 관계·생년월일 등을 기록한 국가의 공인(公認) 문서.

[戾]⁸ 戶4 │려│어그러질│㊄霽

[戸部] 4~7획

レイ・ライ
もどす

[筆順] 一 ㄱ ㅋ 戶 戶 戻 戾

[解字] 會意. 戶[문짝]와 犬[개]을 합쳐서 개가 문 밑으로 몸을 굽혀 빠져 나가다의 뜻. 후에 되돌아가다・어기다의 뜻으로 쓰임.

[意味] ① 어그러침. ㉠어김. ㉡학대함. ㉢탐냄. ② 죄. 잘못.「罪一」③ 굽음. ④ 이름[至].

*[房] 8획 戶4 | 방 | 방 | ㊤陽 |
ホウ・ボウ
へや

[筆順] 一 ㄱ ㅋ 戶 戶 房 房

[解字] 形聲. 戶[방]과 음을 나타내는 方(방)을 합쳐서 결방・정살(正室) 옆에 있는 방이라는 뜻.

[意味] ① 방. 정실(正室)의 옆에 있는 방.「廚一」② 집. 주거. ③ 둥지.「蜂一」④ 송이. 자루모양으로 늘어진 것.「乳一」⑤ 별 이름. 이십팔수(二十八宿)의 하나.

房門[방문] 방으로 드나드는 문.
房舍[방사] 집 또는 어떠한 곳에 사람이 거처하기 위하여 만들어진 간. 방.
房貰[방세] 남의 집 방을 빈 세.
房室[방실] 방.
房屋[방옥] 가옥(假屋).
房子[방자] ① 왕실(王室)의 여자 종의 하나. ② 지방 관청의 종의 하나.
房帳[방장] ① 방 안에 치는 휘장. 흔히 한겨울에 외풍(外風)을 막기 위하여 침. ② 모기장.
房中[방중] 방안.

*[所] 8획 戶4 | 소 | 바 | ㊤語 |
ショ・ソ
ところ

[筆順] 一 ㄱ ㅋ 戶 所 所 所

[解字] 形聲. 斤[도끼]과 음을 나타내는 戶(호)[소는 변음]를 합쳐서 나무를 자르다의 뜻. 후에 장소의 뜻으로 쓰임.

[意味] ① 장소. =處 ㉠사는 곳.「住一」㉡곳.「場一」㉢방위(方位). 위치. 경우. ② 바[방법 또는 일이라는 뜻을 나타내는 어조사].

所感[소감] 마음에 느낀 바. 또는 느낀 바의 생각.
所見[소견] 사물을 보고 살피어 가지는 생각・의견(意見).

[扁] 9획 戶5 | ①편 ②변 | 납작할 | ㊤銑 ㊤先 |
ヘン
ひらたい

[筆順] 一 ㄱ ㅋ 戶 戶 肩 扁 扁

[意味] ① ① 납작함. ② 작음.「一舟」③ 기움. =偏 ② 현판. 문에 거는 패.「一額」

扁旁[변방] 한자(漢字) 구성상의 이름. 한자의 왼쪽 부분을 이루는 자형(字形)을 변(扁), 오른쪽 부분을 이루는 자형을 방(旁)이라 함.
扁桃腺[편도선] 〈生〉사람의 입 속 후두부(喉頭部)의 좌우에 있는 복숭아처럼 생긴 모양의 임파선(淋巴腺).
扁額[편액] 그림 또는 글씨를 써서 실내 또는 문 위에 걸어 놓는 널조각.
扁舟[편주] 작은 배. 조각배.
扁平[편평] 넓고 평평함.「一足」

[扇] 10획 戶6 | 선 | 부채 | ㊤霰 |
セン
おうぎ

[筆順] 一 ㄱ ㅋ 戶 戶 肩 扇 扇

[解字] 會意. 戶[문짝]과 羽[날개]를 합쳐서 문짝이 새의 날개처럼 빨리 움직이다의 뜻. 널리 바람을 일으키다・부채의 뜻으로 쓰임.

[意味] ① 부채.「一子」② 부채로 부침. 부쳐서 바람을 일으킴. ③ 부추김. 선동함. =煽「一動」

扇動[선동] ① 남을 꾀어서 부추김. 부채질함. ② 군중(群衆)의 감정을 추켜 세우고 부채질하여 일을 일으키게 하고 그 속으로 몰아 넣음.「一者」
扇面[선면] 부채의 사(紗)나 종이를 바른 거죽.

[扈] 11획 戶7 | 호 | 뒤따를 | ㊤麌 |
コ
したがう

[筆順] 一 ㄱ ㅋ 戶 戶 扈 扈 扈 扈

[戶部] 8획·[手部] 0~6획

[意味] ① 뒤를 따름. 수행(隨行)함. 수행. ② 널리 퍼짐.
扈從[호종]ショウ(ジュウ) ① 신분이 높은 사람을 모시고 뒤따라 다님. 또는 그 사람. ② 거가(車駕)를 모시어 좇음. 공봉(供奉).

扇 12획 戶8 | 비 | 문짝 | ㊞㣲 | ヒ とびら

[筆順] 一 ㇋ 戶 戶 戶 肩 扇 扇
[意味] 문짝. 경첩 등을 달아서 여닫는 문.

雇 隹부 4획

手 部

*手 4획 手0 | 수 | 손 | ㊤有 | シュ・ズ て

[筆順] 一 二 三 手
[解字] 象形. 손을 편 모양을 본뜸. 부수로서는 손의 동작에 관계되는 뜻을 나타냄.
[意味] ① 손. ㉠어깨죽지부터 손끝까지를 일컫는 말. ㉡손목. ㉢손바닥. ㉣손가락. ㉤손씨. ㉥손. 손에 넣음. 손에 가짐.
手簡[수간]ジャン ① 자기가 쓴 편지. ② 편지나 서간(書簡). 수한(手翰).「쇠」
手匣[수갑] 죄인의 두 손을 채우는 자물쇠.
手工[수공]シュコウ 손으로 하는 공예. 또는 그 일에 재능이 있는 사람.
手交[수교]シュコウ 직접 물건을 내어 줌.
手金[수금]チキン〈經〉 어떤 권리를 얻고자 할 때에 그 권리를 가진 사람에게 먼저 내는 돈. 일을 착수할 때에 먼저 내는 돈. 착수금(著手金).「손재전」
手技[수기] 손으로 물건을 만드는 기술.
手法[수법]シュホウ ① 수단. 방법. ② 어떤 일을 꾸미는 데 있어서의 표현의 기교(技巧). 「접 부하(部下).
手兵[수병]シュヘイ 손아래 병대(兵隊). 직
手術[수술]シュジュツ〈醫〉 치료(治療)의 목적으로 환부(患部)를 절개(切開) 또는 절단(切斷)하는 외과적(外科的)인 방법에 의한 치료법.

手足[수족]シュソク·てあし ① 손과 발. ② 손발과 같이 요긴하게 부리는 사람.
手中[수중]シュチュウ ① 손안. ② 자기가 부릴 수 있는 권력의 범위.

*承 8획 手4 | 승 | 받을 | ㊞蒸 | ショウ うけたまわる・うける

[筆順] 了 了 孑 耳 耳 承 承
[解字] 形聲. 手(손)와 음을 나타내는 丞(승)을 합쳐서 물건을 손 위에 놓다의 뜻, 널리 받다의 뜻으로 쓰임.
[意味] ① 받음. ㉠받아 가짐. ㉡받들어 가짐. ㉢이어 받음. 「繼一」 ② 구제함. 도와 줌. =丞 ③ 차례. 순서.「일.
承諾[승낙]ショウダク 청하는 바를 들어 주는
承命[승명]ショウメイ 웃어른의 명령을 받듦.

拏 9획 手5 | 나 | 잡을 | ㊞麻 | ダ・ナ つかむ

[筆順] ㇀ タ 女 奴 奴 拏 拏
[意味] ① 맞당김. ② 잡음. 체포함.
拏致[나치] 죄인을 잡아 강제로 데려 감. 나인(拿引).

*拜 9획 手5 | 배 | 절 | ㊤卦 | ハイ おがむ

[筆順] 一 二 三 手 手 拝 拝 拜
[解字] 形聲. 手(손)와 음을 나타내는 𠦑는 𦫵의 변형인 羋(비)(배는 번음)를 합쳐서 두 손을 가지런히 합쳐서 앞으로 내밀다의 뜻.
[意味] ① 절함. ㉠절을 하여 경의를 표함. ㉡신불(神佛) 앞에 기도함. 「參一」 ② 고맙게 받음. 「一領」 ③ 관직을 받음.

*拳 10획 手6 | 권 | 주먹 | ㊞先 | ケン こぶし

[筆順] ㇀ ㇀ 𭕄 关 关 拳 拳
[解字] 形聲. 手(손)와, 음 및 둥글계 하다의 뜻을 가진 𢍏(권)을 합쳐서 손을 쥔 모양, 즉 주먹을 뜻함.
[意味] ① 주먹. ② 손으로 쥠. 주먹을 쥠. ③ 예의가 바르고 공손한 모양.
拳固[권고]ゲンコ 주먹. 권골(拳骨).

4획

*【掌】12 手8 | 장 | 손바닥 | ㊤養 | ショウ たなごころ·つかさどる

[筆順] ⺌ ⺍ 尚 尚 尚 堂 掌

[解字] 形聲. 手〔손〕와 음을 나타내는 尙(상)〔장은 변음〕을 합쳐서 손을 위로 향하게 한 부분, 즉 손바닥이라는 뜻.

[意味] ① 손바닥. ② 동물의 발바닥. 「熊—」 ③ 관장함. ㉠직무. 직무로서 취급함. 근무. 「分—」 ㉡지배함. 「—握」

掌心〔장심〕 손바닥이나 발바닥의 한가운데. 「세·물건 등을 손아귀에 넣음.

掌握〔장악〕ショウアク ① 손안에 쥠. ② 권

【掣】12 手8 | [1]체 [2]철 | 끌 | ㊦霽 ㊅屑 | セイ ひく

[筆順] 一 十 扌 扣 押 担 捍

[意味] [1] ① 끎. ② 잡아 두고 자유를 주지 않음. [2] ① 넓힘. ② 잡아 뺌.

【摩】15 手11 | 마 | 갈 | ㊥歌 | マ する

[筆順] 亠 广 庐 庥 麻 摩 摩

[解字] 形聲. 手와 음을 나타내는 麻(마)를 합쳐서 손으로 쓰다듬다의 뜻.

[意味] ① 갊. ㉠문지름. ㉡닦음. =磨 ㉢쓰다듬음. ㉣만짐. ② 닳게 함. ③ 가까와짐.

摩滅〔마멸〕マメツ 갈리어 닳아서 없어짐.

【摯】15 手11 | 지 | 잡을 | ㊦寘 | シ とる·まこと

[筆順] 土 去 幸 𡙕 執 執 摯

[意味] ① 잡음〔握〕. 손에 잡음. ② 이름〔至〕. ③ 진심. 성실. 「眞—」 ④ 사나움. 용맹스러움.

*【擊】17 手13 | 격 | 칠 | ㊦錫 | ゲキ·ケキ うつ

[筆順] 一 ㄷ 亘 車 軎 毄 擊

[解字] 形聲. 手와 음을 나타내는 毄(격)을 합쳐서 손으로 치다의 뜻. 널리 공격하다의 뜻으로 쓰임.

[意味] ① 침〔攻〕. ㉠두드림. 때림. 쳐서 울리게 함. 「—鼓」 ㉡공격함. 「攻—」 ② 눈에 마주침. 눈에 띔. 「目—」 ③ 제거함. 물리침. ④ 죽임. 「—滅」

擊劍〔격검〕ゲッケン 검(劍)을 사용하는 법을 익힘. 검술(劍術). 검법(劒法).

擊鼓〔격고〕ゲキコ ① 북을 침. ② 원통한 일을 임금에게 상소하기 위하여 북을 쳐서 하문(下問)을 기다림.

【擘】17 手13 | 벽 | 나눌 | ㊅陌 | ハク·ビャク

[筆順] ㇆ コ 尸 吕 辟 辟 擘

[意味] ① 나눔. ② 찢음. 갈라 찢음. ③ 엄지 손가락.

【撃】擊(手부 13획)의 약자

*【擧】18 手14 | 거 | 들 | ㊤語 | キョ あげる

[筆順] 𠂊 𦥑 𦥑 𦦙 𦦙 與 擧

[解字] 形聲. 手〔손〕와 음을 나타내는 與(여)〔거는 변음〕를 합쳐서 손으로 들어 올리다의 뜻.

[意味] ① 듦. ㉠높이 쳐들어 올림. ㉡들어 일으킴. ㉢내놓고 권함. ② 가려 냄. 열거함. 「枚—」 ③ 계획하여 행함. ④ 쳐서 없앰. ⑤ 왕성해짐. ⑥ 통틀어. 전부. 「—世」 ⑦ 행동. 움직임. 「—動」

擧國〔거국〕キョコク 국가 전체. 온 나라.

【攀】19 手15 | 반 | 휘어잡을 | ㊥刪 | ハン よじる

[筆順] 十 木 札 杫 楙 樊 攀

[意味] ① 휘어잡음. 끌어잡음. 「登—」 ② 당김. ③ 의지함. 믿음. ④ 매달림.

攀登〔반등〕ハントウ 높은 데 것을 붙들어 잡고 오름. 등반(登攀).

支 部

*【支】4 支0 | 지 | 가지 | ㊥支 | シ ささえる

〔支部〕0~10획·〔攵部〕2~3획　　　　　　　　　　　　　　243

筆順 一 十 支 支

解字 會意. 대나무의 가지를 뜻하는 十와 손을 뜻하는 又를 합쳐서 손으로 대나무의 가지를 꺾어 떼다의 뜻. 나누다의 뜻으로 쓰이다가 후에 받치다의 뜻으로 바뀜.

意味 ① 받침. ㉠받쳐 도움. ㉡버팀나무를 댐. ㉢지탱함. ② 헤어짐. 멀어짐. 나눔. 나누어짐. 「一給」③ 가지. ↔本④ 지불함. 「一出」⑤ 지지(地支). 「十二一」

支流[지류]シリュウ ① 물의 원줄기로부터 갈려 흐르는 물줄기. ↔본류(本流) ② 분가(分家).

支 部

【支】⁴ 攵0│복│칠│㉧屋
ホク
うつ

筆順 ノ ゝ 攵 攵

解字 形聲. 又(손)와 음을 나타내는 卜(복)를 합쳐서 작은 나무를 손에 들고 치다의 뜻. 부수로서는 치다·강제하다 등의 뜻을 나타냄. 밖으로는 攵으로도 씀.

意味 침. 가볍게 침. 탁 침.

*【敍】¹¹ 攵7│서│차례│㉧語
ジョ
ついで·のべる

筆順 ノ 스 수 余 余¹ 余¹ 敍

解字 形聲. 攴(작은 나뭇가지를 휘두르며 억지로 시키다)과 음을 나타내는 余(여)(서는 변음)를 합쳐서 차례를 정하다의 뜻.

意味 ① 차례. 순서. ② 차례를 세움. 순서를 정함. ③ 머리말.「一序」④ 말함. 순서를 따라 말함.「一述」

【敲】¹⁴ 攵10│¹고│두드릴│㉧看
　　　　　　²교　　　　　㉧效
コウ
たたく

筆順 ナ ㄊ 古 高 高 高 敲

意味 두드림. 매질함. 매.

支局[지국]シキョク 본국(本局)이나 본사(本社) 등의 관리하에 있으면서 지방에 분재(分在)하여 업무를 취급하는 곳.

攵 部

*【收】⁶ 攵2│수│거둘│㉧尤
シュウ
おさめる

筆順 丨 ㄐ 屮 屮¹ 收 收

解字 形聲. 나뭇가지를 손에 잡은 모양인 攵과 음을 나타내는 丩(구)(수는 변음)를 합쳐서 죄인을 잡아 문초하다의 뜻. 널리 거두다의 뜻으로 쓰임.

意味 거둠. ㉠그릇에 넣음. 「一容」㉡농작물을 거두어 들임. ㉢모음. 「採一」㉣받음. 「一入」㉤잡음[捕].

收監[수감]シュウカン〈法〉감옥(監獄)에 범인을 수용하는 일. 「아 들임.
收納[수납]シュウノウ 금전이나 물품 등을 받

【改】⁷ 攵3│개│고칠│㉧賄
カイ
あらためる

筆順 ㄱ ㄹ ㄹ ㄹ¹ ㄹ² 改 改

解字 形聲. 매를 든 모양인 攵과 음을 나타내는 己(기)(개는 변음)를 합쳐서 귀신을 매로 때려 쫓다의 뜻. 귀신을 쫓고 새해를 맞는다는 뜻에서 고치다의 뜻으로 쓰이게 됨.

意味 ① 고침. 고쳐짐. ㉠새로 함. ㉡바꿈. 바꾸어짐. ② 다시. 새로.

改定[개정]カイテイ 고쳐 다시 정함.
改訂[개정]カイテイ 책의 내용 등을 바르게 고침. 정정(訂正)하는 일.

*【攻】⁷ 攵3│공│칠│㉧東
コウ
せめる

筆順 ー T I I¹ I² 攻 攻

解字 形聲. 치다의 뜻을 나타내는 攵과 음을 나타내는 工(공)을 합쳐서 무기를 들고 치다의 뜻.

意味 ① 침. ㉠병력으로 적을 침. ㉡책망함. ② 다스림. ㉠연구함. ㉡만듦.

攻擊[공격] 〈軍〉 나아가서 적을 침. 공벌(攻伐). ↔방어(防禦) 「總—」「奇襲—」② 비난함. 엄하게 논박함. 「심히 연구함.
攻苦[공고] 학문이나 기술 등을 열

【攸】 攵3│유│아득할│⊕尤│ユウ│

筆順 ノ 亻 亻 亻 攸 攸 攸

意味 ① 아득함. ② 곳. 장소. ③ 획 달아남. ④ 대롱거림. ⑤ 바[語助辭].
攸然[유연] ① 빨리 달리는 모양. ② 침착하고 여유있는 모양.

*【放】 攵4│방│내칠│⊕漢│ホウ│はなす・はなつ

筆順 丶 亠 亍 方 方 放 放

解字 會意. 매를 든 모양인 攵과 人[사람]을 합쳐서 매로 사람을 쫓다의 뜻. 내치다의 뜻으로 쓰다가 후에 人 대신 方으로 쓰게 됨.

意味 ① 내침. ㉠놓아 줌. 놓아 보냄. ㉡용서함. ② 버림. 「—棄」쫓음. ③ 냄[發]. 「—火」 ④ 방자한 모양. 「—縱」단정하지 못함. 「—漫」 ⑤ 이름[至]. ⑥ 연유함. 따라 감. ⑦ 흉내 냄.
放歌[방가] 큰소리로 노래를 부름.
放賣[방매] 물건을 내놓아 팖.
放免[방면] 법에 의하여 체포한 사람을 용서하여 자유롭게 하여 줌. 석방(釋放).
放牧[방목] 가축을 놓아서 기름.

*【政】 攵5│정│정사│⊕敬│セイ・ショウ│まつりごと

筆順 一 丁 下 下 正 正 政

解字 形聲. 치다의 뜻인 攵과 음을 나타내는 正(정)을 합쳐서 쳐서 똑바로 하다의 뜻. 널리 다스리다·정치(政治) 등의 뜻으로 쓰임.

意味 ① 정사. ㉠국가를 다스리는 일. ㉡법. 국가의 법률. 「—令」 ② 일을 하는 것. 「家—」 ③ 바로 잡음. 바

르게 함.=正 ④ 공물(貢物).
政客[정객] 정계(政界)에서 활동하는 사람. 정치가(政治家).
政見[정견] 정치상의 의견. 「分離—」
政經[정경] 정치와 경제(經濟). 「—一

*【故】 攵5│고│일│⊕遇│ゆえ│

筆順 一 十 古 古 古 故 故

解字 形聲. 강제하다를 뜻하는 攵과 음을 나타내는 古를 합쳐서 사람에게 일을 시키다의 뜻. 후에 낡음의 뜻으로 쓰임.

意味 ① 까닭. 이유. 때문에. 그런 까닭에. ② 본래. 본디. 옛적에. ③ 낡음. 오래 된 것.
故事[고사] ① 옛날부터 전해 오는 유서(由緖) 깊은 사건. ② 옛날에 있었던 일. ③ 옛날부터 전해 오는 습관이나 규칙.
故山[고산] 고향(故鄕).
故人[고인] ① 죽은 사람. ② 예부터 사귄 친구. 고구(故舊).

*【效】 攵6│효│효험│⊕效│コウ│ききめ

筆順 亠 六 方 交 交 效 效 效

解字 形聲. 손에 몽둥이를 들고 강제(强制)하다의 뜻인 攵[=攴]과 음을 나타내는 交(교)[효는 변음]를 합쳐서 강제로 배워 익히게 하다의 뜻. 후에 효력의 뜻으로 쓰임.

意味 ① 효험. ② 따라서 함. 흉내를 냄. 배움. ③ 힘씀. 힘을 다함. ④ 공(功).
效果[효과] ① 보람. ② 좋은 결과. 성과(成果).
效力[효력] ① 효험(效驗). ② 힘을 씀. 진력(盡力)함.

*【教】 攵7│교│가르칠│⊕效│キョウ│おしえる

筆順 ノ メ ㄨ 孝 孝 孝 教

解字 形聲. 회초리를 손에 들다의 뜻인 攵과 음을 나타내는 孝(효)[교는 변음]를 합쳐서 회초리로 후려 익히게 하다의 뜻. 教는 쓰기 쉽게

[攵] 7~8획

한 속자임.
意味 ① 가르침. 타이름. ② 교육. ㉠훈계. 「一訓」 ㉡학문. 「文一」 ㉢도덕. ㉣종교. ③ 분부. 명령. ④ …로 하여금 …하게 함.

教本[교본] キョウ 교과서(教科書).

教師[교사] キョウ 학문이나 기술(技術)을 가르치는 사람. 교원(敎員).

【救】11 攵7│구│구제할│㉡宥│
キュウ
すくう

筆順 一 十 寸 求 求 求 救

解字 形聲. 강요하다의 뜻인 攵과 음을 나타내는 求(구)를 합쳐서 멈추게 하다의 뜻. 후에 구제하다의 뜻으로 쓰임.

意味 ① 구제함. 도와 줌. ㉠힘이나 물품을 들여 도와 줌. 「一助」 ㉡실패를 바로 잡고 도와 줌. ② 구제. 원조.

救急[구급] キュウ ① 응급 조처를 취함. ② 급작스런 어려움을 보살펴 건져 줌.

【敏】11 攵7│민│빠를│㉡軫│
ビン
すばやい・さとい

筆順 ノ ァ 勾 毎 毎 毎 敏

解字 形聲. 강요하다의 뜻인 攵과 음을 나타내는 毎(매)[민은 변음]를 합쳐서 억지로 일을 시키다의 뜻. 후에 빠르다의 뜻으로 쓰임.

意味 ① 빠름. 「一速」 ② 총명함. 영리함. ③ 힘을 들임. 노력함.

敏感[민감] ビン 감각이 예민(銳敏)함.

【敖】11 攵7│오│희롱할│㉡豪│
ゴウ
あそぶ・おごる

筆順 一 士 ㄛ 考 孝 孝 敖 敖

意味 ① 희롱함. 멋대로 놂. ② 거만함. 잘봄. 오만함. ≡傲 ③ 시끄러움.

【敗】11 攵7│패│패할│㉡卦│
ハイ
やぶれる

筆順 │ 冂 曰 月 貝 貝 貝 敗 敗

意味 ① 짐. 지움. ㉠패함. ↔勝 ㉡실수함. 「失一」 ↔成 ㉢깨짐. ㉣허물어짐.㉤썩음. 「腐一」 ㉥꽃이 시듦. ② 패배. ③ 재난.

敗北[패배] ハイ 싸움에서 짐. 싸움에지고 도망 감. 패주(敗走).

*【敢】12 攵8│감│구태여│㉡感│
カン
あえて

筆順 一 工 干 予 耳 耳 敢

意味 ① 감히. ㉠뿌리치고. ㉡분별 없이. ② 감행함. 뿌리치고 함. ③ 용기가 있음. 「勇一」 ④ 구태여.

敢死[감사] カン 죽음을 두려워하지 않음. 결사(決死).

敢言[감언] カン 과감하게 의견을 진술함.

【敦】12 攵8 ①돈③퇴⑤대│
②단④조⑥도│도타울│
㉠元㉢灰㉤號 ②寒㉣蕭⑥號
トン
あつい

筆順 ' 亠 古 亨 享 享 敦

意味 ① ① 도타움. ② 진을 침. ③ 노력함. ④ 감독함. ⑤ 똑바로 세움. ② ① 다스림. ② 혼자 잠. ③ 던져 줌. ④ 정함. ③ ① 제기(祭器). ② 쟁반. ④ ① 모임. ② 주렁주렁 많이 달린 모양. ⑤ 새김[刻]. ⑥ 덮음.

敦實[돈실] 인정이 많고 진실함.

*【散】12 攵8│산│흩어질│㉡旱│
サン
ちる

筆順 一 艹 ㅛ ㅠ ㅠ 昔 昔 散

解字 形聲. 廿(대나무)와 음을 나타내는 散(석)[산은 변음]을 합쳐서 대나무를 쪼개다의 뜻. 널리 흩어지다의 뜻으로 쓰임.

意味 ① 흩어짐. 흩어지게 함.「一集」 ② 발함. 「發一」 ③ 없어짐. 「雲一霧消」 ④ 뒤섞여 혼란함. 「一亂」 ⑤ 여가. 「閑一」 ⑥ 쓸모가 없음. ⑦ 단정하지 못함. 「一漫」 ⑧ 가루약. 「一藥」

散開[산개] サン 일정한 사이를 두고 흩어짐.

散見[산견] サン 여기저기에 보임.

【敞】12 攵8│창│열│㉡養│
ショウ
ひろい

246　　　　　　　　　　　　　　　　　　　　　　　　　　[攵] 8～14획

敞

筆順 ⺊ 小 屶 尙 敞 敞 敞
意味 ① 엶. ② 드러남. ③ 넓음. ④ 멀거니 앉아 있음.
敞然[창연] 시원한 모양.

【敝】 攵8 12

ヘイ
やぶれる
폐 | 해질 | ㊨䘢

筆順 ⺊ 小 屶 市 甫 敝 敝
意味 ① 무너짐. ㉠힘 없이 부스러짐. ㉡짐.=敗 ㉢쇠약해짐. ㉣지침. 피로함. ② 덮음. =蔽 ㉢해짐(破).
敝社[폐사] 자기 회사를 겸사하여 일컫는 말.

*【敬】 攵9 13

ケイ・キョウ
うやまう
경 | 공경할 | ㊨敬

筆順 ⺊ ⺊ ⺾ 芍 苟 茍 敬 敬
解字 形聲. 강제하다를 뜻하는 攵과 음을 나타내는 茍(구)[경은 변음]를 합쳐 몸을 깊이 숙이는 절을 시키다의 뜻. 널리 공경하다의 뜻으로 쓰임.
意味 ① 공경함. 존경함. ② 삼감.
敬虔[경건] ☆☆ 공경하는 마음으로 깊이 삼가고 조심스러움.

【敷】 攵11 15

フ
しく
부 | 펼 | ㊨虞

筆順 ⼀ 丙 甫 甫 專 尃 敷 敷
意味 ① 깔. ㉠폄. ㉡가지런하게 함. ㉢뿌림. ② 넓게.
敷設[부설] ☆☆ ① 철도나 기뢰(機雷) 등을 깔아서 설치함. ② 설치하여 둠.

*【數】 攵11 15

スウ・ス・サツ・ソク
かず・かぞえる
1 수　2 삭 | 촉 | 셈 | ㊨虞㊨沃㊨覺

筆順 ⼝ 囟 昌 咢 婁 婁 數 數
解字 形聲. 작은 나무를 손에 들다의 뜻인 攵과 음을 나타내는 婁(루)[수는 변음]를 합쳐서 산가지를 손에 들고 셈을 하다의 뜻.
意味 1 ① 셈을 함. 셈. ㉠계산함. 산수. ㉡셈에 넣음. 채택함. 2 ① 자주. 빠름. 3 ① 가늚(細). ② 독촉함.

*【敵】 攵11 15

テキ
かたき
적 | 원수 | ㊨錫

筆順 ⺊ ⺊ ⺊ 啇 啇 敵 敵
解字 形聲. 치다의 뜻인 攵과 음을 나타내는 啇(적)을 합쳐서 서로 치는 상대방을 뜻함.
意味 ① 원수. 적. ② 상대. ㉠자기의 적수가 될 만한 사람. ㉡자기에게 대항하는 사람. 「一對」 ② 대등함. 상대로서 어울림. 「匹一」
敵愾[적개] ☆☆ ① 임금의 원한을 덜어 주려는 마음. ② 적에 대한 의분(義憤). 또는 대항하여 싸우려는 기개.
敵國[적국] ☆☆ 전쟁을 하고 있는 상대편의 나라.
敵影[적영] ☆☆ 적의 그림자. 적의 모습.

*【整】 攵12 16

セイ
ととのえる
정 | 가지런할 | ㊤梗

筆順 一 戸 申 敕 敕 整 整
解字 形聲. 훈계하다의 뜻을 가진 敕(칙)과 음을 나타내는 正(정)을 합쳐서 가지런히 하다의 뜻.
意味 ① 가지런하게 함. 흩어진 것을 바로 정돈함.「一理」 ② 가지런함. 갖추어짐.

【斂】 攵13 17

レン
おさめる
렴 | 거둘 | ㊤琰

意味 ① 거둠. 거두어짐. ㉡모음. ㉢간수함. ㉢시체를 거둠.=殮 ㉢ 그만둠. ③ 謁. 「收一」
斂葬[염장] ☆☆ 시체를 거두어 장사를 지냄.

【斃】 攵14 18

ヘイ
たおれる
폐 | 죽을 | ㊨霽

筆順 ⺊ ⺊ 尙 敞 敝 敝 斃 敝 死
意味 ① 넘어짐. 넘어져 죽음. 죽임. ② 망함. 패함.

文 部

*【文】4 文0 | 문 | 글월 | [平]文 |
ブン・モン
ふみ・あや
[筆順] 丶 亠 ナ 文
[解字]  象形. 가슴팍에서 옷깃이 엇갈리는 모양을 본뜸. 목 언저리가 예쁘다의 뜻. 널리 무늬·모양의 뜻으로 쓰이며 후에 글자나 문장의 뜻으로 사용하게 됨.
[意味] ① 문채. ㉠무늬. ㉡장식. ㉢채색. ② 표현. 현상. 「天一」 ③ 사리. 「一理」 ④ 글자. ⑤ 말. 어구.
文脈〔문맥〕ブンミャク 문장의 줄거리.
文盲〔문맹〕モンモウ ① 무식하여 글자를 읽지 못함. ② 까막눈이. 문맹자(文盲者).
文人〔문인〕ブンジン ① 학문의 덕(德)이 있는 사람. ② 문장을 잘 쓰는 사람. 문학에 종사하는 사람.

【斑】12 文8 | 반 | 얼룩 | [平]刪 |
ハン
まだら
[筆順] 一 丁 王 玨 玟 斑 斑
[意味] ① 얼룩. 반점. ② 일부분.
斑點〔반점〕ハンテン 얼룩얼룩하게 박힌 점.

【斐】12 文8 | 비 | 아롱질 | [上]尾 | ヒ あや
[筆順] 丿 ㅋ 扌 非 非 悲 斐
[意味] ① 아롱짐. 아름다운 모양. ② 문채 남.
斐斐〔비비〕 ① 꾸밈새가 있어 아름다운 모양. ② 가벼운 모양.

【斌】12 文8 | 빈 | 빛날 | [平]眞 |
ヒン
うるわしい
[筆順] 亠 文 文 文 斌 斌 斌
[意味] ① 빛남. ② 아롱짐.
斌斌〔빈빈〕ヒンピン 외양과 내용이 어울려 조화된 모양.

斗 部

*【斗】4 斗0 | 두 | 말 | [上]有 |
ト・トウ
[筆順] 丶 丶 三 斗
[解字]  象形. 물건의 양을 되는, 손잡이가 달린 됫박의 모양을 본뜸. 됫박·말의 뜻.
[意味] ① 용량의 단위. 열 되〔升〕. ② 말들이 말. ③ 말. 양을 되는 기구.
斗落〔두락〕 마지기. 논밭의 면적 단위.
斗量〔두량〕トリョウ 되나 말로 곡식을 됨.

*【料】10 斗6 | 료 | 되질할 | [平]蕭 |
リョウ
はかる
[筆順] 丷 丷 半 米 米 米 料
[解字] 會意. 斗〔말〕와 米〔쌀〕를 합쳐서 말로 쌀을 되다의 뜻.
[意味] ① 되질함. ㉠말로 됨. ㉡수를 셈. ㉢헤아림. ② 저울. 되로 된 양.
料金〔요금〕リョウキン 수수료로 주는 돈.

【斛】11 斗7 | 곡 | 열말들이 | [入]屋 |
コク
[筆順] ノ ク 角 角 角 斛 斛
[意味] 열 말들이 말.
斛口〔곡구〕 말〔斗〕로 된 분량.

*【斜】11 斗7 | [1] 사 [2] 야 | 비낄 | [平]麻 |
シャ
ななめ
[筆順] 𠆢 亼 仝 余 余 斜 斜
[意味] [1] 비낌. ㉠기욺. 「傾一」 ㉡비스듬함. 비스듬히 교차함. 「一視」 ㉢바르지 못함. [2] 중국 섬서성(陝西省)의 고장 이름.

【斟】13 斗9 | 짐 | 짐작할 | [平]侵 | シン くむ
[筆順] 一 卄 甘 其 甚 甚 斟
[意味] 품. ㉠물을 퍼 올림. ㉡술잔을 주

〔斗部〕10획·〔斤部〕0~9획

고 받음. ⓒ적당하게 됨〔料〕.

【幹】 14획 斗10 ① 간 ② 알 | 주장할 | ㉮旱 | カン ㉯曷 | アツ

筆順 一十古直卓幹幹

意味 ① ㉠구름〔轉〕. ② 옮김. ③ 주장함. ④ 자루〔柄〕. ② 돎〔旋〕.

幹旋〔알선〕 ① 돎. 또는 돌게 함. ② 문세(文勢)를 바꾸어서 국면을 새롭게 함.

斤部

*【斤】 4획 斤0 | 근 | 근 | ㉮文 | キン おの

筆順 ノ 厂 斤 斤

解字 形聲. 丁〔자루가 굽은 도끼〕과 음을 나타내는 厂〔안〕〔근은 변음〕을 합쳐서 자루가 굽은 도끼라는 뜻.

意味 ① 도끼. 큰 도끼. ② 자름. 나무를 자름. ③ 분명한 모양. ④ 근. 중량의 단위〔보통은 600그램〕.

斤量〔근량〕 ① 무게. 저울로 무게를 닮.

*【斥】 5획 斤1 | 척 | 물리칠 | ㉮陌

セキ
しりぞける

筆順 ノ 厂 斤 斤 斥

解字 形聲. 广〔집〕과 음을 나타내는 屰〔역〕〔척은 변음〕을 합쳐서 집을 헐어 없애다의 뜻. 널리 속리치다의 뜻으로 쓰임. 斥은 㡿의 변형.

意味 ① 물리침. 제침.〔排一〕② 손가락으로 가리킴. ③ 사태를 탐색함.〔一候〕④ 엶. 열림.

斥和〔척화〕 화의(和議)를 물리침.

【斧】 8획 斤4 | 부 | 도끼 | ㉮麌 おの

筆順 ハ ハ グ グ グ 斧 斧

意味 ① 도끼. 큰 도끼. ② 전쟁에서 사용하는 무기. 죄인을 처형하는 도구. ③ 자름. 도끼로 자름.

斧斤〔부근〕 ㉮ン 도끼.

斧鉞〔부월〕 ㉯ツ ① 작은 도끼와 큰 도끼. ② 무거운 형벌.

【欣】 欠부 4획

【断】 斷〔斤부 14획〕의 약자

【斬】 11획 斤7 | 참 | 벨 | ㉮豏
ザン·サン·ゼン
きる

筆順 一 厂 百 百 車 斬 斬

意味 ① 벰. 자름. ㉠칼로 벰. ㉡베어 죽임. ② 다함. 없어짐.

斬首〔참수〕 ザン 목을 벰. 참두(斬頭).

斬新〔참신〕 ザン 아주 산뜻하고 새로움.

【斯】 12획 斤8 | 사 | 쪼갤 | ㉮支
シ
この·ここに

筆順 一 十 廿 其 其 斯 斯

解字 形聲. 음을 나타내는 其〔기〕〔사는 변음〕와 斤〔도끼〕을 합쳐서 도끼로 쪼개다의 뜻. 후에 此〔차〕와 통하여 지시 대명사의 뜻으로 쓰임.

意味 ① 이.=此 ② 이것. ③ 여기. ④ 여기에. 즉. ⑤ 이렇게. 이와 같이. ⑥ 쪼갬.

斯界〔사계〕 シカイ 그 방면의 사회. 그 길.

*【新】 13획 斤9 | 신 | 새 | ㉮眞
シン
あたらしい·あらた

筆順 ㆍ ㅗ 立 辛 亲 新 新

解字 形聲. 斤〔도끼〕과 木〔나무〕과 음을 나타내는 辛〔신〕을 합쳐서 도끼로 나무를 잘라 가지런히 하다의 뜻. 후에 새롭다의 뜻으로 쓰임.

意味 ① 새로움. ↔舊 ② 새로. 처음으로. ③ 새롭게 함. ④ 새로운 것.「溫故知—」⑤ 중국의 옛 나라 이름.

新舊〔신구〕 シン 새로운 것과 낡은 것. 신고(新古). 「로운 것.

新規〔신규〕 シン 새로운 규칙. ② 새

新秋〔신추〕 シン 첫가을. 초추(初秋).

〔斤部〕14획·〔方部〕0~6획　　　　　　　　　　　　　249

【斷】 18 斤14 | 단 | 끊을 | ㊤旱 | ダン | たつ

筆順 〳 ㅄ ㅄ ㅄ ㅄ 斷 斷

解字 會意. 실을 끊다의 뜻인 𢇍과 斤[날붙이]을 합쳐서 날붙이로 잘라 끊다의 뜻.

意味 ① 끊음. ㉠잘라 끊음. ㉡관계를 끊음. 「─食」② 정함. 정해짐. ㉠확실히 정함. 「─定」㉡옳고 그름을 가림. ③ 단연코. 「─行」

斷念[단념] 생각을 아주 끊어 버림. 전혀 생각하지 아니함.

斷截[단절] 끊어짐. 잘라 없앰. 절단(切斷).　　　「결정함. ② 판단.

斷定[단정] ① 판단하여 이렇다고

方 部

【方】 4 方0 | 방 | 모 | ㊤陽 | ホウ | かた

筆順 一 ㄅ 方

解字 象形. 쟁기 날 부분의 모양을 본뜸. 후에 한쪽·방향 등의 뜻으로 쓰임. 그리고 方을 부수로 하는 글자에는 𣃍 또는 𣂑로 되는 경우가 많으며 이것은 본래 깃대와 기가 휘날림을 본뜬 것. 주로 기에 관한 뜻을 나타냄.

意味 ① 방향. 쪽. 「一向」② 향하여 가는 장소. ③ 곳. 장소. 「地─」

方法[방법] 어떤 목적을 달성하기 위한 수단.

方式[방식] 어떤 정해진 형식.

方案[방안] 계획. 방법에 관한 고안(考案).　　　「을 지은 각각의 눈.

方眼[방안] 모눈. 정사각형으로 칸

方位[방위] 어떠한 위치. 방향. 동서남북을 기준으로 하여 16방위, 32방위를 정함.

方正[방정] ① 말과 행실이 올바름. 「品行─」② 네모지고 반듯함.

方向[방향] ① 향하는 쪽. 방위(方位). 「─指示器」② 생각이 향하는 곳.

【於】 8 方4 | ㊀어 ㊁오 | 어조사 | ㊀魚 ㊁虞

オ・ヨ
ああ

筆順 ㇐ ㇋ 方 𣂑 𣂑 於 於

解字 象形. 烏(오)[까마귀]의 약체(略體). 까마귀의 모양을 본뜸. 음을 빌어 감탄을 나타내는 말 또는 어조사로 씀.

意味 ① ~에. ~을. ~에서. ② 아아. 탄식하는 소리. 감탄하는 말.

於中間[어중간] 거의 중간이 되는 곳.

【施】 9 方5 | ㊀시 ㊁이 | 베풀 | ㊀支 ㊁寘

シ・イ
ほどこす

筆順 ㇐ ㇋ 方 𣂑 𣂑 施 施

解字 形聲. 𣂑[깃발]과 음을 나타내는 也(야)[시는 변음]를 합쳐서 깃발이 날리다의 뜻. 후에 베풀어 주다의 뜻으로 쓰임.

意味 ① ① 베풂. 부설함. ㉠장만함. 차림. 「一設」㉡행함. 「實一」하게 함. ㉢넣어 줌. 시킴. ② 시체를 함부로 드러내 보임. ③ 베풀어 줌. ㉠줌. ㉡보태 줌. 은혜. ④ 느슨해짐. ① 옮김. ② 미침(至). ③ 기울.

施賞[시상] 상품 또는 상금을 줌.

施設[시설] 베풀어 설비함. 또는 그 베풀어 놓은 설비. 「公共─」

施政[시정] ① 정치를 시행함. 「─方針」② 실제의 정치.

【斿】 9 方5 | 유 | 깃발 | ㊤尤

ユウ
はだあし

筆順 ㇐ ㇋ 方 𣂑 𣂑 𣂑 斿

意味 ① 깃발. ② 깃술. ③ 면류관 술.

斿車[유거] ① 수레 이름. ② 왕자(王者)가 전렵(田獵) 따위에 갈 때 타는 목차.

【旅】 10 方6 | 려 | 나그네 | ㊤語

リョ・ロ
たび

筆順 ㇐ ㇋ 方 𣂑 𣂑 旅

[方部] 6~10획·[无部] 0획

旅
解字 會意. 扩[깃발]과 从[많은 사람]를 합쳐서 깃발 아래 모인 많은 사람·군대를 뜻함. 후에 여행의 뜻으로 쓰임.
意味 ① 여행. 여행을 함. ② 나그네. ③ 여러 사람. 중인(衆人). ④ 옛날 군대 제도로서 병력 500명의 부대. ⑤ 군대. 전쟁. ⑥ 줄지어 서. 줄지어 서게 함. ⑦ 산신제(山神祭).
旅客[여객] ᵣᵧᵒᵤ 나그네.

旄 10 方6 │ 모 │ 쇠꼬리기 │ ㉠豪
ボウ
おいぼれ
筆順 ᐟ ㄱ 方 扩 扩 扩 旄 旄
解字 ① 쇠꼬리에 매다는 기. ② 별이름. ③ 언덕 앞이 높음. ④ 노루 솜털. ⑤ 늙은이.
旄丘[모구] ボウキュウ 앞이 높은 언덕.
旄牛[모우] ボウキュウ 털이 긴 소.

旁 10 方6 │ ①방 ②팽 │ 곁 │ ㉠庚
ホウ·ボウ
かたわら
筆順 ᐟ ㄱ 产 产 产 旁 旁
意味 ①① 곁. 옆. ② 널리. ③ 방(한자의 구성에서 오른쪽 부분). ↔邊 ④ 섞임. 섞음. ⑤ 따름. 따라 기댐. ⑥ 오락가락함. ② 휘몰아 감.

旃 10 方6 │ 전 │ 기 │ ㉠先
セン
はた
筆順 ᐟ ㄱ 方 扩 扩 旃 旃
意味 ① 비단으로 만든 깃발과 기드림이 달린, 무늬 없는 붉은 기. ② 모직물.

***旋** 11 方7 │ 선 │ 돌릴 │ ㉠先
セン
めぐる
筆順 ᐟ ㄱ 方 扩 扩 旋 旋
解字 形聲. 疋[발]과 음을 나타내는 扩[언][선은 변뜻]을 합쳐서 돌아 오다의 뜻.
意味 ① 돎. 빙빙 돎. 「一回」② 돌아옴. 「凱一」③ 돌림. ㉠방향을 바꿈. ㉡되돌아오게 함. ④ 약간. 적게.

旌 11 方7 │ 정 │ 장목기 │ ㉠庚
セイ·ショウ
はた
筆順 ᐟ ㄱ 方 扩 扩 旌 旌
意味 ① 장목기. ㉠새 깃을 단기. ㉡기의 총칭. ② 나타냄. ㉠표창함. ㉡표시함. ㉢보고 가려 냄.
旌旗[정기] セイキ 정(旌)과 기(旗).

***族** 11 方7 │ ①족 ②주 │ 겨레 │ ㈀屋 ㉡有
ゾク
やから
筆順 ᐟ ㄱ 方 扩 扩 旅 族
解字 會意. 扩[기]와 矢[화살]를 합쳐서 기를 세우고 화살을 거기에 대고 겨냥하고 있다는 뜻.
意味 ①① 겨레. ㉠친척. 혈연. ㉡동료. 동류. ② 한 사람이 죄를 범함으로써 그 가족이나 친척까지 받는 형벌. ③ 성. 성씨. ④ 화살촉. ② 풍류 가락.
族譜[족보] ゾクフ 한속속의 계보(系譜).
族生[족생] ゾクセイ 풀숲 등의 떨기가 더부룩하게 남. 총생(叢生).

***旗** 14 方10 │ 기 │ 기 │ ㉠支
キ
はた
筆順 ᐟ ㄱ 方 扩 旂 旗 旗
解字 形聲. 기[扩]와 음을 나타내는 其[기]를 합쳐서 사람들을 지휘하는 기라는 뜻.
意味 ① 기. ㉠곰이나 호랑이를 그린 빨간 기. 흔히 군대의 지휘관이 사용함. ㉡기의 총칭. ② 표적. 표지(標識).
旗鼓[기고] キコ ① 전장에서 군대를 지휘하고 명령함에 쓰이는 기와 북. ② 군대의 세력과 병력.

无 部

无 4 无0 │ 무 │ 없을 │ ㉠虞
ブ·ム
ない
筆順 ᐟ 二 于 无
意味 없음. =無
无疆[무강] ムキョウ 한계가 없음. 끝없음.

〔无部〕7획·〔日部〕0~2획

[旣] 11획 无7 | 1기 2획 | 이미 | ㊤未
キ
すでに

筆順 ｀ ｒ ｆ ｆ ｆ ｆ ｆ 旣

解字 會意. 음식을 수북이 담은 모양인 皀과 배불리 먹고 옆을 보고 있는 모양인 旡를 합쳐서 실컷 음식을 먹었다의 뜻.

意味 ①㉠이미. ↔未 ㉡벌써. ㉢이전에. ②그러는 동안에. 멀지 않아. 얼마 안 되어. ③다함. 끝남. 끝냄. 「皆一食」②녹미(祿米).

旣設[기설]ᄊᆞᇊ 베풀어 이미 설치함.
旣成[기성]ᄊᆞᆫ 어떤 사물이 이미 형성됨. 「一事」↔미성(未成)

日 部

[日] 4획 日0 | 일 | 날 | ㊈質
ジツ·ニチ
ひ·か

筆順 ｜ 冂 日 日

解字 象形. 태양의 모양을 본뜸. 해·햇빛·하루의 뜻. 부수로서는 태양·햇빛·날에 관계되는 뜻을 나타냄.

意味 ①해. ㉠태양. ㉡햇빛. 햇살. ㉢낮. 「一中」↔夜 ㉣하루. 1주야. ㉤날. 「月曜─」㉥날로. 날이 감에 따라. ④때. 세월. 기회. ⑤일본국의 약칭.

日課[일과]ᄀᆞᆞ 날마다 하는 일. 또는 과업.
日光[일광]ᄀᆞᆢ 햇빛. 태양 광선. ㄴ정.
日夜[일야]ᄀᆞᆞ ①밤과 낮. 「一兼行」②밤낮. 항상.

*[旦] 5획 日1 | 단 | 아침 | ㊤翰
タン
あした

筆順 ｜ 冂 日 日 旦

解字 會意. 해[日]가 지평선[一] 위에 나타난 것을 뜻함.

意味 ①아침. 새벽. ↔夕 ②분명함.
旦日[단일]ᄃᆞᆞ ①내일. ②내일 아침.

[旬] 6획 日2 | 순 | 열흘 | ㊥眞
ジュン

筆順 ｜ ｎ ｎ 句 句 旬

解字 形聲. 日과 음을 나타내는 勹(순)을 합쳐서 십간(十干)이 한 바퀴 도는 것, 10일 등을 뜻함.

意味 ①열흘. 10일 동안. ②10년.
旬刊[순간]ᄌᆞᄁᆞᆼ 열흘마다 한 번씩 발행함. 또는 그 간행물.

[旭] 6획 日2 | 욱 | 아침해 | ㊤沃
キョク
あさひ

筆順 ｜ 九 九 旭 旭 旭

意味 ①아침 해. 「一日」②해가 떠오르는 모양. ③분명함.
旭光[욱광]ᄀᆞᆢ 아침에 솟아 오르는 햇
旭日[욱일]ᄀᆞᆞ 아침 해. └빛.

[早] 6획 日2 | 조 | 새벽 | ㊤皓
ソウ·サッ
はやい

筆順 ｜ 冂 日 ヨ 旦 旱 早

解字 形聲. 日[해]과 甲의 본디 글자이며 음을 나타내는 十(갑)[조는 변음]을 합쳐서 햇빛이 빛나기 시작하는·새벽 등의 뜻. 널리 이르다의 뜻으로 쓰임.

意味 ①이름. 시기가 아직 이름. ②날램. 서두름. ③새벽. 아침. ④빨리. 이미. ⑤젊음. 「一年」↔晩.
早熟[조숙]ᄌᆞᆞ ①빨리 익음. ②숙성함. 「편지 끝에 쓰이는 말.
早早[조조]ᄌᆞᆞ ①곧. 급히. 빨리. ②

[旨] 6획 日2 | 지 | 뜻 | ㊤紙
シ
むね·うまい

筆順 ｜ 匕 匕 ヒ 旨 旨

解字 會意. 숟가락의 모양인 匕과 입을 뜻하는 日을 합쳐서 숟가락으로 떠서 핥다의 뜻. 맛나다의 뜻으로 쓰이다가 후에 취지의 뜻으로 쓰임.

252 〔日部〕 3~4획

趣味 ① 맛 있음. 맛이 좋음. ② 맛있는 것. ③ 맛・기분. 생각. ④ 이유. 취미. 「趣一」

旨意[지의] ½ 생각. 의향. 까닭. 취지.

【旱】 日3 7획 | 한 | 가물 | ㉺翰 |
カン
ひでり

筆順 一 冂 戸 曰 甼 旦 旱

解字 形聲. 日[해]과 음 및 마르다의 뜻을 나타내는 干[간][한은 변음]을 합쳐서 해가 내리 쬐어 마르다의 뜻.

趣味 ① 가뭄. 비가 오랫동안 내리지 않음. ② 물이 없음. 물에 대하여 뭍을 일컬음.

旱魃[한발] ½½ 가뭄. 「가물고 더움.
旱熱[한열] ½½ 가물 때의 심한 더위. 날이

【昆】 日4 8획 | 1½ 곤 | 맏 | ㉺元 | コン
| ㉺阮 | あに

筆順 一 冂 戸 曰 甼 昆 昆 昆

趣味 ① ① 맏. 형. 「一弟」 ② 상속. 대를 이을 사람. 자손. 「後一」 ③ 벌레. 「一蟲」 ② 중국 서방의 오랑캐.

昆蟲[곤충] ½½ 〈動〉 곤충류에 따르는 동물. 벌레의 속칭.

【明】 日4 8획 | 명 | 밝을 | ㉺庚 |
メイ・ミョウ・ミン
あかるい・あきらか・あける

筆順 一 冂 日 日 日 明 明 明

解字 會意. 日[해]과 月[달]을 합쳐서 달이 밝다의 뜻. 널리 분명하다의 뜻으로 쓰임.

趣味 ① 밝음. 분명함. ㉠빛이 비쳐서 밝음. 「月一」㉡暗 ㉡명백함. 「一白」㉢두드러지게 나타남. 「著一」㉣눈이 잘 보임. ㉤총명함. 영리함. 「聰一」 ② 밝힘. 증명함. 분명하게 함.

明色[명색] ½½ 밝은 빛깔.
明晳[명석] ½½ 밝고 분명하며 똑똑함.
明解[명해] ½½ 명백한 풀이.

【旻】 日4 8획 | 민 | 가을하늘 | ㉺眞 |
ビン・ミン
あきぞら

筆順 一 冂 戸 曰 臾 昊 旻

趣味 ① 가을 하늘. ② 어진 하늘. 「一天」

旻天[민천] ½½ ① 가을 하늘. ② 창생(蒼生)을 사랑으로 돌보아 주는 어진 하늘.

【昔】 日4 8획 | 석 | 예 | ㉺陌 |
セキ・シャク
むかし

筆順 一 艹 共 共 芒 昔 昔 昔

解字 形聲. 日[해]과 음을 나타내는 昔[석]을 합쳐서 쌓아 올린 해를 뜻함. 지나간 옛날의 뜻으로 쓰임.

趣味 ① 예. 옛날. 고대. 이전. ↔今 ② 어제. 요전. ③ 저녁. 밤.=夕

昔年[석년] ½½ 여러 해 전. 이전(以前).

【昇】 日4 8획 | 승 | 오를 | ㉺蒸 |
ショウ
のぼる

筆順 一 冂 日 尸 尸 昇 昇

解字 形聲. 日[해]과 음을 나타내는 升을 합쳐서 해가 떠오르다의 뜻. 널리 오르다의 뜻으로 쓰임.

趣味 ① 오름. ㉠해가 떠오름. ㉡위로 오름. ㉢계급이 오름. 「一進」 ② 올림. 위계(位階)를 올림. 「一平」

昇降[승강] ½½ 오르고 내림. 또는 타거나 내림. 「올림.
昇格[승격] ½½ 자격 기준에 의해 격을

【昂】 日4 8획 | 앙 | 들 | ㉺陽 |
コウ・ゴウ
あがる

筆順 一 冂 日 尸 尸 昂 昂

趣味 ① 오름. ㉠해가 떠오름. ㉡높아짐. ② 듦. 높임. ③ 높음.=高 ④ 뻐김. ⑤ 분명함.

【易】 日4 8획 | 1½ 이 역 | 쉬울 | ㉺寘 ㉺陌 |
イ・エキ
やすい・かえる

筆順 一 冂 日 尸 昙 易 易

[日部] 4〜5획

易

象形. 껍질이 빛나는 도마뱀의 모양을 본뜸. 도마뱀의 껍질 빛깔이 달라지기 때문에 변하다·바꾸다의 뜻.

① 쉬움. ↔難 ㉠손쉬움. ㉡…하기 쉬움. ② 간편함.「簡一」③ 평평함. ④ 편안함. ⑤ 다스림. 정리함. ⑥ 가라앉음. ⑦ 업신여김. ② 바꿈. ⑦교환함.「交一」⑧ 개량함.

易者[역자] 점치는 사람.

【昿】 日4 | 오 | 한나절 | ㉠暴 | ㉡ひる

丨 冂 日 日ˊ 昿 昿

① 낮이 밝음. ② 한나절. ③ 대낮.

【旺】 日4 | 왕 | 성할 | ㉠漾 | さかん

丨 冂 日 日⁻ 旺 旺 旺

① 성함. 왕성함. 왕성한 모양.「一盛」② 아름다움. 아름다운 것.

旺盛[왕성] 한참 성함.「元氣一」

*【昌】 日4 | 창 | 창성할 | ㉠陽 | ショウ さかん

丨 冂 日 旦 昌 昌 昌

會意. 日[해] 두 개를 합쳐서 햇빛이 빛나고 강하다의 뜻. 창성하다의 뜻으로 쓰임.

① 창성함. 왕성함. ㉠힘이 왕성함. ㉡번성함.「繁一」② 좋음. 아름다움.

昌運[창운] ① 탁 트인 좋은 운. ② 사물이 번영해질 시기.「一 이 태평함.

昌平[창평] 나라가 번성하고 세상

【昊】 日4 | 호 | 하늘 | ㉠皓 | コウ なつぞら

丨 冂 日 日 旲 昊 昊

① 하늘. 여름 하늘. ② 기운이 넓음.「一天罔極」

*【昏】 日4 | 혼 | 어두울 | ㉠元 | コン くらい

丁 匚 圧 氏 昏 昏 昏

會意. 日[해]과 氏[저]를 생략한 氏를 합쳐서 해가 멀어지다·어두워지다의 뜻.

① 어두움. 해가 져서 밝지 않음. ② 해질녘. 황혼. ③ 어리석음.

昏迷[혼미] 사리에 어둡고 마음이 어지러워 흐리멍덩함. 혼미(混迷).

昏睡[혼수] 정신 없이 희미하여 잠이 듦.

【昵】 日5 | ①닐 ②녜 | 가깝게할 | ①質 ②薺 | ジツ ちかづく

丨 冂 日 日⁻ 昨 昵 昵

① 가깝게 함. 친하고 가깝게 지냄. ② 친근. 친숙함.「一親」② 아버지의 사당(祠堂).

昵懇[일간] 친근함.

昵近[일근] 친하며 가까이 지내는 것. 또는 그 사람.

【昧】 日5 | 매 | 어두울 | ㉠泰 | マイ·バイ くらい

丨 冂 日 日 昧 昧 昧

① 어두움. ㉠밝지 않음. ㉡어리석음.「愚一」② 새벽. ③ 범(犯)함.

昧旦[매단] 날이 샐 무렵. 동이 틀
昧爽[매상] 먼동이 틀 무렵. ㄴ때.

【昴】 日5 | 묘 | 별이름 | ㉠巧 | ボウ すばる

丨 冂 日 旦 昴 昴 昴

별의 이름. 이십팔수 중의 하나.

*【星】 日5 | 성 | 별 | ㉠青 | セイ·ショウ ほし

丨 冂 日 旦 早 星 星

形聲. 별을 나타내는 日과 음을 나타내는 生(생)(성은 변음)을 합쳐서 별을 뜻함.

星 ① 〈天〉별. ㉠하늘에 빛나는 별. ㉡-해나 달 등 모든 천체의 총칭. 「恒一」② 별같이 널려 있는 것. 작은 점.
星宿[성수] 〈天〉 모든 성좌(星座). 또는 그 별들. 진수(辰宿).
星座[성좌] 〈天〉 별의 위치를 살피기 위하여 갈라 놓은 여러 성군(星群)의 구역.

[昭] 日5 | 조 | 밝을 | ㉤簾 ㉣嚛
ショウ
あきらか

筆順 ㅣ 冂 日 日' 日刀 昭 昭

解字 形聲. 日[해]과 음을 나타내는 召(소)를 합쳐서 햇빛이 밝음을 뜻함. 널리 분명하다의 뜻으로 쓰임.

字義 ① 분명함. ㉠밝음. ㉡똑똑히 나 있음. ② 분명하게 함. ③ ① 소목(昭穆). ② 태평 세월.
昭明[소명] 밝고 영리함. 「세함.
昭詳[소상] 분명하고 자세함. 밝고 자

[是] 日5 | 시 | 이 | ㉤紙 ゼ・シ これ

筆順 ㅣ 冂 日 旦 早 是 是

解字 象形. 숟가락총에 거는 장식을 한 숟가락의 모양을 본뜸. 匙의 본디 글자. 후에 이·이것의 뜻으로 쓰임.

字義 ① 옳음. 좋음. ↔非 ② 좋다고 정한 방침. 「國一」③ 이것. 이[지시대명사].
是非[시비] ① 옳음과 그름. ② 옳고 그른 것을 따지는 말다툼.
是認[시인] 옳다고 인정함.
是正[시정] 잘못된 것을 바로 잡음.

[映] 日5 | 영 | 비칠 | ㉣敬
エイ・ヨウ
うつる・はえる

筆順 ㅣ 冂 日 日' 映 映 映

解字 形聲. 日[해]과 음을 나타내는 央(앙)[영은 변음]을 합쳐서 햇빛의 반사를 뜻함. 널리 비치다·반사하여 빛나다의 뜻으로 쓰임.

① 비침. 비춤. ㉠반사함. ㉡그림자가 비침. ㉢영상을 비추어 냄. ② 반영. ③ 반사하여 빛남. 밝게 비침.
映像[영상] ①〈物〉광선의 굴곡이나 반사에 의하여 물상(物象)이 비쳐 나타남. 또 그 물상. ② 비치는 그림자.

[昱] 日5 | 욱 | 밝을 | ㉧屋
イク
あきらか

筆順 ㅣ 冂 日 甲 炅 炅 昱

字義 햇빛이 밝음.
昱昱[욱욱] 햇빛이 빛나는 모양.

[昨] 日5 | 작 | 어제 | ㉧藥 | サク

筆順 ㅣ 冂 日 日' 日午 昨 昨

解字 形聲. 日[해]과 음을 나타내는 乍(작)을 합쳐서 전날·어제의 뜻.

字義 ① 어제. 전날. ② 그 이전. 옛날.
昨今[작금] 어제와 오늘. 요즈음.

[昶] 日5 | 창 | 해길 | ㉧養
チョウ

筆順 ㅓ 氵 永 永 昶 昶

字義 ① 해가 김. ② 밝음. ③ 통함.
昶衍[창연] 촉주(蜀主) 맹 창(孟昶)과 왕 연(王衍).

[春] *日5 | 춘 | 봄 | ㉤眞 | シュン | はる

筆順 一 二 三 夫 夫 春 春

解字 會意. 뽕나무의 새싹이 나온 모양인 夫과 日을 합쳐서 뽕나무의 새싹이 나오는 날을 뜻하며 봄의 뜻으로 씀.

① 봄. 사계절의 첫째. ㉠입춘부터 입하까지의 사이. ㉡3·4·5월[음력으로는 1·2·3월]. ② 나이.
春景[춘경] ① 봄철의 경치. ② 봄날의 별.
春季[춘계] 봄철. 춘기(春期).

[時] *日6 | 시 | 때 | ㉧支 | ジ | とき

筆順 ㅣ 冂 日 日' 日十 昨 時 時

解字 形聲. 日[해]과 음을 나타내는 寺

[日部] 6〜7획　　　　　　　　　　　　　　　　　255

(사)를 합쳐서 춘·하·추·동의 네 계절을 뜻하며 뜻의로 씀. ① 때. ㉠일년의 네계절. 「四─」 ㉡하루를 나눈 것[옛날에는 12진으로, 지금은 24시로 나눔]. ② 때에.

時間[시간] ① 시각(時刻)과 시각의 사이. 또는 그 길이. ② 어떤 일정한 시간. 시각.

【晏】 日6 10획 | 안 | 늦을 | ⓔ諫
おそい アン

﹅丶ㄇ曰旦星晏晏

① 늦음. ② 편안함. ③ 하늘이 맑음.

晏如[안여] 마음이 편안하고 침착한 모양.

【晁】 日6 10획 | 조 | 아침 | ⓔ篠
あさ チョウ

﹅丶ㄇ日男晁晁晁

① 아침. 새벽. =朝. ② 벌레 이름. ③ 고을 이름.

【晉】 日6 10획 | 진 | 나아갈 | ⓔ震
すすむ シン

﹅一厂亙平亙晋晋

① 나아감. 나아가 올라 감. ② 끼움. ③ 중국의 옛 나라 이름. ④ 중국의 옛 왕조 이름.

晉陽[진양] 〈地〉한(漢)나라 시대의 지방 이름. 지금의 산서성(山西省)의 태원(太原)의 딴 이름.

【晃】 日6 10획 | 황 | 밝을 | ⓔ養
あきらか コウ

﹅丶ㄇ日旦旦显晃

① 밝음. 분명함. ② 빛. 빛남. 비침.

晃朗[황랑] 밝은 모양.
晃耀[황요] 빛남. 황요(晃燿).

*【晩】 日7 11획 | 만 | 저물 | ⓔ阮
おそい バン

﹅冂日日″晘晘晩晩

形聲. 日[해]과 음을 나타내는 免(면)[만은 변음]을 합쳐서 날이 어두워지다의 뜻.

① 해질녘. 일모(日暮). 저녁. ② 저물. 해가 짐. ③ 늦음. ↔무.

晩成[만성] 많은 세월에 걸쳐 늦게 이루어짐. 「大器─」 「(成熟)함.
晩熟[만숙] 늦게 익음. 늦게 성숙

【晟】 日7 11획 | 성 | 밝을 | ⓔ敬
セイ・ジョウ

﹅曰尸尸尽晟晟

① 밝음. ② 햇살이 퍼짐. ③ 왕성함.

*【晨】 日7 11획 | 신 | 샛별 | ⓔ眞
あした シン

﹅ㄇ日旦尸层晨晨

① 아침. 새벽. ② 닭이 울어 날이 밝음을 알림. ③ 샛별.

晨省[신성] 이른 아침에 부모의 침소에 가서 밤새의 안부를 살피는 일.

*【晝】 日7 11획 | 주 | 낮 | ⓔ宥
ひる チュウ

﹅フヨ聿書書書書

形聲. 日[해]과 음을 나타내는 畫(획)[주는 변음]의 생략형(省略形)을 합쳐서 해가 밝다의 뜻. 널리 낮·주간의 뜻으로 쓰임.

낮. 해가 떠서 질 때까지의 사이. ↔夜[대낮. 정오.
晝間[주간] 낮 동안. ↔야간.

【晡】 日7 11획 | 포 | 해질 | ⓔ虞
ひぐれ ホ

﹅冂日日″昁昁晡晡

① 해가 짐. ② 신시(申時)[오후 세시에서 다섯 시까지].

晡夕[포석] 해질 무렵. 일모(日暮). 박모(薄暮).
晡時[포시] ① 신시(申時). 지금의 오후 3시부터 5시 사이. ② 저녁때.

【晦】 日7 11획 | 회 | 그믐 | ⓔ隊

晦 12 日8 | 1/2 회 | 그믐 | 㘒梅
カイ
みそか・くらい

筆順 ノ 冂 日 旷 旷 旷 晦 晦

意味 ① 그믐. 음력에서 그 달의 마지막 날(29일 또는 30일). ② 朔 ② 밤. ③ 어두움. ↔明 ④ 감춤. 몸을 감춤.

晦冥[회명]メイ 해나 달의 빛이 가리어져 어두컴컴함.

晦朔[회삭]サク 그믐과 초하루.

*[景] 12 日8 | 1/2 경 영 | 빛 | 㘒梗
ケイ・エイ

筆順 冂 日 旦 톤 몸 뭉 景 景

解字 形聲. 日(해)과 음을 나타내는 京(경)을 합쳐서 햇빛이라는 뜻. 후에 빛으로 인하여 생기는 그림자의 뜻으로도 쓰임.

意味 ① 빛. 일광. ② 모양. ③ 경치. 「風一」 ④ 큼. 「一福」 ⑤ 사모함. 「一慕」 ⑥ 경사스러움. 「一雲」 ② 그림자.

景槪[경개] 경치(景致).

景觀[경관]カン ① 특색 있는 풍경 형태를 가진 일정한 지역. ② 경치(景致).

[景] 12 日8 | 귀 | 그림자 | 㘒紙
キ
ひかげ

筆順 冂 日 尸 尽 昃 昃 景

意味 ① 그림자. 「一景」 ② 시각(時刻).

景刻[귀각]コク 때. 시각.

[普] 12 日8 | 보 | 넓을 | 㘒虞
フ
あまねく

筆順 丶 丷 䒑 並 竝 普 普

解字 形聲. 普가 본디 글자로서 日(해)과 음을 나타내는 竝(병)(보는 변음)을 합쳐서 햇빛이 엷어지다의 뜻. 후에 널리의 뜻으로 쓰임.

意味 ① 널리 이름. 골고루 미침. 두루 미침. 「一遍」 ② 넓음. 큼. ③ 보통(普通). 예사.

普通[보통]ツウ 널리 일반에게 통하며 특별하지 아니하고 예사로와 당연함.

普遍化[보편화]ペンカ 특수한 것을 버리고 널리 일반적으로 통하게 함.

[晻] 12 日8 | 1/2 암 엄 | 어두울 | 㘒感
アン・エン

筆順 日 日⁻ 睦 睦 晻 晻 晻

意味 ① 어두움. 막힘. ② 침침함.

晻昧[암매]マイ ① 어두움. 암흑(暗黑). 암매(暗昧). ② 어리석음. 우매(愚昧).

[晶] 12 日8 | 정 | 맑을 | 㘒庚
ショウ
あきらか

筆順 ノ 冂 日 日 昌 晶 晶

解字 會意. 日을 세 개 합쳐서 해가 빛나서 밝다의 뜻.

意味 ① 맑음. ② 빛남. ③ 함나[美石]. ④ 수정(水晶).

[智] 12 日8 | 지 | 슬기 | 㘒寘
チ
ちえ

筆順 ノ 矢 矢 知 知 智 智

解字 形聲. 음 및 신(神)의 말씀으로 하는 知(지)와 日(해・밝음)을 합쳐서 지식이 있다는 뜻.

意味 ① 슬기. 사물을 알고 가리는 능력. 「オー」 ② 총명함. 현명함. ↔愚

智慧[지혜]エ 사물의 이치를 밝히고 옳고 그름을 판별하는 능력.

[晴] 12 日8 | 청 | 갤 | 㘒庚
セイ
はれる

筆順 ノ 冂 日 日⁻ 日± 晴 晴 晴

解字 形聲. 日(해)과 음을 나타내는 靑(청)을 합쳐서 구름이 갈라지고 해가 보이다의 뜻.

意味 갬. 비・눈이 걷힘. 과란 하늘이 나타남. ↔雨・曇

晴雨[청우]ウ 청천(晴天)과 우천(雨天).

晴天[청천]テン 맑게 갠 하늘.

[晬] 12 日8 | 쉬 | 돌 | 㘒隊
サイ
ひとまわり

筆順 冂 日 日⁻ 日⁺ 日卒 日卒 晬

意味 돌. 첫 생일.

[暖] 13 日9 | 1/2 난 훤 | 따뜻할 | 㘒旱 ㉤元

[日部] 9~10획

ダン・ノン
あたたかい

筆順 日 日 日゛日⺍ 旷 暖 暖

解字 形聲. 日과 음을 나타내는 爰(원)〔난은 변음〕을 합쳐서 햇빛이 닿아 따뜻하다의 뜻.

字義 ① 따뜻함. 햇살이 따뜻함. 따뜻해짐. 따뜻하게 함. =煖 ② 부드러움.

暖帶[난대]ダンタイ 열대와 온대의 중간에 걸친 기후가 따뜻한 지대. 평균 온도 섭씨 13° 내지 20° 가량임.

*【暑】¹³ 日9 | 서 | 더울 | ⓐ語 |

ショ
あつい

筆順 一 冂 日 旦 导 昇 昇 暑 暑

解字 形聲. 日과 음을 나타내는 者(자)〔서는 변음〕를 합쳐서 태양이 몹시 내려 쬐다의 뜻.

字義 ① 더움. 햇볕이 따가움. ② 더위. ③ 여름. 「一月」

暑氣[서기]ショキ 여름의 더운 기운.
暑熱[서열]ショネツ 찌는 듯한 여름 더위.

*【暗】¹³ 日9 | 암 | 어두울 | ⓐ勘 |

アン
くらい

筆順 冂 日 日 日゛日⺍ 昈 晤 暗 暗

解字 形聲. 日과 음을 나타내는 音(음)〔암은 변음〕을 합쳐서 해가 가리워져 어둠다의 뜻.

字義 ① 어두움. ↔明 ⓐ어두운 곳. =闇 ㉠흐림. ㉡분명하지 않음. ㉢어리석음. 「一愚」② 숨어 있어 보이지 않음. 「一礁」③ 욈. =諳「一記」

暗君[암군]アンクン 덕이 없고 어리석은 임금. 혼군(昏君). ↔명군(明君)
暗鬼[암귀]アンキ ① 어둠을 지배하는 도깨비. ② 망상에서 오는 공포.

【映】¹³ 日9 | 영 | 비칠 | ⓐ敬 |

エイ
うつる

筆順 冂 日 日゛日⻌ 日玄 日央 映

字義 비침. 흔히 映과 같은 자로 쓰임.

【暈】¹³ 日9 | 훈 | 무리 | ⓐ問 |

ウン
かさ

筆順 冂 日 旦 昌 昴 昷 晸 暈 暈

字義 ① 무리. 해·달의 둘레에 나타나는 삿갓 모양을 한 빛의 테. ② 빛깔. ③ 선염(渲染). 빛깔이 점점 연해짐.

暈圍[훈위] 해 또는 달의 언저리에 보이는 둥근 무리. 운륜(暈輪).

【暄】¹³ 日9 | 훤 | 따뜻할 | ⓐ元 |

ケン
あたたかい

筆順 冂 日 日゛日亠 晍 暄 暄 暄

字義 ① 따뜻함. ② 따스함.
暄暖[훤난]ケンダン 따뜻함. 온난(溫暖).

【暉】¹³ 日9 | 휘 | 햇빛 | ⓐ微 |

キ
ひかり

筆順 冂 日 日゛日⻌ 晍 晘 暉 暉

字義 햇빛.
暉映[휘영]キエイ 찬란하게 비침. 광채가 비침.

*【暇】¹³ 日9 | 가 | 한가할 | ⓐ禡 |

カ
ひま

筆順 冂 日 日 日³ 旷 昄 旵 暇

解字 形聲. 日과 음을 나타내는 叚(가)를 합쳐서 하루를 한가롭게 집에서 지내다의 뜻.

字義 ① 한가함. 여가. 틈. ② 휴일. 「休一」③ 차분히 자리 잡음.

【暢】¹⁴ 日10 | 창 | 통할 | ⓐ漾 |

チョウ
のびる

筆順 冂 日 申 𤰃 𤰅 暘 暢 暢

解字 形聲. 申(펴다)과 음을 나타내는 昜(양)〔창은 변음〕을 합쳐서 길게 펴다의 뜻.

字義 ① 폄. 쭉 뻗음. 늘림. ② 글·말의 뜻이 잘 통함. 「流一」③ 화창함. 「一月」④ 사무침. 「一達」⑤ 참[充].

暢達[창달]チョウタツ ① 구김살 없이 자라남. ② 통달(通達)함.
暢快[창쾌]チョウカイ 마음에 아무 거리낌이 없어 매우 시원함.

[暮] 日11 | 15 | 모 | 저물 | ㉤遇

ボ
くれる・くらす・くれ

筆順 一 艹 艹 苣 莫 莫 暮

解字 會意. 풀숲을 뜻하는 莫과 日을 합쳐서 해가 풀숲 속으로 지다, 즉 해질녘을 뜻함. 莫가 원자(原字)이나 後에 日을 덧붙임.

意味 ① 해가 짐. 저물. 「日―」 ② 늦음. 끝에 가까움. 뒤늦음. 「歲―」 ③ 나이를 먹음. 연로함. ④ 밤・낮의 대(對).

暮鐘[모종]ボショウ 저물어 갈 무렵에 치는 종. 만종(晚鐘). 「만추(晚秋).
暮秋[모추]ボシュウ 늦은 가을. 음력 9월.

[暫] 日11 | 15 | 잠 | 잠깐 | ㉤勘

ザン
しばらく

筆順 一 亓 百 車 斬 斬 暫

解字 形聲. 日(시간)과 음을 나타내는 斬(참)[잠은 변음]을 합쳐서 짧은 시간의 뜻.

意味 ① 잠깐. 짧은 시간. ↔久 ② 곧. ③ 갑자기.

暫時[잠시]ザンジ 오래지 않은 동안. 잠깐. 짧은 시간. 「的」
暫定[잠정]ザンテイ 일시적으로 정함. 「一

[暴] 日11 | 15 | 1 포 2 폭 | 사나울 | 1 ㉤號 2 ㉤屋

ボウ・バク
あらす・あらい

筆順 一 日 旦 므 昻 昻 暴 暴

解字 形聲. 米(쌀)와 음을 나타내는 씌(폭)을 합쳐서 쌀을 햇빛에 바래다의 뜻. 널리 난폭하게 굴다・해치다・드러내다의 뜻으로 쓰임.

意味 1 ① 황폭하게 함. ㉠해침. ㉡학대함. ② 사나움. 난폭함. ③ 소란을 피우는 사람. ④ 빠름. 심함. ⑤ 손으로 침. ⑥ 갑자기. 금방. 2 ① 드러냄. ㉠햇빛에 바램. ㉡말림. ㉢비를 맞게 함. ② 나타냄. 나타남. 알려짐.

[曇] 日12 | 16 | 담 | 구름낄 | ㉥覃

タン・ドン
くもる

筆順 一 日 旦 早 昇 昙 曇 曇

解字 會意. 日[해]과 雲(구름)을 합쳐서 구름 위에 해가 있는 것, 즉 구름이 끼다의 뜻.

意味 ① 구름이 낌. 흐림. ② 흐린 날씨. 흐린 하늘.

曇天[담천]ドンテン 구름 낀 하늘. ↔청천.

[曆] 日12 | 16 | 력 | 책력 | ㉤錫

レキ・リャク
こよみ

筆順 一 厂 厃 厤 厤 厤 曆

解字 形聲. 日과 음을 나타내는 厤(력)을 합쳐서 날을 세는 것, 즉 책력・달력의 뜻임.

意味 ① <天> 책력. 달력. ㉠해・달・별의 운행을 계산하여 계절을 정하는 방법. 「一法」 ㉡ ㉠의 방법으로 계절・시령(時令) 등을 기록한 것. ② 운명.

曆術[역술]レキジュツ 책력을 만드는 기술.
曆學[역학]レキガク 책력에 관한 학문.

[曉] 日12 | 16 | 효 | 새벽 | ㉡篠

ギョウ
あかつき

筆順 日 旷 旷 吐 時 時 曉

解字 形聲. 日과 음을 나타내는 堯(효)를 합쳐서 날이 새는 시각을 뜻함.

意味 ① 새벽. 해돋녘. 「拂―」 ② 분명함. ③ 깨달음. 잘 앎. 「通―」 ④ 타이름. 가르침.

曉起[효기]ギョウキ 새벽에 일어남.
曉星[효성]ギョウセイ ① 새벽 하늘에 드문드문 떠 있는 별. ② 물건이 많지 않음의 비유.

[曖] 日13 | 17 | 애 | 희미할 | ㉤隊

アイ
くらい

筆順 日 日 日 旷 旷 曖 曖

意味 ① 어두움. 구름이 끼어 어두움. ② 가림. 덮음. ③ 희미함. 「一昧」

曖昧[애매]アイマイ 희미하여 확실하지 못함.
曖曖[애애]アイアイ 가리어 밝지 않은 모양.

【曙】 18 日14 | 서 | 새벽 | ㉲㉱
ショ
あけぼの

筆順 日 日⊓ 日⊓ 日⊓ 昁 曙 曙 曙
意味 ① 새벽, 여명. ② 날이 샘.
曙光 [서광] ショコウ ① 새벽의 동터 오는 빛.
② 암흑(暗黑) 속에 처음 나타나는 밝은 빛. ③ 좋은 일이 일어나려는 조짐.
曙天 [서천] ショテン 새벽 하늘.

【曜】 18 日14 | 요 | 빛 | ㉲嚁
ヨウ
ひかり・かがやく

筆順 日 日⊓ 日⊐ 日⊐ 日⊐ 瞬 曜
解字 形聲. 日과 음을 나타내는 翟(적)〔요는 변음〕을 합쳐서 해가 밝게 빛나다의 뜻.
意味 ① 빛, 햇빛. ② 빛남. 빛을 냄. ＝耀 ③ 요일.「日－日」
曜曜 [요요] ヨウヨウ 빛나는 모양.
曜日 [요일] ヨウジツ 일주간의 각각의 날.

【曛】 18 日14 | 훈 | 어스레할 | ㉲文
クン
たそがれ

筆順 日 日⊓ 日⊐ 日⊐ 日⊓ 曛 曛
意味 ① 어스레함. ② 땅거미. 황혼.
曛日 [훈일] クンジツ 땅거미때. 훈황(曛黃). 황혼. 일모(日暮).
曛黑 [훈흑] クンコク 황혼이 짙어 어둑어둑함. 해가 져서 어두움.

【曠】 19 日15 | 광 | 밝을 | ㉲漾
コウ
あきらか・むなしい

筆順 日 旷 旷 旷 曠 曠 曠
意味 ① 분명함. 막는 것이 없고 밝음. ② 넓음. 큼. ③ 자취가 없음. 허무함. ④ 헛되이 함. ㉠비움. ㉡보람 없음.
曠古 [광고] コウコ 옛날을 공허하게 한다는 뜻으로 전례(前例)가 없음을 일컫는 말. 미증유(未曾有).

【曝】 19 日15 | 1 포 | 별쬘 | ㉲號
2 폭 | ㉰屋
バク
さらす

筆順 日 日⊓ 日⊓ 旦 暴 暴 曝
意味 ① 볕에 쬠. 쏘임. ② 햇볕에 말림.
曝露 [폭로] バクロ ① 비나 이슬에 바램. ② 비밀이 겉으로 드러남. 폭로(暴露).
曝陽 [폭양] バクヨウ 뜨겁게 내려 쬐는 볕. 또는 뜨거운 볕에 쬠.

【曩】 21 日17 | 낭 | 접때 | ㉲養
ドウ・ノウ
さき・さきに

筆順 曰 吕 昌 曇 晨 曩 曩
意味 ① 접때. ㉠이전, 옛날. ㉡전자(前者). ② 전에. 이전에. ＝儾

日 部

＊【曰】 4 日0 | 왈 | 가로되 | ㉲月
エツ
いわく

筆順 丨 冂 曰 曰
解字 指事. 입을 벌리고 말을 하는 것을 나타냄.
意味 ① 가로되. 말하기를. ② …라고 말함. …라고 일컬음.

＊【曲】 6 日2 | 곡 | 굽을 | ㉲沃
キョク
まがる

筆順 丨 冂 曲 曲 曲
解字 象形. 나무나 대를 구부려서 만든 그릇을 본뜸. 널리 굽다의 뜻으로 씀.
意味 ① 굽음. 구부림. 접어 구부림. ② 바르지 못함. 옳지 않은 일.「邪－」↔直 ③ 굽은 곳. 꼬불꼬불한 곳. ④ 자
曲線 [곡선] キョクセン 구부러진 선.「－美」↔직선(直線)
曲水 [곡수] キョクスイ 굽이굽이 흐르는 물.
曲學 [곡학] キョクガク 정도(正道)에 벗어난 학문.「－정학(正學)」
曲形 [곡형] キョクケイ 굽은 형상.

【曳】 6 日2 | 예 | 끌 | 齊 | エイ ひく

筆順 ノ ロ 日 曳 曳

意味 ① 끌. 잡아 당김. 질질 끌고 감. ② 끌림.

曳船[예선] 배에다 줄을 매어 끎. 또는 그 배.

*【更】7 日3 | 1 경 2 갱 | 고칠 | 庚 敬 コウ さら・ふける

筆順 一 一 一 戸 百 更 更

解字 形聲. 몽둥이를 들고 억지로 시키다의 뜻인 攴와 음을 나타내는 丙(병)[경은 변음]을 합쳐서 억지로 좋은 방향으로 이끌다의 뜻.

意味 ① 고침. 바꿈. 고쳐짐. 바뀜. ② 하룻밤을 2시간씩 다섯으로 나눈 시각을 일컫는 말. 「初一」 ② 다시. 재차. 또.

更張[경장] ᄀᄒᆪᆼ ① 고치어 새롭게 함. ② 「政」 사회적·정치적으로 부패한 제도를 바르게 고침. 「甲午一」

更正[경정] ᄀᄒᆪᆼ 바르게 고침. 정정.

【曷】9 日5 | 갈 | 어찌 | 曷 | カツ なんぞ

筆順 ノ ロ 日 旦 星 昜 曷

意味 ① 어찌. 어떻게[의문·반문을 나타냄]. ② 언젠가. 언제.

*【書】10 日6 | 서 | 쓸 | 魚 | ショ かく

筆順 ᄀ ᄀ ᅩ ᅩ ᅭ ᅮ 聿 書 書 書

解字 形聲. 붓을 손에 잡은 모양인 聿와 음을 나타내는 者(자)[서는 변음]을 합쳐서 붓으로 예쁘게 쓰다의 뜻.

意味 ① 씀. ② 글자. 「楷一」 ③ 글. ᄀ책. ᄂ편지. 「一簡」 ④ 기록. 씌어진 것. ⑤ 중국 고대의 사서(史書).

書架[서가] ᄀᄒᆞ 책을 얹어 두는 선반.

書家[서가] ᄀᄒᆞ 글씨를 잘 쓰거나 또는 전문으로 하는 사람. 「一(書狀)」

書簡[서간] ᄀᄒᆞ 편지. 서한(書翰). 서장

書籍[서적] ᄀᄒᆡᄀ 책. 「一出版業」

【曼】11 日7 | 만 | 멀 | 寒 マン・バン

筆順 ᄀ ᄅ ᄅ ᄅ ᄅ ᄅ 昱 曼 曼

意味 ① 멂. ② 끎. ③ 퍼짐. ④ 당김.

曼衍[만연] ᄆᄒᆞ ① 끝이 없음. 무한히 넓음. ② 널리 뻗어서 퍼짐.

【曹】11 日7 | 조 | 무리 | 豪 ソウ・ゾウ ともがら

筆順 一 一 一 一 曲 曹 曹 曹

意味 ① 벼슬아치. ᄀ재판관. 「法一」 ᄂ관리. ② 무리. 하패.

曹司[조사] ᄌᄒᆞ 관직·재능·계급 같은 것이 낮은 사람을 일컫는 말.

*【曾】12 日8 | 증 | 일찍 | 蒸 ソ・ソウ・ゾウ かつて

筆順 ノ ハ ハ ハ ハ ハ 曾 曾

意味 ① 일찍. 전에. 오늘날까지. ② 거듭. 「一祖父」 ③ 이에. ④ 끎.

曾孫[증손] ᄌᄒᆞ 아들의 손자(孫子). 손자의 아들.

*【替】12 日8 | 체 | 바꿀 | 霽 タイ・テイ かえる

筆順 一 二 夫 扶 扶 替 替 替

解字 形聲. 日과 음을 나타내는 竝(병)[체는 변음]을 합쳐서 필요 없게 되다의 뜻. 후에 바뀌다의 뜻으로 쓰임. 扶는 竝의 약체(略體)임.

意味 ① 바꿈. 갈아 치움. =代 ② 필요 없게 됨. 쇠약해짐. 「衰一」 ↔隆

替代[체대] ᄒᆡᄃᆡ 서로 번갈아 대신함. 교체.

【最】12 日8 | 최 | 가장 | 泰 サイ もっとも

筆順 日 旦 旦 旦 昌 昌 最 最

解字 會意. 범하다의 뜻인 曰(冒의 생략)과 取(빼앗다)를 합쳐서 사람을 해치고 빼앗다의 뜻. 후에 가장 많다의 뜻

[日部] 9획·[月部] 0~6획

으로 쓰임.
意味 ①. 가장. 제일. ② 가장 뛰어난 것. 우두머리. ③ 모두. ④ 모음.
最強[최강]キョゥ 가장 강함.
最高[최고]コゥ 가장 높음. 제일 좋음.

*[會]¹³ 日9 | 회 | 모일 | ㉖秦 |
カイ・エ
あう

筆順 ハ合合合合會會

解字 會意. 시루[罒]에 뚜껑[ㅅ]을 맞추다의 뜻. 널리 만나다의 뜻으로 쓰임.
意味 ① 만남. 서로 만남. ② 모임. 모음. 집회. ③ 때마침. 꼭. ④ 때.
會見[회견]ケン 서로 만나 봄. 면회(面會)함. 회오(會晤).
會計[회계]ケイ ① 금전이나 물품 등의 출납을 계산함. 또는 그러한 사람.「─係」「─學」② 따져서 셈함.
會議[회의]ギ ① 관계자가 모여 의논함. ② 어떠한 사항을 평의(評議)하기 위하여 여는 기관.「─室」

月 部

*[月]⁴ 月0 | 월 | 달 | ㉘月 |
ガツ・ゲツ
つき

筆順 ノ 刀 月 月

解字 象形. 달의 모양을 본떠서 달의 뜻. 부수로서는 달·세월 등에 관한 뜻을 나타냄.
意味 ① 달. ↔日 ② 달빛. ③ 한 달. ④ 세월. 시일.「歲─」
月刊[월간]カン 매달 한 번씩 간행함. 또는 그 출판물.「─雜誌」
月給[월급]キュゥ 다달이 받는 급료.
月內[월내]ナイ 한 달 안. 그달 안.
月曜[월요]ヨゥ 일주(一週)의 두째. 일요일의 다음날.「─日. ③ 세월.
月日[월일]ゲツジツ·ジツ ① 달과 해. ② 달과

*[有]⁶ 月2 | 유 | 있을 | ㉖有 |

ユウ・ウ
ある・もつ

筆順 ノ ナ 才 冇 有 有

解字 會意. 고기[月]와 손[ナ]을 합쳐서 고기를 들고 사람에게 권하다의 뜻. 널리 가지다·있다 등의 뜻으로 쓰임.
意味 ① 있음. ↔無 ② 가짐. 보존함.「保─」③ 존재하고 있는 것·일.
有能[유능]ノゥ 재능이 뛰어남. 재질이 있는 사람. ↔무능(無能)
有名[유명]メイ ① 이름이 있음. ② 명성이 세상에 널리 퍼져 있음.
有識[유식]シキ 학식(學識)이 있고 아는 것이 많음. ↔무식(無識)

*[服]⁸ 月4 | 복 | 옷 | ㉔屋 |
フク
したがう

筆順 ノ 月 月 月¹ 朋 服 服

解字 形聲. 舟의 변형인 月(배)과 음을 나타내는 艮(복)을 합쳐서 뱃전에 붙이는 널판의 뜻.
意味 ① 옷. ② 입음. 몸에 붙임. ③ 마음에 새겨 잊지 않음.「─을 입음.
服用[복용]ヨゥ ① 약(藥)을 먹음. ② 옷
服膺[복응]ヨゥ 마음에 간직하여 잠시도 잊지 아니함.

*[朋]⁸ 月4 | 붕 | 벗 | ㉘蒸 | ホゥ とも

筆順 ノ 刀 月 月 朋 朋 朋

解字 象形. 옛날 진귀한 보배로 삼던 조개를 한 쌍 나란히 늘어뜨린 모양을 본뜸. 벗·한 패의 뜻으로 씀.
意味 ① 벗. 같은 스승 아래서 배우는 학우. ② 한 패. ③ 보물. 끈에 달아 한 쌍으로 한 조개 화폐.
朋黨[붕당]トゥ ① 벗·동료. ② 이해(利害)나 주의(主義) 등이 같은 사람끼리 모인 단체.
朋友[붕우]ユゥ 벗. 친우(親友).

*[朔]¹⁰ 月6 | 삭 | 초하루 | ㉔覺 |
サク
ついたち

[筆順] 丷 䒑 屰 屰 屰 朔 朔

[解字] 形聲. 月〔달〕과 음을 나타내는 屰(역)〔삭은 변음〕을 합쳐서 달이 되살아나다, 즉 초하루의 뜻.

[意味] ① 초하루. 음력달의 첫째날. ② 달력. 「正一」 ③ 처음. ④ 북(北).

【朕】10 月6 | 짐 | 나 | [上]寢 | チン われ

[筆順] 丿 月 月 肸 朕 朕 朕

[解字]  形聲. 舟의 변형인 月〔배〕과 음을 나타내는 关(소)〔짐은 변음〕를 합쳐서 배를 만들다의 뜻.

[意味] 나. ㉠자기. 제일인칭 대명사. ㉡ 진시황 이후는 천자(天子)의 자칭 대명사로 쓰임.

【朗】朗(차항)의 약자

*【朗】11 月7 | 랑 | 밝을 | [上]養 |
ロウ
ほがらか・あきらか

[筆順] 丶 ㇉ ョ 自 良 朗 朗

[解字] 形聲. 月과 음을 나타내는 良(량)〔랑은 변음〕을 합쳐서 달빛이 밝다의 뜻. 널리 밝다·명랑하다의 뜻으로 씀.

[意味] ① 밝음. ㉠쾌활한 모양. ㉡경치 등이 밝은 모양. ② 분명. ㉠명백한 모양. ㉡깨끗한 모양. ③ 소리 높이.

朗讀〔낭독〕ロウドク 소리를 내어 읽음.

*【望】11 月7 | 망 | 바라볼 | [平]陽 |
ボウ・モウ
のぞむ・のぞみ

[筆順] 丶 亠 亡 切 朚 朢 望

[解字] 形聲. 月과 음을 나타내는 朢(망)을 합쳐서 만월의 뜻.

[意味] ① 내다봄. ㉠멀리 바라봄. ㉡위를 올려다 봄. ㉢살펴 봄. ② 희망. ㉠소원. 「志一」 ㉡전망. ③ 명예. 인기.

望月〔망월〕もちづき・ボウゲツ ① 음력 15일에 뜨는 달. 만월(滿月). ② 달을 바라봄.

望蜀〔망촉〕ボウショク 만족할 줄 모르고 자꾸 욕심을 냄. 득롱 망촉(得隴望蜀).

望鄕〔망향〕ボウキョウ 고향을 바라봄. 고향을 생각함.

*【期】12 月8 | 기 | 때 | [平]支 | キ・ゴ

[筆順] 一 十 卄 甘 其 期 期

[解字] 形聲. 月과 음을 나타내는 其(기)를 합쳐서 달이 한 바퀴 도는 것을 뜻함. 널리 기일·기간의 뜻으로 쓰임.

[意味] ① 만남. 날짜를 정하고 만남. ② 굳게 약속함. ③ 반드시. 굳게 결심함. 「一成」 ④ 기다림. 목표를 정함.

期間〔기간〕キカン 어느 일정한 시기에서 어떤 다른 일정한 시기까지의 사이.

期年〔기년〕キネン ① 돐이 돌아온 해. ② 기한이 된 해.

期待〔기대〕キタイ 믿고 성취(成就)를 바람.

期成〔기성〕キセイ 어떤 일을 꼭 기약하여 이룸. 「一同盟」

期限〔기한〕キゲン 미리 한정(限定)한 시기. 어느 때까지를 기약함. 「無一」

【朞】12 月8 | 기 | 돐 | [平]支 |
キ
ひとまわり

[筆順] 一 十 卄 甘 其 朞 朞

[意味] ① 돐. ② 두루.

朞年〔기년〕キネン ① 한해 되는 돌. ② 기년복(朞年服). 「朞」와 부장기(不杖朞).

朞年服〔기년복〕 상기(喪期)의 장기(杖

*【朝】12 月8 | 조 | 아침 | [平]蕭 |
チョウ
あさ・あした

[筆順] 一 十 古 直 卓 朝 朝

[解字] 形聲. 卓〔해가 떠오르다〕와 음을 나타내는 舟(주)〔조는 변음〕를 합쳐서 해가 떠오르다의 뜻. 널리 아침의 뜻으로 쓰임. 月은 舟의 변형임.

[意味] ① 아침. 새벽. ↔夕·暮·夜 ② 어느 때. 한때. 「一一」 ③ 천자(天子)가 정사(政事)를 보는 곳. 「一廷」

朝刊〔조간〕チョウカン 아침에 발행하는 신문.

朝夕〔조석〕あさゆう・チョウセキ 아침과 저녁.

【朦】18 月14 | 몽 | 희미할 | [平]東 |
モウ
おぼろ

[筆順] 月' 月䒑 月艹 月芇 月瞢 月蒙 朦

[意味] ① 지는 달빛이 어른거림. ② 정신이 희미함.

朦朧〔몽롱〕モウロウ ① 사물이 희미하게 보이는 모양. ② 의식이 분명하지 않음.

朦昏〔몽혼〕 마취(痲醉).

【朧】20 月16 | 롱 | 흐릴 | [平]東 |
ロウ
おぼろ

[筆順] 月 肞 朐 朒 朧 朧 朧

[意味] 달빛이 흐림.

朧朧〔농롱〕ロウロウ 흐린 모양. 희미하게 밝아지는 모양.

木 部

*【木】4 木0 | 목 | 나무 | [入]屋 |
ボク·モク
き

[筆順] 一 十 才 木

[解字]  象形. 서 있는 나무의 모양을 본뜸. 부수로서는 나무에 관한 뜻을 나타냄.

[意味] ① 나무. ㉠서 있는 나무. ㉡목재. 나무로 만든 것. ② 오행(五行)〔木·火·土·金·水〕의 하나. ③ 별 이름.

木工〔목공〕モッ(ボッ)コウ 나무로 물건을 만드는 일. 또는 그 사람. 목수. 「관.

木管〔목관〕モッカン 나무를 이용해서 만든

木姓〔목성〕 오행(五行)의 목(木)에 붙은 성.

*【末】5 木1 | 말 | 끝 | [入]曷 |
マツ·バツ·バチ
すえ

[筆順] 一 二 キ 末 末

[解字] 指事. 木의 위에 선을 하나 그어서 나무의 끝을 나타냄. 나뭇가지의 끝이란 뜻이며 널리 끝의 뜻으로 쓰임.

[意味] ① 끝. ㉠나뭇가지의 끝. ㉡맨 끝. ㉢마지막. 「年一」 ㉣낮은 위치.

末端〔말단〕マッタン 맨 끄트머리. 맨 아래.

末代〔말대〕マツダイ 시대의 끝. 말세(末世).

*【未】5 木1 | 미 | 아닐 | [去]未 |
ミ·ビ
いまだ·ひつじ

[筆順] 一 二 キ 未 未

[解字]  象形. 나무가 무성한 모양을 본뜸. 나무가 무성하다의 뜻. 후에 아직의 뜻으로 쓰임.

[意味] ① 아님. ㉠부정하는 말. ㉡아직 …하지 않음. ② 아직도 …인가〔의문사〕. ③ 양(羊).

未來〔미래〕ミライ ① 아직 오지 않은 앞날. 장래(將來). ② 〈佛〉 죽은 뒤의 세상.

未然〔미연〕ミゼン 아직 그렇게 되지 않음.

未完〔미완〕ミカン 아직 끝을 다 맺지 못함.

*【本】5 木1 | 본 | 밑 | [上]阮 | ホン もと

[筆順] 一 十 才 木 本

[解字] 指事. 나무의 줄기에 줄을 하나 그어서 나무 뿌리를 나타냄. 널리 근본의 뜻으로 씀.

[意味] ① 밑. 근본. ㉠초목의 뿌리. ㉡사물의 기원. 기초. ② 원금. 「資一」 ③ 본래부터. 「一來」 ↔末 ④ 본(本).

本能〔본능〕ホンノウ 선천적으로 타고 난 성질이나 능력(能力). 「一的」

本業〔본업〕ホンギョウ 주가 되는 직업. 본직(本職). ↔겸업(兼業)·부업(副業)

【札】5 木1 | 찰 | 패 | [入]黠 | サツ ふだ

[筆順] 一 十 才 木 札

[意味] ① 패. 나무 패. 「簡一」 ② 문서. 편지나 기록. 「書一」

【机】6 木2 | 궤 | 궤나무 | [上]紙 |
キ
つくえ

[筆順] 一 十 才 木 朾 机

[解字] 會意. 木과 几〔책상〕을 합쳐서 나무로 만든 책상의 뜻.

[意味] ① 느티나무. 궤나무. ② 책상.

机案〔궤안〕 책상.

*【朴】6 木2 | 박 | 순박할 | [入]覺

[木部] 2~3획

[朴] 6획 木2 | 박 | 순박할 | ㉤虞 ボク ほお

[筆順] 一 十 才 木 朴 朴

[解字] 形聲. 木과 음을 나타내는 卜(복)〔박은 변음을 합쳐서 나무 껍질의 뜻.

[意味] ① 나무 껍질. ② 팽나무〔목련과의 낙엽수〕. ③ 순박함. 진실함. 「質─」

朴實[박실] ボクジツ 순박하고 진실함.

[朱] 6획 木2 | 주 | 붉을 | ㉤虞 シュ あか

[筆順] ノ ㇒ ㇐ 牛 朱 朱

[解字] 指事. 木의 한가운데에 표를 해서 나무 줄기의 한가운데를 나타냄.

[意味] ① 붉음. =赤 ② 붉은 것. ③ 주묵. 붉은 먹. ④ 난장이.

朱門[주문] シュモン ① 붉은 칠을 한 문(門). ② 지위가 높은 벼슬아치의 집.

朱脣[주순] シュシン ① 여자의 아름다운 입술. 단순(丹脣). ② 연지를 바른 입술.

[朶] 6획 木2 | 타 | 가지 | ㉤哿 ダ えだ

[筆順] ノ 乃 及 尕 朶 朶

[意味] ① 가지. 꽃이 달린 가지. 「萬─」 ② 늘어짐. 가지가 늘어짐. ③ 늘어진 것. 「耳─」

[朽] 6획 木2 | 후 | 썩을 | ㉤有 キュウ くちる

[筆順] 一 十 才 木 朽 朽

[解字] 形聲. 木과 음을 나타내는 丂(교)〔후는 변음〕를 합쳐서 나무가 썩다의 뜻.

[意味] ① 썩음. 나무가 썩음. ② 약해짐. 「老─」 ③ 멸망함. 「不─」

朽壞[후괴] キュウカイ 썩어서 파괴됨.

[杆] 7획 木3 | 간 | 쓰러진 나무 | ㉤翰 カン てこ

[筆順] 一 十 才 木 杆 杆

[意味] ① 박달. ② 쓰러진 나무. ③ 몽둥이. ④ 방패. ⑤ 팔찌. ⑥ 지렛대.

[杜] 7획 木3 | 두 | 아가위 | ㉤麌 ト・ズ やまなし・ふさぐ

[筆順] 一 十 才 木 杜 杜

[意味] ① 아가위. ② 들어 막음. 닫음. 「─絶」 ③ 성(姓)의 하나.

[杞] 7획 木3 | 기 | 산버들 | ㉤紙 キ こぶやなぎ

[筆順] 一 十 才 木 杞 杞

[意味] ① 산버드나무. ② 갯버들. ③ 약 이름.

杞憂[기우] キユウ 중국의 기(杞)나라 사람이 하늘이 무너져 내려 앉지 않을까 걱정했다는 고사에서, 장래의 일에 대한 쓸 데 없는 군 걱정.

杜絶[두절] トゼツ 막혀서 끊어짐.

*[李] 7획 木3 | 리 | 오얏 | ㉤紙 リ すもも

[筆順] 一 十 才 木 本 李 李

[解字] 形聲. 木과 음을 나타내는 子(자)〔리는 변음〕를 합쳐서 오얏나무의 뜻.

[意味] ①〈植〉오얏. 오얏나무. ② 다스림. ③ 성의 하나. 「─舜臣」

李下不整冠[이하부정관] 오얏나무 밑에서 갓을 고쳐 쓰지 말라는 뜻으로 의심받을 만한 행동은 애당초 하지 말라는 비유.

[杉] 7획 木3 | 삼 | 삼나무 | ㉤咸 サン すぎ

[筆順] 一 十 才 木 杉 杉

[解字] 形聲. 木과 음을 나타내는 彡(삼)을 합쳐서 삼나무의 뜻.

[意味] 〈植〉삼나무〔키가 큰 상록수며 건축 용재로 씀〕.

*[束] 7획 木3 | 속 | 묶을 | ㉤沃 ソク たば

[筆順] 一 ㄱ ㄷ 日 束 束 束

[解字] 會意. 木과 둥글게 잡아 맨 ㅁ모양을 나타내는 ㅁ을 합쳐서 나무를 여러 개 묶다의 뜻.

[意味] ① 다발. 한 단으로 만든 것. ② 묶음. 잡아맴. 「─縛」 ③ 다발로 만든 것을 세는 말. ④ 잡아 묶음.

束縛[속박] ソクバク 자유를 구속함.

[木部] 3~4획

【杖】 木3 | 장 | 지팡이 | ⊕養 |
ジョウ
つえ

筆順 一十才木杧杖

意味 ① 지팡이. ㉠사람이 걸어 다닐 때 짚는 지팡이. ㉡곤장. ② 지팡이를 짚음. ③ 곤장으로 때림.
杖刑[장형]ジョウ 오형(五刑)의 하나. 곤장으로 볼기를 치는 형벌.

*【材】 木3 | 재 | 재목 | ⊕灰 |
サイ・ザイ

筆順 一十才木术材材

解字 形聲. 木과 음을 나타내는 才(재)를 합쳐서 목재의 뜻.
意味 ① 재목. ② 근원. 원료. 「一料」 ③ 성격. 성질. 「逸一」 ④ 작용.
材料[재료]ザイ 물건을 만드는 감.
材木[재목]ザイ 건축·기구 등을 만드는 데 재료로 쓰는 나무. 목재(木材).

【条】 條(木부 7획)의 속자

*【村】 木3 | 촌 | 마을 | ⊕元 |
ソン
むら

筆順 一十才木杧村村

解字 形聲. 木과 음을 나타내는 寸(촌)을 합쳐서 본래는 나무 이름, 후에 음을 빌어서 마을의 뜻으로 쓰임.
意味 ① 마을. 촌락. ② 시골. 「一夫子」
村落[촌락]ソン 촌에 이루어진 부락.
村婦[촌부]ソン 촌에서 사는 부녀.

【杓】 木3 | ①작 ②표 | 구기 | ㉠藥 ㉡蕭 |
シャク・ヒョウ

筆順 一十才木术杓杓

意味 ① 구기. ② ① 자루. ② 북두칠성의 다섯 번째부터 일곱 번째까지의 별.
杓子[작자]シャク 국자. 주격. 밥이나 국

【杏】 木3 | 행 | 살구 | ⊕梗 |
コウ・キョウ・アン
あんず

筆順 一十才木杢杏杏

意味 살구. 살구나무.

*【果】 木4 | 과 | 열매 | ⊕哿 |
カ
はたす

筆順 丨冂日旦杲果果

解字 象形. 나뭇가지에 열매가 달린 모양을 본뜸. 과일의 뜻.
意味 ① 과일. 과일 나무의 열매. ② 이룩함. 달성함. ③ 결연히 함. 「一敢」
果敢[과감]カン 과단성 있고 용감스러움. 결단력이 있음.
果斷[과단]ダン 딱 잘라 결정함. 「一性」
果報[과보]ホウ ①〈佛〉인과 응보(因果應報). ② 좋은 결과(結果).
果然[과연]ゼン 알고 보니 정말. 빈 말이 아니라 참으로. 생각한 대로.

【杻】 木4 | ①뉴 ②추 | 싸리 | ㉠有 ㉡有 |
チュウ・ジュウ
てかせ

筆順 一十才木杧杻杻

意味 ① 싸리나무. ② 수갑. 조막손.

【東】 木4 | 동 | 동녘 | ⊕東 |
トウ
ひがし・あずま

筆順 一一一百亘車東東

解字 象形. 밑이 없는 통 같은 자루에 물건을 넣고 양 끝을 끈으로 잡아 맨 모양을 본뜸. 자루의 뜻. 후에 글자를 빌어서 동쪽의 뜻으로 쓰임.
意味 ① 동녘. ↔西 ② 동쪽으로 감. ③ 봄[오행에서 봄에 해당함]. 「一風」
東郊[동교]トウコウ 동쪽의 교외 또는 들.

*【林】 木4 | 림 | 수풀 | ⊕侵 |
リン
はやし

筆順 一十才木术村林

解字 會意. 木을 둘 합쳐서 나무가 많이 자라나 있다의 뜻. 수풀을 뜻함.
意味 ① 수풀. ② 사물이 많이 모인 곳.
林野[임야]リンヤ 삼림(森林)과 들판.

林業[임업] 여러 가지 임산물에서 오는 경제적 이득을 목적으로 삼림(森林)을 경영하는 사업.

【枚】木4 | 매 | 낱 | ⊕灰

筆順 一十才木术杧枚

解字 會意. 木과 손에 작은 가지를 든 모양인 攵를 합쳐서 매나 지팡이를 만드는 나뭇가지의 뜻. 후에 수를 세는 말로 쓰임.

意味 ① 낱[관자나 종이 등을 세는 말]. ② 일일이 셈. 「一擧」

【杳】木4 | 묘 | 어두울 | ⊕篠

筆順 一十才木杏杳杳杳

意味 ① 어두움. 「一冥」 ② 멀리. 「一然」
杳然[묘연] 멀고 아득함.

*【杯】木4 | 배 | 잔 | ⊕灰

筆順 一十才木木杯杯

解字 形聲. 木과 음을 나타내는 不(불)[배는 변음]을 합쳐서 술잔의 뜻.
意味 ① 잔. 술잔. ② 잔이나 용기에 든 액체를 세는 말.
杯中物[배중물] 술을 말함.

【枇】木4 | 비 | 비파나무 | ⊕寘

筆順 一十才木朼朼枇

意味 ① 비파나무. ② 주걱. 도마. ③ 참빗.
枇杷[비파] ①〈植〉장미과에 속하는 나무 이름. 겨울철에 꽃이 피고 한 여름에 식용의 열매를 맺음. 그 잎이 비파(琵琶)와 비슷함. ②〈音〉악기의 이름.

*【析】木4 | 석 | 가를 | ⊕錫

筆順 一十才木朾析析

解字 會意. 木과 도끼의 뜻인 斤을 합쳐서 도끼로 나무를 쪼개다의 뜻.
意味 ① 가름. 조갬. 찢음. ② 나눔.
析出[석출] 〈化〉화합물을 분석하여 어떤 물질을 분리(分離)해 냄.

*【松】木4 | 송 | 소나무 | ⊕冬

筆順 一十才木朩朳松

解字 形聲. 木과 음을 나타내는 公(공)[송은 변음]을 합쳐서 상록수인 소나무의 뜻.
意味 〈植〉소나무.
松林[송림] 소나무 숲. 솔숲.
松板[송판] 소나무를 켠 널빤지.

【枉】木4 | 왕 | 굽을 | ⊕養

筆順 一十才木朾枉枉

意味 ① 굽음. 굽힘. ② 원통함. 억울함.
枉駕[왕가] 귀인(貴人)의 내방(來訪)의 경칭(敬稱). 왕림(枉臨). 「一光臨」
枉臨[왕림] 남이 자기 있는 곳으로 오는 일을 존대하여 하는 말. 왕가(枉駕).

【杵】木4 | 저 | 공이 | ⊕語

筆順 一十才木朾杵杵

意味 ① 절굿 공이. ② 나무 망치. 다듬이 방망이.

【杼】木4 | 저 | 북 | ⊕語

筆順 一十才木朾杼杼

意味 ① 북[織具]. ② 길. ③ 도토리.
杼機[저기] 북과 바디와 베틀.

【枌】木4 | 분 | 느릅나무 | ⊕文

[木部] 4～5획

筆順 一 十 才 木 木⁁ 朸 枌

意味 흰 느릅나무.

枌楡[분유] ① 〈植〉느릅나무. ② 고향.

*【枝】 8획 木4 ㅣ1지 2기 ㅣ가지 ㅣ㊤支
シ
えだ

筆順 一 十 才 木 朩 枋 枝

解字 會意. 木과 갈라지다의 뜻을 가진 支를 합쳐서 나무 줄기에서 갈라진 나뭇가지의 뜻.

意味 ① ⑴가지. 나뭇가지. ↔幹 ② 갈라짐. 근원에서 갈라진 것. ③ 수족(手足). 사지. ⑵ 육손이.

枝葉[지엽] ① 가지와 잎. ② 본체에서 갈라져 나간 그다지 중요하지 않은 부분.

*【枕】 8획 木4 ㅣ침 ㅣ베개 ㅣ㊤寢
チン・シン
まくら

筆順 一 十 才 木 朩 枕 枕

解字 形聲. 木과 음을 나타내는 冘(유) [침은 변음]를 합쳐서 머리 밑에 까는 것, 즉 베개를 뜻함.

意味 ① 베개. ② 베개로 삼음. 베개를 벰. 「있을 때.

枕上[침상]ジョウ ① 베개의 위. ② 누워

*【板】 8획 木4 ㅣ판 ㅣ널조각 ㅣ㊤滑
ハン・バン
いた

筆順 一 十 才 木 朷 板 板

解字 形聲. 木과 음을 나타내는 反(반) [판은 변음]을 합쳐서 넓적한 나무란 뜻.

意味 ① 널조각. 넓적하게 깎은 목재. ② 널리 넓적한 것을 일컬음. 「鐵—」 ③

板子[판자]シ ① 나무로 된 널빤지. ② 송판(松板).

板紙[판지]シ 널조각처럼 두껍고 단단하게 만든 종이.

【柿】 9획 木5 ㅣ시 ㅣ감 ㅣ㊥紙 ㊤實
シ
かき

筆順 一 十 才 木 朽 柿 柿

意味 ① 감나무. ② 감.

【枷】 9획 木5 ㅣ가 ㅣ칼 ㅣ㊤麻
カ
からざお

筆順 一 十 才 木 朩 枷 枷 枷

意味 ① 도리깨. ② 칼. 죄인의 목이나 팔다리에 끼우는 형구.

*【架】 9획 木5 ㅣ가 ㅣ시렁 ㅣ㊤禡
カ・ケ
たな

筆順 フ カ 加 加 架 架 架

解字 形聲. 木과 음을 나타내는 加(가)를 합쳐서 나무로 만든 시렁의 뜻.

意味 ① 시렁. 물건을 올려 놓는 받침. ② 옷을 거는 데. 「衣—」 걸.

架空[가공]クウ ① 공중에 가설함. ② 사실이 아니고 상상(想像)임.

【柑】 9획 木5 ㅣ1감 2겸 ㅣ감귤 ㅣ㊤覃 ㊤鹽
カン

筆順 一 十 才 木 朩 柑 柑

意味 ⑴ 〈植〉감귤. 감자. ⑵ ① 재갈을 물림. ② 입을 다묾.

柑子[감자]コウ・カン 〈植〉귤의 일종. 색깔은 황색이며 작고 맛은 심.

*【枯】 9획 木5 ㅣ고 ㅣ마름 ㅣ㊤虞
コ
かれる

筆順 一 十 才 木 朩 枯 枯

解字 形聲. 木과 음을 나타내는 古(고)를 합쳐서 나무가 마르다의 뜻.

意味 ① 마름. ㉠초목이 마르고 시듦. ㉡죽음. ② 쇠퇴함. 「榮—」 ③ 수분이 없어짐. 빛이 없어짐. ＝涸

枯渇[고갈]カツ ① 물이 바짝 마름. ② 돈이나 물건 같은 것이 매우 귀하여짐.

枯槁[고고]コウ ① 나무나 풀의 물기가 없어지고 시들어져 마름. ② 생기가 없어짐. 「② 죽은 사람.

枯骨[고골]コツ ① 죽은 사람의 썩은 뼈.

枯死[고사]シ 풀이나 나무가 말라 죽음.

【枸】木5 | 9 | 구 | 굽을 | 尤 | ク | まがる

筆順 一十才才朽枸枸枸

意味 ① 굽음. 휨. 개운치 않음.「一木」② 구기자. ③〈植〉탱자나무. ④ 가지가 휨.

枸杞子[구기자] ①〈植〉구기자나무. ②〈醫〉구기자나무의 열매. 해열제·강장제로서 허로(虛勞)·요통(腰痛)에
枸木[구목] 굽은 나무. 쓰임.

【柩】木5 | 9 | 구 | 널 | 宥 | キュウ | ひつぎ

筆順 一十才才朽柩柩

意味 널. 사람의 시체를 담는 상자. 관(棺).

柩車[구차] 시체를 싣는 수레. 영구차(靈柩車).

*【柳】木5 | 9 | 류 | 버들 | 上有 | リュウ | やなぎ

筆順 一十才才朽柯柳柳

解字 形聲. 木과 음을 나타내는 卯(류)를 합쳐서 가지가 바람에 날려 움직이는 나무란 뜻. 버드나무를 뜻함.

意味 〈植〉① 버드나무. ② 수양버드나무. ↔楊

柳絲[유사]リュウ 실처럼 드리워져 있는 수양버들의 가느다란 가지.
柳色[유색]リュウ 버드나무의 푸른 빛.

*【某】木5 | 9 | 1 모 2 매 | 아무 | 上有 上灰 | ボウ | それがし

筆順 一厂卄甘甘苴某

解字 形聲. 木과 음을 나타내는 母(모)의 변형인 甘을 합쳐서 매화나무란 뜻임. 후에 글자를 빌어서 아무개의 뜻으로 쓰임.

意味 1 ① 아무. ② 어떤. 2 매화나무.

某日[모일]ボウ 아무 날. 어떠한 날.
某處[모처]ボウ 아무 곳. 어떠한 곳.

*【柏】木5 | 9 | 백 | 측백나무 | 入陌 | ハク・ビャク | かしわ

筆順 一十才才朽柏柏

解字 形聲. 木과 음을 나타내는 白(백)으로 이루어짐.

意味 〈植〉① 측백나무. ② 醫 잣나무.
柏子[백자]〈植〉잣. 잣나무 열매.

【柄】木5 | 9 | 병 | 자루 | 敬 | ヘイ・ヒョウ | え・がら・つか

筆順 一十才才朽柄柄

意味 ① 자루. 손잡이. 그릇의 손잡이. ② 칼자루. ③ 세력. 권력.「權一」④ 밑절미. 근본이 되는 바탕.

【柎】木5 | 9 | 1 부 2 포 | 북채 | 尤有 | フ・ホウ | ばち

筆順 一十才才朽柎柎

意味 ① 북채. ② 굴싸리.

柎鼓[부고]フコ ① 북채와 북. ② 군대의 진지. ③ 서로 감응(感應)하는 것.
柎木[포목]〈植〉떡갈나무. 굴싸리.

【柶】木5 | 9 | 사 | 숟가락 | 實 | シ | さじ

筆順 一十才才朽柶柶柶

意味 ① 숟가락. ② 醫 윷.

*【査】木5 | 9 | 사 | 조사할 | 麻 | サ | しらべる

筆順 一十才木杏杳查查

解字 形聲. 木과 음을 나타내는 且(차)[사는 변음]를 합쳐서 비스듬하게 자른 나무의 뜻. 후에 조사하다의 뜻으로 쓰임.

意味 ① 조사함.「檢一」② 잘 보고 분명히 함.「考一」③ 떼. 뗏목.

査問[사문]サモン 조사하여 물음.
査收[사수]サシュウ 조사하여 틀림 없이 받「음.

【染】木5 | 9 | 염 | 물들일 | 上琰 | セン・ゼン | そめる

筆順 氵氵沈沖染染

[木部] 5~6획

染粉[염분] ㅎ ㅎ 가루로 된 염료.
染色[염색] サン | 물을 들임. 또는 물든
ショク 색깔. 색염(色染). 「—工場」

【柔】 9획 木5 | 유 | 부드러울 | ㉠尤
ニュウ・ジュウ
やわらかい

筆順 フ ユ マ ヂ 序 柔 柔

解字 形聲. 木과 음을 나타내는 矛(모)
[유는 변음]를 합쳐서 잘 휘어지는 나
무란 뜻. 널리 부드럽다의 뜻으로 쓰임.
意味 ① 부드러움. ↔剛 ② 상냥함. 얌
전함. 점잖음.「—和」 ③ 약함.

柔順[유순] ジュウ 성질이 부드럽고 온순
ジュン 함.
柔術[유술] ジュウ 유도(柔道).
ジュツ
柔弱[유약] ジュウ (ジュゥ) 부드럽고 약함.
ジャク

【柚】 9획 木5 | 1유 2축 | 유자 | ㉠宥 ㉥屋
ユウ・ジク
ゆず

筆順 一 十 木 利 柚 柚 柚

意味 ① [植] 유자. ② 북[織具].

【柴】 9획 木5 | 1시 2채 | 섶 | ㉠佳 ㉥卦
サイ
しば

筆順 丨 ト 止 止 此 此 柴 柴

意味 ① ① 섶. 땔나무. ② 섶을 불살라
천제(天帝)에게 지내는 제사.「—炭」
② 목책(木柵).

柴門[시문] サイ ① 사립짝으로 된 문.
モン ② 문을 닫음. 두문(杜門).

【柢】 9획 木5 | 저 | 뿌리 | ㉠霽
テイ
ね

筆順 一 十 木 札 杯 柢 柢

意味 ① 뿌리. ㉠나무 뿌리. ㉡사물의
근본이 되는 것.「根—」 ② 기인(基
因)함. 근거를 둠.

【柊】 9획 木5 | 종 | 방망이 | ㉠東
シュウ
ひいらぎ

筆順 一 十 木 朼 朴 柊 柊

意味 ① 방망이. ② 목서과에 속하는 상
록 아교목.

【柱】 9획 木5 | 주 | 기둥 | ㉠虞
チュウ・チュ
はしら

筆順 一 十 木 札 朴 柱 柱

意味 ① 기둥. 널리 물건을 받치기 위하
여 세운 것을 일컬음.「支—」② 기러
기발[현악기의 현을 받치는 도구].

柱石[주석] チュウ ① 기둥과 주추. ② 아
セキ 주 중요한 지위에 있거나 국가의 중요
한 책임을 맡고 있는 사람.

【枳】 9획 木5 | 12지 7기 | 탱자 | ㉠紙 ㉥支
キ
からたち

筆順 一 十 木 札 朸 枳 枳

意味 ① 탱자. ② ① 해침. ② 살[股].

【柵】 9획 木5 | 책 | 울 | ㉠陌
サク

筆順 一 十 木 朴 朷 柵 柵

意味 ① 울. 목책(木柵). ② 성채(城砦).
③ 어살[말뚝을 박고 나무나 대를 엮어
대어 물의 흐름을 막게 한 것].

柵壘[책루] サク 목책(木柵)을 세운 진지.
ルイ 또는 요새(要塞).
柵門[책문] サク 울타리로 둘러 친 문.
モン

【栄】 榮(木부 10획)의 약자
【相】 目부 4획

【栞】 10획 木6 | 간 | 표할 | ㉠塞
カン
しおり

筆順 一 二 干 牙 开 开 栞 栞

意味 ① 서표(書標). 표지(標識). ② 꺾
음. 나뭇가지를 꺾어 표지로 삼음.

【桀】 10획 木6 | 걸 | 찢을 | ㉠屑
ケツ

筆順 ノ タ タ ヲ ヲ 타 桀 桀

意味 ① 책형(磔刑). ② 나쁜 사람. 간
교함. ③ <人> 중국의 하왕조(夏王朝)
의 마지막 천자로 대표적인 폭군임.
「—紂」 ④ 찢음.

【格】 10획 木6 | 12격 7각 | 이를 | ㉠陌 ㉥藥

カク・キャク
いたる・ただす

筆順 十 十 木 木' 杦 权 柊 格 格

解字 形聲. 木과 음을 나타내는 各(각)을 합쳐서 놓은 나무를 뜻함. 후에 글자를 빌어 규칙·다다르다 등의 뜻으로 쓰임.

意味 ① ① 이름. 다다름. 규명함. 「一物」 ② 바로 잡음. 「一心」 ③ 규칙. 법도. 「規一」 ④ 재목을 종횡으로 짜 맞춘 것. ⑤ 신분. 지위. 정도. 「品一」

格式[격식]ヵシャ ① 격에 어울리는 법식. ② 신분과 계급.

格言[격언]ヵゲン 사리에 맞아 교훈이 될 만한 짧은 말. 속담·금언(金言) 등.

【栲】10 木6 | 고 | 붐나무 | ⑧皓 |
コウ
ぬるで

筆順 木 木' 木⁺ 木⁺ 栲 栲 栲 栲

意味 붐나무.

栲栳[고로] 고리. 고리짝.

*【桂】10 木6 | 계 | 계수나무 | ⑧霽 |
ケイ
かつら

筆順 一 十 十 木 木' 杜 桂 桂

解字 形聲. 木과 음을 나타내는 圭(규)[계는 변음]를 합쳐 계수나무를 뜻함.

意味 ① 〈植〉계수나무. 월계수. ② 달에 계수나무가 자라고 있다는 전설에서 계월(桂月)은 달을 일컫는 말.

桂冠[계관]ヶィヵン 우승의 영예를 표시하기 위해 고대 그리스에서 경기에 우승한 사람에게 씌우던 월계 잎사귀로 만든 관. 월계관.

桂樹[계수]ヶィジュ 〈植〉계수나무. 월계수.

*【校】10 木6 | 교 | 학교 | ⑧效 |
コウ
くらべる

筆順 一 十 十 木 木' 校 校 校

解字 形聲. 木(나무)과 음을 나타내는 交(교)를 합쳐서 죄인의 손발에 채우는 나무 가쇄의 뜻. 후에 학교의 뜻으로 씀.

意味 ① 가쇄[죄인의 손발이나 목에 채우는 것으로 자유를 속박하는 형구]. ② 학교. 배우는 곳.

校歌[교가]コウヵ 학교의 교풍(校風)을 발양(發揚)하기 위하여 학생들에게 부르게 하는 노래.

校閲[교열]コウェッ 책이나 문서의 어구 또는 글자의 잘못됨을 살피고 교정하며 검열함. 「一者」

校訂[교정]コウティ 남의 문장(文章)이나 출판물의 오자(誤字)·오식(誤植) 등을 바로 고침. 「原稿一」「一者」

【框】10 木6 | 광 | 문골 | ⑧陽 |
キョウ
かまち

筆順 一 十 十 木 木' 枏 框 框

意味 문골. 문얼굴. 「門一」

【桄】10 木6 | 광 | 광랑나무 | ⑧漾 |
コウ

筆順 一 十 十 木 木' 栐 栐 桄

意味 철도목[인도 원산의 교목]. 광랑나무.

桄榔[광랑]コウロウ 〈植〉야자과에 속하는 상록 교목.

*【根】10 木6 | 근 | 뿌리 | ⑧元 |
コン
ね

筆順 一 十 十 木 木' 杁 根 根 根

解字 形聲. 木과 음을 나타내는 艮(간·흔)[근은 변음]을 합쳐서 나무 뿌리의 뜻.

意味 ① 뿌리. ㉠나무 뿌리. ㉡밑 부분. 물건의 아래 부분. ㉢근거. ㉣시초. 「一據」 ② 뿌리박음. 연유함.

根據[근거]コンキョ ① 근본이 되는 토대. ② 의논이나 의견에 그 근본이 되는 의거(依據). 「一地」

根莖[근경]コンヶィ ① 뿌리와 줄기. ② 땅 속이나 땅 위에 옆으로 뻗어 흡사 뿌리와 같이 보이는 줄기.

根本[근본]コンホン 사물의 본바탕. 사물의 기초가 되는 것. 「一的」「一問題」

【桐】10 木6 | 동 | 오동나무 | ⑧東 |
ドウ・トウ
きり

[木部] 6획

桐油[동유]ㅠㅜ 유동(油桐)의 씨에서 짜낸 건성(乾性)의 기름.

【桔】木6 | 길 | 도라지 | Ⓐ屑 |
キツ・ケツ

筆順 一 十 木 木＾ 杧 桔 桔

意味 도라지. 길경(桔梗).

桔梗[길경]ㅠ쿄ㅇ〈植〉도라지. 식용하거나 한약재로도 씀.

***【桃】**木6 | 도 | 복숭아 | Ⓒ豪 |
トウ
もも

筆順 十 木 札 朴 杙 杙 机 桃

解字 形聲. 木[나무]과 음을 나타내는 兆(조)[도는 변음]를 합쳐서 복숭아나무라는 뜻.

意味 복숭아나무. 복숭아.

桃李[도리]ㅠㅓ ① 복숭아와 자두. ② 자기가 추천한 훌륭한 사람. 시험으로 발탁한 문하생. ③ 제자. 인재. ④ 형제의 비유. ⑤ 얼굴이 아름다움을 비유하는 말.

桃色[도색]ㅠㅅㅎ ① 복숭아 빛깔과 같은 빛깔. 연분홍 빛. ② 남녀 사이에 얽힌 색정적(色情的)인 일.

***【栗】**木6 | 률 | 밤나무 | Ⓐ質 |
リツ
くり

筆順 一 ㄒ 西 㮚 栗 栗 栗

解字 形聲. 木[나무]과 음을 나타내는 西(서)[룰은 변음]를 합쳐서 밤나무라는 뜻.

意味 ①〈植〉밤나무. 밤. ② 두려워함. ＝慄 ③ 엄함. 위엄이 있음.

栗鼠[율서]ㅠㅅ〈動〉다람쥐에 속하는 포유 동물. 나무 위에서 살며. 나무 열매 등을 먹이로 함.

栗園[율원]ㅠㅡㄴ 밤나무 동산.

***【桑】**木6 | 상 | 뽕나무 | Ⓒ陽 |
ノウ
くわ

筆順 フ ヌ 꾸 叒 叒 桒 桑

解字 ※・桑 象形. 뽕나무 모양을 본뜸.

意味 ①〈植〉뽕나무. ② 누에를 침.

桑園[상원]ㅠㅡㄴ 뽕나무 밭. 상전(桑田).

桑田[상전]ㅠㄷㄴ 뽕나무를 심은 밭.

【栖】木6 | 서 | 깃들일 | Ⓒ霽 |
セイ
すむ

筆順 一 十 木 木 杧 栖 栖

意味 ① 삶. 깃들임. 「一息」② 휴식함. 쉼. ③ 사는 곳. 깃들인 곳.

栖息[서식]ㅠㅅㅎ 새(鳥) 등이 나무에 들여 삶. 동물이 어떠한 곳에서 삶. 서숙(樓宿).

***【案】**木6 | 안 | 안석 | 去翰 |
アン
つくえ

筆順 宀 宍 安 安 安 案 案

解字 形聲. 木[나무]과 음을 나타내는 安(안)을 합쳐서 나무로 만든 책상이라는 뜻.

意味 ① 책상. ② 생각함. 찾음. 생각. 「思一」③ 초안(草案). 「文一」④ 안석. 앉을 때 몸을 기대는 물건.

案件[안건]ㅠㄴ 토의(討議)하거나 연구해야 할 사항. 문제가 되는 사건.

案机[안궤] 책상.

案內[안내]ㅠㅣ 사정・내용을 잘 알고 있어 남을 인도함.

【栓】木6 | 전 | 나무못 | Ⓒ先 |
セン

筆順 一 十 木 木＾ 栓 栓 栓

意味 마개. ㉠구멍을 막는 나무. 나무못. ㉡병 등의 구멍을 막는 것.

[木部] 6~7획

[栽] 木6 10 | 재 | 심을 | ㉠灰
サイ / うえる

筆順 十 土 丰 耒 栽 栽 栽

解字 形聲. 木[나무]과 음을 나타내는 𢦏(재)를 합쳐서 나무 밑에 흙을 북돋아 주다의 뜻. 널리 나무를 심고 가꾸다의 뜻으로 씀.

意味 ① 심음. 묘목. 초목을 심음. ② 묘목.

栽培[재배] サイ/ハイ 식용·약용·관상용(觀賞用)으로 초목(草木)을 심어 가꿈.

[栴] 木6 10 | 전 | 향나무 | ㉠先
セン

筆順 一 十 木 朴 栌 栴 栴

意味 〈植〉향나무. 전단. ㉠먹구슬나무. ㉡백단향.

栴檀[전단] セン/ダン 〈植〉단향목(檀香木). 인도(印度) 등의 열지(熱地)에 나는 향목.

[株] 木6 10 | 주 | 뿌리 | ㉠處
シュ・チュ / かぶ

筆順 十 木 木 朱 枓 株 株

解字 形聲. 木[나무]과 음을 나타내는 朱(주)를 합쳐서 나무가 꿋꿋하게 서있다의 뜻임. 후에 나무 그루터기의 뜻으로 씀.

意味 ① 뿌리. 나무 줄기의 가장 아랫 부분. ② 줄기. 나무 줄기. ③ 그루. 산 나무의 수를 세는 말. ④ 주식. 주권(株券).

株價[주가] シュ/カ 〈經〉주권(株券)의 매매 가격.

株式[주식] シュ/シキ 〈經〉① 주식 회사의 출자(出資)의 단위. ② 주식 거래.

[桎] 木6 10 | 질 | 차꼬 | ㉠質
シツ / あしかせ

筆順 十 木 木 朳 柽 桎 桎

意味 ① 차꼬. 족가(足枷). ↔梏 ② 고통을 받음.

桎梏[질곡] シツ/コク ① 수갑과 차꼬. ② 자유를 속박하여 구속함.

[核] 木6 10 | 핵 | 씨 | ㉠陌
カク / さね

筆順 十 木 木 朽 杉 核 核

解字 形聲. 木[나무]과 음을 나타내는 亥(해)[核은 변음]를 합쳐서 나무 열매의 씨를 싸고 있는 굳은 껍질의 뜻.

意味 ① 핵. 씨. 과일 속 한가운데에 있는 굳은 부분. ② 사물의 중심. 중요한 점. 「一心」③ 중심에 있는 것. ㉠세포의 중심에 있는 것. 「結─」㉡원자의 중심에 있는 것. 「原子─」

核果[핵과] カク/カ 〈植〉살이 많고 씨가 단단한 핵으로 둘러싸인 열매. 복숭아·살구 등. 「─있는 얇은 껍질.」

核膜[핵막] カク/マク 〈生〉세포의 핵을 싸고

核心[핵심] カク/シン 사물의 중심이 되는 가장 요긴한 부분.

[桁] 木6 10 | ①형 ②항 | 시렁 | 年庚 表漾
コウ / けた

筆順 十 木 木 朽 朽 杵 桁

意味 ① 도리. 시렁[屋橫木]. ② ㉠차꼬. 족가(足枷). ㉡횃대[衣架].

[桓] 木6 10 | 환 | 모감주나무 | ㉠寒
カン

筆順 十 木 木 朽 朽 桓 桓

意味 ① 〈植〉모감주나무. ② 무덤의 네 모퉁이에 세우는 표목(標木). ③ 빈둥거림. 머뭇거림. ④ 성(姓)의 하나.

桓公[환공] カン/コウ 〈人〉춘추 시대의 제(齊)나라 임금. 이름은 소백(小白). 명신(名臣) 관중(管仲)의 도움으로 춘추오패(五覇)의 제일인자가 됨.

[梏] 木7 11 | 곡 | 수갑 | ㉠沃
コク / てかせ

筆順 十 木 木 朽 朴 梏 梏

意味 ① 수갑. ↔桎 ② 어지럽힘. 「─亡」③ 묶음. 매어 이음. ④ 붙음.

梏亡[곡망] コク/ボウ ① 자유를 속박당함. ② 자기의 이익을 위해 욕심을 내다가 본심(本心)을 잃음.

[木部] 7획

【械】 木7 | 계 | 형틀 | 去卦 | カイ | かせ

筆順 木 朾 栉 栉 械 械 械

解字 會意. 木(나무)과 징계하다의 뜻인 戒를 합쳐서 죄인을 징계하기 위한 목제 형틀을 뜻함. 널리 기계의 뜻으로 씀.

意味 ① 형틀. 수갑·차꼬 따위. ② 장치. 기계. 「機一」

械繫[계계] カイケイ 감옥에서 형구(刑具)로 얽어 매어 움직일 수 없게 함.
械器[계기] カイキ 기계(機械)나 기구(器具). 도구. 기계(器械).

【桜】 櫻(木부 17획)의 약자

【桟】 棧(木부 8획)의 약자

【梅】 梅(木부 7획)의 약자

【梗】 木7 | 경 | 산느릅나무 | 上梗 | コウ·キョウ | おおむね

筆順 十 木 杧 杧 栖 梗

意味 ①〈榹〉산느릅나무. ② 대개. 대충.「一槪」 ③ 막음. ④ 장함.

梗槪[경개] コウガイ 소설·희곡 등의 대강 줄거리. 「꽉 막힘.
梗塞[경색] コウソク 일이 잘 통용되지 않고

【梱】 木7 | 곤 | 문지방 | 上阮 | コン | しきみ

筆順 十 木 村 朾 栖 梱 梱

意味 ① 문지방. ② 마무림. ③ 상자.

梱包[곤포] コンポウ 거적이나 새끼 등으로 짐을 꾸려 포장함.

*【梁】 木7 | 량 | 들보 | 去陽 | リョウ | はし·はり·やな

筆順 氵 氵 汃 沙 沙 梁 梁

解字 形聲. 氵(물)과 木(나무)과 음을 나타내는 刅(창)(량은 변음)을 합쳐서 물 위에 놓는 다리를 뜻.

意味 ① 다리(橋). 「石一」 ② 들보. ③ 어량. ④ 중국 전국시대의 나라 이름.

梁木[양목] リョウボク 들보.
梁上君子[양상군자] リョウジョウノクンシ 도적(盜賊)의 별칭. 옛날 후한(後漢)의 진식(陳寔)이 들보 위에 숨은 도둑을 가리켜 말에서 비롯됨.

【梳】 木7 | 소 | 얼레빗 | 平魚 | ソ | くしけずる

筆順 十 木 杧 栌 栌 梳 梳

意味 ① 얼레빗. ② 빗질함.

梳毛[소모] ソモウ 털실을 만들 때 털을 나란히 늘어놓는 것. 또 그렇게 가지런히 한 털.
梳洗[소세] ソセイ 머리를 빗고 얼굴을 씻음.

*【梨】 木7 | 리 | 배나무 | 平支 | リ | なし

筆順 一 二 千 禾 利 梨 梨

解字 形聲. 木(나무)과 음을 나타내는 利(리)를 합쳐서 배나무를 뜻함.

意味 배나무. 배.

梨園[이원] リエン ① 배나무를 심은 정원. ② 당(唐)의 현종(玄宗)이 궁중의 배나무 밭에서 자제와 궁녀들에게 속악(俗樂)을 가르쳤다는 고사에서 연극을 일컫는 말. ③ 연극계(演劇界).
梨花[이화] リカ 배꽃.

【梅】 木7 | 매 | 매화나무 | 上灰 | バイ·メ | うめ

筆順 十 木 杧 枋 柼 梅 梅

解字 形聲. 木(나무)과 음을 나타내는 毎(매)를 합쳐서 매화나무를 뜻함.

意味 ①〈楳〉매화나무. 매실. ② 매실이 여물 때 내리는 장마.「一雨」

梅實[매실] バイジツ 매화나무의 열매.
梅雨[매우] バイウ·つゆ 매화 열매가 익을 무렵에 오는 긴 장마. 매림(梅霖).

【梶】 木7 | 미 | 나무끝 | 上尾 | ビ | かじ

筆順 十 木 杧 朾 杘 梶 梶

[木部] 7획

意味 나무 끝(木杪).

【梵】 木7 | 범 | 중의글 | ㉰陷 | ボン
筆順 十 木 朴 材 林 梵 梵
意味 ① 범천왕(梵天王). 바라문교(敎) (인도의 고대 종교)에서 모시는 우주 창조의 신. ② 바라문교(敎) 신자. 인도의 사회 계급에서 제일 높은 계급.
梵語[범어]ボン〈佛〉고대 인도의 문어인 산스크릿의 한 분파.
梵鍾[범종]ボンショウ〈佛〉절에 있는 종.

【梢】 木7 | 소 | 마들가리 | ㉻肴
ショウ
こずえ
筆順 十 木 木' 杧 杧 梢 梢
意味 ① 마들가리. 나무 졸가리. ② 나무 끝. ③ 끝. 사물의 맨 끝. 「末—」
梢頭[소두]ショウトウ 나무 가지의 끝.

＊【梧】 木7 | 오 | 벽오동 나무 | ㉻虞
ゴ
あおぎり
筆順 十 木 木' 杆 枦 桓 梧
解字 形聲. 木(나무)과 음을 나타내는 吾(오)를 합쳐서 벽오동나무를 뜻함.
意味 ① 벽오동나무. ② 큰 모양. 장대(壯大)한 모양.
梧桐[오동]ゴドウ〈植〉오동과에 속하는 낙엽 교목(喬木). 오동나무.

【桴】 木7 | 부 | 대마루 | ㉻尤 | バチ
フ
[筏]
筆順 一 十 木 杇 枦 桴 桴
意味 ① 대마루(屋脊). ② 북채. ③ 떼[筏].
桴鼓[부고] ① 북채와 북. ② 북을 북채로 침.

【梓】 木7 | 자 | 가래나무 | ㉻紙
シ
あずさ
筆順 十 木 木' 杧 栏 梓 梓
意味 ①〈植〉가래나무. ② 판목(版木). 인쇄함. ③ 목수(木手).

【梃】 木7 | 정 | 막대 | ㉻迥 テイ・チョウ
てこ
筆順 十 木 杆 杆 挺 梃 梃
意味 ① 지레. 물건을 움직이는 데 쓰는 나무. ② 막대기. 몽둥이. ③ 똑 바르고 음음.

【梯】 木7 | 제 | 사닥다리 | ㉻齊
テイ・タイ
はしご
筆順 十 木 木' 栏 栏 梯 梯
意味 ① 사닥다리. ② 계단. ③ 조리(條理). 순서에 따라 설명한 입문서. 「階—」
梯形[제형]テイケイ 사다리꼴. 마주 보는 두 변이 서로 평행하는 사변형(四邊形).

【梔】 木7 | 치 | 치자나무 | ㉻支
シ
くちなし
筆順 十 木 木' 栌 栀 梔 梔
意味〈植〉치자나무.
梔子[치자]〈植〉① 꼭두서니과에 속하는 상록 관목(灌木). ② 치자나무의 열매.

＊【條】 木7 | 조 | 가지 | ㉰蕭
ジョウ
えだ・すじ
筆順 亻 亻 亻 伫 伩 條 條
解字 形聲. 木(나무)과 음을 나타내는 攸(유)[조는 변음]을 합쳐서 나무의 작은 가지라는 뜻. 후에 여럿으로 나누어진 것의 뜻으로 씀.
意味 ① 가지. 나무의 작은 가지. ② 조리(條理). ③ 각 조항으로 나누어 쓴 것. ㉠규칙. 「—例」 ㉡가르침. 「敎—」
條件[조건]ジョウケン ① 어떤 일을 약속하여 규정한 항목. ② 어떤 사물이 성립하거나 또는 발생하는 데 필요한 사항.
條例[조례]ジョウレイ ① 조목을 적은 규칙. ②〈法〉지방 자치 단체의 자주법(自主法). 「—로, 맥락(脈絡).
條理[조리]ジョウリ 사물의 도리. 또는 경

[木部] 7~8획

【桶】 木11/7 ①통용 통 ②되 蕫 トウ/おけ

筆順 木 朾 朾 栢 桶 桶 桶

意味 ① 통. 물을 담는 원통형 그릇. ② 되. 곡식 같은 것을 되는 네모진 그릇.

【梟】 木11/7 효 올빼미 䔍 キョウ/ふくろう

筆順 ⺈ 冂 臼 白 鳥 梟 梟

意味 ①〈動〉올빼미. ② 강함.「一惡」 ③ 목을 잘라 여러 사람에게 보임.「一首」

梟猛[효맹]キョウ 굳세고 날램.
梟首[효수]シュ 목을 베어 높은 곳에 매달던 형벌의 한 가지.

【巢】 巛부 8획

【棺】 木12/8 관 널 寒 カン/ひつぎ

筆順 木 朾 朾 栌 栌 棺 棺

解字 形聲. 木(나무)과 음을 나타내는 官(관)을 합쳐서 널을 뜻함.

意味 ① 널[棺]. ② 염(斂)함. 시체를 관에 넣음.

棺槨[관곽]カン 관(棺)은 속널, 곽(槨)은 겉널이란 뜻으로 시체를 넣는 관.

【棘】 木12/8 극 가시나무 職 キョク/いばら

筆順 一 ㄎ 朿 朿 朿 𣗥 棘

意味 ① 가시가 있는 나무. ②〈植〉가시나무. ③ 양쪽에 날을 세운 창.

棘矢[극시]シ 가시나무로 만든 화살.

【棟】 木12/8 동 마룻대 送 ムネ

筆順 木 朾 朾 栌 柬 棟 棟

意味 ① 마룻대. 용마루. ② 우두머리. 주가 되는 사람.「一梁」③ 집의 수를 세는 말.

棟樑[동량]リョウ ① 마룻대와 들보. 가옥 구조상 꼭 필요한 것. ② 한 나라 또는 한 집안의 중임을 맡은 사람.

【棋】 木12/8 기 바둑 支 キ

筆順 木 朾 朾 柑 柑 棋 棋

解字 形聲. 木(나무)과 음을 나타내는 其(기)를 합쳐서 장기의 말을 뜻함.

意味 ① 장기의 말. ② 바둑. 바둑돌. ③ 장기를 둠. 바둑을 둠.

棋局[기국]キョク 바둑판. 기반(棋盤).
棋力[기력]キョク 바둑이나 장기의 실력.
棋譜[기보]フ 바둑이나 장기의 시합의 순서를 적은 것.

*【棄】 木12/8 기 버릴 去實 キ/すてる

筆順 一 亠 ㄊ 弃 查 秦 棄

意味 버림. ㉠던져버림. 물건을 버림. ㉡받아 들이지 않음.「一却」㉢잊음. 돌보지 않음.「遺一」

棄却[기각]キャク ① 버려 두어 쓰지 아니함. ②〈法〉법원에서 소송이 무효라고 도로 물리치는 재판을 말함.
棄權[기권]ケン 권리를 행사하지 않음.

【棠】 木12/8 당 아가위 陽 トウ

筆順 ⺌ 冖 屵 堂 堂 棠

意味〈植〉① 아가위. ② 사당나무.
棠谿[당계]ケイ ①〈地〉전국 시대의 한 (韓)의 지명. ② 명검(名劍).

【棹】 木12/8 도 노 效 さお

筆順 木 朾 朾 柏 柜 棹 棹

意味 ① 노(櫓). ② 노저음.
棹歌[도가]カ 뱃노래. 도창(棹唱).

【棒】 木12/8 봉 몽둥이 講 ボウ・ホウ

筆順 一 十 木 朾 枟 榛 棒 棒

解字 形聲. 木(나무)과 음을 나타내는 奉(봉)을 합쳐서 물건을 두들기는 나무의 뜻.

意味 ① 몽둥이. 지팡이. ② 침.
棒術[봉술]ジュツ 막대기를 무기로 하는

무술(武術). 「양의 자석.
棒磁石〔봉자석〕ボウジシャク 〈物〉 막대기 모

【棉】12 木8 | 면 | 목화 | [平]先 | メン わた
[筆順] 十 木 木 杧 杧 棉 棉
[意味] ① 목화. ② 솜.
棉實油〔면실유〕メンジツユ 목화씨에서 빼낸 기름.
棉花〔면화〕メンカ 목화(木花).

【棚】12 木8 | 붕ㆍ시렁 | [平]庚 | ホウ たな
[筆順] 一 十 木 朋 朋 棚 棚
[意味] ① 시렁. 선반. ② 잔교(棧橋). ③ 누각.
棚棧〔붕잔〕ホウサン 잔교(棧橋).

*【森】12 木8 | 삼 | 나무빽빽할 | [平]侵 | シン もり
[筆順] 一 十 才 木 森 森 森
[解字] 會意. 木〔나무〕을 셋 합쳐서 나무가 많이 자라고 있는 모양을 뜻함.
[意味] ① 수목이 무성한 모양. ② 물건이 많은 모양. ③ 엄숙함. 위엄이 있음. 「一嚴」 ④ 늘어섬.
森羅萬象〔삼라만상〕シンラバンショウ 천지 사이에 있는 온갖 현상.
森林〔삼림〕シンリン 숲. 나무가 무성한 곳.

【棲】12 木8 | 서 | 깃들일 | [平]齊 | セイ すむ
[筆順] 木 朩 朩 棲 棲 棲 棲
[意味] ① 깃들임. 삶. 쉼. 휴식함. ② 사는 곳. 주거. 새둥지.
棲息〔서식〕セイソク 동물이 어떠한 곳에 삶. 살고 있음. 서숙(棲宿). 서식(栖息).

*【植】12 木8 | [1]식 [2]치 | 심을 | [入]職 [去]寘 | ショク・チ うえる
[筆順] 一 才 木 木 植 植 植
[解字] 會意. 木〔나무〕과 똑바로의 뜻인 植을 합쳐서 똑바로 서있는 나무라는 뜻임 널리 심다의 뜻으로 씀.
[意味] [1] ① 심음. ㉠풀이나 나무를 심음. ㉡무엇을 어떤 장소에 놓음. 「一民 ② 식물. 풀과 나물. ↔動 ③ 세움. 2 ① 놓음. ② 감독하는 사람.
植林〔식림〕ショクリン 나무를 심어 산림을 이룸.
植木〔식목〕うえき 나무를 심음. 또는 심은 나무. 식수(植樹).
植物〔식물〕ショクブツ 초목의 총칭. 생물계의 이대(二大) 분류의 하나. ↔동물(動物)
植字〔식자〕ショクジ 활판 인쇄(活版印刷)에서 활자를 원고의 지정대로 짜는 일.

【椀】12 木8 | 완 | 주발 | [上]旱 | ワン
[筆順] 木 朩 朩 朩 朩 椀 椀
[意味] 주발. 사발.

【椅】12 木8 | 의 | 교의 | [上]紙 | イ
[筆順] 十 木 木 杢 椅 椅 椅
[意味] 교의. 의자. 「一子」
椅子〔의자〕イス 걸터앉는 데 쓰는 기구. 걸상. 교의(交椅). 「回轉一」

【棧】12 木8 | [1]잔 [2]전 | 잔교 | [上]潸 [平]眞 | サン・ゼン かけはし
[筆順] 木 朩 朩 棧 棧 棧 棧
[解字] 形聲. 木〔나무〕과 음을 나타내는 戔(잔)을 합쳐서 잔교를 뜻함.
[意味] [1] ① 잔교. ㉠험한 길에 나무를 걸쳐 만든 길, 또는 다리. 「道一」 ㉡배를 대기 위해 부두에 만든 설비. ② 선반. [2] 물건이 많아 성(盛)함.
棧橋〔잔교〕サンばし ① 사람이 타고 내리며, 짐을 부리고 싣기 위하여 선박에 걸쳐 놓은 다리. ② 잔도(棧道).
棧道〔잔도〕サンドウ 절벽과 절벽사이에 걸쳐 놓은 다리.

【椎】12 木8 | 추 | 쇠몽둥이 | [平]支 | ツイ・スイ つち・しい
[筆順] 十 木 木 杆 杆 杆 椎
[意味] ① 쇠몽둥이 망치. 물건을 두들기는 도구. =槌・鎚 ② 두들김. 침. ③ 등뼈. 「脊一」 ④ 〈植〉 구실잣밤나무.
椎骨〔추골〕ツイコツ 〈生〉 등골뼈. 척추골(脊椎骨). 「이 없음.
椎魯〔추로〕ツイロ 어리석고 둔하여 융통성

[木部] 8~9획

【棗】 木8 12획 | 조 | 대추 | ㉤皓 | ソウ なつめ

筆順 一 ㅠ 亓 亩 审 枣 枣 棗

意味 〈植〉 대추나무. 대추.

棗栗[조율] ジリッ 대추와 밤.

【椒】 木8 12획 | 초 | 산초나무 | ㉠蕭 | ショウ さんしょう

筆順 十 才 木 杧 杧 林 椒 椒

意味 〈植〉 산초나무

【棍】 木8 12획 | ①곤 ②혼 | 곤장 | ㉤願 ㉥阮 | コン

筆順 木 杧 柙 柙 棍 棍 棍

意味 ① 곤장. 지팡이. 「一棒」 ② 나무를 묶음.

棍棒[곤봉] コンボウ ① 방망이. 몽둥이. 곤장(棍杖). ② 운동 용구의 하나.

【棱】 木8 12획 | 릉 | 네모질 | ㉤蒸 | リョウ かど

筆順 木 才 杧 杧 柱 棱 棱

意味 ① 네모짐. ② 전각(殿閣)의 추녀. ③ 위엄. 서슬.

【検】 檢(木부 13획)과 동자

【渠】 シ부 9획

*【極】 木9 13획 | 극 | 용마루 | ㉥職 | キョク・ゴク きわめる

筆順 木 木 朽 柯 柯 極 極 極

解字 形聲. 木(나무)과 음을 나타내는 亟(극)을 합쳐서 가장 높은 곳에 있는 나무, 즉 용마루라는 뜻. 널리 최고의 것을 뜻함.

意味 ① 용마루. ② 끝까지 감. 끝까지 이름. ③ 끝. 한쪽 끝. 지축(地軸)이나 자석(磁石) 등의 양쪽 끝. 「窮一」

極光[극광] キョッコウ 〈天〉 남북 양극에 가까이 있는 지방의 공중에 때때로 나타나는 신비스럽고 아름다운 빛의 현상.

極口[극구] 갖은 말을 다함. 「오로라.

極致[극치] キョクチ 극도의 경지. 최상의 경지. 「美의 一」

【楠】 木9 13획 | 남 | 남나무 | ㉤覃 | ナン くすのき

筆順 木 杧 枦 枦 枏 枏 楠

意味 〈植〉 남나무.

【楔】 木9 13획 | 설 | 문설주 | ㉥屑 | セツ・ケツ くさび

筆順 木 木 杧 杞 柯 楔 楔

意味 ① 문설주. 쐐기. ㉠나무를 쪼갤 때 나무에 끼우는 것. ㉡물건과 물건을 이을 때 틈에 박아 넣어 단단하게 하는 것. ㉢바퀴의 굴대 끝에 끼워 바퀴가 빠지지 않도록 한 기구.

楔子[설자] セッシ [설자] 문설주.
楔形[설형] セッケイ [설형] 쐐기 모양.

【楯】 木9 13획 | 순 | 방패 | ㉤震 | ジュン たて

筆順 木 杧 杅 柄 梃 楯 楯

意味 방패. =盾

【椰】 木9 13획 | 야 | 야자나무 | ㉤麻 | ヤ やし

筆順 木 杧 杧 柙 椰 椰 椰

意味 〈植〉 야자나무. 야자.

椰子[야자] ヤシ 〈植〉 ① 야자나무. 야수(椰樹). ② 야자나무의 열매.

【椽】 木9 13획 | 연 | 서까래 | ㉤先 | テン たるき

筆順 木 杧 杧 柃 椓 椽 椽

意味 서까래.

椽桷[연각] テンカク 둥근 서까래와 네모진 서까래.

椽蓋板[연개판] 서까래 위에 까는 널판. 「의 끝.
椽端[연단] 추녀 쪽으로 내민 서까래

*【楊】13 木9 | 양 | 버들 | [平]陽 | ヨウ やなぎ

[筆順] 木 杩 枵 椙 楊 楊 楊

[解字] 形聲. 木〔나무〕과 음을 나타내는 昜(양)을 합쳐서 냇버들의 뜻.

[意味] ① 〈植〉 냇버들. ↔柳 ② 〈人〉 고대 중국의 사상가 양 주(楊朱)를 일컬음. ③ 성(姓)의 하나.

楊柳〔양류〕ヨウリュウ 〈植〉 버들의 총칭.

楊枝〔양지〕ヨウシ ① 〈植〉 냇버들개지. ② 이를 닦는 도구. 이쑤시개. 불교도(佛教徒)들에게 버들개지로 이를 닦게 한 데서 일컫는 말.

【楹】13 木9 | 영 | 기둥 | [平]庚 | エイ はしら

[筆順] 木 杉 朷 柪 楹 楹 楹

[意味] ① 기둥. ② 하관틀〔棺具〕.

楹角〔영각〕エイカク 기둥과 서까래.

楹棟〔영동〕エイトウ 기둥과 마룻대.

*【業】13 木9 | 업 | 업 | [入]葉 | ギョウ・ゴウ わざ

[筆順] 丷 丵 业 业 丵 業 業

[解字]  象形. 종(鐘)을 거는 나무 받침대의 모양을 본뜸. 후에 그 받침대에 붙이는 장식용 판자의 뜻에서 글씨를 쓸 판자. 더 나아가서 글자를 배우다를 뜻함.

[意味] ① 작업. 일. ② 학문이나 예술 등. 「學―」 ③ 공훈. 성과. 「功―」 ④ 생업. ⑤ 업. 전세(前世)에서 한 짓때문에 현세(現世)에서 받는 보답.

業報〔업보〕ゴウホウ 〈佛〉 전생(前生)의 악업(惡業)에 대하여 받는 앙갚음. 업과(業果). ↔업인(業因)

業緣〔업연〕 〈佛〉 업보(業報)의 인연.

業務〔업무〕ギョウム 직무. 일.

業績〔업적〕ギョウセキ 사업의 성적.

【楡】13 木9 | 유 | 느릅나무 | [平]虞 | ユ にれ

[筆順] 木 朩 杦 柃 梌 楡 楡

[意味] 〈植〉 느릅나무.

【楢】13 木9 | 유 | 졸참나무 | [平]尤 | ユウ なら

[筆順] 木 杪 柃 梄 楢 楢 楢

[意味] 〈植〉 졸참나무.

【楮】13 木9 | 저 | 닥나무 | ㊤語 | チョ こうぞ

[筆順] 木 朾 杵 梂 楮 楮 楮

[意味] ① 〈植〉 닥나무. ② 종이. ③ 편지.

楮墨〔저묵〕チョボク 종이와 먹.

楮錢〔저전〕 지전(紙錢). 지폐(紙幣).

【楫】13 木9 | [1]즙 [2]접 | 돛대 | [入]緝 [入]葉 | シュウ かじ

[筆順] 木 杩 梠 梠 楫 楫 楫

[意味] [1] 노. 돛대. [2] 노저음.

【楚】13 木9 | 초 | 가시나무 | ㊤語 | ソ いばら

[筆順] 木 林 林 埜 楚 楚 楚

[意味] ① 가시나무. ② 〈植〉 모형. 인삼목. ③ 회초리. 「―撻」 ④ 중국의 옛나라 이름. ⑤ 아픔. 「苦―」 ⑥ 고움.

楚歌〔초가〕ソカ ①초(楚)나라의 노래. ② 사면 초가.

楚撻〔초달〕ソタツ 회초리로 종아리를 때림. 편달(鞭撻).

楚楚〔초초〕ソソ ① 선명한 모양. ② 가시덤불이 무성한 모양.

【楸】13 木9 | 추 | 가래나무 | [平]尤 | シュウ

[筆順] 木 朩 杉 杅 秋 楸 楸

[意味] ① 〈植〉 가래나무. 개오동나무. ② 〈植〉 산유자. ③ 바둑판.

楸木〔추목〕 〈植〉 가래나무.

楸枰〔추평〕シュウヘイ 바둑판. 기평(棋枰).

楸行〔추행〕 조상의 산소에 성묘하러 가는 일.

[木部] 9~10획

椿壽[춘수] 장수(長壽). 장명(長命).

[椿] 13 木9│춘│참죽나무│㊥眞
チン・チュン
つばき

筆順 木 栌 栌 栚 椿 椿

意味 ①〈植〉참죽나무. ② 고대 중국에 있었다는 큰 나무 이름. ③ 뜻밖의 사건.「一事」

椿年[춘년] 춘수(椿壽). 「일.
椿事[춘사] 뜻밖에 일어나는 불행한

***[楓]** 13 木9│풍│단풍나무│㊥東
フウ
かえで

筆順 木 朷 朷 椚 楓 楓 楓

解字 形聲. 木[나무]과 음을 나타내는 風(풍)을 합쳐서 단풍나무를 뜻함.

意味 [楓] ① 신나무. ② 단풍나무.

楓林[풍림] 단풍나무 숲.
楓葉[풍엽]〈植〉단풍나무의 잎.

[楷] 13 木9│해│해나무│㊤蟹│カイ

筆順 木 枋 栉 栳 楷 楷

意味 ①〈植〉해나무. ② 서체(書體)의 하나. 한자의 한 점·한 획을 바로 쓴 서체. 「行」草 法(法). 본(模).
楷書[해서] 한자 서체의 하나. 글자를 흘려 쓰지 않고 한 점 한 획을 독립하여 방정(方正)하게 쓰는 방법.

[楽] 樂 (木부 11획)의 속자

[楼] 樓 (木부 11획)의 속자

[榎] 14 木10│가│가나무│㊤馬
カ
えのき

筆順 木 栌 栢 栢 榎 榎 榎

意味 〈植〉가나무.

[槁] 14 木10│고│마를│㊤皓
コウ
かれる

筆順 木 木 栌 栌 栌 槁 槁

意味 ① 마름. 시듬. 나무가 말라 죽음.

「一木」 ② 물이 마름. 말림. ③ 짚. =藁
槁木[고목] 마른 나무. 고목(枯木).

*[構] 14 木10│구│얽을│㊥宥
コウ
かまえる

筆順 木 木 柑 栟 構 構 構

解字 形聲. 木[나무]과 음을 나타내는 冓(구)를 합쳐서 나무를 얽다의 뜻.

意味 ① 얽음. ㉠집을 세움. 집짓기. ② 마음을 정함. ③ 짬(組立). 만들어 냄. 짜임새. ④ 울타리. 「一內」

構內[구내] 관공서나 기업체 등의 큰 건물에 딸린 울안. ↔구외(構外)
構圖[구도]〈美〉그림이나 사진 등의 예술 작품을 만들 때, 전체적으로 조화되게 하는 도면(圖面) 구성.
構想[구상] ① 생각을 얽어 놓음. 얽어 놓은 생각. 구사(構思). ②〈美〉예술 작품을 창작하기 위하여 내용·표현·형식 등을 생각함.

[槃] 14 木10│반│쟁반│㊥寒
バン・ハン
たらい

筆順 九 舟 舟 舟 般 般 槃

意味 ① 쟁반. ② 즐거움. ③ 머뭇거림.

[榜] 14 木10│방│패│㊤養
ボウ・ホウ
ふだ

筆順 木 木 栌 栌 栌 栉 榜

意味 ① 노(櫓). 배를 젓는 도구. ② 회초리. 회초리로 때림. ③ 게시판. 방을 써 붙임. 내세움. 「標一」 ④ 패.

榜歌[방가] 뱃노래. 「이름을 적은 책.
榜目[방목]〈制〉과거에 급제한 사람의

[榧] 14 木10│비│비자나무│㊤尾
ヒ
かや

筆順 木 栌 栌 栢 榧 榧 榧

意味 〈植〉비자나무.

榧子〔비자〕〈植〉비자나무의 열매. 살충제로 쓰임.

*【榮】14 木10 | 영 | 영화 | [平]庚 | エイ さかえる

[筆順] 丷 火 炏 𤇾 𫝀 㷠 榮

[解字] 形聲. 木〔나무〕과 음을 나타내는 熒(형)〔영은 변음〕의 생획(省畫)인 𤇾을 합쳐서 본래는 가벼운 나무·오동나무를 뜻함. 후에 글자를 빌어서 번영하다의 뜻으로 씀.

[意味] ① 번영. 번영함. ↔枯 ㉠번성하게 됨. 「繁―」 ㉡초목이 무성함. ② 영화(榮華). 영달. ③ 꽃이 핌. 풀의 꽃. ④ 나타남. 이름이 나타남. 명예.

榮光〔영광〕エイコウ 명예스러운 현상. 빛나는 명예. 광영(光榮). 영요(榮耀).

榮貴〔영귀〕エイキ 벼슬이 높고 귀함.

榮譽〔영예〕エイヨ 영광스러운 명예.

榮轉〔영전〕エイテン 전보다 높은 지위나 좋은 지위로 옮김. ↔좌천(左遷)

【榴】14 木10 | 류 | 석류 | [平]尤 | リュウ・ル ざくろ

[筆順] 杦 杦 枊 椢 榴 榴 榴

[意味] 〈植〉석류.

【槇】14 木10 | 전 | 나무끝 | [平]先 | テン・シン

[筆順] 木 木 朼 朾 楨 楨 槇

[意味] ① 나무 끝. ② 넘어진 나무.

【榛】14 木10 | 진 | 개암나무 | [平]眞 | シン はしばみ

[筆順] 木 杧 栜 栜 榛 榛 榛

[意味] ① 〈植〉개암나무. ② 잡목·초목이 무성함.

榛蕪〔진무〕シンブ ① 잡목·잡초가 무성함. 또는 그런 곳. ↔황무(荒蕪) ② 거칠고 어두워서 사물이 잘 정돈되지 아니한 상태. 초매(草昧). ③ 정도(正道)를 해치는 물건.

【槍】14 木10 | 창 | 창 | [平]陽 | ソウ やり

[筆順] 木 杦 杦 柃 槍 槍 槍

[意味] ① 창. 긴 자루 끝에 곧은 날을 붙인 무기. ＝鎗 ② 다다름. 이름.

槍劍〔창검〕창과 칼.

槍軍〔창군〕창을 쓰는 군사.

【榻】14 木10 | 탑 | 평상 | [入]合 | トウ

[筆順] 木 杊 柈 榻 榻 榻 榻

[意味] ① 평상. ② 모직(毛織). ③ 자리〔座〕.

【槌】14 木10 | [1]추 [2]퇴 | 망치 | [平]支 [平]灰 | ツイ つち

[筆順] 木 杧 朩 柏 柏 槌 槌

[意味] ① 망치. ② 두들김. 망치로 두들김.

槌碎〔추쇄〕ツイサイ 망치로 두드려 부숨.

【槐】14 木10 | 괴 | 홰나무 | [平]灰 | カイ えんじゅ

[筆順] 木 朩 朸 柂 槐 槐 槐

[意味] ①〈植〉홰나무. ② 삼공(三公). 태사(太師)·태부(太傅)·태보(太保)를 일컬음.

槐木〔괴목〕〈植〉콩과에 속하는 낙엽교목(喬木). 홰나무. 괴수(槐樹).

【槪】槪(木부 11획)의 속자

【様】樣(木부 11획)의 약자

*【槪】15 木11 | 개 | 평미레 | [去]隊 | ガイ おおむね

[筆順] 木 朩 朩 枦 椩 槪 槪

[解字] 形聲. 木〔나무〕과 음을 나타내는 旣(기)〔개는 변음〕를 합쳐서 말에 담은 곡물을 쓸어서 고르게 하는 평미레를 뜻함. 후에 대개·대체로의 뜻으로 씀.

[意味] ① 평미레. ② 됨〔計〕. ③ 대개. 「一要」 ④ 풍취(風趣). ⑤ 절개. 절조.

[木部] 11획

概觀[개관] ガィ 대충 살피어 봄.
概括[개괄] ガィ 대충 추려서 한데 뭉뚱그림.
概念[개념] ガィ〈哲〉판단의 결과로 얻어지는 여러 관념 속에서 공통된 요소를 끌어 내어 종합한 하나의 관념.

【槿】 15 木11 │근│무궁화 나무│㊥吻 キン むくげ
筆順 桓桓桓桓桓桓槿
意味〈植〉무궁화나무.
槿域[근역] キン 무궁화가 피는 지역이라는 뜻으로 우리 나라를 가리킴.
槿花[근화] キン ① 무궁화 꽃. ② 변천이 빠른 것을 일컫는 말.

【樑】 梁(木부 7획)의 속자

*【樓】 15 木11 │루│다락│㊥尤 ロウ たかどの
筆順 木 杧 栌 栌 桟 樓 樓
解字 形聲. 木[나무]과 음을 나타내는 婁(루)를 합쳐서 나무로 만들어 세운 망루라는 뜻.
意味 ① 다락. 2층 이상의 높은 건물. ② 마루. 망대.「望─」
樓閣[누각] ロゥ カク 사방을 볼 수 있게 높이 지은 다락집.
樓上[누상] ロゥ ジョゥ 누각의 위.

*【模】 15 木11 │모│법│㊥虞 モ・ボ のり・かた
筆順 木 杧 栌 栌 栉 椟 模
解字 形聲. 木[나무]과 음을 나타내는 莫(모)를 합쳐서 같은 모양의 것을 만드는 목형(木型)을 뜻함. 널리 본이되 삼다・흉내 내다의 뜻.
意味 ① 본. ㉠거푸집[鑄型]. ㉡법. 범.「─範」② 방법. ③ 본뜸. 흉내냄.
模倣[모방] ホゥ 흉내 냄. 본뜸. 모방(摸倣・摹倣)「─性」
模範[모범] ハン 본보기. 모표(模表).
模擬[모의] ギ 본뜸. 남의 흉내를 냄. 모의(模倣).「─試驗」

模型[모형] ケィ ① 똑같은 형상의 물건을 만들기 위한 틀. ② 실물과 구조는 똑같으나 규모가 다른 것.「─飛行機」
模糊[모호] コ 분명하지 않은 모양. 모호(模糊).「曖昧─」

【樊】 木11 │번│새장│㊥元 ハン
筆順 木 术 朴 棥 棥 樊 樊
意味 ① 대나 잡목을 얽어 만든 울타리. ② 새장(籠).
樊然[번연] ゼン 어지러운 모양. 흐트러진 모양.

*【樂】 15 木11 │①악 ③요│풍류│㊤覺 ㊦藥 ㊨效│ガク・ラク・ロウ たのしい
筆順 ˊ ʹ ˊ 白 伯 帛 樂 樂
解字 會意. 두 줄의 실과 나무와 손톱 모양[白]을 합쳐 악기에 줄을 팽팽하게 건 악기를 손톱으로 타다의 뜻. 널리 음악의 뜻으로 쓰며 후에 즐기다의 뜻으로 쓰임.
意味 ① 풍류. 음악. 악기를 연주함. ② 즐거움. ↔苦 ③ 좋아함. 마음에 듦.
樂觀[낙관] ラッ カン ① 모든 사물을 즐겁게 봄. 일을 즐겁게 봄. ② 장래의 일을 희망적으로 봄. ↔비관(悲觀).
樂園[낙원] ラク エン ① 살기 좋고 즐거운 곳. 평화로운 곳. ② 인간 세상을 떠난 안락한 곳. 천국(天國). 극락(極樂).
樂曲[악곡] ガッ キョク 음악의 곡조.
樂譜[악보] ガッ フ〈音〉음악의 곡조를 일정한 부호로써 나타낸 것.

【樟】 15 木11 │장│예장나무│㊥陽 ショゥ くすのき
筆順 木 枦 栌 樟 樟 樟 樟
意味〈植〉예장나무[장뇌의 원료로 씀]. 장목(樟木).
樟腦[장뇌] ショゥ ノゥ〈化〉녹나무에서 뽑아내는 향기가 강한 백색 결정체. 방충제(防蟲劑)・향료・강심제(强心劑) 등의 약재로 쓰임.

[木部] 11~12획

樣 15 木11 ①양 ②양 본 ⊕樣 ヨウ さま

筆順 朴 朴 栏 样 様 様 樣

解字 形聲. 木[나무]과 음을 나타내는 羕(양)을 합쳐서 나무 이름을 뜻함. 후에 모양·형태의 뜻으로 씀.

意味 ① ① 모양. 양상(樣相). ② 법. 본. 「一式」 ③ 무늬. 도안(圖案). ② 〈植〉 상수리 나무.

樣相[양상] 모습. 생김새. 모양.

樣式[양식] ① 일정한 형식. ② 꼴. 모양. 형상. ③ 「본보기」 모본. 모범(樣).

樣子[양자] ① 생김새. ② 형식. ③

樗 15 木11 ①저 ②저 가죽나무 ⊕魚 チョ

筆順 朴 朴 朴 栌 樗 樗 樗

意味 ① ① 〈植〉가죽나무. ② 쓸모가 없는 것에 대한 비유. 「一櫟」 ② 벗나무(樺).

樗櫟之材[저력지재] ① 쓸모없는 나무. 즉 무능한 사람을 일컫는 말. ② 자기를 낮추어 하는 말.

樅 15 木11 종 전나무 ⊕冬 ショウ もみ

筆順 朴 朴 朴 栐 枞 樅 樅

意味 〈植〉전나무.

樞 15 木11 ①추 ②우 지도리 ⊕虞 ⊕尤 スウ・シュ とぼそ

筆順 朴 朴 朽 柜 柩 樞 樞

解字 形聲. 木[나무]과 음을 나타내는 區(구)[추는 변음]를 합쳐 지도리·문둔테라는 뜻.

意味 ① ① 지도리. 문둔테. ② 사북. 가장 중요한 곳. 한가운데. 「中一」 ② 〈植〉느릅나무.

樞機[추기] ᵃᵂ ① 사물의 긴요한 곳. 중요한 기관. ② 중요한 정무(政務).

樞軸[추축] ᵃᵂ ① 사물의 가장 중요한 부분. ② 정치·권력의 중심.

樋 15 木11 통 으름덩굴 ⊕東 トウ ひ

筆順 木 朴 栢 桶 桶 樋

意味 ① 〈植〉으름덩굴. ② 대 홈통.

標 15 木11 표 표할 ⊕蕭 ヒョウ しるし

筆順 朴 朴 栖 栖 栖 標 標

解字 形聲. 木[나무]과 음을 나타내는 票(표)를 합쳐서 나뭇가지 끝을 뜻함. 후에 널리 표적의 뜻으로 씀.

意味 ① 표. 표적. ①표지. 「商一」 ⓑ 목적. 「目一」 ② 표함. 기록함. 「一記」 ③ 눈에 띄게 함. 「一榜」 ④ 나뭇가지 끝. ⑤ 본. 견본. 「一本」

標榜[표방] ᵋᵎᵂ ① 주의나 주장 등을 어떤 명목을 붙여 내세움. ② 사람의 선행을 칭송하기 위해 그 사실을 패에 적어 세상에 알림.

標本[표본] ᵋᵎᵂ ① 표준을 삼을 만한 물건. ② 동물·식물 등의 실물 견본(實物見本).

標語[표어] ᵋᵎᵂ 주의·주장·강령(綱領) 등의 선전(宣傳) 내용을 간명(簡明)하게 표시한 어구(語句).

標識[표지] ᵋᵎᵂ 어떤 사물을 나타내는 기호. 표치(標幟).

槽 15 木11 조 구유통 ⊕豪 ソウ おけ

筆順 木 朴 柚 桷 槽 槽 槽

意味 ① 구유. 마소의 먹이통. ② 통. 액체를 넣는 그릇. 「水一」 ③ 둔두가 높고 가운데가 우묵한 모양을 한 것. 「齒一」

槽櫪[조력] ᵛᵎᵏ ① 말구유. ② 말구유와 마판. ③ 마굿간. 외양간.

横 橫(木부 12획)의 약자

権 權(木부 18획)의 속자

橄 16 木12 감 감람나무 ⊕感 カン

[木部] 12획

筆順 ガ ガ ガ ガ ガ ガ ガ ガ
意味 〈植〉감람나무.
橄欖[감람]カンラン 〈植〉감람나무의 열매.
橄欖石[감람석]カンランセキ 〈鑛〉유리 같은 광택을 가진 결정체의 광물.

【橋】 16 木12 │교│다리│㉠喬│
キョウ
はし

筆順 ガ ガ ガ ガ 杯 橋 橋 橋
解字 形聲. 木(나무)과 음을 나타내는 喬(교)를 합쳐서 반동식 두레박의 뜻. 후에 다리의 뜻으로 씀.
意味 ① 다리. 강이나 바다에 놓은 다리. ② 반동식 두레박의 가로대[橫木].
橋梁[교량]キョウリョウ ① 다리. ② 양측의 중개가 되는 것. ㉠邊.
橋畔[교반]キョウハン 다리의 근처. 교변(橋邊)

【橘】 16 木12 │귤│귤│㉠質│たちばな
キツ

筆順 ガ ガ ガ ガ 橘 橘 橘
意味 〈植〉① 귤의 옛 이름. ② 향귤나무.
橘皮[귤피] 귤의 껍질. 담증(痰症)·해소(咳嗽)·곽란(霍亂) 등의 약재로 씀.

【機】 16 木12 │기│틀│㉠微│はた
キ・ケ

筆順 木 栏 樾 樾 機 機 機
解字 形聲. 木(나무)과 음을 나타내는 幾(기)를 합쳐서 베틀의 발판을 뜻함. 널리 기계의 뜻으로 씀.
意味 ① 베틀. ㉠베를 짜는 기계. ㉡방직. 「一業」 ② 기계. ③ 때. 기회. 「一會」 ④ 징조. 일이 일어나는 계기.
機械[기계]キカイ ① 동력(動力)에 의해 움직여 일정한 일을 하도록 만들어진 장치. ② 기계적으로 움직이는 것.
機關[기관]キカン ① 활동(活動)의 장치를 가진 기계. ② 동력이 일어나게 하는 장치. 엔진. ③ 어떤 목적을 달성하기 위해 설치한 기구. 「調査―」
機微[기미]キビ 낌새. 사물의 표면에 나타난 미묘(微妙)한 기틀. 기미(幾微).
機敏[기민]キビン 눈치 빠르고 민첩함.
② 슬기롭고 요령이 있음.
機密[기밀]キミツ 중요하고 비밀스러운 일.
機業[기업]キギョウ 틀을 써서 피륙을 짜내는 사업. 직조업(織造業).

【橈】 16 木12 │①요②뇨│노│㉠巧│㉢效│
ドウ・ジョウ・ニョウ
たわむ

筆順 ガ ガ ガ ガ ガ 橈 橈
意味 ①노(櫓). ② ⑦휨. 구부러짐. 기세가 꺾임. ⑥약함. 약해짐. 약하게 함. ③ 흩어지게 함. 헤özü함.
橈骨[요골]ドウコツ 〈生〉상박골(上膊骨) 및 척골과 완골(腕骨) 사이에 있는 삼각주(三角柱) 모양의 뼈.

【橙】 16 木12 │등│귤│㉠庚│
トウ・ジョウ
だいだい

筆順 ガ ガ ガ ガ ガ 橙 橙
意味 〈植〉 ①귤. 광귤나무. ② 등상(책상의 한 가지).
橙色[등색]だいだい 귤껍질의 빛깔. 오렌지색.

【樸】 16 木12 │①복②박│떡갈나무│㉠屋│㉢覺│
ハク・ボク

筆順 ガ ガ ガ ガ ガ 樸 樸
意味 ① 〈植〉떡갈나무. ② ① 바탕감. ⑦가공하지 않은 본래의 재료. ⑥원목. ② 있는 대로의 상태. ⑦아무런 꾸밈도 없음. 「素―」 ⑥순진함. 「純―」
樸素[박소]ボクソ 있는 그대로 꾸밈이 없고 검소함. 소박(素樸). 질박(質樸).
樸實[박실]ボクジツ 순박하고 진실함.

【樹】 16 木12 │수│나무│㉠遇│
ジュ・ジュ

筆順 ガ ガ ガ ガ ガ 樹 樹
解字 形聲. 木(나무)과 음을 나타내는 尌(豎의 변형)(수)를 합쳐서 바로 서 있는 나무를 뜻함.
意味 ① 나무. ⑦수목. 「一木」 ⑥초목.

② 심음. 나무를 심음.「一藝」③ 세 움.「一立」

樹林[수림] ジュリン 나무가 우거진 숲.

樹立[수립] ジュリッ 어떤 일을 일으켜 세움. 굳게 섬. 굳게 세움.

樹木[수목] ジュモク ① 살아 있는 나무. 생장(生長)하고 있는 나무. ②〈植〉목본 식물(木本植物)의 총칭.

樹海[수해] ジュカイ 나무가 울창하게 선 넓은 삼림(森林)을 바다에 비유한 말.

【橡】木12⁻¹⁶|상|상수리|㊤養|
ショウ·ゾウ
とち

筆順 ｵ ｵﾞ 杧 栂 栂 橡 橡

意味〈植〉상수리나무. 도토리.

橡木[상목]〈植〉상수리나무.
橡實[상실]〈植〉상수리.

【蕊】木12⁻¹⁶|예|꽃술방울|㊤紙|
ズイ
しべ

筆順 ～ ～ ㎟ 蕊 蕊 蕊 蕊

意味 꽃술 방울. 수술과 암술. =蘂·蕋

【樽】木12⁻¹⁶|준|술단지|㊤元|
ソン
たる

筆順 ｵﾞ 栌 柄 栖 樽 樽

意味 ① 술단지. ② 그침[止].

樽俎[준조] ソンソ ① 술그릇과 고기를 얹는 도마라는 뜻으로 연회에 필요한 제구. ② 온갖 예를 다 갖춘 공식 잔치.

【樵】木12⁻¹⁶|초|땔나무|㊤蕭|
ショウ
きこり

筆順 ｵ ｵﾞ 杧 杧 椎 椎 樵

意味 ① 땔나무. 불사름. ② 땔나무를 함. 나무를 베어 냄. ③ 나무를 하는 사람. 초부. ④ 잡목.

樵歌[초가] ショウカ 나뭇군들이 부르는 노래.

樵童[초동] ショウドウ 땔나무를 하는 아이.

樵夫[초부] ショウフ 나뭇군. 나무를 해다 팔거나 하여 생계를 돕는 사람.

【橇】木12⁻¹⁶|①취②교|썰매|㊤齊蕭|
ゼイ·キョウ
そり

筆順 ｵﾞ 栏 栝 栝 橇 橇

意味 ① 썰매. ② 뜻은 ①과 같음.

【樺】木12⁻¹⁶|화|자작나무|㊤禡|
カ
かば

筆順 ｵ ｵﾞ 杧 栌 樺 樺 樺

意味 ①〈植〉자작나무. ② 주황색.

樺太[화태] カラフト〈地〉일본이 그 남반부를 차지하고 있었을 때의 사할린의 이름.

*【橫】木12⁻¹⁶|횡|가로|㊤庚|
オウ·コウ
よこ

解字 形聲. 木(나무)과 음을 나타내는 黃(황)(횡은 변음)을 합쳐서 문이 열리지 않도록 가로로 끼우는 나무, 즉 빗장을 뜻함. 널리 가로의 뜻으로 씀.

意味 ① 가로=衡. ↔縱 ㉠동서·좌우의 방향. ㉡결. ② 드러누움. ㉠옆으로 누움. ㉡수평. 방향으로 있음.

橫斷[횡단] オウダン ① 가로 절단함. ② 가로 질러 감.「一步道」③ 동서의 방향으로 끊어 감.

橫領[횡령] オウリョウ ① 남의 금품을 불법으로 가로채거나 빼앗음. ② 자기가 보관하고 있는 남의 재물을 불법하게 차지하는 일.「公金一」

橫書[횡서] オウショ ① 문자를 가로줄로 씀. 가로 쓰기. ↔종서(縱書) ② 가로 글씨.

橫線[횡선] オウセン 가로 그은 줄.

橫奪[횡탈] オウダツ 억지로 빼앗음.「폭함」

橫暴[횡포] オウボウ 제 멋대로 굴며 몹시 난

*【檢】木13⁻¹⁷|검|봉함|㊤琰|
ケン
しらべる

筆順 ｵ ｵﾞ 栓 栓 檢 檢 檢

解字 形聲. 木(나무)과 음을 나타내는 僉(첨)(검은 변음)을 합쳐서 나무 상자

[木部] 13~14획

에 캐기다의 뜻. 후에 조사하다의 뜻으로 씀.
意味 ① 조사함. 헤아려 찾아봄. 「一查」 ② 봉(封). 봉인함. 「一印」 ③ 단속함.
檢問[검문] ケン 검사하고 묻는 일.
檢使[검사] ケン 사실을 직접 보고 판단하기 위해 파견되는 사람.
檢査[검사] ケン 사실을 조사하여 시비(是非)·우열(優劣)을 판정함. 「一官」

【檄】木13 ｜ 격 ｜ 격서 ｜ 錫
ゲキ
ふれぶみ
筆順 木 杧 栯 櫭 橃 撽 檄
意味 격서. 격문. ㉠사람을 모을 때 돌리는 글회장(回章). ㉡사람들에게 교훈을 하고 고무하기 위한 문서. 「一文」
檄文[격문] ゲキブン ① 특별한 경우에 군병을 모집하거나, 세상 사람들의 흥분을 불러 일으키거나 또는 적군(敵軍)을 효유(曉諭) 또는 힐책(詰責)하기 위해 발표하는 글. ② 급히 여러 사람에게 알리는 글.

【檎】木13 ｜ 금 ｜ 능금 ｜ 侵
ゴ・キン
筆順 木 栯 棆 棆 檎 檎 檎
意味 〈植〉능금.

*【檀】木13 ｜ 단 ｜ 박달나무 ｜ 寒
ダン・タン
まゆみ
筆順 杧 栯 梙 榐 檀 檀 檀
解字 形聲. 木(나무)과 음을 나타내는 亶(단)을 합쳐서 박달나무를 뜻함.
意味 ① 〈植〉박달나무. ② 〈植〉백단·자단 등의 향나무의 총칭. ③ 범어(梵語)를 음역(音譯)한 글자로 불교에서의 시주(施主)를 일컬음.
檀君[단군] ダンクン 한국(韓國)의 국조(國祖)로 받드는 태초(太初)의 임금. 기원전 24세기경에 단군 조선(檀君朝鮮)을 건국하여, 한국 민족의 시조신(始祖神)으로 신봉되고 있음.
檀越[단월] ダンオツ 〈佛〉중이나 절에 시

주를 하는 사람.

【檜】木13 ｜ 회 ｜ 전나무 ｜ 泰
カイ
ひのき
筆順 杧 栯 栯 梌 檜 檜 檜
意味 〈植〉전나무.
檜皮[회피] ヒワだ 전나무의 껍질. 건축용으로 많이 씀.

【檣】木13 ｜ 장 ｜ 돛대 ｜ 陽
ショウ
ほばしら
筆順 杧 杧 杧 梌 檣 檣 檣
意味 돛대. 배의 돛을 다는 기둥.
檣頭[장두] ショウトウ 돛대의 맨 꼭대기.

【櫃】木14 ｜ 궤 ｜ 궤 ｜ 實
キ
ひつ
筆順 杦 梩 梩 椩 櫃 櫃
意味 궤. 뚜껑이 있는 큰 상자.
櫃櫝[궤독] 함. 궤짝.

【櫂】木14 ｜ 도 ｜ 노 ｜ 效
トウ・タク
かじ
筆順 木 杍 栩 梩 梩 檟 櫂
意味 ① 노(櫓). ② 배[舟]. ③ 노로 배를 저음.

【檸】木14 ｜ 녕 ｜ 양귤 ｜ 梗
ネイ・ドウ
れもん
筆順 木 杍 柠 梓 梓 檸 檸
意味 〈植〉양귤. 레몬. 「一檬」

【檻】木14 ｜ 함 ｜ 난간 ｜ 豏
カン
おり・てすり
筆順 木 杍 栌 栌 檻 檻 檻
意味 ① 난간. ② 우리[圈]. ③ 죄인이 타는 수레.
檻輿[함여] カンヨ 죄인의 호송에 쓰는 사방을 판자로 두른 가마.

【櫚】 木15 | 려 | 종려나무 | ㊤魚 |
リョ・ロ

筆順 朾 朾 栶 栶 桐 榈 櫚

意味 〈植〉종려나무.

【櫓】 木15 | 로 | 노 | ㊤麌 | やぐら
ロ

筆順 木 杧 橹 橹 榛 橹 櫓

意味 ① 노[배를 젓는 도구]. ② 망루(望樓). 나무로 만들어 세운 높은 대.

櫓歌[노가] ᄆ 뱃노래.

櫓聲[노성] ᄆ 노젓는 소리.

【櫟】 木15 | 력 | 가죽나무 | ㊤錫 | くぬぎ
レキ

筆順 朾 椚 桓 榀 榞 榰 櫟

意味 ① 〈植〉가죽나무. ② 쓸모 없는 것에 비유하는 말. 「樗一」

【櫛】 木15 | 즐 | 빗 | ㊤質 | くし
シツ

筆順 木 杧 栉 栉 桎 桎 櫛

意味 ① 빗. ② 빗질을 함. ③ 가지런함. 빗살같이 가지런함. 「一比」

櫛比[즐비] ᄆ 치아나 빗살과 같이 가지런히 늘어서 있는 모양.

【麓】 鹿부 8획

【欄】 欗(차항)의 약자

*【欄】 木17 | 란 | 난간 | ㊤寒 |
ラン
てすり

筆順 朾 杅 栖 榈 榈 欄 欄

解字 形聲. 木(나무)과 음을 나타내는 闌(란)을 합쳐서 외부와의 경계를 구분하는 나무를 뜻함. 널리 난간 또는 우리의 뜻으로 씀.

意味 ① 난간. ② 우리. 가축을 가두는 우리. ③ 둘레. 윤곽. 글로 쓴 것을 선으로 두르고 구분한 것. 「一外」

欄干[난간] ᄆ 계단이나 다리 등의 가장자리에 종횡(縱橫)으로 세워 놓은 살.

【欅】 木17 | 거 | 떡갈나무 | ㊥語 |
キョ
けやき

筆順 朾 朾 栟 榵 榉 榉 欅

意味 〈植〉떡갈나무.

【櫻】 木17 | 앵 | 앵두나무 | ㊤庚 |
オウ・ヨウ
さくら

筆順 朾 朾 椤 椤 樱 樱 櫻

解字 形聲. 木(나무)과 음을 나타내는 嬰(영)[앵은 변음]을 합쳐 앵두나무를 뜻함.

意味 〈植〉① 앵두나무. ② 벚나무. ③ 버찌.

櫻桃[앵도] オウ ドウ 〈植〉앵도과에 속하는 낙엽 활엽 관목의 열매. 나무는 정원수로 가꾸고 열매는 식용함.

*【權】 木18 | 권 | 권세 | ㊤先 |
ケン・ゴン

筆順 朾 朾 栟 榷 榷 榷 權

解字 形聲. 木(나무)과 음을 나타내는 藋(관)[권은 변음]을 합쳐서 본래는 나무이름임. 후에 달아 보다·저울추 등의 뜻으로 쓰고, 또 저울추는 경중을 좌우하기 때문에 바뀌어 권세의 뜻으로도 씀.

意味 ① 권세. ㉠남을 지배하는 힘. 「一力」 ㉡권리. 「特一」 ② 닮. ㉠무게를 닮. ㉡저울. 저울추. 「一衡」 ㉢비교함. ③ 모의(謀議). 「一謀術數」 ④ 처음. 시작. ⑤ 임시. 대리.

權道[권도] ケン ドウ 방법은 옳지 아니하나 결과가 상도(常道)에 합당하는 처리 방식. 임기 응변의 수단. ↔상도(常道)·정도(正道)

權謀[권모] ケン ボウ 경우에 따라 변하는 계략. 권략(權略).

權勢[권세] ケン セイ ① 사람을 복종시키는 힘. 권력(權力). ② 권력과 위세(威勢).

權益[권익] ケン エキ 권리와 이익.

【欒】 木19 | 란 | 모감주나무 | ㊤寒 | ラン

[欠部] 0~8획

言緒繪結繼繫欒

意味 ①〈植〉모감주나무. ② 두공의 일부로 지붕을 떠받치는 짧은 나무. ③ 둥근 모양. 사람이 모여 즐기는 모양. 「團—」

欠 部

【欠】欠0 | 흠 | 하품 | ㉠歉 |
ケン・ケツ
あくび

筆順 ノ 𠂉 ケ 欠

意味 ① 하품. 하품을 함. ② 모자람. 빠짐. ③ 부채. 빌림.
欠節[흠절] 그릇된 점. 모자라는 데. 흠집.

*【次】欠2 | 차 | 버금 | ㉠貳 |
ジ・シ
つぐ・つぎ

筆順 丶 冫 ソ 冫 次 次

解字 形聲. 하품을 하다의 뜻인 欠과 음을 나타내는 冫(이)[차는 변음]를 합쳐서 멈추어 쉬다의 뜻임. 널리 여행중에 차례차례로 쉬다의 뜻에서 차례·순서의 뜻으로 씀. 冫은 二의 변형임.
意味 ① 하품 감. 뒤를 따름. ② 다음. ㉠두 번째. 「一男」 ㉡버금. 주된 것에 따르는 것.=副 ㉢다음의. 다음에. ④ 순서. 등급. 기회. ⑤ 순서를 따름.
次例[차례] 나아가는 순서.
次序[차서]ジョ 차례, 순서(順序).
次席[차석]セキ 수석(首席)의 다음 지리. 지위가 두 번째임. 차위(次位).
次長[차장]チョウ 어떤 직책의 버금가는 사람. 또 그 지위나 직명(職名).

【欣】欠4 | 흔 | 기뻐할 | ㉠文 |
キン・コン・ゴン
よろこぶ

筆順 ノ 𠂉 ㄏ 斤 欣 欣 欣

解字 形聲. 입을 벌리다의 뜻인 欠과 웃음 소리 및 음을 나타내는 斤(근)[흔은 변음]을 합쳐서 입을 벌리고 웃으며 즐거워하다의 뜻.
意味 기뻐함. 즐거워함.=忻
欣躍[흔약]ヤク 기뻐서 날뜀. 「欣」
欣然[흔연]ゼン 기뻐하는 모양. 흔흔(欣欣快[흔쾌]カイ 마음이 기쁘고 상쾌함.

【歐】歐(欠부 11획)의 약자

*【欲】欠7 | 욕 | 하고자할 | ㉠沃 |
ヨク
ほっする

筆順 ノ 八 父 谷 谷 谷 欲

解字 形聲. 입을 벌린 모양인 欠과 음을 나타내는 谷(곡)[욕은 변음]을 합쳐서 식욕을 뜻함. 널리 욕망의 뜻으로 씀.
意味 하고자함. ㉠하품. ㉡욕심을 냄. 「貪—」 ㉢…하려고 함. ② 욕망.
欲求[욕구]キュウ 욕심껏 구함. 원하여 구함. 하고자 함. 욕구(慾求).
欲望[욕망]ボウ 하고자 함이 간절한 마음. 욕망(慾望). 「(欲念). 욕심(慾心).
欲心[욕심]シン 하고자 하는 마음. 욕념
欲情[욕정]ジョウ 한때의 충동으로 일어나는 욕심. 애욕(愛欲). 색욕(色欲).

【軟】欠부 4획

【款】欠8 | 관 | 정성 | ㉠旱 |
カン
まこと・よろこぶ

筆順 一 十 士 吉 赤 款 款

解字 形聲. 속이 비다의 뜻인 欠과 음을 나타내는 款(관)을 합쳐서 마음 속에 있는 것을 털어 놓다의 뜻.
意味 ① 정성(精誠). ② 정의(情誼). 친교. 「交—」 ③ 진실. 진심.
款談[관담]ダン 마음을 터놓고 하는 이야기. 「接).
款待[관대]タイ 정성껏 대접함. 관접(款

【欽】欠8 | 흠 | 공경할 | ㉠侵 |
キン・コン
つつしむ

筆順 ノ 人 𠆢 𠆢 金 金 欽

解字 形聲. 욕망의 뜻인 欠(欲의 생략체)

과 음을 나타내는 金(금)〔흠은 변음〕을 합쳐서 욕망을 누르고 삼가다의 뜻.

[意味] ① 삼감〔愼〕. ② 공경함. 우러러 섬김. 「一慕」 ③ 천자에 관한 말에 붙여 존경의 뜻을 나타내는 말. 「一定」

欽命〔흠명〕キン メイ 임금의 명령. 칙명(勅命). 「흔모(欣慕).

欽慕〔흠모〕キン ボ 기쁜 마음으로 사모함.

欽仰〔흠앙〕キン ギョウ(コウ) 공경하고 우러러 사모(思慕)함.

*【欺】12 欠8 | 기 | 속일 | [平]支 |
ギ・キ
あざむく

[筆順] 一 卄 甘 甘 其 欺 欺

[解字] 形聲. 하품을 하다의 뜻인 欠과 음을 나타내는 其(기)를 합쳐서 낙담하여 한숨을 하다의 뜻. 후에 글자를 빌어 속이다의 뜻으로 씀.

[意味] ① 속임. 거짓말함. 「詐一」 ② 거짓말. 사기. ③ 깔봄. 「을 속임.

欺瞞〔기만〕ギ マン 그럴 듯한 눈가림으로 남

欺罔〔기망〕キ モウ(ボウ) 속임. 거짓말을 함.

【歇】13 欠9 | 헐 | 쉴 | [入]月 |
ケツ
やむ

[筆順] 口 日 曷 曷 曷 歇 歇

[意味] ① 쉼〔休〕. ② 나른함. ③ 흩어짐. 스러짐. ④ 다함〔竭〕. ⑤ 으슥함. ⑥ 헐함. 쌈〔不貴〕.

歇價〔헐가〕 싼값.

歇脚〔헐각〕 잠시 다리를 쉼.

*【歌】14 欠10 | 가 | 노래 | [平]歌 |
カ
うた・うたう

[筆順] 一 可 可 哥 哥 歌 歌

[解字] 會意. 입을 벌리다의 뜻인 欠과 소리를 길게 빼다의 뜻인 可를 합쳐서 입을 벌리고 '가아'하고 어미(語尾)를 길게 빼서 노래하다의 뜻.

[意味] ① 노래함. ㉠노래를 부름. ㉡노래를 만듦. ㉢새가 지저귐. ② 노래.

歌舞〔가무〕カ ブ ① 노래와 춤. ② 노래하고 춤을 춤. ③ 사람의 공덕을 칭송함.

歌詞〔가사〕カ シ ① 노래의 내용이 되는 글. ② 사사조(四四調) 연속체의 산문시(散文詩).

歌謠〔가요〕カ ヨウ ① 민요・동요・속요・유행가의 총칭. ② 악가(樂歌)와 속요(俗謠).

【漱】氵부 11획

【嗽】口부 11획

【歐】15 欠11 | 구 | 토할 | [上]有 | オウ はく

[筆順] 一 一 品 品 區 歐 歐

[解字] 形聲. 입을 벌리다의 뜻인 欠과 음을 나타내는 區(구)를 합쳐서 입을 벌리고 먹은 것을 토하다의 뜻.

[意味] ① 토함. =嘔 ② 침〔打〕. =毆 ③ 노래함. =謳 ④ 구주(歐洲)의 약어. 「一洲」

歐文〔구문〕オウ ブン 유럽 각국의 글자. 또는 그 문장. 횡문자(橫文字).

歐美〔구미〕 유럽과 아메리카주. 서양.

*【歎】15 欠11 | 탄 | 탄식할 | [去]翰 |
タン
なげく

[筆順] 一 艹 廿 莒 莫 歎 歎

[解字] 形聲. 크게 숨쉬다의 뜻인 欠과 음을 나타내는 莫(난)〔탄은 변음〕을 합쳐서 한숨쉬다의 뜻.

[意味] ① 탄식함. ㉠슬퍼하며 한탄함. ㉡화내며 한탄함. ㉢탄식. 한탄. ② 칭찬함.

歎服〔탄복〕タン プク 깊이 감탄하여 심복함.

歎息〔탄식〕タン ソク 한숨을 쉬며 한탄함. 탄식(嘆息). 「기를 간절히 바람.

歎願〔탄원〕タン ガン 사정을 말하여 도와 주

【歓】歡(欠부 18획)의 약자

【歟】18 欠14 | 여 | 그런가할 | [平]魚 |
ヨ
か

[筆順] 亻 𦥑 𦥑 𦥑 𦥑 與 歟

[欠部] 18획·[止部] 0~3획

意味 그런가[어구의 끝에 붙여서 의문·추량·감탄 등의 뜻을 나타내는 조사].

[歡] 22획 欠18 | 환 | 기뻐할 | 上寒
カン
よろこぶ

筆順 ` ⺊ ⺊ 芇 芇 雚 雚 歡

解字 形聲. 입을 벌리다의 뜻인 欠와 음을 나타내는 雚(관)(환은 변음)을 합쳐서 음식을 앞에 놓고 입을 벌리고 먹다의 뜻. 널리 기뻐하다의 뜻으로 씀.

意味 ① 기뻐함. 기쁨. ② 즐김. 즐거움. ③ 가까이함. 친교.

歡談[환담]カン정답고 즐겁게 하는 이야기.
歡待[환대]カン정성껏 후히 대접함. 관대(款待).
歡迎[환영]カン호의를 표하여 즐겁게 맞아 들임. 「大一」↔환송(歡送).
歡呼[환호]カン기뻐서 큰소리로 외침.

止 部

[止] 4획 止0 | 지 | 그칠 | 上紙
シ
とまる

筆順 ⼁ ⺊ ⺊ 止

解字 象形. 왼쪽 발자국의 모양을 본뜸. 발자국을 뜻함. 널리 멈추다의 뜻으로 씀. 부수로서는 발과 보행에 관한 뜻을 나타냄.

意味 ① 그침. ㉠멈춤. ㉡그만둠. 「中一」㉢쉼(休). ② 모습. 자국. 행동.

止血[지혈]ケツ피가 나오다 멈춤. 나오는 피를 그치게 함.

[正] 5획 止1 | 정 | 바를 | 去敬
セイ·ショウ
ただしい

筆順 一 丁 下 正 正

解字 形聲. 걷다의 뜻인 止와 음을 나타내는 丁(정)[一은 丁의 고형]을 합쳐서 똑바로 걷다의 뜻임. 널리 옳다의 뜻으로 씀.

意味 ① 옳음. ㉠바름. ↔邪 ㉡틀리지 않음. ↔誤 ㉢고름. 「端一」㉣진지함. 「方一」② 품위가 있음. ③ 바르게 함. 정치. 법. 도리. ④ 우두머리.

正當[정당]トゥ도리(道理)에 맞고 당연함. 올바름. ↔부당(不當)
正午[정오]ショウ낮 12시(時). 한낮.
正誤[정오]ショウ틀린 것을 바로 고침. 바름과 틀림. 정와(正譌).
正月[정월]ショウ ① 일년 중의 첫번째달. 1월. ② 신년(新年).
正直[정직]ショウ·チョク 거짓이나 꾸밈이 없고 곧음. 올바름.

[此] 6획 止2 | 차 | 이 | 上紙
シ
ここ·この

筆順 ⼁ ⺊ ⺊ 止 止 此

解字 形聲. 발자국을 뜻하는 止와 음을 나타내는 匕(비)(차는 변음)를 합쳐서 잇닿은 발자국이라는 뜻. 바뀌어 지시 사인 여기·이의 뜻으로 씀.

意味 ① 이. 이것. =斯 ↔彼 ② 여기. ③ 이렇게. 이와 같이.

此際[차제]この이때. 이즈음. 이 기회.
此後[차후]このこの(のち) 이 다음. 이 뒤.

[企] 人부 4획

[步] 7획 止3 | 보 | 걸음 | 去遇
ホ·ブ
あゆむ·あるく

筆順 ⼁ ⺊ ⺊ 止 止 步 步 步

解字 會意. 止(왼발)과 少(오른발)을 합쳐서 사람이 걷다의 뜻.

意味 ① 걸음. 발걸음. 보조(步調). ② 지위. 입장. ③ 길이의 단위. ㉠한 발의 길이. ㉡한 번 내딛는 거리.

步道[보도]ホドゥ사람이 다니는 길. 인도(人道). ↔차도(車道)
步廊[보랑]ホ건너 다니는 복도(複道).
步武[보무]ホ활발하고 버젓하게 걷는 걸음. 「一堂堂」
步行[보행]ホコウ걸어서 감.

*【武】 8 止4 | 무 | 굳셀 | [上]麌 |
ブ・ム
たけし

[筆順] 一 二 テ 亍 正 武 武

[解字]  形聲. 걷다의 뜻인 止와 음을 나타내는 戈(과)〔무는 변음〕의 변형인 弋를 합쳐서 한 번 걸탐〔跨〕의 뜻. 후에 글자를 빌어서 용감하다의 뜻으로 씀.

[意味] ① 굳셈. 힘이 세고 사나움. 용감함. ② 과시(誇示)함. 위력. ③ 무술. 전술. 병법. 「一藝」 ④ 강자. 군인. 무사. 「一官」 ⑤ 병기. 「一器庫」

武器〔무기〕ブキ 싸움에 사용되는 도구.

武藝〔무예〕ブゲイ 무도(武道)에 관한 기예. 무기(武技). 무술(武術).

武勇〔무용〕ブユウ ① 무예와 용맹. ② 싸움에 용맹스러움.

【歩】 步 (止부 3획)의 속자

【肯】 月부 4획

【歪】 9 止5 | [1] 왜 [3] 의 [2] 외 | 비뚤 | [平]佳 [平]佳 [平]佳 | ワイ・エ ゆがむ

[筆順] 一 ア 不 不 丕 丕 歪

[意味] ① 비뚤어짐. 굽음. ② 옳지 못함. 부정(不正).

歪曲〔왜곡〕ワイキョク 사실(事實)을 비틀어서 구부러지게 함. 의곡(歪曲).

【歯】 齒 (齒부 부수)의 속자

*【歲】 13 止9 | 세 | 해 | [去]霽 |
サイ・セイ
とし

[筆順] 止 止 产 产 岸 歳 歲

[解字]  形聲. 돌아가다의 뜻인 步와 음을 나타내는 戌(술)〔세는 변음〕을 합쳐서 해가 한 번 돌아오는 것을 뜻함.

[意味] 해. ㉠년. 「一月」 ㉡1년. ㉢신년. ㉣매년. 「一功」 ㉤연령. ㉥일생. ㉦시대. ㉧풍년.

歲功〔세공〕サイコウ ① 매년 해야할 일. ② 농사.

歲旦〔세단〕サイタン 새해의 첫날 아침. 원단「(元旦).

歲月〔세월〕サイゲツ 흘러 가는 시간.

歲寒〔세한〕サイカン ① 추운 계절. 겨울철. ② 인생의 황혼기. 노년(老年).

【歴】 歷 (止부 12획)의 약자

【澁】 氵부 12획

*【歷】 16 止12 | 력 | 지낼 | [入]錫 |
レキ リャク
へる

[筆順] 一 厂 厈 厈 厤 歴 歷

[解字] 形聲 걷다의 뜻인 止와 음을 나타내는 厤(력)을 합쳐서 일정한 순서가 있는 걸음이라는 뜻. 널리 경과하다의 뜻으로 씀.

[意味] ① 겪음. 지나감. 지냄. ② 돎. 세월이 감. 넘음. ③ 지나간 일. 「一史」 ④ 차례차례로. ⑤ 분명하게. 「一然」 ⑥ 달력. =曆

歷史〔역사〕レキシ ① 인류·사회의 이동(移動)·변천과 흥망(興亡)의 과정을 적은 기록. 또는 그 역대의 기록. ② 어떤 사물이 오늘에 이르기까지의 자취나 개인의 경력.

*【歸】 18 止14 | 귀 | 돌아갈 | [平]微 |
キ
かえる・とつぐ

[筆順] 丨 𠂤 𠂤 𠂤 歸 歸 歸

[解字] 形聲. 부인을 뜻하는 帚와 음을 나타내는 (추)〔귀는 변음〕를 합쳐서 남편을 따라 시집가는 여자를 뜻함. 널리 돌아오다, 시집가다의 뜻을 나타냄.

[意味] ① 돌아감. ㉠되돌아감. ㉡집에 돌아감. ㉢본래의 상태로 됨. ② 돌려보냄. ㉠돌아가게 함. ㉡돌려 줌. ㉢보답함. ③ 낙착함. 「一一」 ④ 시집을 감.

歸省〔귀성〕キセイ ① 객지에서 고향(故鄕)으로 돌아 감. ② 객지에서 부모를 뵈러 고향으로 돌아 감. 「一客」

歸港〔귀항〕キコウ 출항했던 배가 항구로 다시 돌아 옴. ↔출항(出港)

歸鄕〔귀향〕キキョウ 고향에 돌아 감. 또는 돌아 옴. 귀성(歸省).

[歹部] 0~8획

歹 部

【歹】 4획 ㉠알 ㉡대 │뼈앙상할│㈀曷㈁賄
　　　　　　　ガツ

筆順 一ㄈ万歹

解字 象形. 뼈의 일부분을 발라낸 나머지를 뜻하며 부수로서는 뼈나 죽음에 관한 것을 나타냄.

意味 ① 뼈가 앙상함. 남은 뼈. ② ㉠못함. 좋지 않음. ㉡거스름.

*【死】 6획 2 │사│죽을│㈀紙│しぬ

筆順 一ㄈ万歹歺死

解字 會意. 사람(匕)과 남은 뼈라는 뜻인 歹를 합쳐서 사람이 죽어 뼈만 남다의 뜻. 널리 죽다의 뜻으로 씀.

意味 ① 죽음. ↔生 ㉠사람, 동물이 죽음. ㉡활기가 없음. 활동력이 없음. 「―火山」 ㉢감각이 없어짐. ㉣망함. 없어짐. ② 죽임. 사형에 처함. ③ 시체. 죽은 사람. ④ 위험을 무릅씀.

死生[사생] シセイ 죽음과 삶. 생사(生死).

【列】 刂부 4획

【歿】 8획 4 │몰│죽을│㈀月│ボツ

筆順 一ㄈ万歹歺歿歿

意味 죽음. 없어짐. =沒 「死―」

*【殃】 9획 5 │앙│재앙│㈀陽
　　　　　　オウ・ヨウ
　　　　　　わざわい

筆順 一ㄈ万歹歺殃殃

解字 形聲. 죽음을 뜻하는 歹과 음을 나타내는 央(앙)을 합쳐서 신의 꾸중을 뜻함. 널리 재앙의 뜻으로 씀.

意味 ① 재앙. 재난. 신불(神佛)로부터 받는 벌. ② 재앙을 만남. 화를 끼침.

*【殆】 9획 5 │태│위태할│㈀賄
　　　　　　タイ
　　　　　　ほとんど・あやうい

筆順 一ㄈ万歹歺殆殆

解字 形聲. 죽음을 뜻하는 歹과 음을 나타내는 台(태)를 합쳐서 위태하다의 뜻. 또 似와 통하여 거의・가깝다의 뜻을 나타냄.

意味 ① 거의. ㉠대체로 …에 가까움. ㉡틀림없이. 아마도. ② 위태로움. 위태위태함. 위험함. 「危―」

殆半[태반] 거의 절반.

*【殊】 10획 6 │수│뛰어날│㈀虞
　　　　　　シュ・ズ
　　　　　　ことに・ころす・たつ

筆順 一ㄈ万歹歺殊殊殊

解字 形聲. 죽음을 뜻하는 歹과 음을 나타내는 朱(주)(수는 변음)를 합쳐서 베어 죽이다의 뜻.

意味 ① 목을 벰. ② 죽임.=誅 ③ 나눔. 나누어짐. 따로따로 됨. 다름.= 異 ④ 특히. 더구나. 몹시. 「特―」

殊常[수상] ジョウ 비범함. 보통과 달리 이상함. 「殊勝」

殊勝[수승] ショウ 가장 뛰어남. 특별히 훌

*【殉】 10획 6 │순│따라죽을│㈀震
　　　　　　ジュン
　　　　　　したがう

筆順 一ㄈ万歹歺殉殉殉

解字 形聲. 죽다의 뜻인 歹과 음을 나타내는 旬(순)을 합쳐서 죽은 사람을 따라 죽다의 뜻.

意味 ① 따름. 군주나 신분이 높은 사람의 죽음을 따라 죽음. 「―死」 ② 어떤 일이나 목적 때문에 생명을 버림.

殉國[순국] ジュンコク 국가의 위기를 건지기 위해 목숨을 바침. 순난(殉難).

【殖】 12획 8 │식│심을│㈀職
　　　　　　ショク
　　　　　　ふえる

筆順 一万歹歺殖殖殖

解字 形聲. 죽다의 뜻인 歹과 음을 나타내는 直(직)(식은 변음)을 합쳐서 죽어서 썩다의 뜻. 후에 불다・많아지다의 뜻으로 씀.

意味 ① 많아짐. 불음. 불림. ㉠동물과

식물이 많아짐. 무성함.「繁─」ⓒ이
익이나 재산 등이 많아짐.「利─」②
썩음. ③심음. 초목을 심음.

殘 $^{12}_{歹8}$ | 잔 | 해칠 | ㊥[殘]
ザン・サン
のこる・そこなう

筆順 一 歹 歹 歹 残 残 残

解字 會意. 죽음을 뜻하는 歹과 해치다의 뜻인 戔(잔)을 합쳐 상처를 입혀 죽이다. 따라서 잔인하다의 뜻.

意味 ① 쇠잔하다.「─花」② 해치다. 해하다. ③ 나머지.「─高」
殘酷[잔혹] 잔인하고 가혹함.
殘痕[잔흔] 남은 흔적.

殞 $^{14}_{歹10}$ | 운 | 죽을 | ㊥[殞]
イン・ウン
おちる・しぬ

筆順 一 歹 歹 歹 殞 殞 殞

意味 ① 떨어짐. 떨어뜨림. 낙하함.＝隕「─石」② 죽음.
殞命[운명] 생명이 끊어짐. 죽음.
殞石[운석] (隕) 대기(大氣) 중의 유성(流星)이 다 타지 않고 지상(地上)에 떨어진 것.

殭 $^{17}_{歹13}$ | 강 | 썩지않을 | ㊥[殭]
キョウ
たおれる

筆順 歹 歹 殭 殭 殭 殭 殭

意味 ① 죽어서도 썩지 않음. ② 마른 누에.
殭蠶[강잠] 누에가 자라서 실을 뿜아 내지 않고 허옇게 말라 죽는 일. 또는 그 누에.

殮 $^{17}_{歹13}$ | 렴 | 염할 | ㊥[殮]
レン
おさめる

筆順 歹 歹 殮 殮 殮 殮 殮

意味 ① 빈소를 차림. ② 염함.「─襲」
殮葬[염장] 시체를 염습(殮襲)하여 장사함. 「베, 교포(絞布)
殮布[염포] 염습할 때에 시체를 묶는

殯 $^{18}_{歹14}$ | 빈 | 염할 | ㊥[殯]
ヒン
かりもがり

筆順 歹 歹 殯 殯 殯 殯 殯

意味 ① 염을 함[殮]. ② 빈소. ③ 상여 소리.
殯所[빈소] 발인 때까지 관을 두는 곳.

殲 $^{21}_{歹17}$ | 섬 | 멸할 | ㊥[殲]
セン
つくす

筆順 歹 歹 殲 殲 殲 殲 殲

意味 ① 다함[盡]. ② 멸함. 죽임. 몰살 시킴.「─滅」
殲滅[섬멸] 남김 없이 모두 무찔러 멸망시킴. 여지 없이 멸망함.

殳 部

殳 $^{4}_{殳0}$ | 수 | 몽둥이 | ㊥[虞] シュ ほこ

筆順 丿 几 殳 殳

解字 會意. 끝이 둥근 몽둥이를 손에 들고 사람을 죽이다의 뜻. 널리 창[무기]으로 도 씀. 부수로서 던지다・때리다 등에 관한 뜻을 나타냄.

意味 ① 양쪽에 날을 세운 창. ② 창자루. ③ 몽둥이. 지팡이.

[殴] 毆(殳부 11획)의 약자

段 $^{9}_{殳5}$ | 단 | 조각 | ㊥[翰]
ダン・タン

筆順 丿 亻 F 自 自 段 段

解字 形聲. 때리다의 뜻인 殳과 음을 나타내는 㟜(단)의 생략형인 自을 합쳐서 물건을 치다의 뜻. 후에 斷과 같이 구분하다의 뜻으로 씀.

意味 ① 구분. 단락.「─落」② 단. 계단. 계단형으로 되어 있는 것.「─石」층(層). ③ 품(品). 등급. ④ 수단.
段階[단계] ① 일의 차례를 따라 나아가는 과정. ② 오르내리는 계단.
段落[단락] ① 문장을 의미상으로

[殳部] 6～11획

크게 나눈 곳. ② 일의 다 된 끝.

[殷] 殷 10획 殳6 ⟨1⟩은 ⟨2⟩안 ┃융성할┃⑲文 ㉠冊
イン・アン
さかん

丆 尸 戶 戶 自 舟 段 殷

①융성함. ② 풍부함. 풍족함. ③ 은근함. =慇 ④ 큼. 깊음. ⑤ 고대 중국의 왕조 이름. ⟨2⟩ 검붉은 빛.

殷鑑[은감]インカン 본보기 삼아 경계하여야 할 전례(前例). 은(殷)의 국민은 전대(前代)의 하(夏)가 멸망한 것을 거울 삼으라는 말.
殷盛[은성]インセイ 번화하고 성함. 은창.

[殺] 殺(차항)의 속자

[殺] 殺 11획 殳7 ⟨1⟩살 ⟨2⟩살 ⟨3⟩시 ┃죽일┃㉠點 ㉢卦
㉾實
サツ・セツ・サイ
ころす・そぐ

／ㄨ 乂 羊 杀 杀 杀 殺 殺

會意. 몽둥이로 때리다의 뜻인 殳와 큰 멧돼지라는 뜻인 羊을 합쳐서 멧돼지를 때려 잡는다의 뜻. 널리 죽이다의 뜻으로 씀.

① 죽임. 목숨을 빼앗음. 사형에 처함. 멸망시킴. ② 상처를 입힘. ③ 거칢음. 사나움. 「一氣」

殺風景[살풍경]サップウケイ ① 살기를 띤 광경. ② 매몰하고 흥취가 없음. ③ 보잘 것 없는 풍경. 「생명을 해침.
殺害[살해]サツガイ 사람을 죽임. 남의
殺到[쇄도]サットウ 사람이나 물건이 한꺼번에 밀려 듦.

[殻] 殻 殳부 8획)의 약자

[殼] 殼 12획 殳8 ┃각┃껍질┃㉠覺
カク・コク
から

一 土 吉 吉 声 殼 殼 殼

① 껍질. ㉠물건을 덮어 싸고 있는 딱딱한 껍질. 「貝一」㉡허물 ㉢덮어 싸고 있는 것. 「地一」 ④ 씨. =核

[殿] 殿 13획 殳9 ┃전┃큰집┃㉠霰
デン・テン

どの・との・しんがり

コ 尸 尸 肙 肙 殿 殿 殿

會意. 몽둥이로 때리다의 뜻인 殳과 궁둥이를 뜻하는 𡱂를 합쳐서 몽둥이로 궁둥이를 때리다의 뜻.

① 큰 집. ㉠훌륭한 건물. ㉡궁전. 「內一」절이나 신전의 건물. ② 후군(後軍). 후군을 말함. ③ 뒤.

殿軍[전군]デングン 퇴각(退却)할 때 맨 뒤에 있어 적의 추격을 막는 군대. 후후(殿後). ↔선봉(先鋒)
殿中[전중]デンチュウ 궁전 안. 궁중(宮中).

[毀] 毀 13획 殳9 ┃훼┃헐┃㉠紙
キ
こぼつ・やぶる・そしる

丨 ㄕ 臼 臼 臼 臼 毀 毀

形聲. 뜻과 음을 나타내는 殳(훼)의 약체인 𣪘로 이루어짐.

① 망가뜨림. 망가짐. ② 부숨. 부서짐. ③ 헐뜯음. 험담을 함. 「一毁」④ 상처를 냄. 좌절시킴. 좌절함. ⑤ 멸망시킴.

毁謗[훼방]キボウ 남을 헐뜯어 비방함.
毁傷[훼상]キショウ ① 몸에 상처(傷處)를 냄. ② 상처를 내어 깨뜨려 버림.

[毆] 毆 15획 殳11 ┃구┃칠┃㉠有
オウ・ク
うつ・なぐる

一 匚 吊 吊 品 區 區 毆 毆

① 침. 두들김. 「一打」② 때림. 지팡이와 회초리로 세게 때림. 「一殺」
毆打[구타]オウダ 두들김. 매질함. 때림.

[毅] 毅 15획 殳11 ┃의┃굳셀┃㉠未
キ・ギ
つよい

亠 立 立 辛 豙 豙 毅 毅 毅

形聲. 몽둥이를 들고 때리다의 뜻인 殳과 음을 나타내는 豙(의)로 이루어지며 쳐서 쓰러뜨리다의 뜻. 후에 사납다·세다의 뜻으로 씀.

① 강함. 셈. 의지가 굳셈. 결단력이 있음. ② 사나움. 용맹스러움.
毅然[의연]キゼン 의지(意志)가 강하여 좀처럼 동하지 않는 모양.

母 部

【母】 母0 | 무 | 없을 | ㊤虞 |
ブ・ム
なかれ

筆順 ㄥㄩㄇㄐ母

意味 ① 말라. …하지 말라. 금지의 뜻을 나타내는 말. ② 없음. 않음. 부정의 뜻을 나타내는 말.

*【母】 母1 | 모 | 어미 | ㊤麌 |
ボ・ボウ・モ
はは

筆順 ㄥㄩㄇㄐ母母

解字 象形. 아기를 낳은 경험이 있는, 젖꼭지가 발달한 여성을 본뜸. 어머니를 뜻함.

意味 ① 어머니. ↔父 ㉡유모. ㉢손위의 여성. ② 같은 물건 중에 크거나 무거운 것. 「一船」 ③ 출신지. 「一國」

母國[모국]コク ① 자기가 출생한 나라. 고국(故國). 조국(祖國). ② 외국에 대해 자기의 본국을 일컫는 말.

母女[모녀] 어머니와 딸.
母性[모성]セイ 여자가 어머니로서 갖 「특성.

【毎】 每(차항)의 약자

*【每】 母3 | 매 | 매양 | ㊤賄 |
マイ・バイ
つね・ごと

筆順 ノ一ㅗ仁勹每每

解字 象形. 母[어머니]가 머리에 장식을 한 것을 본뜸. 후에 글자를 빌어서 항상, …할 때마다의 뜻으로 씀.

意味 ① 매양. 늘. ② 마다. 그 때마다.

*【毒】 母4 | 독 | 독 | ㉹沃 |
ドク・トク
そこなう

筆順 一十圭圭青青毒

解字 形聲. 풀[十]과 음을 나타내는 毎(기)[독은 변뇌를 합쳐서 사람에게 해를 끼치는 풀을 뜻함.

意味 ① 독. 사람의 목숨이나 건강에 해를 끼치는 것. 「一藥」② 해침. 「一舌」재앙. 화. 「害一」③ 나쁨. 독함.

毒殺[독살]サツ ① 독약을 먹여 죽임. 독해(毒害). ② 악독한 살기(殺氣).

比 部

*【比】 比0 | 비 | 견줄 | ㊤紙 |
ヒ・ビ
くらべる・ならぶ

筆順 一ヒヒ比

解字 象形. 사람 둘이 나란히 선 모양을 본떠 나란히 서다의 뜻. 널리 나란히 서다・비교하다・친하다의 뜻으로 씀.

意味 ① 비교함. 견줌. ② 나란히 섬. 가지런하게 함. 「一肩」③ 유(類). 나란히 있는 것. 무리. 「無一」④ 비율. 「一率」⑤ 가까이 함. 친함. 「一隣」요사이. 작금.

比肩[비견]ケン ① 어깨를 나란히 함. ② 우열이 없이 비등함. ③ 나란히 걸어 감. 병행(竝行).

比較[비교]カク(コウ) 서로 견주어 봄.

【皆】 白부 4획

毛 部

*【毛】 毛0 | 모 | 털 | ㊤豪 |
モウ・ボウ
け

筆順 ノ一ニ三毛

解字 象形. 머리카락의 모양을 본뜸. 털을 뜻하며 부수로서는 털에 관한 뜻을 나타냄.

意味 ① 털. ㉠사람과 동물의 털. ㉡식물의 표면에 있는 털 모양의 것. 「腺一」 ② 털가죽. 「一皮」③ 짐승. ④ 초목이 자람. ⑤ 아주 작은 것. 「細管」아주 적음. ⑥ 분량의 단위. ㉠1의 1000분의 1. ㉡전(錢)의 100분의 1.

毛頭〔모두〕モウトウ 털의 맨 끝. 털끝. ↔모근(毛根)

毛髮〔모발〕モウハツ 털과 머리털. 사람의 몸에 있는 터럭의 총칭.

毛織〔모직〕けおり 짐승의 털로 짠 직물.

【秏】 耒부 4획

【毬】 11 毛7 | 구 | 제기 | [平]尤 | キュウ まり

[筆順] 彡 毛 毛 毬 毬 毬 毬

[意味] ① 공. 공같이 둥근 것. ② 제기.

*【毫】 11 毛7 | 호 | 잔털 | [平]豪 | ゴウ·コウ わずか

[筆順] 丶 亠 亠 亠 亠 亭 毫

[解字] 形聲. 毛〔털〕와 음을 나타내는 高(고)〔호는 변음〕의 생획인 亭를 합쳐서 길고 뾰족한 가는 털을 뜻함. 널리 가늘고 작다의 뜻으로 씀.

[意味] ① 잔 털. 길고 뾰족한 가는 털. ② 아주 적은 분량. 아주 적음. 조금. 「一釐」 ③ 붓. 「揮一」

毫末〔호말〕ゴウマツ 아주 작은 사물을 일컫는 말. 극히 작은 것. 털끝.

毫毛〔호모〕ゴウモウ 가는 털. 아주 작거나 적은 것.

【氈】 17 毛13 | 전 | 담자리 | [平]先 | セン

[筆順] 亠 亣 亩 亶 亶 亶 氈

[意味] 양탄자. 담자리.

氈帽〔전모〕センボウ 모직으로 만든 모자.

氏 部

*【氏】 4 氏0 | [1]씨 [2]지 | 씨 | [上]紙 [平]支 | シ うじ

[筆順] ノ 𠂆 𠂉 氏

[解字]  象形. 숟가락의 모양을 본뜸. 후에 성씨의 뜻으로 씀.

[意味] [1] 성씨. ㉠같은 혈족의 집단. 「一族」 ㉡사람을 부르는 명칭 다음에 붙는 말. ㉢왕조나 나라 이름 밑에 붙이는 말. [2] 나라 이름〔기원전 5세기 중엽 중앙 아시아에 있던 나라〕.

氏名〔씨명〕シメイ 사람의 이름. 성명.

氏族〔씨족〕シゾク ① 겨레. 족속. 같은 조상을 가진 여러 가족의 성원으로 구성되어 선조의 직계(直系)를 수장으로 하는 사회 집단. ② 원시 사회에 있어서 공동의 조상을 가진 혈족 단체.

*【民】 5 氏1 | 민 | 백성 | [平]眞 | ミン たみ

[筆順] 乛 コ 尸 民 民

[解字]  象形. 손잡이가 달린 송곳의 모양을 본뜸. 후에 글자를 빌어서 백성의 뜻으로 씀.

[意味] 백성. ㉠관작이나 지위가 없이 다스림을 받는 사람. ㉡널리 일반 사람. 「一主」「國一」

民家〔민가〕ミンカ 일반 백성이 사는 집. 민호(民號). ↔관가(官家)

民生〔민생〕ミンセイ ① 국민의 생계(生計)·생활. ② 일반 국민. ③ 사람의 천성. ④ 국민의 생명.

【氐】 5 氏1 | 저 | 이를 | [平]齊 | テイ·タイ もと

[筆順] ノ 𠂆 𠂉 氏 氐

[意味] ① 이름〔至〕. 다다름. ② 근본. ③ 별 이름. 28수(宿)의 하나. ④ 티베트의 한 부족(部族).

气 部

【气】 4 气0 | [1]기 [2]걸 | 기운 | [去]未 [入]物 | キ·キツ

[筆順] ノ 𠂉 𠂊 气

[解字] 象形. 구름이나 증기가 떠오르는 모양을 본뜬 것으로 수증기를 뜻함. 부수로서는 구름과 증기에 관한 뜻을 나타냄.

[意味] [1] ① 수증기. 구름과 같이 떠오르는 것. ② 기운. 숨. [2] 가져감.

【気】 氣(气부 6획)의 약자

【氛】 8 气4 | 분 | 기운 | [平]文 | フン き

[气部] 6획·[水部] 0~2획

筆順 ノ 𠂉 ⌒ 气 气 氣 氛

意味 ① 기운. 기운이 왕성함. ② 재앙. 재난. 「—징조」

氛祲[분상] 불길한 징조와 즐거운

[氣] 气6 │ 기 │ 숨 │ ㉤未 │ キ·ケ

筆順 ノ 𠂉 ⌒ 气 气 氣 氣

解字 會意. 米[쌀]와 떠오르는 증기를 뜻하는 气를 합쳐서 쌀을 끓일 때 떠오르는 증기를 뜻함. 널리 수증기의 뜻으로 씀.

意味 ① 기운. ㉠수증기. ㉡가스. 「—體」 ㉢공기. 「大—」 ② 천지에 일어나는 자연 현상. 「天—」 ② 숨. 호흡. 「—管」 ③ 눈에 안 보이는 작용이나 상태. 「雰圍—」마음이나 정신의 작용. 「勇—」 ④ 기질. 천성. 「—質」 ⑤ 냄새. 「香—」 ⑥ 1년을 24로 나눈 하나이며 15일간. 「二十四—」

氣管[기관] 〈生〉 호흡기의 일부로 목에서 허파로 이어진 공기가 통하는 관.

氣力[기력] 일에 부딪쳐 감당할 수 있는 정신력과 체력. 원기(元氣).

氣象[기상] ① 풍·우·음·청(風雨陰晴) 등의 모든 천기. 대기 중에 일어나는 물리적 변화의 현상. ② 타고난 성정(性情). 기질(氣質).

水(氵)部

[水] 水0 │ 수 │ 물 │ ㉤紙 │ スイ みず

筆順 ㇉ 기 기 水

解字 會意. 물을 뜻하는 氺와 흐름을 뜻하는 丨를 합쳐서 물의 흐름을 뜻함. 부수로서는 물·강·바다에 관한 뜻을 나타냄.

意味 ① 물. 액체. ↔火 ② 강. 「漢—」 ③ 오행(五行)의 하나.

水路[수로] ① 물이 흐르는 길. ② 배가 왕래하는 길. 항로(航路). ↔육로.

水利[수리] ① 수상 교통(水上交通)의 편리. ② 물의 이용. 음료수·관개(灌漑) 등으로 쓰는 일.

水壓[수압] 물의 압력.

水準[수준] ① 지형(地形)이나 건물의 고저 또는 수평을 재는 표준. ② 수평을 정하는 기구. 수준기(水準器). ③ 사물의 표준.

水行[수행] ① 물위를 감. 배의 여로(旅路). ② 냇물의 흐름.

[氷] 水1 │ 빙 │ 얼음 │ ㉤蒸 │ ヒョウ こおり

筆順 ㇉ 기 기 氷 氷

解字 會意. 水[물]와 물이 언 모양을 나타내는 를 합쳐서 언 물을 뜻함.

意味 ① 얼음. 「—雪」 ② 물이 얾.

氷山[빙산] 〈地〉 극지(極地)의 빙하(氷下)의 얼음 끝이 밀려 떨어져 나와서 바다에 산처럼 떠 있는 얼음이. 얼음의 산.

氷點[빙점] ① 물의 얼고 얼음이 녹기 시작할 때의 온도. 섭씨 0°. ② 일반적인 물질의 응고점(凝固點).

[永] 水1 │ 영 │ 길 │ ㉤梗 エイ·ヨウ ながい

筆順 ㇉ 引 沪 永 永

解字 象形. 강의 본류(本流)에서 지류가 갈라져 나온 모양을 본뜸. 지류를 가진 긴 강을 뜻함. 후에 길다의 뜻으로 씀.

意味 길. ㉠길이가 긺. ㉡시간이 긺.

永久[영구] 길고 오램. 언제까지나. 영원(永遠). 「—不變」

永眠[영면] 영원히 잠듦. 죽음.

永懷[영회] 두고두고 오래 생각함.

[求] 水2 │ 구 │ 구할 │ ㉤尤 キュウ·グ もとめる

筆順 一 ナ 寸 寸 才 求 求

解字 象形. 털가죽을 늘어뜨린 모양을 본뜸. 본래 털가죽을 옷을 뜻함. 후에 바라다·요구하다의

[水部] 4~11획·[火部] 0~2획

으로 씀.
意味 구함. ㉠찾아서 손에 넣음. 「一人」 ㉡바람(望). 「請ー」
求愛[구애] 사랑을 구함. 이성(異性)의 사랑을 구함. 「ー함. ↔구직(求職)
求人[구인] 필요로 하는 사람을 구

【沓】 水4 8 답 | 거듭 | ㉰合 |
トウ
かさなる
筆順 丨 刁 水 水 沓 沓
意味 ① 거듭 쌓이고 겹침. 「雜一」 ② 막힘이 없음. 「ーー」

*【泉】 水5 9 천 | 샘 | ㉰先 | セン
いずみ
筆順 ´ 宀 白 帛 帛 泉 泉
解字 象形. 바위 사이에서 물이 흘러 나오는 모양을 본뜸. 땅속에서 나오는 물이라는 뜻.
意味 ① 샘. 땅속에서 솟아 나오는 물. ② 폭포. 「飛一」 ③ 근원. 「源一」 ④ 돈의 옛 이름. 「貨一」
泉布[천포] 돈. 천폐(泉幣). 또는 유포(流布) 곧 선포(宣布)의 뜻으로서 천(泉)과 더불어 천하에 통행하지 않는 곳이 없다는 뜻.
泉下[천하] 사람이 죽어서 가는 곳. 지하(地下). 명도(冥途).

*【泰】 水5 10 태 | 클 | ㉰泰 | タイ
やすい
筆順 三 天 夫 夫 泰 泰
解字 形聲. 水(물)와 두 손(艹)과 음을 나타내는 大(대)[태는 변음]를 합쳐서 손을 물에 적시다의 뜻. 후에 편안하다·안온하다의 뜻으로 씀.
意味 ① 큼. ② 심함. ③ 편안함. ④ 오만함.
泰斗[태두] 태산 북두(泰山北ー).
泰山[태산] ①〈地〉중국 산동성(山東省) 태안부(泰安府)에 있는 산. 천자가 이 산에서 봉선(封禪)을 ·행함. ② 아내의 어버이를 일컫는 말. 장인(丈人). ③ 높고 큰 산.

【漿】 水11 15 장 | 초 | ㉰陽 | ショウ
筆順 丨 爿 爿 將 將 漿
意味 ① 초. ② 미음. 마실 것. ③ 국 같은 모양을 한 것. 「腦ー」

火 部

*【火】 火0 4 화 | 불 | ㉰歌 | カ
ひ
筆順 ㇏ ㇏ 火 火
解字 ⺌·⺌·火 象形. 불길의 모양을 본뜸. 부수로서는 불에 관한 뜻을 나타냄. 받침이 될 때는 灬로 되는 때가 많음.
意味 ① 불. ② 등불. 횃불. 빛을 발하는 것. ③ 화재. 「大一」 ④ 급함. 「一急」 ⑤ 오행(五行)의 하나.
火急[화급] 불이 난 것만큼 매우 급함. 지급(至急).
火氣[화기] ① 불기운. 불의 뜨거운 기운. ② 가슴이 번거롭고 답답해지는 기운. 화증(火症).
火焰[화염] 가연(可燃) 가스가 연소할 때 열과 빛을 내는 부분. 불꽃.
火葬[화장] 시체(屍體)를 불에 태워 장사지내는 일.
火砲[화포] 총포(銃砲)의 다른 이름.
火刑[화형] 불에 태워 죽이는 형벌.

【灯】 火2 6 등 | 불꽃 | ㉰靑 |
テイ・チョウ
ひ・ともしび
筆順 ㇏ ㇏ 火 火 灯
意味 ① 불꽃. 맹렬한 불. ② 등. 등불.

*【灰】 火2 6 회 | 재 | ㉰灰 | カイ
はい
筆順 一 厂 厂 厂 灰 灰
解字 會意. 火(불)와 손을 뜻하는 ㇈을 합쳐서 불이 꺼지고 손으로 만질 수 있게 된 것, 즉 재를 뜻함.
意味 ① 재. 「一塵」 ② 석회.
灰壁[회벽] 석회(石灰)로 바른 벽.

灰分[회분] 석회질(石灰質)의 성분.
灰塵[회진] ① 재와 먼지. ② 보잘 것 없는 물건.

【灸】 火3 구│구울│㊄宥
筆順 ノクタ欠久久灸灸
意味 ① 구움. 지짐. 불사름. ② 뜸. 뜸을 뜸.
灸點[구점] 뜸뜰 자리에 먹물로 표시한 점(點).

【灼】 火3 작│불사를│㊁藥│
筆順 丶ソ少火火灼灼
意味 ① 불사름. 지짐. 빨갛게 태움.「一熱」② 밝음. 분명함.「一然」
灼然[작연] 밝은 모양. 환한 모양.
灼熱[작열] 불에 새빨갛게 닮.

【災】 火3 재│재앙│㊄灰│
筆順 く巛巛巛災災災
解字 形聲. 火[불]와 음을 나타내는 巛(재)를 합쳐서 화재를 뜻함. 널리 재앙의 뜻으로 씀.
意味 재앙. 재난.「一害」
災殃[재앙] 천변 지이(天變地異)로 인한 불행한 사고.
災禍[재화] 재액(災厄)과 화난(禍難).

【炒】 火4 초│볶을│㊅巧│
筆順 丶ソ少火火炒炒
意味 볶음. 기름에 볶음.

【炊】 火4 취│불땔│㊄支│
筆順 丶ソ少火炉炉炊
解字 形聲. 火[불]와 음을 나타내는 吹(취)의 생략체인 欠을 합쳐서 불을 때서 김을 내게 하다의 뜻임.
意味 밥을 지음.「自一」불을 땜.

炊事[취사] 밥 짓는 일. 곧 부엌일.
炊煙[취연] 밥 짓는 연기.「一場」

【炅】 火4 경│빛날│㊅梗│
筆順 丨冂日日旦炅炅
意味 빛남.

【炎】 火4 염│불꽃│㊅鹽│
筆順 丶ソ火火炎炎
解字 會意. 火[불]를 겹쳐서 불길이 활활 타오르는 모양을 나타내어 불길을 뜻함.
意味 ① 불꽃. 불길처럼 타오르는 것. ② 탐[燃]. 뜨거움.「一天」
炎上[염상] ① 불꽃을 뿜으며 타오름. ② 특히 대건축물의 화재(火災).
炎天[염천] ① 여름의 몹시 더운 날씨. ② 남쪽 하늘.

【炙】 火4 ①자 구울│㊅陌│②적
筆順 ノクタ多気炙炙
意味 ① ① 구움. 불에 쬐임. 구운 고기.「膾一」② 친근해짐.「親一」② 뜻은 ①과 같음.

【炉】爐(火부 16획)의 속자

【炳】 火5 병│빛날│㊅梗│
筆順 丶ソ火火炉炉炳
意味 ① 빛남. ② 밝음.
炳然[병연] 밝은 모양. 명확한 모양.

【炸】 火5 작│터질│㊁藥│
筆順 丶ソ火炉炉炸炸
意味 ① 터짐. 폭발함. ② 기름에 지짐.
炸裂[작렬] 폭발하여 터짐. 폭렬(裂).「뒤에 폭발시키는 화약.
炸藥[작약] 포탄 속에 넣어 발사한

[火部] 5~9획

【炬】 火5 9 | 거 | 횃불 | 上語
コ・キョ
かがりび

筆順 丶 ソ 火 灯 灯 炉 炬

意味 ① 횃불. ② 불을 땜.

炬火 [거화] キョクヮ 횃불.

*【炭】 火5 9 | 탄 | 숯 | 上翰
タン
すみ

筆順 一 屮 屮 屵 芦 岸 炭

解字 形聲. 火(불)와 음을 나타내는 屵(안)(탄은 변음)을 합쳐서 껐다가 다시 불을 피울 수 있는 것이라는 뜻. 뜬숯의 뜻으로 씀.

意味 ① 숯. 목탄. ② 석탄. 「鏡一」

炭坑 [탄갱] タンコウ 석탄을 캐내는 굴.
炭鑛 [탄광] タンコウ 석탄을 파내는 광산.
炭素 [탄소] タンソ〈化〉원소(元素)의 하나.

【炯】 火5 9 | 형 | 밝을 | 上逈
ケイ
あきらか

筆順 丶 火 灯 灯 灯 炯 炯

意味 ① 밝음. ② 빛. 밝은 빛. ③ 빛남.

炯眼 [형안] ケイガン ① 날카로운 눈. ② 사물의 관찰력이 뛰어난 사람. 혜안.
炯然 [형연] ケイゼン ① 밝은 모양. ② 밝게 비치는 모양. ③ 안광(眼光)이 예민한 모양.

【烙】 火6 10 | 락 | 지질 | 入藥
ラク・カク
やく

筆順 丶 ソ 火 灯 灯 烙 烙

意味 지짐. 단근질함. 「--印」

烙印 [낙인] ラクイン ① 불에 달구어 찍는 쇠로 만든 도장. ② 다시 씻기 어려운 불명예스러운 이름.

【烽】 火7 11 | 봉 | 봉화 | 上冬
ホウ
のろし

筆順 丶 ソ 火 灯 灯 烽 烽

意味 봉화.

烽鼓 [봉고] ホウコ 봉화(烽火)와 북.

烽煙 [봉연] ホウエン 봉화의 연기.
烽火 [봉화] ホウクヮ ① 변란이 있을 때에 변경에서부터 서울까지 경보를 알리는 불. 봉수(烽燧). ② 변란(變亂). 병란(兵亂).

【焙】 火8 12 | 배 | 불에 쬘 | 去隊
ハイ・ホウ
あぶる

筆順 丶 ソ 火 火 炉 焙 焙

意味 불에 쬠. 불에 쬐어 말림.

【焚】 火8 12 | 분 | 불사를 | 上文
フン
やく

筆順 十 木 木 村 林 林 焚

意味 불사름. 불을 땜.

焚死 [분사] フンシ 불에 타서 죽음.
焚書 [분서] フンショ 책을 불살라 버림.
焚香 [분향] フンコウ 향료(香料)를 피움.

【焰】 火8 12 | 염 | 불꽃 | 去豔
エン
ほのお

筆順 丶 火 火 炉 焓 焰 焰

意味 불꽃. 불길. 불빛. =炎

【燒】 燒(火부 12획)의 약자

【煖】 火9 13 | ①난 ②훤 | 따뜻할 | ①旱 ②元
ダン・ナン
あたたか

筆順 火 火 炉 炉 煖 煖 煖

意味 ① ㉠ 따뜻함. ㉡ 데움. ② 뜻은 ① 과 같음.

煖房 [난방] ダンボウ 방을 덥게 함. 또는 그런 방. 난방(暖房). ↔냉방(冷房)

【煉】 火9 13 | 련 | 달굴 | 去霰
レン
ねる

筆順 炉 炉 煉 煉 煉 煉

意味 불림. ㉠ 금속을 불에 녹혀 정련함. 「精一」㉡ 불에 녹혀 반죽함. ㉢ 달굼. =練・鍊. 「修一」

煉乳 [연유] レンニュウ 묽은 것을 달여서 진하게 만든 우유.

煉炭[연탄] 석탄이나 목탄 등의 가루에 피치·석회 같은 것을 섞어서 굳히어 만든 연료.

【煥】 13 火9 | 환 | 빛날 | ㉠翰
カン
あきらか

筆順 ', 火 火' 火' 火' 炉 煥 煥

意味 ① 분명함. ② 빛남. ③ 밝음.

煥煥[환환] 번쩍번쩍 빛나는 모양.

【煤】 13 火9 | 매 | 그을음 | ㉠灰
バイ·マイ
すす

筆順 火 火' 火' 火' 炉 炉 煤

意味 ① 그을음. ② 석탄.

煤氣[매기] ① 그을음이 섞인 공기. ② 석탄 가스. ②석탄의 그을음.
煤煙[매연] ① 그을음이 섞인 공기.

*【煩】 13 火9 | 번 | 번거로울 | ㉠元
ハン·ボン
わずらわしい

筆順 ', 火 火' 火' 炉 炉 煩 煩

解字 形聲. 머리를 뜻하는 頁와 음을 나타내는 燔(번)의 생략체인 火를 합쳐서 머리가 뜨거워지다·걱정스럽다의 뜻.

意味 ① 걱정함. 고민함. 「—悶」 ② 시끄럽게 함. 폐를 끼침. ③ 번거로움. 혼잡하여 귀찮음. 「—瑣」

煩惱[번뇌] 마음이 시달려 괴로움. 인간의 욕정(欲情) 때문에 심신(心神)이 시달림을 받아서 괴로움.

煩雜[번잡] 번거롭고 뒤섞여 복잡함.

*【煙】 13 火9 | 연 | 연기 | ㉠先
エン
けむり

筆順 火 火' 火' 炉 炉 煙 煙

解字 形聲. 火(불)와 음 및 향을 태우다의 뜻인 垔(인)(연은 변음)을 합쳐서 불이 타서 일어나는 연기라는 뜻.

意味 ① 연기. ②불에서 일어나는 연기. ㉡아지랭이. 안개. 「—霧」 ③ 담배.

煙幕[연막] ① 자기편의 행동이나 사격의 목표가 될 만한 물체를 적으로부터 가리기 위해 내는 짙은 연기. ② 사람의 눈을 속이는 방법. 「—라침」

煙滅[연멸] 연기처럼 흔적도 없이 사라짐.

煙火[연화] ① 봉화(烽火). ② 밥짓는 연기. 인연(人煙).

【煌】 13 火9 | 황 | 빛날 | ㉠陽
コワ
かがやく

筆順 ', 火 火' 火' 炉 炉 煌 煌

意味 빛남. 환하게 밝음. 「——」

煌煌[황황] 반짝반짝 빛나는 모양.

【煇】 13 火9 | 1 위 | 2 훈 | 훈 | 빛날 | ㉠微 | ㉠文
㉠問 キ·クン·ウン
㉠阮 かがやく·ひかる

筆順 ', 火 火' 火' 炉 煋 煇

意味 1 빛남. 2 지짐(灼). 3 해무리. 4 벌건(赤色). 불빛.

煇煇[휘휘] ① 빛남. 빛냄. ② 빨간 모양.

【煽】 14 火10 | 선 | 일 | ㉠霰
セン
あおる

筆順 火 火¯ 火¯ 炉 炉 煽 煽

意味 ① 일. 불길이 세어짐. ② 부추김. 부채질함.

煽動[선동] ① 남을 꾀어서 부추김. ② 감정에 호소하여 대중을 어떤 행동으로 몰아 넣음.

煽動者[선동자] 선동하는 사람.

【榮】 木부 10획

【熨】 15 火11 | 1 위 | 2 울 | 다리미 | ㉠未 | ㉠物
イ·ウツ
ひのし

筆順 フ ヲ 尸 尿 尉 尉 熨

意味 1 ① 다리미. ② 고약을 붙임 2 다리미질을 함.

熨斗[울두] 다리미. 화두(火斗).

*【燈】 16 火12 | 등 | 등 | ㉠蒸

[火部] 12~13획　　　　　　　　　　　　　　　301

トウ・テイ
ともしび

筆順 火 火′ 火″ 火⺮ 火⺮ 烯 熔 燈

解字 形聲. 火[불]와 음을 나타내는 登(등)을 합쳐서 촛대에 있는 불을 뜻함.

意味 ① 등. 등잔. 등불. ② 불법(佛法).

燈盞[등잔] 등불을 켜는 그릇. 사기·쇠붙이 등으로 만듦.

燈下不明[등하불명] 등잔 밑이 어둡다는 뜻으로, 가까이 있는 것이 오히려 알기 어려움을 일컫는 말.

【燎】 16 火12│료│횃불│㊤嘯
リョウ
にわび

筆順 火 火⺀ 火⺀ 烌 烍 燎 燎

意味 ① 횃불. ② 불을 놓음. 태움. 탐. ③ 밝음.

燎亂[요란] 불이 붙어서 어지러움.

燎火[요화] 횃불. 요거(燎炬).

【燐】 16 火12│린│인│㊦震│リン

筆順 火 火′ 火″ 火⺮ 炏 燐 燐

意味 ⟨化⟩ 인(비금속 원소의 하나). ② 도깨비불. ③ 반딧불.

燐光[인광] ① 황린(黃燐)을 공기 중에 방치할 때 그 자연 변화에 의하여 생기는 청백색의 빛. ② 어떤 물체에 빛을 보내었다가 그 빛을 없앤 뒤에도 발광(發光) 작용이 남는 현상.

燐寸[인촌] マッチ. 성냥.

燐火[인화] ① 인(燐)이 타는 파란 불. ② 도깨비불.

【燔】 16 火12│번│불사를│㊤元
ハン
やく

筆順 火 火⺀ 火⺮ 火⺮ 火番 火番 燔

意味 ① 불사름. ② 구움.

燔肉[번육] ① 구운 고기. ② 제사에 쓰는 고기.
燔灼[번작] 불에 구움.

【燒】 16 火12│소│불사를│㊤嘯
ショウ
やく

筆順 火 火⺀ 火⺀ 烌 烍 焼 燒

解字 形聲. 火[불]와 음을 나타내는 堯(요)[소는 변음]를 합쳐서 불사르다의 뜻.

意味 ① 불사름. 태움. ② 익힘. ③ 야화(野火).

燒却[소각] 불에 태워서 없애 버림. 짐. 소실(燒失).
燒亡[소망] 불에 타서 없어짐.
燒失[소실] 불에 타 없어짐.

【燃】 16 火12│연│탈│㊤先
ネン・ゼン
もえる

筆順 火 火⺀ 火⺮ 炏 炏 燃 燃

解字 形聲. 火[불]와 음을 나타내는 然(연)으로 이루어짐. 然이 본래 타다의 뜻을 가진 글자이나 다른 뜻으로 쓰이므로 또 불을 덧붙여 燃을 타다를 뜻하는 글자로 함.

意味 탐. 불사름.「一燒」

燃料[연료] 목탄(木炭)·석탄·석유·가스 등과 같은 불을 때는 재료.
燃燒[연소] 불이 탐.

【熾】 16 火12│치│성할│㊦寘│シ
さかん

筆順 火 火⺀ 烞 烐 烐 熾 熾

意味 ① 성함. 왕성함. 기운이 셈.「一烈」 ② 불을 땜.

熾烈[치열] ① 불이 매우 세거나 햇볕이 매우 뜨거움. ② 세력이 맹렬함.

【爛】 16 火12│란│술데울│㊤翰
ラン
あたためる

筆順 火 火⺀ 火⺮ 炘 炘 爛 爛

意味 ① 술을 데움. ② 爛과 같음.

【螢】 虫부 10획

【燮】 17 火13│섭│화할│㊆葉
ショウ
やわらぐ

筆順 火 亦 言 言 熴 爔 燮

意味 ① 화(和)함. ② 불에 익힘. ③ 불꽃.

【燥】 火13 | 조 | 마를 | ㉴號 |
ソウ
かわく

火ˊ 火ˋ 炉 煜 焊 煜 燥

① 마름(乾). 말림. 「乾一」 ② 조급하게 굼. 「焦一」

燥渴[조갈] 몹시 목이 마름.
燥剛[조강] 땅이 물기가 없어서 마르고 깨끗함.

【燧】 火13 | 수 | 부싯돌 | ㉴寘 |
スイ
ひうち

火 火ˊ 火ˇ 火ˋ 火ˇ 燧 燧

① 부싯돌. ② 봉화. ③ 나무를 문질러 불을 냄. 햇볕으로 불을 냄. ④ 성냥.

燧火[수화] 부싯돌로 일으킨 불.

【營】 火13 | 영 | 경영할 | ㉴庚靑 |
エイ
いとなむ

丶 火 炊 ﹅ 營 營 營

形聲. 집이 나란히 있는 모양인 呂와 음을 나타내는 熒(영·형)의 생획인 𤇾을 합쳐서 사방을 둘러싼 집을 뜻함. 널리 집을 짓고 살다, 영위하다의 뜻으로 씀.

① 영위(營爲)함. ㉠만듬. 「造一」 ㉡경영함. 「公一」 ㉢피함. ㉣주거. 병사들이 묵는 곳. 「兵一」 ㉤변명함. ② 별 이름.

營內[영내] 군대의 병영(兵營)의 안. 영중(營中). ↔영외(營外).
營利[영리] ① 이익을 꾀함. ② 돈벌이. 「일.
營林[영림] 삼림(森林)을 경영하는
營業[영업] 이익을 얻기 위하여 경영하는 사업.

【燭】 火13 | 촉 | 초 | ㉴沃 |
ショク·ソク
ともしび

火 火ˊ 火ˋ 炉 烟 燭 燭

形聲. 火(불)와 음을 나타내는 蜀(촉)을 합쳐서 손으로 드는 등불을 뜻함.

① 초. 등불. 「燈一」 ② 비춤. ③ 밝음. ④ 광도의 단위.

燭光[촉광] ① 촛불 빛. 등불 빛. ② 광도(光度)의 단위. 고래 기름으로 만든 초가 한 시간에 8.77그램씩 탈 때의 광도. 촉력(燭力).

【燦】 火13 | 찬 | 빛날 | ㉴翰 |
サン
あきらか

火 火ˊ 炒 炒 燦 燦 燦

빛남. 밝음. 찬란함. 「一然」

燦爛[찬란] ① 빛이 번쩍거리어 빛나는 모양. ② 눈부시게 아름다운 모양. 화려하게 고운 모양.
燦然[찬연] 번쩍 빛나는 모양.

【燼】 火14 | 신 | 깜부기불 | ㉴震 |
ジン
もえのこり

火 火ˊ 火ˊˊ 火ˊˊˊ 燁 燼 燼

① 타고 남은 것. 나머지. 「餘一」 ② 깜부기불. 촛불동.

燼滅[신멸] ① 타서 없어져버림. ② 멸망하여 없어짐.

【燿】 火14 | 요 | 비칠 | ㉴嘯 |
ヨウ
かがやく

火 火ˊ 火ˋ 火ˈ 火ˈˋ 火ˈˇ 燿

① 비침[照]. ② 빛남. ③ 환함.

燿燿[요요] 환하게 빛나는 모양. 밝은 모양.

【燻】 火14 | 훈 | 연기치밀 | ㉴文 |
クン
ふすぶる

火ˊ 炉 焇 烟 煙 燻

① 연기가 치밈. 불길이 치밈. ②

[火部] 15〜17획·[灬部] 6획

불사름.

燻肉 [훈육] ?? 훈제(燻製)한 고기.
燻製 [훈제] ?? 소금에 절인 물고기나 수육(獸肉) 등을 수지(樹脂)가 적은 나무의 훈연(薰煙) 속에 매달아 그 연기를 흡수시켜 부패를 방지하고 독특한 향미를 부여하는 일. 온훈법(溫燻法)과 냉훈법(冷燻法)이 있음.

爆 19│1 폭│터질│去效
火15│2 박│ │②覺
バク・ホウ・ハク
さく

筆順 炉 炉 煋 煋 爆 爆 爆

解字 形聲. 火[불]와 음을 나타내는 暴(폭)을 합쳐서 불로 인하여 물건이 터지다라는 뜻.
意味 ① 터짐. 「一發」 ② 폭탄·폭격을 생략해서 쓰는 말. 「原一」「猛一」② 불로 지짐.

爆擊 [폭격] ?? 비행기에서 폭탄을 투하하여 적의 진터 또는 중요 시설을 파괴하거나 태워 버리는 일.
爆彈 [폭탄] ?? 폭약(爆藥)을 장치한 탄환(彈丸).
爆破 [폭파] ?? 폭발시키어 파괴함.

爐 20│ │로│화로│平虞
火16│ │ │ │
いろり

筆順 火 炉 炉 煒 爐 爐 爐

解字 形聲. 火[불]와 음을 나타내는 盧(려)[로는 변음]를 합쳐서 불을 모아 두는 곳을 뜻함.
意味 ① 화로. ② 뙤약볕.

爐邊 [노변] ?? 화로 가. 노두(爐頭).
爐邊談話 [노변담화] ?? 화로 가에서 주고 받는 친밀한 이야기.
爐火 [노화] ?? ① 화로불. ② 장생 불사(長生不死)의 선약(仙藥)을 곰.

爛 21│ │란│문드러질│去翰
火17│ │ │ │
ラン
ただれる

筆順 火 炉 炉 炉 爛 爛 爛

解字 形聲. 火[불]와 음을 나타내는 闌(란)을 합쳐서 문드러지다의 뜻.
意味 ① 문드러짐. 무르녹음. 「一熟」 ② 빛깔이 선명하고 아름다움. 「絢一」

爛爛 [난란] ?? ① 번쩍번쩍 빛나는 모양. ② 눈빛이 날카롭게 빛나는 모양.
爛然 [난연] ?? ① 밝은 모양. 찬연(燦然). ② 눈부시게 아름다운 모양. 찬란.
爛嚼 [난작] 음식을 잘 씹음. ㄴ(燦爛).

灬 部

烈 10│ │렬│세찰│入屑
灬6│ │ │ │
レツ
はげしい

筆順 一 ア 歹 歹 列 列 烈

解字 形聲. 灬[불]과 음을 나타내는 列(렬)을 합쳐서 불이 타며 불꽃이 튀기다의 뜻. 널리 세차다의 뜻으로 씀.
意味 ① 세참. 맹렬함. 사나움. ② 강하고 올바름. 훌륭함. 「一士」

烈女 [열녀] ?? 정절(貞節)을 굳게 지키는 여자. 열부(烈婦).
烈烈 [열렬] ?? ① 화세(火勢)가 맹렬한 모양. ② 용감한 모양. ③ 근심하는 모양. ④ 추위가 심한 모양. ⑤ 높고 큰 모양. 「열녀(烈女)」
烈婦 [열부] ?? 정조(貞操)가 곧은 여자.
烈祖 [열조] ?? ① 공훈이 큰 선조(先祖). ② 미덕(美德)이 있는 조상.

烏 10│ │오│까마귀│平虞
灬6│ │ │ │
オ・ウ
からす・いずくんぞ

筆順 ノ 厂 广 户 烏 烏 烏

解字 象形. 까마귀는 검어서 눈이 어디 있는지 알 수 없기 때문에 鳥[새]의 눈 부분의 한 획을 없앤 글자임. 까마귀라는 뜻.
意味 ① 까마귀. 검음. ② 탄식하는 말. 「一乎」 어찌. 어떻게. 의문·반어를 나타냄.

烏韭 [오구] 〈植〉 겨우살이풀. 맥문동

(麥門多). 한약재로 쓰임. 「은 구리.
烏銅[오동] 장식품으로 사용하는 검붉
烏合之卒[오합지졸] ① 별안간 모인 훈련 없는 병정. ② 규칙이나 통일성이 없는 군중.

【焉】 ¹¹⁄₋₋₇ | 언 | 어찌 | ㉠先 |
エン
いずくんぞ

筆順 一丁下正正王焉焉

解字 象形. 본래는 새의 이름. 음을 빌어 어의 뜻으로 씀.

意味 ① 어찌. 어째서. 의문이나 반어를 나타내는 말. ② 이에[於是]. ③ 어조

【烹】 ¹¹⁄₋₋₇ | 팽 | 삶을 | ㉠庚 |
ホウ
にる

筆順 ーナナ古亨亨烹

意味 삶음. 음식을 삶음. 「割一」

【焄】 ¹¹⁄₋₋₇ | 훈 | 불김오를 | ㉠文 |
クン
ふすべる

筆順 フヲ尹尹君君焄

意味 ① 불김이 오름. ② 향내가 남. ③ 김을 쐬임.

【無】* ¹²⁄₋₋₈ | 무 | 없을 | ㉠虞 |
ブ・ム
ない

筆順 ノトトニ午午血無無

解字 恶 象形. 사람이 소맷자락에 장식을 붙이고 춤추는 모양을 본뜸. 舞의 원자. 음을 빌어 없다의 뜻으로 씀.

意味 ① 없음. ↔有 ② 말라. 금지하는 말. =毋 ③ 아님[不]. ④ 깔봄. 업수이 여김.

無窮[무궁] 시간이나 공간(空間)이 끝없음. 무한(無限).
無念[무념] ① 아무런 생각이 없음. ② 무아(無我)의 경지에 이르러 아무 생각이 없음. 「음. ↔유능(有能)
無能[무능] 능력이 없음. 재능이 없
無名[무명] ① 이름이 없음. ② 세상에 이름이 널리 알려져 있지 않음.

無妨[무방] 방해될 것이 없음. 괜찮음.
無知[무지] ① 지식이 없음. ② 분별이 없음. 어리석음. ③ 우악함.
無限[무한] 한이 없음. 끝이 없음.

【然】* ¹²⁄₋₋₈ | 연 | 사를 | ㉠先 |
ゼン・ネン
しかり

筆順 ノクタタ妖妖然然

解字 形聲. 灬(연)과 음을 나타내는 肰(연)을 합쳐서 검은 연기를 내며 타다의 뜻. 燃의 원자임. 후에 그러하다의 뜻으로 씀.

意味 ① 그러함. ② 위의 말을 받아 잇는 말. ㉠그리하여. ㉡그럼에도. ㉢그렇다면. ③ 형용사에 붙여서 상태를 나타냄. 「茫一」 ④ 그렇게. ⑤ 사름. =燃

然諾[연낙] 청하는 바를 허락함. 쾌히 승낙(承諾)함.
然則[연즉] 그런즉. 그러면.
然後[연후] 그러한 뒤.

【焦】 ¹²⁄₋₋₈ | 초 | 그슬릴 | ㉠蕭 |
ショウ
こげる

筆順 ノイイ个什隹焦

解字 形聲. 灬[불]과 음을 나타내는 雋(잡)[초는 변음]의 생략체인 隹를 합쳐서 불에 타서 상처나다의 뜻.

意味 ① 그슬림. 그을음. ② 속을 태움. 「一慮」

焦慮[초려] 초심(焦心). 「말.
焦眉[초미] 매우 위급함을 일컫는

【煮】 煮 (灬부 9획)의 약자

【熙】 ¹³⁄₋₋₉ | 희 | 빛날 | ㉠支 |
キ
ひかる

筆順 ヨ予臣臣臣₂臣₂熙熙

解字 形聲. 灬[불]과 음을 나타내는 配(희)를 합쳐서 빛나다의 뜻.

意味 ① 빛남. ② 일어남[興]. ③ 넓음. ④ 화목함 ⑤ 기뻐함.

熙笑[희소] 기뻐서 웃음. 희소(喜

[灬部] 9～11획

笑).
熙朝[희조]ㅎㅎ 잘 다스려진 시대.

【煮】¹³灬9 │자│삶을│㊤語│
シャ・ショ
にる

筆順 一 十 土 耂 者 者 煮

解字 形聲. 灬[불]과 음을 나타내는 者(자)를 합쳐서 삶다의 뜻.

意味 삶음.

煮沸[자비]ㅈㅎ 부글부글 끓음. 부글부글 끓임.

煮炊[자취]ㅈㅊ 삶기와 불때기.

【煎】¹³灬9 │전│다릴│㊦先│セン
いる

筆順 ` ー 六 늅 前 前 煎

意味 ① 졸임. ② 삶음. ③ 다림. 「一藥」

煎茶[전다]ㅈㄷ 차를 달임. 팽다(烹茶).

煎餅[전병]ㅍㅇ(ㅅㅇ) 밀가루나 찹쌀 가루를 반죽하여 번철에 지진 넓적하고 동근 떡. 부꾸미.

【照】¹³灬9 │조│비칠│㊤嘯│ショウ
てる

筆順 丨 冂 日 日 昭 昭 照

解字 形聲. 灬[불]과 음을 나타내는 昭(소)[조는 변음]를 합쳐서 불빛이 밝음을 뜻함.

意味 ① 비침. ② 비춤. ㉠불을 비춤. ㉡비추어 봄. 비교함. 「一合」 ③ 햇빛.

照明[조명]ㅈㅁ ① 밝게 비춤. ② 무대효과(舞臺效果)·촬영(撮影) 효과를 높이기 위하여 사용하는 광선.

照査[조사]ㅈㅅ 맞대어 조사함.

照察[조찰]ㅈㅊ 똑똑히 잘잘못을 보아 살핌. 명찰(明察). 「(對照).

照合[조합]ㅈㅎ 서로 맞추어 봄. 대조

【熊】¹⁴灬10 │웅│곰│㊦東│ユウ
くま

筆順 ム 白 育 肖 能 能 熊

解字 形聲. 灬[불]과 음을 나타내는 能(능)[웅은 변음]을 합쳐서 불이 검음

연기를 내며 활활 타다의 뜻. 곰의 뜻을 가진 원자는 能이나 후에 熊을 곰의 뜻으로 씀.

意味 곰[짐승의 이름]. 「一膽」

熊膽[웅담]ㅇㄷ(ㄱㄷ) 곰의 쓸개. 열병·등창·안질·치루·경간·치통 및 타박상(打撲傷) 등의 약제로 쓰임.

【熏】¹⁴灬10 │훈│불길│㊗文│クン
ふすぶる

筆順 一 一 ㅕ 늡 西 車 車 熏

意味 ① 불길. ② 불로 지짐. ③ 연기가 오름. ④ 좋아함.

熏煮[훈자]ㅎㅈ ① 지지고 삶음. ② 날씨가 아주 더움.

*【熟】¹⁵灬11 │숙│익을│㊤屋│ジュク
にる

筆順 一 늘 亯 享 孰 孰 熟

解字 形聲. 灬[불]과 음을 나타내는 孰(숙)을 합쳐서 열을 가하여 고루 익혀 물러지다의 뜻.

意味 ① 익힘. ↔生 ② 무르익음. 「成一」 ③ 충분함. 「圓一」 ④ 자세함. 「一視」

熟考[숙고]ㅅㄱ 곰곰이 생각함. 숙려(熟慮). 숙사(熟思).

熟達[숙달]ㅅㄷ 익숙하고 통달함. 숙련(熟練). ↔미숙(未熟)

*【熱】¹⁵灬11 │열│열│㊤屑│ネツ
あつい

筆順 一 土 夫 幸 孰 孰 熱

解字 形聲. 灬[불]과 음을 나타내는 埶(예)[열]를 합쳐서 불이 따뜻함을 뜻함.

意味 ① 뜨거움. ↔冷·寒 ㉠더위. 「餘一」㉡열. 보통의 체온 이상인 것. ② 마음이 한 가지 일에 쏠림. 정성. 흥분함. 「一狂」

熱狂[열광]ㅇㄱ 너무 좋아서 미친 듯이 날뜀.

熱氣[열기]ㅇㄱ ① 뜨거운 기운. ② 높은 체온(體溫). ③ 매우 흥분한 감정.

【燕】 㣺-12 | 연 | 제비 | 去先 |
エン
つばめ

筆順 一 莊 莊 苫 莊 菰 燕

解字 象形. 제비가 나는 모양을 본뜸. 제비라는 뜻이나, 음을 빌어서 잔치〔宴〕의 뜻으로도 씀.

意味 ① 제비. ② 편안함. 쉼〔息〕. ③ 잔치. ④〈地〉중국 북경 지방의 옛 이름.

燕麥[연맥] 〈植〉귀리.
燕尾服[연미복] 남자용 예복(禮服)의 하나. 빛깔은 검고 저고리 뒷모양이 두 갈래로 째져서 제비 꼬리같이 된 양복의 한 가지.
燕支[연지] ①〈植〉잇꽃. 엉거시과의 초년생 풀. 꽃부리는 물감 원료로 쓰임. ② 붉은 빛의 물감. ③ 여자가 화장할 때에 양쪽 뺨에 찍는 화장품. 연지(臙脂).

【熹】 㣺-12 | 희 | 성할 | 平支 | キ
さかん

筆順 一 士 吉 壴 亭 喜 熹

意味 ① 성함. 왕성함. ② 빛남. 밝음. ③ 넓음〔博〕. ④ 구음. 찜. ⑤ 더움. ⑥ 주자(朱子)의 이름.

【燾】 㣺-14 | 도 | 덮일 | 去號 |
トウ
おおう・てらす

筆順 一 士 壹 壽 壽 燾

意味 ① 덮임. ② 비침.

燾育[도육] 잘 보호하여 기름.

爪(爫)部

【爪】 爪-0 | 조 | 손톱 | 上巧 | ソウ
つめ

筆順 ノ ㅜ ァ 爪

解字 象形. 손으로 가리고 물건을 잡아쥐는 모양을 본뜸. 후에 손톱의 뜻으로 씀. 부수로서는 손으로 취급하다의 뜻을 나타냄.

意味 ① 손톱. ② 발톱. ③ 할큄. 긁음. ③ 깍지.

爪牙[조아] ① 손톱과 어금니. ② 자기를 수호하는 사람. 임금을 호위(護衛)하는 무사(武士).
爪印[조인] 손톱이나 짐승의 발톱 자국. 조흔(爪痕).
爪痕[조흔] 손톱이나 짐승의 발톱으로 할퀸 자국. 조인(爪印).

【爭】 爫-4 | 쟁 | 다툴 | 下庚 |
ソウ
あらそう

筆順 ノ ⺈ ⺈ 𠔃 乎 爭

解字 象形. 양쪽에서 손이 나와 서로 끌어당기는 모양을 본뜸. 널리 다투다의 뜻으로 씀.

意味 ① 다툼. 싸움을 함. 판가름을 냄. 「戰─」② 간(諫)함. ③ 다스림〔理〕. 분별함. ④ 어찌하여〔반어〕.

爭端[쟁단] 다툼의 단서.
爭亂[쟁란] 서로 다투어 어지러움.
爭取[쟁취] 다투어 빼앗아 가짐.
爭奪[쟁탈] 다투어 빼앗음.
爭鬪[쟁투] 서로 다투어 싸움. 투쟁.

【爬】 爫-4 | 파 | 긁을 | 平麻 | ハ
かく

筆順 ノ ⺁ ⺈ 爫 爬 爬 爬

意味 ① 긁음. ② 기어다님. 「─蟲類」

爬蟲類[파충류]〈動〉척추 동물(脊椎動物)의 일종. 냉혈(冷血)이고 피부에 각질(角質)의 비늘이 있으며 폐(肺)로 호흡함. 대개 난생(卵生)임. 거북·악어·뱀·도룡뇽 등.
爬行[파행] 벌레·뱀 등이 땅에 몸을 대고 기어다님.

【奚】 大부 7획

【爲】 爫-8 | 위 | 할 | 去支 |
イ
なす・ため

筆順 ノ ⺁ ⺁ 乃 乃 爲 爲

解字 象形. 원숭이가 발톱으로 할퀴려는 모양을 본뜸. 바뀌어

하다・이루다・만들다・다스리다의 뜻으로 쓰고, 다시 바꾸어 남을 위하다・나라를 위하다의 뜻으로도 씀.
意味 ① 함. ㉠행함. 「無一」 ㉡생각함. ㉢…으로 간주함. ㉣…임. ㉤만듦. 됨. ② 다스림. ③ 배움. ④체함. 가장함. ⑤ 도와줌. 보호함. ⑥ 위하여. 위하여 행함. ⑦ …와 더불어.
爲待[위대] 잘 대우함. 우대(優待).
爲先[위선] 조상을 위함. 또는 그 일. 위선사(爲先事).
爲始[위시] 시작함. 비롯함. 「음.
爲人[위인] 사람의 됨됨이. 사람된

【爵】爵(차양)과 동자

*【爵】18 爪14 | 작 | 벼슬 | ㊧藥 |
シャク
さかずき

筆順 ⺽ ⺽ ⺽ 严 爭 爵 爵

解字 象形. 제사에 쓰는 울기장 술과 손과 술잔의 모양을 합친 글자. 그 술잔의 모양이 雀(작)[참새]과 비슷하므로 작이라 함.

意味 ① 귀족의 작위{공・후・백・자・남}. 벼슬. 벼슬을 줌. ② 술잔. ③ 참새.

爵祿[작록] 작위와 봉록(俸祿).
爵位[작위] ① 벼슬과 지위. ② 작(爵)의 계급, 즉 공(公)・후(侯)・백(伯)・자(子)・남(男)의 오등작.
爵號[작호] 작위(爵位)의 칭호. 공(公)・후(侯)・백(伯)・자(子)・남(男).

父 部

*【父】4 父0 |1 부 2 보 | 아비 | ㊧麌 ㊧襄
フ・ホ
ちち

筆順 ノ ハ ハ 父

解字 象形. 손에 도끼를 든 모양을 본뜸. 본디 도끼의 뜻이나 후에 아버지의 뜻으로 씀.

意味 ① 아버지. ↔母 ② 늙으신네.

늙은 남자. 「一老」 ② 남자에 대한 미칭(美稱).
父系[부계] ㋐ 아버지의 계통. ↔모계(母系) 「부친을 높여 부르는 말.
父君[부군] ㋐ 자기 아버지나 남의
父母[부모] ㋐ 아버지와 어머니. 양친(兩親). 「(故國).
父母國[부모국] ㋐ 조국(祖國). 고국
父祖[부조] ㋐ ① 아버지와 할아버지. ② 선조(先祖).
父親[부친] ㋐ 아버지. ↔모친(母親)
父兄[부형] ㋐ ① 아버지와 형. ② 학생의 보호자. 「一會」

【爸】8 父4 | 파 | 아비 | ㊧馬 |
ちち

筆順 ハ 父 父 父 爸 爸

意味 ① 아버지를 부르는 말. 아버지. 아비. ② 노인에 대한 존칭.

【斧】斤부 4획

【爹】10 父6 | 다 | 아비 | ㊧麻 |
タ
ちち

筆順 ハ 父 父 父 爹 爹

意味 아버지. 아비.

【釜】金부 2획

【爺】13 父9 | 야 | 아비 | ㊧麻 |
ヤ
ちち・じじ

筆順 ハ 父 父 爷 爷 爺 爺

意味 ① 아버지. 아비. ② 노인에 대한 존칭. ③ 서방님. 도련님.

爻 部

【爻】4 爻0 | 효 | 사귈 | ㊧肴 |
コウ
まじわる

筆順 ノ メ メ 爻

解字 指事. 교차된 표를 두 개 겹쳐서 사귀다의 뜻을 나타냄.

① 사귐. =交 ② 본받음. 닮음. ③ 변함. ④ 모양. ⑤ 패(卦) 이름.

【爽】 爻7 | 상 | 시원할 | ㊤養
ソウ
さわやか

筆順 一 ア ア ア ア 爽 爽

意味 ① 시원함.「一快」② 으젓하고 굳셈. ③ 어김. ④ 지나침〔過〕. ⑤ 훤히 밝음. 새벽. ⑥ 잃어버림. ⑦ 매움.

爽達〔상달〕 마음이 상쾌하고 만물의 이치에 밝음. 「함.
爽涼〔상량〕ショウ 기후가 선선하여 시원
爽然〔상연〕ショウ ① 상쾌하고 명랑한 모양. ② 심신(心身)이 다 상쾌한 모양.
爽快〔상쾌〕ソウカイ 기분이 시원하고 유쾌함. 상활(爽闊).

【爾】爻10 | 이 | 너 | ㊤紙
ジ・ニ
なんじ・しかり

筆順 一 ア 爾 爾 爾 爾 爾

解字 象形. 실을 감는 물레의 모양을 본뜸. 후에 제이인칭(第二人稱) 대명사나 조사로 씀.

意味 ① 너. ② 그러함. ③ 오직. ④ 이〔此〕. 그〔其〕. 이렇게. ⑤ 가까움. ⑥ 이후. ⑦ 어조사.

爾今〔이금〕ジコン 지금부터. 금후(今後). 자금(自今).
爾來〔이래〕ジライ ① 그후. 그때부터. 이래(以來). ② 요사이. 근래(近來).
爾餘〔이여〕ジヨ 그 밖. 그 외. 자여(自餘). 「(後). 자후(自後).
爾後〔이후〕ジゴ 그 후. 그 뒤. 이후(以

片 部

【爿】爿0 | 장 | 조각널 | ㊤陽
ショウ

筆順 丨 ㅏ ㅏ 爿

解字 指事. 木〔나무〕을 둘로 나눈 왼쪽 절반. 나무 조각의 왼쪽을 뜻함. 물건을 얹는 상(床)을 세운 모양을 본뜬 상형 문자라고도 함. 부수로서는 나무 조각에 관한 뜻을 나타냄.

意味 조각널. 나무 조각의 왼쪽 절반. ↔片

【壯】士부 4획

【牀】爿4 | 상 | 평상 | ㊤陽
ショウ・ジョウ
ゆか

筆順 丨 ㄴ ㄴ 爿 爿一 爿十 牀

意味 ① 마루. ② 평상. ③ 걸상. ④ 우물 귀틀.

牀几〔상궤〕ショウキ ① 접을 수 있는 걸상의 일종. ② 침상(寢牀)과 안석(案席).

【狀】犬부 4획

【將】寸부 8획

【獎】大부 11획

【牆】爿13 | 장 | 담 | ㊤陽
ショウ
かき

筆順 爿一 爿十 爿± 爿± 牆 牆 牆

意味 ① 담. 담장. ② 경계. ③ 감옥. ④ 사모함.

牆壁〔장벽〕ショウヘキ 담과 벽. 담.
牆垣〔장원〕ショウエン 담.

片 部

*【片】片0 | 편 | 조각 | ㊦霰
ヘン
かた

筆順 丿 丆 片 片

解字 指事. 木〔나무〕을 둘로 나눈 오른쪽 절반으로, 나무 조각을 뜻함. 부수로서는 나무 패나 널빤지에 관한 뜻을 나타냄.

意味 ① 한쪽. 반쪽 ↔兩 ② 조각. 「斷一」③ 쪼갬. ④ 화판(花瓣). ⑤ 성(姓)의 하나.

片道〔편도〕カタミチ 가는 길이거나 오는 길. ↔왕복(往復) 「극히 작은 부분.
片鱗〔편린〕ヘンリン ① 한 조각의 비늘. ②

〔片部〕 4~15획·〔牙部〕 0획·〔牛部〕 0획   309

【版】 片4/8획 │판│조각│㉻牘│ハン/いた

筆順)) ノ ナ ナ 片 片 版 版

解字 形聲. 나무 조각을 뜻하는 片과 음을 나타내는 反(반)(판은 변음)을 합쳐서 둘로 쪼갠 나무 판자를 뜻함.

意味 ① 조각. 널빤지. ② 담을 [築墻]. ③ 명부, 호적부. ④ 국경.「一圖」⑤ 홀(笏). ⑥ 여덟자. ⑦ 판목. 인쇄판.「再一」

版局[판국] ① 어떤 사건이 벌어진 판. ② 집터나 산소 자리의 위치와 형국(形局). ⑦행하는 권리. 저작권(著作權).
版權[판권] ン 〔法〕책을 출판하여 발행함.
版行[판행] ㄱ 책을 인쇄하여 발행함. 간행(刊行). 출판(出版).

【牋】 片8/12획 │전│표│㉻先│セン/ふだ

筆順 片 片一 片ナ 片ケ 片戋 牋 牋

意味 ① 표(表). ② 글. ③ 문체(文體) 이름.

牋啓[전계] 편지.

【牌】 片8/12획 │1패│2배│㉻佳│ハイ/ふだ

筆順 片 片´ 片r 片白 片由 牌 牌

意味 1 ① 패. ㉠위패. ㉡호패. ㉢상패. ㉣노름패. ② 방. 방을 붙임. 방패. 2 牌 배지(牌旨). 옛날 제도에서 지위가 높은 사람이 낮은 사람에게 공식으로 주는 글발.

【牒】 片9/13획 │첩│서찰│㉻葉│チョウ/ふだ

筆順 片 片´ 片r 片ニ 片廿 片世 牒 牒

意味 ① 편지. ② 서찰. 글씨판(書板). ③ 족보. ④ 문서. 공문. ⑤ 무늬를 놓은 베. ⑥ 첩지. ⑦ 소장(訴狀).

牒狀[첩장] ① 여러 사람이 차례로 돌려 보도록 쓴 글. 회장(回章). ②문섭

【牘】 片15/19획 │독│편지│㉻屋│トク/ふだ

筆順 片 片一 片户 片庐 片庐 牘 牘

意味 ① 편지. 서판(書板). 간독(簡牘). ② 공문. ③ 악기 이름.

牘書[독서] ㄱ 문서. 편지.

牙 部

【牙】 牙0/4획 │아│어금니│㉻麻│ガ·ゲ/きば

筆順 一 ㄷ 工 牙

解字 象形. 위아래로 맞문 모양을 본뜸. 이 역시 아래위가 맞물고 있으므로 어금니·송곳니의 뜻으로 씀.

意味 ① 엄니. 엄니같이 생긴 것. 이. ② 대장기. 본영(本營). ③ 북틀. ④ 짐승 이름.

牙旗[아기] ガ 임금이나 대장군(大將軍)의 기(旗). 군기(軍旗).
牙城[아성] ガ ① 아기(牙旗)를 세운 성. ② 대장군(大將軍)이 거처하는 성. 본거(本據).
牙營[아영] ガ 아기(牙旗)를 세운 대장군(大將軍)의 진영(陣營). 본진(本陣).

牛(牜)部

【牛】 牛0/4획 │우│소│㉻尤│ギュウ·ゴ/うし

筆順) ノ 亠 ニ 牛

解字 象形. 소의 뿔과 머리를 뒤에서 본 모양을 본뜸. 소를 뜻함. 부수로서는 소에 관한 뜻을 나타냄.

意味 ① 소. ② 별 이름.「牽一星」

牛步[우보] ギュウ ① 소 걸음. 느린 걸음. ② 일의 진도(進度)가 느림.
牛舍[우사] ギュウ 외양간.
牛乳[우유] ギュウ 암소에서 짜낸 젖.
牛肉[우육] ギュウ 쇠고기.
牛皮[우피] ギュウ 쇠가죽.

〔牛部〕2~6획

【牟】 牛2 6 | 모 | 소울 | ⑤尤 |
ボウ・ム

筆順 ＾ ム ㇲ 厽 牟 牟

意味 ① 소가 움. 소가 우는 소리. ② 침 노함. 빼앗음. ③ 큼. ④ 곱. 갑절. ⑤ 보리. ⑥ 제기(祭器). 「利」

牟利[모리]ボウリ 이익만을 꾀함. 모리(謀利)
牟食[모식]ボウショク 음식을 탐내어 먹음. 또는 그런 사람.

【牝】 牛2 6 | 빈 | 암컷 | ⑤軺 |
ヒン・めす

筆順 ノ ＾ ヰ 牛 牝 牝

意味 ① 암컷. ↔牡 ② 골짜기가 빈[虛] 골. ③ 열쇠 구멍.
牝鷄[빈계]ヒンケイ 암탉. ↔웅계(雄鷄)

【牢】 牛3 7 | ①로 ②뢰 | 굳을 | ⑤蔘 俗音 |
ロウ
ひとや

筆順 ＇ ＂ 宀 宀 宊 宊 牢

意味 ① ① 우리. 감옥. ② 굳음. 견고함. ③ 소[牛]. ④ 양[羊]. ⑤ 애오라지. ⑥ 바다 짐승. ② 뜻은 ①과 같음.
牢獄[뇌옥]ロウゴク 감옥(監獄). 「양.
牢乎[뇌호]ロウコ 단단한 모양. 굳은 모

【牡】 牛3 7 | 모 | 수컷 | ⑤有 |
ボ・ボウ・モ
おす

筆順 ノ ＾ ヰ 牛 牡 牡

意味 ① 수컷. ↔牝 ② 열쇠. 빗장. ③ 모란.
牡丹[모란]ボタン〈植〉 작약과(芍藥科)에 속하는 낙엽 관목(落葉灌木). 백색·자색·홍색 등의 크고 아름다운 꽃이 핌.

*【牧】 牛4 8 | 목 | 기를 | ⑤屋 |
ボク・モク
まき

筆順 ノ ＾ ヰ 牛 牪 牧 牧

解字 形聲. 牛와 음을 나타내는 攵(복)을 합쳐서 회초리나 몽둥이로 소를 때려 몰다의 뜻함. 후에 목장의 뜻으로 로 씀.

意味 ① 목장. ② 놓아 기름. 기름. [畜養]. ③ 다스림. 맡음. 「一民」살핌. ④ 교외. ⑤ 임(臨)함.
牧童[목동]ボクドウ 목장에서 마소(馬牛)를 치는 아이. 목수(牧豎).

*【物】 牛4 8 | 물 | 만물 | ⑥物 |
ブツ・モン
もの

筆順 ノ ＾ ヰ 牛 牞 物 物

解字 形聲. 牛[소]와 음을 나타내는 勿(물)을 합쳐서 여러 가지 빛깔의 소를 뜻함. 후에 물건의 뜻으로 씀.

意味 ① 만물. 물건. 「萬一」 ② 일. 사항. 사물. ③ 무리(類). ④ 보고 헤아림. 「一色」 ⑤ 견줌. ⑥ 만남.
物價[물가]ブッカ 상품의 값. 「一對策」
物色[물색]ブッショク ① 물건의 빛깔. ② 많은 속에서 어떤 일에 적당한 사람이나 물건을 찾아 고름.

【牲】 牛5 9 | 생 | 희생 | ⑤庚 |
セイ・ショウ
いけにえ

筆順 ノ ＾ ヰ 牛 牪 牪 牲

解字 形聲. 牛[소]와 음을 나타내는 生(생)을 합쳐서 신에게 제물로 바치는 깨끗한 소라는 뜻.

意味 ① 제물. 신에게 제물로 바치는 소 또는 그 외의 동물. 희생. ② 짐승의 총칭.

【牴】 牛5 9 | 저 | 닿을 | ⑤薺 |
テイ
ふれる

筆順 ノ ＾ ヰ 牛 牪 牴 牴

意味 ① 닿음. 마주침. ② 대강. 대략. ③ 씨름. 수양[牴羊].

*【特】 牛6 10 | 특 | 우뚝할 | ⑤職 |
トク・ドク
ひとり・ただ

筆順 ノ ＾ ヰ 牛 牪 特 特

解字 形聲. 牛[소]와 음을 나타내는 寺(사)[특은 변음]를 합쳐서 수소를 뜻. 후에 음을 빌어 혼자[獨]의 뜻으로 씀.

[牛部] 7～16획・[犬部] 0～4획

意味 ① 혼자. 단지. 다만. 하나. ＝獨 ② 특히.「一別」③ 뛰어남. 두드러짐. 그것뿐이며 딴 것은 없음. 우뚝함.「一效」「一有」④ 수컷. 수소. ⑤ 한 마리의 짐승. ⑥ 짝[匹].

特權[특권]ㅏㄱ ① 특별한 권리. ② 특정한 신분의 사람이나 특별한 자격을 가진 사람에게 한하여 특별히 주어지는 우월한 지위나 권리.「一階級」

特別[특별]ㅏㄱ 보통이 아님.

特報[특보]ㅏㄱ 특별히 보도함. 또는 그 보도.「選擧一」

特有[특유]ㅏㄱ 그것만이 특별히 가지고 있음. 고유(固有).

[牽] 11 牛7 견 끌 先 ひく ケン

筆順 一亠玄玄亥牽牽

意味 ① 당김. 잡아당김. 이끎.「一引」② 끌어 당김. 끌림.「一强」③ 연이음. 계속됨. ④ 거리낌. ⑤ 빠름. ⑥ 희생. ⑦ 뱃줄[舟索]. ⑧ 별 이름.「一牛星」⑨ 나팔꽃.

牽强[견강]ㅏㄱ ① 억지로 끌어 감. ② 말을 억지로 꾸며 그럴 듯하게 함.

牽引[견인]ㅏㄴ 서로 끌어 당김.

牽制[견제]ㅏㄴ ① 끌어 당기어 자유롭지 못하게 함.「一球」② 자유 행동을 제지함. ③「軍」적을 자기편에 유리한 쪽으로 이끌어 자유 행동을 못하게 방해함. 견철(牽掣).

[犇] 12 牛8 분 달아날 元 ホン はしる

筆順 ノ 一 牛 牛 牛 牛 犇

意味 ① 달아남.「一散」② 소가 놀람.

犇潰[분궤] ① 달아나 헤어짐. ② 궤주(潰走).

犇散[분산]ㅏㄱ 달아나 흩어짐. 이산(離散).

犇走[분주]ㅏㄱ 바삐 돌아다님. 아주 바쁨. 분주(奔走).

[犀] 12 牛8 서 무소 齊 セイ・サイ

筆順 一 コ ヨ 尸 尸 尸 犀 犀

意味 ① 무소. 코뿔소. ② 굳음. 든든함. ③ 박속. 박씨.

犀角[서각]ㅏㄱ ① 무소의 뿔. 끝 부분을 가루로 만들어 해독(解毒)・해열제로 쓰임. ② 이마 양쪽에 뛰어 나온 뼈가 있는 귀상(貴相).

犀利[서리]ㅏㄱ ① 무기가 단단하고 날카로움. ② 문장이 강렬(强烈)하고 날카로움. 예리(銳利).

[犧] 犧(차항)의 약자

[犧] 20 牛16 ① 희 ② 사 희생 支 ギ・キ 歌 いけにえ

筆順 牛 牜 牜 牷 牷 犠 犠 犧

解字 形聲. 牛[소]와 음을 나타내는 羲(희)를 합쳐서 신에게 제물로 바치는 소라는 뜻.

意味 ① ① 제물. 산 제물. 희생. ② 임금의 호. ② ① 술동. 술그릇.

犧牲[희생]ㅏㄱ ① 천지(天地)・종묘(宗廟)에 제물(祭物)로 바치는 짐승. 곧 소・양・돼지 등. ② 남을 구하기 위하여 목숨이나 재물 혹은 권리 등을 버리거나 빼앗기는 일.

犬 部

[犬] 4 犬0 견 개 銑 ケン いぬ

筆順 一 ナ 大 犬

解字 ナ・犬 象形. 개의 모양을 본뜸. 개를 뜻함. 부수로서는 짐승에 관한 뜻을 나타냄.

意味 ① 개. ② 자기를 겸양해서 일컫는 말.

犬馬[견마]ㅏㄱ ① 개와 말. ② 자기에게 딸린 것을 개나 말같이 천하다는 뜻으로 극히 낮추어 일컫는 말.

[狀] 狀(차항)의 속자

[狀] 8 犬4 ① 상 ② 장 모양 漾 ジョウ

312

[犬部] 9~16획・[老部] 0~2획

かたち
[筆順] ノ丨丬爿丬ㅓ 狀狀
[解字] 形聲. 犬[개]과 음을 나타내는 爿(장)을 합쳐서 개의 모양을 뜻함. 널리 모양의 뜻으로 씀.
[意味] ① ① 모양. 모습. 생김생김.「形—」② 양상. 상태.「情—」③ 모양을 꾸밈[形容]. 항상하다. ② 문서. 편지.「訴—」「答—」
狀貌 [상모] ジョウボウ 얼굴의 생긴 모양. 용모(容貌).「—이나 형편.
狀態 [상태] ジョウタイ 현재 있는 사물의 모양

【猷】 13획 犬9 │유│꾀│ユウ はかる
[筆順] 八今台酋酋酋猷
[意味] ① 꾀. 꾀함[謀]. ② 길. 도리. 옳음. ③ 그림. ④ 같음. ⑤ 어유[猷辭].

【献】 獻(犬部 16획)의 속자

*【獄】 14획 犬10 │옥│옥│⑧沃 ひとや ゴク
[筆順] ノ犭犭犭犭 猏 獄 獄
[解字] 會意. 犭과 犬[두 마리의 개]에다 言을 합쳐서 두 마리의 개가 서로 짖다의 뜻에서 원고와 피고가 언쟁하다의 뜻. 후에 감옥의 뜻으로 쓰임.
[意味] ① 옥. 감옥.「牢—」② 소송. 송사.「疑—」③ 죄. 죄상.「斷—」
獄死 [옥사] ゴクシ 죄인이 옥에 갇히어 있는 동안에 죽음.
獄舍 [옥사] ゴクシャ 죄인을 가두어 두는 집.

【獣】 獸(犬部 15획)의 약자

*【獸】 19획 犬15 │수│짐승│⑧宥 ジュウ けもの
[筆順] 口吅뾰留嬰 獸 獸
[解字] 形聲. 犬[개]과 음을 나타내는 單(축)[수는 변음]을 합쳐서 狩와 같은 뜻. 후에 사냥하여 얻은 것・짐승 등의 뜻으로 씀.
[意味] ① 짐승. 네 발이 달리고 전신에 털이 있는 동물. ② 포. 말린 고기.
獸性 [수성] ジュウセイ ① 짐승의 성질. ② 인간이 갖고 있는 동물적인 본능(本能).

【獻】 20획 犬16 │①헌│드릴│⑨願 ケン・コン
[筆順] 广卢虎虗 嵩 獻 獻
[解字] 形聲. 犬[개]과 음을 나타내는 鬳(권)[헌은 변음]을 합쳐서 신에게 바치는 개를 뜻함. 널리 받들어 바치다의 뜻으로 씀.
[意味] ① ① 받들어 바침. 드림. 신이나 윗사람에게 물품을 바침. 바치는 물품.「奉—」「—金」② 어짐.「—民」③ 개. ④ 음식. ⑤ 술 단지.
獻身 [헌신] ケンシン ① 목숨을 아끼지 않고 전력을 다함. ② 자기 자신이 스스로 나아감.

老(耂)部

【老】 6획 老0 │로│늙을│⑭皓 ロウ おいる
[筆順] 一十土耂耂老
[解字] 象形. 머리칼이 길고 허리가 굽은 사람이 지팡이를 짚은 모양을 본뜸. 노인을 뜻함.
[意味] ① 늙음. ㉠ 나이를 먹음. ㉡ 약함. 쭈그러짐. ② 연장자. 선배. 어르신네. 70세 이상의 노인. ↔少・幼・若 ③ 익숙함.「—練」④ 노자(老子).
老客 [노객] ロウカク ① 늙게 보이는 손님. ② 늙은이를 얕잡아 일컫는 말.
老人 [노인] ロウジン 늙은 사람.

*【考】 6획 耂2 │고│생각할│⑭皓 コウ かんがえる
[筆順] 一十土耂耂考
[解字] 形聲. 늙은이란 뜻인 耂와 음을 나타내는 丂(고)를 합쳐서 죽은 늙은이를 뜻함. 음을 빌어서 생각하다의 뜻으로 씀.
[意味] ① 생각함. ㉠두루 생각함. ㉡숙고함. ㉢시험해 봄. ㉣비교함.「—試」

[老部] 5~4획·[玉部] 0~4획

죽은 아비.「先—」↔先妣 ③ 오래 삶.
考慮[고려]ㄹ그ㅕ 깊이 생각하여 봄.

【者】者(차향)의 속자

*【者】⁹者5 | 자 | 놈 | ㊀馬 | もの
[筆順] 一十土耂者者者
[解字] 會意. 얽어 맨 땔나무가 불타고 있는 모양을 뜻하는 耂와 물건을 넣어 두는 바구니의 모양인 日을 합쳐서 땔나무를 그릇에 챙겨 두다의 뜻. 후에 사람의 뜻으로 씀.
[意味] ① 놈. ㉠사람. ㉡물건. 행위나 상태의 주체를 나타내며 사람·사물 어느 것에도 쓰는 대명사. ㉢위 말을 명사화 하는데 붙임.「仁—」② 이[此]. ③ …은. …라는 것은. 어조사.

【孝】子부 4획

【耆】¹⁰老4 | 1기 2지 | 늙을 | ㊀支 ㊁寘
キ·シ
としより
[筆順] 一十土耂老老者
[意味] ①① 늙음. 예순 살이 됨. 노인. ② 스승. 말들이 닮음. 말들의 흥터. ② 굳셈. ② 이룸[致].
耆年[기년] 60이 넘은 나이. 노인.

【耄】¹⁰老4 | 모 | 늙은이 | ㊀號
モウ·ボウ
おいぼれ
[筆順] 一十土耂老耂耄
[意味] 늙음. 늙은이. 아흔(일설에는 일흔 또는 여든)살 노인.

耄期[모기] ボウ ① 늙어 정신이 혼미해지는 시기. ② 80세부터 100세까지의 나이.
耄齡[모령] ボウ 70세에서 80세. 노이.

【玉(王)部】

*【王】⁴王0 | 왕 | 임금 | ㊀陽
オウ
きみ
[筆順] 一丁干王

[解字] 象形. 큰 도끼를 바로 세운 모양을 본뜸. 큰 위력이 있다는 뜻에서 군주·임금의 뜻으로 씀.
[意味] ① 임금. 천자. 가장 뛰어난 사람. 왕도(王道)로써 천하를 다스리는 자. ↔覇 ② ㉠큼. ㉡할아버지. 할머니. ③ 감(往). ④ 일어남. 왕성함.
王家[왕가] ヵ(ヶ) 임금의 집안. 왕실(王室).「考」
王考[왕고] 죽은 할아버지. 조고(祖

*【玉】⁵王1 | 옥 | 구슬 | ㊀沃
ギョク・キョク
たま
[筆順] 一丁干王玉
[解字] 象形. 구슬 세 개를 끈으로 꿴 모양을 본뜸. 본디 王으로 쓰던 것이 점을 붙여 王[임금]과 구별됨. 부수로서는 王으로 쓰며 구슬에 관한 뜻을 나타냄.
[意味] ① 구슬. 옥. 보석.「—石」↔石 ② ㉠구슬로 만든 것이나 아름다운 것에 붙이는 말. ㉡임금에 관한 것에 붙이는 말.「—音」㉢중요한 것에 붙이는 말. ③ 사랑. ④ 이름[成].
玉石[옥석] ㉠セキ ① 옥(玉)과 돌. ② 선(善)과 악(惡).

【玎】⁶王2 | 정 | 옥소리 | ㊀青 | テイ
[筆順] 一丁干王玎玎
[意味] 옥 소리.
玎璫[정당] 구슬 소리의 형용. 정령(玎玲).

【玖】⁷王3 | 구 | 검은옥돌 | ㊀有
キュウ
[筆順] 一丁干王玑玖玖
[意味] 검은 옥돌. 옥 다음가는 돌.
玖璇[구선] セン 구슬 이름.

【弄】廾부 4획

【玟】⁸王4 | 민 | 옥돌 | ㊀眞 | ビン・ミン
[筆順] 一丁干王玑玟玟

[玉部] 4～7획

意味 옥돌.
玫坏釉[민배유] 자기(瓷器)의 겉에 발라서 빛깔이 나고, 물이 스며 들지 않게 하는 유리 성질의 가루.

【玩】 8 王4 | 완 | 장난할 | ㉿翰 |
ガン
もてあそぶ

筆順 一 T F 王 王′ 玗 玩

意味 ① 가지고 놂. 희롱함. ② 장난감. ③ 사랑함. ④ 보배. ⑤ 익힘.
玩具[완구] 장난감.
玩弄[완롱] ① 장난감으로 여기어 만지작거림. ② 놀림감으로 여김. 우롱.
玩物[완물] 완구(玩具). ㄴ(愚弄)

【珏】 9 王5 | ①각 ②곡 | 쌍옥 | ㉿覺 ㉿屋 |
カク・コク

筆順 一 T F 王 王′ 玗 玨 珏

意味 한 쌍의 옥.

【玲】 9 王5 | 령 | 옥소리 | ㉿青 | レイ

筆順 一 T F 王 王^ 玲 玲 玲

意味 ① 옥 소리. 쟁그렁거리는 소리. ② 정교(精巧)함. ③ 아롱거리는 모양. ④ 선명하다.
玲瓏[영롱] ① 옥과 같이 광채가 찬란함. ② 금옥(金玉)이 부딪쳐 울리는 아름다운 소리.

【珊】 9 王5 | 산 | 산호 | ㉿寒 | サン

筆順 一 T F 王 王′ 玗 玬 珊

意味 ① 산호. ② 패옥 소리. ③ 조잔(凋殘)함.
珊珊[산산] ① 허리에 찬 옥이 울리는 소리. ② 이슬이 맑고 깨끗한 모양. ③ 물이나 비의 소리.

***【珍】** 9 王5 | 진 | 보배 | ㉿眞 |
チン
めずらしい

筆順 一 T F 王 王′ 玠 珍

解字 形聲. 王[구슬]과 음을 나타내는 多

(진)을 합쳐서 희귀한 구슬을 뜻. 널리 희귀하다의 뜻으로 씀.
意味 ① 드묾. ㉠희귀함.「一品」㉡보통과 다름.「一奇」㉢보배. 서옥(瑞玉). ② 중히 여김. 중요함. 귀중함. ③ 맛있음. 맛이 좋음.
珍事[진사] ① 진기한 일. ② 의외(意外)로 일어나는 일. 변사(變事).
珍書[진서] 진귀한 책. 진본(珍本).

【玻】 9 王5 | 파 | 파려옥 | ㉿歌 | ハ

筆順 一 T F 王 玒 玱 玻 玻

意味 ① 파려옥[칠보의 한 가지로서 수정류임]. ② 유리옥.

***【班】** 10 王6 | 반 | 나눌 | ㉿刪 |
ハン
わける

筆順 一 T F 王 玒 玣 班 班

解字 形聲. 두 개의 王[구슬]과 음을 나타내는 分(분)[반은 변음]의 변형인 ㅣ을 합쳐서 구슬을 나누다의 뜻. 널리 나누다의 뜻으로 씀.
意味 ① 나눔. 분배함. 조(組). 반. ② 반차. 석차. 순서.「一列」③ 섞임. 얼룩짐.「一白」④ 헤어지다. 이별함.
班次[반차] 지위의 순서. 석차(席次).

【珠】 10 王6 | 주 | 구슬 | ㉿虞 |
シュ・ジュ
たま

筆順 T F 王 王′ 玙 珒 珠

解字 形聲. 王[구슬]과 음을 나타내는 朱(주)를 합쳐서 작은 구슬이라는 뜻.
意味 ① 구슬. ㉠조개 속에 생기는 작은 구슬. 진주. ㉡구슬같이 둥근 것. ② 아름다운 것을 비유하는 말.「一簾」
珠玉[주옥] ① 구슬과 옥. ② 아름답고 훌륭한 물건.

***【球】** 11 王7 | 구 | 옥 | ㉿尤 |
キュウ・グ
たま

筆順 T F 王 王′ 玣 球 球 球

解字 形聲. 王[구슬]과 玉의 별음인 求

[玉部] 7~8획　　　　　　　　　　　　　　　　315

[구)를 합쳐서 둥근 옥을 뜻함. 후에 구슬의 뜻으로 씀.
意味 ① 옥. 구슬. 둥근 것. 「地—」② 공. 「—技」③ 옥으로 만든 경쇠.
球莖[구경] キュウケイ 〈植〉 뿌리가 구형(球形)을 이룬 지하경(地下莖). 토란·쇠귀나물 등.

[琅] 11 玉7 │ 랑 │ 옥소리 │ ㊤陽
ロウ
筆順 丅 王 丑 玗 珅 琅 琅
意味 ① 옥 같은 돌. ② 옥 소리. ③ 깨끗함. ④ 자물쇠. 잠금. 문고리.
琅琅[낭랑] ロウロウ ① 쇠붙이나 구슬이 서로 부딪쳐 울리는 소리. ② 새가 지저귀는 맑은 소리. 「지에 대한 존칭.
琅函[낭함] ① 서류 상자. ② 남의 편

[琉] 11 玉7 │ 류 │ 유리돌 │ ㊤尤
リュウ
筆順 丅 王 王 玗 玙 琉 琉
意味 ① 유리돌. ② 고장 이름[일본 구주와 대만 사이에 있는 군도].
琉璃[유리] ルリ ① 칠보(七寶)의 하나. 청색(靑色)의 보석. ② 〈化〉 투명하고 단단하며 잘 깨지는 물질. 석영(石英)·탄산 소오다·석회암(石灰岩)을 원료로 하여 고온도로 용해시켜서 식힌 것임.

*[理]** 11 玉7 │ 리 │ 다스릴 │ ㊤紙
リ
おさめる・ことわり
筆順 丅 王 王 玕 玥 珇 理 理
解字 形聲. 王(구슬)과 음을 나타내는 里(리)를 합쳐서 옥을 닦아서 챙기다의 뜻.
意味 ① 다스림. ㉠가지런하게 함. 「—髮」㉡처리함. 「管—」㉢바로 잡음. 「修—」② 이치. 도리. 「倫—」
理論[이론] リロン ① 〈哲〉 실천에 의하지 아니하고 순관념(純觀念)에 의하여 세워진 논리. ↔실험(實驗) ② 원리 원칙에서 출발한 인식(認識)의 세계.

*[現]** 11 玉7 │ 현 │ 나타날 │ 去霰

ゲン
あらわれる
筆順 丅 王 玗 玥 珇 現 現
解字 形聲. 王(구슬)과 음을 나타내는 見(견)〈현은 변음〉을 합쳐서 옥을 닦아 아름다운 빛이 나다의 뜻. 널리 나타나다의 뜻으로 씀.
意味 ① 나타남. 보임. 뚜렷함. ② 지금. 당장. 현재. 「—수」③ 옥 빛.
現金[현금] ゲンキン ① 지금 가지고 있는 돈. ② 물품을 팔고 살 때 그자리에서 돈을 주고 받는 일. 맞돈.

*[琴]** 12 玉8 │ 금 │ 거문고 │ ㊤侵
キン・ゴン
こと
筆順 丅 王 玕 玨 珡 珡 琴
解字 象形. 현(絃)을 감는 주감이를 뜻하는 玨과 거문고의 몸통을 나타내는 人으로써 거문고의 모양을 본뜸. 후에 人을 음을 나타내는 今(금)으로 고쳐 형성 문자가 됨.
意味 ① 거문고. ② 성(姓)의 하나.
琴書[금서] キンショ ① 거문고와 서적. ② 거문고를 타고 책을 읽음.

[琵] 12 玉8 │ 비 │ 비파 │ ㊤支
ヒ・ビ
筆順 丅 王 玗 珡 琵 琵 琵
意味 비파[현악기의 한 가지].
琵琶[비파] ビワ 〈音〉 현악기(絃樂器)의 하나. 몸은 둥글고 긴 타원형이며 자루는 곧고 네 줄과 four 기둥으로 되어 있음. 당비파와 향비파가 있음.

*[琢]** 12 玉8 │ 탁 │ 쫄 │ ㊁覺
タク
みがく
筆順 丅 王 玗 珡 琢 琢 琢
解字 形聲. 王(구슬)과 음을 나타내는 豖(속)〈탁은 변음〉을 합쳐서 옥을 닦다의 뜻. 널리 닦다·다듬다의 뜻으로 씀.
意味 ① 쫌. 쪼아 모양을 냄. 다듬음. ② 가림〔擇〕. ③ 닦음. 「切磋—磨」
琢句[탁구] タック ① 자구(字句)를 여러 번 생각하여 수정함. 퇴고(推敲). ② 학문이나 덕행을 닦음. 「切磋―」

【琶】 12 玉8 │ 파 │ 비파 │ ㉭麻 │ ハ

筆順 丁 王 玎 玨 珡 琶 琶

意味 비파.

【瑞】 13 玉9 │ 서 │ 상서 │ ㉲寘 │ ズイ, しるし

解字 形聲. 王(구슬)과 음을 나타내는 耑(취)[서는 변음]의 생략체인 耑을 합쳐서 신표(信標)로 쓰는 옥홀이라는 뜻.

意味 ① 신표(信標). 신표로 주는 구슬, 천자가 제후(諸侯)를 봉할 때 신표로 주는 옥홀(圭). ② 경사스러움. 「―兆」

瑞光[서광]ㅈㅎ ① 상서로운 빛. ② 길한 일의 징조. 상광(祥光).

瑞氣[서기]ㅈㅎ 상서로운 기운. 길한 기

【瑟】 13 玉9 │ 슬 │ 큰거문고 │ ㉭質 │ シツ, おおごと

筆順 丁 王 玨 玨 珡 瑟 瑟

意味 ① 큰 거문고. 대금. ② 바람 소리. ③ 빽빽함. ④ 깨끗한 체함.

瑟瑟[슬슬]ㅅㅅ 매우 쓸쓸함. 적막함. 바람이 솔솔 부는 소리의 형용.

【瑕】 13 玉9 │ 하 │ 옥티 │ ㉭麻 │ カ, きず

筆順 王 王 玨 玨 玡 玡 瑕

意味 ① 옥의 티. 흠. 허물. 「―疵」 ② 붉은 옥. ③ 멂(遐). ④ 어찌.

瑕疵[하자]ㅎㅅ ① 옥의 흠. ② 결점. 단점. ③ 〔法〕 법률 또는 당사자가 예기(豫期)한 상태나 성질이 결여되어 있는 일.

【瑚】 13 玉9 │ 호 │ 호련 │ ㉭虞 │ ゴ・コ

筆順 丁 王 玨 珆 瑚 瑚 瑚

意味 ① 호련[宗廟祭器]. ② 산호.

瑚璉[호련]ㅎㄹ ① 은(殷)나라 때에 종묘(宗廟)에서 쓰던 제기(祭器). ② 공자(孔子)가 자공(子貢)을 평하여 호련

(瑚璉)이라 한 데서 뛰어난 인물을 일컫는 말.

【琿】 13 玉9 │ 혼 │ 아름다운옥 │ ㉭元 │ コン

筆順 王 王 玨 珆 珲 琿 琿

意味 ① 아름다운 옥. ② 큰 서옥(瑞玉).

琿春[혼춘]ㅎㅊ 〔地〕 ① 강 이름. 중국 동북부에 있으며 도문강(圖們江)으로 흘러 들어감. ② 중국 길림성(吉林省) 도문강의 북안(北岸)에 있는 도시.

【瑣】 14 玉10 │ 쇄 │ 옥가루 │ ㉭哿 │ サ, こまかい

筆順 王 王 玠 玠 琑 琑 瑣

意味 ① 옥 가루. ② 가늚. 잚[細小]. ③ 시끄러움. 귀찮음. ④ 대궐 문에 무늬를 아로새김.

瑣瑣[쇄쇄]ㅅㅅ ① 아주 자디잔 모양. ② 피로한 모양. ③ 너무 잘거나 세밀하여 귀찮은 모양. ④ 옥이 울리는 소리.

【瑤】 14 玉10 │ 요 │ 옥돌 │ ㉭蕭 │ ヨウ, たま

筆順 丁 王 玠 玡 瑤 瑤 瑤

意味 ① 아름다운 옥. ② 북두칠성의 자루모양의 세 별. ③ 못(池) 이름.

瑤臺[요대]ㅎㄷ ① 옥으로 만든 대(臺). 아름다운 누대. ② 신선이 사는 대.

【瑱】 14 玉10 │ 진 │ 귀막이옥 │ ㉲霰 │ テン, みみだま

筆順 王 王 玟 珆 琔 瑱 瑱

意味 ① 귀막이 옥. ② 옥 이름.

瑱圭[진규]ㅈㄱ 서옥(瑞玉)의 하나.

【瑩】 15 玉10 │ 영·형 │ 밝을 │ ㉭庚 ㉲徑 │ エイ, あきらか

筆順 丶 火 炏 炏 烩 瑩 瑩

意味 ① ① 밝음. ② 귀막이옥(瑱). 풍류 이름(樂名). ② ① 의혹함. ② 옥이 빛나고 맑음. 물이 맑음.

瑩徹[영철]ㅇㅊ 환히 밝게 비쳐 속까지보임.

【瑾】15 王11 | 근 | 아름다운옥 | [上]吻 | キン あかたま

[筆順] 瑾

[意味] ① 아름다운 옥. ② 붉은 옥.

瑾瑜〔근유〕キンユ 아름다운 옥.

【璃】15 王11 | 리 | 유리 | [平]支 | リ

[筆順] 璃

[意味] ① 유리. ② 구슬 이름.

【璇】15 王11 | 선 | 옥이름 | [平]先 | セン たま

[筆順] 璇

[意味] ① 구슬 이름. ② 별 이름.

璇宮〔선궁〕センキュウ 훌륭한 궁전.

【璟】16 王12 | 경 | 빛날 | [上]梗 | エイ ひかり

[筆順] 璟

[意味] 구슬이 빛을 냄.

【璞】16 王12 | 박 | 옥덩어리 | [入]覺 | ハク あらたま

[筆順] 璞

[意味] 옥 덩어리. 다듬지 않은 옥 덩이.

璞玉〔박옥〕ハクギョク 파 낸 그대로의 옥. 즉 바탕이 좋아 꾸미지 아니함을 비유하는 말. 옥박(玉璞).

*【環】17 王13 | 환 | 옥 | [平]刪 | カン たまき

[筆順] 環

[解字] 形聲. 王〔구슬〕과 음을 나타내는 睘(경)〔환은 변음〕을 합쳐서 고리 모양의 구슬을 뜻함.

[意味] ① 도리옥. ㉠고리 모양의 구슬. ㉡옥고리. ㉢고리. 「耳--」 ② 두름. 둘러쌈. ③ 둘레. ④ 돎. 돌림. 「循—」「衆人一視」 ⑤ 상제가 머리에 쓰는 테두리.

環境〔환경〕カンキョウ ① 둘러싸여 있는 구역. ② 사람에게 영향을 미치는 외계(外界). 주위의 형편.

【璧】18 王13 | 벽 | 둥근옥 | [入]陌 | ヘキ たま

[筆順] 璧

[意味] ① 둥근 구슬. ② 별 이름. ③ 구슬같이 아름답고 훌륭한 것. 「雙—」

璧玉〔벽옥〕ヘキギョク 옥. 벽(璧)은 평평한 옥. 옥(玉)은 둥근 것을 말함.

【璿】18 王14 | 선 | 아름다운옥 | [平]先 | セン たま

[筆順] 璿

[意味] ① 아름다운 구슬. ② 선기옥〔渾天器〕.

璿璣玉衡〔선기옥형〕センキギョクコウ 천체를 관측하던 기계. 혼천의(渾天儀).

【璽】19 王14 | 새 | 옥새 | [上]紙 | ジ・シ しるし

[筆順] 璽

[解字] 形聲. 玉〔옥돌〕과 음을 나타내는 爾(이)〔새는 변음〕를 합쳐서 옥돌로 만든 도장을 뜻함. 임금의 도장을 뜻함.

[意味] 임금의 도장. 옥새〔중국 진나라 이전에는 일반적인 도장을 뜻하였고, 진나라 후에는 천자의 도장에 한하여 이 글자를 씀〕.

璽符〔새부〕ジフ 임금의 도장. 옥새(玉璽).

【瓊】19 王15 | 경 | 붉은옥 | [平]庚 | ケイ あかたま

[筆順] 瓊

[意味] 붉은 구슬.

瓊琚〔경거〕ケイキョ ① 아름다운 옥. ② 훌륭한 선물.

瓊杯〔경배〕ケイハイ 옥으로 만든 잔.

瓊筵〔경연〕ケイエン 경사스러운 잔치를 벌인 자리.

瓊玉〔경옥〕ケイギョク 아름다운 구슬.

【瓚】23 王19 | 찬 | 옥잔 | [平]翰 | サン

[筆順] 瓚

[意味] ① 옥으로 만든 술잔. ② 큰 홀(笏).

艹 部

【艾】 ++2 6 ①애 ②예 쑥 ㊤泰 ㊦齊 ガイ よもぎ

筆順 ｜ ｜ ㅏ ㅑ ㅗ 艾

意味 ① ①쑥. ②늙은이. ③그침[止]. ④기름[養]. ⑤예쁨. ⑥편안함. ② ①다스림. ②베어 거둠[穫]. ③낫.

【芒】 ++3 7 망 까끄라기 ㊤陽 ボウ のぎ

筆順 ｜ ｜ ㅏ ㅑ ㅗ 芒 芒

意味 ①까끄라기. ②칼날. 칼날 끝. ③꼬리 별. 미광(尾光). ④맥 없고 재미 없는 모양.「-然」⑤편한 모양.
芒然[망연] ①무심한 모양. 거리낌 없는 모양. ②어두움. 어리둥절한 모양. ③피곤하여 싫증이 나는 모양.

【芋】 ++3 7 ①후 ②우 클 ㊤虞 ㊦遇 ウ・ク いも

筆順 ｜ ｜ ㅏ ㅑ ㅗ 芏 芊 芋

解字 形聲. ++(풀)과 음을 나타내는 于(우)를 합쳐서 토란을 뜻함.

意味 ① 큼. ② ①토란. ②풀이 우거진 모양.
芋頭[우두] 〈植〉 토란의 가장 큰 뿌리. 우괴(芋魁).

【芍】 ++3 7 ①작 ②적 함박꽃 ㊀藥 ㊁錫 シャク・ジャク・デキ

筆順 ｜ ｜ ㅏ ㅑ ㅗ 芍 芍

意味 ① 함박꽃. ② 연밥[蓮實].
芍藥[작약] 〈植〉 미나리아재비과의 다년생 풀. 뿌리는 약재로 씀.
芍藥花[작약화] 〈植〉 작약의 꽃.

【芥】 ++4 8 개 겨자 ㊤卦 カイ からし・あくた

筆順 ｜ ｜ ㅏ ㅑ ㅗ 芥 芥

意味 ①겨자. ②아주 작은 것. ③먼지. 티끌. ④지푸라기.
芥子[개자] ①겨자. 또는 그 씨. ②겨자 씨와 갓 씨의 통칭.
芥塵[개진] 먼지. 진애(塵埃).

【芹】 ++4 8 근 미나리 ㊤文 キン せり

筆順 ｜ ｜ ㅏ ㅑ ㅗ 芹 芹 芹

意味 미나리.
芹菜[근채] 〈植〉 미나리.

＊【芳】 ++4 8 방 꽃다울 ㊤陽 ホウ かんばしい

筆順 ｜ ｜ ㅏ ㅑ ㅗ 芋 芳 芳

解字 形聲. ++(풀)과 음을 나타내는 方(방)을 합쳐서 풀이나 꽃 향기가 사방으로 퍼져다의 뜻.

意味 ①향기로움. ㉠향기가 좋음.「-香」㉡이름이 빛남. 꽃다움. ㉢향기. ②좋은 평판. ③남의 것을 존중해서 일컫는 말.「-名錄」
芳紀[방기] 방년(芳年). 방춘(芳春).
芳年[방년] 20세 전후의 젊은 여자의 나이. 방기(芳紀).

【芙】 ++4 8 부 연꽃 ㊤虞 フ・ブ

筆順 ｜ ｜ ㅏ ㅑ ㅗ 芙 芙 芙

意味 〈植〉 ①연꽃. 부용[연꽃의 딴 이름]. ②나무연꽃. 목부용.
芙蓉峰[부용봉] 〈地〉 ①평안 북도 희천군에 있는 산봉우리. ②중국 형산(衡山)의 제일 높은 봉우리.

【芬】 ++4 8 분 향기 ㊤文 フン かおり

筆順 ｜ ｜ ㅏ ㅑ ㅗ 芬 芬 芬

意味 ①향기. ②어지러움[亂]. ③이름이 남.
芬烈[분열] ①짙은 향기. ②빛나는 공적.
芬苾[분필] 향기가 높음. ㄴ는 공적.

【芟】 ++4 8 삼 풀벨 ㊦咸 サン かる

筆順 ｜ ｜ ㅏ ㅑ ㅗ 芝 芟

[艹部] 4〜5획   319

萎鋤[삼서] ① 베어 버림. 난을 무찔러 평정함. 삼제(芟除).
萎穢[삼예] ① 잡초를 베어 버림. ② 세상의 해로운 것을 제거함.

[芮] 艹+4 | 예 | 물가 | ㊂霽
ゼイ

筆順 ` ⺀ ⺊ ⺿ ⺾ 芮 芮

意味 ① 물가[水涯]. ② 풀이 뾰족뾰족 남. ③ 방패에 달린 끈. ④ 고대 중국의 나라 이름. ⑤ 성(姓)의 하나.
芮鞫[예국] 물가. 또는 물의 안쪽.
芮芮[예예] ① 풀의 싹이 나서 뾰족뾰족한 모양. ② 나라 이름.

[芯] 艹+4 | 심 | 등심초 | ㊂侵 | シン

筆順 ` ⺀ ⺊ ⺿ ⺾ 芯 芯

意味 ① 등심초. 골풀. ② 심지[燈心]. ③ 근본. 본성.

***[芽]** 艹+4 | 아 | 싹 | ㊂麻 | ガ・ゲ
め

筆順 ⺀ ⺊ ⺿ ⺾ 芒 芽 芽

解字 形聲. 艹(풀)와 음을 나타내는 牙(아)를 합쳐서 초목의 새싹을 뜻함.
意味 ① 싹. 사물의 시초. ② 싹이 남. 비롯함.

[芸] 艹+4 | 운 | 궁궁이 | ㊂文
ウン
くさぎる

筆順 ` ⺀ ⺊ ⺿ ⺾ 芒 芸

意味 ① 궁궁이[香草]. ② 촘촘함. ③ 김을 맴. ④ 성(姓)의 하나.

[芝] 艹+4 | 지 | 버섯 | ㊂支
シ
しか

筆順 ` ⺀ ⺊ ⺿ ⺾ 芝 芝

解字 形聲. 艹(풀)와 음을 나타내는 之(지)를 합쳐서 영지를 뜻함.
意味 ① 영지[버섯의 일종]. ② 버섯. ③ 연꽃. ④ 햇볕을 가리는 큰 양산.

芝草[지초]〈植〉 ① 지치과의 다년생 풀. 5〜6월에 꽃이 피고 작은 열매를 맺음. 그 뿌리는 화상·동상 등에 약으로 쓰임. ② 영지(靈芝). 모균류(帽菌類)에 속하는 버섯. 장식용·애완용이며 옛날에는 복초(福草)라 하였음.

[芭] 艹+4 | 파 | 파초 | ㊂麻 | バ・ハ

筆順 ` ⺀ ⺊ ⺿ ⺾ 芍 芑 芭

意味 파초(芭蕉).
芭蕉[파초]〈植〉 파초과(芭蕉科)에 속하는 다년생 풀. 잎은 긴 타원형이고 꽃은 황갈색임. 따뜻한 곳에서 남.

***[花]** 艹+4 | 화 | 꽃 | ㊂麻 | カ・ケ
はな

筆順 ` ⺀ ⺊ ⺿ ⺾ 花 花 花

解字 形聲. 艹(풀)와 음을 나타내는 化(화)를 합쳐서 풀의 꽃을 뜻함.
意味 ① 꽃. 꽃과 같은 모양을 한 것. ② 꽃이 핌. 아름다움. ③ 천연두(天然痘). ④ 갈보[娼妓]. ⑤ 써서 없앰.
花木[화목] ① 꽃과 나무. ② 꽃을 피우는 나무. 화수(花樹).
花園[화원] ① 꽃을 심은 동산. ② 화초를 많이 심어 놓은 곳.

[苛] 艹+5 | 가 | 풀 | ㊂歌 | カ
からい

筆順 ` ⺀ ⺊ ⺿ ⺾ 苛 苛 苛

意味 ① 잔 풀. ② 까다로움. 가혹함. 매움. ③ 꾸짖음. ④ 가려움. 옴. ⑤ 흔듦[擾]. ⑥ 살핌.
苛斂誅求[가렴주구] 세금 등을 무리하게 받아 국민을 괴롭히는 일.
苛禮[가례] 번잡한 예식(禮式).

[茄] 艹+5 | 가 | 가지 | ㊂麻 | カ・ケ
なす

筆順 ` ⺀ ⺊ ⺿ ⺾ 茄 茄 茄

意味 ① 가지. ② 오가피(五茄皮). ③ 연줄기[芙蕖莖].

***[苦]** 艹+5 | 고 | 괴로울 | ㊂麌
ク・コ
くるしい・にがい

【苦】⁹₊₊5 | 쓸 | 쓸개 | ㊥苦
ク・コ
にがい・にがる

筆順 一 + ++ ++ 뿌 苦 苦

解字 形聲. ++(초)와 음을 나타내는 古(고)를 합쳐서 쓰다의 뜻. 널리 쓰다·괴롭다의 뜻으로 씀.

意味 ① 쓴나물. 쓴바귀. ② 씀. ㉠쓴 맛이 남. ㉡재미 없음. 「一笑」 ③ 괴로움. 근심함. ④ 부지런함. 모짊.
苦寒[고한] ッカン ① 지독한 추위. ② 추위로 인한 괴로움. 「세상. 고계(苦界)
苦海[고해] カイ 〈佛〉괴로움이 많은 이

【苺】⁹₊₊5 | 매 | 딸기 | ㊥脢
バイ
いちご

筆順 一 + ++ ++ 廿 荁 苺 苺

意味 딸기.

【茅】⁹₊₊5 | 모 | 띠 | ㊥看
ボウ
かや

筆順 一 + ++ ++ 艹 芉 芧 茅

意味 ① 띠(菅). 억새. ② 띠로 지붕을 이은 집. ③ 띠를 낫으로 벰.
茅茨[모자] ボウシ〈植〉띠. ② 모옥(茅屋).
茅鴟[모치] ボウシ〈動〉수알치새. 「屋).

*【苗】⁹₊₊5 | 묘 | 모 | ㊥蕭
ビョウ・ミョウ
なえ

筆順 一 + ++ 廿 芇 芇 苗

解字 會意. 田(전)과 ++(초)를 합쳐서 밭에 자라는 작은 싹의 뜻.

意味 ① 싹. ㉠모. ㉡종자에서 갓 나온 싹. ㉢정식(定植)하기 전의 어린 식물. ② 이삭. ③ 여름 사냥. ④ 무리. 백성. ⑤ 핏줄. 자손.
苗木[묘목] ボク 모나무. 옮겨 심기 전의 어린 나무. 「②못자리. 묘판(苗板).
苗床[묘상] ショウ ① 모종을 키우는 자리.

【茂】⁹₊₊5 | 무 | 우거질 | ㊥宥
モ・ボウ
しげる

筆順 一 + ++ ++ 艹 芐 茂 茂

解字 形聲. ++(초)와 음을 나타내는 戊(무)를 합쳐서 풀이 무성하다의 뜻.

意味 ① 우거짐. 무성함. ② 초목이 무성한 곳. ③ 왕성함. ④ 많음. ⑤ 힘

씀(勉). ⑥ 아름다움.
茂林[무림] リン 나무가 우거진 숲.
茂生[무생] セイ 우거짐. 무성함.

【范】⁹₊₊5 | 범 | 범풀 | ㊥豏
ハン

筆順 一 + ++ ++ 艹 汁 汸 范 范

意味 ① 범풀[草名]. ② 벌[蜂]. ③ 법[範]. ④ 성[姓]의 하나. ⑤ 고대 중국 주나라의 궁전 이름.

【若】⁹₊₊5 | ①약 ②야 | 같을 | ㊤藥 ㊥馬
ジャク・ニャク・ジャ・ニャ
わかい・もし・もしくは

筆順 一 + ++ ++ 艹 艻 若 若

解字 象形. 뽕나무의 새싹 모양을 본뜸. 보드랍다·어리다의 뜻. 후에 순종하다·젊다의 뜻으로 씀.

意味 ①① 같음. ② 순함. 순종함. 및[與及辭]. ③ 향품. 두약초(杜若草). ⑤ 더북함. ⑥ 젊음. ⑦ 만약. ⑧ 너. ②① 반야(般若). ② 절[寺刹].
若干[약간] ッカン 얼마쯤. 얼마 되지 아니함. 조금. 「年).
若年[약년] ネン 연소. 청년. 약년(弱

【英】⁹₊₊5 | 영 | 꽃 | ㊥庚
エイ・ヨウ
ひいでる・はなぶさ

筆順 一 + ++ ++ 艹 苂 苹 英

解字 形聲. ++(초)와 음을 나타내는 央(앙)[영은 변음]을 합쳐서 풀의 꽃의 뜻. 후에 아름답다·뛰어나다의 뜻으로 씀.

意味 ① 꽃. 열매를 맺지 않는 꽃. ② 꽃받침. 술 모양으로 피는 꽃. ③ 빼어남. 뛰어남. 「一才」「一雄」
英明[영명] メイ 뛰어나게 슬기로움.
英魂[영혼] コン 죽은 사람의 넋의 높임말. 영령(英靈). 「본어.
英和[영화] ワ 영국과 일본. 영어와 일

【苑】⁹₊₊5 | 원 | 나랏동산 | ㊤阮
エン・オン
その

[艹部] 5~6획　　　　　　　　　　　　　321

筆順 芍芍苑
意味 ① 나랏동산. ② 동산. ㉠울을 치고 금수를 기르는 곳. ㉡울을 치고 식물을 심어 기르는 곳. ③ 큰 바람. ④ 모임. 모이는 곳.
苑囿[원유] ① 새·짐승을 놓아 기르는 동산과 목장. ② 정원. ③ 대궐 안의 동산.

【苧】艹5 | 저 | 모시 | ㉷語 |
チョ
からむし

筆順 芦苎苧
意味 모시풀[줄기의 껍질에서 섬유를 채취함].
苧綬[저수] 두건(頭巾).
苧蝶[저접] 모시에 붙은 벌레.
苧蒲[저포] 모시나 부들로 짠 삿갓.

【苫】艹5 | 점 | 이엉짚 | ㉷鹽 |
セン
とま

筆順 苎苫苫
意味 ① 이엉짚. ② 거적자리. ③ 글씨를 흘려 씀. ④ 섬[벼를 담는 그릇].

【苔】艹5 | 태 | 이끼 | ㉷灰 |
タイ
こけ

筆順 苔苔
意味 이끼.
苔碑[태비] 이끼 낀 비석.
苔石[태석] 이끼가 많이 낀 돌.

【苞】艹5 | 포 | 그령풀 | ㉷肴 |
ホウ·ヒョウ
つと

筆順 芍苞苞
意味 ① 그령풀. ② 밑동[本]. ③ 꾸러미. 짚으로 물건을 묶어서 싼 것. ④ 초목이 다복히 남. 무성함.
苞苴[포저] 뇌물의 성질을 띤 선물.

【苾】艹5 | 필 | 필추풀 | ㉷質 |
ヒツ

意味 ① 필추풀[草名]. ② 향기로움. 향기. ③ 오랑캐의 부락.
苾芻[필추] ① 비구(比丘). ② 풀 이름.
苾苾[필필] ヒツ 향기로운 모양. ㉡름.

【莖】茎(艹부 7획)의 약자

【茫】艹6 | ① 망 ② 망 | 아득할 | ㉷陽 ㉷養 |
ボウ

筆順 艹汒茫
解字 形聲. 艹[풀]와 음을 나타내는 汒(망)을 합쳐서 넓게 풀이 무성한 모양을 뜻함.
意味 ① ① 아득함. 멂(遠). 한량 없이 넓음. ② 멍함. 어리둥절한 모양.「一然」② 황홀함.
茫漠[망막] ボウ ① 넓고 아득한 모양. ② 크기만 하고 또렷하지 않은 모양.
茫茫[망망] ボウ ① 넓고 아득한 모양. ② 요점이 없고 흐리멍덩한 모양. 망막.

【茗】艹6 | 명 | 차싹 | ㉷迥 |
メイ·ベイ·ミョウ

筆順 芝苕茗
意味 차싹[茶芽]. 차나무.
茗果[명과] 차와 과일.
茗園[명원] 차 밭.

【茯】艹6 | 복 | 복령 | ㉷屋 |
フク

筆順 茯茯
意味 복령[버섯의 일종].
茯苓[복령] 소나무 뿌리에 기생하는 버섯류. 한방(漢方)에서 수종(水腫)·입맛 같은 데의 약재로 씀.

【荀】艹6 | 순 | 풀이름 | ㉷眞 |
ジュン·シュン

筆順 芍苟荀
意味 ① 풀 이름[草名]. ② 성(姓)의 하나.
荀子[순자] ジュン 〈人〉 중국 전국 시대(戰國時代)의 사상가. 이름은 황(況).

[玆] ++6 | 자 | 돗 | 支
シ・ジ ここ

筆順 一 十 十 十 玄 玆 玆

意味 ① 돗. 돗자리. ② 거듭[重].
③ 초목이 우거짐.
조(趙) 나라 사람. 맹자(孟子)의 성선설(性善說)에 반대하여 성악설(性惡說)을 주장. 특히 예(禮)를 중하게 여김. 순경(荀卿). 손경(孫卿)이라 불림. 〈書〉순자(荀子)가 지은 책 이름. 20권으로 되어 있음.

[茹] ++6 | 여 | 띠뿌리 | 魚
ジョ くらう・ゆでる

筆順 一 十 十 艹 艹 艿 茹

意味 ① 띠뿌리[芧根]. ② 받음. ③ 헤아림. ④ 부드러움. ⑤ 마심. ⑥ 메침. 메삶음.

[茸] ++6 | 용 | 녹용 | 冬
ジョウ しげる

筆順 一 十 十 艹 芏 苷 茸

意味 ① 무성함. 풀이 무성함. ② 헝클어짐. ③ 녹용[사슴 뿔]. ④ 가는 털. ⑤ 풀의 싹. ⑥ 미련한 사람. 천한 사람. ⑦ 버섯. ⑧ 메밀.

茸闒[용탑] ① 어리석고 둔함. ② 쓸모가 없음.

[荏] ++6 | 임 | 들깨 | 寑
ニン・ジン え

筆順 一 十 十 艹 芢 荏 荏

意味 ① 들깨. ② 잠두[누에콩]. ③ 부드러움.

荏弱[임약] 부드럽고 약함. 가냘픔. 나약함. 「월이 더딘 모양.
荏染[임염] 부드러움. ② 세

[茨] ++6 | 자 | 가시나무 | 支
シ いばら

筆順 一 十 十 艹 艹 茊 茨

意味 ① 가시나무. ② 지붕을 이음. ③ 띠[茅]. ④ 남가새[草名]. ⑤ 쌓음.

*[茶] ++6 | 다 | 차 | 麻
チャ・タ・サ

筆順 一 十 十 艹 艹 苯 茶

解字 形聲. ++[풀]과 음을 나타내는 余(도)[다는 변음]를 합쳐서 씀바귀를 뜻하는 荼(도)가 본래의 정자임. 후에 씀바귀의 뜻에는 荼를 쓰고 차의 뜻으로는 茶를 씀.

意味 ① 차. 차나무. ② 다색(茶色)

茶褐色[다갈색] 검은 빛을 띤 적황색.
茶菓[다과] 차와 과자.
茶房[다방] 찻집. 커피·홍차 등을 마시며 쉴 수 있게 한 영업집.

[茜] ++6 | 천 | 꼭두서니 | 霰
セン あかね

筆順 一 十 十 艹 艹 茜 茜

意味 꼭두서니[蔓草名].

草 ++6 | 초 | 풀 | 皓
ソウ・ゾウ くさ

筆順 一 十 十 艹 芐 草 草

解字 形聲. ++[풀]와 음을 나타내는 早(조)[초는 변음]를 합쳐서 풀을 뜻함.

意味 ① 풀. ↔木 ② 거침. 촌스러움. ③ 시작함. 처음. ④ 글을 씀. 초를 잡음. ⑤ 초서[자체의 한 가지].

草露[초로] 풀잎에 맺힌 이슬이라는 뜻으로 사물의 덧없음을 가리킴.
草綠[초록] 초록빛. 청색(青色)과 황색(黃色)의 중간 색.
草書[초서] 흘림자. 서체(書體)의 한 가지. 행서(行書)를 더 흘려 쓴 글씨.
草案[초안] ① 기초가 되는 의안(議案). ② 초고(草稿).

[荊] ++6 | 형 | 굴싸리 | 庚
ケイ いばら

筆順 一 十 十 艹 荆 荆 荊

[意味] ① 가시나무. 가시. ② 곤장. ③ 굴싸리. ④ 자기 아내. 「一妻」 ⑤ 중국의 고장 이름.
荊棘[형극]ケイキョク ① 가시. ② 고난(苦難). ③ 악인(惡人). 「하는 말.
荊妻[형처]ケイサイ 자기의 아내를 낮추어

*[荒] ++6 | 황 | 거칠 | ㊤陽 |
コウ
あれる・あらい
[筆順] 一 十 艹 艹 芒 荒 荒
[解字] 形聲. ++(풀)와 음을 나타내는 巟(황)을 합쳐서 풀이 땅을 덮고 황폐하다의 뜻.
[意味] ① 거칢. ㉠잡초가 땅을 덮음. ㉡곡물이 자라지 않음. 「凶一」 ㉢쓸쓸함. 「一凉」 ② 황폐하게 함. ③ 사나와짐. ㉠탐닉함. ㉡난잡함. ④ 변경. 변방. ⑤ 큼.
荒野[황야]コウヤ 돌보지 않아 거칠어진 들판. 황원(荒原).

[莊] 莊(++부 7획)의 약자

[莞] ++7 | ①관 ②완 | 왕골 | ㊤寒㊤潸 | カンい |
[筆順] ' 一 十 艹 艹 芦 莒 莞
[意味] ① ① 왕골. ② 왕골자리. ② 빙그레 웃는 모양.
莞然[완연]カンゼン 빙그레 웃는 모양. 완이(莞爾).
莞筵[완연]カンエン 왕골 방석. 「(莞爾).

*[莫] ++7 | ①막 ②맥 | 없을 | ㊤藥 ㊤陌 | バク・マク・ボ
ない・くれ
[筆順] ' 一 十 艹 艹 莒 昔 茣 莫
[解字] 會意. 초원에 해가 지는 모양을 나타내며 해질 녘의 뜻. 후에 음을 빌어 없다・말다의 뜻으로만 쓰이고, 해질 녘의 뜻으로는 暮를 씀.
[意味] ① ① 없음. ② 말라(금지의 말). ③ 아득함. ④ 어두움. ⑤ 안정됨. 조용함. ⑥ 앓음. 앓게 함. ⑦ 꾀함. ⑧ 장막(幕). ⑨ 막(膜). ② ① 저물. 해질 녘. ② 나물. 무성귀. ③ 고요함.

莫強之國[막강지국] 몹시 강한 나라.
莫大[막대]バクダイ 더할 수 없이 큼. 대단히 많음. 「어쩔 수 없이.
莫不得已[막부득이] 하는 수 없이.

[莎] ++7 | 사 | 향부자 | ㊤麻 |
サ
はますげ
[筆順] ' 一 十 艹 艹 艻 莎 莎
[意味] ① 향부자(藥草名). ② 귀뚜라미. ③ 베짱이. ④ 비빔. 문지름.
莎鷄[사계]サケイ〔動〕 베짱이.
莎城[사성] 무덤 뒤를 반달 모양으로 두둑하게 둘러 막아 쌓은 것.

[茶] ++7 | 도 | 씀바귀 | ㊤虞 |
ト・タ
にがな
[筆順] ' 一 十 艹 艹 艾 荼 荼 荼
[意味] ① 씀(苦). ② 씀바귀. ③ 귀신 이름.

[莖] ++7 | 경 | 줄기 | ㊤庚 | ケイくき |
[筆順] ' 一 十 艹 艹 茉 莘 莖 莖
[解字] 形聲. ++(풀)과 음을 나타내는 巠(경)을 합쳐서 곧추 뻗은 풀 줄기를 뜻함.
[意味] ① 줄기. 줄거리. ② 버팀 기둥.

*[莊] ++7 | 장 | 엄할 | ㊤陽 |
ソウ・ショウ
おごそか
[筆順] ' 一 十 艹 艹 芷 莊 莊 莊
[解字] 形聲. ++(풀)와 음을 나타내는 壯(장)을 합쳐서 풀이 몹시 무성하다의 뜻. 널리 엄하다・단정하다의 뜻으로 씀.
[意味] ① 씩씩함. 엄함. 위엄이 있음. 「一重」 ② 단정함. ③ 꾸밈. 성장(盛裝)함. ④ 별장. 시골집. ⑤ 장전(莊田).
莊嚴[장엄]ソウゴン ① 크고 엄숙함. ②〔佛〕 불상이나 전당(殿堂) 등이 아름답게 꾸며져 엄숙함.

[荻] ++7 | 적 | 물억새 | ㊤錫 | テキおぎ |

筆順 〻 〻〻 〻〻〻 荻荻荻

意味 물억새[多年草].

[荷] ¹¹ ₊₊7 | 하 | 멜 | ㊤歌
カ
はす・に

筆順 〻 〻〻 〻〻 〻荷荷荷

解字 形聲. ++[풀]와 음을 나타내는 何(하)를 합쳐서 연(蓮)을 뜻함.
意味 ①〈植〉연. =蓮 ② 멤. 짐어짐. ㉠물건을 어깨에 멤. ㉡떠맡음. ㉢남에게서 은혜를 받음. ③ 짐. 하물.
荷擔[하담]ヵヵ ① 짐어짐. 멤. ② 힘을 보탬. 가담(加擔).
荷物[하물]ニヵ ① 짐. ② 자기의 부담이나 책임이 되는 것.

[菰] ¹² ₊₊8 | 고 | 줄 | ㊤虞
コ
まこも

筆順 〻 〻〻 〻〻 菰菰菰

意味 줄[多年草].

[菓] ¹² ₊₊8 | 과 | 실과 | ㊤哿 | ヵ

筆順 〻 〻〻 芹苩草菓菓

意味 形聲. ++[풀]와 음을 나타내는 果(과)를 합쳐서 나무 열매·과일을 뜻함.
意味 ① 실과. 나무 열매. =果 ② 菓과자.
菓子[과자]ヵ 밀가루나 쌀가루에 설탕·꿀·우유 같은 것을 넣어 만든 끼니 외에 먹는 것의 총칭으로 종류가 많음.

[菅] ¹² ₊₊8 | ① 관 | 왕골 | ㊤寒
         ② 간 | | ㊤删
カン・ケン
すげ

筆順 〻 〻〻 芒苧菅菅

意味 ① 왕골. =莞 ② 솔새[多年草名]. ② 거적. ③ 주린 얼굴 모양.

*[菊] ¹² ₊₊8 | 국 | 국화 | ㊆屋 | キク

筆順 〻 〻〻 芍芍菊菊

解字 形聲. ++[풀]와 음을 나타내는 匊(국)을 합쳐서 국화를 뜻함.
意味 국화.
菊花[국화]ㅋヮ〈植〉① 엉거시과 국화속(菊花屬)에 속하는 식물의 총칭. ② 감국(甘菊).

*[菌] ¹² ₊₊8 | 균 | 버섯 | ㊤軫
キン
きのこ

筆順 〻 〻〻 芦芦菌菌

解字 形聲. ++[풀]와 음을 나타내는 囷(균)을 합쳐서 버섯을 뜻함.
意味 ①〈植〉버섯. ② 세균. 병균. ③ 곰팡이. ④ 죽순. ⑤ 무궁화.
菌類[균류]ㅋン〈植〉넓은 의미로는 엽록소를 갖지 않은 은화 식물(隱花植物). 곧 박테리아 종류·점균류(粘菌類)·진정 균류(眞正菌類)등의 총칭.

[菫] ¹² ₊₊8 | 근 | 제비꽃 | ㊤震
キン
すみれ

筆順 〻 〻〻 〻 苦菫菫

意味 ① 제비꽃. ② 바꽃[多年生化草].

[萊] ¹² ₊₊8 | 래 | 명아주 | ㊆灰 | ライ

筆順 〻 〻〻 茓茓萊萊

意味 ① 명아주[草名]. ② 거چ. ③ 밭을 묵힘. ④ 중국 산동성(山東省) 고장 이름.
萊蕪[내무]ライ 잡초가 우거지고 거친 땅.
萊菔[내복]〈植〉무우의 딴 이름.

[菱] ¹² ₊₊8 | 릉 | 마름 | ㊤蒸 | リョウ
ひし

筆順 〻 〻〻 芏芜荗菱

意味 마름[一年生水草].
菱形[능형]ㄹヨゥ〈數〉마름모꼴. 네 변의 길이가 같고 대각선의 길이가 다르며 그 각들이 직각이 아닌 사변형.

[莽] ¹² ₊₊8 | ① 무 | 추솔할 | ㊤尤
         ② 망 | | ㊥陽
ボウ・モウ
くさ

筆順 〻 〻〻 芏芖茭莽莽

[艹部] 8획

意味 ① 추슬함. 거칠고 까불어서 차근차근하지 못함. ② ① 풀이 무성함. ② 여뀌류. 고기를 잡는 풀. ③ 추슬함.

【萌】 ++8 12 | 맹 | 골싹 | 座庚 |
ボウ・ホウ
きざす・もえる

筆順 ⼀ ⼗ ⼟ 艹 节 芍 荫 萌 萌

意味 ① 풀의 싹. ② 싹틈. ③ ㉠새싹이 나옴. ㉡비롯함. 시작함. ③ 징조. 시작. ④ 발을 갊. ⑤ 꼼짝 아니함.

萌芽[맹아] ホゥ(ボウ) ① 초목이 싹을 냄. 발아(發芽). ② 새로 난 싹.

【菩】 ++8 12 | 보 | 보리나무 | 座週 |
ボ・ホ

筆順 ⼀ ⼗ ⼟ 艹 艹 苙 苙 菩

意味 ① 보리나무. 보리수. ② 보살. 깨침(覺).

菩提[보리] ボ ダイ 〈佛〉 ① 도(道)·지(智)·각(覺)의 뜻. 불교의 올바른 도리를 깨달음. ② 불문(佛門)에 들어가 중이 됨.

【菲】 ++8 12 | 비 | 엷을 | 座尾 |
ヒ・ヒイ
うすい

筆順 ⼀ ⼗ ⼟ 艹 艹 芦 菲 菲

意味 ① 순무[나물 이름]. ② 향기. ③ 풀이 우거짐. ④ 엷음. ⑤ 둔함.

菲德[비덕] ヒ トク ① 덕이 박함. ② 자기의 덕을 낮추어 하는 말. 박덕(薄德).

【菽】 ++8 12 | 숙 | 콩 | 入屋 |
シュク
まめ

筆順 ⼀ ⼗ ⼟ 艹 艹 芋 菽 菽

意味 콩. 콩과 식물 및 그 열매의 총칭.

菽水[숙수] シュィ 콩과 물. 곧 변변치 못한 음식의 비유.

【菘】 ++8 12 | 숭 | 숭채 | 座東 |
スウ・シュウ

筆順 ⼀ ⼗ ⼟ 艹 艹 艿 菘 菘

意味 숭채. 배추의 일종.

菘藍[숭람] 〈植〉 십자화과의 이년생 풀. 줄기와 잎은 파랑 물감의 원료로 씀.

【菴】 ++8 12 | 암 | 암자 | 座覃 |
アン
いおり

筆順 ⼀ ⼗ ⼟ 艹 芙 荟 荟 菴

意味 ① 암자. 절. ② 우거짐. 무성함. ③ 진주풍[草名]. ④ 가리움.

菴婪[암람] 물욕과 탐욕이 있음.

【萎】 ++8 12 | 위 | 시들 | 座支 |
イ
なえる

筆順 ⼀ ⼗ 艹 艹 芢 莶 萎 萎

意味 ① 시듦. 마름. ② 쇠함. 약해짐. 나른함. ③ 앓음. ④ 둥글레[多年草].

萎靡[위미] ィ ビ 시듦. 쇠약함.

萎縮[위축] ィ シュク ① 시들어서 쭈그러 듦. ② 기를 펴지 못함.

【菖】 ++8 12 | 창 | 창포 | 座陽 |
ショウ

筆順 ⼀ ⼗ 艹 艹 芢 芦 苩 菖

意味 창포(菖蒲).

菖蒲[창포] ショゥ フ 〈植〉 천남성과(天南星科)에 딸린 다년초. 뿌리는 약재로 씀.

【萄】 ++8 12 | 도 | 포도나무 | 座豪 |
ドウ・トウ

筆順 ⼀ ⼗ 艹 艹 芍 芍 萄 萄

意味 포도나무. 포도. 들머루.

*【菜】 ++8 12 | 채 | 나물 | 去隊 |
サイ
な

筆順 ⼀ ⼗ 艹 艹 艹 芡 苹 菜

解字 形聲. ++(풀)와 음을 나타내는 采(채)를 합쳐서 식용으로 재배한 풀을 뜻함.

意味 ① 나물. 야채. 「一蔬」 ② 채마밭. ③ 반찬. 술안주. ④ 주린 빛. 푸성귀만 먹어서 누르스름하게 된 얼굴빛.

菜色[채색] サィ シュク ① 푸른 채소의 빛깔. ② 못 먹은 사람의 누르스름한 안색. 혈색이 없는 안색. 「菜」

菜蔬[채소] サィ ソ 남새. 푸성귀. 소채(蔬

【萍】 ++8 12 | 평 | 마름 | 座青 |

ヘイ・ビョウ

筆順 ⺾ ⺿ 艹 艹 艹 萍 萍 萍

意味 ① 마름〔一年生草名〕. ② 머구리밥. 개구리밥.

[萃] ⺾+8 ¹² │췌│모을│㊂寘│

スイ・ズイ
あつまる

筆順 ⺾ ⺿ 艹 艹 芝 芝 莩 萃

意味 ① 모음〔聚〕. 「拔一」② 야윔. ③ 괘(卦) 이름.

[華] ⺾+8 ¹² │화│빛날│㊃麻│

カ・ケ・ゲ
はな

筆順 ⺾ ⺿ 艹 ⺾ 艹 荂 萨 華

解字 會意. ⺾〔풀〕와 버드나무 잎이 아름답게 늘어진 모양인 ⿱艹十 를 합쳐서 아름답게 꽃이 핀 가지가 달린 초목의 뜻; 널리 꽃・화려하다의 뜻으로 씀.

意味 ① 꽃. 꽃이 핌. ② 빛남. 영화. 아름다움. 「豪一」 ③ 겉. 표면.↔實

華麗(화려)ꀘꁁ 빛나고 고움. 번화하고 고움. 화미(華美).

[著] 著 (⺾부 9획)의 약자

[葛] ⺾+9 ¹³ │갈│칡│㊇曷│

カツ・カチ
くず

筆順 ⺾ ⺿ 艹 艹 苩 莒 葛 葛

意味 ①〔植〕칡. ② 고대 중국의 나라 이름. ③ 성(姓)의 하나.

葛藤(갈등)ꀘꁁ ① 칡과 등나무. 서로 덩굴진 식물. ② 얽힘. 다툼.

[葵] ⺾+9 ¹³ │규│아욱│㊄支│ キあおい

筆順 ⺾ ⺿ 艹 艹 艹 葵 葵 葵

意味 ① 아욱. ② 해바라기. ③ 측규화.

[董] ⺾+9 ¹³ │동│바로잡을│㊀董│

トウ
ただす

筆順 ⺾ ⺿ 艹 苩 苩 董 董

意味 ① 바름. ② 감독함. 바로잡음. ③ 굳음. ④ 연뿌리(蓮根) ⑤ 비빔밥. ⑥ 골동(古物).

董督(동독)ꀘꁁ 감독하고 독촉함.

[落] ⺾+9 ¹³ │락│떨어질│㊇藥│

ラク
おちる

筆順 ⺾ ⺿ 艹 艹 艻 茨 落 落

解字 形聲. ⺾〔풀〕와 음을 나타내는 洛을 합쳐서 잎이 떨어지다의 뜻. 널리 물건이 떨어지다의 뜻으로 씀.

意味 ① 떨어짐 떨어뜨림. ㉠초목의 잎이나 꽃이 떨어짐. ㉡내려감. ㉢적어짐. ㉣손에 넣음. ㉤함락함. 「一城」 ㉥빠짐. 「脫一」㉦해가 짐. ㉧쇠약해짐. ㉨죽음. 「一命」② 영락함. 「零一」

落空(낙공) 계획이 허사가 됨.
落果(낙과)ꀘꁁ 나무에서 저절로 떨어진 과실. 채 익기도 전에 과일이 떨어짐.
落陽(낙양)ꀘꁁ 지는 해. 낙일(落日).
落葉(낙엽)ꀘꁁ 나뭇잎이 떨어짐. 또는 떨어진 잎.

[萬] ⺾+9 ¹³ │만│일만│㊃願│

マン・バン
よろず

筆順 ⺾ ⺿ 艹 苩 莒 萬 萬 萬

解字 象形. 전갈의 모양을 본뜸. 전갈의 뜻. 후에 수사(數詞)인 만의 뜻으로 씀.

意味 ① 일만. ㉠천의 열 배. ㉡다수. 여럿. 많음. 「一病」 ㉢모두. 「一事」 ② 벌 이름. ③ 춤 이름. ④ 결단코. ⑤ 만약. 만일.

萬感(만감)ꀘꁁ ① 여러 가지의 감정. 온갖 감회. ② 복잡한 감정.
萬能(만능)ꀘꁁ ① 모든 것에 잘 통함. 또는 그러한 능력. 「一藥」 ② 모든 일에 솜씨가 좋음. 「一選手」

[葡] ⺾+9 ¹³ │포│포도나무│㊆虞│

ブ・ホ

筆順 ⺾ ⺿ 艹 芍 芍 甸 葡 葡

意味 포도. 포도나무. 들머루.

葡萄〔포도〕ブドウ 〈植〉 ① 포도과의 식물. 다른 것에 감아 붙어서 덩굴이 길게 뻗으며 여름에 둥근 열매를 맺음. 이를 식용하며 건포도·포도주 등을 만듦. ② 포도나무의 열매.

【萼】13 艹9 | 악 | 꽃받침 | [入]藥 |
ガク
うてな
[筆順] 萼
[意味] 꽃받침.

【葯】13 艹9 | 약 | 구리때잎 | [入]藥 |
ヤク・アク
[筆順] 葯
[意味] ① 구리때 잎〔白芷葉〕. ② 약. 수꽃술의 끝에 붙은 주머니. ③ 동여맴.

*【葉】13 艹9 | [1]엽 [2]섭 | 잎 | [入]葉 [入]葉 |
ヨウ・ショウ
は
[筆順] 葉
[解字] 形聲. 艹〔풀〕와 음을 나타내는 枼(엽)을 합쳐서 잎을 뜻함.
[意味] [1] ① 잎. 잎사귀. 잎같이 얇은 것. ② 세(世). 시대. 「中—」 ③ 갈래. 본줄기에서 갈라진 것. ④ 후손. ⑤ 종이를 세는 말. ⑥ 미늘. 갑옷의 미늘. [2] ① 성(姓)의 하나. ② 중국 하남성(河南省) 남양부(南陽府)의 현(縣) 이름.
葉茶〔엽차〕はチャ ① 차나무의 어린 잎을 달여 만든 차. ② 한번 끓여 낸 홍차를 다시 끓인 멀건 차.

【葦】13 艹9 | 위 | 갈대 | [上]尾 | イ あし
[筆順] 葦
[意味] ① 갈대〔多年草〕. ② 작은 배〔舟〕.
葦車〔위거〕イシャ 꾸미지 않은 수레.

*【葬】13 艹9 | 장 | 장사지낼 | [去]漾 |
ソウ
ほうむる
[筆順] 葬
[解字] 會意. 풀숲을 뜻하는 茻과 死를 합쳐서 시체를 풀숲 속에 장사지내다의 뜻.
[意味] ① 장사를 지냄. 시체를 땅속에 묻음. 「埋—」 ② 장사. 「冠婚—祭」
葬禮〔장례〕ソウレイ 장사를 지냄. 또는 그 의식(儀式). 장의(葬儀).
葬事〔장사〕 시체를 묻거나 화장하는 일.

【著】13 艹9 | [1]저 [2]착 | 나타낼 | [去]御 [入]藥 |
チョ・チャク・ジャク
あらわす・つく・いちじるしい
[筆順] 著
[解字] 形聲. 본래는 箸의 속자. 竹〔대〕과 음을 나타내는 者(자)〔저는 변음〕를 합쳐서 먹을 것을 집는 젓가락의 뜻. 후에 나타내다·도착하다의 뜻으로 씀.
[意味] [1] ① 나타냄. 분명히 함. ② 지음. 책을 써 냄. 「—作」 ③ 나타남. 분명해짐. 두드러짐. 「—名」 ④ 눈에 띔. 분명함. 「顯—」 ⑤ 생각함. [2] ① 입음. ② 붙음. ③ 둠. ④ 삶. 「土—」
著名〔저명〕チョメイ 세상에 잘 알려져 있음. 명성이 높음. 유명(有名).
著工〔착공〕チャッコウ 공사(工事)를 시작함.
著力〔착력〕 힘을 씀.

【葺】13 艹9 | 즙 | 일 | [入]緝 | シュウ ふく
[筆順] 葺
[意味] ① 임. 지붕을 임. ② 기움. 보수(補修)함. ③ 겹쳐짐.

【葱】13 艹9 | 총 | 파 | [平]東 | ソウ ねぎ
[筆順] 葱
[意味] ① 파. 파뿌리. ② 푸름. ③ 기운이 어림.
葱葱〔총총〕ソウソウ 나무숲이 우거진 모양.

【萱】13 艹9 | 훤 | 원추리 | [平]元 | ケン
[筆順] 萱
[意味] 원추리〔草名〕. 먹으면 모든 시름을 잊는다고 하는 풀.

【萩】13 艹9 | 추 | 쑥 | [平]尤 | シュウ よもぎ

[++部] 9~10획

筆順 ⺿ ⺿ 艹 艹 荞 荞 荻
意味 ① 쑥. 맑은 대쑥. ② 가래나무.

[葎] ++9 ⁹⁄¹³ │률│한삼│⑧質│
リツ
むぐら

筆順 ⺿ ⺿ 艹 荓 荏 葎 葎
意味 한삼. 녀삼〔줄기에 가는 가시가 있고 가을에 희고 작은 꽃이 핌〕.
葎草〔율초〕ᴿᵎ〈植〉한삼덩굴.

[募] 力部 11획
[惹] 心部 9획

*****[蓋]** ++10 ¹⁴ │①개│②합│⑧泰 ⑧合
ガイ・カイ・コウ
おおう・ふた・けだし

筆順 ⺿ ⺿ 芅 芅 芸 萎 蓋 蓋
解字 形聲. ⺿(풀)와 음을 나타내는 盍(합)(개는 변음)을 합쳐서 풀로 덮어 씌우다의 뜻. 널리 덮개·덮다의 뜻으로 씀.
意味 ① 덮음. ㉠가림. ㉡덮개. ㉢두껑. ② 이엉〔白茅苫〕. ③ 우산. ④ 대개. 어찌하여서. ② ① 이엉을 덮음. ② 부들자리〔蒲席〕.
蓋世〔개세〕ᴳᵃᵎ 위력이나 기상으로써 세상을 뒤덮을 만한 힘.

[蓑] ++10 ¹⁴ │사│도롱이│⑧歌│
サ・サイ
みの

筆順 ⺿ ⺿ 艹 䒑 芸 荽 蓑 蓑
意味 도롱이〔草衣備雨〕.
蓑笠〔사립〕ᴿᵎᵘᴵᵀˢᵁ 도롱이와 삿갓.

*****[蒙]** ++10 ¹⁴ │몽│입을│⑧東│
モウ・ボウ
くらい・こうむる

筆順 ⺿ ⺿ 艹 芒 芒 荾 蒙 蒙
解字 形聲. ⺿(풀)와 음을 나타내는 冢(몽)을 합쳐서 덩굴풀의 뜻. 음을 빌어서 덮다·어둡다의 뜻으로 씀.
意味 ① 〈植〉새삼. ② 어두움. 사리에 어두움. 「啓一」 ③ 어림. 어린이. ④ 입음. 받음. ⑤ 덮음. 가림. ⑥ 속임. ⑦ 무릅씀. ⑧ 날림.

[蓆] ++10 ¹⁴ │석│석구풀│⑧陌│
セキ
むしろ

筆順 ⺿ ⺿ 芦 芦 芦 蓆 蓆
意味 ① 〈植〉석구풀〔蓆具草〕. ② 큼. ③ 자리.

[蒐] ++10 ¹⁴ │수│모을│⑧尤│
シュウ・シュ
あつめる

筆順 ⺿ ⺿ 艹 艿 苗 蒐 蒐
意味 ① 〈植〉꼭두서니. ② 모음〔聚〕. ③ 숨음. ④ 찾음.
蒐索〔수색〕ˢʰᵘᵘˢᵃᵏᵘ 더듬어서 찾음. 수색(搜索).   「集」.
蒐集〔수집〕ˢʰᵘᵘˢᵇᵘᵘ 자료를 모음. 수집(收

[蒔] ++10 ¹⁴ │시│모종낼│⑧支│
シ・ジ
まく・うえる

筆順 ⺿ ⺿ 艹 苎 苴 蒔 蒔
意味 ① 소회향(小茴香). ② 모종을 냄. 이식함.

[蓉] ++10 ¹⁴ │용│연꽃│⑧冬│ ヨウ

筆順 ⺿ ⺿ 艹 艹 荻 芙 蓉 蓉
意味 ① 연꽃. ② 나무연꽃. ③ 육용풀〔약 이름〕.

*****[蒸]** ++10 ¹⁴ │증│찔│⑧蒸│
ショウ・ジョウ
むす

筆順 ⺿ ⺿ 艹 苁 苁 菾 菾 蒸
解字 形聲. ⺿(풀)와 음 및 찌다의 뜻을 나타내는 烝(증)을 합쳐서 찌다의 뜻.
意味 ① 찜. ② 삼대〔麻中幹〕. ③ 무리〔衆〕. ④ 섶〔薪〕. ⑤ 횃불〔炬〕.
蒸氣〔증기〕ᴶᴼᵁᴷᴵ 〈物〉김. 액체가 증발하여 기체로 된 것. 수증기.「그 머위.
蒸暑〔증서〕ᴶᴼᵁˢᴴᴼ 찌는 듯이 더움. 또는

*【蒼】14 艹10 | 창 | 푸를 | [平]陽 | ソウ あお

[筆順] 艹 艹 苁 芩 苍 蒼 蒼

[解字] 形聲. 艹〔풀〕와 음을 나타내는 倉(창)을 합쳐서 풀의 빛 즉 푸른 빛을 뜻함.

[意味] ① 푸름. 푸른 빛. ② 무성함. 우거짐. ③ 허둥지둥함. ④ 늙음. ⑤ 어둑어둑한 모양.

蒼古〔창고〕ソウコ ① 아주 먼 옛날. ② 아주 오래 됨. 「창궁(蒼穹).

蒼空〔창공〕ソウクウ 푸른 하늘. 창천(蒼天).

蒼天〔창천〕ソウテン ① 푸른 하늘. 창궁(蒼穹). ② 봄의 하늘. ③ 조물주(造物主).

蒼翠〔창취〕ソウスイ ① 청록색. ② 싱싱하게 푸름.

*【蓄】14 艹10 | 축 | 쌓을 | [入]屋 |
チク
たくわえる

[筆順] 艹 艹 苎 芓 菩 蓄 蓄

[解字] 形聲. 艹〔풀〕과 음을 나타내는 畜(축)을 합쳐서 수확물을 모아 두다의 뜻.

[意味] ① 쌓음. 모아 둠. 모음. 「一積」 ② 거두어 챙김. 챙겨 둠.

蓄財〔축재〕チクザイ 재산을 모아 쌓음. 또는 그 재산. 「쌓음.

蓄積〔축적〕チクセキ ① 모아서 쌓아 둠. ②

【蒲】14 艹10 | 포 | 부들풀 | [平]虞 |
ホ・ブ・フ
がま

[筆順] 艹 艹 艹 蒲 蒲 蒲 蒲

[意味] ① 〈植〉 부들풀. 부들풀로 만든 자리. ② 개버들. ③ 창포.

蒲公英〔포공영〕たんぽぽ・ホコウエイ ① 〈植〉 엉거시과의 다년초. 민들레. 봄에 황색의 꽃이 핌. ② 〈醫〉 민들레의 뿌리. 유종(乳腫)·결핵. 등에 쓰임.

蒲團〔포단〕フトン ① 부들로 만든 둥근 방석. ② 이불. 「이 허약함.

蒲柳〔포류〕ホリュウ ① 〈植〉 갯버들. ② 몸

【幕】 巾부 11획

【夢】 夕부 11획

【墓】 土부 11획

*【蓮】15 艹11 | 련 | 연 | [平]先 | レン はす

[筆順] 艹 艹 芇 苩 蓮 蓮 蓮

[解字] 形聲. 艹〔풀〕와 음을 나타내는 連(련)을 합쳐서 뿌리가 길게 이어진 수초(水草) 즉 연을 뜻함.

[意味] ① 〈植〉 연. 연꽃과에 속하는 다년생 수초. ② 연밥. 연꽃의 열매.

【蓼】15 艹11 | [1]료 [2]륙 | 여뀌 | [上]篠 [入]屋 |
リョウ・リク
たで

[筆順] 艹 艹 艹 艹 艹 蓼 蓼

[意味] [1] ① 〈植〉 여뀌. ② 고대 중국의 나라 이름. [2] ① 풀잎이 긴 모양. ② 풀이 쭉쭉 벋은 모양.

【蔓】15 艹11 | 만 | 넌출 | [去]願 |
マン・バン
つる

[筆順] 艹 艹 苩 莫 萬 蔓 蔓

[意味] ① 넌출. 덩굴. ② 순무우〔菁〕.

蔓生〔만생〕マンセイ 〈植〉 식물의 가지가 덩굴로 뻗어 나감.

蔓性〔만성〕マンセイ 식물 줄기의 덩굴지는 성질.

蔓延〔만연〕マンエン 질병 등이 널리 퍼짐.

【蔑】15 艹11 | 멸 | 업신여길 | [入]屑 |
ベツ
さげすむ

[筆順] 艹 芇 芦 茂 茂 蔑 蔑

[意味] ① 업신여김. 깔봄. 「輕一」 ② 없음. ③ 버림. ④ 어두움. ⑤ 깎음. ⑥ 잚〔小〕.

蔑視〔멸시〕ベッシ 남을 업신여김. 낮추어 봄. 경시(輕視).

【蓬】15 艹11 | 봉 | 쑥 | [平]東 | ホウ よもぎ

[筆順] 艹 芀 芨 荃 菶 蓬 蓬

[艹部] 11획

意味 ① 〈植〉쑥. ② 더부룩함. 흐트러진 모양. 「一髮」 ③ 엉킴. ④ 봉래산 〔신선이 산다는 곳〕.
蓬萊[봉래] ① 중국에서 가상적으로 이름 지은 삼신산(三神山)의 하나로 봉래산의 약칭. ② 봉래산을 본따서 송(松)·죽(竹)·매(梅)·학(鶴) 등을 만들어 축하하는 데 쓰는 물건.

【蔀】 15/+11 | 부 | 서부풀 | ㊤有
ホウ
しとみ

筆順 艹 艾 莅 莕 蔀 蔀 蔀

意味 ① 〈植〉서부풀[草名]. ② 일흔 두 살 ③ 거적. ④ 차양.

【蔘】 15/+11 | 삼 | 인삼 | ㊨侵
サン・シン

筆順 艹 艾 苂 荭 荟 荟 蔘

意味 ① 인삼. ② 더덕.
蔘農[삼농] 인삼을 재배하는 농사.
蔘商[삼상] 인삼을 파는 장사. 또는 그 장수.
蔘茸[삼용] 인삼과 녹용(鹿茸). L장수.

*【蔬】 15/+11 | 소 | 푸성귀 | ㊤魚
ソ・ショ

筆順 艹 艹 芹 荽 萨 蔬 蔬

解字 形聲. 艹(풀)와 음을 나타내는 疏(소)를 합쳐서 채류(菜類)의 총칭을 뜻함.

意味 푸성귀. 나물. 채소.
蔬果[소과] 채소와 과실.
蔬飯[소반] 별로 잘 차리지 못한 음

【蔌】 15/+11 | ①수 ②속 | 나물 | ㊤有 ㊤屋 | ソク

筆順 艹 艹 苩 荁 蔋 蔌 蔌

意味 ① 나물. ② ① 뜻은 ①과 같음. ② 더러움. ③ 바람이 셈.

【蔚】 15/+11 | ①위 ②울 | 제비쑥 | ㊤未 ㊤物
イ・ウツ

筆順 艹 艹 芦 荁 茺 蔚 蔚

意味 ① ① 제비쑥. ② 초목이 우거짐.

③ 잔 무늬. ② 고을 이름. 「一州」
蔚藍天[울람천] 푸른 하늘. 벽공(碧空). 창공(蒼空).

【蔭】 15/+11 | 음 | 그늘 | ㊨沁
イン・オン
かげ

筆順 艹 艹 芓 茫 陉 陰 蔭

意味 ① 그늘. 「綠一」 ② 덮음. 가리움.
蔭鬱[음울] 초목이 무성하여 밑을 가림.

【蔗】 15/+11 | 자 | 사탕수수 | ㊧禡
ショ・シャ

筆順 艹 艹 芹 荘 萨 蔗 蔗

意味 〈植〉 사탕수수.
蔗糖[자당] 사탕수수를 고아서 만든 사탕.

【蔣】 15/+11 | 장 | 줄 | ㊧陽
ショウ

筆順 艹 艹 芉 萨 萨 蔣 蔣

意味 ① 〈植〉 줄. ② 고대 중국의 나라 이름. ③ 성(姓)의 하나.
蔣介石[장개석] 〈人〉 중국의 정치가(1887~). 절강성(浙江省) 출생 1927년에 남경 국민당 정부 주석 등을 역임. 1931년에 주석을 사임하고 1948년 초대 총통(總統)이 됨. 1949년에 사임하였다가 1950년에 대만에서 복임(復任)됨.

【蔦】 15/+11 | 조 | 담쟁이덩굴 | ㊤篠
チョウ
つた

筆順 艹 艹 芐 茊 茑 蔦 蔦

意味 〈植〉 담쟁이덩굴.

【蔡】 15/+11 | ①채 ②살 | 풀 | ㊧泰 ㊧曷
サイ・サツ

筆順 艹 艿 荻 荻 荻 荽 蔡

意味 ① ① 풀. 초본. ② 법. 법칙. ③ 거북. 점치는 데 쓰는 거북. ④ 중국 주대(周代)의 나라 이름. ⑤ 성(姓)

[艹部] 12획

하나. 〔參〕내칭. 귀양 보냄.
蔡京[채경]ケィ〈人〉북송(北宋) 말의 정치가(1046~1125). 절조(節操) 없는 사람이라 비난을 받았음.

[藏] 藏 (艹부 14획)의 약자

[慕] 心부 11획

[暮] 日부 11획

[蕎] 艹12 | 교 | 메밀 | 輿蕎 | キョウ

筆順 艹 艹 莽 莽 莽 蕎 蕎

意味 ① 메밀. ② 호랑버들.

[蕨] 艹12 | 궐 | 고사리 | 凼月 |
ケツ
わらび

筆順 艹 艹 产 产 莎 蕨 蕨

意味 〈植〉고사리.

[櫨] 艹12 | 로 | 물감나무 | 輿遇 |
ロ
ふき

筆順 艹 艹 苊 芦 莖 蕗 蕗

意味 〈植〉① 물감나무. 머위. ② 감초.

[蕪] 艹12 | 무 | 거칠 | 輿虞 | ブ・ム
あれる

筆順 艹 艹 莊 莊 蕪 蕪 蕪

意味 ① 거침. 잡초가 무성함. ② 황무지. ③ 난잡함. 어지러움. ④ 무우.

蕪雜[무잡]ザッ ① 잡초가 우거져 어지러움. ② 물건이나 사물이 정돈되지 않아 난잡함.   [시 거침.
蕪荒[무황]コウ 풀이 우거지고 땅이 몹

[蕃] 艹12 | 번 | 불을 | 輿元 |
バン・ハン
しげる

筆順 艹 芋 莁 苹 苹 苹 蕃 蕃

意味 ① 불음(滋). ② 쉼(息). ③ 무성함. 많음. ④ 야만.
蕃社[번사]バン 야만인이 사는 부락(部落).   [짐. 번식(繁殖).
蕃殖[번식]バン 붇고 늘어서 많이 퍼

[蕭] 艹12 | 소 | 쑥 | 輿蕭 | ショウ

筆順 艹 艹 产 芦 芦 蕭 蕭

意味 ① 〈植〉쑥. ② 쓸쓸함. ③ 바람 소리. 바람이 쓸쓸하게 부는 모양. ④ 말 우는 소리. ⑤ 차면담. ⑥ 도끼 이름.
蕭蕭[소소]ショウ 바람 소리 등이 쓸쓸함.
蕭灑[소쇄]ショウ 산뜻하고 깨끗한 모양.
蕭然[소연]ショウ ① 텅 비어 쓸쓸한 모양. ② 떠들썩하고 허둥거리는 모양.

[蕊] 艹12 | 예 | 꽃술 | 輿紙 | ズイ・しべ

筆順 艹 艹 艹 芯 蕊 蕊 蕊

意味 ① 〈植〉꽃술. ② 꽃. ③ 초목이 떨기로 난 모양. ④ 약 이름.

[蕆] 艹12 | 천 | 신칙할 | 凷銑 |
テン

筆順 艹 艹 广 产 芦 蔵 蕆

意味 ① 신칙함. 단단히 타일러서 경계함. ② 갖춤.

[蕉] 艹12 | 초 | 파초 | 輿蕭 | ショウ

筆順 艹 艹 芒 芒 栌 萑 蕉

意味 ① 〈植〉파초. ② 땔나무. 섶. ③ 파리함. 핼쑥함.
蕉萃[초췌]ショウ 마르고 파리한 모양. 마름. 초췌(憔悴).

[蕩] 艹12 | 탕 | 방탕할 | 主漾 |
トウ
うごく

筆順 艹 艹 艹 沦 沦 蕩 蕩

意味 ① 움직임. 흔들림. ② 방탕함. 제멋대로 굶. ③ 넓고 큼. ④ 법이 없어짐. ⑤ 평탄함. ⑥ 소탕함. ⑦ 털어 없앰.
蕩減[탕감]トウ 진 빚을 죄다 삭쳐 줌.
蕩客[탕객]トウ 방탕한 사람.
蕩蕩[탕탕]トウ ① 넓고 큰 모양. ② 온화한 모양. ③ 수세(水勢)가 강한 모양. ④ 법률·제도 등이 지켜지지 않고 어지러운 모양.

[艹部] 12～13획

蔽
*蔽 16 ++12 | 폐 | 가리울 | 霽 |
ヘイ・ヘツ
おおう

筆順 艹 艹 艹 芦 芦 蔽 蔽 蔽

解字 形聲. ++(풀)와 음을 나타내는 敝(폐)를 합쳐서 덮다·가리우다의 뜻.

意味 ① 가리움. ㉠덮어 씌움. ㉡싸서 감춤. ② 다함(盡). ③ 정(定)함.

蔽護[폐호]㉠갈싸서 보살핌. 비호(庇護). 옹호(擁護).

薨
薨 17 ++13 | 고 | 말린고기 | 皓 |
コウ
ひもの

筆順 艹 苎 莕 菖 夢 夢 薨

意味 ① 말린 고기. 포. ② 황천. 저승.

薑
薑 17 ++13 | 강 | 생강 | 陽 |
キョウ・コウ
はじかみ

筆順 艹 薔 薔 薑 薑 薑 薑

意味 생강.

薑汁[강즙] 새앙을 짓찧거나 갈아서 짜 낸 물.
薑黃[강황] 〈植〉 나팔꽃 모양의 노란 빛깔의 꽃이 피는 다년생 풀. 그 뿌리는 한약재로 쓰임.

蕾
蕾 17 ++13 | 뢰 | 꽃봉오리 | 賄 |
ライ
つぼみ

筆順 艹 芦 苎 莟 莟 蕾 蕾

意味 ① 꽃봉오리. 장래성이 있는 것. ② 꽃이 방긋하는 모양.

薇
薇 17 ++13 | 미 | 장미 | 微 | ビ

筆順 艹 艹 芹 薇 薇 薇 薇

意味 ① 고비나물. ② 백일홍. ③ 당(唐)나라 벼슬 이름. ④ 장미.

薄
薄 17 ++13 | 박 | 얇을 | 藥 |
ハク
うすい

筆順 艹 荡 菏 蒲 蒲 蓮 薄

解字 形聲. ++(풀)와 음을 나타내는 溥(박)을 합쳐서 풀이 서로 붙어 자라다의 뜻. 후에 얇다의 뜻으로 씀.

意味 ① 얇음. ↔厚 ㉡두텁지 않음. ㉡적음.「一俸」㉢맛이 적음. ㉣천박함. 가벼움. ㉤묽게 함. 옅게 함. ㉥업신여김. ④ 다닥침. ⑤ 힘입음. ⑥ 모음(集). ⑦ 입힘. ⑧ 풀숲. ⑨ 혐의. ⑩ 발(簾). ⑪ 빨리 달림. ⑫ 땅거미. 저녁. ⑬ 누에발. ⑭ 넓음.

薄給[박급]㉯ 적은 급료(給料). 박봉(薄俸).
薄德[박덕]㉯ 덕이 적음.
薄謝[박사]㉯ 약소한 사례(謝禮). 적은 사례. 박지(薄志). 박의(薄儀).

薛
薛 17 ++13 | 설 | 쑥 | 屑 | セツ

筆順 艹 艹 芦 莒 莒 薛 薛

意味 ①〈植〉쑥. ② 중국 주대(周代)의 나라 이름. ③ 성의 하나. ④ 돌삼.

薛居州[설거주] 〈人〉 송(宋)나라의 현신(賢臣).
薛炙[설적] 쇠고기나 소의 내장 등을 꼬챙이에 꿰어 구운 음식. 송도(松都) 설씨(薛氏)에서 비롯하였으므로 이 이름이 생겼음.

薪
薪 17 ++13 | 신 | 땔나무 | 眞 |
シン
たきぎ

筆順 艹 艹 艹 菥 薪 薪 薪

解字 形聲. 新(신)이 원자임. 新이 새롭다의 뜻으로 쓰이고 땔나무의 뜻으로는 ++를 붙여서 씀.

意味 ① 땔나무. 섶. ② 월급. ③ 성(姓)의 하나. ④ 풀(草).

薪木[신목] 섶나무. 땔나무.
薪炭[신탄] 땔나무와 숯. 연료(燃料).

薨
薨 17 ++13 | 1 홍 2 횡 | 죽을 | 蒸 庚 |
コウ
みまかる

筆順 艹 萝 萝 萝 夢 夢 薨

意味 ① 죽음. ② ① 메뚜기가 폐를 지어 나는 소리. ② 많이 모임. ③ 빠름.

〔艹部〕13～14획　　　333

薧去〔훙거〕 ^{コウ}/_{キョ} 왕공 귀인(王公貴人)의 죽음을 높이어 일컫는 말. 훙서(薧逝). 훙어(薧御).

【薙】 ++13 | 치 | 풀깎을 | ㊤紙 |
チ・テイ
かる

筆順 艹 艹 芒 芍 芎 雉 雉 薙

意味 풀을 깎음.

薙刀〔치도〕^{ナギ}/_{なた} ^{・テイ}/_{トウ} 길게 자루가 달린 칼. 「발(剃髮)」

薙髮〔치발〕^{テイ(チ)}/_{ハツ} 머리털을 깎음. 체발.

【薔】 ++13 | 장 | 장미꽃 | ㊤陽 |
ショウ

筆順 艹 艹 芏 芏 薔 薔 薔

意味 장미꽃.

*【薦】 ++13 | 천 | 드릴 | ㊦霰 |
セン
すすめる

筆順 艹 艹 芦 芦 廌 薦 薦

解字 會意. ++(풀)와 사슴을 닮은 동물을 뜻하는 廌을 합쳐서 그 동물들이 먹는 풀의 뜻. 후에 천거하다의 뜻으로 씀.

意味 ① 쑥. 꼴. ② 드림[進] ③ 천거함. ④ 천신함. 새로 나는 물건을 먼저 신위(神位)에 바침. ⑤ 짚자리. ⑥ 풀이 많아 빽빽함.

薦居〔천거〕 거처를 가끔 옮김. 수초(水草)를 따라 이주(移住)함.

〔薫〕薰(++부 14획)의 약자
〔薬〕藥(++부 15획)의 약자

【薧】 ++14 | 고 | 짚 | ㊤皓 |
^{コウ}
わら

筆順 艹 艹 苩 蔔 薔 薧 薧

意味 ① 짚. ② 거적. 자리. ③ 글의 초를 잡음.

【薩】 ++14 | 살 | 보살 | ㊦曷 | サツ

筆順 艹 艹 萨 萨 萨 薩 薩

意味 보살.

*【藍】 ++14 | 람 | 쪽 | ㊤覃 | ラン
あい

筆順 艹 艹 芦 芦 芦 芹 藍 藍

解字 形聲. ++(풀)와 음을 나타내는 監(감)〔람은 변음〕을 합쳐서 청색 물감을 만드는 풀 이름. 바뀌어 남빛을 뜻함.

意味 ①〈植〉쪽. ② 남빛. ③ 옷이 해짐. 결레. ④ 절〔寺〕. ⑤ 성(姓)의 하나.

藍實〔남실〕 쪽의 씨. 약재로 씀.
藍靑〔남청〕 짙은 검푸른 빛.

【薰】 ++14 | 훈 | 향풀 | ㊦文 |
クン
かおる

筆順 艹 艹 萨 茜 董 董 薰

解字 形聲. ++(풀)와 음을 나타내는 熏(훈)을 합쳐서 향기를 좋게 하는 풀의 뜻. 널리 향기가 나다의 뜻으로 씀.

意味 ①〈植〉향풀. ② 좋은 냄새가 남. 향기가 남. ③ 피움. 태움. 향을 사름. ④ 향기가 높음. 감화를 받음. 「一陶」 ⑤ 공훈. =勳

薰育〔훈육〕^{クン}/_{イク} ① 사람을 덕의(德義)로써 교육함. ② 오랑캐. 흉노(匈奴)의 옛 이름.

【藉】 ++14 | ¹자/²적 | 핑계할 | ㊤禡 ㊤陌 |
シャ・セキ
しく・かりる

筆順 艹 芏 芏 萚 萚 藉 藉

意味 ① ① 자리를 깖. 자리. ② 깖. ③ 빌. =借. 핑계댐. ⑤ 온자(蘊藉)함. ⑥ 위로함. 잘 대접함.「慰一」 ② ① 어수선함. ② 심함. 왕성함. ③ 왁자함. 혼잡함. ④ 드림〔獻〕.

藉稱〔자칭〕 딴 일을 빙자하여 핑계함.

【薯】 ++14 | 서 | 마 | ㊦御 |
ショ
いも

筆順 艹 艹 萨 萨 董 菁 薯

意味〈植〉① 마. ② 고구마.

【薺】 ++14 | ¹제/²자 | 냉이 | ㊤薺 ㊤支 |

セイ・ザイ・シ
なずな

[意味] ①〈植〉① 냉이. ② 삼(蔘)의 일종. ②〈植〉납가새. ③ 콩류 이름.

*藏 ++14 ¹⁸ | 장 | 감출 | ㉠陽
ゾウ・ソウ
おさめる・かくれる・くら

[筆順] 芹苧萨萨葴葴藏

[解字] 形聲. ++(초)와 음을 나타내는 臧(장)을 합쳐서 낟알을 넣어 두다의 뜻. 널리 광의 뜻으로 씀.

[意味] ① 넣어 둠. 저장함.「收一」② 감춤. 자취를 감춤. ③ 저장하여 두는 물건. ④ 광. 곳간. ⑤〈植〉장물.

藏經[장경] 불교 경전(經典)의 총칭. 대장경(大藏經).「어 둠.
藏匿[장닉] 남이 알 수 없도록 감추

*藥 ++15 ¹⁹ | 약 | 약 | ㉠藥
ヤク
くすり

[筆順] 苷苷茢藥藥藥

[解字] 形聲. ++(초)와 음을 나타내는 樂(악)[약은 변음]을 합쳐서 병을 고치는 풀의 뜻. 널리 약의 뜻으로 씀.

[意味] ① 약. ㉠병·상처를 고치는 약.「一石」㉡심신에 유익한 것.「毒 ㉢화약. ② 약을 써서 병을 고침.

藥物[약물] 약품. 약이 되는 물건.
藥味[약미] ① 약의 맛. ② 약품(藥品).「(調劑法). 약방문. 처방(處方).
藥方[약방] 약을 짓기 위한 조제법
藥劑[약제] 조제나 치료에 쓰는 약.

*藝 ++15 ¹⁹ | 예 | 재주 | ㉠霽
ゲイ
うえる・わざ

[筆順] 茾蓺蓺藝藝

[解字] 會意. 사람이 허리를 구부리고 나무를 심고 있는 것을 뜻하는 埶에다 ++와 云을 붙여서 농사를 짓는 기술의 뜻으로도

① 재주. 재능. ② 기술. 학문. 글

「技一」③ 심음. ④ 대중함. ⑤ 극진함. ⑥ 법(法). ⑦ 분별함.

藝能[예능] ① 영화·연극·음악·무용 등의 총칭. ② 기예(技藝)와 기능(技能).

[藤] ++15 ¹⁹ | 등 | 등나무 | ㉠蒸
トウ・ドウ
ふじ

[筆順] 疒芦荕荕荕藤藤

[意味]〈植〉등나무. 등명굴.

藤架[등가] 등(藤)나무 덩굴을 길러서 올린 시렁.
藤牀[등상] 등나무로 만든 상.
藤花[등화] 등꽃.

[藩] ++15 ¹⁹ | 번 | 울타리 | ㉠元
ハン
まがき

[筆順] 茳茳荭萍藻藩

[解字] 形聲. ++(초)와 음을 나타내는 潘(번)을 합쳐서 물과 섶으로 만든 울타리의 뜻. 널리 담으로 둘러싸인 구역의 뜻으로 씀.

[意味] ① 울타리. ② 봉건 시대의 제후(諸侯)의 나라. ③ 지킴. 수호함.

藩人[번인] ① 야만인. ② 대만(臺灣)의 토인(土人)을 낮추어 일컫는 말.

[藪] ++15 ¹⁹ | 수 | 숲 | ㉠有
ソウ
やぶ

[筆順] 荁菁藪藪藪藪

[意味] ① 큰 늪. ② 숲. 덤불. ③ 또아리.

[繭] 糸부 13획

[蘆] ++16 ²⁰ |①로 려 | 갈대 | ㉠虞 ㉠魚 ロ あし

[筆順] 莒莒莒蘆蘆蘆

[意味]〈植〉① 갈대. ② ① 꼭두서니. ② 범고채. 절굿대.

蘆岸[노안] 갈대가 무성한 물가의 언덕.「만든 피리. 갈대 피리.
蘆笛[노적] 갈대의 잎을 말아서
蘆花[노화] 갈대의 꽃. 갈꽃.

[藷] ++16 ²⁰ | 저 | 마 | ㉠魚

[艹部] 16~17획·[辶部] 0~3획

ショ・ジョ
いも

[筆順] 艹 茅 荖 薯 薯 薯 薯

[意味] 〈植〉① 마. ② 감자. ③ 고구마.

[藻] 20 ++16 │ 조 │ 조류 │ ㊤皓 │ ソウ も

[筆順] 艹 艹 犭 淬 漠 藻 藻

[意味] ① 조류. 수초(水草)의 총칭. 「海―」② 문채 있는 마름. ③ 글. 문채. 문식(文飾) ④ 좋아함.

藻類[조류] ズ 〈植〉은화(隱花) 식물인 수초(水草)의 통칭. 대부분 물 속이나 습한 곳에 나며 식용(食用) 또는 의약(醫藥)·비료 등으로 씀.

[藺] 20 ++16 │ 린 │ 뇌양이 │ ㊦震 │ リン い

[筆順] 艹 芦 芦 茵 菡 藺 藺

[意味] ①〈植〉뇌양이. 골풀. ② 성(姓)의 하나.

*[蘇] 20 ++16 │ 소 │ 차조기 │ ㊤虞 │ ソ・ス よみがえる

[筆順] 艹 苎 苎 荶 蔴 蘇 蘇

[解字] 形聲. ++[풀]와 음을 나타내는 穌(소)를 합쳐서 차조기의 뜻. 음을 빌어 소생하다의 뜻으로 씀.

[意味] ①〈植〉차조기. ②〈植〉부소나무. ③〈植〉들깨. ④ 나무를 함. ⑤ 까무러친 모양. 회생함. 깨어남. 되살아남. ⑥ 술. 장식으로 드리운 실. ⑧ 성(姓)의 하나.

蘇枋[소방] ボゥ 〈植〉콩과의 낙엽 관목. 재목은 활의 재료가 되고 그 대팻밥은 적자색(赤紫色)의 염료가 됨.

蘇生[소생] ゼィ 다시 살아 남. 회생(回生). 갱생(更生).

[藹] 20 ++16 │ 애 │ 수두룩할 │ ㊤泰 │ アイ

[筆順] 艹 芦 荘 葫 藹 藹 藹

[意味] ① 수두룩함. ② 초목이 우거짐.

藹彩[애채] ァィ 신선한 모양.

[蘊] 20 ++16 │ 온 │ 마름 │ ㊤問 │ ウン つむ

[筆順] 玄 荸 蒭 蒭 蒭 藴 蘊

[意味] ①〈植〉마름. ② 쌓음. 저축함. ③ 모음. ④ 익힘[習].

蘊奧[온오] ォゥ 학문·기예(技藝) 등이 쌓이고 깊음. 비오(秘奧).

蘊蓄[온축] チク ① 마음속에 깊이 쌓아 둠. ② 학문이나 지식을 많이 쌓음.

[蘭] 蘭(차항)의 약자

*[蘭] 21 ++17 │ 란 │ 난초 │ ㊤寒 │ ラン

[筆順] 广 芦 芦 萠 蕑 蘭 蘭

[解字] 形聲. ++[풀]와 음을 나타내는 闌(란)을 합쳐서 향기 나는 풀의 뜻임.

[意味] ①〈植〉난초. ②〈植〉목란(木蘭). ③ 난간.

蘭草[난초] 〈植〉난초과에 속하는 다년초. 향기가 높음.

蘭塔[난탑] タフ 〈佛〉사각(四角) 또는 팔각의 대좌(臺座) 위에 난형(卵形)의 탑신(塔身)을 세운 탑과 (塔婆).

[驀] 馬부 11획

辵(辶)部

[辵] 7 辵0 │ 착 │ 쉬엄쉬엄갈 │ ㊤藥 チャク

[筆順] 丶 ㇇ 彳 千 千 千 辵

[解字] 會意. 발을 뜻하는 止과 길의 뜻인 彳을 합쳐서 길을 걸어가다의 뜻. 부수로는 辶로 쓰며 길·보행에 관한 뜻을 나타냄.

[意味] ① 쉬엄쉬엄 감. ② 뜀. 달림.

[边] 邊(辶부 15획)의 약자

[迅] 7 辶3 │ 신 │ 빠를 │ ㊦震 │ ジン はやい

[筆順] ㇇ ㇈ 刊 迅 迅 迅

[解字] 形聲. 가다의 뜻인 辶과 음을 나타

내는 卂(신)을 합쳐서 빨리 가다의 뜻.
[意味] ① 빠름. 「一速」② 억셈.
迅急[신급] ジンキュウ 빠름(迅速). 매우 급함
迅速[신속] ジンソク 날쌔고 빠름. 대단히 빠름.

[迂] 辶3 ⑦ 7획 ①우 ②오 덜 ⓔ虞 ⓙウ ⓔ囊

[筆順] 一二于干迂迂迂

[意味] ① ①멂. 「一逈」② 굽음[曲]. ③ 피함. ② 뜻은 ①과 같음.

迂路[우로] ウロ 멀리 구부러져 돌아가는 길. 우회 도로(迂廻道路).

[辿] 辶3 7획 천 느릿느릿걸을 ⓔ先 ⓙテン たどる

[筆順] 丨山山山辿辿

[意味] 느릿느릿 걸을.

[迄] 辶3 7획 흘 이를 ⓔ物 ⓙキツ いたる

[筆順] ノ 广 气 气 迄 迄

[意味] ① 이름[至]. ② 이르러 미침. ③ 마침.

[巡] 巛부 4획

*[近] 辶4 8획 근 가까울 ⓔ吻 ⓙキン・コン・ゴン ちかい

[筆順] 一 厂 斤 斤 沂 近 近

[解字] 形聲. 걷다의 뜻인 辶과 음을 나타내는 斤(근)을 합쳐서 보행 거리가 깝다는 뜻. 널리 가깝다의 뜻으로 씀.

[意味] ① 가까움. ㉠거리・시간의 간격이 작음. ㉡관계가 멀지 않음. 「一親」㉢닮음. ② 가까이함. 가까이 감. 「一接」③ 알기 쉬움. ④ 알맞음. ⑤ 거의. ⑥ 요사이. 「最一」

近刊[근간] キンカン ① 곧 출간(出刊)됨. ② 최근에 출판됨. 또는 그러한 간행물.
近間[근간] 요사이. 이즈음. 「一書」
近景[근경] キンケイ ① 가까이 보이는 경치. ②〈美〉그림・사진의 앞에 배치하는 경관(景觀). ↔원경(遠景)

*[返] 辶4 8획 반 돌아올 ⓔ阮 ヘン・ハン・ホン かえす

[筆順] 一 厂 厂 反 反 返 返 返

[解字] 形聲. 길의 뜻인 辶과 음을 나타내는 反(반)을 합쳐서 길을 되돌아오다의 뜻. 널리 돌아오다의 뜻으로 씀.

[意味] ① 돌아옴. ㉠되돌아옴. ㉡뛰어돌아옴. ② 돌려. 줌. 「一還」③ 회복함.

返納[반납] ヘンノウ 돌려 줌. 도로 바침.
返還[반환] ヘンカン 도로 돌려 줌.

*[迎] 辶4 8획 영 맞이할 ⓔ庚 ゲイ・ギョウ むかえる

[筆順] ´ ⺈ 卬 卬 卬 迎 迎

[解字] 形聲. 길의 뜻인 辶과 음을 나타내는 卬(앙)[영은 변음]을 합쳐서 저편에서 오는 사람을 길에서 맞이하다의 뜻.

[意味] ① 맞이함. ㉠기다려서 맞이함. ↔送 ㉡비위를 맞춤. 「一合」㉢마중나감. ② 만남. ③ 장가를 들려고 감.

迎擊[영격] ゲイゲキ ① 쳐들어 오는 적(敵)을 나아가서 맞아 침. ② 찾아 오는 사람을 중로(中路)에서 만남.

*[迫] 辶5 9획 박 닥칠 ⓐ陌 ハク せまる

[筆順] ´ ⺁ 冂 白 白 泊 迫

[解字] 形聲. 보행을 뜻하는 辶과 음을 나타내는 白(백)[박은 변음]을 합쳐서 걸어서 다가가다의 뜻. 널리 가까이 가다의 뜻으로 씀.

[意味] ① 닥침. ㉠가까이 음. ㉡박두함. 「緊一」㉢급함. 서두름. ② 곤란함. 궁함. ③ 줄임. ④ 핍박함. ⑤ 좁아짐. ⑥ 물림.

迫擊[박격] ハクゲキ 바짝 들이 덤벼 마구 몰아침. 적에 접근하여 공격함. 「一砲」
迫力[박력] ハクリョク 일을 추진(推進)해 나아가는 힘. 육박하는 힘.

*【述】9 辶5 | 술 | 말할 | [入]質 |
ジュツ
のべる
[筆順] 一 十 朩 朮 朮 沭 述
[解字] 形聲. 辶[길]과 음을 나타내는 朮(술)을 합쳐서 본래의 길을 따라서 가다의 뜻. 후에 말하다의 뜻으로 씀.
[意味] ① 말함. ㉠이야기함. ㉡밝힘. ㉢생각을 글로 옮김. 「著—」 ② 좇음. ③ 이음[續].
述部[술부]ジュツブ 〈文法〉 문장의 주부에 관하여 설명하는 부분. ↔주부(主部)
述語[술어]ジュツゴ 〈文法〉 주어(主語)를 설명해 주는 말. ↔주어(主語)

【迭】9 辶5 | 질 | 갈마들 | [入]屑 |
テツ・イツ
かわる
[筆順] ノ 𠂉 ⺧ 失 失 浂 迭
[解字] 形聲. 길을 걷다를 뜻하는 辶과 음을 나타내는 失(실)[질은 변음]을 합쳐서 다음 사람에게 건네 주다의 뜻. 널리 바뀌다의 뜻으로 씀.
[意味] ① 갈마듦. 「更—」 ② 대신(代身). ③ 침노함.
迭代[질대]テツダイ 서로 바꾸어 대신함. 세상의 대를 이어 나감. 교체(交遞).

*【逃】10 辶6 | 도 | 달아날 | [平]豪 |
トウ
にげる
[筆順] ノ 丿 ㇒ 兆 兆 洮 逃
[解字] 形聲. 보행을 뜻하는 辶과 음을 나타내는 兆(조)[도는 변음]을 합쳐서 떨어져 가다의 뜻. 후에 달아나다의 뜻으로 씀.
[意味] ① 달아남. ② 빠져 나감. 피하여 멀리 감. ③ 도망함. ④ 도망군.
逃避[도피]トウヒ ① 도망하여 몸을 피함. ② 어떤 사회적인 활동에서 책임을 피하여 살짝 빠짐.

*【送】10 辶6 | 송 | 보낼 | [去]送 |
ソウ
おくる
[筆順] 丶 丷 䒑 兰 关 关 送
[解字] 形聲. 길을 가다의 뜻인 辶과 음을 나타내는 倂(잉)[송은 변음]의 생획(省畫)인 关을 합쳐서 길에서 전송하다의 뜻. 널리 보내다의 뜻으로 씀.
[意味] ① 보냄. ㉠전송함. 「—別」 ↔迎 ㉡보내줌. 「運—」 ② 거느림.
送金[송금]ソウキン 돈을 보냄.

*【迷】10 辶6 | 미 | 헤맬 | [平]齊 |
メイ・ベイ
まよう
[筆順] 丷 䒑 半 米 米 洣 迷
[解字] 形聲. 길을 가다의 뜻인 辶과 음을 나타내는 米(미)를 합쳐서 길을 잃다의 뜻임.
[意味] ① 헤맴. ㉠길을 잃음. ㉡분명하지 않음. 「混—」 ㉢사리에 어긋난 것. 「—信」 ② 반함. 미혹함. ③ 망설임.
迷宮[미궁]メイキュウ ① 안에 들어가면 쉽게 출구를 찾지 못해 나올 수 없도록 복잡하게 지은 궁전(宮殿). ② 사건이 복잡하게 얽혀 쉽게 해결이 안되는 일.

*【逆】10 辶6 | 역 | 거스를 | [入]陌 |
ギャク・ゲキ
さからう
[筆順] 丷 䒑 屰 屰 屰 洴 逆
[解字] 形聲. 길을 뜻하는 辶과 음을 나타내는 屰(역)을 합쳐서 길에서 사람을 맞다의 뜻. 널리 거스르다·거꾸로의 뜻으로 씀.
[意味] ① 거스름. ↔順 ㉠반대함. ㉡배반함. 「大—」 ㉢역적. ② 어지럽힘. ③ 거꾸로임. 「—說」 ↔順 ④ 맞음[迎].
逆水[역수]ギャクスイ 거슬러 흐르는 물.

【迹】10 辶6 | 적 | 발자국 | [入]陌 | セキ あと
[筆順] 丶 亠 亣 亦 亦 洂 迹
[意味] ① 발자국. ② 자취. ③ 업적. ④ 보기[例]. ⑤ 뒤따름.

*【追】10 辶6 | [1]추 [2]퇴 | 쫓을 | [平]支 [平]灰 |
ツイ・タイ
おう

[辶部] 6~7획

[筆順] ⺊⺊⺊自自追追
[解字] 形聲. 걷다의 뜻인 辶과 음을 나타내는 自(퇴→추는 변음)를 합쳐서 뒤를 따라가다의 뜻. 널리 쫓다의 뜻으로 씀.
[意味] ① ⑦ 쫓음. ㉠뒤를 쫓음. ㉡쫓아냄.「一放」㉢쫓아 구함.「一究」㉣뒤쫓아 따라감.「一從」② 거슬러 올라감. ② ① 욀을 다듬음. ② 쇠북 꼭지.
追究[추구]¾ 어디까지나 캐어 들어가며 연구함. 「짐. 끝까지 따짐.
追窮[추궁]¾ 어디까지든지 캐어 따

*[退] 辶6 | 퇴 | 물러날 | ㉰隊 |
タイ・トン
しりぞく
[筆順] ⺉⺉⺉艮艮艮退退退
[解字] 形聲. 口[해]과 나아가다의 뜻인 夂와 음을 나타내는 艮(착)[퇴는 변음]를 합쳐서 해가 떨어지다의 뜻. 후에 물러나다의 뜻으로 씀.
[意味] ① 물러남. ㉠뒤로 물러섬. ↔進 ㉡그만둠. ㉢물러감.「引一」「辭一」② 물리침. ㉠뒤로 물러나게 함. ㉡자리·지위를 낮춤. ㉢멀리함.
退路[퇴로]¾ 뒤로 물러갈 길.
退步[퇴보]¾ ① 뒤로 물러섬. ② 종전보다 나빠진 상태. ↔진보(進步)
退社[퇴사]¾ ① 회사에서 규정된 시간의 일을 마치고 퇴근함. ② 회사를 아주 그만둠. ↔입사(入社)

[逅] 辶6 | 후 | 만날 | ㉰有 |
コウ
あう
[筆順] ⺉⺉后后后逅逅
[意味] 우연히 만남.「邂一」

*[途] 辶7 | 도 | 길 | ㉰虞 |
ト・ズ
みち
[筆順] 人合余余途途途
[解字] 形聲. 辶[길]과 음을 나타내는 余(여)[도는 변음]를 합쳐서 가는 길을 막다의 뜻. 후에 길의 뜻으로 씀.
[意味] 길. 노정(路程).「中一」
途上[도상]¾ ① 길 위. 노상(路上).

② 중도(中途).
途中[도중]¾ ① 길을 가고 있는 동안. ② 일을 해 나가는 중간. 중도.

[逗] 辶7 | 두 | 머무를 | ㉰有 |
トウ・ズ
とどまる
[筆順] ⺈⺈豆豆豆逗逗
[意味] 머무름.「一留」
逗留[두류]¾ ① 머물러 떠나지 않음. ② 여행지에서 오래 머무름. 두류(逗遛).

[連] 辶7 | 련 | 연이을 | ㉰霰 |
レン
つらなる・つれる
[筆順] ⺈⺈車車車連連
[解字] 會意. 車와 辶[길]을 합쳐서 차가 연이어서 길을 가다의 뜻. 널리 연잇다의 뜻으로 씀.
[意味] ① 연이음. ㉠연속함. 잇닿음. ㉡연이어 따름. ㉢합침.「一坐」② 끌림.
連結[연결]¾ 서로 이어서 맺음. 연결.
連年[연년]¾ 해를 이음. 해마다.
連發[연발]¾ ① 계속해서 발생함. ② 총포(銃砲)를 연달아 쏘아 댐. 연방(連

[逢] 辶7 | 봉 | 만날 | ㉰冬 |
ホウ・ブ
あう
[筆順] 丿久冬夆夆逢逢
[解字] 形聲. 길을 가다의 뜻인 辶과 음을 나타내는 夆(봉)을 합쳐서 길에서 만나다의 뜻. 널리 만나다의 뜻으로 씀.
[意味] ① 만남. ② 맞음. ③ 북소리.
逢變[봉변]¾ ① 남에게 욕을 봄. ② 뜻밖에 변을 당함.

[逝] 辶7 | 서 | 갈 | ㉰霽 | セイ
ゆく
[筆順] ⺈⺉扌扩折逝逝
[意味] ① 감. ㉠지나감. ㉡나아감. ㉢죽음. ② 이에. 발어사(發語辭)로서 시경(詩經)에 많이 쓰임.
逝去[서거]¾ 돌아가심. 사람의 죽음을 높여서 하는 말.

逝水[서수] 서천(逝川).

【逍】 소 | 노닐 | 蕭 | ショウ

意味 ① 노닒. ② 일 없이 여기저기 다님. 「—遙」

逍遙[소요] 목적 없이 슬슬 거닒. 산책(散策).

逍風[소풍] ① 운동이나 자연 관찰을 목적으로 야외 등의 먼 길을 걸음. ② 산책(散策).

*【速】 속 | 빠를 | 屋

はやい

意味 ① 빠름.「—過」② 빨리 함. 서두름.「—成」③ 부름[召]. ④ 더러움. ⑤ 사슴의 발자취.

速決[속결] 빨리 처결(處決)함.
速度[속도] 빠른 정도. 속력(速力).
速力[속력] 속도(速度)를 이루는 힘. 스피드.

【這】 저 갼 | 이것 | 馬 | 顏

この・ほう

意味 1 ① 이것. 여기. ② 맞음[迎]. 2 맞이함[迎]. 3 가지가지.

這般[저반] ① 이것. 이것들. ② 요즈음.

【逞】 령 | 쾌할 | 梗

たくましい

意味 ① 쾌[解]. ② 통함. ③ 힘이 셈.

*【造】 조 | 지을 | 皓

つくる・いたる

形聲. 보행의 뜻인 辶과 음을 나타내는 告(고)[조는 변음]를 합쳐서 가서 자리에 앉다의 뜻. 후에 만들다의 뜻으로 씀.

意味 ① 지음. 만듦. ② 이름[至]. ㉠나아감. ㉡옴[來]. ㉢다함.「—詣」㉣성취함. ③ 때. 시대. ④ 처음.

造花[조화] 종이나 헝겊 등으로 만든 꽃. 가화(假花). ↔생화(生花).

【逡】 준 | 주저할 | 眞

しりぞく

意味 ① 주저함. ② 물러감.
逡巡[준순] ① 뭉치적거리며 뒤로 물러남. ② 일을 단행하지 못하고 우물쭈물함.

*【逐】 축 | 쫓을 | 屋

おう

會意. 辶[발]과 豕(돼지)를 합쳐 짐승을 쫓다의 뜻. 널리 쫓다의 뜻으로 씀.

意味 ① 쫓음. ㉠뒤를 쫓음. ㉡쫓아 버림.「放—」② 차례를 따름.「—次」③ 다툼.

逐出[축출] 쫓아 물리침. 몰아 냄.

【通】 통 | 통할 | 東

とおる・かよう

形聲. 辶(길)과 음을 나타내는 甬(용·통)을 합쳐서 똑바로 나 있는 길의 뜻. 후에 다니다의 뜻으로 씀.

意味 ① 통함. 다님. ② 오고 감. ③ 당함. 미침[到]. ㉠지남.「—過」㉡일반적으로 널리 보급됨.「—說」㉢둘음. 돌림.「貫—」㉣연결됨.「共—」④ 앎.「精—」⑤ 사귐. ⑥ 모두. 처음부터 끝까지.「—算」「—讀」⑦ 간음함.

通過[통과] 지나감.

通關[통관]^{ヮヵ} 관세법의 규정에 따라 화물 수출입의 허가를 받아 세관(稅關)을 통과하는 일.
通商[통상]^{ショゥ} 외국과 교역하여 상업을 영위하는 일. 「一條約」

＊[透] $\frac{11}{辶 7}$ |투|통할|⑧宥|
トウ
すく・とおる

筆順 二千禾禾秀透透透

解字 形聲. 보행의 뜻인 辶과 음을 나타내는 秀(수)[투는 변음]를 합쳐서 뚫고 나가다의 뜻. 후에 통하다의 뜻으로 씀.

意味 ① 통함. 꿰뚫림. 「一徹」 ② 들여다 보임. 투명함. 「一明」 ③ 사무침.
透過[투과]^ヵ 꿰뚫고 지나감.
透明[투명]^{メイ} ① 맑고 환히 트여 속까지 밝음. ② 물체가 광선을 통과시킴.

[逋] $\frac{11}{辶 7}$ |포|포흠할|⑧虞|
ホ・フ
のがれる

筆順 丆 亓 甫 甫 甫 浦 逋

意味 ① 포흠함. 관물을 사사로이 소비함. ② 도망함.
逋客[포객]^{ヵヶ} 세상을 떠나 피한 사람.
逋徒[포도]^ト 나라로부터 도망친 사람.

[逼] 逓(辶부 10획)의 약자

＊[逸] $\frac{12}{辶 8}$ |일|잃을|⑧質|
イツ・イチ
はしる

筆順 ク 召 召 免 免 逸 逸

解字 會意. 통하다의 뜻인 辶과 免(토끼)를 합쳐서 토끼가 슬쩍 빠져 나가서 달아나다의 뜻.

意味 ① 잃음. 놓침. 놓음. ② 도망함. 「一走」 ③ 감춤. 숨음. ④ 편안함. 한가함. 「安一」 ⑤ 뛰어남. 「一才」
逸聞[일문]^{ブン} 세상에 별로 전해지지 않은 진귀(珍貴)한 이야기. 또는 소문.
逸物[일물]^{ブツ} 썩 뛰어난 물건.
逸話[일화]^ヮ 세상에 널리 알려지지 않은 이야기.

[週] $\frac{12}{辶 8}$ |주|두를|⑧尤|
シュゥ
めぐる

筆順 ノ 冂 月 円 周 周 週 週

解字 形聲. 보행의 뜻인 辶과 음을 나타내는 周(주)를 합쳐서 두루 걸어다니다의 뜻. 널리 돌다의 뜻으로 씀.

意味 ① 두름. 돎. 「一期」 ② 주일. 일요일부터 토요일까지의 7일.
週刊[주간]^{ヵン} 한 주간을 단위로 한 번씩 발행하는 출판물. 「一誌」
週間[주간]^{ヵン} 일요일부터 토요일까지의 한 주일 동안. 일주간.

＊[進] $\frac{12}{辶 8}$ |①진②신|나아갈|⑧震|
シン
すすむ

筆順 亻 亻 亻 什 隹 淮 進 進

解字 形聲. 보행의 뜻인 辶과 음을 나타내는 隹(추)[진은 변음]를 합쳐서 거침 없이 걸어 나아가다의 뜻. 널리 나아가다의 뜻으로 씀.

意味 ① ① 나아감. ㉠ 앞에 나아감. ㉡ 좋아짐. 「一化」 ↔退 ㉢ 오름. 「躍一」 ㉢ 잘 진행됨. 「一捗」 ② 천거함. 드림. 바침. 「一上」 ④ 본받음. ⑤ 더함 [加]. ⑥ 가까이함. ② 선물을 보냄. 선물.
進路[진로]^ロ 나아가는 길. 나아갈 길.
進步[진보]^ホ ① 앞으로 걸어 나아감. ② 차차 발달하여 나아감. ↔퇴보

[逮] $\frac{12}{辶 8}$ |①체②태|잡아가둘|⑧霽⑧賄|
タイ
およぶ

筆順 ヿ ヨ 尹 尹 隶 逮 逮

解字 形聲. 보행의 뜻인 辶과 음을 나타내는 隶(이)[체는 변음]를 합쳐서 따라 붙다의 뜻.

意味 ① ① 미침[及]. ② 잡아 가둠. 「一捕」 ③ 단속함. ② 뜻은 ①과 같음.
逮夜[체야]^ャ ① 밤이 됨. ② 〈佛〉 기일(忌日)의 전날 밤.
逮捕[체포]^ホ 죄인을 쫓아 가서 잡음.

＊[過] $\frac{13}{辶 9}$ |과|지나칠|⑧歌|

[辶部] 9획

過

カ
すぎる・あやまち

筆順 ノ 冂 冂 冊 咼 咼 渦 過

解字 形聲. 보행의 뜻인 辶과 음을 나타내는 咼(과)를 합쳐서 지나치다의 뜻. 후에 도를 넘다·잘못의 뜻으로도 씀.

意味 ① 지나침. ㉠지나감. ㉡도를 넘음.「一信」㉢시일이 경과함.「經一」② 넘음. ③ 그르침. 허물. 잘못.

過去[과거]ヲ ① 이미 지나간 때. ↔미래(未來) ② 《佛》 이승에 태어나기 전의 세상. 전세(前世).
過大[과대]ダイ 지나치게 큼. 너무 큼.
過程[과정]ティ 사물이 진행·발전되어 가는 도중(途中)의 단계(段階).

*達

13
辶9획 | 달 | 통할 | (入)易 |

タツ・ダチ

筆順 一 十 士 ‡ 幸 幸 達 達

解字 形聲. 보행의 뜻인 辶과 음을 나타내는 幸(달)을 합쳐서 날렵하게 뚫고 나아가다의 뜻. 후에 닿다의 뜻으로 씀.

意味 ① 통함. 골고루 미침.「四通八一」② 이름[到]. ③ 이름. 전달.

達者[달자]シャ 모든 사물의 이치에 통달한 사람. 인생을 달관한 사람.
達才[달재] 사리에 능통한 사람.

*道

13
辶9획 | 도 | 길 | (上)皓 |

ドウ・ウ
みち・いう

筆順 ソ ソ ギ ギ 首 首 渞 道

解字 形聲. 길을 뜻하는 辶과 음을 나타내는 首(수)〔도는 변음〕를 합쳐서 길게 뻗은 길의 뜻.

意味 ① 길. ② 이치. 도.「一德」③ 물건이 지나가는 곳.「食一」④ 학술. 기예.「藝一」⑤ 방법.「邪一」

道具[도구]ドウ 사람이 사용하는 모든 기구. ②《佛》 불도를 닦는 데 쓰이는 기구의 총칭.「마음. 도심(道心)」
道念[도념]ドウ 도의를 지키고자 하는
道德[도덕]ドウ 사람으로서 지켜야 할 바른 길.「交通一」
道中[도중]ドウチュウ ① 길을 걷고 있는 동

안. ② 일의 중간. ③ 여행의 도중. 또는 여행.

遁

13
辶9획 | 둔 | 달아날 | (去)願 |

トン・ドン・シュン
のがれる

筆順 厂 厂 厂 盾 盾 遁 遁

意味 ① 달아남. 도망가다. ② 숨음. ③ 피함. ④ 끊음.

遁逃[둔도]ドウ 도망쳐 달아남. 피하여 달아남.
遁辭[둔사]ジ 어떤 관련이나 책임을 회피하려고 억지로 꾸며 대는 말.

遂

13
辶9획 | 수 | 이룰 | (去)寘 |

スイ・ズイ
とげる・ついに

筆順 ソ ソ ヂ 쳣 豕 遂 遂

解字 形聲. 보행의 뜻인 辶과 음을 나타내는 㒸(수)를 합쳐서 쭉 더듬어 가다의 뜻. 후에 이룩하다·마침내의 뜻으로 씀.

意味 ① 이름. 사무침[達]. 끝까지 함.「完一」② 나아감. ③ 인(因)함.

遇

13
辶9획 | 우 | 만날 | (去)遇 |

グウ・グ
あう・たまたま

筆順 口 日 早 禺 禺 禺 遇 遇

解字 形聲. 길을 뜻하는 辶과 음을 나타내는 禺(우)를 합쳐 길 양편으로 와서 만나다의 뜻.

意味 ① 만남. ② 마주침. ③ 대접함. ④ 뜻밖에. 우연히.

*運

13
辶9획 | 운 | 나를 | (去)問 |

ウン
はこぶ・めぐる

筆順 冖 冖 冃 宣 軍 軍 運

解字 形聲. 보행의 뜻인 辶과 음을 나타내는 軍(군)〔운은 변음〕을 합쳐서 빙빙 돌다의 뜻. 후에 나르다의 뜻으로도 씀.

意味 ① 나름. 옮김. ② 돎. 돌림. 운전함.「一轉」③ 움직임.「一動」④ 잘 씀.「一用」⑤ 운.「幸一」⑥ 과정.

運動[운동] ① 사물이 회전하며 운동함. ② 보건(保健)·체육의 목적을 이루기 위해 분주히 진력(盡力)함. ③ 〈物〉물체 또는 기하학적 물체가 시간의 경과(經過)에 따라 그 공간적 위치를 변화시키는 일. ↔정지(靜止)
運命[운명] 사람의 신상(身上)에 닥치는 모든 길흉 화복(吉凶禍福).

*違 13획
辶9│위│어길│⑮徽
イ ちがう

筆順 ´ ヵ 告 査 韋 違 違

解字 形聲. 보행의 뜻인 辶과 음을 나타내는 韋(위)를 합쳐서 두루 걸어 다니다의 뜻. 후에 다르다·어기다의 뜻으로 씀.

意味 ① 어김. 「一反」 ② 다름.=異 ③ 미적미적함. ④ 되돌아옴. ⑤ 갊(去).
違期[위기] 약속된 기한을 어김.
違反[위반] 법률·규약·약속 등을 어김. 위배(違背).「選擧一」

*遊 13획
辶9│유│놀│⑮尤
ユウ·ユ あそぶ

筆順 ´ ´ 方 方 斿 斿 遊 遊

解字 形聲. 길을 걷다의 뜻인 辶과 음을 나타내는 斿(유)를 합쳐서 흔들흔들 걷다의 뜻. 후에 놀다의 뜻으로 씀.

意味 ① 놂. 놀이. ㉠재미있게 놂. ㉡가벼운 기분으로 걸음.「漫一」 ② 공부·연구를 위하여 타국에 감.「一學」 ③ 유세함. ④ 벗을 사귐. ⑤ 여행함.
遊金[유금] 사용하지 않고 놀리는 돈. 유자(遊資).
遊氣[유기] ① 공중에 떠다니는 운기(雲氣). ② 얼마 안 남은 기식(氣息).
遊覽[유람] 돌아다니면서 두루 구경함. 「각 지방으로 놀러 다님.
遊歷[유력] 여러 곳으로 돌아다님.
遊說[유세] 각처로 다니면서 정당의 주의·주장이나 자기의 의견을 선전함.

[遐] 13획
辶9│하│멀│⑮麻
とおい

筆順 ´ ァ ヶ ㎏ 叚 叚 遐

意味 ① 멂(遠). ② 무엇(何).
遐棄[하기] ① 멀리 물리치고 돌보지 않음. 먼 곳에 내다 버림. 사람이 죽고, 산 사람을 세상에 남겨 둠. ② 스스로 그 자리를 떠나 버림.
遐年[하년] 오래 삶. 장수(長壽).
하령(遐齡). 하수(遐壽).「하향(遐鄕)
遐方[하방] 서울을 중심으로 먼 곳.

*遍 13획
辶9│편│두루│㊥霰
ヘン あまねし

筆順 ⁻ ㇗ ㇗ 户 肩 扁 遍 遍

解字 形聲. 보행의 뜻인 辶과 음을 나타내는 扁(편)을 합쳐서 끝까지 미치다의 뜻.

意味 ① 두루. 골고루: 두루·두침.「遍一」 ② 번. 회수.
遍歷[편력] 두루 돌아다님.
遍身[편신] 온 몸. 전신(全身).

[逼] 13획
辶9│핍│가까울│㊤職
ヒツ·ヒョク·ヒキ せまる

筆順 ⁻ ㇗ 丆 户 畐 畐 逼 逼

意味 ① 가까움. ② 핍박함.「一迫」 ③ 궁핍함.
逼迫[핍박] 형세가 매우 절박하여 억지로 하게 함. 「궁핍함.
逼塞[핍색] 꽉 막힘. 꽉 막혀 몸시

[遞] 14획
辶10│①체 ②대│갈마들│⑮霽·㊤泰
テイ·ダイ かわるがわる

筆順 ´ ㇗ ㇗ 广 庐 虒 遞

解字 形聲. 가다의 뜻인 辶과 음을 나타내는 虒(치)[虒는 범음]를 합쳐서 차례로 바뀌다의 뜻.

意味 ① ① 갈마듦. 차례로 전해 보냄.「一信」 ② 역말.「郵一」 ③ 멂. ② 들러쌈.
遞減[체감] 등수를 따라 차례로 덜어 감. ↔체증(遞增)「사람. 우체부.
遞夫[체부] 우편물을 전하여 주는
遞送[체송] 차례로 여러 곳을 거쳐

소식과 편지를 전하여 보냄. 체전(遞傳).

遞信〔체신〕テイシン 순차적으로 여러 곳을 거쳐서 음신(音信)을 통하는 일.

*【遣】14 ⻌10 | 견 | 보낼 | ㊤銑 |
ケン
つかわす

[筆順] 口 中 虫 虫 胄 貴 遣

[解字] 形聲. 보행의 뜻인 ⻌과 음을 나타내는 䝿(견)을 합쳐서 물건을 가지고 가게 하다의 뜻. 후에 보내다의 뜻으로 씀.

[意味] ① 보냄. 용무를 띄워 보냄. 「派—」 ② 쫓음.

遣外〔견외〕ケンガイ 사람을 외국에 파견함.

【遡】14 ⻌10 | 소 | 거슬러 올라갈 | [去]遇
ソ
さかのぼる

[筆順] ソ ㅛ 屰 屰 朔 朔 遡

[意味] ① 거슬러 올라감. =溯 「—行」 ② 맞이함. ③ 향하여 감. ④ 하소연함.

遡江〔소강〕ソコウ ① 강을 거슬러 올라감. ② 양자강(揚子江)을 거슬러 올라감.

遡及〔소급〕ソキュウ 지나간 일에까지 거슬러 올라가서 미침.

遡源〔소원〕ソゲン ① 물의 근원을 찾아 거슬러 올라감. ② 학문의 본원(本源)을 궁구(窮究)함.

【遜】14 ⻌10 | 손 | 겸손할 | [去]願 |
ソン
ゆずる・へりくだる

[筆順] 了 子 孑 孖 孫 遜 遜

[意味] ① 겸손함. 「謙—」 ② 사양함. 남에게 양보함. ③ 모자람. 「—色」 ④ 순함. ⑤ 도망함.

遜色〔손색〕ソンショク 서로 견주어 보아 다른 것보다 못한 점.

遜讓〔손양〕ソンジョウ 제 몸을 낮추어 사양 「함.

*【遙】14 ⻌10 | 요 | 아득할 | [平]蕭 |
ヨウ
はるか

[筆順] ノ ク 夕 夂 夆 岳 遙

[解字] 形聲. 보행의 뜻인 ⻌과 음을 나타내는 䍃(요)를 합서쳐 목표 없이 이리저리 걷다의 뜻. 바뀌어 아득히 먼 모양을 뜻함.

[意味] ① 아득함. 멂. ② 노닒. 거닒.

遙拜〔요배〕ヨウハイ 멀리서 바라보고 하는 └절.

遙然〔요연〕ヨウゼン 아득히 멂.

遙曳〔요예〕ヨウエイ 길게 늘어뜨림.

遙遙〔요요〕ヨウヨウ ① 멀고 아득한 모양. ② 마음이 불안한 모양. ③ 가는 모양.

*【遠】14 ⻌10 | 원 | 멀 | ㊤願 |
エン・オン
とおい

[筆順] 十 土 吉 声 袁 遠 遠

[解字] 形聲. 보행의 뜻인 ⻌과 음을 나타내는 袁(원)을 합쳐서 오랫동안 걷다의 뜻. 후에 멀다의 뜻으로 씀.

[意味] ① 멂. ↔近 거리·시간이 많이 떨어져 있음. ② 관계가 가깝지 않음. 「疎—」 ③ 멀어짐. 멀어짐. ④ 멀리함.

遠近〔원근〕エンキン ① 멂과 가까움. ② 거리. ③ 먼 곳과 가까운 곳. ④ 먼 데 사람과 가까운 데 사람.

遠心〔원심〕エンシン 중심으로부터 멀어짐.

*【適】15 ⻌11 | 적 | 알맞을 | [入]陌 |
テキ・セキ・タク・チャク
かなう・ゆく

[筆順] 亠 六 产 啇 商 滴 適

[解字] 形聲. 길의 뜻인 ⻌과 음을 나타내는 啇(적)을 합쳐서 똑바로 가다의 뜻. 후에 알맞다의 뜻으로도 씀.

[意味] ① 알맞음. ㉠마음에 듦. 「快—」 ㉡ 잘 맞음. 「—當」 ② 감〔往〕. ③ 마침〔偶然〕. ④ 깨달음. ⑤ 편안함.

適期〔적기〕テキキ 딱 알맞는 시기. 「음.

適當〔적당〕テキトウ 사리에 알맞음. 들어 맞

適用〔적용〕テキヨウ ① 쓰기에 알맞음. ② 꼭 맞추어 씀. 준용(準用).

適應〔적응〕テキオウ ① 걸맞아서 서로 어울림. ② 약이 어떤 병에 잘 맞음. ③ 사람이 경우에 순응해 가는 과정.

【遭】15 ⻌11 | 조 | 만날 | [平]豪 | ソウ あう

[辶部] 11~12획

筆順 一 厂 百 曲 曺 曹 曹 遭

解字 形聲. 길을 가다의 뜻인 辶과 음을 나타내는 曹(조)를 합쳐 길에서 만나다의 뜻.

意味 ① 만남. 일을 당함. ② 마주침. ③ 두루 돌름. 순행(巡行)함.

遭難[조난]곤란이나 재난을 만남.
遭遇[조우] ① 우연히 서로 만남. 조봉(遭逢). ② 어진 신하가 좋은 임금을 만나 신임을 얻음.

[遮] 15획 辶11 | 차 | 막을 | ㊥麻 |
シャ
さえぎる

筆順 ' 亠 广 庐 庶 庶 遮

意味 ① 막음. 가림. 훼방함.「一斷」② 잔말을 함. ③ 이것.

遮光[차광] 광선을 가려 막음.
遮斷[차단] 막아서 멈추게 함. 막아 끊음.「一機」
遮路[차로] 통행을 못하게 길을 막음.

[蓬] ++부 11획
[蓮] ++부 11획

[遼] 16획 辶12 | 료 | 멀 | ㊥蕭 |
リョウ
はるか

筆順 一 大 疒 大 㐱 奈 睿 遼

意味 ① 멂.「一遠」② 중국에 있는 강 이름.「一河」③ 중국의 옛 나라 이름.
遼遼[요료] ① 멀고 먼 모양. ② 쓸쓸한 모양.
遼(遠). 「前途一」
遼遠[요원] 아득히 멂. 요원(遙

*[選] 16획 辶12 | 선 | 가릴 | ㊤銑 |
セン・サン
えらぶ

筆順 ㄱ ㄹ 巴 巴 巺 巽 選

解字 形聲. 보행의 뜻인 辶과 음을 나타내는 巽(손)[선은 변음]을 합쳐 전송하다의 뜻. 후에 가려 뽑다의 뜻으로 씀.

意味 ① 가림. 가려 뽑음. 선택. 가려 뽑은 것.「一手」② 셈을 함. ③ 재물. ④ 도래춤[環舞]. ⑤ 조금 있다가.

選歌[선가] 좋은 노래를 가려 뽑음. 또는 그 노래.
選擧[선거] ① 여러 사람 중에서 적당한 사람을 대표로 뽑음. ② 〈政〉선거권을 가진 사람이 일정한 지역과 전국에 걸쳐 특정한 수효의 공직(公職)에 임할 의원(議員) 등을 투표에 의해 선정하는 일.

[遺] 16획 辶12 | 유 | 남을 | ㊥支 |
イ・ユイ
わすれる・のこす・おくる

筆順 一 中 史 虫 貴 貴 遺

解字 形聲. 길을 뜻하는 辶과 음을 나타내는 貴(귀)[유는 변음]을 합쳐서 길에 물건을 떨어뜨리다의 뜻. 후에 남기다・잊다의 뜻으로 씀.

意味 ① 남음. 남김.「一書」② 잊음. ③ 떨어뜨림. 잃음. 버림.「一乘」
遺家族[유가족] ① 죽은 이의 뒤에 살아 남은 가족. ② 전사한 군인・경찰관의 가족. 「마음이 남음.
遺憾[유감] 마음에 섭섭함. 언짢은
遺傳[유전] ① 〈生〉형태나 성질이 선조(先祖)에서 자손에게 전하여지는 일.「隔世一」② 끼쳐 내려옴.
遺精[유정] 성행위가 없이 무의식 중에 정액(精液)이 나옴.

[遵] 16획 辶12 | 준 | 따라갈 | ㊥眞 |
ジュン・シュン
したがう

筆順 ' 丷 酋 酋 尊 尊 遵

解字 形聲. 가다의 뜻인 辶과 음을 나타내는 尊(존)[준은 변음]을 합쳐서 온순하게 따라가다의 뜻.

意味 ① 따라감. ② 행함. ③ 지킴.
遵守[준수] 명령이나 법을 그대로 따라 지킴. 준봉(遵奉).「좇아 씀.
遵用[준용] 전례(前例)나 풍습을

*[遲] 16획 辶12 | 지 | 더딜 | ㊤支 |
チ
おくれる

筆順 一 尸 尸 屖 屖 遲

解字 形聲. 보행의 뜻인 辶과 음을 나타

[辶部] 12〜13획　　　　　　　　　　　　　　345

내는 犀(서)[지는 변음]를 합쳐서 걸음이 더디다의 뜻. 널리 더디다의 뜻으로 씀.
意味 ① 더딤. 늦음. 주저하여 더딤. ② 천천함. 오램. ③ 때를 놓침. ④ 기다림. 쉼. ⑤ 이에[乃].
遲刻[지각]ㅋㅋ 정해진 시간보다 늦음. 지참(遲參).

遷 16 辶12│천│옮길│㊤先
センうつる
筆順 一 西 西 覀 覀 栗 栗 遷
解字 形聲. 보행의 뜻인 辶과 음을 나타내는 䙴(선)[천은 변음]을 합쳐서 올라가다의 뜻.
意味 ① 옮김. 옮음. ② 바뀜. 「變一」③ 귀양을 보냄. ④ 벼슬이 바뀜.
遷都[천도]ㅋㅋ 도읍(都邑)을 옮김.「漢陽一」「一됨」.
遷善[천선]ㅋㅋ 나쁜 짓을 고쳐 착하게 됨.
遷延[천연]ㅋㅋ ① 물러감. 시일이나 일을 미루어 오래 끎. 지체(遲滯). ② 연이음. 연인(延引).

遽 17 辶13│거│급할│㊤御
キョにわかに
筆順 丶 卢 虍 虡 豦 遽
意味 ① 급함.「急一」② 두려워함. ③ 창졸. 덤빔. ④ 군색함. ⑤ 역말 수레.

邁 17 辶13│매│멀리갈│㊤卦
マイ・バイゆく
筆順 一 艹 苩 萬 萬 邁
意味 ① 멀리 감. ② 지나감. ③ 늙음. ④ 돌아보지 않고 감. ⑤ 힘씀[勵].「一進」.
邁進[매진]ㅋㅋ 힘써 나아감.

邀 17 辶13│요│맞을│㊤蕭
ヨウむかえる
筆順 丶 白 自 身 敫 邀
意味 ① 맞음. 기다려 맞음.「一擊」② 구함. ③ 부름.

邀擊[요격]ㅋㅋ 기다리고 있던 적을 맞이하여 갑자기 침.

*避 17 辶13│피│피할│㊤寘
ヒさける
筆順 丶 尸 吕 㖊 辟 辟 避
解字 形聲. 길을 가다의 뜻인 辶과 음을 나타내는 辟(벽)[피는 변음]을 합쳐서 한쪽으로 비켜서 가다의 뜻. 널리 피하다의 뜻으로 씀.
意味 ① 피함. 비킴.「逃一」② 숨음. ③ 어김. ④ 싫어함.
避難[피난]ㅋㅋ 재난(災難)을 피해 안전한 곳으로 옮김.「一民」「一處」
避亂[피란] 전쟁・내란 등으로 있던 곳을 옮김.
避暑[피서]ㅋㅋ 더위를 피함. 더위를 피하기 위해 시원한 지방에 감.「一地」↔피한(避寒).
避身[피신]ㅋㅋ 몸을 숨기어 피함.

邂 17 辶13│해│만날│㊤卦
カイあう
筆順 宀 角 角 解 解 解 邂
意味 만남. 우연히 만남.「一逅」
邂逅[해후]ㅋㅋ 생각지 않게 서로 만남. 해후 상봉(邂逅相逢).

還 17 辶13│①환②선│돌아올│㊤刪㊤先
カン・ゲンかえる・めぐる・また
筆順 ⼐ 罒 罒 睘 睘 睘 還
解字 形聲. 길을 걸어가다의 뜻인 辶과 음을 나타내는 睘(경)[환은 변음]을 합쳐서 한 바퀴 빙 돌다의 뜻. 후에 돌아오다의 뜻으로 씀.
意味 ①① 돌아옴. 돌아감. 제자리로 돌아옴.「歸一」「一元」② 돌려줌. ③ 돎. 돌림. ④ 돌아봄. ②① 돎[周]. ② 가벼움. ③ 빠름.
還甲[환갑] 나이 61세를 가리킴. 주갑(周甲). 회갑(回甲).
還國[환국]ㅋㅋ 귀국(歸國).
還元[환원]ㅋㅋ ① 원래 상태로 돌아감. ②〈化〉어떤 물질이 그 자체에서 산

소를 잃거나 외부에서 수소(水素)를 흡수하는 화학 변화. ↔산화(酸化)

[邃] $^{18}_{辶14}$ | 수 | 깊숙할 | ⓑ實
スイ
おくぶかい

筆順 宀宀宀宀宀宀邃

意味 깊숙함.

[邇] $^{18}_{辶14}$ | 이 | 가까울 | ⓑ紙
ニ・ジ
ちかい

筆順 亻行丏丏而爾邇

意味 가까움.

[邊] $^{19}_{辶15}$ | 변 | 가 | ⓑ先
ヘン
ほとり

筆順 冖冂臼臭臯臱邊

解字 形聲. 걷다의 뜻인 辶와 음을 나타내는 臱(변)을 합쳐서 변을 넘음을 경계면을 가다의 뜻. 널리 가·가장자리의 뜻으로 씀.

意味 ① 가. 가장자리. 「近─」변두리. 「─境」② 끝. 「廣大無─」③ 변방. 국경. 모퉁이. ④ (數) 변. 「右─」⑤ 결함. 결. ⑥ 성(姓)의 하나.

邊境[변경] ⓝ 나라의 경계가 되는 땅. 국경(國境). 변강(邊疆). 변방(邊方).
邊國[변국] ⓝ 변방(邊方)의 지역이 되는 나라.
邊民[변민] ⓝ 변경(邊境)에 사는 백성.
邊防[변방] ⓝ 국경의 수비(守備). 변수(邊守).
邊錢[변전] 변리를 무는 돈. 변돈.

玄(玄)部

[玄] $^{5}_{玄0}$ | 현 | 검을 | ⓑ先
ゲン・ケン
くろ

筆順 亠亠玄玄

解字 會意. 亠(두)와 幺(요)를 합쳐서 유원(幽遠)하다의 뜻. 바뀌어 검다·하늘의 뜻으로 씀. 부수로서는 실·줄에 관한 뜻을 나타냄.

意味 ① 검음. 흑색. ② 아득하고 멂. ③ 심오함. 현묘함. ④ 고요함. ⑤ 현손〔曾孫之子〕. ⑥ 하늘. 하늘의 빛. ⑦ 노자(老子)의 학설. ⑧ 성(姓)의 하나.
玄功[현공] ① 위대한 공(功). ② 임금
玄妙[현묘] ゲンミョウ 심오(深奧)하고 미묘(微妙)함. 또는 그 도리·작용.
玄米[현미] ゲンマイ 벼의 껍질만 벗기고 쓿지 않은 쌀. ↔백미(白米)
玄孫[현손] ゲンソン 손자(孫子)의 손자.

[茲] $^{10}_{玄5}$ | 자 | 이에 | ⓑ支
シ
ここ

筆順 亠亠玄玄玄玆茲

解字 會意. 玄을 둘 합쳐서 검다의 뜻. 兹와는 다른 글자인데 지금은 혼동하여 같이 씀.

意味 ① 이에. 이(此). ② 흐림(濁). ③ 검음. ④ 성(姓)의 하나.
茲其[자기] 농구(農具)의 이름. 호미.

[率] $^{11}_{玄6}$ | ①솔 ③수 | 거느릴
①률 ②률
ⓐ質 ⓑ實
ソツ・リツ・シュツ・スイ
ひきいる

筆順 亠亠玄玄玄玄率

解字 象形. 가는 삼 끈과 꼬다 남은 것의 보풀과 꼬는 도구를 본뜸. 삼 끈을 꼬다의 뜻. 후에 거느리다·비율의 뜻으로 씀.

意味 ① ① 거느림. ② 좇음. 따름. 복종함. ③ 모두. 다. 「總(行)행」⑤ 소탈함. 「─直」⑥ 가벼움. 「輕─」⑦ 씀(用). ⑧ 뱀 이름. ② ① 비율. 수의 비례. 「利─」② 표함. 과녁. ③ 헤아림. ④ 활을 한껏 당김. ⑤ 셈 이름. 「能─」③ ① 새 그물. ② 우두머리.

率先[솔선] ソッセン 남보다 앞서 나서서 함. 여러 사람의 앞장을 섬.
率直[솔직] ソッチョク 거짓이나 꾸밈이 없고 정직함.

瓜 部

[瓜] $^{5}_{瓜0}$ | 과 | 오이 | ⓑ麻
カ
うり

筆順 丿厂爪瓜瓜

[瓜部] 6~11획·[瓦部] 0~9획

解字 瓜 象形. 오이 덩굴에 오이가 달린 모양을 본뜸. 부수로서는 오이에 관한 뜻을 나타냄.
意味 〈植〉 ① 오이. ② 참외. ③ 모과. 爪는 다른 글자.

瓜滿[과만] ① 벼슬의 임기가 만료됨. ② 여자의 혼인할 나이가 다 참.
瓜菜[과채] 오이 나물.

【瓠】 11 瓜6 | 호 | 표주박 | ㊥虞
コ・カク
ひさご
筆順 一 ナ 夳 夸 夸 瓠 瓠
意味 ① 표주박. ② 질그릇. ③ 깨어진 독. ④ 박.

【瓢】 16 瓜11 | 표 | 바가지 | ㊥蕭
ヒョウ
ふくべ
筆順 一 西 票 票 票 瓢 瓢
意味 ① 〈植〉박. ② 바가지.
瓢簞[표단] ① 물이나 술을 떠 담는 표주박과 음식물을 담는 그릇. ② 오이의 종류.

瓦 部

*【瓦】 5 瓦0 | 와 | 기와 | ㊤馬
ガ
かわら
筆順 一 丆 瓦 瓦 瓦
解字 象形. 기와가 겹친 모양을 본뜸. 애벌구이한 질그릇을 뜻함. 부수로서는 질그릇에 관한 뜻을 나타냄.
意味 ① 기와. ② 질그릇. ③ 오지벽돌. ④ 방패의 뒤동. ⑤ 그램. 무게의 단위.

瓦全[와전] ガ 아무 보람도 없이 목숨을 보전하여 감. ↔옥쇄(玉碎).
瓦解[와해] ガイ 기와가 깨어진다는 뜻으로 사물이 산산이 깨어져 흩어짐.

【瓩】 8 瓦3 | 천 | 킬로그램 | ㊥
キログラム
筆順 一 丆 瓦 瓦 瓩 瓩
意味 ① 킬로그램. ② 킬로와트.

【瓲】 9 瓦4 | 돈 | 톤 | ㊥ | トン
筆順 一 丆 瓦 瓦 瓩 瓲 瓲
意味 톤. 1킬로그램의 1000배.

【瓱】 9 瓦4 | 모 | 밀리그램 | ㊥
ミリグラム
筆順 一 丆 瓦 瓦 瓱 瓱 瓱
意味 밀리그램. 1그램의 1000분의 1.

【瓷】 11 瓦5 | 자 | 오지그릇 | ㊥支
シ
やきもの
筆順 冫 次 次 次 瓷 瓷
意味 ① 오지그릇. ② 사기그릇.
瓷器[자기] ジ 사기 그릇.
瓷佛[자불] 도자기로 된 불상.
瓷土[자토] ジ 도자기를 만드는 데 쓰이는 흙. 도토(陶土). 백토(白土). 고령토(高嶺土).

【瓶】 11 瓦6 | 병 | 병 | ㊥青
ビン・ヘイ
かめ
筆順 丷 亠 并 并 瓩 瓶 瓶
意味 ① 병(액체를 넣는 그릇). ② 두레박. ③ 시루. 떡 같은 것을 찌는 그릇.
瓶子[병자] ジ 술 항아리.

【甄】 14 瓦9 | ①견 ②진 | 질그릇 | ㊤先 ㊤眞
ケン・シン
すえ
筆順 一 西 垔 垔 甄 甄 甄
意味 ① ① 질그릇. 사기그릇. 도기. ② 질그릇을 만듦. ③ 살핌. ④ 표함. ⑤ 진 이름[陣名]. ⑥ 면(免)함. ⑦ 새남. ② 도공(陶工). 질그릇 장인.
甄工[견공] ケン 도공(陶工). 옹기장이
甄陶[견도] ケン ① 흙을 반죽하여 질그릇을 만듦. ② 천지가 만물을 창조함.

③ 임금이 백성을 교화함.
甄拔[견발] 재능이 있고 없고를 잘 밝히어 인재를 등용함.

【甍】瓦11 16획 | 맹 | 대마루 | ㉡庚
ボウ
いらか

筆順 丶 艹 艹 艹 萌 萌 甍

意味 ① 대마루. ② 대마루 끝을 막는 기와. ③ 기와 지붕.

【甕】瓦13 18획 | 옹 | 항아리 | ㉡送
オウ・ヨウ
かめ・みか

筆順 亠 产 矜 舺 甕 甕 甕

意味 ① 항아리. 물항아리. 술항아리.
② 독. ③ 두레박.

甘 部

*【甘】甘0 5획 | 감 | 달 | ㉡覃
カン
あまい

筆順 一 十 卄 廿 甘

解字 指事. 廿[입] 속의 것을 一로 나타냄. 입 속에 넣고 맛보다의 뜻. 널리 맛나다·달다의 뜻으로 씀.

意味 ① 닭. 「一味」 ② 맛남. ③ 싫음. ④ 만족함. 좋아함. 마음이 상쾌함. ⑤ 적합함. ⑥ 아름다움.

甘受[감수] 달게 받음. 만족함.
甘言利說[감언이설] 남의 비위에 맞도록 꾸며 대는 달콤한 말과 이로운 조건을 내세워 꾀는 말.
甘雨[감우] 가물 때에 알맞게 오는 비. 만물을 소생시키는 데 매우 적절한 비. 단비.

*【甚】甘4 9획 | 심 | 심할 | ㉡沁
シン・ジン
はなはだしい

筆順 一 卄 甘 其 其 甚 甚

解字 形聲. 匹[부부]과 음을 나타내는 甘(감)[심은 변음]을 합쳐서 부부간의 즐거움을 뜻함. 널리 심하다의 뜻으로 씀.

意味 ① 심함. ② 몹시. 더욱. ③ 무엇.
甚難[심난] 매우 어려움.
甚大[심대] 대단히 큼. 「被害―」
甚深[심심] 매우 깊음.

【甜】甘6 11획 | 첨 | 달 | ㉡鹽
テン
あまい

筆順 二 千 千 舌 舌 甜 甜

意味 ① 닭[甘]. ② 곤하게 잠.

生 部

*【生】生0 5획 | 생 | 날 | ㉡庚
セイ・ショウ
いきる・うまれる・き・なま

筆順 丿 ⺅ 牛 生 生

解字 ⽣·⽣ 象形. 초목의 싹이 나온 모양을 본뜸. 부수로서는 태어나다에 관한 뜻을 나타냄.

意味 ① 남. 생김. ㉠아이가 남. 낳음. 「出―」 ㉡일어남. 시작함. 「發―」 ② 삶. 생명. 생활. 「―活」 ↔死·殺 ③ 익지 않음. 갓 잡음. 생생함. 싱싱함. 날것. 「―鮮」 ④ 익숙하지 못함. 「―疎」 ⑤ 자라남. ⑥ 학문을 배우는 사람. 「―徒」「學―」끊임이 없음. ⑦ 접때. ⑧ 저절로. ⑨ 자기를 겸양해서 일컫는 말. 「小―」존경해 ⑩ 남을 존경하여 일컫는 말. 「先―」

生動[생동] ① 살아 움직임. 활발함.
② 그림이나 글씨가 살아 움직이는 것처럼 보임. 「타고 남. 천성(天性)」
生得[생득] 나면서부터 가짐.
生命[생명] ① 목숨. 수명(壽命).
② 사물을 유지하는 기한. ③ 사물의 중요한 부분. ④ 세포 상호간의 활동에 의한 생물의 생활 현상 일체에서 추출(抽出)되는 일반적 개념.
生活[생활] ① 생명을 가지고 활동함. 살아서 활동함. ② 생계를 유지하여 나감. ③ 목숨을 견져 줌.

【甡】生5 10획 | 신 | 많을 | ㉡眞
シン
おおい

筆順 丿 ⺅ 牛 生 生 甡 甡

[生部] 6~7획·[用部] 0~7획·[田部] 0획　　　　　　　　　　349

意味 많음. 우굴우굴함.

産 11획 生6 | 산 | 낳을 | ㉗渧 | サン・うむ

筆順 亠亠产产产産産

解字 形聲. 생겨나다의 뜻인 生과 음을 나타내는 彥(언)[산은 벽鲁]의 생략형인 产를 합쳐서 생겨나다의 뜻.

意味 ① 낳음. 생겨남. ㉠아이를 낳음.「出—」㉡만듦.「生—」「—業」㉢나옴.「—出」② 생겨난 곳. 생겨난 것.

産母[산모] 아이를 낳은 지 며칠 안되는 여자. 해산 어미.
産物[산물] 그·지방에서 생산되는 물품.
産業[산업] ① 생활을 하기 위한 일. 생업(生業). ② 생활에 필요한 것을 만들어 내는 일. 즉 농업·공업·어업·임업·광업 등.

甥 12획 生7 | 생 | 생질 | ㉗庚 | セイ・ソウ・おい

筆順 ノ 生 牲 牲 牲 甥 甥

意味 ① 생질. ② 사위. ③ 외손자. 외손녀.

甦 12획 生7 | 소 | 깨날 | ㉗甦 | ソ・よみがえる

筆順 一 厂 戸 更 更 甦 甦

意味 ① 깨어남. ② 쉼[息].
甦生[소생] ① 원기를 회복함. ② 다시 살아 남. 회생(回生).

用 部

用 5획 用0 | 용 | 쓸 | ㉜宋 | ヨウ・もちいる

筆順 ノ 冂 月 月 用

解字 象形. 가축이 달아나지 못하도록 목장에 둘러친 울타리의 모양을 본뜸. 음을 빌어서 쓰다·전용하다의 뜻으로 씀. 부수로서는 사용하다에 관한 뜻을 나타냄.

意味 ① 씀. ㉠사용함. ㉡부림. ㉢행함. ㉣채용함. ② 맡김. ③ 작용. 효용(效用). ④ 재물. 비용.「費—」⑤ …으로써[以]. ⑥ 그릇. 도구. ⑦ 통함.
用途[용도] 쓰이는 곳. 또는 길.
用命[용명] ① 웃사람의 명령을 받듦. ② 일을 부탁함.「件(用件)
用務[용무] 볼일. 필요한 임무. 용

甫 7획 用2 | 보 | 아무개 | ㉗虞 | ホ・フ

筆順 一 「 冂 冂 冑 甫 甫

意味 ① 아무개. 씨[男子美稱]. ② 큼. ③ 많음. 무리. ④ 나. ⑤ 또[且].

甬 7획 用2 | 용 | 솟아오를 | ㉘腫 | ヨウ

筆順 フ マ マ 冃 冃 冑 甬

意味 ① 솟아오름. ② 골목길. ③ 쇠북 꼭지. ④ 열 여섯 말들이 말. ⑤ 초롱이 화려함. ⑥ 중국의 고장 이름. ⑦ 중국의 강 이름.
甬官[용관] 미곡을 되는 관리.

甯 12획 用7 | 녕 | 차라리 | ㉘徑 | デイ・ネイ・むしろ

筆順 一 宀 宀 宀 宵 宵 甯

意味 ① 차라리. ② 성(姓)의 하나. ③ 중국의 고을 이름.
甯戚[영척] 〈人〉 춘추 시대의 현인. 제환공(齊桓公) 때 거리에서 소를 먹이고 있다가 환공에게 등용되었음.

田 部

田 5획 田0 | 전 | 밭 | ㉗先 | デン・テン・た

筆順 丨 冂 冂 田 田

解字 象形. 구획된 밭 모양을 본뜸. 널리 밭의 뜻으로 씀. 부수로서는 밭에 관한 뜻을 나타냄.

意味 ① 밭. ㉠작물을 심는 밭.「—畓」

[田部] 0~4획

ⓒ특정한 물건을 산출(産出)하는 넓은 지역.「炭―」② 사냥을 함. ③ 수레 이름. ④ 북 이름.
田園[전원]ⓧⓂ ① 논밭과 동산. ② 시골. 교외(郊外).「―風景」

【甲】 5 田0 | 갑 | 첫째천간 | ⓐ冶
コウ・カン

筆順 ノ 冂 冂 日 甲

解字 田 甲 象形. 껍질이 벌어진 모양을 본뜸. 또 싹터서 아직 겉껍질을 쓰고 있는 모양을 본뜸. 싹이 나기 시작하다의 뜻. 바꾸어 처음·제일을 뜻함. 또 씨의 겉껍질·단단한 껍데기의 뜻. 바꾸어 갑옷을 뜻하며 음을 빌어서 천간의 첫째 글자로도 씀.

意味 ① 첫째 천간(天干). 십간(十干)의 첫째. ② 갑옷.「―冑」껍데기. 겉껍질. ④ 비롯함. 첫째. 으뜸. ⑤ 떡잎이 남. 싹틈. ⑥ 법령. ⑦ 과거.
甲板[갑판]ⓝⓝ 큰 배의 위에 나무나 철판으로 깐, 넓고 평평한 바닥.

【申】 5 田0 | 신 | 펼 | ⓐ眞
シン
もうす・さる

筆順 ノ 冂 冂 日 申

解字 申 象聲. 등뼈와 갈비의 모양을 본뜬 것으로 등이 똑바르게 펴진 것을 나타냄. 널리 펴다·말하다의 뜻으로 씀.

意味 ① 폄[伸]. ② 말함. ③ 원숭이. ㉠십이지지(十二地支)의 아홉째. ㉡방위로는 서남서. ㉢시간으로는 오전 4시의 전후 2시간. ④ 기지개를 함.
申請[신청]ⓢⓔ ① 원하여 청구(請求)함. ② 개인이 국가 기관 또는 공공 기관에 어떤 사항을 청구함.

*【由】 5 田0 | 유 | 말미암을 | ⓙ尤
ユ・ユウ
よし

筆順 ノ 冂 冂 由 由

解字 由 象形. 술을 거르는 그릇의 모양을 본뜸. 후에 음을 빌어서 까닭·이유의 뜻으로 씀.

意味 ① 말미암음. ㉠유래함. 유래. ㉡거침. 지나감.「經―」㉢까닭. ㉣이유. ㉤방법. ③ 행함. ④ 씀[用].
由來[유래]ⓨⓡ ① 사물의 내력(來歷). ② 본디. 원래(元來).

【男】 7 田2 | 남 | 사내 | ⓐ覃
ダン・ナン
おとこ

筆順 ノ 冂 冂 田 甲 男 男

解字 形聲. 力(힘)과 음을 나타내는 田(전)[남의 변음]을 합쳐서 힘이 드는 일을 감당할 수 있는 사람이라는 뜻. 일설에는 회의 문자로서 밭에서 힘이 드는 일을 하는 사람이라 함. 사나이의 뜻으로 씀.

意味 ① 사내. ㉠남자. ㉡아들. ↔女 ② 남작(男爵).
男便[남편] 아내의 배우자.
男女[남녀]ⓝⓙ 남자와 여자.

【甸】 7 田2 | ⓛ²전 | 경기 | ⓔ霰
テン・デン

筆順 ノ 勹 勹 勹 勹 甸 甸

意味 ① 경기 지방. 서울 근교. ② ① 다스림. ② 수레 이름.
甸役[전역] 사냥. 수렵.
甸人[전인]ⓣⓙ 공전(公田)을 맡은 벼슬 이름.

【町】 7 田2 | 정 | 밭두둑 | ⓑ迴
チョウ・テイ
まち・あぜ

筆順 ノ 冂 冂 田 田 町 町

意味 ① 밭두둑. ② 정보. 3000평.
町畽[정탄] 마당.
町畦[정휴]ⓣⓗ ① 밭두둑. ② 경계. 구획.

【画】畫(田부 7획)의 약자

*【界】 9 田4 | 계 | 지경 | ⓐ卦
カイ
さかい

筆順 ノ 冂 冂 田 甲 畀 界

解字 形聲. 田(밭)과 음을 나타내는 介(개)[계는 변음]을 합쳐서 밭의 경계

[田部] 4~6획

의 뜻. 널리 경계의 뜻으로 씀.
[意味] ① 지경. ㉠경계. ㉡한계. ㉢범위.
② 경계를 지음. 인접함. 한정함. ③
둘레. 세계.「學一」④ 떼어 놓음.
界隈[계외]ᵍᵃᶦ 부근. 근처.「識」
界標[계표] 경계를 나타내는 표지(標

*[畓]⁹ 田4 | 답 | 논 |

[筆順] 丿 기 水 水 沓 沓 畓

[意味] 논.「田一」
畓結[답결] 논에 대한 세금.
畓穀[답곡] 논에서 나는 곡식.

*[畏]⁹ 田4 | 외 | 두려워할 | ㉢末 |
イ
おそれる

[筆順] 丿 冂 冊 田 田 田 畏

[解字] 會意. 도깨비 머리를 뜻하는 田과
虎(호랑이)의 생략형인 𠘧를 합쳐서 무
서운 것·무서워하다의 뜻.
[意味] ① 두려워함. 두려움. ㉠두려워서
조심함. 삼가고 조심함. ㉡무서워함.
㉢겁냄. ② 꺼림. ③ 놀람.
畏敬[외경]ᵍᵉᶦ 두려워하고 공경함. 경
외(敬畏).
畏友[외우]ᵍᵘ 가장 존경하는 벗.

[思] 心부 5획
[胃] 月부 5획

[留]¹⁰ 田5 | 류 | 머무를 | ㉢尤 |
リュウ·ル
とめる

[筆順] 丿 𠂉 𠂉 𠂊 𤰚 留 留

[解字] 畱 形聲. 田(밭)과 음을 나타내
는 丣(류)를 합쳐서 밭에 머
무르다의 뜻. 널리 머무르다의 뜻으로
씀.
[意味] ① 머무름. 멈춤. ㉠움직이지 않게
함.「繫一」㉡붙잡아 둠.「拘一」㉢조
심함.「一意」㉣미룸.「一保」② 멎
음. ↔去 ㉠그대로 머물러 있음.「逗一」
㉡뒤에 남음.「殘一」㉢지체함.「滯
一」③ 오램. 더딤. ④ 횡사함.「函.
留念[유념] 마음에 기억해 두고 생각

留意[유의]ᵍᵘ 마음에 둠. 주의함.

[畝]¹⁰ 田5 | 무 | 이랑 | ㉢有 |
ホ·ボウ
せ·うね

[筆順] 亠 亠 亠 亩 亩 畝 畝

[意味] ① 이랑. ② 밭두둑. 전답. ③ 땅
면적을 나타내는 단위.

[畔]¹⁰ 田5 | 반 | 두둑 | ㉢翰 |
ハン
あぜ

[筆順] 丨 П 田 田 畔 畔 畔

[意味] ① 두둑. ② 경계(境界). ③ 가.
옆.「湖一」④ 갈절. 끝. ⑤ 나아감.

*[畜]¹⁰ 田5 | ①축③휴 | 가축 | ㉠屋 |
②축④추 | | ㉠屋 |
㉢宥 | チク
たくわえる·やしなう

[筆順] 亠 亠 玄 玄 斉 斉 畜

[解字] 畜·𤲸 會意. 田(밭)과 兹(늘
리다)의 생략형인 玄을
합쳐서 밭의 작물을 가꿔 늘리다의 뜻.
모아 두다의 뜻으로 쓰이다가 후에 이
글자는 가축의 뜻으로 쓰고 모아 두다
의 뜻으로는 蓄을 씀.
[意味] ① 가축. ② 쌓음. 모아 둠.
그침. ② 기름[養]. ③ 용납함. ③
기름진 짐승. ④ 집짐승.
畜舍[축사]ᶜʰⁱ 가축을 기르는 건물.
畜産[축산]ᶜʰⁱ ① 소나 말 등의 가축을
길러서 이익을 삼는 산업. ② 사람을
천하게 부르는 말. 축생(畜生).

*[異]¹¹ 田6 | 이 | 다를 | ㉢寘 |
イ
ことなる

[筆順] 丨 П 田 田 里 異 異

[解字] 象形. 사람이 큰 가면을 쓴
모양을 본뜸. 가면을 써서 딴
사람이 되기 때문에 다르다의 뜻으로
씀.
[意味] ① 다름. ㉠보통과 다름.「一常」
뛰어 남.「一彩」↔凡 ㉡다른 곳.「一
國」옳지 않음.「一端」㉢반대되는 것.
「一論」② 괴이함. 괴이하게 여김.
異國[이국]ᵍᵒᵏᵘ 다른 나라. 외국(外國).
이경(異境). 타국(他國).

異義〔이의〕イギ 다른 의미. 달리 하는 의의(意義). 다른 주의. ↔동의(同義)

*【略】11 田6 | 략 | 다스릴 | [入]藥 | リャク はぶく・ほぼ

[筆順] 

[解字] 形聲. 田〔밭〕과 음을 나타내는 各(각)〔략은 변음〕을 합쳐서 땅을 구분하여 경영하다의 뜻. 후에 대략의 뜻으로도 씀.

5 획

[意味] ① 다스림. 「經—」 ② 꾀함. 모사. 「計—」 ③ 대강. 대략. ④ 간략함.

略式〔약식〕リャクシキ 정식의 순서를 일부 생략한 의식(儀式)이나 방식(方式). ↔정식(正式) 「말. 준말. 약언(略言).

略語〔약어〕リャクゴ 간단하게 줄여서 쓰는

*【畢】11 田6 | 필 | 마칠 | [入]質 | ヒツ おわる

[筆順] 

[解字] 形聲. 짐승을 잡는 그물을 뜻하는 芈과 음을 나타내는 畀(불)〔필은 변음〕의 변형인 田을 합쳐서 자루가 달린 그물의 뜻. 음을 빌어 남김 없이·모두의 뜻으로 씀.

[意味] ① 마침. 끝남. 끝냄. 「—生」 ② 다함. 모두. 남김 없이. ③ 드디어.

畢竟〔필경〕ヒッキョウ 마침내. 결국에는. 구경(究竟). 「마침.

畢納〔필납〕 납세나 납품 같은 것을 끝

【畦】11 田6 | 휴 | 밭두둑 | [平]齊 | ケイ うね

[筆順] 

[意味] ① 밭두둑. 밭이랑. ② 밭 쉰〔50〕이랑. ③ 갈피〔區〕.

畦道〔휴도〕あぜみち・ケイドウ 밭과 밭 사이의 길.

*【番】12 田7 | [1]번[3]파 [2]반 | 번 | [平]元[平]歌 [平]寒 | バン・ハン

[筆順] 

[解字]  會意. 田〔밭〕과 손바닥에 씨를 가지고 있다는 뜻인 釆을 합쳐서 밭에 씨를 뿌리다의 뜻. 후에 순번의 뜻으로 씀.

[意味] [1] ① 번. ㉠순서. 「第——」 ㉡회수. ㉢차례로 임무를 맡는 일. 「順—」 [2] ① 중국 광동성(廣東省) 광주부(廣州府)에 있는 고장 이름. ② 갈림〔遞〕. ③ 차례. [3] ① 날램. ② 하얗게 센 모양. 「분(區分)한 땅. 또는 그 번호.

番地〔번지〕バンチ 번호(番號)를 매겨서 구

【畯】12 田7 | 준 | 농부 | [去]震 | シュン たびと

[筆順] 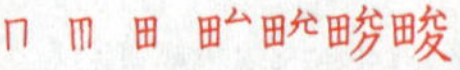

[意味] ① 농부. ② 권농관〔典田官〕.

*【畫】12 田7 | [1]화 [2]획 | 그림 | [去]卦 [入]陌 | ガ・カク え・えがく・はかる

[筆順] 

[解字] 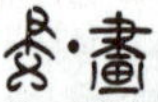 形聲. 손에 붓을 든 것을 뜻하는 㗊과 음을 나타내는 畫(화)를 합쳐서 붓으로 줄을 긋다의 뜻. 또 밭의 경계를 긋다의 뜻으로도 씀.

[意味] [1] 그림. 그림을 그림. 「繪—」 [2] ① 나눔. 구획함. 구획. 경계. ② 꾀함. 계책. 「—策」 ③ 그침. 한정함.

畫家〔화가〕ガカ 그림 그리는 것을 전문으로 하는 사람. 화공(畫工). 「는 방.

畫室〔화실〕ガシツ 화가나 조각가가 작업하

*【當】13 田8 | 당 | 마땅할 | [平]陽 | トウ あたる

[筆順] 

[解字] 形聲. 田〔밭〕과 음을 나타내는 尙(상)〔당은 변음〕을 합쳐서 밭에 알맞는 가치가 있는 것이라는 뜻.

[意味] ① 마땅함. 적합함. 가치가 있음. 「相—」 ② 맞섬. 대적(對敵)함. ③ 옳음. ④ 순응함. ⑤ 방비함. 막음.

當局〔당국〕トウキョク ① 어떤 일을 처리하는 책임을 맡고 있는 기관. ② 정무(政務)의 중요한 자리를 차지하는 기관. 어떤 정무를 맡아 보는 사람.

當然〔당연〕トウゼン 이치에 맞는 일.

【畸】13 田8 | 기 | 나머지 | [平]支 | キ

[田部] 10~17획·[疋部] 0~9획   353

[筆順] 田 田ˊ 田ˇ 田ˇ 田ˇ 畤 畸

[意味] ① 셈하고 남은 것. ② 기이함. ③ 병신. 불구자.「—形」④ 패기 밭.
畸形[기형] キヶィ〈生〉보통 정상적인 것과는 다른 생물의 형태.

*[畿] 15 田10 | 기 | 경기 | ⓠ徵 | キ

[筆順] ㄥ ㄠ 丝 兹 畿 畿 畿

[解字] 形聲. 田(밭)과 음을 나타내는 幾(기)를 합쳐서 서울에 가까운 전지(田地)라는 뜻. 널리 경기(京畿)의 뜻으로 씀.
[意味] ① 경기. 서울 주위의 500리 이내의 땅. ② 서울. ③ 문안(門內). ④ 지경. 경계.

[㽎] 土부 15획

[疆] 19 田14 | 강 | 지경 | ⓠ陽 | キョウ さかい

[筆順] ㄱ ㄱ 弓 弓 彊 彊 疆

[意味] ① 지경. 경계. 국경.「—域」② 변방. ③ 끝. 한끝.
疆域[강역] キョゥィキ 나라의 구역. 국경(國境).「—있는 땅.
疆土[강토] キョゥド 그 나라 국경의 안에

[疇] 19 田14 | 주 | 두둑 | ⓠ尤 | チュゥ

[筆順] 田 田ˊ 田ˇ 畦 畤 疇 疇

[意味] ① 두둑. ② 삼밭. ③ 밭. ④ 누구. ⑤ 같음. ⑥ 무리. 분류된 항목.

[疊] 22 田17 | 첩 | 겹칠 | 入葉
チョウ·ジョウ
たたみ

[筆順] 田 畕 晶 䯂 㽺 曡 疊

[解字] 形聲. 제사의 이름을 뜻하는 宜의 생략체인 冝와 음을 나타내는 畾(첩)[첩은 변음]을 합쳐서 제사가 겹치다의 뜻. 널리 겹쳐·쌓다의 뜻으로 씀. 畾는 晶을 잘못 쓴 것임.
[意味] ① 겹침. 포갬. ② 겹쳐짐. 포개어짐.「重—」③ 굽힘. ④ 두려워함.
疊語[첩어] ジョウゴ 같은 단어를 거듭하여 한 낱말을 이룬 말. 즉 아장아장·하루하루 등.

疋 部

[疋] 5 疋0 | 1.소 2.필 | 발 | ⓠ魚 ⓐ質
ショ·ソ·ガ·ヒツ

[筆順] ㄱ ㄗ 下 正 疋

[解字] 象形. 다리의 무릎으로부터 아래 부분을 본뜸. 부수 疋은 발에 관한 뜻을 나타냄.

[意味] 1 발[二足]. 2 ① 짝[二偶]. ② 필. ㉠피륙을 세는 단위. ㉡마소를 세는 단위. =匹

5획

[疏] 11 疋6 | 1.소 2.소 | 뚫릴 | ⓠ魚 | ソ

[筆順] 正 正ˊ 正ˇ 疏 疏 疏 疏

[意味] 1 ① 뚫림. 트임.「—通」② 나눔. 나누임. ③ 멂. ④ 친(親) ㉠친하지 않음.「—通」㉡잘 모름. ④ 멀리함. 가까이하지 않음.「—外」⑤ 멀어짐. ⑥ 거칠. 조잡함.「—略」=粗↔密 ⑦ 드묾. 성김. 2 ① 주(註)를 냄. ② 상소함.
疏遠[소원] ソエン 소격(疎隔). 소원(疎遠).
疏脫[소탈] ソダツ 언행이나 성격이 거만하거나 까다롭지 않고 솔직하고 호탕함.

[蛋] 虫부 5획

*[疎] 12 疋7 | 소 | 드물 | ⓠ虞
ソ·ショ
とおる·うとい·あらい

[筆順] 正 正ˊ 正ˇ 跙 跊 疎 疎

[解字] 形聲. 본디 疏와 같은 글자. 疏는 물의 흐름[㐬]과 음을 나타내는 疋(소)를 합하여 물을 잘 흐르게 할을 뜻함. 㐬(류)가 束(속)으로 바뀌어 疎가 됨.
[意味] ① 드묾. 성김. ② 나뭇잎이 우거짐.

[楚] 木부 9획

*[疑] 14 疋9 | 1.의 2.응 | 의심할 | ⓠ支 ⓠ蒸
ギ
うたがう

[筆順] ヒ 㠯 㠯 㠯 䚄 疑 疑

[疑字] 形聲. 어린 아이가 멈추어 선다는 뜻인 疑와 음을 나타내는 矣(의)를 합하여 어린 아이가 비틀거리고 있음을 뜻함. 후에 의심하다의 뜻으로 씀.

[意味] ① 의심함. 이상하게 여김. 수상히 여김. ② 의심. ③ 의심스러움.「一似」④ 의심컨대. ⑤ 머뭇거림.「遲一」② 정(定)함.

疑心[의심]ｷﾞ 믿지 못하여 미심쩍게 여기는 마음.

疒 部

[疒] 疒⁵-0ㅣ녁ㅣ누울ㅣ⑧陌ㅣダク

[筆順] 丶一广广疒

[解字] 會意. 침대[爿]와 그 위에 누워 있는 사람[亻]을 합하여 사람이 병으로 누워 있음을 뜻함. 부수로는 병·신체적 이상에 관한 뜻을 나타냄.

[意味] ① 병들어 누움. ② 병. 앓음.

[疔] 疒⁷-2ㅣ정ㅣ정ㅣ⑧青ㅣテイ·チョウ

[筆順] 丶一广广疒疔

[意味] 〈醫〉정(毒瘡). 종기의 일종. 얼굴 부분에 생기며 매우 아프고 위험한 부스럼임.

[疝] 疒⁸-3ㅣ산ㅣ산증ㅣ⑧諫ㅣサン·セン

[筆順] 丶一广广疒疝疝

[意味] 〈醫〉산증. 아랫배 또는 허리의 근육이 당기며 아픈 병.

*[疫] 疒⁹-4ㅣ역ㅣ돌림병ㅣ⑧陌ㅣエキ·ヤク

[筆順] 丶一广广疒疒疫

[解字] 形聲. 병(疒)과 음을 나타내는 殳(역)[役의 생략형]을 합하여 전염병을 뜻함.

[意味] ① 돌림병. 전염병. 유행병.「一痢」② 역귀(疫鬼). 돌림병을 퍼뜨리는 귀신.

疫痢[역리]ﾚｷﾘ 〈醫〉흔히 여름철에 어린 아이들에게서 볼 수 있는 급성 전염병. 적리(赤痢)와 아주 비슷함.

疫疾[역질]ｴｷｼﾞﾂ 〈醫〉천연두(天然痘).

[疥] 疒⁹-4ㅣ개ㅣ옴ㅣ⑧卦ㅣカイ

[筆順] 丶一广广疒疒疥疥

[意味] 〈醫〉① 옴. 아주 가려운 전염성 피부병의 일종. ② 학질. 말라리아.

疥癬[개선]ｶｲｾﾝ 〈醫〉① 전염하는 피부병. 옴. ② 극히 작은 외환(外患).

[疳] 疒¹⁰-5ㅣ감ㅣ감병ㅣ覃ㅣカン

[筆順] 丶一广广疒疒疳疳

[意味] 〈醫〉감병(疳瘡). 어린 아이의 만성 위장병의 한 가지. 몸이 여위고 배가 불러지는 병. ② 음식창(陰蝕瘡). 성병(性病)의 한가지. 남녀의 음부에 나는 창병.「下一」

[疸] 疒¹⁰-5ㅣ①②ㅣ달ㅣ황달ㅣ⑧翰⑧旱ㅣタン

[筆順] 丶一广广疒疒疸疸

[意味] 〈醫〉① 황달. 달병.「黃一」본음은 단. ② 쥐부스럼. 우달(疣疸). 머리 위에 톡톡 불거지는 부스럼의 한 가지.

疸病[달병]ﾀﾞﾝﾋﾞｮｳ 〈醫〉간장의 고장으로 인한 부차(副次) 증상으로서 담즙(膽汁)의 색소(色素)가 혈액에 들어가서 생기는 병. 황달(黃疸). 달기(疸氣).

[疼] 疒¹⁰-5ㅣ동ㅣ아플ㅣ⑧冬ㅣトウ·うずく

[筆順] 丶一广广疒疒疼疼

[意味] 아픔. 몸이 쑤시고 아픔.「一痛」

疼痛[동통]ﾄｳﾂｳ 몸이 쑤시고 아픔. 또는 그 고통.

*[病] 疒¹⁰-5ㅣ병ㅣ병ㅣ⑧敬ㅣヘイ·ビョウ·やむ·やまい

[筆順] 丶一广广疒疒病病

[解字] 形聲. 병(疒)과 음을 나타내는 丙(병)을 합하여 병이 중해짐을 뜻함.

[疒部] 5~6획

意味 ① 병. ㉠질병. 「一魔」 ㉡성벽. 나쁜 버릇. 「一癖」 ㉢흠. 병통. ② 앓음. 병을 앓음. ③ 근심. 걱정.
病狀[병상] 병의 상태. 병의 경과.
病褥[병욕] 병상(病床). 병석(病席). 「표하도록 시설되어 있는 곳물.」
病院[병원] 병자를 진찰하거나 치

[疵] 疒5 10획 | 자 | 흠 | ㊅支 | シ | きず

筆順 一广广疒疠疵疵

意味 ① 흠. ㉠흠집. ㉡몸의 흠터. ㉢기물(器物)의 흠집. ㉣과실(過失). 결점. 「瑕一」 ② 병(病). ③ 해침. 흠을 냄. ④ 헐뜯음.

*[症] 疒5 10획 | 증 | 병증세 | ㊣敬 | ショウ

筆順 一广广疒疒症症

解字 形聲. 병(疒)과 음을 나타내는 正(정)[症은 변음]을 합하여 병의 증세 [성질]를 뜻함.

意味 병의 증세. 병의 성질.
症狀[증상] 병의 상태. 증세(症勢). 증후(症候).
症勢[증세] 병으로 앓는 여러 가지의 모양. 증정(症情). 증후(症候).

*[疾] 疒5 10획 | 질 | 병 | ㊅質 | シツ
やまい・やむ・はやい

筆順 一广广疒疒疾疾

解字 形聲. 병(疒)과 음을 나타내는 矢(시)[疾은 변음]를 합하여 화살로 인한 상처를 뜻함. 널리 앓다·미워하다의 뜻으로 씀.

意味 ① 병. ㉠질병. ㉡불구(不具). 나쁜 버릇. 흠. 결점. ② 해를 끼치는 것. ③ 근심함. 걱정함.
疾苦[질고] 고통. 병고(病苦).

[疹] 疒5 10획 | 1 2 진 | 홍역 | ㊤軫 シン・チン

筆順 一广广疒疒疹疹

意味 〈醫〉 1 ① 홍역. ㉠전염병의 일

종. 홍진. 「麻一」 ② 두드러기. 습진(濕疹). 2 화병. 열병.

[疱] 疒5 10획 | 포 | 마마 | ㊇效 | ホウ

筆順 一广广疒疒疱疱

意味 〈醫〉 ① 마마. 천연두. 손님. 「一瘡」 ② 농포진. 물집이 생기는 급성 피부염.
疱瘡[포창] 〈醫〉 천연두(天然痘). 두창(痘瘡).

*[疲] 疒5 10획 | 피 | 피곤할 | ㊅支
ヒ
つかれる

筆順 一广广疒疒疲疲

解字 形聲. 병(疒)과 음을 나타내는 皮(피)를 합하여 없는 지침을 뜻함.

意味 ① 피곤함. 지침. ② 고달픔. ㉠로. 「一勞」 ㉡돈이나 재물이 떨어져 고생함. ③ 고달프게 함. ④ 느른함. 나른함. ⑤ 여윔. 「一弊」
疲困[피곤] 피로하여 괴로와함. 몸이 지치어 고달픔.

[痒] 疒6 11획 | 1 2 양 | 가려울 | ㊤養 ㊅陽
ヨウ
かゆい

筆順 一广广疒疒疒痒痒

意味 1 가려움. 몸이 가려움. 2 ① 옴. 전염성 피부병의 한 가지. ② 병(病).
痒疹[양진] 〈醫〉 몸의 각 부분에 가려운 증상이 있는 만성 피부병의 한 가지.

[痍] 疒6 11획 | 이 | 상처 | ㊅支 | きず
イ

筆順 广疒疒疒疸痍痍

意味 ① 상처. 다친 데. 「一創」 ② 상함. 다침. 부상함.

[痔] 疒6 11획 | 치 | 치질 | ㊅紙 | ジ

筆順 广疒疒疒痔痔痔

意味 〈醫〉치질. 항문(肛門)의 안쪽에 나는 병.
痔疾[치질] 〈醫〉 항문의 안쪽에 일

어나는 병의 총칭.

[痕] 疒6 | 흔 | 흉터 ㊈元 | コン・あと

筆順 *广疒疒疒疕疸痕痕*

意味 ① 흉터. 상처의 자국. 「刀―」 흔적. 자취.

痕跡[흔적]ᄒᆞᆫᄶᅥᆨ 사물의 자취. 형적(形跡).

[痙] 疒7 | 경 | 심줄당길 ㊈梗 | ケイ

筆順 *广疒疒疒痉痙痙*

意味 ① 심줄이 당김. 바람 맞음. 근육이 당기어 뻣뻣하여짐. ② 심줄이 당기는 병. 「―攣」

痙攣[경련]ᄀᆨᅧᅩᆼᆼ 근육이 저절로 갑자기 수축(收縮)하는 현상.

[痘] 疒7 | 두 | 마마 ㊈宥 | トウ

筆順 *广疒疒疒疳痘痘*

解字 形聲. 병(疒)과 음을 나타내는 豆(두)를 합하여 살갗에 콩알 같은 물집이 생기는 병을 뜻함.

意味 〈醫〉 마마. 천연두. 손님.

痘瘡[두창]ᄃᆞᅮᆼ창 〈醫〉 법정(法定) 전염병의 하나. 천연두(天然痘).

[痢] 疒7 | 리 | 설사 ㊈寘 | リ

筆順 *广疒疒疒疒痢痢*

解字 形聲. 병(疒)과 음을 나타내는 利(리)로 이루어짐.

意味 〈醫〉 설사. 곱똥. 이질(痢疾).

[痛]* 疒7 | 통 | 아플 ㊈送
ツウ・トウ
いたむ・いたい

筆順 *广疒疒疒疽痛痛*

解字 形聲. 몸의 이상(異常)(疒)과 음을 나타내는 甬(용)(통은 변뜸)을 합하여 바늘로 찌르는 듯한 아픔이라는 뜻. 널리 아파하다의 뜻으로 씀.

意味 ① 아픔. 몸이 괴로움. 「疼―」 ② 아파함. ㉠몸에 고통을 느낌. 「疾―」

㉡마음 아파함. 번민함. 「心―」 ③ 아프게 함. ④ 항상. 다침. ⑤ 슬퍼함. ⑥ 원망함. ⑦ 몹시. 대단히. 「―飮」

痛憤[통분]ᄐᆞᅮᆼᄇᆞᅮᆫ 대단히 분개(憤慨)함.

痛心[통심]ᄐᆞᅮᆼᄉᆞᅵᆷ 마음을 몹시 상함.

[痼] 疒8 | 고 | 고질 ㊈週 | コ

筆順 *广疒疒疒病痼痼*

意味 고질. 오랫 동안 낫지 않는 끈질긴 병. 「―疾」

痼疾[고질]ᄀᆞᅩᄌᆡᆯ ① 오래도록 낫지 않아 고치기 어려운 병. ② 오래 된 나쁜 습관. 숙질(宿疾).

[痰] 疒8 | 담 | 가래 ㊈覃 | タン

筆順 *广疒疒疒痊痰痰*

意味 가래. 담. 기침과 함께 기관(氣管)에서 나오는 끈적끈적한 액체. 「喀―」

痰厥[담궐]ᄃᆞᆷᄀᆞᅯᆯ 〈醫〉 원기가 허하고 추워서 담이 막히고 사지(四肢)가 차며 마비되고 어지러운 병.

[痲] 疒8 | 림 | 임질 ㊈侵 | リン

筆順 *广疒疒疒痲痲痲*

意味 〈醫〉 임질. 음질. 임균(淋菌)으로 인해 요도(尿道) 점막에 일어나는 염증. 「―疾」

痲疾[임질]ᅵᆷᄌᆡᆯ 〈醫〉 임균에 의하여 일어나는 요도 점막(尿道粘膜)의 염증. 임병(淋疾). 음질(陰疾).

[痳] 疒8 | 마 | 저릴 ㊈麻 | マ・バ

筆順 *广疒疒疒痳痳痳*

意味 ① 저림. 마비함. 근육이나 신체의 감각 작용을 잃음. 또 그 현상. 「―痺」 ② 저리게 함. 「―醉」 ③ 〈醫〉 홍역. 어린이 전염병의 한 가지. 「―疹」

痲痺[마비]ᄆᆞᄇᆞᅵ 〈醫〉 신경이나 근육이 그 기능을 잃은 현상. 또는 그 병. ② 늘 활발한 활동이 멈추어 잔잔하게 됨.

[痺] 疒8 | 비 | 저릴 ㊈寘
ヒ
しびれる

筆順 *广疒疒痹痹痺痺*

[疒部] 8~13획   357

意味 ① 저림. 마비함. 신체의 감각 작용을 잃음. 또 그 현상. 「痲一」 ② 〈醫〉류우머티즘.

【痼】疒8 ^{13} | 아 | 숙병 | ㋐歌 | ア やまい

筆順 *疒 疒 疒 疒 疒 痼 痼 痼*

意味 숙병. 오래 전부터 지니고 있는, 고치기 어려운 병.

[痴] 癡(疒부 14획)의 속자

【瘍】疒9 ^{14} | 양 | 두창 | ㋐陽 | ヨウ

筆順 *疒 疒 疒 疒 疸 瘍 瘍*

意味 ① 두창. 머리의 부스럼. ② 부스럼. 종기. 「腫一」 ③ 상처. 흠.

【瘤】疒10 ^{15} | 류 | 혹 | ㋐尤 | リュウ こぶ

筆順 *疒 疒 疒 疒 疴 瘤 瘤 瘤*

意味 ①혹. ㉠몸에 생기는 군살. ㉡물건의 표면에 볼록하게 내민 부분. 「根一」 ② 혹. ㉠타박상으로 부어 오른 살. ㉡방해물. 짐스러운 물건이나 일.

【瘢】疒10 ^{15} | 반 | 흉 | ㋐寒 | ハン

筆順 *疒 疒 疒 疒 痄 瘢 瘢*

意味 ① 흉. 헌데나 다친 데의 아문 자국. ② 얼룩. 주근깨. ③ 마마 자국. 「一痘」 ④ 자취. 사물의 흔적.

瘢痕[반흔]ハンコン 상처 자국. 반창(瘢瘡).

【瘦】疒10 ^{15} | 수 | 파리할 | ㋐有 | ソウ・シュウ やせる

筆順 *疒 疒 疒 疒 疲 痺 瘦*

意味 ① 파리함. 몸이 여윔. 「一軀」 ↔肥 ② 가늚. 굵지 않음.

瘦軀[수구]ソウ 몸이 몹시 여윈 모양. 또는 수척한 몸.

瘦身[수신]ソウ 여윈 몸. 수척한 몸.

【瘡】疒10 ^{15} | 창 | 부스럼 | ㋐陽 | ショウ・ソウ かさ

筆順 *疒 疒 疒 疒 疹 瘡 瘡*

意味 ① 부스럼. 종기. 피부병의 한 가지. ② 상처. 다친 데. 「一痍」 ③ 흥터.

瘡毒[창독]ソウ 종기의 독성(毒性).
瘡藥[창약] 헌데에 바르는 약.

【瘠】疒15 ${}_{10}$ | 척 | 파리할 | ㋐陌 | セキ

筆順 *疒 疒 疒 疒 疼 瘠 瘠*

意味 ① 파리함. 여윔. 마름. ↔肥 ② 좀. 적어짐. ③ 메마름. 척박함. 「一土」

瘠馬[척마]セキ·や야위어 파리한 말.
瘠土[척토]セキ·작물(作物)이 잘 안되는 메마른 땅. ↔옥토(沃土)

【癎】疒12 ^{17} | 간 | 경풍 | ㋐刪 | カン

筆順 *疒 疒 疒 疒 痾 癎 癎*

意味 〈醫〉① 경풍. 경기. 경련을 일으키는 소아병의 한 가지. ② 간질. 지랄병. 갑자기 경련을 일으키며 의식을 잃고 거품을 내뿜는 병. 「癲一」

癎疾[간질]カン〈醫〉갑자기 눈이 까뒤집히며 거품을 내뿜고 몸을 떠는 병.

【療】疒12 ^{17} | 료 | 병고칠 | ㋐嘯 | リョウ いやす

筆順 *疒 疒 疒 疒 痑 疼 療*

解字 形聲. 병(疒)과 음을 나타내는 (료)를 합하여 병을 고침을 뜻함.

意味 ① 병을 고침. 「治一」 ② 면함. 고통을 면함. 「一飢」

療法[요법]リョウ 병을 고치는 방법.
療養[요양]リョウ 병을 치료하고 조섭(調攝)함. 「一生活」

【癌】疒12 ^{17} | 암 | 암 | ㋐咸 | ガン

筆順 *疒 疒 疒 癌 癌 癌 癌*

意味 ① 〈醫〉암. 신체의 근육이나 내장에 생기는 악성 종양(腫瘍)의 한 가지. 「胃一」 ② 비유 암.

【癖】疒13 ^{18} | 1/2 벽 | 버릇 | ㋐陌 ㋐錫 | ヘキ くせ

筆順 *疒 疒 疒 痞 痞 癖 癖*

[解字] 形聲. 병(疒)과 음을 나타내는 辟(벽)을 합하여 원래 병 이름.
[意味] 버릇. 기호(嗜好)나 성질 등이 치우쳐 있음. 「性─」 적벽(積癖). 적취(積聚). 뱃속에 생기는 일종의 덩어리.

【癒】 18 疒13 │1│2│ 유│병나을│㊤麌 ㊨遇
ユ
いえる
[筆順] 疒疒疒疒疒癒癒
[意味] ① 병이 나음. ② 병듦. 병이 남.
癒合[유합] ㌈ 상처가 나아서 피부나 근육이 아물어 붙음.

【癡】 19 疒14 │치│어리석을│㊦支
チ
おろか
[筆順] 疒疒疒疒癡癡癡
[解字] 形聲. 병(疒)과 음을 나타내는 疑(의)[치는 변음]을 합하여 어리석음을 뜻함.
[意味] ① 어리석음. 지더림. 미련함. 「白─」 ② 미치광이. 천치.
癡漢[치한] ㌍ ① 어리석은 사람. 못난이. 치인. ② 여자를 희롱하는 남자.

【癩】 21 疒16 │라│문둥병│㊤泰 ライ
[筆順] 疒疒疒癩癩癩癩
[意味] 문둥병. 나병.
癩病[나병] ㌌ 〈醫〉 문둥병.

【癬】 22 疒17 │선│마른옴│㊦銑 セン
[筆順] 疒疒疒癬癬癬癬
[意味] 마른옴. 버짐. 번지기 쉬운 아주 가려운 피부병. 「疥─」

【癲】 24 疒19 │전│미칠│㊤先 テン
[筆順] 疒痾痾癲癲癲癲
[意味] ① 미침. ② 전간. 지랄병.
癲癇[전간] ㌍ 〈醫〉 지랄병. 간질(癎疾).

癶 部

【癶】 5 癶0 │발│걸을│㊤曷 ハツ
[筆順] ノアア癶癶
[解字] 㐱·㐱 會意. 두 발을 좌우로 벌린 모양을 본뜸. 벌리다·등지다의 뜻. 부수 癶(발)은 두 발에 힘을 주어 걷는 것에 관한 뜻을 나타냄.
[意味] ① 걸음. 걸어 감. ② 벌림. 사이를 띄움. ③ 등짐. 사이가 틀어짐.

【癸】 9 癶4 │계│열째천간│㊤紙 キ
みずのと
[筆順] ノアプ癶癶癸癸
[解字] 會意. 癶(발)[걸음]과 矢(시)[화살]를 합하여 발로 길이를 잼을 뜻함. 후에 음을 빌어 천간(天干)의 하나로 씀.
[意味] ① 열째 천간. 십간(十干)의 열째. 오행(五行)으로는 물. 방위로는 북(北). 계절로는 겨울. ② 헤아림. =揆
癸坐[계좌] 묏자리나 집터의 계방(癸方)을 등진 자리.

[発] 發(癶부 7획)의 약자

【登】 12 癶7 │등│오를│㊤蒸
ト·トウ
のぼる
[筆順] ノアプ癶癶登登登
[解字] 形聲. 양발에 힘을 주어 걷는 癶과 음을 나타내는 豆[弄(등)]를 합하여 높은 데 오름을 뜻함.
[意味] ① 오름. 높은 데 올라 감. 「─山」「─壇」 ㉡나감. 출근함. 「─廳」 ㉢벼슬에 오름. 「─極」 ② 올림.
登科[등과] 과거에 급제함. 등제(登第).

【發】 12 癶7 │발│쏠│㊤月
ホツ·ハツ·ホチ
はなつ·ひらく·あばく
[筆順] 癶癶癶癶發發發
[解字] 形聲. 활(弓)과 음을 나타내는 癹(발)을 합하여 활을 쏨을 뜻함. 널리 드러나다·시작하다의 뜻으로 쓰임.

〔白部〕 0~2획

意味 ① 쏨. 총 따위를 쏨. 「一射」 ② 일어남. ㉠생김. 「一生」 ㉡일어섬. 일으킴. ㉠돋우어 일으킴. 「一憤」 ㉡냄. 「一聲」 ㉡일을 벌임. ④ 펌. 엶.

發憤[발분]ﾊﾂﾌﾝ ① 분노심을 일으킴. ② 평온했던 마음과 힘을 돋우어 일으킴. 분발(奮發).

發生[발생]ﾊｯｾｲ ① 사건이 일어남. ② 태어남. ③ 생물(生物)이 난자(卵子)로부터 점차 성체(成體)가 되는 과정.

發送[발송]ﾊｯｿｳ ① 물건이나 편지를 보냄. ② 사환을 보내어 전송(餞送)함.

發揚[발양]ﾊﾂﾖｳ ① 빛나게 함. 발휘(發揮)하여 보급시킴. ② 세차게 일어남.

發源[발원]ﾊﾂｹﾞﾝ ① 물의 근원. 물이 비롯하여 흐르는 근원. ② 사물의 근원. 비롯하여 일어남.

發疹[발진]ﾊｯｼﾝ(ﾎｯ) 피부에 작은 좁쌀 만한 부스럼이 생김. 「차가 출발함.

發車[발차]ﾊｯｼｬ 기차·자동차 등이 떠남.

發表[발표]ﾋﾟｮｳ 많은 사람들에게 작품이나 의견 따위를 알림. 「政見一」

發汗[발한]ﾊｯｶﾝ ① 땀을 냄. 땀이 남. ② 병을 다스리기 위해 음에 땀을 내어 열을 발산시킴.

發揮[발휘]ﾊｯｷ 실력 등을 외부로 드러내 떨침.

発進ｼﾝ《日》 비행기 등의 출발(出發).

白 部

*[白] 5획 白0 ①백 ②배 | 흰 | ④陌 ⑤陌
ﾊｸ·ﾋﾞｬｸ
しろ·しろい

筆順 ノ ノ ケ 白 白

解字 白·白 象形. 엄지 손가락과 그 손톱이 길게 자란 모양을 본떠 엄지손가락을 뜻함. 후에 엄지손가락의 뜻으로는 擘(벽)이 만들어지고 白은 오로지 희다·말하다의 뜻으로 씀. 부수 白은 흰 것에 관한 뜻을 나타냄.

意味 ① 흼. ㉠빛깔이 흼. 「一衣」 一髮」 ㉡채색하지 않음. ② 흰빛. 하얀 빛깔. 오색(五色)의 하나. ↔黑 ③ 분명함. 뚜렷함. 「明一」 ④ 밝음. ㉠환함. 「一日」 밝음. ⑤ 깨끗함. 「潔一」 ⑥ 희어짐. 회게 함. 「精一」 ⑦ 맑은 술. 청주. ⑧ 잔. 술잔. 「太一」 ⑨ 아룀. 「自一」「告一」 ⑩ 빔. 아무것도 없음. 「空一」 ⑪ 성(姓)의 하나. ⑫ 책이름. 「飛一」 2 땅 이름. 「一川」

白骨[백골]ﾊｯｺﾂ ① 흰 뼈. 송장의 살이 썩고 남은 뼈. ② 칠을 하지 않은 목기(木器) 등

白眉[백미]ﾋﾞ ① 하얀 눈썹. ② 여럿 가운데서 가장 뛰어난 사람. 옛 중국 촉한(蜀漢)의 마씨(馬氏) 집안 오형제 중 눈썹에 흰 털이 섞인 마 양(馬良)이 가장 뛰어났던 데서 온 말.

白髮[백발]ﾊｸﾊﾂ·ﾊﾂ ① 하얗게 센 머리털. ② 몹시 피로운 일이나 사람을 비유한 말.

白眼視[백안시]ﾊｸｶﾞﾝ 시쁘게 여기거나 냉대하여 봄. 냉우(冷遇)함.

白布[백포]ﾌ 하얀 베. 흰 포목(布木).

*[百] 6획 百1 ①백 ②맥 | 일백 | ④陌
ﾋｬｸ·ﾋﾞｬｸ·ﾊｸ·ﾊﾞｸ
もも

筆順 一 ァ ア 百 百 百

解字 百·百 形聲. 一(일)과 음을 나타내는 白(백)을 합하여 일백을 뜻함.

意味 ① ① 일백. ㉠열의 열 배. ㉡모든 또는 많음의 뜻. 「一姓」 ② 백 번. 백 회. 여러 번. ② 힘씀.

百穀[백곡]ﾋｬｯｺｸ 온갖 곡식. 많은 곡식.

百發百中[백발백중]ﾋｬｯﾊﾟﾂﾋｬｸﾁｭｳ 백 번을 쏘아 백 번을 다 맞힘. 즉 계획하는

百姓[백성]ﾋｬｸｾｲ ① 일반 국민. ② 관직이 없는 어느 사람들. 인민(人民).

[皁] 7획 白2 | 조 | 검을 | ⑭皓
ｿｳ
くろ

筆順 ノ ノ ﾆ 白 白 皁

意味 ① 검음. 빛깔이 검음. ↔白 ② 마판. 마구간에 깐 널빤지. ③ 구유. 마소의 먹이를 담는 그릇. ④ 외양간. 마구간. ⑤ 하인. 심부름군. 종.

5획

皁君[조군]〈動〉황새.
皁櫪[조력] 마구간. 말을 기르는 곳.
皁白[조백] 흑과 백. 흑백. 시비.

【的】 8 白3│적│과녁│㊾錫│テキ│まと

筆順 ノ ィ 亻 白 白 的 的

解字 形聲. 원래 口[해]과 음을 나타내는 勺[작][灼의 생략형. 적은 변음]을 합하여 햇빛의 밝음을 뜻함. 후에 日을 白으로 써서 과녁의 뜻으로 씀.

意味 ① 과녁. 활이나 총을 쏘는 목표. 「射—」② 목표. 표준. 「目—」③ 밝음. 환함. ④ 꼭 그러함. 적실함.

的當[적당] ① 꼭 들어 맞음. 명확하게 맞음. ② 확실. 적확(的確).
的確[적확] 확실함. 틀림 없음.

【皆】 9 白4│개│다│㊸佳│カイ│みな

筆順 ヒ ヒ ヒ 比 皆 皆

解字 會意. 사람이 줄을 지음을 뜻하는 比(비)와 말함을 뜻하는 白(백)을 합하여 사람이 모두 같이 말함을 뜻함.

皆旣蝕[개기식] 개기 월식(皆旣月蝕)과 개기 일식(皆旣日蝕)의 통칭.
皆無[개무] 전혀 없음. 조금도 없음.

【皇】 9 白4│황│임금│㊺陽│コウ·オウ│きみ
│①②│養

筆順 ノ 亻 白 白 皁 皇

解字 皇·皇 象形. 임금의 상징인 관(冠)이 받침 위에 놓여 있는 모양을 본떠 큰 관을 뜻함. 후에 크다·임금의 뜻으로 쓰임.

意味 ① ① 임금. 천자. 「—帝」② 천제(天帝). 상제(上帝). 만물의 주재자(主宰者). ③ 큼. ④ 넓음. ⑤ 성함.

皇考[황고] 선고(先考)의 존칭.
皇帝[황제] 제국(帝國)의 군주(君主)를 높여서 부르는 칭호. 천자(天子).

【皎】 11 白6│교│힐│㊸篠│コウ·キョウ│しろい

筆順 ノ 亻 白 白' 白' 皎 皎

意味 ① 힘. 달빛이 힘. ② 깨끗함.
皎皎[교교] 매우 흰 모양.

【皕】 12 白7│퍅│이백│㊾職│フク·ヒョク│にひゃく

筆順 一 ア 兀 百 百 皕

解字 會意. 百(백)을 둘 합하여 이백을 뜻함.

意味 이백. 백의 두 배.

【皓】 12 白7│호│힐│㊴皓│コウ│しろい

筆順 ノ 亻 白 白' 皓' 皓 皓

意味 ① 힘. 빛깔이 힘. ② 깨끗함. ③ 빛남. 희게 빛남. ④ 밝음. 희게 빛나서 밝음.《=皜》⑤ 넓음.=浩 ⑥ 늙은이.

學習 '회다'의 뜻을 가진 글자→白

皓然[호연] ① 썩 흰 모양. ② 아주 명백한 모양.   「깨끗한 이.
皓齒[호치] 하얀 이. 미인의 희고
皓皓[호호] ① 맑고 흰 모양. ② 빛나고 밝은 모양. ③ 매우 하얀 모양.

【晳】 13 白8│석│힐│㊾錫│セキ│しろい

筆順 十 木 朾 析 析 晳 晳

意味 ① 힘. 사람의 얼굴이 힘. 「白—」② 대추나무. 대추나무의 한 가지.

參考 晳·晢은 딴 글자.

【皚】 15 白10│애│힐│㊺灰│ガイ│しろい

筆順 亻 白 白' 皚' 皚 皚 皚

意味 ① 힘. 눈이나 서리의 흰 빛. 또 그 모양. 「白雪——」

學習 '회다'의 뜻을 가진 글자→白

皚皚[애애] 서리(霜)나 눈(雪)이 흰 모양.

皮 部

[皮部] 0~10획·[血部] 0~5획

[皮] 皮0 | 피 | 가죽 | ㊔皮 | ヒ かわ

筆順 ノ 厂 广 广 皮 皮

解字 𠩺·𠩺 會意. 손(手)과 짐승(獸)을 합하여 손으로 짐승의 가죽을 벗기다·벗긴 털가죽을 뜻함. 부수의 皮는 피부(살갗)에 관한 뜻을 나타냄.

意味 ① 가죽. 동물의 표피(表皮). 또 털이 붙은 동물의 가죽.「一革」② 껍질. 식물의 표피. ③ 겉옷. 겉.「一相」

皮封[피봉] 겉봉. 외봉(外封).
皮膚[피부] 동물의 몸의 표면을 둘러싸고 있는 겉 부분. 살가죽. 살갗.
皮革[피혁] ① 모피(毛皮)와 무두질한 가죽. ② 가공한 가죽.

[皺] 皮10 | 추 | 주름 | ㊤有 | スウ·シュウ しわ

筆順 ク 刍 匀 匆 匆 匆 皺 皺 皺

意味 ① 주름. ㉠살갗이 느즈러져 생기는 금. ㉡물건의 거죽에 생기는 구김살. ② 주름 잡힘. 쭈그러짐. ③ 주름 잡음. 구기다. ④ 밤송이. 밤알의 덧껍데기.

皺面[추면]ᠰᡁᡉᢞ 주름살 잡힌 얼굴.

皿 部

[皿] 皿0 | 명 | 그릇 | ㊦梗 | ベイ さら

筆順 ノ 冂 冂 皿 皿

解字 𤭞·𤭞·𤭞 象形. 납작한 접시를 옆에서 본 모양을 본뜸. 부수 皿은 그릇의 종류, 그릇에 담는 동작 등에 관한 뜻을 나타냄.

意味 그릇. 음식을 담는 납작한 그릇.「器一」「金一」

[盂] 皿3 | 우 | 바리 | ㊤虞 | ウ はち

筆順 一 二 于 于 舌 舌 盂

意味 ① 바리. 사발. 밥그릇. ② 진(陣) 이름. 사냥할 때의 진(陣)의 이름. ③ 글 이름.「盤一」

盂蘭盆[우란분]ᡠᢖᠰᡅ ⟨佛⟩음력 7월 15일에 행하는 불사(佛事). 사자(死者)의 고환(苦患)을 구원해 주기 위해 삼보(三寶)에 공양을 바침.

[盆] 皿4 | 분 | 동이 | ㊤元 | ホン·ボン

筆順 ノ 八 公 分 分 盆 盆

解字 形聲. 그릇(皿)과 음을 나타내는 分(분)(頒의 생략형)을 합하여 물이나 술 같은 것을 담는 큰 질그릇의 뜻으로 씀.

意味 ① 동이. ② 땅기. 악 이름.「覆一」

盆栽[분재]ᠹᠩ 화초류·나무 등을 화분에.
盆地[분지]ᠹᠩ ⟨地⟩사방이 산(山)이나 대지(臺地)로 둘러싸인 평지.

[盈] 皿4 | 영 | 찰 | ㊦庚 | エイ·ヨウ みちる

筆順 ノ 乃 孕 孕 孕 盈 盈

意味 ① 참. 가득함. ② 채움. ↔虛 ③ 넘침.「一滿」④ 남음. 한도. 넘음. ＝嬴 ⑤ 물이 흘러 내림.

盈滿[영만]ᠻᠩ ① 가득하게 참. 성만(盛滿). ② 부귀나 권세가 성함.
盈虛[영허]ᠻᡆ 가득 차서 충만함과 텅 비어 허전함.

*[益] 皿5 | 익 | 더할 | ㉩陌 | エキ·ヤク ます·ますます

筆順 ノ 八 八 益 益 益 益 益

解字 𡂼 會意. 그릇(皿)과 물(水)을 합하여 물이 그릇에서 넘침을 뜻함. 널리 더하다의 뜻으로 쓰임.

意味 ① 더함. 보탬. ② 더해짐. 많아짐.「增一」③ 이로움. 도움이 됨.「有一」

益友[익우]ᡆᡅ 자기에게 유익한 친구.
益鳥[익조]ᡆᠻᡐᠩ ⟨動⟩사람에게 직접·간접으로 유익한 새.

[血部] 5~9획

[盍] 10획 皿5 |합|덮개|㋐合
コウ・ゴウ

筆順 一十土去去盍盍盍

意味 ① 덮개. 뚜껑. ② 덮음. ③ 모임. 합함. ④ 어찌…아니 하리. 왜 …하지 않느냐.
學習 조자(助字)로서는 '왜 …하지 않느냐, 했으면 좋겠는데'의 뜻.

*[盜] 12획 皿7 |도|훔칠|㋐號|
トウ・ドウ
ぬすむ

筆順 氵汀汀次浓盜盜

解字 形聲. 그릇(皿)과 음을 나타내는 次(연)[도는 변음]을 합하여 그릇에 담긴 것을 먹고 싶어 군침을 흘리다의 뜻. 후에 훔치다의 뜻으로 씀.
意味 ① 훔침. ㉠도둑질함.=偸「竊―」 ㉡부당한 수단으로 탐내어 얻음.
盜掘[도굴] 𝑥𝑥 ① 광업권의 허가가 없는 사람이 몰래 광물을 캐 내는 일. ② 고분(古墳) 등을 허가 없이 파 내는 일.
盜伐[도벌] 𝑥𝑥 자기의 소유가 아닌 남의 수목(樹木)을 몰래 베어 냄.
盜癖[도벽] 𝑥𝑥 남의 물건을 훔치려 드는 버릇.

*[盛] 12획 皿7 |성|담을|㋐庚㋑敬|
セイ・ジョウ
もる・もり・さかり

筆順 丿厂厂成成成盛

解字 形聲. 그릇(皿)과 음을 나타내는 成(성)[城의 생략형]을 합하여 음식을 담다·쌓아 올리다의 뜻. 널리 성하다의 뜻으로 쓰임.
意味 ① ① 담음. 물건을 그릇에 채움. ② 이룸. 성취함. ② ① 성함.「全―」 ㉠융성함.「一世」 ㉡넓고 큼.
盛德[성덕] 𝑥𝑥 크고 훌륭한 덕.
盛望[성망] 𝑥𝑥 갸륵한 덕망(德望).
盛典[성전] 𝑥𝑥 성대한 의식(儀式).
盛饌[성찬] 𝑥𝑥 풍성하게 잘 차린 음식.
盛夏[성하] 𝑥𝑥 한 고비에 이른 여름.
盛行[성행] 𝑥𝑥 성하게 유행함.

*[盟] 13획 皿8 |①맹|맹세|㋐庚㋑敬
メイ・ベイ・ミョウ・モウ
ちかう

筆順 冂日 明明明明盟

解字 形聲. 皿(또는 血)과 음을 나타내는 明(맹은 변음)을 합하여 희생된 짐승의 피를 서로 빨고 약속을 굳힌다는 뜻. 널리 맹세의 뜻으로 씀.
意味 ① ① 맹세. 약속을 굳힘.「―約」 ㉠「同一」 ② 맹세함. 위의 동사.
盟邦[맹방] 𝑥𝑥 동맹을 맺은 나라. 서로 친선(親善)을 도모하는 나라.
盟誓[맹서] 𝑥𝑥 ① 신불(神佛) 앞에서 약속함. ② 장래를 두고 굳게 약속함.

[盞] 13획 皿8 |잔|잔|㋐潸
サン・セン
さかずき

筆順 一ナナ戋戋萎萎盞

解字 形聲. 그릇(皿)과 음을 나타내는 戔(잔)을 합하여 얕고 작은 그릇·작은 술잔을 뜻함.
意味 잔. 작은 술잔.
學習 '술잔'의 뜻을 가진 글자→杯
盞臺[잔대] 술잔을 받쳐 놓는 그릇.

*[盡] 14획 皿9 |①진|다할|㋐軫㋑震
ジン
つくす・ことごとく

筆順 フョヨ⺻⺻書盡

解字 形聲. 皿(그릇)과 음을 나타내는 㶳(진)[焱의 변형]을 합하여 그릇을 비우다의 뜻. 널리 다하다의 뜻으로 씀.
意味 ① ① 다함. ㉠다 없어짐. ㉡끝남. ㉢다 없앰. ㉣마침. ② 다. 모두.
盡力[진력] 𝑥𝑥 힘을 다함. 노력. 사력(肆力). ─하고 아름다움.
盡善盡美[진선진미] 더할 수 없이 착함.
盡心[진심] 𝑥𝑥 마음을 다 기울여 씀.
盡日[진일] 𝑥𝑥 ① 하루 종일. 온종일. 종일(終日). ② 그해나 그 달의 최종일(最終日). 그믐날.
盡忠[진충] 𝑥𝑥 충성(忠誠)을 다함.

[血部] 9~11획·[目部] 0획　　　　　　　　　　　　　　363

監 14 / 皿9 / 1감 2볼 / ㊀陷 ㊁咸
カン・ケン
みる・かんがみる

[筆順] 厂ㄏㄢ臣臣卧卧監監

[解字] 會意. 물을 담는 대야(皿)와 눈(臣)과 사람(人)을 합하여 사람이 물그림자를 보다의 뜻. 널리 비추어 보다의 뜻으로 씀.

[意味] ① 봄. 내려다 봄. ② 벼슬. ③ 감옥. 「一房」④ 거울. 본보기.

監督[감독] 보살피고 단속(團束)함.
監視[감시] 경계하기 위하여 미리 감독하고 살피어 봄. 주의하여 지킴.
監獄[감옥] 〈法〉 죄인이나 형사(刑事) 피고인을 구금하여 두는 곳. 교도소(矯導所). 「서 조사함.
監察[감찰] 감시하여 살핌. 주의해
監察御史[감찰어사] 옛 고려 어사대(御史臺)와 충렬왕 24년에 고친 감찰사(監察司)의 종육품 벼슬.

盤 15 / 皿10 / 반 / 소반 / ㊀寒
ハン・バン

[筆順] 丿 力 舟 舟 舟 般 盤

[解字] 形聲. 皿(그릇)과 음을 나타내는 般(반)을 합하여 평평하고 큰 쟁반을 뜻함.

[意味] ① 소반. 큰 쟁반. ② 즐김. 「一樂」③ 어정거림. ④ 대야. ⑤ 큰 바위. = 磐「一石」⑥ 서림. 구부러짐.

盤踞[반거] ① 넓은 영토를 점령하고 세력을 펼침. ② 서리서리 걸침.
盤據[반거] 어떤 곳에 근거를 굳게 잡음. 또 근거를 두고 지킴.
盤根錯節[반근착절] ① 구부러진 나무 뿌리와 얽히고설킨 나무 마디. ② 처리하기 곤란한 사건. ③ 세력이 단단히 뿌리 박혀 흔들리지 않음.
盤面[반면] 장기판·바둑판 등의 겉면.
盤石[반석] 넓고 큰 돌.
盤松[반송] 키가 작고 가지가 옆으로 퍼진 소나무.
盤坐[반좌] 책상다리를 하고 앉음.

盧 16 / 皿11 / 로 / 밥그릇 / ㊀虞 ㅁ

[筆順] 卜 广 卢 虍 虖 盧 盧

[意味] ① 밥그릇. ② 화로. =爐·鑪 ③ 검음. 빛깔이 검음. ④ 목로. 술 파는 곳. ⑤ 주사위. ⑥ 창. 무기의 한 가지. ⑦ 눈동자.

目(一)部

目 5 / 目0 / 목 / 눈 / ㊀屋
ボク・モク
め

[筆順] 丨 冂 冂 冃 目

[解字] 象形. 사람의 눈의 모양을 본뜸. 세로로 하여 目으로 썼음. 부수 目은 눈이나 눈으로 보는 것에 관한 뜻을 나타냄.

[意味] ① 눈. ㉠동물의 눈. =眼 ㉡그물 같은 것의 구멍. ② 눈동자. ③ 눈짓. 「一禮」④ 눈짓함. ⑤ 눈여겨 봄. 「注一」⑥ 요목. 요점. 「眼一」⑦ 조목. 조건. 「細一」⑧ 이름. 「名一」「題一」⑨ 당장. 지금. 「一下」⑩ 우두머리. 괴수. 「頭一」

目擊[목격] 그 자리에서 직접 봄. 목견(目見). 목도(目睹). 「者」
目睹[목도] 눈으로 직접 봄. 목격.
目禮[목례] 눈으로만 하는 인사.
目不忍見[목불인견] 눈으로는 차마 볼 수 없음. 또는 그런 상황.
目鼻[목비] ① 눈과 코. 얼굴의 생김새. ②《日》사건의 윤곽.
目眥[목자] 눈초리. 귀쪽으로 째진 눈의 구석. 눈을 뜬 모양새.
目的[목적] ① 실현하거나 도달하려는 목표. ② 자기 행동의 방향. 「一地」
目次[목차] ① 책 내용의 제목만을 순서대로 나열해 적은 것. ② 항목(項目)이나 조항(條項)의 순서.
目標[목표] ① 목적으로 삼는 곳. ② 개인의 행동이 그 방향으로 나아가는 종말(終末) 결과.

[目部] 3~4획

*[盲] 8획 目3 | 맹 | 장님 | ㉠庚
モウ・ボウ
めくら

[筆順] `丶亠亡产育盲盲`

[解字] 形聲. 눈[目]과 음을 나타내는 亡(망)(잃다의 뜻. 맹은 변음)을 합하여 시력(視力)을 잃음을 뜻함.

[意味] ① 장님. 소경. 먼눈. 「一目」② 어두움. 몽매함. 밝지 않음. ③ 마구. 마구잡이. 「一進」④ 빠름. 바람이 빠름. 「一風」

[參考] 肓은 딴 글자.

盲聾[맹롱]モウ 맹인과 귀머거리.
盲目[맹목]モウ ① 먼 눈. ② 어두운 눈. ③ 옳고 그름의 구별을 할 수 없음.
盲啞[맹아]モウ 장님과 벙어리.
盲人[맹인]モウ 눈 먼 사람. 장님. 소경. 맹자(盲者).

*[直] 8획 目3 | 1 直 2 치 | 곧을 | ㉠職 ㉡實
チョク・ジキ・チ・ジ
なおす・ただちに・あたい

[筆順] `一十十 广 方 宥 直 直`

[解字] 會意. 눈[目] 위에 곧은 금을 그어 똑바로 봄을 뜻함. 곧다의 뜻으로 쓰이나 굽다의 뜻을 가진 乚을 더하여 굽은 것을 곧게 바로 잡음을 뜻함.

[意味] ① 곧음. 굽지 않음. 바름. 「正一」↔曲 ② 바로잡음. ㉠곧게 폄. ㉡고침. ③ 당함. 때나 일에 직면함. ④ 다만. 오직. ⑤ 바로. 곧. 「一訴」「一接」⑥ 번들. 입직(入直). 「宿一」⑦ 값. 가격. 가치. =値 ⑧ 낫감.

直感[직감]チョク 설명·증명 등을 거치지 않고 사물을 접촉함으로써 곧 바로 마음에 느껴지는 감각.
直流[직류]チョク ① 항상 일정한 방향으로 흐르는 전류. ↔교류(交流) ② 곧게 흘러 감. 또 그 흐름. ↔곡류(曲流)
直譯[직역]チョク 외국어를 원문(原文)의 자구대로 번역함. ↔의역(意譯)
直營[직영]チョク 직접 경영(經營)함.
直往[직왕]チョク 목적지를 향해 서슴지 않고 곧장 감. 「一邁進」

*[看] 9획 目4 | 간 | 볼 | ㉠寒
カン
みる

[筆順] `一二三手看看看`

[解字] 會意. 눈[目]과 손[手]을 합하여 눈 위에 손을 대고 멀리 바라봄을 뜻함.

[意味] ① 봄. ㉠바라봄. ㉡자세히 봄. ② 지킴. 감시함. 「一守」③ 보살핌.

看過[간과]カン ① 대충 보아 넘기다가 빠뜨림. ② 눈감아 줌. 묵허(默許).
看破[간파]カン 사물(事物)의 진상(眞相)을 환히 알아 냄. 보아서 알아 냄.

[眄] 9획 目4 | 면 | 곁눈질할 | ㉠霰
ベン・メン

[筆順] `丨冂日 目 旷 旷 眄`

[意味] ① 곁눈질함. 「一視」② 둘러봄. 「左顧右一」③ 흘김. 눈알을 옆으로 굴려 노려봄.

[眇] 9획 目4 | 묘 | 애꾸눈 | ㉠篠
ビョウ・ミョウ
すがめ

[筆順] `丨冂日 目 旷 旷 眇`

[意味] ① 애꾸눈. 한 쪽 눈이 먼 눈. ② 짜긋함. 한 쪽 눈이 작음. ③ 작음.
眇軀[묘구]ビョウ 체구(體軀)가 작은 몸.
眇眇[묘묘]ビョウ ① 대단히 작은 것. ② 눈이 사랑스러운 모양. ③ 먼 모양.
眇然[묘연]ビョウ ① 멀어서 아득한 모양. 고원(高遠)한 모양. ② 작은 모양.

*[眉] 9획 目4 | 미 | 눈썹 | ㉠支
ビ・ミ
まゆ

[筆順] `フ ア ア 严 尸 眉 眉`

[解字] 象形. 눈썹의 모양을 본뜸.
[意味] ① 눈썹. 눈두덩 위의 털. ↔睫(눈썹) ② 가. 둘레. 언저리.
眉間[미간]ビ 눈썹과 눈썹의 사이. 양미간. 「一는 그 먹으로 그린 눈썹」
眉黛[미대]ビ 눈썹을 그리는 먹. 또
眉目[미목]ビ ① 눈썹과 눈. ② 얼굴.

[目部] 4～5획

【相】 9획 目4 ①②상 | 서로 | ㉤陽 ㉥漢
ショウ・ソウ
あい・みる・たすける

筆順 一十才木 机相相

解字 形聲. 눈[目]과 음을 나타내는 桑의 변형인 木[나무의 뜻의 木이 아님]을 합하여 눈으로 물건의 속까지 꿰뚫어 봄을 뜻함. 後에 서로 돕다의 뜻으로 씀.

意味 ① ① 서로. 함께. 다 같이. 「一互」 ② 바탕. 질(質). ② ① 봄. ㉠관찰함. ㉡점을 침. 얼굴 모양 등으로 운명을 판단함. 「觀一」 ㉢용모. 모습. 「人一」 ㉣상태. 형세. 「眞一」 ㉤도움. 보좌함. ④ 정승. 「宰一」 ⑤ 인도함. 안내함.

相見[상견]ケン 서로 봄. 서로 만남.
相公[상공]コウ ① 재상(宰相). 대신(大臣). ② 귀공자나 신사의 높임말.
相對[상대]タイ ① 서로 마주 대함. ② 서로 맞겨름. ③ 상대편. ④ 다른 사물에 의존하거나 제약을 받음으로써 존재함. ↔절대(絶對). ④ 대등하게 일을 행함.
相殺[상쇄]ソウ 셈을 서로 비김.
相互[상호]ゴウ ① 피차(彼此)가 서로. 호상(互相). 「一扶助」 ② 교대교대로. 교호(交互). 윤번(輪番).

【省】 9획 目4 ①②성 | 살필 | ㉤梗
セイ・ショウ
かえりみる・はぶく

筆順 ノ小少少省省

解字 會意. 眚(생)이 변하여 少와 目을 합한 것으로 되었음. 眚은 한참 동안 자세히 살핌을 뜻함. 省은 상대편을 자세히 본다는 데서 스스로를 살핀다는 뜻이 되고 또 少가 붙으므로 덜다·생략하다의 뜻으로 쓰임.

意味 ① ① 살핌. ㉠돌려 살핌. 「反一」 ㉡뉘. 문안함. 「歸一」 ㉢자세히 알아봄. 「一察」 ㉣깨달음. 「人事不一」 ③ 마을. 관아의 이름. ④ 대궐. 궁전.

省略[생략]リャク 문장이나 어떤 일에서 그 절차나 수속의 일부를 간단히 줄임.
省文[생문]ブン 한자(漢字)에서 점(點)이나 획(劃)을 생략해서 씀. 또는 그런 문자(文字). 약자(略字). ② 문장(文章)에서 자구(字句)를 생략함. 생략된 문장.
省墓[성묘]ボ 조상의 묘소를 찾아가 살펴 봄. 묘참(墓參). 간산(看山). 성추(省楸).
省試[성시]シ 중국의 당(唐)·송(宋) 시대에 지방의 시험에 합격한 사람을 모아 예부성(禮部省)에서 행한 관리 등용 시험.
省審[성심]シン 자세하게 조사함.

【盾】 9획 目4 ①②순 | 방패 | ㉤軫 ㉥阮
ジュン
たて

筆順 一厂厂斤斥盾盾

解字 象形. 투구의 차양이 눈을 가리어 보호하고 있는 모양을 본뜸. 눈을 보호하는 물건의 뜻. 後에 몸을 보호하는 방패의 뜻으로 씀.

意味 ① ① 방패. 화살이나 창을 막는 기구. =楯「矛一」 ② 벼슬 이름. ② 사람 이름. 「趙一」

【眛】 10획 目5 매 | 눈어두울 | ㉤隊
マイ・バイ
くらい

筆順 ｜ 冂 目 目一 目二 眛 眛

意味 눈이 어두움. 사물을 분간하지 못함.

【眠】 10획 目5 면 | 잘 | ㉤先
ミン・ベン
ねむる

筆順 ｜ 冂 目 目' 旷 眠 眠

解字 形聲. 눈[目]과 음을 나타내는 民(민·면)을 합하여 눈을 감고 좀을 뜻함.

意味 ① 잠. ㉠눈을 감고 잠. ㉡죽음. 「永一」 ② 잠. 「睡一」 ③ 쉼. 휴식함. 「冬一」 ④ 어지러움. 혼란함.

參考 眼은 딴 글자.

眠食[면식]ショク 자는 일과 먹는 일. 곧 일상 생활. 안부(安否).

*【眞】10 目5 | 진 | 참 | [平]眞 |
シン
ま・まこと

[筆順] 一 ヒ 旨 旨 旨 眞 眞

[解字] 象形. 사람〔匕〕이 머리〔首〕를 거꾸로 하고 있는 모양〔具〕을 본뜸. 顚〔거꾸로〕의 본디 글자. 후에 참·진실의 뜻으로 씀.

[意味] ① 참. 거짓이 아닌 것. 「一實」↔僞 ② 참으로. ③ 천진. 근본. 「天一」 ④ 도교(道敎)의 이치를 구명한 사람.

眞價〔진가〕シンカ 진실한 가치. 참 값어치.

眞理〔진리〕シンリ 참된 도리. 참된 이치. 진실(眞實). 누구에게나, 어디에서나 바르다고 인정되는 도리.

眞僞〔진위〕シンギ ① 진실과 허위. 거짓과 사실. 허실(虛實). ② 논리적으로 바른 것이냐 그렇지 못한 것이냐 하는 것.

【眩】10 目5 | [1]현 [2]환 | 아찔할 | [去]霰 [去]諫 |
ケン・ゲン
くらむ

[筆順] 丨 冂 目 旷 旷 眩 眩

[意味] [1] ① 아찔함. 어지러움. 「瞑一」 ② 의혹함. 현혹함. ③ 의혹하게 함.

眩氣〔현기〕 눈이 아찔하고 머리가 어지러운 기운.

眩惑〔현혹〕ゲンワク 홀림에 빠져 정신이 어지러움. 욕심이 나서 눈이 어두워짐.

【眷】11 目6 | 권 | 돌아볼 | [去]霰 |
ケン
かえりみる

[筆順] 八 䒑 关 关 券 眷 眷

[意味] ① 돌아봄. ㉠뒤돌아 봄. ㉡돌봄. 귀여워함. =睠 「一顧」 ② 겨레붙이.

眷戀〔권련〕ケンレン 사모(思慕)하여 뒤돌아봄. 애타게 사랑함.

眷屬〔권속〕ケンゾク ① 겨레붙이. 권족(眷族). ② 친족(親族). 한집안 식구.

眷遇〔권우〕ケングウ 특별히 잘 대우함.

【眸】11 目6 | 모 | 눈동자 | [平]尤 |
ボウ・ム
ひとみ

[筆順] 丨 冂 目 旷 旷 眸 眸

[意味] 눈동자. 눈알의 까만 부분. 「一子」 「明一」

眸子〔모자〕ボウシ 눈의 검은 동자. 눈동자(瞳子).

*【眼】11 目6 | 안 | 눈 | [上]潸 |
ガン・ゲン
まなこ・め

[筆順] 丨 冂 目 目˥ 目ヨ 眼 眼

[解字] 形聲. 눈〔目〕과 음을 나타내는 艮(간)〔안은 변음〕을 합하여 둥근 눈알의 뜻으로 씀.

[意味] ① 눈. ㉠눈알. 「一球」 ㉡분별하는 힘. 「一識」 ㉢구멍. 물건에 뚫린 눈같이 생긴 구멍. 「銃一」 ② 봄.

眼光〔안광〕ガンコウ 눈의 빛. 눈의 정기(精氣). 안채(眼彩).

眼目〔안목〕ガンモク ① 요점(要點). 주안점(主眼點). ② 사물을 보고 분별하는 힘.

眼下〔안하〕ガンカ ① 높은 곳에서 내려다 보이는 곳. 눈 아래. ② 눈앞. 안전(眼前). 현재(現在). 목하(目下).

【眺】11 目6 | 조 | 바라볼 | [去]嘯 |
チョウ
ながめる

[筆順] 丨 冂 目 目丿 盯 眺 眺

[意味] ① 바라봄. 먼 데를 봄. ② 멀리 바라보는 경치. 전망.

眺望〔조망〕チョウボウ 멀리 내다 봄. 먼 곳을 바라다 봄.

*【督】13 目8 | 독 | 감독할 | [入]沃 |
トク
ただす

[筆順] 丶 卜 卡 尗 叔 督 督

[解字] 形聲. 目〔눈〕과 음을 나타내는 叔(숙)〔독은 변음〕을 합하여 잘 살펴봄을 뜻함.

[意味] ① 감독함. 독려함. 「監一」 ② 거느림. 통솔함. 「一軍」 ③ 살핌. 세밀히 봄. ④ 권함. ⑤ 재촉함. 「一促」 ⑥ 꾸짖음. ⑦ 가운데. 중앙. ⑧ 맏아들. 우두머리. 「總一」

〔目部〕8〜10획　　　　　　　　　　　　367

督勵[독려]독려 감독하고 격려(激勵)함.

*【睦】13
目8│목│화목할│⑤屋│
ボク・モク
むつぶ・むつまじい

筆順 ノ 冂 目 目¯ 目⁺ 肤 胕 睦 睦

解字 形聲. 目(눈)과 음을 나타내는 초(륙)[좋은 변윤]을 합하여 눈매가 온화함을 뜻함. 후에 화목하다의 뜻으로 씀.

意味 ① 화목함. 의가 좋음. ② 화목. 친목(親睦). ③ 눈매가 고움. ④ 성(姓)

睦親[목친]목친 화목(和睦)하여 즐거워함. 서로 가까이 지냄. 친목(親睦).

*【睡】13
目8│수│졸│⑤寘│
スイ
ねむる

筆順 ノ 冂 目 目¯ 昍 胚 睡 睡

解字 形聲. 目(눈)과 음을 나타내는 垂(수)를 합하여 눈꺼풀이 처져 자연히 잔다는 뜻으로 씀.

意味 졺. 잠. 눈을 감고 잠. 「熟—」졸음. 「—眠」

睡眠[수면]수면 잠을 잠.

【睚】13
目8│애│눈가│⑤卦│
ガイ・ゲ
まなじり

筆順 目 目¯ 目⌐ 目ㄏ 昍 睚 睚

意味 ① 눈가. 눈의 가장자리. =眥・眥 ② 흘김. 눈을 치뜨면서 흘김.

睚眥[애자]애자 눈을 치떠 흘겨 봄.

【睨】13
目8│예│흘겨볼│⑤霽│
ゲイ
にらむ

筆順 目 目¯ 目⁺ 目⁺ 肝 肘 睨

意味 ① 흘겨 봄. 눈동자를 옆으로 굴려 노려 봄. =眤「睥—」엿봄. 살핌.

【睛】13
目8│정│눈동자│⑤庚│
セイ・ショウ
ひとみ

筆順 目 目¯ 目⁺ 肚 睛 睛 睛

意味 눈동자. 눈의 검은 자위.

【睫】13
目8│첩│속눈썹│⑦葉│
ショウ
まつげ

筆順 目 目¯ 目¯ 睫 睫 睫 睫

意味 ① 속눈썹. 눈 언저리에 난 털. ② 감음. 눈을 감음.

【睿】14
目9│예│슬기│⑤霽│ エイ
さとい

筆順 ⼗ 亠 亠 亠 穴 容 睿

意味 ① 슬기. 지혜. ② 밝음. 사리에 통하여 깊고 밝음. =叡 ③ 통함. 통달

睿感[예감]예감 임금이 감동함. 「함.

睿達[예달]예달 슬기롭고 사리에 통달

【睹】14
目9│도│볼│⑤麌│ト
みる

筆順 目 目¯ 目⁺ 肚 胪 睹 睹

意味 봄. 자세히 봄. =覩「目—」

【睾】14
目9│고│불알│⑨豪│コウ

筆順 白 血 皿 罕 睾 塞 睾

意味 ① 불알. ② 넓음. ③ 늪. =皐 ④ 죄다. 모두.

通用 睾는 딴 글자.

睾睾[고고]고고 넓고 큰 모양.

睾牢[고뢰]고뢰 모조리 손아귀에 넣음.

【瞑】15
目10│ 1│명│눈감을│⑧青
2 면 ⑤銑
メイ・ベイ ミョウ・ベン・メン

筆順 目 目¯ 目⁺ 冒 瞑 瞑 瞑

意味 1 ①.눈을 감음. ㉠눈을 감음. ㉡안심하고 죽음. 「—目」② 흐림. 눈이 흐림. 잘 보이지 않음. =冥「——」
② 1의 와 같음. ② 아찔함. 어지러움. 「—眩」③ 심함. 대단함.

瞑瞑[명명]명명 어두운 모양. 나타나지 아니하여 알 수 없는 모양.

瞑目[명목]명목 ① 눈을 감음. ② 편안히 죽음. 흡목(瞑目).

瞑想[명상]명상 눈을 감고 깊은 생각에 잠김. 명상(冥想).

瞑坐[명좌]명좌 눈을 감고 조용히 앉음.

【瞞】 16획 目11 | 만 | 속일 | ㊤寒 |
バン・マン
だます

[筆順] 目 目¹ 目⁺ 睛 睛 瞞 瞞

[意味] ① 속임. 거짓말을 꾸미듯 함. =護「欺一」 ② 부끄러움. ③ 눈이 거슴츠레함. 눈이 흐림. ④ 반듯한 눈.

【瞠】 16획 目11 | 쟁 | 똑바로볼 | ㊤庚 |
| 당 | 俗音 |
ドウ・トウ
みはる

[筆順] 目 目¹ 目⁺ 睜 睜 瞠 瞠

[意味] ① 똑바로 봄. ㉠놀라 눈을 크게 뜨고 바라봄. ㉡어이없어 눈을 휘둥그렇게 뜨고 계속하여 봄. ② 뜻은 ①과 같음.

瞠目〔당목〕ドゥ 당약(瞠若).

【瞰】 17획 目12 | 감 | 굽어볼 | ㊤勘 |
カン
みる

[筆順] 目 目⁺ 睛 睛 瞰 瞰 瞰

[意味] 굽어봄. 내려다 봄. =監「俯一」「鳥一」

[學] '보다'의 뜻을 가진 글자→見

瞰下〔감하〕カン 내려다 봄. 아래를 굽어

【瞳】 17획 目12 | 동 | 눈동자 | ㊤東 |
トウ・ドウ
ひとみ

[筆順] 目 目¹ 目⁺ 瞳 瞳 瞳 瞳

[意味] ① 눈동자. 눈의 까만 부분. 「一孔」 ② 봄. ㉠무심히 보는 모양. ㉡멍청하게 보는 모양.

[參考] 瞳은 딴 글자.

瞳孔〔동공〕ドゥ 동자(瞳子).

【瞭】 17획 目12 | 료 | 밝을 | ㊤篠 |
リョウ
あきらか

[筆順] 目 目⁷ 睜 睜 暸 瞭 瞭

[意味] ① 밝음. 「明一」 ② 맑음. 눈자위가 맑음. ③ 아득하게 보임.

瞭然〔요연〕リョウ 아주 명백(明白)한 모양. 「一目一」

【瞥】 17획 目12 | 별 | 잠깐볼 | ㊤屑 |
ベツ・ヘツ
みる

[筆順] 丷 冎 冎 敞 敝 瞥

[意味] ① 잠깐 봄. 언뜻 봄. 「一一」 ② 깜박하는 모양.

[學] '보다'의 뜻을 가진 글자→見

瞥見〔별견〕ベッ 슬쩍 봄. 흘낏 봄.

*【瞬】 17획 目12 | 순 | 눈깜작일 | ㊤震 |
シュン
またたく

[筆順] 目 目⁷ 睜 睜 瞬 瞬 瞬

[解字] 形聲. 目〔눈〕과 음을 나타내는 舜(순)을 합하여 눈 깜박깜박 빨리 움직임을 뜻함.

[意味] ① 눈을 깜작임. ② 잠깐. 아주 짧은 시간. 「一一」

瞬刻〔순각〕シュン 순간(瞬間).

瞬間〔순간〕シュン 눈 깜작할 사이.

【瞽】 18획 目13 | 고 | 장님 | ㊤麌 |
コ
めしい

[筆順] 土 吉 享 豈 鼓 瞽 瞽

[意味] ① 장님. 소경. ② 전악. 풍류관. 고대에 음악을 연주하던 벼슬.

【瞻】 18획 目13 | 첨 | 볼 | ㊤監 |
セン
みる

[筆順] 目 目⁷ 睜 睜 瞻 瞻

[意味] 봄. 쳐다봄. 우러러 봄.

[學] '보다'의 뜻을 가진 글자→見

瞻望〔첨망〕セン 바라봄.

【瞼】 18획 目13 | 검 | 눈꺼풀 | ㊤琰 |
ケン
まぶた

[筆順] 目 目^ 睜 睜 瞼 瞼

[意味] 눈꺼풀. 눈알을 덮은 꺼풀. 「眼一」

【矇】 19획 目14 | 몽 | 청맹과니 | ㊤東 |
モウ・ボウ
めくら

[筆順] 目¹ 目⁺ 睜 矇 矇 矇

[目部] 15~21획·[矛部] 0~7획·[矢部] 0~4획　369

청맹과니. 눈먼 장님. 전(轉)하여 사리에 어두움. 또 그런 사람. 「愚一」

瞢昧[몽매]$^{モウ}_{マイ}$ 사물의 이치에 어두움. 우매(愚昧). 어리석음.

【矍】 20 目15 | 확 | 거릴 | Ⓐ藥 | カク

筆順 目 間 間 瞿 瞿 矍 矍 矍

意味 ① 두리번거림. ② 씩씩함. 「一鑠」

【矗】 24 目19 | 축 | 곧을 | Ⓐ屋 | チク·シュク

筆順 一 十 六 直 直 直 矗

意味 곧음. 똑바른 모양.
矗立[축립] 똑바로 섬. 솟아 있음.

【矚】 26 目21 | 촉 | 볼 | Ⓐ沃 | ショク·ソク

筆順 目 助 助 䀏 矚 矚 矚

意味 봄. 눈독을 들여 봄. =注視「一目」

矛 部

【矛】 5 矛0 | 모 | 창 | Ⓐ尤 | ボウ·ム ほこ

筆順 フ マ ヌ 予 矛

解字 象形. 장식이 달린 긴 창을 본뜸. 부수 矛는 창에 관한 뜻을 나타냄.

意味 창. 자루가 긴 창.
矛盾[모순]^{ジュン} ① 말이나 행동의 앞뒤가 서로 맞지 아니함. ② 양립(兩立)하지 않음. 자가 당착(自家撞着).

【矜】 9 矛4 |①궁 ②환| ③근 | 홀쌍이 여길 | Ⓐ蒸 Ⓑ删 ⓒ眞 | キョウ あわれむ·ほこる

筆順 フ マ ヌ 予 矛 矜 矜 矜

意味 ① ① 불쌍히 여김. 「一恤」 ② 자랑함. 뽐냄. 「一持」 ③ 민망함. 답답하고 딱함. ④ 아낌. 함부로 아니 함.
矜持[긍시]^{ジ} 자기 행동에 대해 자존심을 가짐. 긍지(矜持).

矜持[긍지]^{ジ} ① 자기의 능력을 믿고 자랑함. ② 스스로 자신(自身)을 잘난 듯이 꾸밈. ③ 자신을 눌러 조심함.
矜恤[긍휼]$^{キョウ}_{ジュツ}$ 불쌍히 여겨 도와 줌.

【矞】 12 矛7 |①율 ②흉| 율 | 송곳질할 | Ⓐ質 Ⓑ月 | イツ·キツ·ケツ

筆順 フ マ ヌ 矛 矛 矞 矞 矞

意味 ① 송곳질함. 뚫음. ② 자랑.

矢 部

【矢】 5 矢0 | 시 | 화살 | Ⓐ紙 | シ や

筆順 ノ ー 누 午 矢

解字 象形. 화살촉과 깃이 달린 화살의 모양을 본뜸. 부수 矢는 화살에 관한 뜻을 나타냄.

意味 ① 화살. 살. =箭 ② 곧음. 바름.
矢石[시석]$^{シ}_{セキ}$ 옛 전장(戰場)에서 화살과 노궁(弩弓)에 쓰던 돌.

【矣】 7 矢2 | 의 | 어조사 | Ⓐ紙 | イ

筆順 ノ ム 厶 台 台 矣 矣

意味 어조사. 한문 어구(語句)의 끝에 붙여 과거·미래·단정을 나타내는 조사(助辭).

【知】 8 矢3 | 지 | 알 | Ⓐ支 | チ しる

筆順 ノ ー 누 午 矢 知 知

解字 會意. 口[입]와 矢[화살]를 합하여 거침 없이 지껄임을 뜻함. 후에 識을 빌어 알다의 뜻으로 씀.

意味 앎. 마음에 느낌. 깨달음.
知覺[지각]$^{チ}_{カク}$ 알아서 깨달음.
知己[지기]$^{チ}_{キ}$ 자기의 마음이나 진가(眞價)를 잘 알아 주는 사람. 친한 벗.

【矧】 9 矢4 | 신 | 하물며 | Ⓑ軫 | シン いわんや

筆順 ノ ー 누 午 矢 矢 矢' 矧

意味 하물며. 더군다나.

[矢部] 5~12획·[石部] 0~4획

【矩】 矢5│10│구│곱자│㊧矱
ク
さしがね・のり

[筆順] ㇉ 矢 矢 矢「矩 矩 矩

[意味] 곱자. 곡척(曲尺). 방형(方形)을 반듯하게 그리는 데 쓰는 자.

矩尺[구척] ⁴⁺ 기역자 모양으로 90도의 각도로 만든 자. 곱자. 곡척(曲尺).

矩形[구형] ⁴⁺〈數〉기하학에서 네 개의 각이 각각 직각(直角)을 이루는 사변형(四邊形). 네모꼴. 장방형(長方形).

【短】 矢7│12│단│짧을│㊧旱
タン
みじかい

[筆順] ㇉ 矢 矢 矢「矢「短 短

[解字] 形聲. 矢[화살]와 음을 나타내는 豆[두][단은 변음]를 합하여 작은 화살을 뜻함. 널리 짧다의 뜻으로 씀.

[意味] 짧음. ㉠길지 않음. ㉡키가 작음. 「一軀」 ㉢모자람. 천박함.

短期[단기] ⁺⁺ 짧은 기간.
短文[단문] ⁺⁺ 짧은 문장(文章).
短縮[단축] ⁺⁺ 줄여서 짧게 함.

【矮】 矢8│13│왜│짧을│㊧蟹
ワイ・アイ・ア

[筆順] ㇉ 矢 矢「矢「矮 矮 矮

[意味] ① 짧음. 키가 작음. 「一小」

矮軀[왜구] ʷᴵ 신장(身長)이 작고 몸집이 작은 체구(體軀). 단구(短軀).

矮小[왜소] ʷᴵ 키가 작음.

【矯】 矢12│17│교│바로잡을│㊧篠
キョウ
ためる

[筆順] ㇉ 矢 矢「矢「矯 矯 矯

[解字] 形聲. 矢[화살]와 음을 나타내는 喬[교]를 합하여 화살을 끼워서 곧게 하는 나무를 뜻함. 널리 바로잡다의 뜻으로 씀.

[意味] ① 바로잡음. ㉠굽은 것을 곧게 함. ㉡잘못된 것을 고침. 「一正」 ② 속임. 「一詐」 ③ 굳셈. 튼튼함. ④ 들.

石 部

【石】 石0│5│석│돌│㊀陌
シャク・コク・セキ・ジャク
いし

[筆順] 一 ア 丆 石 石

[解字] 石·石 會意. 언덕을 뜻하는 厂과 바위의 모양인 口를 합하여 벼랑 근방에 바위가 뒹굴고 있는 모양이라고 일컬어져 왔음. 부수 石은 돌 또는 광물(鑛物)에 관한 뜻을 나타냄.

[意味] ① 돌. 암석(岩石). ② 돌을 던짐.

石器[석기] ⁺⁺ 돌로 만든 여러 가지 기구. 주로 선사 시대(先史時代)에 사용되던 유물을 일컬음. 석촉(石鏃)·석부(石斧) 등

石火[석화] ⁺⁺ ① 부싯돌을 칠 때 일어나는 불. ② 매우 날쌘 동작이나 극히 짧은 시간의 비유. 「電光一」

【砒】 石4│9│비│비소│㊧齊
ヒ・ヘイ

[筆順] 一 ア 石 石 砂 砂 砒

[意味] 비소. 화학 원소의 하나. 「一素」와 그것을 함유하는 유독(有毒)한 광물.

【砂】 石4│9│사│모래│㊧麻
サ・シャ
すな

[筆順] 一 ア 石 石 砂 砂 砂

[解字] 形聲. 石[돌]과 음을 나타내는 少(사)[沙의 생략형]를 합하여 자잘한 돌, 곧 모래를 뜻함.

[意味] 모래. =沙「一漠」「一金」

砂丘[사구] ⁺⁺〈鑛〉사막·해안 지대 등에 바람이 불어 날린 모래가 쌓여 이루어진 언덕. 모래 언덕.

砂洲[사주] ⁺⁺〈鑛〉해안(海岸)·강(江) 등의 파도·조류(潮流)로 인해 모래가 밀려 쌓여서 생긴 모래톱.

【研】 研 (石부 6획)의 속자

【砕】 碎 (石부 8획)의 약자

[石部] 5~7획

【砥】 $\frac{10}{石5}$ │지│숫돌│⊕紙│
シ・テイ
といし

筆順 ｢ 石 石´ 砋 砋 砥 砥

意味 ① 숫돌. 칼 같은 것을 가는 결이 고운 돌. ↔磨 ② 갊. 숫돌에 갊. 「一礪」 ③ 평평함. ④ 평평하게 함.

砥石[지석]ㅅ. 칼·옥(玉) 등을 가는 돌. 숫돌.

【砦】 $\frac{10}{石5}$ │채│진터│⊕卦│
サイ
とりで

筆順 ｜ ⼁ ⽌ ⽌´ 此 些 砦

意味 ① 진터. 적을 막기 위한 작은 성. =塞·寨 ② 울. 목책. 울타리. =柴 「鹿一」

【砧】 $\frac{10}{石5}$ │침│다듬잇돌│⊕侵│
チン
きぬた

筆順 ｢ 石 石´ 矴 矴 砧 砧

意味 ① 다듬잇돌. 옷감을 방망이로 다듬는 데 쓰는 받침돌. =碪 또 짚을 올려 놓고 두드리는 받침돌. ② 모탕.

砧聲[침성]ㅅ. 다듬이질하는 소리.
砧杵[침저]ㅈ. 빨래를 손질할 때 쓰는 다듬잇방망이.

*【破】 $\frac{10}{石5}$ │파│깨질│⊕箇│
ハ
やぶる

筆順 ｢ 石 石´ 矴 砃 砂 破 破

解字 形聲. 石[돌]과 음을 나타내는 皮(피)[과는 변음]를 합하여 돌이 부서짐을 뜻함. 널리 사물이 깨지다·찢어지다의 뜻으로 쓰임.

意味 ① 깨짐. ㉠부서짐. 헤어짐. 船 ㉡짐. 패배함. ㉢일이 중간에서 틀어짐. 「一綻」「一談」 ② 깨뜨림.

破格[파격]ㄱ. ① 선례(先例)·구습(舊習) 등의 격식을 깨뜨림. ② 시나 문장에서 보통의 격식을 벗어남.

破鏡[파경]ㄱ. ① 깨어진 거울. ② 이지러진 달을 비유하는 말. ③ 부부(夫婦)의 영원한 이별을 비유하는 말.

【砲】 $\frac{10}{石5}$ │포│돌쇠뇌│⊕效│
ホウ
つつ

筆順 ｢ 石 石´ 矴 矴 砲 砲

解字 形聲. 石[돌]과 음을 나타내는 包(포)를 합하여 돌을 멀리 튀기어 날리는 기계를 뜻함.

意味 ① 돌쇠뇌. 옛날 돌을 튀겨 날려서 적을 쏜 무기. ② 대포 포탄을 내쏘는 화기. 대포. 「鐵一」 ③ 돌 튀기는 화살.

砲架[포가]ㅋ. 대포(大砲)의 포신(砲身)을 올려 놓는 받침.
砲臺[포대]ㄷ. <軍> 아군의 대포 사격을 유리하게 하고 적의 포탄을 막을 수 있도록 설비한 구조물. 포루(砲樓).
砲門[포문]ㅁ. ① 대포의 탄알이 나가는 구멍. 포구(砲口). ② 대포를 쏘기 위해 군함(軍艦)의 측면(側面)이나 성벽(城壁)에 뚫은 구멍. 포안(砲眼).
砲彈[포탄]ㅌ. 대포의 탄알. 포환.

*【研】 $\frac{11}{石6}$ │연│갈│⊕先│
ケン・ゲン
みがく

筆順 石 石 石´ 砑 砑 砑 研

解字 形聲. 石[돌]과 음을 나타내는 幵(견)[연은 변음]를 합하여 돌의 표면을 평평하게 하다·갈다의 뜻으로 씀.

意味 ① 갊. 연마함. 「一刀」 ② 궁구함. 연구함. 「一鑽」 ③ 벼루. =硯

研精[연정]ㅈ. 깊이 연구함. 자세히 조사함.
研鑽[연찬]ㅊ. 학문을 깊이 연구함.

【硅】 $\frac{11}{石6}$ │[1]핵 [2]규│규소│ⓐ陌 新│
カク・キャク・ケイ

筆順 石 石´ 矽 矽 硅 硅 硅

意味 [1] 깨뜨림. [2] 규소(珪素). 화학 원소의 하나.

硅砂[규사]ㅅ. 석영(石英)의 작은 알맹이로 된 흰 모래. 유리 원료로 씀.

*【硬】 $\frac{12}{石7}$ │경│단단할│⊕敬│
コウ・ゴウ
かたい

[石部] 7~8획

硬化[경화] ① 물건·의견·태도 등이 딱딱하게 됨. ② 금속의 경도(硬度)가 높아짐. ↔연화(軟化)「動脈—」

硬貨[경화] 금화·은화·동화(銅貨) 등 금속으로 만들어진 화폐. ↔지폐(紙幣)

▼强硬(강경)/生硬(생경)

【硫】 石7 | 류 | 유황 | ㊥尤
リュウ·ル

[筆順] 一 厂 石 石' 硫 硫 硫

[意味] 유황(硫黃). 석류황. 황.

硫酸[유산] 〈化〉 황산(黃酸).

硫黃[유황] 〈化〉 화산 지방(火山地方)에서 나는 비금속 원소의 하나. 불에 잘 타는 황색의 결정(結晶)으로 성냥·공업·약품의 원료로 사용됨.

【硝】 石7 | 초 | 망초 | ㊥藭 | ショウ

[筆順] 一 厂 石 石' 石" 硝 硝

[意味] 망초. 초석. 무색의 결정체를 이룬 광물의 이름. 불을 붙이면 보랏빛 불꽃을 내며 탐.

硝石[초석] 〈化〉 질산 칼륨. 무색·백색의 광택이 있는 결정을 이룬 광물. 폭발성이 있어 화약의 원료 또는 비료(肥料)로 널리 쓰임. 은초(銀硝).

硝煙[초연] 화약(火藥)의 폭발에 의해 생기는 연기.

硝子[초자] 단단하나 깨지기 쉬운 투명(透明)한 물질(物質).

【硯】 石7 | 연 | 벼루 | ㊥霰
ケン·ゲン
すずり

[筆順] 一 厂 石 石' 硯 硯

[意味] 벼루. 먹을 가는 도구. 「筆—」

硯滴[연적] 벼루에 쓸 물을 담아 두는 그릇. 옥(玉)·돌 등으로 만들기도 하나. 주로 자기로도 만듦. 수주(水注).

硯池[연지] 벼루의 물을 붓게된 오목한 곳. 연해(硯海). 묵지(墨池).

【碁】 石8 | 기 | 바둑 | ㊥支

[筆順] 一 卄 甘 其 其 其 碁

[解字] 形聲. 石[돌]과 음을 나타내는 其(기)를 합하여 돌로써 재주를 겨룸을 뜻함. 棊·棋보다 나중에 만들어진 글자이며 바둑·바둑돌의 뜻으로 쓰임.

[意味] ① 바둑. 「圍—」 ② 바둑돌.

碁石[기석] 바둑을 둘 때에 쓰는 원반상(圓盤狀)의 돌.

【碌】 石8 | 록 | 푸른돌 | ㊤沃
ロク·ラク·リョク

[筆順] 一 厂 石 石' 石" 碌 碌

[意味] ① 푸른 돌. 「—靑」 ② ① 자갈땅. ② 용렬함. 녹록함. ㉠못생기고 어리석음. ㉡하잘 것 없음.

碌碌[녹록] ① 보잘 것 없는 모양. ② 주관이 없이 따르는 모양.

*【碑】 石8 | 비 | 비 | ㊥支
ヒ
いしぶみ

[筆順] 一 厂 石 石' 石" 碑 碑 碑

[意味] 비석. 돌에 글을 새겨 세운 것.

碑閣[비각] 안에 비를 세워 놓은 집.

碑銘[비명] 비석(碑石)에 새기는 성명·경력·성행(性行) 등의 기록.

【碎】 石8 | 쇄 | 부술 | ㊤隊
サイ
くだく

[筆順] 一 厂 石 石' 石" 砕 碎 碎

[意味] ① 부숨. ㉠깨뜨리어 잘게 함. 「粉—」 ㉡적을 쳐부숨. 「=推·「擊—」 ② 부서짐. ①의 자동사. ③ 잚. 잘고 다라움. 「煩—」

碎鑛[쇄광] 〈鑛〉 광석을 부수어서 그 중의 광분(鑛分)만을 분리시켜 내는 일.

【碇】 石8 | 정 | 닻돌 | ㊤徑
テイ·チョウ
いかり

[筆順] 一 厂 石 石' 石" 碇 碇 碇

[意味] ① 닻돌. 배를 멈출 때 물에 먼저 내리는 돌로 된 닻. ② 닻을 내림. 배를 멈춤.

碇泊[정박] 배가 닻을 내리고 머무름. 정박(渟泊).

[石部] 8~10획

【硼】 $^{13}_{石8}$ ①평 ②붕 | 돌소리 | ㉠庚
ホウ・ヒョウ

筆順 一 ㄏ 石 矴 砢 硼 硼

意味 ① 돌소리. 돌이 부딪치는 소리. 「一磋」② ① 붕사(硼砂). 붕소(硼素)의 화합물. ② 붕산(硼酸). 약품의 하나.

硼砂[붕사] ⁿ ⁿ 〈鑛〉붕소(硼素)의 화합물. 야금(冶金) 등에 쓰이는 외에 에나멜·비누 등의 제조에도 쓰임.

硼隱[평은] ⁿ ⁿ 북을 치는 소리. 북소리.

*【碧】 $^{14}_{石9}$ | 벽 | 푸를 | ㉥陌
ヘキ・ヒャク
みどり・あお

筆順 一 ㄒ 王 珀 珀 碧 碧

意味 ① 푸름. 짙푸른 빛깔. 푸른 초록색. 「一海」② 청강석(靑剛石). 단단하고 푸른 옥돌. 「一玉」

碧空[벽공] ⁿ ⁿ 푸른 하늘. 벽천(碧天).
碧眼[벽안] ⁿ ⁿ ① 푸른 빛이 나는 눈. ② 서양 사람의 눈. 곧 서양인(西洋人)
碧玉[벽옥] ⁿ ⁿ ① 푸른 빛이 나는 아름다운 옥. ② 〈鑛〉석영(石英)의 한 변종(變種)

【碩】 $^{14}_{石9}$ | 석 | 클 | ㉥陌
セキ
おおきい

筆順 一 ㄏ 石 石 矴 碩 碩

意味 ① 큼. 훌륭함. 뛰어남. 「一學」② 충실함.

碩士[석사] ⁿ ⁿ ① 벼슬이 없는 선비를 높여 부르는 말. ② 대학원의 소정 과정을 마치고 석사 학위(學位) 논문이 통과된 사람에게 수여하는 학위.

碩學[석학] ⁿ ⁿ 학문(學問)이 넓고 깊음. 또는 그런 사람. 대학자(大學者).

【碑】 碑 (石부 8획)와 동자

【磊】 $^{15}_{石10}$ | 뢰 | 돌무더기 | ㉥賄
ライ

筆順 一 ㄏ 石 石 磊 磊 磊

意味 ① 돌무더기. 「一礫·一礌」② 헌걸참. 성정(性情)이 뛰어남. 「一落」

磊落[뢰락] ⁿ ⁿ 마음이 커서 작은 일에는 신경을 쓰지 않는 모양.

【碼】 $^{15}_{石10}$ | 마 | 옥돌 | ㉥馬
バ・メ

筆順 石 石 砢 砢 碼 碼 碼

意味 ① 옥돌. =瑪 「一磁」② 야아드[영국의 길이의 단위].

碼磁[마노] ⁿ ⁿ 무늬가 있는 아름다운 돌. 빗·도장 재료 등에 쓰임.

【磐】 $^{15}_{石10}$ | 반 | 반석 | ㉥寒
ハン・バン
いわ

筆順 丿 ㄏ ㄉ 舟 舟 般 磐

意味 ① 반석. 편편하고 큰 돌. =盤「一石」연이음. ③ 배회(徘徊)함.

磐石[반석] ⁿ ⁿ ① 넓고 평평한 큰 돌. ② 썩 견고하여 움직이지 않음을 비유하는 말.

【磅】 $^{15}_{石10}$ ①방 ②팡 | 돌떨어지는소리
㉥陽㉥庚 ホウ・ヒョウ

筆順 ㄏ 石 石 砀 砀 磅 磅

意味 ① 돌이 떨어지는 소리. ② 땅이 우툴두툴함. ③ 파운드 ㉠영국의 무게의 단위. ㉡영국의 화폐 단위.

磅礴[방박] ⁿ ⁿ ① 섞여서 하나로 만듦. 혼닙함. ② 가득 차서 충만(充滿)함.

【磒】 $^{15}_{石10}$ | 운 | 떨어질 | ㉥軫
イン
おちる

筆順 ㄏ 石 石 砢 砢 磒 磒

意味 ① 떨어짐(落). ② 별똥. 「一石」

【磁】 $^{15}_{石10}$ | 자 | 지남석 | ㉥支 | シ・ジ

筆順 ㄏ 石 砼 砼 磁 磁 磁

意味 ① 지남석. 자석. ② 옹기. 사기그릇. =瓷「陶一器」

磁器[자기] ⁿ ⁿ 희고 반투명(半透明)하며 흡수성이 없는 성질을 가진 사기(沙器). 자기(瓷器).

磁石[자석] ⁿ ⁿ 〈鑛〉① 자철광(磁鐵鑛). ② 철을 당기는 힘이 있는 물체.

【磋】石10-15획 차|갈|㉠歌|サ|みがく

筆順 厂石 石´石″石羊 磋 磋

意味 갊[磨]. =瑳「切一琢磨」

*【確】石10 15획 확|확실할|㊀覺|カク|たしか・かたい

筆順 厂石 矿 矿 碎 硧 確

解字 形聲. 石(돌)과 음을 나타내는 隺(확)을 합하여 굳은 돌을 뜻함. 널리 굳다의 뜻으로 씀.

意味 ① 확실함. 틀림이 없음. ② 굳음. 여묾.

確固[확고]ヵッ 확실하게 정해져서 변동이 없는 모양. 「一不動」

確立[확립]ヵッ 굳게 세움. 確固(확고)하여 움직임이 없음. 「一音」.

確聞[확문]ヵッ 확실히 들음. 똑똑히 들음.

【磬】石11 16획 경|경쇠|㊥徑|ケイ

筆順 士 吉 吉 声 殸 殸 磬

意味 ① 경쇠. 경옥. ② 말을 달림.

【磨】石11 16획 1 2 마|갈|㉠歌|㊧箇|みがく

筆順 ㇔ 亠 广 庐 麻 磨 磨

解字 形聲. 石(돌)과 음을 나타내는 麻(마)를 합하여 돌을 문질러 갈다의 뜻. 널리 갈다의 뜻으로 쓰임.

意味 갊. ㉠문질러 갊.「硏一」 닦음. 학문 등을 닦음.「琢一」

磨滅[마멸]マッ 갈아서 없앰. 갈리어 닳아서 없어짐. 「림을 새김.

磨崖[마애]マガイ 석벽(石壁)에 글씨나 그

【磧】石11 16획 적|돌무더기|㊨陌|セキ・シャク|かわら

筆順 石 石 石 硚 碃 磧 磧

意味 ① 돌무더기. 물가의 자갈. ② 모래 벌판. 사막.「一沙」

磧中[적중]セキチュゥ 사막(砂漠)의 가운데. 모래밭 가운데.

【磯】石12 17획 기|낚시터|㊥微|キ・ケ|いそ

筆順 石´ 石ᄼ 矼 砷 磔 磯 磯

意味 ① 낚시터. 파도가 돌에 부딪치는 곳. ② 여울돌.

【磻】石12 17획 1 반 2 파|반계|㊨寒|㊥歌|ハン・ハ

筆順 石´ 石″ 石ᄺ 石平 磻 磻 磻

意味 1 반계(磻溪)(강 태공이 낚시질한 곳). 2 돌살촉[石鏃].

磻溪隨錄[반계수록]〈書〉 26권 14책으로 된 정경서류(政經書類). 이조 인조(仁祖) 때 유 형원(柳馨遠)이 지음.

【礁】石12 17획 초|물속돌|㊤蕭|ショウ|かくれいわ

筆順 石 矴 矴 矿 硅 碓 礁

意味 ① 물 속의 돌. ② 암초. 물 속의 바위.

*【礎】石13 18획 초|주춧돌|㊤語|ソ・ショ|いしずえ

筆順 石 石´ 矿 碑 碑 礎 礎

解字 形聲. 石(돌)과 음을 나타내는 楚(초)를 합하여 맨 먼저 놓는 돌·주춧돌을 뜻함.

意味 ① 주춧돌.「一石」 ② 바탕. 사물의 토대.「基一」

礎石[초석]ソセキ 건물 등을 지을 때 기둥 밑에 괴는 돌. 주춧돌. 초반(礎盤).

【礙】石14 19획 애|그칠|㊤隊|ガイ・ゲ

筆順 石 矿 硁 碍 碍 硋 礙 礙

意味 ① 그침. ② 막음. ③ 거리낌.

礙眼[애안]ガイガン 눈에 거리낌.

【礪】石15 20획 려|숫돌|㊨霽|レイ

[石部] 15~16획·[示(礻)部] 0~4획   375

筆順 石 矿 矿 碼 磑 礪 礪
意味 ① 숫돌. 「一石」 ② 갊(磨).
礪石[여석] ガン 숫돌. 여지(礪砥).

【礫】 20 石15 | ① 력 | 조약돌 | ⑥錫
レキ・ラク
こいし

筆順 石 石 矿 矿 砕 礫 礫
意味 ① 조약돌. 「沙一」 ② 주사(丹沙).
礫岩[역암] ガン 자갈이 진흙이나 석회 등과 섞여 굳어진 수성암(水成岩).

【礬】 20 石15 | ① 번 | 백반 | ⑦元 ② 반 | | 俗音
バン・ハン

筆順 木 木 林 林 棼 礬 礬
意味 ① 백반(명반을 구워서 만든 덩이).
② 꽃 이름.
礬土[반토] 〈化〉 인조(人造)한 산화알루미늄.

【礱】 21 石16 | ① 롱 | 갈 | ⑥東 ⑤送
ロウ

筆順 立 产 龍 龍 龍 礱 礱
意味 ① 갊. 「磨一」 ② 맷돌.
礱磨[농려] レイ 갈고 닦음. 연마(研磨).

示(礻)部

【示】 5 示0 | ① 시 | 보일 | ⑦支 ② 기 | | ⑤寘
シ・ジ
しめす

筆順 一 二 〒 示 示
解字 丁·丌·示 會意. 탁자(丁)와 떨어지는 피(川)와 희생(犧牲)(一)을 합하여 신(神)에게 바침을 뜻함.
意味 ① 보임. ⑦展一」 ⓒ 알림. 「告一」 ⓒ 가르침. 「教一」 ④ 가리킴. 「指一」 ⑤ 바침. ② 땅귀신.
示教[시교] ジッ 구체적(具體的)으로 보이어 가르침. 교시(教示).
示達[시달] ッ 상부에서 하부로 명령·통지 등을 문서로써 하는 일.

示範[시범] バン 모범(模範)을 보여줌.
示唆[시사] サ(ッ) 미리 그 일을 암시(暗示)하여 알려 줌.

【祀】 8 示3 | 사 | 제사 | ④紙
シ・ジ
まつる

筆順 一 二 〒 示 示 祀 祀
解字 形聲. 신(神)을 뜻하는 示와 음을 나타내며 모시다의 뜻을 가진 巳(사)를 합하여 신을 모시다의 뜻.
意味 ① 제사. ② 제사 지냄. ③ 해(年).
祀孫[사손] ソン 조상의 제사를 받드는 자손. 봉사손(奉祀孫).

【社】 8 示3 | 사 | 사직 | ①馬
シャ・ジャ
やしろ

筆順 一 二 〒 示 示 社 社
解字 會意. 示[신]와 땅을 뜻하는 土를 합하여 땅귀신의 뜻. 널리 그것을 모.
意味 ① 사직. 땅귀신. ② 사일(社日). ③ 둘레. 모임. 「結一」 ④ 단체.
社交[사교] コウ 여러 사람이 모여 서로 교제(交際)함. 사회적인 교제. 「一家」
社運[사운] ウン 회사의 운명(運命).
社印[사인] イン 회사의 인장(印章).

【祈】 9 示4 | 기 | 빌 | ⑦微
キ・ギ
いのる

筆順 一 二 〒 示 示 祈 祈
解字 形聲. 示[신]와 음을 나타내는 斤(근)[기는 변음]을 합하여 신에게 기도함을 뜻함.
意味 ① 빎. ⑦신에게 복을 구함. 「一願」 ⓒ구함. 「一求」 ② 기도. 「一念」
祈禱[기도] トウ 마음속으로 원하는 바가 이루어지도록 빎. 또는

【祇】 9 示4 | ① 기 | 땅맡은 | ⑦支 ② 지 | | 귀신 | ⑤支
キ・ギ・シ
ただ・まさに

筆順 一 二 〒 示 示 祀 祀 祇
意味 ⑴ 땅을 맡은 귀신. 「天神地一」→神[하늘의 신] ② 신. 모든 신.

[示部] 4~5획

【祉】 示4/9 | 지 | 복 | ㊤紙 | シ・チ さいわい

筆順 亠 亍 永 礻 礻 礻 祉

意味 복. 신이 내리는 행복. 「福一」

祉福[지복]ジフク 부족함이 없이 복된 상태. 행복(幸福). 복지(福祉).

【祓】 示5/10 | 불 | 푸닥거리 | ㊦物 | フツ・ホチ はらう

筆順 亠 亍 永 礻 礻 礻 祓 祓

意味 ① 푸닥거리. 불 제사[祭名]. ② 조촐함[潔]. ③ 덞[除].

【祠】 示5/10 | 사 | 사당 | ㊤支 | シ・ジ まつる・ほこら

筆順 亠 亍 永 礻 礻 礻 祠 祠 祠

意味 ① 사당[廟]. ② 봄 제사. ③ 제사지냄.

祠堂[사당]シドウ 신주(神主)를 모시는 집.
祠宇[사우]シウ 사당집.
祠祭[사제]シサイ 선조(先祖)·신(神) 등에 제사를 지냄.

*【神】 示5/10 | 신 | 신 | ㊤眞 | シン・ジン かみ

筆順 亠 亍 永 礻 礻 礻 神 神 神

解字 形聲. 示[신]와 음을 나타내는 申(신)을 합하여 번개로 하늘을 진동시키는 하늘의 신을 뜻함. 널리 하느님의 뜻으로 쓰임.

意味 ① 신. ㉠하느님. 만물의 주재자. ㉡하늘의 신. =天神 ↔祇 ㉢신의 총칭. 「鬼一」 ② 영묘(靈妙)함. 「一秘」 ③ 혼. 마음. 「精一」

神劍[신검]シンケン 신명(神明)이 내린 검. 신묘(神妙)한 검.
神格[신격]シンカク 신의 격식(格式). 신으로서의 자격(資格). 신의 지위(地位).
神性[신성]シンセイ 신의 성격.
神聖[신성]シンセイ ① 신과 같이 성스러움. ② 영묘하고 위엄(威嚴)이 있음.
神效[신효]シンコウ 신기한 효험.

*【祕】 示5/10 | 비 | 숨길 | ㊨寘 | ヒ かくす

筆順 亠 亍 永 礻 礻 祕 祕 祕

解字 形聲. 신(神)의 뜻인 示와 음을 나타내는 必(필)[비는 변음]을 합쳐 보이지 않는 숨은 신이란 뜻. 널리 속이 깊어 알 수 없는 것이라는 뜻으로 쓰임.

意味 ① 숨김. 비밀히 함. 가만히 함. ② 신비함. 신의 오의(奧義). 알기 어려운 매우 깊은 뜻. ④ 귀신.

祕訣[비결]ヒケツ 숨겨 두고 혼자만 쓰는 썩 좋은 법. 비약(祕鑰).
祕方[비방]ヒホウ ① 비밀한 방법. 비법(祕法). ② 비밀로 되어 있는 약의 처방(處方).
祕法[비법]ヒホウ ① 비밀한 방법. ② 진언종(眞言宗)에서 행하는 비밀의 기도(祈禱). 「간직한 보배」
祕寶[비보]ヒホウ 사람들이 모르게 비밀히
祕本[비본]ヒホン 소중히 간직해 둔 책.
祕史[비사]ヒシ 비밀로 감추어 둔 역사(歷史).
祕事[비사]ヒジ 비밀한 일.
祕書[비서]ヒショ ① 비밀로 간직해 둔 서적이나 서류. ② 비밀의 문서 또는 이를 취급하는 사람. ③ 중요한 직책에 있는 사람 밑에서 기밀 문서나 용무를 맡아 보는 사람. ④ 궁중의 장서.
祕術[비술]ヒジュツ 남이 알지 못하는 비밀
祕苑[비원]ヒエン ① 대궐 안에 마련된 동산. 금원(禁苑). ② [地] 서울 창덕궁(昌德宮) 안에 있는 궁원(宮苑).
祕藏[비장]ヒゾウ 비밀히 감추어 소중히 간직함.

【祐】 示5/10 | 우 | 도울 | ㊤有 | ユウ・ウ たすける

筆順 亠 亍 永 礻 礻 礻 祐 祐

意味 ① 도움. 신(神)이 도와 줌. 「天一」=佑 ② 다행함.

祐助[우조]ユウジョ 하늘의 도움. 천우(天佑). 신의 도움. 신조(神助).

*【祖】 10 示5 | 조 | 할아버지 | [上]麌 ソ

[筆順] 二 亍 示 礻 礻冂 礻目 祖

[解字] 形聲. 示〔신〕와 음을 나타내는 且(차·조)를 합하여 첫째의 신·시조신(始祖神)을 뜻함. 널리 아버지보다 웃대인 사람의 뜻으로 쓰임.

[意味] ① 할아버지. 「一父」 ② 선조. 조상. ③ 근본. ④ 비롯함. 「元一」「鼻一」 5 길 제사〔道神祭〕.

祖考〔조고〕ソコウ 죽은 할아버지. 망조부(亡祖父). 왕고(王考). ↔조비(祖妣)

祖國〔조국〕ソコク 선조 때부터 살던 나라. 자기가 태어난 나라.

祖宗〔조종〕ソソウ ① 임금의 시조와 중흥(中興)의 조(祖). ② 당대(當代) 이전의 대대의 임금의 총칭.

【祚】 10 示5 | 조 | 복 | [去]遇 | ソ·ソ さいわい

[筆順] 二 亍 示 礻 礻𠂉 祚 祚

[意味] ① 복. 신이 내리는 행복. 「福一」 ② 자리. 지위. 천자(天子)의 자리. 「踐一」 ③ 해〔年〕. ④ 녹(祿).

【祗】 10 示5 | 지 | 삼갈 | [上]支 シ つつしむ

[筆順] 二 亍 示 礻 礻𠂆 祇 祗

[意味] ① 삼감〔謹〕. ② 공경함.

[參考] 祇는 다른 글자.

*【祝】 10 示5 | [1]축 [2]주 | 빌 | [入]屋 [去]宥 シュク·シュウ いわう·のる

[筆順] 二 亍 示 礻 礻𠃍 礻口 祝

[解字] 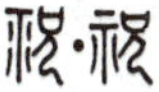 會意. 示〔신〕와 무릎을 꿇고 입을 크게 벌려 외치고 있는 모습의 변형인 兄을 합하여 무녀(巫女)가 신(神)을 향하여 빌다의 뜻. 널리 빌다·축하하다의 뜻으로 쓰임.

[意味] [1] ① 빎. 신에게 기원함. 「一福」 ② 축하함. 하례함. 「慶一」「一宴」 ③ 짬〔織〕. ④ 끊음〔斷〕. ⑤ 비로소. ① 축문. 신(神)에게 고하는 말. ② 축문을 읽는 사람. ③ 축문을 읽음.

祝官〔축관〕 제사 때 축문(祝文)을 읽는 사람.

祝文〔축문〕シュクブン ① 제사 때 신명에게 고하는 글. ②《日》 축하(祝賀)하는 글.

祝杯〔축배〕シュクハイ 축하하는 술잔.

祝福〔축복〕シュクフク 앞길의 행복을 빎.

祝詞〔축사〕シュク(シュウ)シ ① 축하의 말이나 글. 축사(祝辭). ② 제사 때 쓰는 고체(古體)의 문장(文章).

祝賀〔축하〕シュクガ 경사(慶事)를 치하함.

*【祥】 11 示6 | 상 | 복 | [平]陽 | ショウ さいわい

[筆順] 二 亍 示 礻 礻丷 祥 祥

[解字] 形聲. 示〔신〕와 음을 나타내는 羊(양)〔상은 변음〕을 합하여 신이 내려주는 좋은 일·복을 뜻함.

[意味] ① 복. 행복. ② 조짐. 전조. 「吉一」「一瑞」 ③ 착함. ④ 재앙.

祥夢〔상몽〕 길몽(吉夢).

祥瑞〔상서〕ショウズイ 경사롭고 길한 일이 일어날 징조. 길조(吉兆).

*【祭】 11 示6 | [1]제 [2]채 | 제사 | [去]霽 [去]卦 | サイ·セイ まつる

[筆順] ク タ 夕丿 癶 𥘅 祭 祭

[解字] 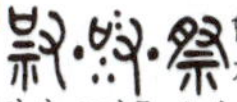 會意. 신〔示〕과 고기〔⺼〕와 손〔又〕을 합하여 고기를 손에 들고 신에게 바치다의 뜻. 널리 제사의 뜻으로 쓰임.

[意味] [1] ① 제사. ② 제사 지냄. [2] ① 성(姓)의 하나. ② 읍 이름.

祭具〔제구〕サイグ 제사에 쓰는 여러 가지 기구.

祭司〔제사〕サイシ 그리스도교나 유대교에서 종교상(宗敎上)의 의식(儀式)이나 전례(典禮)를 맡아 보는 사람.

祭祀〔제사〕サイシ 신령이나 조상에 음식을 바쳐 정성을 표하는 예절. 향사(享祀).

祭酒〔제주〕サイシュ 제사에 쓰는 술.

[示部] 6~11획

票
11획 / 示6
[1][2] 표 | 쪽지 | 嘯 宵

ヒョウ

筆順 一 冖 襾 西 覀 票 票

解字 形聲. 불을 뜻하는 火[示는 잘못 쓰여진 것]와 음을 나타내는 西[奧의 변형]를 합하여 불티가 날라의 뜻. 후에 표·쪽지의 뜻으로 쓰임.

意味 ① 불똥. 불티. ② 훌쩍 낢. 가볍게 낢. ③ 쪽지. 표. 문서. 어음. 수표. 「傳一」「投一」 ② 날랠(疾).

票決[표결]ヒョゥ 투표(投票)를 하여 그 결과로써 결정을 함.

禁
13획 / 示8
[1][2] 금 | 금할 | 侵 沁

キン·コン
とどめる

筆順 一 十 十 オ 村 禁 禁 禁

解字 形聲. 示[신]와 음을 나타내는 林[림]{금은 변음}을 합하여 신(神)이 싫어하던의 뜻. 널리 금하다·금지하다의 뜻으로 쓰임.

意味 ① ⑦ 금함. 「一止」 ② 이김(勝). ③ 당함. 견딤. ② ⑦ 금령(禁令). 대궐. 「一中」 ③ 술잔. ④ 옥. 감옥. 「監一」 ⑤ 꺼림. 「一忌」

禁忌[금기]キン 어떤 사물이나 방향 등을 꺼리어 싫어하는 일.
禁慾[금욕]キン 육체상의 욕망을 금함.
禁止[금지]キン 금하여 못하게 함. 제지.

祿
13획 / 示8
[1][2] 록 | 복 | 屋

ロク
さいわい

筆順 二 亍 示 示 示 示 示 禄

解字 形聲. 示[신]와 음을 나타내며 선물의 뜻을 가진 彔[록]을 합하여 신의 선물을 뜻함.

意味 ① 복. 행복. 「天一」 ② 녹봉. 봉급. 「俸一」 ③ 착할.

祿俸[녹봉]ロク 벼슬아치에게 봉급으로 주던 쌀·콩·베·돈 등의 총칭. 「술함」
祿仕[녹사]ロク 녹(祿)을 받기 위해 벼

禊
14획 / 示9
계 | 푸닥거리 | 霽 霽

ケイ
みそぎ

筆順 二 亍 示 示 示 禊 禊 禊

意味 푸닥거리. 계 제사. 「祓一」

福
14획 / 示9
복 | 복 | 屋

フク·ホク
さいわい

筆順 二 亍 示 示 示 福 福 福

解字 形聲. 示[신]와 음을 나타내는 畐(복)을 합하여 신이 내리는 술을 뜻함. 널리 복·행복의 뜻으로 쓰임.

意味 ① 복. 「幸一」「一福」 ② 상서(祥瑞). ③ 착함. ④ 음복(飮福).

福利[복리]フク 행복과 이익.
福相[복상]フク 복스럽게 생긴 인상.
福祉[복지]フク ① 행복과 이익. 복리(福利). ② 생명의 위태로움에서의 구제.

禎
14획 / 示9
정 | 상서 | 庚

テイ
さいわい

筆順 二 亍 示 示 示 禎 禎 禎

意味 상서(祥瑞).

禍
14획 / 示9
화 | 앙화 | 哿

カ
わざわい

筆順 二 亍 示 示 示 示 禍 禍

解字 形聲. 示[신]와 음을 나타내는 咼(과)[過의 생략형. 화는 변음]를 합하여 신(神)의 문책·타박의 뜻으로 쓰임.

意味 ① 앙화(殃禍). ② 재앙(災殃). 「一福」

禍根[화근]カコン 재앙의 근원(根原).
禍亂[화란]カラン 재앙(災殃)과 세상의 혼란. 「록」
禍福[화복]カフク 재앙(災殃)과 복록(福

禦
16획 / 示11
어 | 막을 | 語

ギョ·ゴ
ふせぐ

筆順 彳 竹 什 徂 御 御 禦

〔示部〕 12~17획·〔内部〕 0~8획

[意味] ① 막음. ㉠방어함. 「防一」 ㉡대항함. 「抗一」 ㉢그침. 정지시킴. ㉣방비함. 지킴. ② 방어. 방비.
[學習] '막다'의 뜻을 가진 글자→防
禦寒[어한] 추위를 막음. 방한(防寒).

*【禪】 17 示12 ① ② 선│봉선│⊕霰
　　　　　　　ゼン
　　　　　　　ゆずる

[筆順] 千 禾 禾 禾 禪 禪 禪
[解字] 形聲. 示[모시다]와 음을 나타내는 單(단·선)을 합하여 땅을 평평하게 닦고 지내는 제사를 뜻함.
[意味] ① 봉선(封禪) [옛날 중국의 천자가 땅을 평평하게 닦고 깨끗이 하여 하늘의 신과 산천(山川)의 신에게 올린 제사].
禪問答[선문답] ① 선종(禪宗)에서 진리 탐구를 위하여 행하는 문답. ② 서로의 마음에는 통하여도 남은 알기 어려운 문답.
禪宗[선종] 〈佛〉 불경(佛經)에 의하지 않고 참선(參禪)에 의해 본성(本性)을 터득하려는 불교의 한 파(派).

【禧】 17 示12 │ 희 │ 복 │⊕支
　　　　　　　キ
　　　　　　　さいわい

[筆順] 禾 禾 禧 禧 禧 禧
[意味] ① 복. 「福一」 ② 길(吉)함. 「新一」

*【禮】 18 示13 │ 례 │ 예도 │⊕霽
　　　　　　　レイ·ライ

[筆順] 禾 禾 禮 禮 禮 禮
[解字] 形聲. 示[신]와 음을 나타내는 豊(례)를 합하여 신을 모시는 동작을 뜻함. 널리 의례(儀禮)의 뜻으로 쓰임.
[意味] ① 예도. 예의와 법도. 「仁義一智信」 ② 의식. 예식. 「婚一」 ③ 절.
禮記[예기] 〈靑〉 주말(周末)부터 진한(秦漢) 시대의 유자(儒者)의 고례(古禮)에 관한 설을 수록한 책.
禮判[예판] 예조 판서(禮曹判書).
禮砲[예포] 군대나 군함 등에서 경의를 표하기 위해 쏘는 공포.

【禱】 19 示14 │ 도 │ 빌 │⊕皓 │⊕號
　　　　　　　トウ
　　　　　　　いのる

[筆順] 禾 禾 禧 禧 禱 禱 禱
[意味] ① 빎. 기도함. 신(神)에게 복을 빎. 「祝一」 ② 기도. 「默一」

【禰】 19 示14 ① 니 │ 아버지 │⊕薺
　　　　　　 ② 녜 │ 사당 │⊕霽
　　　　　　　ネ·デイ·ナイ

[筆順] 示 示 祁 祁 祁 禰 禰
[意味] ① ① 아버지의 사당(祠堂). ② 사당에 모신 아버지. 살아 있을 때는 父, 죽은 후에는 考, 사당에 모시면 禰라고 함. ③ 신주(神主). ② 뜻은 ①과 같음.

【禳】 22 示17 │ 양 │ 빌 │⊕陽
　　　　　　　ジョウ
　　　　　　　はらう

[筆順] 祁 祁 禪 禪 禪 禳
[意味] 빎. 기도함.
禳禱[양도] 신에게 제사하여 재앙을 없애고 행복을 비는 것.
禳禍求福[양화구복] 재앙을 물리치고 복을 구함.

内 部

【内】 5 内0 │ 유 │ 자귀 │⊕有 │ ジュウ

[筆順] ㇠ 冂 内 内 内
[解字] 形聲. 벌레 [짐승이라고도 함]의 구불구불한 하체(下體)의 모양을 본뜬 발자국을 뜻함. 부수로서는 동물에 관한 뜻을 나타냄.
[意味] 자귀. 짐승의 발자국.

【禹】 9 内4 │ 우 │ 하우씨 │⊕麌 │ ウ

[筆順] 一 二 戶 白 禹 禹 禹
[意味] ① 하우씨. 우 임금 [하(夏)나라의 시조]. ② 폄[舒]. 느즈러짐[綏]. ④ 성(姓)의 하나.

【禽】 13 内8 │ 금 │ 새 │⊕侵
　　　　　　　キン
　　　　　　　とり

[筆順] ノ 人 今 令 令 禽 禽
[解字] 形聲. 짐승의 꼬리[内]와 머리[지]

와 음을 나타내는 술을 합하여 짐승을 잡다의 뜻. 후에 짐승의 뜻으로 쓰이다가 변하여 짐승과 구별하여 새를 뜻함.

意味 ① 새. ② 짐승. 조수(鳥獸)의 총칭. ③ 사로잡음.「生—」

禽獸[금수]キンジュウ ① 새 등의 날짐승과 길짐승. 조수(鳥獸). ② 무례(無禮)하고 추한 행실을 하는 사람을 빗대어 일컫는 말. 「(鳥類).

禽鳥[금조]キンチョウ 날짐승의 총칭. 조류

禾 部

[禾] 禾0│화│벼│㊥歌│カ・のぎ

筆順 一二千千禾

解字 象形. 곡식의 이삭이 늘어진 모양을 본뜸. 부수로서는 곡식에 관한 뜻을 나타냄.

意味 ① 벼. ② 곡식. 곡물의 총칭. ③ 줄기. 곡식의 줄기.

禾本科[화본과]カホンカ 〈植〉포아풀과(科)·대과를 통틀어 일컫는 명칭.

[禿] 禾2│독│대머리│㊤屋│トク・はげ

筆順 一二千千禾禿禿

意味 ① 대머리.「—頭」② 민둥산「—山」③ 모지라짐.「—筆」

禿頭[독두]トクトウ 대머리.「—病」「—山」
禿山[독산]トクザン 수목이 없는 산. 민둥산.
禿筆[독필]トクヒツ ① 끝이 무지러진 붓. 몽당붓. ② 자작(自作)의 시문(詩文)을 겸손하게 일컫는 말.

[私] 禾2│사│사│㊥支│シ・わたくし

筆順 一二千千禾禾私私

解字 私·和 形聲. 禾[곡식]와 음을 나타내는 厶(사)를 합하여 자기 몫으로 하고 싶다의 뜻. 후에 나의 뜻으로 쓰임.

意味 ① 사. ㉠자기. ㉡사사로움.

㉢立↔公 ㉣불공평.「便—」㉤사육. ② 사사. ㉠사사 일.「—事」「—務」

私見[사견]シケン 자기 혼자의 의견.
私考[사고]シコウ 자기 개인의 생각.
私淑[사숙]シシュク 고인(故人)이거나 멀리 있는 사람에 대해 그 덕을 사모하고 직접 가르침을 받지 않았어도 그를 스승으로 삼아 자기 학문이나 도를 닦음.
私塾[사숙]シジュク 개인이 경영하는 글방.
私翰[사한] 사사로운 서한.

[秀] 禾2│수│빼어날│㊤宥│シュウ・ひいでる

筆順 一二千千禾秀秀

解字 會意. 禾와 乃로 이루어짐. 乃는 孕의 생략형으로서 벼가 잘 영글었다는 뜻인 듯함.

意味 ① 빼어남. 뛰어남.「優—」② 팸. 벼이삭이 나옴. ③ 이삭.

秀麗[수려]シュウレイ 뛰어나게 아름다움.
秀拔[수발]シュウバツ 남보다 뛰어남.
秀才[수재]シュウサイ ① 재능이나 학문이 뛰어난 사람.

[秉] 禾3│병│잡을│㊤梗│ヘイ・とる

筆順 一二千千丑事事秉

意味 ① 잡음[把]. ② 벼 묶음. 움큼.
秉公[병공] 편벽됨이 없이 두루 공평.
秉權[병권] 정권의 고동을 잡음.

[科] 禾4│과│품수│㊤歌│カ・しな・とが

筆順 一二千千禾禾科科

解字 科 會意. 禾[곡식]와 斗[곡식을 되는 말]를 합한 글자. 벼를 묶어 세다의 뜻. 후에 물품을 분류하다의 뜻으로 쓰임.

意味 ① 품수. 품(品)의 차례. ② 과정[程]. ③ 근본. ④ 조목.「—目」

科擧[과거]カキョ 〈制〉옛날 문무관(文武官)을 등용(登用)하던 시험.
科目[과목]カモク ① 학문의 구분. ② 종류의 구분. ③ 옛 관리의 등용 시험.

[禾部] 4~6획

【秕】 禾4 | 9획 | 비 | 쭉정이 | ㉯紙
ヒ
しいな

筆順 ノ 二 千 千 禾 禾 秕 秕

意味 ① 쭉정이. ② 가라지[稗].
秕糠[비강]ᄏᆞᆼ ① 쭉정이와 겨. ② 찌꺼기. 찌끼. 「악정(惡政)」
秕政[비정]ᄌᆞᆼ 나쁜 정치. 악한 정치.

*【秋】 禾4 | 9획 | 추 | 가을 | ㉯尤
シュウ
あき

筆順 ノ 二 千 千 禾 禾 利 秋 秋

解字 栞·烁 會意. 곡식[禾]과 불[火]을 합하여 곡식을 베어 말리다의 뜻. 후에 그 시기, 철의 뜻으로 쓰임.

意味 ① 가을. 「春夏一冬」 ② 세월.
秋耕[추경]켱 가을갈이.
秋雨[추우]슝·ᅟᅡᆷ에 가을에 내리는 비.
秋月[추월]굉 가을 밤의 달.
秋凉[추량]켱 가을철의 서늘한 기운.

【秒】 禾4 | 9획 | ①묘 ②초 | ①까끄라기 ②초 | ㉯篠
ヒョウ

筆順 ノ 二 千 千 禾 利 秒

意味 ① ① 까끄라기[禾芒]. 벼의 까락. ② 세미함. 아주 작음. 「一忽」 ② 초.
秒速[초속]속 일초 동안의 속도.
秒針[초침]짐 시계의 초를 가리키는 바늘.

【秧】 禾5 | 10획 | 앙 | 모 | ㉯陽
オウ
なえ

筆順 ノ 二 千 禾 利 利 秧 秧

意味 모. 벼의 모. 「移一」
秧歌[앙가]ᄏᆞ 모심기 노래.
秧稻[앙도]도 볏모. 앙묘(秧苗).
秧田[앙전]젠 못자리. 논. 앙판(秧板).

*【租】 禾5 | 10획 | 조 | 구실 | ㉯虞
ソ
みつぎ

筆順 ノ 二 千 禾 利 和 和 租 租

解字 形聲. 禾[벼]와 음을 나타내는 且(차·조)를 합하여 관청에 내는 벼의 뜻. 널리 구실[租稅]의 뜻으로 쓰임.

意味 ① 구실. 조세(租稅)의 총칭. ② 쌓음[積]. ③ 세듬. 차용함. 「一借」
租稅[조세]세 국가·자치 단체 등이 필요한 경비 조달을 위해 국민으로부터 받아 들이는 세금.
租借[조차]샥 값으나 토지를 빌어 씀. 한 국가가 다른 나라 영토의 일부분을 세로 얻어 일정 기간 동안 사용권과 통치권을 얻어 지배함.

【秦】 禾5 | 10획 | 진 | 진나라 | ㉯眞
シン

筆順 ノ 二 丰 夫 表 奉 秦

意味 ① 진나라. ② 진베[禾名].
秦皮[진피]피 물푸레나무의 껍질. 해열제·안질·이질 등에 쓰임.

*【秩】 禾5 | 10획 | 질 | 차례 | ㉯質
チツ

筆順 ノ 二 千 禾 利 秋 秩 秩

解字 形聲. 禾[벼]와 음을 나타내는 失(실)[짙은 변음]을 합하여 벼를 깔끔하게 쌓아 올리다의 뜻. 널리 차례·순서의 뜻으로 쓰임.

意味 ① 차례. 「一序」 ② 매김. 순서나 등급 등을 매김. ③ 벼슬. 관직.
秩序[질서]셔 사물의 조리 또는 바른 순서(順序).

【秤】 禾5 | 10획 | 칭 | 저울 | ㉯徑
ショウ
はかり

筆順 ノ 二 千 禾 利 秒 秤

意味 ① 저울. 「天一」 ② 백 근(百斤).
秤錘[칭추]추 저울추.

【移】 禾6 | 11획 | 이 | 옮길 | ㉯支
イ
うつる

筆順 ノ 二 千 禾 利 利 移 移

解字 形聲. 禾[벼]와 음을 나타내는 多(다)[이는 변음]를 합하여 벼가 넘실 거림을 뜻함. 널리 옮기다·옮다의 뜻으로 쓰임.

意味 ① 옮기다. 「一轉」 ② 옮다.

移徙[이사] 집을 다른 곳으로 옮김. 이전(移轉).
移轉[이전] ① 옮기어서 바꿈. ② 사물의 소재를 옮김. ③이사(移徙).
移行[이행] 옮아 감. 변하여 감. 추이(推移).

【稈】 禾7 12획 |간|짚|⊕벼|わら カン

筆順 ニ 千 禾 和 和 稈 稈 稈

意味 볏짚. 볏대. 「麥—」

【税】 禾7 12획 |①세|②태|탈|구실|⊕齎|⊕秦 ゼイ・ダツ・エツ

筆順 ニ 千 禾 禾' 利 秒 税 税

解字 形聲. 禾[곡식]와 음을 나타내는 兌(태)를 합하여 농민이 수확한 벼에서 자기 몫을 떼고 나머지를 관청에 바치다의 뜻. 널리 세금의 뜻으로 쓰임.

意味 ① 구실. 부세. 「賦—」 ② 거둠[斂]. 「徵—」 ③ 놓음. 석방함.

税金[세금] 조세(租稅)로 바치는 돈.
税吏[세리] 세무(稅務) 행정에 종사하는 관리.
税率[세율] 세금을 매기는 비율.
税入[세입] 조세(租稅)의 수입.
税政[세정] 세금에 관한 행정.

【程】 禾7 12획 |정|법|⊕度|ほど テイ

筆順 ニ 千 禾 禾' 程 程 程

解字 形聲. 禾[곡식]와 음을 나타내는 呈(정)을 합하여 벼가 고루 자람을 뜻함. 널리 법칙·순서의 뜻으로 쓰임.

意味 ① 법. 「規—」 ② 한정(限定). ③ 과정(課程). ④ 도수. 「一度」 ⑤ 길. 「道—」 ⑥ 품수(品數). ⑦ 헤아림. ⑧ 준(準)함.

程度[정도] ① 알맞은 한도(限度). ② 얼마 가량의 분량.
程式[정식] ① 일정한 법식. ②〈數〉 표준이 되는 방식.
程朱學[정주학] 중국 송대(宋代)의 학자인 정 호(程顥)·정 이(程頤)·주 희(朱熹)가 세운 학파.

【稍】 禾7 12획 |①②초|점점|⊕巧|⊕效 ソウ・ショウ やや

筆順 ニ 千 禾 禾' 利' 秒 稍 稍

意味 ① 점점. 차차. ② ① 작음[小]. ② 녹(祿). ③ 고름[均]. ④ 땅 이름.

參考 梢는 다른 글자.

【稀】 禾7 12획 |희|드물|⊕徵 キ・ケ まれ

筆順 ニ 禾 禾' 秒' 秒 稀 稀

解字 形聲. 禾[벼]와 음을 나타내는 希(희)를 합하여 벼가 적다의 뜻. 널리 드물다의 뜻으로 쓰임.

意味 ① 드묾. 적음. 「—有」 ② 묽음. 질지 않음[淡]. 「—薄」

稀貴[희귀] 드물어서 매우 귀(貴)함.
稀薄[희박] ① 기체·액체가 진하지 않음. ② 성김. ③ 가능성이 적음.
稀釋[희석]〈化〉용매(溶媒)에 용이나 용매(溶媒)를 가하여 묽게 함.
稀少[희소] 드물고 적음.
稀罕[희한] 매우 드묾. 아름답고 좋은 일에 흔히 쓰이는 말.

【稔】 禾8 13획 |임|여물|⊕襄 ネン・ジン・ニン みのる

筆順 ニ 千 秂 秂 秌 稔 稔

意味 ① 여묾. 곡식이 잘 익음. ② 쌓임. 오래 쌓임. 많이 쌓임. ③ 해[年]. 곡식이 한 번 익는 기간. 일년.

【稠】 禾8 13획 |조|빽빽할|⊕尤 チュウ

筆順 ニ 千 秂 利 秬 稠 稠

意味 ① 빽빽함. 「—密」 ② 많음.

稠密[조밀] 많이 모여서 몹시 빽빽함.

【稙】 禾8 13획 |직|올벼|⊕職 チョク・ショク

[禾部] 8~9획

筆順 二 千 禾 秆 秆 稍 稙 稙
意味 올벼. 옥자강이[早種禾].
稙長[직장] 맏며느리.
稙禾[직화] 일찍 심은 벼.

【稚】禾8 | 13 | 치 | 어릴 | ㉠寶 |
チ
わかい

筆順 二 千 禾 秆 秆 秆 稚
解字 形聲. 禾[벼]와 음을 나타내는 隹(추)[치는 변음]를 합하여 작은 벼를 뜻함. 널리 어리다의 뜻으로 쓰임.
意味 ① 어린 벼. ② 어림. 「幼一」「一氣」③ 어린애. 「一兒」④ 늦음[晩].

稚氣[치기] 어린애 같은 기분.
稚兒[치아] 어린 아이. 유아(幼兒). 치자(稚子).
稚魚[치어] 고기 새끼. 어린 고기.
稚子[치자] ① 어린애. ② 죽순(竹筍)의 다른 이름.
稚拙[치졸] 유치하고 졸렬함.
▼孤稚(고치)/幼稚(유치)

【稗】禾8 | 13 | 패 | 돌피 | ㉠卦 |
ハイ
ひえ

筆順 二 千 禾 秆 秆 稗 稗
意味 ① 돌피. ② 잘[細].

稗官[패관] 옛날에 임금이 민간의 풍속이나 정사를 살피기 위해 민간에 떠도는 이야기를 모아 기록시키던 벼슬아치.
稗史[패사] 사관(史官)이 아닌 사람이 민간의 일을 소설처럼 쓴 역사. ↔정사(正史)
▼裨稗(제패)

【稟】禾8 | 13 | ①품 | 받을 | ㉠寢 |
② | 름 | ㉡寑
ヒン, リン
うける

筆順 二 亠 亠 靣 靣 靣 稟 稟
意味 ① 받음. 「一命」② 여쭘. 사룀. 「一告」③ 성품. 「天一」② ① 녹미(祿米). ② 곳집. =廩

學習 '받다'의 뜻을 가진 글자→受
稟達[품달] 품고(稟告). 품신(稟申).
稟性[품성] 타고 난 성질.
稟申[품신] 웃어른이나 상사(上司)에게 여쭘. 품고(稟告). 품달(稟達).

【稧】禾9 | 14 | ①결 | 볏짚 | ㉠屑 |
② | 계 | ㉡霽
ケツ, ケイ
わら

筆順 禾 秆 秆 秆 秆 稧 稧
意味 ① 볏짚. ② 볏단.

【種】禾9 | 14 | ①종 | 씨 | ㉠腫 |
② | | ㉡宋
シュ, ショウ
たね

筆順 禾 秆 秆 稻 稻 種 種
解字 形聲. 禾[벼]와 음을 나타내는 重(중)[종은 변음]을 합하여 늦게 익는 벼·늦벼라는 뜻. 널리 씨·종류의 뜻으로 쓰임.
意味 ① 씨. 「一子」② 종류. 「品一」③ 가지[物種]. 「一一」② 심음.

種犬[종견] 씨를 받을 개.
種痘[종두] 〈醫〉 우두(牛痘)를 인체에 접종(接種)시켜 천연두(天然痘)를 예방하는 방법.
種落[종락] 같은 종족(種族)들이 사는 곳. 부락(部落).

【稱】禾9 | 14 | ①칭 | 일컬을 | ㉠蒸 |
② | | ㉡徑
ショウ
はかる・となえる

筆順 禾 秆 秆 稻 稱 稱 稱
解字 形聲. 禾[곡식]와 음을 나타내는 爯(칭)[칭은 변음]을 합하여 볏단을 소리내어 세다의 뜻. 널리 일컫다의 뜻으로 쓰임.
意味 ① ① 일컬음. 말함. ② 이름함. 「名一」「敬一」③ 칭찬함. ④ 듦.

稱頌[칭송] 공덕을 찬양하여 일컫는 말.
稱呼[칭호] 부르는 이름. 명호(名號)를 부름.
稱號[칭호] 부르는 이름.

〔禾部〕 10~11획

【稼】 禾10 15 | 가 | 심을 | 㐭禡 | カかせぐ

[筆順] 禾 禾 秂 秕 秬 稼 稼

[意味] ① 심음. 곡물을 심음.「一穡」② 농사. ③ 곡식.

稼動[가동]ガドウ 사람이나 기계가 움직여 일함.
稼穡[가색]ショク 농작물(農作物)을 심는 것과 거두어 들이는 것.

【稽】 禾10 15 | 1 2 계 | 상고할 | 㐭齊 | 㐭薺 | ケイかんがえる

[筆順] 禾 秂 秕 秙 秲 稽 稽

[意味] 1 ① 상고함[考].「一古」② 견줌. 비교함. ③ 의논함. ④ 이름. 다다름.

稽考[계고]ケイコウ 지나간 일을 상고(詳考)함.
稽顙[계상]ケイソウ 계수(稽首)함. └함.

*【稿】 禾10 15 | 고 | 짚 | 㐭皓 | コウわら

[筆順] 禾 秂 秙 秸 稿 稿 稿

[解字] 形聲. 禾[벼]와 음을 나타내는 高(고)를 합하여 벼의 누런 줄기 즉 짚이라는 뜻. 짚을 재료로 하여 종이를 만들므로 또한 초고(草稿)의 뜻.

[意味] ① 볏짚. ② 초고. 초안.「原一」
稿料[고료]コウリョウ 저서(著書) 또는 쓴 글에 대한 보수. 원고의 대금(代金).

*【穀】 禾10 15 | 1 2 곡 | 곡식 | 㐭屋 | 㐭有 | コク

[筆順] 士 声 壴 壳 殻 穀 穀

[解字] 形聲. 禾[곡식]와 음을 나타내는 㱿(각)[곡은 변음]을 합하여 벼의 단단한 껍질을 뜻함. 후에 곡식의 뜻으로 쓰임.

[意味] 1 ① 곡식.「五一」② 착함[善]. ③ 녹(祿). ④ 삶. 생존함.

穀物[곡물]コクモツ ① 쌀·보리·조·콩 등의 곡류(穀類). ② 곡식의 종류.
穀價[곡가]コクカ 곡식의 값.「식의 총칭.
穀氣[곡기]コクキ 낟알기. 곡식으로 만든 음
穀粒[곡립]コクリュウ 곡물(穀物)의 낟알.

*【稻】 禾10 15 | 도 | 벼 | 㐭皓 | トウいね

[筆順] 禾 秂 秞 稻 稻 稻 稻

[解字] 形聲. 禾[벼]와 음을 나타내며 이기다의 뜻을 가진 舀(유·요)[도는 변음]을 합하여 이겨서 떡을 만드는 벼의 뜻. 차진 벼 즉 찹쌀을 뜻함.

[意味] 벼. 오곡의 하나.「早一」「晚一」
稻苗[도묘]トウビョウ 볏모. 벼의 싹.
稻作[도작]トウサク 벼를 심어 가꿈.

【稷】 禾10 15 | 직 | 기장 | 㐭職 | ショク

[筆順] 禾 秂 秕 秬 稯 稷 稷

[意味] ① 기장. 메기장. ② 농관(農官).「后一」③ 흙귀신(土神).「社一」④ 빠름. ⑤ 기울. =昃

稷契[직설]ショクセツ 직기(稷棄)와 설(契)요. 요(堯)·순(舜) 두 임금의 신하.
稷雪[직설]ショクセツ 싸락눈. 입설(粒雪)
稷神[직신]ショクシン 곡식을 맡은 신.

【穎】 禾11 16 | 영 | 이삭 | 㐭梗 | エイはさき

[筆順] 匕 ヒ 钅 秉 新 穎 穎

[意味] ① 이삭. 벼 따위의 이삭. ② 송곳 끝. ③ 빼어남. 뛰어남.「一才」
穎果[영과]エイカ〈植〉 벼·보리 등의 화본과(禾本科)에 속하는 식물의 열매.
穎敏[영민]エイビン 예민하고 민첩함.

*【積】 禾11 16 | 1 2 적 | 쌓을 | 入陌 | 㐭寘 | セキ·シャク·シつむ·つもる

[筆順] 禾 秂 秙 秸 積 積 積

[解字] 形聲. 禾[곡식]와 음을 나타내는 責(책)[적은 변음]을 합하여 벼를 가로 세로로 엇갈리게 포개어 쌓아올리다의 뜻.

[意味] 1 ① 쌓음.「一善」「一功」② 쌓임.「一雪」③ 포갬. 모아 포갬.

積善[적선]セキゼン 착한 일을 많이 함. 행(善行)을 쌓음. ↔적악(積惡)
積財[적재]セキザイ 재산(財産)을 쌓아 모음.
積置[적치]セキチ 쌓아서 둠.

【穗】17 禾12 | 수 | 이삭 | [上]寘 | スイ ほ

[筆順] 穗

[意味] 이삭. ㉠벼·보리 등의 이삭. 「禾一」「麻一」 ㉡모양이 이삭 같은 것.

穗狀〔수상〕スイジョウ 곡식의 이삭과 같은 형상(形狀).

【穢】18 禾13 | 예 | 더러울 | [去]隊 | アイ·ワイ·エ けがれる

[筆順] 穢

[意味] ① 더러움. 「汚一」 ② 거칢. 논밭이 잡초로 어지러움. 「蕪一」

穢氣〔예기〕 더러운 냄새.

穢土〔예토〕エド 〈佛〉 더러운 국토. 곧 인간 세상. 사바 세계. ↔정토(淨土)

【穩】19 禾14 | 온 | 편안할 | [上]阮 | オン おだやか

[筆順] 穩

[意味] ① 편안함. 안온함. 「平一」「一健」 ② 곡식을 걷어 모음.

穩健〔온건〕オンケン 온당하고 건전함.

穩當〔온당〕オントウ 사리에 어긋나지 않고 알맞음.

*【穫】19 禾14 | [1]확 [2]호 | 거둘 | [入]藥 [去]遇 | カク

[筆順] 穫

[解字] 形聲. 禾〔곡식〕와 음을 나타내는 蒦(약)〔확은 변음〕을 합하여 벼를 거두어 들이다의 뜻.

[意味] [1] ① 거둠. 곡식을 거둠. 「收一」 ② 곤박(困迫)함. [2] 땅 이름.

【穰】22 禾17 | 양 | 볏줄기 | [上]陽 | ジョウ みのる

[筆順] 穰

[意味] ① 볏줄기. 볏짚. ② 벼가 잘 여묾. ③ 넉넉함. ④ 사람이 많음. 「浩一」

穰歲〔양세〕ジョウサイ 곡물이 잘 결실(結實)된 해. 풍년(豐年).

穰穰〔양양〕ジョウジョウ ① 곡물(穀物)이 잘 결실한 모양. ② 풍족한 모양.

穴 部

*【穴】5 穴0 | 혈 | 구멍 | [入]屑 | ケツ あな

[筆順] 穴

[解字] 形聲. 집을 뜻하는 宀와 음을 나타내는 八(팔)〔혈은 변음〕을 합하여 땅을 파헤쳐 만든 집이라는 뜻.

[意味] ① 구멍. 뚫리거나 패인 자리. ② 굴. 「洞一」 ③ 움〔土室〕. ④ 구덩이.

穴居〔혈거〕ケッキョ 자연(自然) 또는 인공으로 된 동혈(洞穴) 속에서 사는 일.

*【究】7 穴2 | 구 | 궁구할 | [去]宥 | キュウ·ク きわめる

[筆順] 究

[解字] 形聲. 穴〔구멍〕과 음을 나타내는 九(구)를 합하여 꼬불꼬불하고 좁은 움집을 뜻함.

[意味] ① 궁구함. 연구함. =窮 「一明」 ② 헤아림. 「考一」 ③ 다함. 끝남. 「一極」

究竟〔구경〕キュウキョウ 극진(極盡)함. 궁극(窮極).

究理〔구리〕キュウリ 사물의 도리·법칙(法則)을 구명함.

究明〔구명〕キュウメイ 사리를 궁구(窮求)하여 밝힘.

*【空】8 穴3 | 공 | 하늘 | [平]東 [入]董 [去]送 | クウ·コウ·ク そら

[筆順] 空

[解字] 形聲. 穴〔구덩이〕과 음을 나타내며 동시에 대롱처럼 속이 빈 모양을 뜻하는 工(공)을 합하여 혈거(穴居) 주택 위의 구멍이라는 뜻.

[意味] [1] ① 하늘. ↔地 「天一」 ② 큼〔大〕. ③ 빔. 속이 빔. 「一砲」 ④ 비움.

空念佛〔공념불〕そら(から)ネンブツ ① 입으로만 외는 헛된 염불. ② 실행이나 내용이 따르지 않는 주장이나 선전.

空爆[공폭] 항공기가 공중에서 하는
空乏[공핍] 비고 모자람. 결핍(缺乏).
空閑地[공한지] 건축(建築)이나 농경(農耕)에 쓰이지 않은 토지.

【穹】穴3 | 궁 | 하늘 | 東 そら キュウ

[筆順] 丶 宀 宀 宀 宍 穷 穹

[意味] ① 하늘. 「一蒼」 ② 높음. ③ 큼〔大〕. ④ 활 모양. ⑤ 덮음. 막음.

穹廬[궁려] 중국 북방(北方)의 흉노족(匈奴族)이 살던 집. 모양이 활처럼 굽은 천막(天幕).
穹隆[궁륭] 활·무지개처럼 높고 길게 굽은 형상.
穹蒼[궁창] 하늘. 궁천(穹天).

【突】穴4 | 돌 | 부딪칠 | 月 トツ つく

[筆順] 丶 宀 宀 穴 突 突 突

[解字] 會意. 구멍(穴)과 개(犬)를 합하여 개가 구멍에서 뛰어 나옴을 뜻함. 널리 힘차게 내밀다, 뜻밖에·갑자기 내밀다, 맞부딪치다의 뜻으로 쓰임.

[意味] 들이 댐. 힘차게 내어서 밂. 뛰어 나옴. 맞부딪침. 「衝一」

突擊[돌격] 적(敵)의 진지를 불시에 쳐들어 감.
突起[돌기] 갑자기 불쑥 솟아 일어남. 또는 그것.
突然[돌연] 갑작스럽게. 뜻밖에. 별안간. 돌여(突如).
突進[돌진] 거침 없이 곧장 나아감.
突出[돌출] ① 느닷없이 뛰어 나옴. ② 닮은 데가 없이 특별하게 생김.
突破[돌파] 쳐서 깨뜨림.

【穿】穴4 | 천 | 뚫을 | 先 うがつ セン

[筆順] 丶 宀 宀 穴 穿 穿 穿

[意味] ① 구멍을 뚫음. 「一鑿」 ② 구멍이 남. ③ 개통함. ④ 물린 자리.

穿孔[천공] 큰 바윗돌 같은 것에 구멍을 뚫는 일.

穿鑿[천착] ① 구멍을 뚫음. ② 학문을 깊이 파고 들어감.

【窈】穴5 | 요 | 고요할 | 篠 ふかい ヨウ

[筆順] 丶 宀 宀 穴 穴 窈 窈

[意味] ① 깊음. 속이 깊음. ② 고요함. 아늑하고 조용함. ③ 그윽하고 아름다움. ④ 어두움. ⑤ 가냘픔. ⑥ 얌전함.

窈窕[요조] ① 부녀의 행동이 얌전하고 조용한 모양. ② 깊고 조용한 경지. ③ 깊은 사물의 이치.
窈窕淑女[요조숙녀] 성질이 온순하고 얌전한 여자.

【窄】穴5 | 착 | 좁을 | 陌 せまい サク

[筆順] 丶 宀 宀 穴 穴 窄 窄

[意味] ① 좁음. ↔廣 ② 끼임. ③ 좁힘.

【窒】穴6 | ①질 ②절 | 막을 | ①質 ②屑 チツ

[筆順] 丶 宀 宀 穴 穴 窒 窒 窒

[解字] 形聲. 穴(구멍)과 음을 나타내는 至(지)(질은 변음)를 합하여 구멍이 막힘을 뜻함.

[意味] ① ① 막음. 막힘. 닫힘. ② 가득 참. 채임. ③ 원소의 이름. 「一素」 ② 뜻은 ①과 같다.

窒酸[질산] 〈化〉 습기를 포함한 공기 중에서 연기를 내는 무색의 심한 냄새가 나는 액체. 초산(硝酸).
窒塞[질색] ① 숨이 통하지 못하여 기운이 막힘. 질기(窒氣). ② 몹시 놀라거나 기막힐 경우를 일컫는 말.
窒素[질소] 〈化〉 공기 체적(體積)의 5분의 4를 차지하는 원소. 다른 원소와 화합하여 동식물이나 광물 중에 존재하며 무색(無色)·무미(無味)·무취(無臭)의 기체. 「一肥料」 「一死」
窒息[질식] 숨이 막혀 통하지 아니

【窓】穴6 | 창 | 창 | 江 まど ソウ

[筆順] 丶 宀 宀 穴 空 窓 窓

[解字] 形聲. 집을 뜻하는 穴과 음을 나타내는 悤[창]을 합하여 집 안팎을 잘 통하는 구멍을 뜻함.

[意味] ① 창. 창구(窓口). ② 지게문.

窓口〔창구〕まどぐち ① 창이 있는 곳. ② 사무상 손님을 상대하여 물건을 주고 받는 조그만 창. 「出札―」

窓門〔창문〕 공기나 빛이 들어 올 수 있도록 벽에 만들어 놓은 문.

【窘】 12 穴7 | 군 | 군색할 | ㊤軫 | キン くるしむ

[筆順] 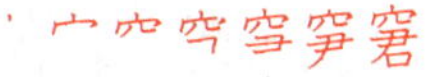

[意味] ① 군색함. ② 급함. ③ 다가 옴.

窘塞〔군색〕 ① 살기가 구차함. ② 일이 뜻대로 되지 않아 곤란함.

【窟】 13 穴8 | 굴 | 움 | [入]月 | クツ・コツ いわや

[筆順] 

[意味] 움집. ㉠동굴. 구멍. 움. 방. ㉡땅이나 바위가 깊숙이 패인 곳. 「石―」「―穴」 ㉢짐승이 사는 구멍. 바뀌어 사람이 많이 모이는 곳. 「巢―」

窟穴〔굴혈〕クッケツ ① 굴. ② 도적・악한들의 근거지. 소굴(巢窟).

【窩】 14 穴9 | 와 | 굴 | [平]歌 | カ・ワ あな

[筆順] 

[意味] ① 구멍. 굴. ② 움집〔穴居〕. ③ 물건을 감춤. ④ 거처. 별장 등. ⑤ 벌집. 「蜂―」

【窪】 14 穴9 | 와 | 도랑 | [平]麻 | ア・ワ くぼ・くぼむ

[筆順] 

[意味] ① 우묵함. 움푹 패어 내려 앉음. ② 깊음. ③ 맑음. 맑은 물〔淸水〕. ④ 도랑. 웅덩이.

窪地〔와지〕くぼち 움푹 패여 웅덩이가 된 땅.

▼卑窪(비와)/坳窪(요와)/低窪(저와)

***【窮】** 15 穴10 | 궁 | 궁구할 | [平]東 | キュウ きわめる

[筆順] 

[解字] 形聲. 穴〔구멍〕과, 음과 몸을 구부림의 뜻을 가지는 躬을 합하여 몸을 구부리고 들어가는 좁은 구멍을 뜻함. 널리 피로와함・다함의 뜻으로 씀.

[意味] ① 다함. ㉠있는 힘을 다 들임. ㉡다 없어짐. ㉢끝남. 「永世無―」 ② 깊이 연구함. 「―理」 ㉠골똘히 생각함. ㉡외곬으로 생각함. ③ 괴롭힘. ④ 막힘. ㉠처리할 방도가 없음. ㉡가난함. 「―乏」 ㉢곤란함. 궁지에 빠짐. ㉣출세하지 못함. 「―達」 ㉤(인물・연구 등이) 알려지지 못하고 묻힘.

窮蹇〔궁건〕キュウケン 가난하여 고통스럽고 걱정됨.

窮境〔궁경〕キュウキョウ 어떤 일이나 생활이 매우 어려운 지경. 곤란한 경우. 궁지(窮地). 「곤란함. 곤궁(困窮).

窮困〔궁곤〕キュウコン 생활이 어렵고 궁하여

窮屈〔궁굴〕キュウクツ 물자 등이 궁하여 막힘.

窮極〔궁극〕キュウキョク ① 더할 수 없는 정도에 달함. ② 마지막까지 다하여 끝까지 이름. 구극(究極).

窮氣〔궁기〕 궁상스러운 모양.

窮達〔궁달〕キュウタツ 빈궁과 영달(榮達).

窮理〔궁리〕キュウリ 좋은 도리를 생각하기 위해 사물의 이치를 깊이 연구함. 구리(究理).

窮民〔궁민〕キュウミン 가난한 일반 국민.

窮迫〔궁박〕キュウハク 몹시 곤궁하여 절박함.

窮追〔궁추〕キュウツイ ① 끝까지 쫓아 감. ② 끝까지 밝혀 냄. 추궁(追窮).

窮乏〔궁핍〕キュウボウ 생활이 어려움.

【窯】 15 穴10 | 요 | 가마 | [平]蕭 | ヨウ かま

[筆順] 

[解字] 形聲. 穴〔구멍〕과 음을 나타내는 羔(고)〔요는 변음〕를 합하여 기와나 오지 그릇을 굽는 구멍이라는 뜻. 후에 가마의 뜻으로 쓰임.

[意味] ① 기와나 그릇을 굽는 가마. ② 높은 열로 물건을 굽는 장치. ③ 오지 그릇.

窯業〔요업〕ヨウギョウ 질그릇·사기 그릇·벽돌·기와·법랑 철기(琺瑯鐵器) 등을 만드는 직업.

【窺】16 穴11 | 규 | 엿볼 | [平]支 |
キ
うかがう

[筆順] 宀 穴 ⋯ 窺

[意味] 엿봄. 들여다 봄. 노림. 남 몰래 기회 오기를 기다림.

窺伺〔규사〕キシ 몰래 틈을 엿봄. 눈치를

窺知〔규지〕キチ 엿보아 앎.

【竄】18 穴13 | 찬 | 숨길 | [去]翰 |
ザン·ザン
のがれる

[筆順] 宀 穴 ⋯ 竄

[意味] ① 숨김. ② 숨음. 피함. 도망함. ③ 귀양 보냄. 「流一」 ④ 고침. 「改一」 ⑤ 듦. 들어감. ⑥ 배어 듦. 향내 등이 스며 듦.

竄逃〔찬도〕ザントウ 도망하여 숨음.

竄入〔찬입〕ザンニュウ ① 도망 쳐 들어감. ② 시문(詩文) 가운데 다른 사람의 글이 뒤섞여 들어감. 「냄.

竄逐〔찬축〕 죄인을 먼 곳으로 귀양 보

【竊】22 穴17 | 절 | 훔칠 | [入]屑 |
セツ
ぬすむ·ひそかに

[筆順] 宀 穴 ⋯ 竊

[解字] 形聲. 집을 뜻하는 穴〔구멍〕과 남의 물건을 뜻하는 釆와 음을 나타내는 禼(설)〔절은 변음〕을 합하여 남의 집에서 물건을 훔침을 뜻함. 널리 남 모르게의 뜻으로 쓰임.

[意味] ① 훔침. 절취함. 「一盜」 ② 좀도둑. ③ 사사로이 함. ④ 범함. ⑤ 얕음. ⑥ 깐깐함.

竊盜〔절도〕セットウ 남의 물건을 주인 몰래 훔치는 일. 또는 그런 사람.

竊視〔절시〕セッシ 몰래 엿봄.

立 部

*【立】5 立0 | 립 | 설 | [入]緝 |
リツ·リュウ
たつ

[筆順] 丶 亠 亣 立 立

[解字]  象形. 사람이 정면을 향하고 땅 위에 서 있는 모습을 본뜸. 사람이 있다의 뜻. 후에 사람에 한하지 않고 널리 서다·세우다의 뜻으로 쓰임.

[意味] ① 섬. ㉠정지함. 행(行)의 대(對). ㉡꼿꼿이 서 있음. 일어남. 기립함. 직립(直立)함. ② 정함. 이루어짐. 「成一」 ③ 자리에 앉힘. 즉위(卽位)함. ④ 생존함. 존속함. 「存一」 설치함. 「設一」 ⑤ 설정함. 확립함. 「一志」 ⑥ 밝힘. 나타냄. ⑦ 임(臨)함. ⑧ 곧. 즉시. ⑨ 미터법에서 양(量)을 나타내는 단위. 리터의 약기(略記).

[學習] '서다·세우다'의 뜻을 가진 글자→建

立脚〔입각〕リッキャク 근거를 두어 그 처지에 섬. 「一點」 「지. 입장(立場).

立脚地〔입각지〕リッキャクチ 근거로 하는 처

立件〔입건〕リッケン 〈法〉 혐의를 인정하여 사건을 성립시킴. 「國).

立國〔입국〕リッコク 나라를 세움. 건국(建

立體〔입체〕リッタイ 물체의 길이·넓이·두께의 삼차원(三次元)의 부피를 가지고 있는 공간의 한정된 부분. ↔평면

立秋〔입추〕リッシュウ 〈天〉 대서(大暑)와 처서(處暑) 사이에 있는 24절기(二十四節氣)의 열 세째. 양력 8월 6일 내지 9일경으로 가을의 시작을 말함.

*【竝】10 立5 | [1]반[3]병 [2]방 | 짝할 | [上]旱[上]迥 [去]漾 |
ヘイ·ボウ
なみ·ならぶ·ならべる·ならびに

[筆順] 丶 亠 亣 立 立 竝 竝

[解字] 象形. 사람이 둘 나란히 서 있는 모습을 본뜸. 줄을 짓다의 뜻.

[意味] [1] ① 짝함. ② 고을 이름.

竝立〔병립〕ヘイリツ 나란히 섬.
竝發〔병발〕 두 가지 이상의 일이 한꺼번에 일어남.

【站】 10 立5 | 참 | 우두커니 설 | [去]陷 |
タン

[筆順] 丶 亠 亠 立 立 站 站

[意味] ① 우두커니 섬. 잠시 멈춰 섬. ② 역 마을. 역마를 갈아 타는 곳. 「驛―」 ③ 술잔을 받치는 그릇.
站站〔참참〕 ① 이따금 쉬는 시간. ② 각 역참(驛站).

*【竟】 11 立6 | 경 | 끝날 | [去]敬 |
ケイ・キョウ
ついに・おわる

[筆順] 亠 亠 立 产 音 音 竟

[意味] ① 끝남. 마침. 종말. ② 다함. 극점(極點)에 달함. 다 해 버림. ③ 필경. 마침내. 결국. 기어코. ④ 즈음. ⑤ 지경(地境).
竟夕〔경석〕キョウセキ 밤새도록.

*【章】 11 立6 | 장 | 문채 | [平]陽 |
ショウ
あきらか・あや

[筆順] 丶 亠 亠 立 产 音 章 章

[解字] 象形. 원래 문신(文身)에 사용되는 큰 바늘을 본뜸. 표・무늬・명확히 하다 등의 뜻으로 쓰임. 후에 음과 십(十)을 합하여 음악・시문(詩文) 등의 한 단락(段落)의 뜻으로 쓰임.
[意味] ① 문채. ㉠색채. ㉡아름다운 무늬. ㉢장식. ② 법. ㉠일정한 도리. 규칙. 법률. ㉡가르침. 모범. 표준. 양식.
章句〔장구〕ショウク ① 글의 장(章)과 구(句). ② 장을 나누고 구를 자르는 문장의 단락(段落).
章魚〔장어〕たこ 〈動〉 문어. 낙지.「(節).
章節〔장절〕ショウセツ 긴 문장의 장(章)과 절

*【童】 12 立7 | 동 | 아이 | [平]東 |
トウ・ドウ
わらべ

[筆順] 丶 亠 立 产 音 音 童

[解字]  形聲. 문신할 때 사용하는 바늘〔辛〕과 눈〔目〕과 음을 나타내는 重(중)〔동은 변음〕을 합하여 눈 위에 문신을 한 노예라는 뜻. 후에 僮 대신에 쓰여 아동・
[意味] ① 아이. 아동. 15세 전후의 남녀. ② 하인. 종. ③ 아직 뿔이 생기지 않은 소나 양. ④ 우뚝우뚝함.
童僕〔동복〕ドウボク 사내 아이 종.
童心〔동심〕ドウシン ① 어린 아이와 같이 순진한 마음. ② 어릴 적 마음.
童顔〔동안〕ドウガン 어린 아이의 얼굴.

【竣】 12 立7 | [1] 준 [2] 전 | 일마칠 | [平]眞 [平]先 |
シュン
おわる

[筆順] 丶 亠 立 立 竝 竣 竣

[意味] [1] ① 멎음. 멈춤. ② 일을 마침.
竣工〔준공〕シュンコウ 공사를 완성하여 끝냄. ↔기공(起工) 「(竣工). 낙성(落成).
竣成〔준성〕シュンセイ 건물을 완성함. 준공

【竭】 14 立9 | [1] 갈 [2] 걸 | 다할 | 俗音 [入]屑 |
ケツ・ゲチ
つくす

[筆順] 丶 亠 立 竭 竭 竭 竭

[意味] [1] ① 다함. ㉠다 없어짐. ㉡다 없앰. ㉢있는 힘을 다함. ② 짐. 패전함.
竭力〔갈력〕 모든 힘을 다함.
竭忠報國〔갈충보국〕 충성을 다하여 나라의 은혜를 갚음. 진충 보국(盡忠報國).

*【端】 14 立9 | 단 | 바를 | [平]寒 |
タン
はし・ただしい

[筆順] 丶 亠 立 竝 竝 端 端

[解字] 形聲. 立〔서다〕과 음을 나타내는 耑(단)을 합하여 직립(直立)을 뜻함.
[意味] ① 바름. ㉠비뚤어지지 않음. ㉡굽지 않음. ② 품행이 바름. 「―正」 ③ 바로잡음. 바르게 함. ④ 실마리. 시초. 비롯됨. ⑤ 끝. 물건의 맨 끝. 말단. ⑥ 종말. ⑦ 싹. ⑧ 살핌.

[立部] 15획 · [衤部] 3~5획

端麗[단려] 〔タン/レイ〕 품행(品行)이 단정하고 걸모양이 아름다움. 「容姿—」

端緒[단서] 〔タン/ショ〕 일의 실마리. 일의 처음.

端的[단적] 〔タン/テキ〕 ① 간단하고 명백한 모양. ② 아주 분명하고 솔직한 상태.

＊【競】 ²⁰ 立15 | 경 | 다툴 | ㉿敬
ケイ・キョウ
きそう

[筆順] 亠 立 竞 竞 竞 兢 競

[解字] 竞・競 形聲. 두 사람이 나란히 서다를 뜻하는 兢과 말씀언 두 개를 늘어놓은 誩를 합하여 두 사람이 입씨름함을 뜻함.

[意味] ① 다툼. 경쟁함. 「—馬」 ② 굳셈. 강함. ③ 쫓음. ④ 나아감. ⑤ 급함.

競技[경기] 〔キョウ/ギ〕 서로의 재주를 비교하여 기술의 낫고 못함을 다툼.

競爭[경쟁] 〔キョウ/ソウ〕 같은 목적 아래 남보다 앞서기 위해 서로 겨루어 다툼.

衤 部

【衫】 ⁸ 衤3 | 삼 | 적삼 | ㉿咸 サン

[筆順] 丶ナ 才 衤 衤 衫

[意味] ① 적삼. 웃도리에 입는 작고 짧은 옷. 또는 소매가 없는 옷. ② 옷·의복의 통칭.

衫子[삼자] 〔サン/シ〕 여자의 옷으로 저고리와 치마의 구별이 없는 것. 반의(半衣).

【衿】 ⁹ 衤4 | ①금 ②금 | 옷깃 | ㉿侵 ㉿沁
キン・コン
えり

[筆順] 丶ナ 才 衤 衤 衿 衿

[意味] ① 옷깃. ② 목덜미. ② ① 맴. ② 띠를 두름.

【袂】 ⁹ 衤4 | 몌 | 소매 | ㉿霽
ベイ
たもと

[筆順] 丶ナ 衤 衤 衤 袂 袂

[意味] 소매. 소맷자락.

袂別[몌별] 〔ベイ/ベツ〕 작별함.

【帕】 ¹⁰ 衤5 | 파 | 머리동이 | ㉿禡
バツ
はちまき

[筆順] 丶ナ 才 衤 衤 衤 袙 袙

[意味] ① 머리동이. ② 머리 띠.

【袒】 ¹⁰ 衤5 | ①단 ②탄 | 옷벗어멜 | ㉿旱 ㉿諫
タン
はだぬぐ

[筆順] 丶ナ 才 衤 衤 袒 袒

[意味] ① ㉠옷을 벗어 어깨를 드러냄. ㉡예법의 하나로 웃옷의 왼쪽 소매를 벗음. ② 흠질한 옷의 솔기가 터짐.

【袢】 ¹⁰ 衤5 | 번 | 속옷 | ㉿元
ハン・バン

[筆順] 丶ナ 才 衤 衤 衤 袢 袢

[意味] ① 속옷. 여름에 입는 짧은 옷. ② 옷을 꼭 동임.

【袖】 ¹⁰ 衤5 | 수 | 소매 | ㉿宥
シュウ
そで

[筆順] 丶ナ 才 衤 衤 袖 袖

[意味] ① 소매. ② 소매 속에 넣음.

袖手[수수] 〔シュウ/シュ〕 ① 아무 일도 하지 않고 가만히 있음. ② 팔짱을 낌. 「—傍觀」

【袍】 ¹⁰ 衤5 | 포 | 도포 | ㉿肴
ホウ・ボウ

[筆順] 丶ナ 才 衤 衤 衤 袍 袍

[意味] ① 도포. 웃옷. 겉에 입는 옷. ② 관띠(冠帶). 관복. 옛날 벼슬아치의 공복(公服). 지금은 구식 혼례 때에 신랑이 입음. ③ 솜옷. ④ 앞섶. 웃섶의 앞 부분. ⑤ 속옷. 속에 입는 옷.

＊【被】 ¹⁰ 衤5 | ①피 ②피 | 입을 | ㉿紙 ㉿寘
ヒ
こうむる・おおう

[筆順] 丶ナ 才 衤 衤 衤 被 被

[意味] ① 이불. 「布—」「—綿」 ② ① 입음. ㉠옷을 입음. 「—衣」 ㉡받음. 은혜 등을 입음. 「—恩」 ㉢손해를 봄.

[衤部] 6~8획

被檢[피검] ① 검거됨. ② 검사를 받음.
被擊[피격] 습격을 받음. 사격을 받음.
被告[피고] 〈法〉민사(民事)·형사(刑事) 소송에 있어서 심판(審判)을 받는 측(側)의 당사자 ↔원고(原告)
被訴[피소] 소송을 당함.
被襲[피습] 습격을 받음. 피격(被擊).

【袴】 11/6 ① 고 ② 과 바지 ⓤ遇/ⓟ禑 ㄱ
ㅋ
筆順 氵 衤 衤 衤 衤 袴 袴
意味 ① 바지. =絝. ② 사타구니. 샅.

【袿】 11/6 규 여자옷웃 ⓟ齊
ケイ
うちかけ
筆順 氵 衤 衤 衤 衤 袿 袿
意味 ① 여자의 웃옷. ② 자락. 일설(一說)에는 소매통.

【袷】 11/6 ① 겹 ② 겹 동구래깃 ⓐ洽/ⓑ葉
コウ
あわせ
筆順 氵 衤 衤 衤 袷 袷 袷
意味 ①㉠ 겹옷. 안이 있는 겹으로 된 옷. ㉡ 옷깃. ② 동구래깃.

*【補】 12/7 보 기울 ⓤ麌
ホ·フ
おぎなう
筆順 衤 衤 衤 衤 袹 補 補
解字 形聲. 衣(의)와 음을 나타내는 甫(보)를 합하여 솔진 옷을 깁다의 뜻. 널리 모자라는 것을 보충한다의 뜻으로 쓰임.
意味 ① 기움. ㉠옷을 기움. 「一綴」 ㉡잘못된 것을 바로잡음. 광구(匡救)함. ② 고침. 수선함. 수리함. 「一修」

補給[보급] 물품을 대어 줌.
補記[보기] 부족한 것을 보충하여 씀.
補肥[보비] 농작물이 자랄 때 파종(播種)을 하기 전에 주는 기비에 더 보태어 주는 비료(肥料).
補脾胃[보비위] ① 위의 기운을 보(補)함. ② 남의 뜻을 맞춤.
補習[보습] 정해진 학과를 마치고 부족한 학습을 다시 보충하여 익힘.
補身[보신] 보약을 먹어 몸을 보함.
補藥[보약] 몸을 보하는 약. 보제.
補任[보임] 관직을 수여함. 그 직무에 임함.
補塡[보전] 부족한 것을 메워 채움.
補正[보정] 보충하고 바로 고침. 「一豫算」하고 바로잡음.
補整[보정] 보충하여 가지런히 정리
補助[보조] 모자라는 것을 보충하여 줌. 「一金」

*【裕】 12/7 유 넉넉할 ⓤ遇
ユウ·ユ
ゆたか
筆順 衤 衤 衤 衤 衤 裕 裕
意味 ① 넉넉함. 유족함. 「餘一」 「富一」 ② 너그러움. 관대함. 「寬一」 ③ 늘어짐.

裕福[유복] 살림이 넉넉함. 부유(富裕). ↔빈핍(貧乏)

【裾】 13/8 거 자락 ⓟ魚
キョ
すそ
筆順 衤 衤 衤 衤 裾 裾 裾
意味 ① 자락. ㉠옷자락. ㉡드리운 것의 끝. ② 거만함. =倨

【裸】 13/8 라 벌거숭이 ⓟ哿
ラ
はだか
筆順 衤 衤 衤 裸 裸 裸 裸
意味 ① 벌거숭이. 나체. 「赤一一」 ② 벌거벗음. ③ 털 없는 벌레.

裸馬[나마] 안장과 고삐가 없는 말.
裸麥[나맥] 〈植〉쌀보리. 보리의 일종(一種). 포아풀과(科)의 일년초.
裸身[나신] 벌거벗은 몸. 나체(裸體).

【裨】 13/8 비 도울 ⓟ支
ヒ
おぎなう
筆順 衤 衤 衤 裨 裨 裨 裨

【褐】 衤9 / 14 | 갈 | 털베 | ⒜曷
カツ・カチ
ぬのこ

筆順 衤 衤刀 衤刃 衤罒 衤曷 褐 褐

意味 ① 털베. 거친 털로 짠 천한 사람들이 입는 옷. ② 베옷. 굵은 베로 만든 옷. ③ 천인(賤人). 미천한 사람. ④ 다색. 거무스름한 주황빛. 「一色」

褐寬博[갈관박] ⁽ᵃᵗˢᵘ⁾ ⁽ᴷᵃⁿᵖᵃᵏᵘ⁾ ① 거친 베로 너절너절하게 지은 천한 사람이 입는 옷. ② 추레한 옷을 입은 빈천(貧賤)한 사람. 「색.

褐色[갈색] ⁽ᵃᵗˢᵘ⁾ ⁽ˢʰᵒᵏᵘ⁾ 검은 빛이 나는 주황

【褓】 衤9 / 14 | 보 | 포대기 | ⓑ緥
ホ・ホウ
むつき

筆順 衤 衤刀 衤刃 衤呆 褓

意味 포대기. 어린애를 업을 때 두르는 보.

褓負商[보부상] 봇짐 장수와 등짐 장수.

【褌】 衤9 / 14 | 곤 | 잠방이 | ⓐ㡓
コン
ふんどし

筆順 衤 衤刀 衤刃 衤罒 衤冨 褌 褌

意味 잠방이. 가랑이가 짧은 고의.

*【複】 衤9 / 14 | 1부 2복 | 거듭 | ⓐ宥 ⓐ屋
フク
かさねる

筆順 衤 衤刀 衤刃 衤冨 複 複

意味 ① ① 거듭함. ⓒ겹침. 「重一」ⓒ 이중임. ② 겹옷. 안을 댄 옷. ② 복(複). 둘 이상의 것. 포개어진 것. ↔單

複權[복권] ⁽ᶠᵘᵏᵘ⁾ ⁽ᵏᵉⁿ⁾ 〈法〉 일정한 자격이나 권리를 상실하였거나 정지된 사람에 대해서 그 자격을 회복시키는 일.

複線[복선] ⁽ᶠᵘᵏᵘ⁾ ⁽ˢᵉⁿ⁾ 두 개 이상을 나란히 설치하여 둔 겹으로 된 선. ↔단선(單線) 「수. ↔단수(單數)

複數[복수] ⁽ᶠᵘᵏᵘ⁾ ⁽ˢᵘ⁾ 어떤 단위의 둘 이상의

【褊】 衤9 / 14 | 1편 2편 | 좁을 | ⓑ銑 ⓐ先
ヘン
せまい

筆順 衤 衤刀 衤刃 衤扁 褊 褊

意味 ① 옷이 너풀거림. ② ① 좁음. ㉠폭이 좁음. ㉡도량이 좁음. ② 급함.

褊急[편급] ⁽ʰᵉⁿ⁾ ⁽ᵏʸᵘ⁾ 소견이 좁고 성미가 급함.

褊狹[편협] ⁽ʰᵉⁿ⁾ ⁽ᵏʸᵒ⁾ 땅이 도시에서 멀리 치우쳐 있고 좁음.

【褥】 衤10 / 15 | 욕 | 요 | ⓐ沃
ジョク・ニク
しとね

筆順 衤 衤刀 衤刃 衤辰 衤辱 褥 褥

意味 요. 누울 때 방바닥에 까는 것.

【褪】 衤10 / 15 | 퇴 | 벗을 | ⓐ願
タイ・トン
あせる

筆順 衤 衤刀 衤刃 衤艮 褪 褪

意味 ① 벗음. 옷을 벗음. ② 바램. 퇴색함. ③ 물러섬. 앞으로 나가려고 하다가 도리어 뒤로 물러섬. ④ 짐.

【襁】 衤11 / 16 | 강 | 포대기 | ⓑ養
キョウ
むつき

筆順 衤 衤刀 衤刃 衤弓 襁 襁

意味 ① 포대기. 어린애를 업을 때 두르는 보. ② 띠. 어린애를 업는 띠. ③ 업음. 사람을 등에 짐.

襁褓[강보] ⁽ᵏʸᵒ⁾ ⁽ʰᵒ⁾ 어린 아이를 싸는 포대기.

【褶】 衤11 / 16 | 1습 2첩 | 겹옷 | ⓐ緝 ⓐ葉
シュウ・チョウ

筆順 衤 衤刀 衤刃 衤習 褶 褶

[衤部] 12~14획·[竹部] 0~3획

意味 ① 기마복. ② ① 겹옷. ② 멋옷. 위에 껴입는 옷. ③ 주름. 옷의 주름.

褶曲[습곡] <鑛> 횡압력(橫壓力)으로 인하여 파상(波狀)으로 구부러지는 현상이 일어 나므로써 퇴적될 때에는 원래 평평하였던 지층(地層)이 주름지는 현상.「―山脈」

【襌】 17획 衤12 단 옷 ⑰襌 タン ひとえ

筆順 衤 衤 衤 衤 衤 襌 襌

意味 ① 홑옷. 홑겹. 여러 겹이 아닌 한 겹의 옷. ② 속옷. 내의(內衣)와 같은 속에 입는 옷.

【襟】 18획 衤13 금 깃 ⑰侵 キン えり

筆順 衤 衤 衤 衤 衤 襟 襟

意味 ① 깃. 옷깃. 옷섶. 「正―」 ② 가슴. 마음. 「胸―」

襟度[금도] 남을 너그러운 마음으로 받아 들일 수 있는 아량. 가슴 속.
襟要[금요] ① 옷깃과 허리. ② 적을 방어하기에 적합한 곳. 요새(要塞).
襟懷[금회] 가슴 속 깊이 품고 있는 생각.
襟足[えりあし]《日》 목덜미에 머리털이 난 부분.
襟巻[えりまき]《日》 목도리.
襟元[えりもと]《日》 옷깃. 언저리. 목덜미.
▼胸襟(흉금)

【襖】 18획 衤13 오 옷옷 ⑪皓 オウ ふすま

筆順 衤 衤 衤 衤 襖 襖

意味 ① 옷옷. 거죽에 입는 옷. ② 도포. 긴 것을 袍(포), 짧은 것을 襖라 함.

襖障子[ふすましょうじ]《日》 미닫이. 장지.

【襤】 19획 衤14 람 헌누더기 ⑰覃 ラン ぼろ

筆順 衤 衤 衤 衤 襤 襤 襤

意味 ① 옷이 해짐. ② 헌 누더기.

襤褸[남루] ラン ロ ① 헌 누더기. ② 옷 같은 것이 해지고 낡아서 지저분함.

【襦】 19획 衤14 유 속옷 ⑰虞 ジュ はだぎ

筆順 衤 衤 衤 衤 衤 襦 襦

意味 ① 속옷. 속에 입는 짧은 옷. ② 저고리. 상의(上衣). ③ 갖바개하는 장인(匠人). ④ 동옷(胴衣). 남자가 입는 저고리. 종이를 넣어 지은 옷으로 수자리하는 사람들이 입었음.「―衣」

襦袴[유고] 땀받이와 바지.

竹 部

6획

【竹】 6획 竹0 죽 대 ⑪屋 チク たけ

筆順 ノ ト ヒ ヒ 竹 竹

解字 ヒヒ·林 象形. 대나무 잎의 모양을 본뜸. 부수로서는 대나무에 관한 뜻을 나타냄.

意味 ① 대. 대나무. ② 피리. 대로 만든 관악기. 팔음(八音)의 하나. ③ 대쪽.

竹林七賢[죽림칠현] チクリンノ シチケン <人> 진초(晉初)에 노자(老子)·장자(莊子)의 허무 사상을 숭상하여 속세를 떠나 죽림(竹林)에서 은거한 일곱 사람.
竹馬之友[죽마지우] チクバノトモ 어릴 때부터 같이 놀며 자란 친구. 죽마 고우(竹馬故友).
竹杖[죽장] 대로 만든 지팡이.

【竺】 8획 竹2 ①축 ②독 대나무 ①屋 ②沃 ジク·トク

筆順 ノ ト ヒ ヒ 竹 竹 竺

意味 ① ① 왜나무. ② 나라 이름. 「天―」 지금의 인도. ② 두터움. =竺·篤.

【竿】 9획 竹3 간 장대 ⑰寒 カン さお

筆順 ノ ト ヒ ヒ 竹 竹 竿 竿

意味 ① 장대. 대나무의 장대. 낚싯대.「釣―」 ② 횃대.「衣―」

竿頭[간두] カン トウ 장대 끝. 매우 위험한 형세. 간초(竿杪).

[筴] 竹4 10획 | 1급/2급 | 책상자 | ㉘䉊 ㉙葉
キュウ / おい

筆順: ノ ㇓ 竺 竺 筎 筴

意味: ① 책상자. 책 등을 넣고 짊어지고 다니는 대나무로 만든 상자. ② 길마.

[笑] 竹4 10획 | 소 | 웃을 소 | ㉘嗤
ショウ / わらう

筆順: ノ ㇓ 竺 竺 筊 笑

解字: 形聲. 竹(대)은 艸(풀숲)의 잘못 쓰인 것. 음을 나타내는 夭(요)(몸을 나긋거리는 모양)를 합쳐서 웃다의 뜻으로 씀.

意味: ① 웃음. ㉠기뻐서 웃음. ㉡미소지음. 웃김. ㉢비웃음. ② 꽃이 핌. 「花―」

笑劇[소극] 익살과 웃음거리로 관람(觀覽)하는 사람들을 웃게 하는 연극.

笑納[소납] 자기가 보내는 물건이 보잘 것 없는 것이니 웃으며 받아 달라는 뜻으로 편지에 써서 겸손함을 나타내는 말.

[笏] 竹4 10획 | 홀 | 홀 | ㉘月
コツ / しゃく

筆順: ノ ㇓ 竺 竺 笏

意味: 홀. 천자(天子) 및 공경 사대부(公卿士大夫)가 조복(朝服)을 입을 때 띠에 끼고 다니던 것. 군명(君命)을 받았을 때는 여기에 기록하는 등. 옥(玉)・상아(象牙)・대나무 등으로 만들었음.

笏記[홀기] 의식(儀式)의 순서를 적은 글.

[笠] 竹5 11획 | 립 | 삿갓 | ㉒錙
リツ・リュウ / かさ

筆順: ノ ㇓ 竺 竺 笠 笠

意味: ① 삿갓. 갓. ② 우산. ③ 갓양태. 갓의 밑 둘레 밖으로 넓게 바닥이 된 부분.

笠襜[입첨] 갓양태. 갓의 밑 둘레 밖으로 넓게 바닥이 된 부분.

[符] 竹5 11획 | 부 | 부절 | ㉘䖏
フ・ブ / わりふ

筆順: ノ ㇓ 竺 竺 符 符

解字: 形聲. 竹(대)과 음을 나타내는 付(부)를 합하여 맞대어 증거를 확인하는 부절을 뜻함.

意味: ① 부절(符節). 「割―」 ② 증거. 징험(徵驗). ③ 도장. 인장. ④ 상서. 조짐. 「辭―」 ⑤ 부적. 신불(神佛)이 가호(加護)한다는 나뭇조각.

符籙[부록] 불교나 도교(道敎)를 믿는 집에서 악기를 쫓고 재액(災厄)을 물리치기 위해서 이상 야릇한 글씨나 그림을 그린 종이. 부작(符作).

符信[부신]㉘ 부신(符信). 부계(符契).

符牌[부패] ㉠ 병부(兵符)・순패(巡牌)・마패(馬牌) 등의 총칭. ㉡ 밤에 성문을 통과할 적에 가지고 다니는 표신(標信). 부험(符驗).

[笙] 竹5 11획 | 생 | 생황 | ㉘庚
ソウ・ショウ

筆順: ノ ㇓ 竺 竺 笙 笙

意味: ① 생황. 관악기의 한 가지. 열 세 개 또는 열 아홉 개의 가는 대나무 관으로 만듦. ② 대자리. 대오리로 엮어 만든 자리.

笙鼓[생고]ショウ 큰 대로 관 통(桶) 모양의 댓 마디 위에 길고 짧은 17개의 죽관(竹管)을 둥글게 세운 아악에 쓰는 관악기. 즉 생황(笙簧)과 북.

[笛] 竹5 11획 | 적 | 피리 | ㉘錫
テキ / ふえ

筆順: ノ ㇓ 竺 竺 笛 笛

解字: 形聲. 竹(대)과 음을 나타내는 由(유)[격은 변음]를 합하여 대에 구멍을 뚫어 만든 악기의 뜻.

意味: ① 피리. 구멍이 일곱 개 있고 길이가 한 자 네 치 되는 관악기. ② 널리 부는 기구를 일컬음.

笛吹不踊[적취불용] 《日》 앞장 서서 외쳐도 주위의 사람이 호응해 주지 않는다는 비유.

【第】11 竹5 | 제 | 차례 | [去]霽 |
テイ・ダイ

[筆順] ⺈ ⺮ 笃 笃 第 第

[解字] 形聲. 竹〔대〕과 음을 나타내는 弟(제)를 합하여 순서·차례를 나타냄.

[意味] ① 차례. 순서. 등급. 「次一」 ② 순서를 나타내기 위한 숫자의 머리에 붙는 말. 「一一」 ③ 과거(科擧).

第三者〔제삼자〕ダイサンシャ 직접으로 관계되지 않는 당사자(當事者) 이외의 사람.

第五列〔제오열〕ダイゴレツ ① 적군에 내통하는 사람. ② 간첩.

【笞】11 竹5 | 태 | 매질할 | [平]支 |
チ
むち

[筆順] ⺈ ⺮ 竺 笞 笞 笞

[意味] ① 매. ② 매질함. 볼기 침. ③ 태형. 대로 만든 매로 죄인의 볼기를 치는 형벌. 오형〔笞·杖·徒·流·死〕의 하나.

笞擊〔태격〕チゲキ 호되게 매질함. 또는 그 매질. 편태(鞭笞).

笞刑〔태형〕チケイ ① 매로 볼기를 치는 형벌. 십도(十度)에서 백도(百度)에 이름.

【筈】12 竹6 | 괄 | 오늬 | [入]曷 |
カツ
やはず

[筆順] ⺈ ⺮ 竺 竿 筈 筈

[意味] 오늬. 화살의 머리를 시위에 끼도록 에어 낸 부분.

【筐】12 竹6 | 광 | 광주리 | [平]陽 |
キョウ
かご

[筆順] ⺮ 竺 笁 筐 筐 筐

[意味] ① 광주리. 대나무로 엮어 만든 네모난 그릇. ② 평상. 네모난 침상.

筐底〔광저〕キョウテイ 바구니의 밑과 안.

【筋】12 竹6 | 근 | 힘줄 | [平]文 |
キン・コン
すじ

[筆順] ⺮ 竹 筋 筋 筋

[解字] 會意. 竹〔대〕과 살〔肉=月〕과 힘을 나타내는 力을 합하여 대나무의 섬유를 뜻함.

[意味] ① 힘줄. 살 속에 있는 섬유 ② 힘. 체력. 「一力」

筋骨〔근골〕キンコツ ① 근육과 뼈. ② 체력. 신체.

筋力〔근력〕キンリョク 근육의 힘. 일을 능히 감당해 내는 힘.

*【答】12 竹6 | 답 | 대답할 | [入]合 |
トウ
こたえ

[筆順] ⺮ 竺 笒 答 答

[解字] 形聲. 음을 나타내는 합(合)은 대답의 뜻으로 쓰였으나 후에 荅(답)〔작은 콩〕이란 글자를 빌어 대답한다는 뜻으로 씀. 후에 艹와 竹이 혼동(混同)되

[意味] ① 대답함. 물음에 대하여 자기의 의사를 말함. 「回一」「應一」 ② 대답. 「批一」 ③ 갚음.

*【等】12 竹6 | 등 | 등급 | [上]迥 |
トウ
ひとしい

[筆順] ⺈ ⺮ 竺 笙 等 等

[解字] 形聲. 죽간(竹簡)을 뜻하는 竹과 음을 나타내는 寺(사)〔등은 변음〕를 합하여 죽간(竹簡)〔서류〕을 가지런히 한다는 뜻. 널리 등급·순서의 뜻으로 쓰임.

[意味] ① 같음. 똑같음. 균일함. 「同一」 ② 등급. 구별한 등수. 「差一」「高一」 ③ 무리. 같은 또래. 「吾一」「一輩」

等級〔등급〕トウキュウ ① 신분(身分)·값·품질 등의 높고 낮거나 위 아래를 여러 층으로 나누어 놓은 차례. 계급(階級).

等待〔등대〕 미리 대기하고 있음.

【筏】12 竹6 | 벌 | 떼 | [入]月 |
ハツ・バツ
いかだ

[筆順] ⺮ 竹 笩 筏 筏

[意味] 떼. 물 위에 띄워서 타고 다니는 긴 나무 토막이나 대 토막으로 엮은 것.

6획

[筍] 竹6 12획 | 순 | 죽순 | 㐲軫
シュン・ジュン
たけのこ

筆順 ˊ ˊˊ ˊˊˊ ˊˊˊˊ 筍 筍 筍

意味 ① 죽순. ② 가마. 대나무로 엮어 만든 가마. ③ 악기 다는 틀.

*[策] 竹6 12획 | 책 | 피 | 㐲陌 サク むち

筆順 ˊ ˊˊ ˊˊˊ 竹 笁 笁 策 策

解字 形聲. 竹(대)과 음을 나타내는 束(자)[책은 변음]를 합하여 대나무 채찍이라는 뜻. 음을 빌어 계략(計略)의 뜻으로 씀.

意味 ① 채찍. 말채찍. ② 채찍질함. ③ 쇠지팡이. ④ 짚음. 지팡이를 짚음. ⑤ 책. 문서. 문자를 기록한 것.

策動[책동] ᶜᵃᵏᵘ ᵈᵒ̂ ① 꾀를 부려서 남몰래 행동함. ② 남으로 하여금 어떤 행동을 하게 선동함. 「一家」

策略[책략] ᶜᵃᵏᵘ ʳʸᵃᵏᵘ 어떤 일을 처리함에 있어서의 꾀와 계략. 「一家」

策謀[책모] ᶜᵃᵏᵘ ᵇᵒ̂ 꾀와 방책. 방법과 재주와 슬기.

策士[책사] ᶜᵃᵏᵘ ˢʰⁱ 책략(策略)을 잘 쓰는 사람.

[筑] 竹6 12획 | 축 | 축 | 㐲屋
ツク・チク

筆順 ˊ ˊˊ ˊˊˊ 竹 笁 筑 筑

意味 ① 축. 비파. 현악기의 한 가지. ② 주움. 떨어진 것을 주움.

[筒] 竹6 12획 | 통 | 대통 | 㐲東
トウ・ヅ
つつ

筆順 ˊ ˊˊ ˊˊˊ 竹 竹 筒 筒 筒

解字 形聲. 竹(대)과 음을 나타내는 同(동)[통은 변음]를 합하여 마디를 떼내어 속이 텅 빈 대(竹)를 뜻함.

意味 ① 대통. 쪼개지 아니한 대나무의 토막. ② 대통같이 둥글고 길며 속이 빈 물건. 「水一」

筒糉[통종] ᵗᵒ̂ ˢᵒ̂ 주악. 찹쌀가루를 송편처럼 만들어 기름에 지진 떡.

*[筆] 竹6 12획 | 필 | 붓 | 㐲質
ヒツ
ふで

筆順 ˊ ˊˊ ˊˊˊ 竹 竹 笁 筆 筆

解字 形聲. 竹(대)과 음을 나타내는 聿(율)[필은 변음]을 합하여 대나무 자루로 된 붓을 뜻함.

意味 ① 붓. ㉠모필. 「一法」㉡붓의 자취. 필적(筆跡). 「眞一」 ② 씀. 「一耕」

筆力[필력] ʰⁱᵗˢᵘ ʳʸᵒᵏᵘ 글씨의 획에 드러난 힘.

筆名[필명] ʰⁱᵗˢᵘ ᵐᵉⁱ 글씨를 잘 써서 떨치는 자랑스러운 평판.

筆舌[필설] ʰⁱᵗˢᵘ ᶻᵉᵗˢᵘ 붓과 혀. 곧 글과 말.

筆跡[필적] ʰⁱᵗˢᵘ ˢᵉᵏⁱ 손수 쓴 글씨나 그림의 남은 형상과 자취. 필적(筆蹟).

[筧] 竹7 13획 | 견 | 대홈통 | 㐲銑
ケン
かけい

筆順 ˊ ˊˊ ˊˊˊ 竹 竹 筧 筧

意味 대홈통. 대나무로 만든 홈통.

[筮] 竹7 13획 | 서 | 점 | 㐲霽
セイ・ゼイ
めどき・うらなう

筆順 ˊ ˊˊ ˊˊˊ 竹 笁 笁 筮 筮

意味 ① 점. 점대로 치는 점. ② 점대. 점치는 데 쓰는 오십 개의 대. 「一竹」

筮卜[서복] ᶻᵉⁱ ᵇᵒᵏᵘ 산가지로 점치는 일과 거북의 껍질을 불태워 점치는 일.

[筵] 竹7 13획 | 연 | 자리 | 㐲先
エン
むしろ

筆順 ˊ ˊˊ ˊˊˊ 竹 竹 筵 筵 筵

意味 자리. 대로 엮은 자리. 자리의 총칭. 좌석. 주연. 연회.

筵席[연석] ᵉⁿ ˢᵉᵏⁱ 임금과 신하가 모여 의논하던 자리. 연중(筵中).

[箇] 竹8 14획 | 개 | 낱 | 㐲箇 | カ・コ

筆順 ˊ ˊˊ ˊˊˊ 竹 笁 箇 箇 箇

解字 形聲. 竹(대)과 음을 나타내는 固(고)[개는 변음]를 합하여 대나무를 세는 말.

[竹部] 8획

① 낱. 낱으로 된 물건을 셀 때에 쓰는 말. ② 이것.
箇箇[개개]개개 각각. 하나하나.
箇所[개소]개소 군데. 장소.

【箝】 14 竹8│겸│끼울│㊤鹽│
カン・ケン
はさむ・くびかせ

筆順 ⺮ ⺮ ⺮ 扩 箝 箝 箝

意味 ① 재갈. 재갈을 물려 말을 못하게 함. 바퀴어 자유를 속박함. ② 끼움.
箝制[겸제]겸제 속박하여 자유를 주지 않음. 눌러 억제함.

【箜】 14 竹8│공│공후│㊤東│
コウ・ク

筆順 ⺮ ⺮ ⺮ 竺 竺 箜 箜

意味 공후(箜篌). 현악기의 한 가지. 스물 세 줄의 수공후(豎箜篌), 넷 내지 여섯 줄의 와공후(臥箜篌), 십여 줄의 봉수공후(鳳首箜篌)의 세 가지가 있음.
箜篌[공후]공후 서양의 하아프와 비슷한 동양 악기.

【箕】 14 竹8│기│키│㊤支│キ
ム

筆順 ⺮ ⺮ ⺮ 竿 箕 箕 箕

意味 ① 키. 삼태기. 곡식을 까부는 연장. 쓰레받기. ② 별 이름.
箕山之志[기산지지]기산지지 은퇴하여 자기 지조를 굳게 지킴.
箕帚[기추]기추 쓰레기와 비.

*【管】 14 竹8│관│대통│㊤旱│
カン
くだ

筆順 ⺮ ⺮ ⺮ 竺 竺 管 管

解字 形聲. 竹[대]과 음을 나타내는 官[관]을 합하여 마디가 꿰뚫려 있는 대나무의 뜻.

管理[관리]괄리 ① 사무를 관할·처리함. ② 물건을 보관·처리함.
管財[관재]관재 재산을 관리함.
管制[관제]관제 관할하여 통제함. 특히 국가가 필요에 따라 또는 관리·제한하는 일. 「燈火一」

管鮑之交[관포지교]カンポウノ まじわり 관중(管仲)과 포 숙(鮑叔)의 깊은 우의(友誼)에서 나온 말로써 절친한 우정의 비유.

【箔】 14 竹8│박│발│㊤藥│ハク

筆順 ⺮ ⺮ ⺮ 泸 泸 箔 箔

意味 ① 발. 대오리·갈대 같은 것으로 엮어 만든 물건. ② 금종이. 금속을 두드려서 얇게 만든 종이. 「金一」 ③ 잠박. 잠상(蠶床).

【箙】 14 竹8│복│전통│㊤屋│
フク
えびら

筆順 ⺮ ⺮ 笋 節 箙 箙

解字 形聲. 竹[대]과 음을 나타내는 服[복]을 합쳐 화살을 넣는 그릇의 뜻.
意味 전통(箭筒). 화살을 넣는 통. 가죽이나 대나무 등으로 만듦.

*【算】 14 竹8│산│수│㊤旱│
サン
かぞえる

筆順 ⺮ ⺮ 竹 筲 筲 筲 算

解字 會意. 竹[대]과 具[갖춤]을 합하여 대나무 막대기를 정돈하여 세다의 뜻.

意味 ① 셈. ㉠수를 셈함. ㉡수(數) 속에 넣음. ㉢하나하나 셈. ② 수.
算數[산수]산수 ① 기초적인 셈하는 방법. ② 국민 학교 교과서의 하나.
算出[산출]산출 셈을 해냄.

【箏】 14 竹8│쟁│쟁│㊤庚│
ソウ・ショウ
こと

筆順 ⺮ ⺮ ⺮ 笁 筜 箏 箏

意味 ① 쟁. 대쟁(大箏)과 비슷한 열 석 줄(옛날에는 열 두 줄)로 된 현악기. ② 풍경(風磬).

【箋】 14 竹8│전│부전│㊤先│セン

筆順 ⺮ ⺮ 笁 笺 笺 箋 箋

意味 부전. 글의 뜻이나 의견을 적어

[竹部] 8~9획

서 그 책에 붙이는 종이 쪽지.
箋注[전주] 본문의 뜻을 풀이함. 전석(箋釋). 주석(註釋).

[箒] 竹8 14 | 추 | 비 | ㊤有
ソウ·シュウ
ほうき

筆順 ⺮⺮⺮⺮⺮⺮箒

意味 ① 비(箒). ② 쓺. 비로 쓺.

***[範]** 竹9 15 | 범 | 법 | ㊤豏 | ハン
のり

筆順 ⺮⺮⺮⺮⺮範範

解字 形聲. 車(수레)와 음을 나타내는 笵(범)의 생략형인 笵을 합하여 먼 여행길에 오를 때 개를 수레로 깔아 바퀴에 피를 묻혀 액막이를 한다는 뜻.
意味 ① 법. 법식. 본보기. 「模一」② 한계. 일정한 구획. 「一圍」③ 골.
範圍[범위] 제한된 구역의 언저리. 어떤 힘이 미치는 한계(限界).
範疇[범주] ① 분류(分類). 종류(種類). ②〈哲〉사물의 개념을 분류함에 있어서 더 이상 일반화(一般化)할 수 없는 가장 보편적이고 기본적인 최고의 유개념(類槪念).

[箱] 竹9 15 | 상 | 상자 | ㊤陽
ショウ·ソウ
はこ

筆順 ⺮⺮⺮⺮箱箱箱

解字 形聲. 竹(대)와 음을 나타내는 相(상)을 합하여 대나무 상자의 뜻. 널리 물건을 넣는 상자라는 뜻으로 쓰임.
意味 상자. ㉠물건을 넣는 그릇. ㉡수레 위의 상자 모양으로 된, 사람이 타거나 짐을 싣는 곳. 수레 곳간(車箱).
箱子[상자] 나무·대(竹)·종이 등으로 만든 손그릇. 상협(箱篋).

[箴] 竹9 15 | 잠 | 경계할 | ㊤侵 | シン
はり

筆順 ⺮⺮⺮⺮箴箴箴

意味 ① 바늘. 바느질하는 바늘. ② 침. 살을 찔러 병을 다스리는 데 쓰는 바늘. ③ 경계. 훈계. 「一誡」
箴言[잠언] 가르쳐서 타이르고 경계하는 말.

[箸] 竹9 15 | 저 | 젓가락 | ㊗御
チョ·チャク
はし

筆順 ⺮⺮⺮⺮箸箸箸

意味 ① 젓가락. ② 나타남.=著 ③ 붙음.=著

[篆] 竹9 15 | 전 | 전자 | ㊤銑 | テン

筆順 ⺮⺮⺮⺮篆篆篆

意味 고대(古代) 한자의 한 체(體).

[箭] 竹9 15 | 전 | 살 | ㊤霰 | セン
や

筆順 ⺮⺮⺮⺮箭箭箭

意味 ① 살. 화살. ② 대나무의 한 가지. 화살대를 만들기에 적합함. ③ 약 이름.
箭羽[전우] 화살의 깃.
箭竹[전죽] 살대. 화살대. 전소(箭篠).

***[節]** 竹9 15 | 절 | 마디 | ㊤屑
セツ·セチ
ふし

筆順 ⺮⺮⺮⺮節節節

解字 形聲. 竹(대)과 음을 나타내는 卽(즉)(絶은 변음)을 합하여 대나무의 자른 면, 마디라는 뜻.
意味 마디. ㉠대 또는 초목의 마디. 또 그 모양의 것. ㉡뼈의 마디. 「關一」㉢말이나 노래 곡조의 마디. 「音一」「曲一」㉣사물의 한 단락(段落).
節槪[절개] 지조(志操).
節儉[절검] 절약하여 검소하게 함.
節奏[절주] 음(音)의 강약 관계가 주기적(周期的)으로 되풀이되는 구조.
節候[절후] 사철의 절기.

***[篇]** 竹9 15 | 편 | 책 | ㊤先 | ヘン

筆順 ⺮⺮⺮⺮篇篇篇

意味 ① 책. ② 편. ㉠서책의 부류(部類). 「後一」㉡완결한 사장(詞章).

[篁] 竹9 15 | 황 | 대수풀 | ㊤陽
コウ
たかむら

[竹部] 10~11획

① 대수풀. 대밭.「一竹」② 대 이름. 대나무의 한 가지. ③ 피리.

【篤】 16 / 竹10 | 독 | 도타울 | ㉺沃 |
トク
あつい

筆順 ⺮ ⺮ ⺮ 笁 笁 筐 筐 篤

解字 形聲. 馬(말)와 음을 나타내는 竹(죽)(죽은 변음)을 합하여 말의 걸음이 더디다의 뜻.

意味 ① 도타움. ㉠인정이 많음.「敦一」「一厚」㉡전일함. 열심임.「一學」㉢성의가 있음. 정성을 들임. ② 두터이 함. 견고하게 함. ③ 중함. 병이 위중함.「危一」④ 굳음. ⑤ 순전함. ⑥ 느림.

篤敬[독경] ケイ 말과 행실이 신중하고 공손함.
篤工[독공] 학업에 힘씀.
篤恭[독공] キョウ 인정이 많고 공손함. 독경(篤敬).
篤農[독농] ノウ 열렬한 정성이 있는 농부, 또는 농가.「一家」
篤學[독학] ガク 학문에 열중함.
篤行[독행] コウ ① 부지런하고 친절한 행실. ② 마음과 힘을 다하여 성실히 이행함.
篤厚[독후] コウ 성실하고 극진하여 인정이 두터움.

【篩】 16 / 竹10 | 사 | 왕대 ! | ㊌支 |
サイ・シ
ふるい・ふるう

筆順 ⺮ ⺮ ⺮ 笁 笁 篩 篩

意味 ① 왕대. ② 체. 가루를 치는 연장. ③ 침. 체로 침.

篩管[사관] カン 식물체(植物體)의 유관속(維管束)에 있는 관상 세포(管狀細胞)의 한 가지. 세포막(細胞膜)에 가는 구멍이 있으며 체 모양을 이룬 물건. 관 속에는 원형질(原形質)의 얇은 층이 있으며 또한 점막(粘膜)이 있어 양분(養分)의 통로가 됨.

【篡】 16 / 竹10 | 찬 | 빼앗을 | ㊌諫 |
サン・セン

筆順 ⺮ ⺮ 笁 笁 笅 箟 篡

意味 빼앗음. 강탈함.
篡逆[찬역] ギャク 임금의 자리를 빼앗음.
篡奪[찬탈] ダツ 임금의 자리를 빼앗음.

【築】 16 / 竹10 | 축 | 다질 | ㊃屋 |
チク
きずく

筆順 ⺮ ⺮ 笁 筑 筑 築 築

解字 形聲. 木(나무)과 음을 나타내는 筑을 합하여 절굿공이로 흙을 다져 굳게 하다의 뜻.

意味 ① 다짐. 땅을 쳐서 단단하게 함. ② 쌓음. 성·정원 등을 쌓음.「一城」 ③ 지음. 집을 지음.「建一」④ 건축물. 쌓거나 지은 성벽·가옥 등. ⑤ 공이. 절굿공이. 방앗 공이. ⑥ 날개춤. 새가 날개를 침.

築臺[축대] タイ 높이 쌓아 올린 터나 담.
築城[축성] チク ① 성을 쌓음. ② 요새(要塞)·보루(堡壘)·참호(塹壕) 등의 구조물의 총칭.
築堤[축제] チク 둑을 쌓음.
築造[축조] チク 쌓아 만듬. 축구(築構).
築港[축항] チク 항구를 쌓아 만듬. 또는 그 항구.

【篠】 17 / 竹11 | 소 | 가는대 | ㊂篠 |
ショウ
しの

筆順 ⺮ ⺮ 笁 笅 篠 篠 篠

意味 가는 대. 대나무의 한 가지. 줄기가 가늘어 화살 대를 만들기에 적합함.
篠驂[소참] 죽마(竹馬)의 이칭(異稱).

【簇】 17 / 竹11 | 족 | 모일 | ㊃屋 |
ソウ・ゾク
むらがる

筆順 ⺮ ⺮ 笁 笅 簇 簇 簇

意味 ① 모임. 떼지어 한 군데에 모임.「一出」② 떼. 무리. 족 = 蔟. ③ 살촉.
簇生[족생] ソウ(ゾク)セイ 수풀 등의 떨기가 더부룩하게 남. 총생(叢生). 족생(族生).

族子[족자] 글씨를 쓰거나 그림을 그려 벽에 걸게 만든 축(軸).
族族[족족] 많이 모여 빽빽한 모양. 「음.
族出[족출] 떼를 지어 연달아 나

[簀] 17 竹11 | 책 | 살평상 | ㊀陌 サク す

筆順 竹 竺 笙 笮 箐 簀 簀

意味 ① 살평상. 댓조각으로 바닥을 깐 마루. ② 대자리. 대오리로 엮은 자리. ③ 쌓음. 모임.
簀子[책자] ① 삿자리. ② 살평상.

[簡] 18 竹12 | 간 | 대쪽 | ㊁淸 ㊀沃 カン・ケン ふだ・えらぶ

筆順 竹 竺 笞 節 節 簡 簡

解字 形聲. 竹[대]과 음을 나타내는 間(간)을 합하여 글자를 쓸 수 있도록 깎은 대나무 조각을 뜻함. 널리 책·편지의 뜻으로 쓰임.

意味 대쪽(종이 대신에 글을 적는 데 썼음). 「竹一」 ② 문서. 서류. 편지. 서신. 「書一」「手一」 ③ 고름. 선발함. 「擇一」 ④ 정결. 살펴봄. ⑤ 간단함. 「略一」 ⑥ 대범함. 까다롭지 아니함. 소홀히 함. ⑦ 간함. 간언(諫言)을 올림. ⑧ 정성. 성의.

簡潔[간결] 간단하고 요령이 있음.
簡單[간단] ① 단출함. 홀가분함. ② 쉬움. 「一明瞭」↔복잡(複雜)
簡略[간략] 간단(簡單). 「一化」
簡明[간명] 간단하고 알기 쉬움. 간단명료(簡單明瞭).
簡拔[간발] 여럿 가운데에서 가려 뽑음. 간탁(簡擢).
簡選[간선] 여럿 중에서 가림. 간택(簡擇).
簡素[간소] ① 간단하고 수수함. ② 대쪽과 흰 명주. 옛날에 글을 쓰던 것.
簡約[간약] 일을 덜어 손쉽게 함.
簡閱[간열] 일일이 가려 조사함.
簡易[간이] 간단하고 쉬움.

簡紙[간지] 두껍고 품질이 좋은 편지 종이.
簡捷[간첩] 간단하고 빠름.
簡擇[간택] 간선(簡選).
簡便[간편] 간단하고 편리함.

[簞] 18 竹12 | 단 | 밥그릇 | ㊀寒 タン はこ

筆順 竹 竺 笠 笞 箪 簞 簞

意味 ① 밥그릇. 밥을 담는, 대로 만든 그릇. ② 소쿠리. ③ 고리짝.
簞食[단사] 도시락 밥.
簞筒[단사] ① 밥을 담는 그릇. ② 물건을 담는 그릇. ③《日》장롱.
簞食壺漿[단사호장] 대로 만든 그릇에 밥을 담고, 병에 음료수를 담는다는 뜻으로, 백성이 군사를 환영하여 위로한다는 말.

[簪] 18 竹12 | 잠 | 비녀 | ㊁侵 ㊀覃 サン・シン かんざし

筆順 竹 竺 笅 筜 筏 簪 簪

意味 ① 비녀. ㉠관(冠)이 벗겨지지 않도록 관의 끈을 꿰어 머리에 꽂는 물건. 「金一」 ㉡부인의 머리에 꽂는 물건. ② 꽂음. 머리에 꽂음. ③ 빠름. 급속함. ④ 모임. ⑤ 병이 남.

[簾] 19 竹13 | 렴 | 발 | ㊁鹽 レン すだれ

筆順 竹 竺 笞 箞 簷 簾 簾

意味 발. 대오리·갈대 같은 것으로 엮은, 햇빛 등을 가리는 물건.

*[簿] 19 竹13 | ㊀부 ㊁박 | 장부 | ㊀箇 ㊁藥 ホ・ボ・ハク

筆順 竹 笘 笳 簿 簿 簿 簿

解字 形聲. 竹[대]과 음을 나타내는 溥(부)를 합하여 내용에 따라 구분되어 묶은 대쪽의 뜻. 널리 장부의 뜻으로 쓰임.

意味 ① 장부. 치부책. 「名一」 ② 홀(笏). 조복(朝服)을 입을 때 벼슬아치가 손에 쥐는 물건. ③ 맡음. 다스림.
簿記[부기] ① 장부에 써 넣음. ②

〔竹部〕14~17획

회사 등에서 금전의 나가고 들어옴을 계산, 정리하여 장부에 기록하는 방법.

【籍】 20 竹14 | 1 적 | 문서 | ㊥chí | 2 자 | | ㊐ seki
セキ・シャ
ふみ

筆順 笋笋笋籍籍籍籍

解字 形聲. 竹(대)과 음을 나타내는 耤(적·자)를 합하여 길이 한 자(尺) 되는 대나무 패. 이것을 이어서 글을 썼으므로 서적의 뜻.

意味 ① ① 문서. 서류. 서적. ② 명부. 장부. 「戶─」「地─」③ 글씨를 쓴 대나무의 조각. ④ 울림. 호적에 등록. ⑤ 밟음. 발로 밟음. ⑥ 왁자지껄. 재재거림. ⑦ 압수함. ② 온화함.

籍甚[적심] 평판이 자자함.

籍籍[적적] ① 사방으로 흩어지는 모양. ② 시끄럽게 떠드는 모양. ③ 평판이 자자한 모양.

【籌】 20 竹14 | 주 | 살 | ㊐尤 |
チュウ・ジュ
かずとり

筆順 竺笁笁筹篝籌籌

意味 ① 살. 투호(投壺)[화살을 병 속에 던져 넣어 승부를 가리는 놀이]에 쓰는 살. ② 산가지. ③ 꾀. 피책. 계책. ④ 징발함. 사람의 징용. 또는 물품의 공출. ⑤ 대오리로 만든 심지.

籌堂[주당] 이조 때 비변사(備邊司)의 통정 대부(通政大夫) 이상의 관리를 일컫는 말. 「板」.

籌板[주판] 계산 기구의 하나. 주판(珠籌辨[주변] 금전 출납을 요량하여 일을 처리함.

籌備[주비] ① 도합(都合)하는 것.조달하는 것. ② 준비.

籌司[주사] 비변사(備邊司)의 별칭.

籌算[주산] ① 헤아림. 요량함. ② 주판. ③ 주판으로 하는 셈.

籌策[주책] 이해 관계를 헤아려 생각한 꾀.

籌廳[주청] 이조 산학청(算學廳)의 별칭.

【籃】 20 竹14 | 람 | 바구니 | ㊥覃 | ラン

筆順 笁笁笁筤筤籃籃

意味 바구니. 물건을 담는, 대로 엮은 그릇.

籃輿[남여] 대로 만든 가마. 죽여(竹輿).

【藤】 21 竹15 | 등 | 등 | ㊥蒸 | トウ
ふじ

筆順 竺笁笁塍籘籘籘

意味 등. 종려과에 속하는 만성 식물(蔓性植物).

【籠】 22 竹16 | 롱 | 대그릇 | ㊥東 | ロウ
かご・こめる

筆順 笁笁笁笁笁籠籠

意味 ① 대그릇. 죽기(竹器)의 총칭. 「藥─」「香─」② 새장. ③ 탈것. 대로 만든 가마. 「─輿」④ 전통(箭筒). 대로 만든 화살통. ⑤ 쌈. 속에 넣고 쌈. ⑥ 얽음.

籠球[농구] 바스켓 보울. 구기(球技) 운동의 하나.

籠絡[농락] 교묘한 수단으로 남을 속여 마음대로 다룸.

籠城[농성] ① 성 안에 몰려 적으로부터 성을 지킴. ② 어떤 목적을 달성하기 위해서 한 곳에 오래 버티고 있음.

籠鳥[농조] ① 새장에 갇힌 새. ② 속박을 받는 자유가 없는 몸. 농중조(籠中鳥).

籠居[농거]《日》집안에 들어 박혀 있는 일.

【籟】 22 竹16 | 뢰 | 퉁소 | ㊤泰 | ライ

筆順 笁笂笁箫籟籟籟

意味 ① 퉁소. 구멍이 셋 있는 퉁소 비슷한 악기. ② 소리. 바람이 물건에 닿아서 일어나는 음향.「天─」「松─」

【籤】 23 竹17 | 첨 | 제비 | ㊤鹽 | セン
くじ

筆順 笁笁笁笁箲籤籤

6획

[竹部] 19획·[米部] 0~4획

籤子[첨자] 점대.

【籬】 竹19 | 리 | 울타리 | ㊇支 |
リ
まがき

筆順 𥫗 𥫗 𥬺 𥭳 𥮲 𥯖 籬

意味 ① 울타리. 대나무나 섶을 엮어서 친 울타리. ② 조리.[竹杓]

米 部

*【米】 米0 | 미 | 쌀 | ㊇薺 |
メ·マイ·ベイ
こめ

筆順 丶 丶 ´ ⺍ 半 米 米

解字 ∴米 象形. 米는 쌀·수수 등의 곡식의 낱알을 뜻함. 후에 겉껍질을 벗긴 곡식을 널리 쌀이라고 하다가 다시 보리·수수·조 등에 대하여 쌀을 米자로 나타냄.

意味 ① 쌀. ㉠벼의 알맹이「一穀」㉡고대에는 서(黍)·직(稷)·도(稻)·양(粱)·고(菰)·대두(大豆)를 육미(六米)라 하였음. ㉢쌀의 모양을 한 것. ② 미터. 미터법의 길이의 단위. 킬로미터의 천분의 일.

米價[미가] 쌀 값.
米穀[미곡] ① 쌀. ② 곡식류.
米穀年度[미곡연도] 쌀의 생산을 바탕으로 한 1년간의 기간. 11월부터 다음해의 10월까지.
米櫃[미궤] 쌀 뒤주.
米豆[미두] 현물 없이 미곡을 거래하는 일종의 투기 행위.
米粒[미립] ① 쌀의 낱알. ② 대단히 작은 것.
米麥[미맥] 쌀과 보리. 곡식.
米飯[미반] 쌀밥.
米產[미산] 쌀의 생산.
米壽[미수] 여든 여덟 살. 미년(迷年). "米자"를 나누면 八十八이 됨. 미년(米年).
米食[미식] 쌀을 주식으로 함.
米鹽[미염] ① 쌀과 소금. ② 식생활의 밑천. ③ 자질구레하고 번거로움.
米作[미작] 벼를 가꾸고 거두는 일. 벼농사. 도작(稻作).
米廛[미전] 쌀가게.
米蝦[미하] 〈動〉쌀새우. 아주 작은 새우. 세하(細蝦).

【粍】 米4 | 모 | 밀리미터 | 新 |
ミリメートル

筆順 丶 丶 ´ ⺍ 半 米 米 粍

意味 미터법의 길이의 단위. 천분의 1 미터.

*【粉】 米4 | 분 | 가루 | ㊅吻 |
フン
こ·こな

筆順 丶 丶 ´ ⺍ 半 米 米 粉 粉

解字 形聲. 米(쌀)와 음을 나타내는 分(분)을 합하여 쌀가루를 뜻함. 후에 널리 가루의 뜻으로 쓰임.

意味 ① 가루. 분말.「細一」② 빻음. 가루로 만듦. 잘게 부숨.「一碎」③ 분. 분바름. 화장함. ④ 회분. 벽에 바르는 흰 가루. 석회. ⑤ 데시미터. 1미터의 십분의 1.

粉骨碎身[분골쇄신] 뼈와 몸이 바스러진다는 뜻으로, 힘을 다하여 일함을 말함.
粉黛[분대] 분과 눈썹을 그리는 먹이라는 뜻으로 화장함을 말함.
粉末[분말] 가루.
粉面[분면] 분을 발라 화장한 얼굴.
粉本[분본] ① 뎃상. 소묘(素描). ② 그림이나 글의 견본.
粉雪[분설] 가랑눈. 가루처럼 조금씩 떨어지는 눈.
粉碎[분쇄] ① 아주 잘게 부스러뜨림. ② 완전히 쳐부숨.
粉食[분식] 가루로 된 음식.

[米部] 5〜6획

가루 음식을 먹음.
粉飾[분식]フン ①분 화장을 함. ② 표면만 꾸밈.
粉乳[분유]フン 수분을 증발시켜 가루로 만든 우유.
粉劑[분제]フンザイ 가루로 된 약제.
粉炭[분탄]フンタン 가루 석탄이나 목탄.
粉粉[분분]こな 대단히 시끄러운 모양.
粉微塵[분미진]フンミジン《日》 ① 매우 곱게 빻음. ② 가루나 먼지처럼 자디잔 것.

【粒】 ¹¹米5│립│쌀알│㊀緝│リュウ│つぶ

筆順 ゛ ゛ ゛ 半 米 米 料 粒 粒

解字 形聲. 米[쌀]와 음을 나타내는 立(립)을 합하여 흩어져 있는 쌀알을 뜻함. 널리 낟알 모양의 총칭으로 쓰임.
意味 ① 낟알. 쌀알, 알갱이. ② 쌀밥.
粒粒辛苦[입립신고]リュウリュウシンク ① 쌀 알 한 알에 모두 농부의 고생이 숨어 있다는 뜻으로 곡식의 소중함을 가르키는 말. ② 한 가지 일을 고심하여 완성함.
粒狀[입상]リュウジョウ 알맹이 모양.
粒食[입식]リュウショク ① 쌀을 먹음. ② 곡식을 낟알 그대로 먹음.
粒子[입자]リュウシ《物》물질을 구성하는 가장 작은 알맹이. 「素―」

【粕】 ¹¹米5│박│지게미│㊀藥│ハク│かす

筆順 ゛ ゛ ゛ 半 米 米 料 粕 粕

意味 ① 지게미. ② 깻묵, 비지.

【粘】 ¹¹米5│점│끈끈할│㊦鹽│ネン・デン│ねばる

筆順 ゛ ゛ ゛ 半 米 米 料 粘 粘

解字 形聲. 米[쌀]와 음을 나타내는 占(점)을 합하여 끈적끈적 달라 붙음의 뜻임.
意味 ① 끈끈함. 차짐. 「―土」 ② 붙음.
粘度[점도]ネンド 끈기가 강한 정도.
粘膜[점막]ネンマク《生》입・코・내장 등의 안 쪽을 덮은 끈끈하고 부드러운 막.
粘餅[점병] 찰떡.
粘性[점성]ネンセイ《物》끈끈한 성질.
粘液[점액]ネンエキ ① 끈끈한 액체. ②《生》생물체내에서 분비되는 끈끈한 액체.
粘液質[점액질]ネンエキシツ ① 사람의 기질의 하나로서 감정이 없고 활기가 적으며 인내심이 강한 성질.
粘體[점체]ネンタイ《物》엿・풀 등과 같은 고체와 액체의 중간에 있는 물질.
粘土[점토]ネンド 끈기가 많은 흙.

【粗】 ¹¹米5│①추②조│거칠│㊀虞㊦麌│ソ│あらい

筆順 ゛ ゛ ゛ 半 米 米 料 粗 粗

解字 形聲. 米[쌀]와 음을 나타내는 且(조)를 합하여 도정(搗精)하지 않은 쌀을 뜻함. 널리 거칠다의 뜻으로 쓰임.
意味 ① 거칢. ㉠정밀(精密)하지 않음. ↔精 곱지 않음. 매끄럽지 않음. ㉡ 조잡(粗雜)함. ② 큼. ② 대강. 대략.
粗茶淡飯[조다담반]ソチャタンパン 거친 차를 마시고 찬이 없는 밥을 먹다. 가난한 살림살이를 말함.
粗衣[조의]ソイ 조복(粗服).
粗雜[조잡]ソザツ 거칠고 소홀함.
粗品[조품]ソヒン(しな) ① 조잡하게 만든 물품. ② 다른 사람에게 주는 물품을 낮추어 일컫는 말. 「구애되지 않음.
粗豪[조호]ソゴウ 거칠고 굳세어 잔일에
粗忽[조홀]ソコツ 침착성이 없이 서두름. 경솔함.

【粟】 ¹²米6│속│조│㊊沃│ゾク・ソク・ショク│あわ

筆順 一 一 两 西 覀 栗 粟

意味 ① 조. 좁쌀. ② 벼. 껍질을 벗기지 아니한 쌀. 「―米」 ③ 곡류식. ④ 녹미(祿米). 녹봉(祿俸)으로 주는 쌀.
粟粒[속립]ゾクリュウ(あわ) 극히 작은 것.
粟散[속산]ゾクサン 좁쌀을 헤쳐 놓은 것 같이 산산이 흩어짐.

[米部] 6~10획

粧
米6 | 12 | 장 | 단장 | ㉛陽 |
ショウ・ソウ
よそおう

筆順 ⺍ 米 米 米 米 米 粧 粧

解字 形聲. 분이란 뜻인 粉 자를 생략한 米와 음을 나타내는 庄(장)을 합하여 분을 발라 얼굴을 꾸미다의 뜻.

意味 ① 단장. 화장. 「淡一」「濃一」② 치장함.

粧刀[장도] 칼집이 있는 작은 칼.

粥
米6 | 1죽 2육 | 미음 | ㉠屋 ㉠屋 |
かゆ・ひさぐ

筆順 ⺈ ⺈ 弓 弔 弔 粥 粥

意味 ① ① 미음. 묽은 죽을 粥, 된 죽을 饘(전)이라 함. ② 어리석음. ② ① 팖. =鬻 ② 북쪽 오랑캐.

粳
米7 | 13 | 갱 | 메벼 | ㉛庚 |
コウ
うるち

筆順 ⺍ 米 米 米 米 粳 粳

意味 메벼. 차지지 않고 메진 벼. 갱도 (秔稻).

參考 秔·稉은 같은 글자.

粳米[갱미] 멥쌀.

粲
米7 | 13 | 찬 | 정미 | ㉛翰 | サン

筆順 ⺈ 夕 歺 奴 奴 奴 粲

意味 ① 정미(精米). ② 또렷한 모양. ③ 세 사람의 미녀(美女). ④ 절절 웃음.

粹
米8 | 14 | 1수 2쇄 | 순순할 | ㉛寘 ㉛隊 |
スイ
いき

筆順 ⺍ 米 米 米 米 粹 粹

解字 形聲. 米(쌀)와 음을 나타내는 卒(졸)[수는 변음]을 합하여 고르고 잡것이 섞이지 않은 쌀을 뜻함. 널리 순수하다·정수(精粹)의 뜻으로 쓰임.

意味 ① ① 순수함. 조금도 잡것이 섞이지 아니함. 「純一」 같음. 하나 같음. ③ 온전함. ④ 영기(靈氣). 신령한 기(氣). ② 부숨. 빻음. =碎

粹美[수미] 청수(淸秀)하고 아름다움.

粹然[수연] 참되고 꾸밈 없는 모양.

精
米8 | 14 | 정 | 찧을 | ㉛庚 |
セイ・ショウ
くわしい

筆順 ⺍ 米 米 米 米 精 精

解字 形聲. 米(쌀)와 음을 나타내는 靑(청)[정은 변음]을 합하여 도정(搗精)한 쌀을 뜻함. 널리 순수함·마음·영혼의 뜻으로 쓰임.

意味 ① 찧음. 도정함. 도정한 쌀. 정미 (精米). 백미(白米). ② 자세함. 세밀함. 「一密」 ③ 묘함. 오묘(奧妙)함.

精勤[정근] 열심히 힘씀. 쉬지 않고 힘씀. 「一賞」

精氣[정기] ① 천지 만물이 생성되는 기운. ② 사물의 순수한 기운. ③ 정신과 기력. ④ 정신(精神).

精美[정미] ① 순수하고 아름다움. ② 정교(精巧)하고 아름다움. 정연(精姸).

精華[정화] ① 깨끗하고 뛰어난 부분. 정수(精粹). ② 빛. 광채.

粴
米9 | 15 | 리 | 센티미터 | 新 |
センチメートル

筆順 ⺍ 米 米 米 米 粴 粴

意味 센티미터. 1미터의 100분의 1.

糊
米9 | 15 | 호 | 풀 | ㉛虞 | コ・ゴ のり

筆順 ⺍ 米 米 米 粘 糊 糊

意味 ① 풀. 풀칠함. 도말(塗抹)함. ② 모호(模糊)함. ③ 죽. 죽을 먹음. ④ 입에 풀칠을 함. 생계(生計)를 이어감.

糊口[호구] 입에 풀칠을 함. 즉 겨우 먹고 삶. 「一之策」

糊塗[호도] ① 일을 적당히 얼버무림. ② 성질이 흐리터분함.

糖
米10 | 16 | 당 | 엿 | ㉛陽 | トウ

[米部] 11~14획

糖

筆順 　米 籿 籿 籿 糖 糖 糖

解字 形聲. 米[쌀]와 음을 나타내는 唐(당)을 합하여 엿기름의 뜻. 이것으로 엿을 만드므로 감미(甘味)·설탕의 뜻으로 씀.

意味 ① 엿. ② 설탕. 「白─」「製─」

糖尿病[당뇨병] 〈醫〉 췌장(膵臟)의 이상으로 오줌에 당분이 많이 섞여 나오는 병.

糖類[당류] 〈化〉 당분을 포함하고 있는 단 맛이 있는 탄수화물. 「多─」

糖蜜[당밀] ① 사탕을 제조할 때 남는 걸쭉한 액체. ② 사탕을 녹인 액체.

糖分[당분] 물질 중에 섞여 있는 당류(糖類)의 성분. 단 맛.

糖衣[당의] 먹기 좋게 하기 위하여 약의 표면을 당류로 싼 것. 「─錠」

糖化[당화] 〈化〉 전분(澱粉) 등의 다당류(多糖類)가 단당류(單糖類) 또는 이당류(二糖類)로 되는 현상.

糠

米11 │ 강 │ 겨 │ 陽

筆順 　米 籿 籿 籿 糠 糠 糠

意味 ① 겨. 벼·밀·보리와 같은 곡식에서 벗겨 낸 껍질의 총칭. ② 잘게 부서진 것.

糠雨[강우] 가랑비.

糜

米11 │ 미 │ 싸라기 │ 支

筆順 　广 广 广 麻 麻 麼 糜

意味 ① 싸라기. ② 죽. 된 죽. ③ 문드러짐. 썩어 문드러짐. 또 썩어 문드러지게 함. ④ 소비함.

糜粥[미죽] ① 죽. ② 미음과 죽.

糞

米11 │ 분 │ 똥 │ 問

筆順 　米 米 米 米 糞 糞 糞

意味 ① 똥. ② 거름. ③ 더러움. ④ 쓺. ⑤ 치움. 제거함. 청소함.

糞尿[분뇨] 똥과 오줌.

糟

米11 │ 조 │ 지게미 │ 豪

筆順 　米 米 籿 糟 糟 糟 糟

意味 ① 지게미. 술을 거르고 남은 찌끼. ② 좋은 것을 골라낸 나머지.

糟糠[조강] ① 술 지게미와 쌀겨. ② 구차한 음식.

糟糠之妻[조강지처] 고생을 같이 나눈 아내.

糟糠之妻不下堂[조강지처불하당] 고생을 같이 한 아내는 남편이 출세한 후에라도 버리지 않고 잘 대우해야 한다는 말.

糟粕[조박] ① 술 지게미. ② 어떤 학문 등이 이미 옛날에 다 밝혀져 지금 남은 것은 찌끼에 불과함을 일컫는 말. ③ 소용없는 물건.

糧

米12 │ 량 │ 양식 │ 陽

筆順 　籿 籿 糧 糧 糧 糧 糧

解字 形聲. 米[쌀]와 음을 나타내는 量(량)을 합하여 그릇으로 된 쌀의 뜻. 널리 식물(食物)의 뜻으로 쓰임.

意味 ① 양식(糧食). 양곡(糧穀). 휴대용 식량. ② 심신(心身)의 유익한 자료(資料). ③ 세미(稅米). ④ 급여(給與).

糧道[양도] ① 군대의 식량을 운반하는 길. ② 양식의 용도.

糧秣[양말] 군대의 식량과 마초(馬草). 양초(糧草).

糯

米14 │ 나 │ 찰벼 │ 箇

筆順 　籿 籿 籿 糯 糯 糯 糯

意味 찰벼. 찹쌀.

糯米[나미] 찹쌀.

糸 部

[糸部] 0~3획

【糸】 糸部0 6획
① 멱 ② 사 | 실 | ④錫 ⑤支
シ・ベキ
いと

筆順: 〈 幺 幺 牟 糸 糸

解字 象形. 고치에서 나온 생사(生絲)를 꼰 실의 모양을 본뜸. 가는 생사라는 뜻. 부수(部首)로는 실・새끼・직물 등에 관한 뜻을 나타냄.

意味 ① 실. 가는 실. ② 극히 적은 수.

*【系】 糸部1 7획
계 | 맬 | ④霽 ケイ

筆順: 一 フ ス 互 至 至 系

解字 象形. 두 가닥의 실을 손으로 잇는 모양을 본뜸. 널리 연결하다의 뜻으로 씀.

意味 ① 맴. 잡아맴. ② 실마디. 실줄. ③ 이음. 잇음. 줄. 끈. ⑤ 맏아들. ⑥ 혈통(血統). ⑦ 족보(族譜).

系圖[계도] 선조(先祖) 대대의 계통을 나타낸 표. ② 유래. 내력

系統[계통] ① 순서를 따라 연이어 통일됨. ② 하나하나의 사물 사이의 관계를 순서적으로 벌림. 또는 그 것.

【糾】 糾部2 8획
① 규 ② 교 | 살필 | ⑤有 ⑤篠
キュウ
あざなう・ただす

筆順: 〈 幺 牟 糸 糸l 糾

解字 形聲. 糸[실]와 음을 나타내는 丩를 합하여 실을 꼬다의 뜻. 또 음을 빌어 연구하다・헤아리다의 뜻으로 쓰임.

意味 ① 꼼. ② 규명함. 「一察」③ 한데 모음. 「一合」④ 얽힘. 감김. ⑤ 살핌. 규명함. 「一明」⑥ 탄핵함.

糾明[규명] 죄를 철저히 조사하여 사실을 밝힘. 구명(究明).

糾罪[규죄] 죄를 조사함.

糾彈[규탄] 잘못이나 허물을 잡아내어 비난함.

*【紀】 糸部3 9획
기 | 실마리 | ④紙
キ
しるす

筆順: 〈 幺 幺 糸 糸 紀 紀

解字 形聲. 糸[실]와 음을 나타내는 己(기)를 합하여 실마리라는 뜻. 널리 시작의 뜻으로 쓰임.

意味 ① 실마리. 단서(端緖). ② 법도. 도덕. 규율「一綱」③ 기록. 사적(事跡)을 기록한 것. ④ 터. 밑바탕.

紀綱[기강] ① 나라를 다스리는 모든 도(度). ② 정치의 근본 방침.

紀念[기념] 오래도록 전하여 잊지 않게 함. 「光復節一式」

紀行[기행] 여행 도중의 일을 적음. 또는 그 일을 기록한 문장이나 일기.

*【約】 糸部3 9획
약 | 묶을 | ④藥 ヤク

筆順: 〈 幺 幺 糸 糸 約 約

解字 形聲. 糸[실]와 음을 나타내는 勺(작)[약은 변음]을 합하여 실로 잡아매다의 뜻. 널리 묶다・간략하게 하다의 뜻으로 쓰임.

意味 ① 묶음. ㉠동임. ㉡결합함. 합침. ② 단속함. ③ 맺음. 약속함. 「一定」고생함. ④ 검소함. 「節一」「儉一」

約束[약속] ① 묶음. ② 일의 처리에 대해서 미리 결정하여 둠.

約條[약조] 조건을 정하여 약속함. 또는 그렇게 약속한 조항.

約婚[약혼] 혼인을 약속함. 혼약

【紆】 糸部3 9획
우 | 얽힐 | ⑤虞 ウ
めぐる

筆順: 〈 幺 幺 糸 糸 紆 紆

意味 ① 얽힘. 감김. 얽음. ② 굽음. 울적함. 「煩一」

紆曲[우곡] 꾸불꾸불 꾸부러짐.

紆餘[우여] ① 물이 꾸불꾸불하게 흐르는 모양. ② 재능이 충분하여 여유가 있음.

【紂】 糸部3 9획
주 | 말고삐 | ④有
チュウ・ジュ
しりがい

筆順: 〈 幺 幺 糸 糸 紂 紂

意味 ① 말고삐. ② 은왕조(殷王朝) 최후의 천자(天子).

[糸部] 3~4획

【紅】 糸3·9 ① 홍 ② 공 │ 붉을 │ ㉠東 │ ㉥東
コウ·ク·グ
くれない

筆順 ˊ ㄠ ㄠ 幺 糸 糹 紅 紅

解字 形聲. 糸[실]와 음을 나타내는 工(공)을 합하여 붉게 물들인 옷감·피륙의 뜻. 널리 붉은 색의 뜻으로 쓰임.

意味 ① 붉음. 붉은 빛. 「一裳」 ② 털여귀. 마디풀과에 속하는 일년초.

紅巾賊[홍건적] ⟨歷⟩원(元)나라 말경에 강회(江淮)에서 일어났던 붉은 수건을 쓴 도적 떼.

紅淚[홍루] ① 비통한 눈물. 피눈물. 혈루(血淚). ② 미인의 눈물.

紅潮[홍조] ① 아침 해나 저녁 노을에 비쳐 붉게 보이는 바다. ② 부끄러워서 붉어진 얼굴 빛. ③ 월경(月經).

【紈】 糸3·9 │ 환 │ 흰깁 │ ㉠寒
カン
しろぎぬ

筆順 ˊ ㄠ ㄠ 幺 糸 糹) 紈 紈

意味 흰 깁. 고운 명주.

紈綺[환기] ① 흰 비단과 무늬 비단. 화려한 옷. ② 귀족의 아들 딸.
紈扇[환선] 엷은 비단으로 만든 부채.
紈素[환소] 흰 비단.
紈牛[환우] 송아지. 작은 소.

【級】 糸4·10 │ 급 │ 등급 │ ㉠緝
キュウ

筆順 ˊ ㄠ ㄠ 幺 糸 糹) 級 級

解字 形聲. 糸[실]와 음을 나타내는 及(급)을 합하여 베[布]를 짤 때 실을 차례로 잇는다는 뜻. 널리 위치나 지위의 순서를 뜻함.

意味 ① 등급. 차례. ② 층계. 계단. ③ 목. 진(秦)나라 때 원수의 목을 벤 자에게 계급을 올려준 사실에서 나온 말.

【納】 糸4·10 │ 납 │ 들일 │ ㉠合
ノウ·トウ
おさめる

筆順 ˊ ㄠ ㄠ 幺 糸 糹 紉 納 納

解字 形聲. 糸[실]와 음을 나타내는 內(내)[납은 변음]를 합하여 젖은 실을 뜻함. 후에 넣다의 뜻으로 쓰임.

意味 들임. ㉠ 안에 들어오게 함. ㉡ 거두어 들임. 수확. ㉢ 받아 들임.

納得[납득] 잘 이해하여 알아차림.
納凉[납량] 더위를 잊고 서늘함을 맛봄.
納本[납본] 출판업자가 책을 시중에 내기 전에 본보기로 관계 관청에 바침.
納稅[납세] 세금을 냄.

【紐】 糸4·10 │ 뉴 │ 끈 │ ㉠有
チュウ·ジュウ
ひも

筆順 ˊ ㄠ ㄠ 幺 糸 糹) 紐 紐 紐

意味 ① 끈. 물건을 묶는 노나 줄. ② 맴. 묶음. 결속함. 「一帶」③ 매듭. 단추. ④ 관여함.

紐帶[유대] 사회를 형성하고 있는 상호 관계.

【紋】 糸4·10 │ 문 │ 무늬 │ ㉠文
ブン·モン

筆順 ˊ ㄠ ㄠ 幺 糸 糹' 紋 紋

解字 形聲. 糸[실]와 음을 나타내는 文(문)을 합하여 실로 짜서 나타낸 무늬라는 뜻.

意味 무늬. 문채(文彩). 「花一」「波一」

紋織[문직] 무늬를 넣어 돋아나게 짠 옷감.

【紊】 糸4·10 │ 문 │ 어지러울 │ ㉠問 │ ㉥文
ビン·ブン

筆順 一 亠 亠 文 文 紊 紊 紊

意味 어지러움. 얽힘.

紊亂[문란] ① 도덕이나 질서 등이 어지러움. 「風紀一」② 어지럽힘.

【紡】 糸4·10 │ 방 │ 길쌈할 │ ㉠養
ボウ·ホウ
つむぐ

408 [糸部] 4획

[筆順] 幺 幺 糸 糸' 紆 紡 紡

[解字] 形聲. 糸(실)와 음을 나타내는 方(방)을 합하여 실을 자아서 굵은 실로 만들다의 뜻.

[意味] ① 길쌈함. ② 실. ③ 달아 맴.

紡織[방직] 실을 자아 천을 짬.「―機」

紡車[방차] 물레.

紡錘[방추] ① 물레의 가락. ② 재봉틀의 북.

*[紛] 糸4 10획 | 분 | 어지러울 | ㊥文 |
フン
まぎれる

[筆順] 幺 幺 糸 糸' 紆 紛 紛

[解字] 形聲. 糸(실)와 음을 나타내는 分(분)을 합하여 실이 흩어져 엉클어지다의 뜻. 널리 얽히다의 뜻으로 쓰임.

[意味] 어지러움. ㉠흩어져 어지러움. 산란(散亂)함.「落花――」㉡소란함.

紛糾[분규] 뒤얽히고 시끄러운 말썽.

紛亂[분란] 일이 뒤얽혀 어지러움.

紛爭[분쟁] 말썽. 뒤얽혀 다툼.

[紗] 糸4 10획 | 사 | 깁 | ㊥麻 |
シャ・サ
うすぎぬ

[筆順] 幺 幺 糸 糸' 紗 紗 紗

[意味] ① 깁. 얇고 고운 몸시 가벼운 견직물. ② 나사(羅紗).

紗羅[사라] 깁. 얇은 비단.

*[索] 糸4 10획 | 1 삭 2 색 | 노 ㊀藥 ㊁陌 |
サク
なわ・もとめる

[筆順] 一 十 士 壶 索 索 索

[解字] 會意. 糸(실)와 朿(초목이 무성함)을 합하여 무성한 초목의 잎과 줄기로 꼰 새끼를 뜻함.

[意味] ①① 노. 바. 노끈·새끼 등 주로 굵은 것을 이름. ② 꼼. 노·새끼 등을 꼼. ③ 다함. ㉠다 없어짐.

索莫[삭막] 황폐하여 쓸쓸한 모양. ② 실의(失意)의 모양. 삭막(索寞·索漠).

索然[삭연] ① 눈물이 흐르는 모양. ② 흥미가 없는 모양. ③ 흩어지는 모양.

索具[색구] 배에서 사용하는 루우프나 쇠사슬 같은 것의 총칭.

索引[색인] ① 찾아 냄. ② 책 속의 어구(語句)나 항목을 찾아 내기 편리하도록 일정한 순서대로 꾸며 놓은 표.

索敵[색적] 적을 찾아 다님.

*[素] 糸4 10획 | 소 | 흴 | ㊥週 |
ソ・ス
もと・もとより

[筆順] 一 十 圭 圭 圭 奉 素 素

[解字] 形聲. 糸(실)와 음을 나타내는 垂(수)[소는 변음]를 합하여 흰실을 뜻함. 아직 물들지 않은 것, 희다, 또는 바탕이라는 뜻으로 쓰임.

[意味] ① 흼. 흰 빛.「―衣」② 생명주. 생사로 짠 흰 명주. ③ 수수함. ④ 바탕. 본바탕.「―質」「―養」⑤ 정성.

素朴[소박] 꾸밈이 없이 생긴 그대로임.

素服[소복] ① 흰 옷. ② 상복.

素因[소인] 사물의 근본 원인.

素質[소질] 날 때부터 가지고 있는 성질. 본질(本質).

素懷[소회] 평소에 품고 있는 생각.

*[純] 糸4 10획 | 1 순 3 돈 2 준 4 치 | 순수할 |
㊥眞 ㊤軫
ジュン

[筆順] 幺 幺 糸 糸 紅 紅 純

[解字] 形聲. 糸(실)와 음을 나타내는 屯(둔)[순은 변음]를 합하여 불순물이 없는 깨끗한 생사라는 뜻. 널리 순수하다의 뜻으로 쓰임.

[意味] ① ① 실. ② 순수(純粹)함.「―金」③ 온전함. ④ 천진(天眞)함. ⑤ 큼. ⑥ 좋음. 정호(精好). ⑦ 온화함. 온순함. 인자함. ⑧ 돈독(敦篤)함. ⑨ 오로지. 순전히. ⑩ 착함.

純潔[순결] ① 몸과 마음이 모두 깨끗함. ② 사념(邪念)이 없이 마음이 결백함.

[糸部] 4～5획

純樸[순박] ジュン ボク 꾸밈이 없고 소박함. 순박(淳樸・淳朴).

純粹[순수] ジュン スイ ① 조금도 잡것이 섞이지 않음. ② 완전함.

純情[순정] ジュン ジョウ ① 꾸밈이 없는 자연 그대로의 마음. ② 순진하고 진실한 마음. 「순수한 종류. ↔잡종(雜種)

純種[순종] ジュン シュ 딴 계통과 섞이지 않은

純直[순직] ジュン チョク 순진하고 정직함.

純眞[순진] ジュン シン ① 꾸밈이 없이 자연 그대로임. ② 전혀 세속에 물들지 않음.

【紙】 $\frac{10}{糸4}$ |지|종이|㊤紙| シ かみ

筆順 ㄠ ㄠ 糸 糸 紅 紙 紙

解字 形聲. 糸[실]와 음을 나타내는 氏(씨・지)를 합하여 고치의 지스러기나 헌솜・나무껍질 등을 바래어 눌러 펴 만든 것. 널리 종이를 뜻함.

意味 ① 종이. ② 편지.

紙匣[지갑] ① 종이로 만든 갑(匣). ② 가죽이나 헝겊으로 만든, 돈이나 작은 물건을 넣는 물건.

紙幣[지폐] シ ヘイ 주화(鑄貨)의 대용으로 쓰여지는 종이로 만든 화폐.

紙筆墨[지필묵] 종이와 붓과 먹.

【紺】 $\frac{11}{糸5}$ |감|감색|㊤勘| コン・カン

筆順 ㄠ ㄠ 糸 糸 紺 紺 紺

解字 形聲. 糸[실]와 음을 나타내는 甘(감)을 합하여 감색으로 물들인 실을 뜻함.

意味 감색. 검은 빛을 띤 푸른 빛. 청색과 자색(紫色)의 중간 색.

紺碧[감벽] コン ペキ 검은 빛을 띤 청색.

紺色[감색] コン ショク 검은 빛을 띤 남색.

【累】 $\frac{11}{糸5}$ |$\frac{1}{2}$루 라|포갤|㊤紙 ㊤哿| ルイ かさねる・わずらわす・しきりに

筆順 丿 口 四 甲 罒 累 累 累

解字 形聲. 糸[실]와 음을 나타내는 畾

(류)의 생략형 田을 합하여 실을 차례로 겹치다의 뜻. 널리 겹침 걱정을 끼침의 뜻으로 쓰임.

意味 ① 포갬. 포개어 쌈. 축적함. 「一積」② 층(層). 단층(斷層). ③ 여러 번. ④ 묶음. 결박함. ⑤ 연결함.

累計[누계] ルイ ケイ 소계(小計)를 누가해서 계산함. 또는 그 계산액.

累卵[누란] ルイ ラン ① 달걀을 쌓아 올림. ② 위태로움을 비유하는 말.

累進[누진] ルイ シン ① 지위 등이 차례로 올라감. ② 수나 가격이 더하여 감에 따라 그에 대한 비율이 높아짐. 「一課稅」

累次[누차] ルイ ジ 여러 차례. 누차(屢次).

【絆】 $\frac{11}{糸5}$ |반|줄|㊤翰| ハン・バン きずな

筆順 ㄠ ㄠ 糸 糸 糸 絆 絆

意味 ① 옭아 맴. ② 줄. ㉠말의 다리를 묶어 못 가게 하는 줄. 마소를 매어 두는 줄. ㉡물건을 매어 두는 줄.

絆瘡膏[반창고] バン ソウ コウ 헝겊에 점착성 물질을 바른 고약의 한 가지.

【細】 $\frac{11}{糸5}$ |세|가늘|㊤霽| サイ ほそい・こまかい

筆順 ㄠ ㄠ 糸 糸 糸 細 細 細

解字 形聲. 糸[실]와 음을 나타내는 田(신)[세는 변음]을 합하여 가느다란 실을 뜻함. 널리 가느다랗다・잘다랗다의 뜻으로 쓰임.

意味 ① 가느다람. 「一書」② 작음. 「一鱗」③ 적음. 근소함. ④ 자세함.

細君[세군] サイ クン ① 자기의 처를 낮추어 부르는 말. ② 다른 사람의 처를 가리키는 말.

細密[세밀] サイ ミツ 자세하고 정밀함. 면밀

細心[세심] サイ シン 자세하고 조심스럽게 주의하는 마음.

【紹】 $\frac{11}{糸5}$ |소|이을|㊤篠| ショウ つぐ

筆順 ㄠ ㄠ 糸 糸 紹 紹 紹

解字 形聲. 糸[실]와 음을 나타내는 召

(소)를 합하여 실을 잇다의 뜻. 널리 계승하다. 사이에 들어 주선하다의 뜻으로 쓰임.

意味 ① 이음. 계승함. ② 도움. 회견(會見)할 때 빈주(賓主)의 사이에 있으면서 의식(儀式)을 보좌함. ③ 소개함. ㉠주선함. ㉡인접(引接)함.

紹介[소개] ショウカイ ①두 사람 사이에서 일이 잘되게 함. ② 모르는 두 사람을 잘 알도록 관계를 맺어 줌.

【紳】 糸5 | 신 | 큰띠 | ㊀眞 | シン

筆順 ㄠㄠ糸糸糹紳紳紳

解字 形聲. 糸[실]와 음을 나타내는 申(신)을 합하여 신분이 높은 사람이 사용하던 큰 띠를 뜻함.

意味 ① 큰 띠. 신분이 높은 사람들이 사용하던 예장(禮裝)의 띠. ② 벼슬아치. ③ 점잖은 사람.

紳士[신사] シンシ 예의·품행이 바르고 학덕·기품을 갖춘 남자.

紳商[신상] シンショウ 상류에 속하는 장사아치. 점잖은 상인.

*【紫】 糸5 | 자 | 자주빛 | ㊤紙 | シ むらさき

筆順 ㅣㅏ止止此紫紫

解字 形聲. 糸[실]와 음을 나타내는 此(차)[자는 변음]를 합하여 자주빛으로 물들인 실을 뜻함.

意味 ① 자주빛. 적색(赤色)과 청색(靑色)의 중간 색. ② 자색옷.

紫色[자색] シショク 자주빛.

紫煙[자연] シエン ① 보라빛 연기. ② 산에서 수증기가 햇빛에 비치어 보라빛으로 보이는 것. ③ 담배 연기.

*【組】 糸5 | 조 | 짤 | ㊤虞 | ソ くむ

筆順 ㄠㄠ糸糸糹組組

解字 形聲. 糸[실]와 음을 나타내는 且(차·조)를 합하여 실을 땋아서 합치다의 뜻. 널리 짜맞추거나 한 무리로 삼다의 뜻으로 쓰임.

意味 ① 끈. ㉠갓·인장 등의 끈. ㉡물건을 묶는 끈. ② 짬. ㉠길삼을 함. ㉡구성함. 「一成」「一團」

組閣[조각] ソカク 내각을 조직함.

組織[조직] ソシキ ① 짜 이룸. ②〈生〉크기·모양·작용 등이 거의 비슷한 세포의 집단. 조직이 여러 개 모여 기관을 이룸. ③ 사람이 모여 이루어진 단체.

組版[조판] ソハン 원고에 따라서 활자를 똑바로 짜는 일. 또는 그 판(版).

*【終】 糸5 | 종 | 끝 | ㊦東 | シュウ·シュ おわる

筆順 ㄠㄠ糸糸糹終終

解字 形聲. 糸[실]와 음을 나타내는 冬(동)[종은 변음]을 합하여 감은 실의 끝을 뜻함. 널리 끝의 뜻으로 쓰임.

意味 ① 끝. 마지막. 「始一」「一末」 ② 마침. ㉠성취함. ㉡완료함. ㉢죽음. 「一焉」 ③ 마침내. ④ 마지막에. 필경.

終結[종결] シュウケツ ① 일을 끝냄. 종국(終局). ② 가설(假說)에서 추론(推論)된 결론.

終乃[종내] 마침내. 끝내.

終了[종료] シュウリョウ 끝남. 끝냄. 완료(了). ↔개시(開始)

終焉[종언] シュウエン ① 어떤 일을 하다가 그 일로 세상을 마침. ② 끝장이 남.

【紬】 糸5 | 주 | 명주 | ㊦尤 | チュウ つむぎ

筆順 ㄠㄠ糸糸糹紬紬

意味 ① 명주. 굵은 명주. ② 실끝. ③ 실을 뽑음. ④ 모음. 철함.

紬緞[주단] チュウダン 명주와 비단의 총칭.

【絃】 糸5 | 현 | 줄 | ㊤先 | ゲン いと

筆順 ㄠ糸糹絃絃絃絃

解字 形聲. 糸[실]와 음을 나타내는 玄(현)을 합하여 당겨서 팽팽해진 실을 뜻함.

意味 ① 줄. 현악기의 줄. 「絕一」 ② 현악기. ③ 탐. 현악기를 탐.

絃琴[현금] ゲンキン 거문고. 악.

絃樂[현악] ゲンガク 현악기로 연주하는 음

[糸部] 6획

【絳】 糸6 |강|깊게붉을| 俗絳
コウ
あか

筆順 幺 糸 糸 紆 絞 絳 絳

解字 ① 깊게 붉음. 진홍(眞紅). 진홍색. ② 강초(絳草).

絳紗袍[강사포] 임금이 조하(朝賀) 때에 입는 예복. 빛이 붉고 관복과 같음.

*【結】 糸6 |1결|맺을| 俗屑
|2계| 禮霽
ケツ・ケチ
むすぶ

筆順 幺 糸 糸 紆 紸 結 結

解字 形聲. 糸[실]와 음을 나타내는 吉(길)[결은 변음]을 합하여 실이나 끈을 매다의 뜻.

意味 ① 맺음. ㉠끄나불 등을 얽어 매듭지게 함.「一繩文字」㉡약속을 함.「一交」㉢조합(組合)을 만듦.

結果[결과]ヶ 어떤 원인에 의하여 생긴 결말의 상태. ↔원인(原因).
結局[결국]ヶ ① 일의 끝. 결말(結末). ② 바둑에서 한 판이 끝남.
結付[결부] 잇대어 붙임. 연결시킴.
結婚[결혼]ヶ 남녀가 부부가 됨. 혼인(婚姻).「一式」↔이혼(離婚)

【絞】 糸6 |1교|목맬| 俗巧
|2효| 禮肴
コウ・キョウ
しぼる・しめる

筆順 幺 糸 糸 紆 紋 絞 絞

解字 形聲. 糸[실]와 음을 나타내는 동시에 비틀다의 뜻을 지니는 交(교)를 합하여 실을 얽어 묶다의 뜻.

意味 ①① 급(急)함. ② 목맴. 목을 매어 죽임.「一殺」③ 꼼. 새끼를 꼼. ④ 묶음. 결박함.「一縛」⑤ 엄함. 조금도 용서 아니 함. ②① 초록빛. ② 쥠. 잡아 당겨 켕기게 함.

絞殺[교살]ヶ 목을 매어 죽임. 교수(絞首).
絞首刑[교수형]ヶ 사형의 한 방법. 목을 매어 죽이는 형벌.「犯罪」
絞罪[교죄]ヶ 교수형(絞首刑)에 처할

【給】 糸6 |급|넉넉할| 俗緝
キュウ・キョウ
たまう

筆順 幺 糸 糸 紆 給 給

解字 形聲. 糸[실]과 음을 나타내는 合(합)[급은 변음]을 합하여 끊어진 실을 재빨리 잇다의 뜻.

意味 ① 넉넉함. 물건이 충분히 있음. ② 줌. 공여함.「一與」③ 댐. 공급함.「一水」④ 구변 좋음. 능변(能辯)임.

給食[급식]ヶ 학교나 공장 등에서 식사를 제공함.
給與[급여]ヶ 돈이나 물건을 나누어 줌. 또는 그 돈이나 물건.
給血[급혈]ヶ 수혈(輸血)에 쓰이는 혈액을 공급함.

【絡】 糸6 |락|두를| 俗藥
ラク
まとう・からむ

筆順 幺 糸 糸 紆 紋 絡 絡

解字 形聲. 糸[실]과 음을 나타내는 各(각)[락은 변음]을 합하여 실이 감겨 얽히다의 뜻.

意味 ① 두름. 둘러 쌈. 잡아 맴. 얽힘. ② 포괄(包括)함. ③ 묶음. 속박함.

絡繹[낙역]ヶ 인마(人馬)의 왕래가 잦아 끊임이 없음.

*【絲】 糸6 |사|실| 支
シ
いと

筆順 幺 糸 糸 絆 絲 絲

解字 象形. 糸[실]는 누에고치에서 나온 가는 실의 뜻. 絲는 糸를 꼬아서 만든 명주실이라는 뜻.

意味 ① 실. 명주실. 바꾸어 솜・털 등의 실 또는 실같이 가는 물건. ② 견직물(絹織物). ③ 실을 뽑아 냄.

絲管[사관]ヶ 거문고와 피리.
絲絲[사사]ヶ 봄 빗발이 가는 모양.

【絣】 糸6 |병|이을| 俗庚
ホウ
かすり

筆順 幺 糸 糸 紆 紆 絣

[糸部] 6~7획

意味 ① 명주. 무늬 없는 견직물. ② 솜. ③ 이음. 계승함. 계속함.
參考 옛 음은 '붕'.

【絨】糸6 12 | 융 | 삶은실 | ㊀東 |
ジュウ

筆順 幺 糸 糸 紵 紌 絨 絨

意味 ① 삶은 실. 익힌 실(煉熟絲). ② 가는 베(細布). ③ 융. 감이 두툼하고 고운 모직물.
絨緞[융단]ジュゥ 모직물의 한 가지. 카아핏. 모직물로 된 것.
絨毛[융모]ジュゥ 〈生〉장내 (腸內)에 난 많은 점막의 돌기. 소화를 맡고 흡수를 쉽게 함.

*【絶】糸6 12 | 절 | 끊을 | ㊇屑 |
ゼツ・セツ・ゼチ
たつ・たえる

筆順 幺 糸 糸 糸 紹 絶 絶

解字 形聲. 糸[실]와 刀[칼]와 음을 나타내는 절(卩)(巴는 변형)을 합하여 칼로 실을 자른다는 뜻. 널리 자르다·끊다의 뜻으로 쓰임.

意味 끊음. ㉠두 동강이를 냄.「一斷」㉡거절함.「謝一」㉢목숨을 끊음. 죽임.「一命」㉣없앰.「一版」㉤그만둠.
絶交[절교]ゼッコゥ 교제를 끊음. 단교(斷
絶句[절구]ゼック 〈文〉한시(漢詩)의 한 형식. 기(起)·승(承)·전(轉)·결(結)의 네 구(句)가 있음.
絶望[절망]ゼッボゥ 완전히 희망이 끊어짐.
絶緣[절연]ゼツエン 관계를 끊음. 인연을 끊음.

*【統】糸6 12 | 통 | 거느릴 | ㊇宋 |
トゥ
すべる

筆順 幺 糸 糸 紂 紌 統 統

解字 形聲. 糸[실]와 음을 나타내는 充(충)[통은 변음]을 합하여 고치의 실끝을 뜻함. 널리 통솔하다의 뜻으로 쓰임.

意味 ① 거느림. 통솔함.「一治」② 법. 강기(綱紀). ③ 이음. 계통.「血一」

統計[통계]トゥケィ ① 한데 몰아쳐서 계산함. ② 하나 하나의 재료를 모아서 숫자상의 일반적인 계수(計數)를 나타냄.
統管[통관]トゥカン 통일하여 관할함.
統括[통괄]トゥカツ 전부를 한데 모아 합침. 총괄(總括). 한데 몰아서 잡음.
統率[통솔]トゥソツ 전부 몰아서 거느림. 통수(統帥). 통령(統領).
統一[통일]トゥイツ 여럿을 하나로 함.
統治權[통치권]トゥチケン 〈政〉국가의 절대적인 최고 지배권으로 국민 자체 또는 국민을 대표하는 대통령이 가짐.
統轄[통할]トゥカツ 전체를 거느려서 관할함.
統合[통합]トゥゴゥ 모두 모아서 하나로 합.
統治[통치]トゥチ ① 전체를 도맡아 다스림. 통어(統御). ② 주권자가 국토·백성을 다스림.「委任 」

【絢】糸6 12 | 현 | 채색무늬 | ㊇霰 |
ケン
あや

筆順 幺 糸 糸 糸 約 約 絢

意味 ① 채색 무늬. 문채(文彩). ② 고움. 문채가 있어 고움.「一爛」
絢爛[현란]ケンラン ① 눈부시게 빛나 아름다움. ② 시문(詩文)의 자구(字句)가 풍부하고 아름다움.

*【絹】糸7 13 | 견 | 명주 | ㊇霰 |
ケン
きぬ

筆順 幺 糸 糸 糸 絹 絹 絹

解字 形聲. 糸[실]와 음을 나타내는 月을 합하여 고치에서 자아낸 약간 누른 빛인 생사(生絲)를 뜻함.
意味 명주. 비단. 견직물.
絹物[견물]ケンブツ 견직물(絹織物).
絹帛[견백]ケンパク 비단. 견포(絹布).
絹本[견본]ケンポン 글씨나 그림을 그리는 데 쓰이는 흰 명주. 또는 그 서화.
絹絲[견사]ケンシ 명주실.「륙의 총칭.
絹織物[견직물]まぃもの 명주실로 짠 피
絹布[견포]ケンプ ① 견백(絹帛). ② 견직물(絹織物).

[糸部] 7~8획

*經 糸7 | 경 | 날 | ㉠靑 |

ケイ・キョウ
へる・つね

筆順 ㄠ ㄠ 糸 紅 經 經 經

解字 形聲. 糸[실]와 음을 나타내는 巠을 합하여 곧게 뻗은 울이라는 뜻. 널리 사리(事理)·조리(條理)의 뜻으로 쓰임

意味 ㉠㉠피륙 등의 세로 놓인 실. ㉡평면에 대하여 상하, 동서에 대하여 남북, 좌우에 대하여 전후의 방향을 이름. 「一度」 ② 지경. 경계(境界). 또 경계를 정함. ③ 길. ㉠도로. ㉡도덕. 항상 변치 않는 도리. 상법(常法). ④ 지남. 통과함. 「一過」「一歷」「一驗」 ⑤ 경영(經營)함. ⑥ 다스림. 처리함. 통치함. 「一國濟生」 ⑦ 목맴. 의사(縊死). ⑧ 좇음. 순종함. ⑨ 책. 「㉠사물의 전거(典據)가 되는 책. ㉡성인의 저서. 「六一」「四書三一」 ⑩ 불경. ⑪ 십조(10兆). ⑫ 일찍. 지금까지. ⑬ 끈음. ⑭ 씨. 직물의 씨. ⑮ 경도. 월경(月經). 「一水」

經過[경과] ケイカ ① 거쳐 지나감. ② 때를 지남. ③ 일의 겪어 온 과정. ④ 사물이 진전되는 형편.

經過法[경과법] ケイカホウ〈法〉법규의 시간적 효력 범위를 정하는 법칙. 시제법(時際法). 「함.

經國[경국] ケイコク 나라를 다스려 편안하게

經國之才[경국지재] ケイコクノサイ 나라 일을 잘 다스릴 만한 재주. 또는 그런 재주를 가진 사람.

經卷[경권] ケイカン ① 옛 성인(聖人)이 지은 책. 사서(四書)·오경(五經) 등. ②〈佛〉경전(經典). 경문(經文).

經几[경궤]〈佛〉경문(經文)을 올려 놓고 읽는 책상.

經度[경도] ケイド〈天〉북극과 남극을 잇는 선에 의하여 지구 표면을 360등분한 눈금. 영국 그리니치 천문대를 지나는 선을 0도로 하여 동서를 180으로 나눔. ▷위도(緯度). ② 월경.

經絡[경락] ケイラク 오장 육부에 생긴 병이 몸 거죽에 나타난 자리. 이 곳이나 틈을 뜸.

經典[경전] ケイテン ① 경서(經書). ② 변하지 않는 도리. ③〈佛〉불교의 가르침을 적은 책. 불경(佛經).

經驗[경험] ケイケン 실제로 보고 듣고 느끼어 겪음. 또는 그 결과로 얻은 지식이나 기능.

經穴[경혈] ケイケツ〈醫〉신체에 침을 놓거나 뜸을 뜨기에 알맞은 자리.

絽 糸7 | 려 | 꿰맬 | ㉤語 |

リョ・ロ

筆順 ㄠ ㄠ 糸 糸 紀 絽 絽

*綱 糸8 | 강 | 벼리 | ㉣陽 | コウ
つな

筆順 ㄠ 糸 糹 紀 綱 綱 綱

解字 形聲. 糸[실]와 음을 나타내는 岡(강)을 합하여 굵고 단단한 밧줄이라는 뜻.

意味 ① 벼리. 그물의 위쪽 코를 꿴 굵은 줄. 바뀌어 사물을 총괄하여 규제하는 일. 곧 도덕·법칙·규율 등. 「紀一」「一常」 ② 대강(大綱). 동류의 사물을 크게 구별함. 유별(類別). 「一目」 ③ 맴. 잡아 묶음. 통치함. ⑤ 줄. 행렬(行列). ⑥ 근본.

綱紀[강기] コウキ ① 법강(法綱)과 풍기(風紀). 기율(紀律). 「一肅正」 ② 국가를 다스리는 대법(大法)과 세칙(細則).

綱紀嚴守[강기엄수] コウキゲンシュ 국가의 큰 법과 사회의 도덕을 엄격히하여 지킴.

綱領[강령] コウリョウ ① 일의 으뜸이 되는 줄거리. 강요(綱要). ② 정당·단체 등의 입장·목적·방침을 요약한 것.

綱目[강목] コウモク 사물을 크게 분류하는 방법과 작게 분류하는 방법. 대강과 세목(細目).

綱常[강상] コウジョウ 사람이 지켜야 할 큰 도리. 삼강 오상(三綱五常)을 일컫는 말.

綱常之變[강상지변] 삼강 오상(三綱五常)에 어긋나는 변고(變故).

綱要[강요] コウヨウ 일의 제일 중요한 부분. 강령(綱領).

綵 糸8 | 채 | 오색비단 | ㉒賄 |

サイ

[筆順] 幺 糸 糸 糸 紅 綵 綵

[意味] 오색 비단

綵緞〔채단〕 비단의 총칭.

【綺】 14 糸8 | 기 | 아름다울 | [上]紙 | キ あやぎぬ

[筆順] 幺 糸 糸 紘 絝 綺 綺

[意味] ① 아름다움. ② 비단. 무늬가 있는 비단. ③ 무늬.

綺談〔기담〕ｷﾀﾞﾝ 이상하고 재미 나는 이야기. 기담(奇談).

綺羅〔기라〕ｷﾗ ① 무늬 있는 비단과 얇은 비단. ② 아름다운 옷.

綺羅星〔기라성〕きらぼし 밤 하늘에 아름답게 빛나는 무수한 별.

綺麗〔기려〕ｷﾚｲ 무늬가 있어 곱고 아름다움.

綺語〔기어〕ｷｺﾞ ① 교묘하게 꾸민 말. ② 〈佛〉 십악(十惡)의 하나. ③ 묘하게 수식하여 표현한 말.

綺窓〔기창〕ｷｿｳ 아름답게 조각한 창문.

***【綠】** 14 糸8 | 록 | 초록빛 | [入]沃 | リョク・ロク みどり

[筆順] 幺 糸 糸 糸 綠 綠 綠

[解字] 形聲. 糸〔실〕와 음을 나타내는 彔(록)을 합하여 연두빛 실을 뜻함.

[意味] ① 초록빛. ㉠청색과 황색의 중간색. 「一化」 ㉡검고 아름다운 빛의 형용으로 씀. 「一髮」 ② 조개풀. 포아풀과에 속하는 억새 비슷한 풀. 물감으로 씀. =菉 ③ 옥 이름.

綠內障〔녹내장〕ﾘｮｸﾅｲｼｮｳ 〈醫〉 안구(眼球)의 압력이 높아지는 병. 시력이 아주 나빠져 실명(失明)할 수도 있음.

綠茶〔녹다〕ﾘｮｸﾁｬ 녹차. 푸른 색이 그대로 나도록 말린 차.

綠豆〔녹두〕ﾘｮｸﾄｳ 〈植〉 콩과에 속하는 일년초. 팥과 비슷하나 조금 적고 빛은 녹색임.

綠林〔녹림〕ﾘｮｸﾘﾝ ① 푸른 숲. ② 도적의 딴 이름.

綠林豪傑〔녹림호걸〕ﾘｮｸﾘﾝのｺﾞｳｹﾂ 불한당. 화적(火賊). 녹림객(綠林客).

綠衣紅裳〔녹의홍상〕ﾘｮｸｲｺｳｼｮｳ 연두 저고리의 다홍 치마. 곧 젊은 여자가 곱게 치장함을 일컫는 말.

綠酒〔녹주〕ﾘｮｸｼｭ 푸른 빛의 술. 좋은 술.

綠地〔녹지〕ﾘｮｸﾁ ① 푸른 초목이 무성한 땅. ② 도시 안에 보건·방화·미관 등의 목적으로 특히 지정된 초목이 무성한 지역. 녹지대(綠地帶).

綠地帶〔녹지대〕ﾘｮｸﾁﾀｲ 초목이 무성한 지역.

綠靑〔녹청〕ﾛｸｼｮｳ ① 〈化〉 염기성 초산동(鹽基性醋酸銅). ② 염기성 초산동으로 만든 녹색의 도료.

綠苔〔녹태〕ﾘｮｸﾀｲ 푸른 이끼. 녹선(綠蘚). 청태(靑苔).

綠土〔녹토〕ﾘｮｸﾄﾞ ① 초목이 우거져 있는 국토. ② 근해 침전물(近海沈澱物).

綠風〔녹풍〕ﾘｮｸﾌｳ 초여름에 푸른 잎을 스치어 부는 바람.

綠化〔녹화〕ﾘｮｯｶ 산이나 들에 나무를 심고 가꾸어 푸르게 함. 「一週間」

【綸】 14 糸8 | 륜 | 낚싯줄 | [平]眞 | リン いと

[筆順] 幺 糸 糸 紒 綸 綸 綸

[意味] ① 낚싯줄. ② 거문고줄. 거문고에 맨 줄. ③ 굵은 실. ④ 인끈. 청사로 끈 인수(印綬). ⑤ 솜〔綿〕. ⑥ 다스림. 경리(經理)함. ⑦ 휩쌈. ⑧ 분잡(紛雜)함. ⑨ 벼리. 목차(目次).

綸言〔윤언〕ﾘﾝｹﾞﾝ 임금의 말. 윤명(綸命).

綸子〔윤자〕ﾘﾝｽﾞ 광택이 있는 사(紗) 비슷한 비단. 곱게 뽑은 생사(生絲)로 짠 무늬가 있고 윤이 나는 비단.

綸旨〔윤지〕ﾘﾝｼ 윤언(綸言). 임금의 말씀.

【綾】 14 糸8 | 릉 | 비단 | [平]蒸 | リョウ あや

[筆順] 幺 糸 糸 紶 綾 綾 綾

[意味] 비단. 무늬가 있는 비단.

綾羅〔능라〕ﾘｮｳﾗ ① 두꺼운 비단과 얇은 비단. ② 아름다운 옷. 능단(綾緞).

綾織物〔능직물〕あやおりもの 아름다운 무늬를 넣어 짠 피륙.

[糸部] 8획

【網】 ¹⁴ 糸8 | 망 | 그물 | ㉤養 |
モウ・ボウ
あみ

筆順 ㄠ 乡 糸 糹 網 網 網

解字 網 形聲. 그물 모양의 罔과 음을 나타내는 亡(망)을 합한 罔이 본디 글자이며 그물이라는 뜻.

意味 그물. ㉠물고기·새 등을 잡는 기구. 바꾸어 법률·형벌·제재를 일컬음. 「魚一」「法一」 ㉡거미줄.
網巾[망건] 상투 머리가 흩어지지 않게 그물처럼 만들어 쓰는 물건.
網羅[망라]ᵐᵒᵒ ① 큰 그물과 작은 그물. ② 빠짐 없이 모두 모아 들임.

*【綿】 ¹⁴ 糸8 | 면 | 솜 | ㉠先 |
メン
わた

筆順 ㄠ 乡 糸 糹 綿 綿 綿

解字 會意. 옛 글자는 緜(면). 系[실을 이음]과 帛[비단]을 합하여 비단을 짜기 위해 실을 잇다의 뜻.

意味 ① 솜. ㉠목화 솜. ㉡고치의 솜. ② 솜옷. ③ 연이어 끊이지 아니함.
綿綿[면면]ᵐⁿ ① 길게 이어져 끊기지 않는 모양. 연면(連綿).
綿密[면밀]ᵐⁿ 자세하고도 빈틈이 없음. 세심(細心). 정밀(精密).
綿花[면화]ᵐⁿ 목화 열매의 표면에 있는 흰 털. 씨를 빼지 않은 솜. 목화(木花). 면화(棉花).

【緋】 ¹⁴ 糸8 | 비 | 붉은빛 | ㉤微 |
ヒ
あか

筆順 ㄠ 乡 糸 糹 緋 緋 緋

意味 ① 붉은 빛. ② 붉은 비단.

【綏】 ¹⁴ 糸8 | 수 | 인끈 | ㉤有 |
ジュ・シュウ
ひも

筆順 ㄠ 乡 糸 糹 綏 綏 綏

意味 끈. ㉠물건을 묶기 위하여 꼰 실. 「華一」「綸一」 ㉡인끈. 「印一」 ㉢패옥(佩玉)의 끈.

*【維】 ¹⁴ 糸8 | 유 | 바 | ㉤支 |
イ・ユイ
つなぐ・これ

筆順 ㄠ 乡 糸 糹 糹 絆 維

解字 形聲. 糸[실]와 음을 나타내는 隹(추)[유는 변음]를 합하여 굵고 단단한 밧줄이라는 뜻.

意味 바. ㉠굵은 줄. 바꾸어 도덕의 기초가 되는 것. 예·의·염·치(禮·義·廉·恥). 「四一」
維歲次[유세차] 제문(祭文)의 첫머리에 쓰는 말: 해의 차례.
維新[유신]ˢʰⁿ ① 모든 것이 개혁(改革)되어 새롭게 됨. ② 낡은 제도를 새롭게 고침. 「十月一」
維持[유지]ˢʰⁿ 지탱하여 감. 버티어 감.

【綽】 ¹⁴ 糸8 | 작 | 너그러울 | ㉤藥 |
シャク
ゆるやか

筆順 ㄠ 乡 糸 糹 綽 綽 綽

意味 ① 너그러움. ② 정숙함. 얌전함. ③ 많음. 「餘裕――」
綽約[작약]ˢʰⁿ ① 매우 얌전함. ② 몸이 가냘프고 맵시가 있음. 「綽」
綽然[작연]ˢʰⁿ 여유가 있음. 작작(綽)
綽綽[작작]ˢʰⁿ 침착하고 여유가 있는 모양. 모자라지 않고 넉넉한 모양.

【綻】 ¹⁴ 糸8 | 탄 | 솔기터질 | ㉤諫 |
タン・ダン
ほころびる

筆順 ㄠ 乡 糸 糹 綻 綻 綻

意味 ① 솔기가 터짐. 옷이 타짐. 꿰맨 자리의 실이 풀어짐. ② 탈이 남. 「一」 ③ 나타남. 「一露」
綻露[탄로] 숨겨 남에게 알리지 않던 일이 드러남.
綻裂[탄열]ˢʰⁿ 터져서 찢어짐.
綻破[탄파]ˢʰⁿ 찢어지고 망함: 파탄.

【綜】 ¹⁴ 糸8 | 종 | 모을 | ㉤宋 | ソウ
すべる

筆順 ㄠ 乡 糸 糹 綜 綜 綜

意味 씨. 피륙의 가로 건너 짠 실.

綜合[종합] ① 여러 가지의 것을 하나로 합함. ② 개개의 개념·관념을 결합시켜 새로운 것을 이룩함.

綜合開發[종합개발] 어느 지방의 경제·산업·도로·철도·관광 등을 종합하여 개발하는 일.

綜合大學[종합대학] 셋 이상의 단과 대학과 하나의 대학원을 종합하여 이룬 대학. ↔단과 대학

綜合批評[종합비평] 〈文〉문예작품에서 모든 요소를 비평 대상으로 하지 않고 종합적인 가치를 논하는 비평. ↔분석 비평(分析批評)

綜合藝術[종합예술] 여러 예술을 종합한 예술. 영화·연극·가극 등.

【綴】 14 糸8 │ ①체 │ 이을 │ ㉠綴 │
│ ②철 │ │ ㉮屑 │

テイ・テツ
つづる・とじる

筆順 幺 糸 糽 糾 綴 綴 綴

意味 ① ① 이음. 연결함. 「連一」「點一」
② 꿰맴. 바늘로 얽어 맴. 또 종이 같은 것을 겹쳐 맴. 「補一」

綴音[철음] 자음과 모음을 합쳐 한 음을 만듦. 또는 그 음.

綴字[철자] 자음과 모음을 합쳐 하나의 글자를 만듦. 또는 그 글자.

*【緊】 14 糸8 │ 긴 │ 굳을 │ ㉠紾 │

キン
きびしい

筆順 ⼁ ⼁ ⾂ ⾂ ⾂ ⾂⼀ 臤 緊

解字 形聲. 糸와 음을 나타내는 臤(견) [臤은 변음]을 합하여 실을 팽팽하게 매다의 뜻. 후에 엄격하다·심하다의 뜻으로 쓰임.

意味 ① 착착 얽음. ② 단단함. 굳음. 견고함. ③ 급함. 빠름. 또 일이 급함. 시급함. 「一急」 ④ 팽팽함.

緊要[긴요] 꼭 소용이 됨. 필요하고 중대함. 요긴(要緊).

緊張[긴장] ① 마음을 단단히 하고 정신을 바짝 차림. 「一感」 ② 〈生〉근육의 영속적인 수축 상태.

【綢】 14 糸8 │ ①주 │ 동일 │ ㉠尤 │
│ ②도 │ │ ㉮豪 │

チュウ・トウ
まとう

筆順 幺 糸 糽 紃 綢 綢 綢

意味 ① ① 동임. 동여 맴. ② 얽음. 얽힘. ③ 빽빽함. 촘촘함. 稠와 같이 씀.

綢繆[주무] ① 얽힘. ② 동여 맴. ③ 심오함.

綢直[주직] 성정(性情)이 세심하고 품행이 바름.

【緘】 糸9 │ 함 │ 봉할 │ ㉠咸 │

カン・ケン
とじる

筆順 幺 糸 糽 紃 緘 緘 緘

意味 ① 묶음. 상자 같은 것을 끈으로 묶음. 「一制」 ② 봉함.

緘口[함구] 입을 다묾. 말하지 않음. 함묵(緘默). 겸구(拑口).

緘默[함묵] 함구(緘口).

【緞】 15 糸9 │ ①단 │ 비단 │ ㉠廣 │
│ ②탄 │ │ ㉮寒 │

ドン・ダン・タン

筆順 幺 糸 糽 紃 緞 緞 緞

意味 ① 신 뒤축실. ② 뜻은 ①과 같음. ② 비단. 「紬一」

緞子[단자] 생사(生絲) 또는 연사(練絲)로 짠 견직물(絹織物)의 일종.

*【練】 15 糸9 │ 련 │ 누일 │ ㉠霰 │

レン
ねる

筆順 糸 糽 紃 絈 絈 紳 練

解字 形聲. 糸와 음을 나타내는 柬(련)을 합하여 삶아서 마무른 연사·누인 실의 뜻.

意味 ① 누임. 무명·모시 등을 잿물에 삶아 표백(漂白)함. ② 익힘. 익숙하게 함. 연습함. 「訓一」「一磨」

練磨[연마] 학문이나 기술을 연구하여 닦음.

練兵[연병] ① 군대를 훈련하는 일. ② 훈련이 잘된 군대.

【緬】 15 糸9 │ 면 │ 옮겨서장 │ ㉠銑 │
│ │ 사지낼 │ │

ベン・メン

[糸部] 9획　　　　　　　　　　　　　　　　　　　417

筆順 幺 糸 糸' 紵 緬 緬 緬

意味 ① 옮겨서 장사를 지냄. 면례(改葬)함. ② 아득함.
緬禮[면례] 산소를 옮겨서 장사를 다시 지냄. 면봉(緬奉).
緬奉[면봉] 면례(緬禮)의 높임말.

[緒] 15 糸9 │서│실마리│㊦語│
ショ・チョ
お・いとぐち

筆順 幺 糸 糸' 結 緖 緒 緒

解字 形聲. 실을 뜻하는 糸와 음을 나타내는 者(자)[서는 변음]를 합쳐서 실의 끄트머리라는 뜻.

意味 ① 실마리.「端—」 끄트머리. ② 시초.「—論」③ 기업. 사업. ④ 나머지.
緒論[서론] 본문에 들어가기 전에 그 준비로서 서술하는 논설.

*[線] 15 糸9 │선│실│㊦霰│
セン
すじ

筆順 幺 糸 糸' 約 綿 綿 線

解字 形聲. 실을 뜻하는 糸와 음을 나타내는 泉(천)[선은 변음]을 합쳐서 가는 실이라는 뜻. 널리 줄의 뜻으로 씀.

意味 ① 실. ② 실오리. ② 줄. 줄을 침. ③ 발.「光—」길.「視—」④ 길.
線路[선로] ① 좁고 긴 길. ② 기차·전차 등이 다니는 길. 철로(鐵路).
線香[선향] 가늘고 긴 모양으로 만든 향. 불전(佛前)에 피우는 데 씀.

[緣] 15 糸9 │①연│인연│㊦先│
　　　　　　　 │②단│　　│㊦翰│
エン
ふち

筆順 幺 糸 糸' 約 緣 緣 緣

解字 形聲. 실을 뜻하는 糸와 음을 나타내는 彖(단)[연은 변음]을 합쳐서 직물(織物)의 끝 부분이라는 뜻.

意味 ① 인연. 연분이 닿음. ② 선을 두름. ② 단옷. 왕후(王后)의 옷.
緣木求魚[연목구어] 나무에 올라가서 고기를 구하는 뜻으로 되지 않을 일을 무리하게 하려고 함을 일컫는 말.
緣由[연유] 이유. 까닭. 관계.

*[緩] 15 糸9 │완│느즈러질│㊦旱│
カン
ゆるい

筆順 幺 糸 糸' 絟 絟 綬 緩

解字 形聲. 실을 뜻하는 糸와 음을 나타내는 爰(완)을 합쳐서 실로 묶은 것이 느즈러지다의 뜻. 느슨하다의 뜻으로 쓰임.

意味 ① 느즈러짐. 느슨함. 헐거움. ② 너그러움. =寬 ③ 더딤. 느림.「—行」↔急

緩曲[완곡] 느릿느릿하고 곡진함.
緩急[완급] ① 느림과 빠름. ② 위급한 일.
緩晚[완만] 날짜가 점점 늦어짐.
緩慢[완만] 행동이 느릿느릿함.
緩行[완행] 천천히 걸어감.

*[緯] 15 糸9 │위│씨│㊦未│
イ
よこいと

筆順 幺 糸 糸' 絟 緯 緯 緯

解字 形聲. 실을 뜻하는 糸와 음을 나타내는 韋(위)를 합쳐서 직물의 날실에 휘감기게 하는 씨실을 뜻함.

意味 ① 씨. ↔經 씨줄.「一度」씨실. ② 사정. 내력.
緯度[위도]〈地〉적도와 평행해서 지구의 표면을 측정하는 좌표. 적도를 영도로 하여 남북으로 각각 90도임.

[締] 15 糸9 │체│꼭맺을│㊦霽│
テイ
しまる

幺 糸 糸' 紵 綒 締 締

解字 形聲. 실을 뜻하는 糸와 음을 나타내는 帝(제)[체는 변음]를 합쳐서 꼭 묶어 매다의 뜻.

意味 ① 꼭 맺음. 약속함.「—結」② 닫음. 닫힘.

締結[체결] ① 얽어서 맺음. ② 계약이나 조약을 맺음.
締盟[체맹] 동맹을 맺음.
締約[체약] 조약을 맺음.

〔糸部〕9~11획

【緻】 糸9 15 | 치 | 톡톡할 | ㊥實 | チ

筆順 幺 糸 糸′ 紓 経 緻 緻

意味 ① 톡톡함. 빽빽함.「一密」② 빈틈이 없음. ③ 헌옷을 기움.

緻密[치밀]ㅁㅊ ① 자세하고 곰곰함. ② 피륙 같은 것이 배고 톡톡함.

*【編】 糸9 15 | ①편 ②변 | 엮을 | ㊤先 ㊤銑

ヘン
あむ

筆順 幺 糸 糸′ 紓 絹 絹 編

解字 形聲. 실을 뜻하는 糸와 음을 나타내는 扁(편)을 합해서 글자를 적은 대나무 조각을 실로 엮어 매다의 뜻. 널리 실로 짜다·책을 만들다의 뜻으로 쓰임.

意味 ① 엮음.「一物」② 책을 만듦.「一輯」③ 적음. 기록함. ④ 첩지. 부녀의 머리 장식물. ⑤ 벌림. ⑥ 땋음.

編年體[편년체]ヘンネンタイ 역사 기술의 한 방법. 연월을 중심으로 하여 사실을 편술함.
編成[편성]ヘンセイ 엮어서 만듦.
編輯[편집]ヘンシュウ 여러 가지 재료를 모아 책이나 신문 등을 만듦. 편집(編集).

【縛】 糸10 16 | 박 | 묶을 | ㊦藥

ハク·バク
しばる

筆順 糸 糸′ 紓 絹 縛 縛 縛

解字 形聲. 실을 뜻하는 糸와 음을 나타내는 專(부)[박은 변음]를 합쳐서 물건을 밧줄로 붙들어 매다의 뜻. 널리 묶다의 뜻으로 씀.

意味 묶음. 얽음.「捕一」

縛擒[박금]バクキン 사로잡아 묶음.
縛繩[박승] 죄인을 잡아 묶는 노끈.

【縊】 糸10 16 | ①의 ②액 | 목맬 | ㊥寘 俗音

エイ·イ
くびる

筆順 糸 糸′ 紓 絹 絈 縊 縊

意味 ①목을 맴. ②뜻은 ①과 같음.「一死」

縊死[의사]イシ 목을 매어 죽음. 액사.
縊殺[의살]イサツ 목을 매어 죽임.

【縋】 糸10 16 | 추 | 줄에달릴 | ㊥寘

ツイ
すがる

筆順 糸 糸′ 紅 紓 絈 絽 縋

意味 ① 줄에 달림. ② 매달림.

【縒】 糸10 16 | 착 | 얽힐 | ㊤藥 | シ

よる

筆順 糸 糸″ 糸′ 紓 絈 絴 縒

意味 ① 얽힘. 실이 엉킴. ② 어지러움.

*【縣】 糸10 16 | 현 | 매달 | ㊤先

ケン
かける·あがた

筆順 目 県 県 県 縣 縣

解字 形聲. 나무에 목을 거꾸로 매단 모양의 상형자에서 木을 생략한 県과 음을 나타내는 系(계)(현은 변음)를 합쳐 나무에 죄인의 목을 거꾸로 걸다의 뜻. 널리 매달다의 뜻으로 씀.

意味 ① 매닮. 매달림. ② 거리가 있음. ＝懸 ③ 고을.

縣監[현감] 이조(李朝) 때 현의 원. 종6품(從六品) 벼슬.
縣官[현관]ケンカン ① 천자(天子). 조정(朝廷). ② 현(縣)의 벼슬아치.

【縞】 糸10 16 | 호 | 흰깁 | ㊤晧

コウ
しろぎぬ·しま

筆順 幺 糸 糸′ 紅 絈 縞 縞

意味 흰 깁. 흰 비단.

縞衣[호의]コウイ 희고 깨끗한 비단 옷.

【縷】 糸11 17 | 루 | 실 | ㊤麌 | ル·ロウ

いと

筆順 糸 糸′ 紓 絽 縷 縷 縷

意味 ① 실. 실 마디. ② 자상함. ③ 허슬한 옷. 누더기.「鶉一」

縷縷[누누]ルル ① 실처럼 길게 계속되는 모양. ② 자세히 말하는 모양. ③ 가늘고 끊어지지 않는 모양.

[糸部] 11획

縷說[누설] 세세하게 자세히 말함.
縷述[누술] 자세하게 자기 의견을 말함.

[縵] 糸11 17획 | 만 | 무늬없는비단 | ㊤翰
マン・バン

筆順 糸 糸' 紅 紀 緝 縵 縵

意味 ① 무늬가 없는 비단. ② 너그러움. ③ 줄을 고름[調紋]. ④ 늘어짐.

縵縵[만만] ① 구름 같은 것이 옆으로 길게 퍼지는 모양. ② 교화(敎化)가 널리 미치는 모양. ③ 생사를 같이 하는 모양. ④ 완만한 모양.

縵樂[만악] 서로 뒤 섞어 연주하는 음악.

縵田[만전] 이랑을 만들 수 없는 밭.

[繆] 糸11 17획 | 1무 2목 | 실천오리 |
㊤宥㊧屋 | 3무 4류
㊦尤㊦尤 | あやまる・まとう
ビュウ・ボウ・ボク

筆順 糸 糸' 約 終 終 繆 繆

意味 ① ① 천 오라기의 실. 얽음. ② 어그러짐. ③ 좋지 못한 시호[惡諡].

繆繞[무요] 엉키고 설킴.
繆意[무의] 잘못된 생각.

[縫] 糸11 17획 | 봉 | 꿰맬 | ㊦冬
ホウ
ぬう

筆順 糸 糸' 紅 終 縫 縫 縫

解字 形聲. 실을 뜻하는 糸와 음을 나타내는 逢(봉)을 합쳐서 실로 꿰매다의 뜻으로 씀.

意味 ① 꿰맴.「裁─」② 마무름. ③ 미봉. 임시 변통으로 얽어 맞춤.

縫工[봉공] 군대 같은 곳에서 바느질을 맡아하던 군사.
縫針[봉침] 바늘.
縫合[봉합] 기워 맞춤.

*[繁]** 糸11 17획 | 1번 2반 | 많을 | ㊤元
㊤寒
ハン
しげる

筆順 ⺈ ⺅ ⺍ 毎 毎 敏 繁

解字 形聲. 실을 뜻하는 糸와 음을 나타내는 敏(민)[번은 변음]을 합쳐서 말의 갈기에 실로 된 장식을 많이 단다는 뜻. 널리 많음·한창의 뜻으로 씀.

意味 ① ① 많음. ② 한창.「─盛」③ 번잡함. ④ 잦음. ⑤ 무성함.

繁文縟禮[번문욕례] ① 예절·절차 등이 지나치게 형식적인 것. ② 번거롭고 까닭이 많은 예문(禮文).

繁華[번화] ① 번성하고 화려함. ② 초목이 무성하고 꽃이 핌.「─街」

[繃] 糸11 17획 | 붕 | 묶을 | ㊦庚
ホウ

筆順 糸 糸' 紅 紀 繃 繃 繃

意味 묶음. 감음.「─帶」

繃帶[붕대] 종기나 상처에 감는 소독된 면포.
繃帶液[붕대액] 〈醫〉 상처나 부스럼 같은 데에 덮어 싸기 위해 붕대를 대신하여 바르는 액체.

[縹] 糸11 17획 | 표 | 옥색빛 | ㊤篠
ヒョウ
はなだいろ

筆順 糸 糸' 絅 絅 縹 縹 縹

意味 ① 옥색 빛깔. ② 훌쩍 낢.

縹紗[표묘] ① 아득히 넓은 모양. ② 높고 먼 모양.

[縮] 糸11 17획 | 축 | 오그라질 | ㊤屋
シュク
ちぢむ

筆順 糸 紵 紵 紵 縮 縮

解字 形聲. 실을 뜻하는 糸와 음을 나타내는 宿(숙)[축은 변음]을 합쳐서 실이나 천이 오그라들다의 뜻.

意味 ① 오그라짐. 줄어듦. ↔伸 ② 거둠. ③ 모자람. ④ 물러감.

縮減[축감] 줄여서 적게함.
縮地法[축지법] 도술에 의해 지맥(地脈)을 축소하여 먼 거리를 가깝게 하는 술법.
縮尺[축척] 제도에서 원형보다 축소한 그림을 그릴 때 그 축소시킬 비례의 척도.「─五萬分의 ─의 地圖」

[糸部] 11~12획

【績】 糸11 17 | 적 | 길쌈 | ㉥錫 |
セキ・シャク
つむぐ

筆順 糸 糹 糹⁺ 結 績 績 績

解字 形聲. 실을 뜻하는 糸와 음을 나타내는 責(책)[적은 번음]을 합쳐서 실을 점점 더하여 굵게 되다의 뜻. 후에 공을 쌓다의 뜻으로 씀.

意味 ① 길쌈. 실을 자아 만듦. 「紡一」 ② 이음. ③ 공적. ④ 이룸. 「業一」

學習 '공적'의 뜻을 가진 글자→功

績紡[적방] ᵗᵉᵏ 실을 잣고 베를 짬. 방적(紡績). 길쌈함.

【總】 糸11 17 | 총 | 꿰맬 | ㉥送 |
ソウ
ふさ・すべる・すべて

筆順 糸 糹 糼 縋 縋 總 總

解字 形聲. 실을 뜻하는 糸와 음을 나타내는 悤(총)을 합쳐서 실을 모아 정리하다의 뜻.

意味 ① 꿰맴. 흠[縫]. ② 거느림. ③ 합함. 모음. ④ 다. 모두. 모든.

總角[총각] ᵃᵍᵉᵐᵃᵏⁱ 장가 갈 나이가 되고도 아직 가지 아니한 남자.

總理[총리] ᵗˢᵘ ① 전체를 다스림. ② 국무 총리.

總長[총장] ᵗˢᵘ ① 전체를 다스리는 장관. ② 종합 대학의 우두머리.

【縱】 糸11 17 | ①종 ②종 | 세로 | ㉥宋 ㉥董 |
ジュウ・ショウ
たて

筆順 糸 糹 糹' 終' 終' 終' 縱

解字 形聲. 실을 뜻하는 糸와 음을 나타내는 從(종)을 합쳐서 꽉 줄린 실을 느슨하게 하다의 뜻. 널리 느슨하게 함.

意味 ① 세로. =縱 ↔橫 ② 늘어짐 ③ 풀어 놓음. ④ 둠[置].

縱橫無盡[종횡무진] ᵗˢᵘᵒ꜀ᵒᵘᵐᵘ뇨ᴺ 자유 자재하여 한이 없음. 「一의 活躍」

縱斷勾配[종단구배] ᵗˢᵘ꜀ᵒᵘᵈᵃⁿ꜀ᵒᵘʜᵃⁱ 길이나 둑같은 데에 세로로 붙인 구배(勾配). 열

縱隊[종대] ᵗˢᵘᵒᵘᵗᵃⁱ 세로로 나란히 선 대

【繚】 糸12 18 | 료 | 동일 | ㉥蕭 |
リョウ
めぐる

筆順 糸 糹 紩 終 綘 綘 繚

意味 ① 동임. 얽음. ② 둘림. 둘러 댐. ③ 다듬음. ④ 다스림.

繚亂[요란] ᵣʸᵒᵘ ᵣᵃⁿ 얽히고 어지러운 모양. 흩어져서 어지러운 모양.

【繕】 糸12 18 | 선 | 기울 | ㉥霰 |
セン・ゼン
つくろう

筆順 糸 糹 紒 紲 絆 絆 繕

解字 形聲. 실을 뜻하는 糸와 음을 나타내는 善(선)을 합쳐서 찢어진 곳을 실로 기워 쓸 수 있도록 고치다의 뜻.

意味 ① 기움. 꿰맴. 「修一」 ② 다스림.

【繡】 糸12 18 | 수 | 수놓을 | ㉥宥 |
シュウ
ぬいとり

筆順 糹' 糹' 絆 絆 繡 繡 繡

意味 ① 수를 놓음. 「刺一」 ② 성(姓)의 하나.

繡方席[수방석] ᵛᵘ우ʰᵒᵘᶳᵉᵏⁱ 수를 놓은 방석.

繡衣夜行[수의야행] ᵛᵘᵒⁱʸᵃᵏᵒᵘ 영광스러운 일이 남에게 알려지지 않음을 가리키는 말.

【繞】 糸12 18 | 요 | 동일 | ㉥蕭 |
ジョウ・ニョウ
めぐる・まとう

筆順 糸 糹⁺ 糹⁼ 緁 緁 綯 繞

意味 ① 동임. 얽힘. ② 둘림.

【織】 糸12 18 | ①직 ②치 | 짤 | ㉥職 ㉥寘 |
ショク・シキ・シ
おる

筆順 糸 糹 糹⁺ 紼 紂 織 織

解字 形聲. 실을 뜻하는 糸와 음을 나타내는 戠(직)을 합쳐서 베틀에 똑바로 걸치는 날실이라는 뜻. 널리 직물을 짜다의 뜻으로 씀.

意味 ① ① 짬. 낳이함. ② 만듦. 「組一」 ② 실을 다듬음. 실을 뽑음. ③ 기(旗).

織耕[직경] ᵛʰᵒᵏᵘᵏᵒᵘ 베 짜기와 밭 갈기.

[糸部] 13~14획

織工[직공] 직물 제조의 직공.
織機[직기] 피륙을 짜는 기계.
織女[직녀] ① 베 짜는 여자. ② 〈天〉별 이름. 직녀성(織女星).

【繭】 19 糸13 | 견 | 고치 | 土銑
ケン まゆ

筆順 艹 芇 芇 萳 繭 繭 繭

解字 形聲. 실을 뜻하는 糸와 虫과 음을 나타내는 㡭(견)을 합쳐서 누에고치를 뜻함.

意味 ① 고치. 「一絲」② 비단. ③ 발이 부르틈. ④ 목이 쉼.
繭絲[견사] ① 누에고치에서 뽑은 실. 명주실. ② 고치와 실.
繭蠶[견잠] 고치를 지은 누에.

【繫】 19 糸13 | 계 | 얽힘 | 土齊
ケイ つなぐ

筆順 冖 旦 車 専 毄 毄 繫

意味 ① 얽음. 맺음. 묶음. 맴. ② 이음. ③ 약속함. ④ 머무름.
繫累[계루] ① 자기 몸에 얽매인 번거로운 일. ② 부모·처자·형제 등의 헤어지기 어려운 얽매임.
繫留[계류] ① 붙잡아 매어 놓음. ② 선박(船舶)이 암벽(岩壁) 같은 데에 정박(碇泊)함.
繫獄[계옥] 옥에 매어 가두어 둠.
繫匏[계포] 매어 걸려 있는 바가지. 즉 하는 일 없이 세월을 보냄의 비유.

【繰】 19 糸13 | ① 소 ② 조 | 고치켤 | 土皓
ソウ くる

筆順 紀 絽 絽 繰 繰 繰 繰

解字 形聲. 실을 뜻하는 糸와 음을 나타내는 喿(조)를 합쳐서 누에고치로부터 실을 뽑아 내다의 뜻. 널리 실을 감아 내다의 뜻도 씀.

意味 ① 고치를 켬. ② 아청 통견. 검푸른 빛깔의 설피고 얇은 깁.
繰車[소거] 고치를 켜는 물레.
繰綿[조면] 목화의 씨를 잣아 들어 놓은 솜.

【繩】 19 糸13 | 승 | 노 | 土蒸
ジョウ なわ

筆順 紀 紀 紀 紐 紐 繩 繩

意味 ① 노. 짚·실 등을 가느다랗게 꼰 끈. ② 이음. ③ 먹줄. 「一尺」
繩墨[승묵] ① 먹줄. ② 규칙. 법. 법도(法度).
繩索[승삭] 노와 새끼.
繩正[승정] 법에 의하여 바로잡음.

【繹】 19 糸13 | 역 | 풀 | 入陌
エキ・ヤク たずねる

筆順 糸 紀 紀 緊 緊 繹 繹

意味 ① 풂. ② 실끝을 찾음. 캐어 들어 감. ③ 잇닿음. ④ 베풂. ⑤ 빛남.

【繪】 19 糸13 | 회 | 그림 | 去泰
カイ・エ

筆順 糸 糸 糸 給 給 繪 繪

意味 ① 그림. 「一畫」 ② 수놓음.
繪圖[회도] ① 그림. ② 가옥·토지 등의 평면도.
繪事[회사] 그림 그리는 법.

*【繼】 20 糸14 | 계 | 이을 | 去霽
ケイ つぐ

筆順 糸 糸 紗 紗 絲 絲 繼

解字 形聲. 실을 뜻하는 糸와 음을 나타내는 㡭(계)를 합쳐서 실을 잇다의 뜻.

繼母[계모] 아버지의 후처.
繼父[계부] ① 아버지의 뒤를 이음. ② 어머니의 후부(後夫)로서 자기를 길러 준 사람. ↔실부(實父)

【纂】 20 糸14 | 찬 | 책편찬할 | 上旱
サン あつめる

筆順 ⺮ ⺮ 笁 笇 笪 簒 纂

意味 ① 책을 편찬함. 모음. ② 이음.
纂修[찬수] ① 문서를 모아 정리하는 일. ② 자료를 모아 책을 편수함. 「순서를 세워 편집함.
纂輯[찬집] 자료를 모아 분류하고

*【續】21 糸15 | 속 | 이을 | [入]沃 |
ゾク・ショク
つぐ・つづく
[筆順] 糸 紸 緈 續 續 續 續
[解字]  形聲. 糸와 음을 나타내는 賣(육) 〔속은 변음〕을 합하여 끊어진 실을 잇다의 뜻. 널리 계속하다의 뜻으로 쓰임.
[意味] ① 이음. ㉠연함. 계속함. 「連—」 ㉡계승함. 「—襲」 ② 공(功).
續刊〔속간〕ゾッカン 정지되었던 신문·잡지를 다시 간행함.
續載〔속재〕ゾクサイ 신문이나 잡지에 작품과 기사를 계속하여 실음.

【纏】21 糸15 | 전 | 둘릴 | [平]先 |
テン・デン
まとう
[筆順] 糸 絧 緾 緾 纏 纏 纏
[意味] ① 둘림. ② 묶음. ③ 동임. 맴. 얽음. 「—足」
纏帶〔전대〕 돈이나 물건을 넣어 몸에 차는, 양쪽 끝이 터진 자루.
纏足〔전족〕テンソク 여자의 발을 베로 꼭 묶어 성장을 방해하여 발을 작게 만들던 중국 여자의 풍습. 또는 그 발.

【纖】23 糸17 | 섬 | 가늘 | [平]鹽 | セン
[筆順] 糸 紌 絀 纎 纎 纖 纖
[解字] 形聲. 실을 뜻하는 糸와 음을 나타내는 韱(섬)을 합쳐서 가는 실의 뜻. 널리 가늘다·잘다의 뜻으로 씀.
[意味] ① 가늚. 작음. 잚. 「—細」 ② 가느다란 올. 「—維」
纖巧〔섬교〕センコウ 섬세하고 교묘함.
纖纖玉手〔섬섬옥수〕 가냘프고 고운 여자의 손.

【纓】23 糸17 | 영 | 갓끈 | [平]庚 |
エイ・ヨウ
[筆順] 糸 絽 縸 纓 纓 纓 纓
[意味] ① 갓끈. 노. ② 말가슴걸이.
纓絡〔영락〕エイラク ① 구슬을 꿰어서 만든 목걸이. ② 얽힘.

【纛】25 糸19 | [1]도 [2]독 | 둑기 | [去]號 [入]沃 |
トウ
はたぼこ
[筆順] 十 圭 毒 毒 毒 毒 纛
[意味] [1] 둑기. 기치(旗幟). [2] 뜻은 [1]과 같음.

【纜】27 糸21 | 람 | 닻줄 | [去]勘 |
ラン
ともづな
[筆順] 糸 糸 絽 絽 絽 纜 纜
[意味] 닻줄.

缶 部

【缶】6 缶0 | 부 | 양병 | [上]有 |
フウ・フ
ほとぎ
[筆順] ノ 𠂉 𠂉 午 缶 缶
[解字]  象形. 배가 불룩하고 아가리가 좁은 질그릇의 모양을 본뜸. 부수로는 항아리에 관한 뜻을 나타냄.
[意味] ① 양병. 장군. 술이나 물을 담기 위하여 오지나 나무로 만든 그릇. ② 질장구. 흙을 구워서 틀을 만든 악기.

【缸】9 缶3 | 항 | 항아리 | [平]江 | コウ かめ
[筆順] ノ 𠂉 𠂉 午 缶 缶 缸
[意味] 항아리.
缸面酒〔항면주〕コウメンシュ ① 술의 한 가지. ② 막 익어서 처음으로 거른 술.

*【缺】10 缶4 | 결 | 이지러질 | [入]屑 |
ケツ
かける
[筆順] 𠂉 𠂉 午 缶 缶 缺 缺
[解字] 形聲. 독을 뜻하는 缶와 음을 나타내는 夬(결)을 합쳐서 독이 깨어지다의 뜻.
[意味] ① 이지러짐. ② 깨어짐.

〔缶部〕18획·〔网·罒·㓁部〕0~8획

缺勤[결근] 출근하지 아니함.
缺禮[결례] 예의를 다하지 못함.
缺漏[결루] 빠짐. 누락.
缺番[결번] 차례에서 빠진 번호. 그 번호에 해당하는 것이 빠져 있음.
缺本[결본] 총서(叢書)·전집(全集) 등의 권수(卷數)가 다 채워지지 않은 책. 궐본(闕本)↔완본(完本)
缺席[결석] 나가야 할 자리에 참석치 않고 빠짐. ↔출석(出席)
缺席裁判[결석재판] 〈法〉결석 판결을 행하는 재판.
缺席判決[결석판결] 〈法〉① 민사 소송에 있어서 원고나 피고의 어느 한 쪽이 출두하지 않았을 때 출두한 쪽의 신립(申立)에 의하여 행하는 판결. ② 형사 소송에 있어, 호출 받은 피고인이 법정에 출두하지 않았을 때 검사의 청구에 의하여 내리는 판결.
缺陷[결함] 부족하고 불완전하여 흠이 됨. 결점(缺點). 불비(不備).
缺航[결항] 천기(天氣) 등의 사고로 정기적인 항해(航海)를 못하고 거름.

【罐】缶18 | 관 | 물동이 | ㉠翰 | カン

筆順 缶 缶 缶 缶 缶 缶 缶 缶 罐

意味 ① 물동이. ② 양철통.

网(冈·罒·㓁)部

【网】网0⁶ | 망 | 그물 | ㉠養
ボウ・モウ

筆順 丨 冂 冂 冈 网 网

解字 象形. 위로부터 덮어 씌우는 그물코의 모양을 본뜸. 그물을 뜻하며 부수로도 그물에 관한 뜻을 나타냄.

意味 그물.

*【罔】罒3⁸ | 망 | 없을 | ㉠養
ボウ・モウ
しいる・ない

筆順 丨 冂 冂 冂 円 円 罔 罔

解字 形聲. 그물을 뜻하는 門과 음을 나타내는 亡(망)을 합쳐서 짐승을 잡는 그물의 뜻.

意味 ① 없음. ② 흐림. ③ 속임. ④ 맺음. ⑤ 그물.

罔極[망극] ① 임금이나 어버이의 은혜가 그지없음. 한이 없는 슬픔. ② 망극지통(罔極之痛).
罔措[망조] 어찌 할 바를 모름. 허둥지둥 함. 망지 소조(罔知所措).

【罕】罒2⁷ | 한 | 드물 | ㉠旱
カン まれ

筆順 丶 冖 冖 冗 冗 空 罕

意味 ① 드물. ② 그물. 「一罔」

【罠】罒5¹⁰ | 민 | 고라니그물 | ㉠眞
ビン・ミン
わな

筆順 冂 冂 冂 罒 罒 罠 罠

意味 ① 고라니 그물. ② 낚시. 낚싯줄. =緡

*【罪】罒8¹³ | 죄 | 허물 | ㉠賄
ザイ・サイ
つみ

筆順 丨 冂 冂 罒 罒 罪 罪 罪

解字 形聲. 그물을 뜻하는 罒과 음을 나타내는 非(비)[죄는 법을] 합쳐서 대로 만든 어망(魚網)의 뜻.

意味 ① 허물. 「一過」도덕에 어긋나는 일. 「一惡」② 벌(罰)을 줌. ③ 고기 그물.

罪科[죄과] ① 죄와 허물. ② 법률에 비추어 처벌함.
罪囚[죄수] 죄를 지어 옥에 갇힌 사람. 형벌을 받고 있는 사람.
罪惡[죄악] 중죄가 될 만한 악행.

*【置】罒8¹³ | 치 | 베풀 | ㉠寘
チ おく

筆順 冂 冂 罒 罒 罪 置 置

解字 形聲. 그물을 뜻하는 罒과 음을 나타내는 直(직)[치는 변음]을 합쳐서 그물을 치다의 뜻.

① 베품. 「設一」 ② 둠. 안치함. ③ 버림. 그만둠. 「放一」 ④ 붙들어 둠. 「留一」 ⑤ 역말.

置毒[치독] 독약을 음식에 넣음.

置之度外[치지도외] 내버려 두고 문제 삼지 않음. 도외시함.

置換[치환] 바꾸어 놓음.

罫 13획 8획 | 괘 | 바둑판정간 | ⓐ卦
ケイ・カイ

筆順 一冂⺼⺼罒罒罜罫罫

意味 ① 바둑판의 정간. 바둑판에 그은 금. ② 거리낌.

參考 옛 음은 '홰'.

罫線[괘선] 문자를 똑바로 쓰기 위하여 그은 선.

罫紙[괘지] 괘선(罫線)이 그어져 있는 종이.

罰 14획 9획 | 벌 | 벌줄 | ⓐ月
バツ・バチ・ハツ

筆順 一冂⺼罒罒罰罰罰

解字 會意. 큰 쇠로 꾸짖다의 뜻인 詈(리)와 칼을 뜻하는 刂(도)를 합쳐서 잡아서 말로 꾸짖고는 칼로 베다의 뜻.

意味 ① 벌을 줌. 「處一」벌을 받음. ② 꾸짖음.

罰金[벌금] ① 범죄의 처벌로서 부과하는 돈. 징계의 뜻으로 물리는 돈.

罰酒[벌주] 벌로 먹이는 술.

罰則[벌칙] 법규를 어긴 자를 처벌(處罰)하는 규칙.

署 14획 9획 | 서 | 쓸 | ⓐ御
ショ しるす

筆順 一冂⺼罒罒罘署署

解字 形聲. 그물을 뜻하는 罒과 음을 나타내는 者(자)[서는 변음]을 합쳐서 그물을 치기 위하여 사람을 배치하다의 뜻. 널리 담당(擔當)·맡은 몫의 뜻으로 씀.

意味 ① 씀. 적음. 「一名」 ② 마을. 관청. 「官一」 ③ 대신 일을 봄. 「一理」

署理[서리] 결원(缺員)이 있을 때 다른 사람이 대신 직무를 수행함.

罵 15획 10획 | 매 | 꾸짖을 | ⓐ禡
バ ののしる

筆順 一冂⺼罒罒罵罵罵

意味 ① 꾸짖음. ② 욕설. 「一倒」

罵倒[매도] 몹시 꾸짖어 욕함.

罵詈[매리] 욕설을 퍼부으며 꾸짖음.

罷 15획 10획 | ①파 ②피 | 그만둘
ⓐ禡ⓑ支
ヒ・ハイ やめる・つかれる

筆順 一冂⺼罒罒罷罷罷

意味 ① ① 그만둠. 「一業」 ② 내침. ② ① 그침. ② 귀양보냄. ③ 아비.

罷免[파면] 직무(職務)를 그만 두게 함. 면직(免職).

罷職[파직] 관직에서 물러나게 함.

罹 16획 11획 | 리 | 만날 | ⓐ支
リ かかる

筆順 一冂⺼罒罒罹罹罹

意味 ① 만남. ② 근심함. ③ 걸림.

罹病[이병] 병(病)에 걸림.

罹災[이재] 재해(災害)를 입음.

羅 19획 14획 | 라 | 새그물 | ⓐ歌
ラ あみ

筆順 一冂⺼罒罖罗羅

意味 ① 새를 잡는 그물. ② 벌임. 늘어 놓음. 「一列」 ③ 빠뜨림 없이 모두 몰아 들임. 「網一」 ④ 깁. 비단.

羅列[나열] ① 죽 벌여 놓음. ② 죽 열(列)을 지음.

羅刹[나찰] 〈佛〉 악(惡)한 귀신의 하나. 사람을 잡아 먹으며 지옥에서 죄인을 못살게 군다고 함.

羈 22획 17획 | 기 | 나그네 | ⓐ支
キ たび

筆順 罒罒罒覊羈羈

意味 ① 나그네. ② 여행.

羇 24획 19획 | 기 | 말굴레 | ⓐ支

[羊部] 0~7획

キ
たづな
筆順 ⼻ ⼼ ⺼ ⺽ ⾞ ⾿ ⾯ ⾶
意味 ① 말굴레. ② 고삐. ③ 북상투. 아무렇게나 끌어 올린 머리털.
羈旅[기려] ᵏʸᵒ 나그네. 타향에 머물러 있는 나그네.
羈絆[기반] ᵏʰᵃⁿ 굴레. 또는 굴레를 씌움.

羊 部

*[羊]⁶ 羊0 | 양 | 양 | ㊤陽 | ㋭ひつじ
筆順 ⼻ ⼼ ⺼ ⾼ 羊
解字 ⾔·羊 象形. 양의 머리를 본뜸. 부수로는 양 또는 좋은 일에 관한 뜻을 나타냄.
意味 ① 양. ② 노님. ③ 상양새. 다리가 하나뿐인 새 이름임.
羊頭狗肉[양두구육] ᵏʸᵒᵘᵗᵒᵘ ᵏᵘⁿⁱᵏᵘ 양의 머리를 내걸고는 개고기를 판다는 뜻. 겉으로는 훌륭한 체하나 실상은 음흉한 짓을 함을 비유함.
羊腸[양장] ᵏʸᵒᵘᵗʸᵒᵘ ① 양의 창자. ② 양의 창자 모양으로 꼬불꼬불한 길.

[羌]⁸ 羊2 | 강 | 오랑캐 | ㊤陽
キョウ
えびす
筆順 ⼻ ⼼ ⺼ ⾼ 羊 羊 羌
意味 ① 오랑캐. 서부 아시아의 민족임. ② 말을 끝냄.
羌笛[강적] ᵏʸᵒᵘᵗᵉᵏⁱ 악기의 하나. 오랑캐들이 부는 피리.

*[美]⁹ 羊3 | 미 | 아름다울 | ㊤紙
ビ·ミ
うつくしい
筆順 ⼻ ⼼ ⺼ ⾼ 羊 丰 美
意味 ① 아름다움. 예쁨. ↔醜「一人」 ② 좋음. ↔惡 ③ 맛이 있음. 「一味」
美觀[미관] ᵇⁱᵏᵃⁿ 보기에 아름다운 것.

425

美貌[미모] ᵇⁱᵇᵒᵘ 아름다운 얼굴모양.
美妙[미묘] ᵇⁱᵐʸᵒᵘ 아름답고 교묘함.
美化[미화] ᵇⁱᵏᵃ ① 아름답게 꾸미어 보기 좋게 만듦. ② 아름다운 감화(感化).

[羔]¹⁰ 羊4 | 고 | 새끼양 | ㊤豪
コウ
こひつじ
筆順 ⼻ ⼼ ⺼ ⾼ 羊 羔 羔
意味 ① 새끼 양. ② 염소.
羔羊[고양] ᵏᵒᵘʸᵒᵘ ① 양의 새끼. ② 경대부(卿大夫)의 행위가 결백하여 진퇴에 절도가 있음을 일컫는 말.

[羚]¹¹ 羊5 | 령 | 영양 | ㊤青
レイ・リョウ
かもしか
筆順 ⼻ ⼼ ⺼ ⾼ 羊 羚 羚
意味 ① 영양. ② 뿔이 큰 양.
羚羊[영양] ʳᵉⁱʸᵒᵘ 〈動〉 소과에 속하는 염소와 비슷한 양. 깊은 산속에 살며 뿔은 약재로 쓰이고 모피는 방한(防寒)·방습(防濕)용으로 쓰임.

[羞]¹¹ 羊5 | 수 | 부끄러울 | ㊤尤
シュウ
すすめる・はじる
筆順 ⼻ ⼼ ⺼ ⾼ 羊 羔 羞 羞
意味 ① 부끄러움. 「一恥」 ② 음식.
羞惡[수오] ˢʸᵘᵒ 자신의 불선(不善)을 부끄러워하고 남의 악을 미워함.
羞惡之心[수오지심] ˢʸᵘᵒⁿᵒᵏᵒᵏᵒʳᵒ 사단(四端)의 하나.
羞恥[수치] ˢʸᵘᶜʰⁱ 부끄러움. 「一心」

[群]¹³ 羊7 | 군 | 무리 | ㊤文
グン
むらがる・むれる
筆順 ⼸ ⼹ ⼺ 君 君 群 群
解字 形聲. 양을 뜻하는 羊과 음을 나타내는 君(군)을 합쳐서 양 떼를 통합, 널리 무리·떼를 짓다의 뜻으로 씀.
意味 ① 무리. 「拔一」 ② 벗. ③ 모음. ④ 떼를 지음. ⑤ 많음. 「一衆」

群鷄一鶴[군계일학]ケィイッカク 닭의 무리 속에 끼어 있는 한 마리의 학. 즉 평범한 사람들 중의 출중한 인물을 가리키는 말. 계군 일학(鷄群一鶴).

群衆[군중]グンシュゥ 무리 지어 모여 있는 많은 사람.

[羨]₇¹³ | 선 | 부러워할 | ㊤霰 |
センうらやむ

筆順 ゛ン ン 于 羊 羊 羑 羡 羨

意味 ① 부러워함. 「一望」 ② 넉넉함. ③ 넘침. ④ 감.

羨望[선망]センボウ 남을 부러워하고 자기도 그렇게 되기를 바람.

羨慕[선모]センボ 부러워하고 사모함.

*[義]₇¹³ | 의 | 옳을 | ㊤寘 | ギ |
ギ

筆順 ゛ン 于 羊 羊 羊 義 義

解字 形聲. 아름답다의 뜻인 羊과 음을 나타내는 我(아)[의는 변음]를 합쳐서 아름답게 춤추는 모습을 뜻함. 후에 예절에 맞는 거동·바른 길의 뜻으로 씀.

意味 ① 옳음. 바름. =宜 ② 사람으로서의 마땅한 길. 오상(五常)[仁·義·禮·智·信] 가운데의 하나.

義理[의리]ギリ ① 사람으로서 지켜야 옳은 도리(道理). ② 혈족 아닌 사람끼리 혈족(血族)의 관계를 맺음.

義兵[의병]ギヘィ 의(義)를 위하여 일어나는 군사(軍士). 「忠僕」

義僕[의복]ギボク 충성스러운 하인. 충복

義烈[의열]ギレッ 의(義)를 지킴이 강함. 정의의 마음이 열렬함.

義勇[의용]ギユゥ ① 의(義)를 위하여 내는 용기(勇氣). 「一兵」 ② 충의(忠義)와 용기(勇氣).

義人[의인]ギジン ① 정의(正義)를 지키는 사람. 사심(私心)이 없는 사람. ② 충의심(忠義心)이 강한 사람.

義俠[의협]ギキョゥ ① 강자(强者)를 누르고 약자(弱者)를 도우려는 마음. 「一心」 ② 신의를 지키는 일.

義兄[의형]ギケイ 결의(結義)한 형.

[義]₁₀¹⁶ | 희 | 기운 | ㊤支 | ギ・キ |

筆順 ゛ン 于 羊 羊 羊 義 義

意味 ① 기운. ② 고대 중국의 임금 이름. ③ 벼슬 이름.

義經[희경]キケィ 《書》주역(周易)의 딴 이름.

義農[희농]キノゥ 복희씨(伏羲氏)와 신농씨(神農氏). 중국 고대의 성인.

義皇[희황]キコゥ 중국 신화에 나오는 태고(太古)의 성천자(聖天子). 복희씨의 높임말.

[羹]₁₃¹⁹ | 갱 | 국 | ㊤庚 |
コゥ·カンあつもの

筆順 ゛ン 羊 羔 羔 羹 羹 羹

意味 국. 채소·고기 등을 넣은 뜨거운 국.

羽 部

*[羽]₀⁶ | 우 | 깃 | ㊤麌 |
ウは·はね

筆順 ᅵ ᅴ ヲ ㅋ 羽 羽

解字 象形. 새의 깃 모양을 본뜸. 새의 깃이라는 뜻. 부수로는 깃에 관한 뜻을 나타냄.

意味 ① 깃. ② 편. ③ 모음. ④ 우성(羽聲). 오성 중의 하나.

羽毛[우모]ウモゥ ① 깃과 털. ② 깃에 붙어 있는 새털.

羽觴[우상]ウショゥ ① 술잔의 한 가지. 참새가 날개를 벌린 모양의 술잔. ② 악곡(樂曲) 이름. 치주곡(置酒曲)을 개칭(改稱)한 것.

羽狀脈[우상맥]ウジョゥミャク 《植》주맥(主脈)에서 지맥(支脈)·세맥(細脈)으로 자꾸 갈라져 새의 깃 모양으로 된 잎사귀.

羽扇[우선]ウセン 새의 깃으로 만든 부채.

[羽部] 4~9획　　　　　　　　　　　　　　　　　　　427

羽翼[우익]및, ① 새의 날개. ② 새의 날개처럼 좌우(左右)에서 보좌(輔佐)함.

【翅】 10 羽4│시│날개│㊥寘│
つばさ

筆順 一 十 岁 支 支 岁 翅

意味 ① 날개. 깃. ② 뿐.

翅果[시과]ㅉ〈植〉 열매의 한 가지. 과피(果皮)가 신장(伸張)하여 날개 모양이 되고 바람에 날리어 흩어짐. 단풍나무·물푸레나무의 열매 등.

*【翁】 10 羽4│옹│아비│㊥東│
オウ
おきな

筆順 八 公 今 谷 谷 翁 翁

解字 形聲. 깃을 뜻하는 羽와 음을 나타내는 公(옹은 변음)을 합쳐서 새의 목덜미 부분의 깃털을 뜻함. 후에 노인의 뜻으로 씀.

意味 ① 아비. ② 늙은이. ③ 새의 목아랫 털. ④ 훨훨 날.

翁壻[옹서]　장인과 사위.
翁媼[옹온]　할아버지와 할머니.

*【習】 11 羽5│습│날기익힐│㊤緝│
シュウ·ジュウ
ならう

筆順 フ ㅋ ㅋㅋ ㅋㅋ 羽 習 習

解字 形聲. 깃을 뜻하는 羽와 음을 나타내는 自의 생략형인 白(자)[습은 변음]을 합쳐서 새끼새가 몇 번이고 날개를 움직이며 나는 연습을 하다의 뜻.

意味 ① 날기 익힘. 나는 것을 익힘. ② 본받음. ③ 거듭함. ④ 익음. 버릇.

習慣[습관]및 ① 버릇. ②〈心〉 어떤 자극과 그에 대한 반응과의 계열(系列)이 여러 번 반복된 결과 생긴 자극과 반응과의 자동적 연합(自動的聯合).

習作[습작]ㅉ 연습하기 위하여 작품을 만듦. 또는 그 작품.

【翌】 11 羽5│익│다음날│㊤職│ヨク

筆順 フ ㅋ ㅋㅋ ㅋㅋ 羽 翌 翌

解字 形聲. 서다의 뜻인 立과 음을 나타내면서 날개의 뜻을 가진 羽(우)[익은 변음]를 합쳐서 뛰어 넘다의 뜻.

意味 ① 다음 날. 이튿 날. 밝는 날. ② 날. =翊

翌年[익년]ㅉ 이듬해.
翌晚[익만]및 다음날 저녁.

【翔】 12 羽6│상│빙돌아날│㊦陽│
ショウ
かける

筆順 丷 丷 羊 判 判 翔 翔

意味 ① 빙 둘러서 날아 다님.「飛一」② 팔을 벌리고 으시대며 걸음.

翔集[상집]ㅉ ① 날아와 모임.

【翕】 12 羽6│흡│합할│㊤緝│キュウ

筆順 ノ 八 스 合 合 슈 翕 翕

意味 ① 합함. 모음. 거둠. ② 당김. 움직임. ④ 성(盛)함.

翕然[흡연]ㅉ ① 모여드는 모양. ② 인심(人心)이 한 곳으로 향하는 모양. ③ 봉황새가 나는 모양.

【翡】 14 羽8│비│비취│㊤末│
ヒ
かわせみ

筆順 ノ ㅋ ㅋㅋ 非 非 翡 翡

意味 ① 비취. 옥의 하나.「一翠」② 물총새. 翡는 수컷, 翠는 암컷.

翡翠[비취]ㅉ ①〈鑛〉 옥(玉)의 한 가지. 짙은 초록빛을 띤 경옥(硬玉)으로서 붉은 점이 있는 것은 비옥, 푸르기만 한 것은 취옥이라 함.

【翠】 14 羽8│취│비취│㊥寘│
スイ
みどり

筆順 刁 ㅋㅋ 羽 羽 羽 翌 翌 翠

意味 ① 비취. ② 비취석. 옥의 하나. ③ 산기운(山氣運). ④ 짙은 초록색.

翠菊[취국]ㅉ〈植〉 과꽃.
翠黛[취대]ㅉ ① 눈썹을 그리는 푸른 빛의 먹. ② 검푸른 빛의 산색(山色).

【翫】 15 羽9│완│싫을│㊦翰│

〔羽部〕 10~14획·〔而部〕 0~3획

[翫] 羽10 ガン もてあそぶ

筆順 刃 羽 琞 玩 琞 琞 翫

意味 ① 싫음. ② 짓궂게 눌림. ③ 가지고 놈. ④ 익숙함. ⑤ 보고 즐김.

翫弄[완롱] ガンロウ 장난감으로 여김. 실없이 놀림.

[翰] 羽10 한 │ 날개 │ ㊢寒 カン ふみ

筆順 十 古 吉 卓 翰 翰 翰

意味 ① 날개. ② 깃이 빨간, 하늘나라의 닭. ③ 높. ④ 흰말. ⑤ 줄기. ⑥ 붓.
翰林[한림] カンリン 학자들·문인들. 또는 그들의 사회 단체. 한화(翰花).
翰墨[한묵] カンボク ① 붓과 먹. 곧 문학(文學). ② 문한(文翰)과 필묵(筆墨).

[翳] 羽11 예 │ 가릴 │ ㊤翰 エイ かげ·かざす

筆順 一 医 医 殹 殹 翳

意味 ① 가림. 숨음. ② 깃으로 장식한, 비단으로 만든 햇빛 가리개.

[翼] 羽11 익 │ 날개 │ ㋰職 ヨク つばさ·たすける

筆順 フ ヌ ヨ 羽 翟 翟 翼

意味 ① 날개. ② 좌우의 두 방면. 「右一」 ③ 공경함. 공손함. ④ 도움.
翼善[익선] ヨクゼン 착한 일을 도와 실행시킴.
翼贊[익찬] ヨクサン ① 힘을 더하여 도와 줌. ② 임금을 도움. 익찬(翊贊).

[翻] 羽12 번 │ 번득일 │ ㊤元 ハン·ホン ひるがえる

筆順 ノ ヴ 采 番 翻 翻 翻

意味 ① 번득임. 펄럭임. 낢. ② 뒤집음. ③ 다른 나라 말로 바꿈. 「一譯」
翻刻[번각] ホンコク 한번 새긴 책판(冊板)을 본보기로 다시 새김. 「대로놀림」
翻弄[번롱] ホンロウ 마음대로 희롱함. 제 멋
翻覆[번복] ホンプク 뒤집어 엎음.

[耀] 羽14 요 │ 빛 날 │ ㊦嘯 ヨウ かがやく

筆順 ⺌ 光 光' 光" 光'' 燿 耀

意味 빛 남. =曜·燿.
耀名[요명] ヨウメイ 명성을 떨침.

而 部

[而] 而0 이 │ 어조사 │ ㊤支 ジ しこうして

筆順 一 ナ 丌 丙 而 而

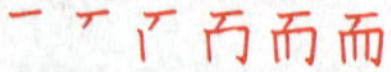

解字 象形. 턱수염의 모양을 본뜸. 턱수염의 뜻. 빌어서 어조사로 씀.

意味 ① 말을 이을 때 쓰는 어조사. 또. 에. 같은. 이에. ② 너. =汝·爾.
而今而後[이금이후] ジコンジゴ 지금으로부터 이후. 이금 이후(而今以後). 자금 이왕(自今以往). 자금 이후(自今以後).
而立[이립] ジリツ 30세를 일컫는 말. 「後」
而已[이이] のみ 할 따름임, 그뿐임, 그것으로 그침 등등의 뜻.
而後[이후] ジゴ 지금부터. 지금부터 다음으로. 이후(以後). 금후(今後).

[耐] 而3 내 │ 참을 │ ㊦隊 タイ·ダイ たえる

筆順 一 ァ ア 丙 而 而 耐

解字 形聲. 손을 뜻하는 寸과 음을 나타내는 而(이)[내는 변음]를 합쳐서 참고 견디다의 뜻.

意味 참음. 견딤.
耐久[내구] タイキュウ 오래 견디어 냄.
耐乏[내핍] タイボウ 궁핍을 참고 견딤.
耐寒[내한] タイカン 추위를 꾹 참음. 추위에 잘 견딤.
耐火[내화] タイカ 불에 잘 견딤.

耒 部

[耒] 耒0 | 뢰 | 쟁기 | ㊤隊 | ライ すき

筆順 一二三丰耒耒

意味 ① 쟁기. ② 굽정이. ③ 극쟁이.

耒耜[뇌사]ﾗｲ 농기구(農機具)의 하나. 쟁기. 뇌(耒)는 쟁깃술, 사(耜)는 보습. 뇌삽(耒鋪).

[耕] 耒4 | 경 | 갈 | ㊤庚 | コウ たがやす

筆順 二三丰耒耒耕耕

意味 ① 갈. 호리질함. 겨리질함. ② 일을 함. 「筆―」

耕農[경농]ｺｳ 농사를 지음.
耕讀[경독]ｺｳ 농사를 지으며 틈틈이 글을 읽음.
耕作[경작]ｺｳ 땅을 갈아 농사를 지음.

[耗] 耒4 | 모 | 빌 | ㊤號 | モウ・コウ・ボウ

筆順 二丰耒耒耒耗

意味 ① 빔(空). ② 줆. 줄임. 「消―」

耗減[모감]ﾓｳ(ｺｳ) 줆. 덞. 모손(耗損).

[耘] 耒4 | 운 | 김맬 | ㊤文 | ウン くさぎる

筆順 二丰耒耒耒耘

意味 ① 김을 맴. 잡초를 뽑아 없앰. ② 제거함. 나쁜 것을 없앰.

耘耕[운경]ｳﾝ 논밭의 김을 매고 가는 일.

[耦] 耒9 | 우 | 쟁기 | ㊤有 | グウ たぐい

筆順 丰耒耒耒耜耦耦

意味 ① 쟁기. ② 겨리. 쌍가래. ③ 짝[配]. ④ 짝셈. 짝맞음. ⑤ 활피.

耦數[우수]ｸﾞｳ 〈數〉 2로 나누어 떨어지는 수. 또는 2의 배수. 짝수.

耳 部

*[耳] 耳0 | 이 | 귀 | ㊤紙 | ジ・ニ・ジョウ みみ・のみ

筆順 一ｒ下斤耳耳

解字 象形. 귀 모양을 본뜸. 부수로는 귀에 관한 뜻을 나타냄.

意味 ① 귀. ② 조자리. 지저분한 물건이 어지럽게 매달리거나 한데 묶여진 것.

耳目口鼻[이목구비]ｼﾞﾓｸｺｳﾋﾞ 귀·눈·입·코. 즉 얼굴 생김새를 가리킴.
耳順[이순]ｼﾞｭﾝ 60세.

*[耶] 耳3 | 야 | 어조사 | ㊤麻 | ヤ や・か

筆順 ｒ下斤耳耳耳耶耶

解字 形聲. 邪를 잘못 쓴 글자로 阝과 음을 나타내는 耳(이)[야는 변음]를 합쳐서 의문의 어조사로 씀.

意味 '그런가'와 같은 의문의 어조사.

耶蘇[야소]ﾔ 예수. 그리스도.
耶蘇敎[야소교]ﾔｷｮｳ 예수교. 기독교.

[耿] 耳4 | 경 | 깨끗할 | ㊤梗 | コウ・ケイ あきらか

筆順 ｒ下斤耳耳耳耶耿

意味 ① 깨끗함. ② 빛남. 반짝거림. ③ 근심함.

耿介[경개]ｺｳ ① 절조를 굳게 지켜 세속과 구차스럽게 화합하지 않음. ② 덕이 널리 빛나 위대함.
耿耿[경경]ｺｳ ① 마음이 편안하지 못한 모양. ② 염려되는 일이 있어 마음에 잊혀지지 않는 모양. 또는 잠이 잘 들지 않는 모양. ③ 빛나는 모양.
耿暉[경휘]ｹｲ 밝은 햇빛. 덕이 높음을 일컫는 말.

【耽】 耳4 10획 | 탐 | 귀축처질 | ㉫聖
タン
ふける

筆順 「 T F 耳 耴 耼 耽

意味 ① 귀가 축 처짐. ② 웅크리고 봄.

耽耽[탐탐]タン ① 깊숙한 모양. ②나무가 겹겹이 쌓여 무성한 모양. ③ 매우 좋아 야심을 가지고 잔뜩 노리는 모양.

【聊】 耳5 11획 | 료 | 애오라지 | ㉫蕭
リョウ
いささか

筆順 「 T F 耳 耴 耴 聊 聊

意味 ① 애오라지. ② 원함. 바람. ③ 힘입음. ④ 방탕함. ⑤ 이명(耳鳴).

【聒】 耳6 12획 | 괄 | 떠들썩할 | ㉰易
カツ
かまびすしい

筆順 「 T F 耳 耴′ 耳千 聒

意味 ① 떠들썩함. 요란함. ② 멍멍함. ③ 어리석음.

聒聒[괄괄]カツ 어리석은 모양. ② 시끄러운 모양.

*【聘】 耳7 13획 | 빙 | 사신보낼 | ㉱敬
ヘイ
めす

筆順 「 F 耴 聊 聘 聘 聘

意味 ① 사신을 보냄. ② 부름. 「招一」 ③ 장가를 듦.

聘母[빙모]ビンボ 아내의 어머니. 장모(丈母). 악모(岳母). 「지고 가는 선물」.

聘物[빙물]ビンブツ(モツ) 예방(禮訪)할 때 가

聘丈[빙장]ビンジョウ 아내의 아버지.

*【聖】 耳7 13획 | 성 | 성인 | ㉱敬
セイ・ショウ
ひじり

筆順 「 T F 耳 耴 聖 聖

解字 形聲. 귀를 뜻하는 耳와 음을 나타내는 呈[정][성은 변음]을 합쳐서 귀가 밝아 하느님의 소리를 들을 수 있는 사람이라는 뜻.

意味 ① 성인. 만물의 도리에 통달한 사람. ② 거룩함. 착함. ③ 어떤 분야에 도통한 사람.「詩一」④ 지극함. ⑤ 잘함. ⑥ 천자의 존칭.

聖經[성경]セイケイ ① 성인이 지은 책. ② 종교상 신앙의 최고법전(法典)이 되는 책. 기독교의 신구약(新舊約) 성서. 불교의 불전(佛典). 회회교의 코오란.

聖上[성상]セイジョウ 당대(當代)의 임금의 높임말. 주상(主上).

聖像[성상]セイゾウ ① 임금 또는 성인(聖人)의 상(像). ② 그리스도의 상(像). ③〈佛〉석가의 그림 또는 상(像).

*【聞】 耳8 14획 | 문 | 들을 | ㉰問
ブン・モン
きく・きこえる

筆順 丨 冂 冂 門 門 門 聞 聞

解字 形聲. 귀를 뜻하는 耳와 음을 나타내는 門을 합쳐서 알아 듣다의 뜻.

意味 ① 들음. 들림. ② 소문.「風一」 ③ 이름남. 「令一」

聞達[문달]ブンタツ 세상에 이름이 널리 알려짐. 명성(名聲)이 높아짐.

聞知[문지]ブンチ 들어서 앎.

聞風[문풍] 뜬소문을 들음.

【聚】 耳8 14획 | 취 | 모을 | ㉯霽
シュウ・シュ・ジュ
あつまる

筆順 「 T F 耳 取 聚 聚

意味 ① 모음. 모임. ↔散 ② 거둠. ③ 많음. ④ 쌓음. ⑤ 고을. 마을.「一落」

聚落[취락]シュウラク(ジュ) 마을. 주거 또는 가옥의 집단인 촌락(村落).

聚斂[취렴]シュウレン ① 모아 거둠. ② 세금을 가혹하게 받아 들임.

聚散[취산]シュウサン 모이고 흩어짐. 또는 모이는 것과 흩어지는 것.

*【聯】 耳11 17획 | 련 | 연이을 | ㉯先
レン
つらなる

筆順 耳 耴 聯 聯 聯 聯

[耳部] 11~16획　　　　　　　　　　　　　　　　431

意味 ① 연이음. 잇닿음. ② 관계함. 「關一」
學習 '연잇다'의 뜻을 가진 글자→連

聯關[연관] 관련(關聯).
聯隊[연대] 3개의 대대(大隊)로 편성된 부대로서 사단의 바로 아래 단위.
聯絡[연락] ① 사정을 알림. ② 서로 관계를 맺음.
聯想[연상] 한 관념에 의해 관계되는 다른 관념을 생각하게 되는 현상.

【聲】 17 耳11 | 성 | 소리 | ㉠庚
セイ・ショウ
こえ

筆順 士 吉 吉 声 殸 殸 聲

意味 ① 소리. 「音一」 ② 풍류. 음악. ③ 명예. 기림. 「名一」

聲價[성가] 세상의 좋은 평판(評判).
聲帶模寫[성대모사] 남의 음성(音聲)을 교묘하게 흉내 내는 일.
聲討[성토] 여러 사람이 모여 어떤 일의 옳고 그름을 논의하여 규탄(糾彈)함. 「一大會」

【聳】 17 耳11 | 용 | 솟을 | ㉠腫
ショウ
そびえる

筆順 ク 彳 彳 從 從 從 聳

意味 ① 솟음. ② 공경함. ③ 장려함. ④ 선천적인 귀머거리.

聳動[용동] 놀라와 몸을 솟구쳐 움직임.

【聰】 17 耳11 | 총 | 귀밝을 | ㉠東
ソウ
さとい

筆順 ᄐ 耳 耳 耹 聡 聰 聰

意味 귀가 밝음. 밝음. 「一明」

聰氣[총기] ① 총명한 기운. ② 지닐총.
聰明[총명] 귀가 밝고 눈이 예민함. 기억력이 좋고 슬기가 있음.

【聶】 18 耳12 | 섭 | 소곤거릴 | ㉠葉
　　 | 접 | 　　 | ㉠葉
ジョウ・チョウ
ささやく

筆順 ᄂ ᄐ 耳 耳 聶 聶 聶

意味 ① ① 소곤거림. ② 낌. =囁 ③ 성(姓)의 하나. ② 회침. =𦢄
聶聶[섭섭] 나뭇잎이 움직이는 모양.
聶許[섭허] 귀엣말을 함.

【職】 18 耳12 | 직 | 주장할 | ㉠職
ショク・シキ

筆順 F 耳 耴 耶 聍 聇 職 職

意味 ① 주장함. ② 맡음. 직분. ③ 벼슬. 「官一」 ④ 많음.

職工[직공] ① 공장에서 일하는 노동자. 공원(工員). ② 직인(職人).
職責[직책] 직무상의 책임(責任).
職銜[직함] 벼슬의 이름. 관함(官銜).

【聾】 22 耳16 | 롱 | 귀막힐 | ㉠東
ロウ
つんぼ

筆順 立 音 音 音 龍 龍 聾

意味 ① 귀막힘. ② 사리에 어두움. 「一昧」

聾昧[농매] 사리에 어둡고 무지함.

【聽】 22 耳16 | 청 | 들을 | ㉠青
テイ・チョウ
きく

筆順 耳 耳 耳 耳 聴 聴 聽

解字 形聲. 귀를 뜻하는 耳와 세우다의 뜻인 悳(덕)과 음을 나타내는 壬(정) [청은 변음]을 합쳐서 소리가 잘 들리게 귀를 세우다의 뜻.

意味 ① 들음. ② 꾀함. ③ 좇음. ④ 결단함. ⑤ 수소문함. ⑥ 기다림.

聽骨[청골] 〈生〉 중이(中耳) 가운데 있는 작은 뼈. 고막의 진동을 속귀에 전달하는 역할을 함.
聽官[청관] 청기(聽器).
聽力[청력] 〈生〉 소리를 듣는 능력(能力).
聽聞[청문] ① 들음. ② 〈佛〉 설교(說敎)를 들음. 「一會」

聿 部

[聿] 聿0 6 | 율 | 마침내 | Ⓐ質 | イツ

筆順 フコヨヨ⺻⺻聿

解字 聿 象形. 붓을 손에 든 모양을 본뜬 글자. 붓을 뜻함. 후에 발어사(發語辭)로 씀. 부수로는 붓에 관한 뜻을 나타냄.

意味 ① 마침내. 드디어. ② 붓. ③ 지음. ④ 오직. ⑤ 스스로. ⑥ 좇음.

[肆] 聿7 13 | 사 | 방자할 | ㊅實 | シ ほしいまま・みせ

筆順 丨ㄧ巨长镸镸肆肆

意味 ① 방자함. ② 늦춰 줌. ③ 베풂. ④ 저자. 가게. 「書一」

[肅] 聿7 13 | 숙 | 공손할 | Ⓐ屋 | シュク つつしむ

筆順 ⺻户户肀肀肃肃肅

意味 ① 공손함. ② 공경함. ③ 엄숙함. 고요함. 「靜一」 ③ 경계함. ④ 바름.

肅正[숙정]ショウセイ 엄하게 다루어 부정을 바로 잡음. 「紀綱一」

肅淸[숙청]シュクセイ ① 엄하게 단속하여 부정을 없앰. ② 불순 분자를 몰아 냄.

[肇] 聿8 14 | 조 | 비롯할 | ㊤篠 | チョウ はじめる

筆順 ⺡⺡户户所所改肇

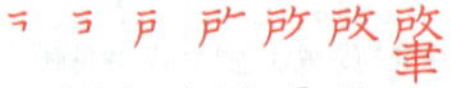

意味 비롯함. 시작함. 「一國」

肇基[조기]チョウキ 토대를 쌓음.

肉(月)部

＊[肉] 肉0 6 | ①肉 ②유 | 고기 | Ⓐ屋 Ⓖ宥 | ニク・ジク

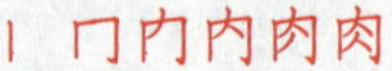

筆順 丨冂内内肉肉

解字 肉 象形. 썬 동물의 고기 조각을 본뜸. 동물의 고기라는 뜻. 부수로는 대개 月로 쓰고 고기·인체에 관한 뜻을 나타냄.

意味 ① ① 고기. 살. 살점. ② 몸.

肉牛[육우]ニクギュウ 식용을 목적으로 기르는 소. ↔역우(役牛)·유우(乳牛).

肉親[육친]ニクシン 부자·모녀·형제·자매 등 혈연 관계가 있는 사람.

肉筆[육필]ニクヒツ 본인이 직접 쓴 글씨.

[月] 肉0 4 | 육 | 고기 | Ⓐ屋 | ニク・ジク

筆順 丿⺆月月

[肌] 肉2 6 | 기 | 살 | ㊆支 | キ はだ

筆順 丿⺆月月⺆肌

意味 ① 살. ② 살갗. 「一膚」=「皮膚」

肌骨[기골]キコツ 살과 뼈.

肌理[기리]キリ ① 살결. ② 나뭇결.

[肋] 肉2 6 | 륵 | 갈빗대 | Ⓐ職 | ロク あばら

筆順 丿⺆月月⺆肋

意味 갈빗대. 「一骨」

肋間[늑간]ロクカン〈生〉갈빗대와 갈빗대 사이. 「一神經痛」「一하는 뼈. 갈비.

肋骨[늑골]ロッコツ〈生〉흉곽(胸廓)을 구성

＊[肝] 肉3 7 | 간 | 간 | Ⓔ寒 | カン きも

筆順 丿⺆月月⺆⺆肝

意味 ① 간. 간장. ② 마음. 「一膽」③ 요긴함. 「一要」

肝膽相照[간담상조] 서로 마음을 터놓고 친밀(親密)하게 사귐.

肝銘[간명]カンメイ 마음에 깊이 새겨서 잊지 않음. 명심(銘心)함.

[肚] 肉3 7 | 두 | 밥통 | Ⓔ麌 | ト はら

筆順 丿⺆月月⺆⺆肚

[肉(月)部] 3~4획

意味 ① 밥통. 위. ② 배.
肚裏[두리]ㄌㄧ 뱃속. 마음속.

【肘】⁷月₃│주│팔꿈치│㊤有
チュウ
ひじ

筆順 ノ 月 月 月 月 肘 肘

意味 ① 팔꿈치. ② 팔뚝.
肘胯[주과] 팔꿈치와 사타구니.
肘臂[주비]ㄅㄧ 팔뚝. 팔둑의 관절.

【肛】⁷月₃│항│배똥뚱할│㊤江
コウ

筆順 ノ 月 月 月 月 肛 肛

意味 ① 배가 똥뚱함. 부품. ② 똥구멍.
肛門[항문]ㄇㄣ 똥구멍.

【肖】⁷月₃│¹초│닮을│㊤蕭
ショウ   ²소   噛
にる

筆順 ノ ソ ハ 片 片 肖 肖

意味 ① ① 닮음.「一像」본받음. ③ 같지 않음. ④ 작음. ② ① 쇠약함.
肖像[초상]ㄒㄧㄤ 사람의 얼굴이나 자태(姿態)를 그림이나 조각(彫刻)으로 나타낸 것.

*【育】⁷月₃│육│기를│㊦屋
イク
そだてる

筆順 一 亠 云 产 育 育 育

意味 ① 기름.「養一」② 자람.「一成」
育兒[육아]ㄦ 어린 아이를 기름.
育英[육영]ㄧㄥ ① 뛰어난 인재를 가르침. ② 교육(敎育).「一資金」

【肓】⁷月₃│황│명치끝│㊦陽 コウ

筆順 一 亠 云 宀 方 肓 肓

意味 명치 끝.

*【肩】⁸月₄│견│어깨│㊤先 ケン
かた

筆順 一 ㄋ ㄊ 尸 肩 肩 肩

解字 會意. 어깨의 모양을 본뜬 戶와 살을 뜻하는 月을 합쳐서 어깨의 뜻.

意味 ① 어깨. ② 멤. 맡음. ③ 능함.
肩負[견부]ㄈㄨ 물건을 어깨에 멤.
肩臂[견비]ㄅㄧ 어깨와 팔.

【股】⁸月₄│고│다리│㊤麌
コ
もも・また

筆順 ノ 月 月 月 肝 股 股

意味 ① 다리. ② 넓적다리.「一間」③ 나뉨. ④ 굽음.
股間[고간]ㄍㄢ 두 다리의 사이. 살.

【肱】⁸月₄│굉│팔뚝│㊤蒸 コウ
ひじ

筆順 ノ 月 月 月 肝 肝 肱

意味 ① 팔뚝. ② 믿는 곳.「股之臣」

*【肯】⁸月₄│긍│즐기어할│㊤迥
コウ・カイ
うべなう・がえんずる

筆順 丨 卜 止 止 严 肯 肯

意味 즐기어 함. 기꺼이 함.「一定」
肯定[긍정]ㄉㄧㄥ ① 그러하다고 인정함. ② 사물의 일치적(一致的) 관계를 나타내고 판단의 대상에 적극적 태도를 취함.↔부정(否定)

意味 ① 기름. 비계.「脂一」② 살찜.

【肪】⁸月₄│방│기름│㊤陽
ホウ・ボウ
あぶら

筆順 ノ 月 月 月 肝 肪 肪

*【肥】⁸月₄│비│살찔│㊤徵
ヒ・ビ
こえる

筆順 ノ 月 月 月 月 肥 肥

意味 ① 살찜.「一滿」↔瘠 기름짐.「一沃」② 거름.「一料」
肥大[비대]ㄉㄚ 살이 몹시 쪄서 몸집이 큼.「一症」

[肉(月)部] 4~5획

肥厚[비후]ᵍ⁰ 살이 쪄서 두툼함.

【肢】 月4 ⁸획 | 지 | 팔다리 | 㑹支 | シ

筆順 ノ 丿 月 刖 肝 肢 肢

意味 팔다리. 「四—」
肢骨[지골]ᵍ⁰ 팔다리의 뼈.
肢體[지체]ᵍ⁰ 팔다리와 몸.

【肴】 月4 ⁸획 | 효 | 안주 | 㑹肴 | コウ さかな

筆順 ノ ㇇ ㇒ ㇒ 肴 肴

意味 안주. 「酒—」
肴核[효핵]ᵍ⁰ 술안주와 과실(果實).

＊【肺】 月4 ⁸획 | ①폐 ②패 | 부아 | 㑹隊 㑹泰 | ハイ

筆順 ノ 丿 月 月 肝 肺 肺

意味 ① ① 부아. 허파. ② 친함. ③ 마음속. ② 성함.
肺門[폐문]ᵍ⁰ 〈生〉 폐의 입구(入口). 기관지(氣管支)·폐동맥·폐정맥이 출입하는 폐 내부의 부분.
肺疾[폐질]ᵍ⁰ 폐병.

＊【背】 月5 ⁹획 | 배 | 등 | 㑹隊 | ハイ せ・せい・そむく

筆順 ㇐ ㇑ ㇒ ㇉ 背 背 背

解字 形聲. 살을 뜻하는 月과 음을 나타내는 北(복)[배는 변음]을 합쳐서 몸의 뒤쪽이라는 뜻.

意味 ① 등. ② 뒤. 「—後」 ③ 등짐. 「—水而晦」 ④ 배반함. 「—恩」 ⑤ 남향으로 된 집의 북쪽. ⑥ 죽음. 세상을 버림. ⑦ 해무리.
背反[배반]ᵍ⁰ 신의(信義)를 버리고 등지고 돌아 섬. 배신(背信).
背部[배부]ᵍ⁰ 등 부분. 어면 면(面)의 뒷 부분. ↔복부(腹部)
背水陣[배수진]ᵍ⁰ 강이나 바다를 등지고 싸우는 진법(陣法)의 하나.
背馳[배치]ᵍ⁰ ① 신의를 저버리고 돌아 섬. ② 어긋나서 반대로 됨.
背後[배후]ᵍ⁰ ① 등뒤. 뒤편. ② 사물의 표면에 나타나지 아니하는 방면.

【胚】 月5 ⁹획 | 배 | 애밸 | 㑹灰 | ハイ はらむ

筆順 ノ 丿 月 肝 肝 胚 胚

意味 ① 아기를 뱀. ② 임신 1개월. ③ 싹틈. 시초.
胚子[배자]ᵍ⁰ 〈生〉 알에서 발생하여 아직 외계(外界)에 나오지 않고 포피(包皮) 또는 모체(母體) 속에서 보호되고 있는 동물의 유생(幼生).
胚胎[배태]ᵍ⁰ ① 아기나 새끼를 뱀. 회태(懷胎). ② 어떤 일이 일어날 원인을 가짐.

＊【胃】 月5 ⁹획 | 위 | 밥통 | 㑹未 | イ

筆順 ㇐ ㇑ ㇕ 田 田 胃 胃

解字 會意. 살을 뜻하는 月과 밥통에 음식물이 들어 있는 모양을 나타내는 田을 합쳐서 밥통의 뜻.

意味 ① 밥통. 「—腸」 ② 별이름. ③ 성(姓)의 하나.
胃經[위경]ᵍ⁰ ① 위에 붙은 인대(靭帶)의 총칭. ② 위에 딸린 경락(經絡).
胃腸[위장]ᵍ⁰ 〈生〉 위(胃)와 장(腸). 소화 기관(消化器官).

【胤】 月5 ⁹획 | 윤 | 맏아들 | 㑹震 | イン たね

筆順 ノ ㇒ ㇒ 肝 肝 胤 胤

意味 ① 맏아들. ② 씨. 핏줄. 자손. ③ 대를 이음. ④ 익힘[習].
胤君[윤군]ᵍ⁰ 남의 아들을 높여 일컫는 말. 윤군(允君). 윤옥(胤玉·允玉).
胤裔[윤예]ᵍ⁰ 자손(子孫). 후예(後裔).

【胄】 月5 ⁹획 | 주 | 자손 | 㑹宥 | チュウ

筆順 ㇐ ㇑ ㇕ 内 由 由 胄 胄

意味 ① 자손. 혈통. ② 맏아들. 대를 이음.

參考 胄는 다른 글자. 冑는 틀린 글자.

【胎】 月5 ⁹획 | 태 | 애밸 | 㑹灰 | タイ はらむ

筆順 ノ 丿 月 肝 胎 胎 胎

解字 形聲. 살을 뜻하는 月과 음을 나타

[肉(月)部] 5～6획

내는 台(태)를 합쳐서 어머니 뱃속에 아기가 되기 시작하다의 뜻.
意味 ① 아기를 뱀.「孕一」② 싹틈. 시작. ③ 아기집. 자궁. ④ 뱃속의 아기. ⑤ 임신 3개월.

胎敎[태교] 아기를 밴 여자가 언행(言行)을 삼가서 태아(胎兒)에게 좋은 감화를 주는 일.
胎夢[태몽] 잉태할 징조의 꿈.
胎中[태중] 아이를 밴 동안.

*【胞】月5｜포｜태보｜㊥肴 ホウ えな
筆順 ﾉ 刀 月 月' 肑 胞 胞
解字 形聲. 살을 뜻하는 月과 음을 나타내는 包(포)를 합쳐서 태아(胎兒)를 싸는 것이란 뜻.
意味 ① 태보[胞衣]. 아기를 싸는 막과 태반. ② 한 배. 동포(同胞).

胞宮[포궁] 아기집. 자궁(子宮).
胞子[포자] ①〈植〉은화(隱花) 식물의 생식(生殖)을 위하여 생기는 특별한 세포. 홀씨. ②〈天〉암흑 성운

【胡】月5｜호｜어찌｜㊥虞 コ・コ えびす・なんぞ
筆順 一 十 古 古 古 胡 胡
解字 形聲. 살을 뜻하는 月과 음을 나타내는 古(고)[호는 변음]을 합쳐서 소의 턱밑살을 뜻함. 음을 빌어서 의문·반어(反語)의 조사로 씀.
意味 ① 어찌. ② 오래 삶. ③ 늙은이. ④ 멂. ⑤ 창끝의 갈라진 가지.

胡亂[호란] ① 뒤섞여서 어수선함. ② 오랑캐들로 인하여 일어난 병란(兵亂). ③ 병자 호란(丙子胡亂).
胡虜[호로] ① 북방의 다른 민족. 흉노(匈奴)를 일컫는 말. ② 중국 사람이 외국인을 얕잡아 부르는 말.「筋筒」
胡籙[호록] 화살을 넣는 통. 전통
胡麻[호마] 〈植〉참깨과(科)의 일년초(一年草). 참깨와 검은깨의 총칭.
胡麻油[호마유] 참기름.

胡人[호인] ① 만주 사람. 흉노(匈奴). ② 야만인. ③ 외국인.

【胆】月5｜단｜쓸개｜㊥寒 タン きも
筆順 ﾉ 刀 月 月 肋 胆 胆
意味 ① 쓸개. ② 쓸개 꺼내. ③ 웃통을 벗어 살을 드러냄.
參考 膽의 속자로 쓰기도 함.

【胯】月6｜1고｜다리｜㊥遇｜コ 2과 ㊥禡 また
筆順 ﾉ 刀 月 月' 肐 胯 胯
意味 ① 다리. ② 사타구니. 살.

*【能】月6｜1능｜착할｜㊧蒸 2내 ㊧灰 ドウ・ノウ あたう・よく
筆順 ﾑ ㄊ 台 台' 台' 能 能
意味 ① 착함. ② 잘함. ③ 작용.「一力」④ 들음.「效一」⑤ 곰.

能力[능력] ① 능히 감당해 낼 수 있는 힘. ② 정신이 일정한 작용을 할 수 있는 성능(性能). ③〈法〉법률상 권리를 행사할 수 있는 자격.
能通[능통] 사물에 환히 통달함.
能筆[능필] 글씨에 재주가 있는 것. 또는 그러한 사람. 달필(達筆).

【胴】月6｜동｜큰창자｜㊤董 ドウ・トウ
筆順 ﾉ 刀 月 月 肑 胴 胴
解字 形聲. 살을 뜻하는 月과 음을 나타내는 同을 합쳐서 큰창자를 뜻함.
意味 큰창자[大腸].

胴部[동부] 동체(胴體).
胴體[동체] 목과 수족(手足)을 제외한 부분의 몸. 몸통.

*【脈】月6｜맥｜맥｜㊨陌 ミャク・バク
筆順 ﾉ 刀 月 月' 肵 脈 脈
意味 ① 맥. 줄기.「一搏」② 연닿음.

脈管[맥관] 〈生〉혈관(血管).

脈絡〔맥락〕ミャクラク ① 혈맥(血脈)이 서로 연락되어 있는 계통. ② 일관된 조리(條理).

【脂】10 月6 | 지 | 기름 | [平]支 | シ あぶら

[筆順] 丿 月 月 肝 肸 脂 脂

[意味] ① 기름. 동물성 기름. 비계. 「一肪」 ② 연지(臙脂).

脂膠〔지교〕シコウ 기름과 아교.

脂肪〔지방〕シボウ 동물이나 식물에 포함되어 있는 불휘발성(不揮發性)의 탄수 화물로서 글리세린과 지방산(脂肪酸)이 결합한 것.

脂粉〔지분〕シフン 연지(臙脂)와 분(粉).

【脊】10 月6 | 척 | 등성마루 | [入]陌 | セキ せ

[筆順] 一 二 三 𠂉 夫 脊 脊

[意味] ① 등성마루. 「一柱」 ② 사리. 조리. ③ 쌓음.

脊骨〔척골〕セキコツ 〈生〉 등골뼈. 척추골(脊椎骨).

脊梁〔척량〕セキリョウ ① 척추골(脊椎骨)로 이루어진 등마루. ② 길게 연속하여 있는 높은 땅.

【脆】10 月6 | 취 | 연할 | [去]霽 | ゼイ もろい

[筆順] 丿 月 月 肸 脃 脆 脆

[意味] ① 연함. ② 약함. ③ 쉬움.

脆弱〔취약〕ゼイジャク 무르고 약함. 가냘픔.

脆軟〔취연〕ゼイナン 무르고 부드러움.

*【脅】10 月6 | 협 | 갈비 | [入]葉 | キョウ・キュウ おびやかす

[筆順] フ カ カ 劦 劦 脅 脅

[意味] ① 갈비. 갈빗대. ② 거둠.

脅喝〔협갈〕キョウカツ 협박함. 공갈함.

脅迫〔협박〕キョウハク ① 으르고 대듦. ② 〈法〉 형법상 상대방에 대하여 공포에 빠지게 할 목적으로 해를 끼칠 뜻을 통지함.

*【胸】10 月6 | 흉 | 가슴 | [平]冬 | キョウ むね

[筆順] 丿 月 月 肑 肑 胸 胸

胸廓〔흉곽〕キョウカク ① 〈生〉 가슴을 둘러싼 골격(骨格). 흉추(胸椎)·흉골(胸骨)·늑골(肋骨)로써 원추형을 이룸.

胸襟〔흉금〕キョウキン 가슴심중(心中). 속에 품은 생각.

胸中〔흉중〕キョウチュウ ① 가슴속. ② 마음.

*【脚】11 月7 | 각 | 종아리 | [入]藥 | キャク・カク あし

[筆順] 丿 月 月 肚 肤 肤 脚

[意味] ① 종아리. ② 다리. 발. ③ 입장. 「失一」

脚光〔각광〕キャッコウ 극장(劇場) 무대의 전면(前面) 아래쪽에서 배우를 비추어 주는 조명(照明).

脚註〔각주〕キャクチュウ 본문(本文)의 아래에 다는 주석(注釋). 각주(脚注). ↔두주

【脛】11 月7 | 경 | 정강이 | [去]徑 | ケイ すね

[筆順] 丿 月 月 肟 脛 脛 脛

[意味] ① 장강이. ② 종아리. ③ 꼿꼿함.

脛巾〔경건〕ケイキン・はばき 걸음을 걸을 때 거뜬하게 하기 위하여 발에서 무릎 아래까지 감는 헝겊 띠. 각반(脚絆).

【脩】11 月7 | 수 | 포 | [平]尤 | シュウ ながい・おさめる

[筆順] 亻 亻 亻 𠆣 攸 脩 脩

[意味] ① 포. 말린 고기. ② 마름〔乾〕. ③ 긺〔長〕. ④ 닦음. =修 ⑤ 다스림. ⑥ 공경함.

*【脣】11 月7 | 순 | 입술 | [平]眞 | シン・シュン くちびる

[筆順] 一 厂 戶 戸 辰 脣 脣

[意味] ① 입술. ② 가. 물체의 가장자리.

[肉(月)部] 7~8획

脣音[순음] 입술이 맞닿아 나는 ㅁ·ㅂ·ㅃ·ㅍ 등의 소리. 입술 소리.
脣齒[순치] 입술과 이. 즉 관계가 매우 밀접함을 뜻함.

【脫】 月7 / 12획 | 탈·태 | 벗어날 | ㉮曷 ㉯泰 | ダツ·タツ | ぬぐ

筆順 ノ 几 月 月' 月' 肝 胖 脫

解字 形聲. 고기를 뜻하는 月과 음을 나타내는 兌(태)〔탈은 변음〕를 합쳐서 고기에서 뼈를 발라 내다의 뜻.

意味 ① 벗어남. 「離一」. 벗음. 「一衣」. ② 빠짐. 달아남. 「一出」 빠트림.
脫却[탈각] 벗어남.
脫稿[탈고] 원고 쓰기를 끝냄.
脫退[탈퇴] ① 관계를 끊고 빠져 나옴. ② 법률 관계의 구속을 벗어남.

【脯】 月7 / 11획 | 포 | 말린고기 | ㉮虞 | ホ | ほじし

筆順 ノ 几 月 月⁻ 肝 肝 脯 脯

意味 말린 고기. 「一肉」
脯脩[포수] 말린 고기. 고기포.

【腔】 月8 / 12획 | 강 | 창자 | ㉯江 | コウ

筆順 ノ 几 月 月⁻ 肬 胶 腔 腔

意味 ① 창자. 몸 속의 빈 곳. ② 속이 빔. ③ 뼈대. ④ 말(馬)의 허구리.

【脹】 月8 / 12획 | 창 | 부풀 | ㉰漾 | チョウ | ふくれる

筆順 月 月' 肝 肝 脈 脈 脹

意味 부풀음. 「一症」
脹滿[창만] ① 배가 부름. ② 창증(脹症).
脹症[창증] 〈醫〉숨이 가쁘고 배설하는 것이 고르지 않으며 뱃속에 물이 괴어 부어 오르는 병.
鼓脹[고창]/痞脹[비창]

【腑】 月8 / 12획 | 부 | 장부 | ㉭麌 | フ | はらわた

筆順 ノ 几 月 月⁻ 肝 腑 腑 腑

意味 ① 장부(臟腑). 「五臟六一」 ② 마음. 마음속. 「肺一」
腑臟[부장] 오장육부. 장부(臟腑).

【腓】 月8 / 12획 | 비 | 장딴지 | ㉯微 | ヒ | こむら

筆順 ノ 几 月 月) 肝 肝 腓 腓

意味 ① 장딴지. 「一腸」 ② 병이 듦. ③ 피함.
腓骨[비골] 〈生〉종아리뼈. 경골(脛骨)과 나란히 있는 하퇴골(下腿骨)의 하나.
腓腸[비장] 〈生〉장딴지.

【脾】 月8 / 12획 | 비 | 지라 | ㉱支 | ヒ

筆順 ノ 几 月 肝 胎 脾 脾 脾

意味 ① 지라. 만화(비장과 지라). ② 비위(脾胃).
脾炎[비염] 〈醫〉비장(脾臟)에서 생기는 염증.
脾胃[비위] ① 〈生〉지라와 위. 비장(脾臟)과 위경(胃經). ② 사물에 대한 좋고 언짢은 기분. ③ 아니꼽고 싫은 일을 잘 참아 내는 힘.

【腎】 月8 / 12획 | 신 | 콩팥 | ㉰軫 | ジン

筆順 ⻀ ⻃ ⻀ 臣 臤 腎 腎

意味 ① 콩팥(腎臟). ② 불알. ③ 자지.
腎囊[신낭] 〈生〉불알.
腎臟[신장] 〈生〉복강(腹腔) 뒷벽의 상부의 좌우에 하나씩 있으며 혈액 중의 오줌을 걸러 내어 방광(膀胱)으로 보내는 기관. 콩팥.
腎虛[신허] 〈醫〉신기(腎氣)가 허약한 병.

【腋】 月8 / 12획 | 액 | 겨드랑이 | ㉮陌 |

筆順 月 月' 肝 肝 胶 胶 腋

[意味] 겨드랑이.「一臭」
[參考] 掖과 통함.
腋氣〔액기〕エキキ 액취(腋臭).
腋毛〔액모〕わきげ 겨드랑이에 난 털.
腋芽〔액아〕エキガ 〈植〉 식물의 가지나 줄기에 잎이 붙은 자리에서 나는 싹.

【腕】 12 月8 | 완 | 팔뚝 | [去]翰 | ワン うで
[筆順] 丿 月 月' 月宀 肟 腕 腕
[意味] 팔뚝.「一力」
腕骨〔완골〕ワンコツ 사람의 손목의 뼈.
腕力〔완력〕ワンリョク ① 팔의 힘. 주먹심. ② 육체적으로 억누르는 힘.

*【腸】 13 月9 | 장 | 창자 | [平]陽 | チョウ はらわた
[筆順] 月 月冂 月日 月旦 月昜 腸 腸
[意味] 창자. 큰창자와 작은창자.
腸壁〔장벽〕チョウヘキ 창자 내부의 벽.

【腫】 13 月9 | 종 | 부스럼 | [上]腫 |
[筆順] 月 月冂 月日 月旦 月昜 腸 腸
[意味] ① 창자. 큰창자와 작은창자.

【腱】 13 月9 | 건 | 힘줄 | [平]元 | ケン
[筆順] 月 月⁊ 月ヨ 月⺕ 月聿 腱 腱
[意味] 힘줄. 힘살을 신축시키는 조직.

*【腦】 13 月9 | 뇌 | 머릿골 | [上]皓 | ドウ・ノウ
[筆順] 月 月丶 月巛 月巛 月𡿺 腦 腦
[意味] 머릿골. 뇌수.
腦裏〔뇌리〕ノウリ 머리속. 마음속.
腦髓〔뇌수〕ノウズイ 〈醫〉 뇌. 머릿골.
腦溢血〔뇌일혈〕ノウイッケツ 〈醫〉 뇌의 동맥(動脈)이 터져 뇌 속에서 출혈하는 병.

*【腹】 13 月9 | 복 | 배 | [入]屋 | フク はら
[筆順] 月 月' 月⺈ 肵 胪 腹 腹
[意味] 배. 낳은 어머니의 태 안.
腹腔〔복강〕フクコウ 〈生〉 배의 얼안.
腹中〔복중〕フクチュウ ① 뱃속. ② 마음.
腹痛〔복통〕フクツウ・はらいた ① 배가 아픔. 또 그 병. ② 지극히 원통할 때 쓰는 말.

【腺】 13 月9 | 선 | 멍울 | [新] | セン
[筆順] 月 月' 月𠂉 月白 脝 腺 腺
[意味] ① 멍울. ② 몸 속의 분비 작용을 시키는 기관.「淋巴一」
腺毛〔선모〕センモウ 〈生〉 식물과 곤충 등의 몸 겉쪽에 난 털의 한 가지.
腺病質〔선병질〕センビョウシツ 체격이 약하고 빈혈질의 체질.

【腥】 13 月9 | 성 | 비릴 | [平]靑 | セイ なまぐさい
[筆順] 丿 月 月冂 月日 月旦 腥 腥
[意味] ① 비림. 비린내. ② 날고기. ③ 더러움.
腥穢〔성예〕セイワイ 비린내 나고 더러움.
腥臭〔성취〕セイシュウ 비린내.

*【腰】 13 月9 | 요 | 허리 | [平]蕭 | ヨウ こし
[筆順] 月 月一 月覀 月覀 腰 腰 腰
[解字] 形聲: 살을 뜻하는 月과 음을 나타내는 要(요)를 합쳐서 허리의 뜻.
[意味] ① 허리. ② 산기슭에 가까운 곳.
腰間〔요간〕ヨウカン 허리의 둘레.
腰痛〔요통〕ヨウツウ 허리가 아픈 병.

*【腐】 14 肉8 | 부 | 썩을 | [上]麌 | フ くさる
[筆順] 亠 广 广 府 府 腐 腐
[解字] 形聲. 고기를 뜻하는 肉과 음을 나타내는 府(부)를 합쳐서 고기가 썩다의 뜻.
[意味] ① 썩음. ② 낡아서 쓸모가 없음.「陳一」③ 썩힘. 불알 썩히는 형벌.
腐爛〔부란〕フラン 썩어서 형체가 문드러짐. 「음. ② 썩어서 문드러짐.
腐蝕〔부식〕フショク ① 썩어서 벌레가 먹

腐臭〔부취〕ショウ 썩은 냄새.

【膏】月10 | 고 | 기름 | ㉮膏藥 | コウ あぶら・こえる

筆順 亠亠声亭亭膏膏

意味 ① 기름. ② 기름짐. ③ 고약(膏藥). ④ 명치 끝. ⑤ 닮(甘).

膏藥〔고약〕コウヤク 종기(腫氣)나 상처 등에 붙이는 끈끈한 약(藥).

膏血〔고혈〕コウケツ ① 사람의 기름과 피. ② 몹시 고생해서 얻은 이익.

【膀】月10 | 방 | 오줌통 | ㉮陽 | ボウ

筆順 月 月⺈ 月⺈ 月⺈ 月⺈ 月⺈ 膀

意味 오줌통. 「一胱」

膀胱〔방광〕ボウコウ 〈生〉 비뇨기(泌尿器)의 하나. 오줌통.

【腿】月10 | 퇴 | 넓적다리 | ㉯晦 | タイ も

筆順 月 月⺈ 月⺈ 月⺈ 月⺈ 腿 腿

意味 넓적다리. 「大一骨」

【膠】月11 | 교 | 굳을 | ㉮肴 | コウ にかわ

筆順 月 月⺈ 月⺈ 月⺈ 月⺈ 膠 膠

意味 ① 굳음. ② 아교, 동물성 풀. ③ 잘 달라붙음. 「一著」

膠匣〔교갑〕 먹기 힘든 쓴 가루약을 넣어서 삼키는, 아교로 만든 갑. 캡슐.

膠狀〔교상〕コウジョウ 물질의 끈끈한 상태.

膠質〔교질〕コウシツ ① 아교와 같은 물질의 끈끈한 성질. ② 젤라틴·전분·단백질·한천 등의 수용액 중의 입자(粒子) 같은 것. 콜로이드.

膠著〔교착〕コウチャク ① 찐득찐득하게 단단히 달라붙음. ② 전선(戰線)이 고정되어 변동이 없음.

膠漆〔교칠〕コウシツ 아교(阿膠)와 칠(漆).

【膜】月11 | 막 | 홀떼기 | ㉭藥 | ㉮虞 | バク・マク

筆順 月 月⺈ 月⺈ 月⺈ 月⺈ 膜 膜

解字 形聲. 살을 뜻하는 月과 음을 나타내는 莫(막)을 합쳐서 장기(臟器)를 가리어 싸는 꺼풀막이란 뜻.

意味 ① 홀떼기. 심줄이나 얇은 껍질로 짐승의 질긴 고기. ② 꺼풀.

膜壁〔막벽〕マクヘキ 〈生〉 간막이가 되는 얇은 껍질. 「質」 막으로 된 바탕.

膜質〔막질〕マクシツ 막(膜)과 같은 성질(性

*【膚】月11 | 부 | 살갗 | ㉮虞 | フ はだ

筆順 广 广 户 户 户 膚 膚

意味 ① 살갗. 「皮一」 살. ② 아름다움. ③ 름.

膚見〔부견〕フケン 천박한 견해.

【膝】月11 | 슬 | 무릎 | ㉯質 | シツ ひざ

筆順 月 月⺈ 月⺈ 月⺈ 月⺈ 膝 膝

意味 ① 무릎. 종지뼈. ② 좋은 말.

膝蓋骨〔슬개골〕シツガイコツ 〈生〉 무릎 마디 앞쪽에 있는 어린애 주먹만한 뼈. 종지뼈. 슬골(膝骨).

膝頭〔슬두〕ひざがしら 무릎.

膝下〔슬하〕シッカ 무릎 아래. 곧 어버이의 따뜻한 사랑 아래. 어버이의 곁.

【膣】月11 | 질 | 새살날 | ㉯質 | チツ

筆順 月 月⺈ 月⺈ 月⺈ 月⺈ 膣 膣

意味 ① 새살이 남. ② 보지. 여자의 생식기의 일부. 음문(陰門)에서 자궁까지의 길.

【膳】月12 | 선 | 반찬 | ㉭霰 | セン・ゼン

筆順 月 月⺈ 月⺈ 月⺈ 月⺈ 膳 膳

意味 ① 반찬. ② 먹음.

膳物〔선물〕 선사하는 물건

膳部〔선부〕ゼンブ ① 진(晋)나라 때의 벼슬 이름. 궁정(宮廷)의 요리를 맡아 하던 자리. ② 요리사(料理師).

膳立〔선립〕《口》 상을 차리는 일. 식사 준비. ② 준비.

【膵】 月12 | 쉬 | 지라 | 新 | スイ

筆順 月 月' 月゙ 胪 胪 脺 脺

意味 지라. 「一液」

膵管[췌관]スイ〈生〉췌장(膵臟)에서 분비되는 췌액(膵液)을 십이지장으로 보내는 관. 대(大)·소(小) 둘이 있음.

膵臟[췌장]スイ〈生〉위 및 간장(肝臟) 부근, 복막(腹膜) 밖에 있어 췌액을 분비하는 기관. 이자.

【膨】 月12 | 팽 | 배불룩할 | 庚

ボウ・ホウ
ふくれる

筆順 月 月 胪 肼 胮 膨 膨

意味 ① 배가 불룩함. ② 부풂.

膨大[팽대]ボウ 부풀어서 커짐.

【膿】 月13 | 농 | 고름 | 冬

ノウ・ドウ
うみ

筆順 月 肝 脚 脚 脚 膿 膿

意味 ① 고름. ② 곪음. 「化一」

膿汁[농즙]ノウジュウ〈生〉고름.

【膽】 月13 | 담 | 쓸개 | 感

タン
きも

筆順 月 胪 脾 膽 膽 膽

意味 ① 쓸개. ② 간, 기백. 용기. 「大一」 ③ 마음. 「肝一」 ④ 씻음.

膽小[담소]タンショウ 겁이 많고 배짱이 없음.

膽勇[담용]タンユウ 대담하고 용기가 있음.

【臀】 月13 | 둔 | 불기 | 元

デン・トン
しり

筆順 尸 尸 屍 屍 屍 殿 臀

意味 ① 불기. 엉덩이. 「一部」 ② 물건의 밑 부분.

臀部[둔부]デン〈生〉엉덩이.

臀腫[둔종]〈醫〉불기짝에 난 종기.

【臂】 月13 | 비 | 팔뚝 | 寘

ヒ
ひじ

筆順 尸 㞍 㞍ˊ 㞍ˆ 㞍ᵘ 㞍ᵔ 臂

意味 팔북. 「一痛」

臂力[비력] 팔의 힘. 완력(腕力).

臂痛[비통]〈醫〉팔이 아픈 증세.

【臆】 月13 | 억 | 가슴 | 職

オク・ヨク
むね

筆順 月 月 胪 胪 臆 臆 臆

意味 ① 가슴. ② 뜻. ③ 미루어 생각함.

臆說[억설]オクセツ 근거와 이유가 없는 억측의 말.

臆測[억측]オクソク 터무니 없는 추측.

【膺】 月13 | 응 | 가슴 | 蒸

ヨウ
むね

筆順 广 疒 府 府 雁 膺 膺

意味 ① 가슴. ② 친함. ③ 당함. 응함. ④ 받음. ⑤ 북두, 마소의 등에 실은 짐을 매는 긴 줄. ⑥ 침. 때림.

膺受[응수]ヨウジュ ① 받음. ② 인수함. 짐.

【臊】 月13 | 조 | 비린내 | 豪

ソウ
なまぐさい

筆順 月 月 胪 胪 胪 臊 臊

意味 ① 비린내. ② 누린내.

臊聲[조성]ソウセイ 나쁜 평판. 나쁜 소문.

臊臭[조취] 누린내.

【臑】 月14 | 노 | 팔꿈치 | 號

ドウ・ジュ

筆順 月 胪 胪 胪 臑 臑 臑

意味 ① 팔꿈치. 「一骨」 ② 팔 마디.

【臘】 月15 | 랍 | 납향제 | 合 | ロウ

筆順 月‴ 月‴ 朧 朧 朧 臘 臘

意味 ① 납향제(臘享祭). 한해가 끝날 무렵에 여러 귀신을 함께 모시는 제사. ② 섣달. ③ 해[年].

臘月[납월]ロウゲツ 음력 섣달을 달리 부르는 이름.

臘日[납일]ロウジツ 납향(臘享)하는 날.

【臚】20 月16 | 려 | 아랫배 | [平]魚 | ロ

[筆順] 月 肜 胪 臚 臚 臚 臚

[意味] ① 아랫배. ② 배가 불룩함.

臚傳〔여전〕ロデン ① 위의 말을 아래에 전하여 고함. ② 전시(殿試) 급제자가 처음으로 호명되어 전상(殿上)에 들어가 알현하는 것.

臚情〔여정〕ロジョウ 사정을 말함. 진정(陳情).

【臙】20 月16 | 연 | 연지 | [平]先 | エン

[筆順] 月 肼 腊 腊 臙 臙 臙

[意味] ① 연지. ② 목구멍. ③ 조개분

臙脂〔연지〕エンジ 여자가 화장할 때 양쪽 볼에 바르는 붉은 가루.

*【臟】22 月18 | 장 | 오장 | [平]漾 | ソウ・ゾウ

[筆順] 月 肸 臓 臓 臟 臟 臟

[意味] 오장(五臟). 몸 속의 장기(臟器).

臟器〔장기〕ゾウキ 〈生〉 내장(內臟)의 여러 기관(器官). 위장(胃臟)·간장(肝臟)

臣 部

*【臣】6 臣0 | 신 | 신하 | [平]眞 | シン

[筆順] 一 丅 丂 丂 丂 臣

[意味] ① 신하. ↔君 ② 백성.「—民」 ③ 신하가 군주에게 자기를 낮추어 일컫는 말.「小—」

臣道〔신도〕シンドウ 신하(臣下)로서 지켜야 할 도리(道理).

臣下〔신하〕シンカ 임금을 섬기는 벼슬 자리에 있는 사람. 신복(臣僕). ↔군주

*【臥】8 臣2 | 와 | 누울 | [去]箇 | ガ ふす

[筆順] 一 丂 丂 丂 臣 臥 臥

[意味] ① 누움.「—牛」 ② 쉼.

臥具〔와구〕ガグ 이부자리의 총칭. 침구.

臥薪嘗膽〔와신상담〕ガシンショウタン 옛날 중국의 월왕 구천(越王句踐)이 오왕 부차(吳王夫差)에게 나라를 빼앗기고 고생을 참고 견디어 나라를 회복한 고사(故事)에서 나온 말. 섶에 누워 쓸개를 맛본다는 뜻으로, 어떤 목적을 달성하기 위하여 오랫 동안 어려움을 참고 견딤의 비유.

*【臨】17 臣11 | 림 | 임할 | [去]沁 | リン のぞむ

[筆順] 丂 丂 臣 臣 臨 臨 臨

[意味] ① 임함.「—席」 마주 봄. 나옴. ② 지켜 봄. ③ 다스림.「君—」 ④ 눈앞에 있음.「—海」 ⑤ 닥침.「—終」

臨戰〔임전〕リンセン 전장에 나아감.

臨政〔임정〕リンセイ 임시 정부(臨時政府).

臨濟宗〔임제종〕リンザイシュウ 〈佛〉 당(唐)의 임제(臨濟)의 종지(宗旨)를 근본으로 하여 일어난 선종(禪宗)의 일파.

臨終〔임종〕リンジュウ ① 죽음에 임함. ② 부모가 돌아갈 때에 모시고 있음. 종신(終身).

臨地〔임지〕リンチ 현장에 임함.

自 部

*【自】6 自0 | 자 | 스스로 | [去]寘 | ジ・シ みずから・おのずから・より

[筆順] ′ 亻 白 白 自 自

[解字] 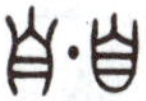 象形. 鼻의 본디 글자로 바로 본 코 모양을 본뜬 것. 후에 자기·부터의 뜻으로 쓰임

[意味] ① 스스로. 몸소. ② 저절로. ③ 부터. ④ 좇음.

自家〔자가〕ジカ ① 자기의 집. ② 자기(自己) 자체.

自家撞著〔자가당착〕ジカドウチャク 같은 사람의 말·문장·행동의 앞뒤가 어그러져 모순됨.

自家用〔자가용〕ジカヨウ ① 영업의 목적이 아니고 자기 집에서 전용(專用)하는 물건. ② 자가용차(自家用車).

自家中毒〔자가중독〕ジカチュウドク 〈醫〉 신진

대사(新陳代謝)의 결과 생기는 독성(毒性)을 없애 버리는 작용이 충분하지 못한 경우에 일어나는 중독.

自覺[자각]ジカク ① 스스로 깨달음. ② 자기 자신에 관한 의식(意識). ③ 〈佛〉삼각(三覺)의 하나.

自愧之心[자괴지심] 스스로 부끄럽게 여기는 마음.

自棄[자기]ジキ 스스로 제 몸을 버리고 돌보지 않음.

自繩自縛[자승자박]ジジョウジバク ① 자기의 말이나 행동으로 스스로 얽혀 들어가 묶임. ② 〈佛〉자기 마음으로 번뇌(煩惱)를 일으켜 괴로와함.

自衛[자위]ジエイ 몸이나 나라·직장 등을 스스로 막아 지킴.

自由[자유]ジユウ ① 남의 구속을 받지 않고 자기 마음대로 행동하는 일. ②〈法〉법률의 범위 안에서 마음대로 하는 행위.

*【臭】10 自4│취│냄새│⑧實│
シュウ·キュウ
くさい

筆順 ′ 冂 冃 自 自 臭 臭

意味 ① 냄새. 좋지 못한 냄새. ② 구림. ③ 더러힘. 썩음. ④ 고약한 소문.

臭氣[취기]シュウキ 좋지 못한 냄새. 악취(惡臭).

臭味[취미]シュウミ ① 냄새와 맛. ② 마음과 취미. ③ 같은 종류. 한통속.

至 部

*【至】6 至0│지│이를│⑧實│
シ
いたる

筆順 一 ェ 云 亙 至 至

解字 ⊻ 象形. 화살이 땅에 꽂힌 모양을 본뜬 글자. 이르다의 뜻으로 씀.

意味 ① 이름. 끝까지 가서 닿음. 다다름. ② 더할 나위 없음. 「一善」

至高[지고]シコウ 지극히 높음.

至公[지공]シコウ ① 지극히 공평(公平)하고 사사로움이 없음. 「一至平」② 천주(天主)의 품성(稟性)의 하나.

至極[지극]シキョク ① 궁극(窮極)에 이름. ② 더없이 극진함.

至聖[지성]シセイ 지(智)와 덕(德)이 지극히 뛰어남. 또 그런 사람.

至誠[지성]シセイ ① 지극히 성실함. ② 지극한 정성.

至尊[지존]シソン ① 더없이 존귀(尊貴)함. ② 임금을 공경하여 일컫는 말.

至重[지중]シチョウ ① 매우 무거움. ② 지극히 중요함.

至賤[지천]シセン ① 매우 천함. ② 하도 많아 귀할 것이 없음.

至親[지친]シシン ① 더할 수 없이 친함. ② 아버지와 아들. 언니와 아우.

*【致】9 至3│치│이를│⑧實│
チ
いたす

筆順 ′ ｺ ｺ 至 至 至' 致 致

意味 ① 이름. 다다름. =至 「一死」극진함. ③ 맡김. ④ 불러 옴. ⑤ 보냄. 부처 줌. ⑥ 풍치(風致). 「景一」⑦ 이름. 「一富」

致命[치명]チメイ ① 죽을 지경에 이름. ② 천주와 교회를 위하여 목숨을 바침. ③ 목숨을 바치고 어떤 일에 당함.

致富[치부]チフ 재물을 모아 부유하게 됨.

致仕[치사]チシ 나이가 늙어서 관직(官職)을 내놓고 물러남. 치사(致事).

致死[치사]チシ 죽음에 이르게 함. 죽임. 「過失一」

致謝[치사]チシャ 고맙다고 사례함.

致辭[치사]チジ ① 경사가 있을 때 임금에게 울리는 송덕(頌德)의 글. ② 악인(樂人)이 풍류에 맞춰서 울리는 찬양의 말. 곧 여운(儷文)의 한 단(段). 뒤에 구호(口號)가 딸림

致死量[치사량]チシリョウ 약품·방사능(放射能) 등의 환자 치료에 적당한 한도를 넘은 죽음에 이를 정도의 양.

致誠[치성]チセイ 있는 정성을 다함.

〔至部〕8획·〔臼部〕0~9획

【臺】 至8 | 대 | 돈대 | 灰 |
タイ·ダイ
うてな

筆順 一 士 吉 吉 喜 喜 臺

解字 會意. 높은 건물을 뜻하는 宀과 사람이 와서 멈추다의 뜻인 至를 합쳐서 망루 등 높은 건물을 뜻함. 후에 인공으로 높이 돋운 평평한 땅의 뜻으로 쓰다가 지금은 물건을 얹는 받침대의 뜻으로 씀.

意味 ① 돈대(敦臺). ② 집. ③ 종. 하인. ④ 코를 곪. ⑤ 잔디. ⑥ 마을. 관청. ⑦ 어른. 남을 높여서 부를 때 붙이는 말. 「尊一」

臺閣[대각] ᅟ① 누각(樓閣). ② 한대(漢代) 상서(尚書)의 높임말.
臺廳[대청] 양사(兩司)의 제대(諸臺)가 진계(陳啓)할 일이 있어 모이던 곳.
臺卓[대탁] ① 밥상. 식탁. ② 성대하게 차려 내는 음식상.

臼(臼)部

【臼】 臼0 | 6 | 구 | 절구 | 有 |
キュウ·グ
うす

筆順 ノ 个 F 臼 臼 臼

解字 象形. 나무나 돌을 깊이 파서 그 속에 곡식의 낟알을 넣은 절구 모양을 본뜸. 절구의 뜻.

意味 ① 절구. ② 땅 이름. ③ 별 이름.

臼狀[구상] 절구처럼 가운데가 옴폭하게 파인 모양. 「一火山」
臼杵[구저] 절구와 절굿공이.
臼齒[구치] 어금니.

【舅】 臼7 | 13 | 구 | 시아비 | 有 |
キュウ·グ
しゅうと

筆順 ′ ″ ″ ″ ″ ″ 舅 舅 舅

意味 ① 시아버지. ↔姑. ② 장인. 「國一」
③ 외삼촌.

舅家[구가] 시집. 시가(媤家).
舅姑[구고] ① 시아버지와 시어머니. 시부모. ② 장인과 장모.

【與】 臼7 | 13 | 여 | 더불 | 語 |
ヨ
あたえる·あずかる

筆順 ′ ″ ″ ″ ″ ″ 與 與

解字 會意. 두 사람이 내민 네 손[舁]과 그것을 맞붙잡은 모양[与]을 합쳐서 여러 사람이 합세하다의 뜻. 후에 서로가 주다의 뜻으로 쓰임.

意味 ① 더불. 함께. 같이. ② 어울림. 짝이 됨. 참여됨. 「一黨」 ③ 와. 및. ④ 보다. 비교를 나타냄. ⑤ 허락함. ⑥ 줌. ⑦ 웃사람에게서 받음.

與件[여건] 추리 또는 연구의 출발점으로서 주어지거나 가정된 사물.
與國[여국] 우리 편의 나라. 동맹을 맺은 나라. 동맹국(同盟國).
與黨[여당] 현행 정부와 같은 입장에서는 정당(政黨). ↔야당(野黨)
④ 짝이 되는 무리. 동지(同志).
與否[여부] 그러함과 그렇지 못함.
與受[여수] 주고 받음. 수수(授受).
與信[여신] 〈經〉 금융 기관에서 고객에게 신용을 부여하는 일.

【興】 臼9 | 16 | 흥 | 일 | 蒸 |
キョウ·コワ
おこる·おこす

筆順 ′ ″ ″ ″ ″ ″ 興 興 興

解字 形聲. 두 손을 뜻하는 舁와 음을 나타내는 同(동)[흥은 변음]을 합쳐서 힘을 모아 들어 올리다의 뜻.

意味 ① 읾. 일어남. 일으킴. ② 지음. 만듦. ③ 기뻐함. 즐김. 「一味」

興感[흥감] ① 마음이 움직여 느낌. ② 흥겹게 느낌.
興國[흥국] ① 나라를 흥하게 함. ② 세력이 왕성한 나라. ↔망국(亡國)
興起[흥기] ① 떨치고 일어남. ② 분발하여 일어남. ③ 세력이 왕성하게 됨.

興信所[흥신소] コウシンジョ 타인(他人)으로부터 부탁을 받아 개인이나 회사의 신용 상태(信用狀態)를 비밀히 조사하여 보고(報告)하는 기관. 「―을 킴」

興業[흥업] コウギョウ 새로이 사업(事業)을

*[舊] 白12획 18 | 구 | 예 | ㉡宥
キュウ・グ
ふるい

筆順 ⺈ ⺊ ⺭ ⺾ 萑 萑 舊 舊

意味 ① 예.=昔 오랜 세월이 지남.「―交」 ② 낡음.「―態依然」↔新 ③ 늙은이. ④ 벗.「親―」

舊家[구가] キュウカ ① 오래 대(代)를 이어온 내력 있는 집안. ② 전에 살던 집. ③ 오래된 집. 고가(古家).

舊弊[구폐] キュウヘイ 예전부터 내려오는 나쁜 관습 등의 폐단.

舌 部

*[舌] 舌0 6 | 설 | 혀 | ㉠屑
ゼツ・セツ・ゼチ
した

筆順 ⼀ ⼆ ⼗ ⼲ 舌 舌

解字 形聲. 입을 뜻하는 口와 음을 나타내는 千(간)[설은 변음]을 합쳐서 입속의 혀를 뜻함.

意味 ① 혀. ② 말.「長廣―」

舌根[설근] ゼッコン ① 〈生〉회염 연골(會厭軟骨)의 앞 부분에 있는 혀의 뿌리. ② 〈佛〉육근(六根)의 하나.

舌端[설단] ゼッタン ① 혀 끝. ② 말을 잘하는 재주. 변설(辯舌).

舌禍[설화] ゼッカ ① 말을 잘못하여 입는 화. ② 연설이나 강연 같은 것의 내용이 법에 저촉(抵觸)되어 받는 화.

*[舍] 舌2 8 | 사 | 집 | ㉤禡
シャ・セキ・シャク
いえ・やど

筆順 ⼀ ⼈ ⼈ ⼈ ⼈ 舍 舍 舍

解字 會意. 지붕 모양을 본뜬 수와 장소를 뜻하는 口를 합쳐서 사람이 쉬는 집의 뜻. 널리 쉬다·묵다의 뜻으로 씀.

意味 ① 집. ② 쉼. ③ 놓아 줌. 풀어 놓음. 용서함. ④ 베풂. ⑤ 그만둠. 버림. 없앰. ⑥ 자기 쪽을 낮출 때 붙이는 말.「―兄」

舍監[사감] シャカン ① 기숙사(寄宿舍)에서 감독(監督)을 하는 사람. ② 궁방(宮房)의 논밭을 관리하던 사람.

舍兄[사형] シャケイ 남에게 자기의 형을 겸손히 일컫는 말. 가형(家兄). ↔사제

[舒] 舌6 12 | 서 | 펼 | ㉥魚
ジョ・ショ
のべる

筆順 ⼃ ⼈ 舍 舍 舍ʹ 舍ʺ 舒

意味 ① 폄. 늘임. ② 늦음. ③ 천천함. ④ 한가함. ⑤ 자세함. ⑥ 나라 이름.

[舖] 鋪 (金부 9획)의 속자.

[憩] 心부 12획

舛 部

[舛] 舛0 6 | 천 | 어기어질 | ㉫銑
セン
そむく

筆順 ⼃ ⼃ ⼁ ⼁ ⼁ ⼁ 舛

解字 會意. 왼쪽을 향한 발을 본뜬 夕과 오른쪽을 향한 발을 본뜬 ㄷ를 합쳐서 서로 등지다의 뜻.

意味 ① 어기어짐. ② 어수선함.

[舜] 舛6 12 | 순 | 무궁화 | ㉤震
シュン

筆順 ⼀ ⼌ ⺍ 孚 孚 舜 舜

意味 ① 무궁화. ② 고대 중국의 어진 임금의 이름.

*[舞] 舛8 14 | 무 | 춤 | ㉫麌 ブ・ム まう

筆順 ⼀ ⼆ ⼯ 無 無 舞 舞

[舟部] 0~5획　445

意味 ① 춤. 춤을 춤. ② 좋아서 펄펄 뜀. ③ 뜻대로 놀림. 「一文弄法」
舞曲[무곡] ①《音》춤추기 위한 악곡의 총칭. 무도곡(舞蹈曲). ② 춤과 악곡(樂曲).
舞踊[무용] 춤. 댄스.
舞衣[무의] 춤출 때 입는 의장(衣裝).
舞筆[무필] 사실(事實)을 왜곡하여 교묘하게 씀. 곡필(曲筆).
舞姬[무희] 춤을 잘 추는 여자. 또는 춤추는 일을 업으로 삼는 여자.

舟 部

*[舟] 6획 舟0 | 주 | 배 | ㉠尤
シュウ・シュ
ふね

筆順 ノ 勹 丹 丹 舟

解字 舟·舟 象形. 통나무배의 모양을 본뜬. 부수로는 배에 관한 뜻을 나타냄.

意味 ① 배. ② 잔대. ③ 띠를 띰. 몸에 지님.
舟車[주거] ① 배와 수레. 주여(舟輿). ② 수륙(水陸)의 교통 기관.
舟師[주사] 배를 타고 싸우는 군대. 수군(水軍). 주군(舟軍). 수사(水師).

*[般] 10획 舟4 | 반 | 돌이킬 | ㉠寒
ハン
はこぶ

筆順 ノ 勹 丹 丹 舟 舨 般

解字 股·股 會意. 흙담 등을 쌓을 때 양쪽에 대는 널빤지 모양인 ㅐ를 잘못 쓴 舟과 몽둥이로 쑤셔 다지다의 뜻인 殳(수)를 합쳐서 흙담을 쌓다의 뜻.

意味 ① 돌이킬[旋]. ② 되돌아옴. ③ 돌아다님. ④ 옮길. 나름. =搬 ⑤ 즐길. ⑥ 종류. 가지. 「萬一」 ⑦ 일반.
般若[반야] ①《佛》대승 불교(大乘佛敎)에 있어서 모든 법(法)의 진실상(眞實相)을 아는 지혜. 실상(實相)과 진여(眞如)를 달관(達觀)하는 지혜. 여실지(如實智). ② 무서운 얼굴을 한 귀녀(鬼女).

*[航] 10획 舟4 | 항 | 쌍배 | ㉠陽
コウ・ゴウ

筆順 ノ 勹 丹 丹 舟 舟 舮 航

意味 ① 쌍배. 배. ② 배질함. ③ 건넘. 「一海」 ④ 낢. 하늘을 건넘. 「一空機」
航空[항공] 비행기나 비행선(飛行船)으로 공중을 날아 다님.
航海[항해] 배를 타고 바다를 건넘.

[舶] 11획 舟5 | 박 | 큰배 | ㉠陌
ハク・ビャク

筆順 ノ 勹 丹 丹 舟 舮 舶

意味 큰 배. 「船一」
舶來[박래] ① 배로 날라 옴. ② 박래품(舶來品). ↔국산(國産)

*[船] 11획 舟5 | 선 | 배 | ㉠先
セン・ゼン
ふね

筆順 ノ 勹 丹 丹 舟 舮 船

意味 ① 배. =舟 ② 옷깃.
船隊[선대] 여러 척의 배로 구성된 대(隊).
船頭[선두] ① 뱃머리. 이물. ↔선미(船尾) ②《日》뱃사공. 뱃사람.

[舳] 11획 舟5 | 축 | 고물 | ㉠屋
ジク
とも・へさき

筆順 ノ 勹 丹 丹 舟 舮 舳

意味 고물. 배의 꼬리.
舳艫[축로] 배의 고물[船尾]과 이물.

[舵] 11획 舟5 | 타 | 키 | ㉤哿
タ・ダ
かじ

筆順 ノ 勹 丹 丹 舟 舮 舵

意味 키. 「操一」 「一輪」
舵手[타수] 선박에서 키를 맡은 선

[舟部] 5~16획·[艮部] 0~11획·[色部] 0획

【舷】 11 舟5 | 현 | 뱃전 | ㊤先
ゲン
ふなばた

筆順 丿 力 月 舟 舟 舟 舷 舷

意味 뱃전. 「一側」

舷門[현문]ゲン ① 뱃전에 설비한 출입구. ② 극장·강당 등의 좌석 사이의 통로. 「하여 선복(船腹)에 낸 창.
舷窓[현창]ゲンソウ 채광(採光)·통풍을 위

【艇】 13 舟7 | 정 | 거룻배 | ㊤迥 テイ

筆順 力 月 舟 舟 舟 艇 艇

意味 거룻배. 돛을 달지 않은 작은 배. 「舟─」

艇庫[정고]テイコ 보우트를 넣어 두는 창
艇身[정신]テイシン 보우트의 길이. 「고.

【艘】 16 舟10 | 소 | 배 | ㊤蕭 ソウ

筆順 舟 舟 舟 舟 舟 舟 艘

意味 ① 배. 배의 총칭. ② 배의 수효를 세는 단위.
參考 梭는 같은 글자.

【艙】 16 舟10 | 창 | 갑판밑 | ㊤陽 ソウ

筆順 丿 月 舟 舟 舟 舟 艙

意味 ① 갑판 밑. ② 선창(船艙).

【艦】 20 舟14 | 함 | 싸움배 | ㊤豏
カン
いくさぶね

筆順 舟 舟 舟 舟 舟 艦 艦

意味 싸움배. 「戰鬪─」

艦艇[함정]カンテイ 전투력을 가진 온갖 배의 총칭. 군함(軍艦)·구축함(驅逐艦)·수뢰정(水雷艇)·소해정(掃海艇) 등의 총칭.

【艫】 22 舟16 | 로 | 배잇댈 | ㊤虞
へさき·とも

筆順 舟 舟 舟 舟 舟 艫 艫

意味 ① 배를 잇댐. ② 이물. 뱃머리.

艮 部

【艮】 6 艮0 | 간 | 그칠 | ㊤願 コン

筆順 コ ヨ ヨ 艮 艮 艮

解字 會意. 사람을 뜻하는 匕과 뒤를 향한 눈을 본뜬 目을 합쳐서 고개를 돌리다·원망하다의 뜻.

意味 ① 그침. 머무름. ② 한정함. ③ 어려움. ④ 배신함.

艮坐[간좌] 묏자리나 집터 등의 간방(艮方)을 등진 좌향.

【良】 7 艮1 | 량 | 착할 | ㊤陽
リョウ·ロウ
よい

筆順 フ ユ ヨ ョ 良 良 良

解字 會意. 곡식을 체에 넣고서 고른다는 뜻을 나타낸 글자로서 보다 우수한 것·좋은의 뜻으로 씀.

意味 ① 착함. 어짊. 「─妻」↔惡 ② 경사스러움. ③ 깊음. ④ 천성적인 바름.

良家[양가]リョウカ ① 양민(良民)의 집. ② 지체가 있는 집안.
良貨[양화]リョウカ 좋은 보배. 좋은 물품. 품질이 좋은 화폐. ↔악화(惡貨)

【艱】 17 艮11 | 간 | 어려울 | ㊤刪
カン·ケン

筆順 一 艹 苩 莒 堇 蓳 艱

意味 ① 어려움. ② 근심함. 피로와함.

艱難辛苦[간난신고]カンナンシンク 몹시 어려운 고생을 함.

色 部

*【色】 6 色0 | 색 | 빛 | ㊤職
ショク·シキ
いろ

筆順 丿 ク 乌 乌 色 色

[色部] 18획·[艸部] 0~4획·[虍部] 0~6획

味 ① 빛. 색. 색칠을 함. 「一彩」 ② 낯. 얼굴. ③ 예쁜 여자. ④ 모양.
色感[색감] シ ョクカン 색채(色彩)의 감각(感覺).
色盲[색맹] シキモウ 색각(色覺)에 이상(異常)이 있어 색의 구별을 하지 못하는 상태. 또는 그런 증세의 사람.

【艶】²⁴₍色18₎ | 염 | 고울 | ⒃豔 |
エン
なまめかしい·つや
筆順 ' ＝ ヨ ヨ‾ 豊 豊 艷 艶
意味 ① 고움[光彩]. ② 얼굴이 탐스러움.
艶聞[염문] エンブン 연애(戀愛)나 정사(情事)에 관한 소문.

艸 部

【艸】⁶₍艸0₎ | ½초 | 풀 | ⒣皓 | ソウ |
½절 | | ⒣皓 | くさ |
筆順 ㅣ ㄴ ㅛ ㅛ ㅛㅛ
意味 ① 풀[草]. ② 풀이 파릇파릇 나옴.

【芻】¹⁰₍艸4₎ | 추 | 꼴 | ⒃虞 | スウ |
まぐさ
筆順 ノ ク 勹 勺 勾 匆 芻 芻
意味 ① 꼴. 말이나 소에게 먹이는 풀.

虍 部

【虍】⁶₍虍0₎ | 호 | 범의문채 | ⒃處 | コ |
筆順 ' ' 广 广 卢 虍
解字 象形. 범의 머리 모양을 본뜸. 부수로는 범에 관한 뜻을 나타냄.
意味 범의 문채. 범 가죽의 무늬.

*【虎】⁸₍虍2₎ | 호 | 범 | ⒃囊 | コ | とら |
筆順 ' ' 广 广 卢 卢 虎
解字 象形. 범의 모양을 본뜸. 범이란 뜻.
意味 범. 「一狼」

虎視眈眈[호시탐탐] コシタンタン ① 범이 먹이를 노리어 눈을 부릅뜨고 노려봄. ② 기회를 노리고 있는 모양.
虎皮[호피] コヒ 범의 가죽.

【虐】⁹₍虍3₎ | 학 | 사나울 | ⒜藥 |
ギャク
しいたげる
筆順 ' ' 广 广 卢 虐 虐
意味 ① 사나움. ② 해롭게 함. ③ 혹독함. 무자비함. 「殘一」 ④ 까다로움.
參考 본디 음은 '악'.
虐待[학대] ギャクタイ 가혹하게 대우함. 학우(虐遇). ↔우대(優待)
虐使[학사] ギャクシ 잔학(殘虐)하게 부림.

【虔】¹⁰₍虍4₎ | 건 | 정성 | ⒜先 |
ケン
つつしむ
筆順 ' ' 广 广 卢 虍 虔
意味 ① 정성. 삼감. 「敬一」 ② 빼앗음.
虔肅[건숙] ケンシュク 경건하고 엄숙함.

*【處】¹¹₍虍5₎ | 처 | 살 | ⒜語 |
ショ·ソ
ところ·おる
筆順 ' ' 广 广 卢 虍 虎 處 處
意味 ① 삶. 있음. ② 곳. 「一所」 ③ 벼슬을 않고 있음. 「一士」 ④ 미혼으로 있음. 「一女」 ⑤ 응분의 조처를 함.
處決[처결] ショケツ 결정하여 조처함.
處刑[처형] ショケイ 형벌(刑罰)에 처함.

*【虛】¹²₍虍6₎ | 허 | 빌 | ⒜魚 |
キョ·コ
むなしい
筆順 广 卢 卢 虎 虚 虚 虛
意味 ① 빔. ↔盈 ② 헛됨. 허무함. ③ 설레발. 「一禮」 ④ 실속이 없음. 「一言」↔實 ⑤ 빈틈. 약점. ⑥ 약함.
虛無[허무] キョム ① 아무것도 없고 텅 빔. ② 마음속이 텅 비고 아무 잡념이 없음. ③ 〈哲〉 만물의 본체가 뭉뚱하여 알 수 없음. 노자(老子)의 설임.

〔虍部〕 6~11획 · 〔虫部〕 0~4획

【虜】₆¹² | 로 | 사로잡을 | ㊥虞 |
リョ・ロ
とりこ

筆順 广卢卢卢庐虏虏虏

解字 形聲. 사람을 힘으로 잡다의 뜻인 男과 음을 나타내는 虍(호)〔로는 변음〕를 합쳐서 사람을 사로잡다의 뜻.

意味 ① 사로잡음.「捕一」 ② 종. 심부름군.

虜囚〔노수〕ᴿᴶᵘ 포로(捕虜).

【虞】₇¹³ | 우 | 염려할 | ㊥虞 |
グ
おそれ

筆順 广卢卢卢虎虎虞虞

意味 ① 염려함.「憂一」 ② 즐거움. 즐김. ③ 편안함. ④ 갖춤. ⑤ 산이나 늪을 맡아 보는 벼슬.

虞美人〔우미인〕ᴳᴮⁱᴺ 〈人〉 중국(中國) 초왕(楚王) 항우(項羽)의 총희(寵姬). 항우가 해하(垓下)에서 적(敵)에게 포위되었을 때 항우의 시(詩)에 맞추어 춤을 추고 자살을 하였음.

*【號】₇¹³ | 호 | 부르짖을 | ㊥※ |
コウ・ゴウ
さけぶ

筆順 口号号号号 號號

意味 ① 부르짖음. 목을 놓아 욺.「一泣」 ③ 덧붙이는 이름.「年一」「雅一」「統一」 ④ 표적.「說一」

號哭〔호곡〕ᴳᵒᴷᵘ 목놓아 슬피 욺.

號令〔호령〕ᴳᵒᴿ ① 지휘하여 명령함. 또는 그 명령. ② 큰소리로 꾸짖음.

【虧】₁₁¹⁷ | 휴 | 이지러질 | ㊥支 |
キ
かける

筆順 广卢卢虎雇雇虧

意味 ① 이지러짐. 빠짐. ② 덜림(損).

虧蝕〔휴식〕ᴷⁱˢʰᵒᴷᵘ ① 일식(日蝕)과 월식(月蝕). ② 자본금의 결손(缺損).

虧月〔휴월〕ᴷⁱᴳᵃᵗˢᵘ 이지러진 달. 곧 보름달에서 초승달에 이르는 사이의 달.

虫 部

【虫】虫₀⁶ | ①훼 ②충 | 벌레 | ㊥東 |
チュウ・キ
むし

筆順 丨ロ口中虫虫

解字 象形. 살무사의 모양을 본 뜸. 부수로는 곤충·파충류·조개에 관한 뜻을 나타냄.

意味 ① 벌레. ② 벌레총칭.

【虹】虫₃⁹ | ①항 ②항 | 무지개 | ㊥東江 |
コウ
にじ

筆順 ロロ中虫虫虹虹

意味 ① 무지개. ② 어지러움. ② 무너짐.

虹霓〔홍예〕ᴷᵒᵘᵍᵉⁱ ① 무지개. 홍예문(虹霓門). ③〈天〉 별 이름.

【蚊】虫₄¹⁰ | 문 | 모기 | ㊥文 |
ブン
か

筆順 ロロ中虫虻虻蚊

解字 形聲. 벌레를 뜻하는 虫과 모기의 날개 소리, 즉 음을 나타내는 文(문)을 합쳐서 모기의 뜻.

意味 모기.「一帳」

蚊脚〔문각〕ᴮᵘⁿᴷʸᵃᴷᵘ ① 모기의 다리. ② 모기 다리처럼 가는 글씨.

蚊虻〔문맹〕ᴮᵘⁿᴮᵒᵘ〈動〉 모기와 등에.

蚊帳〔문장〕ᴷᵃ・ᶜʰᵒᵘ 모기장.

【蚤】虫₄¹⁰ | 조 | 벼룩 | ㊥皓 |
ソウ
のみ

筆順 又叉叉叉蚤蚤蚤

意味 ① 벼룩.「一腸出食」 ② 일찍. =早 「一寢晏起」

蚤起〔조기〕ˢᵒᵘᴷⁱ 아침 일찍 일어남. 조기(早起).

蚤蝨〔조슬〕ˢᵒᵘˢʰⁱᵗˢᵘ〈動〉 벼룩과 이.

【蚩】虫₄¹⁰ | 치 | 벌레이름 | ㊥支 |
シ
おろか

[虫部] 5~6획

筆順 ' 丷 屮 屵 岢 峹 虫

意味 ① 벌레 이름. ② 어리석은 모양. ③ 업신여김. ④ 별 이름. ⑤ 사람 이름.

虫笑[치소]ショウ 조롱하여 웃음.

【蛋】虫5 11 │단│새 알│⑧翰│タン

筆順 ⼀ ⼆ ⺜ ⺜ ⻆ 蛋 蛋

意味 ① 새의 알. ② 중국 남쪽 해안 지방의 미개 민족.

蛋殼[단각]タンカク 알의 껍질. 「된 물질.
蛋白[단백]タンパク 알의 흰자위. 단백질로
蛋白質[단백질]タンパクシツ 〈化〉 환자질. 동식물 세포(動植物細胞)의 원형질(原形質)의 주성분으로 생명의 기본적 구성물이며 사람의 삼대 영양소의 하나인 함질소(含窒素) 유기 화합물임.

*【蛇】虫5 11 │1 사 3 이│뱀│⑧麻│⑧歌
    │2 타
⑧支│ジャ・タ・ダ・イ

筆順 ⼞ ⼝ ⼞ 虫 虫' 蚩 蛇 蛇

解字 形聲. 벌레 또는 뱀을 뜻하는 虫과 음을 나타내며 역시 뱀이라는 뜻인 它(사)를 합쳐서 뱀을 뜻하며, 다른 벌레와 구별하였음.

意味 1 ① 뱀. ② 별 이름. 2 ① 든든함. ② 이무기[큰 구렁이]. 3 든든함.

蛇蝎[사갈]ダカツ ①〈動〉뱀과 전갈. ② 남을 해치는 사람을 비유하는 말.
蛇毒[사독]ジャドク 뱀의 독.
蛇苺[사매]ジャバイ 〈植〉뱀딸기.
蛇心[사심] 간사스럽고 질투하는 마음. 뱀같이 표독스러운 마음.
蛇足[사족]ダソク 뱀은 발이 없는데 발을 그린다는 뜻으로 소용 없는 일을 함의 비유. 화사 첨족(畫蛇添足).
蛇行[사행]ダコウ ① 울퉁불퉁하고 구불구불함. ② 뱀처럼 구불구불 감.
蛇虺[사훼]ジャキ ①〈動〉뱀과 독사. 큰 뱀과 작은 뱀. ② 사람을 해치는 것의 비유.

【蛆】虫5 11 │저│구더기│⑧魚
ショ・ソ
うじ

筆順 ⼞ ⼝ 中 虫 虫' 虶 蛆 蛆

意味 ① 구더기. ② 지네. 「蛆ㅡ」
蛆虫[저충]ソチュウ《日》〈動〉① 구더기. 벌이나 파리의 유충. ② 사람을 야유하는 말.

【蛙】虫6 12 │1 와│개구리│⑧廲
        │2 와   ⑧佳
ア・ワ
かえる

筆順 ⼞ ⼝ 中 虫 虸 虵 蛙 蛙

意味 1 ① 개구리. ② 음란한 소리. 2 뜻은 1 과 같음.

蛙鳴蟬噪[와명선조]アメイセンソウ 개구리와 매미가 시끄럽게 울어 댐. 즉 서투른 문장이나 쓸데 없는 의론(議論)을 조롱하여 쓰는 말.
蛙聲[와성]アセイ ① 개구리의 울음 소리. ② 쓸데 없이 시끄럽게 떠드는 소리. ③ 음란한 음악 소리.

【蛛】虫6 12 │주│거미│⑧虞
シュ・チュ

筆順 ⼞ ⼝ 中 虫 虸 蛛 蛛

意味 거미. 「蜘ㅡ」
蛛網[주망]シュモウ 거미집. 거미줄.

【蛤】虫6 12 │합│조개│⑧合
コウ
はまぐり

筆順 ⼞ ⼝ 中 虫 虸 蛤 蛤 蛤

意味 조개. 「大ㅡ」
蛤子[합자] 섭조개와 홍합을 말린 것.

【蛔】虫6 12 │회│거위│⑧灰│カイ

筆順 ⼞ ⼝ 中 虫 虸 蛔 蛔

意味 거위. 「ㅡ蟲」
蛔藥[회약] 거위배에 쓰는 약.
蛔蟲[회충]カイチュウ 〈動〉사람의 뱃속에 기생하는 벌레의 한 가지. 거위.

【蛟】虫6 12 │교│도롱뇽│⑧希
コウ・キョウ
みずち

[虫部] 7~8획

筆順 口 中 虫 虸 蚜 蛟 蛟
意味 도룡뇽.「一龍」

蛟龍[교룡] 〈動〉 ① 이무기와 용. 또는 비늘이 있는 용. 모두 상상의 동물임.

*【蜂】 虫7 | 봉 | 벌 | ⓔ多 | ホウ はち

筆順 口 中 虫 虸 蚣 蜂 蜂
意味 벌.「一蜜」

蜂起[봉기] 떼지어서 벌떼처럼 일어남.「가 모아 둔 꿀」
蜂蜜[봉밀] 꿀벌이 꽃에서 따다

【蛸】 虫7 | 소 | 연가시 알집 | ⓔ肴 | ソウ·ショウ

筆順 口 中 虫 虸 虸 蚋 蛸
意味 ① 연가시 알집. ② 거미알.

蛸枕[소침] 〈動〉 극피 동물(棘皮動物) 해담류(海膽類)의 한 가지.

【蜃】 虫7 | 신 | 큰조개 | ⓔ軫 | シン·ジン

筆順 厂 厂 辰 辰 唇 蜃 蜃
意味 ① 큰조개. =蝛 ② 이무기. 이무기는 용의 일종으로서 내뿜는 숨이 신기루(蜃氣樓)를 일으킨다고 하는 상상의 동물.

蜃氣樓[신기루] 〈天〉 바다 위나 사막 등에서 대기의 밀도의 분포가 이상적(異常的)이어서 광선이 굴절하여 엉뚱한 곳에 물상(物象)이 나타나 보이는 현상.

【蛾】 虫7 | 아 | 누에나방 | ⓔ歌 | ガ

筆順 口 中 虫 虸 虸 蛾 蛾
意味 ① 누에나방. ② 아리따운 여인의 눈썹.「一眉」

蛾眉[아미] 가늘고 길게 굽어진 누에나방의 촉각처럼 아름다운 눈썹. 곧 미인의 눈썹을 말함.
蛾眉月[아미월] 초승달. 신월(新月).

【蛹】 虫7 | 용 | 번데기 | ⓔ睡 | ヨウ さなぎ

筆順 口 中 虫 虸 蚋 蛹 蛹
意味 번데기.

【蜀】 虫7 | 촉 | 해바라기벌레 | ⓐ沃 | ショク

筆順 口 四 四 罒 罟 蜀 蜀
意味 ① 해바라기벌레. =蠋 ② 큰 닭. ③ 중국 삼국 시대의 유비(劉備)가 세운 나라.

蜀葵[촉규] 〈植〉 접시꽃. 아욱과의 다년생 화초임.
蜀道[촉도] 촉(蜀)[四川省]으로 통하는 위험한 길. 즉 인정과 세로(世路)의 어려움을 일컫는 말.

【蜆】 虫7 | 현 | 가막조개 | ⓔ銑 | ケン·ゲン しじみ

筆順 口 中 虫 虵 虯 蜆 蜆
意味 ① 가막조개. ② 도롱이벌레.

*【蜜】 虫8 | 밀 | 꿀 | ⓐ質 | ミツ·ビツ·ミチ

筆順 宀 少 宓 宓 宓 蜜 蜜
意味 꿀.「蜂一」「一蜂」

蜜蠟[밀랍] 꿀을 짜내고 남은 찌끼에 물을 타서 끓여서 식힌 유지(油脂) 같은 것. 황랍(黃蠟).

【蜚】 虫8 | 비 | 떡풍뎅이 | ⓔ微 | ヒ

筆順 ㅣ ㅋ ㅋ 캬 캠 蜚 蜚
意味 ① 떡풍뎅이. 바퀴. 빈대. ② 때까치. 메뚜기. 방아깨비.

蜚語[비어] 근거 없이 떠도는 말.

【蜡】 虫8 | 사 | 납향제사 | ⓔ禡 | サ·ショ

筆順 口 中 虫 蚶 蚶 蜡 蜡

[虫部] 8〜9획   451

意味 납향(臘享) 제사.

蜡月[사월]ᵗᵗᶻ 음력 섣달의 딴 이름.

【蜩】虫8 14│조│말매미│㊀蕭
チョウ
せみ・ひぐらし

筆順 口 中 虫 虰 虰│蜩 蜩

意味 말매미.「一蟬」

蜩沸[조비]ᵗʸᵒᵘ 몹시 시끄럽게 외치는 모양.

【蜘】虫8 14│지│거미│㊀支│チ

筆順 口 中 虫 虰 虰 蛛 蜘

蜘蛛[지주]ᵏᵘ·ᶜʰᵘ〈動〉거미.

【蜻】虫8 14│청│귀뚜라미│㊀庚
セイ

筆順 口 中 虫 虰 蜻 蜻 蜻

意味 ① 귀뚜라미. ② 잠자리.「一蛉」

蜻蛉[청령]ᵗᵉⁱ·ᵗᵉⁱ〈動〉고추잠자리. 잠자리의 한 가지임. 암컷은 메밀잠자리라고도 함. 청정(蜻蜓).

蜻蜓[청정]ᵗᵉⁱ·ᵗᵉⁱ〈動〉청령(蜻蛉).

【蝌】虫9 15│과│올챙이│㊀歌│カ

筆順 口 中 虫 虰 蚪 蝌 蝌

意味 올챙이.「一蚪」
蚪는 같은 글자.

蝌蚪文字[과두문자]ᵏᵃᵗᵒ 중국 옛 글자의 한 가지. 황제(黃帝) 때에 창힐(蒼頡)이 지었다고 하며 글자의 획이 올챙이 모양과 같음.

【蝸】虫9 15│①와│달팽이│㊀麻
②왜   佳
カ
かたつむり

筆順 口 中 虫 虰 虰 蝸 蝸

意味 ① 달팽이.「一牛」 ②의 뜻은 ①과 같음.

蝸角[와각]ᵏᵃᵏᵃᵏᵘ ① 달팽이의 촉각. ② 아주 좁은 지경이나 작은 것.

蝸角之勢[와각지세]ᵏᵃᵏᵃᵏᵘⁿᵒ 사소한 일로 다투는 형세.

【蝮】虫9 15│복│독사│㊀屋
フク
はむし

筆順 口 中 虫 虰 虰 蝮 蝮

意味 독사. 살무사.

蝮蠍[복갈]ᶠᵘᵏᵘᵏᵉᵗˢᵘ〈動〉살무사와 전갈. 흉악한 사람의 비유.

【蝨】虫9 15│슬│이│㊀質│しらみ
シツ

筆順 乁 孒 孔 孔 孔 虱 蝨

意味 이.=虱 사람이나 짐승의 피를 빠는 곤충.

【蝱】虫9 15│맹│등에│㊀庚
ボウ
あぶ

筆順 ˋ 亠 亡 亡 亡 盲 蝱

意味 등에. 사람이나 짐승의 피를 빠는 곤충.

【蝕】虫9 15│식│벌레먹을│㊀職
ショク
むしばむ

筆順 亠 今 今 食 食 蝕 蝕

意味 ① 벌레먹음. ② 먹어 들어감.「侵一」 깎임.「浸一」 ③ 가리어짐.「日一」「月一」

蝕甚[식심]ᵗᵉⁿ·ᵉⁿ〈天〉일식 또는 월식 때에 해 또는 달이 제일 많이 가리어진 때를 말함.

【蝟】虫9 15│위│고슴도치│㊀未
はりねずみ

筆順 口 虫 虰 虰 蛸 蝟 蝟

意味 ① 고슴도치. ② 모임. 떼를 지어 모임.=彙「一集」

蝟集[위집]ᵉᵘ 고슴도치의 털처럼 사물(事物)이 많이 모임.

*【蝶】虫9 15│접│들나비│㊀葉
チョウ

筆順 虫 虰 蚶 虰 虰 蟬 蝶

[意味] 들나비. 「蝴—」

蝶夢〔접몽〕チョウム ① 호접몽(蝴蝶夢). ② 꿈.

【蝦】 15 虫9 | 하 | 두꺼비 | ㊥麻 | カ えび

[筆順] 虫 … 蝦

[意味] 두꺼비. 「—蟆」

蝦蟆〔하마〕がま・カボ 〈動〉 두꺼비과에 속하는 개구리 비슷한 양서(兩棲)동물.

【蝴】 15 虫9 | 호 | 들나비 | ㊥虞 | コ

[筆順] 虫 … 蝴

[意味] 들나비. 「—蝶」

蝴蝶〔호접〕コチョウ 〈動〉 나비. 접아목(蝶亞目)에 속하는 곤충의 총칭.

【蝗】 15 虫9 | 황 | 황벌레 | ㊤陽 | コウ いなご

[筆順] 虫 … 蝗

[意味] 황벌레〔食苗蟲〕. 「—蟲」

蝗災〔황재〕コウサイ 황충(蝗蟲)으로 말미암은 재앙. 황해(蝗害).

【螟】 16 虫10 | 명 | 머루 | ㊥青 | メイ・ミョウ ずいむし

[筆順] 虫 … 螟

[意味] ① 머루. 꾸정모기의 애벌레로 벼·보리의 해충. ② 뽕나무벌레.

螟蛉〔명령〕メイレイ 〈動〉 빛깔이 푸른 나방과 나비의 유충(幼蟲).

【融】 16 虫10 | 융 | 화할 | ㊥東 | ユウ とける

[筆順] 一 … 融

[意味] ① 화함. 「—和」 녹음. 「—解」 ② 유통함. 「—通」 ③ 부드러워짐.

融釋〔융석〕ユウシャク 녹아 풀어짐.

*****【螢】** 16 虫10 | 형 | 개똥벌레 | ㊥青 | ケイ ほたる

[筆順] 火 … 螢

[意味] 개똥벌레. 「—雪」

螢雪〔형설〕ケイセツ 중국 진(晉)나라 차 윤(車胤)은 반딧불에 글을 읽고 손 강(孫康)은 눈〔雪〕 빛에 글을 읽었다는 고사(故事)에서 갖은 고생을 하여 가며 부지런히 면학하는 일을 비유하는 말.

【螳】 17 虫11 | 당 | 사마귀 | ㊥陽 | トウ

[筆順] 口 … 螳

[意味] 사마귀. 곤충의 일종. 「—螂」

螳螂〔당랑〕トウロウ 〈動〉 사마귀. 또는 버마재비. 오줌싸개.

【螺】 17 虫11 | 라 | 소라 | ㊥歌 | ラ にな・にし

[筆順] 口 … 螺

[意味] 소라. 「榮—」

螺鈿〔나전〕ラデン 조개 껍데기의 진주빛 나는 부분을 여러 가지 형상으로 조각내어 박아 붙이어 꾸미는 일.

【蟄】 17 虫11 | 칩 | 벌레움츠릴 | ㊅緝 | チツ チュウ かくれる

[筆順] 土 … 蟄

[意味] ① 벌레가 움츠림. 틀어 박힘. 「—居」 ② 우물거림. ③ 24 절기의 하나.

蟄居〔칩거〕チッキョ 집안에 가만히 틀어 박혀 있음.

【蟠】 18 虫12 | 반 | 서릴 | ㊥寒 | バン・ハン わだかまる

[筆順] 口 … 蟠

[意味] ① 서림〔屈曲〕. 「—龍」 ② 엎드림. ③ 쥐며느리. 《＝[illegible]》

蟠踞〔반거〕バンキョ ① 서리서리 걸침. ② 넓은 땅을 차지하고 세력을 떨침. 반거(盤踞).

蟠屈〔반굴〕ハン(バン)クツ 서리고 엉클어짐.

【蟬】 18 虫12 | 선 | 매미 | ㊥先 | セン・ゼン せみ

[虫部] 12〜18획

【蟬】 19 虫13 | 선 | 매미 | ㊤先
ㇱ゙ェン
セン

筆順 口 虫 虫´ 虫″ 虸 蟬 蟬

意味 ① 매미.「一蛻」② 관(冠)을 꾸밈. 아름다움. ③ 굼실거림.

蟬蛻[선세] ① 매미 허물. 약으로 씀. ② 깨끗이 벗어남. ③ 세속(世俗)을 초탈(超脫)함. 해탈(解脫).

蟬娟[선연] ① 아름답고 품위 있는 모양. ② 멀리 바라보이는 모양.

*【蟲】 18 虫12 | 충 | 벌레 | ㊦東
チュウ・キ
むし

筆順 口 虫 虫 虫 蟲 蟲

解字 會意. 벌레를 뜻하는 虫을 셋 합쳐서 곤충을 뜻함. 벌레의 총칭으로 씀.

意味 ① 벌레. 벌레의 총칭.「一媒花」② 김이 오름. ③ 무더움.

蟲災[충재] 해충으로 인하여 생기는 농작물의 재앙.

蟲豸[충치] ① 벌레를 낮잡아 일컫는 말. ② 사람을 낮잡아 일컫는 말.

蟲齒[충치] 벌레가 먹은 이.

【蠅】 19 虫13 | 승 | 파리 | ㊦蒸
ヨウ
はえ

筆順 虫 虫´ 虹 蚯 蠅 蠅 蠅

意味 파리.「一利」

蠅頭[승두] ① 파리의 대가리. 미소한 것. ② 적은 이익. 승리(蠅利).

【蟻】 19 虫13 | 의 | 왕개미 | ㊦紙
ギ
あり

筆順 虫´ 虻 蚱 蚱 蟻 蟻 蟻

意味 ① 왕개미.「一酸」② 검음(黑). ③ 술구더기.

蟻軍[의군] 개미떼. 의군(蟻群).

蟻酸[의산] 〈化〉자극성이 있는 무색 산(酸)의 한 가지. 피부에 닿으면 아프고 물집이 생김. 옛날에 개미를 증류해서 만들었기 때문에 이렇게 일컬음.

蟻裳[의상] 검은 치마.

蟻集[의집] 개미떼처럼 많이 모임. 의취(蟻聚).

蟻塚[의총] 개밋둑.

【蟹】 19 虫13 | 해 | 게 | ㊤蟹
カイ
かに

筆順 ″ 角 角 角″ 角解 解 蟹

意味 게. 갑각류 십각목 단미류에 속하는 동물의 총칭.
蠏는 같은 글자.

蟹甲[해갑] 게의 껍데기. 해각(蟹殼).

蟹網具失[해망구실] 게와 그물을 모두 잃어 버림. 즉 이익을 보려다가 밑천까지 잃음을 비유한 말임.

【蠕】 20 虫14 | 1유 2연 | 굼실거림 | ㊤虞 ㊤銑
ゼン・ジュ

筆順 虫 虫´ 虹 蚘 蛭 蠕 蠕

意味 ① 굼실거림. 굼틀거림.「一動」
② 벌레 감.

蠕蟲[연충] 지렁이·거머리 등 꿈틀거려 기어 다니는 벌레의 총칭.

【蠟】 21 虫15 | 랍 | 밀 | ㊤合
ロウ
みつろう

筆順 虫 虫″ 蚪 蛐 蟛 蠟 蠟

意味 ① 밀. 밀랍. 꿀 찌꺼기를 끓여 짜낸 기름. ② 백랍(白蠟).

蠟紙[납지] 파라핀을 바른 종이.

蠟燭[납촉] 불을 켜는 초.

【蠣】 21 虫15 | 려 | 굴 | ㊤霽
レイ
かき

筆順 虫厂 虫厂 蚰 蚕 蠣 蠣 蠣

意味 굴. 굴과의 조개.「一黃」

【蠢】 21 虫15 | 준 | 꿈실거림 | ㊤軫
シュン
うごめく

筆順 二 丰 夫 春 春 春 蠢 蠢

意味 ① 꿈실거림.「一動」② 어리석음.

蠢蠢[준준] ① 벌레의 꿈틀거리는 모양. ② 예의를 모르는 짓.

*【蠶】 24 虫18 | 잠 | 누에 | ㊤覃
サン・テン
かいこ

筆順 二 兂 旡旡 兓兓 朁 蟳 蠶

蠶農[잠농] 누에 농사.
蠶卵[잠란] 누에의 알.

蠻

25획
虫19 | 만 | 되 | ㉠卌 | えびす

筆順 亠亠言䜌䜌䜌䜌䜌蠻

意味 ① 되. 오랑캐. ② 깨이지 못함. 문화 정도가 낮음. 「野―」
蠻勇[만용] 난폭한 용기. 야만적인 용기. 시비·선악을 가리지 아니하고 힘만 믿는 용기.

血 部

血

6획
血0 | 혈 | 피 | ㉠屑
ケツ・ケチ
ち

筆順 ノ丿ㄅ㐅血血

解字 象形. 접시에 담긴 핏덩이를 본뜬 글자로서 접시에 담아 하느님에게 바치는 피를 뜻함. 널리 피의 뜻으로 씀.

意味 ① 피. 「―液」② 붙이. 「―族」씩씩함. 「―氣方壯」
血管[혈관] 〈生〉체내에 있는 혈액을 순환시키는 관(管). 척추 동물에서는 동맥·정맥·모세혈관으로 나뉨.
血行[혈행] 혈액이 몸 안을 도는 일. 혈액의 순환.
血痕[혈흔] 피가 묻은 흔적.

衆

12획
血6 | 중 | 많을 | ㉠送
シュウ・シュ
おおい

筆順 亠血血血血血衆衆

解字 會意. 어떤 지역을 뜻하는 囗를 잘못 적은 血과 사람이 셋이라는 뜻인 乑를 합쳐서 어떤 땅에 살고 있는 많은 사람들 즉 백성의 뜻.

意味 ① 많음.↔寡「一寡不敵」② 무리. 「大―」③ 민심. 「―意」④ 고비의 뿌리.

衆苦[중고] ① 많은 고통. ② 많은 사람들의 괴로움. 「―多寡(多寡)」
衆寡[중과] 수효의 많음과 적음.
衆口[중구] ① 뭇입. ② 많은 사람들의 입에서 나오는 말.
衆人[중인] ① 여러 사람. 뭇사람. ② 보통 사람. 범인(凡人).
衆知[중지] ① 많은 사람이 알고 있는 것. ② 뭇사람의 지혜.

行 部

行

6획
行0 | 1 행 / 2 항 | 갈 | ㉠庚 ㉡陽
コウ・ギョウ・アン
ゆく・いく・おこなう

筆順 ノ彳彳行行行

解字 象形. 네거리의 모양을 본뜬 것으로 길이라는 뜻. 널리 길을 가다·행하다의 뜻으로 쓰임.

意味 1 ① 감. 걸음. 나아감. ② 행함. 행동. 행실[품행]. ③ 길. 「一路」도정(道程). ④ 오행(五行). ⑤ 여행(旅行). ⑥ 행서. 글씨체의 하나. 「一書」
行樂[행락] 교외나 온천 등을 찾아가서 놀며 즐김. 「―人波」
行廊[행랑] ① 대문간에 붙어 있는 방. ② 대문의 양쪽에 벌여 있어 하인들이 거처하는 방. 새간. 낭하(廊下). 월랑(月廊).
行雲流水[행운유수] 떠가는 구름과 흐르는 물이라는 뜻으로 일정한 형식이 없이 자주 변하거나 또는 사물을 대하는 태도가 활발하고 자유로움을 일컫는 말.

衍

9획
行3 | 연 | 성할 | ㉠銑 | エン

筆順 ノ彳彳行行衍衍衍

意味 ① 성(盛)함. ② 넓음. 번짐. 「蔓―」③ 물이 흐름. ④ 물이 넘침. 남음. 「一文」⑤ 상자. ⑥ 아름다움.
衍曼[연만] 끝없이 널리 뻗어서 퍼짐. 만연(曼衍).
衍文[연문] 문장 가운데 끼어 있는

[行部] 5～10획　　　　　　　　　　　　　　　　　　455

쓸 데 없는 문자나 문구(文句).
衍繹 [연역] 뜻을 넓혀서 해석하여 밝힘. 「―는 그 의미.
衍義 [연의] 의미를 널리 설명함. 또
衍字 [연자] 글귀 가운데 실수로 들어 간 쓸 데 없는 군글자.

【術】 11 行5 | 술 | 꾀 | ㊉質 |
ジュツ
わざ・すべ

[筆順] 彳 彳 彳 彳 彳 祢 術 術
[解字] 形聲. 길이라는 뜻인 行과 음을 나타내는 朮(술)을 합쳐서 마을을 따라 나 있는 길을 뜻함. 후에 수단·방법의 뜻으로 쓰임.
[意味] ① 꾀. 재주. 솜씨. 「技―」② 학문. 「學―」③ 계략. 계획. 「―數」④ 방법. 「仁―」⑤ 술법. 「道―」
術客 [술객] 음양(陰陽)·복서(卜筮)·점술(占術)에 정통한 사람. 술가(術家). 술사(術士).
術計 [술계] 술책(術策).
術士 [술사] ① 술가(術家). ② 술책(術策)을 잘 꾸미는 사람. 책사(策士). ③ 유학(儒學)에 능통한 사람.

【衒】 11 行5 | 현 | 자랑할 | ㊉衒 |
ケン・ゲン
てらう

[筆順] 彳 彳 彳 彳 衒 衒 衒
[意味] ① 자랑함. 자기 자랑·선전을 함. 「―學」② 팖. 다니면서 팖.
衒氣 [현기] 자기의 재능 등에 만족하는 마음. 뽐내는 마음.

【街】 12 行6 | 가 | 네거리 | ㊉佳 |
ガイ・カイ
まち

[筆順] 彳 彳 彳 彳 往 街 街
[解字] 形聲. 길을 뜻하는 行과 음을 나타내는 圭(규)[가는 법음]를 합쳐서 사가의 가로·세로를 통하는 길이라는 뜻. 널리 거리의 뜻으로 쓰임.
[意味] ① 네거리. 갈림길. 거리. 「市―」② 별 이름.

街頭 [가두] 길거리. 노상(路上). 가상(街上). 「―演說」「―錄音」
街燈 [가등] 길가에 켜는 전등. 가로등(街路燈).

【衙】 13 行7 | 아 | 마을 | ㊉廠 |
ガ・ギョ・ゴ

[筆順] 彳 行 衎 衎 衙 衙 衙
[意味] ① 마을. 관부. 관청. 「官―」② 벌집(蜂房).
衙門 [아문] ① 상급의 관청. ② 관청을 통틀어 일컫는 말.

【衝】 15 行9 | 충 | 충돌할 | ㊉冬 |
ショウ
つく

[筆順] 彳 行 衎 衎 衕 衕 衝
[意味] ① 충돌함. 찌름. 「―突」「―天」움직임. 「―動」② 중요한 곳. 「要―」④ 거리. 뚫린 길. ⑤ 돌파함.
衝擊 [충격] ① 서로 부딪쳐서 몸시 침. ② 갑자기 심한 타격을 받음.
衝天 [충천] ① 하늘을 찌름. 기세가 대단한 모양. ② 분함이나 외로운 느낌이 북받쳐 오름. 「意氣―」

【衛】 16 行10 | 위 | 막을 | ㊉霽 |
エイ・エ
まもる

[筆順] 彳 彳 彳 衛 衛 衛 衛
[解字] 會意. 길을 뜻하는 行과 돌아 다님을 뜻하는 韋를 합쳐서 순회(巡回)하면서 지키다의 뜻.
[意味] ① 막음. 지킴. 호위함. 「防―」「護―」② 핏기[血氣]. ③ 중국 주대(周代)의 나라 이름.
衛生 [위생] 건강에 주의하여 병에 걸리지 않도록 하는 것. 「保健―」
衛從 [위종] ① 호위하기 위하여 곁에 따름. ② 구한국 때 황태손 강서원(皇太孫講書院)의 판임(判任) 벼슬.

【衡】 16 行10 | ①형 ②형 | 저울 | ㊉庚 ㊉庚 |
コウ
はかり

[行部] 18획·[衣部] 0~4획

筆順 彳 彳 彳 衜 衛 衛 衡
意味 ① ① 저울. 닮. ② 평평함. 고름. 「平一」 ③ 수레. 멍에. ④ 미간(眉間).
衡字[형우]ゴウ 지붕 없는 대문과 집.
衡行[형행]ゴウ 마음대로 행동함.

【衢】24 行18│구│네거리│⊕虞│ク みち
筆順 彳 彳 彳 彳 彳 彳 衢
意味 네거리.「一街」

衣 部

*【衣】6 衣0│의│옷│⊕微│
イ・エ ころも・きる
筆順 ' 亠 ナ 才 衣 衣
解字 象形. 몸을 가리는 옷 모양을 본뜬 글자.
意味 ① 옷.「一食住」② 입음.
衣冠[의관]カン ① 옷과 갓. ② 의관을 차린 관리. ③ 의관을 차림.
衣食足而知禮節[의식족이지예절] 사람은 생활이 안정되어야 비로소 예절을 차릴 수 있다는 말.

*【表】8 衣3│표│겉│⊕篠│
ヒョウ おもて・あらわす
筆順 一 十 丰 主 声 丰 表 表
解字 形聲. 옷을 뜻하는 衣와 음을 나타내는 毛(모)[표는 변음]를 합친 것이 변한 글자. 옷의 거죽이라는 뜻. 널리 거죽·겉의 뜻으로 씀.
意味 ① 겉.↔裏 거죽. ② 웃옷[上衣]. ③ 나타냄.「一明」④ 밝음. ⑤ 본보기.「儀一」⑥ 정문을 세움. ⑦ 사물을 한 눈에 알아볼 수 있게 만든 그림. 「圖一」⑧ 천자에게 바치는 문서.「出師一」
表記[표기]キ 겉에 표시하여 기록함.

表裏[표리]リ ① 거죽과 속. 안팎. 표면과 이면. ② 은사(恩賜)나 헌상(獻上)하는 옷의 겉감과 안감.
表土[표토]ド 토지(土地)의 웃층. 경작(耕作)에 적당한 땅임. 경토(耕土).
表皮[표피]ヒ 〈植〉식물체(植物體)의 맨 거죽의 세포층(細胞層).

【袞】10 衣4│곤│곤룡포│⊕阮│
コン
筆順 一 六 宏 衣 衣 衣 袞
意味 곤룡포(袞龍袍). 임금이 입는 옷.
袞袞[곤곤]コン 간곡히 설명함.
袞龍[곤룡]リョウ ① 임금의 예복(禮服). 곤의(袞衣). ② 임금.

【衾】10 衣4│금│이불│⊕侵│
キン・コン ふすま
筆順 ノ 人 今 今 今 衾 衾
意味 이불.「一枕」
衾褥[금욕]ジョク 이부자리와 요.

*【衰】10 衣4│①쇠│쇠할│⊕支│
②최 │⊕灰│
スイ・シ・サイ おとろえる
筆順 一 亠 亠 吉 声 吏 吏 衰
解字 象形. 도롱이 모양을 본뜸. 도롱이라는 뜻. 후에 쇠하다의 뜻으로 씀.
意味 ① 쇠함.「一殘」
衰態[쇠태]タイ 쇠약(衰弱)한 모습.
衰退[쇠퇴]タイ ① 쇠하여 기운이 없어짐. ② 쇠하여 세력이 없어짐.

【袁】10 衣4│원│옷치렁거릴│⊕元│
エン
筆順 一 十 土 吉 告 吉 袁
意味 ① 옷이 치렁거림. ② 성(姓)의 하나.

【衷】9 衣4│충│가운데│⊕東│
チュウ うち

[衣部] 5~7획

筆順 一гघ古吏吏衷

意味 ① 가운데. ② 정성. 「一心」 마음. ③ 착함. ④ 바름. ⑤ 알맞음. ⑥ 속곳.

衷誠[충성] 진심(眞心). 성의(誠意). 충관(衷款).

衷心[충심] 속에서 진정으로 우러나오는 마음. 충정(衷情).

【袈】 11 衣5 | 가 | 가사 | 图麻 | カ・ケ

筆順 フカ加加袈袈袈

意味 가사(袈裟). 중의 옷.

袈裟[가사] 〈佛〉 중이 장삼 위에 왼쪽 어깨에서 오른쪽 겨드랑 밑으로 걸쳐 입는 법복(法服).

【袋】 11 衣5 | 대 | 자루 | 图隊 | ふくろ

筆順 イ 仁代代伐袋袋

意味 자루(包袋). 「負一」

袋鼠[대서] 〈動〉 ① 남아메리카 지역의 나무 위에 사는 쥐의 한 가지. 새끼를 등에 업고 꼬리로 감아 업음.

*【裂】 12 衣6 | 렬 | 찢어질 | 图屑 | レツ さく

筆順 一歹列列 裂裂裂

意味 ① 찢어짐. 「破一」 ② 갈림[分裂]. 「決一」 ③ 비단 자투리.

裂開[열개] 찢어져서 벌어짐.

裂果[열과] 〈植〉 익으면 과피(果皮)가 자연히 벌어져서 씨를 노출하는 과실(果實). 완두・나팔꽃 등의 열매.

*【裁】 12 衣6 | 재 | 마름질할 | 图灰 | サイ・ザイ たつ・さばく

筆順 一十才 未表裁裁

意味 ① 마름질함. 「一斷」 자름. ② 헤아림. 잼. ③ 잘 처리함. 「一量」

裁可[재가] 안건(案件)을 결재(決裁)하여 허가함.

裁割[재할] ① 갈라서 나눔. ② 일을 적당히 처리함.

裁許[재허] 옳고 그름을 판단하여 결정한 후에 허가함. 재가(裁可).

【裘】 13 衣7 | 구 | 갖옷 | 图尤 | キュウ かわごろも

筆順 一十才 求求求裘裘

意味 ① 갖옷. 가죽옷. 「一褐」 ② 대물림.

裘褐[구갈] ① 가죽옷과 털옷. ② 검소한 옷.

裘弊金盡[구폐금진] 가죽옷은 해어져 버리고 돈까지 떨어짐. 즉 생활이 매우 궁핍함을 비유한 말임.

【裊】 13 衣7 | 뇨 | 끌릴 | 图篠 | ジョウ たおやか

筆順 ′´ㄅ쇠鳥鳥鳥裊裊

意味 ① 끌림. ② 간들거림. 「一娜」

*【裏】 13 衣7 | 리 | 옷안 | 图寘 | リ うら

筆順 一亠亠亩审車裏裏

意味 ① 옷안. ② 안. 물건의 안쪽. →表 「一面」

裏急後重[이급후중] 〈醫〉 대변이 자주 마렵고, 보고 나면 항문의 가장자리와 아랫배가 아픈 병.

裏面[이면] ① 속 안. 내면(內面). 이면(裡面). ② 사물의 표면(表面)에 나타나지 않는 방면.

【裔】 13 衣7 | 예 | 옷뒷자락 | 图霽 | エイ すえ

筆順 一十才衣产育裔

意味 ① 옷의 뒷자락. ② 변방. ③ 씨[苗]. ④ 후손. 「後一」 ⑤ 흐름. ⑥ 방자함.

裔孫[예손] 대수(代數)가 먼 자손. 후예(後裔).

裔胄[예주] 먼 후손. 예손(裔孫).

[衣部] 7~16획 · [襾(西)部] 0획

【裝】₁₃ 衣7 | 장 | 행장 | ㉠陽
ショウ·ソウ
よそおう

筆順 丨 冫 爿 爿 壯 壯 裝 裝

意味 ① 행장(行裝). 봇짐. ② 쌈. 짐을 꾸림. ③ 동임. 묶음. ④ 저장함. ⑤ 꾸밈. 「盛一」 ⑥ 설치. 「備—」

裝甲[장갑] ① 갑옷을 입고 투구를 씀. ② 선체(船體)·차체(車體) 등을 강철판(鋼鐵板)으로 덧싸는 일.「—車」
裝置[장치] ① 차리어 둠. ② 만들어 둠. ③ 간단한 기계의 설비.

【裵】₁₄ 衣8 | 배 | 치렁할 | ㉠灰
ハイ

筆順 一 亠 亣 罪 菲 裴 裴

意味 ① 긴 옷이 치렁치렁함. ② 성(姓)의 하나.

裵裵[배배] 옷이 긴 모양.

*【裳】₁₄ 衣8 | 상 | 치마 | ㉠陽
ショウ
もすそ

筆順 ` ⺌ 冶 堂 堂 党 裳

解字 形聲. 옷을 뜻하는 衣와 음을 나타내는 동시에 가로막다의 뜻인 尙(상)을 합쳐서 아랫도리를 가리는 옷 즉 치마라는 뜻.

意味 ① 치마. ↔衣「衣─」 ② 성함.

裳衣[상의] 치마와 저고리. 옷.
裳裾[상거]《日》옷자락. 옷자락.
▼衣裳[의상]

*【製】₁₄ 衣8 | 제 | 마를 | ㉠霽
セイ
つくる

筆順 一 乍 制 制 制 製 製

意味 ① 마름.=裁 ② 지음. 만듦.「—造」③ 본새. 법제(式). ④ 비옷.

製鋼[제강] 시우쇠를 불리어서 강철을 만듦.
製紙[제지] 종이를 만듦.   만듦.
製鐵[제철] 철광으로 선철(銑鐵)을

【褒】₁₇ 衣11 | 포 | 옷뒷길 | ㉠豪
ホウ
ほめる

筆順 一 亠 产 侉 俟 俵 褒

意味 ① 옷뒷길. 옷의 뒷자락. ② 도포. ③ 포장함. 기림. ④ 고을 이름.

褒姒[포사] 〈人〉주(周)나라 유왕(幽王)의 총비(寵妃).

【褻】₁₇ 衣11 | 설 | 평복 | ㉠屑
セツ
けがれる

筆順 一 亠 宀 坴 埶 埶 褻

意味 ① 평복. 사복(私服). ② 속옷.

褻服[설복] 속옷. 평상복.

【襄】₁₇ 衣11 | 양 | 도울 | ㉠陽
ジョウ
のぼる

筆順 亠 吂 襾 亩 富 宴 襄

意味 ① 도움. ② 이룸. ③ 오름.

襄禮[양례] 장사 지내는 예절.

*【襲】₂₂ 衣16 | 습 | 옷덧입을 | ㉠緝
シュウ
おそう

筆順 亠 音 音 䪞 龍 龍 襲

解字 形聲. 옷을 뜻하는 衣와 음을 나타내는 龍(룡)[습은 변음]을 합쳐서 옷을 두 겹으로 입는다는 뜻.

意味 ① 옷을 덧입음. ② 겹침. 되풀이함. ③ 엄습함. 덮침. 「—擊」

襲擊[습격] 갑자기 적을 엄습하여 공격함.
襲爵[습작] 선대(先代)의 작위(爵位)를 이어 받음.

襾(西)部

【襾】₆ 襾0 | 아 | 덮을 | ㉤禡 | カ·ア

筆順 一 ⺈ 冂 襾 襾 襾

解字 象形. 위에서 물건을 덮어 우고 있는 모양을 본뜸.

[西部] 0~13획·[見部] 0~4획

意味 ① 덮음. ② 가림.

西 襾0 6│서│서녘│㈜齊
セイ・サイ
にし

筆順 一 厂 丆 西 西 西

解字 象形. 술을 거르기 위하여 전국(原酒)을 짜는 바구니의 모양을 본뜸.

西遊見聞[서유견문] 〈書〉이조 고종 32년(1895)에 유 길준(俞吉濬)이 지은 책. 구미(歐美) 기행문으로서 국·한문 혼용체의 최초의 단행본임.

西浦集[서포집] 〈書〉이조 숙종 때 서포 김 만중(金萬重)의 시문집(詩文集). 10권 2책으로 되어 있음.

要 襾3 9│요│구할│㈜肅
ヨウ
かなめ

筆順 一 厂 丆 西 要 要 要

解字 象形. 腰의 본디 글자. 사람의 허리 모양을 본뜬 글자로 허리의 뜻.

意味 ① 구함.「一求」 ② 부름. ③ 언약할. ④ 반드시. 곧. ⑤ 기다림.

要綱[요강] ヨウ コウ 중요하고 으뜸되는 사항을 요약한 것.「憲法一」

要因[요인] ヨウ イン 사물을 이루는 데 필요하고 중요한 원인. 주인(主因).

要點[요점] ヨウ テン 가장 중요한 점.

覃 襾6 12│담│벋을│㈜覃
タン・エン

筆順 一 厂 西 西 覀 覃 覃

意味 ① 벋음. 미침. ② 폄(布).「一恩」 ③ 깊음. ④ 길.

覃思[담사] タン シ 깊이 생각함.

覆 襾12 18│1복 2부│돌이킬│㈜屋 ㈜宥
フク・フウ・フ
くつがえす・おおう

筆順 一 厂 覀 覂 覄 覆 覆

意味 ① ① 돌이킴. ② 엎지름. 뒤엎음. 「轉一」 ③ 살핌. ④ 오히려. ⑤ 먹국을 함. 어린이들의 놀이의 한 가지.
② : 덮음. 가림. 쌈.

覆審[복심] フク シン ① 다시 자세히 살펴 조사함. 다시 심사(審査)함. ②〈法〉공소 법원(控訴法院)이 제일심(第一審)과는 전혀 관계 없이 독립하여 새로운 심리(審理)·판결(判決)을 하는 일.

覆土[복토] フク ド 씨를 뿌린 다음에 흙을 덮음. 또는 그 흙.

覈 襾13 19│핵│핵실할│㈜陌
カク・ケツ
しらべる

筆順 西 覀 覀 覈 覈 覈 覈

意味 ① 핵실함. 일의 실상을 조사함. ② 겨의 무거리. ③ 씨. ④ 운수가 꽉 막힘. 궁하게 지냄.

覈論[핵론] カク ロン ① 일의 실상을 조사하여 논박함. ② 엄격하게 논함.

見 部

見 見0 7│1견 2현│볼│㈜霰 ㈜霰
ケン・ゲン
みる・あらわれる

筆順 丨 冂 冂 冃 目 見 見

解字 會意. 눈을 뜻하는 目과 사람을 뜻하는 儿을 합쳐서 사람이 눈을 크게 뜨다의 뜻.

見習[견습] ケン シュウ 남의 하는 일을 보고 배워서 실지로 연습하는 일.「一生」

見識[견식] ケン シキ ① 문견(聞見)과 학식(學識). ② 사물을 잘 판단하는 생각과 능력.

規 見4 11│규│그림쇠│㈜支
キ
のり

筆順 二 キ 夫 夫' 担 担 規 規

意味 ① 그림쇠. 콤파스. ↔矩 ② 본보기. 법도.「一則」③ 바름. 간(諫)

[見部] 5~13획

規格[규격] ① 일정한 표준. 규격과 격식(格式). ② 공업 제품의 치수·형상·품질·수량 등에 대하여 정해진 표준. 「一品」
規模[규모] ① 본보기. 모범. 규범(規範). ② 물건의 짜임새. 구조.
規則[규칙] 여러 사람이 다 같이 지키기로 작정한 법칙. 법규(法規).

【覗】12 見5 | 사 | 엿볼 | 支
シ
うかがう

筆順 丨 刂 司 司 司 訶 覗

意味 ① 엿봄. ② 기다려 봄.

*【視】12 見5 | 시 | 볼 | 紙
シ・ジ
みる

筆順 二 丁 亓 礻 剂 剂 視 視

解字 形聲. 보다의 뜻인 見과 음을 나타내는 示(시)를 합쳐서 한 곳을 눈여겨 본다의 뜻.

意味 ① 봄. 「注一」 ② 견줌. ③ 본받음. ④ 대접.
視角[시각] 물체의 두 끝에서 눈에 이르는 두 직선이 이루는 각.
視覺[시각] 〈生〉 보는 감각 작용(感覺作用). 빛의 에네르기가 눈의 망막(網膜)을 자극하여 일어나는 감각임.
視察[시찰] 주의하여 살펴 보며 실지 사정을 돌아 봄. 「一團」

*【親】16 見9 | 친 | 어버이 | 眞
シン
おや・したしい・みずから

筆順 丶 立 卒 亲 新 彩 親 親

解字 形聲. 보다의 뜻인 見을 합쳐 같은 곳에 태어나서 언제나 상종하는 가족, 즉 부모 형제라는 뜻. 널리 어버이 또는 특히 가까운 사람을 뜻함.

意味 ① 어버이. ② 육친(六親). 부모 형제 처자(父母兄弟妻子). ③ 집안. 일가. 「近一」 ④ 친정. ⑤ 사돈. ⑥ 겨레. ⑦ 사이 좋게 지냄. 「一睦」 ⑧ 소중히 여김. 「一愛」 ⑨ 스스로. 「一政」
親家[친가] ① 친정(親庭). ② 〈佛〉 중의 부모가 사는 속가(俗家).
親告[친고] ① 몸소 알리어 바침. ② 〈法〉 피해자가 직접 하는 고소.
親睦[친목] 서로 친하여 화목함.
親密[친밀] 매우 친하여 서로의 사이가 버성기지 아니함.
親切[친절] 태도가 매우 정답고 고분고분함. ↔불친절 「함.
親征[친정] 임금이 몸소 정벌(征伐)
親庭[친정] 시집간 여자의 본집. 친가(親家). 본가(本家).
親祭[친제] 임금이 몸소 제사를 지냄. 친향(親享).

【觀】18 見11 | 근 | 뵈을 | 震
キン
まみえる

筆順 丨 十 世 廿 堇 黃 覲 覲

意味 뵈음. 「一親」 제후가 천자를 봄.
觀親[근친] ① 친정 어버이를 뵈음. 귀녕(歸寧). ② 승려(僧侶)가 속가(俗家)에 있는 어버이를 뵈음.

*【覺】20 見13 ①각 깨달을 入藥
②교 ⑤效
カク・コウ
おぼえる・さとる・さめる

筆順 E 臼 臼 與 與 覺

解字 形聲. 보다의 뜻인 見과 음을 나타내는 與(각은 변음)를 합쳐서 앞이 확 트여 선명하게 보이게의 뜻.. 널리 깨닫다・외다의 뜻.

意味 ① ① 깨달음. 「先一者」 느낌. 「感一」 깸. ② 알려짐. 밝혀짐. 「發一」 ③ 곧음. 꼿꼿함. ④ 클[大]. ② ① 꿈을 깸. 「一醒」 ② 현실.
覺書[각서] ① 의견이나 희망·서약 등을 상대편에 전달하기 위한 문서. ② 잊지 않도록 기록해 두는 문서. 비망록. 메모. ③ 조약(條約)에 부대(附帶)하여 그 해석·보충(補足)을 행하고 제외례(除外例)를 설정하거나 또는 자국의 희망·의견 등을 진술하는 데 쓰이는 외교 문서(外交文書).
覺醒[각성] ① 깨어나서 정신을 차림. ② 사람의 주의를 환기시킴. 성각(醒覺). ③·미망(迷妄)에서 깨어남.

[見部] 14～18획·[角部] 0～6획

[覽] 21 見14 | 람 | 두루볼 | ⊕感
ラン
みる

筆順 ｢ ｢ ｢ 𠂉 臣𠂉 臣𠂉 臣𠂉 覽

解字 形聲. 보다의 뜻인 見과 음을 나타내며 물그림자를 보다의 뜻을 가진 監(감)[람은 변음]을 합쳐서 보다의 뜻.

意味 두루 봄. 「觀一」

[觀] 25 見18 | 관 | 볼 | ⊕寒
カン
みる

筆順 ㇐ ㇐ ㇐ 萑 雚 雚 觀 觀

解字 形聲. 보다의 뜻인 見과 음을 나타내는 雚(관)을 합쳐서 빙 둘러 보다의 뜻.

意味 ① 봄. 「一望」 ② 보임. 겉보기. 모양. 모습. ③ 구경. 「壯一」 ④ 대궐. 태자의 궁. 집. ⑤ 생각. 견해. 「人生一」 ⑥ 무덤. ⑦ 괘(卦) 이름.

'보다'의 뜻을 가진 글자>見

觀客[관객] 영화·연극·스포오츠 등을 구경하는 사람. 구경군. 「一席」
觀光[관광] ① 다른 나라의 문물 제도를 돌아봄. ② 다른 지방이나 나라의 풍속·경치를 유람함. 「一旅行」
觀劇[관극] 연극을 관람함. 「一會」
觀念[관념] ① <哲> 대상을 표시하는 심적 형상(心的形象)의 총칭. 즉 어떤 것에 관하여 마음에 가지는 생각. 「一論」 ② 눈을 감고 마음을 평정(平靜)히 하여 제법(諸法)의 진리를 관찰하고 사유함.
觀衆[관중] 구경하는 많은 사람.
觀察[관찰] ① 사물을 주의 깊게 자세히 살펴봄. ② 사물의 현상(現象)에 대하여 일정한 목적을 정하고 자연 상태 그대로 주의하여 자세히 살펴봄.

角 部

*[角] 7 角0 | 각 | 뿔 | ⊛覺
カク·ロク
つの·すみ

筆順 ㇐ ㇐ 𠂉 𠂉 角 角

解字 象形. 돋아나기 시작한 짐승의 뿔 모양을 본뜸. 뿔을 뜻함.

意味 ① 뿔. ② 다툼. 「一逐」 ③ 견줌. 겨룸. 「一抵」 ④ 모. 모퉁이. ⑤ 각. 「一度」 ⑥ 대평소(吹器). ⑦ 휘.

角力[각력]ｷｮｳ ① 힘을 서로 겨룸. ② 씨름.
角膜[각막]ｶｸﾏｸ <生> 안구(眼球)의 외벽(外壁)의 전면에 있는 둥근 접시 모양의 투명한 부분.
角膜炎[각막염]ｶｸﾏｸｴﾝ <醫> 각막에 염증이 생기어 각막이 흐려지는 병. 삼눈의 한 가지.
角帽[각모]ｶｸﾎﾞｳ ① 네 모가 진 모자. ② 대학생의 사각 모자(四角帽子).
角逐[각축]ｶｸﾁｸ 서로 이기려고 다툼.

[觜] 12 角5 | 1 자 2 취 | ①支 ②紙
シ

筆順 ㇐ ㇐ ㇐ ㇐ 此 𣦸 觜

意味 ① 자별. 이십팔수(二十八宿) 중의 하나. ② 부리.

*[解] 13 角6 | 1 해 2 개 | 풀 | ①蟹 ②卦
カイ·ゲ
とく

筆順 ゛ ㇐ 𠂉 角 角′ 解 解

解字 形聲. 刀(칼)와 牛(소)와 음을 나타내는 角(각)[해·개는 변음]을 합쳐서 칼로 소를 잡아 발기다의 뜻. 따라서 풀어 헤친다는 뜻으로 씀.

意味 ① ① 풂. 「一決」 ② 풀이함. 「一明」「註一」 ③ 풀어서 늦춤. 「一禁」 ④ 흩음. 「分一」 ⑤ 그만두게 함. 「一職」 ⑥ 쪼갬. 빠갬. ⑦ 맺힌 원한이 풀림. 「和一」 ⑧ 괘(卦) 이름. ② ① 벗음. ② 풂. ③ 헤침. 흩음.

解渴[해갈] ① 갈증을 풀어 버림. ② 금전의 융통이 생김. ③ 비가 내려 가뭄을 겨우 면함.
解決[해결]ｶｲｹﾂ 얽힌 일을 풀어서 처리함. 문제를 풀어서 결말을 지음.
解雇[해고]ｺ 고용주가 고용 계약을 해제하여 고용인을 내보냄.
解禁[해금]ｶｲｷﾝ 금지 명령을 풂.

7획

解毒[해독]ᵍᵏ〈醫〉약을 서서 안에 들어 있는 독기를 없애 버림. 「一作用」

解讀[해독]ᵏᵢᵈᵒᵏ 풀어 읽음.

解凍[해동]ᵏᵢᵈᵒᵘ 얼었던 것이 녹아 풀림.

解得[해득]ᵏᵢᵈᵒᵏ 깨우치어 앎. 「帆」

解纜[해람]ᵏᵢᵣᵃⁿ 배가 떠나감. 출범(出)

解例[해례]ᵏᵢᵣᵉⁱ 보기를 보여 주어 풀이.

解體[해체]ᵏᵢᵈᵃⁱ 하나로 뭉쳐진 것이 낱낱으로 흩어짐. 또는 뜯어 헤침.

解脫[해탈]ᵈᵃᵗˢᵘ〈佛〉번뇌·속박에서 벗어나 속세간(俗世間)의 근심이 없는 편안한 심경(心境)에 이름. 열반(涅槃). ② 기반(羈絆)으로 부터 벗어남.

【觴】¹⁸ 角11 | 상 | 잔 | 陽 | さかずき
ショウ

筆順 𠂉 𠂉 角 𣥷 觴 觴 觴

意味 ① 잔. 술잔의 총칭. ② 잔질함.
③ 술을 마심.

*【觸】²⁰ 角13 | 촉 | 닿을 | 沃 |
ショク・ソク
ふれる

筆順 𠂉 角 角 𩠐 觷 觸 觸

解字 形聲. 뿔을 뜻하는 角과 음을 나타내는 蜀(촉)을 합쳐서 뿔을 대고 찌르다의 뜻. 널리 닿다·범하다의 뜻으로 씀.

意味 ① 닿음. 「接一」 ② 마음에 질리어 느낌. 「一感」 ③ 받음. 찌름. ④ 함. ⑤ 더러움. ⑥ 지남.

觸角[촉각]ᵏᵃᵏᵘ〈動〉대부분의 절족동물의 두부에 있는 감각기(感覺器). 많은 관절로 이루어지며 사상(絲狀)·곤봉상·채찍상·주걱 모양 등이 있는데 후각(嗅覺)·촉각(觸覺) 등을 맡아 봄.

觸媒[촉매]ᵏᵃᵢ〈化〉화학 반응을 할 때 그것 자신은 조금도 화학 변화를 받지 않으나 반응 속도를 촉진 또는 지연시키는 물질.

觸發[촉발]ᵏᵃᵗˢᵘ ① 일을 당하여 감동이 일어남. ② 물건에 닿아 발동하거나 폭발함. 「一水雷」

觸手[촉수]ᵏᵃˢᵘ ① 물건에 손을 댐. ②물건을 쥐는 손. 곧 오른손.

言 部

【言】⁷ 言0 | ① 2 언 | 말할 | 元 | 願
ゲン・ゴン・ギン
いう・こと

筆順 ㇏ 亠 ㇗ 言 言 言

解字 形聲. 입을 뜻하는 口와 음을 나타내는 䇂(신)[언·은 변음]을 합쳐서 마음에 생각한 것을 입 밖에 낸다는 뜻. 부수로는 말에 관한 뜻.

意味 ① ㉠ 말함. ㉡ 말씀. 한 마디. ② 한 귀절. 한 글자. 「七一絶句」

言文一致[언문일치]ᵍᵉⁿᵇᵘⁿⁱᶜʰⁱ〈文〉실제로 쓰는 말과 글로 적은 말이 일치함.

言行[언행]ᵍᵉⁿᵏᵒᵘ 말하는 바와 행하는 바.

言行一致[언행일치]ᵍᵉⁿᵏᵒᵘⁱᶜʰⁱ 말과 행동이 같음. ↔언행 상반(言行相反).

*【計】⁹ 言2 | 계 | 셀 | 霽 | ケイ
はかる

筆順 ㇏ 亠 ㇗ 言 言 計

解字 會意. 言(말)과 많다의 뜻인 十(십)을 합쳐서 수를 세다의 뜻.

意味 ① 셈. 수를 셈. 「一數」 ② 헤아림. ③ 셈을 마침(決算). 「會一」 ④ 꾀함.

計巧[계교]ᵏᵒᵘ 여러 모로 빈틈없이 생각해 낸 꾀. 공교한 꾀.

計測[계측]ᵏᵃᵏᵘ 물건의 길이나 넓이를 재어 계산함.

計畫[계획]ᵏᵃᵏᵘ 꾀하여 일의 얼이를 잡음. 또는 그 세운 꾀. 「都市一」

【訃】⁹ 言2 | 부 | 통부 | 遇 | つげる

筆順 ㇏ 亠 ㇗ 言 言 訃 訃

意味 ㉠ 통부. 사람의 죽음을 알림.

訃報[부보]ᶠᵘʰᵒᵘ 사람이 죽었다는 기별. 부음(訃音). 「휘음(諱音)」

訃音[부음]ᶠᵘⁱⁿ 사람이 죽었다는 알림.

*【訂】⁹ 言2 | 정 | 의논할 | 徑 |
テイ
ただす

[言部] 3~4획

[訂]
10 言3 | 정 | 바로잡을 | ㊤正
テイ
ただす

筆順 丶亠ᅩ言言訂訂

意味 ① 의논함. ② 바로잡음. 고침. 「一正」

訂盟[정맹]ﾃｲ 동맹(同盟) 또는 약속(約束)을 맺음. 체맹(締盟). 「음」
訂正[정정]ﾃｲ 잘못을 고쳐서 바로 잡음.

*[記]
10 言3 | 기 | 적을 | ㊏實
キ
しるす

筆順 丶亠ᅩ言言記記

解字 形聲. 言(말)과 음을 나타내는 己(기)를 합쳐서 말을 정리한다는 뜻.

意味 ① 적음. 씀. 「一錄」② 글. 문체. 「三國史一」③ 표. 「一號」④ 욈.

記念[기념]ｷﾈﾝ ① 오래오래 기억하여 잊지 아니함. ② 죽은 사람 또는 이별한 사람을 생각나게 하는 물건. 「一品」
記入[기입]ｷﾆｭｳ 적어 넣음.
記者[기자]ｷｼｬ ① 문서를 기초(起草)하는 사람. ② 신문(新聞)·잡지 등의 기사(記事)를 집필하거나 편집(編輯)하는 사람.

[訊]
10 言3 | 신 | 물을 | ㊤震
ジン·シン
とう·たずねる

筆順 丶亠ᅩ言言訊訊訊

意味 ① 물음. 따져 물음. ② 죄를 물음. 죄를 조사함. 「一問」③ 꾸짖음.

訊問[신문]ｼﾞﾝﾓﾝ ① 따져서 물음. ②〈法〉어떤 사건에 관하여 법원이나 수사 기관에서 피고인·피의자·증인 등에게 구두(口頭)로 물어 조사하는 일.

[託]
10 言3 | 탁 | 부칠 | ㊅藥 / タク

筆順 丶亠ᅩ言言計託

意味 ① 부침. 부탁함. ② 맡김. 「委一」③ 의지함. ④ 핑계함.

託孤[탁고] 어버이 없는 아이의 뒷일을 믿을 만한 사람에게 부탁하는 일.
託送[탁송] 남에게 의탁하여 물건을 부쳐 보냄.

*[討]
10 言3 | 토 | 칠 | ㊤皓
トウ
うつ

筆順 丶亠ᅩ言言訃討討

意味 ① 침. 「一伐」② 범. ③ 꾸짖음. ④ 다스림. ⑤ 더듬음. 구함. 「一究」

討論[토론]ﾄｳﾛﾝ ① 정당한 이치를 궁구(窮究)함. ② 어떤 논제(論題)를 둘러싸고 여러 사람이 각각 의견을 말하며 의논(議論)함. 「一會」 「滅」
討滅[토멸]ﾄｳﾒﾂ 쳐서 멸망시킴. 격멸(擊
討伐[토벌]ﾄｳﾊﾞﾂ 군대를 보내어 죄 있는 자를 침. 정토(征討). 정벌(征伐).
討索[토색] 금품을 억지로 달라고 함.
討逆[토역] 역적(逆賊)을 토벌함.

[訌]
10 言3 | 홍 | 무너뜨릴 | ㊤東
コウ

筆順 丶亠ᅩ言言訂訌

意味 ① 무너뜨림. ② 어지러움. 「內一」

*[訓]
10 言3 | 훈 | 가르칠 | ㊝問
クン·キン
おしえる

筆順 丶亠ᅩ言言訓訓訓

意味 ① 가르침. 「一導」② 타이름. 이끎. 「一戒」③ 거역하지 않음.

訓戒[훈계]ｸﾝｶｲ 타일러서 경계함.
訓告[훈고]ｸﾝｺｸ 훈계하여 타이름.
訓詁[훈고]ｸﾝｺ ① 자구(字句)의 해석. ② 경서(經書)의 고증(考證)·해명(解明)·주석(註釋) 등의 총칭.
訓導[훈도]ｸﾝﾄﾞｳ ① 가르치고 인도함. ② 일제 때 초등 학교(初等學校)의 교원.

[訣]
11 言4 | 결 | 갈릴 | ㊅屑
ケツ
わかれる

筆順 丶亠ᅩ言言訣訣訣

意味 ① 갈림. 헤어짐. 「一別」「永一」② 남몰래 간직한 재주. 「秘一」

訣別[결별]ｹﾂﾍﾞﾂ 기약 없는 영원한 작별.

7획

【訥】11 言4 | 눌 | 말더듬거릴 | [入]月 |
トツ・ドツ
どもる

[筆順] 亠 亖 言 訁 訂 訥 訥

[意味] ① 말을 더듬거림. =吶「一言」② 말솜씨가 없음. 「木一」③ 입이 무거움.

訥訥〔눌눌〕トツトツ 말을 더듬는 모양.

訥辯〔눌변〕トツベン 더듬으며 지껄이는 말씨.

*【訪】11 言4 | 방 | 물을 | [去]漾 |
ホウ
とう・おとずれる

[筆順] 亠 亖 言 訁 訃 訪 訪

[意味] ① 물음. 의논함. 꾀함. ② 사람을 찾아감. 「一問 뵈옴. ③ 찾아서 구함.

訪客〔방객〕ホウキャク 찾아 온 손님. 방문객(訪問客). 내객(來客).

訪問〔방문〕ホウモン 남을 찾아 봄. 심방함.

*【設】11 言4 | 설 | 베풀 | [入]屑 |
セツ・セチ
もうける

[筆順] 亠 亖 言 訁 訁 訬 設

[解字] 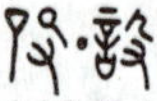 會意. 손을 뜻하는 又와 망치를 뜻하는 几와 쐐기를 뜻하는 言을 합쳐서 땅에 쐐기를 박아 토목 일을 한다는 뜻.

[意味] ① 베풂. ② 만듦. 「建一」「施一」③ 둠. 갖춤. 「一備」④ 가령. 설령.

設計〔설계〕セッケイ ① 계획을 세움. ② 제작(製作)이나 공사(工事) 등에 앞서 그 목적에 맞도록 공비(工費)·부지(敷地)·재료 및 구조상의 계획을 세워 도면(圖面)으로 명시(明示)하는 일.

設問〔설문〕セツモン 문제를 설정하여 물음을 냄. 또는 그 문제.

*【訟】11 言4 | 송 | 송사할 | [去]宋 |
ショウ
うったえる

[筆順] 亠 亖 言 訁 訃 訟 訟

[意味] ① 송사함. 「訴一」 시비함. ② 꾸짖음. ③ 여러 사람에게 관계되는 일.

訟事〔송사〕 ① 백성끼리의 분쟁을 관부(官府)에 호소하여 그 판결을 구하는 일. ② 소송(訴訟).

【訝】11 言4 | 아 | 의심할 | [去]禡 |
ガ・ゲ
いぶかる

[筆順] 亠 亖 言 訁 訂 訝 訝

[意味] ① 의심함. 「疑一」② 맞이함.

訝賓〔아빈〕ガヒン 왕명으로 손님을 맞아 위로함.

訝惑〔아혹〕 의혹(疑惑).

【訛】11 言4 | 와 | 거짓말 | [平]歌 |
カ・ガ
あやまろ

[筆順] 亠 亖 言 訁 訁 訃 訛

[意味] ① 거짓말. 「一語」② 어긋남.

訛傳〔와전〕カデン 잘못 전함. 오전(誤傳).

*【許】11 言4 | 허 | 허락할 | [上]語 |
キョ・コ
ゆるす

[筆順] 亠 亖 言 訁 訃 訐 許

[意味] ① 허락함. 「一可」 용서함. ② 나아감. ③ 기약함. ④ 곳. ⑤ 어조사.

許可〔허가〕キョカ ① 허락함. 들어 줌. ② 〈法〉 행정법상으로 법령에 의한 어떤 행위의 일반적인 제한 또는 금지를 특정한 경우에 해제하고 이를 적법(適法)하게 할 수 있도록 허락해 주는 행정행위.

許諾〔허락〕キョダク 청하는 일을 들어 줌. 허용(許容). ↔거부(拒否)

【詁】12 言5 | 고 | 주낼 | [平]虞 |
コ
よみ

[筆順] 亠 亖 言 訁 計 詁 詁

[意味] ① 주(註)를 냄. ② 옛말을 현대어로 해석함. 「訓一」

詁訓〔고훈〕コクン 고서(古書)의 자구(字句) 해석. 훈고(訓詁).

【詈】12 言5 | 리 | 꾸짖을 | [去]寘

〔言部〕5획

り
ののしる

筆順 一 吅 叩 嘂 嘂 嘂 嘂
意味 ① 꾸짖음. ② 욕함.「一倒」

[詐] 言5 12획 | 사 | 거짓 | 俗稱 |
さ
いつわる

筆順 一 二 言 言 訓 許 詐
意味 ① 거짓. ② 속임.「一欺」
詐欺[사기]ᵍ ① 꾀로 남을 속임. ② 〈法〉남을 속여 손해를 입히거나 불법이익을 얻는 행위.「一罪」
詐稱[사칭]ᵍᵒᵘ 성명(姓名)·지위·주소·직업·연령 등을 속여 일컬음.

[詞] 言5 12획 | 사 | 말 | 支 | ことば
シ・ジ

筆順 一 二 言 訂 訌 詞 詞
解字 形聲. 言(말)과 음을 나타내는 司(사)를 합쳐서 접속사라는 뜻.
意味 ① 말. =辭 ② 시(詩)와는 다른 송대(宋代)의 운문의 하나. ③ 글.
詞客[사객]ᵍᵏ 시문(詩文)을 잘 짓는 사람. 시객(詩客).
詞林[사림]ᵍⁿ ① 시문(詩文)을 모아서 엮은 책. ② 시인(詩人)·문인들의 사회. 문단(文壇).「一람. 시문의 대가.

[訴] 言5 12획 | 소 | 하소연할 | 遇 |
ソ
うったえる

筆順 一 二 言 訂 訢 訴 訴
訴訟[소송]ᵍᵒᵘ 재판을 걺.
訴冤[소원] 원통한 일을 관아(官衙)에 호소함.
訴願[소원]ᵍᵃⁿ 호소하여 청원함.

*[詠]** 言5 12획 | 영 | 읊을 | 敬 |
エイ
うたう

筆順 一 二 言 言 訂 訧 詠
解字 會意. 言(말)과 길다의 뜻인 永을 합쳐서 말을 길게 끌어 노래한다는 뜻.
意味 읊음. 음음.「一歌」

詠歌[영가]ᵉᶤ ① 시가(詩歌)를 읊음. 또는 그 시가. ② 창가(唱歌).
詠物[영물]ᵉᶤ 〈文〉새·꽃·달·고기 등 물건을 주제로 하여 시가를 지음.

[証] 言5 12획 | ① 정 ② 증 | 간할 | 敬 |
ショウ
あかし

筆順 一 二 言 訂 訐 証 証
意味 ① 간(諫)함. ② 證의 속자.

[詔] 言5 12획 | 조 | 조서 | 嘯 |
ショウ
みことのり

筆順 一 二 言 言 訋 詔 詔 詔
意味 ① 조서. 천자의 명령.「一勅」 ② 알림. 가르침.
詔書[조서]ᵍᵒᵘ 제왕의 선지(宣旨)를 일반에게 알릴 목적으로 적은 문서.

[詛] 言5 12획 | 조 | 방자할 | 語 |
ショ・ソ
のろう

筆順 一 二 言 訂 訕 詛 詛
意味 ① 방자함. ② 원한이 있는 사람을 못되게 빎.「一呪」③ 맹서함.
詛呪[저주] 남이 못 되기를 빌고 바람. 주저(呪詛).

[註] 言5 12획 | 주 | 주낼 | 遇 |
チュウ・チュ

筆順 一 二 言 言ˋ 訐 訐 註
意味 ① 주냄. 주를 닮. 풀어서 밝힘.「一釋」② 적어넣음. 적음.
註釋[주석]ᶜʰᵘᵍᵒᵘ 낱말이나 문장의 뜻을 알기 쉽도록 풀이함. 또는 그 글.

[診] 言5 12획 | 진 | 볼 | 軫 |
シン
みる

筆順 一 二 言 言 訡 診 診
意味 ① 봄. 병세를 조사함. 맥봄. 맥을 짚음.「一察」② 증험함.
診斷[진단]ˢʰⁱⁿᵈᵃⁿ 〈醫〉의사가 환자를 진찰하여 병상(病狀)을 판단함.

7획

[評] 言5 12획 | 평 | 품평할 | 庚
ヒョウ・ヘイ

筆順 一亠亠言言訂評評

意味 품평함. ㉠잘잘못을 가림.「批—」㉡가치를 정함.「—價」

評價[평가] ① 물품의 가치·가격을 평정함. ② 선악·미추 등의 가치를 논정(論定)함.

評論[평론] 사물의 가치·선악 등을 비평하여 논함. 또 그 글.「—家」

評釋[평석] ① 문장이나 시가(詩歌)를 비평하고 풀이하는 일.

[誇] 言6 13획 | 과 | 자랑할 | 麻
コ・カ
ほこる

筆順 一亠亠言言計詫誇誇

誇大[과대] 작은 것을 큰 것처럼 과장(誇張)함. 풍을 침.

誇張[과장] ① 실지보다 지나치게 나타냄. ② 자랑하여 떠벌림.

[詭] 言6 13획 | 궤 | 다를 | 紙
キ
いつわる

筆順 一亠亠言言訐詭詭

意味 ① 다름. ② 간사함.「—計」③ 속임.「—辯」④ 괴이함. ⑤ 꾸짖음.

詭計[궤계] 간사하게 남을 속이는 꾀. 궤모(詭謀).

詭辯[궤변] ① 도리에 맞지 않는 변론. 교묘하게 사람을 미혹(迷惑)하여 꾸며 대는 말. ② 도리에 맞는 것을 그르다고 하고, 그른 일을 도리에 맞는다고 우기는 말.

[詳] 言6 13획 | ①상 ②양 | 자세할 | ①陽 ②陽
ショウ
くわしい

筆順 一亠亠言言言詳詳

詳細[상세] 자세하고 찬찬함. 상밀(詳密).

詳述[상술] 자세하게 진술(陳述)함. ↔약술(略述)

[詢] 言6 13획 | 순 | 꾀할 | 眞
ジュン・シュン
とう・はかる・まこと

筆順 一亠亠言言訂詢詢

意味 ① 꾀함.「—計」② 물음.「—訪」③ 믿음. =洵

[詩] 言6 13획 | 시 | 시 | 支
シ

筆順 一亠亠言言討詩詩

意味 ① 시.「—人」귀글. ② 중국에서 가장 오래 된 시집인 시경(詩經)을 일컫는 말. ③ 풍류 가락. ④ 받들.

詩家[시가] 시(詩)를 짓는 사람.

詩論[시론] 시 일반의 본질·양식에 관한 이론. 시에 관한 평론이나 의론.

詩名[시명] 시를 잘 지어 얻은 명예.

[試] 言6 13획 | 시 | 시험할 | 寘
シ
こころみる

筆順 一亠亠言言試試試

解字 形聲. 음식물을 입에 넣은 모양을 뜻하는 言과 음을 나타내는 式(식)〔시는 변음〕을 합쳐서 음식물을 입에 넣고 맛을 본다는 뜻.

意味 ① 시험함. ② 더듬음. ③ 비교함.

試驗[시험] ① 사람의 지식이나 능력의 정도를 알기 위하여 문제를 주어서 증험하여 봄.

試案[시안] 시험적으로 만든 안(案). 임시로 만들어 본 계획이나 의견.

[詵] 言6 13획 | 선 | 말전할 | 眞
シン・セン

筆順 一亠亠言言詽詽詵

意味 ① 말을 전함. ② 많음.

[詣] 言6 13획 | 예 | 이를 | 霽
ケイ・ゲイ
いたる

筆順 一亠亠言言計討詣詣

[意味] ① 이름〔著〕. ② 감. 나아감. ③ 학문 등이 깊은 경지에 도달함. 통달함.

【詮】13 言6 | 전 | 갖출 | [平]先 |
セン
あきらか
[筆順] 言 … 詮
[意味] ① 갖춤〔具〕. ② 평론함. ③ 가림. 밝힘. 「一衡」 ④ 다스림. ⑤ 도리. 진리.
詮索〔전색〕センサク 물어서 조사하여 찾음.
詮議〔전의〕センギ ① 사물을 자세히 조사하여 밝힘. ② 죄인의 죄상(罪狀)을 조사함. ③ 의논하여 정함.

【誂】13 言6 | 조 | 꾈 | [上]篠 |
チョウ
いどむ
[筆順] 言 … 誂
[意味] ① 꾐. ② 싸움을 걺. ③ 희롱함. ④ 별안간〔卒然〕.

【誅】13 言6 | 주 | 벨 | [平]虞 |
チュウ・チュ
せめる・こらす
[筆順] 言 … 誅
[意味] 벰. 죽임. 일족(一族)을 멸함.
誅求〔주구〕チュウキュウ 관청에서 백성의 재물을 강제로 빼앗아 감. 「苛斂一」
誅戮〔주륙〕チュウリク 법으로 다스려 죽임. 죄를 물어 죽임. 주살(誅殺).

【詑】13 言6 | 타 | 자랑할 | [去]禡 |
タ
ほこる
[筆順] 言 … 詑
[意味] ① 자랑함. ② 풍을 침. ③ 신통함.

*【該】13 言6 | 해 | 갖출 | [平]灰 |
ガイ・カイ
かねる
[筆順] 言 … 該
[意味] ① 갖춤. 「一博」 ② 모두. ③ 겸함. ④ 마땅함. ⑤ 군호〔軍中約〕. ⑥ 들어맞음. 「一當」 ⑦ 그〔指示形容詞〕.
'겸하다'의 뜻을 가진 글자→兼
該當〔해당〕ガイトウ 바로 꼭 들어 맞음.
該博〔해박〕ガイハク 학문 등에 널리 통하여 앎. 「一한 知識」

*【話】13 言6 | 화 | 이야기 | [去]卦 |
ワ・カイ
はなす
[筆順] 言 … 話
[意味] 말함. 말. 이야기. 「談一」
話頭〔화두〕ワトウ 말의 첫머리.
話術〔화술〕ワジュツ 이야기하는 기교(技巧).

【詰】13 言6 | 힐 | 물을 | [入]質 |
キツ
つめる・なじる
[筆順] 言 … 詰
[意味] ① 물음. 따져 물음. 「一問」 ② 꾸짖음. 「一責」 ③ 다스림. ④ 삼감〔謹〕. ⑤ 밝는 아침.
詰屈聱牙〔힐굴오아〕 문장 등이 어려워 이해하기 어려움.
詰難〔힐난〕キツナン 힐문하여 비난(非難)함.
詰問〔힐문〕キツモン 힐책하여 물음.

7획

【誡】14 言7 | 계 | 경계할 | [去]卦 |
カイ
いましめる
[筆順] 言 … 誡
[意味] ① 경계함. ㉠훈계함. 「訓一」 ㉡자기를 반성함. 「自一」 ㉢훈계. =戒 ② 고(告)함. ③ 명함. 「一命」
'훈계하다'의 뜻을 가진 글자→戒
誡命〔계명〕 도덕상·종교상 지켜야 할 규정. 기독교의 십계명 등.

【誥】14 言7 | 고 | 고할 | [去]號 |
コウ
つげる
[筆順] 言 … 誥
[意味] ① 고(告)함. 글로 효유함. 깨우침. ② 가르침.

[誣] 言7 | 무 | 속일 | 虞 | ブ・フ いしる

筆順 言 言 言 訂 訶 誣 誣

意味 ① 속임. 꾸밈. 「一告」② 허무함. ③ 간사함.

誣告[무고] 法 없는 사실을 거짓으로 꾸미어 남을 관청에 고소(告訴) 또는 고발함. 「럼 꾸며 댐.
誣構[무구] 죄 없는 이를 있는 것처럼
誣妄[무망] 없는 일을 있는 것처럼 말하여 남을 속여 넘김. 무망(誣罔).
誣服[무복] 죄도 없는데 하는 수 「없이 형(刑)에 복역함.

[誓] 言7 | 서 | 맹세 | 霽 | セイ ちかう

筆順 扌 扌 扩 折 折 誓 誓

解字 形聲. 言(말)과 음을 나타내는 折(절)[서는 변음]을 합쳐서 말로 정한다는 뜻. 널리 맹세하다의 뜻으로 쓴다.

意味 ①맹세함. ㉠굳게 다짐하여 약속함. ㉡맹세. ㉢약속.

誓書[서서] 맹세의 글을 쓴 쪽지.
誓約[서약] 굳은 약속(約束). 계약(契約). 맹약(盟約). 「一書」「誓詞」.
誓言[서언] 맹세하는 말.

*[說] 言7 | ①설 ③세 | 말씀 | ②열
㈎屑 ㈏霽
セツ・ゼイ・エツ とく・よろこぶ

筆順 言 言 言 討 說 說 說

意味 ① 말씀. 말. 「異一」② 말함. ㉠이야기함. 「演一」㉡풀이함. 「解一」 달램. ③ 생각. 견해.

說教[설교] 신자를 모아 놓고 교의(敎義)나 종지(宗旨)를 설명함.
說明[설명] 사물의 내용・이유・뜻 같은 것을 알도록 풀어서 일러 줌.
說話[설화] ① 이야기. ② 신화(神話)・전설(傳說)・민화(民話)・동화(童話) 등 사실과는 좀 먼 옛 이야기.

*[誠] 言7 | 성 | 정성 | 庚
セイ・ジョウ まこと

筆順 言 言 訂 訶 試 誠 誠

解字 形聲. 言(말)과 음을 나타내는 成(성)을 합쳐서 말과 마음이 일치한다는 뜻. 널리 정성을 뜻한다.

意味 ① 정성. 「一金」② 성실함. 성실. 「心一」③ 믿음. ④ 공경함. ⑤ 살핌.

誠實[성실] 거짓이 없고 정성스러움.
誠心[성심] 정성스러운 마음.
誠意[성의] ① 참되고 정성스러운 뜻. ② 정직하고 진지한 마음.

[誦] 言7 | 송 | 읽을 | 宋
ショウ・ジュ となえる

筆順 言 訂 訶 訪 誦 誦 誦

意味 ① 읽음. ㉠소리를 내어 읽음. 욈. 「暗一」㉡말함. 이야기함.
誦讀[송독] ① 책을 외어 읽음. 암송(暗誦). ② 소리를 내어 글을 읽음.

[語] 言7 | 어 | 말할 | 語
ゴ・ギョ かたる

筆順 言 言 訂 訐 語 語 語

意味 ① 말함. ㉠이야기함. ㉡설명함. ② 말. ㉠언어. ㉡성구(成句).
語感[어감] 말소리 또는 말투의 차이에 따라 말이 주는 느낌.
語形[어형] 단어(單語)나 말의 형태.

[誤] 言7 | 오 | 그릇될 | 遇
ゴ あやまる

筆順 言 訓 訓 誤 誤 誤

意味 ① 그릇됨. ㉠잘못함. ㉡잘못. ② 의혹함. 의혹케 함.
誤謬[오류] ① 그릇되어 이치에 어긋남. ② 이치에 어긋난 인식(認識).
誤聞[오문] 잘못 들음. 그릇 들음.
誤發[오발] 총기를 잘못하여 발사

*[誘] 言7 | 유 | 꾈 | 有
ユウ さそう

筆順 言 言 訲 訡 誘 誘 誘

[言部] 7~8획　　　　　　　　　　　　　　　　469

誘拐[유괴]ヵィ 꾀어 내는 일.
誘導[유도]ドゥ ① 꾀어서 이끎. ②〈物〉전기와 자기(磁氣)가 전계(電界)·자계(磁界) 안에 있는 물체에 미치는 작용. 감응(感應).
誘引[유인]ィン 남을 꾀어 냄.

[認] 14 言7｜인｜알｜⊕震｜
ニン
みとめる

筆順 言 訒 訒 認 認 認

意味 앎. ㉠사물을 명확히 가림.「一識」㉡알아차림. ㉢들어 줌.「承一」㉢승낙함.
認可[인가]ニン 인정하여 허락함. 인용(認容).
認識[인식]シキ 어떤 사항을 확실히 감지(感知)하여 아는 작용.「一不足」

[誌] 14 言7｜지｜적을｜⊕寶｜シ
しるす

筆順 言 訁 訁 訁 訁 誌 誌

解字 形聲. 言(말)과 음을 나타내는 志(지)를 합쳐서 말을 적어 두다의 뜻.
意味 ① 적음. 기록함. ② 기록함. 사실을 적은 문장·문서.「雜一」
誌面[지면]ジン 잡지의 글이나 그림 등을 싣는 지면(紙面). 지상(誌上).

[誕] 14 言7｜탄｜날｜⊕旱｜タン
うまれる

筆順 言 訁 訁 訌 誕 誕 誕

意味 ① 남.「一生」② 속임. 거짓말.
誕生[탄생]タン ① 사람이 태어남. 특히 귀인에 대하여 쓰는 말.「一日」

[誨] 14 言7｜회｜가르칠｜⊕隊｜
カイ
おしえる

筆順 言 訁 訁 訁 訏 誨 誨

意味 가르침. 타일러 가르침.「教一」
誨授[회수]カイジュ 교수(敎授)함.
誨誘[회유]カイユゥ 가르쳐 인도함.

*[課] 15 言8｜과｜매길｜⊕箇｜ヵ

筆順 言 訁 訁 訐 誹 課 課

意味 ① 매김. 부과함. 할당. ㉠할당된 일.「日一」㉡부과된 세금.「賦一」
課目[과목]ヵモク 할당된 항목(項目).
課稅[과세]ヵゼイ 세금을 부과함. 할당한
課業[과업]ヵギョゥ 배당(配當)된 업무나 또는 학과(學科).

*[談] 15 言8｜담｜이야기｜⊕覃
ダン·タン
かたる

筆順 言 訁 訁 訁 訟 談 談

意味 이야기. 이야기함.「對一」
談判[담판]ダンパン 옳고 그름을 결말짓기 위하여 쌍방이 서로 의논함. 교섭.
談合[담합]ダンゴゥ ① 상의하는 일.

*[諒] 15 言8｜량｜믿을｜⊕漾｜
リョゥ
まこと

筆順 言 訁 訁 訌 詝 諒 諒

意味 ① 믿음. ㉠믿음성이 있음. ㉡미쁨. ㉢진실성이 있음. ② 동정함.
諒知[양지]リョゥチ 살펴어 앎.
諒察[양찰]リョゥサツ ① 생각하여 미루어 살핌. 양측(諒燭). ② 동정함.

*[論] 15 言8｜①론 ②론｜말할｜⊕元 ⊕眞
ロン·リン
あげつらう

筆順 言 訁 訁 訟 論 論 論

意味 ①론 말함.「一述」② 비평함. 가림.「一評」③ 의논함.「議一」
論據[논거]ロンキョ 논설이나 의론의 근거.
論評[논평]ロンピョゥ 사물의 내용을 의논하여 비평함. 평론(評論).

[誹] 15 言8｜비｜헐뜯을｜⊕尾｜
ヒ
そしる

筆順 言 訁 訁 訓 誹 誹 誹

7획

〔言部〕8～9획

意味 헐뜯음. 흉봄. 비난함.「―謗」
誹謗[비방]ヒボウ 남을 헐뜯어 욕하여 말함. 중상(中傷).
誹笑[비소] 비웃는 웃음. 비웃음.

【誰】 15 言8 | 수 | 누구 | ㊤支 | スイ だれ

筆順 言 言 言 訁 訁 訁 詐 誰

意味 ① 누구. 누구요「誰何詰問」. ② 무엇. ③ 말을 꺼낼 때 쓰는 발어사.
誰何[수하]スイカ 누구.「―냐」고 소리쳐 물음.「―를 莫論하고」

【誼】 15 言8 | 의 | 옳을 | ㊤寘 | ギ よしみ

筆順 言 言 言 訁 訁 詐 誼 誼

意味 ① 옳음. 좋음.「仁―」② 의.

【調】 15 言8 | ①조 ②주 | 고를 | ㊤蕭 ㊤尤 | チョウ しらべる・ととのう

筆順 言 言 訁 訂 訓 調 調 調

意味 ① 고름. ㉠균형이 잡혀 있음.「―和」㉡균형을 잡음. 알맞게 함.「―味料」② 맞음. 적합함.
調達[조달]チョウタツ(ダツ) ① 자금이나 물자 등을 대어 줌. ② 조화되어 통함.
調和[조화]チョウワ 이것 저것이 서로 모순되거나 어긋남이 없이 잘 어울림.

【諄】 15 言8 | 순 | 거듭이를 | ㊤眞 | ジュン・シュン あつい

筆順 言 言 訁 訁 訁 諄 諄

意味 ① 거듭 이름. 거듭하여 말함.「―― 」② 지극함. 정성을 깃들인 모양.
諄諄[순순]ジュンジュン 거듭 타일러 친절히 가르치는 태도.

【諂】 15 言8 | 첨 | 아첨할 | ㊤琰 | テン へつらう

筆順 言 訁 訂 訊 認 諂 諂

意味 아첨함. 아첨.「阿―」
諂佞[첨녕] 매우 아첨함.

諂諛[첨유]テンユ 알랑거리며 아첨함.

【請】 15 言8 | 청 | 청할 | ㊤梗 | セイ・シン・ジョウ こう・うける

筆順 言 言 訁 訁 計 詐 請 請

解字 形聲. 言(말)과 음을 나타내는 靑(청)을 합쳐서 청한다는 뜻.
意味 청함. ㉠원함.「懇―」㉡구함.「―求」㉢청하여 옴.「招―」② 물음.
請客[청객] 손님을 초청함.
請求[청구]セイキュウ 달라고 요구(要求)함.
請婚[청혼] 결혼하기를 청함.

【諫】 16 言9 | 간 | 간할 | ㊤諫 | カン いさめる

筆順 言 言 訁 訝 諫 諫 諫

意味 ① 간함. 충고함. 간하여 못하게 함.「―止」② 간언(諫言). ③ 풍간(諷 ―).
諫臣[간신]カンシン ① 임금에게 충고하는 신하. ②〈歷〉간관(諫官).
諫言[간언]カンゲン ① 간하는 말. ② 충고함. 또는 그 충고(忠告).

【諾】 16 言9 | 낙 | 대답할 | ㊤藥 | ダク うべなう

筆順 言 訁 訁 訜 訝 諾 諾

意味 ① 대답함. ㉠「네」하고 대답함. ㉡천천히 하는 대답. ↔唯 ㉢가(可)하다고 인정함. ② 승낙함.
諾諾[낙낙]ダクダク 남의 말을 잘 좇는 모양.「唯唯―」 「함.
諾否[낙부]ダクヒ 승낙함과 승낙하지 아니

【謀】 16 言9 | 모 | 꾀할 | ㊤尤 | ボウ・ム はかる・はかりごと

筆順 言 訁 計 詳 詳 謀 謀

解字 形聲. 言(말)과 음을 나타내는 某(모)를 합쳐서 의논하다의 뜻.
意味 ① 꾀함. 도모함.「―議」② 계책.
謀計[모계]ボウケイ 꾀와 계교(計巧).

[言部] 9획

謀殺[모살]ボウ 계획적으로 사람을 죽임.
謀臣[모신]ボウ 꾀가 많아 모사에 뛰어난 신하. 모계(謀計)를 꾸미는 신하.

[諡] 16 言9 | 시 | 시호 | ㊂實 |
シ
おくりな

[筆順] 言 訁 訪 訪 諡 諡 諡
[意味] 시호[생존시의 공적에 따라 죽은 사람에게 주는 칭호.
諡號[시호]ゴウ 유현(儒賢)·경상(卿相)들이 죽은 후에 그들의 행적(行跡)을 칭송하여 임금이 내려 주는 칭호.

[諤] 16 言9 | 악 | 곧은말할 | ㊂樂 |
ガク

[筆順] 言 訁 訪 訳 諤 諤 諤
[意味] ① 곧은 말을 함. 곧은 말. ② 거침없이 말함.
諤諤[악악]ガクガク 거리낌 없이 바른 말을 함. 직언(直言)하는 모양.

*[謁]** 16 言9 | 알 | 뵈올 | ㊂月 |
エツ·エチ
まみえる

[筆順] 言 訁 訂 訶 訶 謁 謁
[意味] ① 뵈옴. 신분이 높은 사람을 만나 뵘. 「拜一」② 사룀. 아룀.
謁者[알자]エッシャ〈歷〉① 고려 내알사(內謁司)의 종오품 벼슬. ② 고려 내시부(內侍府)의 종칠품 벼슬.

[諳] 16 言9 | 암 | 다알 | ㊂覃 |
アン
そらんじる

[筆順] 言 訁 訂 訶 訡 諳 諳
[意味] ① 다 앎. 욈. 「一記」② 기억함.
諳記[암기]アンキ 머릿속에 기억하여 잊지 아니함.

[諺] 16 言9 | 1언 2안 | 속담 | ㊂歡 ㊂翰 |
ゲン
ことわざ

[筆順] 言 訁 訜 訡 諺 諺 諺
[意味] ① 속담. 속언. ② ① 용맹스러움. 사나움. ② 뻣뻣함. 공손하지 못함.
諺敎[언교] 언문(諺文)으로 쓰인 왕비의 교서(敎書).

*[謂]** 16 言9 | 위 | 이를 | ㊂未 |
イ
いう

[筆順] 言 訁 訂 訶 謂 謂 謂
[意味] 이름. ㉠이야기함. ㉡비평함.

[諭] 16 言9 | 유 | 깨우칠 | ㊂遇 |
ユ
さとす

[筆順] 言 訁 訂 訶 訥 諭 諭
[意味] ① 깨우침. 타이름. ② 고(告)함.
諭告[유고]ユコク ① 타이름. ② 나라에서 결행할 어떤 일을 백성에게 일러 줌.

[諮] 16 言9 | 자 | 물을 | ㊂支 | はかる

[筆順] 言 訁 訂 訶 訟 諮 諮
[意味] ① 물음. 물어 봄. ② 자문함.
諮問[자문]シモン 남의 의견을 물음. 웃사람이 아랫 사람에게 의견을 물음.

*[諸]** 16 言9 | 1제 2저 | 모든 | ㊂魚 |
ショ
もろもろ

[筆順] 言 訁 訁 訃 訧 諸 諸
[意味] ① ① 모든. 여러 가지. 여러. ② 어조사(語助辭). ③ 말을 많이 함.
諸君[제군]ショクン 여러분. 손아랫 사람에게 대하여 쓰는 말. 제자(諸子).

[諜] 16 言9 | 첩 | 염탐할 | ㊂葉 |
チョウ

[筆順] 言 訁 訐 訲 訳 諜 諜
[意味] ① 염탐함. 염탐군. 「間一」② 문서. =牒 ③ 이간 붙임.
諜報[첩보]チョウホウ〈軍〉적의 형편을 세밀히 정찰(偵察)하여 보고함.

[諦] 16 言9 | 체 | 살필 | ㊂霽 |

[言部] 9~10획

テイ・タイ・ダイ
あきらか・あきらめる

【諦】 16 言9 | 체 | 살필 | ㊤送

意味 ① 살핌. ② 분명하게 함. 분명히 함.

諦念[체념] ① 도리(道理)를 깨닫는 마음. ② 희망을 버리고 아주 단념함.

【諷】 16 言9 | 풍 | 욀 | ㊦送

フウ
そらんじる

意味 ① 욈. 암송함. ② 넌지시 말함. 넌지시 말하여 깨우침.

諷諫[풍간] ヮゥヵン 슬며시 말을 돌려서 나무라는 뜻을 표하여 남을 깨우침. ↔ 직간(直諫)

諷詠[풍영] ヮゥェィ 시가(詩歌) 등을 읊조림.

【諧】 16 言9 | 해 | 고를 | ㊤佳

カイ
かなう・やわらぐ

意味 ① 고름. 조화함. 어울림. ② 화합(和合)함. ③ 농지거리. 농. 회학.

諧謔[해학] ヵィヵク 익살스럽고 품위 있는 농담. 유우머. 회해(詼諧).

【諱】 16 言9 | 휘 | 피할 | ㊤未

キ
いむ

意味 ① 피함. ② 꺼림. ③ 숨김. ④ 돌아가신 높은 어른의 이름자.

諱忌[휘기] ㅋ ① 숨기어 드러내기를 꺼림. ② 꺼리어 싫어함. 「른의 이름자.
諱字[휘자] ㅋジ 돌아간 조상이나 높은 어

【講】 17 言10 | 강 | 풀이할 | ㊦講

コウ

筆順 言 言 訁 訁 訁 訁 訁 訁 訁 訁 訁 訁

意味 ① 풀이함. 강론함. 「一義」 ② 말함. ③ 익힘[習]. ④ 강구함. 꾀함. ⑤ 화해함. 강화함.

講究[강구] ㄱゥㄎュゥ 좋은 방법을 궁리함.
講壇[강단] ㄱゥダン 강의(講義)나 강연을 하기 위하여 올라 서게 만든 자리.
講談[강담] ㄱゥダン 강연이나 강의하는 말투로 하는 담화(談話).

【謙】 17 言10 | 겸 | 겸손할 | ㊤鹽

ケン
へりくだる

筆順 言 言 訁 訁 詳 詳 謙 謙

解字 形聲. 言(말)과 음을 나타내는 兼(겸)을 합쳐서 겸손하다의 뜻.

意味 ① 겸손함. 사양함. ② 삼감.

謙遜[겸손] ケンソン 남 앞에서 자기를 낮추는 태도. 잘난 체하지 않고 삼감.
謙讓[겸양] ケンジョウ 겸손한 태도로 사양함.

【謄】 17 言10 | 등 | 베낄 | ㊦蒸

トウ
うつす

筆順 月 月 月' 肝 胖 胖 脦 脦 謄

意味 ① 베낌. ② 등사함.

謄本[등본] トウホン 원본을 그대로 옮겨 적은 문서(文書). 「戶籍一」

【謎】 17 言10 | 미 | 수수께끼 | ㊦霽

メイ
なぞ

筆順 言 言' 訁 訁 訁 誄 誄 謎 謎

意味 수수께끼.

【謐】 17 言10 | 밀 | 고요할 | ㊤質

ヒツ・ビツ
しずか

筆順 言 言` 訁 訁 諡 諡 諡 諡

意味 ① 고요함. ② 편안함.

謐然[밀연] ヒツゼン 고요한 모양.

【謗】 17 言10 | 방 | 헐뜯을 | ㊤陽

ボウ・ホウ
そしる

筆順 言 訁 訁 訁 訁 訁 訁 訁 訁

意味 헐뜯음. 비방함. 비방.

謗議[방의] ボウギ 욕함. 비방함.

【謝】 17 言10 | 사 | 끊을 | ㊤禡

シャ
あやまる

[筆順] 言 訁 訃 詢 謝 謝 謝

[解字] 形聲. 言〔말〕과 음을 나타내는 射(사)를 합쳐서 사퇴하는 말이라는 뜻. 널리 사례하다의 뜻으로 씀.

[意味] ① 끊음. 그만둠. 「一退」 ② 고(告)함. 말씀. ③ 사례함. 「感一」

謝禮〔사례〕シャレイ 금품이나 말로써 고마운 뜻을 나타냄. 「一金」

謝絶〔사절〕シャゼツ ① 사양하여 받지 않음. ② 요구를 받아 들이지 않고 물리침. 거절함. 「面會一」

謝罪〔사죄〕シャザイ 지은 죄에 대해 용서를 빎.

*【謠】17 言10 | 요 | 노래할 | [平]蕭 |
ヨウ
うたい・うたう

[筆順] 言 訁 訡 詻 謠 謠 謠

[解字] 形聲. 言〔말〕과 음을 나타내는 䍃(요)를 합쳐서 노래를 부른다는 뜻.

[意味] ① 악기의 반주 없이 노래를 부름.

謠俗〔요속〕ヨウゾク 세상 풍속.

謠言〔요언〕ヨウゲン 세상에 떠도는 뜬소문. 근거 없는 말. 유언(流言).

【謔】17 言10 | 학 | 기롱지거리 | [入]藥 |
ギャク・キャク
たわむれる

[筆順] 言 訁 訐 誁 謔 謔 謔

[意味] 기롱지거리함. 농담함. 기롱지거리.

【謳】18 言11 | 구 | 노래할 | [平]尤 |
オウ・ウ
うたう

[筆順] 言 訁 訂 謳 謳 謳 謳

[意味] ① 노래함. ㉠노래 부름. ㉡칭송함. 「一歌」 ㉢읊조림. ② 노래. 가요.

謳歌〔구가〕オウカ 세상 사람들이 모두 입을 모아 칭송함.

*【謹】18 言11 | 근 | 삼갈 | [上]吻 |
キン コン
つつしむ

[筆順] 言 訁 訃 詌 謹 謹 謹

[解字] 形聲. 言〔말〕과 음을 나타내는 堇(근)을 합쳐서 삼가다의 뜻.

[意味] ① 삼감. ② 공경함. ③ 징계함.

謹啓〔근계〕キンケイ 「삼가 아룁니다」의 뜻으로 편지의 서두에 쓰는 말.

謹身〔근신〕キンシン 몸가짐과 행동을 삼감.

【謨】18 言11 | 모 | 꾀 | [平]虞 | ボ・モ

[筆順] 言 訁 訃 詌 謨 謨 謨

[意味] ① 꾀. 꾀함. ② 없음.

謨訓〔모훈〕ボクン 국가의 대계(大計)가 되는 가르침.

【謬】18 言11 | 류 | 그르칠 | [去]宥 |
ビュウ
あやまる

[筆順] 言 訁 訒 謬 謬 謬 謬

[意味] 그르침. 잘못함. 잘못. 「誤一」

謬見〔유견〕ビュウケン 잘못된 생각. 그릇된 견해(見解).

【謫】18 言11 | 적 | 귀양갈 | [入]陌 |
チャク・タク
せめる

[筆順] 言 訁 訁 訃 謫 謫 謫

[意味] 귀양감. 귀양을 보냄.

【譎】19 言12 | 휼 | 간사할 | [入]屑 |
ケツ・キツ
いつわる

[筆順] 言 訁 訁 譎 譎 譎 譎

[意味] ① 간사함. ② 속임.

譎計〔휼계〕ケッケイ 남을 속이는 간사한 꾀. 휼모(譎謀).

【譏】19 言12 | 기 | 나무랄 | [平]微 |
キ
そしる

[筆順] 言 訁 訁 譏 譏 譏 譏

[意味] ① 나무람. ② 헐뜯음. 비난. ③ 꾸짖음. ④ 엿봄. 기찰함.

[識] 19 言12 │①식 ③치│알│㉠職 ㉡實
シキ・シ・ショク
しる・しるす

筆順 言 訁 訃 諲 諳 識 識

意味 ① ㉠앎. ㉡분별함.「—別」㉢보고 앎. ㉣깨달음. ㉕서로 앎. ② 생각.
識者[식자]シャ 사물을 정확히 판단하고 견식이 있는 사람.
識字憂患[식자우환] 글자를 아는 것이 오히려 근심을 사게 된다는 뜻.

[證] 19 言12 │증│증명할│㉤徑
ショウ
あかし

筆順 言 訁 訂 諍 諮 證 證

意味 ① 증명함. 증험(證驗)함. 증거. 증명. ②〈佛〉깨달음.
證據[증거]ショウ 어떤 사실이나 진실을 증명할 만한 근거.「—物件」
證候[증후] 증거가 될 기미.

[譜] 19 言12 │보│적을│㉥寘
フ・ホ

筆順 言 訁 訃 諮 諧 譜 譜

意味 ① 적음. ② 순서에 따라 가지런히 적은 것. 족보. 악보. ③ 모음[集].
譜曲[보곡]フキョク 악보(樂譜). 악곡(樂曲).
譜牒[보첩]チョウ 족보(族譜)로 만든 책.

[警] 20 言13 │경│경계할│㉤梗
ケイ・キョウ
いましめる

筆順 ' 艹 芍 苟 敬 敬 警

意味 ① 경계함. ② 훈계함. ㉠타이름. 주의시킴.「—告」㉡조심함. ③ 훈계.
警告[경고]コク 경계(警戒)하여 알림. 마
警固[경고]コ 비상 사태에 대비하여 경계하며 굳게 지킴.
警句[경구]ク 짤막한 가운데 사물의 진리를 날카롭게 표현한 문구(文句).

[譬] 20 言13 │비│비유할│㉥寘
ヒ
たとえる

筆順 ' 尸 辟 辟 辟 譬

意味 ① 비유함. 비유. ② 쥐어 대어 말함. ③ 깨우침. ④ 짝.
譬喩[비유]ユ 어떤 사물이나 관념을 그와 비슷한 것을 빌어 설명하는 일.

[譯] 20 言13 │역│통변할│㉠陌
ヤク・エキ
わけ

筆順 言 訁 譯 譯 譯 譯 譯

解字 形聲. 言(말)과 음을 나타내는 睪(역)을 합쳐서 다른 말로 옮긴다는 뜻.
意味 ① 통변함. 통역함. ② 번역함. ③ 쉬운 말로 옮겨 씀.
譯讀[역독]ヤクドク 어떤 국어로 쓰이어진 글을 다른 국어로 번역하여 읽음.
譯文[역문]ヤクブン 번역한 문장.
譯者[역자]ヤクシャ 번역한 사람.
譯註[역주]ヤクチュウ ① 번역과 주석(註釋). ② 번역자가 다는 주석. 역주(譯注).

[議] 20 言13 │의│의논할│㉥寘
ギ
はかる

筆順 言 訁 諩 諩 詳 議 議

解字 會意. 言(말)과 좋다의 뜻을 가진 義를 합쳐서 좋고 나쁨을 의논하다의 뜻.
意味 ① 의논함. ㉠논의함. ㉡상담함. ② 의견.「衆—」③ 꾀함. 모의(謀議).
議決[의결]ケツ 회의(會議)를 열어 서로 의논하여 결정함.「—出하여 상의함.
議論[의논]ギロン 각자가 의견(意見)을 의
議了[의료]ギリョウ 회의·의사·의결(議決) 등이 모두 끝남.「—함. 또는 그 사항.
議事[의사]ギジ 회의에서 일을 의논(議論)
議席[의석]ギセキ 회의장(會議場)에서의 의원(議員)의 자리.「原案(원안)
議案[의안]ギアン 회의에 제출(提出)하는

[譴] 21 言14 │견│꾸짖을│㉤霰
ケン
せめる・とがめる

[言部] 14〜17획　　　　　　　　　　　　　　　　　475

筆順 言 言 訃 訐 訐 訐 譴
意味 ① 꾸짖음.「一責」② 성냄. ③ 귀양감.
譴責[견책]ケンセキ ① 허물을 꾸짖어 책망함. ② 업무상 허물이 있는 공무원에게 내리는 징계 처분(懲戒處分).

*譽 21 言14 | 예 | 명예 | ㉰魚 |
ヨ
ほまれ

筆順 E 臼 臼ワ 臼兀 與 譽 譽
解字 形聲. 言[말]과 음을 나타내는 與(여)를 합쳐서 칭찬한다는 뜻. '여'가 본음.
意味 ① 명예. 이름이 남. ② 칭찬함. ↔毁 ③ 즐김.
譽望[예망]ヨボウ 명예와 인망(人望).
譽言[예언]ヨゲン 칭찬하여 기리는 말.

*護 21 言14 | 호 | 도울 | ㉰遇 |
ゴ・コ
まもる

筆順 言 訃 詩 詩 詩 護 護
解字 形聲. 言[말]과 음을 나타내는 蒦(약)[호는 변음]을 합쳐서 말로 변호하다의 뜻. 널리 지키다의 뜻으로 씀.
意味 ① 도움. ② 지킴.「守一」③ 두둔함. 호위함.「保一」④ 감독함.
護國[호국]ゴコク 자기 나라를 지킴.
護送[호송]ゴソウ ① 위험을 막기 위해 따라 가면서 지켜 보냄. ② 죄수(罪囚) 따위를 감시해 보냄.

*讀 22 言15 | 1독 2두 | 읽을 | ㈀屋 ㉰宥 |
トク・ドク・トウ
よむ

筆順 言 計 諧 讀 讀 讀 讀
解字 形聲. 言[말]과 음을 나타내는 賣(육)[독은 변음]을 합쳐서 소리를 내어 읽는다는 뜻.
意味 읽음. ㉠소리를 내어 읽음.「朗一」㉡읽고 뜻을 깨달음.「愛一」
讀經[독경]ドッキョウ〈佛〉소리를 내어 경문(經文)을 읽음.
讀了[독료]ドクリョウ 책 읽기를 마침.

讀破[독파]ドクハ ① 글을 막힘 없이 죽 내리 읽음. ② 완전히 읽어 냄.

*變 23 言16 | 변 | 변할 | ㉱霰 |
ヘン
かわる

筆順 言 言 給 給 給 給 變
意味 변함. ㉠바뀜. ㉡달라짐.
變更[변경]ヘンコウ 바꾸어서 고침. 변개(變改).
變故[변고]ヘンコ 재변(災變)과 사고.
變遷[변천]ヘンセン 바뀌고 변함.
變體[변체]ヘンタイ 형체(形體)나 체재(體裁)를 바꾸거나 또는 바뀜.

【讎】23 言16 | 수 | 원수 | ㉠尤 |
シュウ
むくいる・あだ・かたき

筆順 言 信 佳 佳 催 催 讎 讎
意味 ① 원수. ② 원수를 갚음.「復一」③ 배상함. 보상함. ④ 대거리함. ⑤ 비등함. 비교함. 짝. ⑥ 씀[用]. ⑦ 물건 값을 갚음.
讐는 같은 글자.
讎仇[수구]シュウキュウ 원수(怨讎).
讎敵[수적]シュウテキ 원수. 수구(讎仇).

【讌】23 言16 | 연 | 잔치 | ㉱霰 |
エン
さかもり

筆順 言 言 言甘 言甘 言甚 言議 讌
意味 ① 잔치. ② 모여 이야기함.
讌語[연어]エンゴ 서로 어려움 없이 이야기함. 사사로운 말.「고 즐김.
讌戲[연희]エンギ 술을 마시며 장난을 즐김.

*讓 24 言17 | 양 | 사양할 | ㉱漾 |
ジョウ
ゆずる

筆順 言 言 請 請 請 讓 讓
解字 形聲. 言[말]과 음을 나타내는 襄(양)을 합쳐서 말다툼하다의 뜻. 후에 사양하다의 뜻으로 씀.
意味 ① 사양함. 사양. ② 겸손함.

讓步[양보] ① 자기의 의견(意見)·주장(主張) 등을 굽혀 남의 의견에 따름. ② 자리를 남에게 미뤄 줌.
讓與[양여] 자기의 소유를 남에게 물려 줌.

[讒] 24 言17 참 | 헐뜯을 | ㉠陷
ザン·サン
そしる

筆順 訁訁訁訁諮諮讒讒

意味 ① 헐뜯음. 일러 바침. ② 간악함.
讒侫[참녕] 남을 참소하고 아첨함.
讒誣[참무] 무고(誣告)한 사람을 참소(讒訴)함.

[讖] 24 言17 참 | 참서 | ㉠沁
シン
しるし

筆順 訁訁訁訁讖讖讖

意味 참서(讖書). 예언을 적은 책. 참어(讖語)를 적은 책.
讖言[참언] 앞 일의 길흉(吉凶)에 대한 예언. 참어(讖語).

[讚]* 26 言19 찬 | 기릴 | ㉠諫
サン
ほめる·たたえる

筆順 訁訁訃諮諮讚讚讚

解字 形聲. 言(말)과 음을 나타내는 贊(찬)을 합쳐서 기리다·칭찬하다의 뜻.

意味 ① 기림. 칭찬함. 「一美」 ② 도움. ③ 불덕(佛德)을 칭송하는 말. ④ 밝음.

讃은 속자.
讚歌[찬가] 찬미하는 노래.
讚美[찬미] 아름다운 덕을 기림.

谷 部

[谷]* 7 谷0 ① ㉠곡 골 ㉠屋
② ㉠욱 ㉠沃
コク·ヨク· リク
たに·きわまる

筆順 ノ 八 父 父 谷 谷

解字 會意. 열다의 뜻인 八을 둘 겹친 公과 구멍을 뜻하는 口를 합쳐서 출구(出口)가 열려 있음을 뜻함. 후에 골짜기의 뜻으로 씀.

意味 ① ① 골. 골짜기. 산간수. ② 궁함. 궁지에 빠짐. ③ 동쪽에서 부는 바람.
谷泉[곡천] 골짜기에서 나는 샘물.
谷風[곡풍] ① 만물(萬物)을 자라게 하는 바람. 동풍(東風).

[谿] 17 谷10 계 | 시내 | ㉠齊
ケイ
たに·たにがわ

筆順 ⺶ ⺶ 至 奚 奚 谿 谿

意味 골짜기를 흐르는 시내. 골짜기.
谿谷[계곡] 두 산 사이에 물이 흐르는 골짜기. 산골짜기. 계곡(溪谷).

[豁] 17 谷10 활 | 내뚫린골 | ㉠曷
カツ
ひらく·ひろい

筆順 ⺮ ⺯ 宀 宖 害 豁 豁

意味 내뚫린 골짜기, 뚫림.
豁達[활달] ① 융통성이 있으며 도량이 넓고 큼.

豆 部

[豆]* 7 豆0 | 두 | 콩 | ㉠宥
トウ·ズ
まめ

筆順 一 ㄷ 戸 戸 戸 豆 豆

意味 ① 콩. ② 나무 제기(祭器).
豆粕[두박] 콩기름을 짜내고 남은 찌꺼기. 콩깻묵.
豆腐[두부] 콩으로 만든 음식의 한 가지.

[豈] 10 豆3 ① ㉠기 어찌 ㉠尾
② ㉠개 ㉠賄
キ·ガイ
あに

筆順 ㅣ 山 屵 屵 豈 豈 豈

意味 어찌. 의문·감탄의 뜻.

[豆部] 8~11획·[豕部] 0~9획·[豸部] 0~3획 477

[豌] 豆8 15획 | 완 | 완두 | ㊥豌 |
エン·ワン

筆順 一 ㄷ 豆 虿 豩 豌 豌

意味 완두. 등부. 광저기.

***[豊]** 豆11 18획 | 풍 | 풍부할 | ㊥東 |
ホウ·フウ·フ·レイ
ゆたか

筆順 丨 口 曲 曲 豊 豊 豊

意味 풍부함. 풍부하게 함. ㉠많음. 큼. ㉡"一富", ㉡살집. "一滿".

豊年[풍년]ホウネン 농작물(農作物)이 잘 되어 수확(收穫)이 많은 해. ↔흉년.
豊盛[풍성]ホウセイ 넉넉하고 많음.

豕 部

[豕] 豕0 7획 | 시 | 돼지 | ㊤紙 |
シ
いのこ

筆順 一 丆 丂 豕 豕 豕 豕

解字 象形. 돼지의 모양을 본뜸. 돼지를 뜻함. 부수로서는 돼지에 관한 뜻을 나타냄.

意味 돼지.

***[豚]** 豕4 11획 | 돈 | 돼지 | ㊤元 |
トン
ぶた

筆順 月 月 肝 肟 肟 豚 豚

解字 會意. 豕[돼지]와 月[고기]을 합쳐서 계사에 신에게 고기를 바치기 위한 돼지라는 뜻.

意味 ① 돼지. ② 지척거림. 비척거림.

豚犬[돈견]ケン ① 돼지와 개. ② 매사에 하는 짓이 어리석은 사람.

***[象]** 豕5 12획 | 상 | 코끼리 | ㊤養 |
ゾウ·ショウ

筆順 ⺈ ⺈ 色 争 豸 象 象

解字 形象. 코끼리의 모양을 본뜸. 코끼리를 뜻함.

意味 ① 코끼리. ② 형상. ㉠모양. ㉡모습. ㉢형상이 나타남. "現一" ③ 본뜸.

象牙塔[상아탑]ゾウゲの 학자·예술가 등이 속세를 떠나 오로지 연구(研究)와 제작(制作)에만 몰두함을 말함.

象箸[상저]ゾウチョ 상아로 만든 젓가락.

***[豪]** 豕7 14획 | 호 | 호협할 | ㊥豪 |
ゴウ·コウ

筆順 亠 古 声 亭 豪 豪

意味 ① 호협함. "一傑" ② 뛰어남. 걸.

豪傑[호걸]ゴウケツ 재주가 있고 지략(智略)이 뛰어난 사람.

豪華[호화]ゴウカ 사치(奢侈)스럽고 화려함. ↔빈약(貧弱).

***[豫]** 豕9 16획 | 예 | 미리 | ㊤御 |
ヨ
あらかじめ

筆順 亠 子 予 豫 豫 豫 豫

解字 形聲. 象(코끼리)과 음을 나타내는 予(예)를 합쳐서 큰 코끼리를 뜻함.

意味 ① 미리. 먼저. 일찍. ② 기쁨. ③ 판단함. ④ 놀음. ⑤ 참여함.

豫價[예가]ヨカ 예정 가격(豫定價格). 시장(市場) 판매 이전에 붙여 놓은 가격.

豫報[예보]ヨホウ 앞으로 다가올 일을 미리 알림. "天氣一".

豫備[예비]ヨビ 사전(事前)에 미리 준비함.

豸 部

[豸] 豸0 7획 | ①치 ②채 | 벌레 | ㊤紙 ㊤蟹 |
チ·タイ

筆順 一 丆 丆 丏 豸 豸 豸

解字 象形. 짐승이 먹을 것을 노리고 있는 모습을 본뜸. 발 없는 벌레의 뜻. 부수로서는 재빠른 짐승에 관한 뜻을 나타냄.

意味 ① ① 발 없는 벌레의 총칭. ② 해태. ③ 품[解]. ② 뜻은 ①과 같음.

[豹] 豸3 10획 | 표 | 표범 | ㊤效 | ヒョウ

7획

[豸部] 5~7획·[貝部] 0~3획

筆順 ノ ⺈ ⺘ 乎 豸 豹 豹

意味 표범. 아롬범.

豹變[표변] 표범의 무늬가 뚜렷한 것처럼 사람의 행실이 갑자기 착하게 변함.

【貂】豸5 12획 | 초 | 담비 | ㉠蕕
チョウ
てん

筆順 ノ ⺈ ⺘ 乎 豸 豹 貂

意味 ① 담비. ② 담비 꼬리 장식.

【貊】豸6 13획 | 맥 | 오랑캐 | ㉠陌
バク・ミャク
えびす

筆順 ノ ⺈ ⺘ 乎 豸 豹 貊

意味 ① 오랑캐. ② 고요함.

*【貌】豸7 14획 | 1모 | 모양 | ㉠效
| 2막 | | ㉠覓
ボウ・バク
かたち

筆順 ノ ⺈ ⺘ 乎 豸 豹 豺 貌

解字 形聲. 짐승을 뜻하는 豸와 음을 나타내는 皃(모·막)를 합쳐서 짐승의 이름을 뜻함. 후에 모양이라는 뜻으로 씀.

意味 1 ① 모양. 꼴. 얼굴. 「面一」 ② 것. ③ 짓. 2 ① 모뜸. ② 멂.

貌狀[모상] 됨됨이. 생김생김. 맵시 따위의 겉에 나타난 꼴.

貝 部

*【貝】貝0 7획 | 패 | 자개 | ㉠泰
バイ
かい

筆順 丨 冂 冂 月 目 貝 貝

解字 象形. 특수한 조개인 자패(紫貝)의 모양을 본뜸. 옛날에는 조개를 보배로 알고 돈으로 씀. 부수로는 돈이나 재물에 관한 뜻을 나타냄.

意味 ① 조개. ② 자패. ③ 재물. 「一物」 ④ 비단.

貝殼[패각] 조개의 껍질. 조가비.

貝塚[패총] 〈歷〉석기 시대의 인류가 버린 조개의 껍데기가 더미로 쌓인 유적. 「조개무지. 자개로 만든 화폐.

貝貨[패화] 조개 껍질로 만든 화폐.

*【負】貝2 9획 | 부 | 질 | ㉠有
フ・フウ・ブ
まける・おう

筆順 ノ ⺈ ⺈ 乎 負 負 負

解字 形聲. 人(사람)의 변형인 ⺈와 음을 나타내는 貝(패)를 합쳐 등에 사람을 업다의 뜻. 후에 지다(敗)의 뜻으로도 씀.

意味 ① 업음. ㉠등에 짐. ㉡맡음. 담당함. 「一擔」 ② 빚을 짐. 「一債」

負傷[부상] 몸에 상처를 입음. 몸을 다침. 「一兵」

負數[부수] 〈數〉영(零)보다 작은 실수(實數). ↔정수(正數)

負債[부채] 남에게서 빈 돈. 남에게 진 빛. 차금(借金).

*【貞】貝2 9획 | 정 | 곧을 | ㉠庚
テイ・ジョウ
ただしい

筆順 丶 ト ⺊ 占 卣 貞 貞

解字 形聲. 점치다를 뜻하는 卜과 음을 나타내는 貝(패)를 합쳐서 점치다를 뜻함.

意味 ①. 곧음. =正 ② 정성. 진심. ③ 절개를 지킴. 정조를 지킴. 「一節」

貞潔[정결] 정조가 굳고 행실이 결백함. 「一한 婦人」

貞直[정직] 굳고 곧음.

*【貢】貝3 10획 | 공 | 바칠 | ㉠送
コウ・ク
みつぐ

筆順 一 丅 干 千 千 百 貢

意味 ① 바침. 「一獻」 ② 나라에 바침. 나라에 바치는 재화(財貨).

貢納[공납] 공물을 바침.

貢租[공조] 국민이 나라에 공물로 바치는 조세(租稅).

貢獻[공헌] ① 힘을 들이어 이바지함. ② 공물(貢物) 등을 바침.

〔貝部〕 3〜5획

*【財】 貝3 | 재 | 재물 | ㉠灰
ザイ・サイ
たから

筆順 ㅣ 冂 冂 月 目 貝 財 財

解字 形聲. 貝〔화폐〕와 음을 나타내는 才(재)의 뜻으로 많이 쌓아 올린 화폐의 뜻. 널리 재화·재보의 뜻으로 쓰임.
意味 재물. 금은 보화(金銀寶貨).

財利〔재리〕ザイリ 재물과 이익.
財源〔재원〕ザイゲン 돈이 나오는 출처(出處).

【貫】 貝4 | 관 | 꿸 | ㉠翰
カン
つらぬく

筆順 ㄴ ㄷ 口 毌 冊 貫 貫 貫

意味 꿸. ㉠꿰뚫음. 「一通」㉡끝까지 함. 「一徹」㉢연이음. 「一一」
貫徹〔관철〕カンテツ 어려운 일을 기어코 뚫고 나가 목적을 달성시킴. 「初志一」
貫通〔관통〕カンツウ 꿰뚫어 통함. 「一傷」

*【貧】 貝4 | 빈 | 가난할 | ㉠眞
ヒン・ビン
まずしい

筆順 ノ 八 今 分 分 咎 貧 貧

意味 가난할. ㉠구차함. ㉡재산이 적음. ㉢재능이 적음. ㉣가난한 사람.
貧困〔빈곤〕ヒンコン ① 생활이 곤란하여 쪼들림. ② 필요한 것을 다 갖추지 못함.
貧窮〔빈궁〕ヒンキュウ 생활이 곤란하여 고생스럽고 구차함. 빈곤(貧困). ↔부유
貧寒〔빈한〕ヒンカン 가난하여 집안이 쓸쓸하고 허전함.

*【責】 貝4 | 1책 2채 | 꾸짖을 | ㉠陌 ㉡卦
セキ・シャク
せめる

筆順 一 十 丰 责 青 青 責

解字 責 形聲. 貝〔화폐〕와 음을 나타내는 朿〔자〕〔책은 변음〕의 변형인 主를 합쳐서 금전 문제로 몹시 책망하다의 뜻.
意味 꾸짖을. 책망함. 「叱一」조름. 요구함. 바람. ③ 맡음. 「一任」

責任〔책임〕セキニン 자기가 맡아서 해야 할 임무(任務) 또는 의무(義務).

*【貪】 貝4 | 탐 | 탐할 | ㉠覃
ドン・タン・トン
むさぼる

筆順 ノ 八 今 今 今 貪 貪 貪

意味 탐할. ㉠탐을 냄. ㉡욕심을 냄.
貪官汚吏〔탐관오리〕 욕심을 부리고 행실이 나쁜 관리. 「많음.
貪婪〔탐람〕ドン(タン)ラン 몹시 탐내고 욕심이

【販】 貝4 | 판 | 장사할 | ㉠願
ハン
ひさぐ

筆順 ㅣ 冂 冂 月 目 貝 貯 貯 販 販

意味 ① 장사할. 팖. 「一路」② 장사 ③ 행상. 행상인.
販路〔판로〕ハンロ 상품이 팔리는 방면이나 길.
販賣〔판매〕ハンバイ 상품을 팖.

【貨】 貝4 | 화 | 재화 | ㉠箇 | カ
筆順 ノ イ 化 化 作 貨 貨 貨

意味 ① 재화(財貨). 가치 있는 물건. ② 물건. 짐. 「一物」③ 돈. 「一幣」
貨財〔화재〕カザイ 돈 등의 값진 물건들. 재화(財貨). 「로 쓰이는 철도 차량.
貨車〔화차〕カシャ 화물(貨物)의 운반에 주

【貴】 貝5 | 귀 | 귀할 | ㉠未
キ
たっとい・とうとい

筆順 ㅁ 中 虫 肀 書 書 貴

解字 貴 形聲. 貝〔화폐〕와 음을 나타내는 臾(귀)의 변형인 虫를 합쳐서 큰 조개의 뜻. 널리 값이 비싸다 또는 귀하다의 뜻으로 쓰임.
意味 귀함. 값이 비쌈.

貴客〔귀객〕キカク 귀한 손님.
貴骨〔귀골〕 ① 귀하게 자란 사람. ② 뼈대가 잔약한 사람의 별명.
貴公〔귀공〕キコウ 동년배(同年輩)나 연하(年下) 사람에 대한 호칭.

[貝部] 5획

【貸】 貝5 12획 | 1.대 2.특 | 빌릴 | ㋹隊 | ㋱職
タイ・トク
かす

筆順 イ 亻 代 代 伐 俗 貸

貸金[대금]カシキン 빌려 준 돈.
貸本[대본]カシホン 요금(料金)을 받고 빌려 주는 책.

【買】 貝5 12획 | 매 | 살 | ㋹蟹 | バイ
かう

筆順 丆 讶 罒 罒 胃 買 買

意味 삼. ㉠돈을 주고 물건을 삼. ㉡자기 편에서 바람. ↔賣

買價[매가]バイカ 물건을 사는 값. ↔매가(賣價). 「기(景氣).
買氣[매기]カイキ 상품이 팔리는 기세. 경

【貿】 貝5 12획 | 무 | 몰아살 | ㋹宥
ボウ
かえる

筆順 ⺍ 𠂉 吅 卯 卯 留 貿

解字 形聲. 貝[화폐]와 음을 나타내는 卯(무)를 합쳐서 돈과 물건을 바꾼다는 뜻.

意味 ① 몰아 삼. ② 바꿈. ③ 장사를 함. 「一易」 ④ 번갈아 나옴.

貿易[무역]ボウエキ 외국과 상업상의 거래를 함. 교역(交易). 「一商」

【賁】 貝5 12획 | 1.비 3.본 | 꾸밀 | ㋹眞 2.분 | | ㋱文
㋵元 ヒ・フン・ホン

筆順 一 十 ± 未 卉 賁 賁

意味 1. ① 꾸밈[飾]. ② 괘 이름. 2. 큼. 3. 날램.

賁은 같은 글자.

【費】 貝5 12획 | 비 | 쓸 | ㋹未
ヒ
ついやす

筆順 一 二 三 弗 弗 費 費

意味 ① 씀. ㉠돈을 씀. ㉡써서 없앰. ② 비용. 「經一」

費目[비목]ヒモク 비용(費用)의 지출(支出) 세목(細目). 지출 명목(支出名目).

【貰】 貝5 12획 | 세 | 외상으로살 | ㋹霽
セイ
もらう

筆順 一 世 世 世 貰 貰 貰

意味 ① 외상으로 삼. 세냄. 세. ② 죄를 용서함.

貰物[세물]セイブツ ① 일정한 세를 받고 빌려 주는 온갖 물건.

【貳】 貝5 12획 | 이 | 두 | ㋹寘
ニ・ジ
ふたつ・そう

筆順 一 二 弍 弐 貮 貳 貳

意味 ① 둘[二]. ② 두 마음을 가짐. 두 마음. ③ 마음이 변함.

【貽】 貝5 12획 | 이 | 남길 | ㋱支
イ
のこす

筆順 丨 冂 月 貝 貝 貽 貽

意味 ① 남김[遺]. ② 줌[贈]. ③ 검은 조개.

貽惱[이뇌] 남에게 피로움을 끼침.

【貯】 貝5 12획 | 저 | 쌓을 | ㋹語
チョ
たくわえる

筆順 丨 冂 月 貝 貯 貯 貯

意味 쌓음. ㉠모아 둠. ㉡저축.

貯藏[저장]チョゾウ 물건을 쌓아 간직해 둠.
貯蓄[저축]チョチク 재화(財貨)를 절약하여 모아 둠.
貯置[저치] 저축하여 놓음. 「모아 둠.

【貼】 貝5 12획 | 첩 | 붙일 | ㋱葉 チョウ
はる

筆順 丨 冂 月 貝 貝 貼 貼

意味 ① 붙임. 「一付」 ② 접어 둠. ③ 전당함. ④ 약첩을 세는 말. ⑤ ⓤ 접. 생선이나 과일 100개.

貼付[첩부]チョウフ 들러붙도록 꽉 붙임.

【貶】 貝5 12획 | 폄 | 덜 | ㋹琰
ヘン
おとす

筆順 丨 冂 月 貝 貝 貶 貶

[貝部] 5~8획

① 덞, 덜림. ② 떨어짐. 「一降」 ③ 귀양을 보냄. 「一謫」 ④ 헐뜯음.
貶降[폄강]ヘンコウ 벼슬의 직위(職位)를 떨어뜨려 낮춤.

【賀】[12획] 貝5 | 하 | 하례할 | ㉿筒 |
ガ・カ
よろこぶ

筆順 フ カ 加 加 賀 智 賀 賀

意味 ① 하례함. ㉠축하함. ㉡축하. 「慶—」㉢경축. ② 위로함. ③ 더함[加].
賀客[하객]ガカク 축하하는 손님.
賀詞[하사]ガシ 축하(祝賀)하는 말.

【賈】[13획] 貝6 | 1고 | 장사할 | ㉿麋 |
| 2가 | | ㉿罵 |
カ・コ
あきなう

筆順 一 丙 西 两 冎 買 賈

意味 장사함.
賈人[고인]コジン 장사를 하는 사람. 상인.

【賂】[13획] 貝6 | 뢰 | 줄 | ㉿遇 | ロ
まいなう

筆順 l 冂 冃 貝 貝' 賂 賂

意味 줌. 사례품을 보냄.
賂物[뇌물] 자기의 목적을 이루기 위해 권력자들에게 몰래 주는 재물.

*【賃】[13획] 貝6 | 임 | 품삯 | ㉿沁 |
チン・ジン

筆順 ノ イ 仁 任 侄 賃 賃

意味 ① 품삯. 임금. 급료. ② 고용됨.
賃貸[임대]チンタイ〈經〉임금을 받고 물품을 남에게 빌려 줌. 「—契約」

*【資】[13획] 貝6 | 자 | 재물 | ㉿支 |
シ
もと・たすける

筆順 冫 沪 汐 次 浴 姿 資

意味 ① 재물. 재화. ② 밑천. ㉠자본. ㉡비용. 「學—金」㉢재료. 「物—」
資格[자격]シカク 어떤 일과 지위를 맡거나, 무엇을 해야 할 때 반드시 갖추어야 하는 사항이나 조건. 「—試驗」

【賊】[13획] 貝6 | 적 | 도둑 | ㉿職 |
ゾク
そこなう

筆順 l 冂 冃 貝 貝' 賊 賊

意味 ① 도둑. 훔침. 「盜—」 ② 해침. 상처를 냄.
賊心[적심]ゾクシン ① 반역을 꾀하는 마음. ② 해치려는 마음. 도둑질하려는 마음.

【賄】[13획] 貝6 | 회 | 재물 | ㉿賄 |
ワイ・カイ
まいなう

筆順 l 冂 冃 貝 貝' 賄 賄

意味 ① 재물. ② 금품을 보냄. 선물. ③ 뇌물을 보냄. 선물. 「贈—」
賄賂[회뢰]ワイロ 사리(私利)를 꾀하기 위해 비밀리에 부정(不正)한 금품(金品)을 줌. 또는 그 금품.

【賑】[14획] 貝7 | 진 | 넉넉할 | ㉿震 |
シン
にぎわう

筆順 l 冂 冃 貝 貝' 賑 賑 賑

意味 ① 넉넉함. 풍부함. ② 번성함.
賑救[진구]シンキュウ 어려운 사람에게 물자를 주어 구제함.

*【賓】[14획] 貝7 | 빈 | 손 | ㉿眞 |
ヒン
まろうど

筆順 宀 宀 宀 宂 宊 宊 賓 賓

意味 ① 손님. ② 인도함. ③ 복종함.
賓客[빈객]ヒンカク(キャク) 손님. 내객(來客).

【賣】[15획] 貝8 | 매 | 팔 | ㉿卦 |
バイ・マイ
うる

筆順 士 声 声 壶 • 曺 賣

意味 팖. ㉠물건을 팖. 장사함. ㉡속임.
賣却[매각]バイキャク 물건을 팔아 없앰.
賣渡[매도]バイト 물건을 팔아 넘김. 매여
賣買[매매]バイバイ〈經〉물건을 파는 일과 사는 일. 사고 팖. 장사를 함.

〔貝部〕 8~9획

【賠】 貝8 | 배 | 물어줄 | ㊤灰
バイ
つぐなう

筆順 ⅡⅡ目貝貝貝賠賠賠

意味 물어 줌. 손해를 돈으로 변상함. 「—償」

賠償[배상]㌼ 타인(他人)이나 타국(他國)에 입힌 손해를 갚아 보상해 주는 일. 「損害—」

*【賦】 貝8 | 부 | 구실 | ㊤遇
フ
みつぐ・ぎぶやく

筆順 ⅡⅡ目貝貝貝賦賦

意味 ① 구실. ㉠공물(貢物). ㉡백성이 바치는 것. ㉢조세. 세금. ㉣부역.

賦與[부여]㌼ 나누어 줌. 별러 줌.
賦役[부역]㌼ 국가나 공공 단체가 국민에게 의무적(義務的)으로 책임 지우는 노역(勞役).

【賜】 貝8 | 사 | 줄 | ㊤寘
シ
たまわる

筆順 ⅡⅡ目貝貝貝賜賜賜

意味 줌. ㉠하사함. ㉡하사품.
賜藥[사약]㌼ 임금이 죽이고자 하는 중죄인에게 독약을 내려 줌.

*【賞】 貝8 | 상 | 칭찬할 | ㊤養
ショウ
ほめる

筆順 ⸍ ⸍⸍ ⸍⸍⸍ 尚 尚 賞 賞

意味 칭찬함. ㉠공적·행위를 칭찬함. ㉡상을 줌. ㉢상. 「—狀」 「—金」

賞金[상금]㌼ 상으로 주는 돈. 「전—」
賞給[상급]㌼ 상으로 줌. 또는 그물.

*【質】 貝8 | 질 | 바탕 | ㊤質 ㊦寘
シツ・シチ・チ
ただす

筆順 ⸍ ⸍⸍ ⸍⸍⸍ 斦 斦 質 質

意味 ① 바탕. 질. 알맹이. ② 기질. 성격. 「性—」 ③ 캐물음. 「—疑」

質量[질량]㌼〈物〉① 물체가 지닌 실질적 물질의 분량. ② 내용과 분량.
質朴[질박]㌼ 꾸밈이 없이 순진하고 정직함. 소박(素朴).

【賤】 貝8 | 천 | 천할 | ㊤霰
セン・ゼン
いやしい

筆順 ⅡⅡ目貝貝貝賎賎賎賤

解字 形聲. 貝(돈)와 음을 나타내는 戔(전)[전은 번음]을 합처서 작은 조개, 화폐 가치가 작은 조개를 뜻함. 바뀌어 천하다·싸다의 뜻으로 쓰임.

意味 ㉠천함. 무가가 없음. ㉡값이 쌈. ㉢신분이 낮음. ㉣질이 낮음.
賤待[천대]㌼ 업신여기어 푸대접함. ② 함부로 다룸.
賤民[천민]㌼ ① 신분이 낮은 사람들. 노예나 하인. ② 이조 때의 백정·종 등 최하의 사회 계급.

*【賢】 貝8 | 현 | 어질 | ㊤先
ケン・ゲン
かしこい

筆順 ⸍ ⸍ ⸍ 臣 臤 腎 賢

意味 어짊. ㉠덕행이 있고 재지(才智)가 많음. 「—才」 「—哲」 ㉡경칭(敬稱)
賢明[현명]㌼ 슬기 있고 사리에 밝음.
賢淑[현숙]㌼ 여자의 마음이 어질고 깨끗함. 현명하고 정숙함.

【賭】 貝9 | 도 | 걸 | ㊦禡
ト
かける

筆順 ⅡⅡ目貝貝貝貝賭賭賭

意味 ① 걺. 내기에 금품을 걺. ② 내기. 도박.
賭博[도박]㌼ 돈이나 물건을 걸고 승부(勝負)를 다투는 놀이.

【賴】 貝9 | 뢰 | 힘입을 | ㊤泰
ライ
たのむ

筆順 ⷕ ⷕ ⷕ 束 束 耛 耛 頼 賴

意味 힘입음. ㉠의뢰. 의뢰함. ㉡의지. 의지함. ㉢기댐. ㉣믿음. ㉤도움.

[貝部] 10~15획　　　　　　　　　　　　　　483

賴庇[뇌비]ᄅᆡ 믿고 의지함.

【購】¹⁷ 貝10│구│살│㊤有│コウ あがなう

筆順 貝 貝ˊ 貝ˊˊ 胖 購 購 購

意味 ① 삼. 구매함.「一入」② 걺. 현상을 걸어 구함. ③ 친함. 화친.

購求[구구]ᄏᄋᆃ 물건을 구하여 삼.

【賻】¹⁷ 貝10│부│부의│㊤遇│フ おくる

筆順 貝 貝ˊ 貝ˊˊ 胖 賻 賻 賻

意味 부의(賻儀). 상사(喪事)에 내는 부조.「一助」

賻儀[부의]ᄇᆔ 초상난 집에 부조로 보내는 돈이나 물건. 또는 보내는 일.

【賽】¹⁷ 貝10│새│굿│㊤隊│サイ

筆順 宀 宀 宀 宲 寒 寒 賽

意味 ① 굿. 신불(神佛)에 올리는 제사. 굿함. ② 치성 드림. ③ 주사위. 투자(骰子). ④ 승부·우열을 다툼.

賽錢[새전]ᄉᆢ 신불(神佛) 앞에 참배하는 사람이 바치는 돈.

【贄】¹⁸ 貝11│지│폐백│㊤寘│シ にえ

筆順 土 土 克 執 執 贄 贄

意味 폐백(幣帛). ㉠신부가 처음으로 시부모를 뵐 때 올리는 예물.

【贅】¹⁸ 貝11│췌│군더더기│㊤霽│ゼイ・セイ むだ・むこ

筆順 土 土 考 敖 敖 贅 贅

意味 ① 군더더기.「一言」② 전당을 잡힘. ③ 혹.「疣一」④ 붙임. 이음. ⑤ 데릴사위. ⑥ 모음. 모임.

贅論[췌론]ᄌᆔ 필요 없이 너저분한 이론.

贅辯[췌변]ᄌᆔ 쓸데없는 말.

*【贈】¹⁹ 貝12│증│줄│㊤徑│ソウ・ゾウ おくる

筆順 貝 貝ˊ 貝ˊˊ 胖 贈 贈 贈

意味 ① 줌. 물건을 줌.「一物」② 선물. 남에게 선사로 주는 물건.「受一」

贈位[증위]ᄌᄋᆔ 사람이 죽은 뒤에 관위(官位)를 내림. 또는 그 관위(官位).

贈呈[증정]ᄌᆢ 남에게 물건을 드림.

*【贊】¹⁹ 貝12│찬│도울│㊤翰│サン たすける・ほめる

筆順 ノ ノ 先 兟 兟 赞 贊

意味 도움. 조력함. 보좌함.「一助」

贊否[찬부]ᄌᆞ 찬성(贊成)과 불찬성(不贊成). 가부(可否).「一兩論」

贊成[찬성]ᄌᆞ 다른 사람의 의견(意見)에 동의(同意)함. 찬동(贊同).「一者」

【贓】²¹ 貝14│장│장물│㊤陽│ゾウ・ソウ

筆順 貝 貝ˊ 貝ˊˊ 胖 贓 贓 贓

意味 ① 장물. 부정한 방법으로 취득한 물품. 또 그것을 취득함. ② 뇌물을 받음.

贓吏[장리]ᄌᆞ 뇌물(賂物)을 받았거나 부정한 수단으로 재물을 취득한 관리.

【贖】²² 貝15│속│바꿀│㊤沃│ショク あがなう

筆順 貝 貝ˊ 貝ˊˊ 胖 贖 贖 贖

意味 ① 바꿈. 물물 교환을 함. ② 속바침. 금품을 내고 죄를 면함.「一罪」

贖錢[속전]ᄉᆢ 죄에서 벗어나기 위하여 바치는 돈.

【贋】²² 貝15│안│거짓│㊤諫│ガン にせ

筆順 厂 厂 厈 厈 雁 贋 贋

意味 ① 거짓. ② 위조하다. 위조한 물건. 贋은 속자.

贋作[안작]ᄋᆞ 가짜로 만듦.

赤 部

[赤部]

赤 [赤0] 7획 | 적 | 붉을 | ㉤陌
セキ・シャク
あか

筆順 一 + 土 キ 产 赤 赤

解字 會意. 大(크다)와 火(불)를 합하여 불이 크게 타다의 뜻에서 붉은 색을 뜻하게 되었음.

意味 ① 붉은 빛. 적색(赤色). ② 붉음. 진심을 가지고 있음. 숨김이 없음.

赤旗[적기] ① 붉은 색깔의 기(旗). ② 위험 신호를 나타내는 기.

赤衣[적의] ① 붉은 옷. ② 옛날 태사관(太史官)의 옷.

赦 [赤4] 11획 | 사 | 용서할 | ㉤禡
シャ
ゆるす

筆順 一 + 土 产 赤 赦 赦

意味 용서함. 죄를 사함. 「一免」

赦罪[사죄] ① 죄를 사함. ② 〈宗〉고백 성사를 통하여 죄를 사함.

赫 [赤7] 14획 | 혁 | 빛 날 | ㉤陌
カク
あかい

筆順 一 + 土 产 赤 赫 赫

意味 ① 불이 이글이글 탐. ② 환함. 빛남. 붉음. ③ 성(盛)함. 성대(盛大)함.

赫怒[혁노] 안색(顔色)을 붉히면서 버럭 성을 냄. 매우 격하게 노여워함.

赫赫[혁혁] ① 빛나는 모양. ② 공명과 수훈 등이 빛나는 모양.

走 部

走 [走0] 7획 | 주 | 달릴 | ㉤宥
ソウ
はしる

筆順 一 + 土 キ キ キ 走

解字 會意. 가다의 뜻인 止와 사람이 손을 흔드는 모양을 나타내는 大[변형]를 합하여 손을 크게 흔들면서 가다의 뜻. 널리 달리다의 뜻으로 쓰임. 부수(部首)로는 달리다와 관계가 있음.

意味 ① 달림. ㉠ 빨리 달려감.「疾一」 ㉡ 바삐 다님.「奔一」 ㉡ 빨리 가게 함. 「一筆」 ② 달아남. 도망함.

走狗[주구] ① 사냥개. ② 남의 앞잡이 노릇을 하는 사람.

走馬燈[주마등] ① 돌리는 대로 다른 그림이 나타나게 된 등. ② 사물이 덧없이 빨리 지나가는 일의 비유.

赴 [走2] 9획 | 부 | 다다를 | ㉤遇
フ
おもむく

筆順 + 土 キ 产 走 赴 赴

解字 形聲. 走(달리다)와 음을 나타내는 卜(복)[부는 변음]을 합하여 급히 가다의 뜻.

意味 ① 다다름. 이름. ② 감. 향함.「一任」 ③ 달림. ④ 알림. 부고(訃告)함. 訃와 통함.

赴告[부고] 사람이 죽은 것을 알리는 통지. 부음(訃音). 부고(訃告).

起 [走3] 10획 | 기 | 일어날 | ㉤紙
キ
おこる・おきる

筆順 + 土 キ 产 走 起 起

解字 形聲. 走(달리다)와 음을 나타내는 己(기)를 합하여 걷기 시작하다의 뜻.

意味 ① 일어섬. ㉠ 앉았다가 섬.「一坐」 ㉡ 우뚝 솟음. ② 일어남. ㉠ 발생함.「一因」 사물의 시초.「一原」

起居[기거] 일어서는 것과 앉는 것. 몸가짐. 거동. 일상 생활.

起伏[기복] ① 지세(地勢)가 높아졌다 낮아졌다 함. ② 형세가 흥했다 쇠했다 함.

起死回生[기사회생] 중병으로 죽어 가면 사람이 다시 일어남. ② 사업의 실패 등으로 일어설 수 없이 되었다가 다시 일어남.

越 [走5] 12획 | 월/활 | 넘을 | ㉤月/㉤曷
エツ・オチ・カツ
こえる・こす

筆順 キ キ 走 走 起 越 越

〔走部〕5~10획·〔足部〕0~5획

意味 ① 넘음. ㉠높은 곳을 통과함. 「一牆」㉡한정된 것에서 벗어남. 「一權」
越權[월권]ｴﾂ(ｵﾂ)ｹﾝ 자기의 권한 범위를 넘어 섬. 남의 직권(職權)을 침범함.
越牆[월장] 담을 넘음.

*【超】走5 12획 초 | 뛰어넘을 | ㉠蕭
チョウ
こえる

筆順 キ キ 走 起 起 超 超
意味 뛰어 넘음. ㉠몸을 솟구쳐 뛰어넘음. ㉡순서에 따르지 않고 나아감.
超過[초과]ﾁｮｳｶ 일정한 수를 넘음.
超俗[초속]ﾁｮｳｿﾞｸ 세속(世俗)을 초월함.
超脫[초탈]ﾁｮｳﾀﾞﾂ 세간(世間)의 법속한 일에서 떠나 관여치 않음. 탈속(脫俗).

【趙】走7 14획 조 | 나라 | ㉤篠 | チョウ

筆順 土 キ 走 走 赵 赵 赵
意味 ① 빨리 달림. ② 찌름. ③ 오램.

*【趣】走8 15획 1 2 취 추 | 추창할 |
㉤週|㉲有 シュ・ソウ・ソク
おもむき

筆順 土 キ 走 走 起 起 趣
意味 ① ㉠추창함. 빨리 걸음. ② 향함. ③ 뜻. 뜻하는 바. 「志一」의의.
趣旨[취지]ｼｭｼ 문장이나 말에서 근본이 되는 뜻.
趣向[취향]ｼｭｺｳ 취미가 쏠리는 방향.

【趨】走10 17획 1 2 추 속 | 추창할 | ㉠虞 | ㉰沃
スウ・シュ・ソク
はしる・おもむく

筆順 キ 走 起 起 起 趨 趨
意味 ① ㉠추창(趨蹌)함. ㉠예의(禮儀)에 맞도록 허리를 굽히고 빨리 걸어 감. 「一拜」㉡달려 감. 「一走」「疾一」㉢쏠림. 기울어짐. 「一利」② 재촉함. =促. ③ 빠름. =促
趨性[추성]ｽｳｾｲ〈生〉생물이 단순한 자극에 대해 쏠리는 성질. 그 자극에 쏠리는 경우를 양성, 그 반대의 경우를 음성이라고 함. 주성(走性).

足 部

【足】足0 7획 1 2 족 주 | 발 | ㉠沃 | ㉲遇
ショク・スウ・ソク
あし・たりる

筆順 丶 丨 ㅁ ㅁ ㅁ 무 足 足
解字 ∫·吕 象形. 무릎을 뜻하는 口와 발 모양을 본뜬 止로 이루어짐. 무릎 아래를 뜻함.
意味 ① 발. ㉠하지(下肢). 「手一」㉡하지의 복사뼈 아래 쪽. 하기(下肢). ㉢보행(步行).
足跡[족적]ｿｸｾｷ,あしあと ① 발자국. ② 옛날의 업적. ③ 편지 받을 사람의 이름 아래 써서 존경을 나타내는 말.

【跂】足4 11획 기 | 육발이 | ㉡紙 | キ·ギ

筆順 丶 丨 ㅁ ㅁ ㅁ 무 足 跂
意味 ① 육발. 발가락이 여섯 개 있는 것. ② 배로 기어 다님. =蚑 ③ 걸터앉음. ④ 발돋음함.
跂行喙息[기행훼식]ｷｺｳｶｲｿｸ 기어 다니고 부리로 숨쉰다는 뜻으로, 곧 벌레나 새 따위를 말함.

【趾】足4 11획 지 | 발 | ㉡紙 | シ
あし

筆順 ㅁ ㅁ ㅁ 무 足 趾 趾 趾
意味 ① 발. 발꿈치. ② 그침. 중단함. ③ 터. =址
趾骨[지골]ｼｺﾂ 발가락의 뼈.
▼城趾(성지)ｼﾞｮｳ / 遺趾(유지)ｲｼ

【距】足5 12획 거 | 떨어질 | ㉤語 |
キョ·ゴ
へだたる

筆順 ㅁ ㅁ ㅁ 무 足 距 距 距
解字 形聲. 足(다리)과 음을 나타내는 巨(거)를 합하여 닭의 며느리발톱의 뜻. 후에 거리(距離)를 두다의 뜻으로 씀.
意味 ① 며느리발톱. 닭 따위의 뒷발톱.

距離[거리]ㄐㄩˋ ① 사이의 떨어진 정도. 간격(間隔). ② 두 점 사이의 직선의 길이. 「長―」

【跋】足5 12획 | 발 | 밟을 | ㊤曷 | バツ | ふむ

筆順 ㅁ ㅛ ㅛ ㅛ 趴 趴 跋

意味 ① 밟음. ② 발을 걷고 물을 건넘. ③ 발뒤꿈치. ④ 뛺.

跋文[발문]ㄅㄚˊ 책의 끝에 적는 글.
跋扈[발호]ㄏㄨˋ 제멋대로 날뛴다는 뜻으로, 세력이 강해져 통제(統制)·조종하기 어려움을 일컬음.

【跌】足5 12획 | 질 | 넘어질 | ㊤屑 | テツ・デチ | つまずく

筆順 ㅁ ㅛ ㅛ ㅛ 趴 跌 跌

意味 ① 넘어짐. ② 빨리 달아남. ③ 지나침. 정도에 벗어남. ④ 잘못됨. 틀림. ⑤ 방종함. 「一蕩放言」

跌宕[질탕]ㄉㄤˋ 방자한 모양. 방탕한 모양.

【跆】足5 12획 | 태 | 밟을 | ㊤灰 | タイ | ふむ

筆順 ㅁ ㅛ ㅛ ㅛ 跆 跆 跆

意味 밟음. 짓밟음. 유린함.

跆拳[태권] 맨주먹만을 쓰는 무술.

【跛】足5 12획 | ①파 ②피 | 절름발이 | ㊤哿 ㊣寘 | ハ・ヒ | ちんば

筆順 ㅁ ㅛ ㅛ ㅛ 跛 跛 跛

意味 ① 절름발이. 절록거림. 「―行」 ② 기우듬히 섬. 한쪽 발로 기우듬히 서서 물체에 의지함.

跛蹇[파건]ㄐㄧㄢˇ 절름발이.

【跫】足6 13획 | 공 | 발자국소리 | ㊤冬 | キョウ・グ | あしおと

筆順 工 巩 巩 跫 跫 跫 跫

意味 발자국 소리. 인기척이 나는 모양.

跫音[공음]ㄧㄣ 발자국 소리. 죽음.

【跨】足6 13획 | 과 | 넘을 | ㊦禡 | カ・コ | またぐ

筆順 ㅁ ㅛ ㅛ ㅛ 跨 跨 跨

意味 ① 넘음. ② 사타구니. 샅.

跨線橋[과선교]ㄒㄧㄢˋ 철로를 건너기 위하여 철도 선로(鐵道線路)의 위에 놓은 다리.

【跟】足6 13획 | 근 | 발뒤축 | ㊤元 | コン | くびす

筆順 ㅁ ㅛ ㅛ ㅛ 跟 跟 跟

意味 ① 발뒤축. 발꿈치. ② 뒤따름.

跟皮[근피] 구두 뒤축 안에 대는 가죽.

【跪】足6 13획 | 궤 | 꿇어앉을 | ㊤紙 | キ | ひざまずく

筆順 ㅁ ㅛ ㅛ ㅛ 跪 跪 跪

意味 ① 꿇어 앉음. ② 무릎을 꿇고 절함. 「―拜」 ③ 발. 게의 발.

跪拜[궤배]ㄅㄞˋ 무릎을 꿇고 절함.

*【路】足6 13획 | 로 | 길 | ㊦遇 | ロ | じ・みち

筆順 ㅁ ㅛ ㅛ ㅛ 路 路 路

意味 ① 길. ㉠사람이 다니는 길. 「大―」 ㉡사람이 마땅히 행하여야 할 길.

路毒[노독] 여로(旅路)에 시달리어 생긴 병.
路頭[노두]ㄉㄡˊ 길가. 길 옆.

*【跡】足6 13획 | 적 | 자취 | ㊤陌 | セキ・シャク | あと

筆順 ㅁ ㅛ ㅛ ㅛ 跡 跡 跡

意味 ① 자취. ㉠발을 디딘 자국. ㉡발 적. 「筆―」 ② 뒤를 밟음. 추적(追跡)

【跳】足6 13획 | ①조 ②도 | 뛸 | ㊦嘯 ㊤蕭

[足部] 7~10획   487

チョウ・トウ
おどる・とぶ

筆順 ロ 早 昰 趴 趴 跳 跳

意味 ① ① 뜀. ② 솟구침. ② 달아남. =逃

跳梁[도량] ① 뛰어 돌아다님. ② 세차고 사나와서 제어할 수 없게 날뜀.

跳躍[도약] 뛰어 오름. 「―運動」

【跼】足7 14획 | 국 | 곱송그릴 | ㊀沃
キョク・ゴク
かがむ

筆順 ロ 早 星 趴 跖 跖 跼

意味 ① 곱송그림. 놀라거나 겁이 나서 몸을 움츠림. ② 구부림. 굽음.

跼蹐[국척] 몸을 구부리어 펴지 아니함. 몹시 두려워하여 몸둘 곳을 모름을 일컫는 말.

【踉】足7 14획 | ①량 ②랑 | 뛸 | ㊀漾 ㊁陽
ロウ・リョウ

筆順 ロ 早 星 趴 趵 趵 踉

意味 ① ① 뜀. ② 비틀거림. 「―蹌」 ② ① 천천히 걸음. ② 허둥지둥함.

踉蹌[양창] 비틀거리며 걷는 모양.

【踊】足7 14획 | 용 | 뛸 | ㊁腫
ヨウ・ユ
おどる

筆順 ロ 早 星 趴 趵 踊 踊

意味 ① 뜀. 도약(跳躍)함. ② 춤을 춤. ③ 위로 오름. ④ 대단히. 심히.

踊躍[용약] ① 뛰어 오름. ② 자유롭고 활발하게 움직임.

*【踏】足8 15획 | 답 | 밟을 | ㊀合
トウ
ふむ

筆順 ロ 早 星 趴 跈 踏 踏

意味 밟음. 발로 땅을 디딤.

踏橋[답교] 재앙을 물리친다 하여 음력 정월 보름날 밤에 다리(橋)를 밟으며 달 아래서 즐기어 놀던 풍속.

*【踐】足8 15획 | 천 | 밟을 | ㊁銑
セン
ふむ

筆順 ロ 早 跉 跂 跱 踐 踐

意味 밟음. ㉠이행(履行)함. 「實―」 ㉡발로 디딤. 발로 누름. ㉢따름.

踐祚[천조] 임금의 자리를 이음.

【蹂】足9 16획 | 유 | 밟을 | ㊁有
ジュウ・ニュウ
ふむ

筆順 ロ 早 趴 趵 跈 踩 蹂

意味 밟음. ㉠짓밟음. 「―躪」㉡벼를 짓밟아 곡식을 떪.

蹂躪[유린] ① 짓밟음. ② 폭력으로 남의 권리를 침범하여 손해를 끼침. 「人權―」

【踰】足9 16획 | 유 | 넘을 | ㊀虞
ユ
こえる

筆順 昰 趴 趴 跈 跱 踰 踰

意味 넘음. ㉠어느 한정에서 넘어 남. 「―越」㉡어느 장소를 넘음. 「―嶺」

踰月[유월] 그 달을 넘김. 그 달이 지남.

【蹄】足9 16획 | 제 | 굽 | ㊁霽
テイ
ひずめ

筆順 昰 趴 跲 跲 跲 蹄 蹄

意味 ① 굽. 마소 등의 발톱. ② 발. 짐승의 발. ③ 말(馬)을 세는 수사.

蹄形[제형] 말굽처럼 생긴 모양.

【踵】足9 16획 | 종 | 발꿈치 | ㊁腫
ショウ・シュ
くびす・かかと

筆順 昰 趴 跈 跲 踵 踵 踵

意味 ① 발꿈치. ② 뒤를 밟음. 추적.

踵繫[종계] 연달아 포박당함.

踵踐[종천] 짓밟음.

【蹇】足10 17획 | 건 | 절 | ㊁阮
ケン
あしなえ

筆順 ` 宀 宕 宲 寒 寒 蹇

意味 ① 젊. 절름발이. ② 꿈틀거림.

【蹊】足10 17획 | 혜 | 지름길 | ㊁齊
ケイ

488　　　　　　　　　　　　　　　　　　　　[足部] 10~13획

こみち
筆順 足 足＾ 足㇀ 足㇁ 跨 跨 蹊
意味 ① 지름길. ② 좁은 길. 소로(小路). ③ 지남. 통과함.
蹊路[혜로]ケイ 좁은 길. 혜경(蹊徑).

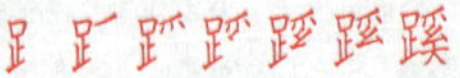

【蹈】足10 │ 도 │ 밟을 │ ㉾號 │ トウ ふむ
筆順 足 足′ 足″ 跨 蹈 蹈 蹈
意味 ① 밟음. ㉠발을 구르며 땅을 밟음.
蹈襲[도습]トゥ 전에 하던 대로 따라함. 답습(踏襲).

【蹉】足10 │ 차 │ 지날 │ ㉾歌 │
サ つまずく
筆順 足 足＾ 足㇀ 足㇁ 跨 跨 蹉
意味 ① 미끄러짐. ② 실패함.
蹉跌[차질]テッ ① 발을 헛디디어 넘어짐. ② 일을 실패함.

【蹌】足10 │ 창 │ 추창할 │ ㉾陽 │
ソウ・ショウ
筆順 足 足＾ 足㇀ 跨 跨 蹌 蹌
意味 ① 추창(趨蹌)함. 달리는 모양.
蹌踉[창랑]ロゥ 비틀거리는 모양.

【踏】足10 │ 답 │ 제기찰 │ ㉾合 │ トウ ふむ
筆順 足 足′ 足″ 跓 跨 踏 踏
意味 ① 밟음. =踏 ② 제기 참.
踏鞠[답국]キク 제기. 공차기.

*【蹟】足11 │ 적 │ 자취 │ ㉾陌 │
セキ・シャク あと
筆順 足 足′ 足″ 跨 蹟 蹟 蹟
意味 ① 자취. =迹·跡. ② 좇음. 따름.

【蹠】足11 │ 척 │ 밟을 │ ㉾陌 │
セキ・ジョ あしうら
筆順 足 足＾ 足㇀ 跨 跨 蹠 蹠

意味 ① 밟음. ② 발바닥. =跖「一骭」 ③ 나감. 이름. 다다름.
蹠骨[척골]コッ〈生〉복사뼈와 발가락뼈 사이에 있는 발의 뼈.

【蹤】足11 │ 종 │ 자취 │ ㉾多 │ ショウ あと
筆順 足 足′ 足″ 跨 跨 跲 蹤
意味 자취. 발자취.
蹤跡[종적]セキ 발자취. 족적(足跡).

【蹙】足11 │ 축 │ 쭈그러질 │ ㉾屋 │
シュク せまる
筆順 ノ 厂 厂 严 咸 戚 蹙
意味 ① 쭈그러짐. ② 닥침. ③ 고생함.
蹙眉[축미]ビ 미간(眉間)이 좁은 인상(人相).

【蹶】足12 │ ①②궐 │ 넘어질 │ ㉾月 ㉾霽 │
ケツ・ケチ・ケイ つまずく
筆順 足 足′ 跨 跨 跨 蹶 蹶
意味 ① ① 넘어짐. ㉠헛디디거나 걸려 넘어짐. ㉡기진 맥진하여 넘어짐.
蹶然[궐연]ゼン 벌떡 일어나는 모양.

【蹴】足12 │ 축 │ 찰 │ ㉾屋 │
シュウ・シュク ける
筆順 足 足′ 跗 跗 跨 蹴 蹴
意味 ① 참. ㉠발로 차서 뜨게 함.
蹴球[축구]シュウ 구기(球技)의 한 가지. 11명씩 두 편으로 나누어 공을 차서 상대편 고을에 넣어 승부를 겨루는 경기.

【躇】足13 │ ①②적착 │ 머뭇거릴 │ ㉾魚 ㉾藥 │
チョ・チャク ためらう
筆順 足 足′ 足″ 跨 跨 躇 躇
意味 ① 머뭇거림. ② 망설임.

【躁】足13 │ 조 │ 움직일 │ ㉾號 │

[足部] 14~20획·[身部] 0~11획·[車部] 0획

ソウ
さわぐ

筆順 足 足ﾟ 跙 跙 跙 踝 躁

意味 ① 움직임. ② 바사댐. 시끄러움. 떠듦. ③ 성급함. 「一急」
躁狂[조광]キョゥ 미쳐 날뜀.「―擾(躁擾)」
躁急[조급]キュゥ 참을성 없이 급함.

【躍】21 足14 ½ 약 뛸 ㉲樂 ㉰錫

ヤク·テキ
おどる

筆順 足 跙 跡 踔 踔 踔 躍

意味 ① 뜀. ㉠뛰어 오름.「跳一」㉡뛰어 넘음. ㉢뛰며 좋아함.
躍起[약기]ヤッ 뛰어 일어남.「―임.
躍動[약동]ドゥ 활발하고 생생하게 움직

【躊】21 足14 주 머뭇거릴 ㉰尤

チュウ
ためらう

筆順 足 足ﾟ 距 跙 跙 踵 躊

意味 머뭇거림. 망설임.「一躇」
躊躇[주저]チョ 결정 짓지 못하고 머뭇머뭇함. 망설임.

【躓】22 足15 지 넘어질 ㉲寘

チ
つまずく

筆順 足 足ﾟ 跙 跙 踥 踥 躓

意味 ① 넘어짐. ② 차질(蹉跌).

【躙】27 足20 린 짓밟을 ㉰震

リン
ふみにじる

筆順 足 足ﾟ 跙 跙ﾟ 踔 躙 躙

意味 짓밟음. =躪「踐一」

身 部

*【身】7 身0 ½ 신 몸 ㉰眞 ㉰先

シン·ケン
み

筆順 ´ ⺅ ⺆ ⺆ 自 身 身

解字 身·身 象形. 뱃속에 아기가 생긴 모양을 본떠 임신(妊娠)을 뜻함. 후에 사람의 몸을 뜻하게 됨.

意味 ① 몸. ㉠신체. 체구.「心一」㉡자기. 자기 몸. ② 몸소. 친히.
身病[신병]ビョゥ 몸의 병. 신양(身恙).
身分[신분]ブン ① 개인의 사회적인 지위나 계급. ② 법률상의 일정한 지위나 계급.

【躬】10 身3 궁 몸 ㉰東

キュウ·ク
み

筆順 ´ ⺅ ⺆ 自 身 身ﾟ 躬

意味 ① 몸. 신체. ② 몸소. 친히. ③ 몸소 행함. 자기가 직접 함.「一行」
躬稼[궁가]キュゥ 자기가 직접 곡식을 심음. 몸소 농사를 지음.

【躶】15 身8 라 발가벗을 ㉳哿

ラ
はだか

筆順 身 身ﾟ 身ﾟ 身ﾟ 身ﾟ 躶 躶

意味 발가벗음. =裸
躶身[나신]シン 발가벗은 알몸. 나체.

【軀】18 身11 구 몸 ㉰虞

ク
からだ

筆順 身 身ﾟ 身ﾟ 身ﾟ 身ﾟ 軀 軀

意味 몸. 신체.「體一」
軀幹[구간]カン ① 목·팔·다리를 제한 몸의 가운뎃 부분. 몸통.

車 部

*【車】7 車0 ½ 차 거 수레 ㉰麻 ㉳魚

シャ
くるま

筆順 一 ⼁ ⼌ ⼌ 百 亘 車

[車部] 1~6획

解字 𦰶・車 象形. 사람이 타는 수레를 본뜸. 부수로는 수레에 관한 뜻을 나타냄.
意味 ① 수레. 차(車).
車輪[차륜]ﾘﾝ 수레바퀴.
車馬[거마]ﾊﾞ 수레와 말. 또는 수레에 맨 말.

【軋】車1 8획 │알│삐걱거릴│Ⓐ點
ｱﾂ・ｴﾁ
きしる
筆順 一ﾃ ﾃ 片 甘 盲 車 車 軋
意味 ① 삐걱거림. 수레 바퀴가 닿아 쏠려서 소리를 냄. ② 사이가 나빠짐.
軋轢[알력]ﾚｷ ① 수레가 삐걱거림. ② 말썽을 일으키어 시끄럽게 다툼.

*【軍】車2 9획 │군│군사│Ⓒ文
ｸﾞﾝ・ｸﾝ
いくさ
筆順 ノ 冖 冖 冖 宣 宣 軍
意味 ① 군사. ㉠군사(軍士). 군인. 군대. 「水一」「全一」㉡ 군사(軍事).
軍備[군비]ﾋﾞ ① 국방상의 군사 설비. 「一縮小」「一擴張」② 전쟁 준비.
軍費[군비]ﾋﾞ 군사에 쓰이는 비용.
軍裝[군장]ｿｳ ① 규정된 군인의 복장. ② 군대의 장비. 무장(武裝).

【軌】車2 9획 │궤│바퀴사이│Ⓑ紙
ｷ
わだち
筆順 一ﾃ ﾃ 甘 盲 車 車 軌
意味 ① 바퀴 사이. ② 바퀴 자국. ③ 굴대. 차축(車軸). ④ 법. 법도.
軌道[궤도]ﾄﾞｳ ① 차가 다니는 길. ② 기차·전차 등이 다니는 길. 선로(線路). ③ 〈天〉 천체가 도는 길. ④ 꼭 지나야 할 길.

*【軒】車3 10획 │헌│초헌│Ⓔ元│ｹﾝ のき
筆順 一ﾃ ﾃ 盲 車 車 軒
意味 ① 초헌. 대부(大夫) 이상이 타는 수레. ② 수레. 차량. ③ 처마.

軒燈[헌등]ﾄｳ 처마에 다는 등(燈).
軒昂[헌앙]ｺｳ 높이 올라감.

*【軟】車4 11획 │연│부드러울│Ⓑ銑
ﾅﾝ・ｾﾞﾝ
やわらか
筆順 一ﾃ ﾃ 盲 車 車 軟 軟
意味 ① 부드러움. ㉠물질이 무름. 연함.「柔一」㉡표현이 딱딱하지 아니함.
軟鷄[연계]ｹｲ 병아리보다 조금 큰 닭.
軟膏[연고]ｺｳ 고약을 기름기로 반죽하여 만든 부드러운 약. ↔경고(硬膏).
軟骨[연골]ｺﾂ 〈生〉 ① 아교질이 많고 탄력성이 있는 비교적 부드러운 뼈. ② 나이가 어린 사람을 일컫는 말.

【軫】車5 12획 │진│구를│Ⓑ軫
ｼﾝ
よこき
筆順 一ﾃ ﾃ 盲 車 車 軫 軫
意味 ① 수레 뒤턱 나무. ② 수레. ③ 구름. 회전함. ④ 길이 꼬불꼬불함. ⑤ 슬퍼함. 마음 아파함. ⑥ 별 이름. 이십팔수(宿)의 하나.
軫悼[진도]ﾄｳ 임금이 슬퍼하며 애석하게 여김.「여겨 동정함. 연민(憐憫).
軫恤[진휼]ｼﾞｭﾂ 불쌍히 여김. 가엾어

【軸】車5 12획 │축│굴대│Ⓐ屋
ﾁｸ・ｼﾞｸ
筆順 一ﾃ ﾃ 盲 車 車 軸 軸
解字 形聲. 車(수레)와 음을 나타내는 由(유)〔축은 변음〕를 합하여 수레를 받는 굴대의 뜻.
意味 ① 굴대. 수레 바퀴의 한가운데의 구멍에 끼는 긴 나무 또는 쇠. ② 바디.
軸頭[축두]ｼﾞｸ 한시(漢詩) 등을 적은 두루마리의 첫머리에 있는 시·글씨·그림 등을 일컬음.

*【較】車6 13획 │1 각 │ 2 교 │차이│Ⓐ覺│Ⓒ效
ｶｸ・ｺｳ
くらべる
筆順 一ﾃ ﾃ 盲 車 車 軒 較
意味 ① 수레 귀. 차체 좌우의 널빤

[車部] 6~8획

지 위에 댄, 가로 나무가 앞으로 고부라져 나온 부분. ② 차체.
較著[교저]ᶜᵘ 뚜렷이 드러남.
▼對較(대교)ᵍᵛ/比較(비교)ᵍᵛ

載 車6 [13획] ① 재 ② 대 │ 실을 │ ㊅隊 │ ㊅賄
サイ
のせる

筆順 一十士吉車載載載

解字 形聲. 車[수레]와 음을 나타내는 㦬(재)를 합하여 수레 위에 올려 놓다의 뜻. 널리 싣다·올려 놓다의 뜻으로 쓰임.

意味 ①│실음. ㉠수레에 적재함.「滿一」 ㉡물건 위에 얹음. ㉢기록함.「記一」 ㉣탐. 수레에 오름. ② 오름.
載錄[재록]ᵍᵛ 써서 실림.「積載」
載積[재적]ᵍᵛ 물건을 쌓아 실음. 적재

輕 車7 [14획] │경│가벼울│㊅庚
ケイ・キョウ・キン
かるい

筆順 一丁百車車[車巠]輕輕

意味 ① 가벼움. ㉠무게가 적음. ㉡정도가 대단하지 않음.「一罪」
輕擧[경거]ᵍᵛ ① 경솔하게 행동함.「一妄動」 ② 가볍게 올라감. ㉠높은 위치에 올라감. ㉡날되게 행동함.
輕擧妄動[경거망동]ᵍᵛᴹᴮᴰᵍ 경솔하고 망
輕忽[경홀]ᵍᵛ ① 언동이 경박하고 소홀함. ② 가볍게 보고 버려 둠.

輓 車7 [14획] │만│수레끌│㊅願
ベン・バン
ひく

筆順 一丁百車[車免]輓輓輓

意味 ① 수레를 끎. ㉠수레를 앞에서 끎. 또 배를 앞에서 끎. ㉡사람을 발탁함. 추천(推薦)함. 천거(薦擧)함. ② 애도(哀悼)함. 사람의 죽음을 애도하는 노래. 만가(輓歌).
輓歌[만가]ᵍᵛ ① 상여를 메고 갈 때 부르는 노래. ② 죽은 사람을 애도(哀悼)하는 노래.

輔 車7 [14획] │보│광대뼈│㊅虞
ホ・フ・ブ
たすける

筆順 一丁百車[車甫]輔輔輔

解字 形聲. 車[수레]와 음을 나타내는 甫(보)를 합하여 수레 바퀴 양쪽의 덧방나무란 뜻. 널리 돕다의 뜻으로 쓰임.

意味 ① 광대뼈. ② 바퀴 덧방나무. 수레에 무거운 짐을 실을 때 바퀴에 묶어 바퀴를 튼튼하게 하는 나무.
輔佐[보좌]ᵍᵛ 상관(上官)을 도와 일을 처리함. 보좌(補佐).「一官」
輔弼[보필]ᵍᵛᴴᴵ 임금의 통치권(統治權) 행사를 도움. 또는 그 임무를 맡은 사람. 보필(補弼).

輦 車8 [15획] │련│연│㊅銑
レン
てぐるま

筆順 二夫 夫夫[夫夫]替替輦輦

意味 ① 연. 손수레. 손으로 끄는 수레. 특히 천자가 타는 수레. ② 끎. 손수레를 끎. ③ 궁중의 길.
輦轂下[연곡하]ᴸᴺᴷᵘᵏᵘ 임금이 타는 수레의 밑이란 뜻으로, 서울을 일컬음.

輪 車8 [15획] │륜│바퀴│㊅眞
リン
わ

筆順 一丁百車[車合][車侖]輪

意味 ① 바퀴. ㉠수레 바퀴.「車一」 ㉡둥근 형의 물건.「日一」 ② 수레. ㉠바퀴를 장치한 차량.
輪作[윤작]ᵍᵛ 같은 농토에 여러 종류의 작물(作物)을 해마다 바꾸어 경작(耕作)함. ↔연작(連作).「一機」
輪轉[윤전]ᵍᵛ 바퀴처럼 돎. 바퀴가 돎.

輩 車8 [15획] │배│무리│㊅隊
ハイ
ともがら

筆順 丿 丬 非[非非][非非]輩輩輩

意味 ① 무리. ㉠동등한 사람. ㉡배행(偕行).「先一」 ㉢동아리. 패. ② 짝. 상대자. ③ 견줌. ④ 수레의 행렬. 輩는 속자.
輩流[배류]ᵍᴿ 같은 또래의 사람.

[車部] 8~10획

【輜】 15 車8 | 치 | 짐수레 | ㉯支
シ
にぐるま

筆順 亓 亘 車 車 軒 輜 輜

意味 ① 짐수레. 짐차. ② 휘장 친 수레 ③ 바퀴살 끝. 바퀴살이 바퀴통에 들어가는 부분.
輜車[치거]ジャ ① 전시(戰時) 또는 평시(平時)에 쓰는 짐차. ② 포장 마차.

*【輝】 15 車8 | 휘 | 빛날 | ㉯微
キ
かがやく

筆順 丨 业 光 炉 焆 煇 輝

意味 ① 빛. 찬란한 빛. 「光—」 ② 빛 남.
輝煌[휘황]コウ 광채가 눈부시게 빛남.

【輻】 16 車9 | ① 복 ② 폭 | 바퀴살 | ㉠屋 ㉯職
フク

筆順 亓 亘 車 車 軒 輻 輻

意味 ① ① 바퀴살. ② 다투어 모임. 들려 옴. 「—輳」 ② 바퀴살 통.
輻射[복사]フク 열(熱)이나 빛이 물체로부터 사방으로 방사(放射)하는 현상. 「—熱」
輻輳[복주]フクソウ 바퀴살이 바퀴통에 모이는 것같이 사물이 한 곳에 많이 모임. 폭주(輻輳).

*【輸】 16 車9 | 수 | 보낼 | ㉯虞
ユ・シュ

筆順 亓 亘 車 軒 輸 輸 輸

輸出[수출]シュツ 외국으로 물품을 내보냄. ↔수입(輸入).

【輳】 16 車9 | 주 | 모일 | ㉯宥
ソウ
あつまる

筆順 亓 亘 車 車 軒 輳 輳

意味 ① 바퀴살 통. ② 모임. 사물(事物)이 한군데에 모임.

【輯】 16 車9 | 집 | 모을 | ㉯緝
シュウ
あつめる・やわらぐ

筆順 亓 亘 車 軒 輯 輯 輯

意味 ① 모임. 모음. ㉠한데 모음. 저술할 자료를 모음. 「編—」 ② 화목함.
輯錄[집록]ロク 여러 가지를 모아 적음.

*【輿】 17 車10 | 여 | 차상 | ㉯魚
ヨ
こし

筆順 ﹅ 印 𦥑 舁 舁 輿 輿

意味 ① 차상(車箱). 차체. 수레의 바탕. ② 수레. 차량.
輿梁[여량]リョウ 수레가 다닐 수 있는 다리. 「견. 세른(世論). 「—調査」
輿論[여론]ロン 일반적으로 공통된 의

【轅】 17 車10 | 원 | 끌채 | ㉠元
エン
なかえ

筆順 亓 亘 車 軒 軐 轅 轅

意味 ① 끌채. 관청의 바깥문. ② 멍에. 마소의 목에 얹고 수레를 끌게 하는 가로 나무. ③ 별 이름.

【輾】 17 車10 | ① 전 ② 년 | 돌아누울 | ㉠銑 ㉯霰
テン・デン

筆順 亓 亘 車 軒 軒 軒 輾

意味 ① ① 돌아 누움. 반 바퀴 돎. 반전(半轉)함. ② 轢 타작. ② ① 삐걱거림. ②연자매. =碾
輾轉[전전]テン 돌아 누움. 옆으로 돌아 누워도 편안하게 잠이 안 온다는 말.
輾轉反側[전전반측]テンテンハンソク 이리저리 뒤척거리며 잠을 이루지 못함. 전전 불매(輾轉不寐).

【轄】 17 車10 | 할 | 굴대빗장 | ㉠黠
カツ

筆順 亓 亘 車 軒 軒 軐 轄

意味 ① 굴대 빗장. 굴대 머리에 내리 지르는 큰 못. ② 수레 소리. ③ 단속함. 맡아 봄. 「直—」

[車部] 11~15획·[辛部] 0~6획

【轉】 18 車11 | 전 | 구를 | ㊤銑
テン
ころぶ

筆順 亻 亘 車 軒 軒 轉 轉

解字 形聲. 車(수레)와 음을 나타내는 專(전)을 합하여 수레 바퀴가 돌다의 뜻. 널리 구르다의 뜻으로도 쓰임.

意味 ① 구름. ㉠회전함.「運—」㉡딩굴.「輾—」② 돌아 누움. ③ 넘어짐.
轉嫁[전가]ㅈㅓㄴㅋㅏ ① 다시 다른 데로 시집감. 재가(再嫁). ② 자기의 책임이나 허물 등을 남에게 넘겨 씌움.
轉居[전거]ㅈㅓㄴㅋㅕ 살던 곳을 옮김.
轉訛[전와]ㅈㅓㄴㅇㅘ 어떤 말이 변하여 본래의 뜻과는 다른 말이 됨.

【轎】 19 車12 | 1/2교 | 가마 | ㊤蕭 ㊦嘯
キョウ
かご

筆順 亻 亘 車 軒 軒 轎 轎

意味 ① 가마. ② 남여. 의자 비슷하며 위를 덮지 아니한 작은 승교(乘轎).
轎子[교자]ㄱㅛㅈㅏ 가마.「가던 여자 종.
轎前婢[교전비] 옛날 새색시를 따라

【轍】 19 車12 | 철 | 바퀴자국 | ㊤屑
テツ·テチ
わだち

筆順 亻 亘 車 軒 輆 轍 轍

意味 ① 바퀴 자국. 수레 바퀴가 지나간 자국.「前—」② 행적(行跡).
轍環天下[철환천하] 수레를 타고 온 세상을 돌아다님.

【轟】 21 車14 | 굉 | 울릴 | ㊤庚
ゴウ
とどろく

筆順 亻 亘 車 軋 軋 轟 轟

意味 ① 울림. 수레의 요란한 소리. 총·우뢰 등이 울리는 소리. ② 떠들썩한 모양.
轟轟[굉굉]ㄱㅗㅇㄱㅗㅇ ① 굉장히 크게 울리는 소리. ② 매우 떠들썩한 소리.

【轢】 22 車15 | 력 | 삐걱거릴 | ㊤錫
レキ
ひく·きしる

筆順 亘 車 軋 軭 轢 轢 轢

意味 ① 삐걱거림. ② 서로 반목함.「軋—」③ 치임. 수레 바퀴 밑에 깔림.「—死」
轢死[역사]ㄹㅕㄱㅅㅏ 차에 치여 죽음.
轢殺[역살]ㄹㅕㄱㅅㅏㄹ 차로 치어 죽임.

【轡】 22 車15 | 비 | 고삐 | ㊤寘
ヒ·ビ
くつわ·たづな

筆順 車 紲 紲 紲 緈 繵 轡

意味 고삐. 마소의 재갈에 매는 끈.

辛 部

*【辛】 7 辛0 | 신 | 매울 | ㊤眞
シン
からい·つらい·かのと

筆順 亠 ㇒ 亠 立 辛 辛

解字 象形. 문신을 하는 바늘의 모양을 본뜸. 후에 맵다·괴롭다의 뜻으로 쓰임.

意味 ① 매움. 독함. ② 괴로움. 슬픔.㉠모짊.「一辣」㉡매운 맛.
辛艱[신간]ㅅㅣㄴㄱㅏㄴ 고생. 신고(辛苦).
辛苦[신고]ㅅㅣㄴㄱㅗ 어려운 곤란을 당함.

【辜】 12 辛5 | 고 | 허물 | ㊤虞
コ
つみ

筆順 一 十 古 곱 훔 훔 辜

意味 ① 허물. 죄. ② 반드시. 꼭.
辜月[고월]ㄱㅗㅇㅝㄹ 음력 11월의 다른 이름.

【辟】 13 辛6 | 1/2피/벽 | 피할 | ㊤紙 ㊤錫
ヘキ·ヒ·ヒャク
きみ

筆順 ㇇ ㇅ ㇅ 启 启 辟 辟

意味 ① 피함. =避. ② ① 천자(天子).

【辣】 14 辛7 | 랄 | 매울 | ㉠曷 |
ラツ
からい

筆順 亠 䒑 辛 䇂 辞 辣 辣

意味 ① 매움. 몹시 매움. ② 매서움.
辣腕[날완]ラツワン 날쌔게 일하는 솜씨.

*【辨】 16 辛9 | 1변 3편 | 나눌 | ㉤銑
　　　　 2판
　㊆歚 ・ ハン・ベン

筆順 亠 䒑 辛 剤 辨 辨 辨

意味 ① ㉠ 나눔. 구별함. ② 분별함. 식별함. ③ 밝힘. 분명하게 함.
辨法[변법]ベンポウ ① 법규를 잘 앎. ② 법으로 서로 쟁송(爭訟)함.
辨別[변별]ベンベツ ① 사물의 시비(是非)・선악(善惡)을 분별함.

【辦】 16 辛9 | 판 | 힘쓸 | ㉤諫
ベン・ハン

筆順 亠 䒑 辛 劾 劾 辦 辦

意味 ① 힘씀. 일을 힘써 주선함. ② 갖춤. 물건을 갖춤. 또는 처리함.
辦公[판공] 공무에 종사함. 「서 바침
辦納[판납] 금전이나 물품을 변통하여

*【辭】 19 辛12 | 사 | 말씀 | ㉠支
シ
ことば

筆順 ⿱ 罒 舀 舀 辭 辭 辭

解字 形聲. 죄를 뜻하는 辛과 음을 나타내는 㲂(란)(사는 변음)을 합하여 죄를 다스리다의 뜻. 후에 말을 뜻하게 됨.

意味 말. 말씀. ㉠언어. 「言一」
辭色[사색]ジショク 말과 얼굴 빛.
辭表[사표]ジヒョウ 맡은 직을 내놓겠다는 뜻으로 제출하는 문서.

【辯】 20 辛13 | 변 | 땋을 | ㉠銑
ベン・ヘン
あむ・ぐむ

筆順 亠 䒑 辛 䇂 辫 辮 辮

意味 땋음. 머리털이나 실을 땋음.
辮髮[변발]ベンパツ ① 머리를 땋아서 뒤로 길게 늘어뜨린 것. 청(淸)나라에 이런 풍습이 있었음. ② 우리 나라에서 관례(冠禮)를 하기 전에 하는 머리.

*【辯】 21 辛14 | 1변 3편 | 말잘할 |
　　　　 2명
㊀銑㊤霰 ・ ベン
㊥庚 かたる・わける

筆順 亠 䒑 辛 䇂 辯 辯 辯

意味 ① 말을 잘함. ② 다툼. 논쟁함.
辯論[변론]ベンロン ① 사리를 따져 옳고 그름을 말함. ②〈法〉법정에서의 변호사와 피고인의 진술(陳述).
辯妄[변망]ベンモウ(モウ) 남의 폭론(暴論)을 논박함. 말로써 타일러 명백히 함.

辰 部

*【辰】 7 辰0 | 1진 | 때 | ㉠眞
　　　　 2신 ㊤辰
シン・ジン
たつ・とき

筆順 一 厂 厂 斤 辰 辰 辰

意味 ① ㉠ 때. 시각. 시절. ② 다섯째 지지(地支). 12지지의 다섯 번째.
辰駕[신가] 임금의 수레. 어가(御駕).

【辱】 10 辰3 | 욕 | 욕보일 | ㉠沃 |
ジョク・ニク・ニョク
はずかしめる

筆順 一 厂 严 辰 辰 辱 辱

意味 ① 욕됨. ㉠수치. 「恥一」
辱說[욕설] 남을 저주하고 명예를 더럽히는 말.

【農】 13 辰6 | 농 | 농사 | ㉤冬
ノウ・ドウ・ヌ

筆順 冂 曲 曲 曲 農 農 農

解字 芺・農 形聲. 물을 대는 연장을 뜻하는 辰과 나타내는 曲(전)[농은 변음]을 합하여

풀을 깎고 흙을 부드럽게 하다의 뜻.
[意味] ① 농사. 농업. ② 농부. ③ 힘씀.
農酒[농주] 농사일을 할 때에 먹는 술.
農地[농지] 농업에 사용되는 토지.

邑 部

*[邑] 邑0 ⁷ ① 읍 / ② 압 │고을│Ⓐ縣│Ⓐ合
ユウ・オウ
むら

[筆順] ′ 丆 丏 므 므 뮵 邑

[解字] 읍 會意. 울타리(口)와 무릎을 꿇은 모양인 巴를 합하여 사람이 거처하는 곳을 뜻함. 널리 동네.

[意味] ① ① 고을. 많은 사람이 모여 사는 곳. 큰 마을. ② 영지(領地). 기내(畿內). ③ 근심함. ＝悒 ④ 흑흑 느낌. ⑤ 답답함. ② 아첨함.

邑里[읍리] 읍과 촌락. 「民」.
邑人[읍인] 읍에 사는 사람. 읍민(邑民).

酉 部

*[酉] 酉0 ⁷ │유│열째지지│Ⓑ有
ユウ ユ
とり

[筆順] 一 厂 丙 丙 西 酉 酉

[解字] 유 象形. 술을 빚는 항아리를 본뜬 듯. 술을 뜻함. 후에 술은 酒로 쓰이고 酉는 12지(支)의 열째 자리가 됨.

[意味] 열째 지지. 12지(支)의 열째 자리. ㉠달로는 8월. ㉡방위로는 서쪽.

[酊] 酉2 ⁹ │정│술취할│Ⓑ洞 テイ よう

[筆順] 一 丙 丙 西 酉 酉 酊

[意味] 술 취함. 비틀거림. 「酩—」

[酋] 酉2 ⁹ │추│괴수│Ⓓ尢 シュウ おさ

[筆順] ′ 八 公 酋 酋 酋 酋

[意味] ① 지남. 경과함. ② 술이 익음. ③ 끝남. ④ 뛰어남. 남보다 우월함.
酋長[추장] 야만인들의 우두머리.

*[配] 酉3 ¹⁰ │배│짝지을│Ⓑ隊
ハイ
くばる

[筆順] 一 丙 丙 西 酉 酉 酉 配

[解字] 배 形聲. 酉(술항아리)와 음을 나타내는 巴(파)[배는 변음]의 변형인 己를 합하여 술잔을 잡고 마주 앉다의 뜻.

[意味] ① 짝지음. 짝이 됨. 짝함. 「一匹」 ② 부제(祔祭)함.

配給[배급] ① 나누어 줌. ② 상품을 생산자에서 소비자에게 옮김.
配合[배합] ① 알맞게 섞음. ② 부부의 짝을 지음. ③ 적당하게 배치함.

*[酌] 酉3 ¹⁰ │작│따를│Ⓐ藥
シャク
くむ

[筆順] 一 丙 丙 西 酉 酌 酌

[解字] 작 形聲. 酉(술항아리)와 음을 나타내는 勺(작)을 합하여 국자로 술을 퍼낸다는 뜻. 바뀌어 퍼내다의 뜻으로 쓰임.

[意味] 따름. 술을 따름. 술을 마심.

[酎] 酉3 ¹⁰ │주│소주│Ⓓ宥│チュウ

[筆順] 一 丙 丙 西 酉 酎 酎

[意味] 전국술. 세 번 빚은 순주(醇酒).
酎量[작량] 짐작하여 헤아림.

*[酒] 酉3 ¹⁰ │주│술│Ⓑ有│シュ さけ

[筆順] ′ 氵 冫 汀 沂 洒 酒 酒

[解字] 주 會意. 액체(液體)를 뜻하는 氵와 酉를 합하여 술을 뜻함.

[意味] ① 술. 「濁—」「淸—」 ② 잔치. 주연. ③ 냉수. ④ 벼슬 이름.
酒家[주가] ① 술집. ② 술을 많이 마시는 사람.
酒客[주객] 술을 좋아하는 사람.

【酣】12 酉5 | 감 | 즐길 | [平]覃 |
カン
たけなわ
[筆順] 丆 丙 两 酉 酉一 酐 酣
[意味] ① 즐김. 술을 마시며 즐김. ② 한창.
酣戰〔감전〕カンセン 한창 치열(熾烈)하게 벌어진 싸움.
酣春〔감춘〕カンシュン 봄이 한창인 때.

【酢】12 酉5 | [1]작 [2]초 | 잔돌릴 | [入]藥 [去]遇 |
サク・ソ・ス
す
[筆順] 一 丆 丙 两 酉 酐 酢
[意味] [1] 잔을 돌림. [2] ① 초. 식초. ② 신맛.
酢酸〔초산〕サクサン 〈化〉 자극성 냄새와 산미(酸味)를 가진 무색 투명의 액체로 식초의 산미의 주성분임. 탄소·산소·수소의 화합물. 초산(醋酸).
▼甘酢あまず

【酡】12 酉5 | 타 | 발개질 | [平]歌 |
タ・ダ
[筆順] 一 丆 丙 两 酉 酉宀 酡
[意味] 발개짐. 붉어짐. 술에 취하여 얼굴이 홍조(紅潮)를 띰.
酡酪〔타락〕 우유.
酡顔〔타안〕 술 취한 얼굴.

【酪】13 酉6 | 락 | 타락 | [入]藥 | ラク |
[筆順] 丆 丙 两 酉 酉ク 酉夂 酪
[意味] 타락(駝酪). 우유 또는 양유를 끓여 만든 음료. 「一農」「乳一」
酪農〔낙농〕ラクノウ 소나 염소 등을 길러 그 젖을 짜거나, 또는 그 젖으로 버터·치이즈 같은 것을 만들며, 한편 그 소나 염소의 분뇨(糞尿)를 비료 대신 쓰는 유기적인 농업 경영의 한 형태.

【酩】13 酉6 | 명 | 술취할 | [上]迥 |
メイ・ベイ
[筆順] 丆 丙 两 酉 酉ク 酉夕 酩
[意味] ① 술에 몹시 취함. 비틀거림. 「一酊」 ② 단술. 감주(甘酒).
酩酊〔명정〕メイテイ 몹시 술에 취함.

【酬】13 酉6 | 수 | 잔돌릴 | [平]尤 |
シュウ
むくいる
[筆順] 酉 酉 酉J 酉小 酬 酬 酬
[意味] ① 갚음. ㉠잔을 돌림. ㉡답함. 「應一」 ㉢사례함. 「報一」 ② 보냄. 줌.

【酷】14 酉7 | 혹 | 독할 | [入]沃 |
コク
きびしい・むごい
[筆順] 丆 丙 酉 酉′ 酉𠂉 酉生 酷
[解字] 形聲. 酉〔술항아리〕와 음을 나타내는 告(고)〔혹은 변음〕를 합하여 술맛이 진하다는 뜻. 후에 심하다·지독하다의 뜻으로 쓰임.
[意味] ① 독함. ㉠술맛 따위가 진함. ㉡성질이 잔인함. 「殘一」 ② 괴로움.
酷烈〔혹렬〕コクレツ ① 몹시 혹독(酷毒)하고 심함. ② 냄새가 대단히 남.
酷吏〔혹리〕コクリ 가혹한 관리. 무자비한 관리.

【酵】14 酉7 | 효 | 술밑 | [去]效 | コウ
[筆順] 丆 丙 酉 酉土 酉耂 酵 酵
[意味] ① 술밑. 주모(酒母). 「一母」 ② 지게미. 술지게미. ③ 술이 괴. 「發一」
酵素〔효소〕コウソ 〈化〉 생물의 체내에서 반응에 촉매(觸媒)가 되는 교질성(膠質性) 물체.

*【酸】14 酉7 | 산 | 실 | [平]寒 | サン す
[筆順] 丆 丙 酉 酉厶 酉允 酸 酸
[意味] ① 심. 신맛. ② 초산(醋酸). 신 조미료. ③ 괴로움. 고됨. 「辛一」
酸類〔산류〕サンルイ 산성(酸性)이 있는 화합물의 총칭.
酸味〔산미〕サンミ 신 맛.

【醇】15 酉8 | 순 | 진할 | [平]眞 | ジュン

[酉部] 8~12획

筆順 一 丙 酉 酉' 酉" 醇 醇
意味 ① 전국술. 진한 술. 「一酎」 ② 진함. ③ 순수함. =純 ④ 두터움. 온후(溫厚)함. =淳 ⑤ 삼감(謹).
醇美[순미] 다른 맛이 조금도 섞이지 않은 순수한 맛.

【醋】15 ①작 잔돌릴 ㊇藥㊇週
②초
サク・ソ

筆順 一 丙 酉 酉一 酉⺍ 酉廿 醋
意味 ① 잔을 돌림. 술을 권함. =酢 ② 식초. 신 조미료의 한 가지.
醋酸[초산] 〈化〉 자극성의 냄새가 있는 무색의 액체로서 식초의 주성분이며, 공업용이나 염색(染色) 등에 사용됨.

*【醉】15 ㊂實
酉8 취 취할
スイ・よう

筆順 一 丙 酉 酉 酉" 醉 醉
意味 ① 취함. ㉠술에 취함. 「一興」 ㉡사물에 마음이 쏠려 취하다시피 됨.
醉客[취객] 술에 취한 사람.

【醒】16 성 깰 ㊇青
酉9
セイ・さめる

筆順 丙 西 酉" 醒 醒 醒 醒
意味 ① 깸. ㉠술이 깸. ㉡잠이 깸. ② 깨달음. 「覺一」
醒悟[성오] 깨달음.

【醜】17 추 추할 ㊈有
酉10
シュウ・みにくい

筆順 丙 酉 酉⺍ 酉鬼 醜 醜
意味 ① 추함. 언행이 더러움. 「一行」 ② 미워함. 싫어함. ③ 못생김.
醜女[추녀] 얼굴이 못생긴 여자.
醜類[추류] ① 불량배(不良輩)들. ② 많은 동년배(同年輩). ③ 같은 종류의 사물을 비교해 말함.
醜名[추명] 깨끗하지 못한 일로 더러워진 이름.
醜聞[추문] 좋지 못한 소문.

*【醫】18 의 의원 ㊇支
酉11
いやす

筆順 一 医 医 医" 殹 醫 醫
解字 形聲. 酉[술항아리]와 음을 나타내는 殹[예]의 변음]를 합하여 상처를 고친다는 뜻. 널리 병이나 상처를 고치다 또는 고치는 사람을 뜻함.
意味 ① 의원. 「名一」 ② 고침. 병을 고쳐 구함. 「一療」 ③ 의술.
醫方[의방] 의술(醫術).
醫師[의사] 의술로써 병을 고치는 일을 업으로 삼는 사람.

【醬】11 장 간장 ㊇漾 ショウ
酉11

筆順 丨 ㅂ 爿 爿一 爿㐅 將 醬
意味 ① 장. 된장. 간장. 「一油」 ② 젓해.
醬甕[장옹] 장독.
醬油[장유] ① 간장. ② 간장과, 참기름 등 식용유(食用油)류.
醬肉[장육] 장조림.
醬漬[장지] 장아찌.

【醱】19 발 술괼 ㊇曷 ハツ
酉12

筆順 酉' 酉' 酉癶 酉癶 醱 醱
意味 술이 굄. 「一酵」 술을 빚음.
醱酵[발효] 〈化〉 효모(酵母)나 박테리아와 같은 미생물에 의하여 화합물이 분해되어 알쿨류(類)·유기 산류(有機酸類)·탄산가스 등을 생기게 하는 일. 술이나 간장, 된장. 초 등은 이 작용을 이용하여 만듦. ↔발배(醱醅)

【醮】19 초 제사지낼 ㊇嘯
酉12
ショウ

筆順 一 丙 酉 酉' 酉亻 酉隹 醮
意味 ① 제사 지냄. 술을 차려 놓고 신에게 제사함. ② 빎. 단을 만들어 놓고 기도함. ③ 술 따름. 관혼(冠婚)의 의식에서 술을 따름. ④ 다함. ⑤ 야윔.

醮禮[초례] 혼인(婚姻)하는 예식.

[醵] 20획 酉13
1 거 2 각 | 술추렴 | ㉧御 ㊀藥
キョ・キャク

筆順 酉 酉⼅ 酉广 酘 醏 醵 醵

意味 ① 술추렴. 추렴하는 돈으로 마음 여러 사람이 각기 돈을 내어 회음(會飮)함. ② 뜻은 ①과 같음. 「一出」

醵金[갹금]キョキン 여러 사람이 돈을 얼마씩 냄. 여러 사람에게서 돈을 얼마씩 거두어 냄. 거금(醵金).

醵出[갹출]キョシュツ 돈이나 물건을 추렴하여 냄. 여러 사람이 한가지 목적을 위하여 돈이나 물건을 냄. 거출(醵出).

[醴] 20획 酉13
례 | 단술 | ㊁齊
レイ・ライ
あまざけ

筆順 酉 酉⼅ 酉甘 醩 醴 醴 醴

意味 ① 단술. 감주(甘酒). ② 닮. 샘물이 닮. ③ 고을 이름.

醴酪[예락]レイラク 단술[甘酒]과 우유(牛乳).

醴酒[예주]レイシュ 단술. 감주(甘酒).

[釀] 24획 酉17
양 | 빚을 | ㊧漾
ジョウ
かもす

筆順 酉 酉⼅ 酘 醏 醸 醸 釀

解字 形聲. 酉[술항아리]와 음을 나타내는 襄(양)을 합하여 술이 발효하다・술을 빚다의 뜻.

意味 ① 빚음. ㉠술을 빚음. 「一造」 ㉡자아냄. 「一成」 ② 술.

釀母[양모]ジョウボ 당분(糖分)을 알코올로 변화시키는 단세포(單細胞)의 균(菌). 효모(酵母).

釀蜜[양밀] 꿀을 만듦.

采 部

[采] 7획 釆0
변 | 나눌 | ㊨諫
ハン・ベン

筆順 ⼀ ⼃ ⺍ ⺌ 平 𠇁 釆

解字 會意. 손바닥에 곡식의 씨를 올려 놓은 모양을 본뜬 글자. 씨를 뿌리다의 뜻. 播(파)의 본디 글자. 나누다의 뜻으로 쓰임.

意味 나눔. 분별함.

辨과 같은 글자.

[采] 8획 釆1
채 | 캘 | ㊄賄
サイ
とる

筆順 ⼀ ⼃ ⺍ ⺌ 平 𠇁 采

意味 ① 캠. 채취(採取)함. =採

采緞[채단] 혼인 때 신랑집에서 신부집으로 보내는 청색・홍색 등의 옷감.

采色[채색]サイショク ① 고운 빛깔. 채색(彩色). ② 얼굴 빛. 풍채.

*[釋] 20획 釆13
석 | 풀 | ㊧陌
シャク・セキ・エキ・ヤク
とく

筆順 ⼂ 平 𠇁 采 釋 釋 釋

解字 形聲. 자잘하다의 뜻인 釆과 음을 나타내는 睪(역)[석은 변음]을 합하여 뒤섞인 사물을 풀어 내다의 뜻.

意味 ① 풂. ㉠설명함. 풀이. 해석. 「一一」 ㉡변명함. ㉢처리함. 다스림. ② 액체에 다른 것을 타서 묽게 함. 「稀一」 ② 풀림. ㉠의심이나 오해가 사라짐. ㉡녹음. =解 ㉢해이해짐. ③ 벗음. 웃을 벗음. ④ 내놓음. 석방(釋放)함. ⑤ 용서함. ⑥ 놓음. ㉠손을 뗌. ㉡일정한 거리에 둠. ⑦ 버림. 그만둠. 폐함. ㉡상관하지 아니함. 남. ⑧ 쏨. 발사함. ⑨ 젖음. 추김. ⑩ 잃. 쌀을 잃. ⑫ 사가 모니.

釋迦[석가]シャカ〈人〉불교의 교조(敎祖). 인도의 마가타국(摩伽陀國)의 왕자로, 왕태자(王太子) 때의 이름은 실달다(悉達多). 29세에 출가(出家)하여 35세에 부처가 되었고 80세에 열반(涅槃)함. 석가 모니(釋迦牟尼). 석존(釋尊). (B.C.565~486). ▷『불교(佛敎)』

釋敎[석교]シャッキョウ 석가(釋迦)의 가르침.

釋明[석명]シャクメイ ① 분명히 풀어 밝힘.

里 部

里 7획 0 ㅣ리 마을 ㉥紙 リ さと

筆順 ノ 冂 冂 日 甲 甲 里

解字 會意. 田은 경작지·밭 같이 길(道)이 가로 세로로 통하여 있는 모양을 나타냄. 土는 토지. 田과 土를 합한 里는 사람이 살고 있는 마을의 뜻. 또 거리(距離)의 단위로도 씀.

意味 ① 마을. ㉠행정 구획의 하나.

里俗[이속] 마을의 풍속.
里數[이수] ① 거리를 이(里)의 단위로 잰 수. ② 마을의 수(數).
里諺[이언] 마을의 속담(俗談). 마을 사람들이 쓰는 속된 말.
里人[이인] 마을 사람. ㄴ을의 상말.
里長[이장] ① 마을의 우두머리. ② 《日》촌장(村長).

重 9획 2 ㅣ동 무거울 ㉥冬·多 ジュウ·チョウ おもい·かさねる·え

筆順 ノ 一 千 千 舌 重 重 重

解字 形聲. 사람이 똑바로 서 있는 모양과 음을 나타내는 東(동)(중은 변음)을 합하여 사람이 무거운 짐을 지고 서다의 뜻. 후에 무겁다의 뜻으로도 쓰임.

意味 ① 무거움. ㉠무게가 가볍지 않음. ㉡성질·언행이 가볍지 아니함. 「默—」 「愼—」

重科[중과] 무거운 죄. 중죄(重罪).
重九[중구] 중양(重陽).
重金屬[중금속]《化》비중(比重)이 5 이상인 금속의 총칭. 금·은·동(銅)·철(鐵)등. ↔경금속(輕金屬)
重器[중기] ① 귀중한 기물(器物). 중보(重寶). ② 중요한 인물.

野 11획 4 ㅣ야 들 ㉥馬 ヤ·ショ の

筆順 冂 日 甲 里 野 野 野

意味 ① 들. ㉠벌판. 「平—」 ㉡밭.

野禽[야금] 산이나 들에 사는 새. 가금(家禽). 「사 이야기.
野談[야담] 민간에서 사사로 지어낸 역
野黨[야당] 정당 정치에서 현재 내각이나 행정부에 참여하지 못한 정당. 재야당(在野黨). 여당(與黨).
野路[야로] 들길. 시골길.
野蠻[야만] 문화가 미개한 상태.
野菜[야채] 식용(食用)으로 하는 식물(植物)의 총칭. 채소(菜蔬).
野草[야초] 산이나 들에 저절로 나는 풀. 야생초(野生草).
野趣[야취] ① 자연 그대로의 아름다움. 전야(田野)의 아름다움. ② 소박한 취미. 「한인(閑人)의 비유.
野鶴[야학] 두루미. 벼슬하지 않는

量 12획 5 ㅣ량 ㅣ양 ㉥漾 リョウ はかる·ます

筆順 冂 日 旦 昌 昌 量 量

解字 形聲. 자루 주둥이에 물건을 넣는 모양을 본뜬 🔺과 음을 나타내는 重(중)(량은 변음)을 합하여 곡식을 되다의 뜻. 널리 되다·달다의 뜻으로 쓰임.

意味 ① 양. ㉠분량. 「容—」 ㉡다소·장단·경중 등의 수. ② 되. 분량을 되는 용기. 되로 된 용적(容積). ③ 기량. 사물을 받아들여 담당하는 성격·재능. 「度—」 「才—」 ④ 생각함. 생각하여 분별함. 사려 분별(思慮分別). ⑤ 채움. 하나 가득됨. ⑥ 달. 잼. 됨. 경중·장단·용적 등을 잼. ⑦ 헤아림. 추측함. 예상함.

量感[양감] ① 회화(繪畫)에서, 대상물의 실재감·입체감을 포함한 무게·두께움의 느낌. 볼륨. ② 크고 풍만한 느낌.

量器[양기] ① 물건의 분량을 되는 그릇. 되·말 따위. ② 맡은 바 임무를 잘 처낼 재능(才能)과 도량(度量).

量度[양도] ① 재어 헤아림. 양(量)은 물건의 용적을, 도(度)는 물건의 길이를 재는 것. 「생산함. 대량 생산.

量産[양산] 같은 물건을 다량으로

金 部

[金] 8획 金0 ①금 ②김 쇠 ㊛侵
キン・コン
かね

筆順 ノ 人 人 스 全 全 余 金

解字 形聲. 흙(土)과, 그 속에서 빛나는 물건(丷)과, 음을 나타내는 今(금)의 생략체 亼를 합하여 흙 속에서 나오는 번쩍번쩍 빛나는 물건의 뜻. 부수(部首)로서는 광물·금속·날붙이 등에 관한 뜻을 나타냄.

意味 ①쇠. ㉠쇠붙이의 총칭.「一石」「合一」㉡쇠붙이로 만든 무기「一創」㉢쇠붙이로 만든 기물(器物). 종정(鍾鼎) 등. ②돈. 화폐. ③쇠붙이와 같이 견고한 사물의 일컬음.「一城湯池」

金科玉條[금과옥조] 금옥(金玉)과 같이 몹시 귀중한 법칙이나 규정.

金冠[금관] ① 금으로 만든 관. ② 금으로 이의 관두(冠頭) 전체를 모자처럼 씌워서 이의 기능을 완전하게 하는 의치(義齒)의 한 가지.

金貫子[금관자] 금으로 만든 관자(貫子). 정2품 및 종2품의 벼슬아치가 붙였음. 「산, 또는 금을 빼내는 광석.

金鑛[금광] 금을 매장하고 있는 광

金塊[금괴] 금덩이리.

金甌無缺[금구무결] 금으로 만든 사발이 조금도 흠이 없다는 뜻으로 사물이 완전하고 견고하여 흠이 없음. 또는 나라의 국세가 완전하고 견고하여 다른 나라의 모욕이나 침략을 받지 않는 독립 국가를 일컬음.

金革[금혁] 칼·창 등의 무기(武器)와 갑주(甲冑). 전쟁(戰爭)을 일컬음.

金壺[금호] ① 옛날의 물시계. ② 금은으로 만든 술병. 또는 술 항아리.

金婚式[금혼식] 결혼 후 만 50년되는 해에 올리는 축하의 의식.

金貨[금화] 금을 주성분으로 하여 만든 화폐.

[釜] 10획 金2 ①부 가마솥 ㊤麌
ホ・フ
かま

筆順 ノ 人 父 父 쏘 쏘 釜

意味 ① 가마솥. ② 용량의 단위. 곡류 따위를 되는 단위. 옛말 너되.

釜中魚[부중어] 가마 속의 고기란 뜻으로, 죽음이 임박(臨迫)하거나 생명(生命)이 위험함을 가리키는 말.

[釘] 10획 金2 ①정 못 ㊨徑
テイ・チョウ
くぎ

筆順 ノ 人 스 스 全 金 金 釘

意味 ① 창(槍). ② 못. ③ 박음. 못 따위를 박음.

釘頭[정두] 못대가리.

釘付[정부]《日》① 못을 박아 고정(固定)시킴. ② 고정되어 움직일 수 없음.

[針] 10획 金2 ①침 바늘 ㊛侵
シン
はり

筆順 ノ 人 스 스 全 金 金 針

解字 形聲. 十은 본디 구멍이 뚫린 바늘의 모양을 본뜬 것인데 후에 金을 더하였음. 十(십)[침은 변음]은 또 음을 나타냄.

意味 ① 바늘. 침. =鍼 ② 바늘 모양을 한 물건.「磁一」「秒一」③ 바느질함. ④ 찌름.

参考 현재는 꿰매는 바늘은 針, 놓는 바늘은 鍼을 써서 구별함.

針工[침공] ① 바느질을 하는 기술. ② 바느질 삯. 「에 이용함.

針灸[침구] 침질과 뜸질. 병 치료

[釦] 11획 金3 ①구 두드릴 ㊤有
コウ・ク

筆順 ノ 人 스 스 全 金 釦 釦

意味 금테두리함. 금·은으로 기명(器皿)의 가장자리를 장식함.

[釣] 11획 金3 ①조 낚시 ㊨嘯
チョウ
つる・つり

〔金部〕4～5획

【釣】
筆順 ᅩ 午 숲 金 金 釣 釣
意味 ① 낚시. 낚시 바늘. ② 낚음. 낚시질. 「―魚」유혹함. 꾐. ③ 탐냄. ④ 구함.
釣糸〔조사〕 고기를 잡을 때 사용되는 줄. 낚싯줄. 「배. 조주(釣舟)」
釣船〔조선〕 고기를 낚는 배. 낚싯배.
釣叟〔조수〕 낚시질하는 늙은이.
釣魚〔조어〕 물고기를 낚음. 낚시질.

【鈞】金4 ¹²│균│서른근│㉠眞│
キン
ひとしい

筆順 ᅩ 午 숲 金 金 釣 釣
意味 서른 근. 무게 30근의 일컬음.
鈞石〔균석〕 저울 추.

*【鈍】金4 ¹²│둔│무딤│㉠願│
ドン・トン
にぶい

筆順 ᅩ 午 숲 金 金 鈕 鈍
意味 ① 무딤. 끝이나 날이 날카롭지 아니함. ② 굼뜸. 행동이 느림. 「遲―」 ③ 우둔함. 미련함.
鈍角〔둔각〕 직각(直角)보다 크고 2직각보다 작은 각. ↔예각(銳角)
鈍感〔둔감〕 감각이나 느낌이 무딤.

【鉅】金5 ¹³│거│클│㉠語│
キョ
つりばり

筆順 ᅩ 午 숲 金 金 釗 鉅
意味 ① 큼.＝巨 ② 강함. ③ 어찌하여.＝詎 ④ 갑자기.＝遽 ⑤ 낚시. 갈고리. ⑥ 강철.
鉅卿〔거경〕 신분이 높은 사람.

【鉗】金5 ¹³│겸│목사슬│㉠鹽│
ケン・ゲン・カン
くびかせ

筆順 ᅩ 午 숲 金 釒一 鉗 鉗
意味 ① 목사슬. 칼. 죄인의 목에 씌우는 형구. ② 젓가락. ③ 꺼림. 시기함.
鉗口〔겸구〕 입을 다물고 말을 하지 않음. 겸구(箝口).

【鈷】金5 ¹³│고│다리미│㉡襲│
コ

筆順 ᅩ 午 숲 金 針 鈷 鈷
意味 ① 다리미. ② 금강저(金剛杵). 불구(佛具)의 한 가지. 고대(古代) 인도의 호신용 무기. 번뇌를 타파(打破)하는 뜻으로 쓰임.

【鉤】金5 ¹³│구│갈고리│㉠尤│
コウ
かぎ

筆順 ᅩ 午 숲 金 釗 釣 鉤
意味 ① 띠쇠. 띠를 매는 쇠. 대구(帶鉤). ② 갈고리. ③ 칼. ④ 갉아 당김.
鉤矩〔구구〕 콤파스와 곡척(曲尺).
鉤狀〔구상〕 갈고리와 같은 모양.

【鈴】金5 ¹³│령│방울│㉠靑│
レイ・リン・リョウ
すず

筆順 ᅩ 午 숲 金 釒ᅮ 鈴 鈴
意味 방울. 「搖―」
鈴鐸〔영탁〕 방울. 요령. 탁령(鐸鈴).

【鉢】金5 ¹³│발│바릿대│㉠曷│
ハチ・ハツ

筆順 ᅩ 午 숲 金 針 鉢 鉢
意味 바릿대. ㉠중의 밥그릇. 범어(梵語) 발다라(鉢多羅)의 줄인말. ㉡중 노릇함. 또는 불도. 「托―」
鉢合わせ《日》머리를 맞 부딪침.

*【鉛】金5 ¹³│연│납│㉠先│
エン
なまり

筆順 ᅩ 午 숲 金 釒ᄂ 鉛 鉛
解字 形聲. 金과 음을 나타내는 㕣(연)을 합하여 검푸른 쇠붙이의 뜻.
意味 ① 납. 광물의 한 가지. 「―板」「―毒」 ② 분. 산화(酸化)한 납으로 만든 화장품의 한 가지. 「―華」 ③ 따름.＝沿
鉛管〔연관〕 배수・가스 공사 따위에 사용되는 납으로 만든 가늘고 긴 통.

〔金部〕5~6획

【鉦】金5 13 | 정 | 징 | ㉰庚 |
セイ・ショウ
かね

筆順 ᄼ 午 乍 金 釒 釕 鉦

意味 징. 청동으로 만든 원형(圓形)의 타악기. 불사(佛事) 때나 배가 떠날 때 또는 행군(行軍)할 때에 침.

鉦鼓〔정고〕ショウ(セイ) ① 군대에서 행군(行軍) 때에 징을 치면 후진의 신호로 군이 쉬고, 북을 치면 진군(進軍)의 신호로 군이 움직임. 군사(軍事)·병사(兵事)를 일컬음. ② 징과 북.
▼鼓鉦(고정)ショウ│銅鉦(동정)ドウ

【鉋】金5 13 | 포 | 대패 | ㉱肴 |
ホウ
かんな

筆順 ᄼ 午 乍 金 釒 鉋 鉋

意味 대패. 나무를 밀어 깎는 연장.

*【銅】金6 14 | 동 | 구리 | ㉰東 |
ドウ
あかがね

筆順 ᄼ 午 乍 金 釒 銅 銅

解字 形聲. 金과 음을 나타내는 同(동)을 합하여 붉은 쇠붙이의 뜻.

意味 ① 구리. 「赤―」「青―」 ② 동기(銅器). ③ 구리돈(銅貨). ④ 산물.

銅鏡〔동경〕ドウキョウ 구리를 갈아서 만든 거울. 「구리가 들은 광석」
銅鑛〔동광〕ドウコウ ① 구리가 나는 광산. ②
銅塊〔동괴〕ドウカイ 구리 덩어리.
銅器〔동기〕ドウキ 구리나 청동으로 만든 그릇. 「의 타악기(打樂器). 징.
銅鑼〔동라〕ド(ドウ) 구리로 만든 둥근 모
銅盤〔동반〕ドウバン ① 구리로 만든 쟁반. ② 구리로 만든 악기. 「(銅鑛).
銅山〔동산〕ドウザン 구리를 캐는 광산. 동광
銅像〔동상〕ドウゾウ 구리로 사람이나 동물의 형상을 만들어 세운 기념상.
銅線〔동선〕ドウセン 구리로 만든 철사.
銅錢〔동전〕ドウセン 구리로 만든 돈. 동화(銅貨).
銅製〔동제〕ドウセイ 구리로 만듦.

*【銘】金6 14 | 명 | 새길 | ㉱青 |
メイ・ベイ・ミョウ
しるす

筆順 ᄼ 午 乍 金 釒 鉻 銘

解字 形聲. 金과 음을 나타내는 名(명)을 합하여 쇠붙이에 새긴 글자의 뜻.

意味 ① 새김. ㉠쇠붙이나 돌에 새김. 「墓碑―」㉡마음속에 깊이 새김. 「感―」② 명. ㉠쇠붙이나 돌에 새긴 글. ㉡한문(漢文)의 문체(文體)의 하나.

銘菓〔명과〕メイカ 특별한 방법으로 만들어 독특한 상표(商標)가 붙은 좋은 과자.
銘記〔명기〕メイキ 마음속 깊이 새기어 잊지 않음. 명심(銘心).

【銑】金6 14 | 선 | 끌 | ㉱銑 |
セン
ずく

筆順 ᄼ 午 乍 金 釒 銑 銑

解字 形聲. 金과 음을 나타내는 先(선)을 합하여 주물(鑄物)에 쓰이는 쇠(鐵)의 뜻.

意味 ① 끌. 나무에 구멍을 파는 연장. ② 무쇠. ③ 꾸밈. ④ 금. ⑤ 무쇠. 「―鐵」

銑鐵〔선철〕センテツ 무쇠.

【銛】金6 14 | 섬 | 쟁기 | ㉰鹽 |
セン
もり·すき

筆順 ᄼ 午 乍 金 釒 釺 銛

意味 ① 쟁기. 가래. 밭을 가는 연장. ② 작살. 물고기를 찔러서 잡는 연장. ③ 날카로움.

*【銀】金6 14 | 은 | 은 | ㉰眞 |
ギン·ゴン
しろがね

筆順 ᄼ 午 乍 金 釒 釼 銀 銀

解字 形聲. 金과 음을 나타내는 艮(간) 〔은은 변음〕을 합하여 은의 뜻.

意味 ① 은. ② 은기(銀器). 은으로 만든 그릇. ③ 은빛. 은색. 「―河」「―世界」 ④ 은전(銀錢). ⑤ 지경. =垠 ⑥ 날카로움. 서슬이 있음.

銀鑛〔은광〕ギンコウ 은을 함유한 광석.

[金部] 6~7획

銀錢[은전]ギン 은으로 만든 돈. 은자(銀子).

銀製[은제]ギンセイ 은으로 만듦. 또는 그 물건.

銀紙[은지]ギンシ 은가루를 붙여 놓은 종이. 은종이.

【銓】金6 14 | 전 | 저울질 | ㉗先
センはかる・えらぶ

筆順 ノ ヘ 스 全 金 金 鈐 銓

意味 ① 저울. 저울질함. ② 가림. 재능을 저울질하여 뽑음. 「一衡」

銓選[전선]センセン 인물(人物)을 전형(銓衡)하여 선발함.

銓議[전의]センギ ① 사물을 평의하여 밝힘. ② 범죄 또는 죄인을 조사함.

銓衡[전형]センコウ ① 저울. ② 사람의 됨됨이나 재능(才能)을 시험하여 등용함. 또 그 벼슬.

*【銃】金6 14 | 총 | 도끼구멍 | ㉗送
ジュウつつ

筆順 ノ ヘ 스 全 金 金 鈐 銃

解字 形聲. 金과 음을 나타내는 充(충) [充은 변읍]을 합하여 도끼 자루를 박는 구멍의 뜻. 후에 총의 뜻이 됨.

意味 ① 도끼 구멍. 도끼 자루를 박는 구멍. ② 총.

銃架[총가]ジュウカ 총을 걸어 놓는 받침.

銃劍[총검]ジュウケン ① 총과 칼. ② 총 끝에 꽂아 적을 무찌를 때 쓰는 짧은 칼.

銃擊[총격]ジュウゲキ 총으로 쏨.

銃口[총구]ジュウコウ 총부리.

銃器[총기]ジュウキ 소총이나. 권총 기관총 등의 무기. 「냥. 총사냥.

銃獵[총렵]ジュウリョウ 총을 가지고 하는 사

【鋒】金7 15 | 봉 | 봉망 | ㉗冬
ホウほこさき

筆順 ノ ヘ 스 全 金 鈐 鋒 鋒

意味 봉망(鋒芒). 무기의 첨단(尖端).

鋒起[봉기]ホウキ 창이 불쑥 나오는 것처럼 급작히 일어남.

鋒芒[봉망]ホウボウ ① 칼날의 끝. ② 날카로운 성질 또는 기상.

【鋤】金7 15 | 서 | 호미 | ㉗魚
ジョすき

筆順 ノ ヘ 스 全 金 鈐 鉬 鋤 鋤

意味 ① 호미. ② 호미로 풀을 맴. ③ 없애 버림. 제거함.

鋤犂[서려]ジョレイ 쟁기. 또는 경작하는 것.

【銷】金7 15 | 소 | 녹을 | ㉗蕭
ショウとける

筆順 ノ ヘ 스 全 金 鈐 銷 銷

意味 ① 녹음. 녹임. 용해함. 「一金」 ② 사라짐. 꺼짐. 흩어짐. 「一魂」 ③ 쇠함. 쇠약함. ④ 작음. ⑤ 무쇠.·생철(生鐵).

銷刻[소각]ショウコク 깎아 없어짐.

【銹】金7 15 | 수 | 동록 | ㉗宥
シュウさび

筆順 ノ ヘ 스 全 金 鈐 銹 銹

意味 동록. 녹. 녹슴.

*【銳】金7 15 | 1예 2태 | 날카로울 | ㉗齊·㉗泰
エイ・タイするどい

筆順 ノ ヘ 스 全 金 鈐 銳 銳

解字 形聲. 金과 음을 나타내는 兌(태)를 합하여 무기의 끝이 가늘고 날카롭다는 뜻.

意味 1 ① 날카로움. 뾰족함. 「一利」 ② 날쌤. 날램. 「精一」 ③ 작음. 세소함. ④ 가시랭이. 까끄라기. 2 창.

銳角[예각]エイカク 〈數〉 직각보다 작은 각. 곧 90도보다 작은 각. ↔둔각(鈍角)

銳氣[예기]エイキ 성질이 굳세어 굽히지 아니하는 날카로운 성질.

銳利[예리]エイリ ① 날을 쓰는 연장 등이 날카롭고 잘 듦. ② 두뇌나 판단력이 날카롭고 정확함.

【鋪】金7 15 | 포 | 문고리 | ㉗虞

ホ・フ
しく・みせ

筆順 ⺧ 金 金´ 釒 釮 鋪 鋪

意味 ① 문고리. ② 폄. 늘어 놓음. 퍼짐. ③ 앓음. =痛 ④ 고루 미침. 빠짐 없이 미침. =徧 ⑤ 가게. 전방. 상점.「店—」 ⑥ 베풂.

鋪道[포도] 포장(鋪裝)한 길.
鋪馬[포마] 역말.

【鋏】 ¹⁵ 金7 | 협 | 부젓가락 | ㊤葉 |
キョウ
はさみ

筆順 ⺧ 金 金´ 釒 釮 鋏 鋏

意味 ① 칼. 도검(刀劒) ② 칼 손잡이. ③ 부젓 가락. 부집게. ④ 가위.

參考 본디 음은 '겹'.

【鋲】 ¹⁵ 金7 | 병 | 넓은못 | ㊤庚 |
びょう

筆順 ⺧ 金 金´ 釒 釮 鋲 鋲

意味 ① 넓은 못. ② 田 징.

【鋼】 ¹⁶ 金8 | 강 | 강쇠 | ㊤陽 | コウ
はがね

筆順 ⺧ 金 釒 釭 鋼 鋼 鋼

意味 강쇠. 강철.「—鐵」「錬—」

鋼管[강관]コウ 강철로 만든 관.
鋼塊[강괴]コウカイ 용광로로 정련한 용강(鎔鋼)을 거푸집에 부어 식힌 강철 덩어리.ᄂ느다란 막대.
鋼索[강색]コウサク 열로 처리된 강철의 가

【鋸】 ¹⁶ 金8 | 거 | 톱 | ㊤御 | キョ・コ
のこぎり

筆順 ⺧ 金 金´´ 釒¨ 鋸 鋸 鋸

意味 ① 톱. ② 켬. 자름.

鋸刀[거도]キョトウ 한 쪽에만 자루를 박은 큰
鋸鑿[거착]キョサク 톱과 끌.   ᄂ톱.

*【錦】 ¹⁶ 金8 | 금 | 비단 | ㊦寢 |
キン
にしき

筆順 ⺧ 金 金´ 釒' 錩 錦 錦

意味 ① 비단. ㉠여러 빛깔을 섞어서 짠 비단. ㉡비단처럼 아름다운 것. ㉢찬미(歎美)의 뜻을 나타내는 관형사(冠形詞). ② 비단옷.

錦旗[금기]キンキ 비단 천으로 만든 기.
錦囊[금낭]キンノウ 비단 주머니.
錦上添花[금상첨화] 아름다운 위에 아름다움을 한층 더함. 좋은 일에 또 좋은 일이 더함.
錦衣夜行[금의야행] 비단 옷을 입고 밤에 간다는 뜻으로, 보람이 없는 행동을 비유한 말.   ᄂ고향에 돌아감.
錦衣還鄕[금의환향] 출세(出世)하여

*【錄】 ¹⁶ 金8 |①록|적을|㊤沃|
リョク・ロク   ②려 ㊤御
しるす

筆順 ⺧ 金 金´ 釒¨ 釤 鋢 錄

解字 形聲. 金과 음을 나타내는 彔(록)을 합하여 쇠붙이에 새기다의 뜻. 널리 기록하다의 뜻으로 쓰임.

意味 ① ① 적음. ㉠기재함.「登—」「記—」「目—」㉡마음속에 새겨 둠. ② 표명(表明)함. ③ 취함. ④ 맡음.

錄名[녹명] 이름을 적음.
錄音[녹음]ロクオン 레코오드・테이프・필름 같은 데에 기계로 소리를 기록함.
錄畫[녹화]ロクガ 영화나 비데오테이프에 화상(畫像)을 기록함.

【錫】 ¹⁶ 金8 | 석 | 주석 | ㊤錫 |
セキ・シャク・シ
すず

筆順 ⺧ 金 金´´ 釒' 鍚 錫 錫

解字 形聲. 金과 음을 나타내는 易(역)[석은 변음]을 합하여 은백색의 쇠붙이, 주석의 뜻.

意味 ① 주석. 금속 원소의 하나. ② 줌. 하사함.「賞—」③ 석장. 도사(道士)나 중이 짚는 지팡이. ④ 가는 베.

錫杖[석장]シャクジョウ 승려(僧侶)나 도사(道士)가 가지고 다니는 지팡이.

*【錢】 ¹⁶ 金8 | 전 | 돈 | ㊦銑 |
セン・ゼン

[金部] 8~9획

ぜに
筆順 金 金 釒 鉄 銭 銭 銭

解字 形聲. 金과 음을 나타내는 戔(전)을 합하여 쇠붙이의 끝을 얇게 깎아서 만든 농구, 곧 괭이. 괭이의 모양을 본뜬 화폐가 있어 돈의 뜻이 되었음.

意味 ① 돈, 화폐. 「金—」「銅—」 ② 가래. ③ 國 전. 화폐의 단위로 원의 100분의 1.

錢刀[전도]ᡏᡇ 돈, 금전(金錢).
錢主[전주] ① 사업의 밑천을 대어 준 사람. ② 빚을 준 사람.

【錠】 16 金8 | 정 | 제기이름 | ㊥徑
テイ・ジョウ

筆順 金 金' 釒 鋇 鋇 錠 錠

解字 形聲. 金과 음을 나타내는 定(정)을 합하여 은(銀)을 녹여 일정한 모양으로 굳힌 것을 뜻함.

意味 ① 촛대. ② 제기 이름. 발이 셋 있으며 익은 음식을 담음. ③ 은화. ④ 덩이. ⑤ 國 납작한 알약.

錠劑[정제]ᡏᡇ 가루약을 뭉쳐 둥글납작한 원판상(圓板狀) 또는 원추형(圓錐形)으로 만든 약제(藥劑).

*【錯】 16 金8 | ①착 ②조 | 꾸밀 | ㊤藥 ㊦遇
サク・ソ
まじる・あやまる

筆順 金 金 釒 釒 錯 錯 錯

解字 形聲. 金과 음을 나타내는 昔(석)[착은 변음]을 합하여 도금(鍍金)을 뜻함. 후에 섞이다.

意味 ① 꾸밈. ㉠금속을 입혀 장식함. ㉡아로새김. 그림. ② 줄.

錯覺[착각]ᡏᡇ 지각(知覺)이 외계의 사물에 대해 잘못 깨닫는 현상.
錯亂[착란]ᡏᡇ ① 뒤섞이어 어수선함. ② 정신이 돎. 미침. 「精神—」
錯誤[착오]ᡏᡇ 착각에 의한 잘못. 실수. 과실. 착류(錯謬).

【錆】 金8 | 청 | 정할 | ㊤陽
セイ・ショウ
くわしい・さび

筆順 金 金 釒 釒 錆 錆 錆

意味 정(精)함. 자세함. 정밀함.

【錘】 16 金8 | ①추 ②주 | 저울추 | ㊤支 ㊥支
スイ・ツイ
つむ・おもり

筆順 金 金̄ 釒̄ 鋇 鉦 錘 錘

意味 ① ① 저울눈. 중량의 단위. 여덟 수(銖)의 일컬음. ② 저울추. ③ 도가니. 쇠붙이를 녹이는 그릇.

【錐】 16 金8 | 추 | 송곳 | ㊤支
スイ
きり

筆順 金 金̄ 釒 釒 釒 錐 錐

意味 송곳. 조그마한 구멍을 뚫는 연장.

錐處囊中[추처낭중] 송곳을 주머니 속에 넣으면 반드시 그 끝이 주머니를 뚫고 나온다는 뜻으로 재주와 슬기가 뛰어난 사람은 반드시 그 재능을 나타낼 기회가 있다는 말의 비유.

【鍵】 17 金9 | 건 | 열쇠 | ㊦阮
ケン・ゲン
かぎ

筆順 金 金̄ 金ㅋ 金ㅌ 鍵 鍵 鍵

意味 ① 열쇠. 자물쇠를 여는 쇠. ② 수레의 굴대. ③ 풍금·피아노 등의 손가락으로 누르는 부분. 「—盤」

鍵關[건관]ᡏᡇ 열쇠와 빗장. 문단속.

【鍋】 17 金9 | 과 | 노구 | ㊤歌
カ
なべ

筆順 金 釒 鋇 鋇 鍋 鍋 鍋

意味 ① 노구. 노구솥. ② 기름 통.

鍋戶[과호] 소금을 굽는 백성.

【鍛】 17 金9 | 단 | 두드릴 | ㊧翰
タン
きたえる

筆順 金 金̄ 金̄ 鋇 鋇 鍛 鍛

意味 두드림. 단련(鍛鍊)함.

鍛工[단공]ᡏᡇ 금속을 단련함. 또는 그 일을 하는 사람. 대장장이.
鍛鍊[단련]ᡏᡇ ① 금속을 불에 달구어 두드림. ② 몸과 마음을 닦아 기름.

〔金部〕9~10획

【鍍】金9 ¹⁷ | 도 | 도금 | 辵週|
ト
めっき

筆順 金 釒 鈩 鈩 鈩 鈩 鍍

意味 도금(鍍金). 금속의 산화(酸化)·부식(腐蝕)을 방지하거나 또는 장식하기 위하여 그 표면에 금·은·니켈·크로움 등의 얇은 막을 입히는 일.

鍍金[도금]ᵏⁱⁿ めっき 금속의 산화·부식(腐蝕)을 방지하거나 또는 장식하기 위하여 그 표면에 금·은·니켈·크롬등의 얇은 층을 입힘.

*【鍊】金9 ¹⁷ | 련 | 불릴 | 辵戩|
レン
ねる

筆順 金 釒 釯 鈩 鈩 鍗 鍊

意味 불림. 쇠붙이를 불에 달굼.

鍊成[연성]ˢᵉⁱ ① 단련하여 이룸. ② 인물(人物)을 단련시켜 육성함.

【錨】金9 ¹⁷ | 묘 | 닻 | 辵蕭|
ビョウ
いかり

筆順 金 釒 釯 釯 鉗 錨 錨

意味 닻. 배를 멈추게 하기 위하여 밧줄에 매어 물 속에 넣는 철제(鐵製)의 기구. 「投─」

錨地[묘지]ᵇʸᵒ 배가 닻을 내리고 정박(碇泊)하는 장소. 항구(港口).

【鍾】金9 ¹⁷ | 종 | 술병 | 辵多|
ショウ・シュ
あつめる

筆順 金 釒 釯 釯 鈩 鍗 鍾

意味 ① 술병. 술잔. ② 되 이름.

鍾愛[종애]ˢʰᵒᵏᵘ 사랑을 한 쪽으로 모음. 지극히 사랑함. 종련(鍾憐).

【鍬】金9 ¹⁷ | 가래 | 辵蕭| ショウ
·ショウ すき

筆順 金 釒 釯 釬 鉌 鉌 鍬

意味 가래. 흙을 파고 일구는 연장.

【鍼】金9 ¹⁷ | 1 침 2 감 | 바늘 | 辵侵 鹽| シン
はり

筆順 金 釒 釯 鉌 鍼 鍼 鍼

意味 ① 바늘. ㉠꿰매는 바늘. ㉡침놓는 바늘. ② 찌름. ② 인명(人名).

鍼工[침공]ˢʰⁱⁿ ① 재단하여 바느질하는 기술. ② 또는 그 사람. 「침질과 뜸질.

鍼灸[침구]ˢʰⁱⁿ 병의 치료에 사용되는

【鍮】金9 ¹⁷ | 유 | 놋쇠 | 辵尤|
トウ・チュウ

筆順 金 釒 釯 鉅 鉝 鍮 鍮

意味 ① 자연동(自然銅). 금빛이 나는 자연동. ② 놋쇠.

鍮盤[유반] 놋쇠 쟁반. 「연동(自然銅).

鍮石[유석]ʸᵘˢᵉᵏⁱ〈地質〉품질이 좋은 자

【鎧】金10 ¹⁸ | 개 | 갑옷 | 辵賄|
ガイ・カイ
よろい

筆順 金 釒 鈩 鈩 鎧 鎧 鎧

意味 ① 갑옷. ② 투구.

鎧甲[개갑]ᵏᵃⁱᵏᵒ 갑옷.

【鎌】金10 ¹⁸ | 겸 | 낫 | 辵鹽|
レン
かま

筆順 金 釒 鈩 鈩 鈩 鎌 鎌

意味 낫. 풀을 베는 연장.

鎌利[겸리] 낫같이 예리함.

*【鎖】金10 ¹⁸ | 쇄 | 자물쇠 | 辵哿|
サ
くさり·とざす

筆順 金 釒 鈩 鈩 鎖 鎖 鎖

意味 ① 자물쇠. ② 쇠사슬.

鎖國[쇄국]ˢᵃᵏᵒᵏᵘ 나라의 문호(門戶)를 굳게 닫고 외국과 교제(交際)·무역(貿易)을 아니 함. ↔개국(開國).

【鎔】金10 ¹⁸ | 용 | 불릴 | 辵多|
ヨウ
いがた·とかす

筆順 金 釒 鈩 鈩 鉌 鎔 鎔

意味 ① 불림. 녹임. ② 거푸집.

鎔解[용해]ᵏᵃⁱ 금속을 녹임. 또는 녹음.

鎔化[용화]ᵏᵃ 고체가 녹아 풀어짐.

鎔和[용화]ʷᵃ 녹여서 섞음.

[金部] 10~13획

*【鎭】 18 金10 1 진 2 전 | 누를 | ㊀震 | ㊁先
チン・アン
しずめる

筆順 金 釒 釕 鈩 鉑 鎮 鎮

意味 1 누름. 무거운 물건으로 위에서 누름. 또 누르는 물건.
鎭撫[진무] 민심(民心)을 진정시켜 백성을 편안하게 함. 진안(鎭安).
鎭火[진화] 화재를 끔.

【鎚】 18 金10 1 추 2 퇴 | 쇠망치 | ㊀支 ㊁灰
ツイ・タイ
かなづち

筆順 金 釒 釕 釨 鉑 鎚 鎚

意味 1 ① 쇠망치. 철퇴(鐵槌). ② 침.
鎚鍛[추단] 망치로 다짐.

【鎬】 18 金10 | 호 | 쟁개비 | ㊤皓
コウ
しのぎ

筆順 金 釒 釕 鈩 鉑 鎬 鎬

意味 쟁개비. 남비.

*【鏡】 19 金11 | 경 | 거울 | ㊤敬
ケイ・キョウ
かがみ

筆順 金 釒 釔 鈩 鉑 鏡 鏡

意味 거울. ㉠물체의 모양을 비추는 물건. 「銅—」 ㉡모범·본이 될 만한 것.
鏡考[경고] 다른 예와 비교하여 스스로 반성하고 생각함.

【鏤】 19 金11 | 루 | 새길 | ㊤宥
ロウ・ル
ちりばめる

筆順 釦 釦 鋁 鋁 鏤 鏤 鏤

意味 ① 새김. 아로새김. ② 뚫음. ③ 강철. 단단한 쇠. ④ 칼 이름.
鏤刻[누각] 금속이나 나무에 글씨나 그림 등을 새김.

【鏑】 19 金11 | 적 | 살촉 | ㊤錫
テキ
やじり・かぶらや

筆順 金 釒 釕 鈩 鉑 鏑 鏑

意味 ① 살촉. 화살촉. ② 우는 살.
鏑矢[적시] 화살의 한 가지.

【鏃】 19 金11 | 족 | 살촉 | ㊤屋
ゾク・ソク
やじり

筆順 金 釒 釕 釤 鈬 鏃 鏃

意味 살촉. 화살촉.

【鐙】 20 金12 | 등 | 등자 | ㊤徑
トウ
あぶみ

筆順 金 釒 釕 鈩 鉑 鐙 鐙

意味 등자. 말을 탈 때 디디고 올라가는 물건.
鐙骨[등골] 귀의 고막(鼓膜)에서 더 들어간 곳에 있는 뼈.

*【鐘】 20 金12 | 종 | 쇠북 | ㊤冬
ショウ
かね

筆順 金 釒 釕 鈩 鉑 鐘 鐘

解字 形聲. 金과 음을 나타내는 童(동) [종은 변음]을 합하여 쳐서 큰 소리를 내는 금속제의 물건이란 뜻.

意味 쇠북. 종. 쇠로 만든 악기의 한 가지. 「警—」

鐘閣[종각] 큰 종을 달아 놓은 집.
鐘鼓[종고] 종과 북.

*【鐵】 21 金13 | 철 | 쇠 | ㊤屑
テツ
くろがね

筆順 金 釒 鈩 鏏 鐡 鐵 鐵

解字 形聲. 金과 음을 나타내는 𢧜(질) [철은 변음]을 합하여 검은 쇠붙이란 뜻.

意味 쇠. ㉠금속의 한 가지. ㉡견고 또는 부동의 뜻의 관형사(冠形詞)로 쓰임. 「—則」「—石」 ㉢ 철물.
鐵脚[철각] 쇠같이 튼튼한 다리.
鐵甲[철갑] ① 쇠로 만든 갑옷. 철의(鐵衣). ② 철면(鐵面). ③ 쇠의 녹.
鐵石[철석] ① 쇠와 돌. ② 매우 굳고 단단하여 변하지 않음을 비유한 말.

[金部] 13~19획

【鐸】 金13 ²¹ | 탁 | 요령 | ㊊鐸
タク
すず

筆順 金 金´ 金″ 鐸 鐸 鐸 鐸

意味 요령. 방울. 옛날에 교령(敎令)을 선고할 때 사용하던 큰 방울.

參考 목탁(木鐸)·금탁(金鐸)의 두 가지가 있음. 목탁은 나무추(錘)가 달린 것으로 문사(文事)에 쓰이고, 금탁은 쇠추가 달린 것으로서 무사(武事)에 쓰였음.

鐸鈴[탁령]タクレイ 방울

【鑄】 金14 ²² | 주 | 부어만들 | ㊊週
チュウ・シュウ
いる

筆順 金 金´ 鋳 鋳 鋳 鑄 鑄

意味 부어 만듦. ㉠금속을 녹여 거푸집에 넣어서 기물을 만듦. 「―造」 ㉡인재를 양성함.

鑄工[주공]チュウコウ 쇠를 부어 철물을 만듦. 또 그 일에 종사하는 사람.

鑄金[주금]チュウキン 금속을 녹여서 틀에 부어 기물(器物)을 만듦. 「―물건」

鑄物[주물]いもの 금속을 녹여 부어 만든 물건.

鑄字[주자]チュウジ 쇠불이로 부어 만든 글자.

*【鑑】 金14 ²² | 감 | 거울 | ㊊咸
カン
かがみ

筆順 金 金´ 鋕 鋕 鑑 鑑 鑑

解字 形聲. 거울의 본디 글자 監(감)이 불거울인데 대하여 쇠불이로 만든 거울을 나타내기 위하여 金자를 더하였음. 監은 음을 나타냄.

意味 거울.

鑑識[감식]カンシキ ① 감정하여 식별함. 「―家」 ② 〈法〉 범죄가 일어났을 때 지문(指紋)이나 필적(筆跡) 또는 혈흔(血痕) 등을 조사해서 알아 냄.

鑑別[감별]カンベツ 잘 관찰하여 분별해 냄. 감정(鑑定). 식별(識別).

鑑査[감사]カンサ 잘 검사하여 적부(適否)나 우열을 분별함. 감정(鑑定).

鑑賞[감상]カンショウ 예술 작품 등의 가치·성질·효과 등을 깊이 음미하고 이해함. 완상(玩賞).

【鑞】 金15 ²³ | 랍 | 백철 | ㊊合
ロウ

筆順 金 金" 鋌 鋌 鋌 鑞 鑞

意味 ① 백철(白鐵). ② 땜납.

鑞紙[납지] 얇게 늘인 납종이. 사탕이나 궐련을 싸는 데 씀. 석박(錫箔).

*【鑛】 金15 ²³ | 광 | 쇳돌 | ㊀梗
コウ
あらがね

筆順 金 金´ 鋋 鋋 鑛 鑛 鑛

解字 形聲. 金과 음을 나타내는 廣(광)을 합하여 쇠불이를 채취하는 노란 돌이란 뜻.

意味 ① 쇳돌. 광석. =礦 ② 쇳덩어리.

鑛物[광물]コウブツ 천연적(天然的)으로 지중(地中)에서 나는 금·은·철·석탄 등의 무기물의 총칭.

鑛夫[광부]コウフ 광산에서 광석을 채굴하는 일을 하는 사람. 광군(鑛軍).

鑛山[광산]コウザン ① 유용한 광물을 채굴하는 산. ② 광산 사무소.

鑛油[광유]コウユ 〈地質〉 광물성의 기름. 석유 등. 광유(礦油).

鑛泉[광천]コウセン 광물질을 다량으로 함유한 물이 솟는 샘. 광천(礦泉).

【鑪】 金16 ²⁴ | 로 | 화로 | ㊊虞
いろり

筆順 鋐 鋐 鋐 鋸 鑪 鑪

意味 ① 화로. =爐 ② 향로. =爐 ③ 목로. 술집에서 술병을 놓고 술을 파는 긴 상.

鑪戶[노호] 대장간. 대장장이.

【鑿】 金19 ²⁷ | ①착 ②조 | 뚫을 | ㊊藥 ㊊號
サク・ソウ
のみ・うがつ

筆順 ⺷ ⺷ 鑿 鑿 鑿 鑿 鑿

意味 ①① 뚫음. ② 끌. ③ 깎精함. ④ 대낌. 곡식을 깨끗이 도정(精)함. ⑤ 경형(鯨刑). 옛날에 죄인의 살에 먹실로 죄명을 써 넣는 형벌.

鑿巖機〔착암기〕サクガンキ 바위에 구멍을 뚫는 기계. 광산·토목 공사 등에 사용함.

鑿井〔착정〕サクセイ 우물을 팜.

【鑽】27 金19 | 찬 | 뚫을 | [平]寒 | サン きり·きる

[筆順] 

[意味] ① 끌. 나무에 구멍을 파는 연장. ② 빈형(臏刑). 발을 끊는 형벌. ③ 끊음. ④ 뚫음.

鑽硏〔찬연〕サンケン 갈고 닦음. 깊이 연구함.

長(镸)部

*【長】8 長0 | 장 | 길 | [平]陽 | チョウ ながい

[筆順] 

[解字] 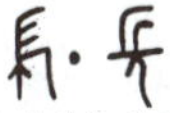 象形. 머리털이 긴 노인이 지팡이를 짚고 있는 모양을 본뜸. 연만(年滿)한 노인이란 뜻. 후에 길다의 뜻으로 쓰임. 부수(部首)로서는 머리털·긴 것 등에 관한 의미를 나타냄.

[意味] ① 길. ㉠짧지 아니함. ㉡거리가 멂. ㉢오램. ② 큼. ㉠거대함. ㉡키가 큼. 「身—」 ③ 늘. ④ 나음.

長廣舌〔장광설〕チョウコウゼツ ① 웅변(雄辯). ② 길게 잘 늘어 놓는 말솜씨나 쓸데없이 너저분하게 오래 지껄이는 말의 비유. 광장설(廣長舌).

長久〔장구〕チョウキュウ 길고 오램. 영구(永久).

長身〔장신〕チョウシン 키가 큼. 또는 그런 사람.

長安〔장안〕チョウアン 〈地〉 지금의 섬서성(陝西省) 서안시(西安市)의 서북쪽에 있던 구도(舊都). 전한(前漢)·수(隋)·당(唐) 등의 도읍지(都邑地)였음.

長夜〔장야〕チョウヤ ① 겨울의 긴 밤. ↔단야(短夜) ② 죽어서 장사함.

長夜之飮〔장야지음〕チョウヤノイン 밤이 새어도 문을 닫고 초를 켜 놓고 주연(酒宴)을 베풂. 밤이 새도록 술을 마심.

門 部

*【門】8 門0 | 문 | 문 | [平]元 | モン かど

[筆順] 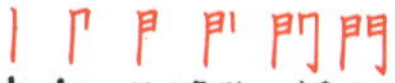

[解字]  象形. 좌우로 여닫는 문이 닫혀 있는 모양을 본뜸.

[意味] ① 문. ㉠대문. ㉡사물의 출입에 경유(經由)하는 곳. 학문 등에 처음으로 들어감. 또는 그 과정. 「入—」 ㉢문앞. 집앞. ㉣동류(同類). 「同—」 ㉤관리가 자기를 추천한 사람을 일컫는 말.

門閥〔문벌〕モンバツ 대대(代代)로 이어 내려오는 집안의 지위. 문지(門地).

門業〔문업〕モンギョウ 집안에 대대로 내려 오는 직업. 가업(家業).

門前成市〔문전성시〕 집문 앞에 방문객이 많음을 일컫는 말.

門前沃畓〔문전옥답〕 집 앞 가까이에 있는 좋은 논.

【閂】9 門1 | 산 | 빗장 | [平]刪 | サン·セン かんぬき

[筆順] 

[意味] 빗장. 문을 잠글 때 가로지르는 나무때기.

【閃】10 門2 | 섬 | 엿볼 | [上]琰 | セン ひらめく

[筆順] 

[意味] ① 피함. ② 언뜻 봄. ③ 번득임. 나부낌. ④ 번쩍번쩍함. ⑤ 엿봄.

閃光〔섬광〕センコウ ① 순간적으로 번쩍이는 빛. ② 항성(恆星)의 번쩍이는 빛.

*【閉】11 門3 | [1]폐 [2]별 | 닫을 | [去]霽 [入]屑 |

[筆順] 

[意味] [1] ① 닫음. ㉠열린 것을 막음. 「—門」「—塞」 ㉡마침. 끝냄. 그만둠. 「—

8획

閉門[폐문] 문을 닫음. ↔개문(開)
閉塞[폐색] ① 막힘. 막음. ② 겨울에 천지가 얼어서 생기가 막힘. ③ 운수가 막힘. ④ 폐색기.
閉鎖[폐쇄] ① 문을 굳게 닫음. ② 기능(機能)을 정지함.

[間] 門4-12 | 간 | 사이 | ㊥刪
カン・ケン
あいだ・ま

筆順 丨 冂 冂 闩 門 門 問 間
意味 ① 사이. ㉠양자의 사이. 중간. 가운데. 「伯仲之一」㉡동안. 「時一」「三年一」㉢떨어진 정도. 거리. 「一隔」
間隔[간격] 물건과 물건과의 거리. 간각(間刻).
間歇[간헐] 똑같은 사이를 두고 주기적으로 일어났다 쉬었다 함.

[開] 門4-12 | 개 | 열 | ㊥灰
カイ
ひらく

筆順 丨 冂 冂 闩 門 門 問 開
解字 形聲. 門과 음을 나타내는 开(견)[개는 변음]의 변형인 开를 합하여 양쪽 문짝을 벌려서 열다의 뜻.
意味 엶. ㉠닫힌 것을 엶. 「一門」㉡시작함. 「一會」㉢입을 엶. ㉣통함.
開墾[개간] 산야(山野)나 황무지(荒蕪地)를 개척하여 처음으로 논밭을 만듦. 개척(開拓). 「一地」
開明[개명] 문화가 발달됨. 사람의 지혜가 열림. 개화(開化).
開門[개문] 문을 엶. ↔폐문(閉門)
開眉[개미] ① 마음의 근심을 푸는 것. 안심. ② 웃음.

[閔] 門4-12 | 민 | 우환 | ㊥眞
ビン・ミン
あわれむ

筆順 丨 冂 冂 闩 門 門 閔 閔
意味 ① 우환. 질병・사망 등의 걱정. ② 근심함. ③ 가엾게 여김. ④ 힘씀.
閔勉[민면] 부지런히 일하는 것. 노력하는 것.
閔閔[민민] 깊이 걱정하는 모양.

[閏] 門4-12 | 윤 | 윤 | ㊥震
ジュン
うるう

筆順 丨 冂 冂 闩 門 門 閏 閏
意味 ① 윤. 윤달이 듦. 「一月」「一年」② 정수(正數)가 아닌 잉여(剩餘). 또는 정통(正統)이 아닌 위조(僞朝). 「正一」③ 윤달.
閏年[윤년] 〈天〉윤달이나 윤일(閏日)이 드는 해. ↔평년(平年)

[閑] 門4-12 | ①②한 | 한가할 | ㊥諫
カン・ケン

筆順 丨 冂 冂 闩 門 門 閑 閑
意味 ① ① 한가함. ② 겨를. 틈. ③ 쉼.
閑暇[한가] 할 일이 없어 틈이 있음.
閑散[한산] ① 조용하고 한가함. ② 일이 없음. 한산(閒散).
閑心[한심] 한가한 마음.
閑話休題[한화휴제] 쓸 데 없는 이야기는 그만두자는 뜻.

[閑] 門4-12 | 한 | 막을 | ㊥刪
カン
ひま

筆順 丨 冂 冂 闩 門 門 閑 閑
解字 會意. 門과 나무(木)를 합하여 소가 도망치 못하게 우리의 입구에 가로 지른 나무의 뜻.
閑暇[한가] 조용하고 별로 할 일이 없어 틈이 있음. 한가(閒暇).
閑却[한각] 내버려 둠. 소홀히 함.

[閘] 門5-13 | 갑 | 물문 | ㊥合
コウ・オウ
ひのくち・とじる

筆順 丨 冂 冂 闩 門 門 閘 閘
意味 ① 문빗장. ② 물문. 수문(水門). ③ 닫음.
閘門[갑문] ① 운하・방수로(放水路) 등에서 수면을 일정하게 하기 위한 수량(水量) 조절용의 물문. ② 선박을 고저의 차가 심한 수면으로 오르내리게 하는 장치.

[閣] 門6-14 | 각 | 다락집 | ㊥藥 カク

[門部] 6~9획

筆順 厂 F 門 門 門 閃 閃 閣

解字 形聲. 門과 음을 나타내는 各(각)을 합하여 대문을 잠그는 빗장의 뜻. 널리 높은 건물의 뜻으로 쓰임.

意味 ① 다락집. 층집.「樓─」② 대궐. ③ 관성(官省).「內─」④ 복도.

閣內[각내]ヵヶ 내각(內閣)의 내부. ↔ 각외(閣外)

閣僚[각료]ヵクリョゥ 내각(內閣)의 구성원인 장관(長官). 각원(閣員).

*【閨】門6 | 규 | 협문 | ㊥齊 | ケイ ねや

筆順 厂 F 門 門 門 閂 閨 閨

意味 협문. 궁중(宮中)의 작은 문.
閨房[규방]ケイボゥ 안방. 침실(寢室).
閨閥[규벌]ケイバツ 처가 친척(妻家親戚)의 세력을 중심으로 결성된 파벌(派閥).

【閥】門6 | 벌 | 공로 | ㊤月 | バツ

筆順 厂 F 門 門 門 閂 閥

解字 形聲. 門과 음을 나타내는 伐(벌)을 합하여 집의 왼쪽 문기둥의 뜻. 오른쪽 문기둥은 閱(열)이라 함. 후에 가문(家門)의 뜻으로 씀.

意味 ① 공로. 공적. ② 지체. 가문.「門─」「一閱」③ 왼편 문. 기둥.

閥族[벌족]バツゾク 문벌이 좋은 집안.

【閤】門6 | 합 | 도장 | ㊤合 | コウ

筆順 厂 F 門 門 閃 閃 閤

意味 ① 협문. 큰 문 옆에 있는 작은 문.「宮─」② 대궐. 궁전. ③ 도장방. 침방. 침실. 방. ④ 마을.

閤內[합내] 남의 가족을 존대하여 일컫는 말.「일컫는 말.
閤夫人[합부인] 남의 아내를 높이어

【閭】門7 | 려 | 이문 | ㊥魚 | リョ さと

筆順 厂 F 門 門 門 門 閭

意味 ① 이문(里門). 주대(周代)의 제도에 스물 다섯 집을 이(里)라 하고, 그 문을 이문이라 했음. ② 마을.

閭里[여리]リョリ 마을. 여염(閭閻).
閭市[여시]リョシ 마을의 거리.

【閱】門7 | 열 | 점고할 | ㊉屑 | エツ けみする

筆順 厂 F 門 門 門 閂 閱

意味 ① 점고함. 자세히 살핌. 검사함.「檢─」「─兵」② 가림. 간택함. ③ 읽음. 독서함.「─書」④ 지냄. 겪음.

閱讀[열독]エツドク 책 등을 죽 훑어 읽음.
閱覽[열람]エツラン ① 조사하여 봄. ② 책을 훑어 읽음. 열독(閱讀).「─室」
閱歷[열력]エツレキ ① 지나가 버린 일. 지금까지 해 온 일. ② 경과하는 것.

【閼】門8 | ①알 ②연 | 막을 | ㊤曷 ㊤先 | アツ・ア・エツ・エン ふさぐ

筆順 厂 F 門 門 閂 閂 閼 閼

意味 ① ① 막음. 들어 막음. 막힘. ② 한가함. 한아(閑雅)한 모양. ③ 일찍 죽음. 요절(夭折). ④ 그침. 중지. ⑤ 해 이름[歲名]. ⑥ 인명(人名). ② 흉노(匈奴)의 왕비의 호(號).「─氏」

閼伽[알가]アカ〈佛〉① 부처에게 바치는 물. 또는 그 물을 담는 그릇. 공덕수(功德水). ② 선저(船底)에 괴는 물.

閼伽棚[알가붕]アカダナ〈佛〉부처에게 바치는 물이나 꽃 등을 올려 놓는 선반.

【閻】門8 | 염 | 이문 | ㊥鹽 | エン

筆順 F 門 門 閂 閂 閻 閻

意味 ① 이문(里門). 마을의 문. ② 마을. 촌락(村落). ③ 항간(巷間). ③ 저승. 사람이 죽은 뒤 그 혼령이 가서 산다고 하는 세상. 황천(黃泉). 유계(幽界). ④ 아리따움. 예쁨.

閻羅大王[염라대왕]エンラダイオウ 염라국의 임금. 지옥에 살며, 죽어서 지옥에 떨어지는 사람의 생전의 선악을 다스려 죄를 방지한다 함.

【闊】門9 | 활 | 넓을 | ㊤曷 | カツ ひろい

8획

【闊】門9 17획 | 란 | 차면 | ㊤塞 |
ラン
たけなわ

筆順 門門門閂閂閗閗閗

意味 ① 차면(門遮). ② 난간.＝欄 병가(兵架). 창·칼 등을 걸어 두는 틀.
闌干[난간]ラン ① 손잡이. 난간(欄干). ② 눈물이 많이 흐르는 모양. ③ 눈자위. ④ 빛이 고운 모양.
闌遺[난유] 지나가는 사람이 빠뜨린 물건. 유실물(遺失物).

【闇】門9 17획 | 암 | 어두울 | ㊤惑 |
アン
やみ・くらい

筆順 門門門門閂閂閂

意味 ① 어두움. 우매함. ② 그윽함. 일식과 월식. ④ 어두울 때. ⑤ 숨음. ⑥ 여막(廬幕). 상제가 거처하는 움집.
闇鈍[암둔]アン 어리석고 둔함.
闇昧[암매]アン 못나고 어리석어 사리에 어두움.
闇夜[암야]アン 어두운 밤. 암야(暗夜).

【闕】門10 18획 | 궐 | 대궐문 | ㊤月 |
ケツ
かける

筆順 門門門門閂閂閗

意味 ① 대궐 문. 금문(禁門). ② 대궐. 궁중.「宮—」 ③ 결여됨. ④적게 함.
闕漏[궐루]ケツ ① 빠지고 없음. 결루(缺漏). ② 실수. ③ 틈. 사이.
闕席裁判[궐석재판]ケツセキ サイバン (法) 결석 판결을 행하는 재판.

【闖】門10 18획 | 츰 | 엿볼 | ㊤沁 |
チン
うかがう

筆順 門門門門閂閂閂

意味 ① 엿봄. 틈을 노림. ② 쑥 내밈. 느닷없이 머리를 쑥 내미는 모양. ③ 불쑥 들어감.
‘틈'·'침'으로도 발음함.
闖入[츰입]チンニュウ 기회를 타서 함부로 들어감.

*【關】門11 19획 | ①관 ②완 | 문빗장 | ㊤删 ㊤删 |
カン・ケン
せき

筆順 門門門門門閂閂

意味 ① ① 문빗장. ② 잠금. ③ 관문.

【闡】門12 20획 | 천 | 열 | ㊤銑 |
セン
ひらく・あきらか

筆順 門門門門門閂閂

意味 ① 엶. ② 밝힘. 겉으로 드러내어 밝힘. 명확하게 함.「—明」 ③ 넓음. ④ 큼.
闡究[천구]センキュウ 깊이 연구하여 밝혀 냄.
闡明[천명]センメイ 드러내어 밝힘.
闡揚[천양]センヨウ 명백하게 들어 나타냄.

【闢】門13 21획 | 벽 | 열 | ㊤陌 |
ヘキ・ビャク
ひらく

筆順 門門門門門閂閂

意味 ① 엶. ㉠문을 엶. ㉡새로운 전답을 만듦.「—墾」 ② 열림. 나뉨.
闢鍵[관건]カンケン ① 문 빗장과 열쇠. ② 사물의 가장 중요한 곳. 핵심.
闢係[관계]カンケイ ① 둘 이상이 서로 걸림.「親子—」 ② 어떠한 사물에 상관함.

阜(阝)部

〔阜部〕0획・〔隶部〕0〜8획・〔隹部〕0〜3획

【阜】 8 阜0 | ①2 부 | 언덕 | 上聲
フ・フウ
おか

筆順 「 广 户 卢 皀 阜

解字 象形.

意味 ① 언덕. 둔덕. 나지막한 산. 돌이 없는 토산(土山). ② 큼. ③ 살찜. 비대(肥大)함. 두둑함. ④ 성함. 왕성(旺盛)함. ⑤ 많음. ⑥ 자람. 성장함. ⑦ 두둑함. ⑧ 땅 이름.

隶 部

【隶】 8 隶0 | ①2 이 | 밀 | 去實 去隊
タイ
およぶ

筆順 ㄱ ㅋ ㅋ 聿 聿 聿 隶

解字 會意. 手[손]와 尾[꼬리]를 합하여, 뒤에서 꼬리를 손으로 붙잡다의 뜻. ―널리 뒤쫓아 가서 따라 붙다의 뜻으로 쓰임.

意味 ① 밀[本]. ② ① 미침. 한정한 _ 곳에 이름. ② 더블어.

【隷】 16 隶8 | 례 | 종 | 去霽 しもべ
レイ

筆順 士 耂 耂 柰 柰 隷 隷 隷

解字 形聲. 隶[따라 붙다]와 음을 나타내는 柰[내][례는 변음]를 합하여 미치다의 뜻. 후에 따르다의 뜻으로 쓰임.

意味 ① 종. ② 죄수(罪囚). ③ 붙음. 부속(附屬)함. 부착(附着)함. 「一屬」 ④ 살핌. 조사함. ⑤ 서체(書體)의 하나.

隸는 옛 글자.

隷僕[예복]レイ ボク ① 주대(周代)의 관명(官名). 궁중의 청소를 맡았음. ② 종.

隷書[예서]レイ ショ 한자 서체(書體)의 하나. 전서(篆書)의 번잡함을 생략한 것.

隷屬[예속]レイ ゾク ① 말려서 매임. 지배(支配)나 지휘를 받음. ② 웃사람에게 매인 아랫사람.

隷人[예인]レイ ジン ① 죄인(罪人). ② 종. 노복(奴僕).

隹 部

【隹】 8 隹0 | ①2 추 | 새 | 支 上賄
スイ・サイ
ふるとり

筆順 ノ 亻 亻 仁 什 什 隹 隹

解字 象形. 새를 본뜸. 전문(篆文)에서는 隹를 꼬리가 짧은 새, 鳥를 꼬리가 긴 새로 구별함. 부수(部首)로서는 새에 관한 뜻을 나타냄.

意味 ① ① 새. 꽁지가 짧은 새의 총칭(總稱). ② 높음. =崔

【隼】 10 隹2 | 준 | 새매 | 上軫
ジュン・シュン
はやぶさ

筆順 ノ 亻 亻 什 什 隹 隹 隼

意味 새매. 매과(科)의 매속(屬)에 속하는 맹조(猛鳥)의 총칭. 수리에 비하여 몸이 작음.

【隻】 10 隹2 | 척 | 하나 | 入陌
セキ・シャク
ひとつ

筆順 ノ 亻 亻 什 什 隹 隼 隻

意味 ① 하나. 단지 하나. 단일(單一). ② 짝. 한 쌍 중의 한쪽. 외짝. 「一眼」 ③ 척. 배・수레 등을 세는 수사(數詞). 「二一」

隻脚[척각]セッキャク 외짝 다리.

隻句[척구]セッ(セキ)ク 짧은 문구(文句).

隻騎[척기]セッ(セキ)キ 단 한 사람의 기병(騎兵). 일기(一騎). 단기(單騎).

隻手[척수]セキシュ 한 쪽 손. 척완(隻腕).

【雀】 11 隹3 | 작 | 참새 | 入藥
ジャク・シャク・サク
すずめ

筆順 ノ 小 少 少 圥 乑 雀

意味 ① 참새. ② 다갈색(茶褐色). 참새의 털 비슷한 색.

8획

[隹部] 4~5획

雀羅(작라) 새를 잡는 그물.
雀躍(작약) 좋아서 날뛰며 기뻐함.
▼孔雀(공작)/燕雀(연작)

[雅] 隹4 12획 | 아 | 우아할 | 馬
ガ・ゲ
みやびやか

筆順 一 䒑 牙 邪 邪 邪 雅

解字 形聲. 隹와 음을 나타내는 牙(아)를 합하여 띠까마귀의 뜻. 후에 우아하다의 뜻으로 쓰임.
意味 ① 바름. 정당함. 「一正」 ② 몇몇 함. ③ 악기 이름.
雅歌(아가) ① 우아한 노래. 고상한 노래. ② 구약 성서 중의 한 책.
雅號(아호) 문인·화가·학자·서가(書家) 등이 본명 이외에 사용하는 풍아한 호(號).

[雁] 隹4 12획 | 안 | 기러기 | 諺
ガン
かり

筆順 一 厂 厂 厈 厈 厈 雁

意味 기러기. 오리과(科)에 속하는 물새. 가을에 왔다가 봄에 북쪽으로 다시 날아가는 철새임.
雁序(안서) 기러기가 나는 데 순서가 있는 것.
雁行(안행) ① 기러기가 줄을 지어 날아 감. ② 기러기의 줄처럼 조금씩 기울어 뒤쳐져 가는 것. ③ 선두에 섬. ④ 기러기처럼 줄을 지음. ⑤ 남의 형제의 경칭.

[雄] 隹4 12획 | 웅 | 수컷 | 多
ユウ
おす・お

筆順 一 ナ 厷 厷 雄 雄 雄

解字 形聲. 隹와 음을 나타내는 厷(굉)[웅은 변음]을 합하여 용감한 새의 뜻. 널리 새의 수컷·굳세다·용감하다의 뜻으로 씀.
意味 ① 수컷. 「雌一」 ② 굳셈. ③ 뛰어남. 걸출(傑出). 「英一」 ④ 웅장(雄壯)함. ⑤ 우두머리.
雄姿(웅자) 웅대한 자세 또는 모습.

雄雌(웅자) ① 수컷과 암컷. ② 승부(勝負).
雄壯(웅장) 아주 크고 장함.

[集] 隹4 12획 | 집 | 모일 | 緝
シュウ・ジュウ
あつまる・あつめる

筆順 亻 仆 什 隹 隼 隼 集

解字 會意. 많은 새(隹)와 나무(木)를 합하여 모이다의 뜻.
意味 ① 모임. 모음. ㉠한데 모임. 「雲一」 「一合」 ㉡시문(詩文) 등을 모은 책. 「文一」 ② 이루어짐.
集中(집중) 한 곳으로 모음. 또는 한 곳으로 모임. 「一攻擊」
集會(집회) 여러 사람이 공동 목적으로 일정한 장소에 모임.

[雇] 隹4 12획 | ① 호 ② 고 | 새이름 | ① 麌 ② 遇
コ
やとう

筆順 一 ᄀ 戶 戶 戶 屌 雇

意味 ① 새 이름. 뻐꾸기새. ② ① 고용함. 품삯을 주고 남을 부림. ② 더부살이. 머슴.
雇兵(고병) 임금(貨金)을 주고 부리는 병졸. 용병(傭兵). 「림.
雇用(고용) 품삯을 주고 사람을 부

[雍] 隹5 13획 | 옹 | 화할 | 多
ヨウ
やわらぐ

筆順 一 亠 亠 夻 夻 夻 雍

意味 ① 화함. 화목(和睦)함. 「一睦」 ② 학교. ③ 모음. ④ 막음. =壅 ⑤ 고을 이름. 지금의 섬서성(陝西省) 감숙성(甘肅省) 지방. ⑥ 가림. 바로 보이거나 통하지 못하도록 사이에서 가로막음.
雍樹(옹수) 주대(周代)의 벼슬 이름. 요리를 맡아 보았음.

[雌] 隹5 13획 | 자 | 암컷 | 支

[佳部] 5〜11획   515

シ
めす・め

筆順 ｜ ト ヒ 止 此 此隹 雌

解字 形聲. 隹와 음을 나타내는 此(차)〔자는 변음〕을 합하여 짝이 되는 새. 널리 암컷의 뜻으로 쓰임.

意味 ① 암컷. ↔雄 ② 약함. ③ 약명.

雌雄[자웅]ジユウ ① 암컷과 수컷. 암수. ② 승부(勝負)・우열(優劣)・강약(强弱)의 비유. 「―을 응하다(雌花)」
雌花[자화]めばな〈植〉암술만 있는 꽃.

【雋】13 佳5 │ ①전 ②준 │ 새살찔 │ ㉡銑 ㉢震
セン・シュン
すぐれる

筆順 亻亻亻亻亻隹隹雋雋雋

意味 ① ① 새가 살이 찜. ② 살진 고기. 기름지며 맛이 좋은 고기. ② ① 영특함. ―재기(才氣)와 기상(氣象)이 뛰어남. ② 굴 이름.
본디 음은 '전'.

雋拔[준발]シユンバツ 뛰어나고 빼어남.

【雉】13 佳5 │ 치│ 꿩 │ ㉡紙
チ・ジ
きじ

筆順 ｜ ｜ 矢 矢ㇴ 矢ㇴ 雉 雉

意味 ① 꿩. 「山―」 ② 담. 성(城)의 담. 성담의 척도(尺度)의 단위로서 높이 열자, 길이 서른 자를 일컬음.

雉鷄[치계]チケイ 꿩과 닭.
雉湯[치탕] 꿩국.

【雕】16 佳8 │ 조 │ 수리 │ ㉡蕭
チョウ
わし

筆順 ｜ ｜ 月 月 周 周 雕

意味 ① 수리. 매과(科) 수리속(屬)에 속하는 맹조(猛鳥)로 독수리보다 큼. ② 새김.=彫 ③ 그림. ④ 시듦.

雕雕[조조]チョウチョウ 밝은 모양. 환한 모
雕琢[조탁]チョウタク 옥을 갈고 다듬음.

【雖】17 佳9 │ 수│ 비록 │ ㉢支
スイ
いえども

筆順 ｜ 吕 虽 虽 ㇴ 雖 雖

意味 ① 비록. ② 밑.=推 ③ 오직.=惟 ④ 벌레 이름.

【雙】18 佳10 │ 쌍│ 쌍 │ ㉢江
ソウ
ふたつ

筆順 亻 亻亻 亻 佳 雔 雙 雙

意味 쌍. 둘씩 짝을 이룬 것. 「―」
雙脚[쌍각]ソウキヤク 두 다리. 양각(兩脚).
雙肩[쌍견]ソウケン ① 양쪽 어깨. ② 자기의 부담(負擔) 또는 책임(責任).

*【雜】18 佳10 │ 잡│ 섞일 │ ㉢合
ザツ・ソウ・ゾウ
まじる

筆順 亠亠 卒 杂 杂 杂ㇴ 杂ㇴ 雜

解字 形聲. 옛 자형(字形)은 襍. 衣와 음을 나타내는 集(집)〔잡은 변음〕을 합하여 여러 조각의 천[布]을 모아 만든 옷의 뜻. 널리 섞다의 뜻으로 쓰임.

意味 ① 섞임. ㉠뒤섞임. 「紛―」 「混―」 ㉡딴 것이 혼동됨. ② 어수선함. 산란(散亂)함. 「亂―」 ③ 번거로움. 「煩―」

雜劇[잡극]ザツゲキ〈演〉① 난잡한 연극. ② 송대(宋代)의 익살스러운 풍자극(諷刺劇). ③ 원대(元代)의 가극(歌劇).
雜技[잡기]ザツギ ① 여러 가지 기예(技藝). ② 잡된 여러 가지 노름.
雜記[잡기]ザツキ 여러 가지 일을 적음. 또는 그 적은 것. 「―帳」
雜筆[잡필]ザツピツ 잡기(雜記). 잡록(雜錄).
雜學[잡학]ザツガク 여러 방면에 걸쳐서 계통이 서지 않아 신통치 않은 학문이나 지식.

【雛】18 佳10 │ 추│ 새새끼 │ ㉢虞
スウ
ひな

筆順 ｜ 勹 勺 匂 匆 匆ㇴ 雛

意味 ① 새새끼. ② 병아리. ③ 어린아이. 소아(小兒). ④ 새 이름.

雛鳳[추봉]スウホウ ① 봉(鳳)의 새끼. ② 훌륭한 제자(弟子).
雛兒[추아] 풋나기.

*【難】19 佳11 │ ①난 ②나 │ 어려울 │ ㉢寒 ㉢歌

8획

ナン・ダン・ナ・ダ
かたい・むずかしい

筆順 一 艹 廿 芦 苔 莫 難

解字 形聲. 隹와 음을 나타내는 莫(난)을 합하여 새의 이름. 황금색 날개의 새라고 전해짐. 후에 곤란(困難)의 뜻으로 쓰임.

意味 ① ① 어려움. ② 피로와함. ③ 난리, 근심, 재앙(災殃).「避―」「困―」④ 나무람, 책망함. 힐난(詰難)함.「非―」⑤ 막음, 물리침, 거절함. ⑥ 원수, 적, 구적(仇敵). ② ① 추나(追儺), 역귀(疫鬼)를 몰아 내는 행사. ② 우거짐, 무성함.

難件[난건]ナンケン 처리하기 곤란한 사건이나 안건(案件) 또는 일.

難境[난경]ナンキョウ 어려운 경우. 곤란한 형편. 역경(逆境). ↔순경(順境)

難攻不落[난공불락]ナンコウフラク 공격하기 어려워 좀처럼 함락(陷落)되지 않음.

難解[난해]ナンカイ 이해하기 어려움. 해석하기 어려움.

難行[난행]ナンギョウ 실행하기 어려움.

【離】 19 隹11 | 리 | 떠날 | 國支
リ
はなれる・はなす

筆順 一 亠 卤 离 离 离 離

解字 形聲. 隹와 음을 나타내는 离(리)를 합하여 꾀꼬리의 뜻. 후에 떨어짐・벌어짐・멀어짐의 뜻으로 쓰임.

意味 ① 떠남, 결별(訣別).「―別」② 떨어짐. ㉠갈라짐.「分―」㉡배반함.「―叛」「―心」③ 흩어짐. 분산함.「―散」

離別[이별]リベツ 서로 헤어져 멀어짐. 별리(別離).

離散[이산]リサン 뿔뿔이 흩어짐. 비리(比離).「―家―」

離合集散[이합집산]リゴウシュウサン 헤어지고 만남과, 흩어지고 모임.「―歸鄕」

離鄕[이향]リキョウ 고향을 떠남. ↔귀향

離婚[이혼]リコン 부부의 관계를 끊고 헤어짐. 이연(離緣). 이리(離離).

離魂[이혼]リコン ① 꿈속의 혼. ② 육체를 떠난 혼. ③ 죽은 사람의 혼.

雨 部

【雨】 8 雨0 | 우 | 비 | ①霙
あめ

筆順 一 冂 冂 币 币 雨 雨

解字 象形. 위로부터 덮고 있는 구름과 구름에서 내리는 물방울로 비를 본뜬 글자. 부수(部首)로는 비·구름, 그 밖에 기상에 관한 뜻을 나타냄.

意味 비.「―季」「―氣」

雨季[우계]ウキ 일년 중 비가 많이 내리는 계절. 우기(雨期). ↔건계(乾季)

雨具[우구]アマグ 우비(雨備).

雨氣[우기]ウキ 비가 올 듯한 기색. 우의(雨意). 우태(雨態).

雨奇晴好[우기청호]ウキセイコウ 비가 오거나 날씨가 맑거나 항상 경치가 좋음.

雨量[우량]ウリョウ 비가 내린 분량. 강수량(降水量). 강우량(降雨量).

【雪】 11 雨3 | 설 | 눈 | ①屑
セツ・セチ
ゆき

筆順 一 冂 币 币 雨 雪 雪

解字 形聲. 雨와 음을 나타내는 彗(혜)[설은 변은의 변형인 ⇒를 합하여 하늘에서 내리는 깨끗한 것, 눈의 뜻.

意味 ① 눈. 육화(六花).「―景」「―光」② 흼, 빛이 흼.「――膚」③ 씻음. ㉠부끄러움을 씻음.「―辱」㉡원통함을 풀음.「―寃」

雪景[설경]セッケイ 눈이 오는 경치. 눈이 쌓인 경치. 설광(雪光). 설색(雪色).

雪夜[설야]セツヤ 눈 내리는 밤.

雪辱[설욕]セツジョク 부끄러움을 씻음. 설치(雪恥).「―戰」

雪雲[설운]セツウン ① 눈과 구름. ② 눈을 내리게 하는 구름. ③ 눈 모양의 구름.

雪寃[설원]セツエン 억울한 죄를 벗음.

【雰】 12 雨4 | 분 | 안개 | ⓔ文
フン
きり

[雨部] 4~5획

筆順 一 ァ 币 雨 雨 雺 雰 雰
意味 ① 안개. ② 눈이 날림. 「――」
霧圍氣〔분위기〕 ① 지구를 싸고 있는 기체. 대기(大氣). ② 사람의 주위나 어떤 집회에서의 일반적 기분.

[雲] 雨4│운│구름│⑫文│くも ウン

筆順 一 ァ 币 雨 雨 雲 雲 雲
解字 云·오·雲 形聲. 雨와 음을 나타내는 云(운)을 합하여 비구름의 뜻. 널리 구름의 뜻으로 씀.
意味 ① 구름. ㉠대기(大氣) 중의 수증기. 「白――」「――雨」㉡높은 것의 형용.
雲雨〔운우〕 ① 구름과 비. ② 큰 일을 이룰 기회. ③남녀간의 육체적으로 어울리는 사랑.
雲月〔운월〕 기구(器具)의 가장자리에 구름의 모양을 새긴 새김. 운각(雲刻).
雲雀〔운작〕 〈動〉종달새.
雲際〔운제〕 구름의 근처. 구름이 있는 곳이란 뜻으로 먼 하늘. 또는 높은 산 등을 일컫는 말.
雲集霧散〔운집무산〕 구름처럼 모이고 안개처럼 흩어진다는 뜻으로 한번에 모였다가 한꺼번에 흩어짐의 형용.

[零] 雨5│①령 ②련│나머지│⑭雨│⑮先│レイ│おちる

筆順 一 ァ 币 雨 雨 雰 雰 零 零
解字 形聲. 雨와 음을 나타내는 令(령)을 합하여 하늘에서 떨어지는 빗방울의 뜻. 널리 떨어짐·약간의 뜻으로 쓰임.
意味 ① ① 나머지. ㉠잔여(殘餘). 잉여(剩餘). ㉡잔여의 소수(小數). ② 비가 뚝뚝 떨어지듯. 비가 내림. ③ 영. 수가 존재하지 아니함. 부호는 0. ② ① 떨어짐. 「――落」② 부서짐. ③ 오랑캐 이름.
零度〔영도〕 도수(度數)를 계산할 때에 기점(起點)으로 하는 자리.
零細〔영세〕 극히 잚.

[雷] 雨5│뢰│천둥│⑭灰│ライ│かみなり

筆順 一 ァ 币 雨 雨 雪 雷 雷
解字 畾·雷 形聲. 雨와 음을 나타내는 畾(뢰)의 생략형인 田을 합하여 우뢰 소리의 뜻. 널리 우뢰의 뜻으로 씀.
意味 ① 천둥. 우뢰 소리. 「――鳴」「――聲」② 남에게 덩달아 소리를 지름.
雷同〔뇌동〕 주견 없이 다른 사람의 의견에 좇아 어울림. 「附和――」
雷動〔뇌동〕 천둥처럼 크게 진동함.
雷名〔뇌명〕 ① 남의 이름 또는 명예에 대한 높임말. ② 세상에 널리 알려져 있는 명성(名聲).
雷鳴〔뇌명〕 천둥 소리가 울림.

[雹] 雨5│박│우박│⑭覺│ハク·ホク│ひょう

筆順 一 ァ 币 雨 雨 雪 雹 雹
意味 우박. 누리. 「――霰」
雹霰〔박선〕 우박.
▼飛雹〔비박〕/霜雹〔상박〕

[電] 雨5│전│번개│⑭霰│デン·テン│いなずま

筆順 一 ァ 币 雨 雨 雷 雷 電
解字 𢑚·霓·雷 形聲. 雨와 음을 나타내는 申(신)〔전은 변음〕을 합하여 번갯불의 뜻. 電은 본디 申으로 썼으나 申이 딴 뜻으로 쓰이게 되자 이와 구별하기 위하여 雨를 더함.
意味 번개. ㉠번갯불. 「――光」㉡빠른 것의 비유(比喩)로 씀. 「――光石火」
電光石火〔전광석화〕 ① 번갯불과 돌을 쳐서 내는 불이란 뜻으로 극히 짧은 시간을 말함. ② 매우 신속한 동작의 비유. 「―― 기구.」
電球〔전구〕 전기를 통하여 밝게 한

[雨部] 6~8획

電子[전자] 〈物〉소립자(素粒子)의 하나. 원자·분자의 구성 요소의 하나. 엘렉트론. 「—計算機」

[需] 雨6 14획 ①수 구할 ㊨虞
②연 ㊨銑
ジュ・ゼン
まつ・もとめる

筆順 一一一一一一

解字 形聲. 雨와 음을 나타내는 而(이)[수는 변음]를 합하여 비에 젖다의 뜻. 후에 구하다·기다리다의 뜻으로 쓰임.

意味 ① 구할. 「—用」 ② 소용되는 물품. 소용됨. 「民—」「軍—」「—要」

需給[수급] 수요(需要)와 공급.
需要[수요] ① 필요함. 소용됨. ② 〈經〉지불(支拂) 수단을 가진 상품 구매(購買)의 욕망. 또는 그 사회적 총량(總量). ↔공급(供給).
需用[수용] ① 물건이 소용됨. 수요(需要). ② 구하여 씀. 또 그 물건.

[霄] 雨7 15획 | 소 | 하늘 | ㊨蕭
ショウ
そら

筆順 一一一一一一

意味 ① 하늘. 천상(天上). 「雲—」② 구름기. 태양 결에 나타나는 운기(雲氣). ③ 싸라기눈.

霄壤[소양] ① 하늘과 땅. 천지(天地). ② 대단한 차이가 있음을 일컫는 말. 「—之差」
霄壤之差[소양지차] 하늘과 땅의 차이. 곧 사물이 서로 엄청나게 다름을 일컫는 말.

[震] 雨7 15획 ①진 천둥소리 ㊨震
②신 ㊨眞
シン
ふるう

筆順 一一一一一一一

解字 形聲. 천둥[雨]과 음을 나타내는 辰을 합하여 사물을 진동(振動)케 하는 천둥의 뜻임. 바뀌어 진동케 하다의 뜻으로 쓰임.

意味 ① 천둥 소리. ② 벼락을 침. 낙뢰(落雷). ③ 흔들림. 진동함. 「—動」

震怒[진노] ① 크게 분노함. ② 임금의 노여움. ③ 하느님의 분노.
震旦[진단] 옛날 인도에서 중국을 일컫던 말. 진단(振旦·眞旦).
震度[진도] 〈天〉지진의 강하고 약한 정도를 등급으로 나눈 것.

[霖] 雨8 16획 | 림 | 장마 | ㊨侵
リン
ながあめ

筆順 一一一一一一一

意味 ① 장마. 「—雨」 ② 단비. 감우(甘雨).

霖霖[임림] 오래도록 비가 내리어 그치지 않는 모양.
霖雨[임우] 장마비. 음우(霪雨).

[霎] 雨8 16획 | 삽 | 가랑비 | ㊨洽
ソウ·ショウ
こさめ

筆順 一一一一一一一

意味 ① 가랑비. 이슬비. 세우(細雨). ② 빗소리. ③ 잠시.

霎時[삽시] 잠깐 동안. 일순간.
▼半霎(반삽)/瞬霎(순삽)/一霎(일삽)

[霑] 雨8 16획 | 점 | 젖을 | ㊨鹽
テン
うるおう

筆順 一一一一一一一

意味 ① 젖음. 적심. ② 은혜를 입음. 은혜를 베풂. 「—潤」

霑汗[점한] 땀이 밤. 또는 젖음.
▼均霑(균점)

[霍] 雨8 16획 | 곽 | 빠를 | ㊨藥 | カク

筆順 一一一一一一一

意味 ① 빠름. 신속함. ② 흩어짐. 사라짐. ③ 나라 이름. 주(周)나라 무왕(王)의 아우 곽숙(霍叔)의 영지(領地). ④ 남악(南岳).

〔雨部〕9~13획

[霜]
雨9 | 상 | 서리 | ㉠陽
ソウ
しも

筆順 二 雨 雨 雫 霜 霜 霜

解字 形聲. 수증기[雨]와 음을 나타내는 相을 합하여 수증기가 지상에서 언것, 서리의 뜻.

意味 ① 서리.「一降」② 흰 털. 수염이나 머리가 세어서 희어짐.「一髮」③ 지나온 세월. 햇수.「星一」④ 엄함.「秋一」

霜降[상강]ソゥ ① 서리가 내림. ② 24절기(節氣)의 하나로서 추분(秋分) 다음에 옴. 양력으로 10월 23일경임.

霜菊[상국]ソゥ 서리 올 때에 핀 국화.

[霞]
雨9 | 하 | 놀 | ㉠麻
カ・ゲ
かすみ

筆順 二 雨 雫 雫 雫 霞 霞

意味 ① 놀. 공중의 수증기에 해가 비치어 붉게 보이는 기운.「夕一」② 멂. =遐 ③ 새우. =蝦

霞光[하광]ヵゥ 아침 저녁의 놀. 또는 놀 빛.

▼夕霞(석하)ゆう/朝霞(조하)あさがすみ

[霙]
雨9 | 영 | 눈꽃 | ㉠庚
エイ・ヨウ
みぞれ

筆順 二 雨 雫 雫 雫 霙 霙

意味 ① 눈꽃[雪華] ② 구름이 피어 오르는 모양. ③ 진눈깨비. 비와 섞여서 내리는 눈.

*[霧]
雨11 | 무 | 안개 | ㉠遇
ム・ブ
きり

筆順 二 雨 雫 雫 霏 霧 霧

解字 形聲. 수증기[雨]와 음을 나타내는 務(무)를 합하여 공중을 덮는 수증기, 안개의 뜻.

意味 ① 안개.「雲一」② 안개처럼 자욱함.「一合」안개처럼 사라짐.「一散」

霧露[무로]ㅁ 안개와 이슬.

霧散[무산]サン 안개가 걷힘.

*[露]
雨12 | 로 | 이슬 | ㉠遇
ロ
つゆ

筆順 雨 雫 雫 露 露 露 露 露

解字 形聲. 수증기[雨]와 음을 나타내는 路(로)를 합하여 수증기가 물방울이 되어 잇닿아 있는 것, 이슬을 뜻함.

意味 이슬. 수증기가 물방울이 되어 풀잎 따위에 붙어 있는 것.「一珠」

露骨[노골]ㅁッ ① 뼈가 드러남. ② 조금도 꾸밈이 없이 있는 그대로 드러냄.

露臺[노대]ダイ ① 지붕이 없는 대(臺). 임금이 관상(觀象)하는 곳. ② 서양 건축에 있어서 방 바깥에 지붕 없이 높고 드러나게 지은 대. 발코니.

露頭[노두]ㅏゥ ① 아무것도 쓰지 않은 맨머리. ②〈鑛〉광맥이나 암석 등의 일부가 땅 표면에 드러난 곳.

露命[노명]メイ 이슬같이 덧없는 목숨.

[霰]
雨12 | 산 | 싸락눈 | ㉠霰
サン・セン
あられ

筆順 雨 雫 雫 雫 霄 霄 霰

意味 ① 싸락눈. ② 별 이름.

參考 본디 음은 '선'.

霰彈[산탄]サン 폭발과 함께 작고 많은 탄환이 한꺼번에 터져 나오게 된 탄환.

[霸]
雨13 | ① 패 ② 백 | 패왕 | ㉠禡 ㉡陌
ハ・ハク
はたがしら

筆順 雨 雫 雫 雫 覊 霸 霸

意味 ① ① 패왕(霸王). 무력·권도(權道)로써 정치를 하는 제후(諸侯)의 우두머리.

霸業[패업]ギョゥ ① 무력으로 천하를 통일하는 일. ② 대사업. 위업(偉業).

霸王[패왕]オゥ ① 패자(霸者)와 왕자(王者). 패도(霸道)와 왕도(王道). ② 제후(諸侯)의 우두머리.

霸王樹[패왕수]ハオゥ〈植〉선인장(仙人掌). 사보텐.

霸者[패자]ジャ 무력과 권모로써 천하를 다스리는 사람. ↔왕자(王者)

【霹】 雨13 | 벽 | 벼락 | ㊤陌 ㊤錫
ヘキ・ヒャク

筆順 雨 雱 雱 雳 霹 霹 霹

意味 벼락. 천둥. 「一靂」

霹靂[벽력]¼ ① 벼락. 벼락이 침. ② 천둥 소리가 갑자기 요란하게 남. 또는 그 천둥. 「靑天一」

【霽】 雨14 | 제 | 개일 | ㊤霽
セイ
はれる

筆順 雨 雱 雱 霏 霽 霽 霽

意味 ① 갬. 비나 눈이 그침. 안개나 구름이 사라짐. ② 풀림. 기분이 좋아짐.

霽月光風[제월광풍]セイゲツ 도량이 넓고 시원함.

【靂】 雨16 | 력 | 벼락 | ㊤錫
レキ

筆順 雨 雱 雱 霏 霹 霹 靂

意味 벼락. 천둥. 「霹一」

*【靈】 雨16 | 령 | 신령 | ㊤靑
レイ・リョウ
たま・たましい

筆順 雨 雱 雱 霏 霛 霛 靈

解字 形聲. 巫와 음을 나타내는 ⊕(령)을 합하여 신이 내린 무당의 뜻. 후에 신비하다의 뜻으로 쓰임.

意味 ① 신령. 신명(神明). ② 신령함. 신기하여 인지(人智)로써 알 수 없음. 또 그러한 사물. 신통(神通). 「一妙」

靈感[영감]ゲィヵン ① 신불(神佛)이 사람의 기원에 응하여 나타내는 신령하고 묘한 반응. ② 인간이 신의 계시(啓示)를 받은 것 같은 느낌.

靈驗[영험]レィゲン(ケン) 영검. 영감(靈感).

靈魂[영혼]レィコン 넋. 혼. 혼령(魂靈).

【靄】 雨16 | 애 | 아지랭이 | ㊤賄
アイ
もや

筆順 雨 雱 雱 霏 靄 靄 靄

意味 아지랭이.

[靑部]

*【靑】 靑0 | 청 | 푸를 | ㊥靑
セイ・ショウ・チン
あお・あおい

筆順 一 十 キ 主 主 靑 靑

解字 形聲. 땅속에서 나오는 광물(鑛物)을 뜻하는 丹(단)과, 음을 나타내는 동시에 그 싹이 자람을 뜻하는 生(생)[靑은 변형]으로 이루어져 초록빛을 띤 丹, 즉 초록빛 광물(鑛物)을 뜻함. 옛날에는 이 광물에서 푸른 물감을 얻었음. 나아가 푸른 빛을 뜻함.

意味 ① 푸름. 푸른 빛. ② 대껍질. ③ 땅 이름. 옛날 중국 구주(九州)의 하나. ④ 젊음. 「一春」「一年」
靑은 속자.

靑空[청공]tハゥ 푸른 하늘. 청천(靑天).
靑碧[청벽]セィヘキ 옥(玉)의 푸른 빛.
靑史[청사]tィシ 역사의 기록. 종이가 없던 옛날에 대나무의 푸른 껍질을 불에 구워 기름기와 푸른 기를 없애고 사실을 기록한 데서 온 말임.
靑出於藍[청출어람] 쪽에서 나온 푸른 물감이 쪽보다 더 푸르다는 뜻으로 제자가 스승보다 낫다는 말.

【靖】 靑5 | 정 | 편안할 | ㊤梗
セイ・ジョウ
やすい・やすんじる

筆順 亠 立 立 立+ 妾 靖 靖

意味 ① 편안함. 편안하게 함. 「一安」 ② 화(和)함. 조용함. =靜 ③ 다스림. 「一亂」 ④ 피함.

靖匡[정광]セィキョゥ 천하를 잘 다스리어 바로 잡음. 「다스림.
靖國[정국]セィコク 나라를 태평하게 잘
靖亂[정란]セィラン 세상의 어지러움을 진정시킴.

*【靜】 靑8 | 정 | 조용할 | ㊤梗

[非部] 0~11획·[面部] 0획

セイ・ジョウ
しずか

[筆順] 十 圭 青 靑 靜 靜 靜

[解字] 形聲. 다투다의 뜻을 가진 爭과 음을 나타내는 동시에 멎게 함을 뜻하는 靑(청·정)을 합하여 싸움을 제지(制止)하다의 뜻. 나아가 조용하게 하다. 조용하다의 뜻.

[意味] 조용함. ↔動 ㉠움직이지 아니함. 「一止」㉡소리가 없음. 고요함.

靜觀[정관] ① 조용히 사물을 관찰함. 「一的態度」②〈哲〉현실적 관심을 버리고 완전히 객관적으로 봄. ③ 체관(諦觀). 명상(瞑想).
靜思[정사] 조용히 생각함. 또는 그 생각. 정려(靜慮). 「이 착함.
靜淑[정숙] 태도가 조용하고 마음
靜肅[정숙] 고요하고 엄숙함.

非 部

*[非] 非0|비|아닐|㊥徴

ヒ
そしる・あらず

[筆順] ノ 丿 刂 刂 非 非 非

[解字] 非·飛 象形. 새가 날개를 벌린 모양을 본뜸. 좌우로 벌려 등지고 있으므로 비(背)(배의 변음)라고 하며, 배반하다의 뜻에서 부정(否定)의 뜻을 나타냄.

[意味] ① 아님. 그렇지 아니함. ② 그름. 옳지 아니함. ↔是「是一」③ 헐뜯음. =誹·「一難」④ 어김.「一禮」⑤ 없음. ⑥ 몹쓸.「一人間的」⑦ 허물. 결점.

非公開[비공개] ㋱ㄹㅜ公開하지 아니함.「一會議」
非公式[비공식] ㋱ㄹㅜ公式이 아니고 사사로움.「一會談」 ↔공식(公式)
非國民[비국민] ㋱ㄱㅜ미ン國民으로서의 의무를 지키지 않는 사람.
非金屬[비금속] ㋱ㄱㅡㄴㅈㅗ쿠〈化〉① 금속의 성질을 갖지 않은 물질. ② 비금속 원소(非金屬元素).

非一非再[비일비재] ① 한두 번이 아님. ② 하나 둘이 아님. 수두룩함.

[靡] 19|1/2|미|쓰러질|㊥紙
非11

ビ・ミ
なびく

[筆順] 广 广 庁 庁 麻 麾 靡

[意味] 1 ① 쓰러짐. 쏠림.「風一」② 불좇음. ③ 사치함.「奢一」④ 화려함.「一華」⑤ 없음. =無 ⑥ 말, = 勿「一言」① 흐트러짐. ② 멸망함. =麋 ⑥ 비함. = 麋 ④ 갊. 문지름. = 磨·摩
靡爛[미란] ㋱ 썩어 문드러짐. 썩어 문드러지게 함. 「는 모양.
靡然[미연] ㋱ 따라 오는 모양. 불좇

面 部

*[面]面0|면|얼굴|㊥霰

メン・ベン
おも・おもて

[筆順] 一 丆 丆 币 而 面 面

[解字] ㋱·㋱ 會意. 首[얼굴]에 [ ](윤곽)을 더한 글자. 얼굴의 뜻. 물건의 거죽·향하다의 뜻으로도 씀.

[意味] ① 얼굴. 낯.「顔一」② 탈. 얼굴 모양으로 만든 것.「假一」③ 겉. 거죽.「外一」④ 앞.「一責」⑤ 향(向)함. ⑥ 만남.「一會」⑦ 뵘. 어른을 뵘. ⑧ 방위. 방향.「方一」⑨ 등짐. 반대로 향함.「一縛」⑩ 면. ㉠평면. ㉡행정 구역.

面鏡[면경] 얼굴을 비추어 보는 작은 거울. 「안.
面內[면내] 한 면이 관할하는 구획의
面談[면담] ㋱ㄴ 서로 만나서 이야기함.
面從腹背[면종복배] ㋱ㄴㅈㅠㅜ フクハイ 겉으로는 순종하는 체하고 속으로는 배반함.

革 部

[革部] 0~6획

革 革0 9획 | 혁·극 | 가죽 | ㉔陌 ㉔職
カク・キョク
かわ・あらたまる

筆順 一 艹 廾 芇 苎 莒 革

解字 **莧·革** 象形. 짐승의 희생(犧牲)을 비에 맞혀 드러난 뼈를 본떠 짐승의 흰 골격을 따, 가죽을 무두질하여 안쪽을 희게 하므로 革자의 희다의 뜻을 빌어 무두질한 가죽을 뜻하게 됨. 또 음을 빌어 고치다[改]의 뜻으로도 쓰며 부수로는 가죽에 관한 뜻을 나타냄.

意味 ① 가죽. 무두질한 가죽. ↔皮 ② 갑옷.투구. 「金一」 ③ 팔음(八音)의 하나. 가죽을 댄 악기. ④ 고침.

革新[혁신]カクシン 묵은 제도나 조직·풍습 등을 바꾸어 새롭게 함. ↔보수(保守)

革易[혁역]カクエキ 고치어 바꿈.

靭 革3 12획 | 인 | 질길 | ㉤震 ジン

筆順 艹 苎 莒 革 革' 靭 靭

意味 질김.
靱은 같은 글자.

靭帶[인대]ジンタイ 〈生〉관절의 뼈를 잇는 탄력성 있는 섬유 조직.

▼強靭[강인]キョウジン

靮 革3 12획 | 적 | 고삐 | ㉔錫
テキ・チャク
おもがい

筆順 一 艹 廾 芇 苗 革 靮 靮

意味 고삐.

靷 革4 13획 | 인 | 가슴걸이 | ㉤軫
イン
ひきづな

筆順 艹 苎 莒 革 革' 靷 靷

意味 가슴걸이. 말은 안장에, 소는 멍에에 매는 끈.

靷性[인성]〈物〉잡아 당기는 힘에 견디는 성질.

靴 革4 13획 | 화 | 신 | ㉲麻
カ
くつ

筆順 一 艹 廾 芇 革 靪 靪' 靴

解字 形聲. 革(가죽)과 음을 나타내며 흉노(匈奴)가 쓰는 신의 음을 딴 化(화)를 합하여 흉노의 신을 뜻함. 바뀌어 가죽신의 뜻.

意味 신. 가죽신.

靴工[화공]カコウ 구두를 만드는 직공.

鞅 革5 14획 | 앙 | 가슴걸이 | ㉸養
オウ
むながい

筆順 艹 苎 莒 革 革' 鞅 鞅

意味 ① 가슴걸이. ② 소의 굴레. ③ 원망함. =怏 「——」 ④ 짐. 짐을 짐.

鞅鞅[앙앙]オウオウ 마음에 만족하지 않는 모양. 마음이 즐겁지 않은 모양. 원망하는 모양. 앙앙(怏怏).

鞄 革5 14획 | 포 | 가죽다루는사람 | ㉡肴
ハク・ホウ

筆順 一 艹 莒 革 革' 鞄 鞄

意味 가죽을 다루는 사람.

鞏 革6 15획 | 공 | 굳을 | ㉸腫
キョウ
かたい

筆順 一 巩 巩 巩 鞏 鞏 鞏

意味 ① 굳음. 「一固」 ② 묶음. 무두질한 가죽으로 단단히 묶음. ③ 오랑캐 이름. ④ 고을 이름.

鞏固[공고]キョウコ 견고하고 튼튼함. 확고하여 움직이지 않음.

鞏膜[공막]キョウマク〈生〉각막(角膜)을 제외한 안구(眼球)의 전체 외벽을 싸고 있는 견고 튼튼한 막(膜).

鞍 革6 15획 | 안 | 안장 | ㉤寒
アン
くら

筆順 一 艹 莒 革 革' 鞍 鞍

意味 ① 안장. 말의 안장. ② 안장을 얹음.

鞍具[안구]アング 말 안장에 딸린 여러 가지 기구.

【鞋】15 革6│혜│신│㈜齊│
アイ・カイ
くつ

筆順 一 サ 또 革 革 靯 鞋 鞋

意味 신. 발에 신는 신.
鞋襪[혜말] 신과 버선.
鞋底[혜저] 신바닥. 밑바닥.

【鞘】16 革7│1.2 초│칼집│㈜嘯│㈜有│
ショウ
さや

筆順 一 サ 또 革 革 鞘 鞘 鞘

意味 ① 칼집. ② 채찍.

【鞠】17 革8│국│구부릴│㈜屋│
キク
まり

筆順 一 サ 또 革 靯 鞠 鞠 鞠

意味 ① 구부림. 「一躬」② 고함. 알림.
鞠躬[국궁] 존경하는 뜻으로 몸을 굽힘.

【鞦】18 革9│추│그네│㈜尤│㈜シュウ

筆順 廾 또 革 靯 靯 鞦 鞦

意味 ① 그네.「一韆」② 밀치끈. 마소의 꼬리 밑에 거는 가죽끈.

參考 鞧는 같은 글자.

鞦韆[추천] 그네. 한(漢)의 무제(武帝)때 시작된 놀이라고 함.
鞦韆節[추천절] 단오절(端午節).

【鞭】19 革9│편│채찍│㈜先│
ヘン・ベン
むち・むちうつ

筆順 또 革 靯 鞭 鞭 鞭 鞭

意味 ① 채찍. 회초리. ② 채찍질함.「一撻」③ 옛날 형벌의 이름.
鞭撻[편달] ① 채찍으로 때림. ② 잘하도록 채찍질함. 즉 격려함.

【韃】22 革13│달│달단│㈜曷│
ダツ・タツ
むちうつ

筆順 苦 革 靯 靯 靯 韃 韃

意味 ① 달단. 오랑캐 이름.「一靼」② 침. 매로 침. =撻

韃靼[달단] ⟨歷⟩ 몽고 민족의 한 부족인 타타르(Tatar)의 칭호.

韋 部

【韋】9 韋0│위│다룬가죽│㈜微│
イ
なめしがわ

筆順 ' ㅜ 뉴 크 킈 喜 韋

意味 ① 다룬 가죽. 털을 없앤 것을 革, 썲을 다룬 것을 韋라고 함. ② 훌부드르르함. 바뀌어서 아첨함. 알랑거림.

韋編三絕[위편삼절] 공자(孔子)가 주역(周易)을 몇 번 반복해서 읽어 가죽으로 맨 끈이 세번이나 끊어졌다는 고사(故事)에서 아주 열심히 독서함을 일컫는 말.

*【韓】17 韋8│한│한나라│㈜寒│
カン

筆順 十 古 卓 卓 韓 韓 韓

意味 ① 한나라. 중국 전국 시대에 진(晉)에서 독립하여 후에 진(秦)에 망함. ② 나라 이름. ③ 삼한(三韓).

韓柳李杜[한유이두] ⟨人⟩ 당대(唐代)의 대표적 4대 문호(文豪)인 한 유(韓愈)·유 종원(柳宗元)과 시인 이 백(李白)·두 보(杜甫).

【韜】19 韋10│도│감출│㈜豪│
トウ
つつむ

筆順 ㅗ 音 韋 韋 韜 韜 韜

意味 ① 감춤. =藏 ② 너그러움. =寬 ③ 칼전대. ④ 활전대. ⑤ 병법(兵法).

參考 弢는 같은 글자.

韜略[도략] ① ⟨書⟩ 육도(六韜)와 삼략(三略). 모두 병법을 적은 책임. ② 병법서(兵法書) 또는 병법(兵法).

韜晦[도회] ① 자기의 재능·덕행 등을 숨김. ② 어둠침침함.

韭 部

【韭】 韭0 | 구 | 부추 | ㊤有 | にら
[筆順] 丨ㅏㅕㅖ非非韭
[解字] 韭 象形. 부추가 땅에 있는 모양을 본뜸.
[意味] 부추.

音 部

*【音】 音0 | 음 | 소리 | ㊤侵
イン・オン
おと・ね
[筆順] 丶一亠立产音音
[解字] 音 指事. 言의 밑부분 口[입] 속에 한 획을 더하여 입 속의 혀를 나타냄. 본디는 言과 같은 뜻이었으나 후에 꾸민 소리를 뜻하게 됨. 부수로서는 일반적인 음이나 음성·음악에 관한 뜻을 나타냄.
[意味] ① 소리. ㉠「轟一」② 말소리. 「一聲」
音曲[음곡] 才ン ① 음악의 곡조. ② 연주하거나 노래 부르는 것의 총칭.
音讀[음독] ォン 한자를 자음(字音)에 따라 읽음. ↔훈독(訓讀)

【韶】 音5 | 순임금 의 풍류 | ㊤蕭
ショウ
[筆順] 亠立产音音韵韵韶
[意味] ① 순(舜) 임금의 풍류. ↔武 ② 봄[春色]. ③ 아름다움.
韶光[소광] ショウ 봄의 화창한 경치.
韶簫[소소] 악기의 한가지.

*【韻】 音10 | 운 | 울릴 | ㊤間
イン・ウン
ひびき
[筆順] 立产音音韵韵韻韻
[意味] 울림. 음의 꼬리의 울림. 「餘一」 성음(聲音)의 동화(同化). ↔聲

韻文[운문] インブン〈文〉① 일정한 운자(韻字)를 구(句)의 끝에 써서 성조(聲調)를 고른 글. ② 시나 노래.

*【響】 音13 | 향 | 울릴 | ㊤養
キョウ
ひびく・ひびき
[筆順] 乡 幺 卿 嚮 嚮 響 響
[意味] ① 울림. ㉠진동하는 소리.「音一」㉡여과.「影一」② 소리를 울림.「交一樂」

響應[향응] キョウォウ 소리에 따라서 울리는 소리가 응함.

頁 部

【頁】 頁0 | 혈 | 머리 | ㊤屑
ケツ・コウ・ゲチ
かしら
[筆順] 一丆丆百百百頁
[解字] 象形. 사람이 무릎을 꿇고 머리를 허리보다 낮게 조아리고 있는 모양을 본뜸. 바뀌어 머리를 뜻함.
[意味] ① 머리. ② 페이지. 책장의 한쪽 거죽. 또는 그것을 세는 수사(數詞). 「一數」
頁岩[혈암] ケツガン〈鑛〉수성암(水成岩)의 하나. 이판암(泥板岩)이라고도 하며 숫돌이나 벼루에 쓰임.

【頃】 頁2 | ① 경 ② 규 | 백 이랑 | ㊤梗 ㊤庚
㊤紙 | ケイ・キョウ・キ
ころ
[筆順] 一ヒ匕𠂆顷頃頃頃
[意味] ① ① 백 이랑[百畝]. ② 아까. 조금 전. ② ① 기울. 기울임. =傾
頃刻[경각] ケイコク 극히 짧은 시간. 눈 깜짝할 사이. 「한 시기.」
頃合[ころあい] 《日》① 적당한 정도. ② 적당

【頂】 頁2 | 정 | 정수리 | ㊤迴

[頁部] 3~4획

頂
チョウ・テイ
いただき

筆順 一 丁 丅 疒 顶 顶 頂

意味 ① 정수리. ② 꼭대기.「山一」「絶一」③ 임. 머리 위에 놓음.

頂角[정각] 〈數〉삼각형의 밑변에 대하는 각.
頂戴[정대] ① 머리에 씀. ② 경례(敬禮).

*須
頁3 | 수 | 수염 | 豦虞
シュ・ス
まつ・もちいる

筆順 ′ ⺈ ⺈ 沪 沪 須 須

解字 須·須 形聲. 頁[얼굴]과 음을 나타내며 동시에 털의 장식을 뜻함인 彡[삼의 변음]을 합하여 얼굴에 있는 털의 장식, 턱수염을 뜻함. 기다리다·쓰다의 뜻은 頷(수)·需(수)에서 빌어 온 것임.

意味 ① 수염.=鬚 ② 기다림.=俟
須臾[수유] ① 잠깐 사이. 촌각(寸刻). 사유(斯臾). ② 찰나.

*順
頁3 | 순 | 순할 | 豦震
ジュン
したがう

筆順 丿 川 川 順 順 順 順

意味 ① 순함. 온순함.「柔一」② 좇음. 따름.「一命」「歸一」③ 화(和)함.

順延[순연] 일을 순차대로 미룸.
順化[순화] ① 조화에 순응함 ② 〈佛〉중의 죽음.

*項
頁3 | 항 | 목덜미 | 豦講
コウ・ゴウ
うなじ

筆順 一 工 ェ 邒 項 項 項

意味 ① 목덜미. 목의 뒤쪽. 또 관(冠)의 뒤쪽. ② 큼. ③ 사항(事項).

項目[항목] 일을 자세히 분류한 가닥. 조목(條目).

頎
頁4 | 기 | 헌걸찰 | 豦微
キ・ギ・コン

筆順 ′ ⺈ 厂 斤 卝 䀏 頎

意味 ① 헌걸참. 키가 크고 풍채(風采)가 좋은 모양. ② 가엾음. 측은한 모양.

頎然[기연] 키가 크고 인품(人品)이 있음.

頓
頁4 | ① 돈 ② 둔 | 꾸벅거릴 | 豦願
トン・トツ
ぬかずく

筆順 ′ ⺈ 屯 屯 屯 頓 頓

意味 ① 꾸벅거림. 조아림.「一首」
頓悟[돈오] 〈佛〉갑자기 깨달음.
頓才[돈재] 그 장소에 응하여 나타나는 지혜. 기지(機知). 돈지(頓智).

頒
頁4 | ① 반 ② 분 | 나눌 | ① 删 豦文

ハン・フン
わける

筆順 ′ ⺈ 分 颁 颁 頒 頒

意味 ① 나눔. ㉠나누어 줌. ㉡널리 퍼뜨림.「一布」㉢구분함.

*頌
頁4 | ① 송 ② 용 | 얼굴 | 豦冬 豦宋
ショウ・ジュ・ヨウ・ユ
ほめる

筆順 ′ ⺈ 公 公 颂 頌 頌

意味 ① 얼굴. 모양.=容 ② 기림.
頌歌[송가] ① 찬양하는 노래. ② 신불(神佛)이나 영웅 등을 칭송(稱頌)하는 노래.

頑
頁4 | 완 | 완고할 | ① 删
ガン
かたくな

筆順 一 二 元 元 頑 頑 頑

意味 완고함. 고루하여 고집이 셈.
頑强[완강] 태도가 굳고 완고함.
頑健[완건] 자기의 건강을 낮추어서 하는 말.

預
頁4 | 예 | 미리 | 豦御
ヨ

9획

あずける・あらかじめ

預 マ マ マ 預 預 預 預

① 미리. 사전에. 「一想」 ② 즐김.
預備[예비]ゼ 미리 준비함. 예비(豫備).
預言[예언]ゲン 미래의 일을 미리 헤아려서 하는 말.

*[頗] 14画 頁5 | 파 | 비뚤어질 | ㊥歌

ハ
かたよる・すこぶる

① 비뚤어짐. 치우침. 「一僻」 ② 자못. ㉠약간. ㉡매우 많이.

[領] 14画 頁5 | 령 | 옷깃 | ㊥梗

リョウ・レイ
うなじ・えり・おさめる

⺈ ⺈ ⺈ 今 今 領 領 領

① 옷깃. ② 중요한 부분. 요긴한 점. 「要一」 ③ 고개. ④ 거느림.
領導[영도]リョウ 거느려 이끎. 앞장 서서 지도함.

[頤] 15画 頁6 | 이 | 턱 | ㊥支

イ
あご

⺈ ⺈ ⺈ ⺈ ⺈ 臣 頤

① 턱. ② 양육함.
頤使[이사]イ ① 턱으로 가리킴. ② 사람을 자유로이 부림. 이령(頤令). 이지

[頸] 16画 頁7 | 경 | 목 | ㊥梗

ケイ
くび

⺈ ⺈ 巠 巠 頸 頸 頸 頸

목. 사람의 목. 물건의 목 모양으로 된 부분. 「一部」
頸筋[경근]キン ① 목에 딸린 모든 근육. ② 목의 뒷부분.

*[頭] 16画 頁7 | 두 | 머리 | ㊥尤

トウ・ズ
かしら・あたま

⺈ ⺈ ⺈ 豆 豆 頭 頭 頭

머리. ㉠몸의 목 이상의 부분. 「一腦」 ㉡머리털. 「蓬一」
頭角[두각]カク ① 머리 끝. 머리. ② 학식이나 재능 등이 특별히 뛰어나와있음.
頭髮[두발]ハツ 머리털.

[頻] 16画 頁7 | 빈 | 자주 | ㊥眞

ヒン・ビン
しきりに

⺈ ⺈ ⺈ 牛 步 步 頻

① 자주. 여러 번. 「一發」「一度」 ② 늘어섬. 나란히 섬. ③ 급함. 위급함. ④ 물가. =瀕 ⑤ 찡그림.
頻度[빈도]ヒン ① 같은 종류의 것이 자꾸 되풀이되는 도수. ② 매우 잦음.
頻發[빈발]パツ 일이 자주 생겨남.
頻煩[빈번]ハン 도가 잦아 복잡함.

[頹] 16画 頁7 | 퇴 | 기울어질 | ㊥灰

タイ
くずれる

⺈ 千 禾 秀 秀 頹 頹 頹

① 기울어짐. 쇠함. 「一運」 ② 질풍. 거센 바람. ③ 떨어짐. 낙하함. ④ 무너짐. 쓰러짐. ⑤ 좇음. 순종함. ⑥ 흐름. ⑦ 대머리.
頹唐[퇴당]トウ 도덕이나 건전한 기풍이 무너짐. 퇴폐(頹廢).
頹勢[퇴세]セイ 무너져 가는 형세. 쇠약해지는 운명. 쇠운(衰運). 퇴세(退勢)

[頰] 16画 頁7 | 협 | 뺨 | ㊥葉

キョウ
ほお

⺈ 厂 双 夾 夾 頰 頰 頰

① 뺨. 얼굴의 양옆. 「紅一」
頰骨[협골]コツ 광대뼈. 뺨의 상부에 높게 솟은 뼈. 협관(頰顴).

[顎] 18画 頁9 | 악 | 턱 | ㊥藥

ガク
あご

⺈ ⺈ 罒 罒 咢 顎 顎 顎

턱. 구강(口腔)의 상하에 있는 뼈 및 그 위의 부분. 「一骨」

[顏] 18画 頁9 | 안 | 얼굴 | ㊥刪

ガン・ゲン
かお

⺈ 亠 产 彦 彦 顏 顏

[頁部] 9~12획

形聲. 얼굴(頁)과 음을 나타내는 彥(언)(안은 변음)을 합하여 이마가 아름다운 얼굴을 뜻함. 널리 얼굴의 뜻으로 씀.

얼굴. ㉠머리의 전면(前面).「一面」㉡안색(顏色). ㉢면목. ㉣낯가죽.
顏面不知[안면부지] 얼굴을 모름. 또
顏貌[안모] 얼굴 모양. 생김새.
顏色[안색] 얼굴에 나타나는 기색. 얼굴 빛. 혈색(血色).

額 18 頁9 | 액 | 이마 | ㊀陌
ガク
ひたい

宀夕灾客額額額

形聲. 얼굴(頁)과 음을 나타내는 客(객)[액은 변음]을 합하여 얼굴에서 넓은 곳, 이마를 뜻함.

① 이마. ② 머릿수. 일정한 분량.「定一」「一數」③ 편액. 문 위 또는 방 안에 걸어 놓는 현판(懸板).「一字」
額面[액면] ガン ① 문 위 또는 방안에 걸어 놓는 그림이나 글씨를 쓴 액자. ② 공채(公債)나 주권(株券) 등에 적힌 금액. ③ 사물의 표면에 나타난 의미.

題 18 頁9 | 제 | 이마 | ㊀內 ㊁霽
ダイ・テイ
ひたい

日早早是題題題

① 이마. ② 끝. 선단(先端). ③ 제목(題目). 표제(表題). 표지(表識).
題名[제명] ダイ 책등의 제목. ② 명승지에 자기의 이름을 기록함.
題材[제재] ダイ 문예·미술 등의 주제가 되는 재료. 내용이 되는 재료.
題號[제호] ダイ 책 등의 표제(表題).

類 19 頁10 | 류 | 무리 | ㊀實 ㊁隊
ルイ
たぐい

丷半米米类类類

① 무리. 동아리. ② 같음. 비슷함. 닮음.「同一」「一似」「一例」
類似[유사] 서로 비슷함. 서로 닮은 데가 있음.

類推[유추] ルイ ① 서로 비슷한 점을 근거로 하여 그 밖의 다른 일을 미루어 짐작함. ② 유비(類比).

願 19 頁10 | 원 | 바랄 | ㊀願
ガン・ゲン
ねがう

一厂斤厚原原願

形聲. 머리(頁)와 음을 나타내는 原(원)을 합하여 큰 머리를 뜻함. 머리에 생각이 떠오르다·생각하다에서 바라며 원하다의 뜻으로 씀.

① 바람. ㉠하고자 함. ㉡남이 해 주기를 바람. ② 빎.「祈一」
願望[원망] ガン 원하여 바람. 또는 원.
願文[원문] ガン 신불(神佛) 등에 원함을 적은 글.

顛 19 頁10 | 전 | 머리 | ㊀先
テン
いただき・たおれる

一ヒ匕튀眞眞顚

① 머리. 두상(頭上). 쥐독. 의 숫구멍 자리. 정수리. ② 이마.
顛狂[전광] テン 정신에 이상이 생김. 미치광이.「一院」
顛倒[전도] テン ① 위와 아래를 바꾸어서 거꾸로 함. 또는 거꾸로 됨.

顧 21 頁12 | 고 | 돌아볼 | ㊀遇 ㊁麌
コ
かえりみる

一广ヨ户户雇雇顧

形聲. 머리(頁)와 음을 나타내는 雇(고)를 합하여 머리를 돌려보다·돌아보다의 뜻.

돌아봄. ㉠머리를 돌려 뒤를 돌아다봄.「一視」㉡둘러봄. 좌우를 봄.
顧慮[고려] コ ① 다시 돌이켜 생각함. ② 앞일을 걱정함.
顧戀[고련] コ 마음에 두고 잊지 못함. 사모함. 연모(戀慕)함.
顧望[고망] コ ① 뒷 일을 염려하고 꺼림. 고기(顧忌). ② 형세를 살피고 얼른 결정하지 아니함. ③ 뒤를 돌아봄.

[頁部] 14~15획·[風部] 0~11획

[顯] 23 頁14 | 현 | 밝을 | ⓛ銑
ケン
あららか・あらわれる

筆順 口日目早星星顯

解字 形聲. 얼굴[頁]과 음을 나타내는 㬎(현)을 합하여 머리에 감은 아름다운 장식품의 뜻. 바뀌어 매우 밝다의 뜻으로 쓰임.

意味 ① 밝음. 환함. 명백함. ② 나타남.

顯考[현고] ① 돌아간 아버지의 신주(神主) 첫 머리에 쓰는 말. ② 돌아가 아버지의 높임말.

顯彰[현창] 사람에게 알려지지 않은 공적이나 좋은 행동 등을 나타나게 함.

顯現[현현] 명백하게 드러남. ㄴ현.

[顰] 24 頁15 | 빈 | 찌푸릴 | ⓒ眞
ヒン・ピン
しかめる

筆順 ㅏ ㅑ 步 頻頻頻顰

意味 ① 찌푸림. 찡그림. 얼굴을 찡그림. 눈썹을 찌푸림. ② 흉내냄.

顰蹙[빈축] 얼굴을 찡그려 불쾌한 표정을 지음. 빈축(嚬蹙).

風 部

[風] 9 風0 | 풍 | 바람 | ⓒ東
フウ
かぜ

筆順 ノ 几 凡 风 凤 凰 風

解字 회의·형성. 첫째는 봉황(鳳凰)의 모양과 음으로 이루어짐. 둘째는 鳥(새)와 음을 나타내는 凡으로 이루어짐.

意味 ① 바람. 「─雨」② 바람이 붐. 바람을 쐼. ④ 빠름. ⑤ 흩음. ⑥ 위엄. ⑦ 기세. 「威─」⑧ 모습. 「─貌」

風格[풍격]ㄷ끄 ① 인품. ② 고상한 인격. ③ 풍채(風采)와 품격(品格). ④ 시·문장·예술품 등의 취향(趣向).

風景[풍경]ㄷ끄 ① 경치. 풍광(風光).

風波[풍파]ㄷ끄 ① 바람과 물결. 풍랑(風浪). 풍도(風濤). ② 얽히고 설킨 분란. ③ 이세상의 번거로운 근심.

[颯] 14 風5 | 삽 | 바람소리 | ⓒ合
サツ・ソウ

筆順 ㅗ ㅜ 立 刃 颯 颯 颯

意味 ① 바람 소리.「──」② 성(盛)함. ③ 쇠(衰)함. 颭은 같은 글자.

颯颯[삽삽]ㄷ끄 바람이 쌀쌀하게 부는 소리. 또는 그 모양. 삽연(颯然).

颯爽[삽상]ㄷ끄 ① 모습이 용기가 있고 시원스러운 모양. ② 바람이 시원스럽게 불어서 마음이 매우 상쾌한 모양.

颯然[삽연]ㄷ끄 삽삽(颯颯).

[颱] 14 風5 | 태 | 사나운바람 | ⓒ灰
タイ

筆順 ノ 几 凡 凤 凰 颱 颱

意味 사나운 바람. 태풍.

颱風[태풍]ㄷ끄 〈天〉 남양(南洋)의 해상에서 발생하여 여름부터 가을까지 한국·중국 등지에 불어 오는 열대성 저기압에 의한 바람. 태풍(台風).

[飄] 20 風11 | 표 | 회오리바람 | ⓒ蕭
ヒョウ
つむじかぜ・ひるがえる

筆順 厂 兀 西 覀 票 票 飄

意味 ① 회오리바람. 선풍(旋風). ② 부침. 「─搖」③ 빠름. ④ 떨어짐. 바람에 불리어 떨어짐. 「─零」⑤ 붐. 날리게 함. ⑥ 떠돎. =漂
飃는 같은 글자.

飄客[표객]ㄷ끄 오입장이.

飄擊[표격]ㄷ끄 재빨리 침.

飄泊[표박]ㄷ끄 ① 고향을 떠나 정처 없이 떠돌아다님. 유랑(流浪). ② 표박(漂泊).

飄然[표연]ㄷ끄 ① 바람에 가볍게 날리는 모양. 표표(飄飄). ② 훌쩍 떠나거나 오는 모양.

飛 部

飛 飛0│비│날│㊤微│
ヒ・とぶ

筆順 ㇉ ㇜ ㇝ 飞 飛 飛 飛

解字 象形. 새가 날개를 펼쳐 나는 모양을 본뜸. 날다・빠르다의 뜻. 부수로서의 명칭은 '날비몸'이라 함.

意味 ① 날.「一翔」② 넘음.「一躍」③ 여섯 말(六馬) ④ 높음.「一橋」⑤ 빠름. ⑥ 흩음.「一散」

飛車[비거]㌥ 바람을 타고 공중을 날아 다니는 수레.
飛檄[비격]㌝ 격문(檄文)을 급히 돌림. 또는 그 격문.
飛語[비어]㌻ 세상에 퍼뜨려서 사람들을 현혹시키는 근거 없는 말.

飜 飛12│번│뒤칠│㊤元│
ハン・ホン
ひるがえる

筆順 ㇒ 釆 釆 番 番 番 飜

解字 形聲. 飛(날다)와 음을 나타내며 동시에 반전(反轉)의 뜻(反=반)을 가진 番(번)을 합하여 반전하다의 뜻. 바뀌어 '뒤집다'의 뜻.

意味 ① 뒤침. ② 낢.

食(飠)部

食 食0│①식 ②사│먹을│㊤職㊦寘│
ショク・ジキ・シ
くう・たべる・めし

筆順 ㇒ ㇒ 人 今 今 食 食

解字 會意. 밥을 그릇에 수북이 담은 모양을 본뜬 皀과 뚜껑(亼)을 합하여 수북히 담긴 먹을 것을 뜻함.

意味 ① ① 먹음. 음식을 삼킴. 식사를 함. ② 먹이. 먹을 거리.「糧一」

食言[식언]㌭ 언약한 말대로 실행하지 아니함. 거짓말을 함. 허언(虛言).

飢 飠2│기│주릴│㊤支│
キ・うえる

筆順 ㇒ ㇒ 人 今 今 食 食 飢

解字 形聲. 음식(食)과 음을 나타내는 几(궤)(几는 변음)를 합하여 굶주림을 뜻함.

意味 주림. 굶주림.「一兒」
飢渴[기갈]㌱ 배고프고 목마름. 굶주림과 목마름.
飢饉[기근]㌭ ① 흉년(凶年)으로 인하여 곡식이 부족하여 먹지 못하고 굶주림. ② 물자(物資)가 매우 부족함.

飯 飠4│반│밥│㊦諫│
ハン・ボン
めし

筆順 ㇒ ㇒ 人 今 今 食 飠 飯 飯

解字 形聲. 음식(食)과음을 나타내는 反(반)을 합하여 입에 머금고 잘 씹어서 넘긴다는 뜻. 후에 주식(主食)인 밥의 뜻으로 쓰임.

意味 ① 밥. ㉠곡식을 익힌 주식. ㉡식사. ② 먹음. 먹임. ③ 기름. 침. 마소를 사육함.

飯器[반기]㌻ 밥을 담는 그릇.
飯粒[반립]㌱㌭ 밥알.

飫 飠4│어│배부를│㊦御│
ヨ・オ

筆順 ㇒ ㇒ 人 今 今 食 飠 飯 飫

意味 ① 실컷 먹음. 배부름. ② 잔치.

飫歌[어가]㌍ 술잔치 때에 부르는 노래.
飫聞[어문]㌻ 여러번 들어서 듣기 싫어함.

飲 飠4│음│마실│㊤沁│
イン・オン
のむ

筆順 ㇒ ㇒ 人 今 今 食 飠 飯 飲

解字 形聲. 본디 歆자를 썼음.

飮料[음료] 술·차·물 등과 같이 마시는 물건의 총칭. 「─水」
飮料水[음료수] 먹는 물.
飮福[음복] 제사를 지내고 난 뒤에 제관들이 제상에 놓인 술이나 제물을 나누어 먹음.

【飭】 食4 칙 갖출 ㉿職
チョク・チキ
ただす

[筆順] 𠂉 𠂊 𠂉 食 食 飭 飭

[意味] ① 갖춤. 정비함. ② 삼감. 조신(操身)함. ③ 닦음. ④ 부지런함. 힘씀. ⑤ 신칙(申飭)함. 단단히 타일러서 경계함.

飭躬[칙궁]ᄏᄝᄀ 자기 몸을 바르게 하고 삼감. 극기(克己)함. 「─고 바름.
飭正[칙정]ᄏᄚ 정돈하고 바름. 삼가

【飼】 食5 사 기를 ㉿寘
シ・ジ
かう

[筆順] 𠂉 𠂊 𠂉 食 飢 飢 飼

[解字] 形聲. 음식[食]과 음을 나타내는 司(사)를 합하여 음식을 먹여서 기르다의 뜻. 지금은 주로 가축을 기르다의 뜻으로 씀.

[意味] 먹임. 기름. 가축을 사육(飼育)함. 「─料」

飼料[사료]ᄏᄝᄀ 가축(家畜)의 먹이.
飼養[사양]ᄋᄐ 짐승을 먹이어 기름.
飼育[사육]ᄀᄃ 사양(飼養). 「─者」

【飾】 食5 식 꾸밀 ㉿職
ショク・シキ
かざる

[筆順] 𠂉 𠂊 𠂉 食 飢 飭 飾

[解字] 形聲. 人[사람]과 巾[헝겊]과 음을 나타내는 食(식)을 합하여 사람이 헝겊으로 닦아서 깨끗하다의 뜻. 바꾸어 꾸미다의 뜻으로 쓰임.

[意味] 꾸밈. ㉠장식함. ㉡겉만 번드르르하게 함. 「─言」 「假─」

飾辯[식변]ᄇᄁ 변설을 꾸밈.
飾緖[식서] 피륙의 올이 풀리지 않게 짠 그 가장자리.

【飴】 食5 ① 이 엿 ㉭支 イ
② 사 ㉭寘 あめ

[筆順] 𠂉 𠂊 𠂉 食 飴 飴 飴

[意味] ① 엿. ② 기름[養].

飴糖[이당] 엿.

*【飽】 食5 포 배부를 ㉮巧
ホウ
あきる

[筆順] 𠂉 𠂊 𠂉 食 飢 飢 飽 飽

[解字] 形聲. 食[먹다]과 음을 나타내는 包(포)를 합쳐서 배가 부르도록 먹다, 물리다의 뜻.

[意味] ① 배가 부름. 「─食」 ② 물림. 먹기 싫음. ③ 흡족함. 충분함. 꽉 참. 「─和」

飽滿[포만]ᄆᄂ 그 용량에 꽉 참.
飽食[포식]ᄏᄏ 배부르게 먹음.

【餃】 食6 교 경단 ㉿效
コウ・キョウ

[筆順] 𠂉 𠂊 𠂉 食 飢 餃 餃

[意味] ① 경단. ② 만두. 「─子」

*【養】 食6 양 기를 ㉮養
ヨウ
やしなう

[筆順] 丷 亠 羊 养 养 養 養

[解字] 形聲. 食[음식물]과 음을 나타내는 羊(양)을 합쳐서 음식물을 권한다는 뜻. 널리 기르다의 뜻으로 쓰임.

[意味] 기름. 키움. 침. 「─育」

養老[양로]ᄅ ① 노인을 봉양(奉養)함. ② 여생을 안락하게 지냄.
養母[양모]ᄇ ① 자기를 낳지는 아니하였으나 자기를 자식처럼 기른 어머니. ② 양가(養家)의 어머니. ↔생모
養成[양성]ᄉ 길러 냄. 육성(育成).

【餌】 食6 이 미끼 ㉭實
ジ・ニ
え

[筆順] 𠂉 𠂊 𠂉 食 飢 飴 餌

[意味] ① 미끼 ② 먹이[飼料]. ③ 먹임.

[食部] 6~12획　　531

【餉】 15 / 食 6

|향|먹일|⑧陽|
ショウ
かれいい

筆順 ケ 今 今 今 食 食 食 食 餉 餉

意味 ① 먹임. ② 점심. 도시락. 휴대 식료품. ③ 군량. ④ 식사를 마칠 정도의 짧은 시간. 「――」

餉穀[향곡] 군량(軍糧)이 되는 곡식.

*【餘】 16 / 食 7

|여|나머지|⑧魚|
ヨ
あまる

筆順 今 今 今 食 食 食 食 餘 餘 餘

解字 形聲. 食[먹다]과 음을 나타내는 余(여)를 합쳐서 먹다 남은 것이라는 뜻. 널리 남다의 뜻으로 쓰임.

意味 ① 나머지. 남음. 「――暇」 ② 끝.
餘念[여념]ネン 딴 생각. 타념(他念).
餘談[여담]ダン ① 용건 이외의 이야기.
② 본줄기를 벗어난 이야기.

【餓】 16 / 食 7

|아|굶을|⑧箇|
ガ
うえる

筆順 食 食 食 食 食 食 餓 餓

解字 形聲. 食[음식물]과 음을 나타내는 我(아)를 합쳐서 굶주리다의 뜻.

意味 ① 굶음. 굶주림. 「饑―」 ② 굶김.
餓死[아사]シ 굶어 죽음. 기사(饑死).
▼飢餓(기아)ガ

【餐】 16 / 食 7

| 1 2 |찬 손|삼킬|⑧寒 ⑧元|
サン・ソン

筆順 ᅡ ᄼ ᄼ ᄼ 夕 夕 奴 奴 奴 餐 餐

意味 1 ① 삼킴. ② 안주. 반찬. ③ 간식(間食). 2 ① 먹음. 「一食」 ② 물에 만 밥.
餐飯[찬반]ハン 밥을 먹음.

*【館】 17 / 食 8

|관|객사|⑧翰|
カン
やかた

筆順 今 今 食 食 飠 飠 餠 餠 館 館

解字 形聲. 食[음식물]과 음을 나타내는 官(관)을 합쳐서 음식물이 준비되어 있는 집, 여관이라는 뜻.

意味 ① 객사. 여관. ② 큰 상점. 관청. 관사(官舍). 학교 등의 건물. 「商―」「公―」

館閣文字[관각문자] 홍문관(弘文館)과 예문관(藝文館)에서 왕명을 받들어 지은 시문.

【餞】 17 / 食 8

|전|전별잔치|⑪銑|
セン・ゼン
はなむけ

筆順 今 今 食 食 食 食 食 餞 餞 餞

意味 ① 전별잔치. ② 보냄. ③ 정과(正果). 「一品」

餞別[전별]ベツ ① 떠나는 사람을 배웅함. ② 잔치를 베풀어 작별함.

【餡】 17 / 食 8

|함|떡소|⑧陷|
カン・ガン・アン
あん

筆順 今 今 食 食 食 食 食 餡 餡 餡

意味 떡소. 맛을 내기 위하여 송편 등의 떡 속에 넣는 것 팥·콩·대추 같은 것.

餡蜜[함밀]アンミツ《日》완두콩과 우무 등을 넣어 달게 맛을 낸 것에 팥소를 얹은 음식.

【舘】舘(舌부 8획 과 동자)

【饉】 20 / 食 11

|근|흉년들|⑧震|
キン・ギン
うえる

筆順 今 今 食 食ᵃ 食ᵇ 饉 饉 饉

意味 흉년 흉년이 듦. 흉년이 듦.

【饅】 20 / 食 11

|만|만두|⑧寒|
バン・マン

筆順 今 今 食 食ᵃ 食ᵇ 食ᶜ 食ᵈ 饅 饅

意味 ① 만두(饅頭). ② 밀음식.

【饋】 21 / 食 12

|궤|진지올릴|⑧寘|
キ・ギ
おくる

筆順 食 食ᵃ 食ᵇ 食ᶜ 饃 饉 饋 饋

[食部] 12~13획·[首部] 0~8획·[香部] 0~11획

[意味] ① 진지를 올림. 「一食」 ② 먹임.
饋貧糧[궤빈량] ① 가난한 사람이 먹을 것을 얻음.

【饑】 21
食12 | 기 | 흉년들 | ㊤微 |
キ・ケ
うえる

[筆順] 食 飠 飠^ㅊ 飠^幾 飠^幾 饑 饑

[意味] ① 흉년이 듦. 「一饉」 ② 주림. 굶주림. 「一渴」
饑渴[기갈] 배가 고프고 목이 마름.

【饒】 21
食12 | 요 | 용서할 | ㊤蕭 |
ジョウ・ニョウ
ゆたか

[筆順] 食 飠 飠^土 飠^幸 飠^堯 饒 饒

[意味] ① 용서함. ② 두터움. ③ 넉넉함. 「豐一」 ④ 배부름. ⑤ 남음. ⑥ 즐김. ⑦ 땅이 기름짐. 「肥一」
饒多[요다] 풍족함. 많음.

【饌】 21
食12 | 찬 | 반찬 | ㊤潸 |
セン・サン・ザン
そなえる

[筆順] 食 飠 飠^宀 飠^巽 飠^巽 饌 饌

[意味] 반찬. 「盛一」
饌間[찬간] 반찬을 만드는 곳.

【饗】 22
食13 | 향 | 잔치할 | ㊤養 |
キョウ・コウ
もてなす・うける

[筆順] 夕 夕^乡 夕^乡 绝 绝³ 鄕 鄕 饗

[意味] ① 잔치함. 「一宴」 ② 흠향함.
饗應[향응] 특별히 마음 써서 융숭하게 대접함. 또는 그 대접.

首 部

【首】 9
首0 | 수 | 머리 | ㊤有 |
シュウ・シュ
くび

[筆順] 丷 丫 丫 首 首 首

[解字] 首·首 象形. 머리털이 나있는 머리를 본뜬 글자로서 머리를 뜻함. 후에 처음이라는 뜻으로도 쓰임.

[意味] ① 머리. 「一級」 ② 먼저. 처음. 비롯함. 「一尾」 ③ 임금. 우두머리.
首肯[수긍] ① 그러하다고 고개를 끄덕임. ② 옳음을 인정함. 동의함.
首腦[수뇌] 우두머리. 중요한 자리를 맡고 있는 사람. 「一會議」

【馘】 17
首8 | 괵 | 귀 베어바칠 | ㊉職 |
カク

[筆順] 丷 首 首 首^或 馘 馘

[意味] ① 왼편 귀를 베어 바침. 「一耳」 ② 목을 벰. 「一首」
馘首[괵수] 목을 벰. 또는 그 목.

香 部

【香】 9
香0 | 향 | 향내 | ㊤陽 |
キョウ・コウ
か・かおり

[筆順] 一 二 千 千 禾 夵 香

[解字] 會意. 기장(수수의 한 가지)을 뜻하는 禾[黍의 약자]와 달다의 뜻인 日[=甘]을 합쳐서 맛이 있는 기장을 뜻함. 찔 때의 냄새가 좋으므로 향내의 뜻으로 씀.

[意味] 향내. 향기. 「芳一」↔臭
香華[향화] 〈佛〉 부처님 앞에 바치는 꽃과 향. 향화(香花).

【馥】 18
香9 | 복 | 향기 | ㊉屋 | フク

[筆順] 一 千 禾 香 香 馥 馥

[意味] 향기. 향긋함.
馥郁[복욱] 향기가 많이 나는 모양.

【馨】 20
香11 | 형 | 향내멀리날 | ㊤靑 |
ケイ・キョウ
かおる

[筆順] 士 声 声 殸 殸 磬 馨

[馬部] 0~5획

① 향내가 멀리까지 남. ② 좋은 평판이나 영향이 퍼짐. ③ 이러함.
馨香[형향] ケイコウ 그윽한 향기.

馬部

*【馬】10 馬0 | 마 | 말 | ⊕馬 |
バ・メ・マ
うま

筆順 丨 厂 广 FF 馬 馬

解字 象形. 말의 모양을 본뜸. 부수로서는 말에 관계된 것을 나타냄.

意味 ① 말. 가축의 하나.「牛―」② 산가지.
馬脚[마각] キャク ① 말의 다리. ② 숨긴 본성(本性)이나 진상.

【馮】12 馬2 |① 빙 ② 풍| 탈 |⊕蒸 ⊕東|
ヒョウ・フウ

筆順 冫 冫 冫 汅 沍 馮 馮

意味 ① ① 탐. 오름. ② 업신여김.
馮虛[빙허] ヒョウキョ 하늘보다 더 높이 오르고자 함. 허공에 몸을 맡김.

【馭】12 馬2 | 어 | 말부릴 |⊕御|
ギョ・ゴ

筆順 丨 厂 FF 馬 馬 馭 馭

意味 ① 말을 부림. =御「善―」② 사람을 부림.「統―」
馭夫[어부] ギョフ 거마(車馬)를 다루는 사람.

【馴】13 馬3 |① 순 ② 훈| 길들 |⊕眞 ⊕問|
ジュン・ジュン
なれる

筆順 丨 厂 FF 馬 馴 馴

意味 ① ① 길이 듦. ② 길을 들임. ③ 착함. ② ① 순함. ② 가르침. =訓
馴鹿[순록] となかい ジュンロク〈動〉시베리아 산(産) 사슴의 일종.

【馳】13 馬3 | 치 | 달릴 |⊕支|
チ・ジ
はせる

筆順 丨 厂 FF 馬 馬 馳 馳

意味 ① 달림.「―驅」② 전(傳)함. 거둣길.「―道」
馳驅[치구] チク ① 말을 달림. 구치(驅馳). ② 분주(奔走)하게 돌아 다님.

【馱】13 馬3 | 타 | 실을 |⊕歌| タ・ダ

筆順 丨 FF 馬 馬 馱 馱

意味 ① 실음. 짐을 실음. ② 짐.
馱價[태가] 짐을 날라다 준 삯.

【駁】14 馬4 | 박 | 얼룩말 |⊕覺|
バク・ハク

筆順 丨 FF 馬 馬 駁 駁

意味 ① 얼룩말. ② 섞임.「雜―」③ 논박함.「攻―」
駁擊[박격] バクゲキ 다른 사람의 주장이나 의견을 비난 공격함.

【駕】15 馬5 | 가 | 탈것 |⊕禡| ガ・カ

筆順 フ カ カロ 架 翟 駕 駕

意味 ① 탈것.「車―」「大―」② 탐.
駕轎[가교] ① 임금이 타던 가마. 두 마리의 말이 끎. ② 쌍가마.

【駒】15 馬5 | 구 | 망아지 |⊕虞| ク
こま

筆順 丨 FF 馬 馬 駒 駒

意味 ① 망아지. 두 살난 말. 5척 이상 6척 이하의 말. ② 마른 나무 등걸. ③ 노래 이름.「驪―」
駒隙[구극] クゲキ 말이 달리는 것을 벽틈으로 본다는 뜻으로 인생의 덧없음과 세월이 빠름을 일컫는 말.

【駑】15 馬5 | 노 | 노둔한말 |⊕虞|

筆順 く タ 女 奴 奴 駑 駑

意味 ① 노둔한 말. 느린 말. ↔駿 ② 노둔함. 느리고 미련함.「―鈍」
駑鈍[노둔] ドン ① 어리석고 둔하여 쓸모가 없음. ② 재주가 없음.

10획

〔馬部〕 5~8획

【駙】 馬5 15 │ 부 │ 곁말 │ 免週
フ
そえうま

筆順 丨 冂 馬 馬 馬' 馬'' 駙 駙

意味 ① 곁말. 부마(副馬). 예비의 말.
② 가까움. ③ 빠름.

【駐】 馬5 15 │ 주 │ 머무를 │ 免週
チュウ·チュ
とどまる

筆順 丨 冂 馬 馬 馬' 馬'' 駐 駐

意味 머무름. 말·수레가 멈춤.

駐在〔주재〕ザイ ① 한 곳에 머물러 있음. ② 관리가 파견되어 직무상 그 곳에 머물러 있음. 주차(駐劄).

【駝】 馬5 15 │ 타 │ 약대 │ 免歌 │ タ·ダ

筆順 丨 冂 馬 馬 馬' 馬'' 駝 駝

약대. 낙타. 「駱—」.

駝鳥〔타조〕チョウ 〈動〉 타조과에 속하는 새. 현재의 조류(鳥類)중에서 가장 큼.

▼駱駝(낙타)ラク

【駘】 馬5 15 │ 태 │ 노둔한말 │ 免灰 │ 免賄
タイ

筆順 丨 冂 馬 馬 馬' 馬'' 駘 駘

意味 ① 노둔한 말. 느린 말. 「駑—」

駘蕩〔태탕〕トウ ① 서두르지 않는 모양. ② 넓은 모양. ③ 봄의 화창한 모양.

【駱】 馬6 16 │ 락 │ 가리온 │ 免藥 │ ラク

筆順 丨 冂 馬 馬 馬' 馬'' 駱 駱

意味 ① 가리온. 갈기가 검은 흰말. ② 약대. 낙타. 「—駝」 ③ 성(姓)의 하나.

駱駝〔낙타〕ダ 〈動〉 ① 낙타과에 속하는 열대 지방의 동물. 사막 생활에 없어서는 아니될 중요한 가축임. ② 낙타의 털. 또는 그것으로 만든 옷감.

【駁】 馬6 16 │ 박 │ 얼룩말 │ 免覺 │ ハク

筆順 丨 冂 馬 馬 馬' 馬六 駁

意味 ① 얼룩말 ② 논박함. (=駮)

駁議〔박의〕ギ 다른 사람의 의견이나 의론을 비난 공격함.

【駭】 馬6 16 │ 해 │ 놀랄 │ 免蟹
ガイ·カイ
おどろく

筆順 丨 冂 馬 馬 馬' 馬'' 駭 駭

意味 ① 놀람. ② 북을 울림.

駭擧〔해거〕キョ 해괴한 짓. 「괴이함.
駭怪〔해괴〕カイ 매우 괴이함. 놀랄 만큼

【騈】 馬6 16 │ 1변 2병 │ 나란히할 │ 免先 │ 免銑
ヘン·ベン·ヘイ
ならぶ

筆順 丨 冂 馬 馬 馬' 馬'' 馬'' 騈

意味 ① 나란히 함. 두 필의 말을 한 멍에에 맴. ② 늘어섬. 늘어 놓음.

騈儷體〔변려체〕ベンレイ 옛날 중국에서 육조(六朝)시대에 많이 사용했던 문체 (文體). 네 글자와 여섯 글자의 대구 (對句)로 되어 있음. 병문(騈文).

【駿】 馬7 17 │ 1준 2순 │ 준마 │ 免震 │ 免震
シュン

筆順 丨 冂 馬 馬 馬' 駿 駿

意味 ① ① 준마. 잘 달리는 좋은 말. 「—馬」 ② 큼. ③ 빠름. 「—足」

駿馬〔준마〕シュン 잘 달리는 좋은 말. ↔ 노마(駑馬)

駿敏〔준민〕ビン 걸출(傑出)하고 날렵함.

【騎】 馬8 18 │ 1기 2기 │ 말탈 │ 免支 │ 免寘
キ
のる

筆順 丨 冂 馬 馬 馬* 騎 騎

意味 ① 말탐. ② 말을 탐. ② 올라 탐. ② 기마. 타기 위한 말. 「乘—」

騎馬〔기마〕バ ① 말을 탐. 승마(乘馬). ② 말에 타고 있는 사람.

騎兵〔기병〕ヘイ ① 말 탄 병정. ② 말 타고 싸우는 군대.

【騏】 馬8 18 │ 기 │ 얼룩말 │ 免支 │ キ

筆順 丨 冂 馬 馬 馬' 馬'' 騏 騏

意味 얼룩말. 절총이

騏驥〔기기〕キキ 하루에 천리를 달린다는 말. 준마(駿馬). 좋은 말.

騏驎〔기린〕キリン 〈動〉 준마(駿馬).

【騙】19 馬9 | 편 | 말에뛰어오를 | [去]霰 |
ヘン
かたる

[筆順] 馬 騙

[意味] ① 말에 뛰어 오름. ② 속임. 「一取」 =諞

[參考] 騗은 같은 글자.

騙取〔편취〕ヘンシュ 남을 속이어 재물이나 이익 등을 빼앗음. 사취(詐取).

【騰】20 馬10 | 등 | 오를 | [平]蒸 |
トウ・ドウ
あがる・のぼる

[筆順] 月 騰

[意味] 오름. ㉠높은 데로 올라감. 「上一」 ㉡물가가 뜀. 「一貴」「暴一」

騰貴〔등귀〕トウキ 물건 값이 뛰어 오름. 상귀(翔貴). 앙귀(昂貴).

*【騷】20 馬10 | 소 | 떠들 | [平]豪 |
ソウ
さわぐ

[筆順] 馬 馬 騷

[意味] ① 떠듦. 법석거림. 「一動」 ② 소동. ③ 근심함. ④ 근심. 「離一」

騷動〔소동〕ソウドウ ① 야단법석이 되어 마음이 가라앉지 않음. ② 여럿이 싸우거나 떠들어댐. 소란(騷亂).

*【驅】21 馬11 | 구 | 몰 | [平]虞 |
ク
かける・かる

[筆順] 馬 馬 驅

[意味] ① 몲. 말을 빨리 달리게 함. 「疾一」 ② 쫓아냄. 「一逐」 ③ 대열. 군대의 열. 「前一」

驅迫〔구박〕クハク 못 견디게 굶. 학대함.

驅步〔구보〕 달음질침. 달음질.

驅除〔구제〕クジョ 몰아 내어 없애 버림.

驅逐〔구축〕クチク 몰아 쫓아 냄.

【驀】21 馬11 | 맥 | 말탈 | [入]陌 |
バク・ミャク

[筆順] 莫 驀

[意味] ① 말을 탐. ② 뛰어 넘음. ③ 곧장.

驀進〔맥진〕バクシン 좌우를 돌보지 않고 힘차게 나아감. 한달음에 나아감. 돌진(突進). 맹진(猛進).

【驕】22 馬12 | [1] 교 [2] 효 | 교만할 | [平]蕭 [去]嘯 |
キョウ
おごる

[筆順] 馬 馬 驕

[意味] [1] ① 교만함. ② 방자함. ③ 키가 여섯 자 되는 말. [2] ① 부리가 짧은 사냥개. ② 성(盛)한 모양.

驕客〔교객〕 남의 사위를 일컫는 말.

驕氣〔교기〕キョウキ 남을 업신여기고 혼자 잘난 체하는 마음. 교만한 태도.

*【驚】23 馬13 | 경 | 놀랄 | [平]庚 |
キョウ・ケイ
おどろく

[筆順] 敬 驚

[意味] 놀람. 놀라게 함.

驚異〔경이〕キョウイ 놀라 이상히 여김.

*【驛】23 馬13 | 역 | 역말 | [入]陌 | エキ

[筆順] 馬 馬 驛

[解字] 形聲. 馬〔말〕와 음을 나타내는 睪(역)을 합쳐서 말을 갈아 타는 곳을 뜻함.

[意味] ① 역말. ② 역참(驛站). 역말집. ③ 잇닿음. 잇댐. 「一傳競走」

驛馬〔역마〕エキバ 각 역참(驛站)에 대기시켜 둔 말. 「잡무에 종사하는 사람.

驛夫〔역부〕エキフ 역에서 화물의 운반 등

*【驗】23 馬13 | 험 | 증험할 | [去]豔 |
ケン・ゲン
しるし・ためす

[筆順] 馬 馬 驗

[意味] ① 증험함. 실지로 해 봄. ② 증거. 「効一」 ③ 효능. 「靈一」 ④ 조짐.
驗效〔험효〕ケンコウ 효력. 효험(效驗).

【驟】24 馬14 | 취 | 몰아갈 | [去]宥 | シュウ・ソウ にわか
[筆順] 驟
[意味] ① 몰아 감. 말을 몲. ② 달림. 달리게 함. ③ 급하게 옴. ④ 별안간. ⑤ 소나기. 「一雨」

【驢】26 馬16 | 려 | 나귀 | [平]魚 | ロ
[筆順] 驢
[意味] 나귀. 당나귀

骨部

10획

*【骨】10 骨0 | 골 | 뼈 | [入]月 | コツ ほね
[筆順] 骨
[意味] ① 뼈. ㉠사람이나 동물의 뼈. ㉡사물의 구조. 뼈대. ㉢신체. ㉣중심.
骨肉〔골육〕コツニク ① 뼈와 살. ② 혈통이 같은 부자(父子)·형제(兄弟)·육친(肉親).
骨肉相食〔골육상식〕 부모와 자식·형제 등이 서로 다툼. 골육 상쟁(骨肉相爭).

【骰】14 骨4 | 투 | 주사위 | [平]尤 | トウ さい
[筆順] 骰
[意味] 주사위. 「一子」
骰子〔투자〕さいころ·トウシ 정방형의 육면체로 된 놀이 기구. 주사위.

【骼】16 骨6 | 격 | 마른뼈 | [入]陌 | カク ほね
[筆順] 骼
[意味] ① 마른 뼈. 드러난 뼈. ② 뼈.

【骸】16 骨6 | 해 | 뼈 | [平]佳 | ガイ・カイ むくろ
[筆順] 骸
[意味] ① 뼈. ㉠정강이 뼈. ㉡죽은 사람의 뼈. 「一骨」 ② 시체. 「遺一」 ③ 신체.
骸骨〔해골〕ガイコツ ① 신체의 뼈.

【髀】18 骨8 | [1]비 [2]폐 | 넓적다리 | [上]紙 [上]薺 | ヒ・ヘイ もも
[筆順] 髀
[意味] [1] 넓적다리. [2] 볼기짝. ＝䏶
髀骨〔비골〕〈生〉 ① 넓적다리 뼈.

【髆】20 骨10 | 박 | 어깨죽지 | [入]藥 | ハク かたぼね
[筆順] 髆
[意味] 어깨죽지.
髆骨〔박골〕〈生〉 어깨의 등 쪽에 있는 삼각형의 편평한 뼈. 어깨뼈. 견갑골(肩胛骨).

【髓】23 骨13 | 수 | 골 | [上]紙 | ズイ・スイ
[筆順] 髓
[意味] ① 골. ② 초목의 줄기 한가운데에 있는 것. ③ 사물의 중심이 되는 것. ④ 마음속. ⑤ 가장 중요한 것. 요점.
髓腦〔수뇌〕ズイノウ ① 뇌수(腦髓). ② 척추동물의 뇌의 맨 뒷 부분. ③ 사물의 가장 중요한 부분. 요점(要點).

*【體】23 骨13 | 체 | 몸 | [上]薺 | タイ・テイ からだ
[筆順] 體
[意味] ① 몸. ② 모양. 꼴. 「形一」 ③ 물건. 「物一」 ④ 본. 「一裁」 ⑤ 근본.
體格〔체격〕タイカク ① 몸의 생김새. 「一檢査」 ② 시문(詩文)의 체제(體制).
體刑〔체형〕タイケイ 직접 사람의 몸에 주는 형벌. 징역·사형 등.
體形〔체형〕タイケイ 몸의 형상. 체양(體樣).

[骨部] 13획·[高部] 0획·[髟部] 0~14획

髑

[髑]²³ 骨13 | 축 | 해골 | ㊀屋
ドク·トク
されこうべ

筆順 骨 骨' 骨'' 骨'' 骨'' 髑 髑 髑

意味 해골. 두개골.

髑髏[촉루]ᵈᵏ 비바람에 씻겨 뼈만 남은 머리뼈. 해골.

高部

高

*[高]¹⁰ 高0 | 고 | 높을 | ㊥豪
コウ
たかい

筆順 亠 亠 亡 古 古 高 高 高

解字 高 象形. 큰 건물의 모양을 본뜸. 높은 곳을 뜻함. 널리 높다의 뜻으로 쓰임.

意味 높음. ㉠신분·신장·정도가 높음. 「一下」 ㉡솟음. ㉢뛰어남.

高歌[고가]ᵏ 큰 소리로 노래함. 고성
高價[고가]ᵏ ① 비싼 가격. ↔염가(廉價). ② 좋은 평판(評判).
高低[고저]ᵗⁱ 높음과 낮음.

髟部

髟

[髟]¹⁰ 髟0 | 표 | 늘어질 | ㊤蕭
ヒョウ

筆順 丨 ㄧ F E 镸 镸 髟

解字 髟 會意. 镸[머리칼]과 가지런하다의 뜻을 나타내는 彡을 합쳐서 아름답고 가지런한 긴 머리칼을 뜻함. 부수로서는 머리칼·수염에 관한 뜻을 나타냄.

意味 머리칼이 길게 늘어진 모양.

髣

[髣]¹⁴ 髟4 | 방 | 비슷할 | ㊤養 ホウ

筆順 丨 F E 镸 髟 髣 髣

意味 비슷함. 닮음. 「一髴」

髣髴[방불]ᴴᵒᵘ ① 매우 비슷한 모양. ② 희미하여 석연치 않은 모양. 방불(彷彿).

髥

[髥]¹⁴ 髟4 | 염 | 구레나룻 | ㊦鹽
ゼン
ひげ

筆順 丨 F E 镸 髟 髥 髥

意味 구레나룻. 수염.

參考 髯은 속자.

髥口[염구]〈演〉 희곡 용어로, 배우의 윗입술에 붙이는 수염.

髮

*[髮]¹⁵ 髟5 | 발 | 머리카락 | ㊀月
ハツ
かみ

筆順 F E 镸 髟 髟 髮 髮

意味 ① 머리카락. 「理一」 ② 초목(草木). ③ 메마른 땅. 모래땅.

髮鼓[발고] 부인들 머리의 장식품.

髭

[髭]¹⁵ 髟5 | 자 | 웃수염 | ㊤支 シ
ひげ

筆順 F E 镸 髟 髟 髭 髭

意味 웃수염〔口上鬚〕. 수염.

髷

[髷]¹⁶ 髟6 | 곡 | 고수머리 | ㊀沃
チョク
まげ

筆順 F E 镸 髟 髟 髟 髷

意味 ① 고수머리. ② 상투.

鬚

[鬚]²² 髟12 | 수 | 수염 | ㊤虞
シュ·ス
ひげ

筆順 F E 镸 髟 髟 髟 鬚

意味 수염. 아랫수염.

鬚貌[수모]ˢᵇᵒ 수염이 많이 난 얼굴.

鬢

[鬢]²⁴ 髟14 | 빈 | 살쩍 | ㊥震
ヒン·ビン

筆順 F E 镸 髟 髟 髟 鬢

意味 살쩍. 구레나룻.

鬢毛[빈모]ᴮⁱⁿᵇᵒᵘ 살쩍.

門 部

【鬥】 鬥0 10획 │ ①투 ②각 │ 싸울 │ 去宥 覺
トウ
たたかう

筆順: ｢ ｢ ｢ ｢ ｢ ｢ 鬥

解字: 象形. 무기를 가진 두 사람이 맞서서 싸우는 모양을 본뜸. 싸우다를 뜻함. 부수로서는 싸움에 관한 뜻을 나타냄.

意味: ①싸움. 다툼. ②뜻은 ①과 같음.

【鬨】 鬥6 16획 │ ①홍 ②항 │ 싸움소리 │ 送 絳
コウ
とき

筆順: ｢ ｢ 鬥 鬥 鬨 鬨 鬨

意味: ①①싸움하는 소리. ②싸움. 떠듦. ②뜻은 ①과 같음.

【鬩】 鬥8 18획 │ 혁 │ 송사할 │ 入錫
ゲキ・ケキ
せめぐ

筆順: 鬥 鬥 鬩 鬩 鬩 鬩 鬩

意味: ①송사함. ②싸움. 내분(內紛). ③원망함.

＊【鬪】 鬥10 20획 │ 투 │ 싸움 │ 去宥
トウ
たたかう

筆順: 鬥 鬥 鬪 鬪 鬪 鬪 鬪

意味: ①싸움. 「戰—」 ②싸우게 함.

鬪爭[투쟁]ㄱㄴ ①다투어 싸움. ②어떤 목적을 달성하기 위해 감정과 이해(利害)를 매개로 하여 서로 반발함.

鬯 部

【鬯】 鬯0 10획 │ 창 │ 울창술 │ 去漾
チョウ

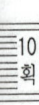

筆順: × × ※ 鬯 鬯 鬯 鬯

解字: 象形. 그릇 속에 쌀이 들어 있는 모양을 본뜸. 그릇에 쌀을 넣고 향초(香草)를 섞어 술을 빚다의 뜻. 후에 향주(香酒)의 뜻으로 됨.

意味: ①울창술. 옻기장으로 빚은 술. ②무성하게 자람. ③활집.

【鬱】 鬯19 29획 │ 울 │ 우거질 │ 入物 ウツ

筆順: 𦯏 𦰩 鬱 鬱 鬱 鬱 鬱

意味: ①우거짐. 초목이 무성함. ②왕성함. ③막힘. ④깊(長).

鬱寂[울적] 마음이 적막함.
鬱積[울적]ㄱㄴ 우울한 마음이 쌓임.
鬱症[울증] 가슴이 답답한 병증.
鬱蒼[울창]ㄱㄴ 나무들이 빽빽이 들어서 무성한 모양. 울창창(鬱鬱蒼蒼).

鬲 部

【鬲】 鬲0 10획 │ ①격 ②력 │ 오지병 │ ㄱ陌 ㄴ錫
カク・レキ
かなえ

筆順: 一 一 一 戸 両 兩 鬲

解字: 象形. 둘레에 장식을 한 세발솥의 모양을 본뜸.

意味: ①①오지병. ②사이를 둠. ＝隔
②①세발솥. ②다리가 굽은 솥.

鬼 部

＊【鬼】 鬼0 10획 │ 귀 │ 귀신 │ 上尾
キ
おに

筆順: ′ 丨 ⺈ 甶 甶 鬼 鬼

解字: 象形. 사람(鬼)이 가면(鬼)을 쓴 모양을 본떠서 신(神)의 모습을 나타냄.

意味: 귀신. 죽은 사람의 혼.

〔鬼部〕4~11획・〔魚部〕0~4획

鬼面[귀면] ネン 귀신의 얼굴.
鬼才[귀재]ザィ 세상에 드물게 뛰어난 재능(才能). 또는 그런 재능을 가진 사람.

【魁】14 鬼4 | 괴 | 으뜸 | 灰
カイ
かしら・さきがけ

筆順 ヵ ヵ 白 鬼 鬼 鬼 魁

意味 ① 으뜸. 제일. ② 괴수. 두목.
魁奇[괴기]ᅟキ 괴상하고 기이(奇異)함.
魁首[괴수]ᅟシュ 못된 짓을 하는 무리의 두목. 무뢰배의 두령(頭領).

*【魂】14 鬼4 | 혼 | 넋 | 元
コン・ゴン
たましい

筆順 一 云 动 动 珔 魂 魂

意味 ① 넋. 정신. 「靈—」 ② 마음.
魂飛魄散[혼비백산] 혼백이 흩어짐. 곧 몹시 놀라 어쩔 줄 모르는 경우를 일컫는 말. 혼불부체(魂不附體).

【魅】鬼5 | 매 | 호릴 | 實 ミ・ビ

筆順 ヵ ヵ 白 鬼 鬼 魅 魅

解字 形聲. 鬼[귀신]와 음을 나타내는 未(미)[매는 변음]를 합쳐서 도깨비라는 뜻. 후에 흘리다의 뜻으로 쓰임.
意味 ① 호릴. 사람의 마음을 끎. ② 집념함. ③ 도깨비. 괴물.
魅力[매력]ᅟリョク 사람의 마음을 호리고는 힘.

【魃】鬼5 | 발 | 가물귀신 | 曷
バツ・ハツ

筆順 白 白 鬼 鬼 魃 魃 魃

意味 ① 가물 귀신. ② 가물. 가뭄.

【魄】15 鬼5 | 1백 3탁 | 넋 | 陌・藥 ② 약 | 藥

ハク・タク
たましい

筆順 白 白 的 帥 魄 魄 魄

意味 ① ① 넋. ② 몸. 형체. ③ 달. 달빛. ② 넋을 잃음. 영락함.

【魏】18 鬼8 | 위 | 우뚝할 | 未
ギ
たかい

筆順 二 千 禾 秃 委 委 魏

意味 ① 우뚝함. 높음. ② 큼. ③ 대궐.
④ 뛰어남. ⑤ 중국의 옛 나라 이름.
魏闕[위궐]ᅟケツ 높고 큰 문이란 뜻으로 대궐의 정문(正門)을 말함. 조정(朝)

【魔】21 鬼11 | 마 | 마귀 | 歌

筆順 一 广 广 庐 庐 廃 魔

解字 形聲. 鬼[귀신]와 음을 나타내는 麻(마)를 합쳐서 마귀라는 뜻.
意味 마귀. 마왕. 사람의 선행을 방해하고 해를 끼치는 귀신.
魔性[마성]ᅟショゥ ① 악마(惡魔)의 성질.
② 악마처럼 사람을 호리는 성질.
魔手[마수]ᅟシュ ① 사람을 해치는 악마의 손길. ② 음흉한 수단.

魚 部

*【魚】11 魚0 | 어 | 물고기 | 魚
ギョ・ゴ
うお・さかな

筆順 ⺈ ⺈ ⺈ 各 各 角 魚

解字 象形. 물고기 모양을 본뜬 글자.
부수로는 물고기에 관한 뜻을 나타냄.
意味 ① 물고기. 생선. 「—族」 ② 좀.
魚商[어상] 생선을 파는 사람.
魚水[어수]ᅟスィ ① 물고기와 물. ② 끓을 래야 끓을 수 없는 밀접한 관계를 가리키는 말.

【魯】15 魚4 | 로 | 어리석을 | 麌
ロ
おろか

筆順 ⺈ 各 角 角 魚 魚 魯

意味 어리석음. 「—鈍」
魯鈍[노둔]ᅟドン 어리석고 둔함. 바보. 우둔(愚鈍). 노둔(鹵鈍・駑鈍).

[魚部] 4～7획

【魴】 魚4 | 방 | 방어 | 陽 |
ホウ・ボウ
おしきうお
筆順 ｸ 力 备 魚 魚 魚´ 魴ㄅ 魴
意味 방어(魴魚).

【鮒】 魚5 | 부 | 붕어 | 遇 | フ・ブ ふな
筆順 ｸ 力 备 魚 魚` 魛 魝 鮒
意味 붕어. 「―魚」

【鮓】 魚5 | 자 | 젓 | 馬 | サ
筆順 ｸ 力 备 魚 魚´ 魝 鮓
意味 ① 젓[魚菹]. ② 해파리.

【鮎】 魚5 | 점 | 메기 | 鹽 |
デン・ネン
なまず・あゆ
筆順 ｸ 力 备 魚 魚l 魛 鮎 鮎
意味 메기. 「―魚」

【鮑】 魚5 | 포 | 절인생선 | 巧 |
ホウ
あわび
筆順 ｸ 力 备 魚 魚´ 魞 鮑 鮑
意味 ① 절인 생선. 「―魚之肆」 ② 성(姓)의 하나.

鮑石亭[포석정]〈歷〉경상 북도 월성군(月城郡) 내남면(內南面)에 있는 신라의 고적. 신라의 역대 왕이 이곳에 잔을 띄우며 시를 읊고 놀이를 하면 곳.

鮑叔牙[포숙아] ホウ ジュクガ 〈人〉춘추 시대 제(齊)나라의 대부(大夫). 관중(管仲)의 절친한 친구.

鮑魚[포어] ホウギョ 소금에 절인 생선.

【鮫】 魚6 | 교 | 상어 | 肴 |
コウ
さめ
筆順 ｸ 力 备 魚 魚⌐ 魝 鮫
意味 ① 상어. 「―魚」 ② 인어(人魚).

鮫人[교인] コウジン 인어(人魚).

【鮭】 魚6 | 해 | 어채 | 佳 |
ケイ・カイ
ふぐ・さけ
筆順 ｸ 力 备 魚 魚⌐ 魝十 鮓 鮭
意味 ① 어채(魚菜). ② 복[河豚].

*【鮮】 魚6 | 선 | 고울 | 先 |
セン
あざやか・すくない
筆順 ｸ 力 备 魚 魚´ 魵 鮮
意味 ① 생선. ② 새로운 것. ③ 고움. 빛남. 「―明」 ④ 조촐함. ⑤ 좋음. ⑥ 적음.

鮮度[선도] センド 어육(魚肉)이나 야채 등의 신선한 정도.

鮮明[선명] センメイ 산뜻하고 밝음. 조촐하고 깨끗함.

【鮪】 魚6 | 유 | 다랑어 | 有 |
イ・ニュウ
まぐろ
筆順 ｸ 力 备 魚 魚l 魛 魶 鮪
意味 다랑어.

【鮨】 魚6 | 지 | 물고기젓 | 支 |
シ・キ
すし
筆順 ｸ 力 备 魚 魚´ 魵 鮨 鮨
意味 물고기 젓[鮓].

【鯁】 魚7 | 경 | 생선뼈 | 梗 |
コウ
ほね
筆順 ｸ 力 备 魚 魚⌐ 鯄 鯁 鯁
意味 ① 생선뼈. ② 가시가 목에 걸림. 가시가 셈.

鯁骨[경골] コウコツ ① 단단한 뼈. ② 강직(剛直)하여 남에게 굽히지 아니하는 기골.

【鯉】 魚7 | 리 | 잉어 | 紙 |
リ
こい
筆順 ｸ 力 备 魚 魚l 鯄 鯉 鯉
意味 잉어. 「―魚」

鯉魚[이어] リギョ 〈動〉잉어.

【鯊】18 魚7 | 사 | 모래무지 | [平]麻 | サ はぜ

[筆順] 鯊

[意味] ① 모래무지. ② 상어.

鯊翅〔사시〕 상어 지느러미를 말린 식료품. 중국 요리에 쓰임.

【鮹】18 魚7 | 소 | 문어 | [平]肴 | ショウ・ソウ たこ

[筆順] 鮹

[意味] ① 문어. ② 낙지.

【鯨】19 魚8 | 경 | 고래 | [平]庚 | ゲイ・ケイ くじら

[筆順] 鯨

[解字] 形聲. 魚와 음을 나타내는 京(경)을 합쳐서 큰 물고기란 뜻. 후에 고래의 뜻으로 쓰임.

[意味] ① 고래. ② 수코래. ↔鯢
鯨은 수코래, 鯢(예)는 암코래.

鯨船〔경선〕 고래잡이 배.

鯨鬚〔경수〕ゲイシュ 고래 수염. 부드럽고 연하여 공예품의 재료로 쓰임.

【鯗】19 魚8 | 상 | 어포 | [上]養 | ショウ ひもの

[筆順] 鯗

[意味] 어포(魚脯). 말린 고기〔乾魚〕.

【鯛】19 魚8 | 조 | 도미 | [平]蕭 | チョウ たい

[筆順] 鯛

[意味] ① 도미. ② 뼈가 연함.

鯛味噌たいみそ 《日》 찐 도미의 고기를 된장에 섞어 만든 식품.

【鯖】19 魚8 | [1]청 [2]정 | 청어 | [平]青 [平]庚 | セイ さば

[筆順] 鯖

[意味] [1] 청어. [2] 열구자(悅口子).

鯖雲さばぐも 《日》 권적운(卷積雲)의 다른 이름. 고등어 비늘처럼 생겼으므로 이렇게 부름.

【鰓】20 魚9 | 새 | 아가미 | [平]灰 | サイ・シ えら

[筆順] 鰓

[意味] ① 아가미. 아가미뼈. ② 턱.

【鰐】20 魚9 | 악 | 악어 | [入]藥 | ガク わに

[筆順] 鰐

[意味] 악어.
鱷은 같은 글자.

【鰈】20 魚9 | [1]탑 [2]접 | 가자미 | [入]合 [入]葉 | トウ・チョウ かれい

[筆順] 鰈

[意味] [1] 가자미. [2] ① 가자미. ② 넙치.

【鰌】20 魚9 | 추 | 미꾸라지 | [平]尤 | シュウ どじょう

[筆順] 鰌

[意味] ① 미꾸라지. ② 빙자(憑藉)함. ③ 해추(海鰌).

[參考] 鰍는 같은 글자.

【鰭】21 魚10 | 기 | 지느러미 | [平]支 | キ ひれ

[筆順] 鰭

[意味] ① 지느러미. ② 물고기의 등성이 뼈. ③ 꼬리.

【鰤】21 魚10 | 사 | 새우 | [平]支 | シ ぶり

[筆順] 鰤

[意味] ① 새우. ② 노어(老魚). 사람을 죽게 하는 독을 가진 고기.

【鰹】22 魚11 | 견 | 큰가물치 | [平]先 |

[魚部] 11~22획·[鳥部] 0~3획

ケン
かつお
筆順 魚 魚 魚 魚 鰹 鰹 鰹
意味 ① 큰가물치. ② 물치. 강고도리.

【鰻】 22 魚11 | 만 | 뱀장어 | ㊥寒
マン·バン
うなぎ
筆順 魚 魚 魚 魚 鰻 鰻 鰻
意味 뱀장어.

【鯵】 鰺(魚부 13획)의 속자

【鱗】 23 魚12 | 린 | 비늘 | ㊥眞
リン
うろこ
筆順 魚 魚 鱗 鱗 鱗 鱗 鱗
意味 ① 비늘. ② 물고기의 총칭.
鱗甲[인갑] ① 비늘과 껍데기. ② 비늘 모양의 굳은 껍질. ③ 마음속에 걸려 있는 감정.

【鱒】 23 魚12 | 준 | 송어 | ㊤阮
ソン·ゾン
ます
筆順 魚 魚 魚 鱒 鱒 鱒
意味 송어.

|11획

【鱢】 24 魚13 | 소 | 비릴 | ㊤豪
ソウ
なまぐさい
筆順 魚 魚 魚 鱢 鱢 鱢
意味 비림. 비린내가 남. 비린내.

【鱻】 33 魚22 | 선 | 날고기 | ㊥先
セン
あたらしい
筆順 魚 魚 魚 魚 魚 魚 魚
意味 ① 날고기. ② 생선.
鱻餐[선찬] 생선 반찬으로 하는 식사.

鳥 部

【鳥】 11 鳥0 | 조 | 새 | ㊤篠
チョウ
とり

筆順 ノ 广 户 户 皀 鳥 鳥
解字 象形. 새가 날고 있는 모양을 본뜸. 새의 뜻임. 부수로서는 새에 관한 뜻을 나타냄.
意味 새. ①날개를 가진 새의 총칭.
鳥瞰圖[조감도] 높은 곳에서 아래로 내려다 본 것처럼 그린 지도 또는 풍경화. 부감도(俯瞰圖).

【鳩】 13 鳥2 | 구 | 비둘기 | ㊥尤
キュウ·ク
はと
筆順 ノ 九 九 九 鳩 鳩 鳩
意味 ① 비둘기. ② 편안함. ③ 모음[集].
鳩居[구거] 임시 주거. 비둘기가 까치 둥우리에서 사는 것에서 인용한 [비유말.
鳩舍[구사] 비둘기 집.

【鳴】 14 鳥3 | 명 | 울 | ㊧庚
メイ·ミョウ
なく·なる
筆順 ノ ロ ロ 咕 咱 鳴 鳴
解字 會意. 수탉의 모양과 口(입)를 합쳐서 수탉이 때를 알리려고 울다의 뜻.
意味 ① 욺. 새·짐승·벌레가 욺. ② 울림. ③ 울음 소리.
鳴禽[명금] 아름답게 지저귀는 새.
鳴動[명동] 울리어서 움직임.

【鳳】 14 鳥3 | 봉 | 봉새 | ㊥送
ホウ
おおとり
筆順 ノ 几 几 凡 凤 鳳 鳳
解字 形聲. 鳥와 음을 나타내는 凡(범)[봉은 변음]을 합쳐 봉황의 수컷을 뜻함.
意味 봉새. 봉황의 수컷.
鳳凰[봉황] 상상상(想像上)의 상서로운 새. 성왕(聖王)이 세상에 나오면 나타난다고 함.

【鳶】 14 鳥3 | 연 | 솔개 | ㊤先
エン
とび

[筆順] 一 弋 弋 弌 𢍺 鳶 鳶

[意味] ① 솔개. ② 연.

鳶尾〔연미〕いちはつ・エンビ 〈植〉 붓꽃과에 속하는 다년생 화초.

【鴉】15 鳥4 | 아 | 갈가마귀 | [平]麻 | ア からす

[筆順] 一 ㄷ 㸦 牙 牙 鴉 鴉

[意味] ① 갈가마귀. ② 검음.

鴉靑〔아청〕 검은 빛을 띤 푸른 빛. 야청.

*【鴈】15 鳥4 | 안 | 기러기 | [去]諫 | ガン かり

[筆順] 一 厂 𠂆 𠂆 鴈 鴈 鴈

[解字] 形聲. 鳥와 음을 나타내는 雁(안)의 생략형인 𠂆을 합쳐서 기러기를 뜻함.

[意味] ① 기러기. ② 가짜.

雁과 같은 글자.

【鴨】16 鳥5 | 압 | 오리 | [入]洽 | オウ かも

[筆順] 冂 日 甲 甲 甲 鴨 鴨

[意味] 오리. 물오리. 들오리. 집오리.

鴨脚〔압각〕オウキャク 은행나무의 딴 이름.

【鴦】16 鳥5 | 앙 | 암원앙새 | [平]陽 | オウ・ヨウ おしどり

[筆順] 冖 冂 央 央 鴦 鴦 鴦

[意味] ① 암원앙새. ② 암징경이〔鳥名〕.

【鴛】16 鳥5 | 원 | 수원앙새 | [平]元 | エン・オン おしどり

[筆順] ク 夕 夗 夗 鴛 鴛 鴛

[意味] ① 수원앙새. ② 수징경이〔鳥名〕.

鴛鴦之契〔원앙지계〕エンオウのちぎり 부부(夫婦) 사이가 화목함을 비유하는 말.

【鴕】16 鳥5 | 타 | 타조 | [平]歌 | ダ・タ だちょう

[筆順] 丿 白 自 鳥 鳥 鳥 鴕

[意味] 타조.

【鴟】16 鳥5 | 치 | 솔개 | [平]支 | シ とび

[筆順] 𠂆 𠂎 氏 氐 鴟 鴟 鴟

[意味] ① 솔개. ② 부엉이. 수리부엉이. ③ 올빼미. ④ 말똥구리. ⑤ 토란. ⑥ 마음대로 날뜀.

鵄는 같은 글자.

*【鴻】17 鳥6 | 홍 | 기러기 | [平]東 | コウ おおとり

[筆順] 氵 江 江 江 鴻 鴻 鴻

[解字] 形聲. 鳥와 음을 나타내는 江(강)〔홍은 변음〕을 합쳐서 큰 기러기의 뜻임.

[意味] ① 기러기. ② 큼. ③ 굳게 달림. ④ 굳셈. 강함.

'크다'의 뜻을 가진 글자→大

鴻鵠〔홍곡〕コウコク 기러기와 고니. 큰 인물을 말함. 「대한 뜻. 원대한 포부.

鴻鵠之志〔홍곡지지〕コウコクのこころざし 큰 뜻. 위

【鵠】18 鳥7 | [1] 혹 [2] 곡 | 고니 | [入]沃 [入]沃 | コク くぐい

[筆順] ⺧ ⺧ 生 告 鵠 鵠 鵠

[意味] [1] ① 고니. ② 따오기. [2] 과녁.

鵠髮〔곡발〕コクハツ 센 머리카락. 백발.

【鵝】18 鳥7 | 아 | 거위 | [平]歌 | ガ

[筆順] 𠂉 千 扌 我 我 我 鵝

[意味] 거위.

鵝毛〔아모〕ガモウ ① 거위의 털. ② 희고 가벼운 것, 즉 눈〔雪〕.

【鵜】18 鳥7 | 제 | 사다새 | [平]齊 | テイ う

[筆順] 丷 䒑 䒑 弓 弟 弟 鵜

[意味] 사다새.

【鵬】19 鳥8 | 붕 | 붕새 | [平]蒸 |

〔鳥部〕 8~13획

ホウ
おおとり

筆順 丿 丿 月 朋 朋 鵬 鵬

意味 붕새. 상상적인 큰 새며 한번에 구만리를 난다 함.

鵬圖[붕도] 붕새가 북쪽에서 남쪽으로 일거에 구만리(九萬里)를 날고자 하는 계획. 큰 계획. 장한 뜻의 비유.

【鵯】 鳥8 │ 필 │ 갈가마귀 │ ㊤質
ヒ・ヒツ
ひよどり

筆順 ´ ´ 白 甶 鱼 皁 鵯

意味 갈가마귀.
鵯은 같은 글자.

【鶉】 鳥8 │ 순 │ 단 │ 메추라기 │ ㊤眞 ㊤寒
シュン・ジュン・タン
うずら

筆順 ´ 亠 亠 古 亨 亨 鶉

意味 ① 메추라기. ② 옷이 해짐. ③ 성좌 이름. ② 수리〔鳥名〕.

鶉衣[순의] 해진 옷.

【鵲】 鳥8 │ 작 │ 까치 │ ㊤藥
ジャク・シャク・サク
かささぎ

筆順 一 卄 ヰ 昔 昔 鵲 鵲

意味 ① 까치. ② 사람 이름. 「扁」 扁鵲은 고대 중국의 명의(名醫).

鵲橋[작교] 칠월 칠석(七夕)에 견우와 직녀의 두 별을 서로 만나게 하기 위하여 까마귀와 까치가 모여서 은하(銀河)에 놓는다고 하는 다리.

*【鷄】 鳥10 │ 계 │ 닭 │ ㊤齊
ケイ
にわとり

筆順 ´´ ´´ 豖 豕 豕 奚 鷄

解字 形聲. 鳥와 음을 나타내는 奚(혜)〔계는 변음〕를 합쳐서 닭을 뜻함.

意味 닭.

参考 雞는 같은 글자.

鷄姦[계간] 남자끼리의 성행위(性行爲). 비역. 남색(男色).

鷄口牛後[계구우후] 쇠꼬리보다는 닭의 주둥이라는 뜻. 즉 큰 단체의 말석보다는 작은 단체의 우두머리가 낫다는 비유.

【鶯】 鳥10 │ 앵 │ 꾀꼬리 │ ㊤庚
オウ
うぐいす

筆順 ´´ ´´ ´´ 炏 炏 鶯 鶯 鶯

意味 꾀꼬리.

鶯語[앵어] 꾀꼬리의 노래하는 소리.

*【鶴】 鳥10 │ 학 │ 두루미 │ ㊤藥
カク
つる

筆順 一 ´ ´ ´ ´ 崔 鶴

意味 두루미. 학.

鶴髮[학발] 학의 깃털같이 하얀 머리털. 곧 백발(白髮)을 일컫는 말.

*【鷗】 鳥11 │ 구 │ 갈매기 │ ㊤尤
オウ
かもめ

筆順 一 口 弖 弖 品 區 鷗

意味 갈매기. 백구.

鷗鷺[구로] 갈매기와 백로.

鷗盟[구맹] 속세를 초연히 벗어난 풍류의 사귐.

【鷲】 鳥12 │ 취 │ 독수리 │ ㊤宥
シュウ・ジュ
わし

筆順 亠 亠 京 京一 就 就 鷲

意味 독수리.

鷲嶺[취령] 석가(釋迦)가 설법한 인도의 영취산(靈鷲山).

【鷺】 鳥12 │ 로 │ 백로 │ ㊤週
ロ
さぎ

筆順 ㅁ ㅁ 趵 跭 路 鷺

意味 ① 백로. 해오라기. ② 따오기.

鷺序[노서] 조정(朝廷)에서의 벼슬아치의 서열.

【鷹】 鳥13 │ 응 │ 매 │ ㊤蒸

〔鳥部〕17〜19획·〔鹵部〕0〜13획·〔鹿部〕0〜8획

オウ・ヨウ
たか

筆順 一广广广序序序鷹

意味 매 [맹조(猛鳥)의 이름].

鷹揚 [응양] 매가 하늘 높이 날아 오르듯이 무용(武勇)을 떨침.

【鸚】28 鳥17│앵│앵무새│㊉庚│
オウ・イン

筆順 丨冂冂冃貝𧶠𧶠𧶠鸚

意味 앵무새. 「一鸚」
鸚은 같은 글자.

鸚鵡 [앵무] 〈動〉 앵무새과에 속하는 새의 총칭.

【鸞】30 鳥19│란│난새│㊉寒│ラン

筆順 言𢇁綒綒綒綒鸞

意味 ① 난새 [영조(靈鳥)의 이름]. 봉황의 한 가지. ② 수레에 단 방울. ③ 칼에 단 방울.

鸞車 [난거] 순(舜) 임금이 타던 수레. 임금의 어차(御車).

鹵 部

【鹵】11 鹵0│로│염밭│㊉麌│ロ・しおち

筆順 丨⺊⺊卤卤鹵

解字 象形. 소금을 담은 바구니의 모양을 본뜸.
소금의 뜻.

意味 ① 염밭. 소금 밭. ② 개펄. 황무지. 작물이 자라지 않는 땅.

鹵掠 [노략] 재물(財物)을 폭력을 써서 빼앗아 감. 노략(擄掠).

【鹹】20 鹵9│함│짤│㊉咸│カン
しおからい

筆順 鹵鹵鹵鹸鹸鹹鹹

意味 ① 짬. 짠 맛이 남. ② 소금기.

鹹苦 [함고] 짜고 씀.

*【鹽】24 鹵13│염〔소금〕│㊉鹽│
エン
しお

筆順 ⺊⺈⺊卧臦臨鹽

解字 形聲. 소금이 바구니에 들어 있음을 뜻하는 鹵와 음을 나타내는 監(감)〔염은 변음〕을 합쳐서 소금을 뜻함.

意味 ① 소금. 바닷물에서 인공적으로 얻은 소금. ② 절임. 소금에 절임. 천연 소금은 鹵.

鹽氣 [염기] しお 염분이 섞인 습기.

鹽田 [염전] エンデン 바닷물을 이용하여 소금을 만드는 밭. 염발. 염장(鹽場).

【鹼】24 鹵13│감│소금물│㊤賺│
ケン・カン・セン
あく

筆順 鹵鹵𨣗𨣗𨣗𨣗𨣗鹼

意味 ① 소금물. 소금기. ② 잿물[灰滷水]. ③ 비누.

鹿 部

*【鹿】11 鹿0│록│사슴│㊂屋│
ロク
しか

筆順 一广庐庐庐鹿鹿

解字 象形. 사슴의 뿔·머리·네 다리의 모양을 본뜸. 사슴을 뜻함. 부수로서는 사슴에 관한 뜻을 나타냄.

意味 ① 사슴. ② 여럿이 경쟁하여 얻으려는 권력의 지위.

鹿茸 [녹용] ロクジョウ 〈醫〉 사슴의 새로 돋은 연한 뿔. 피를 돌고 심장을 강하게 하는 힘이 있어 보약으로 귀하게 쓰임.

【麒】19 鹿8│기│기린│㊉支│キ

筆順 广户庐鹿鹿麒麒

意味 기린 (麒麟).

麒麟兒 [기린아] キリン 재주와 지혜가 뛰어난 아이.

*【麗】19 鹿8 | [1]려 [2]리 | 고울 | [去]霽 [平]支 |
レイ・リ
うるわしい・うららか
[筆順] 𠀆 丽 丽丽 严 麗 麗 麗
[意味] [1] ① 고움. 아름다움. 빛남. ② 베풂. ③ 붙음. 잡아 맴. ④ 짝지음. 짝.
麗句〔여구〕レイク 아름다운 문구(文句).
麗人〔여인〕レイジン 아름다운 여자.

【麓】19 鹿8 | 록 | 산기슭 | [入]屋 |
ロク
ふもと
[筆順] 一 十 木 林 埜 麓 麓
[意味] ① 산기슭. ② 산기슭에 있는 숲.

【麟】23 鹿12 | 린 | 기린 | [平]眞 | リン きりん
[筆順] 鹿 鹿´ 鹿ˇ 鹿米 麟 麟 麟
[意味] ① 기린. ② 성인(聖人) 또는 영재(英才)를 일컫는 말.
麟角〔인각〕リンカク 기린의 뿔. 곧 희유(稀有)한 사물의 비유.

麥 部

*【麥】11 麥0 | 맥 | 보리 | [入]陌 |
バク
むぎ
[筆順] 一 十 才 朩 來 麥 麥
[解字]  形聲. 夊〔足〕와 음을 나타내는 來(래)〔맥은 변음〕를 합쳐서 오다의 뜻.
[意味] 보리. 보리·밀의 총칭.
麥稈〔맥간〕バッカン 보리짚이나 밀짚의 줄
麥藁〔맥고〕むぎわら 밀이나 보리의 짚. ㄴ기.

【麪】15 麥4 | 면 | 밀가루 | [去]霰 |
メン・ベン
[筆順] 朩 來 麦 麦一 麦丁 麪 麪
[意味] ① 밀가루. ② 국수류의 총칭.
麪包〔면포〕メンポウ 면보(麪麭).

【麩】15 麥4 | 부 | 밀기울 | [平]虞 |
フ
ふすま・ふ
[筆順] 十 朩 來 麦 麦二 麦扌 麩
[意味] 밀기울.

【麴】19 麥8 | 국 | 누룩 | [入]屋 |
キク
こうじ
[筆順] 朩 來 麦 麦 麴 麴 麴
[意味] ① 누룩. ② 꽃 이름.
麴君〔국군〕キククン 술〔酒〕의 별칭.

麻 部

*【麻】11 麻0 | 마 | 삼 | [平]麻 | マ・バ あさ
[筆順] 丶 一 广 广 庁 麻 麻
麻絲〔마사〕あさいと・マシ 베실. 삼실.
麻衣〔마의〕マイ 삼베로 지은 옷.

【麾】15 麻4 | 휘 | 지휘할 | [平]支 |
キ
さしまねく
[筆順] 广 庁 床 麻 麼 麾 麾
[意味] 지휘함. 명령하여 부림.
麾下〔휘하〕キカ 주장(主將)의 진영.

黃 部

*【黃】12 黃0 | 황 | 누를 | [平]陽 |
コウ・オウ
き
[筆順] 一 廿 土 𦍌 苗 黄 黃
[解字] 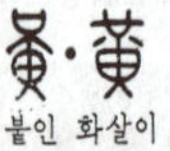 象形. 끝에 불을 단 화살의 모양을 본뜸. 불을 붙인 화살이 날 때 타는 불이 빨간 빛보다 엷은 누런 빛으로 보이므로 노란 빛의 뜻으로 씀.
[意味] ① 누름. 노람. ② 급히 서두름.

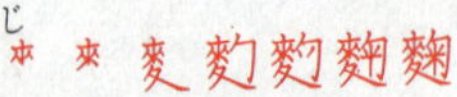

[黍部] 0～3획·[黑部] 0～5획

黃口[황구] ① 언저리가 누른 부리. 새새끼. ② 어린애. ③ 경험이 적은 미숙한 사람.
黃泉[황천] ① 지하(地下)의 샘. ② 사람이 죽어서 가는 곳. 저승.

黍 部

[黍] 黍0|12|서|기장|⑮語| シ ョ・きび
筆順 一二千禾秂秂黍黍
解字 形聲. 禾(벼)와 음을 나타내는 水(수)〔서는 변음〕를 합쳐서 기장을 뜻함.
意味 ① 기장. 메기장. ② 용량의 단위.
黍粟[서속] 기장과 조.

[黎] 黍3|15|려|무리|⑧齊| レイ・くろい
筆順 一禾利利黎黎黎
意味 ① 무리. 백성. ② 동틀. 날이 샘.
黎明[여명] 밝아오는 새벽.

黑 部

[黑] 黑0|12|흑|검을|⑭職| コク・くろ・くろい
筆順 丨口四四甲甲里黑
解字 象形. 熏이 본자(本字)임. 불꽃이 굴뚝으로 나오는 모양을 본떠 검다의 뜻. 부수로서는 검다의 뜻을 나타냄.
意味 ① 검음. ⑦검은 빛. ㉡빛이 검음.
黑幕[흑막] ㉠ 검은 장막(帳幕). ㉡ 겉으로 드러나지 않은 음흉한 내막.

[黔] 黑4|16|검금|검을|⑯鹽 ⑭侵| ケン・キン・くろい
筆順 丨甲里黑黔黔黔
意味 ① 검음. ② 귀신 이름.

黔首[검수] 검은 맨머리. 일반 백성.

*[默] 黑4|16|묵|잠잠할|⑭職| モク・ボク・だまる
筆順 甲里黑黑黑默默默
意味 ① 잠잠함. ⑦조용함. ㉡말을 안 함. ㉢소리를 안 냄.「沈─」 ㉣말이 적음. ㉤안 들림. ② 어두움.
默契[묵계] ① 말 없는 가운데 우연히 뜻이 서로 맞음. ② 은연중에 서로 뜻이 통함.

[黛] 黑5|17|대|눈썹먹|⑭隊| タイ・まゆずみ
筆順 ノ イ 伊 代 伐 俗 黛 黛
意味 ① 눈썹 먹. ② 그린 눈썹. ③ 여자의 눈썹. ④ 검푸름. 산이나 나무가 검푸른 모양.
黛墨[대묵] 눈썹을 그리는 먹.
▼粉黛(분대)フンタイ/靑黛(청대)セイタイ

[點] 黑5|17|점|점|⑬琰| テン
筆順 甲里黑黑黑黒黙點
意味 ① 점. 검은 점. ② 점을 찍음. ③ 점수를 매김. ④ 문장을 고침.
點考[점고] 일일이 표를 찍어 가며 사람의 수효를 조사함.
點火[점화] 불을 붙임.

[黜] 黑5|17|출|내칠|⑧質| チュツ・しりぞける
筆順 里黑黑黒黙黙黜
意味 ① 내침.「一學」 ② 물리침.
黜陟[출척] 공이 없는 사람을 내쫓고 공이 있는 사람을 올려 쓰는 일.

[黝] 黑5|17|유|검푸를|⑭有| ユウ・あおぐろ
筆順 里黑黑黒黝黝黝
意味 ① 검푸름. ② 우뚝한 모양.

548 [黑部] 8~11획·[黹部]·[黽部]·[鼎部]·[鼓部]·[鼠部] 0~5획

勩藙[유애] 수목이 무성한 모양.
▼紺勩(감유)/深勩(심유)

[黨] 黑8 20획 | 당 | 무리 | ㉰養 トウ・なかま

筆順 ⺌⺌⺌峃尚堂黨

意味 ① 무리. 「朋—」② 정치적 단체. 「政—」③ 마을. 동리. ④ 고향.
黨首[당수] 정당이나 집단의 대표자.
黨派[당파] ① 주의·주장이 같은 사람들이 모인 단체. ② 당의 분파(分派).

[黴] 黑11 23획 | 미 | 곰팡이 | ㉰支 バイ・ビ かび

筆順 彳彳彳彳黴黴黴

意味 ① 곰팡이. ② 균. 병균.
黴菌[미균] 〈生〉세균(細菌).

黹 部

[黹] 黹0 12획 | 치 | 바느질할 | ㉰紙 チ ぬいとり・ぬう

筆順 ⺌⺌⺌⺌⺢⺢黹

解字 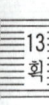 象形. 옷에 수를 놓은 무늬의 모양을 본뜸. 바느질하다·수를 놓다의 뜻. 부수로서는 수에 관한 뜻을 나타냄.

意味 바느질함. 바느질.

黽 部

[黽] 黽0 13획 | ①②면 ③맹 | 힘쓸 | ㉰軫 ㉰庚 ビン・メン・ベン・ボウ つとめる

筆順 ⼝⼝⼝黽黽黽黽

解字 象形. 개구리의 모양을 본뜸. 개구리의 바꾸어 힘쓰다의 뜻으로 쓰임.

意味 ① 힘쓸(勉)

鼎 部

[鼎] 鼎0 13획 | 정 | 솥 | ㉰迥 テイ かなえ

筆順 ⺮⺮目鼎鼎鼎鼎

解字 象形. 발이 셋 달린 무쇠솥의 모양을 본뜸. 솥을 뜻함. 부수로서는 솥에 관한 뜻을 나타냄.

意味 솥. 세 발 달린 솥.

鼓 部

[鼓] 鼓0 13획 | 고 | 북 | ㉰麌 コ・ク つづみ

筆順 一士吉吉壴鼓鼓

解字 會意. 壴와 支를 합쳐 서 북을 두드리다의 뜻. 널리 북의 뜻으로 씀. 부수로서는 북에 관한 뜻을 나타냄.

意味 북. 북을 두드림. 울림. 「一動」
鼓角[고각] 군중(軍中)에서 쓰는 전령용(傳令用)의 북과 나팔.
鼓笛[고적] 북과 피리.

鼠 部

[鼠] 鼠0 13획 | 서 | 쥐 | ㉰語 ソ・ショ ねずみ

筆順 ⺈⺈臼臼鼠鼠鼠

解字 象形. 쥐의 모양을 본뜸.

意味 ① 쥐. ② 몰래 나쁜 짓을 하는 자.
鼠族[서족] 쥐의 족속. 즉 몹시 교활하고 잔 일에 약게 구는 사람.

[鼬] 鼠5 18획 | 유 | 족제비 | ㉰宥 ユウ・ユ いたち

筆順 ⺈臼鼠鼬鼬鼬

意味 ① 족제비. ② 청서(野鼠).

鼻 部

【鼻】 鼻0 �14 | 비 | 코 | ㊨寶 | ヒ・はな

筆順 ⌒ 自 自 訁 畠 皇 鼻

解字 鼻 形聲. 사람의 코 모양인 自 와 음을 나타내는 畀(비)를 합쳐서 코를 뜻함. 부수로서는 코에 관한 뜻을 나타냄.

意味 ① 코. ② 짐승의 코에 빗ువ따위를 꿴. ③ 비롯함. 시초.「一祖」

鼻腔[비강]ビャゥ〈生〉코의 속. 콧구멍.
鼻音[비음]ビォン 입 안의 어떤 부분을 막 았다가 코 안으로 내는 소리. 콧소리.

【鼾】 鼻3 �17 | 한 | 코골 | ㊨翰 | カン・いびき

筆順 ⌒ 自 自 訁 畠 鼻 鼾

意味 ① 코를 곪. ② 코를 고는 소리.

鼾聲如雷[한성여뢰]ジ 코고는 소리가 우뢰와 같이 요란함.

齊 部

【齊】 齊0 �14 | ①제 ②재 | 가지런할 | ㊨齊支 ㊨佳 | セイ・サイ・シ・ととのえる・ひとしい

筆順 一 宀 亣 亣 亣 亣 齊

意味 ① 가지런함. ㉠가지런하게 함. ㉡갖춤. ㉢맞음. ㉣정리됨. ② 같음.

齊家[제가]ヵ 집안을 잘 다스림. 치가(治家).

【齋】 齊3 �17 | ①재 ②자 | 재계 | ㊨佳 ㊨支 | サイ・シ・ものいみ

筆順 宀 亣 亣 亣 亣 齋 齋

意味 ① 재계함. 심신을 깨끗이 하고 부정(不淨)을 멀리함. 재계. ② 집.

齋戒[재계]ヵイ 마음과 몸을 깨끗이 하고 부정(不淨)한 일을 멀리 하는 일.

【齎】 齊7 �21 | ①재 ②제 | 가질 | ㊨支 ㊨齊 | セイ・サイ・シ・もたらす

筆順 一 亣 亣 亣 亣 齊 齊 齎

意味 ① 가짐. 지님. ② 가지고 옴.

齎來[재래] 어떤 결과를 가져옴.
齎送[재송]ソゥ 물품을 보냄.

齒 部

【齒】 齒0 �15 | 치 | 이 | ㊤紙 | シ・は

筆順 ⌒ 止 ヰ 냬 歯 齒 齒

解字 齒・歯 形聲. 입과 이의 모양을 나타내는 凵와 음을 나타내는 止(지)[치는 변음]를 합쳐 입속에 있는 이를 뜻함. 부수로서는 이에 관한 뜻을 나타냄.

意味 이. 이처럼 가지런한 것.「一車」

齒列[치열]レッ ① 이가 나란히 박힌 줄의 생김새. 잇바디. ② 같이 섬.

【齡】 齒5 ㊲20 | 령 | 나이 | ㊨青 | レイ・よわい・とし

筆順 止 ヰ 냬 歯 齒 齡 齡

解字 形聲. 齒(나이)와 음을 나타내는 令(령)을 합쳐서 세상에 태어나서 먹은 나이란 뜻. 널리 연령의 뜻으로 쓰임.

意味 나이. 연치.「年一」

【齟】 齒5 ㊲20 | 저 | 어긋날 | ㊤語 | ソ・ショ・かむ

筆順 止 ヰ 냬 歯 齟 齟 齟

意味 ① 이가 어긋남. ② 이로 깨뭄.

參考 '서'·'주'로도 발음함.

齟齬[저어]ゴ ① 상하의 이가 서로 잘 맞지 않음. ② 사물이 서로 어긋남.

【齣】 齒5 ㊲20 | 착 | 귀절 | ㊤陌 | セキ・セツ・シャク

함.
意味 ① ① 용. 상상적 동물. ② 천자를 일컫는 말.

龍頭蛇尾 [용두사미] 용의 머리와 뱀의 꼬리라는 뜻으로, 처음은 성(盛)하나 나중은 부진함을 비유한 말.

龍頭鷁首 [용두익수] 귀인의 배. 두 척이 한 쌍을 이루는데, 한 척은 뱃머리에 용의 머리를 장식하고, 다른 한 척은 익(鷁)새의 머리 모양을 조각하였다.

龍燈 [용등] 바다 가운데의 인광(燐光)이 등불처럼 연이어 나타나는 현상.

龍馬 [용마] ① 빠르고 좋은 말. 준마(駿馬). ② 중국 전설상의 왕인 복희씨(伏羲氏) 때 팔괘도(八卦圖)를 등에 지고 나타났다는 말. 「징조.

龍夢 [용몽] 용꿈. 혹 좋은 일이 있을

龍門 [용문] 〈地〉 중국 황하 중류의 급한 여울목. 산서성(山西省) 하진의 (河津)의 서부, 섬서성(陝西省) 한성(韓城)의 동북에 있는, 산악이 대치한 성경(省境). 잉어가 이곳을 뛰어오르면 용이 된다는 전설이 있음.

龍尾 [용미] ① 용의 꼬리. ② 무덤의 분상 뒤를 꼬리처럼 만든 자리. ③ 〈天〉 별의 이름. 28수(宿)의 하나.

龍鳳 [용봉] 용과 봉황.

龍舌蘭 [용설란] 〈植〉 수선과의 상록 다년초. 잎은 직물과 종이의 원료로 쓰임. 「의 수염.

龍鬚 [용수] ① 용의 수염. ② 임금

龍神 [용신] 용왕(龍王).

龍眼 [용안] ① 임금의 눈. ② 〈植〉무환자과에 속하는 상록 교목(喬木).

龍顔 [용안] 임금의 얼굴. 천안(天顔).

龍驤虎視 [용양호시] 용처럼 솟아 오르고 범처럼 노려 본다는 뜻으로 영웅의 일세(一世)를 웅시(雄視)하는 태도를 일컬음.

龍王 [용왕] ① 바다의 신. 물의 신. ② 용궁의 임금. 용신(龍神).

龍虎 [용호] ① 용과 범. ② 우열이 없이 비슷한 영웅. ③ 뛰어난 인물.

〔龍部〕 3획·〔龜部〕 0획·〔龠部〕 0획 551

【龐】龍3 19 ①롱 ②방 충실할 東江眞
ロウ·ホウ

筆順 亠广庆庎庸龐龐

意味 ①충실함. ②ㄱ 어수선한 모양. ㄴ 높은 집. ③성(姓)의 하나.

龜 部

【龜】龜0 16 ①귀 ②규 ③구 거북 支眞
キ·キン·キュウ かめ

筆順 ⺈⺈兔兔龜龜龜

解字 ⺈·⺈·兔 象形. 거북의 모양을 본뜸. 거북의 뜻임.

意味 ①ㄱ 거북. ②본뜸. 「一鑑」③점을 침. 「一卜」④별 이름. ②손이 얼어 터짐. ③중국 서역(西域)의 옛 나라 이름.

龜鑑〔귀감〕ᵏᵃⁿ 본보기. 모범.

龜甲〔귀갑〕ᵏᵒᵘ⁽ᵏ⁾ 거북의 등 껍데기. 한약재로 쓰임.

龜甲獸骨〔귀갑수골〕ᵏᵒᵘᵏᵒᵘ/ᴶᵘᵘᴷᴼᵀᶻᵁ 거북의 등 껍데기와 짐승의 뼈. 중국 은대(殷代)에 여기에 문자를 새겨 점을 쳤음. 이것을 갑골 문자(甲骨文字)라고 하는데 현존(現存)하는 가장 오랜 중국 문자임.

龜頭〔귀두〕ᵏᶻᵁ ① 거북 형상으로 만든 비석의 받침돌. 귀부(龜趺). ② 자지의 대가리. 「수명. 장수(長壽).

龜齡〔귀령〕ᵏᵉᴵ 거북의 나이. 대단히 긴

龜背〔귀배〕ʱᵃᶦ ① 거북의 등. ② 곱사등이. ③ 봉황(鳳凰).

龜卜〔귀복〕ʱᵒᵏᵘ 거북 껍데기를 태워 거기에 나타난 모양을 보고 점을 치는 일. 또는 그 점. 거북점.

龜船〔귀선〕ˢᵉⁿ 조선 때 이 순신이 창안한 철갑선(鐵甲船). 거북선.

龜鶴〔귀학〕ᵏᵃᵏᵘ 거북과 학. 즉 남의 장수(長壽)를 축하하여 일컫는 말.

龜裂〔균열〕ʳᵉᵗᵗᵘ 갈라져 틈. 또는 금이 가고 벌어진 틈. 균탁(龜坼).

龠 部

【龠】龠0 17 약 피리 藥
ヤク ふえ

筆順 人今今今今龠 亼亼龠

解字 龠·龠 會意. 대나무 관을 묶은 모양과 그것을 부는 口(입)을 합쳐서 피리의 뜻임.

意味 ① 피리. ㉠구멍이 셋 있는 피리. ㉡피리의 총칭. ② 작(勺). 한 홉의 10분의 1. 기장 1,200알의 분량.

龠合〔약흡〕 곡물(穀物)의 적은 분량을 일컬음.

總 劃 索 引

1. 이 색인(索引)은 본 사전에 수록된 모든 표제자(標題字)를 부수(部數)에 따르지 않고 총 획수별로 나열한 것이다.
2. 같은 획수(劃數) 내에서는 부수별로 배열하였다.
3. 부수(部首)인 글자는 같은 획수의 글자중 가장 첫 머리에 실었다.

一畫		八	43	三畫		叉	67	工	135
		冂	43			口	69	己	135
一	9	冖	45	万	9	囗	86	已	136
丨	12	冫	46	三	9	土	89	巳	136
丶	13	几	46	上	9	士	98	巾	136
丿	13	凵	48	丈	10	夂	99	干	139
乙	14	刀	48	下	10	夊	99	幺	141
亅	16	刁	49	个	12	夕	100	广	141
二畫		力	50	丫	12	大	101	廴	146
		勹	51	丸	13	女	105	廾	146
丁	9	匕	56	久	14	子	115	弋	147
七	9	匚	59	乞	15	孑	115	弓	147
乃	13	匸	60	也	15	宀	117	彐	150
九	15	十	60	于	16	寸	124	彡	150
了	16	卜	61	亡	17	小	126	彳	152
二	16	卩	61	兀	40	尢	127	忄	156
亠	17	厂	63	凡	48	尸	128	扌	165
人	18	厶	64	刃	50	屮	130	氵	165
儿	20	又	65	勺	59	山	131	阝(左)	216
入	40		67	千	62	川	134	阝(右)	223

四畫									
		切	50	幻	141	父	307	仍	22
		刈	51	廿	146	爻	307	充	41
丐	10	勾	59	引	147	爿	308	兄	41
不	11	勿	59	弔	147	片	309	冉	45
丑	11	化	60	心	226	牙	309	冊	45
中	12	匹	61	戈	237	牛	311	写	46
丹	13	区	61	戶	239	犬	313	冬	46
之	14	卅	62	手	241	王	318	処	48
予	16	升	62	支	242	月	432	凹	49
五	16	午	62	支	243			凸	49
云	16	卞	64	文	247	五畫		出	49
井	16	卯	64	斗	247			刊	51
互	16	厄	65	斤	248	丘	11	加	56
亢	17	及	67	方	249	丙	11	功	56
介	19	反	67	无	250	丕	11	包	59
今	19	收	68	日	251	世	11	匆	59
仄	19	双	68	曰	259	且	13	北	60
仇	20	友	68	月	261	主	14	匝	60
什	21	壬	98	木	263	乏	14	半	62
仁	21	夬	101	欠	287	乍	14	占	64
仍	21	夫	101	止	289	乎	19	卯	64
仏	21	夭	101	歹	291	令	19	卮	64
元	40	天	101	殳	292	仝	19	去	67
允	41	太	102	毋	294	以	21	可	69
內	43	孔	115	比	294	代	21	古	69
公	44	少	127	毛	294	付	21	叫	69
六	44	尤	127	氏	295	仕	21	叩	69
兮	44	尹	128	气	295	仙	22	句	69
円	45	尺	128	水	296	仔	22	另	69
凶	48	屯	130	火	297	仗	22	司	69
分	50	巴	136	爪	306	他	22	史	69

總劃索引〔五～六劃〕

右	70	弁	146	田	349	件	22	卉	62
台	70	弗	148	甲	350	仮	22	卡	64
叮	70	弘	148	申	350	伋	22	危	64
召	70	打	166	由	350	伎	22	印	64
叱	70	払	166	疋	353	伐	23	各	70
只	70	氾	184	疒	354	伏	23	吃	70
叭	70	汀	184	癶	358	仰	23	吉	71
叶	70	汁	184	白	359	伍	23	同	71
号	70	犯	212	皮	361	伊	23	吏	71
四	86	必	226	皿	361	任	23	名	71
囚	86	戊	237	目	363	仲	24	吋	71
圧	89	斥	248	矛	369	优	24	吊	71
外	100	旦	251	矢	369	休	24	吐	71
失	102	旧	263	石	370	伝	24	合	71
央	102	末	263	示	375	光	41	向	71
本	102	未	263	冎	379	先	41	后	72
奶	105	札	289	禾	380	兆	41	吁	72
奴	105	正	294	穴	385	兇	41	因	87
孕	115	母	295	立	388	全	43	回	87
宁	117	民	295			共	44	団	87
尻	128	氏	296	六　畫		再	45	圭	89
尼	128	氷	296			冱	47	在	89
巨	135	永	313	両	12	列	51	地	89
巧	135	玉	313	丞	12	刎	51	多	100
左	135	玄	346	亘	17	刑	51	夙	100
市	136	瓜	346	亙	17	劣	52	夸	102
布	136	瓦	347	交	17	匈	56	夷	102
平	139	甘	348	亦	17	匡	60	奸	106
幼	141	生	349	亥	18	匠	60	妄	106
広	141	用	349	企	20	卍	61	妃	106
庁	141			会	20			如	106
				价	22				

總劃索引〔六〜七劃〕　　　　　　　　555

妁	106	阡	216	米	402	串	12	克	42
好	106	戍	237	糸	406	乱	15	免	42
字	115	成	237	缶	422	些	17	兌	42
孖	115	戌	237	网	423	亜	17	兕	42
存	115	戎	237	羊	425	亨	18	兵	44
守	117	收	243	羽	426	来	20	冷	47
宇	117	旬	251	而	428	余	20	冶	47
安	117	旭	251	耒	429	伽	24	初	50
宅	118	早	251	耳	429	佔	24	利	52
寺	125	旨	251	聿	432	佞	24	別	52
尖	127	曲	259	肌	432	伴	24	判	52
当	127	曳	260	肋	432	伯	24	劫	56
州	134	有	261	肉	432	伶	24	努	57
帆	137	机	263	臣	441	佛	25	助	57
年	140	朴	263	自	441	伺	25	劳	57
庄	141	朱	264	至	442	佝	25	励	57
式	147	朵	264	臼	443	佑	25	匣	61
弐	147	朽	264	舌	444	佗	25	医	61
弛	148	次	287	舛	444	佈	25	却	64
忙	156	此	289	舟	445	但	25	卵	65
忖	156	死	291	艮	446	体	25	即	65
扣	166	灯	297	色	446	位	26	告	72
托	166	灰	297	艸	447	伸	26	君	72
扞	166	牟	310	虍	447	佚	26	呐	72
江	184	牝	310	虫	448	作	26	呂	72
汎	184	老	312	血	454	低	26	呇	72
汐	184	考	312	行	454	佐	26	吻	72
汝	184	耴	313	衣	456	住	26	呆	73
污	184	艾	318	西	458	佇	26	否	73
池	185	百	359	西	459	佃	26	吩	73
汗	185	竹	393	七畫		何	26	吾	73

吳	73	妙	107	弟	148	沙	186	杆	264		
吟	73	妨	107	形	150	沃	186	杞	264		
吮	73	妗	107	彷	152	汪	186	杜	264		
呈	73	妖	107	役	152	沖	186	李	264		
吹	73	妊	107	忸	156	沈	186	杉	264		
吞	73	妥	107	快	156	汰	186	束	264		
吠	74	孜	115	扱	166	沛	187	杖	265		
呀	74	孚	116	抉	166	沆	187	材	265		
含	74	孝	116	技	166	洭	187	村	265		
吼	74	宏	118	扶	166	沢	187	杓	265		
吸	74	宋	118	批	166	狂	212	杏	265		
吱	74	完	118	抛	166	狆	213	步	289		
困	87	宍	118	抒	167	狄	213	每	294		
囮	87	対	125	抑	167	阮	216	求	296		
囲	87	寿	125	折	167	防	216	灼	298		
図	87	尨	127	扮	167	阯	217	災	298		
坎	89	局	128	抓	167	阪	217	灸	298		
坑	89	尿	128	抄	167	那	223	牢	310		
均	89	尾	128	投	167	邦	223	牡	310		
坊	90	屁	128	把	167	邪	224	玖	313		
坏	90	岌	131	抗	167	忌	226	芒	318		
坒	90	岐	131	択	167	忘	226	芋	318		
坐	90	岑	131	決	185	忍	227	芍	318		
坂	90	巡	134	汨	185	志	227	迅	335		
址	90	巫	135	汲	185	戒	237	辵	335		
壯	98	希	137	汽	185	成	237	迂	336		
壱	98	庇	141	沮	185	我	238	訓	336		
声	99	序	141	沐	185	改	243	迄	336		
売	99	応	142	没	186	攻	243	甫	349		
夆	99	延	146	汶	186	攸	244	甬	349		
夾	103	廷	146	汴	186	旱	252	男	350		
妓	106	弄	147	汾	186	更	260	甸	350		

總劃索引〔七～八劃〕

町	350	辰	494	佻	28	受	68	夜	100
疔	354	邑	495	佟	28	叔	68	奇	103
皁	359	酉	495	佩	28	取	68	奈	103
矣	369	采	498	佷	28	呱	74	奉	103
秃	380	里	499	兒	42	咎	74	奄	103
私	380	**八 畫**		兔	42	咐	74	姑	107
秀	380	並	12	兩	43	呶	74	姐	107
究	385	乖	14	具	44	咄	74	妹	108
系	406	乳	15	其	44	命	75	姒	108
罕	423	事	16	典	44	味	75	姗	108
肝	432	亞	17	例	47	呻	75	姆	108
肚	432	京	18	函	49	咏	75	姓	108
肘	433	享	18	券	50	呴	75	始	108
肛	433	來	20	刻	52	咆	75	委	108
肖	433	佳	27	剖	52	咀	75	姊	109
育	433	供	27	刮	53	呪	75	姐	109
肓	433	佼	27	刷	53	周	75	妬	109
良	446	侃	27	到	53	呵	76	妻	109
見	459	佩	27	刺	53	呼	76	妾	109
角	461	价	27	制	53	和	76	季	116
言	462	侮	27	刹	53	固	87	孤	116
谷	476	佹	27	券	57	囹	87	孟	116
豆	476	佶	27	刼	57	国	87	学	116
豕	477	例	27	効	57	坰	90	宛	118
豸	477	佰	27	卒	62	垈	90	宜	118
貝	478	併	27	卓	63	坩	90	定	118
赤	484	使	28	協	63	坤	90	宗	118
走	484	侍	28	卑	63	垂	90	宙	119
足	485	侑	28	卦	64	坏	91	実	119
身	489	依	28	卷	65	坦	91	宝	119
車	489	佾	28	卸	65	坡	91	尚	127
辛	493	侏	28	参	67	坪	91		

居	128	怯	157	沽	187	阻	217	服	261
居	129	怪	157	泣	187	陀	217	朋	261
屈	129	怜	157	泥	187	邱	224	果	265
屆	129	性	157	沫	187	邸	224	杻	265
岬	131	快	157	泊	187	邲	224	東	265
岡	131	怡	157	泛	187	念	227	林	265
岱	131	怳	157	法	188	忿	227	枚	266
岳	131	怖	157	泌	188	忝	227	杏	266
岸	131	怙	157	沸	188	忠	227	杯	266
岨	132	拒	168	泗	188	忽	228	枌	266
帑	137	拑	168	泄	188	戔	238	枕	266
帛	137	拐	168	泝	188	或	238	析	266
帙	137	拘	168	沼	188	戾	239	松	266
帖	137	拈	168	沿	188	房	240	枉	266
帚	137	拉	168	泳	188	所	240	杵	266
幷	140	抹	168	油	189	承	241	杼	266
幸	140	拇	168	沮	189	放	244	枝	267
庚	142	拌	168	注	189	斧	248	枕	267
府	142	拔	168	治	189	於	249	板	267
店	142	拍	169	波	189	昆	252	欣	287
底	142	拂	169	泡	189	明	252	欧	290
庖	142	押	169	河	189	旻	252	武	290
弩	148	拗	169	泓	189	昔	252	步	291
弦	148	抵	169	況	190	昇	252	歿	294
弧	148	拙	169	狗	213	昂	252	毒	295
弥	149	拓	169	狚	213	易	252	氛	297
彿	152	招	170	狎	213	昕	253	沓	298
往	152	抽	170	狙	213	旺	253	炅	298
征	152	抛	170	狐	213	昌	253	炎	298
彼	152	披	170	附	217	昊	253	炙	298
徑	152	拡	170	阿	217	昏	253	炊	298

總劃索引〔八～九劃〕

爬	306	知	369	雨	516	胄	46	咸	77
爭	306	祀	375	青	520	冠	46	哈	77
爸	307	社	375	非	521	剋	53	咳	77
牀	308	秉	380	九畫		刺	53	哄	77
版	309	空	385			削	53	囹	87
物	310	穹	386	乘	14	前	54	囿	87
牧	310	衫	390	亮	18	則	54	垓	91
狀	311	竺	393	亭	18	剃	54	垢	91
玫	313	糾	406	俎	20	勁	57	垣	91
玩	314	罔	423	係	29	勃	57	垤	91
芹	318	羌	425	侶	29	勇	57	型	91
芳	318	肩	433	俚	29	勅	57	契	103
芙	318	股	433	侮	29	勉	57	奎	103
芬	318	肱	433	保	29	匍	60	奔	103
芨	318	肯	433	俘	29	南	63	奏	104
芮	319	肪	433	俟	29	卻	65	奕	104
芯	319	肥	433	俗	29	厖	65	奐	104
芽	319	肢	434	信	29	厘	66	姦	109
芸	319	肴	434	俄	29	厚	66	姜	109
芝	319	肺	434	俊	30	叛	68	姣	109
芭	319	臥	441	侲	30	敘	68	姥	109
花	319	舍	444	俏	30	咬	76	妍	109
近	336	虎	447	促	30	咪	76	姚	109
返	336	表	456	侵	30	哂	76	威	109
迎	336	軋	490	俔	30	哀	76	姨	110
迕	347	采	498	便	30	哇	76	姻	110
疝	354	金	500	倪	30	咽	76	姿	110
的	360	長	509	俠	31	咨	77	姪	110
孟	361	門	509	侯	31	哉	77	姬	110
盲	364	隶	513	俞	43	咫	77	孩	116
直	364	隹	513	冒	45	品	77	客	119

宣	119	恃	159	狡	213	昶	254	泉	297
室	119	拷	170	狩	213	春	254	炳	298
宥	119	挌	170	狭	213	曷	260	炸	298
封	125	拮	170	独	213	柿	267	炬	299
屎	129	拱	171	陋	218	枷	267	炭	299
屍	129	括	171	陌	218	架	267	炯	299
屋	129	拾	171	限	218	柑	267	牲	310
峙	132	挂	171	降	218	枯	267	牴	310
巷	136	拭	171	郊	224	枸	268	者	313
帥	137	按	171	郁	224	枢	268	珏	314
帝	137	挑	171	急	228	柳	268	玲	314
幽	141	指	171	怒	228	某	268	珊	314
度	142	持	171	思	228	柏	268	珍	314
庠	143	洸	190	怨	228	柄	268	玻	314
建	146	洞	190	怠	228	枹	268	茄	319
廻	146	流	190	忽	229	柶	268	苛	319
彦	151	洛	190	扁	240	査	268	苦	319
待	152	洣	190	拜	241	染	268	苺	320
律	153	洗	190	拏	241	柔	269	茅	320
徇	153	洒	190	故	244	柚	269	苗	320
徊	153	洩	190	施	249	柴	269	茂	320
後	153	洲	191	斿	249	柢	269	范	320
恪	158	津	191	昵	253	柊	269	若	320
恢	158	派	191	昧	253	柱	269	英	320
恬	158	洽	191	昴	253	枳	269	苑	320
恤	158	洙	191	星	253	柵	269	芋	321
恨	158	洋	191	是	254	栄	269	苫	321
恆	158	洪	191	映	254	歪	290	苔	321
恍	158	活	191	昱	254	殃	291	苞	321
恰	158	净	192	昨	254	殆	291	苾	321
恟	159	浅	192	昭	254	段	292	迫	336

述	337	祉	376	虐	447	倉	20	併	34
迭	337	禹	376	虹	448	個	31	党	42
毗	347	科	380	衍	454	倨	31	兼	45
毘	347	秒	381	要	459	倥	31	冥	46
甚	348	秕	381	計	462	倌	31	冤	46
界	350	秋	381	訃	462	俱	31	冢	46
畓	351	突	386	訂	462	倦	31	凍	47
畏	351	穿	386	貞	478	倓	31	凌	47
疥	354	袂	390	負	478	倒	31	凋	47
疫	354	衿	390	赴	484	倆	31	准	47
癸	358	竿	393	軍	490	倫	31	凄	47
發	358	紀	406	軌	490	傲	32	剛	54
皆	360	約	406	軒	490	倍	32	剝	54
皇	360	紆	406	酊	495	俳	32	剖	54
盆	361	紂	406	酋	495	俸	32	剔	54
盈	361	紅	407	重	499	俯	32	剂	54
看	364	納	407	閂	509	修	32	匪	61
眄	364	缸	422	面	521	俶	32	原	66
眇	364	美	425	革	522	倅	32	叟	68
眉	364	耐	428	韋	523	俺	32	哥	77
相	365	耶	429	韭	524	倭	32	哭	77
省	365	背	434	音	524	倚	33	唐	77
盾	365	胚	434	頁	524	借	33	哩	78
矜	369	胃	434	風	528	倡	33	唆	78
矧	369	胤	434	飛	529	個	33	員	78
砒	370	冑	434	食	529	倩	33	唇	78
砂	370	胎	434	首	532	値	33	哲	78
研	370	胞	435	香	532	俵	33	哨	78
砕	370	胡	435	十畫		倖	33	唄	78
祈	375	胆	435			候	33	哺	78
祇	375	致	442	乘	14	倹	34	哮	78

圄	87	屑	129	悍	160	浿	194	恚	230		
圇	87	展	129	悔	160	浦	194	扇	240		
圂	88	島	132	悩	160	海	194	拳	241		
埒	91	峯	132	捏	172	浩	194	效	244		
埋	92	峨	132	挽	172	涙	194	料	247		
城	92	峻	132	挵	172	流	194	旅	249		
埃	92	峭	132	挨	172	酒	194	旃	250		
夏	99	峴	132	捐	172	狷	213	旁	250		
奘	104	峽	132	挺	172	狼	214	旆	250		
套	104	差	135	挫	172	狸	214	時	254		
奚	104	師	137	振	172	狹	214	晏	255		
娜	110	席	138	捉	172	陞	218	晁	255		
娘	110	帶	138	捕	173	院	219	晉	255		
娩	110	帰	138	捍	173	除	219	晃	255		
娑	110	庫	143	挾	173	陣	219	書	260		
娠	111	庭	143	涓	192	陟	219	朔	261		
娥	111	座	143	涅	192	陜	219	朕	262		
娟	111	弱	149	浪	192	陝	219	朗	262		
娛	111	徑	153	浬	192	郡	224	栾	269		
娣	111	徒	153	浮	192	郎	224	桀	269		
孫	116	徐	153	涉	192	恝	229	栲	269		
家	119	從	153	消	192	恐	229	格	270		
宮	120	悃	159	涎	193	恭	229	桂	270		
宵	120	悚	159	浣	193	恕	229	校	270		
宸	120	悋	159	浴	193	息	229	框	270		
宴	120	悦	159	涌	193	恙	229	桄	270		
容	120	悟	159	㴜	193	恩	229	根	270		
宰	120	悛	159	浙	193	恣	230	桐	270		
害	121	悌	159	浚	193	恥	230	桃	271		
射	125	悄	159	浸	193	恋	230	桔	271		
屐	129	悖	160	涕	194	恵	230	栗	271		

桑	271	茛	322	疱	355	站	389	耘	429	
栖	271	茬	322	疲	355	袓	390	耿	429	
案	271	茲	322	益	361	祖	390	耽	430	
栓	271	茯	322	盍	362	袢	390	胯	435	
栽	272	茶	322	眛	365	袖	390	能	435	
栴	272	茜	322	眠	365	袍	390	胴	435	
株	272	草	322	眞	366	被	390	脈	435	
桎	272	荊	322	眩	366	笈	394	脂	436	
核	272	荒	323	矩	370	笑	394	脊	436	
桁	272	逃	337	砥	371	笏	394	脆	436	
桓	272	迷	337	砦	371	耗	402	脅	436	
殊	291	送	337	砧	371	粉	402	胸	436	
殉	291	逆	337	破	371	級	407	臭	442	
殷	293	迹	337	砲	371	納	407	般	445	
殺	293	追	337	祓	376	紐	407	航	445	
氣	296	退	338	祠	376	紋	407	芻	447	
泰	297	迨	338	神	376	紊	407	虔	447	
烙	299	茲	346	祐	376	紡	407	蚊	448	
烈	303	牲	348	祕	376	紛	408	蚤	448	
烏	303	留	351	祖	377	紗	408	蚩	448	
爹	307	畝	351	祚	377	索	408	衾	456	
特	310	畔	351	祗	377	素	408	衿	456	
耆	313	畜	351	祝	377	純	408	衰	456	
毪	313	疳	354	秧	381	紙	409	衷	456	
班	314	疸	354	租	381	罠	422	記	463	
珠	314	疼	354	秦	381	罟	423	訊	463	
茫	321	病	354	秩	381	羔	425	託	463	
茗	321	疵	355	秤	381	翅	427	討	463	
茯	321	症	355	窈	386	翁	427	訌	463	
荀	321	疹	355	窄	386	耕	429	訓	463	
茹	322	疾	355	竝	388	耗	429	豈	476	

豹	477	偈	34	唸	79	婆	112	張	149
貢	478	偪	34	啖	79	婥	112	強	149
財	479	偲	34	問	79	婚	112	彗	150
起	484	偓	34	商	79	執	116	彬	151
躬	489	偶	34	啞	79	寇	121	彫	151
軒	490	偉	34	唯	79	寄	121	彩	151
辱	494	停	35	商	79	密	121	彪	151
配	495	偵	35	啄	79	宿	121	得	154
酌	495	做	35	唱	79	寅	121	徘	154
酒	495	側	35	唾	80	寂	122	徙	154
酎	495	偷	35	國	88	尉	125	從	154
釜	500	偏	35	圈	88	將	125	御	154
釘	500	偽	35	圍	88	專	125	悸	160
針	500	兜	42	堅	92	屏	129	悾	160
閃	509	凰	48	堀	92	崑	132	悼	160
隼	513	剪	51	基	92	崎	132	悻	160
隻	513	副	55	埼	92	崙	132	惜	160
馬	533	剩	55	堂	92	崩	132	惟	160
骨	536	勘	57	培	92	崧	133	情	160
高	537	動	58	埠	93	崖	133	悵	161
髟	537	勒	58	埴	93	崇	133	悽	161
鬥	538	務	58	堊	93	崔	133	惕	161
鬯	538	匐	60	域	93	巢	135	惆	161
鬲	538	能	60	執	93	帶	138	悴	161
鬼	538	匏	60	堆	93	常	138	悟	161
		匙	60	婁	111	帷	138	慘	161
十一畫		匿	61	婦	111	帳	138	惚	161
乾	15	區	61	婢	111	康	143	据	173
假	34	匾	64	婉	111	庶	143	控	173
偕	34	參	67	娼	112	庵	143	掛	173
健	34	啓	78	娶	112	庸	144	掬	173

總劃索引〔十一劃〕

掘	173	淹	196	陵	220	晟	255	毬	295
捲	173	淵	196	陪	220	晨	255	毫	295
捺	173	淫	196	陷	220	晝	255	烽	299
捻	173	涯	197	陰	221	晡	255	焉	304
掉	174	淨	197	陳	221	晦	255	烹	304
掏	174	淀	197	險	221	曼	260	煮	304
掠	174	淒	197	部	225	曹	260	爽	308
掖	174	淙	197	郭	225	朗	262	牽	311
排	174	淺	197	郵	225	望	262	球	314
捧	174	添	197	悉	230	桔	272	琅	315
捨	174	清	198	悠	230	梗	273	琉	315
掃	174	涸	198	患	230	械	273	理	315
授	174	混	198	惡	230	梱	273	現	315
掩	174	涵	198	窓	230	梁	273	菀	323
接	175	淮	198	戚	238	梳	273	莫	323
措	175	淆	198	扈	240	梨	273	莎	323
採	175	渴	198	敍	243	梅	273	荼	323
捷	175	溪	198	教	244	梶	273	莛	323
探	175	濟	198	救	245	梵	274	莊	323
推	175	澁	198	敏	245	梢	274	荻	323
淡	194	婆	198	敎	245	梧	274	荷	324
淘	195	梁	198	敗	245	桿	274	逗	338
涼	195	猛	214	敢	245	梓	274	途	338
淚	195	猜	214	斜	247	梃	274	連	338
淪	195	猗	214	斛	247	梯	274	逢	338
浚	195	猝	214	斬	248	條	274	逝	338
淋	195	猖	214	旋	250	梔	274	逍	339
淑	195	猪	215	族	250	桶	275	速	339
淳	196	獵	215	旌	250	梟	275	這	339
深	196	陶	220	旣	251	欲	287	逞	339
液	196	陸	220	晚	255	殺	293	造	339

通	339	窒	386	翌	427	貫	479	傀	36
逡	339	窓	386	聊	430	貧	479	傑	36
逐	339	竟	389	脚	436	責	479	傚	36
透	340	章	389	脛	436	貪	479	凱	48
逋	340	袴	391	脩	436	販	479	割	55
率	346	桂	391	脣	436	貨	479	剩	55
瓠	347	袷	391	脫	437	赦	484	創	55
瓷	347	笠	394	脾	437	跂	485	勞	58
瓶	347	符	394	舶	445	趾	485	勝	58
甜	348	笙	394	船	445	軟	490	勤	58
產	349	笛	394	舳	445	野	499	博	63
異	351	第	395	舵	445	釦	500	卿	65
略	352	答	395	舷	446	釣	500	厥	66
畢	352	粒	403	處	447	閉	509	雁	66
畦	352	粕	403	蛋	449	雀	513	喝	80
疏	353	粘	403	蛇	449	雪	516	喀	80
痒	355	粗	403	蛆	449	頃	524	喬	80
痠	355	紺	409	術	455	頂	524	喫	80
痔	355	累	409	衒	455	飢	529	喃	80
痕	356	絆	409	裂	457	魚	539	單	80
皎	360	細	409	袋	457	鳥	542	喇	80
眷	366	紹	409	規	459	鹵	545	喪	80
眸	366	紳	410	訣	463	鹿	545	善	80
眼	366	紫	410	訥	464	麥	546	喑	81
眺	366	組	410	訪	464	麻	546	喻	81
研	371	終	410	設	464			啼	81
硅	371	紬	410	訟	464	十二畫		啾	81
祥	377	絃	410	訝	464			喘	81
祭	377	羚	425	訛	464	傘	20	喆	81
票	378	羞	425	許	464	傍	35	喋	81
移	381	習	427	豚	477	傳	35		
						備	35		

啾	81	寐	122	愕	161	渺	199	隈	222
喊	82	富	122	愉	162	湘	199	隅	222
喚	82	寔	122	愀	162	渫	199	隋	222
喉	82	寓	122	惻	162	渦	199	都	225
喧	82	寒	122	惰	162	渥	200	悶	230
喙	82	尋	126	惶	162	湧	200	悲	231
喜	82	尊	126	描	176	渭	200	惡	231
圍	88	就	127	揭	176	游	200	惠	231
堪	93	屠	130	揆	176	湮	200	惑	231
堺	93	属	130	插	176	渚	200	戟	238
堵	93	嵌	133	握	176	湊	200	扉	241
堡	93	嵐	133	握	176	測	200	掌	242
報	93	巽	136	揶	176	港	200	掔	242
堰	94	帽	138	揚	176	湯	201	敧	245
堯	94	幇	138	掾	177	湖	201	敦	245
堙	94	幅	138	援	177	渾	201	散	245
場	94	幄	138	揄	177	渙	201	敏	245
堤	94	幀	138	揉	177	溫	201	敝	246
壹	99	幾	141	揖	177	滋	201	斑	247
堉	99	廂	144	揃	177	湿	201	斐	247
壺	99	廈	144	提	177	滿	201	斌	247
奢	104	廁	144	揣	177	湾	201	斯	248
奠	104	廃	144	換	177	猫	215	景	256
媒	112	弑	147	揮	177	猩	215	晷	256
媚	112	弼	149	搖	177	猶	215	普	256
媚	112	弾	149	渴	198	猥	215	晻	256
媟	112	徧	154	減	199	猪	215	晶	256
媤	112	復	154	渠	199	隊	221	智	256
媛	112	循	155	渡	199	隆	221	晴	256
婿	113	徨	155	渤	199	陽	221	晬	256
孱	116	惱	161	湍	199	階	221	替	260

最	260	殘	292	菴	325	硬	371	給	411
曾	260	殼	293	萎	325	硫	372	絡	411
期	262	焙	299	菖	325	硝	372	絲	411
朞	262	焚	299	萄	325	硯	372	絣	411
朝	262	焰	299	棻	325	程	382	絨	412
棺	275	無	304	萍	325	稅	382	絕	412
棘	275	然	304	萃	326	程	382	統	412
棊	275	焦	304	華	326	稍	382	絢	412
棄	275	爲	306	逸	340	稀	382	翔	427
棠	275	牌	309	週	340	窘	387	翕	427
棹	275	牋	309	進	340	竣	389	聒	430
棟	275	犇	311	逮	340	童	389	腔	437
棉	275	犀	311	甥	349	補	391	脾	437
棒	276	琴	315	甦	349	裕	391	腑	437
棚	276	琵	315	甯	349	荅	395	腓	437
森	276	琢	315	番	352	筐	395	腎	437
棲	276	琶	316	畯	352	筋	395	腋	437
植	276	菰	324	畫	352	答	395	脹	437
椀	276	菓	324	疎	353	等	395	腕	438
椅	276	菅	324	痙	356	筏	395	舒	444
棧	276	菊	324	痘	356	筍	396	舜	444
椎	276	菌	324	痢	356	策	396	虛	447
棍	277	菫	324	痛	356	筑	396	虜	448
棱	277	萊	324	登	358	筒	396	蛙	449
検	277	莽	324	發	358	筆	396	蛛	449
棗	277	菱	324	皕	360	粟	403	蛤	449
椒	277	萌	325	皓	360	粧	404	蛔	449
欽	287	菩	325	盜	362	粥	404	蛟	449
款	287	菲	325	盛	362	絳	411	衆	454
欺	288	菽	325	喬	369	結	411	街	455
殖	291	菘	325	短	370	絞	411	裂	457

總劃索引〔十二～十三劃〕

裁	457	賀	481	鈞	522	勤	58	媾	113
單	459	越	484	須	525	募	58	嫋	113
覘	460	超	485	順	525	勢	58	嫂	113
視	460	距	485	項	525	勣	58	媳	113
觜	461	跋	486	馮	533	勧	59	嫈	113
詁	464	跌	486	馭	533	嗜	82	媵	113
喟	464	跆	486	黃	546	嗣	82	媼	113
詐	465	跛	486	黍	547	嗄	82	媄	113
詞	465	軫	490	黑	547	嗇	82	嫌	113
訴	465	軸	490	黹	548	鳴	83	孳	116
詠	465	辜	493			嗟	83	寬	122
証	465	酣	496	十三畫		嗤	83	寢	122
詔	465	酢	496			嗅	83	寧	122
詛	465	酡	496	亂	15	圓	88	尟	127
註	465	量	499	亶	18	園	88	嵩	133
診	465	鈞	501	僉	20	塙	94	嵯	133
評	466	鈍	501	傾	36	塊	94	幌	139
象	477	間	510	傴	36	塘	94	幹	140
貂	478	開	510	僅	36	塗	94	廊	144
貴	479	閔	510	僂	36	塞	94	廉	144
貸	480	閏	510	傷	36	塑	95	廋	144
買	480	閑	510	傯	36	塢	95	廈	144
貿	480	閒	510	傲	36	塋	95	彀	149
貢	480	雅	514	廉	36	塡	95	彙	150
費	480	雁	514	傳	37	塚	95	微	155
貰	480	雄	514	債	37	塔	95	徭	155
貳	480	集	514	催	37	塩	95	愜	162
貽	480	雇	514	僄	37	壺	99	慌	162
貯	480	雰	516	僧	38	奧	104	慊	162
貼	480	雲	517	剽	55	奬	105	愧	162
貶	480	靭	522	剿	55	嫁	113	慄	162

總劃索引〔十三劃〕

慎	162	滋	203	暑	257	毀	293	葬	327
愴	163	滓	203	暗	257	煖	299	著	327
搦	177	準	203	暎	257	煉	299	葺	327
搗	178	滄	203	暈	257	煥	300	葱	327
搖	178	滑	203	暇	257	煤	300	萩	327
搏	178	滉	203	暄	257	煩	300	萱	327
搬	178	滝	203	暉	257	煙	300	葎	328
摂	178	塗	203	會	261	煌	300	過	340
搾	178	獅	215	極	277	煇	300	達	341
搔	178	猿	215	楠	277	熙	304	道	341
損	178	猾	215	楔	277	煎	305	遁	341
搜	178	隔	222	楯	277	煮	305	逹	341
搵	178	隙	222	椰	277	照	305	遇	341
搭	179	隕	222	楊	277	爺	307	運	341
携	179	隘	222	椽	278	牒	309	違	342
搒	179	鄕	225	楹	278	猷	312	遊	342
溪	201	感	231	業	278	瑞	316	遐	342
滯	201	愍	231	榆	278	瑟	316	遍	342
溝	201	想	232	楮	278	瑕	316	逼	342
溺	201	愁	232	楮	278	瑚	316	當	352
滔	201	愛	232	楫	278	琿	316	崎	352
溜	202	惹	232	楚	278	葛	326	痼	356
滅	202	愚	232	楸	278	葵	326	痰	356
溟	202	愈	232	椿	279	董	326	麻	356
滂	202	意	233	楓	279	落	326	痳	356
溥	202	慈	233	楷	279	萬	326	痺	356
溯	202	慈	233	楽	279	葡	326	痾	357
溫	202	敬	246	楼	279	蕚	327	痴	357
溶	202	斟	247	歇	288	药	327	瘖	360
溢	202	新	248	歲	290	葉	327	盞	362
源	203	暖	256	殿	293	葦	327	盟	362

督	366	粲	404	蠶	450	資	481	零	517
睦	367	絹	412	蛾	450	賊	481	雷	517
睡	367	經	413	蛹	450	賄	481	電	517
睚	367	絽	413	蜀	450	賍	486	電	517
睨	367	罪	423	蜆	450	跨	486	靖	520
睛	367	置	423	衙	455	跟	486	靴	522
睫	367	罨	424	裘	457	跪	486	靷	522
矮	370	署	424	甚	457	路	486	頎	525
碁	372	罰	424	裹	457	跡	486	頓	525
碌	372	群	425	裔	457	跳	486	頒	525
碑	372	羨	426	裝	458	較	490	頌	525
碎	372	義	426	解	461	載	491	預	525
碇	372	聘	430	詿	466	辟	493	頑	525
硼	373	聖	430	詭	466	農	494	飯	529
禁	378	肆	432	詳	466	酩	496	飫	529
祿	378	肅	432	詢	466	酪	496	飲	529
禽	379	腱	438	詩	466	酬	496	飭	530
稔	382	腦	438	試	466	鉅	501	飼	530
稠	382	腹	438	詵	466	鉗	501	飾	530
稙	382	腺	438	詣	466	鈷	501	飽	530
稚	383	腥	438	詮	467	鉤	501	馴	533
稗	383	腰	438	誂	467	鈴	501	馳	533
稟	383	腸	438	誅	467	鉢	501	馱	533
窟	387	腫	438	詫	467	鉛	501	鳩	542
裾	391	舅	443	該	467	鉦	502	黽	548
裸	391	與	443	話	467	鉋	502	鼎	548
裨	391	艇	446	詰	467	閘	510	鼓	548
寬	396	號	448	貊	478	雍	514	鼠	548
筴	396	虞	448	賈	481	雌	514	十四畫	
筵	396	蜂	450	賂	481	雋	515		
粳	404	蛸	450	賃	481	雉	515	僑	37

僮	37	夥	100	憎	163	漆	206	煽	300
僚	37	夢	100	慘	163	漂	206	熊	305
僕	37	奬	105	慓	163	漢	206	熏	305
像	37	奪	105	慟	163	障	222	爾	308
僧	38	嫩	114	憎	163	際	222	獄	312
僥	38	嫡	114	摑	179	鄒	235	瑣	316
僞	38	嫛	117	摸	179	慈	233	瑤	316
僣	38	寡	122	摘	179	態	233	瑱	316
兢	42	寧	122	摺	179	慤	233	蓋	328
劃	55	寥	123	摧	179	慇	234	蒙	328
厭	66	寞	123	滌	203	截	238	蓑	328
嘉	83	實	123	滯	203	敲	243	蓆	328
嘗	83	寤	123	漼	204	斡	248	蒐	328
嗽	83	察	123	溉	204	旗	250	蒔	328
嗾	83	寢	123	漣	204	暢	257	蓉	328
嘔	83	對	126	漉	204	榎	279	蒸	328
噴	83	屢	130	漏	204	槁	279	蒼	329
嘆	84	層	130	漠	204	構	279	蓄	329
嘘	84	嶄	133	滿	204	槃	279	蒲	329
團	88	幕	139	漫	204	榜	279	遞	342
圖	88	幔	139	漰	204	椳	279	遡	343
境	95	廓	144	滲	205	榮	280	遜	343
墊	95	廕	144	漱	205	榠	280	遙	343
墓	95	廎	145	漁	205	榛	280	遠	343
墅	95	彰	151	演	205	槍	280	遣	343
墊	96	慷	163	滴	205	榻	280	甄	347
塵	96	慨	163	漸	205	槌	280	疑	353
塹	96	慣	163	漕	205	槐	280	瘍	357
增	96	慢	163	漬	205	榴	280	盡	362
墨	96	慠	163	漲	206	歌	288	監	363
壽	99	慵	163	窪	206	殞	292	睿	367

睾	367	粹	404	舞	444	踘	487	飽	530
睹	367	精	404	蜜	450	踊	487	駁	533
碧	373	綱	413	蜚	450	輕	491	骸	536
碩	373	綵	413	蜡	450	鞁	491	髣	537
禊	378	綺	414	蜩	451	輔	491	髴	537
福	378	綠	414	蜘	451	辣	494	髮	537
禎	378	綸	414	蜻	451	酷	496	魁	539
禍	378	綾	414	裳	458	醉	496	魂	539
禊	383	網	415	裳	458	酸	496	鳴	542
種	383	綿	415	製	458	銅	502	鳳	542
稱	383	緋	415	誠	467	銘	502	鳶	542
窩	387	綬	415	誥	467	銑	502	鼻	549
窪	387	維	415	誣	468	銛	502	齊	549
端	389	綽	415	誓	468	銀	502		
竭	389	綻	415	說	468	銓	503	十五畫	
褐	392	綜	415	誠	468	銃	503	價	38
褌	392	綴	416	誦	468	閣	510	儉	38
裸	392	緊	416	語	468	閨	511	儆	38
複	392	綢	416	誤	468	閥	511	儂	38
褊	392	罰	424	誘	468	閭	511	儋	38
箇	396	署	424	認	469	需	518	僻	39
箝	397	翡	427	誌	469	鞍	522	僾	39
箜	397	翠	427	誕	469	鞄	522	億	39
箕	397	聞	430	誨	469	韶	524	儀	39
管	397	聚	430	豪	477	領	526	凜	48
箔	397	肇	432	貌	478	頗	526	劈	50
箴	397	腐	438	賑	481	颯	528	劍	55
算	397	膏	439	賓	481	颱	528	劇	55
箏	397	膀	439	赫	484	飼	530	劉	56
箋	397	腿	439	趙	485	飾	530	厲	66
箒	398	臺	443	跟	487	飴	530	噉	84

總劃索引〔十五劃〕

嘯	84	塵	145	播	180	數	246	瑾	317
嘲	84	廚	145	潔	206	敵	246	璃	317
噂	84	廠	145	澆	206	暮	258	璇	317
增	84	廢	145	潭	206	暫	258	蓮	329
嘴	84	弊	147	澇	206	暴	258	蓼	329
嘩	84	彈	149	潰	207	槩	280	蔓	329
嘿	84	影	151	澁	207	槿	281	蔑	329
墨	96	德	155	潑	207	樑	281	蓬	329
墳	96	徵	155	潟	207	樓	281	蔀	330
增	96	徹	156	潤	207	模	281	蔘	330
墜	96	憬	164	潺	207	樊	281	蔬	330
墮	96	憧	164	潛	207	樂	281	蕨	330
墟	97	憐	164	潮	207	樟	281	蔚	330
奭	105	憮	164	澄	208	樣	282	蔭	330
嬌	114	憫	164	澎	208	樗	282	蔗	330
嬉	114	憤	164	鄰	226	樝	282	蔣	330
寬	123	憎	164	鄭	226	樅	282	蔦	330
寮	124	憔	164	慕	234	樞	282	蔡	330
寫	124	憚	164	慶	234	樋	282	適	343
審	124	撚	179	廛	234	標	282	遭	343
履	130	撓	179	慾	234	權	282	遮	344
層	130	撞	179	憂	234	歐	288	畿	353
嶠	133	撈	180	慰	234	歎	288	瘤	357
嶔	133	撩	180	憖	235	歡	288	瘢	357
幢	139	撲	180	慙	235	毆	293	瘦	357
幡	139	撥	180	慧	235	毅	293	瘡	357
幟	139	撫	180	戮	238	漿	297	瘠	357
幣	139	撒	180	戲	239	熨	300	皚	360
廣	145	撰	180	摩	242	熟	305	皺	361
廟	145	撤	180	摯	242	熱	305	盤	363
廝	145	撮	180	敷	246	熒	316	瞋	367

總劃索引〔十五～十六劃〕

磊	373	纖	416	衡	455	醋	497	魅	539
碼	373	緬	416	課	469	醉	497	魅	539
磐	373	緒	417	談	469	鋒	503	魄	539
磅	373	線	417	諒	469	鋤	503	魯	539
碩	373	緣	417	論	469	銷	503	魴	540
磁	373	緩	417	誹	469	銹	503	鴉	543
磋	374	緯	417	誰	470	銳	503	鳾	543
確	374	締	417	誼	470	鋪	503	麩	546
稼	384	緻	418	調	470	鋏	504	麩	546
稽	384	編	418	諄	470	銼	504	麾	546
稿	384	罵	424	諂	470	閭	511	黎	547
穀	384	罷	424	請	470	閱	511	齒	549
稻	384	翫	427	豌	477	霄	518		
稷	384	耦	429	賣	481	震	518	**十六畫**	
窮	387	膠	439	賠	482	鞏	522	儒	39
窯	387	膜	439	賦	482	鞍	522	儘	39
褥	392	膚	439	賜	482	鞋	523	冀	45
褪	392	膝	439	賞	482	頤	526	冪	46
範	398	膛	439	質	482	餃	530	凝	48
箱	398	蝌	451	賤	482	養	530	劑	56
箴	398	蝸	451	賢	482	餌	530	勳	59
箸	398	蝮	451	趣	485	餉	531	叡	68
篆	398	蝨	451	踏	487	駕	533	噴	84
箭	398	蝥	451	踐	487	駒	533	噗	84
節	398	蝕	451	踝	489	駑	533	噬	84
篇	398	蝟	451	輦	491	駙	534	器	84
篁	398	蝶	451	輪	491	駐	534	噪	85
糊	404	蝦	452	輩	491	駝	534	噫	85
糊	404	蝴	452	輻	492	駘	534	圜	89
緞	416	蝗	452	輝	492	髮	537	墾	97
練	416	衝	455	醇	496	髭	537	壇	97

字	頁	字	頁	字	頁	字	頁	字	頁
壁	97	澪	208	橇	284	遲	344	膨	440
墺	97	澱	208	樺	284	遷	345	興	443
壞	97	澡	209	橫	284	瓢	347	艘	446
壤	97	濁	209	歷	290	甍	348	艙	446
奮	105	澤	209	燈	300	瞞	368	螢	452
嬖	114	獨	215	燎	301	瞠	368	融	452
嬴	114	隧	223	燐	301	磬	374	螟	452
嬢	114	險	223	燔	301	磨	374	衞	455
學	117	隨	223	燒	301	磧	374	衡	455
寰	124	縈	235	燃	301	禦	378	親	460
導	126	憩	235	熾	301	穎	384	諫	470
嶮	134	憑	235	燜	301	積	384	諾	470
彊	149	憲	235	燕	306	窺	388	謀	470
憾	164	憙	235	熹	306	褓	392	諡	471
憶	164	戰	239	璟	317	褶	392	謔	471
懊	165	整	246	璞	317	篤	399	謁	471
懈	165	曇	258	蕎	331	篩	399	諳	471
懷	165	曆	258	蕨	331	篡	399	諺	471
撼	181	曉	258	蕗	331	築	399	謂	471
據	181	橄	282	蕪	331	糖	404	諭	471
擒	181	橋	283	蕃	331	縛	418	諮	471
撻	181	橘	283	蕭	331	縊	418	諸	471
擔	181	機	283	蕊	331	縋	418	諜	471
擁	181	橈	283	蕆	331	縒	418	諦	471
操	181	橙	283	蕉	331	縣	418	諷	472
擅	181	樸	283	蕩	331	縞	418	諧	472
擇	182	橡	283	蔽	332	罹	424	諱	472
激	208	樹	284	遼	344	義	426	豫	477
濃	208	樾	284	選	344	翰	428	賭	482
澹	208	樽	284	遺	344	膳	439	賴	482
濂	208	樵	284	邊	344	膵	440	踩	487

踪	487	頸	526	儡	39	濕	209	鶯	302
蹄	487	頭	526	償	39	濡	209	燦	302
踵	487	頻	526	優	39	濟	209	燭	302
輻	492	頰	526	勵	59	濬	210	牆	308
輸	492	頸	526	嚇	85	濯	210	環	317
輳	492	餘	531	嚀	85	濛	210	甍	332
輯	492	餓	531	壓	97	濫	210	薑	332
辨	494	餐	531	壕	97	鴻	210	蕾	332
辦	494	駱	534	嬰	114	獰	216	薇	332
醒	497	駿	534	嬪	114	獲	216	薄	332
鋼	504	駭	534	孺	117	隱	223	薛	332
鋸	504	駢	534	屨	130	懇	235	薪	332
錦	504	骼	536	嶺	134	懃	236	薔	332
錄	504	骸	536	嶼	134	應	236	薦	333
錫	504	髻	537	嶽	134	戲	239	薨	333
錢	504	鬨	538	疑	134	擊	242	薙	333
錠	505	鮒	540	彌	150	擘	242	遽	345
錯	505	鮓	540	徽	156	斂	246	邁	345
鏽	505	鮎	540	懦	165	曖	258	邀	345
錘	505	鮑	540	擱	182	檢	284	避	345
錐	505	鴨	543	擡	182	檄	285	邂	345
閼	511	鴛	543	擣	182	檎	285	還	345
閻	511	鴦	543	擯	182	檀	285	癎	357
隸	513	鴕	543	擬	182	檣	285	療	357
雕	515	鴟	543	擠	182	檜	285	癌	357
霖	518	默	547	擦	182	殮	292	瞰	368
霎	518	黔	547	擢	182	殭	292	瞳	368
霑	518	龍	550	濮	209	氈	295	瞭	368
霍	518	龜	551	濤	209	燮	301	瞥	368
靜	520			濱	209	燠	302	瞬	368
鞘	523	十七劃		濛	209	燧	302	矯	370

總劃索引〔十七～十八劃〕

磯	374	膿	440	趨	485	餞	531	瀆	210
磻	374	膽	440	蹇	487	餚	531	濾	210
礁	374	臀	440	蹈	487	餛	531	瀉	210
禪	379	臂	440	蹊	488	館	531	瀑	211
禧	379	臆	440	蹉	488	馘	532	獵	216
穗	385	膺	440	蹌	488	駿	534	薸	236
襌	393	臊	440	蹋	488	鮫	540	戴	239
篠	399	臨	441	輿	492	鮭	540	擧	242
簇	399	艱	446	轅	492	鮮	540	斃	246
簀	400	薅	448	轄	493	鮪	540	斷	249
糠	405	螳	452	輾	493	鮨	540	曙	259
糜	405	螺	452	醜	497	鴻	543	曜	259
糞	405	蟄	452	鍵	505	黛	547	曛	259
糟	405	褻	458	鍋	505	點	547	朦	262
縫	418	襃	458	鍛	505	黜	547	櫃	285
縷	419	襄	458	鍍	506	黝	547	櫂	285
縵	419	購	472	鍊	506	龠	549	檸	285
繆	419	謙	472	錨	506	齋	549	檻	285
繁	419	謎	472	錘	506	龠	551	欸	288
繃	419	謐	472	鍬	506			歸	290
縹	419	謗	472	鍼	506	十八畫		殯	292
縮	419	謝	472	鍮	506	儲	40	燼	302
績	420	謄	472	闊	511	叢	69	燿	302
總	420	謹	473	闌	512	嚙	85	燻	302
縱	420	謠	473	闇	512	壘	97	燾	306
翳	428	謔	473	雖	515	彝	150	爵	307
翼	428	谿	476	霜	519	擾	182	璿	317
聲	430	豁	476	霞	519	擄	182	璧	317
聯	431	購	483	霙	519	擲	183	藁	333
聳	431	賻	483	鞠	523	擺	183	藍	333
聰	431	賽	483	韓	523	擴	183	薩	333

薯	333	臑	440	闕	512	壜	98	藩	334
藉	333	舊	444	闖	512	壟	98	藪	334
薺	333	蟠	452	雙	515	嬪	114	邊	346
薰	333	蟬	452	雜	515	孀	114	疆	353
藏	334	蟲	453	雛	515	寵	124	疇	353
邃	346	覆	459	鞦	523	廬	145	癡	358
邇	346	覲	460	鞭	523	懷	165	矇	368
甕	348	觴	462	顎	526	懶	165	礙	374
癖	357	謳	473	顏	526	瀝	211	禱	379
癒	358	謹	473	額	527	瀧	211	禰	379
瞽	368	謨	473	題	527	瀨	211	穩	385
瞻	368	謬	473	馥	532	瀕	211	穫	385
瞼	368	謫	473	騏	534	瀟	211	襦	393
礎	374	豐	477	騎	534	瀛	211	襤	393
禮	379	贄	483	騂	536	瀞	211	簾	400
穢	385	贅	483	鬩	538	隴	223	簿	400
竅	398	蹟	488	魏	539	懲	236	繭	421
襟	393	蹠	488	鯁	540	攀	242	繫	421
襖	393	蹤	488	鯉	540	曠	259	繰	421
簡	400	蹙	488	鯊	541	曝	259	繩	421
簞	400	軀	489	鮹	541	櫚	286	繹	421
簪	400	轉	493	鵠	543	櫓	286	繪	421
糧	405	醫	497	鵝	543	櫟	286	羅	424
繚	420	醬	497	鵜	543	櫛	286	羹	426
繕	420	鎧	506	貂	548	爆	303	臘	440
繡	420	鎌	506			牘	309	蟹	453
繞	420	鎖	506	十九畫		獸	312	蠅	453
織	420	鎔	506			瓊	317	蟻	453
翻	428	鎮	507	嚬	85	藥	334	毃	459
聶	431	鎰	507	嚥	85	藝	334	謠	473
職	431	鎬	507	嚮	85	藤	334	譏	473
				壞	98				

總劃索引〔十九～二十一劃〕

字	頁	字	頁	字	頁	字	頁	字	頁
識	474	鵬	543	蘇	335	醸	498	囀	86
證	474	鶉	544	藹	335	醴	498	囂	86
譖	474	鶃	544	蘊	335	釋	498	囃	86
贈	483	鵲	544	藻	335	鐙	507	夔	99
贊	483	麒	545	蘭	335	鐘	507	屬	130
蹶	488	麗	546	藺	335	闡	512	懼	134
蹴	488	麓	546	孿	369	露	519	巍	165
轎	493	麴	546	礪	374	霞	519	攝	183
轍	493	龐	551	礫	375	飄	528	攜	183
辭	494	二十畫		礬	375	饉	531	灌	212
醱	497			競	390	饅	531	曩	259
醮	497	勸	59	籍	401	馨	532	欄	286
鏡	507	嚳	85	籌	401	騰	535	櫸	286
鏤	507	嚶	85	籃	401	騷	535	櫻	286
鏑	507	嚴	85	糯	405	軆	536	殲	292
鏃	507	壞	98	繼	421	鬥	538	爛	303
關	512	孃	114	纂	421	鰓	541	蘭	335
難	515	孀	115	耀	428	鰐	541	癩	358
離	516	孅	115	臙	441	鰈	541	礱	375
霧	519	寶	124	臚	441	鰌	541	籐	401
靡	521	懺	165	艦	446	鹹	545	續	422
韜	523	攘	183	蠕	453	黨	548	纏	422
韻	524	瀾	211	覺	460	齡	549	蠟	453
類	527	瀰	211	觸	462	齟	549	蠣	453
願	527	懸	236	譬	473	齣	549	蠢	453
顚	527	朧	263	譯	473	二十一畫		覽	461
騙	535	爐	303	議	473			譴	474
鯨	541	犧	311	警	474	儺	40	護	475
鯗	541	獻	312	躇	488	儷	40	譽	475
鯛	541	蘆	334	躁	488	囁	86	贓	483
鯖	541	藷	334	辮	494	嚼	86	躍	489

二十一〜二十三劃									
躊	489	攢	183	饗	532	鱒	542	鹼	545
轟	493	攤	183	驕	535	鷟	544	鼉	550
辯	494	灑	212	鬚	537	鷙	544	齇	550
鐵	507	灘	212	鰹	541	麟	546	二十五劃	
鐸	508	懿	236	鰻	542	黴	548	廳	146
闢	512	權	286	鷗	544	二十四劃		灣	212
霸	519	歡	289	鶺	550			籬	402
霹	520	疊	353	齦	550	囑	86	纛	422
顧	527	癬	358	二十三劃		鼠	130	蠻	454
飜	529	禳	379			攬	183	觀	461
饋	531	穰	385	巖	134	癲	358	二十六劃	
饉	532	竊	388	攫	183	罏	369		
饒	532	籠	401	戀	236	罐	423	矚	369
饌	532	籟	401	欒	286	羈	424	讚	476
驅	535	羇	424	瓚	317	艷	447	驢	536
驀	535	聾	431	籤	401	蠶	453	二十七劃	
魔	539	聽	431	纖	422	衢	456		
鰤	541	臟	441	纓	422	讓	475	纜	422
鰭	541	艫	446	變	475	讒	476	躪	489
鷄	544	襲	458	讌	475	讖	476	鑽	508
鶯	544	讀	475	讎	475	釀	498	鑿	509
鶴	544	贖	483	鑠	508	鑪	508	二十八劃	
齎	549	贗	483	鑛	508	靂	520	鸚	545
二十二劃		躓	489	顯	528	靈	520	二十九劃	
		轢	493	驚	535	靄	520		
儼	40	鬱	493	驛	535	輂	528	鬱	538
囊	86	鑄	508	驗	535	驟	536	三十劃	
囍	86	鑑	508	髓	536	鬢	537	鸞	545
孿	117	霽	520	體	536	鰾	542	三十三劃	
巔	134	韃	523	髖	537	鷹	544		
彎	150	響	524	鱗	542	鹽	545	麤	542

字 音 索 引

1. 이 사전에 수록된 모든 표제자는 가나다순으로, 동음자는 획수순으로 배열하고 그 옆에 본문의 면수를 표시하였다.
2. 한 글자가 몇 개의 음을 가질 때에는 각 음을 가리어 실었다. 예를 들면, 敦은 '돈·단·퇴·조·대·도'의 여섯 군데, 介는 '개·갈'의 두 군데에 표시하였다. 그리고 본음 외에 속음을 가지는 글자도 각각 그 음자리에 실어놓았다.

가								
		榎	279	干	139	懇	235	嵌	133
加	56	駕	533	刊	51	簡	400	堪	93
可	69	價	38	奸	106	**갈**		敢	245
仮	22	稼	384	艮	446	介	19	減	199
伽	24	**각**		杆	264	曷	260	感	231
佳	27	各	70	肝	432	渴	198	監	363
価	27	却	64	侃	27	揭	176	撼	181
呵	76	角	461	姦	109	喝	80	橄	282
架	267	刻	52	看	364	葛	326	憾	164
枷	267	恪	158	竿	393	竭	389	瞰	368
苛	319	珏	314	稈	269	褐	392	鐵	506
茄	319	閣	538	乾	15	**감**		鑑	508
哥	77	殼	293	間	510	凵	48	鹼	545
家	119	脚	436	菅	324	甘	348	**갑**	
假	34	塙	94	稈	382	坎	89	甲	350
袈	457	慤	234	閒	510	坩	90	匣	61
街	455	閣	510	幹	140	咸	77	押	169
嫁	113	擱	182	幹	248	柑	267	岬	131
嘉	83	覺	460	諫	470	疳	354	閘	510
暇	257	格	269	墾	97	勘	57	**갑**	
賈	481	較	490	艱	446	紺	409	干	139
歌	288			癎	357	酣	496	江	184

字音索引〔강~겸〕

羌	425	姉	354	拒	168	竭	389	見	459
岡	131	皆	360	炬	299	**검**		身	489
姜	109	個	31	倨	31	柑	267	俔	30
降	218	愒	229	据	173	儉	38	肩	433
剛	54	豈	476	距	485	劍	55	狷	213
康	143	開	510	渠	199	檢	284	堅	92
悾	160	凱	48	裾	391	黔	547	牽	311
強	149	愾	162	鉅	501	瞼	368	筧	396
控	173	箇	396	據	181	鹼	545	絹	412
絳	411	解	461	鋸	504	**겁**		遣	343
綱	413	愾	163	遽	345	劫	56	甄	347
腔	437	漑	204	擧	242	怯	157	繭	421
慷	163	槪	280	醵	498	拾	171	譴	474
疆	149	鍇	506	欅	286	笈	394	鰹	541
鋼	504	蓋	328	**건**		袷	391	**결**	
糨	392	**객**		巾	136	**게**		決	185
講	472	客	119	件	22	偈	34	抉	166
殭	292	喀	80	建	146	揭	176	拮	171
薑	332	**갱**		虔	447	憩	235	契	103
糠	405	更	260	健	34	**격**		缺	422
疆	353	阬	216	乾	15	挌	170	訣	463
갖		坑	89	腱	438	格	269	結	411
這	339	粳	404	鍵	505	鬲	538	稧	383
개		羹	426	蹇	487	假	34	潔	206
个	12	**각**		**걸**		隔	222	**겸**	
介	19	醵	498	乞	15	骼	536	拑	168
丐	10	**거**		气	295	激	208	兼	45
价	22	去	67	桀	269	擊	242	箝	397
改	243	巨	135	偈	34	檄	285	慊	162
佳	27	車	489	揭	176	**견**		鉗	501
芥	318	居	128	傑	36	犬	311	謙	472

鎌	506	憬	164	禊	378	袴	391	穀	384
겹		儆	39	稧	383	胯	435	鵠	543
俠	31	環	317	稽	384	誇	464	**곤**	
裌	391	頸	526	誡	467	菰	324	丨	12
경		磬	374	谿	476	雇	514	困	87
冂	45	鯁	540	繫	421	賈	481	昆	252
更	260	鏡	507	繼	421	塙	94	坤	90
杲	298	鯨	541	鷄	544	鈷	501	悃	159
庚	142	瓊	317	**고**		痼	356	衰	456
坰	90	競	390	叩	69	辜	493	崑	132
徑	152	警	474	尻	128	鼓	548	梱	273
京	18	驚	535	古	69	皷	243	棍	277
勁	57	**계**		考	312	橋	283	壼	99
徑	153	彐	150	告	72	睾	367	褌	392
耕	429	系	406	估	24	誥	467	**골**	
耿	429	戒	237	孤	116	稿	384	汨	185
竟	389	季	116	固	87	膏	439	骨	536
卿	65	屆	129	股	433	薨	332	滑	203
脛	436	係	29	高	537	藁	333	**공**	
梗	273	契	103	剐	52	磬	368	工	135
莖	323	界	350	姑	107	顧	527	廾	146
頃	524	癸	358	呱	74	**곡**		孔	115
景	256	計	462	咎	74	曲	259	公	44
硬	371	桂	270	沽	187	谷	476	功	56
痙	356	啓	78	故	244	告	72	共	44
經	413	悸	160	枯	267	哭	77	攻	243
敬	246	械	273	拷	170	珏	314	供	27
傾	36	堺	93	苦	319	梏	272	空	385
境	95	結	411	庫	143	斛	247	紅	407
輕	491	階	221	栲	270	鵠	537	拱	170
慶	234	溪	201	羔	425	嚳	85	倥	31

字音索引〔공~구〕

恐	229	毋	294	桄	270	招	170	久	14
恭	229	串	12	框	270	佼	27	仇	20
貢	478	官	118	筐	395	斜	406	勾	59
悾	166	冠	46	廣	145	郊	224	佝	25
控	173	倌	31	擴	183	姣	109	丘	11
箜	397	貫	479	曠	259	咬	76	句	69
跫	486	莞	323	鑛	508	狡	213	尻	128
鞏	522	棺	275			校	270	臼	443

곳

		款	287	**괘**		教	244	扣	166
串	12	菅	324	卦	64	皎	360	求	296

과

		管	397	挂	171	喬	80	玖	313
瓜	346	慣	163	掛	173	絞	411	灸	298
戈	237	寬	123	罫	424	蛟	449	具	44
夸	102	館	531	**괴**		較	490	究	385
果	265	關	512	怪	157	僑	37	咆	75
科	380	灌	212	乖	14	嬌	114	呱	74
袴	391	觀	461	拐	168	嶠	133	咎	74
菓	324	罐	423	傀	36	餃	530	拒	168
胯	435			塊	94	橋	283	邱	224
過	340	**괄**		愧	162	櫶	284	拘	168
誇	466	刮	53	槐	280	膠	439	狗	213
跨	486	活	191	魁	539	蕎	331	俱	31
寡	122	括	171	壞	98	矯	370	垢	91
夥	100	恝	229	**괵**		鮫	540	柩	268
蝌	451	筈	395	馘	532	嚙	85	枸	268
課	469	聒	430	**굉**		覺	460	韭	524
鍋	505			宏	118	轎	493	矩	370

곽

		광							
		光	41	肱	433	驕	535	寇	121
郭	225	広	141	轟	493			救	245
霍	518	匡	60			**구**		區	61

관

		狂	212	巧	135	九	15	毬	61
		洸	190	交	17	口	69	毬	295

球	314	国	87	圈	88	摎	179	隙	222
釦	500	囷	87	捲	173	**규**		極	277
傴	36	國	88	眷	366	九	15	劇	55
裘	457	掬	173	勸	59	叫	69	**근**	
購	113	菊	324	權	286	圭	89	斤	248
溝	201	跼	487	**궐**		糾	406	芹	318
觳	149	鞠	523	亅	16	筀	103	近	336
鳩	542	麴	546	掘	173	規	459	矜	369
臼	443	**군**		厥	66	硅	371	根	270
鉤	501	君	72	蕨	331	桂	391	菫	324
嘔	84	軍	490	闕	512	頍	524	筋	395
廐	144	郡	224	蹶	488	揆	176	僅	36
構	279	窘	387	**궤**		葵	326	勤	58
歐	288	群	425	几	48	閨	511	跟	486
毆	293	**굴**		机	263	窺	388	槿	281
穀	384	屈	129	軌	490	繆	419	瑾	317
駒	533	堀	92	佹	27	**균**		覲	460
購	483	掘	173	詭	466	均	89	懃	236
驅	489	窟	387	跪	486	菌	324	謹	473
舊	444	**궁**		潰	206	鈞	501	饉	531
龜	551	弓	147	蹶	488	龜	551	**글**	
屨	130	穹	386	櫃	285	**귤**		契	103
謳	473	宮	120	饋	531	橘	283	**금**	
軀	165	躬	489	**귀**		**극**		今	19
驅	535	窮	387	鬼	538	可	69	吟	73
鷗	544	**권**		歸	138	克	42	金	500
衢	456	券	50	貴	479	剋	53	衿	390
국		卷	57	晷	256	革	522	衾	456
口	86	卷	65	龜	551	屐	129	琴	315
告	72	倦	31	歸	290	棘	275	禁	378
局	128	拳	241	**귀**		戟	238	窘	379

字音索引〔금~녑〕

嶔	133	伎	22	幾	141	金	500	內	43
錦	504	忌	226	欷	288	___ 낄 ___		納	407
黔	547	杞	264	嗜	82	喫	80	___ 낭 ___	
噤	84	汽	185	畸	352	___ 나 ___		娘	110
擒	181	技	166	朞	372	內	43	曩	259
檎	285	岐	131	箕	397	那	223	囊	86
襟	393	奇	103	頎	525	奈	103	___ 내 ___	
___ 급 ___		其	44	旗	250	拏	241	乃	13
及	67	枝	267	綺	414	娜	110	內	43
伋	22	俟	29	畿	353	懦	165	奶	105
扱	166	枳	269	冀	45	難	515	奈	103
岌	131	紀	406	器	84	糯	405	耐	428
汲	185	祈	375	機	283	儺	40	能	435
急	228	幢	139	磯	374	___ 낙 ___		___ 냑 ___	
級	407	祇	375	譏	473	諾	470	搦	177
笈	394	氣	296	騎	534	___ 난 ___		___ 녀 ___	
給	411	耆	313	騏	534	暖	256	女	105
___ 긍 ___		記	463	麒	545	煖	299	___ 녁 ___	
亘	17	起	484	饑	532	難	515	疒	354
肯	433	豈	476	鯚	541	攤	183	___ 년 ___	
恆	158	基	92	羈	424	___ 날 ___		年	140
矜	369	寄	121	夔	99	捏	172	撚	179
兢	42	埼	92	羈	424	捺	173	輾	492
___ 기 ___		旣	251	___ 긴 ___		埒	91	___ 녈 ___	
己	135	崎	132	緊	416	涅	192	涅	192
乞	15	跂	485	___ 길 ___		___ 남 ___		___ 념 ___	
气	295	飢	529	吉	71	男	350	念	227
示	375	棋	275	佶	27	南	63	恬	158
企	20	棄	275	拮	171	喃	80	唸	79
肌	432	期	262	桔	271	楠	277	捻	173
妓	106	朞	262	___ 김 ___		___ 납 ___		___ 녑 ___	

囁	86	尿	128	大	101	姐	107	党	42
攝	183	溺	201	多	100	狙	213	堂	92
녕		嫋	113	茶	322	袒	354	棠	275
甯	349	鳥衣	457	爹	307	噠	82	當	352
佞	24	撓	179	**단**		達	341	塘	94
寧	122	橈	283	丹	13	撻	181	幢	139
寗	216	**눈**		旦	251	韃	523	撞	179
儜	183	嫩	114	団	87	**담**		瞠	368
檸	285	**눌**		但	25	佟	31	糖	404
녜		吶	72	狙	213	淡	194	螳	452
昵	253	訥	464	段	293	啖	79	黨	548
禰	379	**뉴**		袒	390	單	459	**대**	
노		杻	265	蛋	449	痰	356	大	101
奴	105	忸	156	單	80	談	469	歹	291
労	57	紐	407	短	370	潭	206	代	21
努	57	**뉵**		端	199	噉	84	対	125
弩	148	忸	156	敦	245	儋	38	待	152
胬	137	**능**		剬	55	疊	258	垈	90
呶	74	能	435	亶	18	擔	181	岱	131
怒	228	**니**		團	88	澹	208	隶	513
駑	533	尼	128	端	389	膽	440	帶	138
臑	440	泥	187	緞	416	壜	98	袋	457
농		禰	379	緣	417	**답**		隊	221
農	494	**닉**		壇	97	沓	297	敦	245
儂	38	匿	61	檀	285	畓	351	貸	480
濃	208	搦	177	禪	393	答	395	載	491
膿	440	溺	201	鍛	505	搭	179	對	126
뇌		**닐**		斷	249	踏	487	逮	342
惱	161	尼	128	簞	400	蹋	488	臺	443
腦	438	昵	253	鶉	544	**당**		擡	182
뇨		**다**		**달**		唐	77	黛	547

字音索引〔대~란〕 589

戴	239	道	341	**돈**		卜	17	籐	401
덕		塗	94	盾	365	土	89	**라**	
德	155	滔	201	純	408	斗	247	刺	53
도		圖	88	惇	160	吋	71	果	409
刀	49	綢	416	豚	477	杜	264	喇	80
刂	51	睹	367	敦	245	豆	476	裸	391
図	87	跳	486	魨	347	肚	432	躶	489
到	53	稻	384	頓	525	哣	74	螺	452
挑	171	導	126	**돌**		逗	338	懶	165
度	142	賭	482	咄	74	兜	42	羅	424
徒	153	蹈	488	突	386	痘	356	癩	358
倒	31	鍍	506	**동**		頭	526	**락**	
島	132	擣	182	仝	19	讀	475	洛	190
桃	271	濤	209	冬	46	**둔**		烙	299
逃	337	燾	306	同	71	屯	130	絡	411
掏	174	櫂	285	東	265	鈍	501	酪	496
掉	174	禱	379	重	499	遁	341	落	326
悼	160	韜	523	凍	47	頓	525	樂	281
敦	245	纛	422	洞	190	臀	440	駱	534
陶	362	**독**		桐	270	**득**		**란**	
途	220	禿	380	疼	354	得	154	丹	13
棹	338	竺	393	動	58	**등**		卵	65
茶	275	独	213	棟	275	灯	297	亂	15
淘	323	毒	294	童	389	登	358	爛	301
都	195	督	366	胴	435	等	395	闌	512
堵	225	獨	215	董	326	橙	283	嬾	114
渡	93	篤	399	銅	502	燈	300	懶	165
萄	199	瀆	210	僮	37	膯	472	瀾	211
屠	325	牘	309	憧	164	鐙	507	欄	286
盜	130	讀	475	瞳	368	藤	334	爤	303
搗	178	纛	422	**두**		騰	535	蘭	335

樂	286	萊	324	麗	546	鍊	506	嶺	134
鸞	545			欄	286	攣	117	齡	549
랄		**랭**		礪	374	戀	236	靈	520
剌	53	冷	47	廬	145			**례**	
喇	80	**략**		蘆	334	**렬**		例	27
		掠	174	儷	40	列	51	隸	513
람		略	352	蠣	453	劣	56	禮	379
嵐	133			壚	441	洌	47	體	498
覽	461	**량**		驢	536	烈	303		
濫	210	良	446			捩	174	**로**	
藍	333	兩	43	**력**		裂	457	老	312
襤	393	亮	18	力	56			牢	310
籃	401	倆	31	鬲	538	**렴**		鹵	545
纜	461	涼	195	曆	258	廉	144	勞	58
攬	183	掠	174	歷	290	濂	208	虜	448
纜	422	梁	273	瀝	211	斂	246	路	486
		量	499	櫟	286	殮	292	魯	539
랍		踉	487	礫	375	簾	400	澇	207
拉	168	諒	469	轢	493			撈	180
摺	179	糧	405	靂	520	**렵**		蕗	331
臘	440					獵	216	櫓	286
蠟	453	**려**		**련**				露	519
鑞	508	呂	72	怜	157	**령**		壚	303
		戾	239	連	338	令	19	蘆	334
랑		侶	29	戀	230	另	69	艫	446
郞	224	旅	249	煉	299	伶	24	鷺	544
浪	192	紹	413	零	517	囹	87	鑪	508
狼	214	厲	66	漣	204	怜	157		
朗	262	慮	234	練	416	玲	314	**록**	
琅	315	閭	511	憐	164	羚	425	鹿	545
廊	144	黎	547	輦	491	逞	339	祿	378
踉	487	勵	59	蓮	329	鈴	501	碌	372
		錄	504	聯	430	零	517	綠	414
來	20	濾	210			領	526		

漉	204	籟	401	柳	268	隆	221	履	130
錄	504	**료**		流	190	**륵**		糎	404
麓	546	了	16	留	351	肋	432	璃	317
론		料	247	琉	315	勒	58	羅	424
淪	195	聊	430	硫	372	**름**		鯉	540
論	469	寥	123	榴	280	稟	383	麗	546
롱		僚	37	瘤	357	凜	48	離	516
	64	寮	124	溜	202	**릉**		籬	402
弄	147	撩	180	劉	56	凌	47	**린**	
龍	550	蓼	329	繆	419	陵	220	吝	72
瀧	211	燎	301	謬	473	凌	195	悋	159
壟	98	遼	344	類	527	棱	277	鄰	226
籠	223	療	357			菱	324	燐	301
龐	551	瞭	368	六	44	綾	414	藺	335
朧	263	繚	420	陸	220	**리**		鱗	542
礱	375	**룡**		戮	238	吏	71	麟	546
籠	401	龍	550	蓼	329	李	264	躪	489
聾	431	**루**		倫	31	利	52	**림**	
뢰		陋	218	崙	132	里	499	林	265
耒	429	婁	111	淪	195	來	20	淋	195
牢	310	淚	195	綸	414	厘	66	痳	356
賂	481	果	409	論	469	哩	78	霖	518
雷	517	偻	36	輪	491	狸	214	臨	441
賴	482	漏	204			浬	192	**립**	
磊	373	屢	130			俚	29	立	388
儡	39	樓	281	律	153	理	315	笠	394
蕾	332	屨	130	栗	271	梨	273	粒	403
壘	97	縷	418	率	346	痢	356		
瀨	211	鏤	507	慄	162	提	177	馬	533
	165	壘	97	葎	328	詈	464	麻	546
類	527	**류**				裏	457	痳	356

字音索引〔마~목〕

摩	242	彎	150	寐	122	宀	117	毛	294
碼	373	灣	212	梅	273	免	42	母	294
磨	374	蠻	454	買	480	面	521	矛	369
魔	539	**말**		煤	300	勉	57	牟	310
막		末	263	賣	481	眄	364	牡	301
莫	323	抹	168	魅	539	眠	365	姆	108
寞	123	沫	187	罵	424	棉	276	冒	45
摸	179	**망**		邁	345	眲	548	姥	109
漠	204	亡	17	**맥**		綿	415	某	268
幕	139	妄	106	百	359	瞑	367	茅	320
貌	478	忙	156	陌	218	緬	416	眊	347
膜	439	网	423	脈	435	麪	546	侮	29
만		忘	226	莫	323	**멸**		悔	29
万	9	芒	318	麥	546	滅	202	耄	313
卍	62	罔	423	貊	478	蔑	329	耗	402
娩	110	孟	116	驀	535	**명**		耗	429
挽	172	茫	321	**맹**		皿	361	旄	250
晚	255	莽	324	孟	116	名	71	莫	323
曼	260	望	262	盲	364	明	252	眸	366
萬	326	網	415	猛	214	命	75	媢	112
慢	163	龐	550	萌	325	冥	46	帽	138
滿	204	**매**		甿	548	茗	321	募	58
漫	204	枚	266	盟	362	溟	202	摸	179
嫚	139	每	294	甍	348	酩	496	貌	478
輓	491	妹	108	甍	451	銘	502	暮	258
蔓	329	昧	253	**멱**		鳴	542	模	281
瞞	368	某	268	冖	46	瞑	367	膜	439
縵	419	埋	92	糸	406	螟	452	慕	234
懣	236	昧	365	汨	185	**메**		謀	470
饅	531	苺	320	冪	46	袂	390	謨	473
鰻	542	媒	112	**면**				**목**	

字音索引〔목~반〕

木	263	錨	506	免	42	**민**		樸	283
匹	61	**무**		汶	186	民	295	璞	317
目	363	亡	17	門	509	旻	252	縛	418
沐	185	无	250	紋	407	玟	313	薄	332
牧	310	毋	294	絻	407	敏	245	爆	303
睦	367	戊	237	蚊	448	罠	423	簿	400
穆	419	巫	135	問	79	閔	510	髆	536
몰		拇	168	聞	430	悶	231	**반**	
勿	59	武	290	懣	236	黽	548	反	67
沒	186	茂	320	**물**		憫	231	半	62
歿	291	務	58	勿	59	憫	164	弁	146
몽		無	304	物	310	**밀**		伴	24
夢	101	荞	324	**미**		密	121	扮	167
蒙	328	貿	480	未	263	蜜	450	拌	168
濛	209	誣	468	米	402	謐	472	返	336
朦	262	舞	444	尾	128	**박**		叛	68
矇	368	無	164	味	75	朴	263	班	314
묘		撫	180	咪	76	泊	187	畔	351
卯	64		351	眉	364	拍	168	竝	388
妙	107	蕪	331	美	425	迫	336	般	445
杳	266	繆	419	迷	337	剝	54	絆	409
秒	381	霧	519	梶	273	粕	403	斑	247
昂	253	**묵**		媚	112	舶	445	番	352
苗	320	万	9	微	155	博	63	頒	525
眇	364	冒	45	彌	150	搏	178	飯	529
猷	351	墨	96	薇	332	箔	397	搬	178
描	176	默	547	糜	405	雹	517	槃	279
猫	215	**문**		謎	472	駁	533	瘢	357
渺	199	文	247	靡	521	撲	180	盤	363
墓	95	刎	51	瀰	211	魄	539	磐	373
廟	145	吻	72	徽	548	駮	534	磻	374

蟠	452	房	240	培	92	飜	529	弁	146
繁	419	芳	318	陪	220	**별**		汴	186
攀	242	厖	65	排	174	伐	23	釆	498
礬	375	旁	250	徘	154	筏	395	便	30
발		倣	32	焙	299	閥	511	扁	240
八	358	紡	407	牌	309	罰	424	編	418
拔	169	竝	388	裵	458	**범**		騈	534
発	358	訪	464	賠	482	凡	48	邊	346
勃	57	傍	35	輩	491	犯	212	辨	494
悖	160	帮	138	**백**		氾	184	辯	494
渤	199	捧	179	白	359	汎	184	辮	494
發	358	滂	202	百	359	帆	137	變	475
跋	486	榜	279	伯	24	泛	187	**별**	
鉢	501	膀	439	佰	27	范	320		13
潑	207	髣	537	帛	137	梵	274	別	52
撥	180	磅	373	柏	268	範	398	批	166
髮	537	魴	540	魄	539	**법**		閉	509
魃	539	謗	472	霸	519	法	188	瞥	368
醱	497	龐	551	**번**		**벽**		**병**	
방		**배**		反	67	辟	493	丙	11
亡	60	白	359	忭	390	碧	373	兵	44
方	249	坏	90	番	352	僻	38	併	27
仿	23	北	60	煩	300	劈	51	幷	140
坊	90	妃	106	幡	139	壁	97	秉	380
妨	107	杯	266	笑	281	擘	242	柄	268
尨	127	拜	241	燔	301	璧	317	炳	298
邦	223	背	434	蕃	331	癖	357	病	354
防	216	倍	32	繁	419	闢	512	竝	388
彷	152	胚	434	翻	428	霹	520	瓶	347
肪	433	俳	32	藩	334			屛	129
放	244	配	495	攀	375	卞	64	絣	411

字音索引〔병~붕〕

搒	179	僕	37	縫	419	部	225	氛	295
鋲	504	福	378	**부**		栚	274	枌	266
騈	534	撲	180	父	307	復	154	忿	227
보		複	392	不	11	傅	35	芬	318
父	307	腹	438	夫	101	報	93	奔	103
呆	72	蝮	451	付	21	富	122	盆	361
步	289	樸	283	伏	23	溥	202	匪	61
甫	349	輻	492	缶	422	腐	438	粉	402
保	29	濮	209	否	73	腑	437	紛	408
洑	190	覆	459	孚	116	孵	117	焚	299
捗	172	馥	532	扶	166	敷	246	雰	516
報	93	**본**		咐	74	部	330	賁	480
堡	93	本	263	府	142	賦	482	犇	311
普	256	本	102	阜	513	複	392	頒	525
菩	325	賁	480	斧	248	駙	534	墳	96
補	391	**봉**		附	217	麩	546	噴	84
褓	392	汎	184	芙	318	鮒	540	憤	164
輔	491	泛	187	俘	29	膚	439	奮	105
譜	474	夆	99	負	478	賻	483	糞	405
寶	124	奉	103	枹	268	簿	400	**불**	
복		封	125	訃	462	覆	459	不	11
卜	63	俸	32	赴	484	**북**		仏	21
攴	243	峯	132	釜	500	北	60	弗	148
伏	23	烽	299	剖	54	**분**		払	166
服	261	棒	174	俯	32	分	50	佛	24
洑	190	棒	275	浮	192	체	25	沸	188
茯	321	逢	338	副	55	吩	73	彿	152
匐	60	蜂	450	培	92	坌	90	拂	169
副	55	鳳	542	婦	111	妢	107	祓	376
復	154	鋒	503	埠	93	扮	167	**붕**	
箙	397	蓬	329	符	394	汾	186	朋	261

崩	132	菲	325	殯	292	使	28	絲	411
棚	276	腓	437	瀕	211	似	108	嗣	82
硼	373	賁	480		537	泗	188	嗄	82
繃	205	費	480	蠙	528	祀	375	廈	144
纐	419	備	35	**빙**		社	375	獅	215
鵬	543	脾	437	ン	46	舍	444	肆	432
비		痺	356	氷	296	卸	65	飼	530
匕	60	碑	372	馮	533	査	268	蜡	450
比	294	裨	391	聘	430	柶	268	賜	482
丕	11	鄙	225	憑	235	思	228	寫	124
妃	106	榧	279	**사**		砂	370	篩	399
否	73	翡	427	ム	67	食	529	謝	472
庇	141	蜚	450	士	98	俟	29	瀉	210
屁	128	鼻	549	巳	136	娑	110	鯊	541
卑	63	緋	415	夕	100	唆	78	辭	494
批	166	誹	469	司	69	師	137	羲	311
泌	188	髀	536	史	69	蓑	328	獻	312
沸	188	臂	440	四	86	射	125	鰤	541
枇	266	轡	493	乍	14	祠	376	**삭**	
非	521	譬	474	仕	21	紗	408	削	53
砒	370	**빈**		寫	46	捨	174	朔	261
祕	376	牝	310	糸	406	徙	154	索	408
秕	381	彬	151	死	291	斜	247	嗽	83
飛	529	貧	479	寺	125	蛇	449	數	246
匪	61	斌	247	似	25	莎	323	**산**	
肥	433	賓	481	邪	224	赦	484	山	131
婢	111	頻	526	沙	186	詐	465	姍	108
悲	230	嚬	85	私	380	詞	465	柵	354
扉	241	擯	182	事	16	奢	104	閂	509
斐	247	嬪	114	些	17	覗	460	珊	314
琵	315	濱	209	伺	25	斯	248	産	349

字音索引〔산~선〕 597

傘	20	上	9	霜	519	庶	143	晳	360
散	245	向	71	瀧	211	敍	243	碩	373
算	397	尙	127	孀	115	逝	338	蓆	328
酸	496	狀	311	霜	541	壻	99	奭	105
霰	519	牀	308	**쌍**		婿	113	潟	207
孿	117	常	138	雙	515	棲	276	錫	504
살		庠	143	**새**		犀	311	釋	498
殺	293	相	365	塞	94	筮	396	**선**	
撒	180	桑	271	賽	483	舒	444	仙	22
蔡	330	商	79	壐	317	黍	547	先	41
薩	333	常	138	鰓	541	暑	257	亘	17
삼		爽	308	**색**		瑞	316	姍	108
三	9	祥	377	色	446	鼠	548	洒	190
彡	150	喪	80	索	408	墅	95	宣	119
杉	264	湘	199	嗇	82	誓	468	洗	190
参	67	湯	201	塞	94	署	424	扇	240
芟	318	廂	144	**생**		緖	417	旋	250
衫	390	翔	427	生	348	鋤	503	船	445
參	67	象	477	省	365	噬	84	銑	502
森	276	傷	36	牲	310	嶼	134	單	80
蔘	205	想	232	笙	394	曙	259	善	80
蔘	330	詳	466	甥	349	薯	333	羨	426
삽		像	37	**서**		**석**		腺	438
卅	62	嘗	83	西	459	夕	100	詵	466
扱	166	裳	458	序	141	石	370	僊	36
澁	198	樣	282	抒	167	汐	184	跧	127
挿	176	箱	398	叙	68	昔	252	煽	300
颯	528	賞	482	徐	153	析	266	銑	502
澁	207	橡	284	書	260	席	138	璿	317
霎	518	償	39	恕	229	射	125	線	417
상		孀	462	栖	271	惜	160	選	344

還	345	纖	422	細	409	疎	353	贖	483
禪	379	**섭**		貰	480	訴	465	**손**	
鮮	540	涉	192	稅	382	塑	95	孫	116
璿	317	拾	171	勢	58	搔	178	巽	136
繕	420	葉	327	歲	290	溯	202	損	178
膳	439	摺	179	說	468	蛸	450	遜	343
蟬	452	燮	301			嘯	84	飧	531
癬	358	聶	431	**소**		遡	343	**솔**	
鱻	542	囁	86	小	126	韶	524	帥	137
설		攝	183	少	127	蔬	330	率	346
舌	444	**성**		召	70	銷	503	**송**	
泄	188	成	237	正	353	霄	518	宋	118
折	167	声	99	肖	433	燒	301	松	266
洩	190	姓	108	所	240	蕭	331	悚	159
契	103	性	157	泝	188	艘	446	送	337
屑	129	星	253	沼	188	簫	399	訟	464
卨	64	省	365	俏	30	騷	535	頌	525
設	464	城	92	削	53	鮹	541	誦	468
雪	516	晟	255	昭	254	繅	421	**쇄**	
媟	112	盛	362	消	192	蘇	335	刷	53
渫	199	猩	215	哨	78	鰺	542	洒	190
楔	277	聖	430	宵	120	瀟	211	碎	370
說	468	誠	468	笑	394	**속**		殺	293
褻	458	腥	438	素	408	束	264	碎	372
薛	332	聲	431	巢	135	俗	29	哨	316
섬		醒	497	掃	174	速	339	粹	404
閃	509	**세**		梳	273	属	130	鎖	506
陝	219	世	11	梢	274	粟	403	灑	212
銛	502	洗	190	紹	409	萩	330	**쇠**	
孅	115	西	190	逍	339	屬	130	夊	99
殲	292	彗	150	甦	349	續	422	衰	456
				疏	353				

字音索引〔수~시〕

수									
扌	165	搜	178	鬚	537	諄	470	旬	350
收	68	廋	144	髓	536	醇	496	昇	252
水	296	遂	341	讎	475	瞬	368	承	241
殳	292	酬	496	숙		駿	534	陞	219
手	241	睡	367	夙	100	鶉	544	乘	14
囚	86	脩	436	叔	68	술		勝	58
守	117	壽	99	俶	32	戌	237	僧	38
戍	237	嗽	83	孰	116	述	337	繩	421
收	243	嗽	83	宿	121	術	455	蠅	453
寿	125	蒐	328	淑	195	숭		시	
秀	380	漱	204	菽	325	崇	133	尸	128
受	68	粹	404	塾	95	崧	133	市	136
垂	90	綏	415	肅	432	菘	325	示	375
修	32	需	518	熟	305	嵩	133	矢	369
帥	137	數	246	순		쉬		寺	125
狩	213	蒐	330	旬	251	倅	32	豕	477
洙	191	瘦	357	巡	134	晬	256	使	28
首	532	誰	470	盾	365	슬		侍	28
叟	68	銹	503	徇	153	瑟	316	埘	95
殊	291	輸	492	殉	291	蝨	451	兕	42
袖	390	錘	505	荀	321	膝	439	始	108
唯	79	隨	223	純	408	습		施	249
授	174	隧	223	淳	196	拾	171	是	254
宿	121	樹	283	循	155	習	427	恃	159
羞	425	燧	302	筍	396	慴	163	屍	129
率	346	穗	385	舜	444	褶	392	屎	129
須	525	雖	515	順	525	濕	209	柿	267
嫂	113	邃	346	詢	466	襲	458	柴	269
隋	222	繡	420	屑	436	승		時	254
愁	232	獸	312	楯	277	升	62	翅	427
		藪	334	馴	533	丞	12	偲	34

字音索引〔시~압〕

匙	60	伸	26	忄	156	痾	357	鴈	543
提	177	迅	335	心	226	蛾	450	諺	471
猜	214	身	489	沈	186	餓	531	顔	526
殺	293	辛	493	芯	319	鴉	543	贋	483
視	460	辰	494	甚	348	鵝	543	**알**	
媤	112	呻	75	深	196	**악**		歹	291
啻	81	信	29	尋	126	岳	131	按	171
弑	147	哂	76	審	214	堊	93	軋	490
詩	466	矧	369	**십**		惡	230	揠	176
試	466	娠	111	十	61	愕	161	斡	248
蒔	328	牲	348	什	21	握	176	謁	471
飴	530	神	376	拾	171	渥	200	關	511
廝	145	宸	120	**아**		惡	231	**암**	
諡	471	訊	463	丫	12	崿	138	庵	143
씨		晨	255	牙	309	蕚	327	暗	81
氏	295	紳	410	両	458	樂	281	晻	256
식		進	340	亜	17	諤	471	菴	325
式	147	愼	162	我	238	嶽	134	暗	257
食	529	新	248	亞	17	顎	526	厭	66
拭	171	蜃	450	兒	42	鰐	541	諳	471
息	229	腎	437	阿	217	齷	550	癌	357
寔	122	震	518	芽	319	**안**		闇	512
植	276	薪	332	俄	29	安	117	巖	134
殖	291	燼	302	娥	111	岸	131	**압**	
媳	113	**실**		峨	132	按	171	圧	89
飾	530	失	102	啞	79	晏	255	邑	495
蝕	451	実	119	御	154	案	271	押	168
識	474	室	119	椅	214	殷	293	狎	213
신		悉	230	訝	464	眼	366	哈	77
臣	441	實	123	雅	514	雁	514	鴨	543
申	350	**심**		啊	455	鞍	522	壓	97

앙			厄	65	약		於	249	唵	256
卬	64	扼	166	若	320	圄	87	嚴	85
央	102	夜	100	約	406	魚	539	儼	40
仰	23	唾	79	弱	149	圉	88	巖	134
昂	252	液	196	嫋	113	御	154	업	
怏	157	腋	222	葯	327	馭	533	業	278
泱	291	搤	178	龠	551	飫	529	에	
秧	381	腋	437	藥	334	漁	205	恚	230
鞅	522	縊	418	躍	489	語	468	여	
鴦	543	額	527	양		禦	378	如	106
애		앵		羊	425	齬	550	汝	184
乃	13	罌	113	洋	191	억		予	16
艾	318	嚶	85	恙	229	億	39	余	20
哀	76	櫻	286	痒	355	抑	167	邪	224
挨	172	鶯	544	陽	221	憶	164	茹	322
埃	92	鸚	545	揚	176	嶷	134	與	443
崖	133	야		湯	201	臆	440	餘	531
涯	197	也	15	楊	278	언		輿	492
喝	80	冶	47	詳	466	言	462	歟	288
嗄	82	邪	224	瘍	357	彦	151	역	
隘	222	夜	100	養	530	偃	34	又	67
愛	232	若	320	樣	282	焉	304	亦	17
睚	367	耶	429	襄	458	這	339	役	152
僾	39	射	125	孃	114	堰	94	易	252
曖	360	斜	247	壤	98	諺	471	疫	354
噫	85	野	499	攘	183	엄		射	125
曖	258	墅	95	禳	379	广	141	逆	337
礙	374	揶	176	穰	385	奄	103	域	93
藹	335	惹	232	讓	475	俺	32	繹	421
靉	520	椰	277	釀	498	掩	174	譯	474
액		爺	307	어		淹	196	驛	535

연		嫣	114	英	320	叡	68	誤	468
吮	73	蠕	453	盈	361	藥	284	墺	97
延	146	臙	441	詠	465	蕊	331	懊	165
沿	188	讌	475	景	256	豫	477	襖	393
咽	76			塋	95	翳	428		
姸	109	열		暎	257	穢	385	玉	313
衍	454	吶	72	楹	278	藝	334	沃	186
娟	111	咽	76	榮	280	譽	475	阿	217
宴	120	悅	159	瑩	316			屋	129
涎	193	說	468	影	151	오		獄	312
涓	192	熱	305	嬴	114	午	62		
捐	172	閱	511	穎	384	五	16	온	
硏	371			嬰	114	夭	101	溫	202
軟	490	염		營	302	伍	23	穩	385
筵	396	冉	45	濚	519	汚	184	蘊	335
硯	372	炎	298	灜	211	吳	73		
然	304	染	268	纓	422	迂	336	올	
椽	177	焰	299			吾	73	兀	40
淵	196	塩	95	예		旿	253		
椽	277	厭	66	刈	51	於	249	옹	
煙	300	髥	537	曳	260	娛	111	翁	427
鉛	501	閻	511	艾	318	悟	159	雍	514
需	518	艶	447	泄	188	烏	303	擁	181
演	205	鹽	545	兒	42	梧	274	甕	348
鳶	542			芮	319	敖	245		
緣	417	엽		洩	190	惡	231	와	
燕	306	葉	327	睨	367	傲	36	瓦	347
燃	301	厭	66	裔	457	奧	104	汚	184
闕	511			詣	466	蜈	113	咼	87
蠕	165	영		預	525	嗚	83	臥	441
嚥	85	永	296	睿	367	瘀	123	哇	76
		詠	75	銳	503	懊	163	訛	464
		泳	188					渦	199
		迎	336					蛙	449
		映	254					窩	387

字音索引〔와~웅〕

窪	387	蛙	449	橈	283	慵	163	虞	448
蝸	451	矮	370	謠	473	蓉	328	耦	429
완		蝸	451	遶	345	踊	487	樞	282
完	118	**외**		燿	302	聳	431	憂	234
阮	217	外	100	繞	420	鎔	506	優	39
宛	118	歪	290	擾	182	**우**		麟	550
玩	314	畏	351	嚙	85	又	67	**욱**	
浣	193	隗	222	曜	259	于	16	旭	251
婉	111	猥	215	耀	428	友	68	郁	224
莞	323	巍	134	饒	532	尤	127	昱	254
椀	276	**요**		**욕**		牛	309	奧	104
頑	525	幺	141	谷	476	右	70	墺	97
腕	438	夭	101	浴	193	吁	72	**운**	
緩	417	凹	49	辱	494	宇	117	云	16
翫	427	妖	107	欲	287	羽	426	芸	319
豌	477	突	118	慾	234	佑	25	耘	429
關	512	拗	169	褥	392	芋	318	員	78
왈		姚	109	**용**		佑	25	雲	517
曰	259	要	459	用	349	迂	336	隕	222
왕		窈	386	甬	349	盂	361	煇	300
尢	127	陶	220	勇	57	雨	516	運	341
王	313	堯	94	容	120	禹	379	殞	292
汪	186	搖	178	茸	322	紆	406	碩	373
枉	266	徭	155	庸	144	祐	376	韻	524
旺	253	僥	38	桶	275	郵	225	**울**	
往	152	瑤	316	涌	193	偶	34	宛	118
皇	360	遙	343	湧	200	區	61	尉	125
왜		嶢	206	傭	36	寓	122	熨	300
哇	76	樂	281	容	202	隅	222	蔚	330
倭	32	窯	387	蛹	450	愚	232	鬱	538
歪	290	腰	438	頌	525	遇	341	**웅**	

雄	514	口	86	有	261	維	415	汩	185		
熊	305	危	64	肉	432	誘	468	矞	369		
원		位	25	酉	495	儒	39	**융**			
元	40	囲	87	乳	15	遺	344	戎	237		
円	45	委	108	侑	28	諭	471	絨	412		
阮	217	威	109	油	189	踰	487	融	452		
寇	118	胃	434	囿	87	蹂	487	**은**			
垣	91	韋	523	俞	43	孺	117	言	462		
怨	228	倭	32	宥	119	濡	209	恩	229		
苑	320	偉	34	柚	269	儒	165	殷	293		
冤	46	尉	125	柔	269	鍮	506	銀	502		
原	66	圍	88	幽	141	鮪	540	憖	233		
員	78	渭	200	斿	249	黝	547	隱	223		
院	219	爲	306	浟	193	癒	358	**을**			
袁	456	萎	325	唯	79	鼬	548	乙	14		
媛	112	幃	327	帷	138	襦	393	**음**			
援	177	違	342	惟	160	孀	453	吟	73		
圓	88	僞	38	悠	230	**육**		岑	131		
園	88	慰	234	喩	81	肉	432	音	524		
源	203	蔚	330	猶	215	肉	432	陰	221		
遠	215	熨	300	揄	177	育	433	淫	196		
隕	222	緯	417	揉	177	囿	87	喑	81		
遠	343	蝟	451	廋	144	粥	404	飮	529		
鴛	543	衛	455	游	200	**윤**		廕	145		
園	89	謂	471	愉	162	允	41	蔭	330		
轅	492	魏	539	裕	391	尹	128	**읍**			
願	527	**유**		愈	233	胤	434	邑	495		
월		由	350	楡	278	閏	510	泣	187		
月	261	幼	141	楢	278	潤	207	揖	177		
越	484	內	379	猷	312	**율**		厭	66		
위		攸	244	遊	342	聿	432	**응**			

字音索引〔응~작〕

応	142	二	16	翼	428	任	23	妶	346
疑	353	己	136	\<인\>		妊	107	疵	355
凝	48	以	19	人	18	荏	322	梓	274
應	236	台	70	儿	40	賃	481	瓷	347
膺	440	伊	23	刃	50	稔	382	紫	410
鷹	544	夷	102	廴	146	\<입\>		觜	461
\<의\>		弛	148	仁	21	入	43	孶	116
衣	456	而	428	引	147	廿	146	滋	203
矣	369	耳	429	切	22	\<잉\>		資	481
医	61	怡	157	印	64	仍	21	雌	514
宜	118	隶	513	因	87	孕	115	煮	305
依	28	易	252	忍	227	剰	55	慈	233
歪	290	姨	110	姻	110	媵	113	磁	373
倚	33	施	249	咽	76	\<자\>		蔗	330
猗	214	咿	79	寅	121	子	115	髭	537
椅	276	異	351	堙	94	叉	67	劑	56
崖	113	痍	355	湮	200	仔	22	諮	471
意	232	移	381	靭	522	字	115	齋	549
義	426	蛇	449	靭	522	孖	115	鮓	540
疑	353	貳	480	認	469	自	441	積	384
誼	470	貽	480	\<일\>		作	26	藉	333
儀	39	爾	308	一	9	孜	115	薺	333
毅	293	飴	530	日	251	炙	298	籍	401
縊	418	頤	526	耂	98	剌	53	\<작\>	
擬	182	餌	530	佚	26	姉	108	勺	59
嶷	134	彝	150	佾	28	呇	77	妁	106
醫	497	邇	346	壹	99	姿	110	作	26
蟻	453	\<익\>		逸	340	者	313	杓	265
議	474	弋	147	溢	202	恣	230	灼	298
懿	236	益	361	\<임\>		茨	322	芍	318
\<이\>		翌	427	壬	98	玆	322	昨	254

炸	298	仗	22	臓	483	咀	132	炙	298
酌	495	庄	141	**재**		底	142	赤	484
雀	513	匠	61	才	165	沮	189	的	360
酢	496	杖	265	再	45	邸	224	借	33
綽	415	狀	311	在	89	抒	167	迹	337
醋	497	長	509	材	265	杼	266	商	79
爵	307	壯	98	災	298	杵	266	寂	122
鵲	544	奘	104	哉	77	狙	213	荻	323
嚼	86	帳	138	宰	120	柢	269	跡	486
		張	149	栽	272	牴	310	笛	394
戔	238	涼	197	財	479	芧	321	鞘	522
殘	292	莊	323	裁	457	這	339	跡	486
棧	276	將	125	滓	203	蛆	449	賊	481
孱	116	章	389	載	491	屠	130	嫡	114
盞	362	場	94	齋	549	猪	215	滴	205
潺	207	掌	242	齎	549	渚	200	摘	179
잠		粧	404	**쟁**		貯	480	敵	246
岑	131	葬	327	争	306	楮	278	適	343
暫	258	腸	438	筝	397	著	327	磧	374
潛	207	裝	458	噌	84	樗	282	積	384
箴	398	奬	105	瞠	368	箸	398	績	420
簪	400	障	222	**저**		諸	471	藉	333
蠶	453	樟	281	宁	117	儲	40	蹟	488
잡		漿	297	且	11	藷	334	謫	473
匝	60	蔣	330	氐	295	躇	488	鏑	507
喋	81	檣	285	佇	26	齟	549	籍	401
雜	515	牆	308	低	26	**적**		躍	489
囃	86	薔	333	抵	167	弔	147	**전**	
장		藏	334	咀	75	勺	318	田	349
丈	10	醬	497	姐	109	狄	213	全	43
庁	308	臟	441	抵	169	妬	109	伝	24

字音索引〔전~제〕

吮	73	廛	145	拈	168	政	244	錠	505
佃	26	篆	398	店	142	亭	18	靜	520
甸	350	箭	398	苫	321	浄	192	鯖	541
典	44	澱	208	粘	403	訂	462	霽	211
戔	238	戰	239	漸	205	貞	478	제	
前	54	錢	504	墊	96	酊	495	弟	148
厘	66	輾	492	霑	518	挺	172	折	167
俊	159	餞	531	鮎	540	釘	500	制	53
展	129	氈	295	點	547	庭	143	帝	137
栴	272	轉	493	접		停	35	娣	111
栓	271	鎭	507	接	175	偵	35	劑	54
剪	51	顚	527	渫	199	情	160	悌	159
專	125	喃	86	楫	278	浄	197	除	219
旃	250	纏	422	摺	179	淀	197	梯	274
奠	104	巓	134	蝶	451	旌	250	済	198
殘	309	顫	358	聶	431	挺	274	祭	377
棧	276	절		鰈	541	頂	524	第	395
揃	177	ㄗ	64	정		幀	138	啼	81
竣	389	切	50	丁	9	晶	256	堤	94
傳	37	艸	447	井	16	程	382	提	177
剸	55	折	167	叮	70	艇	446	際	222
塡	95	哳	110	汀	184	証	465	製	458
箋	397	浙	193	正	289	鼎	548	齊	549
詮	467	窒	386	打	166	睛	367	諸	471
煎	305	絶	412	玎	313	碇	372	劑	56
雋	515	準	203	呈	73	鉦	502	蹄	487
電	517	截	238	廷	146	靖	520	濟	209
殿	293	節	398	町	350	禎	378	擠	182
塡	280	竊	388	疔	354	精	404	薺	333
銓	503	점		定	118	鄭	226	題	527
撰	180	占	64	征	152	整	246	鵜	543

607

竇	549	眺	366	糟	405	腫	438	胄	434
霽	520	粗	403	繰	421	踵	487	奏	104
조		組	410	臊	440	縱	420	洲	191
刁	50	釣	500	鯛	541	蹤	488	柱	269
且	11	鳥	542	躁	488	鍾	506	祝	377
弔	147	敎	245	藻	335	鐘	507	紂	406
爪	306	朝	262	**족**		**좌**		做	35
召	70	棗	277	足	485	左	135	族	250
兆	41	詔	465	嗾	83	坐	90	株	272
吊	71	詛	465	族	250	佐	26	珠	314
早	251	照	305	簇	399	座	143	酒	495
助	57	稠	382	鏃	507	挫	172	紂	406
抓	167	誂	467	**존**		**죄**		酎	495
皁	359	鼗	508	存	115	罪	423	晝	255
佻	28	跳	486	尊	126	**주**		週	340
俎	132	肇	432	**졸**		丶	13	紬	410
阻	217	蜩	451	卒	62	主	13	湊	200
昭	254	趙	485	拙	169	州	134	蛛	449
俎	20	漕	205	倅	32	朱	264	註	465
挑	171	嘲	84	猝	214	舟	445	誅	467
凋	47	潮	207	**종**		肘	433	嗾	83
晁	255	槽	282	宗	119	住	26	綢	416
祖	377	蔦	330	柊	269	走	484	廚	145
祚	377	調	470	從	153	足	485	調	470
租	381	遭	343	淙	197	侏	28	駐	534
蚤	448	澡	209	從	154	呪	75	輳	492
彫	151	操	181	終	410	周	75	疇	353
措	175	雕	515	種	383	作	26	籌	401
條	274	錯	505	綜	415	宙	119	躊	489
造	339	噪	85	慫	235	注	189	鑄	508
曹	260	燥	302	縱	282	胄	46	**죽**	

字音索引 [죽~징]

竹	393	卽	65	志	227	**직**		震	518
粥	404	喞	81	抵	169	直	364	儘	39
준		**즐**		底	142	植	382	鎭	507
屯	130	櫛	286	枝	267	稷	384	**질**	
隼	513	**즙**		芝	319	織	420	叱	70
俊	30	汁	184	肢	434	職	431	佚	26
准	47	揖	177	知	369	鮨	540	帙	137
峻	132	楫	278	咫	77	**진**		垤	91
浚	193	葺	327	指	171	辰	494	姪	110
純	408	**증**		持	171	津	191	迭	337
逡	339	症	355	枳	269	珍	314	桎	272
尊	126	蒸	328	址	376	晉	255	疾	355
晙	352	曾	260	祇	375	疹	355	秩	381
竣	389	噌	84	砥	371	眞	366	窒	386
準	203	增	96	耆	313	津	191	跌	486
雋	515	証	465	祇	377	秦	381	唧	81
惷	233	憎	164	紙	409	唇	78	嫉	113
噂	84	證	474	鮨	540	振	172	質	482
樽	284	贈	483	脂	436	陣	219	膣	439
遵	344	**지**		趾	485	陳	221	**짐**	
濬	210	之	14	智	256	診	465	朕	262
駿	534	支	242	漬	205	軫	490	斟	247
蠢	453	止	289	摯	242	進	340	**집**	
鱒	542	氏	295	蜘	451	塡	95	什	21
중		只	70	誌	469	榛	280	執	93
中	12	地	89	質	482	辰	30	集	514
仲	24	旨	251	遲	344	瑱	316	輯	492
重	499	池	185	贄	483	甄	347	**징**	
衆	454	至	442	織	420	盡	362	徵	155
즉		伎	22	識	474	賑	481	澄	208
則	54	址	90	躓	489	塵	96	懲	236

字音索引〔차~천〕

차		餐	531	昶	254	祭	377	隻	513
上	9	竄	388	倡	33	菜	325	惕	161
且	11	贊	483	㫾	538	責	479	戚	238
叉	67	篡	421	唱	79	債	37	脊	436
次	287	饌	532	娼	112	綵	413	滌	203
此	289	攢	183	悵	161	蔡	330	瘠	357
車	489	瓚	317	猖	214			擲	183
借	33	讚	476	窓	386	**책**		蹠	488
差	135	鑽	509	創	55	册	45		
嗟	83			脹	437	柵	269	**천**	
嵯	133	**찰**		敞	245	責	479	千	62
遮	344	札	263	菖	325	措	175	川	134
磋	374	刹	53	愴	163	策	396	天	101
蹉	488	察	123	滄	203	嘖	83	仟	22
		擦	182	暢	257	簀	400	阡	216
착				漲	206			舛	444
走	335	**참**		彰	151	**처**		串	12
捉	172	站	389	槍	280	妻	109	辿	336
窄	386	參	67	蒼	329	悽	47	玔	347
搾	178	慘	161	廠	145	悽	161	泉	297
著	327	斬	248	瘡	357	凄	197	穿	386
錯	418	僭	38	艙	446	處	447	倩	33
錯	505	塹	96	蹌	488			茜	322
躇	488	慘	163			**척**		淺	197
齣	549	漸	205	**채**		彳	152	喘	81
齪	550	嶄	133	豸	477	尺	128	凄	197
鑿	508	慙	235	采	498	斥	248	賤	482
		饞	165	柴	269	拓	169	踐	487
찬		識	476	差	135	刺	53	擅	182
粲	404	讒	476	砦	371	倜	33	薦	331
撰	180			彩	151	俶	32	遷	345
燦	302	**창**				剔	54		
篡	399	昌	253			捗	172		
		倉	20	採	175	陟	219	薦	333

字音索引〔천~추〕

闡	512	疊	353	艸	447	礎	374	寵	124
철		**청**		初	50	醮	497	**촬**	
中	130	庁	141	抄	167	**촉**		撮	180
凸	49	青	520	炒	298	促	30	**최**	
哲	78	倩	33	招	170	蜀	450	佳	513
喆	81	清	198	俏	30	趣	485	衰	456
掣	242	晴	256	肖	433	數	246	崔	133
綴	416	蜻	451	秒	381	燭	302	最	260
徹	156	請	470	削	53	趨	485	催	37
撤	180	鯖	505	哨	78	觸	462	摧	179
轍	493	鯖	541	峭	132	屬	130	漼	204
鐵	507	聽	431	悄	159	髑	537	**추**	
첨		廳	146	草	322	囑	86	丑	11
尖	127			愀	162	矗	369	抽	170
㤠	227	**체**		椒	277	矚	369	帚	137
添	197	切	50	焦	304	**촌**		杻	265
甜	348	体	25	硝	372	寸	124	隹	513
僉	20	帖	137	稍	382	吋	71	秋	381
詔	470	剃	54	貂	478	忖	156	酋	495
瞻	368	涕	194	超	485	村	265	畜	351
籤	401	啼	81	酢	496	**총**		芻	447
첩		替	260	剿	55	勿	59	追	337
帖	137	掣	242	勦	59	忽	229	惆	161
妾	109	逮	340	楚	278	冢	46	推	175
捷	175	遞	342	憔	164	葱	327	粗	403
喋	81	滯	203	醋	497	塚	95	啾	81
貼	480	綴	416	樵	284	銃	503	椎	276
牒	309	締	417	蕉	331	聰	431	楸	278
睫	367	諦	471	鞘	523	總	420	萩	327
褶	392	體	536	礁	374	縱	420	槌	280
諜	471	**초**		鍬	506	叢	69	箒	398
		屮	130						

墜	96	椿	279	翠	427	梔	274	**칠**	
樞	282	**출**		聚	430	痔	355	七	9
皺	361	出	49	嘴	84	厠	144	漆	206
趣	485	怵	157	趣	485	植	276	**침**	
縋	418	黜	547	醉	497	幟	548	沈	186
鞦	492	**충**		橇	284	嗤	83	枕	267
錘	505	沖	186	驟	536	峙	132	侵	30
錐	505	充	41	鷲	544	嵯	133	浸	193
趨	485	虫	448	**측**		差	135	砧	371
醜	497	狆	213	仄	19	鴟	543	針	500
鞧	523	衷	456	側	35	純	408	慘	163
鎚	507	忠	227	惻	162	稚	383	寢	123
雛	515	傭	36	廁	144	雉	515	鍼	506
鰌	541	衝	455	測	200	馳	533	**칩**	
축		蟲	453	**층**		置	423	蟄	452
丑	11	**췌**		閪	512	徵	155	**칭**	
竺	393	悴	161	**증**		緻	418	秤	381
柚	269	揣	177	層	130	幟	139	稱	383
祝	377	萃	326	增	96	輜	492	**쾌**	
畜	351	膵	440	**치**		齒	549	夬	101
舳	445	贅	483	夂	99	熾	301	快	156
逐	339	**취**		卮	64	薙	333	**타**	
軸	490	吹	73	豸	477	織	420	他	22
蓄	329	取	68	直	364	癡	358	打	166
筑	396	炊	298	侈	28	識	474	朶	264
築	399	脆	436	治	189	**칙**		佗	25
縮	419	臭	442	峙	132	勅	57	妥	107
蹙	488	娶	112	値	33	則	54	陀	217
蹴	488	就	127	恥	230	飭	530	舵	445
춘		揣	177	致	442	**친**		唾	80
春	254	觜	461	埴	93	親	460	摏	177

字音索引〔타~팔〕 613

惰	162	綻	415	殆	291	痛	356	坡	91
蛇	449	誕	469	泰	297	筒	396	波	189
隋	222	歎	288	苔	321	統	412	爬	306
酡	496	彈	149	胎	434	慟	163	爸	307
詑	467	攤	183	答	395	樋	282	芭	319
馱	533	灘	212	脱	437	**퇴**		派	191
墮	96	**탈**		跆	486	追	337	玻	314
駝	534	侻	30	稅	382	退	338	破	371
鮀	543	稅	382	逮	346	堆	93	琶	316
탁		脱	437	態	233	推	175	祐	390
托	166	奪	105	駄	528	敦	245	婆	112
卓	63	**탐**		駘	534	槌	280	跛	486
坼	91	耽	430	鋭	503	褪	392	番	352
拓	169	探	175	**택**		腿	439	頗	526
度	142	貪	479	宅	118	頹	526	播	180
託	463	**탑**		擇	167	鎚	507	罷	424
啄	79	塔	95	沢	187	**투**		磻	374
琢	315	搭	179	澤	209	投	167	擺	183
濁	209	榻	280	擇	181	妬	109	**판**	
魄	539	蝶	541			套	104	反	67
濯	210	**탕**		攄	182	鬪	538	判	52
擢	182	帑	137	**토**		偸	35	坂	90
鐸	508	湯	201	土	89	透	340	阪	217
탄		蕩	331	朩	102	骰	536	板	267
呑	73	**태**		吐	71	鬪	538	版	309
坦	91	太	102	兎	42	**특**		販	479
炭	299	台	70	討	463	特	310	辨	494
袒	390	兌	42			貸	480	辦	494
彈	149	汰	187	**통**		**파**		**팔**	
憚	164	呆	72	洞	190	巴	136	八	43
嘆	83	怠	228	桶	275	把	167	叭	70
				通	339				

字音索引〔패~필〕

패		便	30	蔽	332	鞄	522	標	419
沛	187	扁	240	廢	145	飽	530	飄	528
伯	24	偏	35	嬖	114	蒲	329		
貝	478	徧	154	斃	246	暴	258	品	77
肺	434	遍	342	포		鋪	503	稟	383
佩	28	福	392	勹	59	鮑	540	풍	
拔	169	篇	398	包	59	褒	458	風	528
倍	32	編	418	布	136	瀑	211	馮	533
唄	78	辨	494	佈	25	曝	259	楓	279
悖	160	鞭	523	咆	75	폭		諷	472
浿	194	騙	535	拋	170	幅	138	豊	477
敗	245	辯	494	怖	157	暴	258	피	
牌	309	폄		庖	142	輻	492	皮	361
稗	383	貶	480	抱	170	瀑	211	披	170
罷	424	평		泡	189	曝	259	彼	152
霸	519	平	139	匍	60	爆	303	疲	355
팽		坪	91	苞	321	표		被	390
亨	18	評	466	圃	87	杓	265	跛	486
旁	250	硼	373	哺	78	表	456	辟	493
烹	304	萍	325	捕	173	炮	268	僻	38
傍	35	辮	494	浦	194	豹	477	罷	424
澎	208	폐		疱	355	彯	537	避	345
磅	373	吠	74	砲	371	票	378	필	
膨	440	肺	434	袍	390	俵	33	匹	61
펴		柿	267	晡	255	僄	37	疋	353
骿	536	閉	509	逋	340	剽	55	必	226
펵		敝	246	胞	435	彪	151	佛	24
百	360	陛	218	匏	60	標	163	泌	188
편		廢	144	葡	326	漂	206	苾	321
片	308	弊	147	脯	437	標	282	拂	169
平	139	幣	139	鮑	502	瓢	347	畢	352

字音索引〔필~혁〕

弼	149	**한**		濫	210	亥	18	**향**		
筆	396	厂	65	餡	531	孩	116	向	71	
鵯	544	扞	166	檻	285	咳	77	亨	18	
핍		汗	185	艦	446	垓	91	享	18	
乏	14	旱	252	鹹	545	哇	76	香	532	
泛	187	邯	224	**합**		害	121	鄕	225	
偪	34	罕	423	合	71	奚	104	餉	531	
幅	138	恨	158	哈	77	海	194	嚮	85	
逼	342	限	218	盍	362	偕	34	響	524	
하		悍	160	蛤	449	楷	279	饗	532	
下	10	捍	173	閤	511	解	461	**허**		
何	26	寒	122	蓋	328	該	467	許	464	
呀	74	閑	510	**항**		粉	100	虛	447	
河	189	閒	510	亢	17	懈	165	噓	84	
夏	99	漢	206	伉	24	諧	472	墟	97	
荷	324	翰	428	抗	167	駭	534	**헌**		
賀	481	韓	523	沆	187	骸	536	軒	490	
廈	144	釬	549	肛	433	邂	345	憲	235	
瑕	316	**할**		佷	28	鮭	540	獻	312	
遐	342	害	121	巷	136	蟹	453	**헐**		
蝦	452	割	55	恆	158	**핵**		歇	288	
騢	416	轄	492	降	218	劾	57	**험**		
嚇	85	**함**		缸	422	核	272	險	221	
霞	519	含	74	行	454	硅	371	嶮	134	
학		函	49	虹	448	覈	459	驗	223	
虐	447	邯	224	桁	272	**행**		驗	535	
学	116	咸	77	航	445	行	454	**혁**		
涸	198	涵	198	港	200	杏	265	革	522	
學	117	陷	220	項	525	幸	140	奕	104	
謔	473	喊	82	閧	538	倖	33	赫	484	
鶴	544	緘	416	**해**		婞	112	奭	105	

字音索引〔혁~환〕

嚇	85	俠	31	戶	239	鎬	507	哄	77
閱	538	峽	132	互	16	穫	385	虹	448
현		挾	173	乎	14	護	475	訌	463
玄	346	狹	214	冱	47	**혹**		閧	538
見	459	脅	436	好	106	或	238	鴻	543
弦	148	鋏	504	虍	447	惑	231	**화**	
倪	30	頰	526	冱	187	酷	496	化	60
峴	132	慊	162	呼	76	鵠	543	火	297
衒	455	**형**		怙	157	**혼**		禾	380
現	315	兄	41	弧	148	昏	253	和	76
眩	366	刑	52	狐	213	昆	252	花	319
絃	410	亨	18	昊	253	圂	88	貨	479
舷	446	形	150	虎	447	婚	112	畫	352
絢	412	型	91	浩	194	惛	161	華	326
蜆	450	荊	322	扈	240	混	198	話	467
賢	482	炯	299	毫	295	渾	201	靴	522
縣	418	桁	272	瓠	347	煇	300	禍	378
懸	236	瑩	316	胡	435	棍	277	嘩	84
顯	528	衡	455	壺	99	琿	316	樺	284
혈		螢	452	湖	201	魂	539	樗	282
孑	115	營	302	雇	514	**홀**		**확**	
穴	385	馨	532	皓	360	忽	228	確	374
血	454	**혜**		瑚	316	笏	394	廓	144
頁	524	兮	61	號	448	惚	161	擴	183
혐		彗	44	豪	477	**홉**		廓	369
慊	162	彗	150	蝴	452	合	71	獲	216
嫌	113	惠	231	糊	404	**홍**		穫	385
협		慧	235	縞	418	弘	148	攫	183
叶	70	鞋	523	豪	97	泓	189	**환**	
夾	103	蹊	487	戲	239	紅	407	丸	13
協	63	**호**		濠	210	洪	191	亘	17

字音索引〔환~흑〕

幻	141	荒	323	劃	55	候	33	彙	150
奐	104	芒	321	獲	216	逅	338	暉	257
矜	369	徨	155	**횡**		洍	198	煇	300
紈	407	凰	48	横	284	喉	82	輝	492
桓	272	惶	162	薨	332	嗅	83	麾	546
睆	366	黄	546	衡	455	**훈**		徽	156
患	230	況	203	**효**		訓	463	戲	239
渙	201	慌	162	爻	307	焄	304	諱	472
喚	82	幌	139	孝	116	暈	257	**휴**	
換	177	煌	300	佼	27	煇	300	休	24
煥	300	篁	398	哮	78	馴	533	畜	351
圜	89	蝗	452	效	244	熏	305	畦	352
寰	124	**회**		肴	434	勳	59	携	179
環	317	回	87	傚	36	薰	333	墮	96
還	345	灰	297	絞	411	曛	259	虧	448
歡	289	徊	153	淆	198	燻	302	觿	183
활		恢	158	梟	275	**훙**		**흑**	
活	191	廻	146	酵	496	薨	332	畜	351
括	171	悔	160	曉	258	**훤**		**흘**	
越	484	淮	198	嚆	85	喧	82	恤	158
猾	215	蛔	449	嚳	86	暄	257	盍	369
滑	203	會	261	驍	535	暖	256	譎	473
豁	476	賄	481	**후**		媛	299	**흉**	
闊	511	誨	469	朽	264	萱	327	凶	48
황		檜	285	后	72	**훼**		兇	41
兄	41	懷	165	佝	25	卉	62	匈	60
況	190	壞	98	吼	74	虫	448	恟	159
恍	158	繪	421	芋	318	喙	82	胸	436
皇	360	晦	255	厚	66	毀	293	**흑**	
盲	433	**획**		侯	31	**휘**		黑	547
晃	255	畫	352	後	153	揮	177	**흔**	

欣	287	**흡**		希	137	嬉	114	犧	311
痕	356	吸	74	姬	110	噫	85	譆譆	86
흘		恰	158	喜	82	憙	235	屎	130
吃	70	洽	191	稀	382	熹	306	**히**	
迄	336			悕	162	禧	379	屎	129
흠		**흥**				羲	426	**힐**	
欠	287	興	443	熙	304				
欽	287	**희**		既	251	戲	239	詰	467

漢文敎育用 基礎漢字

1. 이 기초 한자는 문교부가 1972년 8월 16일에 확정하여 공표한, 중학교용 900자, 고등학교용 900자, 도합 1,800자의 한문 교육용 기초 한자다.
2. 숫자는 그 교육용 한자가 실린 면수를 나타낸다.

音	中學校用				高等學校用				
가	家 119	佳 27	街 455	可 69	歌 288	架 267	暇 257			
	加 56	價 38	假 34							
각	各 70	角 461	脚 436			閣 510	却 64	覺 460	刻 52	
간	干 139	間 510	看 364			刊 51	肝 432	幹 140	簡 400	姦 109
						懇 235				
갈	渴 260									
감	甘 348	減 199	感 231	敢 245		監 363	鑑 508			
갑	甲 350									
강	江 184	降 218	講 472	强 149		康 143	剛 54	鋼 504	綱 413	
개	改 243	皆 360	個 31	開 510		介 19	慨 163	槪 280	蓋 328	
객	客 119									
갱	更 260									

거	去 67	巨 135	居 128	車 489	擧 242	距 485	拒 168	據 181	
건	建 146	乾 15				件 22	健 34		
걸						傑 36			
검						儉 38	劍 55	檢 284	
게						憩 235			
격						格 170	擊 242	激 208	
견	犬 311	見 459	堅 92			肩 433	絹 412		
결	決 185	結 411	潔 206			缺 422			
겸						兼 45	謙 472		
경	京 18	景 256	輕 491	經 413	庚 142	竟 389	境 95	鏡 507	頃 524	傾 36
	耕 429	敬 246	驚 535	慶 234	競 390	硬 371	警 474	徑 153	卿 65	
계	癸 358	季 116	界 350	計 462	溪 201	系 406	係 29	戒 237	械 273	鷄 544
	鷄 544					契 103	桂 270	啓 78	階 221	
고	古 69	故 244	固 87	苦 319	考 312	枯 267	姑 107	庫 143	孤 116	鼓 548
	高 537	告 72				稿 384	顧 527			
곡	谷 476	曲 259	穀 384			哭 77				
곤	困 87	坤 90								
골	骨 536									

教育用 漢字 공~권

공	工 135	功 56	空 385	共 44	公 44	孔 115	供 27	恭 229	攻 243	恐 229
						貢 478				
과	果 265	課 469	科 380	過 340		戈 237	瓜 346	誇 466	寡 122	
곽						郭 225				
관	官 118	觀 461	關 512			館 531	管 397	寬 123	慣 163	冠 46
						貫 479				
						鑛 508				
						掛 173				
광	光 41	廣 145								
괘										
괴						塊 94	愧 162	怪 157	壞 98	
교	交 17	校 270	橋 283	教 244		郊 224	較 490	巧 135	矯 370	
구	九 11	口 69	求 296	救 245	究 385	具 44	俱 31	區 61	驅 535	鷗 544
	久 14	句 69	舊 444			拘 168	丘 11	懼 165	龜 551	
						構 279	球 314	狗 213		
						局 128				
국	國 88									
군	君 72	郡 224	軍 490			群 425				
굴						屈 129				
궁	弓 147					宮 120	窮 387			
권	卷 50	權 286	勸 59			券 50	拳 241			

궐						厥 66				
귀	貴 479	歸 290				鬼 538				
규						叫 69	規 459	閨 511		
균	均 89					菌 324				
극	極 277					克 42	劇 55			
근	近 336	勤 58	根 270			斤 248	僅 36	謹 473		
금	金 500	今 19	禁 378			錦 504	禽 379	琴 315		
급	及 67	給 411	急 228			級 407				
긍						肯 433				
기	己 135	記 463	起 484	其 44	期 262	紀 406	忌 226	旗 250	欺 288	奇 103
	基 92	氣 296	技 166	幾 141	旣 251	騎 534	寄 121	豈 476	棄 275	祈 375
						企 20	畿 353	飢 529	器 84	機 283
긴						緊 416				
길	吉 71									
나						那 223				
낙						諾 470				
난	暖 256	難 515								
남	南 63	男 350								

教育用 漢字 납~답

납									
낭					納 407				
					娘 110				
내	內 43	乃 13			奈 103	耐 428			
녀	女 105								
년	年 140								
념	念 227								
녕					寧 122				
노	怒 228				奴 105	努 57			
농	農 494				濃 208				
뇌					腦 438	惱 161			
능	能 435								
니					泥 187				
다	多 100				茶 322				
단	丹 13	但 25	單 80	短 370	端 389	旦 251	段 293	壇 97	檀 285	斷 249
					團 88				
달	達 341								
담	談 469				淡 194	潭 206			
답	答 395				畓 351	踏 487			

教育用 漢字 당~란

당	堂 92	當 352				唐 77	糖 404	黨 548		
대	大 101	代 21	待 152	對 126		帶 138	臺 443	貸 480	隊 221	
덕	德 155									
도	刀 49	到 53	度 142	道 341	島 132	倒 31	挑 171	桃 271	跳 486	逃 337
	徒 153	都 225	圖 88			渡 199	陶 220	途 338	稻 384	導 126
						盜 362				
독	讀 475	獨 215				毒 294	督 366	篤 399		
돈						豚 477	敦 245			
돌						突 386				
동	同 71	洞 190	童 389	冬 46	東 265	銅 502	桐 270	凍 47		
	動 58									
두	斗 247	豆 476	頭 526							
둔						鈍 501				
득	得 154									
등	等 395	登 358	燈 300							
라						羅 424				
락	落 326	樂 281				洛 190	絡 411			
란	卵 65					亂 15	蘭 335	欄 286	爛 303

教育用 漢字 람~뢰

람					覽 461	藍 333	濫 210	
랑	浪 192	郎 224			朗 262	廊 144		
래	來 20							
랭	冷 47							
략					略 352	掠 174		
량	良 446	兩 43	量 499	涼 195	梁 273	糧 405	諒 469	
려	旅 249				麗 546	慮 234	勵 59	
력	力 56	歷 290			曆 258			
련	連 338	練 416			鍊 506	憐 164	聯 430	戀 236	蓮 329
렬	列 51	烈 303			裂 457	劣 56		
렴					廉 144			
령	令 19	領 526			嶺 134	零 517	靈 520	
례	例 27	禮 379						
로	路 486	露 519	老 312	勞 58	爐 303			
록	綠 414				祿 378	錄 504	鹿 545	
론	論 469							
롱					弄 147			
뢰					雷 517	賴 482		

료	料 247				了 16				
룡					龍 550				
루					屢 130	樓 281	累 409	淚 195	漏 204
류	柳 268	留 351	流 190		類 527				
륙	六 44	陸 220							
륜	倫 31				輪 491				
률	律 153				栗 271	率 346			
륭					隆 221				
릉					陵 220				
리	里 499	理 315	利 52		梨 273	李 264	吏 71	離 516	裏 457
					履 130				
린					隣 226				
림	林 265				臨 441				
립	立 388								
마	馬 533				麻 546	磨 374			
막	莫 323				幕 139	漠 204			
만	萬 326	晚 255	滿 204		慢 163	漫 204	蠻 454		
말	末 263								

망	亡 17	忙 156	忘 226	望 262	茫 321	妄 106	罔 423	
매	每 294	買 480	賣 481	妹 108	梅 273	埋 92	媒 112	
맥	麥 546				脈 435			
맹					孟 116	猛 214	盟 362	盲 364
면	免 42	勉 57	面 521	眠 365	綿 415			
멸					滅 202			
명	名 71	命 75	明 252	鳴 542	銘 502	冥 46		
모	母 294	毛 294	暮 258		某 268	謀 470	模 281	矛 369	貌 478
					募 58	慕 234		
목	木 263	目 363			牧 310	沐 185	睦 367	
몰					沒 186			
몽					夢 101	蒙 328		
묘	卯 64	妙 107			苗 320	廟 145	墓 95	
무	戊 237	茂 320	武 290	務 58	無 304	貿 480	霧 519	
	舞 444							
묵	墨 96				黙 547			
문	門 509	問 79	聞 430	文 247				
물	勿 59	物 310						

미	米 402	未 263	味 75	美 425	尾 128	迷 337	微 155	眉 364	
민	民 295					敏 245	憫 164		
밀	密 121					蜜 450			
박						泊 187	拍 168	迫 336	朴 263	博 63
						薄 332			
반	反 67	飯 529	半 62			般 445	盤 363	班 314	返 336	叛 68
발	發 358					拔 169	髮 537		
방	方 249	房 240	防 216	放 244	訪 464	芳 318	傍 35	妨 107	倣 32	邦 223
배	拜 241	杯 266				倍 32	培 92	配 495	排 174	輩 491
						背 434			
백	白 359	百 359				伯 24	柏 268		
번	番 352					煩 300	繁 419	飜 529	
벌	伐 23					罰 424			
범	凡 48					犯 212	範 398	汎 184	
법	法 188								
벽						壁 493	碧 373		
변	變 475					辯 494	辨 494	邊 346	
별	別 52								

教育用 漢字 병~사

병	丙 11	病 354	兵 44		竝 388	屏 129			
보	保 29	步 289	報 93		普 256	譜 474	補 391	寶 124	
복	福 378	伏 23	服 261	復 154	腹 438	複 392	卜 63		
본	本 263								
봉	奉 103	逢 338			峯 132	蜂 450	封 125	鳳 542	
부	夫 101	扶 166	父 307	富 122	部 225	付 21	符 394	附 217	府 142	腐 438
	婦 111	否 73	浮 192		負 478	副 55	簿 400	膚 439	赴 484
					賦 482				
북	北 60								
분	分 50				紛 408	粉 402	奔 103	墳 96	憤 164
					奮 105				
불	不 11	佛 24			弗 148	拂 169			
붕	朋 261				崩 132				
비	比 294	非 521	悲 230	飛 529	鼻 549	批 166	卑 63	婢 111	碑 372	妃 106
	備 35				肥 433	祕 376	費 480		
빈	貧 479				賓 481	頻 526			
빙	氷 296				聘 430				
사	四 86	巳 136	士 98	仕 21	寺 125	司 69	詞 465	蛇 449	捨 174	邪 224

教育用 漢字 사~선

사	使 28	史 69	舍 444	射 125	謝 472	賜 482	斜 237	詐 465	社 375	沙 186
	師 137	死 291	私 380	絲 411	思 228	似 25	查 268	寫 124	辭 494	斯 248
	事 16					祀 375				
삭						削 53	朔 261			
산	山 131	産 349	散 245	算 397		酸 496				
살	殺 293									
삼	三 9					森 276				
상	上 9	尙 127	常 138	賞 482	商 79	嘗 83	裳 458	詳 466		
	相 365	霜 519	想 232	傷 36	喪 80	象 477	像 37	桑 271	狀 311	償 39
쌍						雙 515				
새						塞 94				
색	色 446					索 408				
생	生 348									
서	西 459	序 141	書 260	暑 257		敍 243	徐 153	庶 143	恕 229	署 424
						緖 417				
석	石 370	夕 100	昔 252	惜 160	席 138	析 266	釋 498			
선	先 41	仙 22	線 417	鮮 540	善 80	宣 119	旋 250	禪 379		
	船 445	選 344								

설	雪 516	說 468	設 464		舌 444				
섭					涉 192				
성	姓 108	性 157	成 237	城 92	誠 468				
	盛 362	省 365	星 253	聖 430	聲 431				
세	世 11	洗 190	稅 382	細 409	勢 58				
	歲 290								
소	小 126	少 127	所 240	消 192	素 408	召 70	昭 254	蘇 335	騷 535	燒 301
	笑 394					訴 465	掃 174	疏 353	蔬 330	
속	俗 29	速 339	續 422			束 264	粟 403	屬 130		
손	孫 116					損 178				
송	松 266	送 337				頌 525	訟 464	誦 468		
쇄						刷 53	鎖 506			
쇠						衰 456				
수	水 296	手 241	受 68	授 174	首 532	囚 86	需 518	帥 137	殊 291	隨 223
	守 117	收 243	誰 470	須 525	雖 515	輸 492	獸 312	睡 367	遂 341	
	愁 232	樹 283	壽 99	數 246	修 32					
	秀 380									
숙	叔 68	淑 195	宿 121			孰 116	熟 305	肅 432		

순	順 525	純 408				旬 251	殉 291	盾 365	循 155	脣 436
						瞬 368	巡 134			
술	戌 237					述 337	術 455			
숭	崇 133									
습	習 427	拾 171				濕 209	襲 458			
승	乘 14	承 241	勝 58			升 62	昇 252	僧 38		
시	市 136	示 375	是 254	時 254	詩 466	矢 369	侍 28			
	視 460	施 249	試 466	始 108						
씨	氏 295									
식	食 529	式 147	植 276	識 474		息 229	飾 530			
신	身 489	申 350	神 376	臣 441	信 29	伸 26	晨 255	愼 162		
	辛 493	新 248								
실	失 102	室 119	實 123							
심	心 226	甚 348	深 196			尋 126	審 124			
십	十 61									
아	兒 42	我 238				牙 309	芽 319	雅 514	亞 17	阿 217
						餓 531				
악	惡 231					岳 131				

教育用 漢字 안~역

안	安 117	案 271	顔 526	眼 366	岸 131	雁 514		
알					謁 471			
암	暗 257	巖 134						
압					壓 97			
앙	仰 23				央 102	殃 291		
애	愛 232	哀 76			涯 197			
액					厄 65	額 527		
야	也 15	夜 100	野 499		耶 429			
약	弱 149	若 320	約 406	藥 334				
양	羊 425	洋 191	養 530	揚 176	陽 221	壤 98	樣 282	楊 278
	讓 475							
어	魚 539	漁 205	於 249	語 468	御 154			
억	億 39	憶 164			抑 167			
언	言 462				焉 304			
엄	嚴 85							
업	業 278							
여	余 20	餘 531	如 106	汝 184	與 443	予 16	輿 492	
역	亦 17	易 252	逆 337		譯 474	驛 535	役 152	疫 354	域 93

教育用 漢字 연~요

연	然 304	煙 300	研 371	硯 372	延 146	燃 301	燕 306	沿 188	鉛 501
					宴 120	軟 490	演 205	綠 417	
열	熱 305	悅 159							
염	炎 298				染 268	鹽 545			
엽	葉 327								
영	永 296	英 320	迎 336	榮 280	泳 188	詠 465	營 302	影 151	映 257
예	藝 334				豫 477	譽 475	銳 503		
오	五 16	吾 73	悟 159	午 62	誤 468	汚 184	嗚 83	娛 111	梧 274	傲 36
	烏 303								
옥	玉 313	屋 129			獄 312				
온	溫 202								
옹					翁 427				
와	瓦 347	臥 441							
완	完 118				緩 417				
왈	曰 259								
왕	王 313	往 152							
외	外 100				畏 351				
요	要 459				腰 438	搖 178	遙 343	謠 473	

욕	欲 287	浴 193				慾 234	辱 494			
용	用 349	勇 57	容 120			庸 144				
우	于 16	宇 117	右 70	牛 309	友 68	羽 426	郵 225	愚 232	偶 34	優 39
	雨 516	憂 234	又 67	尤 127	遇 341					
운	云 16	雲 517	運 341			韻 524				
웅	雄 514									
원	元 40	原 66	願 527	遠 343	園 89	貝 78	援 179	院 219	源 203	
	怨 228	圓 88								
월	月 261					越 484				
위	位 25	危 64	爲 306	偉 34	威 109	胃 434	謂 471	圍 88	緯 417	衛 455
						違 342	委 108	慰 234	僞 38	
유	由 350	油 189	酉 495	有 261	猶 215	幽 141	惟 160	維 415	乳 15	儒 39
	唯 79	遊 342	柔 269	遺 344	幼 141	裕 391	誘 468	愈 233	悠 230	
육	肉 432	育 433								
윤						閏 510	潤 207			
은	恩 229	銀 502				隱 223				
을	乙 14									
음	音 524	吟 73	飮 529	陰 221		淫 196				

음	邑 495	泣 187							
응	應 236								
의	衣 456	依 28	義 426	議 474	矣 369	宜 118	儀 39	疑 353	
	醫 497	意 232							
이	二 16	貳 480	以 19	已 136	耳 429	夷 102			
	而 428	異 351	移 381						
익	益 361					翼 428			
인	人 18	引 147	仁 21	因 87	忍 227	刃 50	姻 110		
	認 469	寅 121	印 64						
일	一 9	日 251	壹 99			逸 340			
임	壬 98					任 23	賃 481		
입	入 43								
자	子 115	字 115	自 441	者 313	姉 108	玆 322	雌 514	紫 410	資 481	姿 110
	慈 233					恣 230	刺 53			
						酌 495	爵 307			
작	作 26	昨 254							
잔						殘 292			
잠						潛 207	蠶 453	暫 258	
잡						雜 515			

教育用 漢字 장~제

장	長 509	章 389	場 94	將 125	壯 98	丈 10	張 149	帳 138	莊 323	裝 458
						獎 105	墻 333	葬 327	粧 404	掌 242
						藏 334	臟 441	障 222	腸 438	
재	才 165	材 265	財 479	在 89	栽 272	災 298	裁 457	載 491		
	再 45	哉 77								
쟁	爭 306									
저	著 327	貯 480	低 26			底 142	抵 169			
적	的 360	赤 484	適 343	敵 246		笛 394	滴 343	摘 179	寂 122	籍 401
						賊 481	跡 486	蹟 488	積 384	績 420
전	田 349	全 43	典 44	前 54	展 129	專 125	轉 493			
	戰 239	電 517	錢 504	傳 37						
절	節 398	絶 412				切 50	折 167			
점	店 142					占 64	點 547	漸 205		
접	接 175					蝶 451				
정	丁 9	頂 524	停 35	井 16	正 289	亭 18	訂 462	廷 146	程 382	征 152
	政 244	定 118	貞 478	精 404	情 160	整 246				
	靜 520	淨 192	庭 143							
제	弟 148	第 395	祭 377	帝 137	題 527	提 177	堤 94	制 53	際 222	齊 549

제	除 219	諸 471	製 458		濟 209				
조	兆 41	早 251	造 339	鳥 542	調 470	弔 147	燥 305	操 181	照 302	條 274
	朝 262	助 57	祖 377			潮 207	租 381	組 410		
족	足 485	族 250								
존	存 115	尊 126								
졸	卒 62					拙 169				
종	宗 119	種 383	鍾 506	終 410	從 154	縱 420				
좌	左 133	坐 90				佐 26	座 143			
죄	罪 423									
주	主 13	注 189	住 26	朱 264	宙 119	舟 445	周 75	株 272	州 134	洲 191
	走 484	酒 495	晝 255			柱 269				
죽	竹 393									
준						準 203	俊 30	遵 344		
중	中 12	重 499	衆 454			仲 24				
즉	卽 65									
증	曾 260	增 96	證 474			憎 164	贈 483	症 355	蒸 328	
지	只 70	支 242	枝 267	止 289	之 14	池 185	誌 469	智 256	遲 344	
	知 369	地 89	指 171	志 227	至 442					

教育用 漢字 지~철

	紙 409	持 171							
직	直 364				職 431	織 420			
진	辰 494	眞 366	進 340	盡 362	振 172	鎭 507	陣 219	陳 221	珍 314
질	質 482				秩 381	疾 355	姪 110		
집	集 514	執 93							
징					徵 155	懲 236			
차	且 11	次 287	此 289	借 33	差 135				
착					錯 505	捉 172			
찬					贊 483	讚 476			
찰	察 123								
참	參 67				慘 161	慙 235			
창	昌 253	唱 79	窓 386		倉 20	創 55	蒼 329	滄 203	暢 257
채	菜 325	採 175			彩 151	債 37			
책	責 479	冊 45			策 396				
처	妻 109	處 447			悽 161				
척	尺 128				斥 248	拓 169	戚 238		
천	千 62	天 101	川 134	泉 297	淺 197	賤 482	踐 487	遷 345	薦 333
철	鐵 507				哲 78	徹 156			

첨						尖 127	添 197			
첩						妾 109				
청	青 520	清 198	晴 256	請 470	聽 431	廳 146				
체	體 536					替 260				
초	初 50	草 322	招 170			肖 433	超 485	抄 167	礎 374	
촉						促 30	燭 302	觸 462		
촌	寸 124	村 265								
총						銃 503	總 420	聰 431		
최	最 260					催 37				
추	秋 381	追 337	推 175			抽 170	醜 497			
축	丑 11	祝 377				畜 351	蓄 329	築 399	逐 339	縮 419
춘	春 254									
출	出 49									
충	充 41	忠 227	蟲 453			衝 455				
취	取 68	吹 73	就 127			臭 442	醉 497	趣 485		
측						側 35	測 200			
층						層 130				
치	治 189	致 442	齒 549			値 33	置 423	恥 230	稚 383	

教育用 漢字 칙~퇴

칙	則 54				
친	親 460				
칠	七 9		漆 206		
침	針 500		侵 30	浸 193	寢 123	沈 186	枕 267
칭			稱 383		
쾌	快 156				
타	他 22	打 166	妥 107	墮 96	
탁			濁 209	托 169	濯 210	琢 315
탄			炭 299	歎 288	彈 149	
탈	脫 437		奪 105		
탐	探 175		貪 479		
탑			塔 95		
탕			湯 201		
태	太 102	泰 297	怠 228	殆 291	態 233
택	宅 118		澤 209	擇 181	
토	土 89		吐 71	兎 42	討 463
통	通 339	統 412	痛 356		
퇴	退 338				

투	投 167				透 340	鬪 538			
특	特 310								
파	破 371	波 189			派 191	播 180	罷 424	頗 526	
판	判 52				板 266	販 479	版 309		
팔	八 43								
패	貝 478	敗 245							
편	片 308	便 30	篇 398		編 418	遍 342			
평	平 139				評 466				
폐	閉 509				肺 434	廢 145	弊 147	蔽 332	幣 139
포	布 136	抱 170			包 59	胞 435	飽 530	浦 194	捕 173
폭	暴 258				爆 303	幅 138			
표	表 456				票 378	標 282	漂 206		
품	品 77								
풍	風 528	楓 279	豊 470						
피	皮 361	彼 152			波 355	被 399	避 345		
필	必 226	匹 61	筆 396		畢 352				
하	下 10	夏 99	賀 481	何 26	河 189	荷 324			
학	學 117				鶴 544				

한	閑 510	寒 122	恨 158	限 218	韓 523	旱 252	汗 185			
	漢 206									
할						割 55				
함						咸 77	含 74	陷 220		
합	合 71									
항	恒 158					巷 136	港 200	項 525	抗 167	航 445
해	害 121	海 194	亥 18	解 461		奚 104	該 467			
핵						核 272				
행	行 454	幸 140								
향	向 71	香 532	鄕 225			響 524	享 18			
허	虛 447	許 464								
헌						軒 490	憲 235	獻 312		
험						險 223	驗 535			
혁						革 522				
현	現 315	賢 482				玄 346	弦 148	絃 410	縣 418	懸 236
						顯 528				
혈	血 454					穴 385				
협	協 63					脅 436				

형	兄 41	刑 52	形 150		亨 18	螢 452			
혜	惠 231				慧 235	兮 44			
호	戶 239	乎 14	呼 76	好 106	虎 447	互 16	胡 435	浩 194	毫 295	豪 477
	號 448	湖 201				護 475				
혹	或 238					惑 231				
혼	婚 112	混 198				昏 253	魂 539			
홀						忽 228				
홍	紅 407					洪 191	弘 148	鴻 543		
화	火 297	化 60	花 319	貨 479	和 76	禾 380	禍 378			
	話 467	畫 352	華 326							
확						確 374	穫 385	擴 183		
환	歡 289	患 230				丸 13	換 177	環 317	還 345	
활	活 191									
황	黃 546	皇 360				況 189	荒 323			
회	回 87	會 261				灰 297	悔 160	懷 165		
획						獲 216	劃 55			
횡						橫 284				
효	孝 116	效 244				曉 258				

教育用 漢字 후~희

후	後 153	厚 66		侯 31	候 33	喉 82	
훈	訓 463						
훼				毁 293			
휘				揮 177	輝 492		
휴	休 24			携 179			
흉	凶 48	胸 436					
흑	黑 547						
흡				吸 74			
흥	興 443						
희	希 137	喜 82		稀 382	戲 239	噫 85	熙 304

部 首 名 稱

一 한일	夕 저녁석	支 지탱할지
丨 뚫을곤	大 큰대	攴 등글월문
丶 점	女 계집녀	父 등글월문
丿 삐침	子 아들자	文 글월문
乙 새을	宀 갓머리	斗 말두
ㄴ→乙	寸 마디촌	斤 날근
亅 갈고리궐	小 작을소	方 모방
二 두이	尢 절름발이왕	无 이미기방
亠 돼지해머리	兀→尢	日 날일
人 사람인	尸 주검시엄	曰 가로왈
亻 사람인변	屮 왼손좌	月 달월
儿 어진사람인발	山 메산	月→肉
入 들입	巛 개미허리	木 나무목
八 여덟팔	川→巛	欠 하품흠방
冂 멀경몸	工 장인공	止 그칠지
冖 민갓머리	己 몸기	歹 죽을사변
冫 이수변	巾 수건건	殳 갖은등글월문
几 안석궤	干 방패간	冊 말무
凵 위튼입구몸	幺 작을요	比 견줄비
刀 칼도	广 엄호	毛 터럭모
刂 선칼도방	廴 민책받침	氏 각시씨
力 힘력	廾 스물입발	气 기운기엄
勹 쌀포몸	弋 주살익	水 물수
匕 비수비	弓 활궁	火 불화
匚 튼입구몸	彐 튼가로왈	灬 연화발
匸 감출혜몸	彑→彐	爪 손톱조머리
十 열십	彡 터럭삼방	父 아비부
卜 점복	彳 두인변	爻 점괘효
卩 병부절	忄 심방변	爿 장수장변
巳→卩	扌 재방변	片 조각편
厂 민엄호	氵 삼수변	牙 어금니아
厶 마늘모	犭 개사슴록변	牛 소우변
又 또우	阝(左) 좌부변	犬 개견
口 입구	阝(右) 우부방	艹 늙을로엄
囗 큰입구몸	忄→心	王 구슬옥변
土 흙토	心 마음심	艹 초두머리
士 선비사	戈 창과	辶 책받침
夂 뒤져올치	戶 지게호	礻→示
夊 천천히걸을쇠발	手 손수	氺→水